Helmuth Stahleder

Haus- und Straßennamen
der Münchner Altstadt

Helmuth Stahleder

Haus- und Straßennamen der Münchner Altstadt

Hugendubel

Vorsatz:

Plan der Haupt- und Residenzstadt München 1806.

Nachsatz:

Plan der Königlichen Residenzstadt München
mit ihren Umgebungen im Jahre 1826 (Ausschnitt).

Die Deutsche Bibliothek – CIP-Einheitsaufnahme

Stahleder, Helmuth:
Haus und Straßennamen der Münchner Altstadt/
Helmuth Stahleder. – München: Hugendubel, 1992
ISBN 3-88034-640-2

© Helmuth Stahleder, München 1992
Alle Rechte vorbehalten

Umschlaggestaltung: Zembsch' Werkstatt, München
Layout/Herstellung: Herbert Tausend, München
Satz: Layout & Grafik 1000, München
Druck und Bindung: Wagner Druck, Nördlingen

ISBN 3-88034-640-2

Printed in Germany

Vorwort

Die 1894 von Karl Graf von Rambaldi veröffentlichte historische Erklärung der Münchner Straßennamen ist bis heute ein Standardwerk der Monacensia-Literatur geblieben.

Ohne die Bedeutung dieses Buches schmälern zu wollen, kann man freilich davon ausgehen, daß Rambaldis namenkundliche Deutungen und Herleitungen für den Bereich der Altstadt heute weitgehend überholt sind, da die aus der Forschung übernommenen Erkenntnisse immer wieder mit populären Traditionen vermischt sind und eine kritische Auseinandersetzung mit den verschiedenen Informationsebenen unterblieb.

Rund ein Jahrhundert nach Rambaldi legt nunmehr Helmuth Stahleder ein Buch vor, dessen Darlegungen hauptsächlich auf Archivquellen gründen und eine jahrelange intensive eigene Detailforschung einschließen.

Der Autor richtet dabei sein Augenmerk nicht nur auf Straßen und Plätze, sondern er beschäftigt sich auch mit den Stadtbächen, insbesondere aber mit der gesamten, durch charakteristische Namen besonders hervorgehobenen, historischen Bausubstanz Altmünchens, wie den Eckhäusern, den Toren, den Türmen, den Brücken und den Brunnen.

Damit wird Helmuth Stahleders Buch zu einer topographischen Stadtgeschichte, die den gesamten Innenbereich Münchens wissenschaftlich neu erschließt und deutet.

Als Leiter des Münchner Stadtarchivs gratuliere ich meinem Mitarbeiter Helmuth Stahleder zu dieser privat erarbeiteten, in jeder Hinsicht »wegweisenden« Publikation. Ich bin der festen Überzeugung, daß sie ebenfalls ein Jahrhundertwerk ist.

Dr. Richard Bauer

Vorwort Autor

Im Jahr 1879 veröffentlichte der Lehrer an der Domschule Josef Fernberg ein kleines Büchlein mit dem Titel »Die Münchener Straßennamen und ihre Bedeutung«. Gleichzeitig machte das Adreßbuch des Jahres 1880, auf dem Stand vom 1. November 1879, den Versuch, alle Münchner Straßennamen historisch zu erklären. Der Major Adolf Erhard, später Oberst und Vorstand des kgl. Kriegsarchivs, hatte es unternommen, diese Erläuterungen aus der stadtgeschichtlichen Literatur der damaligen Zeit zu erarbeiten. Beide sind heute vergessen, nachdem 1894 der Major a. D. und 1. Sekretär des Historischen Vereins von Oberbayern, Karl Graf von Rambaldi, die Erläuterungen aus dem Adreßbuch von 1880 zu einem eigenen Buch mit dem Titel »Die Münchener Straßennamen und ihre Erklärung« zusammenfaßte, die Texte da und dort ergänzte und die seit 1879 neu vergebenen Namen nachtrug. Obwohl im einzelnen längst überholt, ist »der Rambaldi« heute noch ein Standardwerk.

1965 brachte das Baureferat der Landeshauptstadt München die amtlichen Erläuterungen zu den Straßennamen – aus Platzgründen in gekürzter Form – als Buch heraus. Es trug den Titel »Münchens Straßennamen« und war von Helmut Seitz redaktionell betreut. Es wurde 1983 überarbeitet und neu aufgelegt. Beide Ausgaben sind heute vergriffen.

Das hier vorgelegte Buch versuchte, den gesamten Bestand an ehemaligen und noch bestehenden Münchner Straßennamen der Altstadt vom Mittelalter bis heute zu erfassen, also desjenigen Teils der Stadt, der bis um 1800 mit der Mauer umfangen war. Soweit sie in die Zeit vor 1800 zurückreichen, wurden auch Straßennamen und Ortsangaben aus dem vor der Mauer liegenden Burgfrieden aufgenommen, wobei jedoch keine Vollständigkeit angestrebt wurde.

Für die Namen von Gebäuden im weitesten Sinne – Hausnamen und Namen der Tore und Türme – gibt es bisher keine zusammenfassende Darstellung.

Neben der Beschaffung des Materials lag die Hauptschwierigkeit in der Ermittlung der Herkunft der unzähligen, einander häufig widersprechenden Daten. Da es in der Münchner Stadtgeschichte weitgehend unüblich ist, Aussagen mit Quellen zu belegen, wird es jedesmal zum Abenteuer, zu einer Behauptung der Literatur die passende Quelle zu finden. Nicht selten löste sich nach Auffinden derselben ein bisher zum allgemeinen Bildungsgut gehörender Topos in nichts auf, ein liebgewonnenes und oft nacherzähltes Geschichtchen verlor seinen Boden. Manche Quelle hatte offensichtlich noch nie jemand im Original gelesen. Deshalb war es gelegentlich nötig, weiter auszuholen und das Quellenmaterial üppiger auszubreiten.

Es versteht sich fast von selbst, daß ein Buch dieser Größenordnung heute kaum noch ohne fremde Hilfe finanziert werden kann. Deshalb ist der Stadtsparkasse München, vertreten durch sein Vorstandsmitglied, Herrn Georg Himmel, und dem Stadtarchiv München, vertreten durch seinen Leiter, Herrn Stadtdirektor Dr. Richard Bauer, für ihre spontan und reichlich gewährten Zuschüsse zu danken, nicht minder aber auch dem Verlag für seine Bereitschaft, das Buch in sein Programm aufzunehmen. Aber auch ideelle und praktische Unterstützung war nötig. Sie wurde von zahlreichen Kolleginnen und Kollegen des Stadtarchivs und des Hauptstaatsarchivs München bereitwillig gewährt. Nicht vergessen sei aber vor allem der Dank an die Leiterin des Instituts Bavaricum, Frau Elfi Zuber. Sie übernahm es, den Autor anzutreiben und hat dem Werk schließlich mit vielfältigem und unermüdlichem Einsatz ans Licht geholfen. Herrn Herbert Scheubner ist für das Gegenlesen der Korrekturen und mannigfache kritische Anmerkungen zu danken.

München, 1. September 1992   *Helmuth Stahleder*

Inhalt

Vorwort	5
Straßennamen	11
Die Stadtviertel	38
Innere und äußere Stadt	45
Burgfrieden	47
Die Straßennamen	49
Hausnamen	335
Häuser	341
Eckhäuser	377
Bäckereien	420
Bäder	434
Branntweinereien	455
Brauereien	461
Metzgereien	530
Mühlen	537
Tore und Türme	539
Anhang	666
1. Bäche	666
2. Brücken	675
3. Brunnen	689
Abkürzungen	691
Quellen und Literatur	692
Bildnachweis	695
Register Hausnamen	696

Straßennamen

Die ältesten heute noch gebräuchlichen Münchner Straßennamen sind Rindermarkt (in seiner lateinischen Form »forum peccorum«) (1242), Tal (1253), Neuhauser Straße (1293), Anger (heute noch in »Oberanger«, »Unterer Anger«) (1300), Kaufingerstraße (1316), Sendlinger Straße (1318), Weinstraße (1353), Burgstraße (1364), Schäfflerstraße (1366).

Diese Namen enthalten bereits alle wichtigen Kriterien für die Benennung: a) nach einem langjährigen und allseits bekannten Anwohner der Straße (Familie Kauf(e)ringer); b) nach den natürlichen Gegebenheiten der Landschaft (Tal, Anger); c) nach der gewerblichen Nutzung (Rindermarkt, Schäfflerstraße, Weinstraße); d) nach dem Ziel, in dessen Richtung die Straße führt (Neuhausen, Sendling); e) nach öffentlichen Gebäuden (Burgstraße).

Damit ist der gesamte Rahmen für die Straßenbenennungen in der Zeit bis zur Wende vom 18. zum 19. Jahrhundert abgesteckt. Nur eine Gruppe fehlt noch. Man könnte sie auch als Untergruppe von b) ansehen: f) schematische Namen, die einer gewissen Verlegenheit entspringen, in der man sich auch in früherer Zeit schon manchmal befunden hat. Hierher gehören Straßennamen wie »Enge Gasse«, »Weite Gasse«, »Lange Gasse«, Abgrenzungen wie »Hintere« und »Vordere«, »Äußere« und »Innere«, »Obere« und »Untere« usw. (In späterer Zeit wird man dann Straßen nach der Himmelsrichtung benennen (Nordend-, Westendstraße), nach den Gestirnen oder den vier Jahreszeiten, nach Pflanzen und Vögeln, nach Bergen und nach fernen Städten und Ländern usw.).

Von den nach einem Handwerk benannten Straßen sind in München nur die Schäfflerstraße (1366), die Ircher- oder Ledererstraße (1371 bzw. 1381) und die Fischergasse (1388/90) mittelalterlich, allenfalls noch der Färbergraben (1517). Sie alle erfüllen auch die

Bedingung, daß es in dieser Straße eine stärkere Konzentration des betreffenden Handwerks gegeben haben muß, damit man von einer Handwerkerstraße sprechen kann. Längst nicht mehr in das Mittelalter gehören die Schlossergasse (1541), die Pfisterstraße (1570), die Sporerstraße, Bäckergasse, Küchelbäcker- und Windenmacherstraße. Ihre Namen sind alle erst seit etwa 1780 nachgewiesen, die Sattlerstraße sogar erst seit 1806. Allesamt sind außerdem nur nach einem einzigen Vertreter des jeweiligen Handwerks benannt, der dort sein Gewerbe betrieb. Überhaupt nicht in diese Gruppe der Straßennamen gehört die Loder(er)gasse, die nicht nach dem Handwerk der Lodenmacher benannt ist, sondern nach einer Familie namens Loder(er). Gar nicht nennenswert sind Namen wie Watmangergasse oder Kramergasse, weil es sie nie gegeben hat. Sie sind lediglich aus Fehldeutungen von Historikern hervorgegangen.

Alle bisher aufgestellten Kategorien haben eines gemeinsam: den unmittelbaren Bezug zur jeweiligen Straße. Die Straßen heißen ausschließlich deshalb so, weil dort die namengebenden Verhältnisse tatsächlich vorlagen; weil in der Schäfflerstraße Schäffler ihre Werkstätten hatten, weil die Weite Gasse breiter war als die Enge, weil in der Kaufingerstraße die Familie Kaufringer wohnte und in der Burgstraße die Burg lag und das Tal in einer Flußniederung.

Manchem mag es so erscheinen, als seien solche Namen sozusagen Münchner Originale und er ist erstaunt, den vertrauten Namen auch in anderen Städten zu begegnen. Einen Anger gab es z. B. auch in Rosenheim, genauso wie einen Eiermarkt, eine Färberstraße, einen Grieß, eine Heiliggeistgasse, ein Rosenthal und eine Weingasse. Einen Grieß, eine Rosengasse, eine Heiliggeistgasse gibt es heute auch noch in Landshut. Straßen mit dem Namen Rosengasse gab es bis hinauf nach Danzig, einen Gänsbühel auch in Ravensburg, eine Kuhstraße in Braunschweig, Danzig, Rostock, Lüneburg. In Braunschweig gab es außerdem eine Breite Straße, einen Eiermarkt, eine Judenstraße, eine Lange Straße und einen Rosenhagen. Die Deutung von Namen wie Rosenhagen oder Rosengasse/-straße geben auch in Städten wie Hildesheim, Rostock und Braunschweig Rätsel auf. Und nicht in allen Städten müssen gleichlautende Namen gleichen geschichtlichen Ursprung haben. Der Name Kuhstraße hat in den genannten Städten einen anderen Hintergrund als etwa in München. Trotzdem kann es sehr lehrreich sein, gelegentlich über die engen Mauern der eigenen Stadt hinauszuschauen.

Erst Ende des 18. Jahrhunderts, im Zeitalter des Fürstenabsolutismus, kommt eine völlig neue Art der Straßenbenennung auf, nämlich g) Straßennamen mit denen hochgestellte, bedeutende oder bekannte Persönlichkeiten des öffentlichen Lebens geehrt werden sollen. Diese Namen sind grundsätzlich obrigkeitlich verordnet, zumindest ein bewußter Verwaltungsakt der Behörden, auch wenn später ein Vorschlag aus der Bürgerschaft Auslöser für die Benennung werden kann. Diese Namen sind grundsätzlich auch politisch. Deshalb sind es anfangs auch nur Landesfürsten und ihre Familienmitglieder, denen diese Ehre zuteil wird, manchmal gefolgt von Günstlingen des Hofes. Darauf folgen aber sehr schnell Künstler aus dem Umkreis des Hofes, schließlich Wissenschaftler aller Sparten. Diese Personen haben mit der Straße, die nach ihnen benannt wird, nichts mehr zu tun, sie haben weder dort gewohnt noch gewirkt. Die Namensvergabe ist anorganisch, der Name ein bloßes Etikett, ein Findmittel. Die Namen sind deshalb auch austauschbar, hängen von Modeerscheinungen, politischen Einflüssen und Eitelkeiten ab. Manche Städte und Staaten versehen ihre Straßen überhaupt statt mit Namen nur mit Nummern und haben damit immerhin einen Preis für Ehrlichkeit verdient.

Weil die Namen in der Zeit vor dem 19. Jahrhundert immer einen Zusammenhang mit der Straße hatten, haben die Namen auch oftmals gewechselt, nämlich immer dann, wenn die Voraussetzung für die Benennung gewechselt hat. 1796 hat schon Joseph Burgholzer festgestellt: »Unter den Gäßchen, welche von einer Hauptgasse in die andere führen, haben wenige bleibende Namen, sondern verändern selben mit den nächst gelegenen Gebäuden und Häusern oder dem daselbst herrschenden Gewerb«. Das erklärt, warum es mehrere Gassen gab, die zu verschiedenen Zeiten Schlossergasse oder Brunngasse hießen. Es erklärt auch, warum manche Straßen – wie die heutige Singlspieler- und die Kapellenstraße – so häufig ihren Namen änderten.

Nur die Hauptstraßen und größeren Nebenstraßen haben bis ins 19. Jahrhundert – teils bis heute – ihre Namen beibehalten und nie einen anderen gehabt: so die Burg-, Diener-, Fürstenfelder Straße, die Kaufinger-, Pranner-, Rosenstraße, der Rindermarkt, die Sendlinger und Neuhauser Straße, das Tal und die Weinstraße. Alle anderen haben mindestens seit dem 17. Jahrhundert nebenher andere Namen gehabt, so die beiden Schwabinger Gassen (heute Theatinerbzw. Residenzstraße) oder die Rörenspeckergasse, heute Herzogspitalstraße.

Die Überlieferung von Straßennamen setzt in größerem Rahmen erst mit der Entstehung zweier umfangreicher Quellen im Jahr 1368 ein: den Steuerbüchern und den Gerichtsbüchern. Die Quellenlage erklärt auch, warum manche Straßennamen erst sehr spät überliefert sind, obwohl die namengebende Ursache schon viel weiter zurückliegt. Die Familie Kauf(e)ringer lebt um 1239 in München, aber erst 1316 hören wir den Straßennamen Kauferingergasse erstmals. Eine Burg scheint es in München nicht vor 1255 zu geben. Der

Straßenname Burgstraße findet sich erst 1364. Den Fürstenfelder Klosterhof gibt es schon 1289 in der Straße, die erst 1370 erstmals Fürstenfelder Gasse genannt wird. Auch die Familie Diener lebt seit 1315 in München. Der Name der Straße ist erst für 1368 belegt.

Bald zeigt sich auch, daß manche Straßennamen oder Ortsbezeichnungen vom jeweiligen Schreiber bzw. der jeweiligen Behörde abhängen, die sie verwenden. So nennen nur die Steuerbücher bis 1808 unbeirrt die heutige Herzogspitalstraße Rörenspeckergasse, als andere Behörden und Schreiber schon längst andere Namen für sie gebrauchen. Gleiches gilt für die Enge Gasse, deren östliches Teilstück in anderen Quellen längst Löwengrube oder Kistlergasse genannt wird. Den Namen Augustinergässel übernehmen die Steuerbücher erst 1772. Den Namen Metzgergäßchen verwenden nur die Adreßbücher des 19. Jahrhunderts, den Namen Henkergäßchen nur die Pläne von 1806 bis 1826. Manche Straßennamen überliefert nur Stimmelmayr, z. B. Denglbachgäßl für die Perusastraße oder Hirschbräugäßl für das Altheimer Eck. Andere kennt nur Westenrieder, wie z. B. Hebammengässel für die Maffeistraße.

Das wirft die Frage auf, wer für diese Straßenbenennungen verantwortlich ist. In erster Linie wird man wohl den Volksmund verantwortlich machen müssen, wenngleich er eine unscharfe Quelle ist. Von hier aus übernahmen die Behördenschreiber die Namen, so wie man sie ihnen sagte oder wie sie ihnen selbst bekannt waren. Wahrscheinlich hat aber den einen oder anderen Namen auch ein solcher Schreiber erfunden. Er mußte die Lage eines Hauses in einer Urkunde beschreiben und bildete einen Namen oder eine Bezeichnung, die wir heute als Straßennamen ansehen, obwohl das so eigentlich gar nicht gedacht war: Gässel bei der Pfister z. B., woraus dann Pfistergasse wurde, oder Neues Zwerchgässel usw.

Möglicherweise gab es aber auch im Mittelalter schon behördlich oder obrigkeitlich festgelegte Namen. Die Systematik, mit der in München seit ihrem ersten Erscheinen alle drei Ausfallstraßen aus der Stadt nach dem ersten Ort benannt werden, zu dem sie führen – im Süden Sendling, im Westen Neuhausen, im Norden Schwabing –, scheint dies nahe zu legen, ebenso die Tatsache, daß über diese Namen in allen Quellen solche Einigkeit herrschte, daß man, teils bis heute, nie zu einem anderen Namen gegriffen hat. Es wäre durchaus denkbar, daß die Namen für diese Hauptachsen bei der Stadterweiterung in der 2. Hälfte des 13. Jahrhunderts festgelegt worden waren und nicht der zufälligen Bildung durch den sogenannten Volksmund überlassen waren. Offenbleiben muß dann auch, wer für einen solchen Akt in Frage kommt: der Stadtherr und sein Führungsstab oder die Stadtverwaltung. In dieser Zeit dürfte wohl eher ersteres der Fall gewesen sein.

Auch bei den ersten planmäßigen Namensvergaben seit Ende des 18. Jahrhunderts ist zunächst der Hof bestimmend, wenn auch vielleicht weniger auf Grund einer klar geregelten Zuständigkeit, als auf Grund der tatsächlichen Machtverhältnisse. Als Benjamin Thompson im Sommer des Jahres 1792 erstmals in einem Schreiben an den Magistrat für das Neuhauser Tor den Namen Karlstor – nach dem augenblicklich regierenden Kurfürsten Karl Theodor – gebrauchte, hatte der Münchner Stadtrat gerade eine der dunkelsten Stunden seiner Geschichte hinter sich: den demütigenden Kniefall vor einem Bild des Kurfürsten (nicht vor ihm selbst!) am 21. Mai 1791, nachdem er wegen unbotmäßigen Verhaltens am 22. Dezember 1790 vom Amt suspendiert worden war. 1802 verlor die Stadt Gericht und Polizei und wurde unter die Aufsicht eines Staatskommissars gestellt. 1807 wurden die Stiftungen und ihr Vermögen, 1808 auch die Armenpflege verstaatlicht. Mit dem »Edikt über das Gemeindewesen« vom 24. September 1808 wurden schließlich die Städte und Gemeinden nach dem Vorbild der französischen Munizipalverfassung den Staatsbehörden untergeordnet. Keine Spur der alten Ratsverfassung und der ehemaligen bürgerlichen Freiheit war mehr übrig geblieben. 1810 wurde der Magistrat aufgehoben. Das politische Eigenleben der Stadt war damit ausgelöscht. Bis zum neuen Gemeindeedikt von 1818 gab es überhaupt keine Selbstverwaltung der Stadt mehr.

Die Planungen für die neuen Siedlungen vor den Toren der Stadt, seit der Schleifung der Mauern in den 90er Jahren des 18. Jahrhunderts (Max-Vorstadt, Ludwigs-Vorstadt, Schönfeld-Vorstadt), lagen in der Hand des Hofes und wurden zum Teil vom Landesherrn persönlich mitbestimmt. Deshalb finden sich in diesen Neubaugebieten nicht ohne Grund Straßennamen in großer Zahl, die dem Herrscherhaus die Reverenz erweisen. Jetzt beginnt man, die Mitglieder des fürstlichen Hauses – allen voran den Landesfürsten selbst – zu verherrlichen, indem man Straßen und Plätze nach ihnen benennt und ihnen Denkmäler errichtet.

Dies ist eine nicht nur Münchner Erscheinung. In Stuttgart stammt die erste amtliche Straßennamengebung aus dem Jahr 1764. In diesem Jahr erging ein herzoglicher Befehl an die Stadt, all ihre Straßen und Gassen zu benennen.

Dies war noch ganz allgemein verstanden, bezog sich nicht auf einen konkreten Einzelfall und man hielt sich bei der Namengebung auch an die bisher üblichen volkstümlichen Bezeichnungen. Nachdem im Jahr 1777 in Freiburg im Breisgau Kaiser Joseph II. zu Besuch geweilt hatte, benannte diese Stadt ihre Hauptstraße, die »Große Gasse«, ihm zu Ehren um in »Kaiserstraße« (heute »Kaiser-Joseph-Straße«).

Abb. 1: *Kurfürst Karl Theodor (1724–1799), gemalt von Pompeo Girolamo Batoni (1708–1787).*

Abb. 2: *Benjamin Thompson, Reichsgraf von Rumford (1753–1814). Nach Zeichnung von Georg von Dillis (1759–1841) gestochen von Joseph Rauschmayr, 1797.*

In München nennt der Kurfürst Karl Theodor in einem Schreiben vom 13. August 1789 den neu anzulegenden Park, den wir heute unter dem Namen »Englischer Garten« kennen, nach sich selbst »Carl-Theodors-Park«. Und im Sommer (11. Juli) 1792 vollzog sich – ausgehend vom Hof – die Umbenennung des Neuhauser Tores in »Karlstor«, um ebenfalls den Namen des Kurfürsten auf diese Art zu verewigen. Am 27. April 1797 erfolgte dann die Benennung des Platzes draußen vor dem nunmehrigen Karlstor ebenfalls in »Karlsplatz«, wiederum nach dem Kurfürsten Karl Theodor.

Der nächste Straßenname nach einem Mitglied des regierenden Hauses ist der des zwischen 1803 und 1806 angelegten Max-Joseph-Platzes. Der Name wird 1805 von Baumgartner erstmals genannt. Max IV. Joseph hatte 1799 den Kurfürsten Karl Theodor im Amt abgelöst.

Es folgen am 21. November 1808 die Elisenstraße und der Königsplatz, der aber schon 1809 unter seinem heutigen Namen Karolinenplatz erscheint. Ebenfalls seit dem 21. November 1808 gibt es die

Abb. 3: *Rumford-Denkmal. Entwurf von Franz Schwanthaler dem Älteren (1760–1820).*

Abb. 4: *Gessner-Denkmal. Zeichnung von Georg von Dillis.*

Augustenstraße. Wohl um dieselbe Zeit wird die Königinstraße ihren Namen erhalten haben, zwischen 1808 und 1809 auch der Maximiliansplatz. 1810 folgt die Sophienstraße, am 1. Dezember 1812 die Amalien-, Theresien- und Luisenstraße.

Andere bayerische Städte folgten dieser Mode der Regierungshauptstadt. So gab es nachweislich 1814 auch in Rosenheim bereits einen Max- bzw. Max-Joseph-Platz. Die Stadt Ingolstadt benannte anläßlich der Hochzeit des Kronprinzenpaares im Jahr 1810 zwei Straßen zu seinen Ehren in Ludwigsstraße und Theresienstraße um. Auch außerhalb Bayerns – z. B. seit 1811 in Stuttgart – wird es nun üblich, Straßen nach Mitgliedern des regierenden Fürstenhauses zu benennen.

Wahrscheinlich geht man nicht fehl in der Annahme, daß in München die Idee zu diesen Dynastennamen von dem fast allmächtigen Intimus des Kurfürsten Karl Theodor – Benjamin Thompson – stammte, der am 9./25. Mai 1792 zum Reichsgrafen Rumford ernannt worden war. Dieser Benjamin Thompson ist denn auch der erste Bürgerliche, der zur Ehre der Denkmäler erhoben wurde (oder sich erheben ließ?): 1795/96 wurde im Englischen Garten oder

Carl-Theodors-Park, an dessen Entstehen er wesentlichen Anteil hatte, das von Franz Schwanthaler gestaltete Rumford-Denkmal errichtet. Allenfalls regierenden Häuptern hatte man vorher – und auch das erst lange nach dem Tod – in München mit Standbildern gehuldigt (Fassade von St. Michael). Ansonsten gab es seit der Römerzeit die Möglichkeit der Darstellung auf Grabdenkmälern. Die ersten drei Münchner Denkmäler können diese Herkunft auch nicht verleugnen (Abb. 3–5).

Mit dem Rumford-Denkmal (abgesehen von dem nicht näher datierbaren, zwischen 1793 und 1804 im Englischen Garten, auf Initiative Rumfords wiederum, errichteten Denkmal für den Schweizer Dichter Salomon Gessner, geb. 1730, gest. 1788, beides in Zürich) beginnt man in München, bedeutende Persönlichkeiten – auch lebende und auch nicht-adelige (wie Rumford) – mit Standbildern auf öffentlichen Straßen und Plätzen zu ehren wie weiland Kaiser Marc Aurel auf dem Kapitol. Die Initiative dazu geht fast das ganze 19. Jahrhundert vom Hof aus, in zweiter Linie, gegen Ende des Jahrhunderts, von Bürgerinitiativen, die man damals noch »Förderverein« nannte, und die es sich zur Aufgabe machten, Gelder zu sammeln, Benefizveranstaltungen abzuhalten usw., um das Denkmal, den Brunnen usw. finanzieren zu können. Selbst Denkmäler für Münchner Bürgermeister des 19. Jahrhunderts wurden auf diese Weise finanziert. Erst als der Hof nach Abschaffung der Monarchie als Auftraggeber ausfiel, wuchs die Stadtgemeinde in die Rolle des Finanziers solcher Denkmäler hinein. Bürgerinitiativen und Privatförderer haben sich schließlich auf diesem Gebiet selbst entmachtet oder sehen ihre Aufgabe lediglich im Anregen oder Beantragen von Denkmälern und Gedenktafeln. Ähnlich verhielt sich allerdings auch schon König Ludwig I.: Er ließ Denkmäler aufstellen und die Rechnung dafür schickte er der Stadt.

Der Graf Rumford war im übrigen nicht nur der erste Bürgerliche, dem ein Denkmal errichtet wurde. Er war auch der erste Bürgerliche, nach dem man in München eine Straße benannte, nicht weil er dort wohnte, sondern um ihn damit zu ehren. Auf einem Plan der Baukommission vom 27. Dezember 1816 und dann wieder im Adreßbuch von 1818 finden sich die ersten Belege für den Namen »Rumforder Straße« für die Straße, die er 1796 außerhalb der Stadtmauer hatte anlegen lassen. Er hatte also immerhin noch einen Bezug zu ihr, allerdings in anderer Weise als es bisher jahrhundertelang üblich war; denn bisher benannte man eine Straße nur dann nach einem Bürger, wenn er oder weil er an dieser Straße – meist lange Zeit – sein Haus hatte und sein Gewerbe betrieb.

Der neue Namenstyp hängt nicht mehr mit dem Wohnsitz zusammen. Der Name ist bloße Ehrung und die Straße hat mit der Person

Abb. 5: *Sckell-Denkmal. Entwurf von Ernst von Bandel (1800–1820)*

des Geehrten nichts mehr zu tun. Die Namen werden jetzt auch austauschbar. Man kann sie bei Aufgabe einer Straße später bei einer anderen Straße wieder verwenden.

Vielleicht auch nicht zufällig ist der nächste Bürgerliche nach Benjamin Thompson, der einer solchen öffentlichen Ehrung teilhaftig wird, Friedrich Ludwig (seit 1808 »von«) Sckell, der Architekt des Englischen Gartens. Für ihn wird 1824, kurz nach seinem Tod (24. Februar 1823), am Kleinhesseloher See ein von Leo von Klenze entworfenes Denkmal aufgestellt.

Im Jahr 1829 erhielt »die neue Straße, welche von der Müllerstraße in die Wasserstraße hergestellt wurde, ... den Namen Frauenhoferstraße«, wie die Stadtchronik zu berichten weiß. Sie ehrt den 1826 verstorbenen ehemaligen Glasermeisters- und Ratsdienerssohn Joseph von Fraunhofer. Auch ein Schreiben vom 20. Juni 1830 spricht von der »neu benannten Frauenhofer-Straße«. Am 23. März 1830 läßt König Ludwig je eine Straße nach dem noch lebenden Maler Peter Cornelius und dem noch lebenden Architekten Leo (seit 1833 »von«) Klenze benennen. 1831 wird eine Isarbrücke nach dem ebenfalls 1826 verstorbenen Georg von Reichenbach benannt – auch er ein später geadelter Bürgerlicher –, seit dem 6. Dezember 1844 eine Straße nach Joseph von Utzschneider, dessen Vater noch Landwirt gewesen war. 1845 erhält der Stiglmaierplatz und am 21. Oktober 1848 die heutige Westenriederstraße ihren Namen, womit erstmals ein Geisteswissenschaftler geehrt wurde. Bisher war dies Männern der Naturwissenschaften und Künstlern vorbehalten. Westenrieder hatte allerdings wieder einen Bezug zu »seiner« Straße: Er war in ihr geboren. 1850 kommt schließlich noch die Schwanthalerstraße hinzu.

Der erste Künstler, ja die erste Persönlichkeit überhaupt, die mit einem Straßennamen geehrt wurde, obwohl sie nie in München lebte oder sonst einen Bezug zu dieser Stadt hatte, war der Dichter Friedrich von Schiller, dem zu Ehren aus Anlaß seines 100. Geburtstages (1859) im Jahr 1860 die bisherige Singstraße in der Ludwigs-Vorstadt in Schillerstraße umbenannt wurde.

Nicht überall geschah die Straßenbenennung nach solchen Persönlichkeiten so früh. Um wiederum nur ein Beispiel herauszugreifen: Im fernen Lüneburg begann man erst im letzten Viertel des 19. Jahrhunderts damit, verdiente Männer und Frauen mit Straßennamen zu ehren.

Die Westenrieder- war nach der Neuhauser-/Karlstraße (um 1815) wieder die erste Straße innerhalb der mittelalterlichen Stadt, die einen solchen Ehrungsnamen bekam. Die Straße hatte bis dahin Theaterstraße geheißen, nach dem Isartortheater, das an ihrem Anfang lag. Die – allerdings wieder zurückgenommene – Benennung der Karlstraße und die Benennung der Westenriederstraße sind im Bereich der mittelalterlichen Stadt die ersten beiden Fälle offizieller obrigkeitlich verordneter Umbenennungen. Die früheren Namenswechsel hingen vom Wechsel der örtlichen Gegebenheiten ab (Wechsel des Hauseigentümers, der Gewerbestruktur einer Straße usw.). Jetzt werden Namen geändert, weil andere Namen Mode sind, weil bestimmte Persönlichkeiten entweder in Mode oder bei der Öffentlichkeit gerade in Ungnade sind. Deshalb hat man in anderen Städten geradezu feststellen müssen: »So ist denn die Geschichte der Straßennamen die Geschichte ihrer Änderungen« (Stuttgart). Die Benennungen oder Umbenennungen geraten in das Fahrwasser augenblicklicher politischer Strömungen und Modeerscheinungen. Sie werden überhaupt ein Mittel der Politik. Jede Partei, die an der Macht ist, bevorzugt bestimmte, ihr genehme Personen und riskiert Umbenennungen, wenn eine andere Partei oder gar ein anderes Regime an die Macht kommt. Hunderte von Straßennamen mußten nach dem Sturz des Nazi-Regimes umbenannt werden. Für viele Straßennamen werden heute noch wiederholt Umbenennungen gefordert, weil sie politisch fragwürdig erscheinen. Aber auch politische Effekthascherei ist nicht selten im Spiel.

Seit 1826 gibt es eine weitere Spielart dieser Ehrungsnamen, die heute nicht weniger umstritten ist als die Benennung nach so mancher Persönlichkeit: die patriotischen Straßennamen zur Glorifizierung von Siegen des bayerischen Heeres: die Namen nach Orten wichtiger Schlachten (Arcis sur Aube in der Arcisstraße, Brienne-le-Chateau in der Brienner Straße, Bar sur Aube in der Barer Straße – alle 1826 nach Schlachtenorten des Napoleon-Krieges von 1814 benannt – oder die Namen des sog. Franzosenviertels in Haidhausen, allesamt nach Schlachtenorten des 70er Krieges benannt). Auch die Benennung von Straßen nach bedeutenden Kriegshelden oder Generälen gehört hierher. 1844 waren in der Feldherrnhalle die Standbilder für den Heerführer des 30jährigen Krieges Graf Tilly und den Bayerischen Feldmarschall Fürst Wrede aufgestellt worden. Erstmals im Jahr 1872 erhielt, und zwar innerhalb der mittelalterlichen Stadt, die Hartmannstraße den Namen eines Generals des Krieges von 1870/71.

Nicht in diese Gruppe gehören Namen wie Artillerie-, Infanterieoder Schwere-Reiter-Straße. Sie heißen so, weil an ihnen die jeweiligen Kasernen dieser Heeresteile lagen.

Allesamt sind sie ein Teil der Geschichte und Ausdruck ihrer Zeit. Wie Jahresringe an den Bäumen lassen sich an den Münchner Straßennamen die Epochen der Geschichte des 19. und 20. Jahrhunderts ablesen. Nach dem Einsetzen der Straßennamen des Fürstenabsolutismus am Ende des 18. Jahrhunderts erscheint unter dem Eindruck der Befreiungskriege gegen Napoleon 1826 der Straßennamenstyp, der an die militärische Vergangenheit des Landes erinnert, an die Tatsache, daß Bayern bis 1919 mehr als Tausend Jahre eine eigene Militärgeschichte hatte und daß München die größte Garnisonsstadt dieses Landes war.

Mit dem Denkmal für den Grafen Tilly 1844 und der Schillerstraße 1860 setzt der Baum wieder einen neuen Ring an. Während man bisher Straßen nach Persönlichkeiten benannt hat, die entweder noch lebten oder doch erst vor so kurzer Zeit gestorben waren, daß die Lebenden sie noch selbst gekannt hatten, konnte das bei Friedrich von Schiller oder gar beim Grafen Tilly sicher kaum noch jemand von sich sagen. Beide sind bereits ein weiter Rückgriff in die Geschichte. Wir befinden uns im Zeitalter des Historismus. In der Malerei entstehen die großen Historiengemälde, die Opernkomponisten, etwa Richard Wagner, bemächtigen sich der Themen aus germanischer Göttermythologie und mittelalterlicher Geschichte. Landauf landab entstehen in den bayerischen Städten historische Feste und Ritterspiele, die teils bis heute ihr Publikum begeistern. Die Architekten bauen Häuser im Stil längst vergangener Epochen. 1867 beginnt die Stadt auf dem Marienplatz mit dem Bau eines neuen Rathauses in einem mittelalterlichen Stil, der Gotik. Seit 1874 sammeln der damalige Stadtarchivar Ernst von Destouches und der Stadtbaurat Arnold Zenetti Gegenstände für ein historisches Stadtmuseum, das schließlich im Jahr 1888 eröffnet werden kann. Die Geschichte wird nachgespielt, nachgelebt, nachgeahmt, sie wird an die Wand gehängt, als Absonderlichkeit in Vitrinen gepackt oder auf dem Oktoberfest zur Schau gestellt.

In dieser Zeit also beginnt man auch bei den Straßennamen weit in die Geschichte zurückzugreifen und holt Namen und Ereignisse aus längst vergangenen Zeiten hervor. Im Jahr 1874 beginnt das mit Orlando di Lasso, dem Musiker des 16. Jahrhunderts (1532–1594), nach dem man – innerhalb der mittelalterlichen Stadt – die »Orlandostraße« benennt, am 10. August 1876 folgen die »Gammelsdorfer Straße« in Erinnerung an die Schlacht des Jahres 1313 bei diesem Ort im Landkreis Freising, 1877 die Benennung der »Jamnitzerstraße« nach dem ebenfalls im 16. Jahrhundert lebenden Hofgoldschmied (1508–1585) von vier Habsburger Kaisern, sowie ebenfalls 1877 die Benennung der »Tumblingerstraße«, nach dem Mann, der angeblich im Jahr 1426 den Münchner Metzgersprung erfunden hat. Dazu genehmigt am 2. Oktober 1877 das Ministerium des Inneren eine Fülle von Straßennamen nach Münchner Patrizierfamilien des Mittelalters, nach den Bart, Gollir, Kazmair, Ligsalz, Ridler, Schrenck und Tulbeck sowie den Künstlern Erasmus Grasser, Jörg Ganghofer (oder Jörg von Halsbach). Hans Krump(t)er und dem

1380 geborenen Weltreisenden Hans Schiltperger. Die Reihe läßt sich beliebig fortsetzen. Bis zum heutigen Tag sind seither diese Rückgriffe in die sehr ferne Vergangenheit bei Straßenbenennungen beliebt.

Der verlorengegangene Erste Weltkrieg beschert uns bei den Straßennamen zwei neue »Jahresringe«. Der Krieg hatte zum Verlust der deutschen Kolonien in Afrika – Togo, Kamerun, Deutsch-Südwestafrika, Deutsch-Ostafrika – geführt, ebenso zum Verlust von Tsingtau an die Japaner. Deutschland verlor außerdem Elsaß-Lothringen, fast ganz Posen und Westpreußen, das Memelgebiet, das Hultschiner Ländchen, in der Saar und in Oberschlesien und anderen Gebieten sollten Abstimmungen stattfinden. Die Folgen für die deutsche Politik in den 20er und 30er Jahren sind bekannt.

Jetzt werden in München Straßen nach Orten benannt, die an das Deutschtum – wie man damals sagte – im Ausland erinnern, an Orte mit überwiegend oder ausschließlich deutscher Bevölkerung in auswärtigen Staaten Europas. Das beginnt 1920 mit der »Saarstraße« und setzt sich fort 1923 mit der »Danziger Straße«, 1924 der »Liegnitzer Straße« (Bezirkshauptstadt in Niederschlesien). 1925 kommen hinzu die »Rigastraße« und die »Paul-Legarde-Straße«, nach einem Göttinger Orientalisten und nationalistisch gesinnten Schriftsteller (1827–1891). 1927 folgen die »Klausenburger Straße« und »Kronstadter Straße«, nach zwei Städten in Siebenbürgen, und die »Perathoner Straße« nach dem Bozener Bürgermeister und Vorkämpfer für die Erhaltung der deutschen Sprache und Kultur in Südtirol, sowie die »Vahrner Straße« nach einem Luftkurort bei Brixen. 1928 kommt die »Temeswarer Straße« nach der Hauptstadt des Banat hinzu, 1929 wieder drei Straßen, die an Südtirol erinnern, der »Klausener Platz«, die »Terlaner Straße« und die »Waidbrucker Straße«, 1930 die »Saargemünder Straße« – wir sind jetzt in Lothringen –, die »Colmarer« und die »Mülhauser Straße« – nunmehr im Elsaß –, die »Gnesener« (nach dem alten Bischofssitz bei Posen), die »Westpreußenstraße«, die »Konitzer« (nach einer Stadt in Westpreußen) und die »Rübezahlstraße«. Jeder weiß, daß sie an das Riesengebirge und damit an das Sudetenland erinnert. 1931 werden Tilsit, Elbing und das Hultschiner Ländchen in Straßennamen verewigt, aber auch Zabern im Elsaß. Man ehrt 1933 Martin Luther mit einem Straßennamen für seine Verdienste um die deutsche Sprache, erinnert mit der »Tsingtauer Straße« und der »Taku-Fort-Straße« an das Abenteuer in China und mit der »Vogesenstraße« wieder an das Elsaß. Man erinnert 1934 an die Sudetenfrage mit der »Egerlandstraße«, der »Kaadener« und »Marienbader« sowie der »Sudetenlandstraße«. Aber auch Südtirol ist – diesmal mit Tramin und Klobenstein – nicht vergessen.

In der Zwischenzeit hat das Regime gewechselt. Die Nationalsozialisten haben die Macht übernommen und warten auch auf diesem Gebiet mit mehreren Neuerungen auf. Sie bescheren uns die erste größere politisch begründete und verordnete Straßenumbenennungs-Aktion, indem sie alle Namen nach jüdischen Persönlichkeiten aus dem Straßennamenverzeichnis tilgen und durch genehmere Namen ersetzen lassen. Nach einem Runderlaß des Reichsministers des Inneren vom 27. Juli 1938 waren »sämtliche nach Juden und jüdischen Mischlingen I. Grades benannten Straßen oder Straßenteile unverzüglich umzubennnen«, »soweit dies noch nicht geschehen ist«. Einem Bericht des zuständigen Staatssekretärs im Bayerischen Ministerium des Inneren vom 6. Januar 1940 ist zu entnehmen, daß bis dahin in München 11 nach Juden benannte Straßen umbenannt worden waren. Bei weiteren 5 Namen waren die Untersuchungen darüber noch nicht abgeschlossen, ob es sich überhaupt um Juden handelte, bzw. war man sich in München nicht sicher, ob man die Umbenennung überhaupt wollte. Es befanden sich immerhin die Paul-Heyse-Straße und die Possartstraße darunter. Da mit Kriegsbeginn »Verwaltungsarbeiten für Straßenbenennungen zur Vereinfachung der Verwaltung im gemeindlichen Bereich laut Runderlaß vom 30. August 1939 völlig einzustellen« waren, ist die Umbenennung dieser fünf Straßen schließlich unterblieben. Der Oberbürgermeister Fiehler berichtete am 12. September 1940 an das Innenministerium in Berlin: »Die Umbenennung der nach Juden oder Mischlingen I. Grades benannten Straßen ... ist in München im allgemeinen abgeschlossen«.

Bereits im Jahr 1933 bescheren uns die Nationalsozialisten desgleichen eine sozusagen geballte Ladung von Straßennamen einer neuen Kategorie. Es handelt sich um die Namen, die an die koloniale Vergangenheit des deutschen Reiches erinnern (Stadtratsbeschluß vom 22. Juni 1933): die Askaristraße, Dar-es-Salaam-Straße, Dualastraße, Kamerun- und Kibostraße, den Lomeweg, die Sansibar-, Swakopmund- und Tangastraße, die Togo-, Usambara- und Windhukstraße. Ergänzt werden sie mit Namen von Kriegshelden, die sich ihre Sporen in den Kolonien verdient haben. Der Von-Erckert-Platz und die Von-Erckert-Straße erinnern ebenso daran wie die Von-Gravenreuth-, die Von-Heydebreck- und die Von-Trotha-Straße. Den Anfang gemacht hatte man allerdings schon 1932 mit der Wißmannstraße, benannt nach einem Afrikaforscher und Fachschriftsteller, der für Deutschland die Kolonie Deutsch-Ostafrika erworben hatte.

Zum Zeitpunkt dieses Stadtratsbeschlusses war die Umbenennung des Promenadeplatzes in Ritter-von-Epp-Platz (Beschlüsse vom 26. April bzw. 23. Mai 1933) bereits besiegelt. Es war dies die einzige

Umbenennung einer Straße durch die Nationalsozialisten innerhalb der mittelalterlichen Stadt. Gleichzeitig erfolgte die Umbenennung des »Schyrenplatzes« in »Georg-Hirschmann-Platz« nach einem 1927 – wie es hieß »von Marxisten« – niedergeschlagenen und später seinen Verletzungen erlegenen SA-Mann. Dies waren die ersten beiden Straßenbenennungen des neuen Regimes nach ihm nahestehenden Personen. Eine dritte Umbenennung, die am 26. April 1933 beschlossen worden war, scheiterte am Willen des zu Ehrenden. Dieser – es war kein geringerer als der Führer und Reichskanzler selbst – dankte zwar für die Verleihung des Ehrenbürgerrechts, »gleichzeitig hat der Reichskanzler ersucht, den Stadtratsbeschluß über die Umbenennung eines Teils der Brienner Straße (gemeint war der Teil, der vom Odeonsplatz bis zum Königsplatz führt) in Adolf-Hitler-Straße mit Rücksicht auf die historische Bedeutung des alten Straßennamens und der an der Brienner Straße liegenden Gebäude nicht zu vollziehen«. Der Stadtrat trug diesem Wunsche Rechnung, behielt sich aber vor, später eine geeignete Straße nach dem Reichskanzler umzubennen, wozu es aber nie mehr gekommen ist.

All die vielen Straßennamen nach Größen des Nazi-Regimes und der Partei müssen uns weiter nicht mehr interessieren. Die betreffenden Straßen wurden allesamt nach dem Zweiten Weltkrieg wieder umbenannt. Die Militärregierung hatte am 25. Juni 1945 verfügt, »daß sämtliche Strassen und Plätze, die nach Personen oder Motiven des 3. Reiches benannt worden sind, bis 31. August 1945 umzubennen und neu zu beschriften sind«. Bereits am 3. Januar 1946 berichtete der zuständige Referent Karl Sebastian Preis in der Vollversammlung des Stadtrates: »Im Zuge der Säuberung der Straßennamen von allen Namen nach Personen oder Motiven des 3. Reiches wurden bisher in München 106 Straßen umbenannt«. In der Sitzung vom 14. Januar 1947 schlug der Referent aus dem selben Grund dem Stadtrat weitere 77 Straßennamen zur Änderung vor, die die Stadt anläßlich der Eingemeindung von 8 Vorortgemeinden in den Jahren 1937–1942 sozusagen geerbt hatte. Weitere 650 Straßennamen standen in diesen neuen Stadtbezirken zur Umbenennung an, weil Verwechslungsgefahr mit in München bereits vorhandenen Straßennamen bestand, ein fast gigantisches Umbenennungswerk. In der alten, der mittelalterlichen Stadt, war von all diesen Umbenennungs-Aktionen als einziger Name nur der des Promenadeplatzes betroffen.

Es liegt in der Natur dieser Art der Straßenbenennung, daß sich auch unter den aufgeführten Straßennamen immer noch welche befinden, die bei genauem Hinsehen das Bild stören, das wir uns gerne von dieser Stadt machen, Namen, die heute auch niemand mehr vergeben würde. Sie alle wieder tilgen zu wollen, wäre aber sicher auch keine ehrliche Lösung. Es hieße einen großen Teil der Vergangenheit und einen Teil der Geschichte auslöschen und wegleugnen zu wollen. Wenn man sich darauf einläßt, diese Straßennamen sozusagen zu politisieren, dann muß man auch politische Irrtümer in Kauf nehmen und sich damit abfinden, daß die Nachwelt daraus ihre Schlüsse über die Bewußtseinslage der Benenner zieht. Das wird in hundert Jahren auch für die Straßenbenennungen unserer Zeit gelten. Es mag uns peinlich sein, daß unsere Vorfahren absolute Fürsten, daß sie Patrioten, Kolonialisten, Militaristen und was nicht sonst noch alles gewesen sind, und es mag uns peinlich sein, daß man das heute noch sieht, beispielsweise an ihren Straßenbenennungen. Sie sind aber leider Ausdruck ihrer Zeit und unserer Geschichte.

Dies trifft genauso für die Straßenbenennungen nach dem Zweiten Weltkrieg zu, die nicht weniger aufschlußreich sind. Die Namen dieser Zeit sind getragen von dem Bemühen um politische Unverfänglichkeit. Man benennt in einer Art zweitem Historismus wieder viele Straßen nach oftmals fast exotisch klingenden Namen von Ortsadeligen der Umgebung Münchens im frühen Mittelalter, nach manchmal sogar lediglich rekonstruierten Namen, die in keiner Quelle wirklich belegt sind. Schon 1945 werden Straßen nach Rapoto, der 1274 eine Stiftung an das Heiliggeistspital machte, und nach dem oberrheinischen Maler des 14./15. Jahrhunderts, Konrad Witz, benannt. 1947 gibt es Straßenbenennungen nach Paoso, Alto, Asmar, 1948 Mocho, 1950 Situli, 1956 Adalo, Aribo und Zamila usw. Diese Adeligen und Kriegshelden des 6. und 7. Jahrhunderts mögen nach dem Zweiten Weltkrieg als willkommener Ausweg erschienen sein, als es nicht mehr angängig war, Straßen nach dem Muster der napoleonischen Kriege oder des 70er Krieges nach Generälen des Zweiten Weltkriegs zu benennen. Insofern sind also auch sie bezeichnend für ihre Zeit.

Gerne benennt man aber jetzt Straßen nach Blumen, Vögeln, Berggipfeln, nach Handwerksberufen und Städten. In der Mitte der 50er Jahre wird das Wirken der Heimatvertriebenen-Verbände in den Straßennamen sichtbar, ein neues Genre. Es kommen Namen auf, die an die Heimatorte der Vertriebenen erinnern, 1953 die Teplitzer Straße, 1954 die Gablonzer Straße, die Batschka- und die Riesengebirgstraße, 1955 die Balten-, Dorpat- und Ratiborstraße, 1961 die Tucheler-Heide-Straße, 1964 die Troppauer Straße usw.

Die Olympischen Spiele von 1972 finden ihren Niederschlag in einer großen Zahl von Namen berühmter Sportler, vorwiegend Olympiasiegern, im Umkreis der olympischen Sportstätten, sozusagen ein weiterer Jahresring in der Epochengliederung der Straßennamen.

Abb. 6: *Elisabeth Ludovica von Bayern (1801–1873). Zeichnung von Johann Peter Melchior (1742–1825), 1812.*

Abb. 7: *Lucile Grahn-Young (1825–1907).*

Im Mittelalter war zeitweise die heutige Landschaftsstraße nach einer Frau benannt, der »Weckerin Gässel« und auf dieselbe Straße bezogen: »das Gässel, da die Sanwelin die Judin ansitzet«. Später gab es dann noch eine »Hebammengasse«.

Die erste Frau, nach der man im 19. Jahrhundert in München eine Straße benannte, war – den historischen Verhältnissen zufolge nicht verwunderlich – eine bayerische Prinzessin: Elisabeth Ludovika (1801–1873), eine Tochter des Königs Max I. Joseph und später selbst Königin, aber von Preußen. Sie war bei der Benennung der Elisenstraße im Jahr 1808 erst sieben Jahre alt. Auf sie folgte 1809 ihre Mutter, Königin Karoline (Karolinenplatz), eine badische Prinzessin.

Die nächste Gruppe weiblicher Personen beginnt um 1888 mit der heiligen Paula (Paulastraße), und setzt sich 1897 fort mit der heiligen Barbara (Barbarastraße). Auf die Heiligen folgen bloße weibliche Vornamen, ohne Bezug auf eine bestimmte Person, beginnend mit Ida (Idastraße 1897) und Juta (Jutastraße 1900).

Die erste bürgerliche Frau, nach der man in München eine Straße benannt hat, war eine Frau des Mittelalters, die um 1454 gestorbene Anna Reitmor. Sie hat uns die Katzmair-Chronik über die Bürgerunruhen der Zeit von 1397–1403 überliefert. Die Straßenbenennung erfolgte im Jahr 1898. Die nächste Frau ist Sabine von Schmitt (Sabine-Schmitt-Straße), die Witwe eines Appellationsgerichtspräsidenten, die eine Wohltätigkeitsstiftung gemacht hatte. Im Jahr 1900 wurde die Straße nach ihr benannt. Ihr folgte im Jahr 1906 Lucile Grahn-Young (Lucile-Grahn-Straße), eine Hoftheaterballett-Direktrice, die ebenfalls eine große Stiftung an die Stadt gemacht hatte. 1908 folgten zwei weitere Stifterinnen: Maria Lehner und Anna Wollani. Seit 1899 werden dann auch Straßen nach weiblichen Sagenfiguren benannt: Isolde (1899), Brunhilde, Fricka, Gudrun, Kriemhild (alle 1900). Die Politikerinnen sind die letzte Gruppe, die zur Ehre eines Straßennamens kommt. Das beginnt 1930 mit Luise Kiesselbach.

Anstoß erregt hat übrigens bis in die 30er Jahre unseres Jahrhunderts die Namengebung nie wegen der Art der Namen, sondern immer nur wegen ihrer Systemlosigkeit. Bis zum Ende des 19. Jahrhunderts wurde kaum darauf geachtet, in Neubauvierteln einheitliche Namen zu vergeben, außer beim sog. Franzosenviertel in Haidhausen. Anläßlich der Eingemeindung von Neuhausen im Jahr 1890 beschloß der Magistrat eine Kommission einzusetzen, um nunmehr doppelte Straßennamen zu beseitigen. Auch bei der Eingemeindung Schwabings wurde diese Kommission tätig. Bei anderen Eingemeindungen ist nicht mehr von ihr die Rede.

1912 mußte sich der Referent für Straßenbenennungen in einem Zeitungsartikel gegen den Vorwurf der Systemlosigkeit der Benennungen zur Wehr setzen und meinte, ihm würde manchmal bange, woher er die vielen Straßennamen alle nehmen solle. Er wandte sich gegen die Forderung, Straßen systematisch zusammenzufassen, etwa die Straßen bestimmter Viertel nur nach Dichtern oder Komponisten zu benennen. Auch in einem Artikel des vom Stadtrat herausgegebenen »Münchner Wirtschafts- und Verwaltungsblatts« von 1927 wird bemerkt, es gebe keine Systematik bei den Benennungen und der Stadtrat befände sich bei der rasch wachsenden Stadt »oft geradezu in einer Notlage, der rasch und ohne viel Federlesens abgeholfen werden muß«.

Die Forderung nach einer gewissen Systematik wurde auch später wiederholt von der Presse erhoben, weshalb 1933 das Reichsinnenministerium versuchte, eine solche Systematik zu dekretieren. Jetzt wurde unter anderem festgeschrieben, daß es jeden Straßennamen in einer Stadt nur einmal geben dürfe, daß lange Straßen bei der Benennung unterteilt werden müßten, daß abgewechselt werden müsse zwischen Begriffen wie Straße, Gasse, Weg, Allee usw. Die Namen sollten in erster Linie an Örtlichkeiten, örtliche oder geschichtliche Begebenheiten und Persönlichkeiten erinnern und es seien grundsätzlich Namen lebender Personen zu vermeiden.

Noch bis 1918 wurden Straßennamen von der Stadtverwaltung oder auch von Einzelbürgern vorgeschlagen, vom Magistrat beraten und beschlossen, mußten aber dann in jedem Einzelfall vom König oder der Regierung genehmigt (oder auch abgelehnt) werden. So hat schon 1863 die Regierung die von den Hausbesitzern geforderte Umbenennung der Knöbelstraße abgelehnt. 1872 versagte der König der Umbenennung des Rindermarktes in Peterstraße seine Zustimmung.

Eine Ministerialentschließung vom 4. August 1875 teilte der Stadt die Genehmigung von 19 neuen Straßennamen durch den König mit, die der Magistrat vorgeschlagen hatte, drei Namen jedoch hatte der König abgelehnt (Zollstraße, Apollostraße, Pfefferstraße) und »gaben Seine Majestät dem Stadtmagistrate München zu erwägen, ob diesen Straßen nicht passendere etwa auf die Stadtgeschichte bezügliche Benennungen beigelegt werden können«. Dieser Grundsatz, die Stadtgeschichte bei solchen Benennungen stärker zu berücksichtigen, findet sich hier erstmals ausgesprochen. Anläßlich der Benennung der Ickstattstraße greift der Magistrat in seiner Sitzung vom 26. Oktober 1875 die »Allerhöchste Aeusserung, daß bei der Benennung von Strassen möglichst auf die Geschichte Münchens Bezug genommen werden soll«, auf.

»Der sechste Tag für Denkmalpflege« hatte dann im Jahr 1905 »einstimmig folgende Leitsätze über die Erhaltung alter Straßennamen aufgestellt:

1. Jede alte und als solche geschichtlich bedeutungsvolle Bezeichnung von Straßen, aber auch von Plätzen, Brücken, Häusern und ganzen Stadtteilen, dann von Acker- und Waldstücken, Flüssen, Bächen, Teichen und Bergen ist auf alle Fälle zu schützen und zu erhalten, und zwar um so mehr, je eigenartiger und sinnvoller sie ist.

2. Jnsonderheit dürfen alte Namen nicht zu Gunsten von solchen berühmter oder verdienter Männer des Vaterlandes oder der engeren Heimat beseitigt werden.

3. Bei Benennung neuer Straßen sind in erster Linie die alten Flur- und Ortsbezeichnungen zu verwenden.

4. Da, wo erst in neuerer Zeit der alte Name durch einen modernen ersetzt ist, soll der erste, soweit es irgend angeht, wieder zu Ehren gebracht werden.«

Das Staatsministerium des Innern hat am 30. November 1905 den Gemeindebehörden »die tunlichste Beachtung dieser Leitsätze nahegelegt«, veröffentlicht im Amtsblatt der kgl. Staatsministerien des kgl. Hauses und des Äußern und des Innern, 33. Jg., 1905, S. 570. Die Gemeindebehörden focht das allerdings nicht an. In die Benennungspraxis ist davon wenig eingeflossen. Ja, die Straßenbenennerei treibt inzwischen manch seltsame Blüten. Kürzlich (1990) beantragte ein Münchner Bezirksausschuß die Benennung einer Straße nach seinem derzeit amtierenden – also noch lebenden – Ausschußvorsitzenden. Nach noch lebenden Personen ist seit der Nazi-Zeit nur noch einmal eine Straße benannt worden: 1951 nach dem Papst Eugenio Pacelli. Auch in anderen Städten ist es seit dem Zweiten Weltkrieg – aus guten Gründen – nicht mehr üblich, Straßen nach lebenden Personen zu benennen. Vor kurzer Zeit (1988) wurde nur mit knappem Abstimmungsergebnis verhindert, daß eine Straße nach einem 1951 bei einer verbotenen Demonstration in Essen von der Polizei erschossenen Jungkommunisten benannt worden wäre, während in der Zwischenzeit (1990) in Städten in der ehemaligen DDR schon wieder Initiativen zur Umbenennung der betreffenden Straßen im Gange sind. Manchmal ist der Zeitgeist fast schneller als die Straßenbenenner.

Im Jahr 1875 geschah in München etwas weiteres Wesentliches: die Abschaffung des Begriffes »Gasse«. Noch im Adreßbuch von 1874 gibt es die Sendlingergasse, Neuhausergasse, Kochgasse, Schommergasse, Jägergasse, Landschaftsgasse, Mühlgasse, Perusagasse, Kaufingergasse, Herzogspitalgasse, Spitalgasse, Lederergasse, Knöblgasse usw. Das Münchner Amtsblatt Nr. 36 vom Sonntag, dem 9. Mai 1875, und die Münchner Gemeindezeitung Nr. 39 vom 16. Mai 1875 veröffentlichen dann eine neue Bezirks- und Distriktseinteilung der Stadt, die die Polizeidirektion am 3. Mai erlassen hatte, mit Aufzählung aller Straßen, die zu dem jeweiligen Bezirk gehören sollen. Hierbei heißen nun erstmals alle bisherigen Gassen »-straße«. Das Adreßbuch von 1875 ist dem sofort gefolgt. Einzig die Damenstiftsgasse und die Preysinggasse (heute Viscardigasse) heißen im Adreßbuch noch »-gasse«. Sie werden aber bereits im nächsten Jahr 1876 ebenfalls »Straße« genannt. Dafür hieß 1875 auch die Dürnbräustraße »-straße«, die als eine der wenigen nachher wieder zur »-gasse« wurde. »Gasse« heißen heute in der Innenstadt als einzige noch die Albert-, die Filserbräu-, die Viscardi- und die Dürnbräugasse.

Einen Versuch zur Abschaffung des Bestimmungswortes »Gasse« hatte 1818 schon das – allerdings inoffizielle – Adreßbuch gemacht. Dasjenige von 1823 hat es beibehalten. Auch in diesen beiden Nachschlagewerken steht schon Residenz-Straße, Hofgarten-Straße, Theatiner-Straße, Perusa-Straße, Wein-, Burg- und Lederer-Straße usw. 1833 jedoch hat das Adreßbuch dies wieder rückgängig gemacht und es heißt wieder Burggasse, Dienersgasse, Lederergasse, Perusagasse, Residenzgasse, Theatinergasse usw. Die Schreibweise ist also nicht amtlich festgelegt und weitgehend dem Gutdünken überlassen. Sie hat sich aber auch nicht durchgesetzt und wurde wieder geändert.

Auch das Ausmerzen des Namens »Gasse« war in vielen Städten eine Modeerscheinung. In Stuttgart wurde »Gasse« schon 1811 durch »Straße« ersetzt. In Rosenheim geschah dies in den Jahren 1877 bzw. 1882, ebenso im Laufe des 19. Jahrhunderts auch in Ingolstadt. Jedoch nicht alle Städte machten dies mit. In Landshut heißen heute noch im ganzen Altstadtbereich alle Verkehrswege »Gasse«. Auch in Augsburg und Passau haben im Altstadtbereich fast alle alten Gassen ihre Bezeichnung behalten. Lediglich dort, wo alte Namen durch neue ersetzt wurden, wurde auch die Bezeichnung »Gasse« von »Straße« abgelöst. In wieder anderen Städten war auch im Mittelalter die Bezeichnung Gasse überhaupt nicht üblich. So hießen z. B. in Braunschweig auch in dieser Zeit alle Verkehrswege »Strate«, nie »Gasse«.
In München hieß innerhalb der Stadt nur die Weinstraße schon immer Straße, niemals Gasse. Die Burgstraße wechselte. In den Gerichtsbüchern heißt sie fast immer »Burggassen«, nur manchmal »Burchstrazz«, 1383 sogar einmal »Purchstrazzgassen«, was zeigt, daß sich der Schreiber offenbar gar nicht bewußt war, daß es sich bei der »strazz« um eine Verkehrswege-Bezeichnung handelt und die »gassen« deshalb nicht mehr nötig gewesen wäre.
Die Bezeichnungen »Straße« und »Weg« sind ansonsten ein Kennzeichen für Verkehrsverbindungen außerhalb der Stadt, für Überland-Verbindungen. So gibt es dort draußen einen Feldmochinger Weg, Sendlinger Weg, Thalkirchner Weg, einen Weg nach Milbertshofen, einen Trasweg, Leuchweg, Rennweg und eine Straß gen Niedersendling. Auch das ist in anderen Städten ebenso zu beobachten, etwa in Ingolstadt.
Der Begriff »Gasse« ist in München offensichtlich Verkehrsflächen vorbehalten, an denen Häuser liegen. Deshalb gibt es auch außerhalb der Stadt in Ausnahmefällen Gassen, vorwiegend im stadtnahen Teil, der noch mit zahlreichen Häusern bebaut ist.
Die erste Hausnumerierung stammt in München aus dem Jahre 1762. Sie stand jedoch nur auf dem Papier, war also theoretischer Natur. Sie erfaßte die Häuser viertelweise. Erst im Jahr 1770 dann wurde der Maler Franz Gaulrapp vom Magistrat damit beauftragt, von Haus zu Haus zu gehen und an alle Haustüren mit weißer Farbe eine Nummer zu malen. Auch dies geschah viertelweise nach den vier Stadtvierteln. Insgesamt kam er auf 1213 Hausnummern.
Auf dem Papier hatte man in Lüneburg schon 1687 die Häuser der Stadt mit durchlaufenden Nummern versehen. In der Stadt Erfurt gab es schon seit 1690 eine wirkliche Durchnumerierung der Häuser. Sie blieb allerdings ein Ausnahmefall.
Die Hausnumerierung soll von Frankreich ihren Ausgang genommen haben, wo schon länger die Hausnamen abgeschafft und dafür

die Nummern eingeführt worden seien. Nicht von ungefähr stehen die ersten Hausnumerierungen in deutschen Städten (außer Erfurt) mit der Einquartierung von Franzosen in Zusammenhang. So wurde in Frankfurt im Jahr 1760, als eine französische Besatzung in der Stadt lag, die Hausnumerierung eingeführt. Auch die Stadt Mainz führte die Hausnumerierung während der Franzosenzeit ein. Im Jahr 1770 numerierte die Stadt Schweinfurt ihre Häuser für die Einquartierung kursächsischer Infanterie, im selben Jahr die Stadt Freiburg anläßlich des Einzugs der Dauphine Marie Antoinette. Konstanz führte sie 1786 im Zug der Josephinischen Reformen ein, im gleichen Jahr die Städte Trier und Straßburg. Hamburg folgte 1788, Köln und Leipzig 1794, 1795 Nördlingen wieder für eine Einquartierung französischer Truppen, im selben Jahr Lübeck. 1791 wurden in Landshut die Häuser numeriert, 1807 in Rosenheim. 1808 wurde die Hausnumerierung von Montgelas für ganz Bayern zur Pflicht gemacht.

Tafeln mit Straßennamen wurden erstmals 1801 von der Polizei an den Ecken der Straßen und Gassen aufgestellt.

Von einer Einteilung der Stadt in Viertel erfahren wir erstmals im Jahr 1363. Das Tal wird in dieser Zeit noch eigens aufgeführt, ebenso wie 1381, so daß man fast von fünf Vierteln sprechen kann, obwohl ausdrücklich gezählt nur vier werden. 1383 ist sogar von 12 Stadtteilen (duodecim partium civitatis Monacensis, 12 Teile der Stadt München) die Rede, namentlich aufgeführt werden dann allerdings nur 9, wobei auch die besiedelten Gebiete am Grieß, außerhalb der Stadt(!), einen eigenen Bereich bilden. An der Spitze stehen jeweils vier bzw. drei »provisores« (Vorsteher, Versorger, Beschaffer). Innerhalb der Stadt fehlen der ganze Anger und beide Schwabinger Gassen. Wahrscheinlich sind das die fehlenden drei »partes«. Die Namen der Teile lauten: (Als Nr. 1) fehlt der ganze Anger), 2) Sentlinger gass, mit vier provisores, 3) Althaim und Neuhauser gazz, mit vier provisores, 4) Enggazz und Schaffler gass, mit drei provisores wie auch alle folgenden, 5) Kreuzgass und Prandasgass, (jetzt fehlen mit 6) und 7) die erste und zweite Schwabinger Gasse), 8) Gragkenaw und Irchergass, 9) Tal, 10) Grieß und vor dem Dekentör, 11) (Innere Stadt) St. Peters Pfarr, 12) (Innere Stadt) Unser Frauen Pfarr. Die Nummern stehen natürlich nicht in der Quelle. Zweck und Aufgaben dieser Einteilung sind unklar. Sie erinnert aber sehr an diejenige in den Steuerbüchern.

Die Vierzahl setzt sich endgültig wohl erst um 1400 durch. In diesem Jahr sind acht Hauptleute belegt, die vier Vierteln entsprechen. Es sind also pro Viertel zwei Hauptleute tätig. Die Abgrenzung erfolgt einerseits in Ost-West-Richtung auf der Achse Tal/Marienplatz/Kaufinger-/Neuhauser Straße. Dies ist seit 1271 gleichzeitig

Abb. 8: *Die Innere Stadt nach dem Sandtner-Modell. Blick nach Norden.*

die Grenze der beiden Pfarreien St. Peter und Unsere Liebe Frau. Die zweite Grenze verläuft in Nord-Süd-Richtung durch die Sendlinger/Rosen-/Wein-/Theatinerstraße. Sie läuft ebenfalls über den Markt- oder Marienplatz.

Auch in Lüneburg beispielsweise ist eine erste Einteilung in Viertel für das Jahr 1370 belegt. Merkwürdigerweise hat Augsburg erst in der 1. Hälfte des 15. Jahrhunderts zur besseren Erfassung der Wehrpflichtigen eine topographische Wehrgliederung nach Vierteln eingeführt, orientiert an historisch gewachsenen Stadtkernen und an den Toren. Je zwei Viertelhauptleute (in München waren es zunächst je zwei, nach dem Grundgesetz von 1403 je drei, d. h. je einer aus dem Inneren Rat, einer aus dem Äußeren Rat und einer aus der Gemein) in den acht Vierteln wachten über Stadttore, Feuerordnungen und das Bürgeraufgebot auf den Alarmplätzen.

Die Einteilung in vier Viertel scheint ein Grundprinzip bei allen Stadtbildungen und Stadtgründungen zu sein. Auch in Städten Italiens, Spaniens und Frankreichs kommt sie vor, woraus man auf gemeinsamen Ursprung und Bedeutung, auf ein altüberliefertes allgemeines Prinzip städtischer Ordnung geschlossen hat (Schultze). Maßgebliche Gesichtspunkte bei der Einteilung sind überall der Bezug auf Stadttore, den Markt, das Rathaus. In vielen Städten ist das Rathaus, in anderen der Marktplatz, der Schnittpunkt der Grenzen dieser Viertel. Auch die Vierzahl der Tore ist weit verbreitet und charakteristisch für die Anlage der römischen Munizipalstädte, deren Grundformen auf das römische Lager zurückgingen. Man muß sich allerdings davor hüten, diese Einteilungen auf unmittelbares römisches Vorbild zurückführen zu wollen. Es liegt allenfalls eine spätere Übermittlung über Nachbarländer, eben über Italien, Spanien, Frankreich, vor. Der Zweck dieser Einteilung ist überall die Verteidigung der Stadt (gegen Feinde im Inneren wie Äußeren, deshalb ist auch der Nachtwachen-Dienst mit einbezogen), also ein militärischer und sicherheitspolitischer. Auf diese Zusammenhänge sei nur verwiesen, um dem Eindruck vorzubeugen, als stellten diese Verhältnisse in München eine lokale Besonderheit oder gar Einzigartigkeit dar.

Gar nichts mit der Vierteleinteilung haben die sog. »Nachbarschaften« zu tun, auch wenn dies in anderen Städten so erscheinen mag (Schultze). In allen Münchner Quellen, in denen sie bisher begegnet sind, handelt es sich dabei um eine Gruppe von Brunnen-Anteils-Eignern, Hauseigentümern, die gemeinsam einen Brunnen gegraben haben und ihn fortan gemeinschaftlich unterhalten und nutzen (sog. Brunnen-Genossenschaften). In Quellen begegnen sie immer dann, wenn sie von der Stadt einen Zuschuß dazu erbitten, so 1438 die Nachbarn bei den Augustinern zum Brunnen, 1541/42 die Nachbarschaft an der Kreuzgasse zu einem Brunnen, im selben Jahr die Nachbarschaft zum Brunnen an der oberen Metzg, welche Eimer usw. hat anfertigen lassen und nun von der Stadt einen Zuschuß dazu erhält, 1542/43 eine Nachbarschaft an der Neuhauser Gassen zu einem Brunnen, 1543 die Nachbarschaft beim Neuhauser Tor für den dem Zollner Seehofer gebührenden Teil von dem Brunnen. Nur einmal gibt es einen Hinweis darauf, daß diese Nachbarschaften auch einem anderen Zweck gedient haben, als solcher Nachbarschaftshilfe, aber keineswegs einem militärischen, sondern einem gesellschaftlichen: 1539 wird »der gemeinen Nachbarschaft oben an der Dienersgassen« zur Abhaltung der alljährlich veranstalteten Sonnwendfeier ein Ewiggeld gestiftet. Es wird 1570 noch einmal erwähnt, als es an das Reiche Almosen übertragen wird. Es gibt aber keinen Hinweis darauf, daß es sich hier um eine Untergliederung der Viertel gehandelt habe, die etwa lückenlos in solche Nachbarschaften aufgeteilt und ihnen hierarchisch zugeordnet gewesen wären. Die Nachbarschaften waren rein informelle Gruppen und hatten keinerlei administrative Aufgaben.

Überhaupt nicht existieren die in der Literatur viel genannten »Steuerbezirke«. Da sollte man etwas gewissenhafter bei der Verwendung der Begriffe sein. Die Steuerzahler werden zwar in den Steuerbüchern in Gruppen eingeteilt, die mit dem Namen wichtiger Straßenzüge überschrieben sind. Dies sind aber keine Steuer»bezirke« in dem Sinne, daß das ganze Stadtgebiet in ein lückenloses Netz von Räumen mit eigener Steuerverwaltung und eigenem Verwaltungspersonal für die Steuererhebung eingeteilt gewesen wäre. Es gab nur eine einzige Steuerverwaltung und die amtierte für die gesamte Stadt. Im Unterschied dazu haben ja die vier Stadtviertel eigenes Verwaltungspersonal, ebenso wie die beiden Pfarreien eigenes Verwaltungspersonal haben und ebenso wie im 19. Jahrhundert die Kaminkehrbezirke, Leichenfrauenbezirke, Schulsprengel usw. eigene Verwaltungseinheiten darstellen. Mit diesem Begriff »Steuerbezirke« wird für das Mittelalter ein völlig falscher Eindruck von Verwaltung vermittelt.

Was die Einteilung dieser Steuerzahler wirklich bedeutet, wissen wir nicht. Wahrscheinlich war das zu der Zeit, als die Steuerkommission noch von Haus zu Haus ging, jeweils ein Tages-»pensum« oder ein Tageswerk dieser Kommission. Einige Namensgruppen von nur sehr geringem Umfang scheinen zwar nicht in diesen Deutungsversuch zu passen (»Bei Spital«, »Krottental«), können aber später – als ohnehin nicht mehr von Haus zu Haus gegangen wurde – durch Abspaltung entstanden sein. So wurde noch in den ersten Steuerbüchern die Schäfflergasse zur Engen Gasse gerechnet und erst später abgetrennt. Auch die Fingergasse wurde anfangs nicht immer als eigenes Kapitel im Steuerbuch geführt, sondern war Teil der Prannerstraße. Gleiches galt unmittelbar nach ihrer Entstehung für die Fischergasse. Sie wurde zum Tal Petri gerechnet und verselbständigte sich erst einige Jahre später.

Neben der kirchlichen Einteilung in zwei Hälften (wobei die Heiliggeistpfarrei als eigenständige Pfarrei, ebenfalls seit 1271, unberücksichtigt bleiben kann, sie umfaßte nur das Spital) und der Einteilung der Militär- und Polizeigewalt in die vier Viertel gibt es noch eine weitere, nämlich die Gliederung in Innere und Äußere Stadt. Sie hat auch im Mittelalter schon lediglich historische Bedeutung. Es besteht für die beiden Bereiche weder eine eigene Verwaltung noch ein eigener Rechtsstatus. Die äußere Stadt ist gegenüber der Inneren lediglich diejenige, die erst durch die formelle Stadterweiterung Ende des 13. Jahrhunderts in die Stadt einbezogen wurde. Mit der Inneren Stadt ist das Gebiet der sogenannten Heinrichstadt (Gründung Heinrichs des Löwen) gemeint, wie sie vor der Stadterweiterung in der zweiten Hälfte des 13. Jahrhunderts bestanden hat. Um diese Innere Stadt herum laufen als Begrenzung die heutige Sparkassenstraße (früher Pfisterbach) im Osten, dann der Hofgraben, die Schrammer- und Schäfflerstraße im Norden, die Augustinerstraße und der Färbergraben im Westen, das Rosental und der Roßschwemmbach am heutigen Viktualienmarkt wieder im Osten. Alles was außerhalb dieses Kreises bis hin zur Ringmauer liegt, gehört zur Äußeren Stadt. Als Ortsangabe für Häuser und Liegenschaften spielen die Angaben »gelegen in der Inneren Stadt« oder »in der Äußern Stadt in der Sowieso-Gasse« eine große Rolle und finden sich ständig in den Quellen.

Das letzte Einteilungsschema, das genannt werden muß, ist die Einteilung in »Stadt und Burgfrieden«, auch das eine Einteilung für sich. Der Burgfrieden bezeichnet dasjenige Gebiet, das zwar außerhalb der Stadtmauer liegt, aber rechtlich dennoch zur Stadt gehört. Die dort lebenden Menschen sind regelrechte städtische Bürger. Der Burgfrieden und die dort gelegenen Grundstücke und Häuser werden in dieser Namenskombination stets eigens aufgeführt. Das bahnt sich im Rudolfinum von 1294 bereits mit einer vagen Formulierung an. Im Jahr 1380 findet sich dann erstmals der Begriff Burgfrieden selbst. Von da ab begegnet das Begriffspaar »Stadt und Burgfrieden« ständig.

*

Bei der großen Fülle meist sehr verstreuter Quellen ist es unmöglich, im ersten Ansatz bereits alle Straßennamen zu ermitteln. Es wird also immer noch möglich sein, neue zu entdecken. Auch können sich manche der angegebenen Eckwerte bei der Datierung verschieben. Vor allem der Endwert ist häufig unsicher, weil ein einmal in Gebrauch befindlicher Name noch lange verwendet werden kann, ohne daß eine schriftliche Quelle ihn nennt.

Das Verfahren, Häuser zu lokalisieren ist schwierig und nur mit großem Aufwand darzustellen. Es wurde deshalb darauf verzichtet, im Rahmen dieser Arbeit auch noch in jedem Einzelfall den Beweis dafür zu liefern, warum ein Hauseigentümer gerade zu diesem Haus gehört. Dieser Nachweis könnte aber jederzeit erbracht werden.

Die Arbeit beschränkt sich auf die Stadt innerhalb der Mauern, nur in Einzelfällen wurden auch Namen aufgenommen, die in den Burgfrieden hinaus gehören. Es geschah dies immer dann, wenn solche Namen nötig waren, weil es innerhalb der Stadt entweder gleich oder ähnlich lautende gab oder es sich aus anderen Gründen anbot, sie nebeneinander zu stellen. Namen, die zu Straßen außerhalb der Mauern gehören, sind mit einem Quadrat gekennzeichnet. In Klammern stehen Namen, die es in dieser Form bzw. überhaupt nie gegeben hat, die eine wissenschaftliche Fehlkonstruktion sind.

Qu.: Dombart, Englischer Garten S. 313. – Rambaldi Nr. 451. – AB 1818 S. 149. – AB 1833 S. 71. – Münchner Amtsblatt Nr. 36, 1875, S. 151–155. – Aschl S. 17, 22, 23, 24, 30, 89. – Burgholzer S. 315. – Reinecke S. XIV, XVI, S. 64. – Meier, Braunschweig S. 24, 38, 89. – Bauer, Richard, Weshalb heißt der Stachus Karlsplatz?, in: Münchens Straßennamen, München 1983, Vorwort. – Schattenhofer, Bettler OA 109/1, 1984, S. 173–175. – StadtA, Städt. Grundbesitz 335 (20.6.1830), 618 (1796). – StadtA, Stadtchronik 1829 S. 106/107, 1844 S. 106, 1850 S. 86, 1860 S. 220, 1863 S. 522 f., 1872 S. 1641. – Dengler, Ingolstadt S. 11/12, 35, 85, 130. – Geyer/Pimsner, Passau. – Augsburger Stadtlexikon S. 392. – Grohne S. 171–173. – HStA MF Nr. 68725 (4.8.1875) und Münchner Gemeinde-Zeitung 1875 S. 629. – Straßennamen in Stuttgart, Herkunft und Bedeutung, in: Stuttgarter Beiträge, Heft 10, Stuttgart 1974. – Grobe S. 566 nach Akt der LBK Nr. 86 (27.12.1816). – Schultze, Johannes, Die Stadtviertel. Ein städtegeschichtliches Problem des brandenburgischen Raumes, in: Blätter für deutsche Landesgeschichte 92, 1956, S. 18–39, hier S. 23 ff., 33, 38. – KR 1438/39 S. 54v, 1541/42 S. 87r, 94v, 1542/43 S. 89r, 1543/44 S. 92v. – RP 1541 S. 81r. – StadtA, Zimelie 17, Ratsbuch III S. 96r (1383); Straßenbenennung und Hausnumerierung Nr. 40/55, 40/56, 40/62d. – HStA, Baierische Landschaft U 1539 Juni 24 und 1570 September 4.

*

DIE STADTVIERTEL

a) Viertelbenennung nach Örtlichkeiten im Viertel:

ANGER-VIERTEL, seit vor 1508.

Den ersten Beleg für diesen Namen liefert eine Urkunde von St. Peter vom 15. September 1508. Nach ihr liegt ein Haus an der Sendlinger Gasse »im Angerviertel«. Die Ratsprotokolle, die seit 1458 Jahr für Jahr die neu gewählten Viertelhauptleute aufführen, kennen erstmals im Jahr 1530 den Namen »Anngerfiertl« anstatt des bis dahin einzig gebrauchten Namens »Rindermarkt-Viertel«, siehe dort.

Aus Beiträgen von Schaffer und dem Register zu Dirr könnte man herauslesen, daß der Name Anger-Viertel schon 1483 vorkomme. Dies wäre ein Irrtum. Beide Autoren sprechen an der betreffenden Stelle davon, daß schon die erste Serie der Grundbücher, die 1483 angelegt wurde (in Wirklichkeit war es 1484), nach den vier Vierteln eingeteilt gewesen sei. Dies ist zwar richtig, aber es ist von diesen vier Büchern nur ein einziges erhalten, nämlich das des Hacken-Viertels. Dieses hat allerdings kein Titelblatt, weshalb auch der Name »Hacken-Viertel« in diesem Buch nicht vorkommt. Woher Dirr gewußt haben will, daß bei dieser Grundbuch-Serie das Tal auf die Graggenau und das Anger-Viertel aufgeteilt gewesen sei, ist nicht nachvollziehbar. Zutreffend ist diese Aussage erst für die zweite – und vollständig erhaltene – Grundbuch-Serie der Jahre 1572 (Annger-vierthail), 1573 (Hagken-viertel), 1574 (Graggenau-viertel) und 1575 (Creutz-viertel).

1363 Rindermarkt-Viertel, im Scharwerksverzeichnis von 1445 »des Rudolfs Viertel« genannt, vgl. »Wilbrechts-Viertel«.

Qu.: RP 1530 S. 97v. – Schaffer, Stadtplan S. 43 Sp. 2, sowie »Die Entwicklung...« S. XIII. – Dirr, Denkmäler, Register S. 772. – St. Peter U 241 (1508).

EREMITEN-VIERTEL, heute Kreuz-Viertel, um 1363.

Das spätere Kreuz-Viertel heißt am 21. Januar 1363 in seiner lateinischen Form »quarta tercia (= drittes Viertel) apud fratres heremitanos« (= bei den Eremiten-Brüdern). Gemeint sind die Augustiner-Eremiten im Augustiner-Kloster. Dies ist das einzige Viertel, das auch schon 1363 nach einer Örtlichkeit der äußeren Stadt benannt wurde; denn das Kloster lag ja bereits außerhalb der inneren Stadt.

Wie lange dieser Name in Gebrauch war, ist nicht feststellbar. Das Ratsbuch enthält den einzigen Beleg für diesen Namen. Bei Einsetzen der Ratsprotokolle im Jahr 1458 wird er nicht mehr verwendet. Auch bei einer Vierteleinteilung des Jahres 1381 wird dieses Viertel als das dritte bezeichnet (tercia quarta). Diese Vierteleinteilung enthält allerdings keine Namen. Die Viertel können nur über die genannten Personen in den Steuerbüchern identifiziert werden.

Der frühest denkbare Zeitpunkt für diesen Viertelnamen wäre das Jahr 1294; denn erst seit dieser Zeit gibt es die Augustiner-Eremiten im besagten Viertel. Zu dieser Zeit war aber die formelle Stadterweiterung de facto bereits abgeschlossen. Man muß sich deshalb davor hüten, diese Viertelnamen zu den Namen der alten Stadt – in der Zeit vor der Erweiterung – hochzustilisieren und ihnen dadurch ein geradezu legendäres Alter anzudichten. Noch unmöglicher ist dies beim Namen »Wilbrecht-Viertel«, der sogar vor 1355 nicht denkbar ist.

Qu.: StadtA, Ratsbuch III S. 145v (1363), S. 68r (1381; von Dirr, Denkmäler, Register S. 772 fälschlich auf 1383 datiert).

GRAGGENAU(ER) VIERTEL, seit vor 1458.

Wie bei den anderen dreien, so wurde auch beim Graggenauer Viertel im 15. Jahrhundert die namengebende Örtlichkeit der Inneren Stadt (Haus des Wilbrecht) durch eine solche der Äußeren (Graggenau) ersetzt. Der Name erscheint seit 1458 Jahr für Jahr in den Ratsprotokollen anläßlich der Neuwahl der Viertel-Hauptleute.

Zum Namen Graggenau vgl. unter den Straßennamen.

1363 und 1439 des Wilbrechts Viertel, in den Jahren 1420 und 1421 des Hansen Barts Viertel genannt, 1433 des Scharfzahns Viertel, vgl. »Wilbrechts-Viertel«.

HACKEN-VIERTEL, seit vor 1458.

In den Ratsprotokollen heißt das Viertel seit 1458 stets Hacken-Viertel. Das Viertel wird mit einem Bezirk der Äußeren Stadt gleichgesetzt, der bei der Stadterweiterung erst in die Stadt einbezogen und 1326 erstmals in einer Quelle genannt worden ist, während vorher mit dem Namen Kramen-Viertel ein Bezirk der Inneren Stadt namengebend war.

Solleder macht einen glauben, daß der Name Hacken-Viertel schon 1435 belegt sei. Dies anzunehmen wäre ein Irrtum. Stadel und

Hofstatt des Rosenbusch liegen in diesem Jahr vielmehr lediglich »in dem Hagken«. Auch für das Jahr 1440 ist der Name nicht belegt. Er soll in dieser Zeit in einem »Salbuch« stehen. Gemeint ist damit aber das Grundbuch. Der von der betreffenden Grundbuchserie des 15. Jahrhunderts einzig erhaltene Band für dieses Viertel wurde einst aus Unkenntnis auf »1440« datiert. Es ist längst bekannt, daß diese Datierung nicht zutrifft. Tatsächlich stammte diese Grundbuch-Serie von 1484. Leider ist aber das Jahr 1440 nicht mehr aus der Literatur zu löschen. Auch bei manchen Häusergeschichten in diesem Viertel begegnet dieses Datum 1440 immer wieder als Ersterwähnungsjahr eines bestimmten Hauses.

Zu beachten ist, daß dieses Viertel zu keiner Zeit nach der angeblich so alten Örtlichkeit Altheim benannt wurde, deren Name auch erst seit 1369 belegt werden kann. Altheim ist auch nur ein Teil des Hacken, der räumlich wesentlich weiter ausgreift. Altheim also spielt bei der Namengebung für dieses Viertel keine Rolle.

Vgl. »In dem Hacken« bei den Straßennamen.

1363 Kramen-Viertel, im Scharwerksverzeichnis von 1445 des Schrencken Viertel genannt, vgl. »Wilbrechts-Viertel«.

Qu.: HStA, Kurbaiern Äußeres Archiv Nr. 1136 (1435) (früher Privilegienbuch VI). – Solleder S. 343.

KRAMEN-VIERTEL, heute Hacken-Viertel, um 1363.

Das Viertel, das wir heute unter dem Namen Hacken-Viertel kennen, heißt am 21. Januar 1363 – und dies ist gleichzeitig der einzige Beleg dafür – mit lateinischem Namen »quarta secunda (= zweites Viertel) ad gradus superiores institarum« (= bei den oberen Kramläden/Kramständen oder bei den oberen Kramen). Wohlgemerkt: Es heißt nicht »Kramer-Viertel«; denn es ist nicht nach einer Berufsgruppe benannt, sondern nach einer Häusergruppe.

Hier stimmt allerdings etwas nicht: Die oberen Kramen liegen am Marktplatz, zwischen der Einmündung des Rindermarkts in den Marienplatz und der Rosenstraße. Das aber würde bedeuten, daß dieses Viertel nach einem Bezirk benannt ist, der gar nicht im Hacken-Viertel liegt; denn alle anderen Viertel-Einteilungen legen die Grenze durch die Rosengasse (und weiter durch die Weinstraße). Die Kramen liegen demnach 1363 im falschen Viertel oder die Grenze lief in dieser Zeit von der Sendlinger Straße aus durch den Rindermarkt. Dann müßte man aber auch annehmen, daß sie auf der drüberen Seite weiter durch die Dienerstraße verlaufen ist. Die Konsequenz daraus wäre, daß dann auch das Graggenauer Viertel mit dem für 1363 belegten Namen »Wilbrechts-Viertel« nach einem Haus benannt wäre, das nicht in diesem Viertel liegt; denn das Wilbrecht-Haus an der Weinstraße lag nur dann in diesem Viertel, wenn die Grenze durch die Rosengasse und Weinstraße geführt wurde. Wenn schließlich tatsächlich die Grenze durch den Rindermarkt verlaufen wäre, wäre auch dieser auf zwei verschiedene Viertel verteilt gewesen und es wäre nicht einleuchtend, ein Viertel nach einer Straße zu benennen, die zur Hälfte im Nachbarviertel lag.

Der Name Kramen-Viertel für das Hacken-Viertel bringt also die ganze Vierteleinteilung dieser Zeit durcheinander und ist nur so zu erklären, daß der Schreiber des Eintrags im Ratsbuch mit den oberen Kramen nicht die Häuser am Marktplatz, sondern die Häuser an der Südseite der Kaufingerstraße gemeint hat, wahrscheinlich irrtümlich, da es dafür in keiner anderen Quelle eine Bestätigung gibt. Hier aber, an der Kaufingerstraße 10 im Hacken-Viertel, lag tatsächlich das Haus des Viertelhauptmanns Johann Schiet.

Auch 1381 ist dieses Viertel das zweite (secunda quarta). Diese Vierteleinteilung enthält aber keine Viertelnamen.

Seit 1458 Name Hacken-Viertel.

Qu.: StadtA, Ratsbuch III S. 145v (1363), S. 68r (1381).

KREUZ-VIERTEL, seit vor 1458.

Der Name Kreuz-Viertel oder Kreuzgassen-Viertel erscheint seit 1458 jedes Jahr in den Ratsprotokollen anläßlich der Neuwahl der Hauptleute. Der Name ist nicht restlos zu klären, aber natürlich vom Namen »Kreuzgasse« abgeleitet, die das ganze Viertel beherrscht. Vgl. »Kreuzgasse« bei den Straßennamen.

1363 Eremiten-Viertel, 1410 des Katzmairs Viertel, im Scharwerksverzeichnis von 1445 des Ligsalz Viertel genannt, vgl. »Wilbrechts-Viertel«.

RINDERMARKT-VIERTEL, heute Anger-Viertel, um 1363 – nach 1530.

Das Viertel, das wir heute stets Anger-Viertel nennen, heißt im Mittelalter fast ausschließlich Rindermarkt-Viertel. Am 21. Januar 1363 kommt es so in der lateinischen Form »quarta (= Viertel) fori peccorum cum suis adherenciis« (= des Rindermarktes mit Zubehör) vor. Seit 1458 nennen die Ratsprotokolle bis einschließlich 1529 diesen Namen Rindermarkt-Viertel anläßlich der Neuwahl der Viertel-Hauptleute. Auch das Gerichtsbuch IV führt in einem Eintrag aus dem Jahr 1530 diesen Namen. Erst seit dem Jahr 1508 löst der Name »Anngerfiertl« den alten Namen Rindermarkt-Viertel ab.

Jedenfalls wird auch bei diesem Viertel die ursprünglich namengebende Lokalität der inneren Stadt (Rindermarkt) durch eine solche der äußeren Stadt (Anger) ersetzt. Vgl. »Anger« bei den Straßennamen.

Das Anger-Viertel hat eine nicht sehr günstige Form. Es besteht aus zwei Flügeln, die an ihrer Nahtstelle vom großen Komplex des Heiliggeistspitals getrennt werden. Die beiden Flügel haben gar keine räumliche Verbindung. Wenn auch nicht so krass gilt dies auch für das Graggenauer Viertel, wo der Alte Hof und die Neuveste eine ähnlich trennende Rolle spielen und die eigentliche Graggenau von dem wesentlich größeren Gebiet an den beiden Schwabinger Gassen und an der Wein-/Diener-/Burgstraße abschneiden. Deshalb hatte es manches für sich, wenn man 1363 für das Tal eigene Hauptleute aufstellte, was praktisch auf ein fünftes »Viertel« hinauslief.

Auch 1381 steht dieses Viertel an erster Stelle (prima quarta) in der Vierteleinteilung, die aber keine Namen nennt.

Qu.: StadtA, Ratsbuch III S. 145v (1363), S. 67r (1381). – RP 1458 ff., u. a. 1529 S. 70v, 1530 S. 97v. – St. Peter U 241 (1508) – GB IV S. 200r (1530).

TAL, um 1363/81.

In dem Kapitel des Ratsbuchs III mit dem Titel »Capitanei dati ad regimen civitatis Monacensis anno domini 1363 in die beate virginis Agnetis« (= Hauptleute, zur Verwaltung der Stadt München gegeben (= gewählt) am 21. Januar 1363), werden nach den vier (durchgezählten) Vierteln Rindermarkt-, Kramen-, Eremiten- und Wilbrechts-Viertel an fünfter Stelle genannt: »in valle H. Trauner, Ch. Sentlinger«. Gleiches geschieht bei einer überlieferten Vierteleinteilung des Jahres 1381. Es sind dies die einzigen beiden Fälle, bei denen das Tal sozusagen als eigenes Viertel geführt wird. Es wird jedoch nicht ausdrücklich als solches bezeichnet und ist nicht in die Numerierung einbezogen. Deshalb ist es unrichtig, wenn Schaffer behauptet, das Tal würde 1363 »ausdrücklich als letztes Viertel« bezeichnet. Das letzte Viertel (ultima quarta) ist 1363 das Wilbrechts-Viertel (später Graggenau Viertel).

Qu.: StadtA, Ratsbuch III S. 145v (1363), S. 69v (1381). – Schaffer, Die Entwicklung S. XIII.

b) Viertelbenennung nach dem Hauptmann:

WILBRECHTS-VIERTEL, heute Graggenauer-Viertel, um 1363 – nach 1439, und andere.

Das spätere Graggenauer Viertel heißt am 21. Januar 1363 in seiner lateinischen Form »quarta ultima (= letztes Viertel) apud Chunradum Wilbrechtum« (= beim (Haus des) Konrad Wilbrecht). Gemeint

Wilbrechts-Viertel 43

ist das Haus Weinstraße 13, Ecke Gruftstraße, angebaut an das alte Stadttor, den sog. Wilbrechtsturm. Auch 1381 wird dieses Viertel als letztes genannt, heißt aber »quarta quartale«, also viertes Viertel. Namen für die Viertel werden 1381 allerdings nicht genannt.

Vor 1355 ist übrigens dieser Name nicht möglich, da vor dieser Zeit der Wilbrecht in diesem Viertel noch gar kein Haus hatte.

Daß man 1363 das Haus eines einzelnen Bürgers als Viertelbezeichnung gewählt hat, dürfte weniger damit zusammenhängen, daß es sich dabei um ein besonders auffallendes Haus gehandelt hätte (was gar nicht der Fall war), sondern eher damit, daß wahrscheinlich Konrad Wilbrecht lange Zeit der Viertelhauptmann war (1363 allerdings nicht, da waren es Heinrich Schreiber auf dem Graben und Perchtold Altmann). 1420 war er es aber sicher. Da wird eigens ein Bote zum Wilbrecht nach Pasenbach geschickt, »von der hauptmannschaft wegen in die rays (= Kriegszug) gen Rietnburg«. So ist es auch zu verstehen, wenn es 1421 in der Kammerrechnung heißt, die Stadt wolle »mit des Wilbrechts viertail« auf den Kriegszug gen Wildenwart ziehen. Auch 1439 ist »alles das viertail des Wilbrecht« auf dem Kriegszug vor Dachau. In der Regel wurde das Viertel nach dem Viertelhauptmann benannt. Meist schickte die Stadt nur ein einziges Viertel in den Krieg und manche Bürger waren in solchen Kriegszügen besonders bewährt und wurden deshalb oft jahrzehntelang im Amt des Hauptmanns bestätigt.

Auch mit des Hansen Barts Viertel, das 1420 und 1421 genannt ist, ist das spätere Graggenauer Viertel gemeint. Dem Hans Bart gehört in dieser Zeit das Haus Marienplatz 11, Ecke Dienerstraße (»Beck am Rathauseck«). Am Krieg 1420/21 gegen Herzog Ludwig von Ingolstadt sind alle vier Viertel, jedoch abwechselnd, beteiligt: des Franz Tichtls Viertel (Kreuz-Viertel, da dem Franz Tichtl das Haus Kaufingerstraße 31 gehört), des Lorenz Schrencken Viertel (Hacken-Viertel; dem Lorenz Schrenck gehört das Haus Kaufingerstraße 8), des Hans Barts Viertel (Graggenauer Viertel) und des Hans Pütrichs Viertel (Anger-Viertel; dem Hans Pütrich gehört das Haus Rindermarkt 12 B).

1433 ist Wilhelm Scharfzahn der Viertelhauptmann des Graggenau-Viertels und wird in der Kammerrechnung so beschrieben: »6 Schilling 14 Pfennige haben wir zalt dem Wilhelm Scharfzand, do man den zu ainem hauptman in dem viertel, darinn er gesessen ist, erwelt hat«. Dem Scharfzahn gehörte von mindestens 1431 bis 1462 das Haus Burgstraße 18 (heute Teil des Alten Rathauses).

Im Jahr 1410 haben die Kämmerer »wiedergeben 26 Pfund 7 Schilling 5 Pfennig den läwten in des Kaczmairs virteyl, die hinaws geraist solten haben und die hinnen bliben ...« Auch hier ist von einem Kriegszug (Rais) die Rede, in die das Viertel des Katzmair ziehen hätte sollen. Dem Katzmair gehörte das Haus Kaufingerstraße 26. Es handelt sich hier also um das Kreuz-Viertel.

Nach dem Scharwerksverzeichnis von 1445 gehört ein Teil der Sendlinger Gasse zu »des Schrencken viertail«. Gemeint ist das Hacken-Viertel, weil dem Schrenck in dieser Zeit das Haus Kaufingerstraße 8 gehört. Aufgeführt werden weiterhin »des Ligsaltz viertail«, also das Kreuz-Viertel, weil der Familie Ligsalz das Haus Weinstraße 4 gehört, und »des Rudolfs viertail«, also das Anger-Viertel; denn den Rudolf gehört das Haus Rindermarkt Nr. 4.

Es sieht demnach so aus, als ob die heute bekannten Viertelnamen erst zwischen 1445 und 1458 eingeführt worden seien, mit Ausnahme des Versuchs von 1363.

Das Viertel des Wilbrecht war 1363 stark beschnitten, weil das Tal eigene Hauptleute hatte.

Festzuhalten ist vor allem, daß diese Vierteleinteilung keine absolute Verwaltungseinteilung, sondern eine militärische Gliederung ist, die dann auch auf Teile der öffentlichen Ordnung (Polizeiwesen) übertragen wurde. Im Mittelalter heißt das in erster Linie Katastrophenhilfe (Feuerlöschwesen), sowie Ordnung und Sicherheit, also Nachtwache auf den Mauern und in der Stadt und Aufgaben bei großen Festen, wie den großen Märkten und Pferderennen. Darauf deutet auch ein Eintrag des Jahres 1372 im Ratsbuch IV, wo es heißt, die Fronboten müssen Verstöße gegen Bauverordnungen jeweils »dem haubtman, in dez viertail der schad geschehen ist« melden.

Andere Verwaltungsbereiche haben ihre eigenen Einteilungen des Stadtgebietes: Die Kirche teilt die Stadt in Pfarrsprengel ein. Auch die Steuerbehörde teilt nach einem eigenen System, das mit der Vierteleinteilung nichts zu tun hat, wenngleich man beim Steuerwesen nicht von »Steuerbezirken« sprechen sollte; denn dieser Begriff setzt voraus, daß es in jedem dieser »Bezirke« eine eigene Steuerverwaltung gibt. Dies ist nicht der Fall. Diese scheinbaren »Bezirke« haben keinerlei Eigenleben. Es gibt nur eine einzige Steuerbehörde und die ist für die ganze Stadt zuständig. Da die Steuereinnehmer zumindest anfangs von Haus zu Haus gingen, mußten sie sich die Stadt in Gebiete aufteilen, die an einem Tag zu schaffen waren und so sind diese »Steuerbezirke« entstanden, die man dann in den Steuerbüchern bis zum Anfang des 19. Jahrhunderts in dieser strengen Form beibehalten hat. Es sind eher Tagesmärsche der Steuerbeamten.

Beim Einsatz im Feld wurde das Aufgebot eines Stadtviertels, wenn nötig, noch einmal unterteilt. So sprach der Hauptmann Bart 1410 von »den Achteln«.

Qu.: StadtA, Ratsbuch III S. 145v (1363), S. 69r (1381). – KR 1410 S. 26r, 57r, 82r, 1419/20 S. 58r, 1420 S. 61v, 84r, 1421 S. 72r/v, 75v, 76r, 77v, 100v, 101r, 1433 S. 54v, 1439 S. 45r. – Dirr S. 513,8 (1372). – StadtA. Hochbau Nr. 34 S. 6r, 8r, 13r (1445). – Solleder S. 459.

Innere und äußere Stadt

INNERE STADT, ÄUSSERE STADT, seit vor 1300 – nach 1808.
Seit der Stadterweiterung in der Zeit um 1300 teilte man die Stadt in »Innere« und »Äußere« Stadt ein. Die »Innere« war die alte, von Herzog Heinrich dem Löwen gegründete, heute meist sogenannte Heinrichsstadt oder leonische Stadt (lat. leo = der Löwe). Ihr Umfang ist heute noch am Stadtplan abzulesen und lag innerhalb des Straßenrings der Augustinerstraße, Löwengrube, Schäfflerstraße, Gruftgasse, Hofgraben, Sparkassenstraße, Rosental, Färbergraben. Parallel zu diesem Ring verlief die alte Stadtmauer. Alles, was außerhalb lag, gehörte zur »äußeren« Stadt, die von den vier Haupttoren begrenzt wurde: Isartor, Sendlinger Tor, Neuhauser (heute Karls-) Tor und Schwabinger oder Unseres Herrn Tor (auf dem Platz vor der Feldherrnhalle). Die erstgenannten drei stehen zumindest teilweise heute noch.
    Die Teilung der Pfarrsprengel in die Pfarreien von St. Peter und Unsere Liebe Frau teilte die innere wie die äußere Stadt in eine Nord- und eine Südhälfte, die nach der jeweiligen Pfarrei »innere Stadt in St. Peters Pfarr« und »äußere Stadt in St. Peters Pfarr« genannt wurden, ebenso »innere Stadt in Unser Frauen Pfarr« und »äußere Stadt in Unser Frauen Pfarr«, oder kurz: »innere Stadt Marie«, »innere Stadt Petri« usw. Die Grenze der Pfarreien wurde vom Straßenverlauf der Neuhauser und Kaufingerstraße, dem Marktplatz und dem Tal gebildet und setzte sich außerhalb der Tore fort, so daß auch im Burgfrieden draußen noch die Einteilung der Fluren in »Petersfeld« und »Frauenfeld« usw. galt.
    Durch Quellen belegbar ist diese Stadteinteilung in innere und äußere Stadt seit einer Urkunde vom 15. Juni 1300, nach der das Badhaus des Klosters Schäftlarn »außerhalben der innern stat, an dem graben« gelegen ist. Die nächsten Belege stammen von Eintragungen des Stadtschreibers Martin Frei im Ratssatzungsbuch B um 1310/12. Diese Einteilung hat weder eine verfassungsmäßige noch eine rechtliche oder verwaltungsmäßige Bedeutung. Sie ist zunächst historisch – die äußere Stadt ist jünger als die innere –, hat dann aber auch deutlich soziale Merkmale, indem es zwischen der inneren und der äußeren Stadt ein soziales Gefälle gibt.
Qu.: StB 1368 ff., 1808 S. 9. – Dirr U 28 (1300); S. 253/22 (1310/12).

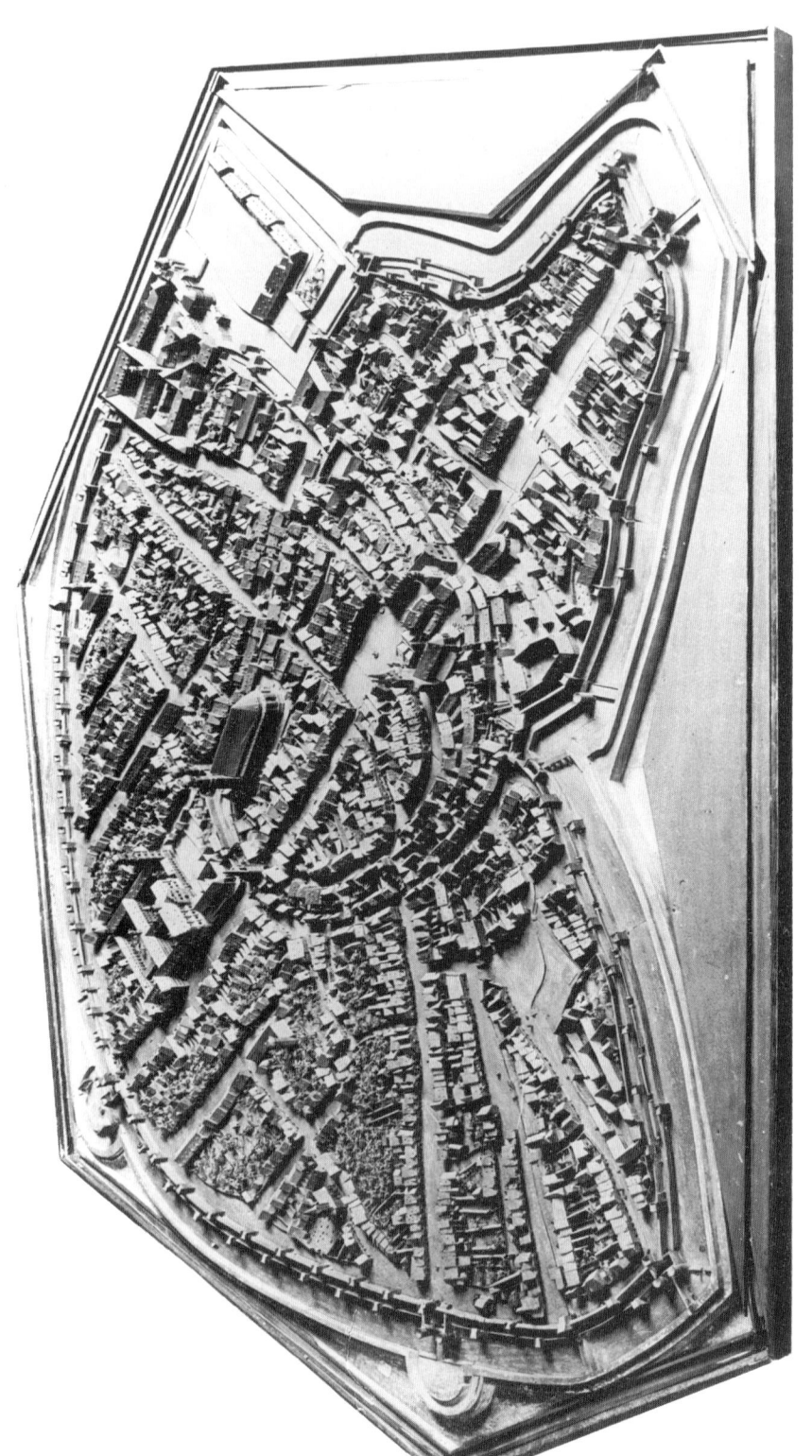

Abb. 9: *Gesamtansicht der Stadt nach dem Sandtner-Modell. Blick von Süd-Ost nach Nord-West.*

Burgfrieden

Burgfrieden, seit vor (1294) 1380:

Neben der Zweiteilung der Stadt in Innere und Äußere Stadt und der Vierteilung in die vier Viertel als nochmalige Untergliederung steht noch die Einteilung der Stadt in »Stadt und Burgfrieden«. Es war wohl von Anfang an so, daß es auch außerhalb der Stadt Grundstücke und Gebäude und damit auch Menschen gab, die zur Stadt gehörten, auch wenn sie nicht innerhalb der Mauern untergebracht werden konnten. Dazu gehören z. B. eine ganze Reihe von Mühlen und viele andere Werkseinrichtungen, die die Stadt brauchte, die aber ganz natürlich nicht innerhalb der Mauern Platz finden konnten, z. B. das große Gelände der Bleiche usw. Auch das Leprosenhaus auf dem Gasteig gehörte ohne Zweifel immer zum Stadtgebiet, nie war diese Zugehörigkeit umstritten.

Schon das Rudolfinum von 1294 gebraucht eine Formulierung, die einen Burgfrieden andeutet: »in der stat oder darumbe, daz doch zu der stat gehöret«. Also: Es gibt draußen vor der Stadt noch etwas, das auch zu ihr gehört. Ähnlich äußert sich eine Urkunde Kaiser Ludwigs vom 6. Mai 1315: »in der stat und uberal in dem gerichtt, daz zu derselben stat gehört«. Wieder findet sich eine ähnliche Formulierung, als am 9. März 1345 Kaiser Ludwig die Ablösung aller Seelgerätstiftungen anordnet, und zwar auf allen Liegenschaften »in der stat ze München und in dem geriht«. Fast wörtlich, jedoch mit einer kleinen, bemerkenswerten Abweichung erscheint dieser Passus wieder, als am 17. März 1391 die Herzöge Stephan III., Friedrich und Johann II. dasselbe veranlassen, nämlich die Ablösung aller Ewiggelder auf Liegenschaften innerhalb »und auch vor der stat, das in dem purckfrid doselbs ligt«. Der Begriff »Gericht« ist also jetzt durch den gleichbedeutenden Begriff »Burgfried« ersetzt worden. Stadt und Burgfried sind ein einziger Gerichtsbezirk.

Die gleichen Formulierungen finden sich dann auch in der Kaiserbildhandschrift der 2. Hälfte des 14. Jahrhunderts (Eigengut »daz in der stat leit oder in dem gericht, daz zu der stat gehört«) und in der 1365 abgefaßten Neuen Folge des Stadtrechtsbuchs (Eigengut, »daz in der stat leit, ... , daz in der stat gericht leit« bzw. »in der stat und als verre der stat gericht raicht« darf weder mit Kugeln noch mit Würfeln gespielt werden).

Der Begriff »Burgfriede« erscheint dann relativ spät, nämlich in einem Gerichtsbuch-Eintrag vom 20. Januar 1380, als ein Haus und zwei Jauchart Äcker auf dem Feld, »daz allez in der stat purkchfrid gelegen ist« den Besitzer wechseln. Der nächste Beleg stammt aus einer Urkunde des Jahres 1384, dann folgt die oben zitierte Urkunde der drei Herzöge von 1391.

Seine Grenzen werden – soviel wir wissen – erst 1460 genau festgestellt, vermessen und mit Marksteinen versehen. Im wesentlichen bleiben sie bis ins 19. Jahrhundert so bestehen.

Qu.: Dirr U 22 S. 41 Art. 1 (1294), U 46 S. 77 (1315), U 104 S. 161/3, 12 (1345), S. 536/14 (2. H. 14. Jhd.), S. 394/28, 426/16 (1365), U 10 S. 563 (1391). – GB I 119/5 (1380), II 158/4 (1400), III 5/7 (1402). – MB 20 S. 18 (1384).

Die Straßennamen

❑ *Straßen und Orte außerhalb der Stadtmauern.*

(...) Nicht belegbare bzw. auf Irrtum beruhende Namen. Soweit in Großbuchstaben geschrieben, nur im Volksmund gebräuchlich.

Alle genannten Hausnummern beziehen sich auf das Häuserbuch (HB).

Heute noch bestehende alte Straßennamen werden in der Kopfzeile in der heute amtlichen Schreibweise geschrieben.

ABDECKERGASSL, heute Teil der Blumenstraße, um 1781 (nach 1767).

Der Name stammt von der ehemaligen Abdeckerwohnung im Haus Blumenstraße 34*, heute Teil des städtischen Feuerhauses. Der Abdecker oder Wasenmeister Adam Kuisl trat 1760 in städtische Dienste und ist seit diesem Jahr in den Kammerrechnungen unter den städtischen Amtleuten aufgeführt. An der Stelle von Blumenstraße 34* findet er sich in den Steuerbüchern seit dem Jahr 1767 (»domus zu gemainer Stadt gehörig, worinnen Adam Kuisl Waasenmaister wohnt«). Dabei ist zu beachten, daß uns vom vorausgehenden Jahr 1766 kein Steuerbuch erhalten ist. Kuisl muß dieses, der Stadt gehörige, Haus also zwischen den beiden Steuerterminen der Jahre 1765 und 1767 bezogen haben. Erst seit dieser Zeit wird dann für die Gasse der Name »Abdeckergaßl« möglich.

Die Stadtkarte von 1781 nennt die Gasse entlang der Stadtmauer zwischen dem Hayturm (Oberanger) und dem Angertor (Unterer Anger, heute etwa Standort des Hochhauses) »Abdeckergaßl«. Auf der Stadtkarte von 1806 heißt die Gasse dann Mühlgasse.

50 In dem grünen Ängerlein

Die Stadt hat das Haus schließlich am 25. Juni 1779 an Kuisl verkauft. Er besaß es bis um 1810. In den Steuerbüchern folgt auf Kuisl jeweils sofort der Bettelturm.
Qu.: HB AV S. 23/24. – StB 1767 S. 17v, 1806 S. 29v. – KR seit 1760.

In dem grünen ÄNGERLEIN, heute Hotterstraße, um 1377.

Diese Bezeichnung findet sich nur einmal in den Quellen, nämlich im Steuerbuch von 1377. Der Vergleich mit den anderen Steuerbüchern und den Eintragungen in den Gerichtsbüchern beweist eindeutig, daß es sich bei den Steuerzahlern »in dem grünen Ängerlein« um die Bewohner der heutigen Hotterstraße handelt.
Qu.: StB 1377 S. 12r.

ÄUSSERE PRANNERSGASSE, seit vor 1803.

Siehe »Prannersgasse, vordere«.

ÄUSSERE SCHWABINGER GASSE, seit Ende 18. Jhd.

Siehe »Schwabinger Gasse, äußere«.

ÄUSSERER GRABEN/INNERER GRABEN, nach 1289.

Der »inder« Graben um die Stadt Heinrichs des Löwen, im Gegensatz zum äußeren Graben, der sich um die erweiterte Stadt herumzieht und die teils heute noch bestehenden Tore Isartor, Sendlinger, Neuhauser (Karlstor) und Schwabinger Tor miteinander verband, kommt bereits am 26. Januar 1289 in einer Urkunde vor, die das Kloster Fürstenfeld betrifft (dort allerdings schon vom Schreiber der Kopie in der Mitte des 15. Jahrhunderts falsch gelesen als »nider« und dann noch – der Mode der Zeit entsprechend – das »i« mit dem Zeichen »y« wiedergegeben). Die Lagebezeichnungen von Häusern und Grundstücken am »indern graben« oder am äußeren Graben sind so zahlreich, daß sie weiter nicht aufgelistet zu werden brauchen. Die Häuser des Klosters Fürstenfeld liegen übrigens auch 1332 ausdrücklich »an dem innern Graben«.
Qu.: Dirr U 20 (1289). – GB II 50/1 (1393), 62/6 (1394). – Krenner, Siegel S. 105 (1332).

ALBERTGÄSSEL, heute Liebfrauenstraße, Ende 18. Jhd. (nach 1805).

Der Name Albertgässel für die heutige Liebfrauenstraße ist bisher nur bei Stimmelmayr überliefert: »das Frauen oder Albertgässel«

und auf der Karte von 1781. Das Haus Kaufingerstraße 23 A gehörte seit dem 26. September 1755 dem Weingastgeb und äußeren Rat Franz Joseph Albert, seit 1791 seinem Sohn Karl Albert, der am 2. März 1805 auch das Nachbarhaus Kaufingerstraße 23 B – das Eckhaus zur Liebfrauenstraße Westseite – hinzuerwarb. Die Häuser waren bis 1845 im Besitz der Familie Albert und besser bekannt unter dem Namen Gasthof »Zum schwarzen Adler«.

Ein weiterer Weingastgeb Albert war Inhaber des Gasthofs »Zum goldenen Hahn« in der Weinstraße. Nach ihm ist die heutige Albertgasse benannt.

Qu.: Stimmelmayr S. 26 Nr. 44, S. 44 Nr. 63/14, S. 46 Nr. 64. – HB KV S. 76/77.

ALBERTGASSE, seit vor 1803 (nach 1792).

Benannt nach dem Weingastgeb Franz Albert, der von 1792–1817 Inhaber des Gasthofs »Zum goldenen Hahn« in der Weinstraße 10 war. Er dürfte ein Sohn oder Bruder der Besitzer des Gasthofs »Zum schwarzen Adler«, Kaufingerstraße 23, gewesen sein, nach denen man zeitweise auch die heutige Liebfrauenstraße »Albertgässel« nannte.

Weitere Namen: um 1384 Gässel bei Unser Frauen Freithof, um 1780/82 Springergaßl, Ende 18. Jahrhundert Thalergaßl und Unser Frauen Gäßl, sowie Hahnengasse. Westenrieder kennt den Namen Albertgässchen noch nicht. Er sagt 1782 nur »wieder ein kleines Gässel«. Hübner nennt es aber 1803 schon »Das Albert- einst Thalergäßchen« und auch die Stadtkarte von 1806 kennt den Namen.

Qu.: Westenrieder (1782) S. 33. – Hübner I (1803) S. 245. – Rambaldi Nr. 12. – HB KV S. 364.

❏ **ALLELUJA**(-Anger), vor dem Angertor, um 1385.

Der Bürger Johann Impler, der am 6. August 1385 auf dem Marktplatz enthauptet wurde, und seine Erben haben in die Klosterkirche der Franziskaner (Barfüßer) einen Jahrtag gestiftet, der auch seine beiden Ehefrauen, Anna und Margarete, und später seinen Sohn Franz Impler einbezog und der am 6. August gefeiert wurde. Für diesen Jahrtag erhielten die Franziskaner alljährlich drei Gulden ungarisch (tres florenos Ungeros) zur Bestreitung der Kosten. Diese 3 Gulden wurden bezahlt aus einem Lustgarten (de quodam viridario), der gelegen ist zwischen den Bächen (quod situm est in medio riparum), genannt »des Schifers Kuppel und des Alleluia«. So vermerkt es das Barfüßerbuch. »Kuppel« ist das uns heute noch geläufige Wort »Koppel« in »Pferdekoppel«, also eine Weidefläche oder Koppelweide. Die Lage zwischen den Bächen deutet auf die Gegend zwischen der Stadt und der Isar, also etwa vor dem Angertor draußen. Der genannte Bürger namens Schifer oder Zifer dürfte auch der Namengeber für das Schiffertor gewesen sein, vgl. bei den Tornamen.

Es handelt sich also auch bei »Alleluja« wohl um einen Anger oder eine Weide. Den Grund für die Namengebung kennen wir nicht. Solleder hat angenommen, es habe sich dabei um einen »Spielanger, auf dem das Volk tanzte und sang« gehandelt. Daß in dieser Gegend Volksbelustigungen stattfanden, dafür haben wir keinen Beleg, obwohl vielleicht der Begriff »Lustgarten« (viridarium) auch nicht zufällig hier gebraucht wird.

Noch etwas ist merkwürdig: dasselbe Grundstück liegt im 15. Jahrhundert auf dem Plärrer. Der Name »Plärrer« läßt sich in München erstmals in einer Urkunde vom 18. Juli 1466 belegen (ein Anger »auf dem plärrer, stosst auf den pach«). Schon der nächste Beleg – eine Urkunde vom 20. Juli 1489 – nimmt Bezug auf einen uns schon bekannten Fall: Der verstorbene Hans Impler hat vor langen Jahren den Herrn und Brüdern Barfüßern 3 Gulden ungarisch an Geld »aus seinem Anger auf dem Plärrer daselbst zu München« zu einem Jahrtag gegeben, heißt es da unter anderem. Der Name »Alleluja« für ein bestimmtes Grundstück ist also jetzt durch den Namen »Plärrer« ersetzt worden; denn es handelt sich zweifellos um denselben Fall.

Im Unterschied zum Namen Alleluja, der nur das eine Mal im Barfüßerbuch belegt ist, kommt der Name Plärrer fortan wiederholt vor. 1608 beispielsweise verkauft das Angerkloster dem Herzog Maximilian und der baierischen Landschaft »zum Zwecke des Landesdefensionswesens und zur Auferbauung einer Pulvermühle 2 Tagwerk Angers auf dem Plärrer am Isarbach und der Wasserstube«. Da die Pulvermühle noch im 19. Jahrhundert vorhanden war, läßt sie sich leicht lokalisieren. Sie lag an der Stelle, an der heute die Baumstraße auf die Westermühlstraße trifft. Der Plärrer läßt sich damit als die Gegend um Westermühl-/Klenzestraße sowie Hans-Sachs-/Jahnstraße umschreiben. Später lagen dort auch Schweineställe der Bäcker, so daß der Plärrer häufig anläßlich des Besitzwechsels dieser Ställe genannt wird, so 1608, 1624 und 1626 jeweils im Grund- bzw. Häuserbuch. Dabei liegt 1626 der Plärrer vor dem Angerthörl, während eine Urkunde von 1710 ihn vor dem Sendlinger Tor gelegen sein läßt. Im 19. Jahrhundert erinnert an den Plärrer noch das »Blererbächl«. Es ist auf allen Karten eingezeichnet, z. B. 1851 auf dem Wenng-Plan. Es war eine Ausmündung aus dem Mahlmühlbach und mündete in den Päsenbach ein, und zwar innerhalb des militäri-

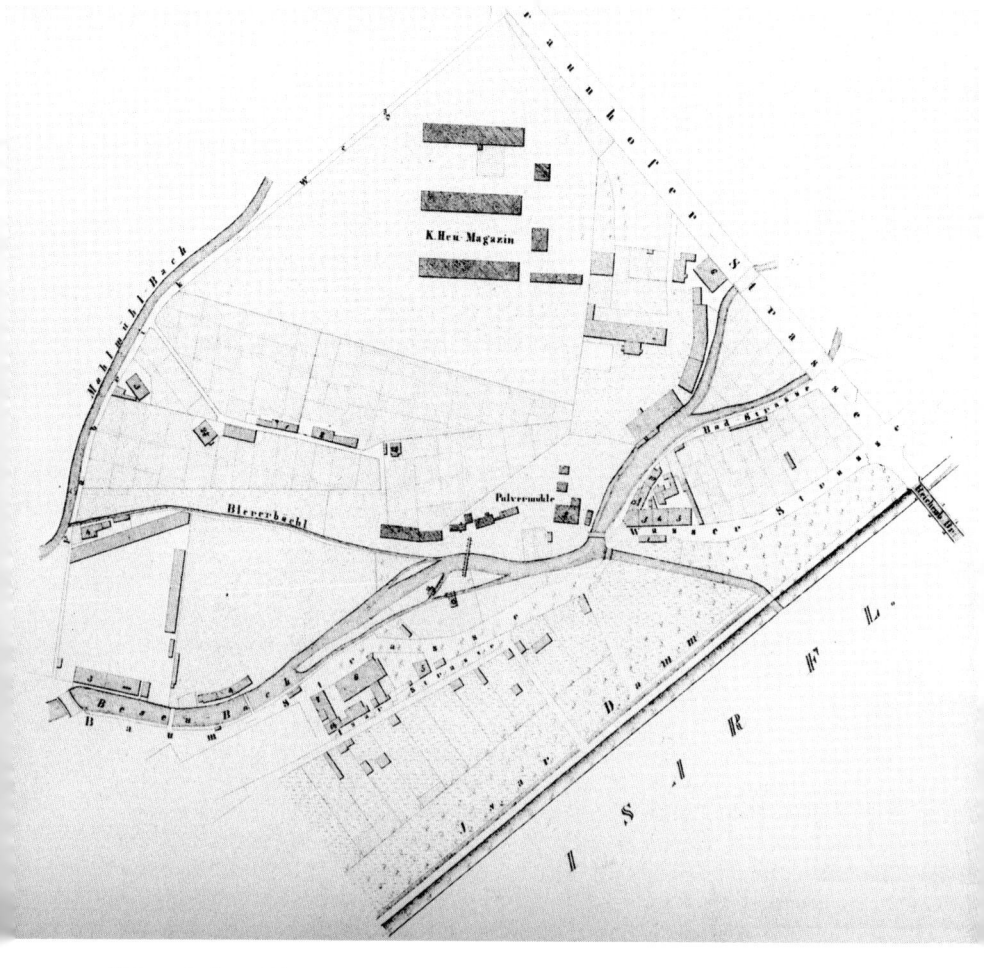

Skizze 1: *Das »Blererbachl«. Wenng-Plan 1851.*

schen Pulvermühlanwesens. Auf dem Weg dahin kreuzte es die Westermühlstraße. 1897 wurde das Bachl aufgelassen, kommt aber noch 1900 in einer Urkunde vor.

Schmeller interpretiert den Namen mit Hinweis auf Nürnberg als »offener, freier Platz, den jedermann übersehen kann«, dazu passend »der plerren« = breite, andersfarbene Stelle an einer Fläche, besonders an der menschlichen Haut«. Man denkt aber auch an Lärm, also Plärren im Sinne von laut Schreien, so wenn 1465 den Feuerwachen auf dem Petersturm aufgetragen ist, wenn Feuer über ein Dach gehe, so müsse der Wächter mit dem Horn »plärren«. Also doch ein Platz für Volksfeste? Es ist auch nicht ausgeschlossen, daß gelegentlich zwei Bedeutungen zusammenfallen. Beim Plärrer schließt eines das andere nicht aus.

Deshalb ist es wahrscheinlich kein Zufall, daß man in den meisten Städten, in denen uns der Begriff begegnet, mit dem Namen Plärrer ein Volksfest verbindet: In Augsburg wurde erst 1880 der Name Plärrer für den Vergnügungsteil der Dult eingeführt und auch in Ingolstadt war der Plärrer bis um 1900 der Aufstellungsplatz für Karussells und Schaubuden bei Dulten.

Qu.: Barfüßerbuch S. 152. – Solleder S. 409, 500. – St. Peter U 161 (1466). – MB 19a S. 319 (1489). – HStA GU Mü 1672 (1608), 2265 (1710). – HB HV S. 62 (1626), S. 349 (1608), KV S. 308 (1624). – StadtA, Bäche und Gewässer 307 (1897), Urk. 3. Mai 1900, KR 1465 S. 8v. – Schmeller I Sp. 329, 460. – Augsburger Stadtlexikon S. 89. – Dengler, Ingolstadt S. 102.

ALTEMGASSE, gemeint: Altheimgasse, heute Altheimer Eck, um 1570–1575.

1574 liegen hier das Sendlinger Seelhaus (Altheimer Eck Nr. 15) und Lienhard Haimgartners Haus (Altheimer Eck Nr. 16), sowie das seines Nachbarn Lienhard Schleiffer (Altheimer Eck Nr. 17). »Altemgassen« ist also eine Verkürzung von »Alt(h)e(i)mgasse«. Seltsam ist allerdings, daß 1570–1575 auch das Haus des Gstadelmachers Paul Schwarz an der »Altemgassen«, 1575 sogar »Allten gassen« liegt. Nach Grundbuch gehört dem Schwarz das Haus Damenstiftstraße 13, auf der Westseite der Damenstiftstraße, etwa auf halber Höhe zwischen Josephspital- und Herzogspitalstraße gelegen. Diese Gegend wird sonst nie zur Altheimer Gasse gerechnet.

Qu.: StB 1570 Fremde Ewiggelder S. 6v, 1573 S. 7r, 1574 S. 6r, 8r, 1575 S. 5v. – HB HV S. 14, 64/65.

ALTENHOFSTRASSE, seit vor 1781.

Benannt nach der Lage am Alten Hof, der mittelalterlichen Residenz der Herzöge von Baiern, die am 30. Dezember 1319 in der lateinischen Form »castrum« erstmals urkundlich belegt ist, am 20. Februar 1321 ist die Kapelle »in der Burg« belegt. Am 29. Juni 1368 nennt man sie »veste«.

Seit 1385 wird die »neue Veste«, die Vorläuferin der heutigen Residenz, angelegt. Der Name »neue Veste« begegnet erstmals am 7. März 1389 in einer Quelle, dann wieder im Jahr 1390. Ein Beleg für den 19. September 1382 (in lateinischer Form als »castrum novum«) »wird eher auf das Jahr 1392 zu beziehen sein« meinte Haeutle, da 1382 die neue Veste wahrscheinlich noch nicht stand (vgl. jedoch »Burgstall«). Schon zwei Jahre später, am 26. September 1391, wird die bisherige Residenz am Ende der Burgstraße »alte veste« genannt, 1480 »alte pürg«.

Der Name »Alter Hof« findet sich erstmals in den Hofzahlamtsrechnungen unterm 8. November und 1. Dezember 1551. Dabei geht es einmal um das Bad »zu Altenhof«, das andere Mal um die Uhr »im alten Hof«. Daß man den Wohn- und Amtssitz des Herzogs »Hof« nennt, ist schon lange üblich. So zahlt die Stadt z. B. im Jahr 1410 den ansehnlichen Geldbetrag von über 49 Pfund Pfennigen »zu dem hof zu vasnacht«, also als Zuschuß zu den dort abgehaltenen Faschingsvergnügungen, wofür ein eigenes »tanczhaws« errichtet worden war. 1493 ist die Münchner Burg auch für die Schedelsche Weltchronik »ein weiter und fürstlicher Hoff und Behausung mit vielen hübschen und wunderwirdigen Gemachen, Camern und Gewelben«.

Die Gasse heißt 1419/1420 »Gässel bei dem Pauls (= Schechner) Fleischhacker«, dem das Haus Burgstraße 6, Ecke Altenhofstraße, gehörte, im selben Jahr »Gessel bey der alten vest«. 1479 heißt sie »des Deininger Gässel«. »Hofgässel« wird die Gasse dann 1489 anläßlich von Straßenpflasterungsarbeiten genannt. 1509 wird gepflastert »bey dem Tennger (= Teininger) im Hofgäsl« (gemeint ist wieder der Hauseigentümer von Burgstraße 6). 1781 nennt ein Stadtplan die Straße »Altenhofgasse«, die Karte von 1806 ebenso »AltenHoffGaßl«. Manchmal heißt sie dazwischen auch wieder nur »Gaßl« und Stimmelmayr belegt uns für das Ende des 18. Jahrhunderts den Namen »Maleficanten- oder Altenhof Gäßl«.

Qu.: Haeutle, Residenz S. 1 (zu 1319), S. 3 (zu 1389), S. 111 Anm. 4 (zu 1382/92). – HStA GU Mü 2783 (1321); Kurbaiern U 820 (1368). – MB 35/2 S. 158 (1390). – HStA GU Mü 111 (1391). – StB, Fremde Ewiggelder. – KR 1409/10 S. 54r, 1419/20 S. 84v, 1480 S. 60r, 1489 S. 108r, 1509 S. 125v. – Hartig, Künstler S. 362 Nr. 592, 594 (nach Hofzahlamtsrechnungen S. 44, 123) (1551). – Plan 1781, 1806.

❏ **ALTE SALZSTRASSE,** um 1812/1839.

Siehe »Salzstraße, alte«.

ALTER ROSSMARKT, seit vor 1379 – nach 1697.

Siehe »Roßmarkt«.

ALTHAIM, ALTHAIMER GÄSSEL, heute Altheimer Eck, seit vor 1369.

Namengebend vermutlich eine alte Siedlung in dieser Gegend, über die vorläufig nur gesagt werden kann, daß sie vor 1369 existiert haben muß.

56 Altheim

Skizze 2: »*Altheim*« *und* »*Hacken*« *nach den Steuer- und Gerichtsbüchern. Grundlage: Wenng-Plan 1850.*

1369–1462 Althaim, nur 1395 Althaimer gaessel, 1475 Althamergassen, 1482–1805 Altha(i)m(b)gassen, 1570 Altemgassen, seit 1806 auf Plänen Altham(m)er Eck, 1827 Stiftstraße. Teilnamen auch Saumarkt (1573) und (oberes) Elend (1369), nur bei Stimmelmayr Ende des 18. Jahrhunderts der Name Hirschbräugäßel. Seit 1814 bis nach 1833 Stiftstraße. Mit Stadtratsbeschluß vom 17. November 1869 wird ab 9. November 1869 an Stelle der unrichtigen Bezeichnung »Althamer Eck« die historisch richtige »Altheimer Eck« festgelegt. Mit der unrichtigen Bezeichnung hing zusammen, daß sich am Eckhaus Färbergraben Nr. 33, nördliche Ecke zum Altheimer Eck – dem Hirschhaus oder Hirschbräuhaus – zwei angemalte Hämmer befanden, die Stimmelmayr noch gekannt hat.

Außer drei Urkunden vom Jahr 1408 wird der Name Altheim, also in der Form eines Ortsnamens, ausschließlich von der städtischen Steuerbehörde verwendet. In keiner anderen Überlieferung als den Steuerbüchern kommt er vor. Nach dieser Quelle umfaßt Altheim folgendes Areal: Hofstatt, Hotterstraße Nordhälfte und die Südseite des heutigen Altheimer Eck bis etwa zur Straßenecke mit der Damenstiftstraße. Nur zum Teil überschneidet sich der Begriff mit dem Begriff »Hacken«.

Qu.: StB. – GB II 102/2 (1395). – Pläne seit 1806. – Stimmelmayr S. 70/71 Nr. 86. – Rambaldi Nr. 22, 131. – StadtA, Straßenbenennung Nr. 40/1 (1869); Urkunde B II c Nr. 171 (1475). – MB 19a S. 88, 90, 92 (1408).

ALTHEIMER ECK, seit vor 1806.

Siehe »Althaim«.

ANDERE SCHWABINGER GASSE, seit Ende 18. Jhd.

Siehe »Schwabinger Gasse, äußere«.

ANDERER ANGER, um 1781.

Siehe »Anger, anderer«.

ANGER, seit vor 1300.

Anger bedeutet im Mittelhochdeutschen zunächst ein Stück Gras-, Weide- oder Ackerland, auch ein gemeinschaftlich bewirtschaftetes Stück Land, schließlich ein eingefriedetes Grundstück, das der Nutzer ohne Rücksicht auf die Nutzungsart der umliegenden Flur nach eigenem Gutdünken zum Abmähen, Abweiden, als Ackerland oder Gehölz benützen konnte.

Mit »Anger« schlechthin ist den mittelalterlichen Quellen zufolge zunächst der heutige St.-Jakobs-Platz (wahrscheinlich von Anfang an mit dem heutigen Sebastiansplatz) gemeint. Nur diesen Bezirk meinen seit 1369 die Steuerbücher mit »Anger«, ja sogar »Angergasse«. Der heutige Untere Anger heißt in dieser Quelle durchweg »Mühlgasse« und der heutige Oberanger durchweg »Roßmarkt«. Man darf sich auch durch den Begriff »-gasse« nicht irritieren lassen, der hier in einer uns völlig fremden Denkweise auf einen weiten Platz bezogen wird. Auch das Kloster »am Anger« liegt am St.-Jakobs-Platz. Auch Pläne von 1729 und 1735 und der Festungsplan von 1747/48 nennen den heutigen St.-Jakobs-Platz »auf dem Anger«. Erst in zweiter Linie wird dann auch die Umgebung in den Begriff »Anger« mit einbezogen. Im Jahr 1300, als der Name erstmals in einer Quelle belegt ist, erwirbt das Kloster Tegernsee ein Haus zu München »am Anger«. Es dürfte wohl entweder der Tegernseer Hof sein oder ein in ihm aufgegangenes Haus. Benachbart dem Tegernseer Hof ist das Haus des »Rudolf am Anger«, der seit 1312/13 in den Quellen erscheint. Damit zieht sich aber der Anger bereits in den heutigen Unteren Anger hinein. Vom heutigen St.-Jakobs-Platz, dem eigentlichen Anger aus, werden dann auch die Unterscheidungen in »vorderer« und »hinterer«, »oberer« und »unterer« vorgenommen.

Nur die Stadtkarte von 1781 nennt den Unteren Anger einfach »der Anger« (der »andere Anger« ist hiernach der Oberanger).

Unterschieden werden: Oberer, mittlerer, unterer, kleiner, großer, vorderer, hinterer, weiter und langer Anger sowie anderer Anger, Anger(bach)gasse, Angerplatz, Anger Sebastiani, Anger St. Clarae. Schließlich gab der Anger dem ganzen Stadtviertel den Namen: Anger-Viertel.

Qu.: Lexer, Mittelhochdeutsches Wörterbuch. – Schmeller I Sp. 106. – HStA, KU Tegernsee 77/1 (1300); GU Mü 34 (1300). – Dirr 222/18, 275/30. – StB 1369 ff. – Plan von 1729, Paur-Plan von 1735, Festungsplan 1747/48.

ANGER, ANDERER, heute Oberanger/Roßmarkt, um 1781.

Nur die Stadtkarte von 1781 nennt den heutigen Oberanger »anderer Anger«, im Unterschied zum »Anger« schlechthin, womit diese Quelle den Unteren Anger meint.

ANGER bei dem **BACH, ANGER,** da der Bach hereinrinnt, heute Oberanger/Roßmarkt, vor 1371 – nach 1405.

Benannt nach dem Verlauf des großen Angerbaches in der Mitte des Straßenzuges Oberanger/Roßmarkt. Auch »Anger, do der pach herein rinnt«. Da die Häuser auf der Zeile zwischen Oberanger und

Abb. 10: *Der Anger nach dem Sandtner-Modell. Blick von Süden über das Angertor und den Unteren Anger auf den weiten Anger (St.-Jakobs-Platz). Rechts das Kloster der Klarissinnen, links der Oberanger.*

Unterem Anger in großer Zahl von einer zur anderen Straße durchgehen, liegen manche so bezeichnete Häuser nach Steuerbuch im Unteren Anger, also an der »Mühlgasse«.

Qu.: GB I 19/1 (1371), 32/8 (1372), 39/8 (1373), 100/15 (1378), 110/11 (1379). – GB II 42/4 (1393), 55/2 (1393), 87/3, 98/2 (1395). – GB III 20/12, 25/11 (1404), 43/6 (1405).

ANGER bei den METZGERN, heute Teil des St.-Jakobs-Platzes, um 1539.

Im Jahr 1539 werden Straßenpflasterungsarbeiten durchgeführt »am anger bey sant Sebastian« und »am anger bey den metzkern«. Der Anger bei St. Sebastian ist der heutige Sebastiansplatz. Die Metzgerhäuser standen an der Ostflanke des heutigen St.-Jakobs-Platzes und gehörten zu dem Häuserblock, der an den Sebastiansplatz im Norden und an die Gasse hinter der Stadtmauer grenzte (Fortsetzung der Taschenturmgasse).

Qu.: KR 1539 S. 133r. – HB AV S. 295–307.

ANGER (GASSE) bei SANKT SEBASTIAN, ANGER SEBASTIANI, heute Sebastiansplatz, seit 1639 – nach 1808.

Vgl. »Sebastiansplatz« und »Anger bei den Metzgern«.

Qu.: StB 1540–1808.

ANGER, GROSSER, heute St.-Jakobs-Platz mit Sebastiansplatz, um 1566 – 1575.

Die Häuser mit dieser Lagebezeichnung gehören alle zum heutigen St.-Jakobs- und Sebastiansplatz. Später wird aber offensichtlich der Sebastiansplatz als sog. Kleiner Anger vom St.-Jakobs-Platz (Großer Anger) geschieden.

Qu.: StB Fremde Ewiggelder 1566 S. 98v, 1568 S. 13v, 1573 S. 7v, 1574 S. 6, 1575 S. 6.

ANGER, HINTERER, vorwiegend heute Oberanger/Roßmarkt, seit vor 1310 – nach 1561.

Die Bezeichnungen »hinterer Anger« oder »hintere Angergasse« beziehen sich auf den heutigen Straßenverlauf Oberanger/Roßmarkt mit Gänsbühel (Raspstraße). Der größte Teil der so eingeordneten Häuser liegt jedoch in der südlichen Hälfte des Straßenzuges, also gegen die Stadtmauer zu. Möglicherweise hat man »vorne« und »hinten« von unterschiedlichen Standorten aus gesehen: teils vom heutigen St.-Jakobs-Platz, dem eigentlichen Anger aus, teils von der stadteinwärts gelegenen Abzweigung der beiden Straßenzüge, also etwa vom Gighan-Bad (heute ORAG-Haus) aus. Vgl. auch »vorderer« Anger!

Ein im Jahr 1529 in der hinteren Angergasse gelegenes Haus ist laut Häuserbuch das Haus Raspstraße 5. Eine Reihe von Häusern liegt allerdings auch an der stadteinwärts gelegenen Hälfte des Straßenzugs, gleich nach dem Gighan-Bad. Auf jeden Fall aber gehören alle Häuser mit Lage am hinteren Anger zum heutigen Oberanger/Roßmarkt mit Gänsbühel.

1310 »an dem Anger an der hinteren Gassen«, 1369–1808 Roßmarkt, 1370–1529 hintere Angergasse, 1393, 1554–1561 hinterer Anger, 1529 hintere Angergasse am Roßmarkt, 1582–1586 oberer Anger oder Roßmarkt, seit 1806 obere Angerstraße bzw. -gasse, 1856 oberer Anger, dann Oberanger.

Qu.: Vogel, Heiliggeistspital Nr. 38 (1310). – StB mit Kapitel Fremde Ewiggelder. – GB II 46/8 (1393); GB IV 180r, 190r (1529).

ANGER, KLEINER (petite Anger), heute Teil des St.-Jakobs-Platzes, um 1729, 1759.

Gemeint ist der östliche Teil (östlich des Seidenhauses) des heutigen St.-Jakobs-Platzes. Einzige Quellen sind die Pläne von 1729 und 1759. Vgl. »Anger, kleiner« zu 1747/48.

ANGER, KLEINER, heute Sebastiansplatz, seit vor 1747/48.

Einzige Belege für diesen Namen sind der Festungsplan von de Grooth von 1747/48 und der Plan von ca. 1800. Vgl. »Anger, kleiner« zu 1729, 1759.

ANGER, OBERER, »oder Roßmarkt«, heute Oberanger und Roßmarkt, um 1582/1586.

Überschneidung mit dem Begriff Roßmarkt, siehe dort. Der heutige Roßmarkt ist nur noch ein Teil dessen, was im Mittelalter als Roßmarkt gegolten hat.

1781 von der Stadtkarte »der andere Anger« genannt.

Qu.: StB 1582 ff., mit Kapitel Fremde Ewiggelder.

ANGER, UNTERER, seit vor 1856 bzw. 1818.

Die Kennzeichnung als »unterer« Anger stammt offenbar aus jüngster Zeit, ist also nicht mittelalterlich. Belegbar ist sie erst seit 1818

Abb. 11: *Der Untere Anger. Ölbild von Otto von Ruppert (1841–1923), 1879.*

in der Verbindung »Untere Angerstraße«, seit 1856 als »Unterer Anger«.

1344–1806 Mühlgasse, 1394–1396 Angermühlgasse, 1397 vordere Angermühlgasse, 1781 der Anger, 1806–1815 Anger(bach)gasse, 1818–1852 Untere Angerstraße, -gasse, teils gehört sie um 1370–1390 auch zur Vorderen Angergasse und wahrscheinlich ist mit ihr auch die Lange Angergasse von 1490 gemeint.

Qu.: AB 1818 ff., 1856 S. 1.

ANGER, VORDERER, um 1524.

Siehe »Angergasse, vordere«.

ANGER, WEITER, heute St.-Jakobs-Platz, vor 1524 – nach 1587.

Die Häuser mit dieser Lagebezeichnung liegen alle um den heutigen St.-Jakobs-Platz herum, einschließlich der Häuser am Unteren Anger etwa ab Haus Nr. 24, so schon 1524 die Häuser von Lachner und Fuger, ebenso 1587 das Haus des Reischl.

Qu.: GB IV S. 43 (1524). – GruBu 1587 zu Unterer Anger Nr. 23. – StB, Fremde Ewiggelder 1561–1575. – StadtA, Urk. B II b Nr. 14 (1550). – KR 1564 S. 129r, gepflastert »am weiten Anger«.

Abb. 12: *Der Untere Anger. Aufnahme vom 14.4.1919.*

ANGERBACHGASSE, heute Unterer Anger, um 1806 – 1815.

Nur die beiden Pläne von 1806 und 1812, sowie Lipowski (»An der Anger-Gasse, jetzt Angerbachs-Gasse«) haben diese Bezeichnung für den heutigen Unteren Anger. Wahrscheinlich nach dem kleinen Angerbach benannt.
Qu.: Lipowski II (1815) S. 305.

ANGERGASSE, heute St.-Jakobs-Platz und Sebastiansplatz, vor 1390 – nach 1532.

Mit der Angergasse ist in den Steuerbüchern der angegebenen Zeit trotz des Begriffs »-gasse« immer der bezeichnete Bezirk gemeint. Der heutige Untere Anger heißt in den Steuerbüchern »Mühlgasse«, der heutige »Oberanger« mit dem »Roßmarkt« heißt dagegen »Roßmarkt«.

ANGERGASSE, heute Unterer Anger, vor 1815.

Nur Lipowski spricht 1815 davon, daß die »jetzt Angerbachs-Gasse« genannte Straße früher Angergasse geheißen habe.
Qu.: Lipowski II (1815) S. 305.

ANGERGASSE bei dem Bach, heute Oberanger/Roßmarkt, um 1412.

Der große Angerbach durchlief auf der Mitte der Straße den ganzen heutigen Straßenzug Oberanger/Roßmarkt. Der Name »Angergasse bei dem Bach« ist nur 1412 belegt.

Qu.: GB III 116/10.

ANGERGASSE, HINTERE, heute Oberanger/Roßmarkt, vor 1310 – nach 1529 (1561).

Siehe »Anger, hinterer«.

Qu.: StB, mit Kapitel Fremde Ewiggelder. – MB 19a S. 12 (1310). – GB I 13/2 (1370); II 19/1 (1391); GB IV 180, 190 (1529).

ANGERGASSE, LANGE, wahrscheinlich heute Unterer Anger, um 1490.

In diesem Jahr werden an der langen Angergassen Straßenpflasterungsarbeiten durchgeführt, ebenso an der weiten Angergasse (heute St.-Jakobs-Platz). Aus der Gegenüberstellung ergibt sich die Einordnung: weiter Anger = St.-Jakobs-Platz, langer Anger = Unterer Anger.

Qu.: KR 1490 S. 117v.

ANGERGASSE, MITTLERE, »auf dem Bach«, um 1384 – 1387.

Beide Belege für diese Bezeichnung beziehen sich auf dasselbe Haus. Es liegt am Roßmarkt nahe bei der Mauer. Deshalb ist wahrscheinlich mit der mittleren Angergasse die Gasse an der Stadtmauer gemeint, die den oberen und den unteren Anger miteinander verband. Ansonsten käme nur noch die Deutung in Frage, daß man die Sackgasse des Gänsbühel (Raspstraße) in die Einteilung mit einbezog und einen vorderen Anger (= unterer), einen mittleren (Oberanger/Roßmarkt) und einen hinteren (Raspstraße) voneinander schied.

Qu.: GB I 201 (1384), 230/10 (1387).

ANGERGASSE, RECHTE, heute Oberanger/Roßmarkt, um 1468 – 1478.

In den Jahren 1468 und 1478 liegt eine Häusergruppe – Jörg Neukircher und seine Nachbarn Perchtold Zwengin und Hans Velnhamer Goldschmied – »an der rechten Angergassen« (recht = richtig,

eigentlich). Gemeint ist damit der heutige Straßenzug Oberanger/ Roßmarkt.
Qu.: Vogel, Heiliggeistspital Nr. 380 (1468), 402 (1478).

ANGERGASSE, VORDERE, stadtnaher Teil von Oberanger und Unterer Anger, um 1370 – 1390.

1370 meint man mit dieser Ortsangabe ein Haus am heutigen Unteren Anger kurz vor dem Gighan-Bad, mit Zusatz »bei dem Kloster«, 1390 jedoch ein Haus etwa im mittleren Bereich des heutigen Oberanger. 1524 liegen die Häuser Oberanger 51–53, kurz vor Einmündung der Dultstraße in den Oberanger, am »vorderen Anger«. »Vorne« ist also auf jeden Fall stets der stadtnahe gelegene Teil beider Anger-Straßen. »Hinten« kann dagegen auch vom St.-Jakobs-Platz aus gesehen sein und meint den gesamten Straßenverlauf Oberanger/Roßmarkt (»vorne« wäre dann dieser Betrachtungsweise nach der gesamte Straßenzug Unterer Anger).
Qu.: GB I 13/12 (1370), 245/21 (1390). – GB IV 58.

ANGERGASSE, WEITE, heute St.-Jakobs-Platz, um 1490.

In diesem Jahr werden dort Straßenpflasterungsarbeiten durchgeführt. Die Einordnung ergibt sich aus dem Vergleich mit dem weiten Anger und mit der Gegenüberstellung mit den gleichzeitigen Pflasterungsarbeiten am »langen Anger« (wohl heutiger Unterer Anger).
Qu.: KR S. 117v.

ANGERMÜHLGASSE, heute Unterer Anger, um 1394 – 1396.

Gasse, die zur Angermühle führt, oder Mühlgasse am Anger. Nur zweimal belegt.
Qu.: GB II 63/1 (1394), 118/7 (1396).

ANGERMÜHLGASSE, VORDERE, heute Unterer Anger, um 1397.

Wie »Angermühlgasse«, aber wohl stadtnaher Teil davon. Name nur einmal belegt.
Qu.: GB II 125/8 (1397).

ANGER PARADEPLATZ, heute St.-Jakobs-Platz, um 1759/81.

Nur auf den Plänen von 1759 und 1781 mit dieser Bezeichnung belegt (»Anger, Place de la Parade«).

ANGERPLATZ, heute St.-Jakobs-Platz, seit 1781 – 1833.

Nur die Pläne seit 1781 und Adreßbücher bis 1833 führen diese Bezeichnung.

ANGER St. CLARAE, heute St.-Jakobs-Platz, um 1694.

Der Name nimmt Bezug auf das Klarissenkloster am Anger. Im Jahr 1694 liegt das Haus des Gregori Schwaiger, Stadtstadelmeisters, am Anger St. Clarae. Dem Gregori Schwaiger gehört in dieser Zeit das Haus Oberanger 2 mit Unterer Anger 30 als Hinterhaus. Es bleibt bis 1761 im Besitz der Familie und kommt in diesem Jahr in den Besitz von Ignaz Günther.

Qu.: StB 1694 S. 179v. – HB AV S. 99, 539.

ANGERSTRASSE, -GASSE, OBERE, heute Oberanger/Roßmarkt, vor 1806 – nach 1852.

Diese Bezeichnung führen nur die Pläne von 1806, 1812 und 1852.

ANGERSTRASSE, -GASSE, UNTERE, heute Unterer Anger, vor 1818 – nach 1852.

Nur die Adreßbücher von 1818, 1823, 1833 und 1845 haben die Untere Angerstraße, die Pläne von 1826, 1837 und 1852 haben Untere Angergasse.

An der Kloster **ANGER MAUER,** heute Teil der Prälat-Zistl-Straße, um 1806.

Gemeint ist die später »Sebastiansgasse« bzw. -gässchen genannte Gasse. Nur der Plan von 1806 kennt sie. Die Gasse lief von der Nordostecke des Angerklosters aus Richtung Nordosten an der Stadtmauer entlang bis zum Sebastiansplatz.

Um 1395 kommt die Gasse mit dem Namen »Gässlein bei dem Stosser« vor. Später ging die Gasse, genau wie ihre Fortsetzung – die Taschenturmgasse – in der Blumenstraße auf. Mit Wirkung vom 14. Januar 1984 wurden beide in »Prälat-Zistl-Straße« umbenannt.

❏ **AU,** links der Isar, seit vor 1357.

Die Landschaft in der Flußniederung wird »Au« genannt (= Land am Wasser, nasse Wiese). Der Name steckt auch in dem Viertel-

namen »Graggenau«, siehe dort. Innerhalb der Stadt wird die Niederung sonst »Tal« genannt.
1357 liegen Grundstücke in der Au in Unser Frauen Pfarr. Sie müssen also nördlich der Straßenachse Zweibrückenstraße, Tal, Marienplatz, Kaufinger-, Neuhauser Straße, Bayerstraße liegen; denn das ist der Sprengel der Frauenpfarrei. 1387 liegt die Au vor dem Schwabinger Tor (es stand am heutigen Platz vor der Feldherrnhalle) und 1480 liegt sie am Plachfeld, also unterhalb der späteren Schönfeld-Vorstadt. 1372 wird die Au bei des Pibergers Mühle genannt. 1374 liegt ein Krautgarten in der Au, oberhalb des Fischers Schelm. Die Fischer saßen zu dieser Zeit alle vor dem Isartor draußen. Der Schelm steht in den Steuerbüchern in der Gegend vor dem Lugerturm. 1384 liegt ein Grundstück in der Au bei des Walchmüllers Mühle. Die Walchmühle lag vor dem Wurzer- oder Kosttor. 1385 liegt ein Grundstück in der Au beim Lohstampf, der seinerseits wieder vor dem Lugerturm draußen lag. 1387 wird ein Anger vor dem Angertor als in der Au gelegen bezeichnet. Hier ist die Au die Gegend des heutigen Gärtnerplatz-Viertels. Hierher gehört auch »des Stigkers Aw« von 1371. Der Sticker war Pfarrer (plebanus) von Haching. Mit seinem Grundbesitz bei der Stadt steht er von 1368 bis 1383 im Steuerbuch als letzter Steuerzahler unter der Gruppe »Bey dem spital«. Der erste Teil dieser Gruppe gehört zu den Häusern an der Roßschwemme. Danach folgen die Steuerzahler draußen vor dem Schiffertor, im Steuerbuch meist optisch daran erkennbar, daß zwischen den beiden Namensgruppen ein kleiner Abstand gelassen wird. Der Pfarrer Sticker hatte also ein Grundstück – eine Au – draußen vor dem Schiffertor. Er ist 1383 gestorben, da in diesem Jahr hier sein »patrimonium«, die Erbschaftssteuer bezahlt wird. Mit Sicherheit gehören in diesen Bereich auch der 1380 nicht näher bezeichnete Garten »in der aw«, alleine deshalb schon, weil bei einer Lage außerhalb des Burgfriedens und damit in einem Landgerichts-Bezirk dies auf jeden Fall angegeben worden wäre und außerdem für Verbriefungen von Grundstücken in diesem Gebiet sicher auch nicht das Stadtgericht zuständig gewesen wäre. 1449 wird auch der Müller der Schwalbensteinmühle in der heutigen Schäftlarnstraße 28 »Aumüllner« genannt und noch am 25. September 1530 liegen mehrere Grundstücke, die Herzog Wilhelm erwirbt – wahrscheinlich für den Hofgarten – draußen »vor München bei der Neuen Vest und bei der Schefmühl in der Au«. Das ist also die Gegend um den heutigen Marstallplatz und das ehemalige Armeemuseum.
Irreführend ist die Lagebezeichnung für die Sägmühle des Stadtzimmermeisters Hans Karst aus dem Jahr 1449 und später. Am Sonntag vor dem St. Martinstag 1449 (= 9. November) verlieh Herzog Albrecht III. laut Lehenbuch (am 8. November laut Urkunde im

Stadtarchiv) dem Hans Karst eine Hofstatt und einen Wasserschlag zu einer Sägmühle, gelegen an einem Platz »mit nomen in der Awe an der rechten Iser entrichts dem hamer zu Pruntal über auf dem land, darauf Munchen ligt«. Mit Brunnthal ist hier eine Gegend nordöstlich des heutigen Maximilianeums gemeint. Es wird auch 1660 genannt. Die Sägemühle lag also etwa auf Höhe des Maximilianeums, gegenüber dem herzoglichen Eisenhammer. Die Bezeichnung »an der rechten Iser« ist aber nun keineswegs gleichbedeutend mit »rechts der Isar«, also auf dem Ostufer, sondern »recht« hat hier die ursprüngliche Bedeutung »eigentlich« oder »recht, gerecht, wahrhaft, allgemein«. Die Mühle lag also auf »der eigentlichen«, »der richtigen«, »der allgemeinen« Isarseite. Das ergibt sich einerseits aus dem Nachsatz »auf dem land, darauf Munchen ligt«; denn München liegt ja links der Isar, also auf dem Westufer. Außerdem wird es später auch ausdrücklich bestätigt: am 14. Februar 1472 nämlich lautet die Lagebezeichnung:»vor dem Wurzerthor in der Au in der Stadt Burgfrieden, bei der rechten Isar, gegenüber dem hammer zu Brunnthal«. Ja, die Kammerrechnung von 1472 nennt die Lage der Mühle sogar »auf dem Griess«. Damit gehört auch diese 1449 erstmals genannte Au nicht in die Gegend der heutigen Au, sondern in die Gegend des Lehel.

Alle Belege über den Namen »Au«, mit Ausnahme dessen von 1340, beziehen sich bis mindestens zur Mitte des 15. Jahrhunderts auf die Flußniederung links der Isar und auf das Gebiet des Burgfriedens, nicht jedoch auf eine Au jenseits (rechts) der Isar, die auch gar nicht mehr auf Stadtgebiet lag. Seit dem 15. Jahrhundert verschwindet der Begriff Au in dieser Gegend dann aus den Quellen. Zwei Gründe sind dafür maßgebend. Zum einen die Tatsache, daß sich für die Gegend vor der Stadt allmählich ein neuer Name herausbildet (Lehen/Lehel). Zum anderen, weil von der Mitte des 15. Jahrhunderts an eine andere Au in das Blickfeld der Bürger Münchens rückt, die Au bei Giesing, siehe unten.

Qu.: MB 19a S. 489 (1357), MB 20 S. 41 (1387), MB 21 S. 335 (1480). – GB I 14/4 (1371), 35/1 (1372), 56/3 (1374), 167/6 (1380), 197/1 (1384), 218/13 (1385), 230/18 (1387). – Hilble S. 81 (1449) mit Quellen. – HStA Mü, Oberster Lehenhof Nr. 2 S. 7r (9.11.1449) (vgl. dazu auch HStA Mü, Oberster Lehenhof Nr. 3 S. 24v (29.9.1461), und StadtA Mü. F I c 9 Nr. 3 (8.11.1449), Nr. 5 (29.9.1461), Nr. 2 (14.2.1472), Nr. 7 (16.5.1472), Nr. 8 (8.3.1473). – HStA Mü, Kurbaiern U 16457 (1530). – KR 1472 S. 69r. – Solleder S. 263. – Megele, Baugeschichtlicher Atlas S. 38. – Schattenhofer, Brunnen S. 13.

❏ AU, rechts der Isar, ehemalige Gemeinde Giesing, seit vor 1340.

Diese Au, jenseits der Isar – außerhalb des Münchner Burgfriedens (also Stadtgebietes) im Landgericht Wolfratshausen und auf der Gemarkung von Giesing gelegen – zieht seit der Mitte des 15. Jahrhunderts das Interesse der Münchner Bürger auf sich. Dort lagen mehrere Mühlen. 1490 gründete Balthasar Pötschner eine Papiermühle (Am Kegelhof 2/3). Sie lag »zu Giesing under dem perg, genannt Neidegk« und 1528 war sie die »Papiermül in der Au«. Der Ortsname lautete immer noch »Giesing« – auch für das Gelände in der Talniederung.

Die Schrafnaglmühle (Bäckerkunstmühle) in der Lohstraße 46 lag 957/72 »ad Kiesingun« (zu Giesing), 1158/59 »apud Giesingen« (zu Giesing), 1313 »Giesingen, Mühle«, 1451 »in obern Giesing in dem dorf«, 1463 »zu obern Giesing in dem dorf under dem perg« und 1555 »underm perg zu Obergiesing«. Die Mühle gehörte bis zur Säkularisation dem Kloster Schäftlarn.

1590 gibt es einen Garten »in der Au, zu Neydegg genannt, unter(halb) Obergiesing« und 1598 liegt ein Garten – wahrscheinlich derselbe – »in der Obergiesinger Au«.

Der früheste Beleg für das Vorkommen des Ortsnamens Au für den Giesinger Ortsteil unterhalb des Bergrückens stammt vom 20. Dezember 1340. An diesem Tag übereignet Kaiser Ludwig der Bayer dem Münchner Heiliggeistspital drei Mühlen »in der Awe ze Gyesingen« bzw. »uf der gemaynen Aew ze Gyesingen«. Der Rückenvermerk aus dem 15. Jahrhundert trägt übrigens nur den Namen »Gyesing«. Die drei Mühlen sind nicht identifiziert. Hilble hat sie offensichtlich übersehen. Eine dieser drei Mühlen hat das Spital in der Mitte des 15. Jahrhunderts verkauft und zwar laut Salbuch diejenige, »da der Spies auf siczt«. Das ist die Spießmühle in der Ohlmüllerstraße 44. Danach findet man den Namen Au lange nicht mehr. Erst 1461 taucht er, wiederum in Zusammenhang mit der Spießmühle, auf. Sie ist 1426 noch die »sägmül zu Giesing«, 1455 »die sägmül zu Niedergiesing«. Erstmals 1461 erscheint sie mit dem Zusatz »in der Au« (die sagmül zu Niedergiesing in der Au), ebenso dann 1595, 1609 dann wieder nur »zu Untergiesing«, 1620 dann »in der Au zuenegst bey Neydegk«, 1768 wieder »zu Untergiesing in der Au«. Es wird also begrifflich immer noch abgewechselt. So ist 1571 auch die Riegermühle in der Falkenstraße 17 noch gelegen »underm perg bey Niedergiesing«.

Ober- und Untergiesing werden nach dem Flußlauf voneinander geschieden, wobei Obergiesing der Ortsteil um die Giesinger Kirche und den Giesinger Berg war und Untergiesing der Ortsteil auf dem heutigen Nockherberg. Erst in unserem Jahrhundert hat die Unkenntnis über diese Sachlage die Menschen dazu verführt »oben« und »unten« nach der Lage auf oder unter dem Berg zu definieren. Das Gebiet unterhalb des Berges war nie »Unter«-Giesing, sondern immer die »Au« von Giesing. »Unter«-Giesing liegt genauso wie Untersendling und Unterföhring oben auf dem Berg.

1547 lebt ein Lienhart Schuster »zu Giesing in der Au bei München, Gericht Wolfratshausen«. Derselbe wird 1544 nur »zu Giesing« genannt.

Der spätere Ort Au, 1854 erst nach München eingemeindet, gehört also zur Ortsflur, heute würde man sagen »Gemeinde« Giesing und heißt demnach auch »Giesing« und nicht einfach »Au«. Erst im 15. Jahrhundert, als dort ein »Gewerbegebiet« mit Sägmühlen, Papiermühle, Hammerwerk, ja sogar ein Schlößchen usw. entstehen und sich dann auch dort arbeitende Menschen niederlassen, entwickelt sich in der Flußniederung eine Siedlung mit Eigenleben, die aber immer noch Teil von Giesing ist und diesen Namen noch lange führt. Es ist nie die Au schlechthin, sondern immer die »Au zu Giesing« oder zu »Giesing in der Au«. Die sprachliche Differenzierung ist erst seit 1461 feststellbar. Frühere Belege des Ortsnamens »Au« gehören allesamt auf die linke Isarseite hinüber (soweit sie in städtischen Quellen erscheinen) oder haben sich als überhaupt nicht in den Münchner Raum gehörig erwiesen.

Vorsicht ist mit der Datierung des Namens, Schlößchens und einer Mühle »Neideck« in der Au geboten, weil es schon im 14. Jahrhundert eine Mühle dieses Namens in der Buttermelcherstraße 16 gab und kaum unterscheidbar ist, welche jeweils gemeint ist bzw. ob sich nicht alle Belege für eine Mühle dieses Namens immer auf die Mühle in der Buttermelcherstraße beziehen.

Der gelegentlich auf die Giesinger Au bezogene Beleg von 1289 mit Grundstücken zu »Au« gehört in Wirklichkeit zu einem Au bei Vohburg.

Qu.: Dirr U Nr. 98 (1340). – Vogel, Heiliggeistspital U 67 (1340), Salbuch A Nr. SA 558. – Hilble S. 97 mit Quellen, S. 99, S. 103. – St. Peter U 289 (1547), 284 (1544). – HStA Mü, Kurbaiern U 16368 (8.10.1590), U 16367 (13.8.1598). – MB 18 S. 8 (1289), dazu auch ebenda S. 19 (1295), 32 (1299), 33 (1302), 672 (1353).

Bei den **AUGUSTINERN**, 1369 ff.

Verschiedene Häuser und Grundstücke, meist an den Ecken Kaufinger-/Augustinerstraße, Kaufingerstraße/Färbergraben und Neuhauser Straße/Färbergraben werden so eingeordnet.

Qu.: GB I 9/16 (1369), 17/1 (1371), 23/10 (1372) u. ö.

Klostergässel bei den **AUGUSTINERN**, heute Augustinerstraße, um 1510.

Im Jahr 1510 zahlt die Stadt aus der Stadtkammer ihren Werkleuten (Stadtzimmerer, Stadtmauerer) ein Trinkgeld, »um das clostergässel bei den Augustinern zu besuchen« und dort wahrscheinlich einige Bauten zu begutachten. Im selben Jahr werden auch Straßenpflasterungsarbeiten »im gaßl bey den Augustinern« durchgeführt. Zweifellos handelt es sich in beiden Fällen um die heutige Augustinerstraße.

_{Qu.: KR 1510 S. 86v, 131r.}

AUGUSTINERSTRASSE, seit vor 1523.

Benannt nach dem 1803 säkularisierten Augustinerkloster, das seit 1294 hier bestanden hat.
1510 Klostergässel bei den Augustinern, 1523 Straßenpflasterungsarbeiten im »Augustiner gäßl«. Teils auch nur Gässel genannt, so 1575. In den Steuerbüchern erst seit 1772 der Name Augustinergässel.

_{Qu.: KR 1510 S. 86v, 1523 S. 136r. – GruBu KV S. 97v (1575).}

AUGUSTINERSTOCK(GASSE), heute Teil der Löwengrube, vor 1781 (nach 1727) – nach 1852.

Der Augustiner Mietstock oder Augustinerstock waren die in den Jahren 1724–1727 von dem Pater Provinzial Johann Baptist Inninger erbauten Wohnhäuser an der Löwengrube zwischen der Einmündung der Augustinerstraße und der Einmündung der Ettstraße in die Löwengrube (Löwengrube Nr. 1* – 6*, heute Polizeipräsidium). Die Häuser wurden vom Kloster an Privatpersonen vermietet und nach der Säkularisation verkauft.
 Stimmelmayr nennt die Namensformen »Löwengrube oder Augustinerstock Gasse« sowie »obere Löwengrube oder Augustinerstock Gasse«. Die Pläne von 1781 und 1806 führen den Namen »Augustinerstock« für die südliche Seite der Löwengrube an.

_{Qu.: HB KV S. 99. – Stimmelmayr S. 25 Nr. 43/9, S. 31 Nr. 50. – Pläne 1781 und 1852.}

Am **BACH**, heute Teil der Hochbrückenstraße, vor 1767 – nach 1805.

Gemeint ist das Haus Hochbrückenstraße 10, benannt nach dem ehemals auf diesem Straßenzug verlaufenden Bach, und anschließende Häuser am Einschüttbach.

_{Qu.: StB 1767–1805. – Rambaldi Nr. 269.}

BACHGÄSSL, wohl Teil des heutigen Oberanger/Roßmarkt, um 1571.

Wenn im Jahr 1571 die Straße gepflastert wird »am hindern Anger und pachgässl«, dann kann damit eigentlich nur ein Teil des

Hinteren oder Oberen Anger gemeint sein, durch den ja auf seiner vollen Länge der Angerbach floß.
Qu.: KR 1571 S. 147v.

BACHGÄSSCHEN, heute Dürnbräugasse, o. D. (vor 1827).

Ohne Angabe von Quellen und Zeitraum sagt Johann Wilhelm Koebler, die Dürnbräugasse sei »früher Bachgäßchen genannt« worden. Die Gasse führte einst hinter zum Einschüttbach (heute hinterer Teil der Hochbrückenstraße) vorbei. Der Name ist deshalb berechtigt und besitzt eine gewisse Glaubwürdigkeit.
Qu.: Koebler (1827) S. 64, 84.

BACHLBRÄUGÄSSEL, heute Maderbräustraße, um 1781.

Benannt nach dem sog. Pachlbräu im Haus Tal Nr. 9*, dem eigentlichen Eckhaus Tal/Maderbräustraße Ost. Es ist später im Nachbarhaus Tal Nr. 10*, dem ehemaligen Maderbräu, aufgegangen. Nach ihm dann auch der Name »Maderbräustraße«. Die Gasse hieß auch »Schergengäßchen« und »Bauernbräugässel«. Der Name Pachlbräu erklärt sich aus der Lage des Hauses »an das Lederbächl stoßend«, wie es 1631 beschrieben wird.
Qu.: Plan 1781. – HB GV S. 359 (zu 1631).

❏ **BACHSTRASSE,** heute Teil des Lenbachplatzes, vor 1818 – 1902.

Die Straße lag bereits außerhalb der Mauern, auf dem Häuserquadrat zwischen Karlstor und Künstlerhaus und zwischen Herzog-Max-Straße und Lenbachplatz. Als kleine Sackgasse lief sie vom Karlstor Richtung Künstlerhaus, parallel zur Herzog-Max-Straße, auf dem hier ganz überwölbten ehemaligen nassen Stadtgraben. 1902 ist sie im Lenbachplatz aufgegangen.
   1818 steht sie als Bachgäßchen erstmalig im Adreßbuch, 1902 letztmals.
Qu.: AB 1818, 1880, 1902. – Pläne 1837 ff.

Zwischen den zwei **BÄCHEN,** heute Teil der Hochbrückenstraße, vor 1450 – nach 1804.

»Zwischen den zwei Bächen« ist die Übersetzung des Begriffes »Gern«. Diese Beschreibung findet sich erstmals 1450, als das Wührbad mit solcher Lage beschrieben wird, dann wieder in den Steuerbüchern seit 1779 bis 1804 für einen Teil der heutigen Hoch-

brückenstraße, der auf einer Insel zwischen zwei Armen des Baches lag.
Qu.: MB 21 S. 146 (1450). – StB 1779–1804.

❏ Zwischen der zweier **BACH**, vor dem Angertor, um 1377.

1377 liegt ein Anger »zwischen der zwayer pach, dez Strobels und dez Peysenwürffels pach«. Der Strobl war um 1368/87 Müller zu Neideck bzw. auf der Unteren Kaiblmühle (Buttermelcherstraße 16) und des Strobls Bach ist der Kaiblmühlbach. Der Pilgreim Peysenwürfel ist 1387 Müller zu Saeldenau (Mahlmühle, Kolosseumstraße 1).
Qu.: GB I 87/1. – Hilble, Mühlen OA 90 S. 91/92, 95.

BÄCKERGÄSSEL/PEKENGÄSSEL, heute Thiereckstraße, um 1780/82.

So nennen die Pläne von 1780 und 1781 und Westenrieder 1782 die heutige Thiereckstraße. Namengebend ist die Bäckerei »im Gewölb«, siehe dort, die sich schon 1368 und bis nach 1808 im Durchgang zwischen den beiden Häusern Kaufingerstraße 32 und 33 befand. Sie wanderte danach vom Haus Nr. 32 ins Haus Nr. 33, wo sie seit 1818 nachweisbar ist.
Qu.: Westenrieder, Plan-Beilage. – HB KV S. 91 ff.

BÄNKGÄSSEL, heute Teil des Viktualienmarktes, Ende 18. Jhd.

Siehe »Fleischbankstraße«.

BARFÜSSERGÄSSEL, wahrscheinlich Teil des heutigen Max-Joseph-Platzes, vor 1532 – nach 1587.

Gemeint ist entweder die heutige Perusastraße oder der am Franziskaner-(Barfüßer-)Kloster vorbeiführende Teil der Residenzstraße, vielleicht auch die zwischen der heutigen Hauptpost und der Friedhofmauer entlangführende kleine Gasse. Im Jahr 1523 wurden hier – »am Parfuessergäßl« – Straßenpflasterungsarbeiten durchgeführt, ebenso auch wieder im Jahr 1587.
Qu.: KR 1523 S. 136r, 1587 S. 153r.

Bei den **BARFÜSSERN**, heute Teil der Residenzstraße, um 1370 ff.

Die gegenüber dem Franziskanerkloster am heutigen Max-Joseph-Platz stehenden Häuser an der Residenzstraße werden im Mittelalter häufig »bey den Parfüzzen« genannt, so im Jahr 1370.
Qu.: GB I 12/11 (1370).

Des Barts Gassen

Des **BARTS GASSEN**, heute Teil der Kardinal-Faulhaber-Straße, um 1375 – 1382.

Im Jahr 1375 liegt ein Stadel »in des Parts gässel«, im Jahr 1382 verkauft Heinrich Planck sein Haus »in des Parts gassen« an Heinrich den Hütler (Herter), wobei der Rietmair als Nachbar angegeben wird. Die beiden Häuser stehen nach den Steuerbüchern der Zeit an der heutigen Kardinal-Faulhaber-Straße, in dem Streckenabschnitt zwischen der Prannerstraße und der Salvatorstraße, auf der Westseite, also bei den Häusern Nr. 1–4. Den Namen hat dieses Straßenstück von einem Haus der Familie Bart, das als »domus Part« in den Jahren 1371–1375 in den Steuerbüchern vorkommt und das an der Ecke Salvator-/Kardinal-Faulhaber-Straße Ost, etwa beim Haus Nr. 5, gelegen hat.

Qu.: GB I 67/11 (1375), 158/9 (1382). – StB.

BAUERNBRÄUGÄSSEL, heute Maderbräustraße, vor 1596 – nach 1804.

Dieser Straßenname für die heutige Maderbräustraße kommt erstmals im Jahr 1596 vor, als die Stadt an Georgi Zinsen einnimmt von »Hanns Albrecht Hausner aus der Röllischen Behausung in deß Baurnpräu gässel«. An anderer Stelle steht im selben Jahr auch die verkürzte Form »Baurngässel«. Die Röllische Behausung ist das Haus Tal Nr. 1* mit Rückgebäuden, vor allem einem Stadel an der Maderbräustraße. Der ganze Besitz wird am 10. Mai 1595 an die Stadt verkauft. Der Stadel an der Bauernbräu- oder Maderbräustraße wird dann zum Schergenhaus, vgl. »Schergengäßchen«. Nach dem Grundbuch reicht 1631 der Stadt Stadtschreiberei-Behausung Tal Nr. 1 »samt dem hinteren Stock in das Paurn-Preu-Gässel hinaus«. Seit dem Steuerbuch von 1678 II bis 1801 und nochmal 1804 findet sich der Name Bauernbräugässel stets in den Steuerbüchern.

Die Herkunft des Namens ist ungeklärt. Es gab zwar in dieser Zeit eine Bierbrauerfamilie Paur, mit zahlreichen Vertretern im Gewerbe. Aber nie hat ein Mitglied dieser Familie etwas mit dem Haus Tal Nr. 9* zu tun gehabt, das eine Brauerei war und für den Namen Pate gestanden haben dürfte. Es müßte denn sein, daß mit der Bierbrauerfamilie auch eine Schlosserfamilie gleichen Namens etwas zu tun hat. Denn im Jahr 1570 hat ein Schlosser namens Caspar Paur ein Ewiggeld (Hypothek) von 100 Gulden auf diesem Bräuhaus Tal Nr. 9*. Er und der Hans Paur, Schlosser zu Breslau, und ihre Schwester verkaufen das Ewiggeld 1573 an ihre Mutter Dorothea Paur weiter. In diese Zeit fällt die erste Erwähnung von des »Paurnpreuens haus«

im Jahr 1565. Vielleicht also hängt der Name mit dem Hypothekeninhaber Paur zusammen.

Qu.: StadtA, Stadtverteidigung Nr. 2 S. 16r (1565). – KR 1596 S. 40v, 41v. – HB GV S. 353, 342 (GruBu 1631). – StB seit 1678 II – 1804. – GruBu GV S. 204 (1570, 1573), S. 206 (1613). – Sedlmayr/Grohsmann, »prewen« namens »Paur«.

An dem **BAUERNMARKT**, heute Teil des Marienplatzes, um 1449.

Ein Haus, das mit Marienplatz Nr. 12 und 13 zu identifizieren ist, gelegen also am Marienplatz zwischen Diener- und Burgstraße, und aus dem das Heiliggeistspital um 1449 Zinsen bezieht, liegt in dieser Zeit »an dem pawrenmarckt«. Gemeint ist der Markt der Bauern der Umgebung der Stadt, die an diesem Platz ihre in eigener Produktion hergestellten Waren feilboten. Sonst auch Kräutl- und Eiermarkt genannt. Vgl. Abb. 36 bei »Onuphriushaus«.

Qu.: StadtA, Zimelie 40 (Salbuch B des Heiliggeistspitals) S. 9v.

❏ In dem **BAUMGARTEN**, vor dem Angertor, um 1369 – 1401.

In den Steuerbüchern steht seit 1369 unter der Mühlgasse, aber eindeutig draußen vor dem Angertor, bei der Bleiche gelegen, der Marquardus »in pomerio«, seit 1371 bereits seine Witwe. Seit 1375 wird sie abgelöst durch »Erasm in pomerio«, der ohne den Zusatz »in pomerio« schon 1372 zusammen mit der Witwe des Marquard hier steht. Erasmus findet sich bis zur 2. Steuer des Jahres 1383. Dann folgt auf ihn an derselben Stelle 1387 und 1388 der Leo institor, also Leo Kramer oder Käufel, der seit 1390 »Leo im Garten«, 1394 »Chuntzel Leo im garten« oder 1395 »Chuntzel Leo im Pamgarten« heißt, letztmals im Steuerbuch bei der 2. Steuer von 1401. Dann gibt es an dieser Stelle kein Haus mehr »im Baumgarten« oder »in pomerio«.

Daß solche Gartenhäuser beliebt waren und häufig vorkamen, zeigen die nächsten Beispiele. Vgl. auch »In dem Habern«.

❏ In dem **BAUMGARTEN**, am Grieß Petri, um 1379.

Im Steuerbuch von 1379 steht unter dem Grieß Petri, also draußen vor dem Isartor, stadtauswärts links von der Zweibrückenstraße, der »Rotschmied in pomerio«. Er war nur dieses eine Mal festzustellen.

❏ In dem **BAUMGARTEN**, vor dem Schiffertor, um 1382 – 1390.

Der Ull Kristel, der unter »Beim Spital« in den Steuerbüchern steht und stets draußen vor dem Schiffertor anzusiedeln ist, wie die Nachbarschaft ausweist, trägt seit 1382 den Namenszusatz »in pomerio«, 1387 und 1390 »im Paumgarten« oder 1390 I »im garten«. Seit 1392 heißt er wieder nurmehr Ull Kristel.

❏ In dem **BAUMGARTEN**, vor dem Wurzertor, um 1368 – 1383.

Unter der Graggenau, aber eindeutig weit draußen vor dem Wurzertor – zwischen der vorderen Schelmühle (an der Galeriestraße, um 1620 abgebrochen) und der Plachmühle bzw. zwischen letzterer und der hinteren Schelmühle – stehen schon in den Steuerbüchern seit 1368 die Witwe Herlin und der »Göswein in pomerio«. Von 1377 bis zur 2. Steuer von 1383 heißt die Frau »Relicta Herlin in pomerio«, also »im Baumgarten«. Später gibt es offenbar hier kein Haus im Baumgarten mehr. Auch der Göswein erscheint nach 1368 nicht mehr.

BIERFÜHRERGASSL, heute Bräuhausstraße, um 1781.

Das Haus Bräuhausstraße 8* gehörte von 1738 bis 1800 und das Haus Nr. 9* von 1771 bis 1833 jeweils einem Bierführer. Deshalb nennt die Karte von 1781 diese Straße »Bierführergaßl«.

Qu.: HB GV S. 13, 15.

❏ **BLUMENSTRASSE**, seit 1873/74.

Im Jahr 1843 war der Blumenmarkt in die Taschenturmgasse und an das östliche Ende des Rosentals verlegt worden. Gemäß Entschließung vom 4. Dezember 1873 geruhte der König, die bisherige Glockenbach- und Mühlgasse, sowie Sebastians- und Taschenturmstraße mit der seitherigen Blumenstraße zur »Blumenstraße« zu vereinigen. Der Magistrat setzte das Kollegium der Gemeindebevollmächtigten mit Schreiben vom 14. März 1874 davon in Kenntnis.

In der Blumenstraße aufgegangen sind folgende frühere Straßen und Gassen: Gässlein bei dem Stosser (1395), des Züchtigers Gässel (1585), Sebastiansgasse (Ende 18. Jahrhundert), Henkergäßchen und Mühlgasse (1806), Glocken(bach)gasse und Dultständzwinger (1818), sowie Scharfrichtergasse (1827).

Qu.: Schattenhofer, Märkte OA 109/1, S. 93. – StadtA, Straßenbenennung Nr. 31 (1873/74).

Unter den **BÖGEN**, heute Teil des Marienplatzes, vor 1782 – nach 1910.

Unter den »lichten« Bögen wird 1871 ein Laden Marienplatz Nr. 16 bezeichnet, unter den »hellen« Bögen einer im Haus Nr. 19 und unter den »finsteren« Bögen 1871–1875 ein Laden Marienplatz Nr. 23. Unter den »finsteren« Bögen liegt in der Zeit der Neubauplanungen zwischen 1898 und 1910 auch das östliche Eckhaus an der Einmündung des Rindermarktes in den Marienplatz (Nr. 21). Demnach liegen sowohl die »lichten« als auch die »finsteren« Bögen auf der Südseite des Marktplatzes.

Der Name ist abgeleitet von den Laubengängen vor den Häusern, die den Kaufleuten zum Auslegen der Waren unter dem schützenden Vordach dienten. Auch Westenrieder nennt 1782 »die Bögen« zu beiden Seiten des Marktplatzes.

Qu.: AB 1871 S. 77 Anhang, S. 58, 47, 1872 S. 80, 90, 1873 S. 40, 1874 S. 38, 1875 S. 22. Weitere Adreßbücher entsprechend. – Westenrieder (1782) S. 37. – StadtA, Städtischer Grundbesitz Nr. 577 (1898/1910). – HB AV S. 176.

BRÄUHAUSSTRASSE, seit Ende 18. Jhd.

Benannt nach dem (weißen) Bräuhaus am Platzl, dessen Geschichte im Jahr 1602 beginnt. In diesem Jahr starb der letzte Herr von Degenberg, dessen Familie das alleinige Recht des Brauens von Weißbier hatte. Der Herzog zog dieses Recht an sich, beorderte den Degenbergischen Braumeister Wolf Peter nach München und ließ ihn in zwei Häusern am Platzl, die Herzog Wilhelm V. schon in den Jahren 1585 und 1586 erworben hatte, Weißbier sieden. Das bereits 1589 gegründete und 1592 in Betrieb genommene braune Hofbräuhaus am Ostflügel des Alten Hofs wurde erst 1808 hierher ans Platzl verlegt, so daß seit 1808 beide Hofbräuhäuser hier vereinigt waren.

Um 1389 hintere Irchergasse, 1781 Bierführergaßl, Ende 18. Jahrhundert und 1806 »Weiß Bräuhaus Gäßchen«, Bräuhausgäßchen, seit 1806 auch Malzmühlgäßchen, 1866 Hofbräuhausgäßchen. Ein Teil der Straße auch »zwischen den zwei Bächen« genannt.

Qu.: Festschrift Hofbräuhaus München 1589–1989 S. 47. – HB GV S. 169. – Stimmelmayr S. 1 (Weiß Bräuhaus Gäßchen). – Plan 1806. – AB 1818.

Braun **BRÄUHAUS GÄSSCHEN,** heute nördlicher Teil der Sparkassenstraße, um 1806.

Nur der Plan von 1806 überliefert diesen Namen für einen schmalen Steg am Pfisterbach-Westufer entlang, zwischen der Pfister- und Münzstraße. Er erschloß das Braune Hofbräuhaus, das sich bis 1808 hier an der Ostseite des Alten Hofes befand. Anderer Name »Münzgängl«.

Auf der **BRUCK**, heute Teil der Kaufinger- und Sendlinger Straße, um 1382/1397.

Seit 1382 gibt es wiederholt Belege für einen Hertel oder Hertlin »auf der pruck«, auch einen Werndlin »auf der pruck« und einen Ott, den Schuster »auf der pruck«. Sie gehören zu kleinen Häusern, die vor dem Kaufingertor und dem Pütrichturm an der Sendlinger Straße auf der Brücke über dem überdeckten Stadtgraben standen. Sie gingen später in den größeren Nachbarhäusern auf. Der letzte Beleg scheint der Ott Schuster auf der Bruck von 1397 zu sein.

Qu.: GB I 162/6 (1382), 185/10, 195/1 (1383), GB II 16/6 (1391), 99/3 (1395), 129/22 (1397).

BRUNNGASSE, heute Josephspital- und Damenstiftstaße, vor 1368 – nach 1808.

Benannt nach einem in dieser Straße gelegenen öffentlichen Schöpfbrunnen, der auch im Steuerbuch von 1379 abgebildet ist. Im Jahr 1404 liegt ein Haus »an der Prunngassen pei dem prunnen am egk«. Nicht zu verwechseln mit der heutigen Brunnstraße.

Seit 1465 mehrmals mit Zusatz »Prunngasse im Hacken«, was aber dem ursprünglichen Sprachgebrauch zufolge bereits eine Ausdehnung des Begriffs »Hacken« darstellt, vgl. dort.

Die Steuerbücher rechnen zur alten Brunngasse auch die Westseite der Damenstiftstraße (die Ostseite wird zu Altheim gerechnet). Außerdem ist zu beobachten, daß im 14. Jahrhundert der Gerichtsschreiber auffallend häufig die Brunn- und die Schmalzgasse miteinander verwechselt.

Qu.: StB seit 1368, 1379 S. 14r. – GB III 24/1 (1404). – HB HV S. 136. – Schattenhofer, Brunnen, u. a. S. 10. – HStA GU Mü Nr. 321 (1465). – GB IV 81v (1525), 98 (1526).

BRUNNGASSEL, heute Schmidstraße, um 1780/81.

Der Name ist von einem Brunnen abgeleitet, der bereits 1377 und 1390 belegt ist, als ein Haus »an der Sentlinger gassen pey dem prunnen« den Besitzer wechselt. 1390 heißt es noch genauer »am egk bei dem prunnen«. Damit ist nach den Steuerbüchern der Zeit jeweils dasselbe Haus gemeint und zwar das eine der beiden Eckhäuser an der Schmid-/Ecke Sendlinger Straße.

Name auf den Karten von 1780 und 1781 und der Plan-Beilage bei Westenrieder 1782 belegt. 1781 steht der Brunnen – »ein Schepf- und Springbrunn der Stadt« – schräg gegenüber der Einmündung dieser Straße in die Sendlinger Straße, auf deren Westseite, Richtung Tor.

Qu.: GB I 92/19 (1377), 244/14 (1390).

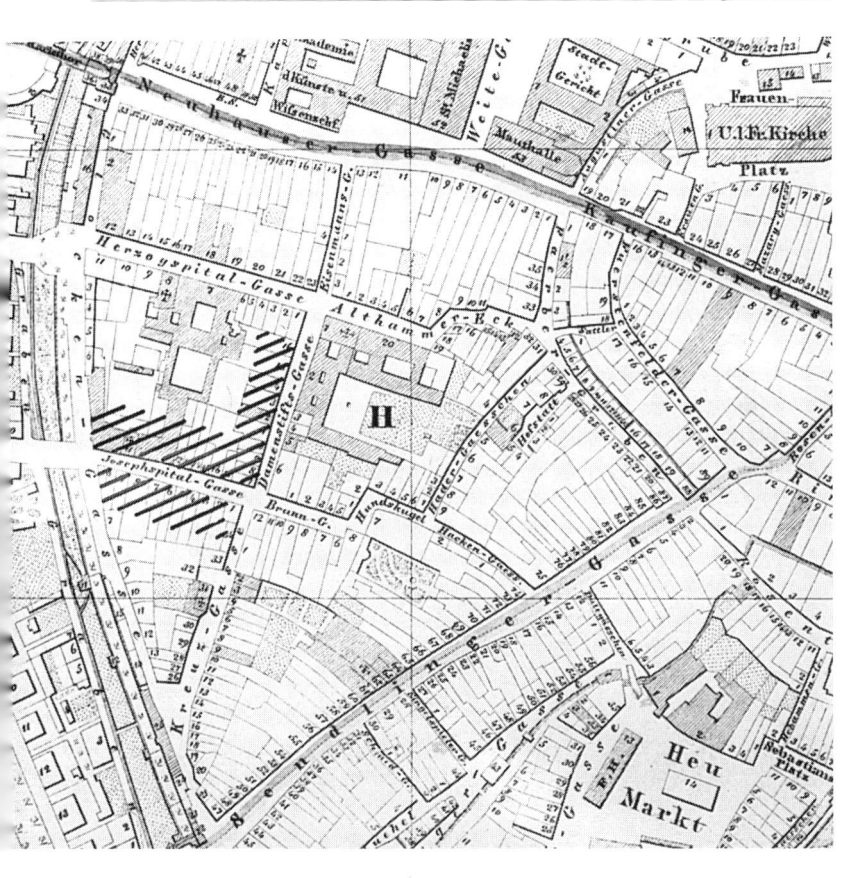

Skizze 3: *Verlauf der »Brunngasse« nach den Steuer- und Gerichtsbüchern. Grundlage: Plan von H. Widmayr 1837.*

BRUNNGASSE, heute Kapellenstraße, vor 1552 – nach 1595.

Wahrscheinlich benannt nach dem Brunnen, der ganz oben am Ende der heutigen Maxburgstraße (Enge Gasse) stand und auch Bauernfeindbrunnen genannt wurde, weil er vor dem Haus der Familie Bauernfeind stand. Er muß unweit der Einmündung der Kapellenstraße in die Enge Gasse gestanden haben und ist später im Komplex der Maxburg aufgegangen. Ein Brunnen an der Neuhauser Straße kommt nicht in Frage, da die dort nachgewiesenen Brunnen zu weit von der Kapellenstraße entfernt sind.

80 Brunnstraße

Am 7. Juli 1552 wechselte ein Garten seinen Besitzer, der im Brunngässel, »da man von der Engen Gasse (hier Maxburgstraße) zur Neuhauser Gasse geht«, lag und gegenüber dem Haus des Stein- und Bildhauers Jeremias Wagner. Letzteres war das Haus Neuhauser Straße Nr. 1381*, das westliche Eckhaus an der Einmündung der heutigen Kapellenstraße in die Neuhauser Straße. Die Brunngasse ist also die Kapellenstraße. Der Garten und das Haus des Jeremias Wagner »im Brunngässel« werden noch des öfteren genannt, zuletzt 1580. Ab 1579 hat der Maurer und Kaminkehrer Ulrich Lamparter sein Haus in diesem Brunngässel. Es kommt noch bis 1595 vor.

Qu.: HStA, Kurbaiern U 16624 (1552), 16575, 16722 (1573), 16619 (1580), 16618 (1583); GU Mü 1040 (1559), 1276 (1579), 1556 (1595), 1557 (1595).

BRUNNSTRASSE, seit vor 1806.

Herleitung des Namens von einem Brunnen. Wahrscheinlich Übernahme des Namens der alten Brunngasse, die jedoch weiter im Westen lag, jenseits der Straßenkreuzung mit der heutigen Kreuzstraße/Damenstiftstraße.

Stimmelmayr kennt den Namen noch nicht. Er nennt die Gasse Ende des 18. Jahrhunderts Kreuzbräugasse.

1344–1808 Teil der Schmalzgasse, Ende des 18. Jahrhunderts Kreuzbräugasse, seit 1806 Brunngasse, 1833 Brunnstraße.

Qu.: Pläne 1806 ff. – Stimmelmayr S. 66 Nr. 83.

Vor der **BURG**, heute Burgstraße, seit 1370.

Häuser mit der Ortsbezeichnung »vor der purg« liegen meist in der Burgstraße, so 1370 das Haus des Hainrich Rudolf, gelegentlich aber auch am Hofgraben, je nach Standort des Schreibers. Die Bezeichnung ist in den Gerichtsbüchern fast ebenso häufig verwendet wie der Name »Purchstrazz«. Sie verliert sich später, ist aber 1410 noch anzutreffen.

Qu.: GB I 11/6 (1370), 19/11 (1371), 66/15 (1375), 106/3, 117/14 (1379), 144/1 (1381), 161/2 (1382), 214/5 (1385), GB II 10/6, 13 (1391), 21/9 (1392), 41/4, 43/10 (1393), 97/1 (1397), GB III 7/10, 15/1, 2 (1403), 22/11 (1404), 88/3 (1409), 95/4, 96/1 (1410).

Vor/Hinter der **BURG**, heute Hofgraben, seit 1379.

An den Hofgraben gehören auf jeden Fall die Einträge im Gerichtsbuch I von 1379, wo der genannte Plattner vor der Burg im Steuerbuch ganz am Ende der Residenzstraße (Schwabinger Gasse secunda) steht, also am Hofgraben. Ebenso 1381 der Jäger vor der Burg und 1382 wieder Heinrich der Plattner und die Witwe des Perchtold

Dyesser. 1380 bezieht sich auch die Angabe »Hinter der Burg« hierher. Der Genannte ist wieder der Plattner Heinrich von Landsberg.
Qu.: GB I 112/4 (1379), 125/10 (1380), 141/3 (1381), 159/2 (1382), GB III 51/6 (1406), 64/5 (1407), 77/7 (1408), 88/5 (1409).

BURGGRABEN, heute Hofgraben, um 1393.

Im Jahr 1393 liegen die Häuser des jungen Hans Torer und des von Freyberg »an dem purchgraben«. Den Steuerbüchern zufolge handelt es sich um den heutigen Hofgraben. Die genannten Hauseigentümer stehen ganz am Ende der inneren Schwabinger Gasse. Name sonst nicht belegt.
Qu.: GB II 54/1.

Am **BURGSTALL,** vor 1336 – nach 1462.

»Burgstall« ist ein mehrdeutiger Begriff. Einmal ist es die Bezeichnung für einen Burgplatz, dann für eine Altburgstelle, dann für eine öde, also unbefestigte Burg oder für eine abgekommene bzw. zerstörte Burg (Ruine). Auch eine im Bau befindliche Burg hieß Burgstall.

Erstmals begegnet uns der Burgstall am 10. Oktober 1336: Merbot, der Landschreiber (Kanzler) von Oberbayern und Bürger zu München, schenkt dem Heiliggeistspital seinen Hof zu Schwabing und seinen Stadel »auf dem purchstal ein der stat ze München«. Das Spital hat nach seinem ältesten Salbuch auch in der Zeit um 1392/98 zwei Häuser »an dem purkstal«. 1362 ließ der Stadtrat Arbeiten am Burgstall durchführen (»ad machinas purchstal«, »laborantibus in purchstal«) und tätigte Käufe für ihn, u. a. 8 Zweigespanne.

Am 21. Januar 1363 werden sechs Bürger gewählt und eingesetzt (»electi sunt et dati«) »ad regimen Purchstal diruendum«, also zur Leitung des Abbruchs des Burgstalls. Es hat also Bauwerke an dieser Stelle gegeben (Gebäude, Erdwall, Gräben ?), die jetzt unter Aufsicht von Bürgern beseitigt werden mußten. Die sechs Bürger waren Hainrich Rudolf und Greymolt Draechsel, dazu Hainrich Gerolt, H(ainrich) Rot carnifex (Metzger), Seidel Vaterstetter und Ch(unrad) Zergadmer.

Der Burgstall ist ein beträchtliches Areal östlich der Häuserzeile an der Residenz- oder früheren Schwabinger Gasse.

1364 wird ein Garten »gelegen hinter dem Burgstall« genannt. 1368 steht im Steuerbuch neben dem Namen der Viechtreiberin die Bezeichnung »Burgstall«. 1369 hat dort der mutmaßliche Gründer der später so genannten Franziskanerbrauerei Seidel Vaterstetter zwei Städel (»gelegen auf dem purckstal«). 1371 erfahren wir, daß dazu auch ein Garten gehört, der laut Aussage von 1376 aus drei Äckern besteht. Zwei dieser als Krautäcker genutzten Gärten »an dem Burgstall« veräußert Vaterstetter 1382. Als Nachbar werden weitere Gärten eines anderen Bürgers genannt.

Wiederholt erscheinen seit 1392 bis 1417 Hausverkäufe und Verpfändungen von Liegenschaften »an dem Purchstal« in den Gerichtsbüchern.

In den Steuerbüchern von 1394 und 1395 werden innerhalb der Vorderen Schwabinger Gasse (Residenzstraße), kurz nach dem Seitenwechsel von der West- auf die Ostseite der Straße, 13 Steuerzahler mit der Überschrift »Burgstall« und deutlicher Zäsur beim Abstand der Namengruppe von den anderen Steuerzahlern geschieden. Dabei muß das »in dem Hottergässel bei der neuen vest« gelegene Haus des Konrad Raener ein Eckhaus an der Residenzstraße und an diesem Gassel sein; denn die Überschrift folgt erst hinter ihm.

Mit Hilfe anderer Quellen läßt sich ein Bestand von etwa sechs Häusern in diesem Bezirk feststellen, die in den Steuerbüchern noch bis 1406 herauf zu verfolgen sind. Dann tritt eine Unterbrechung ein. 1407 sind auf diesem Gelände nur noch zwei Personen da, 1408 sind es bereits wieder sieben, aber die Namen haben gewechselt. Man denkt an eine Brandkatastrophe, da ein Rückkauf des Herzogs und Abbruch zum weiteren Ausbau der neuen Veste ausscheidet. Das Gelände füllt sich ja gleich wieder auf und es stehen bald wieder die üblichen etwa sechs Häuser hier, die in mehreren Quellen als »am Burgstall« gelegen auszumachen sind. In einem der Häuser wohnt übrigens um 1394 mehrere Jahre ein Wachter oder Torwart, der wohl zur Neuveste gehören dürfte. Aus dreien dieser Häuser hat das Heiliggeistspital einen Zins. Die Zahl der Steuerzahler ist dann wieder rückläufig. 1411 sind noch etwa drei Häuser auszumachen, 1431 ist nur noch ein einziger Bewohner und Hauseigentümer festzustellen (Ulrich Maurer). Trotzdem wird auch 1462 noch ein »domus« als »auf dem purckstal« gelegen bezeichnet.

In der Zeit der Bürgerunruhen ließ der Rat 1398/99 (ainem arbaiter an dem purkstal) und 1402/03 Baumaßnahmen an Turm, Mauer und Gang beim Burgstall durchführen und mit 13 000 Ziegeln auf dem Burgstall einen Bau errichten.

1435 liegt das Haus des Hans Follenhals »am Burgstall bei der neuen veste«, 1449 das Haus mit Hof und Stallung des Hans Kastner an der Vorderen Schwabinger Gasse beim Eck zum Gässel Burgstall. Es muß sich – auch der Nachbarschaft nach – etwa um das spätere Jägerhaus handeln, das auch ein Eckhaus war und die Ecke zum Jägergässel darstellte, also etwa den heutigen Kapellenhof der Residenz. 1453 hat eine Frau einen Anteil an einem Haus »bei der neuen vest an dem purckstal«, zunächst beim Garten der Gumplin gelegen

Am Burgstall 83

und hinten an den Garten der Barfüßer stoßend. Da auf dem ehemaligen Garten der Barfüßer heute ziemlich genau der östliche Teil des Königsbaus der Residenz steht, muß also das 1453 veräußerte Haus mit Nachbarhaus etwa auf dem westlichen Gebäudeteil des Königsbaus gelegen haben und der Burgstall etwa um den heutigen Brunnenhof herum. In diese Gegend führt ja auch das spätere Jägergässel.

Der letzte Beleg für die Existenz des Burgstalls scheint demnach der Steuerbucheintrag von 1462 zu sein. Sein Verschwinden hängt offenbar mit der sog. 4. Bauperiode der Residenz (Baumaßnahmen unter Herzog Albrecht IV.) 1465–1508 zusammen.

Jedenfalls ist der Burgstall nicht völlig identisch mit dem Platz, auf dem die Neuveste steht, da ja der Burgstall noch lange Zeit existiert, als die Neuveste schon steht. Der Burgstall liegt vielmehr zwischen der Neuveste und dem Franziskanerkloster sowie der Häuserzeile an der Residenzstraße. Wahrscheinlich ist aber der Platz der Neuveste ein Ausbruch aus dem Burgstall und das, was wir bis mindestens 1462 als Burgstall greifen können, nur der übriggebliebene Rest.

Eines steht damit ebenfalls einwandfrei fest: Dieser Burgstall lag innerhalb der Stadtmauern, nicht etwa jenseits der Mauer (schon gar nicht in Schwabing), und er lag auf dem Areal der heutigen Residenz, deren Keimzelle Ende des 13. Jahrhunderts offensichtlich am nordöstlichen Zipfel dieses Burgstalls errichtet wurde, entweder auf dem 1363 frei geräumten Platz oder anstelle der nach 1382 nicht mehr in den Quellen erscheinenden Städel und Krautäcker, die bis dahin der Seidel Vaterstetter innehatte und sie ständig verpfänden mußte. Vielleicht war dies eine willkommene Gelegenheit für den Herzog, sie abzulösen.

Es sieht so aus, als ob diese Neuveste bereits eine Vorgängerin gehabt hatte, die oder zumindest deren Reste im Januar 1363 schon wieder beseitigt wurden. Wir wissen nicht, wie alt sie gewesen ist, wer sie und zu welchem Zweck errichtet hat oder welche Ausmaße sie hatte. Wahrscheinlich haben wir es aber hier mit einem alten, abgegangenen Adelssitz zu tun, wie er in zahlreichen anderen Städten und Märkten belegt ist. Beispiele dafür sind etwa Mainburg/Schleißbach (vgl. »Hofstatt«), Eggenfelden, Frontenhausen, Gangkofen. Die Wittelsbacher haben z. B. mit Vorliebe ihre neuen Städte und Märkte neben alte Adelssitze gelegt, um diese sozusagen auszutrocknen und dann an sich zu bringen. Möglicherweise war dieser Burgstall also eine der Keimzellen für das spätere München.

Auf jeden Fall muß sich das Gelände schon zur Zeit der Stadterweiterung in Händen des Herzogs befunden haben und man hatte sie schon zu dieser Zeit für die Zwecke des Hofes freigehalten oder auch schon mit Gebäuden bestückt. Es ist kaum anzunehmen, daß der Herzog die Grundstücke erst nachträglich mühsam erworben hat. Der Alte Hof lag in der Burgstraße sehr beengt. Vielleicht faßte man dieses Gelände schon länger als Ausweichquartier ins Auge.

Der Platz für die spätere Neuveste mußte auch nicht erst zur Zeit ihres angenommenen Baus vom Herzog erworben werden, was der Spontaneität des Entschlusses zum Bau widersprechen würde, die bisher unterstellt wird, wenn man allgemein annimmt, daß der Anlaß für ihren Bau Bürgerunruhen des Jahres 1385 gewesen seien. Der Gedanke, hier am nordöstlichsten Punkt der erweiterten Stadt eine neue Hofhaltung einzurichten, war schon alt und war möglicherweise schon einmal Wirklichkeit.

Hier erhebt sich auch die Frage, ob das für die spätere Neuveste bisher angenommene Baujahr 1385 haltbar ist. Das Datum ist bekanntlich durch keine Quelle gesichert. Es beruht auf einer Annahme. Der erste, der den Bau dieser Neuveste mit Bürgerunruhen im Jahr 1385 in Verbindung brachte, war der Augsburger Chronist Burkhard Zink (geb. 1396, gest. 1474/75), dessen Lebenszeit allerdings sehr nahe an den Ereignissen liegt. Er berichtet: »Anno 1385 viengen die von Munchen ain erbern burger und slugen im das haupt ab unverdienter sach (gemeint ist Hans Impler) ... und miesten den herrn gunen ein vest in die statt ze pawen und ain aigen tor pawen lassen, das sy aus und ain reitten.« Seither gehört dieses Datum zum festen Bestandteil der Münchner Stadtgeschichte. Die Abbrucharbeiten am Burgstall in der Zeit nach dem 21. Januar 1363 lassen es aber möglich erscheinen, daß mit der Anlage dieser Neuveste schon in dieser Zeit begonnen worden war. Übrigens war wenige Tage vorher – am 13. Januar – Herzog Meinhard auf der Burg Tirol gestorben (im Alter von 19 Jahren). Das Herzogtum Oberbayern fiel jetzt an Stephan II. (mit der Hafte), bei dem es bis 1375 verblieb.

Der Prior Veit von Ebersberg, der eine Bayerische Chronik von den Anfängen bis zum Jahr 1504 verfaßt hat, berichtet, Herzog Johann habe am 18. September 1382 mit dem Bau einer neuen Burg in München begonnen, und zwar gegen den Willen seines Bruders Stephan (Anno Domini 1382 vel paulo ante divisionem praelibatam quinta feria in Angaria ante festum S. Michaelis Johannes Dux Bavariae cepit novum castrum in Monaco contra voluntatem fratris sui Stephani). »In Angaria« heißt soviel wie »in der Quatember«, nicht jedoch »am Anger«. Die Unkenntnis dieses Tatbestandes hat Joseph Heinrich Wolf im 2.Teil seiner »Urkundlichen Chronik« von 1854 dazu geführt, diese Burg Herzog Johanns »am Anger« zu suchen (»Eine Burg am Anger« S. 358/59). Der Prior von Ebersberg fährt fort, daß durch diesen Bau ein großer Zwist unter den Bürgern enstanden sei (Ex qua occasione inter cives et communitatem facta est dissensio maxima). Aber durch eine Teilung des Herzogtums seien sie wieder versöhnt worden (Sed divisio ducatu ea per Johannem Ducem eorum concordata fuit). Er stellt die Sache also umgekehrt dar: Nicht die Unruhen hätten den Herzog dazu veranlaßt, seine Burg aus der Stadt heraus zu verlegen, sondern der Burgenbau habe die Unruhen erst ausgelöst. Haeutle war allerdings der Meinung, daß dieser Bericht eher auf 1392 statt auf 1382 bezogen werden müßte, weil 1382 die neue Veste wahrscheinlich noch nicht stand. Tatsächlich gab es am 13. November 1392 – nach längeren Wirren – wieder eine Landesteilung. Von jetzt an war Herzog Stephan auf Bayern-Ingolstadt beschränkt.

Aber noch ein anderer Gesichtspunkt sollte beachtet werden. Bei den römischen Zahlen ist es – besonders bei blasser Tinte und kursiver Schreibweise – sehr leicht möglich, eine »V« mit einer »X« zu verwechseln. Deshalb ist es möglich aus der Zahl LXXVII die Zahl LXXXII zu lesen. Tatsache ist, daß wir für das Jahr 1377 auch aus anderen Quellen Belege für schwere Unruhen in der Bürgerschaft haben (zwischen 29. März und 24. Juli), die zu einem eigenen Einungsbrief der Bürger geführt haben. Für 1382 wissen wir nichts von Unruhen, während für 1385 wiederum die Hinrichtung von Hans Impler gesichert sein dürfte: Er steht z. B. letztmals anläßlich der Steuererhebung von 1383/84 im Steuerbuch und ist dann nicht mehr belegt.

Von allen Deutungsmöglichkeiten des Begriffes »Burgstall« dürfte also am ehesten die der Altburgstelle in Frage kommen.

Die Verbindungswege zu diesem Burgstall von der Schwabinger Gasse (Residenzstraße) aus waren im 14. und 15. Jahrhundert das Hottergässlein, das der Lage der Häuser nach etwa bei der heutigen Einfahrt in den Kaiserhof gelegen haben muß (nördliches Löwenportal). Als zweites wohl die auf dem Sandtner-Modell noch zu sehende Einfahrt neben dem sog. Witwenstock an der Residenz, durch die man zum Garten der Franziskaner hinter gelangte und die wohl auch die beiden am südlichen Eck dieser Einfahrt hintereinander stehenden Häuser erschloß. Hier steht heute der westliche Gebäudeteil des Königsbaus. Zwischen diesen beiden Zufahrten oder Gassen lag noch das später auftauchende Jägergässel, das etwa mit dem Verlauf des Kapellenhofs identisch sein muß, der ja auch heute noch weniger den Charakter eines Innenhofs hat als den einer schmalen Gasse.

Andere – von älteren Autoren hierher bezogene – »Burgstall« genannte Orte gehören nicht zu diesem Burgstall, so die Herren Hausner von Burgstall von 1323 und 1344, so der »Hof, der genant ist Purgstal und ligt bi dem Grymoltzwinchel«, den 1339 Kaiser Ludwig an seine Messe in der Frauenkirche stiftete, oder der Anger des

86 Burgstraße

Angerklosters »genannt Burgstall im Wolfratshauser Gericht gelegen« von 1437.

Qu.: Vogel, Heiliggeistspital Nr. 62b (1336); ebenda Salbuch Nr. 166, 168 (1392/98). – KR 1360/62 S. 103v, 105v, 106r (1362), KR 1398/99 S. 89r, 1402/03 S. 84r/v (1402), 85r/v, 86r/v (1402, 1403). – Stadt A, Zimelie 17 (Ratsbuch III) S. 145v (1363). – Lexikon des Mittelalters, Artemis-Verlag 1983 Bd. II Sp. 964. – HStA GU Mü 56 (1364); Kurbaiern U 16234 (1435), 16226, 16221 (1449), 16758 (1453). – GB I 6/17 (1369), 19/6 (1371), 78/1 (1376), 171/4 (1382), 237/3 (1388); GB II 26/12 (1392), 90/12 (1395), 110/4 (1396),143/12 (1399); GB III 34/8 (1404), 42/12 (1405), 75/15, 76/7 (1408), 84/12, 85/13 (1409), 160/5 (1415), 180/13 (1417). – StB. – MB 18 S. 106 (1323), S. 112 (1325), S. 656 ff. (1344), S. 406 (1437). – MB 19a S. 474/75 (1339), MB 20 S. 59 (1392). – Meitinger, Neuveste OA 92, u. a. S. 20. – Haeutle, Residenz S. 3, S. 16, S. 111 Anm. 4. – Oefele I S. 259 (1385, Zink), II S. 724 b (1382).

BURGSTRASSE, seit vor 1364.

Sie führt zur Burg, dem heutigen Alten Hof, der ältesten Residenz der Münchner Herzöge, entstanden wohl nach 1255. In einer schriftlichen Quelle wird sie – in lateinischer Form als »castrum« – erstmals am 30. Dezember 1319 genannt. Einen früheren Beleg für die Existenz des Alten Hofes haben wir nicht.

Nicht irritieren darf einen dabei, daß eine Papsturkunde vom 30. März 1262 von »de castro Monacensi« spricht. Hier ist mit »castrum« soviel wie »Stadt« gemeint.

Erstmals 1364 in einer Urkunde, dann in den Steuerbüchern genannt seit 1371, in den Gerichtsbüchern seit 1375, 1370 in der Gestalt »vor der Burg«, siehe dort. Bis 1392 immer Purchstrazz und Varianten, seit 1393 wechselnd mit Purchgassen/Burggass. 1383 sogar das Unikum »Purchstrazzgassen«. Die Gerichtsbücher kennen letztmals 1403 den Begriff Purckstrazz, dann nur noch -gassen.

»Strata« ist zunächst seit dem 4. Jahrhundert ein »gepflasterter Weg als Heerstraße«, erst später auch eine Stadtstraße. Nicht nur in München werden die Bezeichnungen »Straße« und »Weg« nur für Verkehrsflächen außerhalb der Stadtmauer verwendet. Lediglich die Burg- und die Weinstraße machen Ausnahmen, vorwiegend aber die erstere.

Die Namensform »Purchstrazzgassen« kommt vielleicht nicht von ungefähr. In Breisach gibt es bereits 1319 eine Straße mit dem Namen »Strasgassen«. Dabei handelt es sich um das innerhalb der Stadt verlaufende Stück der Landstraße nach Basel. Auch hier heißt die Straße außerhalb der Stadt »Stras-«. Daß es sich um ein Stück derselben innhalb der Stadt handelt, wird durch Anhängen der Bezeichnung »-gassen« gekennzeichnet. Auch bei der Burg- und Weinstraße in München dürfte es sich um Straßenstücke handeln, die einst Teil einer Landstraße waren und von daher die Bezeichnung beibehalten haben.

Abb. 13: *Die Damenstiftstraße von Norden. Aquarell von Heinrich Adam (1787–1862), 1829.*

Qu.: St. Peter U 39 (= MB 1 .9 S. 33/34 Nr. 27) (1364). – GB I 67/4 (1375), 179/7, 180/1, (1383), 214/7, 215/16, 17 (1385), 223/2 (1386), 232/18 (1392), GB II 7/15 (1391) 20/9, 32/2 (1392) usw., im GB III 15/1, 2 (1403) einziges und letztes Mal »Purkstrazz«. Purchgassen in GB II 49/10 (1393), 107/4 (1396), 128/18 (1397), 158/5 (1400) und im GB III nur noch Purckgassen, mit Ausnahme von 15/1, 2. Purchstrazzgassen GB I 182/1 (1383). – Kluge/Götze, Etymologisches Wörterbuch. – Haeutle, Residenz S. 1 (1319). – Heiliggeistspital U 3 (1262). – Berent Schwineköper, das Hofstättenverzeichnis der Stadt Breisach vom Jahr 1319 (Teil I), in: Zeitschrift des Breisgau-Geschichtsvereins »Schau-ins-Land«, 108. Jahresheft, Freiburg 1989, S. 50 u.ö.

DAMENSTIFTSTRASSE, seit vor 1833 (nach 1784).

Benannt nach dem adeligen Damenstift St. Anna, das im Jahr 1784 die Gebäude der nach Indersdorf übergesiedelten Salesianerinnen bezog, mit Stiftskirche St. Anna.

1381 weite Gasse, 1482 weite Hackengasse, 1541/46 bei St. Anna, 1781 auf der Creuzgaß, Ende 18. Jahrhundert Salesianerinnengasse, 1806 St.-Anna-Gasse, 1833 Damenstiftstraße. Manche der mit »auf dem Kreuz« bezeichneten Häuser liegen in dieser Straße. Außerdem rechnen die Steuerbücher die Westseite der Straße zur (alten) Brunngasse.

Qu.: GB I 136/9 (1381). – Stimmelmayr S. 67 Nr. 83/1, S. 69 Nr. 85. – Plan 1806. – AB 1833.

Des **DEININGER GÄSSEL**, heute Altenhofstraße, vor 1479 – nach 1509.

Ein Teil des Hauses Burgstraße 6, südliche Ecke an der Altenhofstraße (»Mozarthaus«), gehörte seit mindestens 1450 der Goldschmiedfamilie Deininger, zuerst Hans Deininger dem älteren, dann, von 1462–1514 nachweisbar, Hans Deininger dem jüngeren. Es ist also die heutige Altenhofstraße gemeint, wenn im Jahr 1479 und im Jahr 1509 »in des Teininger gässl« die Straße gepflastert wird.

Qu.: KR 1479/80 S. 106r, 1509 S. 125v.

DENGLBACHGÄSSEL, heute Perusastraße, Ende 18. Jhd. (nach 1721).

Das südliche Eckhaus Residenzstraße (Nr. 10)/Perusastraße gehörte seit dem 18. März 1721 dem kurfürstlichen Kammerrat, Schatz- und Garderobemeister Josef Denglbach. Seine Familie hatte es noch bis 1802 inne. Nach ihr benennt Stimmelmayr zu Ende des 18. Jahrhunderts die Gasse »das Perusa oder Denglbach Gäßl«.

Qu.: Stimmelmayr S. 17 Nr. 33, S. 42 Nr. 61/9.

DIENERSTRASSE, seit vor 1368 (nach 1315).

Benennung nach der Familie Diener, die in dieser Straße ihr Haus hatte. Es handelt sich um das Haus Nr. 22, zu dem bis 1404 als Rückgebäude auch Burgstraße 3 A/B gehörte. Das Stammhaus der Familie Diener wurde am 28. April 1407 von Wilhelm Diener verkauft, nachdem sich Wilhelm und seine drei Schwestern bzw. deren Ehemänner 1404 schon vom Hinterhaus getrennt hatten.

Die Familie kam ähnlich wie die Schleißbecken (vgl. »Hofstatt«) als herzogliche Stadt(ober)richter nach München. Als solcher ist ein Konrad Diener erstmals im Jahr 1315 belegt. Bis 1341 kommen Träger des Namens Konrad Diener wiederholt in diesem Amt vor. 1323–1324 ist Konrad Diener Richter zu Dachau, 1340 Richter zu Päl, 1344–1375 wiederholt Konrad Diener Richter zu (Markt) Schwaben. Seit 1336 ist er Ritter und seit 1365 findet man die Diener auch im Münchner Stadtrat vertreten.

Die Bezeichnung »des Dieners gassen«, also mit dem (besitzanzeigenden) Genitiv, weist deutlich darauf hin, daß man sich – übrigens bis zu den Adreßbüchern von 1833 und 1835 – stets der Tatsache bewußt war, daß die Straße nach einem Mann namens Diener benannt war. Die Straße heißt deshalb mit wenigen Ausnahmen »Dienersgasse« oder »des Dieners gassen«, selten jedoch wie heute ohne das Genitiv-s.

Dreifaltigkeitsplatz 89

Abb. 14: *Die Dienerstraße von Norden. Rechts die Einmündung der Schrammerstraße. Aufnahme vom 28.9.1912.*

Seit wann die Diener ihr Haus besaßen, ist nicht feststellbar. Aber mindestens die Mitgliedschaft im Stadtrat seit 1365 setzt Hausbesitz in der Stadt voraus. Man kann sich aber auch kaum vorstellen, daß der Stadtrichter in einem Mietshaus wohnte. Also dürfte der Haus- oder Grunderwerb schon um 1315 vollzogen gewesen sein und die Benennung der Straße nicht viel später.

Qu.: Solleder S. 323. – Dirr U 55, 56, S. 581. – Geiß OA 26 S. 45, 106, 125. – v. Bary S. 792. – RB VII 279 (1340). – GB III 65/4, 5 (1407).

DOCTORSGÄSSL, unermittelt, um 1551/52.

Im Jahr 1551 wird »im Doctorsgäsl« die Straße gepflastert, 1552 »im gäsl bey dem Doctor Schmid«. Die Gasse ist bisher nicht zu ermitteln.

Qu.: KR 1551 S. 127r, 1552 S. 128v.

DREIFALTIGKEITSPLATZ, seit vor 1818.

Hier stand die 1679 errichtete und am 7. Oktober 1681 konsekrierte Dreifaltigkeitskapelle, die 1718 noch erweitert und laut Lipowski im Jahr 1803 in ein Schulhaus umgebaut und später abgebrochen wurde. Um die Kapelle herum lag der bereits 1543 geweihte Friedhof des Heiliggeistspitals, der seit 1769 außer Gebrauch war und 1803 endgültig verschwand. Daneben gab es noch einen Getreidekasten des Spitals. Der Friedhof hatte die Ausmaße des heutigen Platzes. Der Name des Platzes wird 1818 im Adreßbuch und seit 1837 auf den Plänen genannt.

Die frühere Bezeichnung »(unteres) Elend« ist hierher zu beziehen, aber nicht belegt. 1390 bezieht sich auch einmal die Bezeichnung »auf Spitaler Hofstatt« hierher.

Qu.: Lipowski II (1815) S. 442. – Forster S. 813 (1681, 1718). – HB AV S. 34, 562. – AB 1818. – Pläne 1837, 1852. – Rambaldi Nr. 131. – Huhn S. 44. – Megele S. 56.

(DRÜCKEBERGERGÄSSCHEN), heute Viscardigasse, um 1933 – 1945.

Siehe »Preysinggässel«.

DÜRNBRÄUGASSE, seit vor 1781 (nach 1607).

Das östliche Eckhaus Tal 21 B, Ecke Dürnbräugasse, war seit dem 15. Jahrhundert Brauerei. Sie kam am 31. Dezember 1607 in die Hände einer Rosina Kindler, die mit dem Bierbrauer Georg Dürr/Dürn verheiratet war. Bis um 1635 hat das Ehepaar das Haus mit Brauerei inne. Dann geht es an ein Mitglied der Familie Kindler. Der Straßenname geht also auf die Zeit von 1607/1635 zurück, ist aber erst auf dem Plan von 1781 belegt, ebenso auf der Stadtkarte von 1806.

Wie bei vielen dieser kleinen Brauereien ist der Name heute nur noch im Namen eines Gasthauses erhalten.

1441, 1442 und seit 1541 wird die Gasse nur »Klain gässel« genannt. Noch Westenrieder nennt sie lediglich »ein kleines Gäßlein«. Seit 1489 heißt sie auch Jörg Müllners Gässel, 1567/72 des Gaylers Gässel, 1586 Gässel bei dem Kharpfenschmitt. Sie soll auch einmal Bachgäßchen geheißen haben. Die Dürnbräugasse ist eine der wenigen alten Münchner Straßen, die das Grundwort »-gasse« noch beibehalten haben, das sonst durchweg durch »-straße« ersetzt worden ist.

Qu.: HB GV S. 369. – Plan 1781. – Stahleder, Bierbrauer OA 107 S. 116. – Stimmelmayr S. 9 Nr. 21.

DULTMARKT, um 1319.

Siehe »Dultstraße«.

DULTSTÄNDZWINGER, heute Teil der Blumenstraße, um 1818–1833.

An dieser Gasse stehen nur vier der Stadt gehörige Türme in der Stadtmauer. Gemeint ist mit der Bezeichnung »Dultständzwinger« die hinter dem Angerkloster an der Stadtmauer entlang laufende Gasse. Sie wird nur in den Adreßbüchern von 1818–1833 so genannt. Der Name ist von den Dultständen abgeleitet, die zu Dultzeiten auf dem St.-Jakobs-Platz verwendet wurden. In der übrigen Zeit wurden sie in dieser an beiden Enden abgeschlossenen Gasse (vgl. Plan von 1806) gelagert, bis sie wieder gebraucht wurden.

Qu.: AB 1818, 1823, 1833.

DULTSTRASSE, seit vor 1490.

Der Name geht zurück auf das ursprünglich mit dem Begriff »Tult« bezeichnete Kirchenfest, von wo aus es dann auf den aus solchen Anlässen häufig veranstalteten Jahrmarkt überging. Ein »tultmargt« am St.-Jakobs-Tag ist am Anger schon für die Zeit um 1310/12 belegt (Niederschrift der Ratssatzungsbücher A und B). Der Jahrmarkt wurde bis 1791 auf diesem Platz abgehalten. Im 18. Jahrhundert dehnte er sich soweit aus, daß er sich bis zur Sendlinger Straße hinauf erstreckte. Nach einer längeren Wanderschaft über mehrere – ungeeignete – Plätze wird dieser Dultmarkt heute dreimal im Jahr auf dem Mariahilfplatz in der Au veranstaltet.

Für die heutige Dultstraße ist der Name »Dultgässel« erstmals 1490 im Steuerbuch belegt. Er dürfte aber viel älter sein.

Hierher zu beziehen ist aus dem Jahr 1374 auch die Lokalisierung eines Hauses des Propstes von Dießen »gelegen in dem Cholhaus in demselben gaezzlein«. Dem Kolhaus und seiner Witwe, der Kolhausin, gehört seit mindestens 1369 bis nach 1377 das Eckhaus zur Dultstraße an der Sendlinger Straße.

Ebenfalls hierher gehört die Beschreibung der Lage eines Hauses von 1386 »an Sentlinger gassen, do man get an den Anger znächst am alten Manghaus«. Letzteres ist das (südliche) Eckhaus Oberanger/Dultstraße gewesen. Desgleichen bezieht sich auf diese Gasse die Beschreibung »in dem ersten gässl an Sentlinger gassen, da man an den Anger get, pey des Schorppen pad« (1454).

Ebenso gehört hierher der Schneeberg am Anger 1508–1528, sowie zu Stimmelmayrs Zeiten die Namen Rieden- und Schönfärbergässel. Einige Häuser dieser Straße gehören auch zum Isar- oder Scharwinkel.

Qu.: Dirr 222 Art. 207 (1310/12). – StB 1490. – Schattenhofer, Märkte OA 109/1 S. 66 f. – KR 1493 S. 22r. – GB I 51/15 (1374). 220/6 (1386). – St. Peter U 142 (1454).

DUNKEL GÄSSEL, heute Thiereckstraße, um 1486.

Im Jahr 1486 wird die Straße gepflastert »in dem tunckels gassel hinder dem Urban Mandel« bzw. »in dem tunckel gassel und in der Schefflergassen«. Dem Urban Mandel gehört in der Zeit von 1482–1500 das Haus Marienplatz 2, mit Rückgebäude bis an die Thiereckstraße reichend, von dem aus heute noch eine Passage vom Marienplatz aus zur Thiereckstraße geht. Nicht diese Passage ist aber gemeint, sondern der Durchgang von der Kaufingerstraße aus unter dem Haus Kaufingerstraße 32 hindurch zur Thiereckstraße. In diesem Hausdurchgang befand sich seit ältester Zeit eine Bäckerei, die meist »Bäck im Gewölb« genannt wurde. Im Jahr 1490 nennt das Steuerbuch aber den hier sitzenden Bäckereipächter Jorg Porstel den »tunckel peck«. Das dunkle Gässel ist demnach auch das Gassel, in dem der dunkle Bäcker seine Bäckerei hat.

Es sei allerdings auch nicht verschwiegen, daß es im Jahr 1402 auch eine Bäckerfamilie Dunkel gab. In diesem Jahr wird »des Bäckers Tunckel Haus nächst dem Spitale gelegen«, also im Tal Petri, genannt. Auf ihn muß es sich auch beziehen, wenn 1406/07 die städtischen Werkleute bezahlt werden dafür, »daz sy dem Tunkel und dem Spigl ire dächer gepessert haben«.

Qu.: KR 1406/07 S. 78r, 1486 S. 122r. – StB 1490. – MB 19a S. 71 (1402). – HB KV S. 91/93.

DUNKLES GÄSSEL, heute Teil der Residenz, um 1519 – 1524.

Im Jahr 1519 werden »in dem dunckl gäßl« Straßenpflasterungsarbeiten durchgeführt. 1524 liegt an der Vorderen Schwabinger Gasse gegenüber dem Jägergässel ein Eckhaus »an das dunckel gassel«. Der Lage der Nachbarn nach mußte es sich um eine kleine Quergasse zum Jägergassel handeln und damit etwa parallel zur Residenzstraße verlaufen sein. Auf jeden Fall aber lag es auf dem Gelände der heutigen Residenz.

Qu.: KR 1519 S. 131r. – GB IV S. 49v.

Bei der **EICH**, später Oberer Anger Nr. 1*, um 1494.

Im Jahr 1494 machen die Stadtwerkleute »ain pruck am Anger bej der eych und ain steg daruber«. Die Stadteiche stand über dem großen Angerbach und läge heute auf der Straße vor der Nordwest-Ecke des »ORAG«-Hauses.

Qu.: StadtA Mü, Tiefbau Nr. 73 S. 2v. – HB AV S. 99, Abb. nach S. 112.

EIERMARKT, heute Teil des Marienplatzes, vor 1572 – nach 1833.

Seit mindestens 1310 ist es Pflicht, Eier und Geflügel auf dem Marktplatz zu handeln. Seit mindestens 1365 haben die verschiedenen Teilmärkte auf dem Markt ihre festen Plätze. Für Eier und Geflügel war dies der Platz am leichten Abhang vor dem Rathaus (heute Altes Rathaus) an der Nordseite des Platzes. In der Marktordnung von 1567 heißt es, der »Kreutlmarckht« solle bleiben wie bisher. Erst seit 1572 ist für diesen Platzteil der Name »Eier- und Kräutelmarkt« belegt, seit 1631 auch teils nur Eiermarkt geheißen, seit 1803 ehemaliger Viktualienmarkt. Zwischen 1823 und 1833 wird der Name eingezogen und zum »Schrannenplatz« gezogen, erscheint aber doch 1833 noch einmal im Adreßbuch. Dann ist die Platzbezeichnung »am Eiermarkt« endgültig verschwunden.

Der Eier- und Kräutelmarkt selbst war 1801 bereits verlegt worden und von da an nicht mehr an seinen angestammten Platz zurückgekehrt. Vgl. »An dem Bauernmarkt«.

Qu.: Schattenhofer, Märkte OA 109/1 S. 94–96. – StadtA, Großmarkthalle Nr. 35 (1567). – Dirr 262/10 (1310). – StB seit 1631. – AB 1818 S. 158, 1823 S. 16, 1833 S. 22.

EINSCHÜTT, heute Teil der Hochbrückenstraße, vor (1494?) 1531 – 1874.

Der Streckenabschnitt des Kalten- oder Einschüttbaches von der Einmündung der Dürnbräugasse bis zur Marienstraße wurde zum Einschütten von Unrat in den Bach benützt oder wie Hübner 1803 berichtet: »und was unter die Kategorie Koth gehört, wird von den Anwohnern hier ausgeleert«. Der Name ist im Jahr 1531 erstmals in der Kammerrechnung genannt:«ain neue prucken gemacht bey der einschüt«. Diese Brücke ist auch 1534 wieder genannt und 1537 ein Turm »bej der einschit«. Möglicherweise gehört hierher aber schon der Eintrag in der Kammerrechnung von 1494 »gearbeit an der schuet«. In den Steuerbüchern erst seit 1697 vorkommend. Bei Anlage der Hochbrückenstraße in dieser aufgegangen. Am 2. September 1871 notierte Anton Höchl in seinem Tagebuch:»Der Bach bei der Hochbruck im Thal wird überwölbt. So auch die Einschütt«. Gemäß Ministerialentschließung vom 4. Dezember 1873 hat der Magistrat am 14. März 1874 die Einschütt und andere Teile zur Hochbrückenstraße zusammengefaßt.

Es gab offenbar mehrere Stellen zum Einschütten von Unrat in die Stadtbäche. So wurde im Jahr 1585 »die einschit bej Unnsers Herrn Thor gemacht«, also in der Nähe des Schwabinger Tores. Keine Einschütt gab es dagegen vom Tal aus in den Horbruckmühlbach. Das wäre nicht klug gewesen, da sich ja am Ende der Horbruckmühle der sog. Abrecher befand, ein Gitter, in dem sich sperriges Treibgut verfing und von einem Mühlknecht mit einem Rechen herausgeholt wurde. Baumgartner bietet dazu in seiner Polizey-Chronik eine Abbildung. Hier hätte sich natürlich auch – wenige Meter nach dem Einschütten – der Unrat schon wieder verfangen und die Mühlräder hätten den Dreck verquirlt. Auch die Stadtkarte von 1781 bezeichnet als Einschütt die Gegend am Bach ganz hinten an der Stadtmauer, genauso wie Stimmelmayr nur diese Gegend als Einschütt kennt.

Qu.: KR 1494 S. 99v, 1531 S. 115r, 1534 S. 116r, 1537 S. 101r, 1585 S. 137v. – StB 1697. – Hübner I (1803) S. 193. – HStA GU Mü 3140 (1824). – StadtA, Hist. Verein von Obb., Manuskripte Nr. 358 (Höchl). – StadtA, Straßenbenennung Nr. 31 (1873/74). – Stimmelmayr S. 8 Nr. 20. – Schattenhofer M 01049.

EISENBRECHERGÄSSCHEN, heute Kapellenstraße, um 1806.

Wahrscheinlich nach einem der Hauseigentümer des 1813 zur Erweiterung der Kapellenstraße abgebrochenen Eckhauses Neuhauser Straße/Kapellenstraße Nr. 1381* benannt, und zwar entweder nach dem Schlossermeister Johann Pernöcker, Hauseigentümer von 1792–1804, oder Leonhard Grünwald, 1804–1807. Vielleicht auch nach dem Eisendrechsler Christian Crenzin, Hauseigentümer von 1736–1761.

Qu.: HB KV S. 168/169. – Plan 1806.

EISENMANNSTRASSE, seit vor 1626 (nach 1562).

Das Haus Neuhauser Straße 14, Westecke an der Eisenmannstraße, ist das Holzmüller-Eck. Nachfolger der Familie Holzmüller im Besitz dieses Hauses ist der Bierbrauer Abraham Eisenmann, der seit 1562 das Haus inne hat. Nachfolger wird 1590 sein noch minderjähriger Sohn, der ebenfalls Abraham heißt. Ab 1629 sind dessen Witwe und eine Tochter Hauseigentümer, bis sie es 1636 verkaufen. Zum Besitz gehören auch die Häuser Eisenmannstraße 4 als sogenannter mittlerer Stock und das Eckhaus Herzogspitalstraße 23 als Hinterhaus. Das bedeutet, daß der Familie Eisenmann die ganze Westseite dieser nach ihr benannten Straße gehörte. Der Name »an des Eisenmanns Gässel« findet sich erstmals 1626 und zwar im Grundbuch.

Mit der bereits im 13. Jahrhundert in München nachgewiesenen Familie Eisenmann hat diese Bierbrauerfamilie des 16./17. Jahrhunderts nichts zu tun, wenn es auch in der älteren Literatur gelegentlich behauptet wurde. Es handelt sich hier um eine zufällige Namensgleichheit.

1536 Name Holltzmüllners Gässel. 1703–1804 auch nur »im Gässel«. Seit 1383 auch »Gässel, da man an die Rörenspecker Gassen

geht«. Nach Stimmelmayr wurde die Gasse um 1805 erweitert, indem auf der Ostseite Häuser abgebrochen wurden.
Qu.: HB HV S. 338. – StB seit 1703. – HStA GU Mü 2359 (1736). – Stimmelmayr S. 72 Nr. 87. – Wolf I (1852) S. 91, 99.

ELEND, heute Altheimer Eck, vor 1369 – nach 1708.

Elend bedeutet im Mittelhochdeutschen das fremde Land, das Ausland, auch das Leben im fremden Land oder die Verbannung. Erst das führt dann weiter auch zu den Bedeutungen: Not, Jammer, Unglück.

In unserem Fall bedeutet es wohl: Land draußen vor der Stadt.

Die Bezeichnung reicht dann in die Zeit vor der Stadterweiterung zurück, als dieser Bezirk um das Altheimer Eck noch vor der Stadtmauer lag.

Auch in anderen Städten, z.b. in Augsburg, gab es Gassen mit dem Namen Elend. 1472 gab es »ellende Aecker in den Feldern zu Allching, Essting und Emring«, die der Herzog dem Kloster Fürstenfeld schenkte. Schmeller deutete sie als herrenlose, verlassene Felder. Noch heute finden sich im amtlichen Ortsverzeichnis für Bayern auch zahlreiche ganze, meist kleinere Orte (Weiler, Einöden) mit dem Namen Elend.

1369 setzt der Steuerschreiber über eine Seite die Überschrift »Altheim, Rörnspeckergasse et Elend«. Der Vergleich mit den anderen Steuerbüchern zeigt, daß die Namen mit der Rörnspeckergasse (heute Herzogspitalstraße) überhaupt nichts zu tun haben. Die ganze Namensgruppe steht in den anderen Büchern unter der Ostseite der Weiten Gasse (= Damenstiftstraße Ostseite) und am Anfang der Schmalzgasse (heute Brunnstraße Nordseite). Dort irgendwo müßte um 1369 das Elend gesucht werden, wenn dieser Name nicht ebenso irrtümlich über dieser Seite steht, wie der der Rörnspeckergasse.

1416 liegt »im Ellent« das Haus des Ulrich Lamichnicht. Es liegt nach Steuerbuch ganz am Ende der Schmalzgasse und das bedeutet: es liegt auf der Westseite der heutigen Kreuzstraße. Im selben Jahr liegt »in dem Elent« das Haus des Heinrich Schwaiger von Neuhausen. Es findet sich im Steuerbuch ganz am Ende von Altheim und das wieder bedeutet: es liegt auf der Ostseite der heutigen Damenstiftstraße. Wenige Eintragungen vor ihm findet man 1415 schon die beiden Nachbarn Pflüglein und Diemut die Ulrichin.

1525 liegen drei nebeneinander gelegene Häuser »im Elend«, von denen eines auch über das Häuserbuch identifizierbar ist, nämlich das des Utz Gall. Es ist Altheimer Eck Nr. 19 (Südseite). Neben dem Eigentümer dieses Hauses steht auch im Steuerbuch von 1559 der Vermerk »Elend«. Nach 1480 liegt das Sendlinger Seelhaus im

96 Elend

Elend (Altheimer Eck Nr. 15, Südseite), ebenso das Haus des Hans Khissl 1666/1670 (Altheimer Eck 18*, Südseite), aber auch das Haus des Schindelmachers Hans Kirchdorfer 1527 (Altheimer Eck 8) und das Haus des Johann Sebastian Scherer 1704/1708 (Altheimer Eck 7), beide auf der Nordseite des Altheimer Eck. Ja, 1676 wird sogar das Wämplsche Haus (Hackenstraße 7, Südseite, heute Palais Rechberg) zum Elend gerechnet.

In erster Linie sind es also die Häuser an der Südseite des Altheimer Eck, die »im Elend« liegen, erst vom 16. Jahrhundert an auch solche an seiner Nordseite, dann Häuser an der Ostseite der Damenstiftstraße, auch an der Hackenstraße (Hundskugel) Südseite und sogar an der Ostseite der Kreuzstraße. Im wesentlichen sind es also Häuser am Altheimer Eck (Südseite) und auf dem Straßenquadrat Altheimer Eck, Damenstiftstraße, Brunnstraße, Hotterstraße. Es ist dasselbe Areal, das auch mit »Hacken« bezeichnet wird.

In späterer Zeit wurde der Begriff sichtlich ausgeweitet, da der Sinn und der Ursprung nicht mehr begriffen und nicht mehr gekannt wurden. Die Konzentration um das Eck in Altheim ist auffallend und von hier ist der Begriff wohl auch ausgegangen.

Es soll auch nicht verschwiegen werden, daß es 1371 und 1372 in der Inneren Stadt bei verschiedenen Häusern einen Schneider mit dem Namen Konrad Ellend gibt.

Sicher hat die Bezeichnung Elend ursächlich nichts mit dem Sendlinger Seelhaus zu tun, das am Altheimer Eck Nr. 15 lag und 1397 erstmals erwähnt wird.

Erst Rambaldi unterscheidet oberes Elend = Altheimer Eck, und unteres Elend = Dreifaltigkeitsplatz.

Qu.: StB 1369 S. 12v; 1559 S. 19v; 1666–1670, Fremde Ewiggelder; 1676 S. 166. – GB II 129/2 (1397), 162/8 (1415), 169/20, 172/16 (1416). – GB IV S. 68v. – HStA GU Mü 2744, 2745 (1704, 1708). – HB IV S. 14 u.a. – Schmeller I 59 (1472). – Rambaldi Nr. 22, 131. – Lexer, Mittelhochdeutsches Wörterbuch. – Schattenhofer, Anfänge OA 109/2 S. 15. – AB 1880 S. 16, 99/100.

ELEND, UNTERES, heute Dreifaltigkeitsplatz, o. D.

Immer wieder in der Literatur genannt, jedoch stets ohne Quellenangabe. Nicht zu belegen.

Anton Mayer war der Meinung, »das untere Elend hatte seinen Namen vom Elendhaus, dem Vorläufer des Heiliggeistspitals«, das später an den Dreifaltigkeitsplatz verlegt worden sei. Leider können wir selbst über die Gründung des Heiliggeistspitals nur mutmaßen. Erst recht kann alles weitere nur Spekulation sein.

Qu.: Rambaldi Nr. 22, 131. – HB AV S. 32 Abb. – StadtA, Straßenbenennung Nr. 40/2a (Straßenverzeichnis von 1881 S. 8). – Mayer ULF S. 106 (Anm.) – AB 1880 S. 99/100.

ENGE GASSE, heute Löwengrube und Maxburgstraße mit Seitengassen, vor 1344 – nach 1808.

Straßenname nach der »Breite« der Straße. Die Enge Gasse – auch »Enggassen« geschrieben – umfaßte den ganzen Straßenzug in Fortsetzung der Schäfflergasse, also von der heutigen Windenmacherstraße an bis hinauf an die Stadtmauer beim heutigen Lenbachplatz. Auch gelegentlich in den Seitenstraßen (Hartmannstraße) stehende Häuser werden, wie bei allen solchen Straßenzügen, dazu gerechnet. Nicht richtig ist die Ansicht von Schattenhofer: »in der Regel war mit der engen Gasse die heutige Ettstraße gemeint«. Die der Ettstraße zugewiesenen Häuser im Häuserbuch sind falsch eingeordnet und gehören in die Maxburgstraße. In der Ettstraße standen keine Privathäuser. Die ganze östliche Straßenseite nahm das Augustinerkloster ein, die westliche der Schäftlarner Klosterhof.

Der Name Enge Gasse wird erstmals 1344 in einer Urkunde des Heiliggeistspitals genannt. Der untere Teil der Straße wird seit vor 1490 als Kistlergasse bezeichnet, dann seit dem 17. Jahrhundert der Straßenteil bis zur heutigen Ettstraße als Löwengrube mit eigenem Namen. Der obere Teil seit 1806 Schulstraße, dann Maxburgstraße. Der am Augustinerkloster vorbeiführende Straßenteil im 18. Jahrhundert auch »Augustinerstock« genannt.

Nur die Steuerbücher führen unbeirrt bis zu ihrem Ende im Jahr 1808 die Bezeichnung »Enge Gasse«, was wiederum zeigt, wie sehr die Überlieferung und der Gebrauch solcher Namen vom Geschmack einzelner Schreiber oder der Tradition einer Behörde abhängen.

Qu.: Vogel, Heiliggeistspital U 70 (17.7.1344). – MB 19a S. 496 (1360). – StB. – Schattenhofer MA M 01011.

ENGLISCHES FRÄULEIN GÄSSEL, heute Teil des Marienhofes, Ende 18. Jhd.

Stimmelmayr nennt Ende des 18. Jahrhunderts die ehemalige Gruftstraße »das ... Englische Fräulein Gäßl«. Den Englischen Fräulein gehörte nach den Steuerbüchern schon seit 1628 das Haus Weinstraße 13 (Ecke Gruftstraße Nord), zumindest wurde es seit dieser Zeit von ihnen bewohnt. Das Steuerbuch dieses Jahres vermerkt am Rand neben dem Haus: »ein Frauenkloster«.

Qu.: Stimmelmayr S. 21 Nr. 38/8. – StB 1628. – HB GV S. 444.

ETTSTRASSE, seit 25.9.1886.

Benannt nach dem Kirchenkomponisten Kaspar Ett (1788–1847). 1454 »des von Scheftler gassel« (= des Abts von Schäftlarn Gasse),

98 Färbergraben

seit 1572 »Jesuitergässel«, 1759 Jesuitenpflaster, 1710–1886 weite Gasse, seit 1886 (amtliche Umbenennung 25. September) Ettstraße.
Qu.: StadtA, Straßenbenennung Nr. 40/2.

FÄRBERGRABEN, seit vor 1517 (nach 1490).

Die ersten Färber können in dieser Straße um 1489/90 nachgewiesen werden. Vorher sitzen sie in der Graggenau. Der Straßenname ist erstmals 1517 in der Kammerrechnung belegt, als die Stadt dem Münsinger einen Flecken Grund auf dem »verbergraben« verkauft. 1520 werden Straßenpflasterungsarbeiten »aufm verbergraben« durchgeführt. Vorher heißt es hier als Lagebezeichnung nur »auf dem Graben«.

In der Zeit vor 1517 sind Färber nur in den Häusern 4* (1516), 6* (1489/90), 24 B* (1512) feststellbar. Es ist also keineswegs so, daß die Straße vorwiegend oder gar ausschließlich von Färbern bewohnt gewesen wäre. Es genügen einzelne, ja unter Umständen ein einziger Vertreter dieses Handwerks, um einer Straße zu ihrem Namen zu verhelfen. Jedenfalls gehört diese Straße auch nicht zu den sog. mittelalterlichen Handwerkerstraßen. Erst gegen Ende des Mittelalters, und auch da nur schrittweise, lassen sich die Färber hier nieder. Übrigens würde die Straße mit größerer Berechtigung »Hutergraben« heißen, da wesentlich mehr Hutmacher als Färber in dieser Straße Häuser hatten. Warum trotzdem die Färber namengebend wurden, muß offen bleiben.

Stimmelmayr unterscheidet oberen und unteren Färbergraben.
Qu.: HB HV »Färbergraben«. – KR 1517 S. 40v, 1520 S. 135r. – Stimmelmayr S. 71 Nr. 86/5.

FALKENGÄSSEL, wahrscheinlich heutige Falkenturmstraße, um 1540/1550.

In den angegebenen beiden Jahren wird die Straße gepflastert u. a. im Tal, »im Falckengäsl« und bei der neuen Veste. Wahrscheinlich ist mit dem Falkengässel die heutige Falkenturmstraße gemeint. Der Turm trägt schon Ende des 15. Jahrhunderts den Namen Falkenturm.
Qu.: KR 1540 S. 121v, 1550 S. 127r.

FALKENTURMSTRASSE, seit um 1781.

Benannt nach dem vor 1470 erbauten Falkenturm. Der Straßenname »Falkenturmgaßl« erstmals auf der 1742 grundgelegten und 1781 ausgeführten Stadtkarte enthalten, dann wieder auf der von

1806. Der Turm selbst trägt schon im 15. Jahrhundert den Namen Falkenturm. 1540 und 1550 wahrscheinlich Name Falkengässel.

FEL(D)ERGÄSSEL, heute Sterneckerstraße, vor 1542 – nach 1579.

Das Haus Tal Nr. 56, westliche Ecke an der Sterneckerstraße, gehörte dem Eisenhändler Wolfgang Feler. Erstmals 1540 findet man an dieser Stelle seinen Namen (nachdem es seit 1532 keine Steuerbücher gegeben hatte) und schon 1542 heißt es im Steuerbuch »Gässel beim Feler hinein«, dann bis um 1579 Feler-, Feller- oder auch – sicher nicht ganz korrekt – Feldergässel.

Die Familie Feler ist mit ihren letzten Erben noch bis 1623 auf diesem Haus zu finden.

Ein früherer Name für die Gasse ist »Gässel beim Taeckentor«.

Später erhält sie den Namen Sterneckergasse, nach dem Hauseigentümer an der gegenüberliegenden Straßenecke.

Qu.: HB AV S. 444. – StB seit 1542. – KR 1557 S. 128v, 1579 S. 132v.

❑ **FELDMOCHINGER WEG,** vor dem Schwabinger Tor, vor 1375 – nach 1449.

Äcker am Feldmochinger Weg (zu dem nach Feldmoching, heute Stadt München, führenden Weg), gelegen vor Unseres Herrn Tor, also irgendwo in der oberen Maxvorstadt, erscheinen in den Quellen seit mindestens 1375. Der Weg ist nicht genauer zu lokalisieren. Bei der Weitläufigkeit solcher Lagebezeichnungen kann die heutige Schleißheimer Straße, auch Rennweg genannt, gemeint sein bzw. eine Zufahrtsstraße zu ihr, die vom Schwabinger Tor aus ging und etwa der Briennerstraße folgte.

Qu.: GB I 61/1 (1375), III 181/21 (1417). – MB 20 S. 288 (1438), S. 367 (1449).

FILSER(BRÄU)GASSE, seit vor 1780 (nach 1668).

Die Straße ist benannt nach der Brauerei Weinstraße 8 (mit Filserbräugasse 3 als Hinterhaus) an der nördlichen Ecke zur Filserbräugasse. Sie gehörte seit 1668 dem Bierbrauer Martin Filser, dann seinen Erben bis 1697.

Um 1576 wird die Gasse auch »der Österreicherin Gässel« genannt. Als Filsergässel steht sie 1780 und 1781 auf dem Stadtplan, dann seit 1806 als Vilserbräugäßchen und abwechselnd als Filsergäßlein.

Qu.: Pläne 1780, 1781. – AB seit 1818. – Stimmelmayr S. 21 Nr. 38, S. 22 Nr. 40. – HB KV S. 360.

100 Des Fingers Gässel

Des FINGERS GÄSSEL, heute Maffeistraße, vor 1368 – 1873/74.

Die Gasse ist sicher nach einem Mitglied der Familie Finger benannt, die dort – wahrscheinlich am Eck zur Theatinerstraße – ein Haus besessen haben dürfte. Der erste Finger – Heinrich Finger – begegnet uns am 16. September 1340 als Zeuge in einer Urkunde. Er wird ausdrücklich Bürger zu München genannt. 1394 ist ein Vinger Pfleger der Siechen auf dem Gasteig. Es ist vielleicht der Jörg Vinger, der 1405 und 1408 Bürgermeister gewesen ist und 1396 und 1397 Stadtkämmerer.

Daß die Gasse, die seit 1368 in den Quellen erscheint, fast grundsätzlich als »des Vingers gässel« bezeichnet wird, dürfte ebenfalls genügend Beweis sein, daß es sich hier um die Gasse eines Bürgers namens Finger handelt, der Name aber nicht – wie auch gelegentlich angenommen wurde – von der geringen Breite der Gasse herrührte, auch wenn Hübner feststellte, daß sie »bei dem Hereintreten aus der Schwabinger-Gasse nicht viel mehr über 4 Schritte breit« sei.

Seit 1562 gelegentlich auch »Tullingergässel« genannt. Gemäß Ministerialentschließung vom 4. Dezember 1873 hat am 14. März 1874 der Stadtrat die Gasse umbenannt in Maffeistraße und in der Folgezeit auf die heutige Breite erweitert.

<small>Qu.: RB VII 288 (1340). – GB II 75 b (1394). – StB seit 1368. – v. Bary S. 756, 853, 866 (1396–1408). – Hübner I (1803) S. 263. – Rambaldi Nr. 395. – StadtA, Straßenbenennung Nr. 31 (1873/74) und 27/1. – RP Nr. 489/5 S. 354.</small>

FISCHERGASSE, heute Heiliggeiststraße, vor (1388) 1390 – um 1833.

Zur Entstehung der Gasse vgl. »Grieß«.

Die Fischer siedelten ursprünglich draußen vor dem Isartor. Dort stehen sie auf dem Grieß Marie und dem Grieß Petri in den Steuerbüchern, letztmals bei der Steuererhebung vom 15. Dezember 1383 bis zum Lichtmeßtag (2. Februar) 1384. Danach fehlen leider die Steuerbücher bis zum Sommer 1387. Bei dieser Steuer stehen nunmehr die Fischer erstmals mit ihren Häusern am Ende des Tals Petri, dort wo man sie bis ins 19. Jahrhundert findet, zu beiden Seiten der seit 1390 »Fischergasse« genannten Straße und entlang einem Bachlauf. Die Umsiedlung muß um 1385 erfolgt sein und die Ansiedlung erfolgte auf Grund und Boden des Heiliggeistspitals. Dies geht aus der Zinsentrichtung von einer ganzen Reihe dieser Fischerhäuser an das Spital hervor. Was die Ursache für die Umsiedlung war, können wir nur vermuten. Da sie auch eine große Zahl von anderen Gewerbetreibenden betraf, die draußen vor dem Isartor saßen, denkt man

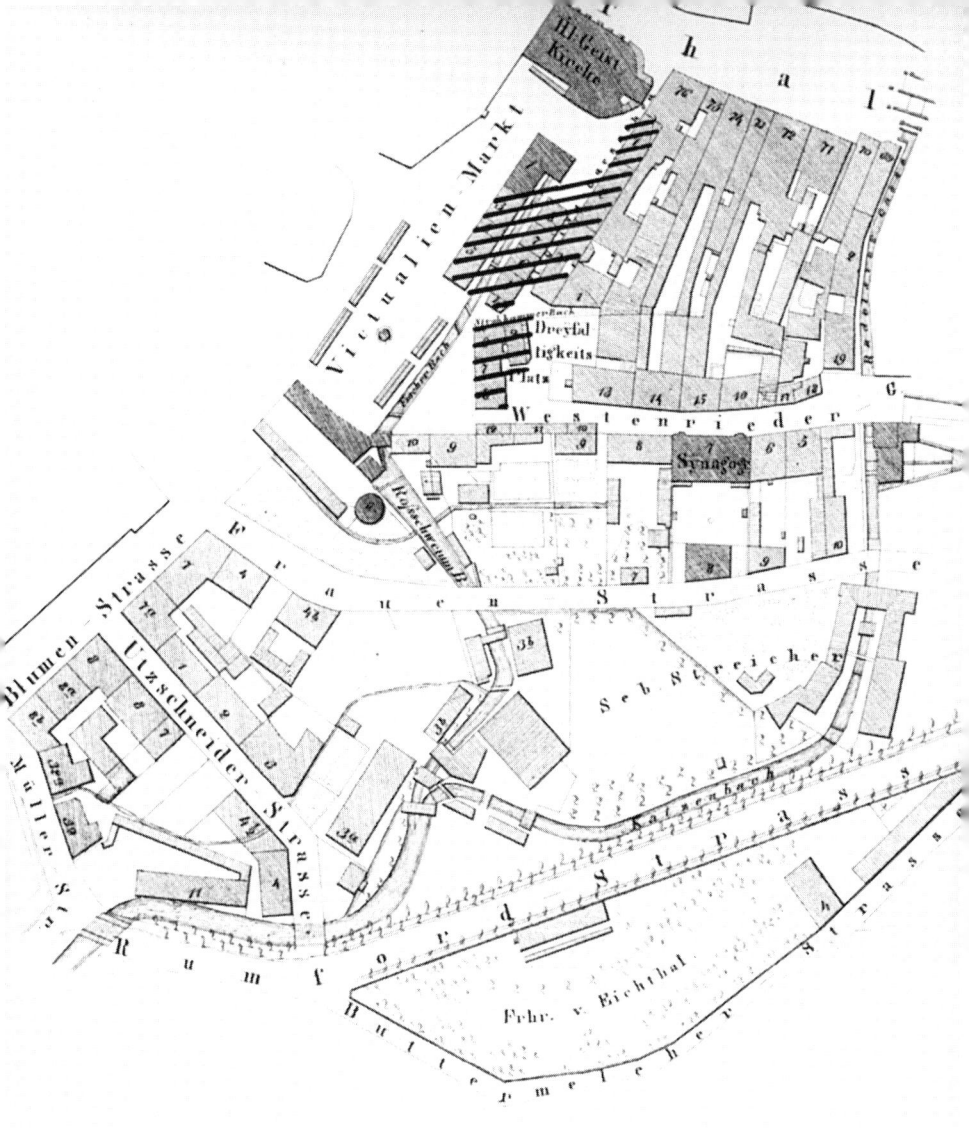

Skizze 4: *Die »Fischergasse«. Grundlage: Wenng-Plan 1850.*

an eine Naturkatastrophe (Hochwasser), die die Stadt veranlaßt haben könnte, ihre Bürger auf Dauer von diesem Platz fern zu halten, aber auch an eine planmäßige Verlegung aus verteidigungstechnischen Gründen.

Dort wo im Steuerbuch von 1390 erstmals der Name »Fischergasse« als Überschrift steht, hat der Steuerschreiber im Jahr 1388 einen großen Fisch und einen Krebs hingezeichnet und damit den Straßennamen auf diese Art bereits angedeutet.

Name Fischergasse von 1390–1808 in den Steuerbüchern. 1806 und 1818 auf den Plänen nur noch der hinten an der Mauer gelegene Teil der Gasse als »Fischergäßchen« bezeichnet, der vordere Teil, vom Tal herein, bereits »Heiliggeistgässchen«. Dieser Name setzt sich dann für die ganze Straße durch. 1833 heißt es im Adreßbuch unter »Fischergasse« bereits: «zum H.Geist-Gäßchen gezogen«.
Vgl. auch »Unter den Fischern«.

Qu.: StB 1368–1808, StB 1388 S. 37r. – Pläne seit 1806. – AB u. a. 1833 S. 23.

Unter den **FISCHERN**, heute Heiliggeiststraße, um 1399.

Nur 1399 findet sich einmal die Lagebezeichnung »unter den Fischern« für ein Haus. Gemeint ist natürlich die Fischergasse.

Qu.: GB II 147/6.

Auf/Bei dem **FISCHMARKT**, heute Teil des Marienplatzes, seit um 1295 – 1831.

Der Fischmarkt ist auf dem heutigen Marienplatz bereits für die Zeit um 1295 nachweisbar, als ein Artikel des Satzungsbuches A die Fischbank noch in der Nähe der Münzschmiede gelegen sein läßt. Der Begriff »münzsmit« wurde dann gestrichen und durch das Wort »Chapeln« ersetzt. Gemeint war die an Stelle der Münze erbaute Gollir- oder Marktkapelle. Da der Herzog am 13. Februar 1295 den Bürgern den Wiederaufbau der gewaltsam niedergebrochenen Münzschmiede erließ, läßt sich der betreffende Artikel des Satzungsbuches also auf die Zeit vor diesem Datum einordnen.

Der Fischmarkt fand bis zum Jahr 1831, dem Zeitpunkt seiner Verlegung auf den Viktualienmarkt, beim Fischbrunnen an der Ecke zur Dienerstraße statt. Zeitweise gab es einen weiteren Fischmarkt an der Ecke zur Kaufingerstraße.

Lokalisierungen »auf dem Fischmarkt« oder Häuser »am Fischmarkt« finden sich häufig. Sie beziehen sich meist auf die Gegend um die Einmündung der Dienerstraße in den Marienplatz.

Qu.: Dirr S. 201 und U 23 (1295). – KR 1402/03 S. 93r, 1406/07 S. 77v. – Schattenhofer, Brunnen S. 27; Märkte, OA 109/1 S. 76. – StadtA, Zimelie 34 S. 7 (1388).

FLEISCHBANK, UNTERE, heute Teil des Viktualienmarktes, 1611 – 1764.

Die beiden letzten Namen von Steuerzahlern beim Tal Petri stehen von 1611 bis 1764 in den Steuerbüchern unter einer eigenen Überschrift: »under Fleischbankh« (untere Fleischbank). Später nennt man diese Gasse Fleischbankgasse.

FLEISCHBANKSTRASSE, heute Teil des Viktualienmarktes, seit vor 1796 – 1890.

Die (unteren) Fleischbänke wurden mit Erlaubnis Kaiser Ludwigs des Baiern im Jahr 1315 vom Marktplatz (Marienplatz) hinunter an das Heiliggeistspital verlegt, wo sie unterhalb des Chores der Peterskirche über dem Roßschwemmbach zu liegen kamen. Dort befinden sich heute noch die vielen kleinen Metzgerläden gegenüber der Heiliggeistkirche. Das Gäßchen zwischen der Fleischbank und den heute nicht mehr vorhandenen Spitalgebäuden (heute eine breite Straße) wurde von Stimmelmayr Ende des 18. Jahrhunderts »Bänk Gäßl« genannt, von Burgholzer 1796 und seit 1806 auf den Plänen »Fleischbänkegäßchen«, seit 1856 »Fleischbankstraße«. Im Zuge des Ausbaus des Viktualienmarktes und der Beseitigung der angrenzenden Spitalgebäude erhielt 1881 auch die Fleischbankstraße eine neue Gestalt. Die Fleischbänke selbst waren 1870 bzw. 1879 abgebrochen worden. Unterm 3. Oktober und 4. November 1870 trug Anton Höchl in sein Tagebuch ein: »Die untere Fleischbank in München wird abgebrochen«. Der Straßenname wurde 1890 aufgegeben.

Hierher ist auch das 1818 und 1823 in den Adreßbüchern stehende Metzgergäßchen zu beziehen.

Qu.: Dirr U 44 (1315). – Pläne 1806, 1852. – Burgholzer (1796) S. 316. – AB 1818 S. 157, 1823 S. 10, 1891 (Stand vom 1.11.1890), vgl. auch 1880 S. 118 zur Geschichte. – Stimmelmayr S. 13 Nr. 27/4,5. – StadtA, Hist. Verein von Obb., Manuskripte Nr. 358 (Höchl).

Unter den **FRAGNERN,** heute Teil des Marienplatzes, um (1370)1383/94.

Die Häuser am Marienplatz Nr. 8* – 10*, also recht genau die östliche Hälfte des heutigen Neuen Rathauses, wurden in den Steuerbüchern von 1383–1394 jeweils mit der Überschrift »Fragner« versehen. Aber das Ratsbuch IV, verfasst um 1370, nennt bereits eine Häusergruppe »Under den vragnern«. Sie dürfte ebenfalls hierher zu beziehen sein. Es handelt sich um die Häusergruppe, welche an die sechs Häuser der unteren Kornschranne anschlossen. Ein Fragner ist ein Krämer oder Gemischtwarenhändler.

Qu.: StadtA, Zimelie 9 S. 4r (alt), 6r (neu) (1370).

FRANZISKANERGASSEL, heute Perusastraße, um 1800.

Benannt nach dem gegenüber dieser Straße, am heutigen Max-Joseph-Platz, gelegenen Franziskanerkloster. Einziger Beleg für den Straßennamen ist der Paur-Plan (von 1729) auf dem Stand von um 1800.

104 Franziskanergassl

1529 Gässl bei des Pütrich Regelhaus, um 1800 Franziskanergaßl, 1805 Perusagasse.

FRANZISKANERGASSL, heute Teil des Max-Joseph-Platzes, um 1781.

Die Karte von 1781 bezeichnet die kleine, zwischen dem Törring-Palais (heute Hauptpost) und der Friedhofmauer des Franziskanerfriedhofs, verlaufende Gasse als »Franziskanergaßl«, also sozusagen die Verlängerung der Perusastraße nach Osten.

FRANZISKANERPLATZ, heute Max-Joseph-Platz, um 1805 (nach 1776).

Name abgeleitet vom Franziskanerkloster, das seit 1284 bis zu seinem Abbruch 1803 mitsamt dem Friedhof diesen Platz einnahm. Der Friedhof wurde 1773 gesperrt und 1776 eingeebnet.

Den Namen nennt am 6. Januar 1805 Dornhofer in seinen »Merkwürdigkeiten«. Möglich ist der Name erst ab 1776. Noch vor dem 27. April 1805 erfolgte die Umtaufe in »Max-Joseph-Platz«, siehe dort.

<small>Qu.: Baumgartner, Polizey-Uebersicht vom 27.4.1805. – Rambaldi Nr. 425. – Schattenhofer M 02008. – Johann Baptist Dornhofer, Merkwürdigkeiten von München aus den Jahren 1788 bis 1806, hrsg. von Uwe Puschner u. a., in: Beiträge zur Altbayerischen Kirchengeschichte, Bd. 40, 1991, S. 55-129, hier S. 120.</small>

Unser **FRAUEN FREITHOF**, seit vor 1340 – 1789.

Siehe »Frauenplatz«.

Unser **FRAUEN GÄSSEL**.

Fast alle von der Kaufinger- und Weinstraße aus zur Frauenkirche führenden Straßen werden zu Zeiten als »Unser Frauen Gässel« bezeichnet.

Unser **FRAUEN GÄSSEL**, heute Liebfrauenstraße, vor 1370 – 1872.

Des Minig von Tramin Haus, das 1370 »in Unser Frauen gaessel« liegt, gehört nach den Steuerbüchern und den 1370 angegebenen Nachbarn in die heutige Liebfrauenstraße. Auch in der Zeit von 1729–1852 ist der Name Frauengäßchen für sie belegt. Am 29. April 1872 erfolgte die offizielle Benennung in »Liebfrauenstraße«.

<small>Qu.: GB I 13/10 (1370).</small>

Unser **FRAUEN GÄSSEL**, heute Sporerstraße, vor 1383 – nach 1782.

Das Haus des Ändel/Endel Kürschner, das 1383 »in dem gaessel bey Unser Frawen« liegt, dem Haus des Weinmann gegenüber, lag in der heutigen Sporerstraße. Weinmann war der Hauseigentümer von Weinstraße 6, Ecke Sporerstraße. 1384 ist des Endel Haus wieder genannt »in dem gaessel, do man hintz Unser Frauen get«. Da als Nachbar diesmal Karl Ligsalz (von Weinstraße 4) angegeben ist, ist das Haus des Endel mit Weinstraße 5, Ecke Sporerstraße, zu identifizieren und damit die Gasse ebenfalls wieder als die Sporerstraße. Dasselbe Haus muß gemeint sein, wenn 1415 Wilhelm Günther sein Haus »in Unser Frawen gaessel« verkauft. Es stößt hinten an den Frauenfreithof und an das Haus des Weinmann. Demnach ist es ebenfalls wieder Weinstraße 5 bzw. Sporerstraße.

Auch ein 1528 genanntes Haus »in Unser Frauen gaessel« liegt in dieser Straße und 1543 sowie von 1550 bis 1570 vermerken die Steuerbücher von Zeit zu Zeit neben den zur heutigen Sporerstraße gehörenden Bewohnern: »Unser Frauen Gässel«.

Seit 1541 und 1542 wird die heutige Sporerstraße auch gelegentlich schon »Schlossergassl« genannt. Der Name »Sporergasse« ist erst später nachweisbar. Der Plan von 1759 nennt die Gasse aber immer noch »Frauengasse«, ebenso 1782 noch Westenrieder und der Stadtplan dieses Jahres »Frauengässel«.

Qu.: GB I 179/6 (1383), 202/3 (1384). – GB III 168/10 (1415). – Vogel, Heiliggeistspital U 322 (1450), 342 (1455). – GB IV 160 (1528). – StB seit 1542. – Westenrieder (1782) S. 33.

Unser **FRAUEN GÄSSEL**, heute Landschaftsstraße, um 1411.

Vielleicht auf Grund eines Versehens des Schreibers liegt im Jahr 1411 das Haus des Konrad Reiseneck, benachbart dem des Rülein und einem Stadel des Sendlinger, »in Unser Frauen gaessel in der indern stat in Unser Frawen pfarr«. Die genannten Häuser liegen jedoch in der heutigen Landschaftsstraße. Dasjenige des Reiseneck war Landschaftsstraße Nr. 9, auf dem Gelände des neuen Rathauses.

Qu.: GB III 104/13 (1411).

Unser **FRAUEN GÄSSEL**, heute Teil des Frauenplatzes (?), um 1475.

Im Jahr 1475 übergeben Jörg Mägerl und seine Mutter Elspet Mägerl ihr Haus an die Purfinger-Messe. Es liegt an der Schäfflergasse und ist ein Eckhaus »an Unser Frauen Gässel«. Das geht an sich nicht; denn das Purfinger-Messhaus ist das Haus Frauenplatz 13 gewesen.

Das bildete zwar am Frauenplatz ein Eck und reichte durch bis zur Schäfflergasse. Aber es lag nicht an einem Gässel von der Schäfflergasse zur Frauenkirche, wie es der Text glauben macht. Gemeint ist wohl der heutige Frauenplatz bzw. ein Gässel zwischen der Friedhofmauer und dem Haus.

Qu.: MB 21 S. 324. – HB KV S. 19.

(Unser) **FRAUEN GÄSSEL**, heute Albertgasse, Ende 18. Jhd.

Name bisher nur bei Stimmelmayr Ende des 18. Jahrhunderts belegt in der Form »(Unser) Frauen oder Thaler Gäßl«.

Qu.: Stimmelmayr S. 21 Nr. 38/12, S. 23 Nr. 40.

Unser Lieben **FRAUEN GOTTESACKER GÄSSL**, heute Salvatorstraße, Westseite, Ende 18. Jhd.

Name nur bei Stimmelmayr zu Ende des 18. Jahrhunderts belegt. Der Friedhof wurde nach 1788 aufgelassen (was Stimmelmayr noch nicht wußte).
Vgl. auch »Gottesacker Unserer Lieben Frau«.

Qu.: Stimmelmayr S. 37 Nr. 56, Nr. 56/6.

FRAUENPLATZ, seit vor 1815.

Benannt nach der Pfarrkirche zu Unserer Lieben Frau. Die heute Frauenplatz genannten freien Flächen rund um die Kirche nahm seit mindestens dem Jahr 1271, dem Jahr der Erhebung der Marienkapelle zur zweiten Pfarrkirche Münchens, der Friedhof dieser Pfarrei ein. »Unser Frauen Freithof« heißt er 1340 und 1381, »Unser Frauen Kirchhof« 1411.

Erst als im Jahr 1789 alle Friedhöfe innerhalb der Stadtmauern aufgelassen werden mußten (kurfürstliche Verordnung vom 16. Januar 1789), wurde der Platz um die Kirche frei und es bürgerte sich für ihn der Name Frauenplatz ein, den erstmals im Jahr 1815 Lipowski überliefert (»Kirchhof-Gasse zu Unserer Lieben Frauen Pfarrkirche, jetzt Frauen-Platz genannt«). Dann nennt den Namen auch das Adreßbuch von 1818. Noch 1805 wird er »Unser Frauen Freithof« genannt, der Plan von 1806 verzeichnet gar keinen Namen.

Qu.: MB 19a S. 475 (1340). – GB I 140/2 (1381), III 105/3 (1411). – Churpfalzbairisches Intelligenzblatt vom Dezember 1788 S. 265, und vom 7. Februar 1789 S. 292 f. – Münchner Intelligenzblatt 21. März 1789 S. 20. – Hübner I (1803) S. 274, 290. – Lipowski II (1815) S. 341. AB 1818 S. 227.

❏ FRAUENSTRASSE, seit um 1810.

Die heutige Frauenstraße – Gegenstück zur Herrnstraße – erscheint erstmals am 28. Februar 1810 in einem Schreiben des Stadtmagistrats an das Generalkommissariat des Isarkreises. Dieses verwendet den Namen am nächsten Tag, dem 29. Februar, auch in seinem Antwortschreiben.

Qu.: StadtA, Städtischer Grundbesitz Nr. 339.

(Freimannergässel), um 1815.

Laut Rambaldi soll die heutige Liebfrauenstraße früher auch Freimannergässel geheißen haben. Das Haus der Familie Freimanner, später in mehrere Häuser aufgeteilt, lag am Kaufingertor (Schöner Turm), und die dazu gehörigen Grundstücke auf dem Graben beim Augustinerkloster. Mit dem Freimannergässel kann deshalb entweder die Augustinerstraße gemeint sein oder die später unter dem Namen »Gässel bei dem Schleich Schlosser« vorkommende Gasse, siehe dort. Die heutige Liebfrauenstraße grenzte nicht an den Freimannerschen Besitz, kommt also nicht in Frage.

Belege für den Namen nennt auch Rambaldi nicht. Sie müßten aus der Zeit vor oder bald nach 1368 stammen; denn bei der Steuererhebung von 1368 war der letzte der Freimanner bereits tot und es standen seine Erben im Steuerbuch. Zu ihnen gehörte ein Zweig der Familie Sendlinger. Der einzige Beleg für diesen Namen, der sich bisher finden ließ, stammt von Lipowski aus dem Jahr 1815 und liegt damit sehr spät. Offensichtlich ist der Name eine Erfindung der Historiker des 19. Jahrhunderts.

Qu.: Rambaldi Nr. 376 nach AB 1880 S. 245. – Lipowski II (1815) S. 89. – StB 1368 ff.

FÜRSTENFELDER STRASSE, seit vor 1370.

Das Kloster Fürstenfeld hatte in dieser Straße bereits im Jahr 1289 einen Klosterhof. Nach ihm wird bald die daran vorbeiführende Gasse »Fürstenfelder Gassen« genannt, so erstmals im Ratsbuch IV zum Jahr 1370.

Im übrigen waren die Häuser in dieser Gasse meist »auf« oder »am« Graben genannt worden, weil zwischen der Fürstenfelder Straße und dem Färbergraben der zugeschüttete und mit Häusern bebaute ehemalige Stadtgraben um die innere Stadt lief.

Qu.: StadtA, Zimelie 9, Ratsbuch IV S. 3r.

Abb. 15: *Die Fürstenfelder Straße von Westen. Im Hintergrund der Ruffiniblock. Aufnahme vom 31.3.1923.*

(FUSSGÄNGERZONE), eigentlich: Kaufinger-/Neuhauser Straße, seit 1972.

Dies ist kein Straßenname. Die Bezeichnung ist aber inzwischen so allgemein gebräuchlich, daß sie die angestammten Namen Kaufinger- und Neuhauser Straße zumindest im Volksmund bereits verdrängt hat. Es scheint sich eine ähnliche Doppelnamigkeit anzubahnen wie bei »Karlsplatz« und »Stachus«. Auffallend ist auch, daß mit »Fußgängerzone« zumeist nur die beiden genannten Straßen gemeint sind, nie jedoch die jüngeren Fußgängerbereiche der Theatiner- und Weinstraße usw.

GÄNSBÜHEL, heute Oberanger, vor 1548 – 1904.

Herkunft des Namens ungeklärt. »Bühel« ist ein leichter Hang. Vielleicht einst eine Gänsewiese. Name erstmals im Steuerbuch von 1548 belegt. Ein Gänsemarkt ist hier nie nachgewiesen.

1540–1547 Gässel, 1541 Gässel beim Triener (falls nicht auf die Schmidstraße zu beziehen), 1548 »Gäsl Genspuehel«, seit 1904 »Raspstraße«.

Auch an anderen Orten ist der Name beliebt. Schon im 13. Jahrhundert gibt es z. B. in Ravensburg einen »Gänsbühl« innerhalb der ummauerten Stadt. In Augsburg gab es den Namen Gänsbühl seit der Einführung des Marktes für Federvieh östlich der Pfarrkirche von St. Max im Jahr 1428. Im Jahr 1508 besitzt das Münchner Angerkloster in Oberbrunn bei Gauting ein Grundstück mit dem Namen »Gänsbühel«.

Qu.: StB seit 1540. – HStA, KU Angerkloster 882 (1508). – AB und Pläne des 19. Jhs. – Schattenhofer, Märkte OA 109/1 S. 87. – Eitel, Ravensburg-Führer S. 36. – Augsburger Stadtlexikon S. 124.

GÄSSCHEN/GÄSSEL/GÄSSLEIN/GASSE/GASSL.

Die folgende Auflistung unterscheidet im Alphabet nicht zwischen diesen verschiedenen Begriffs-Formen, da sie auch in den Quellen nicht unterschieden werden. Bei der Aussprache ist zu beachten, daß es sich bei dem »ä« um den sog. baierischen Sekundärumlaut handelt, der als helles »a« ausgesprochen wird, so wie im Namen der Stadt »Kassel« oder in »Jacke« und »Frack«. Die Schreibweise mit »ä« wurde aus Rücksicht auf Quellen und Literatur beibehalten, die in der Regel diesen Laut mit »ä« wiedergeben.

GÄSSEL, heute Nieserstraße, um 1473.

Am 19. August 1473 verkauft der Bürger Hans Kappler dem Kaplan der Bart-Messe seinen ganzen Besitz »an dem Annger, das egkhaws bey dem clainen pächl, das da rinnt durch das gässel in das Krottental ... neben der ... Pärttmeß caplanhaws«. Das Haus der Bart-Messe ist das westliche Eckhaus Sebastiansplatz/Nieserstraße (Sebastiansplatz 2). Durch die Nieserstraße lief ein kleines Bächlein, das auch auf dem Sandtner-Modell noch zu sehen ist.

Qu.: St. Peter U 169. – HB AV S. 321.

GÄSSEL, heute Salvatorstraße östlicher Teil, 1561 ff.

Das »Gässel« steht seit 1561 in den Steuerbüchern unter der Hinteren Schwabinger Gasse (Theatinerstraße). Gemeint ist damit das Kühgässel.

GÄSSEL, heute Eisenmannstraße, vor 1703 – nach 1804.

Wie bei all diesen kleinen Seitengassen der Hauptverkehrsstraßen auch hier meist nur der namenlose Begriff »Gässel« in den Steuerbüchern, belegbar seit 1703.

❏ **GÄSSEL an dem GRIESS**, vor dem Isartor in St. Peter, um 1383.

Der Chuntzel sailer »an dem gaesslein an dem Grieß« von 1383 gehört laut Steuerbuch in die Gegend außerhalb des Isartors, auf der Seite der Peterspfarrei, also Grieß Petri. Sein Haus liegt auch noch »gen dem Hürn (über)«. Deshalb ist es wahrscheinlich identisch mit »des Hürn gässel«, siehe dort. Vgl auch grundsätzlich unter »Grieß«.

Qu.: GB I 173/5 (1383).

GÄSSLEIN an/bei dem KOLHAUS, heute Dultstraße, um 1374.

Siehe »Dultstraße«.

GÄSSEL an der ENGEN GASSE, heute Kapellenstraße, vor 1384 – nach 1559.

1384 hat Herzog der Wagenmann (Fuhrmann) ein Haus »an der Engen Gassen bei dem Gässlin«. Nach seinem Standort im Steuerbuch unter der Engen Gasse hat dieses Haus an der Ecke zur späteren Kapellenstraße gelegen. Ebenfalls hierher zu beziehen sind das »klain gassel« von 1541 in einer Quelle des Heiliggeistspitals und die auf das Steidlsche Haus bezüglichen Benennungen »Gässlein zur Engen Gasse« von 1523–1559.

Qu.: GB I 197/4 (1384), III 163/6 (1415), IV S. 31r (1523). – StadtA, Heiliggeistspital Nr. 176/30 (1541). – HStA GU Mü 673, 686, 728, 1022, 1035.

GÄSSEL an NEUHAUSER GASSEN, heute Kapellenstraße, um 1388.

In dem Gässel an Neuhauser Gassen, gegenüber einem Stadel des Tichtel, hat 1388 Ludel Zimmermann ein Haus. Ludel Zimmermann steht um diese Zeit stets in den Steuerbüchern unter der Engen Gasse und gehört genauso wie der seit 1390 unmittelbar vor ihm stehende Peter Withauf in die heutige Kapellenstraße.

Qu.: GB I 137/4 (1388).

GÄSSEL an SENDLINGER GASSEN, heute Singlspielerstraße, vor 1370 – nach 1394.

Hierher zu beziehen sind Belege von 1370, wonach der Pfarrer Heinrich von Biburg ein Haus verkauft »in dem gaezzel an Sentlinger gazzen«, ebenso 1373 als der Fleischhacker Reichlein sein Haus verpfändet »in dem gaezzel an Sentlinger gazzen bey Engelharten dem smid«, ebenso 1375 als die Viechtreiberin ihrem Sohn, dem Goldschmied Friedrich Viechtreiber, ihr Haus übergibt, gelegen »an Sentlinger gazzen in dem gaezzlein bey dem Engelhart smid« und 1394 als Kunz der Schuster von Perlach sein Haus, das vorher dem Chorbler gehört hatte, verkauft und das ebenfalls gelegen ist »an Sentlinger gassen in dem gaesslin«.

Engelhart der Schmied hat schon nach dem Steuerbuch von 1369 sein Haus Sendlinger Straße 27*, Nordecke zur Singlspielerstraße.

Qu.: GB I 10/8, 12/10 (1370), 33/4 (1373), 68/5 (1375), 232/12 (1387), II 67/4 (1394).

GÄSSEL beim BALTHASAR BART und DOCTOR PARTIN GASSL, heute Mazaristraße, vor 1505 – nach 1575.

Das Haus Kaufingerstraße 27, westliche Ecke zur Mazaristraße, gehört bis nach 1500 laut Steuerbuch dem Ludwig Bart, dann geht es an Balthasar Bart über, der seit 1508 hier im Steuerbuch steht. Die Straßenpflasterungsarbeiten »im gaßl beim Walthasar Part« aus dem Jahr 1505 belegen aber, daß schon in dieser Zeit Balthasar Bart als Hauseigentümer auf Ludwig Bart gefolgt war. Die Bart haben das Haus bis 1604 inne.

Seit 1541 bis 1566 gehört das Haus dem Sohn von Balthasar Bart, Doctor Georg (Jörg) Bart, ab 1566 dessen Witwe, der Doctor Partin.

Ab 1597 ist dann laut Grundbuch Oswald Bart Hauseigentümer (bis 1604). Nach der Doctor Partin oder – so 1575 – nach Doctor Parts Erben – wird in dieser Zeit die Mazaristraße benannt, so 1574 bei Straßenpflasterungsarbeiten »in Doctor Partin gassl«. Im Grundbuch wird um 1575 das Haus so beschrieben: Doctor Georgen Barts gelassener Erben Haus und Hof im Gässel hindurch gehend. Das Gässel ist die Mazaristraße.

Qu.. KR 1505 S. 134v, 1574 S. 132v. – GruBu KV S. 880v. – HB KV S. 83.

GÄSSEL beim BRÄU AM ANGER, später Probstbräugasse, um 1545.

Als im Jahr 1545 »im gäsl beym preu am Anger« die Straße gepflastert wird, kann damit nur die spätere Probstbräugasse gemeint sein, die 1950 aufgehoben wurde; denn alle anderen Brauereien am Anger gab es zu dieser Zeit entweder noch nicht oder sie lagen nicht an einer Gasse. Einzig der spätere Probstbräu ist um 1545 schon Brauerei und liegt auch am Eck zu einer Seitengasse.

Qu.: KR 1545 S. 127r.

GÄSSEL bei dem DOCTOR SCHMID, unermittelt, um 1552.

Im Jahr 1552 wird »im gäsl bey dem Doctor schmid«, 1551 schon »im Doctors gäsl« die Straße gepflastert. Leider gibt die Kammerrechnung keinen Hinweis darauf, um welches Gässel es sich handelt. Auch im Steuerbuch der Zeit war der Doctor Schmid nicht auffindbar.

Qu.: KR 1552 S. 128v.

GÄSSEL bei dem ESSWURM, heute Sporerstraße, um 1453.

Im Jahr 1453 wird die Straße gepflastert »im gassel pey dem Eßwurm«. Der Familie Eßwurm gehörte von etwa 1439 bis nach 1486 das Haus Weinstraße 5, südliches Eckhaus an der Sporerstraße.

Qu.: KR 1453 S. 113r.

GÄSSEL beim HOFBRÄU, heute Perusastraße, um 1549.

Auf dem Hof des Klosters Scheyern in der Theatinerstraße 45, südliche Ecke Perusastraße, sitzt seit 1541 als Pächter der Bierbrauer Hans Lott, seit 1568 dessen Sohn Christophorus Lott. Beide üben das Amt des Hofbräuen aus, in der Zeit vor der Gründung einer hofeigenen Hofbrauerei. Als 1549 »im gäsl beym Hoffprew« die Straße gepflastert wird, ist damit die heutige Perusastraße gemeint.

Qu.: KR 1549 S. 127r. – Stahleder, Bierbrauer OA 107 S. 99.

GÄSSEL beim KHARPFEN SCHMITT, heute Dürnbräugasse, um 1586 (1574).

Im Tal und »beim Kharpfenschmitt im gäsl« wird im Jahr 1586 die Straße gepflastert. Es handelt sich dabei um die heutige Dürnbräugasse. Das Haus Tal Nr. 20*, westliche Ecke an der Dürnbräugasse, gehörte seit um 1570 dem Hufschmied Hanns Karpff, dann bis zum 11. Juni 1587 noch seinem unmündigen Sohn Bernhard Karpff.

Wahrscheinlich gehört hierher auch der Name »Khupferschmidgässel« von 1574, siehe dort.

Qu.: KR 1586 S. 114r. – HB GV S. 366/367.

GÄSSEL beim OSWALD KOCH, heute Küchelbäckerstraße, um 1540.

Siehe »Küchelbäckerstraße« und »Kochsgassel«.

❏ **GÄSSLEIN bei dem PRÜNDEL,** vor dem Sendlinger Tor, vor 1384 – nach 1619.

Schon 1384 hat Öttel der Schneider ein Haus, gelegen »pei dem tör znächst pei dem Pründlein«. Auch wenn es zur selben Zeit im Tal Marie einen Floßmann namens Heinrich Pründel gibt, handelt es sich hier ohne Zweifel um einen Brunnen, bei dem das Haus liegt. 1392 liegt er ausdrücklich zwischen dem Neuhauser und dem Sendlinger Tor. Auch noch 1582 und bis mindestens 1619 kommt das »Gässlein bei dem Pründl« vor dem Neuhauser Tor in den Urkunden vor. Die genaue Lage ließ sich bisher nicht ermitteln.

Qu.: GB I 200/10 (1384), II 31/5 (1392). – StB 1375 Tal Marie. – HStA GU Mü 1312 (1582), 1640 (1605), 1752 (1613), 1803 (1619).

GÄSSEL bei dem SCHLEICH SCHLOSSER, an der Kaufingerstraße, um 1579.

Das Haus Kaufingerstraße 22 A/B gehörte seit mindestens 1540 dem Schlosser Mathes Schleich, der Familie bis 1598. Zwischen den Häusern 22 B und 23 A gab es noch bis ins 19. Jahrhundert eine kleine Gasse, die von der Kaufingerstraße aus Richtung Norden führte, eine Art Fortsetzung der Fürstenfelder Straße. Sie ist auf dem Plan von 1806 noch zu sehen. Diese Gasse ist gemeint, wenn im Jahr 1579

114 Gässel bei (hinter) dem Staepfel

Straßenpflasterungsarbeiten »bei dem Schleich schlosser im gässl« durchgeführt werden.
Wahrscheinlich gehört hierher auch der Name »Freimannergässel«.

Qu.: KR 1579 S. 141v. – HB KV S. 74. – Plan von 1806.

GÄSSEL bei (hinter) dem STAEPFEL, heute Hotterstraße, um 1373 – 1375.

Der Staepfel hat sein Haus am Färbergraben. Es muß Nr. 31 sein, an der Ecke zur Hotterstraße. Mit letzterer ist demnach das in zwei Einträgen im Gerichtsbuch genannte Gässel bei oder hinter dem Staepfel gemeint.

Qu.: GB I 35/12 (1373), 64/4 (1375).

GÄSSLEIN bei dem STOSSER, heute Teil der Blumenstraße, um 1395.

Um 1395 wechselt ein Haus den Besitzer, das gelegen ist »bey der mawr in dem gaesslin bey dem Stosser«. Das Haus muß an der Mauergasse südlich des Sebastiansplatzes gelegen gewesen sein.
Sie zählt heute zur Blumenstraße und trug um 1806 die Bezeichnung »An der Kloster Anger Mauer«.

Qu.: GB II 99/5 (1395).

GÄSSEL bei dem STRASSER KRAMER, heute Thiereckstraße, um 1509.

Hans Strasser Kramer gehört nach den Steuerbüchern von 1508 und 1509 zum Haus Frauenplatz 9, dem westlichen Eckhaus zur Thiereckstraße. Hier – im gäßl beim Strasser cramer – werden 1509 Straßenpflasterungsarbeiten durchgeführt.

Qu.: KR 1509 S. 126r. – StB.

❏ GÄSSEL bei dem TAECKENTOR, vor dem Isartor, um 1374 – 1409.

Eine Reihe von Häusern und Grundstücken, die in den Quellen seit 1374 erscheinen, liegen außerhalb des Isartors »bei dem Taeckentor« oder »bei dem Taeckentor in dem gaesslin«. Sie stehen in den Steuerbüchern jeweils kurz vor den Bewohnern des Tals (innerhalb der Stadt).

Qu.: GB I 49/11 (1374), 91/13 (1377), II 54/7 (1393), 84/8 (1395), 131/8 (1397), III 24/4 (1404), 42/4 (1405), 90/12 (1409).

GÄSSEL bei dem TAECKENTURM, heute Sterneckerstraße, um 1527.

Dieses zum Taeckentor führende Gassel wird nur 1527 erwähnt. Das Haus des Thoman Anspacher liegt hier, im Tal in St. Peters Pfarr in dem Gässel bei dem Taeckenturm. Alle anderen Gässel »bei dem Taeckentor« liegen außerhalb der Stadtmauer. Daß die Straße »früher Teckstraße« geheißen habe, dafür fehlt jeder Beleg. Hier spielt noch herein, daß man früher den Namen Taeckentor mit dem Herzog von Teck in Verbindung zu bringen suchte.
Häufig nur Gässel genannt, so z. B. in den StB von 1540 und 1541. Lagebezeichnungen von 1386 »vor« bzw. »bei« dem Taeckentor sind außerhalb der Stadtmauer anzusetzen. Siehe auch »Gässel, da man zu dem Taeckentor hinausgeht«.

Qu.: GB IV S. 125 (1527). – StB 1540, 1541. – StadtA, Straßenbenennung Nr. 40/2a (Straßenverzeichnis 1881/1893 S. 41 zu »Teckstraße«).

GÄSSEL bei dem TRIENER, heute Schmidstraße oder der ehemalige Gänsbühel, um 1541.

Mit dem Triener ist das Haus des Lienhart Triener gemeint, das in dieser Zeit unter Roßmarkt (Oberanger) im Steuerbuch steht. Er gehört der Lage nach entweder zum Gänsbühel oder an die Ecke Gänsbühel (Raspstraße)/Schmidstraße. Name nur einmal im Steuerbuch von 1541 belegt.

GÄSSEL bei der ALTEN FÜRSTIN, später Gruftstraße, heute Marienhof, um 1553.

Das Haus Weinstraße 13, das ehemalige Wilbrecht-Haus, kaufte am 25. Februar 1538 die Herzogin Sabina von Württemberg, eine Schwester von Herzog Ludwig X. und Wilhelm IV., die mit Herzog Ulrich von Württemberg verheiratet war, sich dort aber nicht halten konnte. Sie lebte deshalb seit 1538 in München im Haus Weinstraße 13 und starb am 30. August 1564 in Nürtingen. In den Quellen heißt sie »die von Württemberg« oder »die alte Herzogin« oder »die alte Fürstin«. Später wurde das Haus von der 1564 verwitweten Jakobäa von Baden, Gemahlin von Herzog Wilhelm IV. bewohnt, bis sie 1580 starb. Das Haus steht im Steuerbuch bis 1585 als »domus der alten Fürstin«. Wenn also im Jahr 1553 »im gäsl bey der altn furstin haus« die Straße gepflastert wird, dann ist damit die Gruftstraße gemeint, an deren Ecke das Haus lag. Vgl. »Wilbrechtsturm«.

Qu.: KR 1553 S. 128r.

GÄSSEL bei dem PAUL FLEISCHHACKER, heute Altenhofstraße, um 1419/1420.

Mit dem Paul Fleischhacker ist Paul Schechner gemeint, dem das Haus Burgstraße 6, Ecke Altenhofstraße gehörte. Da zur gleichen Zeit auch Straßenpflasterungsarbeiten an der Burgstraße stattfinden, ist erwiesen, daß es sich hier um die heutige Altenhofstraße handelt.
Paul Schechner war Hoflieferant für Fleisch- und Wurstwaren, in der Zeit lange bevor es eine Hofmetzg gab. Am 16. Juni 1395 schuldete ihm der Herzog nicht weniger als 780 ungarische Gulden für in die Hofküche geliefertes Fleisch und am 5. Juni 1399 beauftragte ihn Herzog Ernst, während seines Aufenthaltes in München für seine Beköstigung zu sorgen. Später erfolgen noch wiederholt Schuldverschreibungen. Mit ihnen hängt es wohl zusammen, daß Paul der Schechner oder Paul der Fleischhäckel von München die Zöllnerstelle zu Landsberg erhielt (1401–1403, 1402 auch Kastner zu Landsberg genannt). Auf dem Haus in der Burgstraße sind er, seine Witwe und die Kinder von 1415 bis 1431 nachweisbar.

Qu.: KR 1419/20 S. 84v. – RB XI 42 (1395), XI 193, 226, 268, 274, 283, 293 (1401–1403), XII 17 (1408), 65 (1410). – MB 35/2 S. 220 (1399).

GÄSSEL bei der PFISTER.

Siehe »Bei der Pfister« und »Pfisterstraße«.

GÄSSLEIN bei der VICHTREIBERIN, heute Teil der Residenz, um 1369.

Im Jahr 1369 hat Hans Zollner einen Stadel »in dem gäzzlein bey der Vichtreiberin«. Die Vichtreiberin steht in dieser Zeit in den Steuerbüchern mitten unter den Personen, die dem Burgstall zuzuordnen sind. Damit muß mit dem Gässel das Hottergässel gemeint sein, das heute im Gelände der Residenz aufgegangen ist.

Qu.: GB I 8/13.

GÄSSEL bei des PÜTRICHS REGELHAUS, heute Perusastraße, um 1529.

Das Pütrich-Regelhaus stand an der Ecke Residenz-/Perusastraße Nord. Name nur 1529 einmal belegt.
Um 1800 Franziskanergäßl (?), 1805 Perusagasse.

Qu.: GB IV S. 173.

GÄSSEL bei HERZOG LUDWIGS HAUS, vielleicht Teil der heutigen Ledererstraße, um 1552.

Im Jahr 1552 werden »im gäsl bey Hertzog Ludwigs haus« Straßenpflasterungsarbeiten durchgeführt. Da seit dem 14. Jahrhundert mit »des Herzogs Ludwig Haus« das heutige Zerwirkgewölbe gemeint ist, dürfte es sich bei genannter Gasse um den westlichen Zipfel der Ledererstraße – zwischen Schlichtinger-Bogen und Sparkassenstraße – handeln.

Qu.: KR 1552 S. 128v.

GÄSSLEIN bei MEISTER HANS DES ARZT HAUS, heute Hotterstraße, um 1395.

Im Jahr 1395 wechselt das Haus des Schmieds Chöll/Köll den Besitzer. Dieser ist der ehemalige Pfarrer von Bogenhausen und jetzige Sendlinger-Kaplan Konrad. Das Haus liegt »in dem gaesslin bey maister Hans dez artz haws«. Seit 1395 findet sich das Haus des Pfarrers von Bogenhausen unter »Altheim« im Steuerbuch an der Stelle, wo die Bewohner der Hotterstraße stehen. Das Gässlein ist also auf diese zu beziehen.

Qu.: GB II 85/2.

GÄSSEL bei SANKT PETER, um 1391.

»An dem gaesslin bey sand Peter« liegt 1391 das Haus des Andre Tewrer. Er gehört zum Haus Marienplatz 16. Mit der Gasse ist damit die spätere Rathausgasse oder Ratsknechtsgasse gemeint.

Qu.: GB II 5/7, 8.

GÄSSEL bei SANKT PETER, heute Teil des Rindermarktes, vor 1537 – nach 1669.

Siehe »St.-Peters-Gässel«.

GÄSSEL bei UNSER FRAUEN, heute Sporerstraße, um 1383.

Siehe »Unser Frauen Gässel«.

GÄSSEL bei UNSER FRAUEN FREITHOF, heute Albertgasse, um 1384.

Bartlmä Schrenck hat 1384 ein Eckhaus, benachbart dem Impler. Er verkauft es an Konrad den Geyersberger. Das Implersche Haus ist

118 Gässel Burgstall

Weinstraße 11. Das Eckhaus muß demnach das an den Wilbrechtsturm angebaute Haus Nr. 10 sein, das wegen des Anschlusses an den Turm mit der südlichen Ecke in die Weinstraße hereinragte. Mit dem Gässel bei Unser Frauen Freithof ist demnach die Albertgasse gemeint, in das das Haus Weinstraße 10 mit seinem Rückgebäude – das Haus Nr. 9 von hinten umgreifend – hineinragte.

Qu.: GB I 207/14.

GÄSSEL BURGSTALL, heute Teil der Residenz, vor 1363 – nach 1462.

Siehe »Am Burgstall«.

GÄSSEL, da die alt Sanwelin die Jüdin ansitzet, heute Landschaftsstraße, um 1394.

Mit dem »gaesslin, do dew alt Sanwelin dew Jüdin ansitzet« vom Jahr 1394 ist die heutige Landschaftsstraße gemeint.

Qu.: GB II 78/1.

GÄSSEL, da man an die Rörenspeckergassen geht, heute Eisenmannstraße, vor 1383 – nach 1478.

Im Jahr 1383 verpfändet der Werenlin der Huter sein Haus, »do man get an Rorerspecker gassen in dem gaesslin«. Von 1378 bis 1388 findet man den junior Wernher Huter Wagner in den Steuerbüchern bei der Neuhauser Straße Petri und er gehört in die heutige Eisenmannstraße. Hierher gehört auch des Weilheimers Haus in St. Peters Pfarr an der Neuhauser Gassen, das Eckhaus »an dem Gässl, da man in die Rörnspecker gassen get« von 1478. Ein anderes Gässel von der Neuhauser zur Rörenspeckergassen gibt es ohnehin nicht, sieht man von der Gasse vom Neuhauser Tor aus an der Mauer entlang ab.

Qu.: GB I 182/8 (1383). – MB 21 S. 232 (1478).

GÄSSEL, da man nach St. Peter geht, unermittelt, um 1315.

Im Jahr 1315 hat Ludwig Küchel einen Anteil an einem Watgaden (Tuchladen), der unter dem Gewölbe »an dem gaezzelin, do man get hintz sant Peter« liegt. Es handelt sich um einen Laden unter den Watgaden, siehe dort, also am Marienplatz zwischen dem Alten Rathaus und der Einmündung des Rindermarkts in den Marktplatz. Da der Laden unter dem Gewölbe liegt, kommt für das Gässel entweder das spätere »Pfaffengässel« oder die »Rathausgasse« in Frage.

Qu.: MB 21 S. 261.

Gässel, da man zu der Hofmetzg hineingeht 119

GÄSSLEIN, da man zu dem Taeckentor hinausgeht, heute Sterneckerstraße, um 1374.

Im Jahr 1374 liegt das Haus des Untaeschen selig im Tal Petri zunächst an dem Gässlein, »do man zu dem Taeckentor hinaus geht«. Nach dem Standort in den Steuerbüchern dürfte das Haus des Untaschen bzw. seiner Witwe seit 1368 Tal Nr. 56 sein, das westliche Eckhaus an der Sterneckerstraße. Es liegt auf jeden Fall innerhalb der Stadt.

_{Qu.: MB 21 S. 28.}

GÄSSEL, da man zu der Hofmetzg hineingeht, heute Orlandostraße, vor 1511 – nach 1532.

Am 27. September 1511 verkauft Elspet die Münstrerin ein Ewiggeld aus ihrem Haus in der Graggenau, am Eck bei dem Gäßlein, wo man zu der Hofmetzg hineingeht, zunächst bei Lienhard Häckels Haus gelegen, an das Handwerk der Lederer. Das Ewiggeld wird 1528 und am 23. März 1532 weiterverkauft, Lage des Hauses wie 1511. Der Münstrerin Haus muß das Haus Münzstraße Nr. 1* sein, Hinterhaus von Ledererstraße Nr. 19. Nur dann ist es ein Eckhaus und in der Graggenau gelegen. Die Hofmetzg ist eben dieses Vorderhaus Ledererstraße 19, und Lienhard Häckel gehört zu Ledererstraße 18*, der anderen Ecke an der Lederer-/Orlandostraße. Es geht durch bis Bräuhausstraße 1*, das wiederum das Geneckhaus zum Haus der Münstrerin ist.

In den Steuerbüchern steht bei Ledererstraße 19 im Jahr 1529 »domus Clas Hofmetzker«, 1532 »domus Hofmetzger« und 1539 steht es so in einer Gerichtsurkunde. 1542 erledigen die städtischen Werkleute Arbeiten »bey der Hofmetzg«. Auch dies dürfte noch hierher zu beziehen sein.

Die Hofmetzgerei hat mehrmals ihren Standort gewechselt. Am 23. Juni 1586 verkaufte Herzog Wilhelm dem Anthoni Morari seine Behausung in München in der Graggenau am Eck des Hofmetzgergässels, mit einer Seite an des von Degenberg Behausung liegend und hinten gegenüber unserer Metzg. Das Haus, von dem hier die Rede ist, war Münzstraße 7*A, an der Ecke Platzl/Münzstraße, und das Degenbergische Haus war das Richtung Platzl (nicht an der Münzstraße!) anschließende Nachbarhaus Münzstraße 7*B. Das Hofmetzger-Haus war in dieser Zeit bereits Haus Platzl Nr. 1 – wiederum das Nachbarhaus von Münzstraße 7*B. Zwischen diesen beiden Häusern floß ein kleiner Bach hindurch. Platzl Nr. 1 gehörte auch nach dem Grundbuch seit 1583 dem Hofmetzger Hans Wallner. Sein Sohn Martin verkaufte es im Jahr 1602 an den Hoftrompeter Herzog

Ferdinands, Ferdinand Holzhauser. In diesem Fall war also das Hofmetzgergässel ein Teil des Platzl, nämlich die gassenartige Verengung des Platzl von der Münzstraße aus bis zur platzartigen Erweiterung vor dem heutigen Hofbräuhaus.

Im Jahr 1656 wurde die Frieshamer'sche Behausung Ledererstraße 2* für die Zwecke der Hofmetzg angekauft, sie aber schon 1665 wieder in Privathand weiterverkauft. Dann lag die Hofmetzg bis 1764 vor dem Wurzertor, stadtauswärts auf der linken Seite. Im 16. Jahrhundert ist auch eine Metzg im Alten Hof selbst genannt.

Qu.: HStA Kurbaiern U 16408 (1511), 16502 (1528), 16458 (1532), 17131 (1665). – HStA GU Mü 790 (1539), GL Mü 2741 Nr. 786 (1586). – StB 1529 ff. – KR 1542 S. 120r. – HB GV S. 123/124 (1656, 1665), 219/21, 254. – Schattenhofer M 01032 (bis 1764) und M 01065 (16. Jhd.), ohne Beleg.

GÄSSEL, DUNKLES, um 1519/1524.

Siehe »Dunkles Gässel«.

GÄSSEL, ERSTES, an SENDLINGER GASSEN, heute Dultstraße, um 1454.

Der Metzger Kienast hat am 5. April 1454 Besitz »in dem ersten gässl an Sentlinger gassen, da man an den Anger get, pey des Schorppen pad«. Das Bad des Schorpp oder Scharpp ist das Bad am Isarwinkel, neben dem städtischen Zeughaus (Stadtmuseum). Mit der Gasse ist also die Dultstraße gemeint.

Qu.: St. Peter U 142.

❏ **GÄSSEL gen dem HÜRN** (über), 1383.

Siehe »Des Hürn Gässel«.

GÄSSEL gegenüber dem Eckhaus des Gransdorfer des Kupferschmieds, heute Sterneckerstraße, um 1477.

Die Witwe des verstorbenen Schmieds Sigmund Tanner, jetzt wiederverheiratete Mock Fischerin, hatte am 12. Juli 1477 ein Haus an der oben bezeichneten Gasse. Dem Gransdorfer Kupferschmied gehörte das Haus Tal Nr. 56, das westliche Eckhaus zur Sterneckerstraße. Das Ewiggeld auf dem Tanner-Haus wurde 1501 von Jörg Löchl abgelöst. Ihm gehörte das gegenüberliegende Eckhaus Tal Nr. 55* (späterer Sternecker-Bräu).

Qu.: St. Peter U 175 (1477). – HB AV S. 443. – StB 1462.

GÄSSEL gegenüber dem Hanns Wiser Koch, heute Küchelbäckerstraße, um 1523.

Dem Hans Wiser Koch gehörte – nachweisbar von 1508 – 1522 – das Haus Tal Nr. 66, das westliche Eckhaus an der Küchelbäckerstraße. Der Name ist nur einmal im Jahr 1523 belegt.

Qu.: GB IV 36r (1523). – HB AV S. 461.

❏ **GÄSSEL, GEMEINES,** vor dem Schiffertor und vor Unseres Herrn Tor, 1575, 1596.

Diese beiden »gemein Gässel« der angegebenen Jahre sind nicht genauer zu lokalisieren.

Qu.: HStA GU Mü U 1225 (1575), 1565 (1596).

❏ **GÄSSEL, GROSSES,** vor dem Sendlinger Tor, um 1570 – 1580.

In den Jahren 1570 bis 1580 gibt es jeweils ein »groß Gassl«, gelegen vor dem Sendlinger Tor. Lage nicht zu ermitteln.

Qu.: StB, Fremde Ewiggelder S. 10v (1570), 8v (1574, 1575), 5v (1580).

GÄSSL hinter die MAUERN, heute Westenriederstraße, um 1782.

Siehe »Westenriederstraße«.

GASSE hinter dem STADTBAUSTADEL, heute Teil des St.-Jakobs-Platzes, Ende 18. Jhd.

Gemeint ist mit dieser Lokalisierung die Häuserzeile am heutigen St.-Jakobs-Platz Ostseite, vom Sebastiansplatz bis zum Angerkloster hin. Vor dieser Häuserzeile – mitten auf dem Platz – stand in dieser Zeit der sog. Stadtbaustadel, gelegen zwischen dem Seidenhaus und der Klosterkirche. Er wurde im Jahr 1825 wegen Erweiterung des Heumarktes abgebrochen.Wahrscheinlich identisch mit der »Seidengasse«.

Qu.: Stimmelmayr S. 94 Nr. 107. – Megele S. 131.

GÄSSEL hinter dem STUPFEN, heute Teil des Marienhofes, um 1372.

Siehe »Judengässel«.

GÄSSLEIN hinter des SCHLAISSBECKEN HOFSTATT, heute Hotterstraße, um 1369/1376.

Siehe »Hotterstraße«.

❑ **GÄSSLEIN hinter des TRAUNERS HAUS,** vor dem Isartor Petri, um 1377.

Heinrich Kastner (Marstaller?) übergibt 1377 sein Haus »hinder dez Trawners haus in dem gaezzlein« dem Fischer Heinrich Gerlacher. Dieser hat in der Folgezeit sein Haus nach den Steuerbüchern draußen vor dem Isartor, auf der Seite der Peterspfarrei. Auch der Beruf des Fischers spricht für diese Lage des Hauses, jedenfalls bis um 1385.

Qu.: GB I 85/12.

GÄSSLEIN hinter FRIDREICHS HUMMELS ... Haus, heute Nieserstraße, um 1394.

Am 29. März 1394 liegt ein Haus »in dem Krotental, in dem gaesslein hinder Fridreichs Hummels dez flaeschhackers haus«. Es handelt sich um die heutige Nieserstraße. Ein anderes Seitengäßchen des Krottentales gibt es ohnehin nicht. Hier, beim Krottental, steht zur angegebenen Zeit der Metzger Friedrich Hummel auch im Steuerbuch.

Qu.: St. Peter U 64.

GÄSSEL hintz UNSER FRAUEN, heute Sporerstraße, um 1384.

Siehe »Unser Frauen Gässel«.

GÄSSEL im TAL, heute Pflugstraße, um 1404.

Im Jahr 1404 wechselt ein Hausanteil im Tal in Unser Frauen Pfarr den Besitzer, das gelegen ist »znächst des Häwtschäften Haus am Gässel«. Es handelt sich um das Haus Tal Nr. 36, dem westlichen Eckhaus Tal/Pflugstraße. Der Häwtschäft gehört zu Tal Nr. 35. Mit dem Gässel ist also die Pflugstraße gemeint.

Qu.: GB III 31/1. – StB.

GÄSSEL, KLEINES.

Siehe »Klein Gässel«.

GÄSSEL, NEUES.

Siehe »Neu Gässel/Gassen«.

GÄSSEL, OBERES, heute Kapellenstraße, um 1397.

1397 verkauft Kathrei die Rötin ein Haus an der Neuhauser Gassen am Eck an dem oberen Gässel in Unserer Frauen Pfarr an den Bierbrauer Perchtold Lederer. Nach Lage der Einträge in den Steuerbüchern kommt für dieses obere Gässel nur die heutige Kapellenstraße in Frage. Das »untere« wäre wohl die heutige Ettstraße. Dafür ist der Name aber nicht belegt.

Qu.: GB II 125/1 (1397). – Stahleder, Bierbrauer OA 107 S. 89.

GASSE vor Unseres Gnädigen Herrn WAPPENHAUS, heute Teil des Marienhofes, um 1523.

Der Eintrag in der Kammerrechnung vom Jahr 1523 über Straßenpflasterungsarbeiten »in der gassen vor Unsers gnedigen herrn etc. wappenhaus« dürfte sich auf die Gruftstraße beziehen. Hauseigentümer von Gruftstraße Nr. 5 war seit dem 21. Dezember 1525 Hanns Schenckh, Wappenmeister Herzog Wilhelms, in der Zeit davor der Hofprokurator Mathes Fridberger, der es aber möglicherweise selbst gar nicht bewohnte. Wahrscheinlich hat das Haus schon zu seiner Zeit, also 1523, als Wappenhaus gedient.

Qu.: KR 1523 S. 135r. – GB IV 93v.

GASSE, WEITE.

Siehe »Weite Gasse«.

GÄSSCHEN zur HERZOG MAXISCHEN BURG, um 1791/92.

Siehe »Herzog-Max-Straße«.

GAILERSGÄSSEL, heute Dürnbräugasse, um 1567/1572 (nach 1553).

Im Jahr 1567 wird in der Weinstraße »und im Gaylersgässl« die Straße gepflastert, ebenso »im Gailersgässl« im Jahr 1572. Dem Bierbrauer Christoph Gailer gehörte von 1553–1563 das später so genannte Dürnbräu-Anwesen Tal Nr. 21 B. Des Gaylers Gässel ist also die heutige Dürnbräugasse.

Die Familie Gailer hat zwar in dieser Zeit auch das Haus des späteren Bauernhanslbräu an der Neuhauser Straße Nr. 1103*. Aber dieses Haus liegt nicht an einer Seitengasse. Gleiches gilt für das Gailer-Haus an der Weinstraße 2.

Qu.: KR 1567 S. 129r, 1572 S. 132v. – Stahleder, Bierbrauer S. 116.

GANG, NEUER, um 1593.

Siehe »Neuer Gang«.

❏ **GASTEIG, seit vor 1293.**

Der Name Gasteig kommt in unmittelbarer Nähe Münchens zuerst im Ortsnamen Geiselgasteig vor. Da ist er erstmals ca. 1155/60 in einer Schäftlarner Tradition belegt als »Giselngastaie«, ca. 1200 ebenda als »Giselgastagie«, ca. 1208/10 »de Gisilngasteie« und ca. 1215/18 »de Gisilgastei«.

Der Münchner Gasteig, jenseits der Iser auf deren Ostufer gelegen, aber von Anfang an zum Burgfrieden der Stadt gehörig, trägt das Leprosenhaus. Die Leprosen selbst – nicht das Haus – werden 1213 bereits in einer Stiftung bedacht, was bereits eine Organisation für sie voraussetzt, woraus man im allgemeinen auf das Vorhandensein auch eines Leprosenhauses zu dieser Zeit schließt. Der Ortsname fällt erstmals am 23. Februar 1293 anläßlich einer Seelgeräte-Stiftung »den siechen auf dem Gasteig ze München«. 1295 heißt der Name latinisiert »in Gastaro Monacensi«, 1302 »auf daz Gastaige«, 1306 »uf daz Gaistag«, ansonsten in der Regel »Gastaig(e)«. Wie 1306 so verwendet auch 1316 und 1318 wieder das Heiliggeistspital die Variante »Gaistach« bzw. »Gaystaig« u.s.f.

Strittig ist die Ableitung des Namens. Die Sprachwissenschaftler – wie Matthias Lexer in seinem »Mittelhochdeutschen Wörterbuch« – leiten den Namen von Ga-steige, Ge-steige ab, also einem Sammelwort mit Präfix »ge-« wie Ge-filde oder Ge-birge, und geben als Bedeutung an:«steile Anhöhe, insofern ein oder mehrere Wege über sie führen«, althochdeutsch »gasteigi«. Auch Schmeller gibt an: »Hohlweg, der auf eine Anhöhe, besonders ein hohes Flußufer führt«. Wegen der Namens-Variante »Gais-« statt »Gas-«, die man für die älteste Form hielt (Schmeller: »Der Münchner Gasteig heißt im Stadtbuch Art. 485 (Auer p. 183) noch Gaistag, also wohl Gaißsteig«), erweiterte schon Hübner 1803 den Namen zu »Geise-steigen«, aber auch zu »Gäh-steigen«. Und so kam man einerseits zu der Ableitung von einer Steige für Geißen, aber auch zur Ableitung von »gach«, das so viel wie »jäh« oder »steil« heißt, so etwa Riezler und Schattenhofer (»von dem einst »gach«, steil, auf diesen Isarhang hinaufführenden »Steig«, »Weg«)«. Die Ableitung von den Geißen muß man wohl nicht ernst nehmen. Zwischen den anderen beiden – Gesteige oder jäher/gacher Steig – muß sie offen bleiben.

Qu.: Alois Weißthanner, Die Traditionen des Klosters Schäftlarn 760–1305 (= Quellen und Erörterungen zur bayerischen Geschichte N. F. Bd. X,1), München 1953, Nr. 88, 481, 378, 389. – StadtA, Urk. C IX 1 Nr. 18 (1293). – Michael von Bergmann, Beurkundete Geschichte der Churfürstlichen Haupt- und Residenzstadt München von ihrem Entstehen bis nach dem Tode Kaiser Ludwigs IV, enthält Urkundenbuch, hrsg. von Karl Anton von Barth, München 1783, hier: Urk. S. 32 Nr. 36. – Dirr S. 48* Anm. 1. – Vogel, Heiliggeistspital U 23, 25 (1302), 31 (1306), 45 (1316), 46 (1318). – Schmeller I Sp. 946, 954. – Hübner I (1803) S. 373. – Sigmund Riezler, Die Ortsnamen der Münchner Gegend, in: OA 44, 1887, S. 33–110, hier S. 83. – Schattenhofer MA M 01111 (Ableitung noch sicher von »gach«), M 01034 (Ableitung schon mit Fragezeichen).

GEFÄNGNISGASSE, heute nördlicher Teil der Herzog-Wilhelm-Straße, o. D.

Siehe »Kreuzkaserngasse«.

❏ **GEMEINES GÄSSEL,** um 1575, 1596.

Siehe »Gässel, gemeines«.

GERMSIEDERGASSL, heute Lueg-ins-Land und Teil der Marienstraße, um 1781.

Die Karte von 1781 nennt die heutige Straße Lueg-ins-Land mitsamt dem anschließenden Straßenstück der Marienstraße bis hin zur Pflugstraße »Germsiedergaßl«. Das Haus Tal Nr. 39, an der Ecke zum Lueg-ins-Land gehörte von 1721 bis 1810 jeweils einem Germsieder (Germ = Hefe). Davon ist der Name abgeleitet.

Qu.: HB GV S. 401/02.

Auf dem **GERN,** heute Teil der Hochbrückenstraße, vor 1380 – um 1866.

Mit »Gern« ist die schmale Landspitze gemeint, die der sich kurz hinter der Hochbruckmühle teilende Einschüttbach bildet. Die Bezeichnung »auf dem« oder »am« Gern findet sich erstmals 1380 und verschwindet um 1866, als der Gern in dem Straßenzug der Hochbrückenstraße bzw. der Einschütt aufgeht.

Der Name kommt überall dort vor, wo Bäche solche Landzungen bilden. Deshalb gibt es einen Gern auch draußen vor dem Isartor.

1450, 1779–1804 »zwischen den zwei Bächen«, 1697 Einschütt, 1806 bei dem Schleifer, 1873 Hochbrückenstraße.

Qu.: GB I 124/9 (1380). – StB 1804, 1805 S. 90. – AB 1818 S. 145. – StadtA, Straßenbenennungen Nr. 40/2a.

❏ Auf dem **GERN**, vor dem Isartor, um 1372/82.

1372 liegt ein Grundstück »außerhalb des neuen Tors auf dem gern zwischen der wasser« und 1382 »vor dem Tor auf des Küchlins gern«. Beide sind nicht zu lokalisieren.
Qu.: GB I 22/6 (1372), 169/7 (1382).

GETREIDEMARKT, heute Teil des Marienplatzes, um 1780/81.

Siehe »Kornmarkt«.

GEWÖLB bei LIENHARD MÄNDEL, Bögen unter dem Haus Marienplatz 2, um 1466.

Dem Lienhard Mändel gehörte schon 1462 (laut Steuerbuch) und noch 1473 (laut Grundbuch) das Haus Marienplatz 2, das mit Laubengängen, sog. Bögen, versehen war. Von hier aus führte schon in mittelalterlicher Zeit ein Durchgang zur Thiereckstraße hinter. Hier »unter dem gwelb bej dem Lindel Mändl« wurden 1466 Straßenpflasterungsarbeiten durchgeführt. Mändel war übrigens Weinschenk.
Qu.: KR 1466 S. 103r. – RP 1460 ff., Weinschenken-Vierer.

Im GEWÖLB, heute Thiereckstraße, vor 1368 – nach 1551.

In dem Gewölbe, also dem Durchgang unter dem Haus Kaufingerstraße 33, der hinter zum Frauenfriedhof führt, befindet sich bereits 1368 eine Bäckerei. Sie wird seit 1375 als »peckenhaus unter« oder »in dem gwelb« bezeichnet. Die »peckin in dem gwelb« wohnt 1368 laut Steuerbuch in der Löwengrube, wahrscheinlich war sie verwitwet und hat sich dann hier eingemietet.

Der Position nach, in der sich der Bäcker an dieser Stelle jeweils im Steuerbuch befindet, hat sich die Bäckerei im Haus Kaufingerstraße 32 befunden. Hier gibt es sie nach dem Steuerbuch bis 1808. Auch nach Stimmelmayr befand sich diese Bäckerei im Haus 32, also, wenn man von der Kaufingerstraße aus in die Thiereckstraße hineinging, auf der linken Seite. Im Adreßbuch von 1818 ist sie nicht mehr aufgeführt. Dafür gibt es seit 1828 einen Bäcker als Hauseigentümer beim Nachbarhaus Kaufingerstraße 33, also ebenfalls einem Haus unter dem Gewölbe, aber nunmehr von der Kaufingerstraße aus gesehen auf der rechten Seite. Seit 1887 gehörte sie der Hofbäckerei Seidl.

Das Gewölbe (»in cubiculo«) existiert grundsätzlich heute noch, da ja die Thiereckstraße an der Kaufingerstraße vom Haus Nr. 33 überbaut ist, wie in alten Zeiten. Erst wenn man das Haus durchschritten hat, erreicht man die »freie« Thiereckstraße. Bis hierher, auf die östliche Straßenseite der Thiereckstraße, reichen, wie im Mittelalter so noch heute, die Häuser der Westseite des Marienplatzes. Über diese ihre Hinterhäuser, die als Wirtschaftsgebäude bzw. Lager- oder Warenhäuser genutzt wurden, wurden auch die Vorderhäuser erschlossen. Seit 1780/82 auch »Bäckergasse«.

Qu.: GB I 60/7, 61/6 (1375). – StB 1368, 1551. – AB 1818 ff. – Stimmelmayr S. 44 Nr. 63/6.

Des **GIESSERS GÄSSEL**, heute Mazaristraße, um 1453 – 1462.

In den Jahren 1453 und 1462 werden »in des Giessers gässel« bzw. »im gassell pey dem Gyesser« Straßenpflasterungsarbeiten durchgeführt. Der Münzmeisterfamilie Giesser gehörte seit 1424 bis nach 1509 das Haus Kaufingerstraße 27, Westecke an der Mazaristraße. Der Münzmeister Ludwig Giesser selbst war 1462 schon tot. In diesem Jahr stehen als Steuerzahler seine Erben im Steuerbuch.

Qu.: KR 1453 S. 113r, 1462 S. 108r. – StB 1462.

GIGENGASSE, unermittelt, vielleicht heute Herzog-Max-Straße, um 1451.

Am 23. Februar 1451 liegt ein Stadel mit Hofstatt in Unser Lieben Frauen Pfarr an der Gigengasse. Nachbarn sind Friedrich Walther und die Witwe Anna Rüpplin. Beide stehen im Scharwerksverzeichnis von 1439 bei den Häusern an der Maxburgstraße (Teil der Engen Gasse), etwa zwischen Haus 21 und 27, wobei die Häuser bis 19 zur Kapellenstraße gehören. Die Häuser ab 20 stehen also auf dem Gelände der Maxburg, zwischen Kapellenstraße und Stadtmauer. Es dürfte sich also bei der Gigengasse um die Mauergasse handeln, die heutige Herzog-Max-Straße, vielleicht auch um deren Fortsetzung nördlich der Maxburgstraße, Richtung Pacellistraße.

Eine Deutung des Namens ist nicht möglich, aber wahrscheinlich ein Eigenname, vielleicht Verschreibung für »Gilg«.

Qu.: St. Peter U 131.

GILGENGÄSSEL, heute Kapellenstraße, vor 1526 – nach 1544.

Der Name ist nur in drei Urkunden der Jahre 1526, 1531 und 1544 belegt. Er ist auf die heutige Kapellenstraße zu beziehen. Zwischen

128 Glocken(bach)gasse

den Hauseigentümern der beiden Eckhäuser an dieser Gasse – Neuhauser Straße 49 (West) und Neuhauser Straße 50 (Ost) – steht von 1527 (2. Steuer) bis 1544 jeweils der Gilg Wagner, wobei unklar ist, ob es sich um einen Familiennamen Wagner handelt oder um einen Mann, der von Beruf Wagner ist. Er muß entweder zum Haus Nr. 49 gehören oder bereits zu einem in dieser Gasse liegenden Haus. Jedenfalls aber ist er der Namengeber für diese Gasse in der angegebenen Zeit.

Qu.: HStA GU Mü 699 (1526), 747 (1531), 848 (1544). – StB.

GLOCKEN(BACH)GASSE, heute Teil der Blumenstraße, vor 1818 – 1873/74.

Das Gäßchen zwischen Sendlinger Straße und Oberanger, an der Stadtmauer entlang, findet man erstmals 1818 »Glockenstraße« genannt, 1837 Glockenbachgasse, dann wieder 1852 Glockengasse. Benannt ist es nach dem Glockenbach, der am östlichen Ende dieser Gasse unter der Stadtmauer hindurch in die Stadt eintrat und dann als Großer Angerbach durch den Oberanger floß. Der Bach selbst hatte seinen Namen wiederum von einem Glockengußhaus, das schon 1454 in seiner Nähe draußen vor dem Sendlinger Tor stand.

Ursprünglich zum Oberanger gerechnet, soweit mit Häusern bestanden, 1585 des Züchtigers Gässel, dann seit 1806 Henkergäßchen. Auf dem Plan von 1781 und nach Koebler (1827) wird die Glockenbachgasse zu seiner Zeit »auch Scharfrichtergasse« genannt. Die Gasse ist in der neuangelegten Blumenstraße aufgegangen. Gemäß Entschließung vom 4. Dezember 1873 hat der König erlaubt, die bisherige Glockenbach- und andere Gassen mit der seitherigen Blumenstraße zusammenzulegen und ihr den Namen Blumenstraße zu geben, was der Magistrat mit Schreiben vom 14. März 1874 vollzog.

Qu.: HB AV S. 46 ff. – Koebler (1827) S. 84. – StadtA, Straßenbenennung Nr. 31 (1873/74). – Rambaldi Nr. 90.

GLOCKEN(GIESSER)GASSE, heute Herzog-Wilhelm-Straße, vor 1806 – 1886.

Die 1806 auf dem Stadtplan Glockengießergasse genannte Straße begegnet seit 1818 in den Adreßbüchern und auf Plänen als »Glockengasse« oder »-straße«. Gleichzeitig gibt es am Anger eine Glockengasse, die in der Blumenstraße aufgegangen ist.

Der Name ist abgeleitet von dem Stück- und Glockengießer, der seit 1680 bis um 1863 in den Gebäuden mit den Hausnummern

Herzog-Wilhelm-Straße 13 (einem Stadel), 14* und 15* nachgewiesen werden kann. Von ihm erhielt das an der Stadtmauer entlang führende Gäßchen von der Kreuzstraße bis zur Herzogspitalstraße den Namen Glocken(gießer)gasse. Seit dem 25. September 1886 neuer Name Herzog-Wilhelm-Straße.
 Die nördliche Fortsetzung der Gasse hieß zeitweise Kreuzkaserngasse und Gefängnisgäßchen.

Qu.: Pläne 1826 ff. – AB 1818 ff. – Rambaldi Nr. 260. – StadtA, Straßenbenennung Nr. 40/2 (1886) und 27/1. – HB HV S. 192.

Des **GOTSCHELS PECKEN GÄSSEL**, heute Thiereckstraße, um 1485.

In »des Gotschels pecken gässel« werden 1485 Straßenpflasterungsarbeiten durchgeführt. Offensichtlich ist damit die heutige Thiereckstraße gemeint bzw. der Durchgang zu ihr von der Kaufingerstraße aus. Die dort gelegene Bäckerei »im Gewölb« hat seit etwa 1457 bis nach 1473 der Bäcker Gotfried (= Götschel/Gotschel) Pausenberger inne. Er ist der »Gotschel peck«. Obwohl er im Steuerbuch von 1482 schon durch einen anderen Bäcker ersetzt ist, wurde die Gasse wohl noch immer nach ihm benannt.

Qu.: KR 1485 S. 119v.

GOTTESACKER von St. PETER, an der Kreuzstraße, seit um 1480.

Um das Jahr 1480 erhielten die beiden Pfarrkirchen St. Peter und Unsere Liebe Frau neue Friedhöfe am Stadtrand, an der Ringmauer. Der Papst hatte in diesem Jahr am 31. Oktober die Neuanlage erlaubt. Am 4. November 1480, dem Samstag vor Martini, zahlte die Stadtkämmerei den Betrag von 3 Pfund und 4 Schillingen aus als Ehrengeschenk für »Perger weichbischofe zu den Augustinern von den zwain gotßakkern zu weichen«.
 Vollendet war der Friedhof der Petrspfarrei um die Allerheiligenkirche am Kreuz erst 1484. Die Kirche wurde wahrscheinlich 1485 geweiht.
 Die letzte Bestattung fand am 15. Mai 1788 auf diesem Friedhof statt, im Jahr 1789 wurden alle Friedhöfe innerhalb der Stadtmauern aufgelassen, das Gelände des Petersfriedhofs wurde mit Häusern überbaut.

Qu.: KR 1480 S. 79r, 80r. – HStA Mü Kurbaiern Nr. 1291 (1480 Oktober 31), Chorstift ULF Nr. 12. – StadtA, Urk. D III i LXVIIa Nr. 2 (1480). – HB HV S. 307. – Hübner I (1803) S. 274, 290. – Schattenhofer M 01062.

GOTTESACKER UNSERER LIEBEN FRAU, heute Salvatorplatz, seit um 1480.

Vorgeschichte wie bei Gottesacker von St. Peter. Die letzte Bestattung auf dem Friedhof fand am 29. März 1788 statt. Ab 1789 erfolgte die Auflassung. Auf einem Teil des Geländes entstand der heutige Salvatorplatz, ein anderer Teil wurde überbaut (Salvatorschule). Der Friedhof lag nördlich und westlich der Kirche. Vgl. auch Salvatorplatz, -straße.

Qu.: Hübner I (1803) S. 274, 290. – Schattenhofer M 01062.

Am/Auf dem **GRABEN,** vor 1289 – nach 1631 (1886).

Die Häuser entlang dem inneren Stadtgraben werden »am Graben« oder »auf dem Graben« genannt. Betroffen sind davon hauptsächlich die Häuser an Augustinerstraße und Frauenplatz, Schäffler- und Schrammerstraße, Hofgraben, Fürstenfelder Straße und Färbergraben. In den Namen Hofgraben und Färbergraben ist die Erinnerung daran noch erhalten geblieben.

Als Lagebezeichnung begegnet dieser Name erstmals am 26. Januar 1289, als das Haus des Klosters Fürstenfeld gelegen ist »an dem ... graben« (später Fürstenfelder Straße). Im Jahr 1300 liegt auch das Bad des Klosters Schäftlarn »an dem graben« (später Färbergraben). 1525 liegen die Münze und das Kastenhaus »auf dem graben«. In diesem Fall ist der heutige Hofgraben gemeint. Dieser wird im Jahr 1393 auch einmal »Purchgraben« genannt. 1629/31 nennt man auch ein Haus in der Nähe der unteren Fleischbank »am graben«. Da die Straßen zunehmend später andere Namen bekommen, verliert sich diese Lagebezeichnung allmählich bzw. geht dann auch auf Häuser am äußeren Stadtgraben über. So liegt schon 1374 ein Haus oberhalb der Prannerstraße an dem Graben. Und noch 1886 geht eine Gasse »Am Graben« in der Herzog-Wilhelm-Straße auf.

Qu.: Dirr U 26 (1289), U 28 (1300). – StB, u. a. 1629–1631. – GB I 46/5 (1374), II 54/1 (1393), IV 81 (1525). – StadtA, Straßenbenennung Nr. 40/2 (1886).

GRABEN, ÄUSSERER, INNERER.

Siehe »Äußerer Graben« und »Am/Auf dem Graben«.

❏ **GRABENSTRASSE, AM GRABEN,** heute Teil der Herzog-Wilhelm-Straße, bis 1886.

Draußen vor dem Sendlinger Tor gab es noch bis zur Umbenennung am 25. September 1886 eine Straße namens »Am Graben« bzw.

»Grabenstraße« (1818). Sie ist nach der Schleifung der Mauer in der Herzog-Wilhelm-Straße aufgegangen. Seitdem gibt es in München außer dem Färbergraben am inneren Befestigungswerk keine Straße mehr, die an dieses Bauwerk erinnert.

Qu.: StadtA, Straßenbenennung Nr. 40/2. – AB 1875 S. 92.

GRAF-PORTIA-PRANGERS-GASSE, heute Kardinal-Faulhaber-Straße, Ende 18. Jhd.

Name »mittlere oder Graf-Portia-Prangers Gasse« nur bei Stimmelmayr belegt. Das Haus Kardinal-Faulhaber-Straße 12 besaß seit dem 26.5.1731 Maria Josepha Hyazinta Fürstin von Portia, Witwe. Danach ihre Erben bis 1806.

Qu.: Stimmelmayr S. 32 Nr. 52. – HB KV S. 57/58.

GRAF-PREYSING-GÄSSEL, heute Viscardigasse, vor 1781 – 1931.

Siehe »Preysinggassel«.

GRAGGENAU, seit vor 1325.

Schon Andreas Schmeller leitet in seinem Bayerischen Wörterbuch »die Graggen-Au bei München« von dem Wort »der Krack« = »Rabe, Krähe« ab. Riezler verweist auch auf den Ortsnamen »Krackenau« bei Kohlgrub. Es handelt sich hier um einen schon in die Zeit vor der Stadterweiterung zurückgehenden Flurnamen, der dem ganzen Stadtviertel bis heute den Namen gegeben hat.

Erstmals finden wir den Namen im Jahr 1325 in der Kammerrechnung und zwar im Zusammenhang mit dem Tor – »porte in Grakkaw« –, dem Graggenauer oder Wurzertor. Es kommt von da an fast jedes Jahr in der Kammerrechnung vor, so 1326/27 Gragkenawe, 1329 »ad portam in Gragkenawe«, zum Tor in der Graggenau. Die Steuerbücher verstehen unter Graggenau das Gebiet innerhalb der Stadt, zwischen dem Wurzer- oder Kosttor bis zur Ledererstraße und vom Sparkassenbach im Westen bis zur Hochbrückenstraße im Osten. Genau im Zentrum dieses Gebietes liegt das Platzl. Es gibt aber später auch Abweichungen. 1781 nennt eine Karte nur die Pfisterstraße »Graggenau«.

Einmalig ist aber, daß zur Graggenau – bis ins 16. Jahrhundert hinein – auch ein weites Gebiet außerhalb der Stadt gehört, vom Isar- und Kosttor bis etwa zur heutigen Prinzregentenstraße hinüber, eben so weit, wie die Bebauung mit Werksanlagen (Mühlen usw.)

und Häusern reichte. Die Steuerbücher rechnen von Anfang an (1368) diese ganzen Liegenschaften des heutigen Lehel zur Graggenau. Im Jahr 1353 liegt ein Garten hinter des Seidleins Mühle in der Graggenau. Auch Lagebezeichnungen wie »vor/bei des Wurzers Tor« (1375 ff.), »außerhalb der Mauer bei/hinter dem Luger(turm)« (1379), »bei dem Lohstampf« (1380), »in der Au bei des Walchmüllers Mühl« (1384), »in der Au bei dem Lohstampf« (1385) gehören alle auf das heutige Lehel plaziert. Der Name Lechel selbst ist sehr jung und bisher erstmals im Jahr 1696 zu belegen. Er hat seine eigene Geschichte.

Seit dem Steuerbuch von 1522 rechnen auch die Steuerbücher das Gebiet außerhalb des Wurzertors und des Lugerturms nicht mehr zur Graggenau, sondern führen es jetzt unter einem eigenen Kapitel mit dem Titel »Vor dem Thor« am Ende des Steuerbuches auf. Von jetzt ab verschwindet der Begriff Graggenau für dieses Gebiet und es bahnt sich der neue Name Lehel an. Für das Gebiet innerhalb der Stadt bleibt aber der Name Graggenau in Gebrauch.

Qu.: Schmeller I Sp. 993. – KR I 1318/25 S. 103v (1325), II 1325/45 S. 13r (1327), S. 14v, 15r (1326/27), S. 26r/v (1329). – Vogel, Heiliggeistspital U 85 (1353). – StB ab 1368. – GB I 64/3 (1375), 106/1 (1379), 125/1 (1380), 197/1 (1384), 218/13 (1385). – Riezler, Sigmund, Die Ortsnamen der Münchener Gegend, in: OA 44, 1887, S. 77.

GRAGGENAUGASSE, vor 1398.

Der Schreiber 2a des Salbuches A des Heiliggeistspitals – er schreibt bis 1398 – führt die Häuser in der Graggenau und der Ledererstraße unter der Überschrift »Grakkenaw gazz« auf. Er meint damit das Gebiet, das die Steuerbücher als Graggenau bezeichnen, aber einschließlich der Ledererstraße. Name sonst nicht belegt.

Qu.: Vogel, Heiliggeistspital Bd. 2, S. 22/23 Nr. 175–189.

❏ **GRASWEG,** äußeres Kreuzviertel, vor 1576 – 19. Jhd.

Im Grundbuch für das äußere Kreuzviertel, geschrieben 1576, steht dieser Name für einen Weg zwischen den Feldern irgendwo im Bereich der heutigen Maxvorstadt. Er findet sich auch noch im 19. Jahrhundert.

Vielleicht identisch mit dem »Trasweg« von 1372, siehe dort.

Qu.: StadtA, Stadtgericht Nr. 207/2 (Grubu) (1576) S. 275v; Städtischer Grundbesitz Nr. 1608 (19. Jhd.).

❑ **GREIMOLDSWINKEL**, unermittelt, Nähe Angertor?, um 1473.

An Valentini (14. Februar) 1473 bezahlt die Stadtkammer dem »Hansen Potschner von Greymolczwinckl von etlich acker wegen, die in graben sind komen« 2 Pfund und 5 Schillinge im Verkehrswert von 3 Gulden rheinisch und 7 Schillingen Entschädigung. Der Grund wurde für den Bau des Grabens verwendet, lag also hart an der Stadtmauer. Der Grabenbau war nach dem Eintrag im Ratsprotokoll »volpracht ... santztag vor sand Marteins tag (14)72 (= 7. November) und warde geendet bei dem Angertor«. Da sich der Ortsname »Greimoldswinkel« sicher nicht auf Hans Pötschner bezieht, sondern auf die Lage der Äcker, muß der Greimoldswinkel wohl doch bei der Stadt München gelegen haben, wahrscheinlich in der Nähe des Angertores. Der Name kann hier von einer Familie Greimold abgeleitet sein, die es gab, aber auch vom Vornamen, der etwa bei der Familie Drächsel vorkommt.

1371/72 gibt es auch eine Mühle eines Greimold. Ein Heinrich ist in diesem Jahr »mullner auf dez Greimolcz mül«. Sie liegt allerdings laut Steuerbuch vor dem Isartor Marie, also nördlich der heutigen Zweibrückenstraße. Sie kann durch den Vergleich mit anderen Steuerbüchern als die spätere Wagmühle identifiziert werden. Seit 1375 steht nämlich an Stelle der Mühle des Greimold der »Ott müllner«. Er wird seit 1379 »Ott wagmüllner« genannt. Die Wagmühle lag draußen vor dem Lugerturm, am Laimbach, und wurde in der ersten Hälfte des 16. Jahrhunderts in ein Hammerwerk umgewandelt.

Den Namen gibt es aber auch andernorts, so als Flurname (Grimarswinkel, Kroamatswinkel, Grummetswinkel) im Gemeindegebiet von Ebenhausen im Landkreis Pfaffenhofen an der Ilm. Er kommt dort bereits im ältesten Herzogsurbar der Zeit um 1231/34 vor. Auf diesen Ort bezieht sich eine Urkunde von 1325 (das Münchner Angerkloster hat einen Anger »genant in dem Greimoltswinchen ze Ebenhusen«) und wahrscheinlich auch die von 1339, mit der Kaiser Ludwig an seinen Altar in der Frauenkirche einen Hof stiftet, »der genant ist Purgstal und ligt bi dem Greymoltzwinchel«.

Qu.: StB 1371 S. 36v, 1372 S. 40v. – KR 1472/73 S. 74r. – RP 1472 S. 46r. – Ingrid Heeg-Engelhart, Das älteste bayerische Herzogsurbar. Analyse und Edition, (= Quellen und Erörterungen zur bayerischen Geschichte N. F. Bd. 37), München 1990, S. 176 Nr. 1338. – MB 18 S. 112 (1325), 19a S. 474 (1339).

❑ **GRIESS**, außerhalb der Stadt, seit um 1319 – 19. Jhd.

Grieß bedeutet im Mittelhochdeutschen: Sandkorn, Sand, Kiessand, besonders den Sand am Ufer von Gewässern und den Meeresstrand, schließlich einen sandbedeckten Platz, lateinisch »arena«. In fast allen an einem Gewässer liegenden Orten kennt man deshalb diesen Begriff.

In München nannte man Grieß das gesamte Vorfeld zwischen der Stadtmauer und der Isar. Selbst da, wo ein einziges Mal 1378 eine Quelle auch von dem »inner(n) Grieß« spricht, stehen beide im Gerichtsbuch genannte Personen im Steuerbuch von 1379 unter den Steuerzahlern draußen vor dem Isartor. In anderen Städten, etwa in Ingolstadt oder Landshut, ist dies nicht anders: der Grieß liegt nie innerhalb der Stadt. Auch draußen vor dem Tor führte man die Scheidung in Grieß Marie und Grieß Petri weiter, die die Pfarreigrenze zwischen den beiden Pfarreien im Inneren der Stadt hervorgebracht hatte. Die Formulierungen sind unterschiedlich. Die Steuerbücher verwenden den Begriff nur bis zur zweiten Steuer von 1383. Sie und andere Quellen sprechen von »Grieß in Unser Frauen Pfarr« oder vom »Grieß prima« (1368–1390), und vom »Grieß in St. Peters Pfarr« oder vom »Grieß secunda« (1368–1404). Die Steuereinnehmer heben zuerst die Steuer im Tal Marie ein, dann im Tal Petri. Daher die Reihenfolge »prima« und »secunda«.

In den Ratssatzungen wird um 1319 der Begriff Grieß erstmals genannt. Auch hier ergibt sich aus dem Inhalt, daß der Grieß außerhalb der Stadt liegt. So sollen die Salzsender keinen Wagen (Salz) gewinnen oberhalb des Zolls, noch am Grieß, noch unterwegs zwischen Wasserburg und München, d. h. sie dürfen kein Salz auf dem Weg zwischen Wasserburg und München kaufen. Erst innerhalb der Stadttore darf der Handel abgewickelt werden. Das ist ein Vermerk von dem im Satzungsbuch seit 1319 schreibenden Stadtschreiber Sighart Tückel. In dem Eintrag von 1365 im Satzungsbuch geht es um Schutz und Schirm der Stadtbleiche »niden an dem griezz«. Auch die Bleiche liegt natürlich außerhalb der Mauern.

Über die Steuerzahler des Tals Marie schreibt der Steuerschreiber in den ganzen Jahren von 1368 bis 1383 »Tal« oder »Tal in Unser Frauen« oder »Tal prima« usw. Danach folgen die Bewohner außerhalb des Isartores und zwar zunächst auf derselben Seite, also stadtauswärts links von der Zweibrückenstraße unter der Überschrift »Grieß Marie« usw. Dann kommen die Bewohner der Seite stadtauswärts rechts von der Zweibrückenstraße unter der Überschrift »Grieß in Sankt Peters Pfarr« oder »Grieß secunda« usw. Danach kehren die Steuereinnehmer in die Stadt zurück und es folgen jetzt die Steuerzahler des Tals Petri vom Isartor aus stadteinwärts unter der Überschrift »Tal secunda« oder »Tal in Sankt Peters Pfarr« usw. Eindeutig liegt damit der Grieß für die Steuerbehörde ausschließlich draußen vor den Toren, nicht innerhalb der Stadt.

Die Gerichtsbücher, in denen der Grieß in St. Peters Pfarr nur von 1368 bis 1404 vorkommt, der Grieß in Unser Frauen Pfarr sogar nur bis 1390, bestätigen dieses Bild. Zum Grieß Petri gehören demnach folgende Gerichtsbuch-Einträge: GB I 1/15 (1368), 21/10 (1372), 43/9 (1373), 64/2 (1375), 95/22 (1378), 105/8 (1379), 118/14, 122/10, 124/9 (1380), 159/10 (1382), 173/5 (Haus), 186/9 (Haus), 187/2 (Haus) (1383), 200/5 (Haus), 201/3 (Haus), 204/16 (Haus), 205/8 (Haus) (1384), 232/11 (Krautacker) (1387), 236/19 (Krautäcker) (1388), 241/4 (2 Hofstätten) (1389), GB II 134/15 (1398), 153/8 (1400), GB III 24/15 (1404).

Zum Grieß in Unser Frauen gehören die Einträge: GB I 14/9 (1371), 38/5 (1373), 48/1 (1374), 62/8 (1375), 73/5 (1376), 101/1 (1378), 138/7 (1381), 160/8 (1382), 208/1 (Haus) (1384), 243/24 (Krautäcker), 245/10 (Hofstatt und Gärtel) (1390). Nicht zugeordnet werden konnte GB I 2/17 (1369). Mindestens eine der in diesen Quellen als Geschäftspartner genannten Personen bei einem Haus- oder Grundstücksgeschäft läßt sich in der genannten Zeit in den Steuerbüchern am jeweiligen Grieß ausmachen.

In den Steuerbüchern gibt es den Begriff Grieß nur bis zur zweiten Steuer des Jahres 1383. Dies hängt mit einem Phänomen zusammen, das in der Literatur bis jetzt völlig unbekannt ist, nämlich mit einer großen Umsiedlungsaktion, bei der in der Zeit um 1385 mit Ausnahme der Mühlen und einiger Fischer und anderer Gewerbetreibenden draußen vor dem Taeckentor, alle Bewohner außerhalb des Isartores – am Grieß Marie und am Grieß Petri – umgesiedelt worden sind. Es handelte sich dabei um etwa 150 Steuerzahler, zumindest teilweise natürlich mit Familienanhang, also gering gerechnet um etwa 500 Menschen. Wenn man bedenkt, daß die Stadt um diese Zeit 2330 Steuerzahler hat, dann waren von der Umsiedlung knapp 7 % der Bevölkerung betroffen. Das wäre etwa so, wie wenn heute München plötzlich etwa 80 000 Menschen zusätzlich aufnehmen müßte und es läßt sich leicht ausmalen, daß es nicht ohne Probleme abgegangen sein dürfte, von heute auf morgen diese große Zahl von Menschen in der Stadt unterzubringen.

Woher wissen wir von dieser spektakulären Aktion? Die Steuerbücher führen die draußen vor den einzelnen Toren angesiedelten Bürger jeweils an der Stelle auf, an der topographisch das Tor in der Reihe der Steuerzahler-Namen erscheinen muß. Die Steuereinnehmer gingen – zumindest anfangs – von Haus zu Haus und sammelten die Gelder ein. Der Eintrag der Namen erfolgte auch später, als die Bürger zur Zahlung aufs Rathaus kommen mußten, durch den Steuerschreiber weiterhin streng nach dieser Reihenfolge. Bei diesem Prinzip wurden Steuerzahler, die vor dem Wurzertor saßen, im Steuerbuch dort aufgeführt, wo unter dem Kapitel »Graggenau« die

Steuereinnehmer von der Pfisterstraße her zum Platzl herunterkamen und jetzt links herum durch das Wurzertor hinausgingen in das heutige Lehel. Dort besuchten sie alle Steuerpflichtigen reihum, gingen dann durch das Wurzertor wieder herein und weiter über das Platzl Richtung Münz- und Ledererstraße. Gleiches geschah beim Isartor, beim Schiffer- oder Einlaßtor usw.

Häufig erkennt man die Stelle, an der die Stadt verlassen wurde, an einem Zeilenabstand zwischen den Namen, an einer Überschrift »Vor dem Tor« oder an einem Vermerk am Rand neben einem Namen, z. B. »vor dem Angertor«, aber auch an Steuerzahler-Namen mit Namens-Zusätzen wie »auf dem Tor« oder »Zollner« usw. Im übrigen hilft nur, die Hauseigentümer aus der Namensliste der Steuerzahler herauszufiltern und den Häusern – etwa des Tals – zuzuordnen. Auch dann erkennt man, von wo ab das Reservoir an Häusern im Tal Marie erschöpft ist und wo demnach der Weg vor das Isartor hinausführt.

Vom Dienstag nach Lucie 1383 (15. Dezember 1383) bis Lichtmeß 1384 (2. Februar 1384) wurde die Steuer des Jahres 1383/84 eingehoben. Erst für den Sommer 1387 (25. Juni bis Ende Juli) ist wieder ein Steuerbuch überliefert. Möglicherweise hat in der Zwischenzeit gar keine Steuererhebung stattgefunden und diese Lücke in den Quellen hat ihren Grund in den Unruhen in diesen Jahren. Wahrscheinlich ist es kein Zufall, daß es für dieselbe Zeit – von 1382–1392 einschließlich – auch keine Kammerrechnungen der Stadtkämmerei gibt.

Die beiden Steuerbücher von 1383/84 und 1387 weisen unter der Kapitelüberschrift »Tal« einen einschneidenden Unterschied auf. Nachdem die Steuereinnehmer das Tal Marie vom Rathaus ab bis zum Isartor passiert haben, gehen sie vor das Isartor hinaus und besuchen zuerst am Grieß Marie (stadtauswärts links der Zweibrückenstraße, im heutigen Lehel) alle Steuerzahler, gehen dann weiter über die heutige Zweibrückenstraße hinüber zu den Steuerzahlern auf dem Grieß Petri (rechts der Zweibrückenstraße). Einschließlich aller Müller mit Personal (Zumüller, Handknecht) sind das 1383/84 186 Steuerzahler, darunter alle Fischer und Flößer, aber auch Angehörige anderer Berufe wie Schmiede, Bäcker, das Taeckenbad usw. Danach passieren die Steuereinnehmer das Isartor wieder und gehen am Tal Petri entlang stadteinwärts bis zum Heiliggeistspital herauf.

Im Jahr 1387 erreichen die Steuereinnehmer vor dem Isartor nur noch die Wagmühle (am Unteren Lehel), die Grießmühle (Rumfordstraße 32), die Neideckmühle (Buttermelcherstraße Nr. 16) und die Haymühle, die vor dem Taeckentor lag und später dem Ausbau der Befestigungswerke zum Opfer gefallen ist, dazu noch etliche andere

Personen, zusammen insgesamt 20. Alle anderen 166 Steuerzahler von 1383/84 sind nunmehr verschwunden.

Nun könnte man natürlich annehmen, diese Menschen habe nur der Steuerschreiber an anderer Stelle eingeordnet, so wie ab 1522 tatsächlich alle Bewohner vor den Toren am Ende des Steuerbuches in einem eigenen Kapitel »Vor den Toren« zusammengefaßt werden, also nicht mehr vor dem jeweiligen Tor, vor dem sie sitzen. 1387 ist dies jedoch anders. Von den Steuerzahlern, die jetzt hier vor dem Isartor verschwunden sind, lassen sich nicht weniger als 64 innerhalb der Stadtmauern wiederfinden. Vor allem eine bestimmte Personengruppe findet sich hier in einem eigenen geschlossenen Quartier konzentriert. Es handelt sich um die Fischer, die seit 1387 an die Steuerzahler des Tales Petri angehängt werden, zunächst mit einem kleinen Zeilenabstand (S. 37v). 1388 aber malt der Steuerschreiber über der neuen Seite, die mit diesen Fischern beginnt, einen großen Fisch und einen Krebs und im Jahr 1390 (von 1389 existiert kein Steuerbuch) steht an derselben Stelle erstmals der Name »Fischergazz« (heute Heiliggeiststraße). Nach dem Salbuch des Spitals stehen die Häuser dieser Fischergasse allesamt auf Grund und Boden (»auf der Hofstat«) des Spitals. Das also bedeutet: die Fischergasse ist zwischen dem 2. Februar 1384 und dem 25. Juni 1387 auf bis dahin dem Heiliggeistspital gehörigem Grund angelegt worden.

Nach dem Steuerbuch von 1387 leben in dieser Fischergasse nunmehr 24 Steuerzahler. Von ihnen saßen 1383/84 noch mindestens der Ull Dachwirt, die Witwe Schelmin, der Fischer Eberl Ötlinger und der senior Dachwirt am Grieß Marie, der Fischer Thoman, der Fischer Heinrich Vogler, der Fischer iunior Schürstab, der Fischer Snäppel, der Fischer Ludwig Mesner, der Fischer Öltel, der Fischer Smoll, der Konrad Schürstab senior und der Fischer Ott Gaysler am Grieß Petri.

Eine zweite Gruppe von Fischern taucht 1387 ebenfalls konzentriert an anderer Stelle auf, allerdings nicht innerhalb der Mauern, sondern außerhalb und zwar draußen vor dem Taeckentor. Die Steuereinnehmer gehen nämlich jetzt vom Isartor ein Stück stadteinwärts bis zur Sterneckerstraße, dann durch diese Straße zum Taeckentor hinter und dort vor das Tor hinaus. Dort findet sich erstmals 1387 eine Gruppe von 25 Fischern und anderen Personen. Von ihnen standen 1383/84 der Fischer Spaet und die Witwe Obenaus noch unter dem Grieß Marie, der Ull Haydel, der Fischer Zaecherl, der Fischer Zingkel, die Witwe Gaylerin, der Zimmermann Pübel, der Fischer Gerlacher, der Dietrich Ruckenhauser und der Konrad Fraunknecht unter Grieß Petri. Diese letzteren könnten also ihren Standort behalten haben. Der Färber Ull und der Mäwsinger

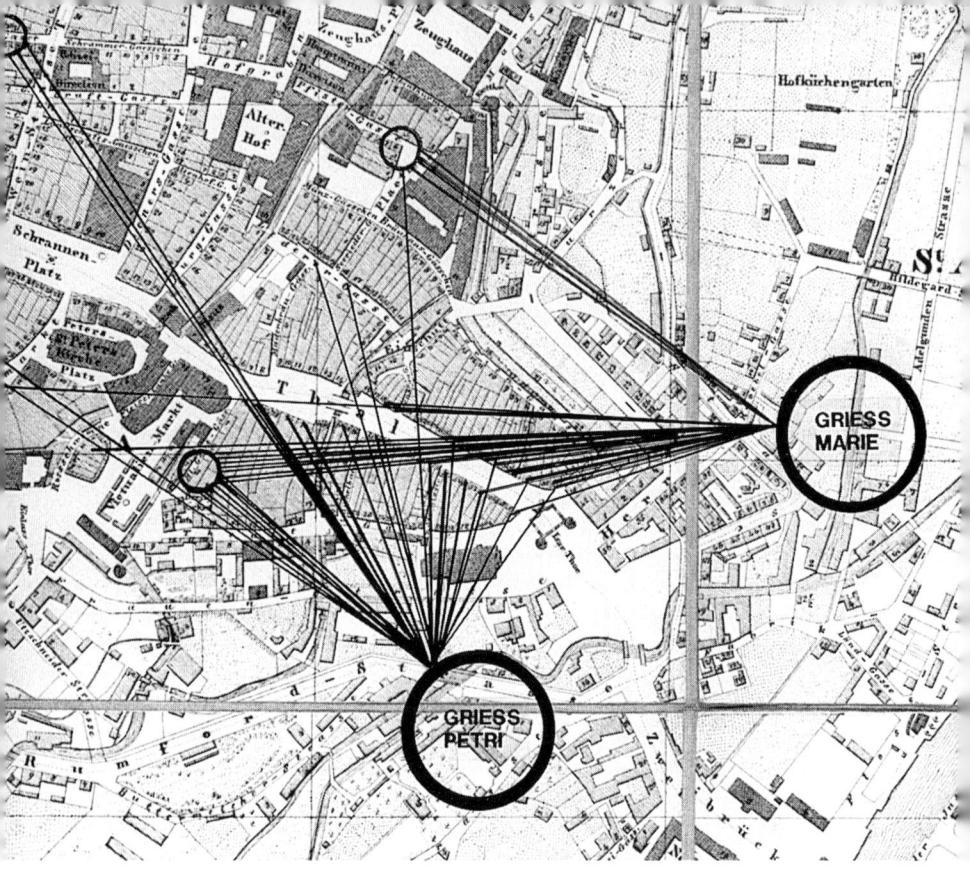

Skizze 5: *Die Umsiedlung der Bewohner des »Grieß« um 1385. Grundlage: Plan von H. Widmayr 1837.*

Walcher sind zwischen 1383/84 und 1387 vom Grieß Petri auf den Grieß Marie hinübergewechselt, der Färber Ott Wünickleich vom Grieß Petri vor das Wurzertor. Auch sie haben also den Standort gewechselt.

Die übrigen Umsiedler-Namen aus dem Steuerbuch von 1383/84 finden sich zumeist in der Gegend des Tal und der Graggenau. Sie seien hier alle einzeln aufgeführt: der Fischer Ruppel wechselt vom Grieß Marie an die Roßschwemme (»Bei Spital«), Heinrich Pfeffer in die Schmalzgasse, Konrad Horsapp zum Tal Nr. 19, der Floßmann Häutscheft zum Tal Nr. 36, der Floßmann Hachinger zum Tal Nr. 37C, der Floßmann Frölich zu Tal 35, der Konrad Ezzmaister zum Tal 32, der Egkel Haydel zum Tal ca. 46, der Floßmann Huber etwa zu Tal 25, der senior Faemel etwa zu Tal 40, der Weber Hermann Vempeck zu Tal 19, der Haertel Süzz etwa zu Tal 40, Eberl Leutzl, der Floßmann Halmhäw, Hainrich Model und der Floßmann Stephan in die Graggenau, der Floßmann Knopf etwa zu Tal 40, der Stieger zu Tal 38, Egkel Kotter etwa zu Tal 58, Ott Schaeper etwa zu Tal 39, Ull Öder zu Tal 51, der Swarcz Ull etwa zu Tal 35, der Rösenmair zu Tal 33, der Ull Tagwerker zu Tal 38, die Kotterin und der iunior Kotter sowie Konrad Karrer wieder in die Graggenau, Jacob Wachter etwa zu Tal 58 und Konrad Schaeper etwa zu Tal 39.

Vom Grieß Petri wechselt der Konrad Sayler etwa zu Tal 58 oder 76 B, der Schuster Malzkast etwa zu Tal 69, der Seiler Konrad Taler wahrscheinlich in die Schäfflergasse, der Alttum Seiler sicher in die Schäfflergasse, der Seiler Lienhard Hürn in die Neuhauser Straße Kreuz-Viertel, der Schuster Liebhart in die Graggenau, Rudel Göswein etwa zu Tal 37 C, der Floßmann Schüler etwa zu Tal 40, der Stephan pistor etwa zu Tal 71 B, Heinrich Tunckel zu Tal 75, der Bäcker (später Hofbäcker) Simon etwa zu Tal 72 B, der Gaeman pistor zu Tal 53, der Floßmann Uner ins Tal 27, der iunior Uner, wahrscheinlich ein Fischer, in die Irchergasse, der iunior Häutscheft etwa zu Tal 51, der Floßmann Prenn zu Tal 33, der Fischer Per in die Irchergasse, Hainrich Sayler in die Neuhauser Straße Kreuz-Viertel, der Färber Seydel ins Tal etwa 63, die Witwe Pucherin, der Hainrich zawer und sein Sohn, sowie der Ollinger mercator allesamt etwa zu Tal 55.

Die übrigen Namen von 1383/84 sind entweder ganz verschwunden, ihre Träger vielleicht verzogen, manche gestorben, oder sind dem Verfasser dieser Zeilen beim Vergleich der beiden Steuerbücher einfach entgangen.

Das Ergebnis dürfte aber wohl auch so eindrucksvoll genug sein.

Eine Bestätigung findet diese Umsiedlungs-Aktion im Gerichtsbuch dieser Zeit. Die Gerichtsbücher enthalten die Kurzprotokolle des Stadtgerichts in Grundstücksangelegenheiten, also das, was man heute vor dem Notar erledigt: Kauf und Verkauf von Liegenschaften, deren Verpfändung und deren Belastung mit Hypotheken (Ewiggeldern). Daneben auch Schuldverschreibungen für Bargeld usw. Das Gerichtsbuch I von 1368–1391 vermerkt eine Fülle von Haus- und Grundstücksgeschäften, die sich auf Liegenschaften im fraglichen Gebiet des Grieß Marie und Grieß Petri, draußen vor dem Isartor, beziehen. Von einer bestimmten Stelle ab erfolgt ein frappanter Wechsel in der Art der Liegenschaften. Von dieser Stelle an werden nämlich im genannten Bereich vor dem Isartor keine Häuser mehr genannt, sondern nur noch unbebaute Grundstücke: Krautäcker, Gärten, Änger und Hofstätten wechseln den Besitzer. Eine Hofstatt ist immer ein unbebauter Grund, der entweder zur Bebauung vorgesehen ist, der bebaut gewesen ist oder der zwischen Bauwerken liegen kann, aber immer unbebaut.

Zu den oben bereits aufgeführten Einträgen im Gerichtsbuch, in denen ausdrücklich der Begriff »Grieß« vorkommt, gehören jetzt noch folgende Einträge mit Liegenschafts-Verhandlungen in diesem Gebiet (aufgenommen nur die Einträge von 1383–1390): auf der Seite des Grieß Marie: GB I 212/22 ein Haus bei dem Luger am 16. März 1385, das letzte genannte Haus, (dann nur noch unbebaute Grundstücke:) 218/13 Krautäcker in der Au bei der Lohmühle (sie lag draußen vor dem Lugerturm) am 13. Dezember 1385, 219/3 Krautäcker vor dem Wurzertor 1386, Krautäcker bei der Wagmühle (vor dem Lugerturm) 1390. Auf der Seite des Grieß Petri gehören noch hierher:GB I 180/4 Haus unter dem Taeckenbad 1. Mai 1383, (dann nach dem 16. März 1385 nur noch unbebaute Grundstücke:) 215/12 Krautgarten zu Neideck bei der Mühl 3. Juni 1385, 215/15 desgleichen 30. Juni 1385, 217/6 ebenso im September 1385, 218/18 Hofstatt vor dem Angertor 1385 Dezember 19, 218/19 Anger beim Kalkofen vor dem Angertor im März 1386, 220/15 Hofstatt und Garten vor dem Taeckentor bei der Haymühle am 26. März 1386, 221/17 desgleichen im Mai 1386, 226/2, 230/18, 232/1 jeweils Krautgärten bzw. Änger vor dem Angertor, alle 1387, 235/14 Krautgarten vor dem Taltor in St. Peters Pfarr 1388, 236/17 Krautgarten bei Neideck 1388.

Der Schnittpunkt liegt beim 16. März 1385. An diesem Datum wechselt letztmals ein Haus – gelegen vor dem Lugerturm draußen – den Besitzer. Mit dem nächsten Grundstücksfall vom 3. Juni 1385 sind es bereits nur noch Krautäcker. Bis einschließlich 1390 (weiter wurde es nicht verfolgt) kommt auf dem Grieß Marie und dem Grieß Petri draußen kein einziges Haus mehr vor. Das bedeutet, daß die Umsiedlung der Bewohner und der Abbruch ihrer Häuser nach dem 16. März 1385 (und vor dem 25. Juni 1387) erfolgt sein muß, offensichtlich im Laufe des Sommers und Herbstes 1385.

Noch ein kleiner Hinweis zur Datierung mag in einem weiteren Indiz stecken. Löst man alle Datierungen des Gerichtsbuches I in dieser Zeit auf und trägt sie in einen Kalender ein, dann zeigt sich, daß es kaum einmal eine ganze Woche gibt, in der nicht an mindestens einem Tag eine notarielle Beglaubigung oder Beurkundung vorgenommen worden wäre. Es gibt wenige Zeiten, in denen solche Eintragungen gleich über mehrere Wochen hinweg unterbleiben, wo also das Gericht sozusagen pausierte. Im angesprochenen Zeitraum zwischen dem 2. Februar 1384 und dem 25. Juni 1387 gibt es dagegen mehrere solche Zeiten. So gibt es keinen Eintrag in der Zeit vom 18. März 1385 (letzter Gerichtstag) und dem 10. April 1385 (erster Gerichtstag). Das sind 22 Tage oder mehr als drei Wochen Vakanz. Auffallend ist die Nähe der beiden Daten 16. März und 18. März 1385. Am 16. März wechselt nicht nur letztmals ein Haus vor dem Isartor den Besitzer, seit 18. März pausiert auch gleich für drei Wochen das Stadtgericht überhaupt.

Eine zweite Periode gibt es aber 1385 auch noch vom 8. August (letzter Gerichtstag) und 4. September (erster Gerichtstag), also 26 Tage oder fast vier Wochen lang, an denen das Stadtgericht schweigt.

Im Sommer 1386 gibt es dann noch einmal eine lange Schweigeperiode, nämlich vom 21. August (letzter Gerichtstag) bis 5. Oktober (erster Gerichtstag), unterbrochen allerdings etwa auf halber Distanz von einem Gerichtstag am 13. September. Das sind einmal 22 und einmal 21 Tage.

Die Gründe für die Umsiedlungsmaßnahme kennen wir nicht. Denkbar sind zwei: Der erste wäre eine Naturkatastrophe, sprich ein Hochwasser der Isar, das die Bewohner zur Flucht in die Stadt getrieben und obdachlos gemacht hat. Es könnte aber auch eine geplante, obrigkeitliche Maßnahme gewesen sein, weil man entweder den Schutz dieser Bürger bei drohender Gefahr nicht mehr gewährleisten zu können glaubte und sie deshalb vorbeugend in die Stadt hereinholte, oder weil unmittelbar ein Angriff auf die Stadt zu befürchten war und die Wohn- und Arbeitsstätten der Betroffenen der Verteidigung im Wege standen. Auch im 30jährigen Krieg hat man schließlich einmal alle Häuser und Mühlen im Vorfeld vor der Mauer niedergelegt, um dem anrückenden Feind keine Möglichkeit zur Tarnung in die Hände zu spielen. Tatsächlich wissen wir ja von Auseinandersetzungen der Herzöge untereinander um das Jahr 1385, die schließlich auch zu Unruhen in der Bürgerschaft führten. Sie kosteten im Jahr 1385 einem Mitglied der Patrizierfamilie Impler buchstäblich den Kopf. Ein Ergebnis dieser Unruhen ist nach übereinstimmender Meinung aller Historiker und Chronisten seit Burghart Zink der Baubeginn an der Neuveste, ebenfalls in diesem Jahr 1385.

Auch im Stadtregiment gibt es um diese Zeit Umwälzungen: »In den Jahren 1383 und 1384, einer Zeit der Spannungen unter Herzögen und Stadt, tritt zwischen den Äußeren und den Großen Rat ein weiteres Kollegium, »consules speciales« oder einfach »Die Sechsunddreißig« genannt, die sich wie der Äußere Rat aus Kaufleuten und wohlhabenden Gewerbetreibenden zusammensetzen«. Über ihre Funktion ist nichts bekannt. Sie verbinden sich aber am 1. Juli 1384 mit dem Inneren und dem Großem Rat zu einer Schwurbrüderschaft »zur Abwehr stadtherrlicher Übergriffe wie zur Niederhaltung revolutionärer Tumulte« (Solleder).

Auf geplanten Abbruch der Häuser deutet aber nun tatsächlich das älteste Salbuch des Heiliggeistspitals, das 1390 in einem eigenen Kapitel fünf gegen Gült verpachtete Hofstätten (nicht Häuser!) unter der Überschrift aufführt: »An dem Gries (Petri), daz da abgeprochen ist«. Das Grieß ist also abgebrochen worden.

Daß die wenigsten Bürger ihre Wohnungen freiwillig verlassen haben dürften, läßt sich denken, auch daß die wenigsten der Bewohner innerhalb der Stadt begeistert gewesen sein dürften, noch näher zusammenrücken zu müssen. Vielleicht war diese Umsiedlung mit ein Grund für den Zorn der Bürger. Aber wie gesagt: Es ist auch nicht ausgeschlossen, daß eine Naturkatastrophe hinter der Maßnahme stand. Dafür könnte die Tatsache sprechen, daß nicht alle Bürger das Feld räumen mußten, sondern – an wahrscheinlich weniger gefährdetem Ort – sitzen bleiben oder neu angesiedelt werden konnten.

Eine aufschlußreiche Parallele zu dieser Umsiedlung der Grieß-Bewohner in München finden wir für dieselbe Zeit in Augsburg. Dort gab es die Vorstadt Wagenhals. Sie lag in der Lechebene zwischen dem linken Lechufer und der Stadt und diese Gegend wurde – wie in München – seit den ältesten Urkunden »das Grieß« genannt. Dort lagen Wäschen und Bleichen. Das Heiliggeistspital, das Frauenkloster St. Nikolaus, das Siechenhaus zu St. Servaci, eine Kapelle und mehrere Höfe lagen dort schon im 13. Jahrhundert. Im 14. Jahrhundert war diese Siedlung mit Toren, Zäunen und Gräben umschlossen. Nach den Steuerregistern wohnten hier vom Jahr 1362 bis 1365 in mehr als 300 Häusern bis zu 540 Steuerpflichtige, »also wenn man auf einen Steuerpflichtigen 4 Einwohner rechnet, über 2000 Menschen« (Hoffmann).

Das bedeutendste Gebäude in dieser Vorstadt war das Heiliggeistspital, das 1245 durch eine Urkunde des Papstes Innocenz IV. erstmals belegt ist und wohl noch vor 1241 gegründet worden ist. Das Spital – wie alle Häuser dieser Vorstadt auf dem Grieß – wurden seit 1376 eingerissen. Das Spital wurde verlegt, die Pfründner in die Stadt hinein umgesiedelt. Der Bau des neuen Spitals hat offensichtlich 1377 begonnen und war 1387 vollendet.

Auf je drei Häuser kamen in dieser Siedlung nur 5 Steuerpflichtige. Die Häuser waren also klein, Verhältnisse, wie man sie sich wohl auch in München vorstellen darf. Für die Bewachung dieser Vorstadt gab es Tore und Türme, die mit Gräben, Zäunen und teils Mauern miteinander verbunden waren. In München dürften Türme wie der Lugerturm vorwiegend ebenfalls diesem Zweck gedient haben. Einer der Türme in Augsburg ist im März 1374 abgebrannt und wurde danach noch einmal aufgebaut. Aber schon im Dezember 1375 wurde wieder mit seinem Abbruch begonnen, was zeigt, daß der Entschluß zur Beseitigung der Siedlung recht kurzfristig gefaßt worden sein muß.

Wahrscheinlich war das der Beginn des allmählichen Abbruchs der ganzen Vorstadt, die unter der Aufsicht des Vogtes vonstatten ging. Der Bürgermeister, der (stattherrliche) Vogt und die Stadtwerkleute erhalten im Juni 1376 eine Weinspende »von daz abbrechen wegen«. Ein weiterer Torturm ist noch bis zum Jahr 1383 bewohnt. Sein Abbruch muß zwischen diesem Jahr und 1389 erfolgt sein. Bis zu diesem Jahr war der ganze Abbruch der Grieß-Siedlung erledigt. Nur das Frauenkloster St. Nikolaus, das Siechenhaus zu St. Servaci und zwei Mühlen waren stehen geblieben. Die Mühlen hatte man auch in München stehen gelassen.

»Um eine ihrer Ausdehnung und Bevölkerungszahl nach so bedeutende Vorstadt abbrechen zu lassen, mußte der Rat gewichtige Gründe haben. Einerseits erschwerte die im Verhältnisse zu ihrer Einwohnerzahl übergroße Ausdehnung der Stadt mit ihren Vorstädten die Verteidigung sehr. ... Andererseits boten die leichten Befestigungen der Vorstädte seit dem Gebrauch des Schießpulvers für Geschütze keine genügende Sicherheit mehr. Man fand es daher für besser, die Verteidigung zu concentriren ...« So begründet man in Augsburg den Abbruch der Siedlung auf dem Grieß.

Aus einer Urkunde des Jahres 1385 ist ersichtlich, daß ein Teil der Augsburger Umsiedler in einem Baumgarten des Predigerklosters angesiedelt worden ist, wo sie 1383 erstmals im Steuerregister aufgeführt sind. Gegen einen jährlichen Zins haben diese Siedler die 1385 von den Predigern erbauten Wohnungen käuflich erworben. Ein anderer Teil der Umsiedler hat sich in einem St. Ulrich gehörigen Baumgarten niedergelassen. Dort finden sich erstmals 1384 im Steuerregister etwa 20 Namen von Personen, die noch 1383 am Grieß aufgeführt waren. In Augsburg hat also vorwiegend das Predigerkloster die Rolle übernommen, die in München das Heiliggeistspital bei der Ansiedlung der Fischer in der Fischergasse spielte. Auch hier wurde eine Gruppe von Umsiedlern auf einem Grundstück (einer Hofstatt) des Spitals angesiedelt und sie erhielten die Häuser käuflich und zahlten später jährlich einen Zins an das Spital. Das Verfahren war genau das gleiche wie in Augsburg.

Auslösend für diese Maßnahme war in Augsburg wohl die allgemeine Fehdefreudigkeit der Zeit. Nach der Einführung des Zunftregiments im Jahr 1368 hatten sich manche Patriziergeschlechter damit nicht abfinden können und überzogen die Stadt mit Fehden. U.a. spielte dabei auch Jacob Pütrich, den man auch in München gut kannte, eine unrühmliche Rolle. 1371 gab es Krieg mit den bayerischen Herzögen, wobei die Ortschaften in der ganzen Umgebung verbrannt und geplündert wurden. Als die Herzöge Augsburg belagern wollten, wurde auch die Siedlung Wagenhals am Grieß in Mitleidenschaft gezogen. Dort hat 1374 Jacob Pütrich 4 Mann erschlagen und 1388 kam Warmund Pienzenauer in die Siedlung, nahm 60 Pferde von den Wägen und führte die Bauern gefangen nach Bayern.

Zwar fehlen uns für München entsprechende Quellen. Aber ähnliche Erfahrungen dürfte man in dieser Zeit auch hier gemacht haben. Von den Ereignissen in München um 1385 war oben die Rede. 1377 hatte es auch in München schon Unruhen in der Bürgerschaft gegeben, die mit dem sog. Einungsvertrag abgeschlossen wurden, der den Bürgern mehr Rechte einräumte. Natürlich wußte man in München, was in Augsburg geschah, und umgekehrt. Die beiden Umsiedlungsaktionen dieser Städte um dieselbe Zeit und nach der gleichen Methode, kommen sicherlich nicht von ungefähr.

Qu.: Lexer, Mittelhochdeutsches Wörterbuch. – Dirr 231/17 (1319), 406/20 (1365). – StB 1368 ff. – Vogel, Heiliggeistspital, Salbuch S. 4 und Art. 209–212a. – GB I 212/22 (1385 März 16), 215/12 (1385 Juni 3). – Dengler, Ingolstadt S. 12. – Robert Hoffmann, Die Augsburger Vorstadt, der Wagenhals genannt, in: Zeitschrift des Hist. Vereins für Schwaben und Neuburg 9. Jg., 1882, S. 177–192. – Solleder S. 499 nach StadtA, Ratsbuch III S. 95v, 98v. – Schattenhofer, Stadtherrn, in: OA 109/1 S. 44.

GROSSER ANGER, um 1566/1575.

Siehe »Anger, großer«.

❏ **GROSSES GÄSSEL**, um 1570/1580.

Siehe »Gässel, großes«.

GRUFTGÄSSEL, heute Teil des Marienhofs, vor 1714 – um 1945.

Die von Dr. Hans Hartlieb nach 1442 an Stelle der ehemaligen Synagoge eingerichtete Marienkapelle bestand aus zwei getrennten sakralen Räumen, von denen der eine unter der Erde lag. Für sie bürgerte sich bald der Name Gruftkirche ein, der schließlich auch auf die Oberkirche übergriff. Es gab dann eine Obere und eine Untere Gruft. Diese beiden Gruftkirchen hatten zeitweise den Charakter einer Wallfahrtsstätte, bis sie 1803 der Säkularisation zum Opfer fielen. Das Haus Gruftstraße Nr. 1 wurde profaniert.

Seit 1714 ist für die Straße, in der die Gruft lag, – die alte Judengasse, spätere Neustift- oder Stiftgasse, auch Gässel bei der alten Fürstin (1553) und Gasse vor Unseres Gnädigen Herrn Wappenhaus (1523) –, der Name Gruftgasse verbürgt. Er blieb bestehen, bis das ganze Gelände hinter dem Rathaus den Bomben des Zweiten Weltkrieges zum Opfer fiel und in den Jahren nach 1945 abgeräumt wurde.

Qu.: Stahleder, Juden S. 30/31. – StB 1714. – Plan von 1759.

GRUFTNEBENGÄSSEL, heute Teil des Marienhofs, Ende 18. Jhd.

Die Verbindungsgasse zwischen der Gruftstraße und der Landschaftsstraße, ursprünglich »neu zwerchgässel« genannt, nennt Stimmelmayr Ende des 18. Jahrhunderts »kleines Landschafts- oder Gruftnebengäßl«.

Qu.: Stimmelmayr S. 16 Nr. 31/5.

Auf dem **HABERFELD**, o. D.

Das Augustinerkloster wurde nach Aussage vieler älterer Autoren bei einer St.-Johannis-Kapelle »auf dem Haberfeld« gegründet. Eine zeitgenössische Quelle für diese Lagebezeichnung fehlt. Der erste Autor, der dies behauptet, scheint Philipp Casimir Baur 1678 zu sein. Die Augustinerkirche hat das Patrozinium dieser Kapelle.

Ganz einig sind sich die Autoren allerdings auch wieder nicht; denn nach dem Adreßbuch von 1880, das ansonsten sehr fundierte historische Namenserläuterungen gibt, handelte es sich um eine St.-Nikolaus-Kapelle auf dem Haberfeld. Eine Kapelle dieses Patroziniums stand später etwa an der Stelle des heutigen Richard-Strauss-Brunnens. Man kann es sich also aussuchen – wie immer in solchen Fällen, in denen die Phantasie die fehlenden Quellen ersetzen muß.

Qu.: Lipowski II (1815) S. 92, 359–370. – Baur, Neuer und alter Historienkalender (1678), S. 8v, vgl. OA 111 S. 18. – AB 1880 S. 298.

Am **HABERKASTEN**, heute Teil des Hofgrabens, um 1806.

Nur der Plan von 1806 kennt diese Bezeichnung. Sie stammt von dem herzoglichen Haberkasten oder Kastenhaus, Hofgraben 3*, Südostecke des heutigen Hauptpostamtes, zu dem auch der frühere Haberspeicher gehörte, heute Nordostecke des Postamtes an der Maximiliansstraße.

Qu.: HB GV S. 105, 214.

❏ **Im HABERN**, um 1383 – 1431.

Diese Bezeichnung kommt nur vor bei einer einzigen Person, dem »Fridel im habern«. Er wechselt seit 1383 ständig den Wohnsitz. Zunächst – 1383–1390 – wohnt er sogar außerhalb der Stadt, auf der Seite der Peterspfarrei. Möglicherweise stammt auch von daher der Name. Sein Haus stand vielleicht in oder bei einem Haberfeld. Der Beiname wurde dann zum Familiennamen und an alle weiteren Wohnsitze mitgenommen. So findet sich Fridel im Habern 1390 in der Engen Gasse, 1397–1401 in einem der Häuser »bei Spital«, also

an der späteren Roßschwemme und schließlich letztmals im Jahr 1431 beim Haus Kaufingerstraße 37, Ecke Marienplatz.
Die Gegend »im Habern« ist also sicher außerhalb der Stadt gelegen und nicht zu lokalisieren, vgl. auch »in dem Baumgarten«.

Qu.: StB 1383 II – 1431. – GB III 73/15 (1408).

In dem **HACKEN**, seit vor 1326.

Der Hag, Hac oder Hagen, auch das Gehag, bedeutet ein eingefriedetes oder gehegtes Grundstück. Überträgt man die Eintragungen der Gerichtsbücher der Zeit ab 1368 mit der Lagebezeichnung »in dem Hacken« (Hagken, Haggen, Hauggen usw.) in die Steuerbücher, dann läßt sich das so genannte Gebiet umschreiben mit dem heutigen Straßenquadrat Hotterstraße, Altheimer Eck, Damenstiftstraße, Brunnstraße bis Hotterstraße. Nur zweimal liegt ein Haus der Brunngasse zugleich im Hacken. Es ist aber bisher leider nicht zu identifizieren, möglicherweise auch ein Irrtum, da in dieser Zeit häufiger die Brunn- mit der Schmalzgasse verwechselt wird.
Der Hacken genannte Bezirk überschneidet sich an einer Stelle mit Altheim: ein Teil von Altheim, nämlich die Südseite des Altheimer Eck bis zur Damenstiftstraße Ost, liegt gleichzeitig auch im Hacken. Vgl. Skizze bei »Altheim«.
Am 5. April 1326 hatte ein Schuster mit dem Namen Chunrat der Frankchriech, Bürger zu München, einen Garten »in dem hagken«. Am 26. September 1358 tauscht das Kloster Beuerberg ein Haus, Hofstatt und Garten (gegen Weideland bei Thalkirchen) ein, die gelegen sind »ze Munichen in der stat ... und haizzet es in dem Hakken«. Seit 1369 erscheint der Hacken regelmäßig in den Steuer- und Gerichtsbüchern.

Qu.: Schmeller I Sp. 1022, 1067. – MB 19a S. 15/16 (1326), MB 18 S. 682 (1358). – StB seit 1368. – GB I 6/3, 9/9 (1369). – Schattenhofer, Anfänge OA 109/1 S. 15.

HACKENSTRASSE, seit vor 1465.

Siehe »in dem Hacken«. Straße am oder zum Hacken oder Hag. Als »Haggengässel« erstmals 1465 in einer Urkunde genannt. Auf dem Plan von 1806 wohl auf Grund eines Mißverständnisses »Hacker-Gäßchen«. Seit 1. Januar 1904 Einbeziehung der 7 Hausnummern mit der Straßenbezeichnung »Hundskugel« in die Hackenstraße.
Ein Teil der Gasse heißt um 1471/72 auch Hundsgasse, von 1455–1904 auch Hundskugel, Ende des 18. Jahrhunderts Hundsgugelgasse.

Qu.: HStA GU Mü 321 (1465). – KR 1490 S. 116v.

(**Hackergäßchen**), irrtümlich für Hackengasse, 1806.

Pate stand für den Irrtum auf dem Plan von 1806 sicher die an der Ecke der Sendlinger Straße zur Hackenstraße stehende Hacker-Brauerei, die ihren Namen jedoch von einem Bierbrauer namens Simon Hacker ableitet, der im Jahr 1738 die Brauerei auf der Gant erworben hatte.

Qu.: HB HV S. 434.

HACKENGASSE, weite, heute Damenstiftstraße, um 1482.

Siehe »Weite Gasse« (Damenstiftstraße).

HAFNER-AM-GERN-GÄSSEL, heute Hochbrückenstraße, Ende 18. Jhd.

Benannt nach dem Brennhaus an der Hochbrückenstraße 5*, am Einschüttbach Westseite, das als Hinterhaus zum Haus Ledererstraße 8 gehörte. Dieses wiederum gehörte seit mindestens 1678 jeweils einem Hafner. Das Brennhaus des Hafners am Gern ist später im Haus Hochbrückenstraße 3 aufgegangen. Vgl. »Auf dem Gern«.
Einziger Beleg für den Namen bisher bei Stimmelmayr.

Qu.: Stimmelmayr S. 8, 9. – HB GV S. 88 Abb., S. 92, 130.

HAHNENGÄSSCHEN, heute Albertgasse, o. D.

Benannt nach dem Gasthof »Zum Goldenen Hahn«, Weinstraße 10. Name nach Adreßbuch von 1880, aber ohne Beleg, angeführt.
1780 Springergäßchen, 1781 Thalergäßchen und Unser Frauen Gäßl, 1806 Albertgäßchen.

Qu.: Rambaldi Nr. 12 nach AB 1880 S. 14. – HB KV S. 352/353.

Beim **HARNISCHHAUS**, heute Teil der Pfisterstraße, um 1523 (bis 1578).

Im Jahr 1523 wird die Straße gepflastert »beym harnaschhaus und hofmül«, des weiteren »bey der hofmül und Grackenaw«. Die Hofmühle ist die ehemalige Toratsmühle, unterhalb des Alten Hofes an dessen Nord-Ost-Ecke gelegen, am Pfisterbach gegenüber der heutigen Hofpfisterei. Daneben stand das herzogliche Harnischhaus und beide Gebäude teilten im Sommer 1578 das selbe Schicksal und wurden bei einem Brand vernichtet. Siehe »Pfisterstraße«.

Qu.: KR 1523 S. 135r/v.

HARTMANNSTRASSE, seit 29.3.1872.

Benannt nach dem Führer eines bayerischen Armeekorps im Krieg 1870/71, Jakob Freiherrn von Hartmann (1795–1873). Die Umbenennung der Straße erfolgte mit Ministerialerlaß vom 29. März 1872. Seit 1368 – soweit bebaut – zur Engen Gasse gerechnet, teils auch zur Kreuzgasse, so auf einem Plan des Augustinermietstockes vom 23. Januar 1710. 1546 Steinmetzgässel, seit 1747/48 Knödel- oder Knötelgasse, seit 1872 Hartmannstraße.

1385 findet sich noch die umständliche Umschreibung: »des Jörg Ligsalz Haus an der Engen Gasse am Eck, da man geht an die Kreuzgassen«. Das Haus des Ligsalz war das Haus Löwengrube/Hartmannstraße West (Löwengrube 12 bzw. Hartmannstraße 1).

Nach Rambaldi hieß die Gasse »in alter Zeit« auch »Krautgasse«. Als Beleg dafür diente ihm wohl Lipowski (1815). Es dürfte sich dabei wohl um ein Mißverständnis handeln; denn gemeint ist sicher die mittelalterliche Kreuzgasse, zu der gelegentlich zumindest die Eckhäuser an der Hartmannstraße/Promenadeplatz gerechnet wurden. Die Schreibweise der Kreuzgasse ist häufig »Chrautzgassen« oder »Krautzgass«. Von daher mag der Name als »Krautgasse« mißverstanden worden sein. Seltsam ist allerdings, daß sich der Name zeitlich mit dem Namen »Knödelgasse« überdeckt. Also doch die beiden bayerischen Volksnahrungsmittel Kraut und Knödel? Möglicherweise kam man über das Mißverständnis mit der »Krautgasse« zur »Knödelgasse«. Der Name ist nämlich sonst auch nicht zu erklären.

Qu.: GB I 212/10 (1385). – HStA, Plansammlung Nr. 12427 (1710). – StadtA, Straßenbenennung Nr. 27/1 (1872). – AB 1880 S. 156, Hist. Einleitung. – Lipowski II (1815) S. 89, 354.

In der **HAUBEN**, unermittelt, um 1375/1407.

In den Jahren 1397 und 1407 erscheint ein Schuster namens Heinrich »in der hawben«. Er gehört in den Jahren ab 1375 zu den Bewohnern des Hauses Marienplatz 26, dem Nachbarhaus der beiden Schusterhäuser. Der Namens-Zusatz »in der Hauben« ist wohl kaum eine Ortsangabe.

Qu.: GB II 129/22 (1397), III 73/11 (1407). – StB seit 1375.

HEBAMGASSEN, heute Nieserstraße, vor 1780 – 1906.

Das Haus Nieserstraße 2, außer dem Ridler-Benefiziaten-Haus Nr. 1, vor der Zeit des 19. Jahrhunderts das einzige Wohnhaus in dieser Gasse, gehörte seit 1674 dem Zeugmacher Balthasar März/Mörz und seiner Ehefrau Ursula. Diese übte das Amt der Hebamme aus.

Verwitwet war sie von 1693–1699 Alleineigentümerin des Hauses. Ihrem Sohn, einem Geistlichen – Benefiziat von Giebing – gehörte das Haus noch bis 1723. Nach dieser Hebamme Ursula März/Mörz trug die Gasse ihren Namen, erstmals auf den Plänen von 1780 und 1781 belegt (»Hebamgassen«), bis sie 1906 in Nieserstraße umbenannt wurde, um einen Schauspieldirektor des 18. Jahrhunderts zu ehren.

1382 des Heutleins Gasse, 1383 Krottengässlein, 1394 Gässlein hinter Friedrich Hummels des Fleischhackers Haus, 1473 Gässel. Auch später Hebamgassen, teils aber auch wieder nur Gaßl oder Gäßchen.

Qu.: HB AV S. 97. – Stimmelmayr S. 93, 94 Nr. 107.

HEBAMMENGÄSSEL, heute Maffeistraße, um 1782.

Westenrieder nennt die heutige Maffeistraße Hebammengässel. Weder in der Straße noch in einem der Eckhäuser an der Einmündung der Straße in die Theatinerstraße ist in seiner Zeit eine Hebamme nachweisbar. In der Kartenbeilage zu seinem Buch ist denn auch der Name nicht genannt, sondern der ansonsten übliche Name »Fingergasse« verzeichnet, ebenso im Text, nur eine Seite nach dem obigen Namen. Für die spätere Zeit – so für 1823 – ist allerdings sehr wohl eine Hebamme (namens Walch) in dieser Gasse belegt, und zwar beim Haus Maffeistraße 8* (Fingergäßchen Nr. 1548). Deshalb hatte Westenrieder vielleicht doch nicht unrecht.

Qu.: Westenrieder (1782) S. 33, 34, Karte. – Koebler (1827) S. 187.

HEILIGGEISTSTRASSE, seit vor 1806.

Benannt nach dem 1250 erstmals urkundlich belegten Heiliggeistspital, das bis ins 19. Jahrhundert seinen Standort neben der Kirche, auf dem heutigen Viktualienmarkt hatte. Das Spital selbst steht heute nach mehreren Verlegungen am Dom-Pedro-Platz.

Die Gasse hieß seit nachweislich 1390 Fischergasse, 1399 Unter den Fischern. Auch »des Obenaus Gässel« von 1496 ist hierher zu beziehen. Seit 1806 findet sich auf den Stadtplänen eine Teilung: der vordere Teil, vom Tal herein, heißt jetzt Heiliggeistgasse, der hintere, an der Stadtmauer, noch Fischergasse.

Qu.: Dirr U 7, 8 (1250).

HEISSBAUR(N)GÄSSEL, heute Singlspielerstraße, Ende 18. Jhd.

Stimmelmayr nennt die Singlspielerstraße »Heißbaur(n) Gäßl« oder auch »Johann«, »St. Johann« oder »St. Johann Nepomuk Gäßl«. Der

150 Henkergäßchen

Name ist unter den Münchner Straßennamen ein Unikum. Schon Fritz Sedlmayr hat festgestellt, daß es einen Bierbrauer namens »Heißbauer« nie gegeben habe. Der Name bezieht sich auf das Bräuhaus am Oberanger 44, südliches Eckhaus zur Singlspielerstraße. Es ist seit dem Jahr 1600 als Brauerei nachweisbar. Seit dem 17. September 1638 besaß das Haus der Bierbrauer Matthäus Pauer, dann 1664 seine Witwe und die Töchter. Von ihm stammt der Namensbestandteil »Bauer« im Namen »Heißbauerngäßl«.

Das Haus Sendlinger Straße 28* A, südliche Ecke zur Singlspielerstraße, genau wie Oberanger 44, und Rücken an Rücken mit diesem, war das spätere Singlspieler-Bräuhaus. Lange vorher aber gehörte es dem Bierbrauer Georg Heuss/Heiss, und zwar vom 23. November 1554 bis um 1570. (Das später mit diesem – Sendlinger Straße 28* A – verbaute Haus 28* B gehörte vom 9. Juli 1596 bis 1610 dem Branntweiner Hanns Heiss). Vom Bierbrauer Georg Heuss ist der Namensbestandteil »Heiss« in den Straßennamen gekommen, der sich damit als Kombination aus zwei zu verschiedenen Brauhäusern gehörenden Familiennamen erweist: Heiss/Heuss und Paur.

Die beiden Häuser haben nie zusammengehört und es gab an sich nie eine Brauerei mit dem Namen »Heißbauernbräu«. Es gab nur einen »Heissbräu« und einen »Paurbräu« oder »Bauernbräu«. Dennoch sagt auch Lipowski: »Jetzt heißt dieses Bräuhaus zum Heiß-Bauern«. Wie ausgeführt ist dies aber eine spätere Konstruktion, die keinen historischen Grund hat. Da beide Brauhäuser an derselben Gasse lagen, wurde aus beiden Namen der Straßenname »Heiss-Paur-Gasse« zusammengesetzt.

Qu.: Stimmelmayr S. 80 Nr. 94/11, 12, S. 85 Nr. 99/4, S. 86 Nr. 101. – Lipowski II (1815) S. 306. – HB AV S. 162/163, S. 382/384.

HENKERGÄSSCHEN, heute Teil der Blumenstraße, vor 1806 – 1819 (nach 1826).

Das Gäßchen zwischen Sendlinger Straße und Oberanger, an der Stadtmauer entlang, wird auf den Plänen von 1806 und 1826 als Henkergäßchen bezeichnet. Das Wohnhaus des Scharfrichters oder Henkers stand auf halber Höhe dieses Gäßchens mitten auf der Straße, also ohne direkten Nachbarn (Glockenbachgasse Nr. 12*).

Der erste Henker wird in München im Jahr 1319 erwähnt. Schon um 1320 wird sein Wohnhaus als »domus iuguli« (eigentlich »Haus des Halsabschneiders«) genannt. Es lag 1425 in der St.-Peters-Pfarrei und damit wohl schon an der oben bezeichneten Stelle. Im April 1843 wurde es abgebrochen.

Die Stadtkarte von 1781 nennt diese Gasse »Scharfrichtergäßl«, ebenso Koebler (1827). Die Gasse selbst wurde zwar 1819 bereits umbenannt in Glockenbachgasse. Aber auf dem Plan von 1826 steht immer noch der alte Name Henkergäßchen. Um 1873/74 ging die Gasse in der Blumenstraße auf. Die Fortsetzung dieser Mauergasse vom Oberanger (Hayturm) bis zum Unteranger (Angertor) hieß im 18. Jahrhundert Abdeckergaßl, siehe dort.

Qu.: KR 1318/25 S. 11r (1319). – HB AV S. 50/51. – Schattenhofer, Henker OA 109/1, S. 114/116. – AB 1880 S. 68.

HERMANN-SACK-STRASSE, seit 3.2.1955.

Benannt nach dem Franziskaner Hermann Sack, seit 1414 Guardian des Münchner Barfüßerklosters, berühmter Kanzelredner, Verfasser historischer Werke, legte das älteste Totenbuch der Franziskaner an und starb am 1. März 1440.

Die Straße ist erst nach dem 2. Weltkrieg als Verlängerung der Hackenstraße zum Anger hinunter durchgebrochen worden. Benennung mit Stadtratsbeschluß (Hauptausschuß) vom 3. Februar 1955.

❏ **HERRNSTRASSE**, seit vor 1814.

Die Herrnstraße »vor dem Isarthore« – als Gegenstück zu der bereits 1810 genannten Frauenstraße – begegnet uns erstmals am 12. April 1814, dann wieder am 25. Mai 1816 in den Quellen. Sie liegt außerhalb der alten Stadt wie auch die Frauenstraße.

Qu.: StadtA, Urk. B II b 234 (1814). – StadtA, Städtischer Grundbesitz Nr. 373 (1816).

HERRN WILHALMS GÄSSEL, heute Landschaftsstraße, um 1395 – 1400/02.

Herr Wilhalm Draechsel war Burg- oder Hofkaplan (schon am 27. Februar 1368) und hatte seit etwa 1392 ein Haus in der heutigen Landschaftsstraße, auf dem Gelände des heutigen Rathauses. Nachbarin war die Weckerin (vgl. »der Weckerin Gässel«). Nach ihm – und zum Teil sogar nach beiden Personen – wird 1395 und 1397 die Gasse benannt: »Herrn Wilhalms Gässel« und »Herrn Wilhalms und der Weckerin Gässel«. Auch 1399/1400 und 1400/1402 kommt in der Kammerrechnung noch des »Wilhalms Gässel« vor.

Qu.: RB IX 194 (1368). – GB II 86/2, 78/1, 124/5 (1395, 1397). – KR 1399/1400 S. 24v; 1400/02 eingelegtes Blatt im Rückumschlag. – Stahleder, Bierbrauer OA 107 S. 133, 134.

HERZOG-MAX-GASSL, heute Kapellenstraße und vor 1781 – nach 1803.

Die Stadtkarte von 1781 nennt die heutige Kapellenstraße, einschließlich der Maxburgstraße »Herzog-Max-Gaßl«. Auch Hübner nennt 1803 die Kapellenstraße noch so. Beide Straßen führen zur Herzog-Max-Burg.

HERZOG-MAX-STRASSE, seit vor 1806 (nach 1803).

Benannt nach Herzog Maximilian Philipp (1638–1705), Landgraf zu Leuchtenberg und Sohn des Kurfürsten Maximilian I. Er bewohnte die von seinem Großvater Wilhelm V. erbaute Maxburg. Von ihm hat sie auch ihren Namen.
Um 1582/86 »Hinter der Zollmauer« genannt, 1564 und 1570 Zollgasse bzw. -straße, 1791/92 Gäßchen zur Herzog Maxischen Burg, 1803 Neuhauser Gässel, erstmals auf dem Plan von 1806 Herzog-Max-Gäßchen. Noch Hübner nennt 1803 »zwei enge Gäßchen« und meint damit diese und die heutige Kapellenstraße. Durch diese Gasse gelangte man in den südlichen Hof der Maxburg.

Qu.: Münchens Straßennamen. – StadtA, Städtischer Grundbesitz Nr. 376 (1791/92). – Hübner (1803) S. 244.

HERZOGSPITALSTRASSE, seit Ende 18. Jhd.

Benannt nach dem 1555 begonnenen und 1601 vollendeten Hofspital zur Heiligen Elisabeth, auch Herzogspital genannt, da seine Erbauer die Herzöge Albrecht V., Wilhelm V. und Max I. waren. Es wurde im Jahr 1800 aufgelöst. Westenrieder nennt die Straße 1782 »Spitalgasse« und »Herzogspitalgasse«, auch Stimmelmayr überliefert Ende des 18. Jahrhunderts den Namen »Herzogspitalgasse«. Der nächste Beleg stammt aus dem Stadtplan von 1806.
1368–1808 Rörenspeckergasse, seit Ende 18. Jahrhunderts Herzogspitalstraße und Seminarigasse.

Qu.: Stimmelmayr S. 62 Nr. 77/5, 6, S. 63 Nr. 78. – Westenrieder (1782) S. 26, 32.

HERZOG-WILHELM-STRASSE, seit 25.9.1886.

Die Straße wurde am 25. September 1886 nach Herzog Wilhelm V. (1548–1626), dem Erbauer der Michaelskirche benannt.
In ihr sind folgende Teilnamen aufgegangen: Um 1584 ff. Hinter der Zollmauer, Ende 18. Jahrhundert Kaserngässel und Kreuzkaserngasse, ab 1806 auch Glocken(gießer)gasse, ab 1818 Schulplatz, schließlich Gefängnisgasse (o. D.).

Qu.: AB 1887 (Stand 1.11.1886). – StadtA, Straßenbenennung Nr. 27/1.

HEUMARKT, heute St.-Jakobs-Platz, vor 1781 – 1886.

Schon nach der Marktordnung von 1567 gab es u. a. auf dem weiten Anger einen Heumarkt. 1625 ist von einer neuen Heuwaage beim

Stadthaus am Anger (heute Teil des Stadtmuseums) die Rede. Seit 1781 findet man diesen Platz als »Heumarkt« bezeichnet. Am 25. September 1886 wurde er in St.-Jakobs-Platz umbenannt. Trotzdem wurde die Bezeichnung auch später noch verwendet, z. B. 1889 »Stadthaus am Heumarkt«, »Landwehrzeughaus am Heumarkt«.

Qu.: Schattenhofer, Märkte OA 109/1 S. 89. – Pläne 1781, 1837, 1852. – HB AV S. 291 zu St.-Jakobs-Platz 1 und 2. – StadtA, Straßenbenennung Nr. 40/2 (1886).

Des HEUTLEINS GASSEN, heute Nieserstraße, um 1382.

Im Jahr 1382 liegt das Haus des Wadler-Kaplans »in Ulrich des Heutleins gassen«, hinter dem Haus des Metzgers Hummel. Letzterer steht in den Steuerbüchern am Ende des Krottentals. Er muß der Lage nach zum Haus Rosental Nr. 11, Ecke Nieserstraße West, gehören. Des Heutleins Gasse ist demnach identisch mit der heutigen Nieserstraße.

Qu.: GB I 159/7, 8.

HINTERE ANGERGASSE und **HINTERER ANGER,** seit vor 1310 – nach 1561.

Siehe »Anger, hinterer«.

HINTERE IRCHERGASSE, – PRANNERSGASSE, – SCHWABINGER GASSE.

Siehe unter dem Hauptwort.

HIRSCHBRÄUGÄSSEL, heute Altheimer Eck, Ende 18. Jhd.

Der Name ist abgeleitet vom Haus Färbergraben Nr. 33, nördliches Eckhaus zum Altheimer Eck. Es gehört 1424 einem Peter Hirschhauser und wird um 1484 im Grundbuch erstmals das »Hirschhaus« genannt. 1490/1500 in den Steuerbüchern »Hirscheneck«. Seit mindestens 1551 gehört es jeweils einem Weinschenk oder Gastgeb, seit 1595 sind Bierbrauer auf dem Haus. Stimmelmayr nennt Ende des 18. Jahrhunderts die Gasse »Althamer Eck oder Hirschbräu Gäßl«. Sonst der Name nicht belegt.

Qu.: Stimmelmayr S. 70 Nr. 86/11. – HB HV S. 122/124.

HOCHBRÜCKENSTRASSE, seit 28.10.1873.

Benannt nach der 1872 abgebrochenen Hoch- oder ursprünglich »Horbrücke«, die den vom Radlsteg herkommenden und in die heutige Hochbrückenstraße weiterfließenden Kaltenbach überbrückte.

154 Hofbräuhausgäßchen

Frühere Straßenbezeichnungen im Streckenabschnitt der Hochbrückenstraße waren: Am oder auf dem Gern (1380), Ledererstraße seit 1381, Zwischen den zwei Bächen (1450), Einschütt (1531), am Bach (1767), Hafner-am-Gern-Gässel (Ende 18. Jhd.), bei dem Schleifer (1806), auch Ledererweg (o. D.). Benennung nach der Hochbrücke mit Magistratsbeschluß vom 28.10. 1873 bzw. Ministerialreskript vom 4.12.1873.

Qu.: StadtA, Straßenbenennung Nr. 31 (1873). – AB 1880 S. 172/173.

HOFBRÄUHAUSGÄSSCHEN, heute Bräuhausstraße, um 1866.

1866 wurde nach einem Aktenvermerk ein Teil des ehemaligen Malzmühlgäßchens dem »Hofbräuhausgäßchen« einverleibt. Einziger Beleg für diese Namensform der heutigen Bräuhausstraße.

Qu.: StadtA, Straßenbenennung Nr. 40/2a.

HOFGASSL, heute Altenhofstraße, vor 1489 – nach 1509.

Siehe »Altenhofgässel«.

HOFGASSE, heute Teil der Residenzstraße, um 1803.

Hübner nennt die heutige Residenzstraße »innere Schwabinger oder Hofgasse«, natürlich nach der Residenz.

Qu.: Hübner I (1803) S. 144.

HOFGRABEN, seit vor 1555.

Nach dem jetzt überbauten Stadtgraben an der Nordseite des Alten Hofes. Vorher nur »Graben« oder »vor« oder »hinter der Burg« (seit 1370), Burggraben (1393), Bei der Münz (1523), Bei der Hofmühl (1523/1543), Bei der Pfister (1570), Am Hofstall (1759) und Am Haberkasten (1806). Im Jahr 1555 wird die Straße gepflastert »auffm Hoffgraben«. Auch 1563 und 1570 der Name Hofgraben wieder belegt.

Qu.: KR 1555 S. 128r, 1563 S. 129r. – StB 1570, Fremde Ewiggelder S. 7.

HOFGRABEN, UNTERER, heute Pfisterstraße, um 1803.

Das Adreßbuch von 1803 (Hübner) nennt die heutige Pfisterstraße »Unterer Hofgraben«.

Qu.: AB 1803 S. 5.

HOFMETZGERGÄSSEL, heute Teil des Platzl, um 1586.

Siehe »Gässel, da man zu der Hofmetzg hineingeht«.

Bei der **HOFMÜHL**, heute Teil des Hofgrabens, um 1523 – 1543.

In den Jahren 1523 und 1543 werden »bei der Hofmühl« Straßenpflasterungsarbeiten durchgeführt. Die Hofmühle liegt in dieser Zeit am ehemaligen Pfisterbach, aber auf der westlichen Seite des Baches, der heutigen Hofpfisterei gegenüber, siehe »Pfisterstraße« und »Bei der Pfister«.
Qu.: KR 1523 S. 135r/v; 1543 S. 127r.

Am (Auf dem) **HOFSTALL**, heute Teil des Hofgrabens, seit vor 1759.

Name auf den Plänen von 1759 und 1781 überliefert. Benannt nach dem besser unter dem Namen Hauptmünzamt bekannten Gebäude Hofgraben Nr. 4, das in seinem ältesten Teil 1565 als Herzog Albrechts V. Marstall errichtet wurde. Das Erdgeschoß des Marstalls war für das Unterstellen von Wagen und Pferden bestimmt. In den oberen Geschossen befanden sich Wohnungen für Hofbeamte. Seit 1581 war auch die Kunstkammer Herzog Albrechts hier untergebracht. 1574 wird das Gebäude im Grundbuch als »fürstliche Stallung« bezeichnet.
Qu.: HB GV S. 105, 106.

Zwischen dem **HOFSTALL**, um 1806.

Die nur auf dem Plan von 1806 überlieferte Bezeichnung benannte einen Gang zwischen dem Hofstallgebäude (später Münzamt) und dem sog. Hexenturm, bzw. zwischen dem Hofstall und den im 19. Jahrhundert an dessen Nordflanke an der Maximiliansstraße vorgebauten Häuser Nr. 44 und 45, und damit parallel zur letzteren verlaufend. Heute ist die Stelle noch erkennbar an dem architektonisch abgesetzten Zwischenstück zwischen dem eigentlichen Eckhaus Maximiliansstraße 45 und dem Hauptmünzamt.
Qu.: HB GV S. 104/105, Abb.

HOFSTATT, seit vor 1369.

Bis ins 15. Jahrhundert des »Schleißbecken Hofstatt« genannt, nach einer Adelsfamilie, die sich nach dem Ort Schleißbach nannte. Dahinter verbirgt sich nichts anderes als das heutige Mainburg in der

Hallertau. Schleißbach war das 825 schon urkundlich belegte Dorf, bei dem dann eine erstmals 1270 erwähnte Burg errichtet wurde. Die Burg wurde Mainburg genannt. Der Name Schleißbach kam dann außer Gebrauch und das gesamte Gemeinwesen aus Burg und Siedlung erhielt den Namen Mainburg. Es wurde um 1270 ein Schergenamt des herzoglichen Gerichts Vohburg, um 1361 ein eigenes Pfleggericht mit Sitz auf der Burg Mainburg.

Ein Herwig der Slaespech ist am 2. Oktober 1297 Stadtoberrichter von München, ebenso wieder am 6. März 1299. 1302 ist Hartwig Richter zu Kitzbühel, 1303–1305 Richter von Wolfratshausen. Wahrscheinlich hat sich die Familie schon um 1297 in München niedergelassen und vielleicht schon auf der nachmals nach ihr benannten Hofstatt. Sie lag gleich außerhalb der sog. Heinrichsstadt, in dem »Altheim« genannten Bezirk im Hacken, der um diese Zeit gerade dabei war, im Zuge der Stadterweiterung in die Stadt einbezogen zu werden. Die Familie blieb hier ansässig. 1320 findet sich in der Kammerrechnung ein »Slaezpekus« erwähnt, 1329 ein »dominus H(einricus) Slaespech« als Treuhänder. Heinrich folgt schließlich seinem Vorfahren und vielleicht Vater Hartwig/Herwig im Amt des Münchner Stadtoberrichters: am 29. Juli 1330 ist auch er als solcher belegt. 1332 ist Herr Heinrich der Slaespeck Zeuge, 1338 und 1340 steht er in der Kammerrechnung und wird am 3. Mai 1340 als Richter zu Kufstein genannt. Er starb im Jahr 1343. Sein Grabstein (miles Hainricus Schlaispekch) befand sich in der Augustinerkirche. Die Slaezpechin, die 1345 in der Kammerrechnung vorkommt, dürfte seine Witwe gewesen sein, der folgende Thoman Schleißbeck sein Sohn.

Thoman ist 1348 Richter zu Tölz. Am 8. Januar 1366 erfahren wir von weiteren Familienmitgliedern: seiner Schwester, der Witwe Elspet der Moosburgerin, deren Sohn Jörg Moosburger und ihrer Tochter Katrein. Am 9. April 1369 wird erstmals »des Slaispechen hofstat« im Gerichtsbuch genannt, 1370 ein halbes Haus bei den Augustinern auf dem Graben. Thoman ist wohl um 1366 gestorben.

1369 beginnt das Steuerbuch seine Eintragungen unter der Überschrift »Altheim« mit dem »domus Slaespechi«, dem Haus des Schleißbeck. Die domus-Kennzeichnung bedeutet immer, daß der Hauseigentümer entweder nicht mehr lebt oder nicht in München lebt. 1370 steht auch tatsächlich seine Witwe (relicta) Slaespeckin hier. Sie scheint kurz darauf ebenfalls gestorben zu sein; denn ab 1371 bis 1378 beginnen die Eintragungen zu »Altheim« mit der Witwe Moosburgerin, also der 1366 auch schon verwitweten Tochter Elspet des Ritters Thoman Schleißbeck. Ihr gesellt sich 1379 ihr Sohn Jörg Moosburger an die Seite, der, nachdem sie 1381 gestorben war, Alleineigentümer dieses Hauses wurde. Wir finden ihn noch bis 1394 im Steuerbuch, 1395 wurde er zwar noch eingetragen, aber wieder getilgt. »Des Schleißbecken Hofstatt« oder »der Schleißbeckin Hofstatt« wird die Hofstatt aber noch bis weit ins 15. Jahrhundert hinein genannt, so 1417, 1422 und 1437 (des Slechten Hofstatt). Erstmals 1414 nennt man den kleinen Bezirk nur noch »Hofstatt«.

Die Familie findet man im übrigen auch als Bürger anderer Städte, so von Landshut, wo 1358 ein Konrad Slaespeck als solcher vorkommt, viel früher jedoch schon, um 1300, neben München auch als Bürger von Kitzbühel und im 14. Jahrhundert als Bürger von Hall und Kufstein. Hertwig Slaeizbech führt am 24. Februar 1299 sogar das Wappen in seinem Siegel, das ab 1362 das Stadtwappen von Kitzbühel ist (ein Kitz auf einem Bichl oder eine Gemse und ein Berg). Als Richter von Kufstein (1293–1308 nachweisbar) führt er das Wappen dieser Stadt: eine Kufe am Berg.

Da zwei Mitglieder dieser Familie Stadt(ober)richter gewesen sind und damit Vertreter des Stadtherrn, mag eine Bemerkung von Stimmelmayr interessant sein. Er sagt: »Diese Hofstatt soll vor Zeiten der Richtplatz für Maleficanten gewesen sein.« Auch Burgholzer und Hübner kennen diese Annahme mancher Autoren, ziehen es aber vor, in diesem Platz nur einen Hofraum oder einen Bauhof (Bauplatz) zu sehen. Lipowski lehnt die These ebenfalls ab, daß die Hofstatt einst Richtstätte gewesen sei.

Obwohl Stimmelmayrs Deutungen historischer Fakten, je weiter sie in die Vergangenheit zurückgehen, desto mehr in das Reich der Fabel verwiesen werden müssen, könnte in diesem Fall ein Kern Wahrheit in ihnen liegen; denn irgendwo vor den Toren der Stadt muß es ja auch schon vor der Stadterweiterung einen Richtplatz gegeben haben. Manches spricht dafür, daß er auch in dieser Zeit schon vor dem Westtor der Stadt lag, wie dies auch später – bis ins 19. Jahrhundert – der Fall war. Es ist aber kaum anzunehmen, daß er schon so weit außerhalb der Stadt lag, daß er nach dem Vorschieben der Stadtmauer nach Westen bis an das Neuhauser Tor (Karlstor) an seinem Platz hätte liegen bleiben können. Er dürfte wohl hart jenseits des Kaufingertores gelegen haben und dann irgendwo seitlich der heutigen Neuhauser Straße. Bezeichnenderweise hat die Armesünderglocke auch nach der Stadterweiterung immer noch auf dem Kaufingertor geläutet, wenn ein Delinquent durch das Stadttor auf den Richtplatz geführt wurde, und nicht etwa vom nunmehrigen neuen Stadttor (Neuhauser Tor)(vgl. Westenrieder und »Schöner Turm« im Kapitel über »Tore und Türme«). Man hat die Armesünderglocke und mit ihr die Tradition nicht verlegt, sondern am angestammten Platz belassen.

Da nach dem Rudolfinum von 1294 der Stadtrichter den Blutbann ausübte, darf man annehmen, daß es auch schon eine Richtstatt und wahrscheinlich auch einen Henker gab. Das um 1310/12 angelegte Satzungsbuch B spricht in einem Eintrag des Stadtschreibers Martin Frey, also in der Zeit vor 1315, auch vom »henkchen«. Ein »jugulus« (wörtlich: Halsabschneider) wird in der Kammerrechnung zum Jahr 1319 erstmals genannt.

Es wäre durchaus denkbar, daß sich der alte Richtplatz in der Gegend der heutigen Hofstatt befand, daß er anläßlich der Stadterweiterung gegen Ende des 13. Jahrhundert der Besiedlung weichen mußte und damit weiter nach Westen und vor die Stadt hinaus verschoben wurde und daß der alte Richtplatz veräußert wurde oder vom Eigentümer, dem Landesherrn, einem seiner Dienstmannen oder Beamten übertragen/geschenkt/verkauft wurde. Ein Mann bzw. eine Familie, die ohnehin generationenlang im Richteramt, unter anderem in München selbst, tätig war, mag sich geradezu angeboten haben. Sie hatte vielleicht auch die nötige Portion Unbefangenheit diesem Grundstück gegenüber, das als Hinrichtungsstätte vielleicht nicht jedem Außenstehenden behagt haben würde. Auch die eigenartige Bebauung des Grundstückes könnte in dieses Bild passen. Sie legt die Häuser in einem Kreis um eine freie Innenfläche herum, geradeso als hätte man eine Scheu davor, auf diese Fläche ein Haus zu setzen.

So könnte es durchaus auch von Bedeutung sein, daß eines der beiden Eckhäuser am Eingang zur Hofstatt schon zu Beginn des 15. Jahrhunderts mit dem Namen »Rabenstein« belegt ist, vgl. bei den Hausnamen. Zedler schreibt dazu in seinem Universal-Lexikon: »Raben Stein oder Köpffstatt ... wird insgemein, sonderlich in Sachsen und Thüringen, derjenige Ort genennet, welcher ausserhalb der Stadt und mehrentheils nicht weit vom Galgen, zu Bestraffung derer Missethäter, welche geköpffet oder mit dem Schwerdte vom Leben zum Tode gebracht werden sollen, von Steinen oder Mauer-Werck auffgeführet ist. Und ist kein Zweifel, daß solcher ein unverwerffliches Zeugniß von der hohen und peinlichen Gerichtsbarkeit ablegt.« Zwar ist es in unserem Fall nicht sicher, ob das Haus seinen Namen von einem Besitzer Rabenstein führt, oder umgekehrt der Besitzer den Namen vom Haus. Im Auge behalten sollte man den Tatbestand aber durchaus.

Es mag offen bleiben, ob damit auch die Einhegung (Hacken!) von Grundstücken in dieser Gegend zusammenhängen könnte, vielleicht zunächst überhaupt nur die Einhegung und damit Ausgrenzung des Richtplatzes aus einem anderen, größeren Areal.

Offenbleiben muß außerdem, welche Folgen dies für die Deutung des »Altheim«-Problems hat; denn Altheim ist zu Vörderst die Hof-

Abb. 16: *Die Hofstatt um 1910.*

statt des Schleißbecken, mit dem Gässel »hinter des Schleißbecken Hofstatt«, also der Hottergasse. Erst im weiteren Verlauf dehnt es sich dann auf die Südseite des heutigen Altheimer Ecks aus. Das Auftreten einer Adelsfamilie im Dienst des Stadt- und Landesherrn legt die Vermutung nahe, daß es sich hier auch um Besitz aus seiner Hand handeln könnte.

Qu.: Artikel »Mainburg« in: Historische Stätten, Bayern. – Solleder S. 323. – HStA, KU Altenhohenau 5 (1297), KU Fürstenfeld 224 (1330), KU Angerkloster München 248 (1366) (= MB 21 S. 174). – StadtA, Hist. Verein von Obb. U 5486 (1299). – MB 7 S. 231 (1303), 18 S. 338 (1417), 366 (1422), 19a S. 415 (1437). – Dirr S. 46, 271, Art. 204. – RB VII 279 (1340). – Geiß OA 28 S. 42, 45, OA 26 S. 153, 135. – KR 1318/25 S. 11r (1319), S. 45v (1320), 1325/46 S. 30r, 132v, 143r, 223r. – StB seit 1369. – GB I 4/4 (1369), 9/16 (1370), III 149/4 (1414). – Vogel, Heiliggeistspital U 59 (1332). – Kloos, Inschriften Nr. 7. – Herzog, Landshuter UB Nr. 662, 669 (1358). – Stimmelmayr S. 74 Nr. 89/10. – Burgholzer (1796) S. 317. – Hübner I (1803) S. 95, 318. – Lipowski II (1815) S. 338. – Dörrer S. 47/48. – R.v.Bary S. 278/79. – Großes Universal- Lexikon aller Wissenschaften und Künste ..., verlegt von Johann Heinrich Zedler, 29. Bd., Leipzig/Halle 1741, Sp. 462.

Des **HOLZMÜLLNERS GÄSSEL**, heute Eisenmannstraße, vor 1536 – nach 1587.

Name 1536 in der Kammerrechnung stehend, als die Straße gepflastert wird, ebenso im Jahr 1545 und 1551 usw. Benannt nach dem Brauhaus des Peter Holzmüller im Haus Neuhauser Straße 14, Ecke Eisenmannstraße West, wo er seit 1500 im Steuerbuch zu finden ist. Das Haus wird auch Holzmüller-Eck genannt. Letzter Beleg für den Straßennamen aus dem Jahr 1587.

Qu.: KR 1536 S. 152v, 1545 S. 127r, 1551 S. 127v, 128r, 1587 S. 153v.

HOTTERGÄSSEL bei der neuen Veste, heute Teil der Residenz, um 1394 – 1400.

In den Jahren 1394 und 1400 liegen mehrere Häuser »in dem Hottergässlin bey der newen vest«. Die Lage der Häuser nach den Steuerbüchern weist aus, daß es sich bei dem einen Haus um ein Eckhaus an der Ostseite der heutigen Residenzstraße, Ecke Hottergasse, handeln muß. Es gehört jahrzehntelang einem Konrad Raener. Das nächste Haus nach ihm gehört bereits in einen Bezirk, den die Steuerbücher von 1394 und 1395 als »Burgstall« ausweisen. Die Hottergasse führt also von der Residenzstraße aus, der Anzahl der Steuerzahler und Häuser auf dieser Straßenseite nach, etwa in Höhe der heutigen Einfahrt in den Kaiserhof (nördliches Löwenportal) zum ehemaligen Burgstall, der sich von da aus bis herüber zum Franziskanergarten erstreckte, und damit bis zum heutigen Königsbau am Max-Josephs-Platz.

Der Name Hottergasse nicht geklärt. Vielleicht derselbe Namengeber wie bei der Hotterstraße im Hacken-Viertel.

Ein früherer Name für die Viscardigasse ist dieser Name auf keinen Fall gewesen, wie in der Literatur immer wieder behauptet wird; denn diese Hottergasse folgt in den Steuerbüchern erst hinter dem Straßenseitenwechsel der Steuereinnehmer beim Schwabinger Tor. Sie kann also nicht auf der Westseite der Residenzstraße gelegen haben, sondern gehört eindeutig auf ihre Ostseite. Dafür ist aber diese Hottergasse gemeint mit dem Gässlein bei der Viechtreiberin, in dem ein Stadel liegt, der 1369 verpfändet wurde.

Qu.: GB II 69/13, 76/3 (1394), 155/11 (1400).

HOTTERSTRASSE, seit vor 1377.

Die Straße heißt anfangs nur »Gässlein hinter des Schleißbecken Hofstatt«, womit die heutige Hofstatt gemeint ist, siehe dort. So kommt die Gasse seit 1369 vor. Ein Eintrag des Jahres 1372 im Gerichtsbuch gibt Aufschluß über die Herkunft und Bedeutung des Namens. In diesem Jahr gibt Peter, Herrn Läutweins Sohn, sein Haus auf. Dieses ist gelegen »hinter des Slaespechen hofstatt auf dem gaertten, der dez Chodens ist gewesen«. Es wurde also erbaut auf einem Garten eines Mannes namens Chod oder Hot. Wenige Jahre später – im Jahr 1377 – findet sich dann für diese Gasse erstmals der Name »Hotergaezzel«. Damit hat dann auch Hübner durchaus richtig vermutet, wenn er an einen Personennamen dachte (das Gäßchen »hieß damahls Hodergäßl, von einem Nahmens Hoder«).

Ein weiterer früherer Name lautet 1377 »in dem grünen Ängerlein«.

Sonst meist »Gässlein hinter des Schleißbecken Hofstatt« (1369), »Gaesslin bey maister Hans dez artz haws« (1395), aber auch »hinter dem Staepflin in dem Gässel« (1373/75) muß sich hierher beziehen, wie die vorkommenden Namen ausweisen. Der Staepflin muß zu Färbergraben 31 gehören (Ecke Hotterstraße).

Spätere Varianten beruhen auf Unverständnis, Hör- oder Schreibfehlern, so 1415 Lotergässel, 1484 Huetergassen, 1553 Hodergäßl oder 1582 Hadergässl (alle in den Steuerbüchern).

Die Hotterstraße war ursprünglich eine Sackgasse, mit Zufahrt vom Altheimer Eck aus (vielleicht auch von der Hackenstraße aus, aber dann ebenfalls als Sackgasse). In der Gasse hatte bis zur Mitte des 15. Jahrhunderts der Ritter Stephan der Schmiecher eine Hofstatt, die vorher seinem Schwiegervater gehört hatte. Auf dieser Hofstatt hat es dann gebrannt und die Stadt nutzte die Gelegenheit und kaufte im Jahr 1451 diese Brandstatt für 20 Pfund und 40 Pfennige, um »eine gemeine gasse« daraus zu machen. Erst jetzt wurde die Hotterstraße durchgestochen und zu einer öffentlichen Durchfahrtsstraße.

Seit 1545 unterscheidet man ein hinteres und ein vorderes Hottergässel (StB). Außerdem gibt es zeitweise ein weiteres Hottergässel bei der neuen Veste, siehe dort.

Qu.: GB I 6/1 (1369), 21/16 (1372), 35/12, 13 (1373), 64/4 (1375), 83/5 (1377). – KR 1451 S. 58v. – StadtA, Zimelie 19 S. 55v (1455). – Hübner I (1803) S. 95, 322. – Muffat, Münchens ... Straßen S. 31.

HÜHLOCH, heute Teil des Platzl, um 1781.

Siehe »Kühloch«.

❏ Des **HÜRN GÄSSEL,** bei Neideck, um 1379 – 1385.

»An dem alten Hürn« liegt schon 1379 ein Grundstück. Ebenso dann eines 1385 »in des Hürn gässel pei Neideck« und 1383 ein Haus »in dem gaesslin gen dem Hürn (über)«. Die Mühle Neideck, spätere untere Kaiblmühle, lag in der Buttermelcherstraße 16.

Qu.: GB I 106/9 (1379), 173/5 (1383), 215/15 (1385).

HUNDSGASSE, heute Teil der Hackenstraße, um 1471.

In der angegebenen Zeit wurden Straßenpflasterungsarbeiten in dieser Gasse durchgeführt. Zweifellos handelt es sich um den auch »Hundskugel« genannten Teil der heutigen Hackenstraße.

Qu.: KR 1471/72 S. 107v.

Bei der **HUNDSKUGEL,** heute Teil der Hackenstraße, vor 1455 – 1904.

Bei der Hundsgugel wird 1455 ein neuer Brunnen gegraben. Seither häufig als Straßenname verwendet, so u. a. 1781 auf der Stadtkarte. Im 19. Jahrhundert gehören 7 Häuser zu dieser Straße. Sie wurden mit dem 1.1.1904 zur Hackenstraße geschlagen. Der Name ist vom Bad mit dem Namen Hundskugelbad abgeleitet (Hackenstraße 14). 1471/72 auch Name Hundsgasse, Ende 18. Jahrhundert Hundskuglgasse. Der Stadtplan von 1806 hat nur »Hundskugel«.

Qu.: KR 1455 S. 75v. – StadtA, Straßenbenennungen Nr. 27/1. – Pläne 1806 ff.

HUNDSKUGLGASSE, heute Teil der Hackenstraße, Ende 18. Jhd.

Nur Stimmelmayr überliefert Ende des 18. Jahrhunderts den Namen in dieser Form, vgl. »Bei der Hundskugel«.

Qu.: Stimmelmayr S. 67 Nr. 83.

INNERE PRANNERSGASSE, - SCHWABINGER GASSE.
Siehe unter dem Hauptwort.

INNERER GRABEN, seit vor 1289.
Siehe »Äußerer Graben«.

IRCHERGASSE, heute Ledererstraße, vor 1371 – nach 1776.
Siehe »Ledererstraße«.

IRCHERGASSE, HINTERE, heute Bräuhausstraße, um 1389.

Am 6. Januar 1389 hat der Seidel Ircher zwei Häuser vom Heiliggeistspital »an der hinteren Irchergasse« verliehen. Es dürfte sich dabei um die heutige Bräuhausstraße handeln. In den Steuerbüchern steht vor dem Seidel Lederer oder Ircher eine Häusergruppe, die mit »bei der Mauer« überschrieben ist und damit zur heutigen Marienstraße gehört. Im Anschluß daran folgen die Häuser in der Bräuhausstraße, soweit es sich nicht um Hinterhäuser zu den Häusern an der Ledererstraße handelt. Der Name »hintere« Irchergasse ist nur dieses eine mal belegt. Die »vordere« Ledererstraße, die eine »hintere« voraussetzt, kommt allerdings auch in späterer Zeit öfter vor.
Qu.: Vogel, Heiliggeistspital U 172a.

ISARWINKEL, heute nicht mehr vorhandener Teil der Dultstraße, vor 1655 – nach 1823.

Der Isarwinkel war die heute nicht mehr vorhandene Fortsetzung der nördlichen Häuserzeile der Dultstraße, bis zum Eck des heutigen Stadtmuseums. Der Name gibt Rätsel auf. Die Isar ist weit von hier entfernt. Wie also kommt sie an dieser Stelle in einen Straßennamen? Schon der erste Beleg stiftet Verwirrung: 1655 liegt ein Ewiggeld »auf des Adam Lohners Peckhens und gemeiner Stadt Behausung in dem Isarwinckhl«, so laut Steuerbucheintrag über »Fremde Ewiggelder«. Der Eintrag läßt vermuten, daß der Bäcker Lohner und die Stadt München gemeinsam ein Haus im Isarwinkel besitzen. Tatsächlich aber besitzt Adam Lohner vom 24. September 1619 bis 9. August 1661 das Bäckerhaus Tal Nr. 47*, später Thorbäcker genannt, also das zweite Haus vom Isartor aus stadteinwärts

164 Isarwinkel

auf der Südseite des Tal. Der Stadt hat dieses Haus nie gehört und in der Gegend des Isarwinkel liegt es auch nicht. Offenbar hat man es mit zwei Häusern zu tun und nur das zweite – Gemeiner Stadt Behausung – liegt im Isarwinkel. Es müßte sich dann um das Zeughaus und den Getreidekasten der Stadt mit Marstall (heute Stadtmuseum) handeln. Das Zeughaus liegt wirklich am Isarwinkel. Seltsam ist nur, daß die Stadt ein Ewiggeld (Hypothek) auf dem eigenen Haus haben soll und dieses Ewiggeld gemeinsam mit einem solchen auf einem Privathaus verbucht wird.

Oder sollte sich der Eintrag gar nicht auf ein Haus in München beziehen, sondern auf eines im Isarwinkel im Voralpenland? Für diese Gegend kommt der Name erstmals am 16. November 1413 vor (»wie die paurschaft in dem Iserwinkel«), bahnt sich aber schon früher an, so nach einem Beleg vom 14. August 1401 (»die von Toltz und der winkel daselbst ... fur den Val herein pis gen Rüss«). Hierher pflegt die Stadt lebhafte Beziehungen: Im Jahr 1498 wird der Kotzberg im Isarwinkel im Landgericht Tölz zum Abkohlen des Holzes für die Kohlegewinnung freigegeben; im Jahr 1527 kauft sie für 2107 Gulden und 11 Pfennige 543 Rinder »jm Yserwinckl, Rosenhaim und annderswo«. Daß der Eintrag von 1655 in dem Kapitel über Fremde Ewiggelder steht, spräche dafür. Der Eintrag hätte in diesem Fall mit dem Isarwinkel am Anger überhaupt nichts zu tun und der früheste Beleg für diesen Namen wäre dann ein Schreiben von 1665 (»im Iserwünckhl yber den pach«) und dann wieder Stimmelmayr Ende des 18. Jahrhunderts.

1806 und 1808 stehen die Häuser Dultstraße 6, 5, 4*, 3* – sie lägen heute auf der Fahrbahn des Oberanger –, unter der Überschrift »Im Isarwinckel« in den Steuerbüchern. 1806 findet sich auch auf dem Plan »Am Isarwinkel«. 1823 stehen diese Häuser im Adreßbuch unter »Dultstraße«, und »Isarwinkel« ist nur noch ein Wirtshausname »Zum Branntweiner am Isarwinkel«.

Stimmelmayr bezieht den Namen auf das Badhaus »Am Isarwinkl«. Gemeint ist damit das ehemalige Scharfenbad oder Scharppenbad, Dultstraße 3*, und auch Rambaldi schreibt, das frühere Ehaft-Bad Dultstraße 3* sei »Isarwinkel-Bad« genannt worden. Er hat dafür aber ebensowenig einen Beleg wie für die Bezeichnung »Scharwinkel«, die für diese Gegend einst gebräuchlich gewesen sei. Doch führt dieser Name wahrscheinlich weiter. Er könnte eine aus Unwissenheit geborene Verbalhornung sein. Noch 1597 wird Hans Widman »Scharfenbader« genannt. Der Name wurde nicht mehr verstanden; denn die Baderfamilie Scharpp oder Scharpf gab es seit dem 14. Jahrhundert nicht mehr. Man machte aus Scharppwinkel oder Scharffwinkel einen Scharwinkel und daraus sogar einen Isarwinkel.

Abb. 17: *Der Isarwinkel (Dultstraße) um 1860. Rechts das Zeughaus (Stadtmuseum).*

Der Winkel ist erklärbar: das letzte Haus dieser Häuserzeile ist das ehemalige Badhaus Dultstraße 3*. Die nördliche Häuserzeile der Dultstraße floh von der Einmündung in den Oberanger an nach Norden zurück, so daß die Häuserzeile nicht auf das Eck des Zeughauses (Stadtmuseum) zulief, sondern erst zwischen dem ersten und zweiten Fenster des Zeughauses auf dieses getroffen hätte, wenn da nicht noch der große Angerbach dazwischen gewesen wäre. Er bildete etwa den heutigen Gehsteig am Stadtmuseum vorbei Richtung Rindermarkt. So entstand also zwischen Dultstraße 3* und dem

Zeughaus ein rechter Winkel, durch den der Bach floß und vor der Ecke des Zeughauses eine kleine Roßschwemme bildete.

Qu.: HStA Mü, KU Benediktbeuern Nr. 335 (1413). – MB 35/2 S. 431 (1498). – KR 1527 S. 104r. – StB 1655, Fremde Ewiggelder S. 12. – StadtA, Urk. A VII e Nr. 365 (1401), Tiefbau Nr. 73 (1665). – StB 1806 S. 20v, 1808 S. 19. – Stimmelmayr S. 85 Nr. 99/14, 17, S. 88 Nr. 102/5. – AB 1823 S. 20. – Rambaldi Nr. 134. – Hans- Heinrich Vangerow, Vom Stadtrecht zur Forstordnung. München und der Isarwinkel bis zum Jahr 1569, = Miscellanea Bavarica Monacensia, Heft 66, München 1976.

JÄGERGÄSSEL, heute Kapellenhof der Residenz, vor 1453 – um 1586.

Häuser am Jägergässel in der Vorderen Schwabinger Gasse (Residenzstraße) gibt es bereits 1453, als die Stadt hier die Straße pflastern läßt. Die dort stehenden Häuser – es sind offenbar drei Stück – werden teils 1586 (Residenzstraße 1 Haus G und H), teils 1574 (Haus J) vom Herzog angekauft, das Eckhaus F, vorne an der Residenzstraße (etwa die »Ecke« zum Kapellenhof-Eingang Süd) wird ebenfalls 1586 angekauft. Die andere Ecke, Haus K, war das fürstliche Jägerhaus, von dem die Gasse ihren Namen hatte. Es befand sich schon lange vorher in herzoglicher Hand.

Die Gasse führte zum sog. Jägerpühel (siehe dort), dem Abhang von der heutigen Residenz zum Marstallplatz hinunter, heute etwa beim oder hinter dem Brunnenhof. Zeitweilig auch Name Nußdorfergässel gebräuchlich, so 1568. Noch 1584 läßt die Stadt »im Jägergässel« die Straße pflastern. Dann geht es in den Residenzneubauten unter Wilhelm V. (2. Bauperiode) entlang der Schwabinger Gasse auf. Im Kapellenhof, einem gassenartig-schmalen Hof, ist es jedoch erhalten geblieben.

Qu.: KR 1453 S. 114v, 1584 S. 141v. – RP 1528 S. 62r (zu 1487 ff.). – Biller/Rasp 31. Tausend S. 95. – HB GV S. 272, 273.

JÄGERPÜHEL, heute Teil der Residenz, vor 1518 – nach 1603.

Bühel, Pühel oder Bichl ist ein Hügel, hier die Gegend um den heutigen Brunnenhof der Residenz, am Abhang zum heutigen Marstallplatz, zu dem von der Residenzstraße aus das Jägergässel führte, siehe dort. Vom Jägerpühel aus führte offenbar ein Tor hinunter auf den heutigen Marstallplatz, falls nicht mit dem 1574 genannten »Tor beim Jägerpühel«, bei dem das Haus Residenzstraße 1 Haus J liegt, ein Südtor zur Neuveste gemeint ist.

Der erste Beleg für den Namen findet sich 1518, ab 1587 auch »Herzogs Jägerpüchel«, letztmals 1603 im Steuerbuch. Dann ist er in der 3. Bauperiode in den Residenzbauten aufgegangen.

Die Baustelle des Antiquariums befindet sich ab 1570 auf dem Jägerpühel. Bis hierher reichte auch der Garten des Franziskanerklosters, das zum Bau des Antiquariums einen Teil dieses Gartens abtreten mußte. Es erhielt seit 1570 alljährlich 100 Gulden als Entschädigung (»den Parfotten alhie, nachdem innen aines tails an irem garten zu dem Neuen Pau und zu den Antiquiteten genommen worden, zu einer ergetzlichkeit, jerlichen auf Michaeli 100 fl.« (1570), »den Parfotten ... 100 fl. für den bau auf dem Jägerbichl« (1571), »den Parfotten alhie, nachdem inen aines thails an irem garten zu dem Neuen Pau genomen worden auf dem Jägerpichel« (1572)). Der Hofwagner erhält 1570 »umb arbait von wegen des baues auf dem Jägerpüchl« 23 Gulden und der Hofbaumeister Wilhelm Oegckhl über 291 Gulden »bezalt hinaus von der frstl. salpau der Neuen Vest«. 1574/75 kauft der Herzog von zwei Bürgern deren Häuser »aufm Jägerpüchl« um 2000 Gulden und 50 Gulden Leikauf (Residenzstraße 1 Haus J).

Qu.: HStA, Kurbaiern U 16476 (1574), GU Mü 624 (1518). – KR 1573 S. 128v. – Hartig, Künstler S. 352 Nr. 764, S. 353 Nr. 768, S. 355 Nr. 776, S. 356 Nr. 779, S. 365/66 Nr. 808, S. 368 Nr. 819 (nach Hofzahlamtsrechnungen). – StB. – HB GV S. 273.

JESUITENPFLASTER, heute Ettstraße, vor 1759 – nach 1803.

Name auf den Plänen von 1759 und 1781 und bei Hübner belegt, demzufolge »die Weite Gasse auch Jesuitenpflaster genannt« wurde. Abgeleitet ist der Name von Jesuitenkirche und -konvent, die die ganze Westseite der Straße einnehmen.

Qu.: Hübner I (1803) S. 244. – Plan von de Grooth 1759, Plan 1781.

JESUITERGÄSSEL, heute Ettstraße, um 1572/82.

Name abgeleitet von den Jesuiten, die bei Anlage des Grundbuchs um 1575 bereits ein Haus an der Ecke Neuhauser Straße/Ettstraße hatten, allerdings auf der Ostseite, angebaut an die Augustinerkirche. Auf dem Stich von Stridbeck, um 1700, ist es nicht mehr zu sehen, das Sandtner-Modell zeigt es aber genauso wie es das Grundbuch aufführt. Das Häuserbuch hat das Haus – mitsamt Hinterhaus – unterschlagen. Im Grundbuch steht zu dem Haus folgender Text: »Der Augustiner Closter an dem gässl gelegen. Anyetzt aber ist das Egg am gässl (gegen der von Schefftlarn Haus über gelegen) der väter von der Societet Jesu Schuelhaus und wohnung und geht von der Neuhauser gassen hindurch durch das gässl an die Eng gassen gar hinaus«. Gemeint ist das 1559 von Herzog Albrecht gegründete Jesuiten-Gymnasium.

Das Haus gehörte also ursprünglich zum Augustinerkloster, diente aber um 1575 den Jesuiten als Schulhaus und Unterkunft, bis ihr eigenes großes Domizil, Kirche und Konvent, auf der gegenüberliegenden Straßenseite der Ettstraße, errichtet wurden. Baubeginn war 1583. Die Schule bezog 1589 ihre neuen Räume.

1572 wird »im Jhesuitergässel« die Straße gepflastert. Am 26. September 1582 kommt das Jesuitergässlein noch einmal vor, als das Kloster Schäftlarn sein Haus zwischen der Neuhauser und der Engen Gassen (Maxburgstraße) einerseits und dem Jesuitergässlein und dem Staudhamerschen Bräuhaus (sowie einem Benefiziatenhaus) andererseits an Herzog Wilhelm V. verkauft »zur neu zu erbauenden Kirche der Gesellschaft Jesu« (Kaufpreis 2700 Gulden).

Qu.: GruBu 1575 S. 95v. – HStA, Kurbaiern U 24 515 (1582). – KR 1572 S. 132r (18. Mai). – HB KV S. 172 mit Abb.

JÖRG MÜLLNERS GÄSSEL, heute Dürnbräugasse, um 1489 – 1506.

In den Jahren 1489, 1490 und 1506 wurden »in Jorgen Mullners gassel« bzw. »Jorg Mullners gassl im Tal« Straßenpflasterungsarbeiten durchgeführt. Jörg Müllner war Bierbräu und es gehörte ihm die Brauerei, die später unter dem Namen Dürnbräu bekannt wurde.

Das genannte Gässel ist also die heutige Dürnbräugasse. Jörg Müllner findet sich nach den Steuerbüchern von 1486 bis 1496 auf der Brauerei.

Qu.: KR 1489 S. 108r, 1506 S. 146r. – Stahleder, Bierbrauer OA 107 S. 116.

JOHANNESGÄSSEL, heute Singlspielerstraße, Ende 18. Jhd.

Siehe »St.-Johann-Nepomuk-Gässel«.

JOSEPHSPITALSTRASSE, seit vor 1781 (nach 1614/26).

Benannt nach dem 1614 als Altersheim und Krankenhaus von Melchior Pruggsperger gestifteten und 1626 von Kurfürst Max I. übernommenen Josephspital.

Erstmals nennt die Stadtkarte von 1781 die Gasse »St.-Joseph-Spital-Gaß«. Stimmelmayr überliefert Ende des 18. Jahrhunderts den Namen »Josephspital Gasse« ebenfalls.

1368–1808 Brunngasse, seit um 1781 Josephspitalstraße.

Qu.: Münchens Straßennamen. – Stimmelmayr S. 62 Nr. 77/5, 6, S. 64 Nr. 79.

JUDENGÄSSEL, heute Teil des Marienhofs, 1380 – nach 1524.

Die Judengasse war die Verlängerung des Albertgäßchens quer über den heutigen Marienhof. In dieser Gasse entstand im Jahr 1380 die Synagoge (Gruftstraße 1). Spätestens seit dieser Zeit war die Gasse das Wohnquartier der Münchner Juden, bis zu ihrer Vertreibung im Jahr 1442. Der Name Judengasse findet sich erstmals ebenfalls im Jahr 1380 und hält sich bis mindestens um 1524.
In anderen Städten läßt sich gleiches beobachten. In Augsburg ist der Name Judengasse am 24. Februar 1361 erstmals belegt.
1372 ist hierher zu ziehen die Bezeichnung für die Lage eines Hauses »hinter dem Stupfen in dem Gaezzel«. Dem Stupf gehörte das Haus Weinstraße 14, an der Südecke zur Gruftstraße (Judengasse). Seit 1452 Name Neustiftgässel, seit 1714 Gruftgässel.

Qu.: GB I 126/5 (1380), 22/14 (1372). – HStA GU Mü 675 (1524). – Stahleder, Juden S. 28. – Augsburger Stadtlexikon S. 190.

KALTENECKER GÄSSEL, heute Karmeliterstraße, Ende 18. Jhd.

Benannt nach dem Kaltenecker-Bräuhaus, Promenadeplatz 21, Ecke Karmeliterstraße Ost. Name bisher nur bei Stimmelmayr Ende des 18. Jahrhunderts nachgewiesen.

Qu.: HB KV S. 239/241. – Stimmelmayr S. 30 Nr. 49, 50.

KAPELLENSTRASSE, seit vor 1818.

Die Straße führte zu einer 1597 geweihten und 1870 aufgelassenen Kapelle in der Herzog-Max-Burg.
1384 Gässel bei der Engen Gasse, 1388 Gässel an der Neuhauser Gassen, 1397 oberes Gässel an der Neuhauser Gasse in Unser Frauen Pfarr, 1415 Gässel, da man an die Enge Gassen geht, 1491 des Withauffen Gassel, 1526–1544 Gilgengässel, 1541 Klein Gässel, 1544–1592 Stei(n)dls- oder Steudlsgasse, 1552–1595 Brunngasse, dann wieder nur Gässel oder kleines Gäßchen genannt, so seit 1622. 1781 Herzog-Max-Gaßl, Ende des 18. Jahrhunderts Schlossergässel, Westenrieder nennt sie 1782 »ein kleines Gäßchen, von welchem man die Residenz (= Maxburg) sieht« und Hübner »zwei enge Gäßchen«, wobei er mit der zweiten die heutige Herzog-Max-Straße meint. 1806 nennt man sie Eisenbrecher-Gäßchen, 1818 Kapellenstraße.

Qu.: Westenrieder (1782) S. 32. – Hübner I (1803) S. 244. – AB seit 1818. – Stahleder, Bierbrauer OA 107 S. 89.

170 Kapfelberger

❏ **KAPFELBERGER**(-Anger), an der Isar, seit vor 1404/06.

Im 15. und 16. Jahrhundert wird von den städtischen Arbeitern wiederholt »bei dem Käpfelberger« gearbeitet. Es handelt sich dabei hauptsächlich um Wasser- und Wührbauarbeiten in der Nähe eines offensichtlich nicht kleinen Angers an der Isar, oberhalb des Angertores und bei der Bleiche.

Der Name geht auf eine Bürgerfamilie zurück. Ludwig der Chaepfenberger von Freising besaß seit dem 26. Februar 1383 den Häuserkomplex Dienerstraße 20 mit Burgstraße 5 (heute »Weinstadel«). Nach seinem Tod um 1395 gehörte der Besitz seiner Witwe Agnes und dem Sohn Konrad. Bis 1407 findet man die Familie. Dann ist sie offensichtlich ausgestorben.

Der Anger begegnet erstmals 1404/06 in der Kammerrechnung: »... haben wir geben dem mülner und knechten, die ein newen graben gemacht haben bey dez Kepfenbergers anger, von der plaich wegen«.

Offenbar gehörte der Anger dann dem Kloster Schäftlarn und die Stadt scheint ihn 1486 gekauft zu haben; denn in diesem Jahr zahlt die Stadt 35 Pfund »dem (abt) von Schefflarn umb den annger Kapffelberger«. Im selben Jahr wird dort auch an der Wühr gearbeitet. Im folgenden wiederholte Belege.

Qu.: KR 1404/06 S. 95v, 1486 S. 85r, 115v, 1498 S. 88v.

KAPPLERBRÄUGASSE, heute Kardinal-Faulhaber-Straße, um 1806 – 1826/27.

Name abgeleitet vom Haus Nr. 13* B dieser Straße, in dessen Hausteil B sich seit mindestens 1524 eine Brauerei befand, Haus A wurde 1609 hinzuerworben. Brauerei bzw. Gastwirtschaft hießen »Zum Kappler(bräu)«. Die beiden Pläne von 1806 und 1812 haben die genannte Straßenbezeichnung ebenso wie Schriftstücke der Zeit um 1826/27.

Qu.: HB KV S. 61. – StaatsA, AR Fasz. 3218 Nr. 91 (1826/27).

KARDINAL-FAULHABER-STRASSE, seit 17.6.1952.

Frühere Namen: Des Barts Gassen (1375/82), Prannersgassen (vordere, mittlere, äußere, obere) (1368 ff.), Zwerchgasse (1540 ff.), bei den Krankenschwestern (1781), Graf-Portia-Prangers-Gasse (Ende 18. Jhd.), Kapplerbräugasse (1806), Promenadestraße (1818–1952). Die Umbenennung erfolgte mit Beschluß des Stadtrats vom 17. Juni 1952.

KARLSPLATZ, seit 27. April 1797.

Seit dem Mandat des Kurfürsten Karl Theodor vom genannten Datum führt der im Volksmund besser unter dem Namen Stachus bekannte Platz draußen vor dem alten Neuhauser Tor offiziell den Namen Karlsplatz. Am 3. Mai 1792 war er in einem Schreiben »Neuhausertorplatz«, am 16. Februar 1793 »Karls-Thor-Platz« genannt worden, da ja das Tor bereits seit 1792 Karlstor hieß. Der Name für den heutigen Karlsplatz (Stachus) bahnte sich – inoffiziell – also schon seit dieser Zeit an und ist 1797 keine völlige Neuschöpfung gewesen.

Ein Haus an der Ecke Sonnenstraße/Bayerstraße gehörte nach den Steuerbüchern seit 1688 dem Truckenknecht, 1689 Trabanten und seit 1710 Bierzäpfler, später auch Salzstößel, Valentin Föderl. Seit 1724 hat das Haus Antoni Föderl, kurfürstlicher Jäger, der das Haus mit Garten am 7. Februar 1726 an seinen Bruder Mathias Eustachi(us) Föderl, ebenfalls einen Jäger, verkaufte (um 2500 Gulden). Die Bierzäpflerei wurde zunächst an Hans Georg Freysinger verpachtet, ab 1728 wird Eustachi Föderl selbst »Jäger und Bierzäpfler« genannt. Er findet sich letztmals 1734 auf dem Haus. In diesem Jahr ging es bereits auf Gabriel Schmuckh über. Von Eustachius Föderl hat die Gastwirtschaft den Namen »Stachus«, »Stachus-Garten« oder »Stachus-Wirt« erhalten, die 1747 bzw. 1765 schon vorkommen. Von der Gaststätte aus ging der Name dann auf den Platz davor über. Beim »Harras« liegt ein ähnlicher Fall vor.

Bemerkenswert ist, daß schon Lipowski 1815 den Namen von »der Herrn Stachelschüssen« ableitet und nichts mehr von Eustachius Föderl weiß.

Qu.: StadtA, Steueramt Nr. 812. – HStA, GL 2755/955 (1797), abgedruckt bei Lehmbruch S. 417, Dokument Nr. 86. – StB 1688 S. 130r, 1689 S. 120v, 1710 S. 101v, 1716 S. 159r, 1723 S. 191r, 1725 S. 174r, 1726 S. 160r, 1728 S. 168r, 1734 S. 173r, 1765 S. 160r. – StadtA, Gewerbeamt Nr. 3440 (1747) (Verzeichnis der Bierschenken innerhalb und außerhalb der Stadt). – Lipowski II S. 466, 470.

KARLS-THOR-PLATZ, um 1793.

Siehe »Karlsplatz«.

KARLSTRASSE, heute Neuhauser Straße, um 1815 – 1828.

Überall in der einschlägigen Literatur kann man lesen, am 11. Juli 1792 habe die Neuhauser Straße zusammen mit dem Neuhauser Tor den Namen des damals regierenden Kurfürsten Karl Theodor (1724–1799) annehmen müssen. Am 5. Juli 1828 genehmigte König Ludwig I. die Rückbenennung in den alten Namen Neuhauser

Straße. Das Tor behielt seinen Namen bis heute, ebenso der Platz draußen vor diesem Tor (Karlsplatz).

Alle Quellen der Jahre ab 1792, ebenso wie die Literatur der Zeit, so das Adreßbuch von 1803, Baumgartners Wegweiser von 1805 und die Stadtkarte von 1806 kennen nur den Namen Neuhauser Gasse. Auch eine Urkunde vom 16. Oktober 1820 verwendet noch diesen Namen. Erst Lipowski überliefert 1815 beide Namen: »Neuhäuser- (Neuhauser) jetzt Karls-Straße«. Dann folgt das Adreßbuch von 1818 ebenfalls mit dem neuen Namen. Die Umbenennung dürfte also erst um 1815 erfolgt sein. Der Irrtum kam wohl durch die Benennung des Tores in »Karlstor« im Jahr 1792 zustande. Ausgelöst hat ihn Kaspar von Steinsdorf 1845, der als erster diese Fehlinformation enthält, die Straßenumbenennung sei 1792 geschehen (»Karlstrasse von 1792 bis 1828«). Von ihm hat sie dann 1860 Muffat übernommen (»von 1792–1828 Karlstraße genannt«) und von beiden gelangte die Nachricht in die historischen Namenserläuterungen des Adreßbuches von 1880, aus dem sie wörtlich Rambaldi entnommen hat.

Woher das Datum 1. Mai 1791 für die Umbenennung stammt, das eine alte Portalaufschrift trug (vgl. AB 1880 oder Rambaldi), ließ sich in dieser Weise klären: Angeblich wurde an diesem Tag die Zufahrt durch das Neuhauser Tor »eröffnet«. So schreibt u. a. Grobe mit Berufung auf Hübner. Bei Hübner steht aber an der von Grobe bezeichneten Stelle nur: »Im Jahre 1791 ließ Karl Theodor den Wall wieder einwerfen und ebnen, die halbrunde Mauer abtragen und den geraden Ausgang öffnen«.

So wird aus dem schlichten Öffnen eines Befestigungswerkes mit umständlicher, verwinkelter Ausfahrt eine »Eröffnung« einer neuen Stadteinfahrt, etwa im Sinne einer feierlichen Zeremonie, an einem ganz bestimmten Tag.

Qu.: StadtA, Urk. B II b 409 (1820). – StadtA, Straßenbenennung Nr. 38 (1828). – Lipowski II (1815) S. 359. – Steinsdorf, Kaspar von, Darstellung der Baupolizei-Vorschriften für Hochbauten in der kgl. Haupt- und Residenzstadt München, München 1845, S. 148, 149. – Muffat, Münchens ... Straßen (1860) S. 54. – Rambaldi S. 190 Nr. 451. – AB 1880 S. 298. – Grobe S. 236. – Hübner I (1803) S. 221, 242.

KARMELITERPLATZ, heute Pacellistraße, vor 1759 – nach 1827.

Benannt nach dem Karmeliterkloster, das von 1654–1660 erbaut wurde.

1368 Kreuzgasse, 1759, 1781 Karmeliterplatz, letztmals bei Koebler 1827, 1806–1952 Pfandhausstraße, seit 1952 Pacellistraße.

Qu.: Pläne 1759, 1781. – AB 1818, 1823. – Koebler (1827) S. 21.

KARMELITERSTRASSE, seit vor 1662.

Erklärung wie »Karmeliterplatz«.
Der Name findet sich bereits in einer Urkunde vom 18. Oktober 1662. Hier geht es um des Kaspar Pollingers Bierbrauers-Behausung, genannt »am Kaltenögg«, in der Kreuzgasse zwischen Karmelitergässl und dem Haus des Stephan Langckhmayr, Bäckers.
1599–1606 Neugäßl, 1607–1755 St. Niclasgässl, 1662 Karmelitergässl, 1565 des Seemüllers Gässel, Ende des 18. Jahrhunderts Kalteneckergässel.
Vgl. auch »Neuer Gang«.

Qu.: St. Peter U 429 (1662).

KASERNGÄSSEL, heute Teil der Herzog-Wilhelm-Straße, Ende 18. Jhd.

Siehe »Kreuzkaserngasse«.

KAUFINGERSTRASSE, seit vor 1316.

Wahrscheinlich zusammen mit dem Rindermarkt der älteste Straßenname Münchens. Er ist zwar erst seit dem Jahr 1316 belegt, das Tor, das am Ende dieser Straße die Stadt Heinrichs des Löwen nach Westen abschloß, hieß aber schon am 15. Juni 1300 »Chaufringertor«. Sicher hat demnach die Straße in dieser Zeit ihren Namen auch schon gehabt. Namengebend dürfte jener Münchner Bürger gewesen sein, der am 28. Mai 1239 Zeuge in einer Urkunde war: Chunradus Choufringer. Er muß in dieser Straße ein repräsentatives Haus gehabt haben, das für die Namengebung maßgebend war, ebenso wie dies später bei der Dienerstraße geschah. Offensichtlich lebte er nicht sehr lange hier; denn das angeführte Zeugnis ist der einzige Beleg für seine Existenz in München. Er ist entweder früh verstorben oder wieder weggezogen. Auch Nachkommen hat er hier nicht hinterlassen. In anderen Städten gab es jedoch auch später noch Träger dieses Namens, so z. B. 1313 in Landshut einen Zeugen – und wohl Bürger – Ludweich den Chavfringer.
Der Name ist ein Herkunftsname und bedeutet, daß die Familie aus Kaufering gestammt hat. Mit »Kaufen« oder »Einkaufen« oder mit den »Kaufleuten« – wie Burgholzer und Hübner glaubten – hat der Name ebensowenig etwas zu tun wie mit Kufen, die mit Ringen oder Reifen umgeben gewesen seien, wie noch Lipowski annahm. Der Name wird auch anfangs stets mit »r« geschrieben, also

174 Bei des Kindes Marter

»Kaufringergassen«, so daß der Ortsname Kaufering immer sichtbar ist. 1379 fällt erstmals des »r« heraus. Die Zahl der Schreibvarianten in späterer Zeit ist groß und unerheblich.

Vergleiche auch »Unter den Sporern« (1374–1485) und »Sporergassen« (1388), »Auf der Bruck« (1382/97), »Unter den Sattlern« (1493).

Der Volksmund ist im Begriff, den Namen sterben zu lassen. Er ersetzt seit etwa 1972 die beiden Straßennamen »Neuhauser Straße« und »Kaufingerstraße« durch den Namen »Fußgängerzone«. Hier bahnt sich eine ähnliche Doppelnamigkeit an wie bei »Karlsplatz« und »Stachus«.

Qu.: StB seit 1368, 1387 usw. – Dirr U 5 (1239), U 28 (1300). – Vogel, Heiliggeistspital U 44 (1316). – Herzog, Landshuter UB 220 (1313). – GB I 114/12 (1379). – Burgholzer (1796) S. 95. – Hübner I (1803) S. 194. – Lipowski II (1815) S. 33.

❏ Bei des **KINDES MARTER**, vor dem Schwabinger Tor, seit vor 1399 (1345?).

Diese Ortsangabe begegnet erstmals 1399. Da liegt ein kleines Ängerlein »bey dez kindes martter«. Sie liegt 1409 und 1410 vor Unseres Herrn bzw. Schwabinger Tor, 1465 zwischen Unseres Herrn und Neuhauser Tor, also irgendwo in der heutigen Max-Vorstadt. Die Kindsmarterpeunt wird noch mindestens das ganze 16. Jahrhundert in den Quellen genannt. Eine genauere Lokalisierung war aber bisher nicht möglich.

Mayer erzählt die Kindsmarter-Geschichte in seinem Stadtbuch so: Am 26. Mai 1345 sei zwischen dem Neuhauser und Unseres Herrn Tor ein totes Knäblein mit ungefähr sechzig Wunden gefunden worden. Man habe geglaubt, das Kind sei von den Juden so zugerichtet und getötet worden. Auf dem Platz, wo es gefunden worden sei, habe man eine kleine Kapelle errichtet. Diese habe aber Kaiser Ludwig wieder beseitigen lassen. Später habe man eine Martersäule aufgestellt. In der Urkunde von 1465 heißt es von der Peunt »genannt der kintz marter«, daß »darin ain chräwtz steckt«.

Qu.: MB 19a S. 65 (1399), S. 281 (1465), S. 296 (1469). – GB III 90/1 (1409), 100/11 (1410). – HStA GU Mü 450 (1490) usw., 1591 (1599). – Mayer, Stadtbuch S. 208/09.

KIRCHHOF-GASSE zu St. Peter, heute Petersplatz, um 1815.

Einzig Lipowski nennt diesen Gassennamen: »Kirchhof-Gasse zu St. Peter (St. Peters Freithof)«.

Qu.: Lipowski II (1815) S. 343.

KIRCHHOF-GASSE zu Unserer Lieben Frauen Pfarrkirche, heute Frauenplatz, um 1815.

Auch dieser Name nur bei Lipowski belegt, aber ebenfalls bereits mit dem Zusatz (in Klammern): jetzt Frauen-Platz genannt.

Qu.: Lipowski II (1815) S. 341.

KIRCHSTRASSE, heute Sporerstraße, um 1487.

An der Kirchstraße, wo man auf Unser Lieben Frauen Kirchhof geht, steht am 14. November 1487 u. a. das Haus des Reichen Almosens. Mit der Gasse ist die heutige Sporerstraße gemeint.

Qu.: StadtA, Urk. C IX c 16 Nr. 13.

KISTLERGASSE, heute Teil der Löwengrube, vor 1490 – nach 1575.

Das untere Stück der Löwengrube wurde in der angegebenen Zeit gelegentlich als Kistlergasse bezeichnet, abgeleitet von den Kistlerhäusern an der Löwengrube 1, Ecke Augustinerstraße. Sie gehörten als Mietshäuser zum Augustinerkloster. Schon seit dem Einsetzen der Steuerbücher 1368 finden sich hier stets teils mehrere Kistler als Bewohner. Von 1457 bis 1561 sind aber ständig auch auf dem Haus Löwengrube Nr. 20, das gleichfalls in diesem Straßenstück liegt, Kistler als Hauseigentümer nachgewiesen.

Dieses Straßenstück wird sonst zur Engen Gasse gerechnet. Vgl. auch »Unter der Schul«.

Qu.: StadtA, Zimelie 27a S. 31v (1490). – StB 1575 S. 8, Fremde Ewiggelder. – KR 1509 S. 126r, 1514 S. 126v. – Stahleder, Bierbrauer OA 107 S. 4, 49, 56.

KLEIN GÄSSEL, heute Dürnbräugasse, 1541 – nach 1550 bzw. 1782.

Diese schematische Bezeichnung, die auch für andere Gassen gebraucht wird, ist bei den unten aufgeführten Quellen auf die heutige Dürnbräugasse zu beziehen. Hier, im Tal, »bey dem klainen gässel« liegt in dieser Zeit das Haus des Bierbräus Hans Salbeck (1526–1554), danach seines Nachfolgers Christof Gailer. Es handelt sich um das spätere Dürnbräuanwesen. Auch Westenrieder nennt sie 1782 noch »ein kleines Gäßlein«.

Qu.: StadtA, Heiliggeistspital Nr. 176/30 S. 42v (1541), 176/31 S. 41v (1542) usw., 176/38 S. 47v (1550), 176/39 S. 31v (1551) usw. (Rechnungen). – Westenrieder (1782) S. 35.

KLEIN GÄSSEL, heute Kapellenstraße, um 1541.

In einer Rechnung des Heiliggeistspitals von 1541 ist mit dem Klein Gässel die heutige Kapellenstraße gemeint. Des Hans Steidls Haus (siehe Steidl-Gässel) liegt in dieser Zeit »an Nonhauser gassen im klainen gassl«.

Qu.: StadtA, Heiliggeistspital Nr. 176/30 S. 25v (Rechnung von 1541).

KLEIN GÄSSEL, heute Perusastraße, um 1450.

Im Jahr 1450 liegt das Bäckerhaus des Lienhard Hallertauer an der hinteren Schwabinger Gasse (Theatinerstraße), »an dem klain gässlein gegen des von Scheyern haus über«. Das Scheyerner Klosterhaus lag an der südlichen Ecke Perusastraße/Theatinerstraße. Auch nach den Steuerbüchern gehört Lienhard Hallertauer zu Theatinerstraße 44 A.

Qu.: MB 20 S. 395 (1450).

KLEIN GÄSSEL, heute Sterneckerstraße, um 1541–1543.

Mehrere Rechnungen des Heiliggeistspitals in der angegebenen Zeit nennen den Hanns Planck Loder im Tal »in dem klain gassl«. Der Loder Planck gehört den Steuerbüchern zufolge entweder zum Haus Tal Nr. 55*, Ostecke an der Sterneckerstraße, oder zu einem der Häuser Sterneckerstraße 1* oder 2. Es handelt sich also um dieselbe Gasse, die zur gleichen Zeit auch Felergässel genannt wird.

Qu.: StadtA, Heiliggeistspital Nr. 176/30 S. 27v (1541), 176/31 S. 27v (1542), 176/32 ohne Seitenzahl.

❏ **KLEIN GÄSSEL**, vor dem Isartor, um 1576.

Das hier genannte Klein Gässel liegt zwischen dem Schiffertor und dem Isartor am Katzenbach.

Qu.: HStA, Kurbaiern U 17105.

KLEINER ANGER.

Siehe »Anger, kleiner«.

KLEINES LANDSCHAFTSGÄSSEL, seit Ende 18. Jhd.

Siehe »Landschaftsgässel, kleines«.

KLEUBERGASSE, heute Landschaftsstraße, vor 1462 – nach 1812.

Das Eckhaus Weinstraße 15, Ecke Landschaftsstraße, heute Nordwest-Ecke des Rathauses, gehörte seit dem 7. Dezember 1415 einem Münchner Kaufmann Jakob Klewber/Kleuber/Kläuber. Auf jeden Fall noch 1486 besitzt die Familie das Haus laut Steuerbuch. Von ihr bekam die Gasse ihren Namen, der 1462 erstmals erwähnt wird, als dort, »in des Kleubers gässel«, die Straße gepflastert wird. In der Formulierung mit dem Genitiv – des Kleubers Gasse – ist noch deutlich der Zusammenhang mit dem Familiennamen erkennbar. Mit »dem Mann, der Holz kliebt«, wie der schöne Spruch aus der Hauberrißer-Zeit am Rathaus-Eck heute besagt, hat das nichts zu tun, abgesehen davon, daß Leute, die anderer Leute Kleinholz hackten, in München nie »Kloiber« geheißen haben (jedenfalls im Mittelalter nicht), sondern immer »Holzhacker«. Aus den Steuerbüchern ist dies dutzendfach zu belegen. »Kloiber« ist als Berufsbezeichnung für das Mittelalter ein völlig »unmünchnerischer« Begriff.

Die Familie, die der Straße den Namen gab, war eine Kaufmannsfamilie, die schon lange in München ansässig war: 1353 kaufte ein Heinrich Klewber den Marktzoll vom Plachsalz, was auf Salzhandel deutet. Ein anderer Klewber – wahrscheinlich Jakob – ist denn auch 1429/1431 als Salzsender belegt. Jakob bekleidet auch verschiedene öffentliche Ämter: 1422/23 ist er (Wein-)Ungelter des Rats, seit 1424 Mitglied des äußeren Rats und als solcher zeitweise auch einer der Kämmerer und Steuerer, so bis 1440.

Die folgenden Zeugnisse dürften sich – auch da, wo der Vorname fehlt – auf Hans Kleuber beziehen: dieser ist dann 1435 mit einer Agnes verheiratet und hat ein Haus an der Dienerstraße. 1443/47 als Salzsender, 1451 auch als Weinschenk belegt, die übliche Kombination dieser beiden Gewerbe: fast alle Salzsender sind gleichzeitig als Weinhändler tätig gewesen und umgekehrt. 1440 schuldet dem Hans Kleuber der Wiener Wachszieher Eßlorn 262 Gulden. Ein Hans Kleuber ist um 1442 bereits verstorben. Nach Solleder soll ein Hans Kleuber Goldschmied gewesen sein und nach der Schrenck-Chronik war ein Hans Kleuber mit einer Pötschner-Tochter verheiratet.

Ein weiterer Hans Kleuber – nunmehr aber einer »von Tölz« – führt 1470/71 einmal zwei und einmal acht Flöße mit Steinen aus einem Steinbruch nach München. Ein Münchner Hans Kleuber ist 1472 noch Mitglied der Gmain. Auf jeden Fall eine Familie mit vielfältigen Interessen und weitem Betätigungsfeld. Nur Holzhacker waren sie nicht.

Die Schreibweise des Namens lautet fast immer »Kleubergassl«. Nur 1525 und dann ab 1564 finden sich in den Quellen auch Kloi-

ber- oder Kloybergassl. 1586 heißt die Straße erstmals Landschaftsgäßchen. Im Jahr 1812 begegnet der Name Kloibergasse noch in den
Akten.

Qu.: Stahleder, Bierbrauer OA 107 S. 135. – KR 1462 S. 108r, 1470/71 S. 87r, 84v. – RB VIII 269 (1353). – Vietzen S. 163, 144, 146. – v. Bary S. 869, 854, 881. – StadtA, Urk. F I/II Nr. 3 (Dienerstraße) (1435). – Schrenck-Chronik S. 51. – RP 1472. – StaatsA, RA Fasz. 933 Nr. 14 647 (1812).

An der **KLOSTER ANGER MAUER**, heute Teil der Prälat-Zistl-
Straße, um 1806.

Siehe unter »Anger«.

KLOSTER DIESSENER GÄSSEL, heute Mazaristraße, um 1734.

Das westliche Eckhaus am Frauenplatz (Nr. 6), Ecke Mazaristraße, gehörte von 1659–1766 dem Kloster Diessen. Von da ging der Name zeitweise auch auf die Gasse über, so um 1734 belegt.

Qu.: HB KV S. 13. – Rambaldi Nr. 427, ohne Belege, ebenso AB 1880 S. 286.

KLOSTERGÄSSEL.

Siehe »Augustiner« (Klostergässel bei den Augustinern).

KLOSTERHOFSTRASSE, seit 1957.

Frühere Namen: Tegernseer Gässel 1524–1957, Loderer(bräu)gasse 1781–1806. Die Umbenennung erfolgte mit Wirkung vom 10. Oktober 1957 wegen der Verwechslungsgefahr mit der Tegernseer Landstraße.

KNÖBLISCHES GÄSSEL, heute Schmidstraße, Ende 18. Jhd.

Stimmelmayr nennt die Schmidstraße »das Schmied- oder Knöblische Gäßl«. Das nördliche Eckhaus Sendlinger/Schmidstraße (Sendlinger Straße 30) gehörte seit dem 8. August 1745 dem äußeren Rat Franz Joseph Knöbl, 1759 der Knöblischen Benefiziums-Stiftung. 1774 wurde es mitsamt einer 1745 erbauten Hauskapelle (Schmidstraße 1) verkauft.

Qu.: Stimmelmayr S. 87 Nr. 101/5. – HB AV S. 390/391.

KNÖDELGASSE, heute Hartmannstraße, vor 1747/48 – 1872.

Name seit 1747/48 auf allen Plänen. Bedeutung unbekannt. Hübner meinte, daß die Benennung der Straße »erst in den neueren Zeiten entstanden ist« und: »Die Lieblingsspeise der Baier(n), die Knötel, anderwärts Klöße, hat sehr wahrscheinlich zu dieser Benennung Anlaß gegeben, welche hier bei einem Koche oder Wirthe besonders gut zu haben war«. Koebler weiß zu berichten: »Andere aber halten dafür, daß diese Benennung von Einem, der Knötel geheißen, herkommen möge«. Letzteres hat sich zumindest nach den Steuerbüchern nicht bestätigen lassen. Dort ist in der Zeit des 18. Jahrhunderts im fraglichen Bereich kein Mann namens Knötel aufzufinden, was trotzdem nichts besagt. Einen Wirt gibt es an der Ostecke dieser Straße zur Löwengrube wirklich, nämlich den seit 1539 dort nachweisbaren Gschlößlbräu, vorher seit mindestens 1506 ein Weinwirt, so daß auch diese Version durchaus zutreffen kann. Vielleicht bekommt es dann auch einen Sinn, wenn man zeitweise diese Straße auch »Krautgasse« genannt hat (Kraut und Knödel!), weil man dachte, der Name Krautzgasse/Kreuzgasse habe damit etwas zu tun. Wahrscheinlich sollte der Name »Knödelgasse« nur den – eigentlich nur auf einem Mißverständnis beruhenden – Namen »Krautgasse« ersetzen. Die Bäckerei »Zum Knödelbäcker« an der Ecke zur Löwengrube (Hartmannstraße 1 = Löwengrube 12) kann nicht namengebend gewesen sein, da es in diesem Haus erst seit 1806 eine Bäckerei gibt.

Der Weg muß also umgekehrt gelaufen sein: die Bäckerei hat den Namen von der Straße übernommen. 1872 Umbenennung in Hartmannstraße.

Qu.: Pläne 1747/48, 1759, 1780, 1781, 1806 ff. – Stimmelmayr S. 31 Nr. 50. – HB KV S. 21. – Hübner I (1803) S. 258. – Koebler (1827) S. 85. – Stahleder, Bierbrauer OA 107 S. 28.

KOCHSGASSE, heute Küchelbäckerstraße, um 1544 – 1550.

1540 wird diese Gasse »Gäsl beym Oswold Koch« genannt, 1544 »Kochs Gäsl«, 1550 »bey des Kochs Gäsl«. Alle Belege in den Steuerbüchern. Der Koch Oswald gehört zum Haus Tal Nr. 66, dem Eckhaus Ost zur Küchelbäckerstraße. Hauseigentümer ist allerdings von mindestens 1508 – nach 1532 der Koch Hans Wiser. Schon 1529 findet sich in seinem Haus aber nebst vielen anderen Bewohnern der Koch Oswald, der 1532 auch Schenkensteuer zahlt, also einen Gastwirtsbetrieb hat. Er dürfte Pächter der Gaststätte gewesen sein; denn als Hauseigentümer ist er nie belegt. Wahrscheinlich ist er identisch mit dem Koch Kreutzer, nach dem die Gasse im selben Zeitraum auch benannt wird.

Die Gasse erscheint in den Quellen überhaupt erst seit 1540. 1549 wird sie in den Steuerbüchern wieder nur »Gässl« genannt, 1554 »das ander Gäsl« (im Unterschied zu dem schon vorher im Steuerbuch genannten Sterneckergässel, das demnach »das eine« bzw. »das erste« der beiden Seitengassen im Tal Petri ist). 1542 Name Kreutzergässel, 1560 Zwerchgässel, 1781 Kiechlbachergaßl.

Qu.: StB seit 1508.

❏ **KONRADSHOF**, später Teil des Oberwiesenfeldes, seit vor 1260 (nach 1239?).

Der Konradshof sei nur deshalb hier genannt, weil man in der älteren Literatur lesen kann, daß er bis in die Stadt hineingereicht habe. Nach Dombart war Krenner der Urheber dieser These. Lipowski war der Meinung, daß die Maxburg auf einem Teil der Felder der Schwaige Konradshofen errichtet worden sei. Wenn Hefner oder Wolf von den Konradshöfen »an der Stelle der Jesuitenkirche und des Jesuitenkollegiums« sprechen, dann meinen sie den Schäftlarner Klosterhof. Seit dem Artikel von Dombart im Bayerland von 1913 dürfte diese These abgetan sein.

Der sog. Konradshof war ein beträchtliches Areal von Äckern, jedoch offensichtlich immer ohne Gebäude. Es war kein Bauernhof in unserem Sinne. Die Ländereien gehörten bis zur Säkularisation dem Kloster Schäftlarn und dürften identisch sein mit der Schenkung eines Hofes in Schwabing (»curiam ... Swaebingen«) durch den Freisinger Ministerialen Eberhard von Schwabing, die nach dem 30. Januar 1239 erfolgte. Von seiten des Klosters war die Schenkung noch von dem am 30. Januar gestorbenen Propst Konrad eingeleitet worden. Als sie dann endlich übernommen werden konnte, amtierte schon sein Nachfolger Liupman. Propst Konrad war von 1218 bis 1239 im Amt. Auf ihn führt Dombart den Namen »Konradshof(en)« zurück (ohne die Schenkung von 1239 zu kennen). Über mögliche andere Konrade als Namengeber vgl. Dombart. 1260 wird erstmals der Name genannt: »predia in Chunratshoven«. Dombart nennt dann wieder einen Beleg für den Namen zum Jahr 1347. Schließlich erscheinen die Gründe »im Konradshof« im Münchner Stadtrecht der Jahre 1365 und um 1372. Hier wird bestimmt, »daz man chain vich zwischen der chorn treyb«. Die Geschworenen der Stadt haben verfügt, »daz niemant chain vich treiben noch huetten sol auf allen egern (= Äckern), noch auf den wegen zwischen der chorn, die zu der stat gehörent, ez sey auf dem Chunratz hof oder auf andern veldern, die man zuo der stat päwet, als lang untz diu chorn abgesniten werdent«.

Daß sich die Stadt München dafür zuständig fühlt, eine Ordnung für den Schutz des Getreides, solange es am Halm steht, zu erlassen, daß die Verordnung ausdrücklich sagt, daß die Felder auf dem Konradshof »zu der Stadt gebaut« werden und daß sie »zu der Stadt gehören«, dürfte hinreichend die These wiederlegen, der auch Dom-

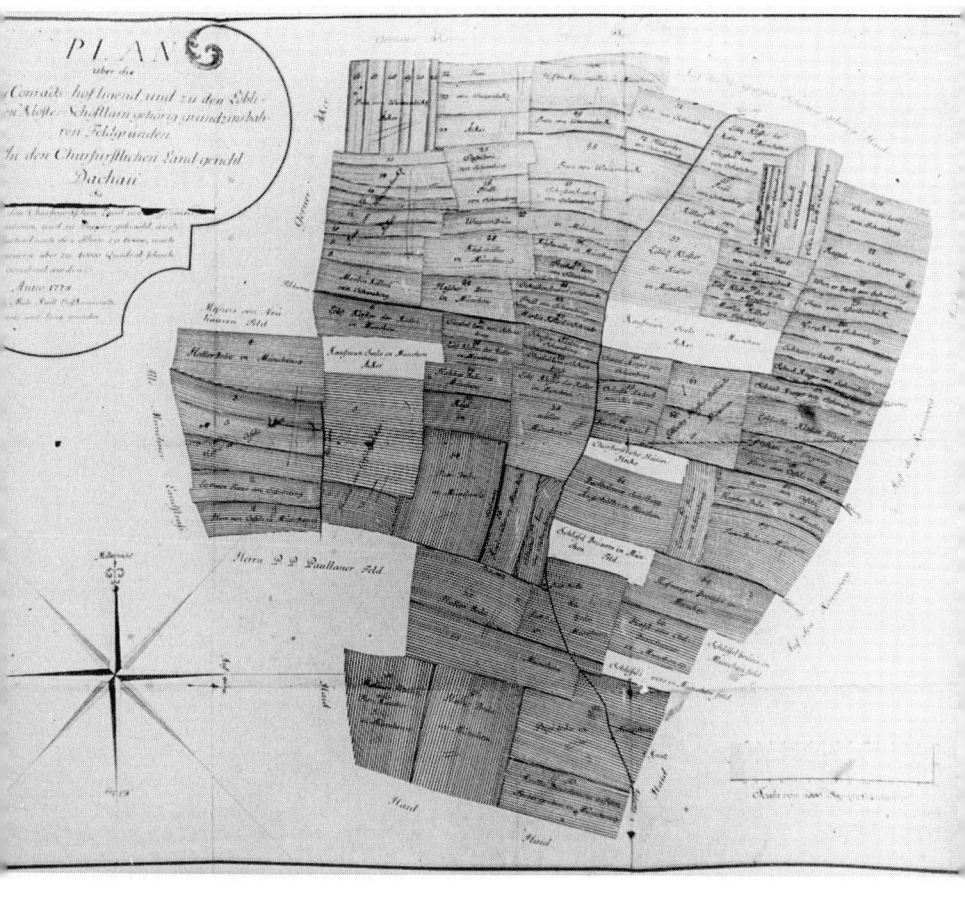

Skizze 6: *Der »Konradshof« im Jahr 1778. Foto: Sammlung Theodor Dombart im StadtA München (Bayerland XXIV, 1912/13, S. 813/816).*

bart noch anhing, nämlich daß diese Gründe – mindestens bis 1582 – vom Schäftlarner Klosterhof an der Neuhauser-/Ecke Ettstraße aus als Eigenbetrieb bewirtschaftet worden seien. Nicht erst nach 1582, also nach dem Abbruch des alten Schäftlarner Hofes wegen des Baus der Michaelskirche, wurden diese Gründe zur Bewirtschaftung an Münchner Bürger verpachtet, sondern offensichtlich schon im 14. Jahrhundert. Ein Eintrag im Gerichtsbuch vom 19. September 1391 bestätigt das. Da hat der alte Konrad Diener Äcker auf dem Konradshof, die er wiederum an einen anderen Bürger – den Tagmair – »gelassen hiet ze pawen auf dem Chunracz hof«. Der Tagmair aber baut sie nicht, so daß dem Diener dadurch eine Einbuße an den Zehenten entsteht. In diesem Streit sucht der Diener sein Recht vor dem Stadtgericht und der Tagmair erklärt ihm kühl, er könne die Äcker wieder haben. Am 6. März 1393 gibt es Streit zwischen zwei Bürgerinnen – Sabei der Wäscherin und der Grössin Wagenmannin – »umb ein juchart achers, die gelegen ist auf dem Chounracz hof«. Auch dieser Streit wird geendet »als der stat recht ist«.

In welchen Größenordnungen sich solche Zehenten bewegen konnten, zeigt die Tatsache, daß zwei Drittel dieses Zehenten, die der Münchner Bürger Anton Schluder innehatte, dessen Frau 1517 um nicht weniger als 11 000 Gulden an das Heiliggeistspital abtrat (was bei Wolf den Irrtum verursacht zu haben scheint, der Konradshof habe dem Spital gehört).

Der Umfang des Grundbesitzes betrug 1565 142 Joch Ackerland, 1582 werden nur noch 124 angegeben, 1691 sollen es aber sogar 184 gewesen sein, 1778 gar 300 Joch. Ob diese Zahlenangaben zuverlässig sind, mag dahingestellt sein.

1608 und später unterschied man einen kleinen und einen großen Konradshof, weshalb man in der Literatur auch gelegentlich die Mehrzahl »Konradshöfe« lesen kann. Die Grundstücke waren um 1691 auf einige 30 Teilhaber aufgeteilt, was zu erheblichen Streitigkeiten führte, so daß man 1778 eine Neuvermessung vornahm.

Die Lage dieser Grundstücke läßt sich sehr genau angeben, da die Umrisse dieses Geländes nach der Vermessungskarte von 1778 teils noch im 19. Jahrhundert auf den Stadtplänen ablesbar sind. Man kann die Karte von 1778 ohne weiters in den Stadtplan des 19. Jahrhunderts übertragen. Der Konradshof reichte demnach im Norden nicht ganz an den Nymphenburger Kanal heran, im Süden fast bis zum Maßmannbergl, im Westen teilweise bis an die Dachauer Straße und im Osten bildete die Grenze von der Abzweigung der Lerchenauer Straße ab stadteinwärts die Schleißheimer Straße bis zur Elisabethstraße, folgte dann der Elisabethstraße bis zur Winzererstraße (so daß z. B. das Stadtarchiv die südöstliche Ecke des Konradshofes bildete) und folgte dann der Winzerer- bzw. Lothstraße stadteinwärts. Das war die ganze südliche Hälfte des späteren Oberwiesenfeldes. Unmittelbar an dieses Gelände schloß sich im Norden und Richtung Osten die Gemarkung der Schwaige Milbertshofen an, die ursprünglich ebenfalls dem Kloster Schäftlarn gehört hatte.

An keiner Stelle reichte der Konradshof in den Burgfrieden herein. Er hatte nur auf einer kurzen Strecke – an der Schleißheimer, Elisabeth- und Winzererstraße – eine gemeinsame Grenze mit ihm. Michael Bergmann, der es hätte wissen müssen, hat sich außerdem geirrt, wenn er meinte, der Konradshof habe 1782 auch noch über die Dachauer Straße hinüber gereicht.

Der Name »im sog. Konradshof« findet sich nach Dombart noch bis 1867 in den Akten. Die Militarisierung des Gebietes begann schon Ende des 18. Jahrhunderts, vor der Säkularisation. 1792 ist in Karten bereits der »Kugelfang« eingezeichnet. Nach der Säkulari-

Skizze 7: *Der »Konradshof«, übertragen in eine Karte von 1908. Grundlage: Megele, Baugeschichtlicher Atlas. Zeichnung: Hans-Peter Eiselt.*

Schwaige
Milbertshofen

Konradshof

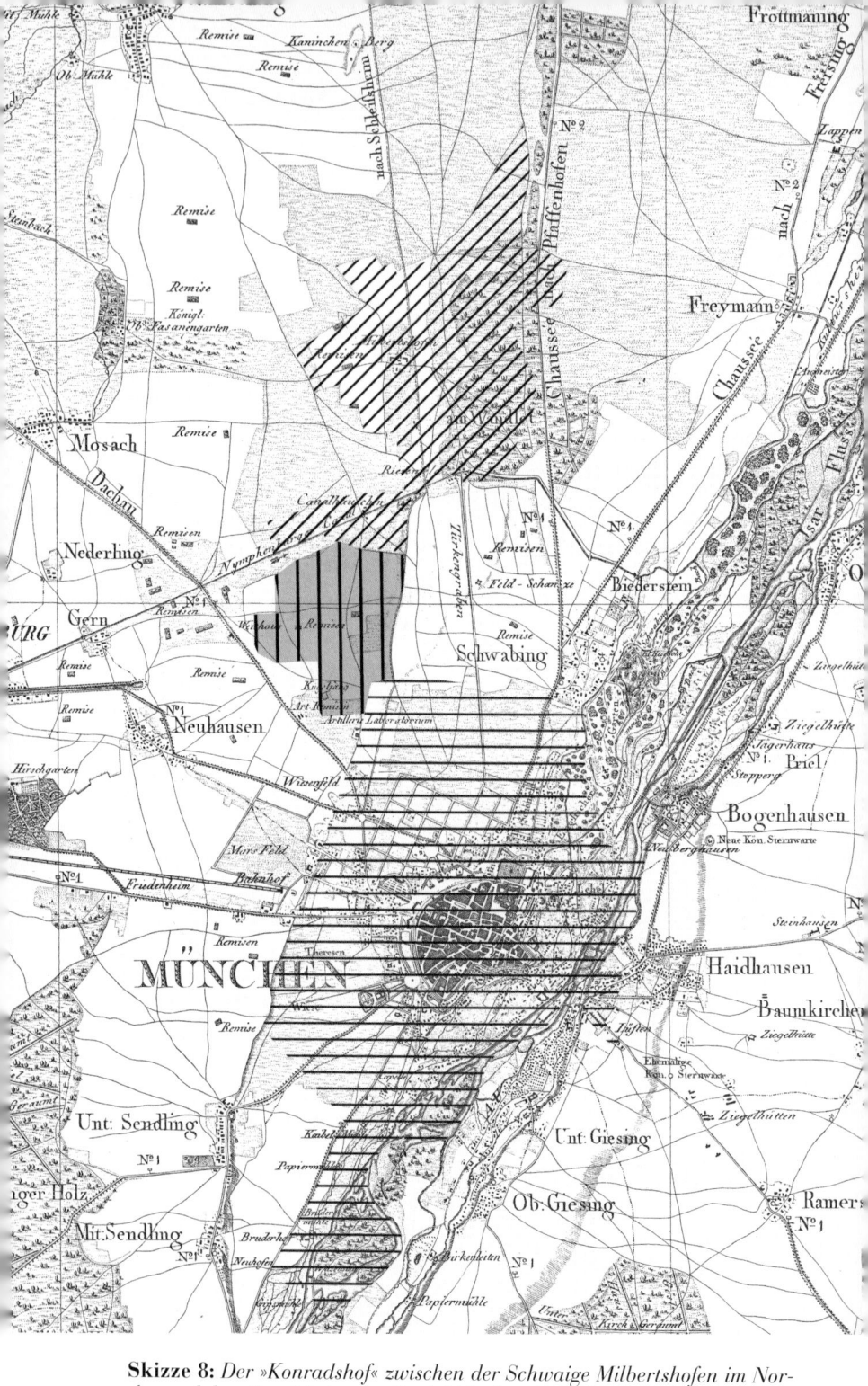

Skizze 8: *Der »Konradshof« zwischen der Schwaige Milbertshofen im Norden und dem Burgfrieden der Stadt München im Süden im 18. Jahrhundert. Grundlage: Topographischer Atlas von Bayern, Blatt 77, 1812. Zeichnung: Hans Peter Eiselt.*

sierung wurde das Gebiet endgültig zum Militär-Exerzierplatz und im stadtwärts gerichteten Teil zu einem großen Kasernengelände, das es teils heute noch ist.

Qu.: Theodor Dombart, Der Konradshof, in: Bayerland XXIV 51, 1912/13, S. 813–816 vom 20. September 1913. – Schäftlarn Traditionen Nr. 425, 245 (1239). – Schäftlarn UB U 26 (1260). – Dirr S. 405 Art. 313 (1365), S. 510 Art. 9 (um 1372). – GB II 14/4 (1391), 45/7 (1393). – Lipowski II (1815) S. 326, 361/62, 469. – Hefner OA 11 S. 225. – Wolf I 99, 760.

KORNGASSE, heute Teil des Marienplatzes, um 1394 – 1398.

1394 und 1395 enthält das Steuerbuch die Überschrift »Korngazz«. Im Jahr 1398 liegt ein Haus, das mit Marienplatz Nr. 5 identifiziert werden kann, an der Korngasse. Diese erweist sich damit als eine schmale Gasse, die zwischen der westlichen Hälfte des heutigen Rathauses und dem Recht- oder Dinghaus verlief, das dort auf dem heute freien Platz vor dem Rathaus stand. Die Häuser an der Stelle des heutigen Rathauses bis zur Mitte dieses Gebäudes waren alle mit Schrannen- oder Kornmessergerechtigkeit ausgestattet. Es handelte sich um die sog. untere Kornschranne. Vgl. auch »Kornmarkt« und »Unter der Kornschranne«.

Qu.: StadtA, Steueramt Nr. 632/1 S. 33v. – StB 1395 ff.

KORNMARKT, heute Teil des Marienplatzes, vor 1296 – nach 1759.

Den Kornmarkt finden wir erstmals am 28. Februar 1296 genannt. 1382 heißt er lateinisch »forum frumentorum Monacensi«, 1780 »Getreid Marckt oder auf dem Platz«, im 19. Jahrhundert meist Schrannenplatz. Vgl. auch »Korngasse«.
Am Kornmarkt stehen die Häuser Marienplatz Nr. 3* (Wurmeck), 4 und 5 u. a. Damit ist seine Lage an der Westseite des Marktplatzes, zur Weinstraße hin, angegeben.

Qu.: Vogel, Heiliggeistspital U 15 (1296), 41 (1311), 175 (1391). – Schattenhofer, Märkte OA 109/1 S. 66, 74. – GB I 5/12 (1369). – Plan 1759, 1780.

An/Unter der **KORNSCHRANNEN**, heute Teil des Marienplatzes, vor 1402 – nach 1454.

Es gab eine obere Kornschranne und eine untere. Die obere lag bei den 6 Häusern Kaufingerstraße 37 (Ecke Marienplatz) bis Weinstraße 2, die untere bei den 6 Häusern Marienplatz 3 bis 8 (heute Neues Rathaus). In den Jahren 1402, 1404 und 1413 liegt das Haus des Jakob Kelhamer »an der Kornschrannen«. Es handelt sich um das Haus Marienplatz Nr. 1, also an der oberen Kornschranne. Im Jahr 1444 liegen zwei Häuser am Markt »under den obern Kornschrannen«, 1454 ein Haus »an der untern Kornschrannen« bzw. nur »under der Kornschrannen«.

Qu.: GB III 2/5 (1402), 21/7 (1404), 138/10 (1413). – MB 20 S. 334 (1444), S. 444 (1454), MB 19a S. 153 (1454).

Ob/Unter den **KRAMEN**, heute Südseite des Marienplatzes, vor 1310/12 – nach 1460.

Die Häuser auf der Südseite des Marktplatzes nannte man schon in den Ratssatzungsbüchern der Zeit um 1310/12 »Unter den Kramen«, d. h. unter den Kramläden. Auch Häuser »ob« (oberhalb) den Kramen gab es. Bis mindestens 1416 findet sich diese Ortsangabe häufig, auch unterschieden in »niedere« oder »untere Kramen« (zwischen Rathausturm und Einmündung des Rindermarktes), z. B. 1425, und »obere Kramen« (von dort bis zur Rosengasse). 1388 wird diese Häuserreihe auch »Kramzeil« genannt. Die Häuser Nr. 27 und 28 am Marienplatz liegen 1395 »unter den Schusterkramen«. Siehe aber »Fragner«.

Qu.: Dirr S. 222/11, 239/1 (1310/12), vgl. Register. – GB I 9/7, 15/5 (1369), 95/10 (1378) usw., III 130/13 (1412), 155/10 (1414), 174/14, 179/18 (1416). – MB 19a S. 102 (1425), MB 20 S. 536 (1460), MB 21 S. 85, 87 (1425). – StadtA, Zimelie 9 S. 4v (neu), Zimelie 34 S. 2v (1388). – Muffat, Münchens ... Straßen S. 49.

(Kramergasse).

Eine Straße dieses Namens hat es in München nie gegeben. Sie beruht auf einem Mißverständnis, indem in der Literatur fälschlich eine Seitenüberschrift in den Steuerbüchern – »Unter den Kramen« – erstens mit »Kramergasse« übersetzt und zweitens nicht erkannt wurde, daß die unter dieser Überschrift aufgeführten Steuerzahler auf die Südseite des Marktplatzes (Marienplatzes) gehören und nicht zu einer Gasse oder Straße. Ebenso falsch werden diese Namen dann gar zur Fürstenfelder Straße gezogen und diese zur »Kramergasse« erklärt.

Qu.: Lorenz Maier S. 46, 49 Anm. 161.

KRAMZEIL, heute Teil des Marienplatzes, um 1388.

Siehe »Unter den Kramen«.

Bei den **KRANKENSCHWESTERN**, heute Kardinal-Faulhaber-Straße, um 1781 (nach 1586).

Nur der Plan von 1781 kennt diese Bezeichnung, die sich auf die heutige Kardinal-Faulhaber-Straße bezieht und wohl vom Schluder-

Keiss-Hofseelhaus abgeleitet ist, das sich seit 1586 bis 1804 im Haus Nr. 9* dieser Straße befand.

Qu.: Plan 1781. – HB KV S. 53.

(**Krautgasse**).

Siehe »Hartmannstraße«.

KREUTZERGÄSSEL, heute Küchelbäckerstraße, um 1542–1548.

Der Name erscheint nur in den Steuerbüchern, so 1542, 1545–1548 Kreutzergässl, 1543 Gäsl bey dem Kreutzer. Da Kreutzer von Beruf Koch war und gleichzeitig die Gasse »Kochsgasse« genannt wird (nach dem Koch Oswald), so seit 1540 bis 1550, dürften der Koch Oswald und der Koch Kreutzer personengleich sein: ein Koch Oswald Kreutzer. Auch Kreutzer gehört wie der Koch Oswald zum Haus Tal Nr. 66, Ecke Küchelbäckerstraße.

Qu.: StB seit 1542.

Auf dem **KREUZ**, vor 1552 – nach 1784.

Gemeint ist die Straßenkreuzung der heutigen Josephspital-/Brunnstraße mit der Damenstift-/Kreuzstraße. Seit 1552 findet sich für die Häuser an dieser Kreuzung in den Steuerbüchern die Lagebezeichnung »aufm Kreuz«. Im selben Jahr 1552 wird auch nach der Kammerrechnung die Straße gepflastert »auffm kreutz bey sant Peters gotsacker« und »auffm kreutz beym Bruderhaus«.

Das gleichzeitige Auftreten des Namens in beiden Quellen ist bemerkenswert. Auch alle Pläne seit 1613 (Volckmer) übernehmen diesen Namen. Noch 1784 findet sich diese Bezeichnung. Der Name geht dann als Straßenname auf einen Teil der alten Schmalzgasse, eben die heutige Kreuzstraße über, aber auch auf andere Lokalitäten in diesem Viertel: auf die Kreuzkirche ebenso wie auf den Kreuzbräu, den Kreuzweber und den Kreuzbäcker.

Keinen historischen Kern hat die Legende, die den Namen Kreuzstraße von einem Kreuz an einem Haus ableitet, das der Veme gehört habe und nicht nachweisen ließ sich auch die Behauptung, die Bezeichnung »am Kreuz« sei schon 1478 belegt. In den Bereich der Phantasie gehört auch die Feststellung, diese Gegend habe »am oberen Kreuze« geheißen, im Unterschied zur Kreuzstraße (Promenadeplatz/Pacellistraße), die »am unteren Kreuze« genannt worden sei (AB 1880). Ein Quellenbeleg dafür ist nicht auffindbar.

188 Kreuzbräugasse

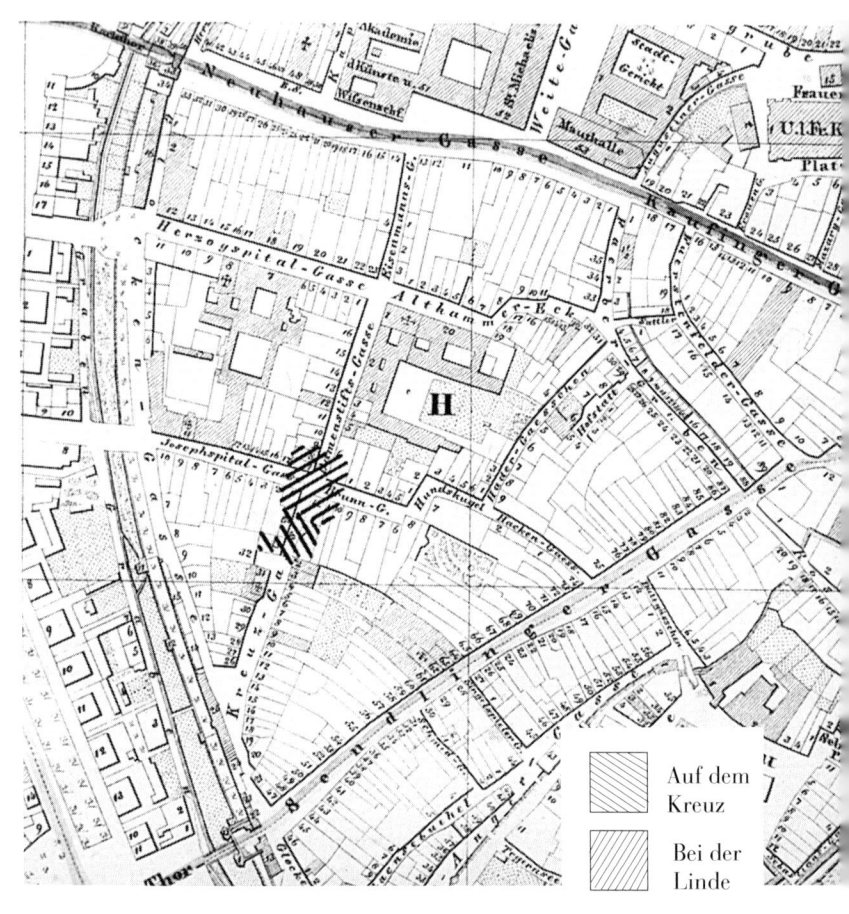

Skizze 9: *Das »Kreuz« und »Bei der Linde«. Grundlage: Plan von H. Widmayr 1837.*

Qu.: StB, Fremde Ewiggelder S. 74v (1552). – KR 1579 S. 141r Pflasterarbeiten »auf dem Creutz«. – HStA GU Mü 2983 (1784). – Bunsen/Kapfhammer, Stadtsagen S. 73. – AB 1880 S. 228 (1478). Von hier aus über Rambaldi bis in das Buch »Münchens Straßennamen« gelangt.

KREUZBRÄUGASSE, heute Brunnstraße, Ende 18. Jhd.

Das Haus Brunnstraße 7 war der ehemalige Kreuzbräu, Brauerei seit mindestens 1598. Stimmelmayr nennt danach die heutige Brunnstraße »Kreuzbräu Gasse«.

Qu.: Stimmelmayr S. 66 Nr. 83 u. ö.

❏ **KREUZGÄSSEL**, vor dem Sendlinger Tor, um 1463 – 1613.

In den Jahren 1463 und 1472 sowie 1613 gibt es vor dem Sendlinger Tor, draußen vor der Stadt, ein »Kräutzgässel«. Wahrscheinlich benannt nach einem Feldkreuz.

Qu.: Vogel, Heiliggeistspital U 368 (1463), 389 (1472). – HStA GU Mü 1756 (1613).

KREUZGASSE, heute Promenadeplatz und Pacellistraße, vor 1368 – nach 1808.

Herkunft des Namens ungeklärt. Eine Straßenkreuzung scheidet aus, da keine vorhanden und außerdem immer von einer Gasse die Rede ist, nie von einer Lage »am Kreuz« wie man sie bei der Kreuzstraße im Hacken-Viertel später findet. Demnach ist anzunehmen, daß ein Kreuz namengebend war. Dies könnte möglicherweise ein ehemaliges Feldkreuz gewesen sein. Auch Hübner dachte an diese Möglichkeit (»oder wegen eines daselbst gestandenen Kreutzes«).

1368–1808 in den Steuerbüchern Krautzgazz/Chrautzgazz/Kräutzgazz(en) usw., obwohl schon Westenrieder sie 1782 »ehemalige Kreuzgasse« nennt »und gegenwärtig der Paradeplatz«. 1759 bei den Salzstädeln, 1806–1812 Promenade, seit 1818 Promenadeplatz.

Mitten auf dem Platz standen zwei große Salzstädel. Vgl. auch »Bei den Salzstädeln« und »Salzstädelgasse«.

Qu.: StB ab 1368. – GB I 105/20, 109/12 usw. – Westenrieder (1782) S. 34. – Hübner I (1803) S. 264. – Stahleder, Bierbrauer OA 107 S. 4.

KREUZGASSE, OBERE, heute Josephspitalstraße, um 1781.

Die obere Kreuzgasse – nur auf dem Plan von 1781 eingezeichnet –, reicht von der Stadtmauer bis zur Hundskugel und entspricht damit der heutigen Josephspitalstraße. Gegenstück zur »Unteren Kreuzgasse«.

KREUZGASSE, UNTERE, heute Herzogspitalstraße, um 1781.

Sie reicht von der Stadtmauer bis zum Altheimer Eck und entspricht der heutigen Herzogspitalstraße. Nur der Plan von 1781 kennt sie. Gegenstück zur »Oberen Kreuzgasse«.

(KREUZ)KASERNGASSE, heute nördlicher Teil der Herzog-Wilhelm-Straße, Ende 18. Jhd. – nach 1803.

Die Kreuzkaserne stand auf der heutigen Herzog-Wilhelm-Straße, auf deren Westseite, an die Stadtmauer angelehnt, und nahm den ganzen Streckenabschnitt von südlich der Einmündung der Josephspitalstraße bis fast zum Neuhauser Tor ein. Hervorgegangen war sie aus einem Salzstadel an dieser Stelle. 1670/71 errichtete die Stadt »20 Paraquen oder Soldatenhäusl« als erste Kaserne Münchens, ersetzte sie aber 1741/42 durch den Bau der Kreuzkaserne. Seit 1804 verfallen. Nach Teilabbrüchen im 19. Jahrhundert wurde der verbliebene Teil des Gebäudekomplexes als Militärgefängnis verwendet, das 1886 abgebrochen wurde. Daher führte dieser Teil der Straße auch zeitweise den Namen Gefängnisgasse.

Stimmelmayr überliefert den Namen »Casern Gäßl« für diese Straße, Hübner nennt sie »Kreuz-Casernstraße«. Weitere Belege fehlen.

Qu.: HB HV S. 193 zu Haus-Nr. 16*, 32, 33. – Megele S. 143. – Stimmelmayr S. 51 Nr. 68/18, S. 62 Nr. 77. – Hübner I (183) S. 319. – Lipowski II (1815) S. 312. – Rambaldi Nr. 260, ohne Beleg. – Schattenhofer M 01144, 01087.

KREUZSTRASSE, seit vor 1781.

Name zurückgehend auf die Straßenkreuzung »auf dem Kreuz« an der Josephspital-/Brunnstraße mit der Damenstift-/Kreuzstraße. »Auf dem Kreuz« seit 1552 belegt, Name »auf der Creuz-gaß« erstmals auf der Stadtkarte von 1781 (einschließlich der heutigen Damenstiftstraße!), dann »Kreuzstraße« seit dem Plan von 1806. Der Namensbestandteil »Kreuz« geht dann auch über auf die an dieser Straße liegende Kirche, die eigentlich eine Allerheiligenkirche ist, ebenso auf Örtlichkeiten in anderen Straßen wie den Kreuzbräu in der Brunnstraße und den Kreuzbäcker in der Damenstiftstraße.

Im Mittelalter gehörte die heutige Kreuzstraße zur Schmalzgasse (1344–1808). Ein Teil von ihr hieß auch »Bei der Linden« (1399/1449).

KROTTENGÄSSLEIN, heute Nieserstraße, um 1383.

Im Jahr 1383 liegt das Haus des Heinrich Lacher »in dem Chrortengaesslin«, gemeint: Krottengässlein. Das Haus ist identisch mit dem in des Heutleins Gassen, siehe dort. Das Krottengässlein – eine Abzweigung vom Krottental – ist also die heutige Nieserstraße.

Qu.: GB I 187/1.

KROTTENTAL, heute Rosental, vor 1368 – nach 1806.

Name vielleicht abgeleitet von »Krot« = Kröte. Er verweist demnach auf ein feuchtes Tal, das von Kröten belebt war. Durch das Tal verlief der große Angerbach, der am Ende des Rosentals später zur

Roßschwemme aufgestaut wurde. Er diente auch zur Bewässerung des inneren Stadtgrabens. Der Wasserreichtum der Gegend ist demnach hinreichend nachgewiesen. An die Kröten muß man glauben. Erste Erwähnung im Jahr 1368 »pey dem Krotental«. Seit 1410 daneben bereits der Name Rosental.

Bei diesem Namen drängt sich ein Vergleich mit Augsburg auf. Hier gibt es seit 1465 den Namen »Grottenau«. Die Bezeichnung geht dort auf die sog. »Grotten« zurück. Das sind zweirädrige Weinkarren, die in der Au, entlang von Weinschenken, abgestellt wurden. In der Grottenau befand sich bis zum 16. Jahrhundert der Augsburger Weinmarkt. In München könnte man auch an die Salzkrötel und das Krötelsalz denken.

Niederungen, die nach Kröten oder Fröschen benannt wurden, sind auch andernorts bekannt. In Landshut gab es ebenso wie in Zürich eine »Froschau«. Auch hier zeigt sich, daß solche Namen nicht zu lokalhistorisch gesehen werden dürfen.

Qu.: GB I 1/11 (1368). – StB seit 1369. – Lexer, Mittelhochdeutsches Wörterbuch. – Augsburger Stadtlexikon S. 141. – Chroniken der deutschen Städte Bd. 15, Leipzig 1878, S. 249 Anm. 3 (Landshut).

KÜCHELBÄCKERSTRASSE, seit vor 1781 (nach 1638).

Namengebend sind die Hauseigentümer des Hauses Tal Nr. 66, Ecke Küchelbäckerstraße Ost. Auf diesem Haus finden sich seit dem 27. Juli 1638 bis 1765 regelmäßig Küchelbäcker als Eigentümer. Zunächst ist es Balthasar Aichler, dann Leonhard Mayr, ab 1701 die Familie Mänhardt.

Erstmals erwähnt wird die Gasse 1520 als des Scholdrers Gässel, 1523 als Gässel gegenüber dem Hans Wiser Koch, 1540 als Gässel beim Oswald Koch, dann als Kreutzergässel (1542/48), Kochsgasse (1544/50), 1560 als Zwerchgässel und seit dem Plan von 1781 als »Küchelbäckergäßchen«, Stimmelmayr »Küchelbacher Gäßl«.

Qu.: HB AV S. 461 ff. – StB. – Stimmelmayr S. 12 Nr. 25, 26.

KÜHGÄSSEL, heute östlicher Teil der Salvatorstraße, vor 1465 – 1814 (nach 1826).

Hübner meinte im Jahr 1803 noch: »Die Anekdote dieser Benennung ist verloren gegangen«. Er konnte ihn sich nicht erklären.

Kühgasse ist die Gasse, die zur Kuh oder südlich an ihr vorbeiführt, vgl. »in der Kuh«. Der Name begegnet erstmals im Jahr 1465. 1481 liegt ein Haus an der Hinteren Schwabinger Gasse (Theatinerstraße) an der Ecke am Kuhgässel (Haus Nr. 20 B 1, Nordecke). Gelegentlich wurden aber auch Häuser am westlichen Teil der Salvatorstraße zur Kuhgasse gerechnet, so 1485 ein Eckhaus, gegenüber des Herzogs Stadel und es »stoßt an den neuen Freithof«. Die Bezeichnung bleibt bis ins 19. Jahrhundert erhalten. Letztmals findet sie sich 1826.

Nachdem seit 1663 an der Theatinerkirche gebaut und 1662 und 1663 von der Kurfürstin Henriette Adelaide eine Reihe von Häusern zur Errichtung von Kirche und Kloster der Theatiner aufgekauft worden waren, ergab sich eine Flurbereinigung an der Salvatorstraße. Sie wurde wohl – ähnlich wie seinerzeit die heutige Ettstraße oder die Karmeliterstraße – erweitert und begradigt, zumindest auf der Nordseite. Deshalb heißt die Straße seit dem Steuerbuch von 1677 »Khüe- anjetzt Neue Gassen genannt«. In dieser Form bis 1681. Dann von 1682 bis 1805 nur noch Neue Gassen. Den Namen Kühgasse führen nach 1681 nur noch die Stadtpläne bis 1826. Auch Hübner und Baumgartner kennen den Namen. Der Plan von 1759 nennt auch den Teil der Salvatorstraße westlich der Kardinal-Faulhaber-Straße irrtümlich Kühgässel. Im Kühbogen, der an der Theatinerstraße die Salvatorstraße überspannte, lebte der Name fort.

Den Namen Salvatorstraße erhielt dieser Straßenteil nach Lipowski im Jahr 1814; denn Salvatorgasse hieß zunächst nur der westliche Teil der heutigen Salvatorstraße, also das Straßenstück westlich der Kirche und der Kardinal-Faulhaber-Straße. Die Adreßbücher führen denn auch seit 1818 diesen Namen nicht mehr auf. Nur der Stadtplan von 1826 hat immer noch den Namen Kühgässel.

Auch in anderen Städten gab es Straßen mit diesem Namen, so z. B. die Kuhgasse in Danzig. In Lüneburg ist sie seit 1615 belegt, aber in einer Umschreibung schon 1382. In beiden Städten liegt die Kuhstraße in unmittelbarer Nähe der Fleischschragen und man nimmt dort an, daß sich an dieser Gasse Stallungen befunden haben. Auch in Braunschweig (1390) und Rostock gab es eine Kuhstraße. Das Kuhgäßchen in Augsburg war benannt nach dem Wappenzeichen der Familie Rehm, das Anfang des 15. Jahrhunderts in Stein an einem Haus in dieser Gasse angebracht worden war. Die Herkunft des Namens wird also vielfältig gedeutet. Ganz sicher ist man sich offenbar selten.

Siehe »Hinter/In der Kuh«.

Qu.: MB 20 S. 584 (1465) = StadtA, Urk. D I e 1 XIV Nr. 5 (1465), C IX b Nr. 93 (1481). – MB 21 S. 375 (1485). – Hanse-Katalog S. 271. – Hübner I (1803) S. 272. – Baumgartner, Wegweiser S. 152 (1805). – Lipowski II (1815) S. 353. – Reinecke. XVI, S. 64. – Augsburger Stadtlexikon S. 219.

KÜHLOCH, heute Teil des Platzl, um 1781.

Den Streckenabschnitt des heutigen Platzl zwischen der Einmündung der Pfisterstraße in das Platzl und dem Kosttor bezeichnete die

Stadtkarte von 1781 als »Hüh-Loch«. Gemeint ist »Kühloch«, was eigentlich der Name eines Wirtshauses war, siehe dort.

Hinter/In der **KUH,** vor 1365 – nach 1495.

Der Name ist wahrscheinlich eine Abkürzung und soll heißen »in der Kuhschwaige«, lateinisch vaccaria, also einem Anwesen, das ausschließlich oder überwiegend Viehwirtschaft betreibt, keinen Ackerbau. Vgl. auch den Namen »in der Schwaige«, der sich auf den heute westlichen Teil der Salvatorstraße bezieht (von der Salvatorkirche aus gesehen). Mit dem Namen »in der Kuh« sind die Häuser der heutigen Salvatorstraße zwischen Salvatorplatz und Theatinerstraße gemeint. Der Hof selbst dürfte auf der Nordseite der Straße gelegen haben und wohl den größten Teil des späteren Theatinerklosters eingenommen haben (so vermutete auch Wolf), mit Ausnahme der Randbebauung an der Salvator-, Theatiner- und an der Mauerstraße entlang (auf ihrer Mündung in die Theatinerstraße steht heute ziemlich genau der Nordturm der Theatinerkirche). Das Innere dieses Bezirks also dürfte der Viehhof gewesen sein.

Das letzte Zeugnis für die Bezeichnung »in der Kuh«, bevor sie vom Namen Kuhgässel endgültig abgelöst wird, ist ein Beleg dafür, daß mit »in der Kuh« nicht nur die schmale Gasse (heute Salvatorstraße) gemeint ist, sondern ein großflächiges Areal: 1489 steht ein Stadel »in der Küe« und zwar bei Unseres Herrn Tor, nahe der Ringmauer. Der Stadel liegt also etwa auf dem Gelände der Theatinerkirche, an der Mauergasse, und nicht etwa an der heutigen Salvatorstraße. Das Haus, von dem hier die Rede ist, erwirbt der herzogliche Jäger Martin Tünczenhauser, verkauft es aber im Jahr 1495 weiter an Herzog Albrecht IV.

Das Gelände der Kuh, dessen landwirtschaftlicher Betrieb wohl bald nach der Einbeziehung in den Mauerring zu Ende des 13. Jahrhunderts aufgelöst wurde, wurde offenbar mehr und mehr für »unattraktive« Gewerbeeinrichtungen genutzt. So stand 1395 »in der chew« eine Schmelzhütte. Später stand auf diesem Gelände das herzogliche Zeughaus (etwa hinter dem Chor der Theatinerkirche) und nördlich der Salvatorkirche (an Stelle des späteren Schulhauses) der herzogliche Kornkasten. Wahrscheinlich waren die Kuh oder die Schwaige bzw. beide zusammen, sowie die dazugehörigen Grundstücke, die Keimzelle für den Ende des 15. Jahrhunderts angelegten neuen Friedhof der Frauenpfarrei. Die wenigen Grundstückskäufe für den Friedhof, von denen wir wissen, hatten nur geringen Umfang und dienten lediglich der Abrundung des Areals. Von großen Ankäufen wissen wir nichts. Das könnte auch ein Hinweis auf die Eigentümer dieses Kuhhofs und der Schwaige sein: Es war wahrscheinlich die Frauenkirche selbst.

Es ist nicht ausgeschlossen, daß die Kuh und die eigentliche Schwaige überhaupt ein und dasselbe Anwesen bezeichnen. Es müßte dann recht ansehnlich gewesen sein. Es hätte das ganze Areal nördlich der Salvatorstraße eingenommen, bis hin zur Ringmauer und bis zur Theatinerstraße. Das Gelände wurde dann bei der Einbeziehung in den Mauerring teils – an den Rändern vor allem – für kleine Wohnhäuser parzelliert, das übrige Gelände gewerblich und weiterhin landwirtschaftlich genutzt: für Gewerbebetriebe, Stadel, Stallungen, Gärten, Änger. Im wesentlichen blieb ja der ganze Innenbereich des oben beschriebenen Bezirks zwischen Salvatorstraße, Theatinerstraße und Stadtmauer auch in späterer Zeit immer in kirchlicher Hand, die dann immer stärker vom Landesherrn abgelöst wurde. Er errichtete dann hier seine Wirtschaftsgebäude. Möglicherweise gehörte diese Kuh oder Schwaige zum Widem der Frauenpfarrei. Das Widemhaus stand an der Löwengrube (Haus Nr. 22/23).

Die Auflösung erfolgte von den Rändern des Geländes her, der größte Einbruch war dann die Anlage des Friedhofs mit dem Bau der Salvatorkirche als dazugehörige Friedhofskapelle. Als der Bezirk weitgehend bebaut war, riß auch das Bewußtsein ab, daß es sich bei der Kuh eigentlich um einen Bezirk gehandelt hatte und der Name wurde reduziert auf eine schmale Gasse, die ursprünglich nur an seinem Rand entlang lief: die Kuhgasse, siehe dort.

1365 findet sich erstmals die Bezeichnung »hinder der chu«, als Ludwig der ältere Pütrich hier einen halben Garten liegen hat, dann wieder im Jahr 1389 die Bezeichnung »in der kü«, als zwei kleine Handwerker, ein Zimmermann und ein Weber, Häuser hier haben. 1391 ist es eine (unbebaute) Hofstatt, die »in der chew« den Besitzer wechselt, 1395 liegen hier eine Schmelzhütte und das Haus von des Wilbrechts Knecht. 1405 hat der Goldgrübel (= der Mann, der nachts die Abortgruben ausleert) sein Haus »in der kü«. 1412 hat ein Heinrich Haldenauer sein Haus »in der küe«. 1462 gibt es einen Steuerzahler »Äppel in der Kuh«. 1475 werden »in der kue« Straßenpflasterungsarbeiten durchgefüht.

Da wir bis 1481 nie etwas von Eckhäusern an der Theatinerstraße hören, muß der Verdacht bestehen, daß die Kuh – die im übrigen in den Steuerbüchern immer unter der Prannerstraße erscheint, nie unter der Schwabinger Gasse (Theatinerstraße) – keine durchgehende Verbindung zur Theatinerstraße hatte, also eine Sackgasse war, die nur der Erschließung der dort stehenden Gebäude diente.

In anderen Städten ist »Die Kuh« ein bischöfliches bzw. geistliches Gefängnis für delinquierende Geistliche (man sperrte jemanden »in die Kuh«), so z. B. in Regensburg und in Konstanz. Auch der Abt von Formbach hatte ein Gefängnis mit dem Namen Kuh. München ist kein Bischofssitz. Es gibt auch keinen Hinweis darauf, daß es in der Gegend der Kuh einmal ein Gefängnis gegeben habe, obwohl man auch zugeben muß, daß wir über die Zeit vor 1367, als zum ersten Mal das städtische Gefängnis im Rathaus erwähnt wird, über diese Dinge in München so gut wie nichts wissen. Die Belege für die Kuh in München deuten aber alle darauf hin, daß es sich hier um ein mit Häusern bebautes Gelände handelte und nicht um ein einzelnes Gebäude, so daß man für München die Annahme eines (geistlichen) Gefängnisses an dieser Stelle aufgeben muß.

Qu.: MB 19a S. 223/24 (1365), MB 35/2 S. 428 (1495). – GB I 241/22 (1389), II 10/6 (1391), 102/9 (1395), 128/5 (1397), III 41/9 (1405), 123/12 (1412). – StB 1462 Äppel in der Kuh. – KR 1475 S. 107v. – HStA. Kurbaiern U 16314 (1489), 16291 (1495). – Wolf I (1852) S. 737. – Schmeller I Sp. 1215. – Stahleder, Bierbrauer OA 107 S. 57/58.

(**Kupferschmidsgässel**), wohl heute Dürnbräugasse, um 1574.

Im Jahr 1574 werden Straßenpflasterungsarbeiten hinter der Mauer zwischen der Einschütt und dem Luegerturm durchgeführt, »im khupferschmidsgässel« sowie im Tal. Es muß sich demnach bei diesem Gässel entweder um die Pflug- oder die Dürnbräugasse handeln. An keiner der beiden Gassen gibt es jedoch einen Kupferschmied. Wahrscheinlich ist es ein Hörfehler des Kammerschreibers gewesen und sollte »Karpfenschmitts gässel« heißen, siehe »Gässel beim Kharpfenschmitt«. Dann ist mit dem Gässel die Dürnbräugasse gemeint.

Qu.: KR 1574 S. 132v.

Bei der **LACKEN**, heute Teil der Salvatorstraße, vor 1534 – nach 1593.

Eine Lacke ist nach Schmeller ein kleines, stehendes Gewässer, ein Tümpel oder Teich.

»An der lacken bey Unsers Herrn gotzacker« arbeiten 1534 die Stadtwerkleute. Im westlichen Teil der heutigen Salvatorstraße liegt im Jahr 1548 ein Haus »bei der lacken«. Seit 1586 findet sich fast unverändert bis 1593 in den Kammerrechnungen der Eintrag über die Auszahlung von Baumgeld für 120 Bäume, die bei der Fronleichnamsprozession (Corporis Christi) aufgestellt werden, »nemlich ... bej den saltzstadeln, Prannersgassen, bej der Lackhen biß zw Unnsers Herrn Thor«. Seit 1594 ändert sich das wieder. Von jetzt ab lautet die Formulierung nur noch »bej den saltzstädeln und auf dem freithof«.

196 Landschaftsgässel, Kleines

Der Name »bei der Lacke« könnte abgeleitet sein von dem Maurer Albrecht Lackner, der 1529 bei der Salvatorstraße im Steuerbuch steht, falls es nicht umgekehrt ist. Wahrscheinlicher aber ist eine wirkliche Wasserlache oder ein kleiner Teich namengebend gewesen. 1535 z. B. läßt die Stadt »die lacken abgraben auf der straß gen Rämlstorf«. Hier sind auf jeden Fall Wasserlachen gemeint, welche die Straße überschwemmt hatten und denen nun ein Ablauf gegraben wurde. 1539 wird »die lackhen geraumbt beim stadel«, wahrscheinlich beim Bürgerstadel draußen vor der Stadtmauer beim Isartor. Hier, vor dem Isartor, lag noch um 1700 die sog. Teichenlacke, die dem kurf. Posthalter Christoph Prix verliehen war, dann aber zum Fortifikationswerk, oder wie es 1704 heißt, »zum Schanz-Gepau gezogen« worden war.

Im 19. Jahrhundert gab es noch ein berühmtes Gasthaus mit dem Namen »Zur Lacke«, nachgewiesen etwa von 1827 bis zum Abbruch 1887. Es lag draußen vor der Stadt, in der Holzstraße 3, später 9.

Örtlichkeiten mit diesem Namen gab es auch in anderen Städten, etwa in Ingolstadt, in dessen Umgebung Bezeichnungen »Auf der Lacken« und ähnliches sogar häufig vorkamen. Das sog. Osterdorf, gelegen vor dem Osttor Ingolstadts, nannte man ebenfalls »Auf der Lacken«.

Qu.: StB 1529. – KR 1534 S. 113r, 1535 S. 110v, 1539 S. 110r, 1586 S. 91r, 1593 S. 107v. – HStA Kurbaiern U 16388 (1548). – Dengler, Ingolstadt S. 10, 83. – StadtA, Städtischer Grundbesitz 183 (1700/04).

LANDSCHAFTSGÄSSEL, KLEINES, heute Teil des Marienhofs, Ende 18. Jhd.

Die Verbindungsgasse zwischen der Landschafts- und der Gruftstraße, ursprünglich »neu Zwerchgässel« genannt, nennt Stimmelmayr »kleines Landschafts- oder Gruftnebengäßl«. Lipowski spricht 1815 nur von dem »Quergäßchen«. Siehe auch »Landschaftsstraße, nördliche«.

Qu.: Stimmelmayr S. 16 Nr. 31/5.

LANDSCHAFTSSTRASSE, seit vor 1586.

Benannt nach dem Haus Marienplatz Nr. 9*, das seit 1554/1565 die baierische Landschaft, die Landstände, beherbergte. Es lag auf dem Gelände des heutigen Rathauses und reichte mit seinen Nebengebäuden bis in die Landschaftsstraße durch. Die Landstände waren eine Körperschaft, in der Adel, Geistlichkeit und Städte (Bürgertum) versammelt waren, um die öffentlichen Angelegenheiten zu ordnen.

Sie waren der Vorläufer des heutigen Landtags, wenngleich in ganz anderer Zusammensetzung.

Der Name »Lanndschafftgassen« findet sich erstmals im Jahr 1586 anläßlich von Straßenpflasterungsarbeiten in der Kammerrechnung der Stadt. Frühere Bezeichnungen: Schreibergasse 1355–1411, Gässel, da die alt Sanwelin die Judin ansitzet 1394, Herrn Wilhelms Gässel 1395, der Weckerin Gässel 1397, Unser Frauen Gässel 1411, Kleubergasse 1462, Stadtschreibergässel 1481.

Lipowski schreibt ganz richtig, die Straße habe den Namen Landschaftsgäßchen erst angenommen, als rückwärts das Landschaftsgebäude erbaut und zwei Häuser gegenüber niedergelegt wurden, um eine Ausfahrt zu erhalten und das Quergäßchen herzustellen, das das Landschaftsgäßchen mit der Gruftgasse in Verbindung setzte. Dies geschah im Jahr 1585, vgl. auch »Neu Zwerchgässel«.

Qu.: KR 1586 S. 114v. – HB GV zu Marienplatz 9*. – Pläne seit 1729. – Lipowski II (1815) S. 394.

LANDSCHAFTSSTRASSE, NÖRDLICHE, heute Teil des Marienhofs, o. D.

Dieser Name »nördliche Landschaftsstraße« oder auch »nördliche Kloibergasse« nur durch den Bearbeiter des Häuserbuchs belegt. Historische Belege fehlen.

Alter Name »neu Zwerchgässel«, vgl. dort, auch »neue Gasse hinter dem Landschaftshaus«. Das Grundbuch umschreibt 1814 die Lage des Hauses Landschaftsstraße 5 »an der Verbindungsgasse zwischen Landschafts- und Gruftgasse« und die Adreßbücher von 1885, 1916 und 1940 sagen: »Ein Zweig der Landschaftsstraße reicht nördlich bis zur Gruftstraße«. Ende des 18. Jahrhunderts spricht Stimmelmayr vom »kleinen Landschaftsgässel«.

Qu.: HB GV S. 120/121 Abb., S. 114. – AB 1885 S. 263.

LANGE ANGERGASSE, um 1490.

Siehe »Angergasse, lange«.

LEDERERSTRASSE, heute Lederer- und Hochbrückenstraße, seit vor 1381.

Benannt nach dem Gewerbe der Lederer, das seit dem 14. Jahrhundert hier bevorzugt ansässig war.

Seit 1371 bis 1776 wird in den Steuerbüchern die heutige Ledererstraße Irchergasse genannt, nach den Weißgerbern oder Irchern, während der seit 1381 vorkommende Name Ledererstraße nur den Häusern an der Hochbrückenstraße vorbehalten ist. Später tritt ein

Abb. 18: *Die Ledererstraße nach Osten. Im Hintergrund die Hochbrückenstraße mit einem typischen Gerberhaus mit offenen Dachböden zum Trocknen der Häute. Aufnahme vom 1.7.1924.*

Wechsel ein und z. B. im 18. Jahrhundert zählen zur Irchergasse nur noch die Häuser Ledererstraße 6–10, alle weiteren Häuser der Ledererstraße und die Häuser an der Hochbrückenstraße werden zur Ledererstraße gerechnet. Der Name Irchergasse wird nach 1776 überhaupt nicht mehr gebraucht. Die Steuerbücher sprechen bei den Häusern der Irchergasse jetzt nur noch vom »Gässel« und der Name Ledererstraße beschränkt sich auf die heutige Ledererstraße.

Das Grundbuch sagt im übrigen etwas anderes: Nach ihm hat um 1574 die Ledererergassen »angefangen bei dem Thurlbad und geht hinab zum Wierbad« und das heißt, sie umfaßt genau die heutige Ledererstraße vom Sparkassenbach bis zur Hochbrückenstraße. Unterschiedliche Quellen oder Behörden gebrauchen also die Namen unterschiedlich. Auch die Pläne von 1613 (Volckmer) und 1806,

1812 und 1837 gebrauchen den Namen Ledererstraße im heutigen Sinne.

Seit 1460 bis nach 1662 ist – offensichtlich nur in den Gerichtsurkunden – die »vordere« Lederergasse mit der heutigen Ledererstraße gemeint. Siehe auch »Irchergasse« und »Gässel bei Herzog Ludwigs Haus«.

Qu.: StB seit 1371, seit 1526. – GB I 135/5 (1381), 246/8 (1390), II 144/13 (1399), III 7/14 (1403), 158/9 (1415). – HStA GU Mü790 (1537). – GruBu GV S. 84v (um 1574).

LEDERERSTRASSE, VORDERE, heute Ledererstraße, seit vor 1460 – nach 1662.

Die vordere Ledererstraße ist die heutige Ledererstraße. Ihr entspricht die hintere Irchergasse, die aber bisher nur einmal – 1389 – belegt ist und die auf die heutige Bräuhausstraße zu beziehen ist. Die meisten Urkunden mit dem Straßennamen »vordere Lederergasse« beziehen sich übrigens auf dieselbe Häusergruppe Ledererstraße 19–21 und der Text wurde sichtlich jeweils von der früheren Urkunde abgeschrieben.

Qu.: HStA GU Mü 2722 (1460), 790 (1537), 804 (1539), 945 (1551), 1209 (1574), 1801 (1619), 1920 (1635) u.ö., 2737 (1662).

LEDERERWEG, heute Teil der Hochbrückenstraße, o. D.

Nach Adreßbuch von 1880 ein Verbindungsweg von der Ledererstraße zur Bräuhausstraße am Einschüttbach entlang. Ohne Beleg. 1873 in der Hochbrückenstraße aufgegangen.

Qu.: AB 1880 S. 172/173.

❑ **LE(C)HEL,** vor dem Kosttor, seit vor 1696.

Für die Gegend im Osten und Norden vor der Stadt, einerseits bis an die Isar reichend, andererseits bis etwa zur heutigen Prinzregentenstraße, gibt es eine Reihe von Ortsbezeichnungen oder Flurnamen. Man kann davon ausgehen, daß es im Bereich außerhalb der Mauern von jeher Einzelgebäude, Werkseinrichtungen und Siedlungsteile gab. Gelegentlich entstanden ganze Siedlungen, die dann bei verschiedenen Stadterweiterungen in die Stadt eingegliedert wurden, oder sie wurden von Zeit zu Zeit auch wieder beseitigt. Einen solchen Fall kennen wir für die Zeit um 1385. Es wird uns später noch einer begegnen. Auch bei der Stadterweiterung am Ende des 13. Jahrhunderts wurden solche Vorstadt-Siedlungen eingegliedert. Wahrscheinlich war Altheim eine solche und ebenso die Gegend um das Angerkloster und die Gegend des Tal.

Die beiden Mühlen Horbruckmühle und Toratsmühle, im Osten vor der alten Stadt gelegen, dürften Reste dieser Gewerbeanlagen außerhalb der ursprünglichen Stadt (sog. Heinrichsstadt) gewesen sein, die man nach der Eingliederung bestehen ließ. Als Grund dafür ist denkbar, daß sie von Anfang an Herzogsgut waren. Möglicherweise gehen aber auch die Lederer- und die Schäfflerstraße auf solche ursprünglich außerhalb der Stadt gelegene Gewerbegebiete zurück.

Manche der Werksanlagen dürften bei der Stadterweiterung verlegt worden sein, so daß sie dann wiederum außerhalb der Stadt lagen. Solche Verlegungen hat es auch später mehrfach gegeben, vor allem beim Ausbau der Befestigungsanlagen während des 30jährigen Krieges. Andere sind natürlich im Laufe der Zeit neu entstanden. 1241 verleiht Herzog Otto II. bereits dem Kloster Neustift bei Freising Zehenten aus Mühlen und Lohstampf (Stampfmühle für die Lederer) in München. Um 1280 hat der Herzog ein halbes Pfund Pfennige Einkünfte aus einem Walchstampf und 5 Pfund aus dem Lohstampf in München (Walken ist die Tätigkeit der Tuchbereitung zur Verfilzung des Gewebes). 1345 gibt Kaiser Ludwig den Münchner Lederern Boden und Wasser für einen Lohstampf. Um 1311/13 wird bereits eine Walkmühle und eine Loder-Ram unterhalten. Das sind eiserne Tuchrahmen zum Spannen des Tuches. Schon vor 1333 sind die obere und untere Bleiche entstanden, wo die Färber ihre Tuche zum Trocknen und Bleichen auslegen konnten. 1310/12 ist die Lände vorhanden, an der die Flöße mit ihren Waren an»landen« konnten. Schließlich lagen eine ganze Reihe von Mahl- und Sägemühlen, auch Schmieden, draußen vor den Toren. Wie wir seit 1368 aus den Steuerbüchern erfahren, haben auch alle Flößer und alle Fischer und die meisten Färber nicht nur ihre Arbeitsplätze, sondern auch ihre Wohnhäuser draußen vor der Stadt, vgl. »Grieß«, »Fischergasse«.

Für diese Arbeits- und Wohnquartiere sind – teils gleichzeitig, teils nacheinander – verschiedene Ortsbezeichnungen in Gebrauch. Eine der ältesten dürfte der Name »Grieß« sein, der vor allem für die Gegend zwischen der Stadt und dem Fluß (Isar) gilt, also einen parallel zum Fluß laufenden Geländestreifen, von Kies und Sandablagerungen des Wassers gebildet und von daher seinen Namen führend.

Richtung Norden wird gelegentlich der Name »Graggenau« über die Stadtmauer hinaus ausgedehnt, so daß 1353 »des Seydleins Mül in der Graggenau« liegt. Ihr Standort war in unmittelbarer Nähe des Wurzer- oder Kosttores (»zenachst bei dem Wurczertor gelegen«). Wegen Baufälligkeit wurde sie – eine Sägemühle – um 1476 abgebrochen.

Ansonsten greift man in dieser Gegend zu Hilfsbezeichnungen, die sich meist von markanten Bauteilen der Stadtmauer ableiten, am häufigsten in der Bezeichnung »vor/bei des Wurzers Tor« – hier liegt 1376 ein Färbhaus –, oder 1379 »außerhalb der Mauer bei dem Luger« (= Lugerturm) oder 1382 »hinter dem Lugerturm«, oder 1380 »gelegen auf dem Lohstampf«.

Da es sich bei dieser Landschaft entlang des Flusses um Auenlandschaft handelt, ist auch der Name »Au« gebräuchlich, wenn von der Gegend des heutigen Le(c)hels oder Gärtnerplatz-Viertels die Rede ist, siehe »Au«. 1384 etwa liegt ein Grundstück »in der awe bey dez walichmüllners mül«. Die Walchmühle lag nach den Steuerbüchern vor dem Wurzertor und wird von der Steuerbehörde unter »Graggenau« eingeordnet. Vor allem die Lagebezeichnungen »vor dem Wurzertor« bzw. »vor dem Kosttor« oder »vor dem Isartor«, »vor dem Angertor« sind bis in das 19. Jahrhundert herein üblich. Die Namen »Grieß« und »Au« verlieren in der nachmittelalterlichen Zeit an Bedeutung, da sich erstens seit dem 16. Jahrhundert ein neuer Begriff herauszuschälen beginnt und zweitens – was den Namen »Au« betrifft – seit dem 15. Jahrhundert eine Auenlandschaft für die Münchner Bürger bedeutend wird, die gar nicht zu Stadt und Burgfrieden gehört, die jenseits der Isar, im Landgericht Wolfratshausen, liegt und zur Gemarkung des Dorfes Giesing gehört: eben die »Au zu Giesing« oder dasjenige Gebiet, das später für München zur Au schlechthin wird, die Vorstadt und der heutige Stadtbezirk Au um den Mariahilfplatz.

In diesem Gebiet nördlich und östlich vor der Stadt liegen also von Anfang an Gewerbe- oder Werksanlagen, deren gemeinsamer Nenner es ist, daß sie allesamt vom Wasser abhängen und teils auch mit Feuer arbeiten. Nach der Aufgabe der Wohnstätten für Fischer und Flößer und ihre Umsiedlung in die Stadt herein um 1385 liegen in diesem Gebiet nur noch die Mühlen, die beiden Länden und die beiden Bleichen (obere und untere). Langsam füllt es sich aber wieder auf. Die Färbhäuser liegen dann wieder hier, vor dem Wurzer- wie vor dem Schiffertor, Lohstampf, Hammer- und Klingenschmiede, später Waschhäuser usw. Fast alle diese Werksanlagen oder Gewerke gehören der Stadt und werden von ihr an ein ganzes Handwerk oder an Einzelpersonen verpachtet, die dafür alljährlich ihren Zins zahlen. Teils hat die Stadt die Anlagen selbst wieder nur vom Herzog pachtweise inne und zahlt ihrerseits wieder Zinsen an ihn bzw. die Hofkammer.

Den Begriff »Pacht« kennt man im Mittelalter nicht. Der in dieser Zeit übliche Name heißt »Leihe« und das geliehene Gut ist das »Lehen«. Die genannten Gewerke sind also Lehen – teils vom Herzog an die Stadt, dann wieder von der Stadt an die Handwerker. Die

202 Le(c)hel

Bau- und Unterhaltspflicht für Gebäude und Anlagen liegt generell bei der Stadt. Deshalb finden wir in den Stadtkammerrechnungen die jeweiligen Ausgaben für Reparaturen an ihnen. Noch bis weit ins 16. Jahrhundert herein werden die Kosten dafür jeweils mit dem Namen des einzelnen Objektes aufgeführt. So wird – um einen Jahrgang herauszugreifen – 1489 von den städtischen Bauwerkleuten gearbeitet »in den drei Walchen«, »an der Bleiche«, »an der Loder Rahm(en)garten«, »im Bach bei der Schmelzhütte«, »am neuen Büchsenschützenhaus«, »am Färbhaus«, »am Färbhaus und Frauenhaus (Bordell)«, »an den Waschbänken«, es wird das Dach gedeckt »auf der Walchmühl«, gearbeitet »auf den inneren Bächen«, »auf der Wühr beim Isartor«, »an den äußeren Bächen«, »bei der Sagmühle«, es wird der Kamin gekehrt »im Rahm(en)haus« und es wird gearbeitet an den Kaminen »in dem Rahmhaus und auf der Sagmühle« usw.

Die Kammerrechnung des Jahres 1525 bringt in dieser Hinsicht eine wesentliche Neuerung. Von diesem Jahr an werden die Objekte, an denen die städtischen Arbeiter Reparaturen durchführen, nicht mehr einzeln genannt, sondern hinter einem summarischen Namen versteckt. Wir kennen ihn schon. Er heißt »Lehen«. Die einzelnen Objekte – Rahmgarten, Bleiche, Mühlen usw. – erscheinen jetzt nur noch in Ausnahmefällen, die Werkleute arbeiten statt dessen jetzt nur noch »auf den Lehen«: »Von 6 tagen gearbait in den äußern pächen, ain (be)schlächt gemacht, auf den Lehen pessert, ain pruck gemacht den schutzen und anders gemainer stat notturft«. 1530 hat der Stadtglaser »allenthalben in der stat gmächen (= Wohnungen) und lehen« gearbeitet, ebenso 1531, 1532 »allenthalben auf den lehen«. Im selben Jahr 1532 haben die Werkleute sechs Tage »geflickt und (ge)pessert auf den lehen«, 1534 hatte der Stadthafner »neu öfen ze setzen allenthalben ... in der hintern ratsstuben und auf den lehen«, 1537 wieder »öfen ze setzen in der stat lehen«. 1534 hatte der Kaminkehrer Kamine zu kehren »in der stat gmächen und auf den lehen«.

Ab 1534 wird der Begriff Lehen dann schon wieder ergänzt mit Namen von Einzelobjekten, vor allem aber unterschieden in die Lehen verschiedener Handwerke. 1534 wird gearbeitet auf den Lehen »und auf beden sagmüln«, 1539 auf den Lehen »und an pachen«, 1540 werden »auf der loder lehen pödn gelegt und schranckhen aufgemacht«, 1543 »auf der ircher (= Weißgerber) lehen« gearbeitet, 1544 »an gemainer stat lehen und peuen, in der loder ramgarten, am färbhaus und andern orten«, 1542 hat der Stadthafner in den städtischen Lehen 26 neue Öfen eingebaut und etliche geflickt. 1547 wird »auffm Saitnhaus und andern lehen geflickt«, 1548 an der alten Mang (= Wäschemangel) »und auff andern lehen pessert und gflickt«, 1552 wird bei dem Klingenschmied Zuckseysen an der Badstube gebaut »und an andern lehen gemauert«, 1558 hat der Stadtglaser neues Glaswerk auf der Stadt Lehen, »sonderlich (= insbesondere) ... auf der neuen plaich, dergleichen auf dem messinghamer« gemacht, 1559 ebenfalls der Glaser für der Stadt Lehen, »als (da sind) der Harderin auf dem obern hammer (gemeint ist die Hammer- oder Klingenschmiede) beschlagen«, weiterhin am Unschlitthaus und an der unteren Waage ausgebessert, 1560 arbeiten Zimmerleute wieder »auf der Harderin lehen«. Dazwischen stehen jeweils eine Fülle von Einträgen, die nur pauschal und ohne jede Differenzierung angeben, die Maurer hätten »auf den Lehen« gearbeitet oder 1562 »in gemainer stat heusern auf den lehen« usw. Es wurde hier lediglich eine Auswahl von Einträgen der Zeit mitgeteilt. Vor allem gibt es aber die Lehen der Loderer, die Lehen der Weißgerber, das Lehen der Harderin, womit die Hammerschmiede gemeint ist, die Lehen der Stadt usw.

Seit 1581 tritt eine Änderung in der Schreibweise ein, indem »Lehen« von jetzt an nicht mehr nur mit einfachem »h« geschrieben wird, sondern – meistens sogar – mit »ch«, also »Lechen«. Die Schreiber tragen damit der Tatsache Rechnung, daß manche Menschen das Wort härter aussprechen.

Noch eine Neuerung gibt es ab 1581. Von jetzt ab werden die Eintragungen über Geldzahlungen noch summarischer und sozusagen anonymer als bisher und lauten in der Regel nur noch »und alle Lechens notturft« sei von den Arbeitern erfüllt worden (1581, 1582). Ab 1591 entfällt sogar dies. Ab jetzt wird in den Kammerrechnungen nur noch auf die von den jeweiligen Handwerksmeistern eingereichten Quatemberzettel (Vierteljahres-Rechnungsbelege) verwiesen und abgerechnet »nach seiner Quatember-Zettel«. Näheres erfahren wir jetzt überhaupt nicht mehr.

Es ist zu beachten, daß bei all den hier genannten Beispielen – sie sind nur eine kleine Auswahl – der Begriff Lehen stets in der Mehrzahl stand. Es wurde immer gearbeitet auf »den« Lehen. Der Begriff ist ein Sachbegriff, es sind »die Lehengüter«, eine Summe von Gütern, die einem bestimmten Recht unterworfen sind: sie sind kein Eigentum, sondern geliehene Güter, Lehen eben. Schon 1537 aber wird der Begriff auch in der Einzahl gebraucht: »an der Lände, auf der Stadt Mühle, auf dem Lehen und ander Notdurft« wurde gearbeitet. Ebenso wird 1538 ein Dach gedeckt bei der Obermaierin »am Lehen« und auf der Schleifmühle »bei dem Lehen«. Erst 1560 begegnet wieder ein Fall: Da hat der Stadtschlosser nebst anderen Arbeiten »mehr aufs Lehen« Beschläge für 3 Fenster geliefert. Kurze Zeit später erscheint die Formulierung wieder in der Mehrzahl: »auf den Lehen« sei gearbeitet worden.

Der Begriff wandelt sich jetzt vom Sachbegriff – »die Lehen«, einer Anzahl von Sachen – zu einem räumlichen Begriff, zum Namen für eine Gegend, eine Landschaft, einen Ort. Aus »den« Lehen(gütern) wird die Landschaft oder Siedlung, in der sie liegen, also »das« Lehen.

Wir haben bisher drei Schritte der Entwicklung des Namens: seit 1525 »die« Lehen als Sachbegriff, seit 1537 »das« Lehen mit dem Beginn des Wandels zum räumlichen Begriff (zum Ortsnamen) und seit 1581 die neue Schreib-Variante »Lechen« neben »Lehen«. Wir brauchen nur noch den vierten Schritt: Vom »Lehen/Lechen« zum »Lehel/Lechel«. Dieser Schritt ist erst 1696 getan.

Bis dahin haben uns nicht nur die Kammerrechnungen (bis 1591), sondern seit 1591 auch die Aktenschriftstücke in den Archiven darüber aufgeklärt, daß mit den städtischen Lehen die Gemeindegründe bzw. städtischen Gewerke vor den Toren gemeint seien. Akten über den städtischen Grundbesitz zählen zwischen 1591 und 1643 auf: die Mahl-, Säge-, Schleif-, Palier- und Walchmühlen, Eisen- und Messinghämmer, Klingenschmiede, Bleichen, die Loderrahmen und Einrichtungen der Lederer. Das Bauamt (Hochbau) liefert für 1639 wegen des Baus der neuen Befestigungsanlagen ein ganzes »Verzeichnis der Häuser und Städel ... auf dem Lehen, was an den Stellen abgebrochen worden« und was noch abgebrochen werden müsse. Die Häuser und Städel standen also »auf dem Lehen«, noch nicht »auf dem Lehel«, obwohl der Beamte, der im 20. Jahrhundert den Aktendeckel für diese Vorgänge beschriftet hat, dort den Namen »Lehel« gebrauchte – in Abweichung vom Text der darin enthaltenen Schriftstücke. 1640 enthält das Steuerbuch ein eigenes Kapitel mit Namen von Steuerzahlern außerhalb der Stadtmauern mit der Überschrift: »(Der) Statt Munchen Heuser aufm Lehen« und darunter dem Vermerk: »Seind vasst alle wegen des Fortificationpaus (1645 ergänzt:«anno 38 und 39«) niderprochen worden«. Nur zwei Namen stehen noch als Steuerzahler da: Des Caspar Hackls Mühle und der Klingenschmied. In den Jahren davor waren es jeweils etwa 20 Personen. 1645 sind auch diese beiden Namen nicht mehr aufgeführt und fortan ist das ganze Kapitel nicht mehr in den Steuerbüchern enthalten, alle Bewohner sind umgesiedelt und der Raum vor der Stadtmauer frei geräumt, ähnlich wie wir dies 1385 schon einmal erlebt hatten.

1641 nennt ein Bauakt die Handwerke der Weißgerber, Klingenschmiede, die Ballierer und die Schleifmühle »und andern lehenleuth aufm undern lehen«. Es wird jetzt also auch räumlich zwischen »unterem« und »oberem« Lehen unterschieden, so wie wir heute noch vom »unteren Lehel« sprechen und deshalb auch der Beamte, der den Aktendeckel beschriftet hat, dort wieder »unteres Lehen«

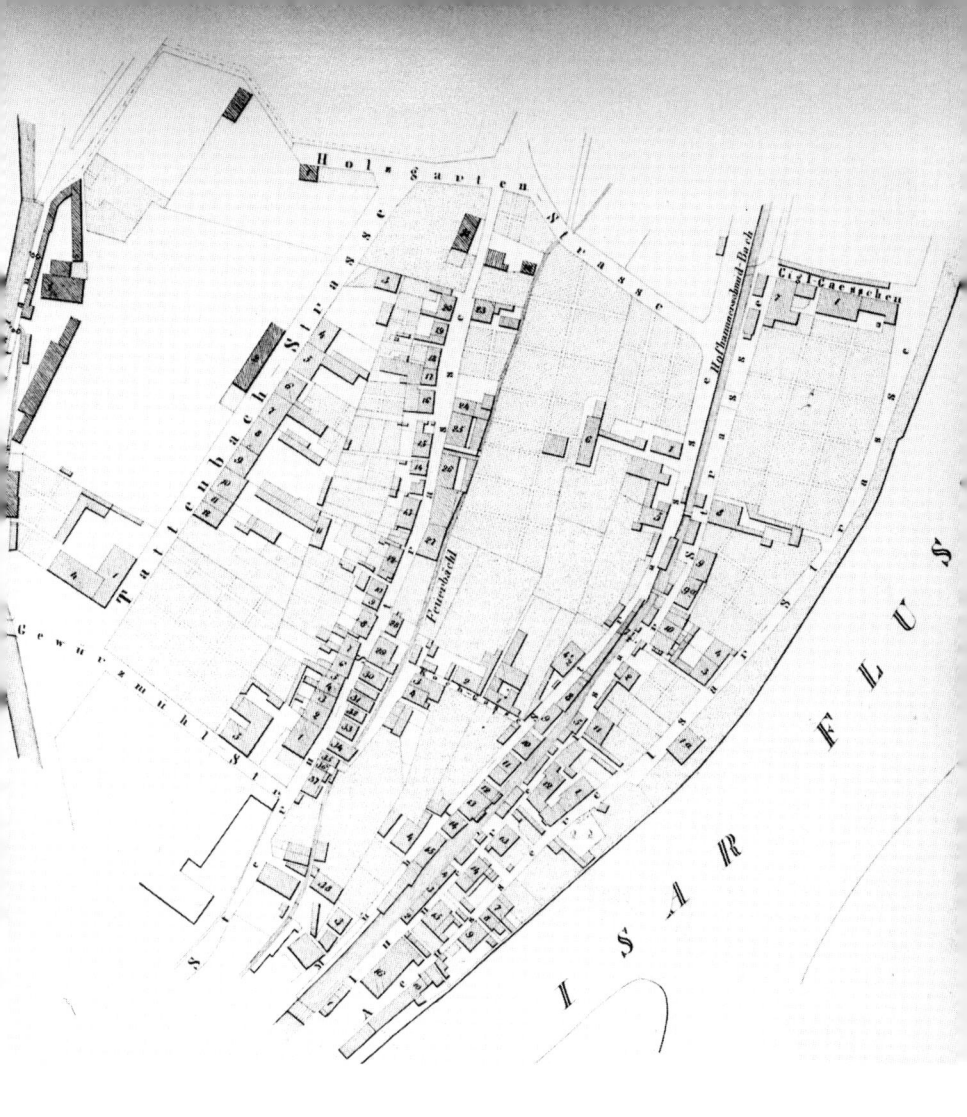

Skizze 10: *Die Sternstraße und das Tattenbachische Lehen/Lehel zwischen Gewürzmühl- und Holzgarten-, heute Liebigstraße, sowie Triftkanal und Sternstraße. Grundlage: Wenng-Plan 1850.*

durch »unteres Lehel« ersetzt hat (was an sich richtig ist, aber so nicht in den Akten steht). Ebenso übergibt am 9. Oktober 1657 der Kurfürst Ferdinand Maria dem Pütrich-Regelhaus ein Grundstück, gelegen »auf dem Undern Lehen« beim kurf. Kuchelgarten, bei der Schweinpflag.

»Auf dem Lehen« liegen 1643 die Stelzmühle (vor dem Lugerturm beim Isartor), die Paliermühle, die Weißgerberwalch und die Klingenschmiede, 1644 wieder die Stelzmühle (die Müllerin Ursula

Abb. 19–21: *Die Sternstraße mit den alten Herbergen des gräflich Tattenbachischen Lehens/Lehels. Aufnahmen um 1895.*

Resch, eine Witwe, nennt sich in ihrer Unterschrift unter einem Brief »Müllerin auf der Stelzmühle aufm Lehen«), 1649 die Gewürzmühle in der späteren Sternstraße 5 »auf dem lehen, zwischen dem Isar- und Schwabingerthor«, 1670 eine Lohmühle und eine Gipsmühle »auf dem lehen«.

Die Gegend füllt sich also seit der Umsiedlung aller Bewohner um 1640 wieder mit Menschen und Gewerbeeinrichtungen auf. Um 1670 liegen »vorm Wurzertor!« schon wieder eine Gschlachtgwander-Walchmühle, Schleifmühle, Loder-Walch, Weißgerber-Walch, Sägmühle, die Wagmühle »aufm Gries«, ein neuerbauter Stadel, die Paliermühle, Untere Bleiche, Hammerschmiede, Loderrahm, Untere Lände, obere Lände (vor dem Angertor!).

Für all diese Steuerzahler legt das Steuerbuch von 1696 – und nur in diesem einen Jahr – wieder ein eigenes Kapitel an mit dem Titel: »Auf dem Lehel in gemainer Statt München Burgfridt entlegene und sich befindende Inwohner«.

Es folgen 6 Seiten mit insgesamt 73 Namen von Steuerzahlern. Damit ist erstmals der heute bekannte Name »Lehel« gefallen, »die« (einzelnen) Lehen(güter) sind über den räumlichen Begriff »das«

Abb. 20

Lehen oder gelegen »auf dem Lehen« zum Ortsnamen »Lehel« geworden.

Den nächsten Beleg haben wir schon für das Jahr 1700. Jetzt geht es um eine Gruppe von Häusern auf einem Grundstück, das 1575 Georg von Etzdorf von einer Barbierswitwe gekauft hatte und auf dem zunächst zwei »Häuseln« standen. Dieser Besitz kam später auf die Gant (Gant = gerichtliche Versteigerung) und am 22. März 1657 erwarb ihn mit allem Zubehör der Reichsgraf Gottfried Wilhelm zu Rheinstein und Tattenbach. Er lag zwischen der heutigen Gewürzmühl- im Süden und Liebigstraße im Norden, sowie zwischen der Triftstraße im Westen und der Sternstraße im Osten. Mitten hindurch wurde später die heutige Tattenbachstraße gelegt. Man sprach später auch vom »Schlössl« (gleichnamige Gartenwirtschaft). Am östlichen Rand des Grundstückes bauten die Tattenbach nach und nach etwa 20 Häuser, die an kleine Handwerker und Tagelöhner vermietet wurden. Es war dies die Keimzelle für die Herbergen-Siedlung zu beiden Seiten der Sternstraße, wie sie das 19. Jahrhundert auch noch in zahlreichen Fotos überliefert hat. Es war das im 18. Jahrhundert in den Quellen das »Graf Tattenbachische Lehen« u. ä.

Abb. 21

genannte Gebiet. Im 18. Jahrhundert gab es einen lange andauernden Rechtsstreit, weil die Tattenbach behaupteten, sie hätten auf diesem Grundbesitz die Hofmarksgerechtigkeit, besäßen also dort die niedere Gerichtsbarkeit. Im Jahr 1700 wird der Tattenbachische Besitz erstmals »auf dem sogenannten Lechel« genannt, 1704 wiederum die Tattenbachischen Häuser »am Lechel«, ebenso 1721. 1720 liegt auch der »Gewürzmüller aufm Lechel vorm Costthörl«. Die Gewürzmühlstraße erinnert heute noch an sie.

Daß die Begriffe »Lehen« und »Lehel« im gleichen Sinne gebraucht werden, zeigt ein einziger Akt über die Verleihung der einzelnen Herbergen durch den Grafen Tattenbach an die Handwerker. Es handelt sich dabei um 48 Mietverträge aus der Zeit zwischen 1669 und 1725. Sie sind allerdings insofern mit Vorsicht zu genießen, als es sich dabei nicht um die Originale handelt, die ja auch in einem städtischen Akt nichts zu suchen hätten, sondern um Abschriften aus der Zeit um 1720, als sie für die Stadt angefertigt und ihr ausgehändigt wurden, wahrscheinlich im Zusammenhang mit den Streitigkeiten um die angebliche Hofmarksgerechtigkeit. Weil diese Abschriften aus einer Zeit stammen, in der dem Schreiber der Name »Lehel« schon geläufig war, hat er Rückwirkung gezeigt. Gleich der erste der Mietverträge, der von 1669, nennt das zu vermietende Haus im Text »Haus, am Lecher stehent«, mit deutlicher Verschreibung des Wortes. Bei der Adresse verwendet der Schreiber gar den Begriff »am Lechel«, also eine für 1669 noch unübliche Namensform. Vom nächsten Vertrag an scheint er sich an den Wortlaut zu halten: 1677 heißt es »Häusel auf dem Lechen«, 1695 und 1696 »Häusel am Lechen«, 1706 und 1712 »auf dem Lechel« oder 1721 ausführlich: »auf eine auf dem sogenannten negst der statt München gelegenen und mir mit aller grundtherrlichen Jurisdiction zugehörigen Lechel gelegene ... herberg«.

Den Austausch der Begriffe Lehen und Lehel bestätigt ebenfalls ein sogenanntes »Kurzes Memorial« (Gedächtnisprotokoll, Aktennotiz) vom 16. Juli 1670, in dem es wieder einmal um die städtischen Gewerke geht. Im Original des Schreibens steht als Titel: »Kurzes Memorial, was es mit denen Grindten und Pöden auf dem Lehen vor dem Iserthor und dem Cossttherl für ain beschaffenheit habe«. Das Memorial liegt in mehreren Abschriften der Zeit des beginnenden 18. Jahrhunderts vor, u. a. einem vom Jahr 1718 (die anderen kann man anhand der Schrift leicht zeitlich zuordnen) – sie liegt sogar im selben Akt, dazu in mehreren anderen Akten. Alle diese Abschriften halten sich streng an den Text der Vorlage von 1670, mit einer einzigen Ausnahme: sie haben allesamt den Namen »Lehen« durch den modernen Namen »Lehel« ausgewechselt.

»Lehen« und »Lehel« sind gleichbedeutend. Die ersten Jahrzehnte des 18. Jahrhunderts hindurch werden sie auch noch beide abwechselnd gebraucht, wenngleich seit etwa 1730 nur noch »Le(c)hel« vorkommt. Auch der Begriff »unteres Lechel« für die Gegend nördlich der Zweibrückenstraße und vor dem Kosttor – im Gegensatz zum oberen Lehen südlich der Zweibrückenstraße und vor dem Anger- und Schiffertor – kommt im 18. Jahrhundert wiederholt in den Quellen vor, so 1729 und 1754 (?). Vor allem das Graf Tattenbachische »Lechel« beschäftigt die Stadtverwaltung immer wieder. 1746 wird auch der Gschlößl-Wirt »auf dem Lechel« genannt. 1785 verbot ein kurfürstliches Mandat den Auern, »Lechlern« und Haidhausern das Fischen auf der Isar. Auch die Bewohner werden jetzt mit diesem Namen bezeichnet. Er ist ein echter Ortsname geworden wie Au und Haidhausen auch.

Bei diesem späten Auftreten des Namens um 1700 ist es verwunderlich, daß schon hundert Jahre später die München-Historiker die Herkunft des Begriffes nicht mehr verbindlich deuten können. Deshalb schrieb bereits 1796 Joseph Burgholzer, »das Löhel ... schöpft den Namen von einer kleinen Waldung oder Gesträuchwerk«. Er leitete ihn also von der Verkleinerungs- oder Diminutivform von

»Lohe« = lichter Wald, ab, einem »Löhlein« oder »Löhel«. Lorenz Hübner mochte ihm da aber 1803 schon nicht ganz folgen, hielt zwei Erklärungen für denkbar und entschied sich dann für die Ableitung vom »Lehen«: »Woher diese Benennung entstanden sey, darüber ist es nirgends klar. Burgholzer meint von einer kleinen Waldung oder Lohe, die nach und nach ausgestockt, und durch Angebäude verdrängt worden sey. Wirklich bedeutet das altdeutsche Wort Lohe eine moorige, mit Gesträuchen bewachsene Gegend. In den älteren Stadtbüchern kommt bis ins 16.te Jahrhundert nichts davon, was nähere Aufklärung geben könnte, und später nur die Benennung Lechel, Lehel vor. Es scheint also von einem kleinen Lehen, an das sich nach der Zeit mehrere anbauten, entstanden zu sein«. Felix Joseph Lipowski hält sich 1815 ganz heraus und übermittelt nur beide Deutungsmöglichkeiten: »Der Name Lehel soll von Lehen stammen, weil ein Theil desselben ein Lehen gewesen. Andere behaupten:es sey vor Anlage dieses Ortes ein Gehölze daselbst entstanden, welches Löhel genannt worden«. Der Bürgermeister Josef von Teng legt sich 1830 wieder auf Lehen fest. Es habe hier öde Gründe gegeben, die dem Staate angehört hätten, der dann begann »sie an herzogliche Bedienstete und andere so zahlreich zu verleihen, daß dadurch eine kleine Hofmark von Grundunterthanen, das Lechel genannt, entstanden ist«. Ebenso leitet auch der damalige Stadtarchivar Karl August Muffat 1860 den Namen vom Lehen ab. Es sei dies ein »Distrikt ..., welcher von den daselbst theils der Landesherrschaft, theils dem Magistrate gehörigen, und zu Lehen verliehenen Gewerken den Namen ›auf dem Lehen‹, gewöhnlich ›das Lechel‹ führt«.

Heute gibt man allgemein wieder der Ableitung des Namens von der kleinen Lohe den Vorzug (u. a. Schattenhofer) und damit der linguistischen, sprachwissenschaftlichen Ableitung des Begriffes (gegenüber der historischen), der Ableitung durch Lautverschiebung, d. h. man verschiebt die Buchstaben eines Wortes so lange, bis ein neues Wort daraus entsteht. Bei welchem neuen Begriff man aufhört, weiter zu verschieben, hängt vom Gusto des jeweiligen Spielers ab. Auf diese Weise entsteht dann in München aus der Teyffer-Brücke eine Dieb-Brücke (von »Teyf« über »Deub« zu »Dieb«), aus dem Hascherbräu in der Sendlinger Straße wird über »Hacher-« ein »Henkerbräu«, aus dem Hackenviertel wird über »Haggrain-« ein »Haberfeld« usw. All dies konnte man kürzlich in einem Artikel im »Münchner Stadtanzeiger« lesen.

Es sei dahingestellt, ob man die Gesetze der germanischen Lautverschiebung — selbst bei professioneller Handhabung — noch für einen Begriff anwenden kann, der Ende des 17. Jahrhunderts erst entstanden ist, dahingestellt auch, ob in Bayern eine Verkleinerung von »Lohe«, also »Löhel«, überhaupt jemals verwendet worden wäre. Schmeller, der leider auch dieser Meinung anhing, daß der Diminutiv von Lohe »Loehlein« geheißen habe, kann auf zwei Spalten mit Beispielen für das Vorkommen des Begriffes Lohe keinen einzigen Beleg für den Gebrauch des Diminutivs angeben. Er nennt aber die Sprechform »Lehhel« und scheint dabei – ohne daß er es sagt – an das Münchner Lehel zu denken. »Lohe« wird aber doch – und das auch nach Schmeller – zunächst einmal mit tiefem Diphtong aus einer Mischung von »o« und »u« ausgesprochen, also »Lou« oder »Lougng«, ähnlich wie der Altbayer »rot«, »tot«, »Kot« ausspricht. Man hat den Namensbestandteil in allernächster Nähe Münchens im Ortsnamen »Keferlohe«, nach dem ein berühmter Bierkrug benannt ist, der »Keferloher« oder »Keferlouer«. Als Diminutiv zur »Lou« würde man allenfalls »Louerl« erwarten, aber nicht eine Aufhellung des Vokals zu einem »ö« oder gar »e«. Wie die Schreibweise schon zeigt, ist ja das »Löhel« oder »Löhlein« nicht vom Mundart-Wort »Lou« abgeleitet, sondern vom hochdeutschen oder schriftdeutschen Wort »Lohe«. Das ist ein Literatur-Deutsch, eine Schreib-Sprache, die mit Sicherheit im 17./18. Jahrhundert in München nicht gesprochen wurde. Die in dieser Zeit von in München tätigen Schreibern verwendete Schreib-Sprache war sicher auch eine Hochsprache, aber sie war an der Mundart orientiert und nicht an der Grammatik und dem Duden. Zudem ist es kein Geheimnis, daß gerade Namen sich häufig nicht nach Sprachregeln entwickeln, sondern daß Namensformen in Sprüngen entstehen können, so daß uns die Logik solcher Ableitungen häufig gar nichts nützt, weil sich das Wort sozusagen a-logisch entwickelt hat.

In diesem Fall ist sie aber auch unnötig, weil der Name erst in einer Zeit entstanden ist, für die wir schon so viele Quellen haben, daß wir die Entstehung des Begriffes historisch, aus der Geschichte heraus, erklären können. Sprachwissenschaftliche Arbeitsmethoden wenden wir dann an, wenn uns – wie im frühen Mittelalter – andere Quellen fehlen, so daß wir oft außer einem Namen oder Begriff nichts haben, aus dem wir Erkenntnisse schöpfen könnten.

Mit der Ableitung des Namens »Lehel« vom »Lehen« klärt sich auch die Streitfrage über die Aussprache des Namens von selbst. Genauso wie vom »Lehen« zwei so unterschiedliche Familiennamen wie »Lehner« und »Lechner« abgeleitet sind, genauso kann man »Lehel« mit fast unhörbarem »h« oder »Lechel« mit rauhem »ch« sagen, ohne sich dafür schämen zu müssen. In manchen Gegenden Süddeutschlands spricht man eben das »h« gerne weich aus, ja vermeidet es wenn möglich sogar ganz (»Milli« statt »Muich« oder »Meich« für die »Milch«), in anderen bevorzugt man die kehlige Aussprache. Das ist keine Frage von Rechtschreibregeln, von Duden oder Grammatik. Das sind die natürlichen Unterschiede in der menschlichen Sprache, die sich einer Reglementierung entziehen.

Qu.: Dirr S. 633 U 1 (1241), 634 (1280), 163 U 106 (1345). – Fritz Hilble, Die alten Münchner Mühlen und ihre Namen, in: OA 90, 1968, S. 75–113, hier S. 102 (1353). – GB I 81/18 (1376), vgl. auch 64/3 (1375), 75/6 (1376), 106/1 (1379), 125/1 (1380), 58/10 (1382), 197/1 (1384) usw. – KR 1489 S. 88r– 93v, 1525 S. 114r, 1530 S. 99v, 1531 S. 103r, 1532 S. 102r, 115r, 1534 S. 100v, 101v, 115r, 1537 S. 98r, 105r, 1538 S. 108v, 110v, 1539 S. 111r, 1540 S. 108r, 1542 S. 109r, 1543 S. 117v, 1544 S. 107v, 1547 S. 118v, 1548 S. 118v, 1552 S. 120v, 1558 S. 112r, 1559 S. 109r, 1560 S. 110r, S. 115r, 1562 S. 110r, 1581 S. 127v, 1582 S. 126r. – StadtA. Städtischer Grundbesitz Nr. 2 (1591–1643), Nr. 3 (1754?), Nr. 6 (1670), Nr. 9 (1670), Nr. 1526 (1700), Nr. 2242 (1670), Nr. 2243 (1721 bzw. 1669–1725), Nr. 2245 (1657 1670, 1704), Hochbau Nr. 52 (1639), Tiefbau Nr. 29 (1641), Stadtverteidigung Nr. 265a (1643), Steueramt Nr. 663 (1729). – StB 1640 S. 97v, 1645 S. 109r, 1696 S. 154r–157r. – HStA GU Mü 2028 (1657), 2922 = München, Englische Fräulein U 1746 Januar 4, GL Mü 2815 Nr. 1316b (1644), GL 2818 Nr. 1335 (1649, 1720), GL 2748 Nr. 880 (1670). – Schlichthörle I 148 bzw. 440 (zu 1785). – Burgholzer S. 392. – Hübner I S. 370. – Lipowski II S. 484 Anm. 1. – Josef von Teng, Der Burgfriede der kgl. Residenzstadt München, in: Das Inland. Ein Tagblatt für das öffentliche Leben in Deutschland Nr. 144/45 vom 27./28.5.1830 S. 585–586, 592–594. – Muffat, Münchens ... Straßen S. 12. – Schattenhofer MA M 01001 »Lehel, Lechel = Lohe, Lehel = Lichter Auenwald«. – Münchner Stadtanzeiger vom 2. Mai 1991 S. 20. – Schmeller I Sp. 1465.

❑ Ab/An der **LEITEN**, vor dem Sendlinger Tor, um 1379 – 1383.

In den Jahren 1379 und 1380 liegen Äcker »an der Leitten« vor dem Sendlinger Tor, oberhalb des Glockenhauses. Eine Leite ist ein Abhang. Die Örtlichkeit ist nicht zu lokalisieren, liegt aber sicher außerhalb der Stadt.

Im Jahr 1383 gibt es einen Gläubiger namens »Liebhart der Kürschner ab der Leiten«. Die Ortsangabe ist ebenfalls nicht zu lokalisieren, dürfte aber genauso außerhalb der Stadt zu suchen sein.

Qu.: GB I 117/9 (1379), 122/7 (1380), 181/8 (1383).

LENHART METZGERS GÄSSEL, heute Liebfrauenstraße, um 1564.

Das Haus Kaufingerstraße 24*, östliche Ecke Liebfrauenstraße, gehörte seit 1550 laut Steuerbuch, seit 1552 laut Grundbuch dem Weinschenken Lienhard/Leonhard Metzger, seit 1575 seiner Witwe. Im Jahr 1564 werden »in des Lenhart Metzgers gässl« Straßenpflasterungsarbeiten durchgeführt, also in der heutigen Liebfrauenstraße.

Sonst nicht belegt.

Qu.: KR 1564 S. 129r. – HB KV S. 78.

❑ **LEUCHWEG**, vor dem Sendlinger Tor, um 1488 – 1495.

Der Weg mit dem Namen Leuchweg erscheint in den Jahren 1488 und 1495 in zwei Urkunden. Er liegt vor dem Sendlinger Tor im

Burgfried und ist nicht näher zu lokalisieren, vorläufig auch nicht zu deuten.

Qu.: Vogel, Heiliggeistspital U 422 (1488), 460 (1495).

LIEBFRAUENSTRASSE, seit (vor 1370) 29.3.1872.

Für diese Gasse ist schon 1370 der Name »Unser Frauen Gässel« belegt, da sie von der Kaufingerstraße aus zur Pfarrkirche zu Unserer Lieben Frau führt. Am 29. März 1872 erfolgte gemäß Ministerialreskript die offizielle Benennung in Liebfrauenstraße.
Sie soll früher auch einmal »Freimannergässl« geheißen haben. Belege gibt es dafür nicht. Es handelt sich jedoch um eine Verwechslung, siehe »Freimannergässel«.
Um 1564 wird die Gasse auch »Lenhart Metzgers Gässel« genannt, Stimmelmayr nennt sie »Frauen oder Albert Gässel«, Westenrieder »Frauengasse«.

Qu.: GB I 13/10 (1370). – StadtA, Straßenbenennungen Nr. 27/1(1872).

Bei der **LINDEN,** heute nördlicher Teil der Kreuzstraße, um 1399 – nach 1449.

Die Häuser »an der Schmalzgasse bei der Linden«, die in den Jahren 1399 und 1404 in den Gerichtsbüchern vorkommen, gehören der Lage in den Steuerbüchern nach zu Kreuzstraße 1 oder 2 bzw. zu Kreuzstraße 33. Letzteres liegt den ersten beiden genau gegenüber. Alle drei liegen sie in dem Streckenabschnitt der Kreuzstraße zwischen der heutigen Kreuzkirche, die es um 1400 noch nicht gab, und der Einmündung der Kreuzstraße in den Straßenzug Josephspital-/Brunnstraße. Irgendwo auf diesem kurzen Straßenstück muß eine auffallende Linde gestanden haben.
Auch in Urkunden vom 19. Juli 1403 und 29. September 1416 kommt ein Haus vor, gelegen in dem Hacken zunächst bei der Linden und noch einmal am 21. Mai 1449 »neben der Linde«. 1400/02 liegt ein Stadel der Familie Sendlinger »pey der linden in dem Hacken«.
Nicht sicher ist, ob auch der schon seit 1360 erscheinende Hartwig »unter der Linde«, ein Fleischhacker, ursprünglich hier sein Haus hatte, siehe »unter der Linden«. Die Spekulation mit einer alten Gerichtslinde erübrigt sich mit dem Schicksal der sogenannten Hofmark des Klosters Fürstenfeld. Zudem ist der Nachweis für die Zeit um 1400 wohl ein wenig spät für diese Form der Rechtsprechung.

Qu.: GB II 148/6, 149/12 (1399), III 25/6 (1404). – KR 1400/02.eigenes Blatt im Rückumschlag. – StadtA, Urk. B II c Nr. 179 (1403), Nr. 180 (1416), Nr. 181 (1449). – HB GV XXII/195.

Unter der **LINDEN**, unermittelt, um 1360 – 1373.

Von 1360 bis 1373 gibt es in den Gerichtsbüchern einen »Haertweig under der linden«. Er ist Fleischhacker und erwirbt 1369 ein Haus an der Sendlinger Straße. Die Bezeichnung »unter der Linde« ist hier bereits zum Familiennamen erstarrt; denn an dieser Stelle und in der Sendlinger Straße ist nie eine Linde belegt. Hartwig hat den Namen bereits mitgebracht. Vielleicht hatte er davor sein Haus an der Schmalzgasse bei der Linde, also an der Einmündung der Kreuzstraße in die Josephspital-/Brunnstraße, vgl. »Bei der Linde«.

Qu.: MB 21 S. 17 (1360). – GB I 3/8, 5/8 (1369), 33/3 (1372), 34/4 (1373).

LÖWENGRUBE, seit vor 1640.

Der Name konnte bisher erstmals für den 3. Mai 1640 nachgewiesen werden. Über die Herkunft herrscht Unklarheit. Er steht sicher in Zusammenhang mit einem Fresko »Daniel in der Löwengrube«, das für die Zeit um 1725 am Haus Löwengrube Nr. 17, dem Stammhaus der Löwenbrauerei, bezeugt ist, das aber sicher älter ist. Der Stoff der Legende war beliebt. Im Jahr 1556 erhielt Martinus Balticus, der Leiter der städtischen Poetenschule, gelegen am Frauenplatz 14 mit Löwengrube 25, aus der Stadtkammer einen Betrag von über 13 Gulden ausbezahlt als Ehrung für die Aufführung »einer teutschen und lateinischen Comedi vom Daviet (muß heißen Daniel), der in der lebmgrueben geworffen«, die er zusammen mit seinen Schülern »auff dem rathaus ainem erbern rath zu gefallen« aufgeführt hatte. Sicher hat der Straßenname mit dieser Aufführung im Rathaus nichts zu tun, wenn nicht der Dichter wiederum von dem vielleicht schon bestehenden Straßennamen zur Komödie angeregt wurde. Es zeigt aber die Beliebtheit der Fabel. Solche Komödien wurden im übrigen jedes Jahr aufgeführt und sie nahmen sich fast immer Stoffe aus der Bibel zum Vorwurf.

Unklar bleibt weiterhin, ob zuerst der Straßenname da gewesen ist oder das Fresko. Letzteres kannte auch Lorenz Hübner noch.

Stimmelmayr unterscheidet eine »obere Löwengrube oder Augustinerstock Gasse« und eine – nicht ausdrücklich so genannte – »untere« Löwengrube. Der Name Augustinerstock(gasse) steht auch schon in der Karte von 1781. Ansonsten gehört die Löwengrube seit mindestens 1344 zur Engen Gasse. Ihr unteres Teilstück wird in der Zeit von 1490–1575 auch Kistlergasse genannt.

Den Straßennamen Löwengrube gibt es auch in anderen Städten, z. B. in Passau. Dort leitet er sich aber von einer Lehmgrube in der Nähe der Innstadtbrauerei ab, zu der die Straße auch führte.

Qu.: KR 1556 S. 91r. – Stahleder, Bierbrauer OA 107 S. 3–4. – Stimmelmayr S. 31 Nr. 50. – Hübner I (1803) S. 257. – Geyer/Pimsner, Passau S. 78/79.

LODERER(BRÄU)GASSE, heute Klosterhofstraße, vor 1781 (nach 1669) – nach 1806.

Für das Tegernseer Gässel bürgerte sich nach der dem Klosterhof auf der Nordseite der Klosterhofstraße gegenüber gelegenen Lodererbrauerei (Oberanger 11) der Name Loderergasse (1781, 1806) oder Lodererbräugaßl ein. Er wurde 1818 wieder vom Namen Tegernseer Straße verdrängt.

Die Brauerei hat ihren Namen von der Brauerfamilie des Andreas Loder(er), der seit 1669 auf dem Bräuhaus saß. Der Gassenname hat nichts mit dem Gewerbe der Lodenmacher zu tun und gehört nicht in die Gruppe der sog. Handwerkerstraßen oder Gewerbegassen. Die Unkenntis dieses Tatbestandes hat erst jüngst einen Nicht-Münchner Historiker zu der weitreichenden Schlußfolgerung veranlaßt, daß es im ausgehenden Mittelalter auch Straßennamen nach Handwerksberufen gegeben habe, ohne daß ein Vertreter dieses Berufes dort ansässig gewesen wäre. Als Beispiel diente ihm dafür vor allem München und da wiederum die Loderergasse, aber auch die Glockengießergasse, von der ebenfalls festgestellt wurde, daß hier kein Glockengießer ein Haus gehabt habe. Der Autor wußte nicht, daß sich in dieser Gasse immerhin die städtische Glockengießerei befunden hatte.

Qu.: Pläne 1781, 1806. – AB 1818. – Johannes Cramer, Zur Frage der Gewerbegassen in der Stadt am Ausgang des Mittelalters, in: Die alte Stadt Bd.11, 1984, S. 81–111, hier S. 95, 101. – Stimmelmayr S. 84 Nr. 98.

LUEG INS LAND (Bei dem **LUGER**), seit vor 1806.

Benannt nach dem Lugerturm, einem Wachtturm an der nordöstlichen Ecke der Stadtmauer beim Isartor, der seit der 2.Hälfte des 14. Jahrhunderts an der inneren Stadtmauer stand. Der Straßenname erstmals auf dem Plan von 1806 nachgewiesen.

Die Ortsbezeichnungen des 14. Jahrhunderts »bei dem Luger« gehören fast alle zum heutigen Lehel, liegen also außerhalb der Stadt. Ein einziger Beleg konnte bisher ausfindig gemacht werden, der innerhalb der Mauer anzusiedeln ist: 1388 wird der Pändel der Weber bei dem Luger genannt.

Die Karte von 1781 nennt die Gasse »Germsiedergaßl«, siehe dort.

Qu.: GB I 236/9 (1388).

MADERBRÄUSTRASSE, MADERGASSE, seit vor 1803 (nach 1642).

Benannt nach der Bierbrauerfamilie Mader, der seit 1642 bis 1778 das Anwesen Tal Nr. 10* – eben der nach ihr benannte Maderbräu –

gehörte. Es ist dies aber nicht das Eckhaus zur Maderbräustraße gewesen, sondern umgriff dieses vielmehr, weil das hinter dem Eckhaus Tal Nr. 9* (Bachlbräu) gelegene Haus Maderbräustraße 4 zum Haus Tal Nr. 10* gehörte. Dadurch stieß aber das Haus Tal Nr. 10* doch an die Gasse, die Lorenz Hübner im Jahr 1803 erstmals als »Maderbräu- oder Schergengäßchen« überliefert.

Sonst heißt sie seit dem Steuerbuch von 1630 teils nur »Gaßl«, zeitweise – so 1781 – nach dem Eckhaus Tal Nr. 9* Bachlbräugaßl. Seit 1596 findet man aber bis 1804 nebenher auch den Namen Bauernbräugaßl, Ende 18. Jahrhundert auch Schergengäßchen. Für die Namensvariante »Madergasse«, die u. a. Koebler überliefert, fand sich kein Beleg.

Qu.: HB GV S. 353–355. – StB 1630 ff. – Plan 1781. – GruBu 1631 zu Tal Nr. 1. – AB 1880 S. 266. – Koebler (1827) S. 73. – Hübner I (1803) S. 100.

MAFFEISTRASSE, seit 4.12.1873.

Benannt nach dem Ritter Josef Anton von Maffei (1790–1870), dem Gründer (1837) der Maffeischen Maschinen- und Lokomotivenfabrik, seit 4. Dezember 1873 bzw. 14. März 1874.

Ältere Namen: Fingergasse (1368–1873), Des Tullingers Gässel (1562–1578), Hebammengässel (1782).

Qu.: RP Nr. 489/5 S. 354 (= Mü. Gemeindezeitung S. 695). – StadtA, Straßenbenennung Nr. 27/1.

MALEFICANTENGÄSSEL, heute Altenhofstraße, Ende 18. Jhd.

Diesen Namen »Maleficanten- oder Altenhof Gäßl« erklärt Stimmelmayr Ende des 18. Jahrhunderts so: »Da man die Maleficanten von dem Falkenthurm zum Rathaus führte, wollte man sie durch den gefreyten Altenhof nicht durchführen, sondern umging ihn und führte sie von der Dieners Gasse durch das Gäßl in die Burg Gasse herein und sohin zum Rathhaus und Ablesung des Urtheils hinfür«.

Qu.: Stimmelmayr S. 14 Nr. 29. – Vgl. auch Schattenhofer, Rathaus, über die Rolle des Alten Rathauses in der Münchner Rechtsgeschichte.

Bei der MALZMÜHLE, heute Neuturmstraße, um 1806.

Nur der Plan von 1806 hat den Namen »bei der Malzmühle«. Die Mühle wurde um 1870 abgebrochen, das Gelände parzelliert und als Bauplätze verkauft. 1876/77 erfolgte die amtliche Benennung in Neuturmstraße. 1866 noch Malzmühlgäßchen, teils auch nur Mühlgäßchen genannt. Das Gäßchen war eigentlich nur ein Hof, der die Zufahrt zu den Rückgebäuden des Hofbräuhauses ermöglichte. Siehe auch »Malzmühlgäßchen«.

Qu.: Plan 1806. – HB GV S. 223 ff., 264, 268/69, für »Mühlgäßchen« ohne Beleg.

MALZMÜHLGÄSSCHEN, heute Teil des Platzl und der Bräuhausstraße, seit vor 1806 – 1866.

Benannt nach der östlich an das Hofbräuhaus angebauten Malzmühle, die um 1875 abgebrochen wurde. Der Straßenname kommt erstmals in der Form »bei der Malzmühle« auf dem Plan von 1806 vor. 1866 wurde der südliche Teil des Gäßchens der Bräuhausstraße und der nördliche Teil dem Platzl einverleibt. In der Form »Malzmühlgäßchen« nur 1866 belegt.

Qu.: StadtA, Straßenbenennung Nr. 40/2a. – HB GV S. 16.

MANGGÄSSEL, heute Singlspielerstraße, vor 1551 – nach 1782.

Benannt nach dem neuen Manghaus der Stadt, einer städtischen Einrichtung zum Glätten (Mangeln) und Färben von Leinwand und anderen Textilien. Es lag am Oberanger 45, also an der Nordecke zur Singlspielerstraße. 1551 erstmals im Steuerbuch genannt, von 1552–1588 gelegentlich auch »Mang oder Staingässel«. Sicher sind die Straßenpflasterungsarbeiten »im Manggässel« vom Jahr 1583 hierher zu beziehen, da gleichzeitig auch »am Anger« gepflastert wird. Vgl. jedoch auch das Manggässel in der Graggenau, heute Pflugstraße.

Noch Westenrieder verwendet 1782 den Namen Manggasse für diese Straße, während Stimmelmayr sie fast zur selben Zeit »Heißbauern« oder »Johann Nepomuk Gäßl« nennt.

Qu.: StB seit 1551. – KR 1583 S. 141r. –HB AV S. 164. – Westenrieder (Karte).

MANG(MEISTERS)GÄSSCHEN, heute Pflugstraße, vor 1540 – nach 1805.

Das Haus Tal Nr. 36, Ecke Pflugstraße West, besaß um 1536 Konrad Unger, der alte Mangmeister. Auf ihn geht der Name zurück, der sich 1550 erstmals im Steuerbuch findet, 1540, 1554 und 1567 wird »in des Mangmeisters gäsl« die Straße gepflastert, 1576 im Manggässel und im Tal, 1580 im Manggässel und unter dem Isartor. Dazwischen wird die Straße wiederholt auch nur »Gässl« genannt, so z. B. 1542 und 1574. Seit 1673 Pflugstraße, im 19. Jahrhundert auch Torbräugasse.

Qu.: KR 1540 S. 121r, 1554 S. 128r, 1567 S. 129r, 1576 S. 141v, 1580 S. 141r. – StB seit 1542. – HB GV zu Tal Nr. 36.

MARIENGÄSSCHEN, heute Westenriederstraße, bis 1829.

Nach Rambaldi wurde die heutige Westenriederstraße bis 1829 Mariengäßchen genannt. Als Quelle nennt er Huhns Geschichte des

Heiliggeistspitals S. 172. Dort ist aber der Beleg nicht genannt. Vielleicht eine Verwechslung mit der anderen Mauergasse, die tatsächlich seit etwa dieser Zeit und bis heute Marienstraße heißt.
Qu.: Rambaldi Nr. 700.

(MARIENHOF), seit 1956.

Der Name für das nach der Beseitigung der Schuttmassen aus den Bombenangriffen entstandene Areal hinter dem Rathaus (zwischen Landschafts-, Diener-, Weinstraße und der bis in Höhe der Maffeistraße nach Norden verschobenen Schrammerstraße – sie war ja ursprünglich die Verbindung der Schäfflerstraße mit dem Hofgraben –), ist nie offiziell vergeben worden, ist aber dennoch, auch im Behördenschriftverkehr, allgemein in Gebrauch. Zunächst – so schon in Zeitungsberichten von 1949 – nennt man das freie Gebiet nur »hinter dem Rathaus«.

Der Name »Marienhof« war ursprünglich die Bezeichnung für einen Gebäudekomplex, dessen Flanken an den genannten vier Straßen stehen und einen großen Innenhof umschließen sollten. Für solche Bauwerke ist auch heute noch bei Architekten und Bauherrn die Bezeichnung »-hof« gebräuchlich, vgl. Asamhof, Luisenhof usw. Das Modell für diesen Gebäudekomplex war 1956 von den Architekten Rudolf Esterer und Partner, im Auftrag einer aus vier großen Münchner Baufirmen gebildeten »Interessengemeinschaft Marienhof«, der Öffentlichkeit vorgestellt worden. Wie viele andere Vorschläge zur Bebauung dieses Grundstücks wurde auch dieses Modell nicht verwirklicht (»Der »Marienhof«, so sollte das Gebäude heißen, wird nicht gebaut«, wie die »Abendzeitung« am 2. April 1958 berichtete). Nur der Name ist geblieben, ja, noch mehr: Er wurde alsbald von dem Gebäude auf den Bauplatz übertragen. Als Platz- bzw. Straßenname findet er sich u.a. am 3. März 1959 – was nicht der früheste Beleg sein muß – in einem Artikel der Münchner »Abendzeitung«, wo von der »Gestaltung des Platzes hinter dem Rathaus (Marienhof)« gesprochen wird. Noch am 27. Februar 1959 spricht die »Süddeutsche Zeitung« in einem Artikel vorsichtig vom »sogenannten Marienhof«. Heute ist der Name so allgemein üblich, daß es in Kommentaren und Leserbriefen an Zeitungen bereits wieder nötig ist, darauf hinzuweisen, daß dieser freie Raum gar kein Platz im städtebaulichen Sinne ist (und nie war), sondern nur ein leergeräumtes Ruinengrundstück, ein Bauplatz eben.

Der Name »Marienhof« lehnt sich natürlich an den Namen »Marienplatz« an.

Auf den »Marienhof« sind folgende abgegangene Straßennamen zu beziehen: Gässel hinter dem Stupfen (1372), Judengässel (1380),

Neustiftgässel (1452), Des Wilbrechts Gässel (1494), Gasse vor Unseres Gnädigen Herrn Wappenhaus (1523), Stiftsgässel (1551), Gässel bei der alten Fürstin (1553), Neu Zwerchgässel (1585), Gruftgässel (1714), Gruftnebengässel, Englisches Fräulein Gässel und kleines Landschaftsgässel (alle Ende 18. Jahrhundert) sowie nördliche Landschaftsstraße (o.D.).

Qu.: Süddeutsche Zeitung Nr. 157 vom 11.11.1949, Nr. 189 vom 8.8.1956, Nr. 50 vom 27.2.1959. – Münchner Merkur Nr. 73 vom 26.3.1958. – Abendzeitung Nr. 79 vom 2.4.1958, Nr. 53 vom 3.3.1959.

MARIENPLATZ, seit 11./13.10.1854.

Benannt nach Magistratsbeschluß vom 3. und ministerieller Genehmigung vom 11. Oktober 1854 nach der Mariensäule, die Kurfürst Maximilian in den Jahren 1637–1639 zur Erinnerung an den Sieg in der Schlacht am Weißen Berg bei Prag (1620) errichten ließ.

Früher »Markt« oder »Platz« (1540) genannt, teils nach den verschiedenen Märkten, die dort stattfanden, einzelne Abschnitte des Platzes mit Teilnamen belegt: Kornmarkt, Korngasse, Kornschranne, Getreidemarkt, Eiermarkt, Fischbank, -markt, Weinmarkt, Unter den Schneidtischen, Unter den Kramen, Kramzeil, Unter den Schustern, Unter den Watmangern, An dem Bauernmarkt, Vogelmarkt, Unter den Bögen, Unter den Fragnern. Im 18./19. Jahrhundert auch Schrannenplatz genannt.

Qu.: RP Nr. 467/2 S. 167r-169r. – Kgl. Bayr. Polizei-Anzeiger von München Nr. 83 vom 22.10.1854, S. 935 (13.10.). – StadtA, Straßenbenennungen Nr. 39.

MARIENSTRASSE, seit vor 1818.

Benannt wahrscheinlich nach der Marienkirche, zu deren Pfarrei auch die Bewohner dieser Straße gehören. Verwunderlich nur, daß Stimmelmayr, ein Geistlicher dieser Pfarrei, der noch dazu seine Kindheit ganz in der Nähe dieser Straße (Bräuhausstraße 4) verlebt hat, diesen Namen Ende des 18. Jahrhunderts nicht kennt. Bei ihm heißt sie umständlich »Gasse hinter der Mauer von der Einschütt zum Lug-ins-Land«. Westenrieder nennt sie um dieselbe Zeit (1782) »ein krummes Gäßchen hinter die Mauern«. Ähnlich äußert sich die Stadtkarte von 1806: «hinter den Mauern in der Einschütte«, der östliche Teil auch »bei dem Luger«. Die Karte von 1742/81 rechnet das östliche Straßenstück (von der Pfluggasse an Richtung Lueg-ins-Land) zum Germsiedergaßl. Auch das Adreßbuch von 1803 (Lorenz Hübner) und auch Lipowski kennen den Namen 1815 noch nicht. Erst das Adreßbuch von 1818 hat erstmals die Bezeichnung »Mariengäßchen« und so dann auch die folgenden.

Rambaldi äußert sich zur Herkunft des Namens vage. Das Adreßbuch von 1905 drückt sich vorsichtig aus und meint, die Einteilung des Tal in Tal Marie und Tal Petri »scheint« für die Namengebung Pate gestanden zu haben. Man war sich also schon in dieser Zeit nicht sicher, wie der Name zustande kam. Da die Akten in dieser Zeit die Gasse »an der Stadtmauer im Tal Mariä« nennen, so z. B. 1730, 1804, 1806/07, dürfte es wohl richtig sein, daß man aus dieser Bezeichnung kurz ein Mariengäßchen machte.

Qu.: Stimmelmayr S. 10 Nr. 22. – Westenrieder (1782) S. 35. – Hübner I (1803) S. 74, 98, 192. – AB 1803 S. 7, 1805 S. 137, 1818 S. 140, 1823 S. 10, usw., 1905. – StadtA, Städtischer Grundbesitz Nr. 2334 (1730, 1806, 1807), 2336/1 (1804). – Rambaldi Nr. 407. – HB GV S. 15.

MARKT, heute Marienplatz, 1158 – 1854.

Daß es in München einen Markt gibt (lateinisch »forum« 1158, 1253, 1255, »margt« 1310/1312) und damit wohl auch einen Platz, auf dem er abgehalten wird, ist aus der Gründungsgeschichte der Stadt eine bekannte Tatsache. Als Markt oder Platz bezeichnet zieht er sich bis ins 19. Jahrhundert durch die Quellen. Seit 1854 kennen wir ihn als Marienplatz.

Qu.: HStA GU Mü Nr. 26 (= KU Rott Nr. 35)(1253). – Dirr 75/2,3, 278/13 (1310–1315). – Schattenhofer, Märkte OA 109/1 S. 66 ff.

Bei der **MAUER** in St. Peters Pfarr, heute wahrscheinlich Westenriederstraße, um 1412.

Da hier auch das Haus des Schuck Fischers liegt, dürfte damit die Mauer an der Westenriederstraße, bei der Fischergasse, gemeint sein. Anders nicht zu lokalisieren.

Qu.: GB III 115/17, 116/2 (1412).

Hinten bei der **MAUER**, wahrscheinlich heute Marienstraße, um 1417.

Da das Haus dem Wachinger Lederer gehört, dürfte die Gegend um die Ledererstraße, also dann die Mauer an der Marienstraße gemeint sein. Anders nicht zu lokalisieren.

Qu.: GB III 184/11, 12 (1417).

Hinter den **MAUERN** in der Einschütte, heute Marienstraße, Ende 18. Jhd. – Anfang 19. Jhd.

Diese umständliche Bezeichnung für die heutige Marienstraße nur auf dem Plan von 1806 belegt, aber Varianten davon seit dem Ende des 18. Jahrhunderts, so bei Westenrieder 1782 »krummes Gäßchen hinter die Mäuern«, seit 1730 wiederholt vorkommend »an der Stadtmauer im Tal Mariä«, auch bei Hübner 1803 »hinter der Stadtmauer« usw., vgl. »Marienstraße«. Als Gässel hinter die Mauern wird in dieser Zeit auch die spätere Westenriederstraße bezeichnet, siehe dort.

Qu.: StadtA, Städtischer Grundbesitz Nr. 2334 (1730, 1806, 1807), 2336/1 (1804). – Westenrieder (1782) S. 35. – Hübner I (1803) S. 74, 192. – AB 1805 S. 137.

Hinter die **MAUERN**, heute Westenriederstraße, um 1782.

»Hinter die Mauern« oder »Gäßl hinter die Mauern« nennt Westenrieder die später nach ihm selbst benannte Straße. Frühere Belege für »hinter der Mauer« können auch nach außerhalb der Mauern gehören, so einer von 1391.

Qu.: Westenrieder (1782) S. 37.

❑ Hinter der **MAUER**, draußen vor dem Taeckentor, um 1391.

Der Garten des Ull Pfaeffel, zunächst dem Gerlacher Fischer gelegen, der im Jahr 1391 genannt wird, liegt nach den Steuerbüchern der Zeit draußen vor dem Isartor in der Peterspfarrei, in der Gegend des Taeckentores.

Qu.: GB II 10/17.

MAUSERGASSE, heute Teil des Oberanger/Roßmarkt, nach 1794 – 1900.

Zwischen den Häusern Oberanger Nr. 29* und 30 führte ein schmales Gäßchen – schon auf dem Sandtner-Modell zu sehen – hinauf zum Gänsbühel (Raspstraße). Das südliche Eckhaus, Oberanger 29*, besaß seit 1794 der Metzger Anton Mauser, danach bis 1846 seine Erben. Nach dieser Familie trug die Gasse den Namen. Er steht letztmals im Adreßbuch von 1901, das auf dem Stand vom 1. November 1900 beruht. Der Name ist also im Jahr 1900 aufgehoben worden.

Qu.: HB AV S. 152/153 Abb., S. 138, 208 Abb.

Am **MAUTHSTADEL**, heute Teil des Promenadeplatzes, um 1803.

Nur das Adreßbuch von 1803 kennt diese Bezeichnung für einen Teil des Promenadeplatzes. Neben den ehemaligen Salzstädeln, auf dem Platz vor der Einmündung der Maffeistraße in den Promenadeplatz, war 1764 ein Mautstadel errichtet worden. Stimmelmayr nennt ihn noch »das neue Mauthaus«. Nach Abbruch der Salzstädel war er von allen Seiten erreichbar, berichtet Burgholzer 1796.

Qu.: AB 1803 S. 34. – Burgholzer S. 230. – Stimmelmayr S. 33 Nr. 53.

MAXBURGSTRASSE, seit vor 1833.

Benannt nach der seit 1579 von Herzog Wilhelm V. gebauten, aber nach seinem Enkel Herzog Maximilian Philipp, der in ihr seinen Wohnsitz hatte, benannten Maxburg. Sie wurde im Zweiten Weltkrieg stark zerstört und das Gelände mit Neubauten bestückt. Früher Teil der Engen Gasse (seit vor 1344), 1781 Herzog-Max-Gaßl, seit 1806 Schulstraße, 1833 erstmals Maxburgstraße.

Qu.: AB 1833 S. 50.

MAX-JOSEPH-PLATZ, seit um 1805.

Benannt nach dem ersten bayerischen König Max I. Joseph (1756–1825), seit 1799 Kurfürst, seit 1806 König. Er ließ nach Abbruch des Franziskanerklosters auf diesem Platz das Hof- und Nationaltheater errichten. Sein Denkmal schmückt den Platz seit 1835. Nach »erhohlt churfürstl. gnädigster Erlaubnis« wurde der Platz dann »der Max-Joseph-Platz« genannt, berichtet Baumgartner unterm 27.4. 1805 in seiner Polizei-Uebersicht. Zu diesem Zeitpunkt war also die Benennung schon erfolgt.

Lorenz Hübner bzw. das Adreßbuch von 1803 kennen den Namen noch nicht. Die Benennung dürfte um 1805 erfolgt sein. Wahrscheinlich der erste Straßenname, der vergeben wurde, um ein Mitglied des regierenden Kurfürsten- bzw. Königshauses auf diese Weise zu ehren.

Bis zu seiner Aufhebung im Jahr 1776 war der vordere Teil dieses Platzes Friedhof des Franziskanerklosters. Früher Franziskaner- und dann Residenzplatz (19. Jahrhundert), so laut Rambaldi, ohne Beleg. Um 1805 Verwendung als Militärparadeplatz. Aufgegangen in diesem Platz sind auch des Pfeffenhausers Gässel (1577), das Barfüßergässel (1532) und das Franziskanergaßl (1781).

MAZARISTRASSE, seit vor 1780 (nach 1667).

Sie ist benannt nach dem Gastwirt Paulus Ma(r)zari, der von 1667–1684 im Haus Kaufingerstraße 28, östliches Eckhaus, das mit Rückgebäude bis an den Frauenplatz reichte, eine Gaststätte betrieb.

Abb. 22: *Der Max-Joseph-Platz als Militär-Paradeplatz um 1805. Blick Richtung Osten. Aus A. Baumgartners Polizey-Uebersicht.*

Frühere Namen: 1453 des Gießers Gässel, 1505 Gässel beim Balthasar Bart, 1574 Doctor Bartin Gassel, 1575 im Gässel bei Dr. Georg Barts Erben, dann Stiftsgäßl, 1734 Kloster Dießen Gäßl. Erste Belege für Mazarigäßchen sind die Pläne von 1780 und 1781, ebenso Stimmelmayr.

Qu.: Stimmelmayr S. 47 Nr. 65. – HB KV S. 84.

METZGERGÄSSCHEN, heute Teil des Viktualienmarktes, um 1818 – 1823.

Die seit dem Plan von 1806 erstmals belegte Fleischbankgasse zwischen der unteren Fleischbank und dem Heiliggeistspital, vom Tal aus hinter zur Roßschwemme, wird 1818 und 1823 in den Adreßbüchern auch Metzgergäßchen genannt, natürlich nach den Metzgern in der Fleischbank.

MITTLERE ANGERGASSE. – PRANGERSGASSE.

Siehe unter dem Hauptwort.

❏ **MOSSERSTRASSE** (= Moosacher Straße), heute Dachauer Straße, um 1660.

Am 21. August 1660 liegen Äcker auf dem Konradshof »auf die Moßerstraße hinaus«. Da der Konradshof den stadtnahen Teil des späteren Oberwiesenfeldes einnahm, ist mit der Moßerstraße die Moosacher oder heutige Dachauer Straße gemeint, und zwar etwa im Bereich zwischen Maßmannberg und Leonrodplatz.

Qu.: HB HV S. 444.

An dem **MÜHLBACH** in der Graggenau, unermittelt, um 1409.

Im Jahr 1409 wechselt ein Haus in der Graggenau zunächst an dem Mühlbach den Besitzer. Einer der beiden Geschäftspartner, Martin, ist Lederer. Gemeint ist der Torats- oder Pfisterbach. Bis 1410 steht Martin der Lederer hier, gleich hinter der Toratsmühle und dem Herzogsbad, in den Steuerbüchern. Das Haus dürfte im späteren Hauptmünzamt aufgegangen sein. Aber die Lokalisierung ist nicht sicher.

Qu.: GB III 84/19.

MÜHLGÄSSCHEN, heute Teil der Neuturmstraße.

Siehe »Bei der Malzmühle«.

MÜHLGASSE, heute Unterer Anger, vor 1334 – nach 1806.

Die Straße führte zum Angertor und zu den draußen vor diesem Tor gelegenen Mühlen: Angermühle, Säldenau-Mühle, Spitalmühle. Daher der Name.

1334 Mülgassen, 1373 Mühlgasse am Anger, 1394 Angermühlgasse, 1397 vordere Angermühlgasse, 1806–1812 Angerbachgasse, 1818–1852 Untere Angerstraße bzw. -gasse, 1856 Unterer Anger. 1378 vom Gerichtsschreiber irrtümlich ein Haus in die »Mühlstrazz an dem pach« verlegt. Es muß laut Steuerbuch richtig »Roßmarkt an dem pach« heißen.

Nicht zu verwechseln mit der Mühlgasse an der Mauer, die heute in der Blumenstraße aufgegangen ist.

Qu.: StB 1369–1806. – MB 18 S. 134 (1334). – GB I 35/5 (1373), 102/18 (1378), II 63/1 (1394), 118/7 (1396), 125/8 (1397).

MÜHLGASSE, heute Teil der Blumenstraße, vor 1806 – 1873/74.

Der Plan von 1806 und das Adreßbuch von 1818 nennen die Gasse entlang der Stadtmauer, zwischen dem Angertor und dem Eintreten

des großen Angerbachs in die Stadt und in den Oberanger, »Mühlgasse« oder »Mühlgässchen«. Dies ist eine Wiederaufnahme des Namens »Mühlgasse«, der ursprünglich für den Unteren Anger gegolten hatte.
Stimmelmayr kennt den Namen nicht. Er nennt die Gasse nur »Gäßchen«. Der Straßenzug ist 1873/74 in der neu angelegten Blumenstraße aufgegangen, die Umbenennung erfolgte gemäß königlicher Entschließung vom 4.12.1873 im März 1874. In diesem Jahr steht der Name auch letztmals im Adreßbuch. Seit 1875 gibt es den Namen »Mühlgasse« dann in der Au.

Qu.: Stimmelmayr S. 83 Nr. 97. – StadtA, Straßenbenennung Nr. 31.

MÜNCHEN, seit vor 1158.

Der Ortsname »Munichen« begegnet erstmals in der sog. Stadtgründungsurkunde vom 14. Juni 1158. Ebenso wieder am 13. Juli 1180, als dieser Beschluß wieder aufgehoben wurde. Der Name liegt also in dieser Zeit bereits als richtiggehender Ortsname und in der deutschen Form vor. Es gibt ihn nie in der Form »apud monachos« (bei den Mönchen). Trotzdem ist der Name »München« natürlich von Mönchen abgeleitet: In ihm »steckt die althochdeutsche Form des Wortes Mönch, Munich, mittelhochdeutsch Münch, und es besteht kein Zweifel, daß Munichen, München ›bei den Mönchen‹ ... bedeutet. Munichen ist der Dativ Plural von Munich« (Schattenhofer).

Die Streitfrage ist nur, wo diese Mönche waren, und man hat versucht, sie in einem der oberbayerischen Klöster zu suchen. Von Schäftlarn über Tegernsee bis Benediktbeuern war alles vertreten, was Rang und Namen hatte. Überzeugend war letztlich kein einziger dieser Versuche und deshalb stehen wir heute eigentlich mit leeren Händen da.

Bei der Fülle von Tinte, die über dieses Thema bereits verspritzt worden ist, verwundert es einigermaßen, daß noch nie jemand auf den Gedanken kam, die Mönche, die diesem Ort den Namen gaben, dort zu suchen, wo seit Menschen Gedenken – wörtlich: so weit das Gedächtnis dieser Stadt zurückreicht – das älteste Kloster Münchens lag. Diese Siedlung »München« lag ja bis zur Stadterweiterung in der zweiten Hälfte des 13. Jahrhunderts in der Nähe von Mönchen, nämlich »bei den Mönchen« von St. Jakob am Anger. Das war bis 1284 ein Männer-, also Mönchskloster, und es reicht mit seiner Geschichte fast bis in die Gründerzeit dieser Stadt zurück. Der Klostertradition zufolge kamen 1221 – was zeitlich wahrscheinlich zu früh angesetzt ist, wenngleich es auch nicht endgültig widerlegt werden kann – die Franziskaner nach München und übernahmen eine bereits vorhandene Kapelle auf dem Anger vor der Stadt einschließlich einem dabei

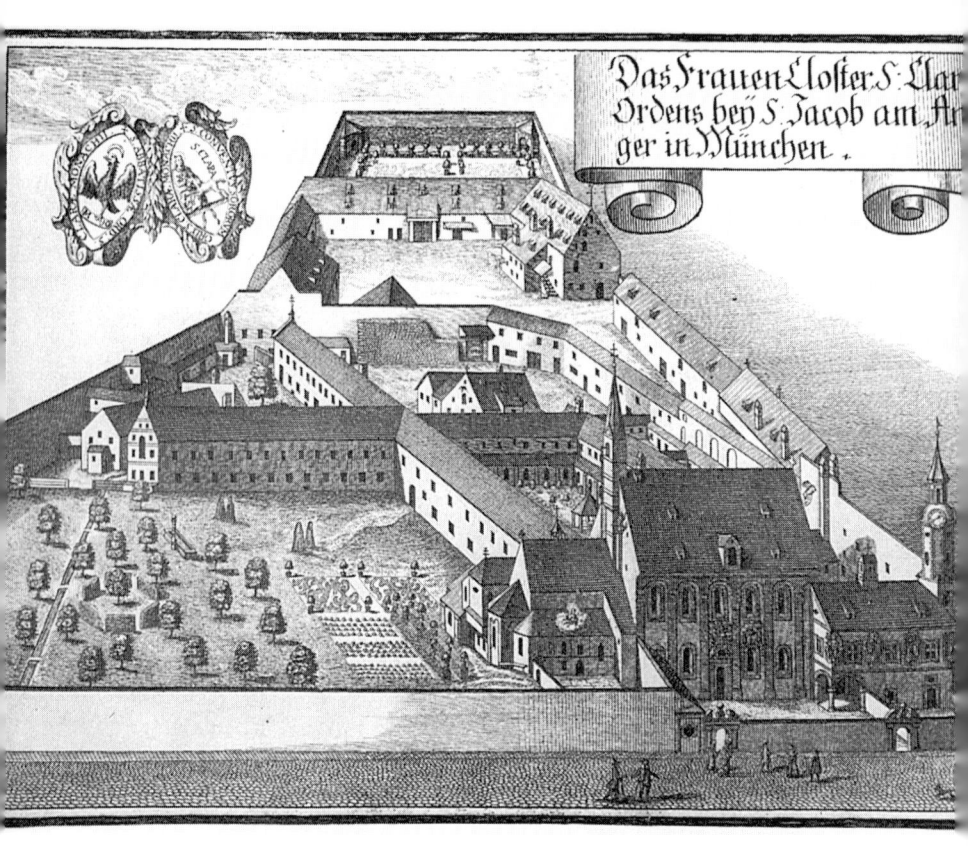

Abb. 23: *Das Klarissenkloster bei St. Jakob am Anger, Kupferstich von Michael Wening, 1700. Die mit der Mutter Gottes in der Wolke gekennzeichnete Kapelle galt als ältester Bauteil des Klosters.*

stehenden Haus zur Errichtung eines Klosters ihres Ordens. Diese ursprüngliche St.-Jakobs-Kapelle war – wenn wir den Archäologen und ihrer Datierung glauben dürfen – nicht nur bis nach dem Zweiten Weltkrieg noch vorhanden, sondern stammte auch noch aus dem 12. Jahrhundert. Dies aber ist das Jahrhundert der Stadtgründung. Es ist keine Frage, daß es sich bei dieser Niederlassung nicht um ein reguläres Kloster eines der bekannten Orden gehandelt haben muß, sondern eher nur um eine Art Einsiedelei, wie es sie auch später in der Umgebung der Stadt immer wieder gegeben hat: in Perlach, Berg am Laim, St. Emmeram bei Oberföhring, Schleißheim. Sie waren manchmal längere Zeit ganz verwaist, wurden dann wieder von ein, zwei, drei frommen Männern, die man natürlich auch »Mönche« nannte, bezogen.

Ausnahmsweise könnte hier auch einmal das Fehlen von Nachrichten über eine Gründung dieser Niederlassung darauf deuten, daß sie sozusagen von Anfang an da war und erst nach und nach ausgebaut wurde. Bedeutend wurde das Kloster ohnehin erst durch die Neugründung bzw. Umwandlung zu einem Frauenkloster im Jahr 1284.

Einzelheiten zu diskutieren – wie sie auch in dem Artikel von 1926 erörtert werden (z. B. ob die Niederlassung der Zeit vor 1221 eine Dependence von Tegernsee gewesen sei usw.) – erübrigt sich. Das kann alles mangels Quellen nur Fabulierkunst sein. Es ist ja selbst das, was wir überhaupt haben, nur wenig mehr als Überzeugung. Den Bericht des Franziskaner-Ordensgenerals P. Gonzaga über die Gründung des Klosters in München im Jahr 1221 müssen wir so hinnehmen wie er auf uns gekommen ist, die archäologischen Belege wurden dem Bagger überlassen und sind heute nicht mehr nachprüfbar. Ansonsten kann man noch Vergleiche mit anderen Städten anstellen, bei denen bereits vorhandene Klöster zum Ausgangspunkt für eine Stadtgründung oder Namengebung wurden. Wohl in keiner Stadt aber würde man bei der Darstellung ihrer Frühgeschichte das älteste am Ort befindliche und mit großer Wahrscheinlichkeit bis in die Gründungszeit zurückreichende Kloster einfach übersehen.

Wenn also hier die Überzeugung zum Ausdruck gebracht wird, die Wiege Münchens habe am Anger gestanden, dann bezieht sich dies zunächst auf den Ortsnamen, darauf, daß es Vorgänger der späteren Franziskaner von St. Jakob waren, die der Stadt ihren Namen »(bei den) Mönchen« und »München« eingebracht haben. Alles andere müßte erst bewiesen werden.

Qu.: Dirr U Nr. 1 (1158), 2 (1180). – St. Jakob am Anger in München. Frühgeschichte von Kirche und Kloster (ohne Verfasser), in: Deutsche Illustrierte Rundschau, Sonderdruck, München, Oktober 1926, mit Quellen. – Franziskanerkloster St. Jakob am Anger, München, in: Bavaria Franciscana Antiqua, 3. Bd., 1957, S. 7 ff. – Schattenhofer, Die Anfänge Münchens S. 10.

MÜNCHSGÄSSEL am Anger, später Raspstraße?, o. D. (um 1400).

Der Straßenname wird in der Literatur folgendermaßen zitiert: »Haus des Ulrich Achtseinnit in St. Peterspfarr im Münchsgassel am Anger, zwischen des Hubers und Hansen Pötschners Häusern.« Leider gibt es dazu keine Quellenangabe und der Beleg war auch bisher nicht auffindbar.

Ein Ulrich Achtseinnicht hat 1389 einen Acker vor dem Schwabinger Tor. Die Familie ist als Müller-Familie belegt. Im Gerichtsbuch I erscheint aber sonst nur der Heinrich Achtseinnicht. Der Ulrich lebt also um 1389. Ein Müller »Achcznit« wird 1437 in der Kammerrechnung genannt. Ein Hans Pötschner ist als Weber belegt. Es gibt aber in dieser Zeit auch einen Hans Pötschner aus der Patrizierfamilie der Pötschner. Ein Hans Pötschner hat jedenfalls nach dem Gerichtsbuch 1409, 1413 und 1415 ein Haus »am Anger«. Mit Hilfe des Nachbarn »Lienhart der Maurer« sind die beiden Häuser am Roßmarkt (Oberanger) bei Nr. 44 bzw. 45 zu lokalisieren. Beim Haus Nr. 45 findet sich im Steuerbuch von 1401 »Jörg, des Pötschners Knecht«, vor ihm – und damit zu Haus 44 gehörig – steht »Liendel Maurer«. Wichtig ist, daß als dritter Steuerzahler vor dem Liendel Maurer der Konrad in dem Winkel (siehe »In dem Winkel«) steht und vor diesem wiederum das Haus der »Brüder von Augsburg«. Dieses letztere wird seit 1406 »domus der weysen münch« oder »domus der weißen brueder« (1462) oder »domus Unser Frauen brueder« (1490) genannt. Es handelt sich offenbar um ein Haus der Karmeliten (Unser Frauen Brüder) von Augsburg. Dieses Haus muß an der später als »Gänsbühel« bezeichneten Straße, noch später Raspstraße, gelegen haben. Und hierher gehört ja auch der Konrad »in dem Winkel«.

Das bedeutet, daß mit dem »Münchsgassel« am Anger entweder der Gänsbühel gemeint ist oder auch die Singlspielerstraße oder Schmidstraße, die ja beide ganz in der Nähe der Gabelung von Oberanger und Gänsbühel abgehen, hinauf zur Sendlinger Straße. Das Haus Oberanger Nr. 45 (es muß das Pötschner-Haus sein) ist das nördliche Eckhaus zur Singlspielerstraße, Nr. 44 wäre das südliche Eckhaus. In den Steuerbüchern gehen diesen beiden Häusern jeweils voraus die Häuser Raspstraße (Gänsbühel) Nr. 1*, 2* und 3*, wobei letzteres wiederum das nördliche Eckhaus an der Schmidstraße ist.

Zu einem dieser drei Häuser müssen also auch der Konrad in dem Winkel und das Haus der weißen Mönche von Augsburg gehören.

In den Steuerbüchern sind die drei im eingangs genannten Zitat aufgeführten Nachbarn allesamt nicht zu ermitteln. Nur der Pötschner (indirekt, über seinen Knecht, und ohne Vorname) und die Mönche. Die Identifizierung muß deshalb mit Vorbehalt aufgenommen werden. Andere Mönche gibt es am Anger seit 1284 nicht mehr. Seit dieser Zeit ist das Angerkloster ein Nonnenkloster.

Zu datieren wäre das obige Zitat demnach auf Ende 14., Anfang 15. Jahrhundert, da ja um 1400 auch die Mönche erst hier auftreten.

Qu.: Schattenhofer, Bettler OA 109/1 S. 173. – GB I 240/2 (1389), III 91/5 (1409), 133/8 (1413), 169/1 (1415). – KR 1437/38 S. 55v (1437). – StB.

Bei der **MÜNZ**, heute Hofgraben, vor 1523 – nach 1563.

1523 pflastert man die Straße »auf dem graben bey der münss«, 1537 »bei der munss«, ebenso 1540, 1542 »bey der munts und wagenhaus« (= Hofgraben Nr. 3*), 1544 »beym muntshaus«, 1563 »auff dem hofgraben bej der munss«.

Da um diese Zeit – 1525 erstmals belegt und bis 1599 – die Münze am Hofgraben liegt, in einem Haus hinter der heutigen Hauptpost (Residenzstraße 2* G), ist mit »bei der Münze« der heutige Westarm des Hofgrabens gemeint. Vgl. auch »Münzstraße«.

Qu.: KR 1523 S. 135r, 1537 S. 128r, 1540 S. 121r, 1542 S. 126r, 1544 S. 126v, 1563 S. 129r.

MÜNZGÄNGL, heute nördlicher Teil der Sparkassenstraße, Ende 18. Jhd.

Stimmelmayr nennt Ende des 18. Jahrhunderts den schmalen Steg am Pfisterbach entlang, zwischen der Münz- und der Pfisterstraße »Münz Gängl«. Ansonsten wird dieser Steg auch als »Braun Bräuhaus Gäßchen« bezeichnet. Der Steg führt unter anderem am Münzgebäude dieser Zeit vorbei.

Qu.: Stimmelmayr S. 4 Nr. 10.

MÜNZSTRASSE, seit vor 1780.

Benannt nach der an dieser Straße gelegenen Münzanstalt.

Seitdem die Münze im Jahr 1295 auf dem Marktplatz zerstört worden war, hatte sie jahrhundertelang kein festes Domizil mehr. Bis ins 16. Jahrhundert herein findet man kein eigenes Gebäude mehr für sie und weiß deshalb auch nicht, wo sie sich jeweils befunden hat. Die Münzprägung war seit mindestens dem Ende des 14. Jahrhunderts an einen Münzmeister verpachtet und wurde demnach in dessen Haus ausgeübt. Sobald man die Wohnsitze der Münzmeister ermittelt hat, weiß man demnach auch, wo die Münze war.

Im 15. Jahrhundert dürfte sich die Münze einige Zeit im Haus Kaufingerstraße 27 befunden haben. Dieses Haus gehörte seit um 1424 bis nach 1509 der Familie Gießer, von der mehrere Mitglieder Münzmeister waren (Peter Gießer 1391–1400, Ludwig 1454/vor 1462). Im Jahr 1462, als der Münzmeister Ludwig Gießer schon tot war, stehen im Bereich Salvator-/Kardinal-Faulhaber-Straße hintereinander die Namen Weindel Rainer Präcker und Marx Münzer im Steuerbuch. Weindel Rainer Präcker aber wird 1464 Münzer genannt. Wahrscheinlich war um diese Zeit also die Münze in der genannten Gegend. 1405/06 war der Goldschmied Hans Tulbeck, der Vater des späteren Bischofs von Freising, Münzmeister. Er wohnte in diesen Jahren im Haus Kaufingerstraße 16, das ihm selbst aber nicht gehörte. 1407 zahlt die Stadtkammer für das Räumen des Baches »von des münczmaisters steg bis hintz dem Ridler«. Das Haus des Ridler ist Tal Nr. 1. Es muß sich demnach um den Sparkassen- oder Pfisterbach handeln, der hier geräumt wurde und das Haus des Münzmeisters muß ebenfalls an diesem Bach gelegen haben, offenbar in der Gegend der heutigen Hofpfisterei und der späteren Hauptmünze am Hofgraben. Dort führte auch ein Steg über den Bach.

Im Jahr 1506 wurde das Münzwesen in Bayern auf neue Grundlagen gestellt. Der Münzmeister war ab jetzt kein Pächter mehr, der dem Münzherrn – dem Herzog – nur einen Schlagschatz entrichtete, ansonsten frei schalten und walten konnte, ähnlich wie ein Handwerksmeister, sondern der Herzog übernahm die Münze wieder in Eigenbetrieb und der Münzer war ab jetzt ein herzoglicher Beamter.

Seit dem 6. April 1503 ist Anthoni Hundertpfund als Münzmeister oder Münzwardein nachweisbar, wobei Wardein der Aufzieher hieß, der die Münze auf ihr Gewicht zu untersuchen hatte. Hundertpfund wohnte den Steuerbüchern nach im Jahr 1508 (für die Jahre 1501–1507 sind keine überliefert) bereits am Hofgraben, dort wo heute der Südflügel der Hauptpost steht, auf dem Gelände des ehemaligen Hauses Residenzstraße 2*G, neben dem östlich anschließenden Haus Hofgraben Nr. 2. Ersteres wird 1618 vom Freiherrn Törring erworben, letzteres 1857 vom bayerischen Staat. Beide machen heute einen Teil der Hauptpost aus. An dieser Stelle ist ausdrücklich für das Jahr 1525 der Standort der Münze belegt. Schon zwei Jahre davor (1523) wurde »auf dem Graben bei der Münz« die Straße gepflastert, was man also ebenfalls hierher beziehen darf. Die Münze dürfte demnach mit dem Wohnsitz des Hundertpfund hierher gekommen sein und sie befand sich an dieser Stelle laut Steuer- und Grundbuch bis einschließlich 1599.

Seit 1600 ist die Münze wieder aus den Quellen verschwunden. Sie taucht wieder auf, als im April 1612 die Bachauskehr geregelt wird »von unserer newen müncz beim Marstall« bzw. vom Rosenbad im Rosental bis zur neuen Münze. Außerdem werden die Wasserrechte geregelt. Es soll »noch mer wasser auf die münczwerkh ohne nacht(ei)l der dabei Interessirten« geführt werden. Die Münze – eine neue! – befindet sich immer noch in der Gegend des Hofgrabens, und zwar »beim Marstall«, also dem späteren Hauptmünzamt (heute Sitz des Landesamtes für Denkmalpflege, Hofgraben 4). Hier steht sie auch in den Steuerbüchern von 1621 und 1622, zwischen »domus der fürstliche Marstall« und dem »domus Georg Obiser« (ihm gehört das Haus Pfisterstraße 9, neben der Hofpfisterei) als »domus fürstliche Münz«. Die Münze ersetzt in den Steuerbüchern also vorübergehend die Hofpfisterei und die Hofschleiferei, die ansonsten an dieser Stelle stehen bzw. standen. Leider fehlen die Steuerbücher für die Jahre 1623 bis 1627. 1628 ist der alte Zustand wieder hergestellt und zwischen dem kurfürstlichen Marstall und dem Haus der Regina Obiser stehen wieder das »domus kurf. Hofpfister« und der Pfistermeister Johann Morat. Die Hofschleiferei erscheint ab 1620 ohnehin nicht mehr in den Steuerbüchern, ist aber 1642 immer noch an ihrem Platz, wie der unten dargestellte Fortgang der Geschichte beweist. In der heutigen Münzstraße aber taucht die Münze erst viel später auf.

Am 24. Oktober bzw. 22. November 1642 verkauft Johann Franz von Baumgarten sein Haus in der Graggenau, am Eck und rückwärts an die Schleifmühle am Bach, an den Bach selbst und an die Münze stoßend, an Dr. Wolfgang Millauer. Es handelt sich dabei um das Eckhaus Münzstraße 7*A, Ecke Platzl/Münzstraße. Die Schleifmühle am Bach muß demzufolge das zweigiebelige Gebäude über dem Sparkassenbach sein (bei der »Scholastika«), das im Häuserbuch fälschlich mit »Torazmühle« bezeichnet ist (diese lag ohnehin ganz wo anders, nämlich auf dem Gelände des späteren Hofkammergebäudes an der Nord-Ost-Ecke des Alten Hofes). Das Haus Münzstraße 7*A reichte also bis hinauf zum Sparkassenbach und stieß dort an die Schleifmühle über dem Bach. Auf der anderen Seite – nach Norden zu – stieß das Haus an das Nachbarhaus Münzstraße 7*B, das aber nicht an die Münzstraße heranreichte (das Eckhaus war ja 7*A), sondern noch am Platzl lag. Dieses Haus Münzstraße 7*B ist 1642 mit der Münze gemeint, an die das Haus des Baumgarten ebenfalls rückwärts anstieß.

Dieses Haus Münzstraße 7*B, das also nicht in der heutigen Münzstraße lag, gehörte seit 1621, die dazugehörigen Stallungen schon seit 1620, dem Herzog Maximilian, dem späteren Kurfürsten.

Da das Grundstück bis hinauf zum Pfisterbach reichte – an der Rückseite der Häuser Pfisterstraße 6 (Ecke Platzl) bis 10 (Hofpfisterei) entlang – dürfte mit der Münze der Jahre 1621 und 1622 in den Steuerbüchern bereits dieses Areal Münzstraße 7*B gemeint sein. Es ist lediglich unseren Vorstellungen nach in den Steuerbüchern unglücklich eingeordnet. Aber es ist vom natürlichen Weg der Steuereinnehmer her durchaus begründet: sie kommen vom Marstall her, gehen über die Straße zur Hofpfisterei und Hofschleiferei bzw. an die zwischen diesen beiden am Bach gelegene Garten- oder Hofseite des Münzgebäudes, das weit unten am Platzl steht, eben Münzstraße 7*B.

Und in diesem Haus wohnt im Jahr 1673 ein Georg Tölzer Maurer »in der Münz«. Seit der Zeit vor 1642, mit ziemlicher Sicherheit seit vor 1621 also ist dieses Haus das herzogliche Münzgebäude. Die Einrichtung der Münze hier muß demnach zwischen 1612 und 1621 erfolgt sein. Dazu passt, daß noch von 1595 bis 1620 und 1621 ein Bäckerehepaar Hauseigentümer von Münzstraße 7*B ist und in diesen beiden Jahren dann der Ankauf durch den Herzog Maximilian in zwei Etappen stattfindet. Offensichtlich wurde sofort die Münze in dem neuen Besitz installiert.

1675 wohnt in diesem Haus neben dem genannten Georg Tölzer Maurer »in der Münz« auch der Moritz Angermair »Münzwardein«. Er steht noch 1690 im Steuerbuch. Einer seiner Vorfahren lebte hier schon in den 40er Jahren. Er war kurfürstlicher Kleiderverwalter.

Im Jahr 1701 erwarb Kurfürst Max Emanuel den diesem Haus Münzstraße 7*B benachbarten hinteren Stock des Nachbarhauses

Münzstraße 7*A (das dazugehörige Vorderhaus 7*A, das Eckhaus Platzl/Münzstraße, jedoch erst am 7. Oktober 1721!). Erst jetzt – 1701 – ist die Münze bis an die heutige Münzstraße vorgedrungen und erst ab jetzt ist der Straßenname »Münzstraße« für diese Straße möglich geworden.

Dieses Eckhaus ging dann bereits 1737 wieder in private Hände über und gehörte bis 1760 einem Bierzäpfler. Am 23. Mai 1760 wird es jedoch im Grundbuch als »kurfürstliches Münzamt« bezeichnet. Die Gaststätte aber blieb darin erhalten: Stimmelmayr nennt dieses Haus das »Eckhaus des Dampes Bierwirts« bzw. »Dampes Wirthshaus, worin ein großer Castanienbaum war«. Dampe war sichtlich nur Pächter. Er kommt denn auch im Grundbuch nicht vor. Das Haus ist seit 1760 Teil der Münze. Der an der Münzstraße an das Wirts-Eckhaus anschließende Garten (Richtung Sparkassenstraße) wird von Stimmelmayr »des Wardein Gärtchen« genannt. Daran schloß sich das Gebäude an, das die Prägestube und die Justierstube enthielt. Der Wardein selbst wohnte zu Stimmelmayrs Zeiten am oberen Ende der Münzstraße, im Eckhaus am Bach.

Das Haus über dem Pfisterbach, also das doppelgiebelige Gebäude des Sandtner-Modells, gehört 1720/21 als großer Stock zur Münze, ebenso wie das Eckhaus an der Münzstraße/Pfisterbach (heute Sparkassenstraße). Es muß auch mit dem Gebäude gemeint sein, das 1725 als »Ballhaus«, beim Braunen Bräuhaus gelegen, bezeichnet wird und von dem es heißt, daß es »auf dem Pfissterbach negst der münz stehet, altershalber dergestalten baufällig, daß zu befürchten, es möchte ... einfallen«.

Die Straße gehörte – soweit sie überhaupt bebaut war – in den Steuerbüchern zur Graggenau. Erst die Pläne von 1780 und 1781 sowie Stimmelmayr überliefern erstmals einen eigenen Namen für dieses Gäßchen, eben »Münzgäßl«.

Woher die Information stammt, dieses Münzgebäude an der Münzstraße sei 1573 errichtet worden (zusammen mit der Hofpfisterei, für die es ohnehin nicht stimmen kann) war nicht zu klären. Auch Hübner berichtet das. 1573 befand sich die Münze noch am Hofgraben (Nr. 2*G).

Qu.: HB GV S. 219/221. – Stimmelmayr S. 2, 3 Nr. 9. – Hübner I (1803) S. 190. – GB IV S. 81r/v (1525). – KR 1523 S. 135r. – StB 1405 II, 1406, 1462, ab 1508. – StadtA, Tiefbau 20/1 (1612 April 22/25). – HStA GU Mü 1966 (1642). – HStA, GR Fasz. 1149 Nr. 21 (1720/21, 1725). – Stützel S. 27, 29.

NEUER GANG an der Kreuzgasse, um 1593.

Am 8. November 1593 wechselt ein Haus seinen Besitzer, das gelegen ist »an der Creutzgasse bei dem neuen ganng«. Das Haus ist im

Häuserbuch unter Maxburgstraße 4 mit Pacellistraße 2, Haus 49, angeführt und Nachbarn sind Haus 48 und 50. Der neue Gang scheint demnach im Gebäudekomplex des Karmeliterklosters oder in der Maxburg aufgegangen zu sein. Vielleicht handelt es sich aber auch um die heutige Karmeliterstraße, die seit 1599 als Neugässel vorkommt.

Qu.: HStA Kurbaiern U 16663 (1593). – HB KV S. 149.

NEU GASSEN.

Siehe »Windenmacherstraße«, 1483 – nach 1568.

NEU GASSEN, heute Viscardigasse, 1567 – nach 1622.

Auf Wunsch des Herzogs Albrecht wurden am 28.Dezember 1566 die Häuser des Wilhelm Rechberger und des Schmieds Peter Keller an der Schwabinger Gasse durch die Stadtkammer angekauft, »das (= damit) man ... daselbs ain gassen machen soll« bzw. des Kellers Haus »auch zu ainer gassen abzeprechen«. Der Schmied Peter Khellner stand 1565 im Steuerbuch noch unter der Hinteren Schwabinger Gasse (Theatinerstraße) an entsprechender Stelle. Die Gasse ist im Frühjahr 1567 neu angelegt worden. Am 12. Juli 1567 wird das Haus des Wagners Jörg Franck (das Eckhaus Theatinerstraße, nördliche Ecke zur Viscardigasse, aber im Häuserbuch als Residenzstraße 27* E geführt) bereits »Eckhaus an der Neuen Gasse« genannt. Es liegt außerdem gegenüber dem Haus des Kistlers Rutt, der zum Haus Theatinerstraße 29 gehört, dem südlichen Eckhaus zur Viscardigasse. In einer weiteren Urkunde – vom 8. November 1567 – heißt es, des Wagners Georg Franck Haus sei durch Anlage der Neuen Gasse zu einem Eckhaus geworden. Im Steuerbuch steht der Name Neugassen auch bereits bei der ersten Steuererhebung des Jahres 1567 zwischen dem Sekretär Hanns Schwarz, dem nach Grundbuch das südliche Eckhaus Residenz-/Viscardigasse (Residenzstraße 26) gehörte, und dem Metzger Renner, der zu 27 D, dem nördlichen Eck gehört. Nach ihm kommt der Küchenmeister Dichtl, der wiederum – nach Grundbuch – zu Residenzstraße 27 B gehört. Zweifellos handelt es sich also bei dieser Neugasse um die Viscardigasse. Wahrscheinlich sind auch die 1567 durchgeführten Straßenpflasterungsarbeiten in der »neuen gassen« (neben solchen in des Dieners Gasse genannt) hierher zu beziehen und stehen sogar mit der Neuanlage der Gasse in Verbindung. Siehe auch »Preysinggassel«.

Qu.: Hartig, Künstler S. 340 Nr. 725. – StB 1566 ff. – KR 1566 S. 95r/v, 1567 S. 129v. – StadtA, Depositum Hypo-Bank Urk Nr. 12, 14 (1567). – HB GV S. 316 ff.

NEUES GÄSSEL, unermittelt, um 1581.

Im Jahr 1581 wird »beim neuen gässel« die Straße gepflastert. Dahinter folgen ebensolche Arbeiten beim Wurzer- und beim Isartor. Das läßt darauf schließen, daß das neue Gässel ebenfalls in der Graggenau liegt. Es ist aber nicht zu ermitteln.

Qu.: KR 1581 S. 141r.

NEU GÄSSEL, heute Karmeliterstraße, um 1599 – 1606.

Bis zum Ende des 16. Jahrhunderts, noch auf dem Sandtner-Modell sichtbar, war die heutige Karmeliterstraße keine offene Straße, sondern nur ein Durchgang durch die beiden Häuser an der Maxburgstraße und der Kreuzgasse. Erst im Zusammenhang mit den großen Baumaßnahmen für die Maxburg und das St.-Niklas-Stift konnte hier eine Straße angelegt werden, die zunächst von 1599–1606 in den Steuerbüchern das neue Gässel genannt wurde, 1607–1755 St.-Niklas-Gässel, 1729 Karmeliterstraße. Siehe auch »Neuer Gang«.

NEUE GASSEN, 1677 – nach 1805.

Siehe »Salvatorstraße, östlicher Teil«.

NEUHAUSER GÄSSEL, heute Herzog-Max-Straße, um 1803.

Nur das Adreßbuch von 1880 behauptet, die heutige Herzog-Max-Straße habe 1803 Neuhauser Gäßl geheißen. Es nennt keinen Beleg. Das Adreßbuch von 1803 bzw. Lorenz Hübner kennen den Namen nicht.

Qu.: AB 1880 S. 162.

NEUHAUSER STRASSE, seit vor 1293.

Benannt nach dem Ort Neuhausen, westlich von München, seit 1890 eingemeindet. Der Straßenname wird erstmals genannt in einer Urkunde vom 12. Mai 1293. Dann wieder in einer solchen des Jahres 1300. Im Jahr 1279 stehen in der Neuhauser Straße bereits Häuser, wie ein Rückvermerk des 15. Jahrhunderts zu einer Urkunde dieses Jahres ausweist. Es gab also hier zu dieser Zeit bereits reguläre, planmäßige Bebauung.

Seit um 1815 bis 1828 Name Karlstraße für diese Straße. Der erste, der behauptete, seit 1792 habe diese Straße den Namen »Karlstraße« geführt, war 1845 der Bürgermeister von Steinsdorf. Von ihm dürfte es 1860 Muffat übernommen haben und von da geriet

Abb. 24: *Die Neuhauser und Kaufingerstraße. Ganz rechts der »Hallerbräu«. Es folgt nach links der »Oberspatenbräu«, dann das Gasthaus »Zum goldenen Storchen« (das niedrige Haus mit dem »Ohrwaschl«). Aquarell von Heinrich Adam, 1828.*

diese Behauptung in die historischen Erklärungen der Straßennamen des Adreßbuches von 1880, von dem es wiederum Rambaldi übernommen hat. Weder zeitgenössische Quellen noch Autoren wie Hübner bzw. das Adreßbuch von 1803, noch Baumgartner 1805, noch die Karte von 1806 kennen diesen Namen. Sie alle nennen die Straße »Neuhauser Straße«. Erst Lipowski schreibt 1815, die Straße hieße »nun« Karlstraße. Wahrscheinlich lag eine Verwechslung mit der Benennung des Neuhauser Tores in Karlstor von 1792 vor.

In dieser Straße aufgegangen ist auch der Name St. Niklas Gässel oder bei St. Niklas, ab 1369. Vgl. auch »Fußgängerzone«.

Qu.: Vogel, Heiliggeistspital U 8 (1279); SA 111. – MB 19a S. 452 (1293). – Dirr 55/10 (1300). – Hübner I (1803) S. 221, 242. – Kaspar v. Steinsdorf, Darstellung der Baupolizei-Vorschriften für Hochbauten in der kgl. Haupt- und Residenzstadt München, München 1845, S. 149. – Muffat, Münchens ... Straßen (1860) S. 54. – StadtA, Straßenbenennung Nr. 38 (1828).

❏ **NEUHAUSER TORPLATZ.**

Siehe »Karlsplatz«.

NEUSTIFTGÄSSEL, heute Teil des Marienhofs, vor 1452 – nach 1622.

Nach der Vertreibung der Juden aus dem Herzogtum Oberbayern im Jahr 1442 wurde deren Synagoge in eine Marienkapelle umgewandelt und vom Leibarzt des Herzogs Albrecht III., Dr. Hans Hartlieb, das sog. neue Stift ins Leben gerufen. Es bestand bis 1803 und wurde vom Kloster Andechs betreut. Dieses neue Stift wird am 29. Januar 1447 erstmals erwähnt. Im Jahr 1452 findet sich für die spätere Gruftstraße erstmals der Name Neustiftgässel, 1541 auch »Gässel Neustift« oder 1542 »Gässel bei der Neuen Stift«. Dann bleibt es ab 1543 bis 1622 beim Namen Neustiftgässel. Gleichzeitig aber vereinfacht man den Namen seit 1551 auch zu Stiftgässel, eine Version, die sich bis mindestens 1725 hält. Seit 1714 in den Steuerbüchern auch schon der Name Gruftgässel.

Qu.: HStA GU Mü 2751 (1452). – Stahleder, Juden S. 30/31. – StB seit 1541.

NEUTURMSTRASSE, seit 1876/77.

Benannt nach dem »Neuturm« genannten Rundturm, der als Schuldgefängnis diente. Er wurde 1872 zusammen mit dem Kosttor abgebrochen. Amtliche Benennung 1876/77.

Gasse hinter dem Hofbräuhaus 1806 noch »bei der Malzmühle« genannt, siehe dort.

Qu.: Münchens Straßennamen.

NEU ZWERCHGÄSSEL, 1585 – 1622.

Siehe »Zwerchgässel«.

NIESERSTRASSE, seit 1906.

Siehe »Hebammenstraße«.

NÖRDLICHE LANDSCHAFTSSTRASSE, o. D.

Siehe »Landschaftsstraße, nördliche«.

NUNNENGÄSSEL, heute Perusastraße, vor 1554 – nach 1661.

Im Jahr 1554 erfahren wir aus dem Ratsprotokoll, daß an der Vorderen Schwabinger Gasse »am Nunnengässel« die Uhrzeit ausgerufen wird. 1567 und 1575 werden im Nunnengässel Straßenpflasterungsarbeiten durchgeführt. Am 15. September 1661 verkauft das Kloster Scheyern sein Haus Theatinerstraße 45/Ecke Perusastraße, »am Eck der äußeren Schwabinger Gasse und des Nunnengässels«. Das Nunnengässel ist damit die heutige Perusastraße und benannt nach den Nonnen des Pütrich-Seelhauses, deren Gebäulichkeiten in dieser Zeit die ganze nördliche Straßenseite der Perusastraße einnahmen. Bisher letzter Beleg von 1661.

Qu.: RP 1554 S. 26a. – KR 1567 S. 130r, 1575 S. 141v. – HStA GU Mü 2041 (1661).

NUSSDORFERGÄSSEL, heute Teil der Residenz, um 1568.

Am 5. November 1568 verkauft der Einspäniger Georg Müller (Residenzstraße 1 Haus J) ein Ewiggeld aus seinem halben Haus auf dem Jägerbüchel (siehe dort) zwischen dem fürstlichen Jägerhaus (Residenzstraße 1, Haus K) und dem Nußdorffergässel gelegen und an den Stadel der alten Reischlin (Residenzstraße 1, Haus H) stoßend. Die Häuser Residenzstraße 1, Haus G, H und J, liegen laut Häuserbuch im Jägergässel, das Haus K an der Ecke Residenzstraße/Jägergässel. »Nußdorfer gässel« ist also nur ein anderer Name für das Jägergässel und damit den heutigen Kapellenhof der Residenz. Das »domus Nußdorfer« steht im Steuerbuch von 1560–1584. Es dürfte benannt sein nach Hans Georg von Nußdorf zu Prining, der von 1551 bis zu seinem Tod im Jahr 1573 Pfleger zu Tölz und Jägermeister zu München war. Sein Sohn Wilhelm David von Nußdorf hatte sich früher bei Hof aufgehalten und war nach dem Tod des Vaters ebenfalls Pfleger von Tölz geworden (bis 1594). Das Haus am Jägergässel und benachbart dem herzoglichen Jägerhaus ist also von den Nußdorfern bewußt gewählt.

Qu.: HStA Kurbaiern U 16587 (1568). – StB seit 1560. – Ferchl S. 1099.

Des **OBENAUS GÄSSEL**, heute Teil der Heiliggeiststraße, um 1496.

Im Jahr 1496 wird die Straße gepflastert »in des Obenaws gassel«. Gemeint ist der Fischer Obenaus, der 1496 und 1500 in der Fischergasse in den Steuerbüchern steht und etwa zum Haus Heiliggeiststraße 6 B oder 5 gehören muß.

Qu.: KR 1496 S. 110r. – StB.

OBERANGER, OBERER ANGER. OBERE ANGERSTRASSE/ GASSE. – KREUZGASSE, – PRANGERSGASSE, – SCHWABINGER GASSE.

Siehe unter dem Hauptwort.

(OBERES) ELEND, seit vor 1369 – nach 1708.

Siehe »Elend«.

Der **ÖSTERREICHERIN GÄSSEL,** heute Filserbräugasse, um 1576.

Das Haus Weinstraße 7, Ecke Filserbräugasse Süd, gehörte seit etwa 1523 bis 1544 dem fürstlichen Kammersekretär Mathes Österreicher, ab 1545 bis 1573 seiner Witwe Appollonia Österreicherin. Nach ihr wird das spätere Filserbräugäßchen bezeichnet, wenn im Jahr 1576 »in der Österreicherin gässl« und bei Unser Frauen die Straße gepflastert wird.

Qu.: KR 1576 S. 141r. – HB KV S. 358.

ORLANDOSTRASSE, seit 1873/74.

Benannt nach Orlando di Lasso (1532–1594), dem bekannten niederländischen Komponisten und seit 1560 Münchner Hofkapellmeister, der seit vor 1570 einen Häuserkomplex am Platzl, Ecke Pfisterstraße, besaß (Platzl Nr. 4*, 5*). Die Benennung erfolgte gemäß ministerieller Entschließung vom 4.Dezember 1873, wovon das Kollegium der Gemeindebevollmächtigten am 14. März 1874 vom Magistrat in Kenntnis gesetzt wurde.

Früher das Gässel, da man zu der Hofmetzg hineingeht (1511), dann Seeriedergässel (1781), seit 1873/74 Orlandostraße. In der Orlandostraße selbst hatte Orlando di Lasso nie ein Haus.

Qu.: HB GV S. 259. – StadtA, Straßenbenennung Nr. 31 und 27/1. – RP 489/5 S. 354.

PACELLISTRASSE, seit 6.3.1951.

Benannt nach Eugenio Pacelli (1876–1958), von 1917–1925 päpstlicher Nuntius in München, seit 1939 Papst Pius XII.

Frühere Namen: Kreuzgasse seit 1368, Karmeliterplatz seit 1759, Pfandhausstraße seit 1806. Die Benennung der Straße erfolgte mit Stadtratsbeschluß vom 6. März 1951 und war die bisher letzte Straßenbenennung nach einer noch lebenden Person.

PARADEPLATZ, -GASS, heute Promenadeplatz, seit um 1779 – um 1806.

Nach dem Abbruch der Salzstädel im Jahr 1778 diente der frei gewordene heutige Promenadeplatz dem Militär als Paradeplatz. Als auf dem heutigen Max-Joseph-Platz nach der Säkularisation das

Franziskanerkloster abgebrochen war, wurden die Militärparaden dort abgehalten und der Platz bei den ehemaligen Salzstädeln erhielt den Namen Promenadeplatz.
Name angeblich 1779 bereits nachgewiesen, auf jeden Fall auf dem Plan von 1780. Stimmelmayr spricht einmal von der »Parade Gaß«, ansonsten von der »oberen« oder »vorderen Prangers oder Salzstädel Gasse«. Auf jeden Fall verwendet Westenrieder 1782 schon den Namen Paradeplatz und 1783 und 1791 liegt das Haus des Bürgermeisters Benno von Reindl (Promenadeplatz 17) auf dem Paradeplatz. Burgholzer sagt 1796, der Platz sei erst seit dem Jahr 1780 so geräumig, wie er sich jetzt darstelle. Und Baumgartner nennt ihn unterm 14. September 1805 bereits »Promenade- oder vormaliger Paradeplatz«.
Siehe auch »Anger Paradeplatz«.

Qu.: Stimmelmayr S. 31 Nr. 50/5. – Westenrieder (1782) S. 34. –Burgholzer (1796) S. 317. – HStA GU Mü 2450 (1783), 2459 (1791). – Baumgartner, Polizey-Uebersicht, zum 14.9.1805. – Schattenhofer MA M 01060 (zu 1779, ohne Quelle).

PARADEPLATZ.

Siehe auch »Anger Paradeplatz«.

PEKENGÄSSEL, heute Thiereckstraße, um 1780/81.

Siehe »Bäckergässel«.

PERNERSGÄSSEL, heute Singlspielerstraße, vor 1527 – nach 1562.

Die Gasse ist benannt nach dem Gschlachtgwander Lorenz Perner, der in den Steuerbüchern in der Zeit von 1482–1500 unter »Roßmarkt« steht und zum Eckhaus Oberanger 45 (Nordecke zur Singlspielerstraße) gehören muß, mit weniger Wahrscheinlichkeit zum gegenüberliegenden Eckhaus Raspstraße 4/4a. 1527 hat das Eckhaus Oberanger 45 der Gschlachtgwander Sebastian Truckenstier und verkauft aus diesem Haus, gelegen »am Anger im Pernergässel«, ein Ewiggeld. Es wird 1562 noch einmal genannt. Da liegt ein Haus »bey des alten Perners gässel am Anger bey der alten Mang«.

Qu.: StadtA Urk. B II b Nr. 6 (1527); Tiefbau 73 S. 2r. – StB 1482–1500.

PERUSASTRASSE, seit um 1780/81 (nach 1711).

Benannt nach dem Eigentümer des Hauses Theatinerstraße 45, Ecke Perusastraße Süd, der Familie von Perusa. Sie hatte das Anwesen von 1711–1770 inne.

240 (Petersbergl)

1450 Klein Gässel, 1529 Gässel bei des Pütrichs Regelhaus, 1549 Gässel beim Hofbräu, 1554 Nunnengässel, 1780 Berusa gassen, Ende 18. Jahrhundert (Stimmelmayr) »das Perusa oder Denglbach Gäßl«, 1782 (Westenrieder) »Berusagasse«.

Qu.: Stimmelmayr S. 17 Nr. 33, S. 42 Nr. 61/9. – Westenrieder (1782), Planbeilage. – StB 1805 S. 82v. – Pläne seit 1780.– HB GV S. 432.

(PETERSBERGL).

Volkstümlich für den Platz um die Peterskirche.

PETERSGÄSSEL, heute Teil des Petersplatzes, um 1584.

Nur 1584 führt das Steuerbuch den Sämler Ulrich Erl und weitere Personen unter »Petersgässel« auf, die 1583 noch unter »St. Peters Freithof« gestanden hatten. Letzteres ist der übliche Name. Der Sämler wohnte im Mesnerhaus Petersplatz 2.

Qu.: StB 1584 S. 78v.

PETERSPLATZ, seit nach 1815.

Lage um die älteste Münchner Pfarrkirche St. Peter herum. Der Platz war bis zu seiner Auflassung im Jahr 1789 Friedhof. In den Adreßbüchern von 1803 und 1805 noch St. Peters Freithof genannt, bei Lipowski 1815 »Kirchhof-Gasse zu St. Peter (St. Peters Freithof)«, erst im Adreßbuch von 1818 erstmals »Petersplatz«. Benennung also zwischen 1815 und 1818.

1378 sand Peters freithof, ob den chramen, 1388 auf sand Peters freithof hinder der schul, 1426 ... auf der schul ..., 1584 – nach 1815 St. Peters Freithof, 1818 Petersplatz. Hier verschwunden sind auch die Sämergasse (1558), das Petersgässel (1584) und die Kirchhofgasse zu St. Peter (1815).

Qu.: GB I 95/10 (1378). – StadtA, Zimelie 34 S. 4 (1388), 4v (1426). – Hübner I (1803) S. 290 (zu 1789). – Lipowski II (1815) S. 343. – AB 1803 S. 48, 1805 S. 159, 1818 S. 160, 1823 S. 17.

❑ Des **PEYSENWÜRFELS GÄSSLIN**, vor dem Angertor, um 1396.

Das Gässel liegt vor dem Angertor, auch wenn es die Quellen mit diesen Angaben nicht so genau nehmen; denn nach dem Beleg im Gerichtsbuch liegt dieses Gaesslin »vor dem Taltor« (»auf des alten Hüren hofstat vor dem Taltor, zenächst an dez Peysenwürffels gaesslin«). Pilgreim Peyssenwürfel ist aber für 1387 als Müller auf der Saeldenau-Mühle belegt, der Mahlmühle in der späteren Kolosseumstraße 1. Wahrscheinlich ist auch diese Straße mit dem Gässel gemeint.

Qu.: GB II 110/6 (1396). – Hilble, Mühlen OA 90 S. 95.

PFAFFENGÄSSCHEN, vor 1488 – nach 1818.

Das Pfaffengässchen war ein »seit unvordenklichen Zeiten bestehender Durchgang vom Marienplatz zum Petersplatz« unter dem Haus Marienplatz Nr. 18 hindurch. Erstmals erwähnt finden wir es im Jahr 1488, als dort Straßenpflasterungsarbeiten durchgeführt werden. Der nächste Beleg stammt von 1636. In den Jahren 1573–1579 ist mehrmals von St. Peters kleinem Gässel die Rede. Es ist ebenfalls hierher zu beziehen. Noch 1898 hat der Hauseigentümer ausdrücklich das öffentliche Durchgangsrecht anerkannt. Der Name ist aber offensichtlich um diese Zeit schon verschwunden. Er steht 1818 letztmals im Adreßbuch. Er bezieht sich natürlich auf die Geistlichen der Peterskirche.

Qu.: KR 1488 S. 104r. – StB 1636 unter Enge Gasse. – Stimmelmayr S. 15 Nr. 29/3 u.ö. – AB 1818 S. 158. – HB AV S. 72.

PFANDHAUSSTRASSE, heute Pacellistraße, vor 1806 – 1951.

Benannt nach dem im Dezember 1802 von der Stadt angekauften säkularisierten Karmelitinnenkloster (seit 1888 Kunstgewerbehaus), in dem die Stadt zwischen 1802/03 und 1888 eine Pfandleihanstalt betrieb.

Seit vor 1368 Teil der Kreuzgasse, 1759–1823 Karmeliterplatz, 1806 Pfandhausstraße bzw. -gasse, mit Stadtratsbeschluß vom 6. März 1951 Umbenennung in Pacellistraße.

Qu.: Pläne seit 1806. – HB KV S. 179.

P(F)EFFENHAUSERS GÄSSEL, heute Teil des Max-Joseph-Platzes, um 1577.

Das Haus Residenzstraße 2 A*, Ecke Max–Joseph–Platz, also die Nordwestecke der Hauptpost (Törring–Palais), gehörte seit mindestens 1482 der Familie von Pfeffenhausen, seit 1557 Hans von Pfeffenhausen. Bis 1611 hat die Familie das Haus inne. Wenn im Jahr 1577 die Straße »bej der neuen stallung und in Peffenhausers gassel« durchgeführt werden, so ist damit die schmale Gasse gemeint zwischen der heutigen Hauptpost und der Friedhofmauer des Franziskanerfriedhofs.

Qu.: KR 1577 S. 132r. – HB GV S. 276.

242 (Pferlingergassen)

(Pferlingergassen), o. D. (um 1510).

Nach der Schrenck-Chronik hat zu einem nicht genannten Zeitpunkt die Schrenck-Messe in der Frauenkirche ein Ewiggeld auf des Hannsen Knollen Haus an »Pferlingergassen«. Eine Gasse dieses Namens ist sonst nicht belegt. Der Hans Knoll besitzt jedoch um 1510 laut Grundbuch das Haus Sendlinger Straße 55 A. Wahrscheinlich ist dieses gemeint und Pferlingergassen ein Lesefehler für Sendlingergassen.

Qu.: Schrenck-Chronik S. 56r. – HB HV S. 397.

Bei der **PFISTER**, heute Teil des Hofgrabens, um 1570.

Siehe »Pfisterstraße«.

PFISTERSTRASSE, seit vor 1780.

Benannt nach der »Pfister« oder Hofpfisterei (lat. pistor = Bäcker), die Herzog Albrecht IV. 1492 gegründet und Herzog Albrecht V. in den Jahren 1578/1579 in das Haus Pfisterstraße 10 verlegt hat.

Im Jahr 1570 wird »bei der pfister« die Straße gepflastert und 1586 »im gässl bej der phister«. Zur Lokalisierung muß weiter ausgeholt werden, weil die Topographie in der Gegend um die heutige Hofpfisterei schwierig ist.

(1) Da ist zuerst das Gelände zu betrachten, auf dem der Literatur zufolge seit 1563 die »fürstliche neue Stallung« oder der »neue Marstall«(im 19./20. Jahrhundert Hauptmünze) entsteht, also Hofgraben Nr. 4. Auf dieses Gebäude sind die Steuerbucheinträge (etwa ab 1556) zu beziehen: domus Schefman; der Wäscher; das Haus des Spieß, das 1551 an Kaspar Seemüller kommt; das Herzogsbad; das herzogliche Krauthaus (seit 1556); Bartlmä Hengst »im Stall« bzw. Unterstallmeister (seit 1566); und schließlich Hans Vischer »im Stall« (seit 1563). Vom Wäscherhaus und dem Haus des Seemüller sagt auch das Grundbuch (Häuserbuch), daß sie zu der fürstlichen neuen Stallung verbaut worden seien.

Das Waschhaus lag laut Grundbuch (um 1574) »hinten am Herzogsbad, neben dem Bach«. Das Bad selbst lag nach anderen Beschreibungen schon 1415 »hinder dem kastenhaus zunachst auf dem pach an der rosswemb«, am 4. April 1503 »hinter der stat maur an dem pach, so man in der Graggenaw zum Wurtzerthor hinabgeet«, am 28. Februar 1511 ebenfalls »neben dem Marstall (gemeint: das Kastenhaus am Hofgraben/Ecke Max-Joseph-Platz, heute Nord-Ost-Ecke der Hauptpost, also der »alte« Marstall) am Bach, der Ringmauer gegenüber«. Die Ringmauer verlief hier entlang der

Nordflanke der heutigen Falkenturmstraße und ihrer Verlängerung, also an der Nordflanke des späteren Hauptmünzamtes vorbei. Am 24. März 1511 liegt das Herzogsbad ebenfalls »hinter der Stadtmauer am bach, wo man in der Graggenau zum Wurzertor hinabgeht«. Damit ist die heutige Falkenturmstraße gemeint, die an der Mauer entlang zum Wurzer- oder Kosttor hinunterführte. Das Haus, das am 22. April 1551 das Ehepaar Seemüller erwirbt, liegt mit seiner Vorderseite dem Herzogsbad gegenüber.

Das Herzogsbad muß demnach auf dem Nordflügel und der Nord-Ost-Ecke der fürstlichen neuen Stallung (Hauptmünze) gelegen haben und reichte bis an den Pfisterbach heran. Nur so lag es an der Mauer und an der Gasse zum Wurzertor und gleichzeitig am Bach. Da es auch dem Kastenhaus benachbart war, dürfte es bis zum Hofgraben heraufgereicht und damit den ganzen Nordflügel des neuen Marstalls (Hauptmünze) eingenommen haben. Das Bad steht in den Steuerbüchern bis 1561. Für das Jahr 1562 fehlt das Steuerbuch und ab 1563 ist das Bad verschwunden. Gleiches gilt für das »domus (= Haus) Schefman«. Dies würde mit dem Baubeginn der neuen Stallung ab 1563 zusammenpassen (Die Hofzahlamtsrechnung spricht 1563 erstmals von dem »neu erpauten marstal«, ebenso wieder 1564), wenn nicht noch das Grundbuch um 1574 das Herzogsbad als Nachbarn des Waschhauses (Hofgraben 4 C) angeben würde. Demnach müßte mindestens das Bad noch um 1574 bestanden haben und zumindest der Nord- oder Nord-Ost-Flügel der neuen Stallung könnte um diese Zeit noch nicht gestanden haben. Möglicherweise hat aber der Schreiber des Grundbuchs diesen Passus, wonach das Waschhaus um 1574 »hinten am Herzogsbad« liegt, aus einer älteren Quelle übernommen und war vielleicht nicht auf dem neuesten Wissensstand.

Die fürstliche neue Stallung steht in den Steuerbüchern seit dem Jahr 1565, die Hofzahlamtsrechnung spricht bereits 1563 von Geldmitteln, die »zum neuen marstall verpaut« worden sind, von 1564 bis 1567 jeweils von dem »erpauten marstall«. Die Bauzeit von 1563/67 ist damit gesichert.

Eine Absonderlichkeit stellt das herzogliche Krauthaus dar, das sich bisher in keiner anderen Quelle außer den Steuerbüchern fand.

Es steht hier in den Jahren 1556–1603. Von 1604–1606 fehlen die Steuerbücher und seit dem Jahr 1607 ist es auch aus dieser Quelle wieder verschwunden, muß also zwischen 1604 und 1606 beseitigt worden sein. Nach den Steuerbüchern wohnt in diesem Krauthaus auch der Bartlmä Hengst, bis 1560 immer mit dem Zusatz »im Krauthaus«, seit 1573 dagegen mit dem Zusatz »im Stall« (gemeint ist die neue Stallung) und die Hofzahlamtsrechnungen nennen ihn »Unterstallmeister«, so um 1578. Ohne Zweifel gehört er zu den

Bediensteten der neuen Stallung und als nach 1603 das Krauthaus nicht mehr erscheint, steht der Hengst, genauso wie der Vischer »im Stall«, unter der neuen Stallung im Steuerbuch. Der Hans Vischer »im Stall« steht seit 1563 stets hinter dem Hengst »im Krauthaus«, muß also ebenfalls hier gewohnt haben. Die Lage des Krauthauses muß ungeklärt bleiben. Sämtliche Namen von der fürstlichen neuen Stallung über das Krauthaus und den Hengst bis zum Vischer im Stall werden im Steuerbuch von 1566 II am Rand mit einer Klammer zusammengefaßt, was ebenfalls ihre Zugehörigkeit zu ein– und demselben Gebäude dokumentiert. Das würde aber bedeuten, daß das Krauthaus erst nach 1603 im Marstall aufgegangen ist, was aber nicht gut möglich ist, oder daß ein Flügel des Neubaus als Krauthaus genutzt wurde.

(2) Das zweite Gebäude, auf das zu achten ist, ist das Haus Pfisterstraße 10, die im wesentlichen heute noch erhaltene Hofpfisterei. Das Anwesen bestand aus zwei Häusern, die das Sandtner-Modell (1572) noch zeigt. Sie gehören – zunächst in Anteilen, später ganz – dem Ledererehepaar Sebastian und Anna Langöttl. Seit 1550 stehen sie in den Steuerbüchern an dieser Stelle und zwar bis 1578, als am 15. Oktober der Langöttl das Anwesen an Herzog Albrecht V. verkauft. Dieser läßt es abbrechen und die heutige Hofpfisterei errichten.

Aus dem Langöttl-Anwesen bezieht das Heiliggeistspital einen Ewiggeldzins von 3 Gulden mit dem Zinstermin Inventionis crucis (3. Mai). Seit dem Jahr 1555 steht dieser Zins aus Sebastian Langöttls Lederers Haus »bei der Hofmühl das Eckhaus« Jahr für Jahr in der Spitalrechnung, letztmals in dieser Form 1578: »Sebastian Langöttls Lederers Eckhaus und Hofstatt in der Graggenau gegen der Hofmühl über«. Zum Zinstermin 3. Mai 1579 heißt es erstmals: aus Sebastian Langöttls Lederers Haus in der Graggenau, »so zue ir(er) frstl. Gnaden neu erpauten Pfister verpaudt ist worden«. Das bedeutet, daß das heutige Hofpfisterei-Gebäude zwischen dem 15. Oktober 1578 und dem 3. Mai 1579 im wesentlichen seine Gestalt erhalten hat. Andere Datierungen in der Literatur sind damit unhaltbar. Das Baujahr 1573 (Hübner) liegt zu früh, die Bauzeit um 1590 (Denkmälerliste) zu spät. Die Formulierung von 1578 wiederholt sich übrigens auch 1581, 1582 usw. Der Zins aus dem ehemaligen Langöttl-Anwesen wird übrigens seit 1579 vom Hofzahlamt entrichtet und erst 1588 gelöscht.

Wesentlich ist, daß die heutige Hofpfisterei an der Ecke Sparkassenstraße/Pfisterstraße 1578/1579 errichtet wurde, wo bis dahin ein Anwesen aus zwei Häusern in Privatbesitz stand, das stets von einer großen Zahl von Mietern bewohnt wurde. Wesentlich ist außerdem, daß dieses Anwesen erstens ein Eckhaus war, daß es zweitens bis an den Bach heranreichte und daß es drittens »gegenüber der Hofmühle« lag (1578) oder »bei der Hofmühle« (1555). Zwischen beiden Anwesen muß entweder eine Straße oder der Bach verlaufen sein, damit es ein Gegenüber geben kann. Auf keinen Fall also ist die Hofmühle identisch mit dem heutigen Hofpfistereigebäude oder steht in irgendeinem baulichen Zusammenhang mit ihm.

Wo also lag die Hofmühle?

Zuerst ist ein weiterer Tatbestand festzuhalten: Die Hofmühle ist identisch mit der seit 1564 I erstmals im Steuerbuch an dieser Stelle erscheinenden Pfister(ei). Erstmals in diesem Jahr steht im Steuerbuch zwischen dem Hengst »im Krauthaus« und dem Hans Vischer »im Stall« einerseits und dem Langöttl andererseits der Pfistermeister Hans Neumair (gefolgt von Sebastian Langöttl). 1564 II heißt es im Steuerbuch nach dem Hengst: »Pfister. Hans Neumair Pfistermeister«. Dann folgt wieder Langöttl. 1565 folgt auf den Hengst: »Hofpfister. Hans Neumair Pfistermeister«. »Hofpfister« heißt es dann auch jeweils in den folgenden Jahren, letztmals an dieser Stelle im Grundbuch um 1574, wo es über das Langöttl-Anwesen heißt, es »stosst bis auf den pach zur pfister«. In der Urkunde vom 15. Oktober 1578 heißt es parallel, das Langöttl-Anwesen liege am Bach, der Hofmühle (!) gegenüber. Hofmühle und Hofpfister der Zeit von 1564 bis 1578 sind identisch und beide liegen am selben Bach und beide liegen dem Langöttl-Anwesen gegenüber, das ebenfalls ein Eckhaus ist, das bis »zur Pfister« an den Bach reicht.

Die Hofmühle/Hofpfister der Zeit vor 1578 kann also nicht östlich des Pfisterbaches liegen, wo die Hofpfisterei heute steht,und sie kann auch nicht – was man annehmen könnte – auf der Nordseite der Achse Pfisterstraße/Hofgraben liegen (Hauptmünze). Das ließe sich vor allem mit der Reihenfolge der Einträge in den Steuerbüchern nicht in Übereinstimmung bringen. Es ist demnach festzuhalten, daß seit 1564 die Hofpfisterei in einem Gebäude an der Nord-Ost-Ecke des Alten Hofes lag. Das Gebäude zeigt das Sandtner-Modell. Es stand mit der Breitseite am Bach (Sparkassenstraße) und zeigte mit der Giebelseite nach Norden zum Hofgraben. An der Längsseite, über dem Wasser, zeigt das Gebäude einen niedrigeren Anbau, unter dem sich die Mühlräder befunden haben, der sog. Radschuppen.

Dieses Gebäude der alten Torats-, späteren Hofmühle und Hofpfister oder ein Anbau daran beherbergte zuletzt auch die herzogliche Harnischkammer. Für die Baugeschichte der Pfisterei ist nun aber von Bedeutung, daß der Gebäudekomplex am 22. Juli 1578 einer Feuersbrunst zum Opfer fiel. Am 26. Juli vermerkt das Hofkammerprotokoll für ein Schreiben an den Herzog Ferdinand, »... daß sich leider am verschinen erichtag von tag Maria Magdalena in der nacht ein leidige prunst in der pfisterei erhebt, dardurch ir(er) fürstlichen gnaden geliebten herrn vaters harnischkammer angangen und was drinnen gwest, maistenteils verdorben«. Der Harnischmeister Josef Kleeberger, der mehrmals auf die Mißstände aufmerksam gemacht worden war, wurde für den Verlust wertvoller Harnische der Herzogsfamilie verantwortlich gemacht und einige Zeit im Falkenturm eingesperrt.

Nach diesem Brand verzichtete man auf den Wiederaufbau der Pfister am alten Platz und verlegte sie nunmehr auf das andere Ufer des Pfisterbaches, dorthin, wo wir sie heute noch kennen. Noch im selben Jahr wurde das Anwesen des Ehepaares Langöttl erworben und man begann offenbar sofort mit dem Bau der neuen Pfister. 1579 mußte auch der Müller auf der Köglmühle, die außerhalb der Stadt, aber am selben Bach lag, aus der Hofkammer entschädigt werden, weil »wegen erpauung der Pfister alhie das wasser nit herein geloffen« sei.

Am Platz der alten Pfisterei errichtete Wilhelm V. gleich nach seinem Regierungsantritt (1579) ein neues Gebäude für die Hofkammer. Es war um die Zeit des 22. Juli 1581 (Maria Magdalena) bereits vollendet. So zeigt es uns auch Stimmelmayr. Das Gebäude ist demnach gleichzeitig mit dem der Hofpfisterei errichtet worden. Das heutige Pfisterei-Gebäude ist ein völliger Neubau. Die Pfister hat 1578 einen Standortwechsel vorgenommen und es trifft nicht zu, was das Häuserbuch unterstellt, daß das heutige Gebäude aus der herzoglichen Pfister sowie dem Langöttl-Anwesen (das selbst wieder aus zwei Häusern bestand) zusammengewachsen sei. Das heutige Gebäude ist vielmehr ausschließlich auf dem Langöttl-Grundstück errichtet worden und auf dem Gelände der bisherigen Hofmühle/Hofpfister jenseits des Baches wurde fast gleichzeitig die Hofkammer errichtet.

Wenn also im Jahr 1570 die Straße »bei der pfister« gepflastert wurde, dann war damit in diesem Jahr die Straße vor dem Gebäude an der Nord-Ost-Ecke des Alten Hofes, auf der Westseite des Pfisterbaches gemeint, ein Straßenstück an der Ecke Sparkassenstraße/Hofgraben.

Wenn dagegen 1586 die Straße gepflastert wurde »im gässl bej der phister«, so handelte es sich nunmehr bereits um ein Straßenstück

Abb. 25: Die Graggenau auf dem Sandtner-Modell. Unten rechts das Platzl, oben quer durch das Bild die Diener- und Residenzstraße. 1. Münze bis 1599. – 2. Kastenhaus. – 3. Herzogsbad. – 4. Seemüller-Haus. – 5. Toratsmühle/Hofmühle/Hofpfisterei bis 1578. – 6. Langöttl-Häuser, Hofpfisterei seit 1578. – 7. Münze seit vor 1620. – 8. Hofschleiferei seit 1564. – 9. Alter Marstall/Falkenhaus/Zerwirkgewölbe.

Pfisterstraße 247

vor der heutigen Hofpfisterei an der Pfisterstraße 10, an der Ostseite des Baches, um ein Stück der heutigen Pfisterstraße also. (3) Allerdings ist damit noch nicht alles ausgestanden. Es war zu sehen, daß auf dem Gelände der fürstlichen neuen Stallung (Hauptmünze) Kaspar Seemüller ein Haus hatte (Hofgraben 4 A), das um 1574 bei Anlage des Grundbuches bereits zur neuen Stallung verbaut war. Zu diesem Haus, das 1551 vom Seemüller gekauft worden war, gehörte ein weiteres, das auf der Ostseite des Pfisterbaches lag, nämlich Pfisterstraße Nr. 1. Es gehörte als Nebengebäude oder Hinterhaus zu Hofgraben 4 A. Bei diesem Haus Pfisterstraße 1 steht aber der Seemüller seit 1549 II stets im Steuerbuch, nicht jedoch bei Hofgraben 4 A (auf dem Westufer des Pfisterbaches). Im Grundbuch steht das letztere Haus auf S. 1. Das erstere – Pfisterstraße 1 – dagegen erst auf S. 76v, mit dem Text: »Caspar Seemüller hinter haus, so zu der frstl. Stallung, so hievorn pag. 1 a eingeschrieben, verbaut worden.« Der letzte Eintrag zu diesem Hinterhaus stammt vom 8. Mai 1561, ein Jahr, das uns schon oben begegnet ist.

Vorausgeht im Grundbuch diesem Seemüller-Haus das Langöttl-Anwesen Pfisterstraße 10. Der Grundbuchschreiber hat also inzwischen die Straßenseite gewechselt. Gleiches tun an dieser Stelle die Steuereinnehmer. Erstmals im Jahr 1549 schreibt der Steuerschreiber vor den Namen Seemüller in roter Tinte das Wort »Gegenüber« und markiert damit den Wechsel vom Langöttl aus auf die gegenüberliegende Straßenseite zum Seemüller. Die Steuereinnehmer gehen dann weiter die Pfisterstraße hinunter zu Haus Nr. 2, 3, 4 usw.

Irgendwann nach 1561 erwirbt der Herzog für den Neubau der neuen Stallung den Seemüller-Besitz zu beiden Seiten des Baches. Im Jahr 1565, als im Steuerbuch erstmals die fürstliche neue Stallung genannt wird, steht das Haus Pfisterstraße 1 mit dem Namen »domus Herzog« im Steuerbuch und nachgetragen wird daneben: »Seemüllers Haus«. In der Folgezeit ist das Haus nur noch »des Herzogs Haus« oder ähnlich. Das Haus Pfisterstraße 1 ist also zwischen 1561 und 1565 an den Herzog gekommen und seit dieser Zeit zu Hofgraben 4 (Hauptmünze) gehörig.

Wichtig ist, daß sich hier bei diesem Haus Pfisterstraße 1 erstmals im Jahr 1556 folgende Einträge im Steuerbuch finden: »Caspar Seemüller; ...; Andre Wagner schießer in der pfister; Lienhard zuemüller«, 1557 ebenfalls der Zumüller Lienhard, 1558 der Lienhard Zumüller »in der pfister«, 1559 nach dem Seemüller der (Hof)-Posauner Hans Widmann, Christoff Neumair »in der pfister« und der Hofschleifer Staudinger. Es gab also auf jeden Fall bereits in dieser Zeit ab 1556 eine Hofpfisterei mit Mühle, worauf der Zumüller, eine Art Müller-Geselle, und der Bäckerschießer, der die Teiglaibe in den Backofen schießt oder schutzt und die fertigen Brotlaibe wieder herausholt, deuten. Sicher hat aber die Pfisterei dieser Zeit nicht hier beim Haus Pfisterstraße 1 gelegen. Hier haben nur ein paar Bedienstete gewohnt. Wahrscheinlich lag schon in dieser Zeit die Pfister an der Nord-Ost-Ecke des Alten Hofes, in der Hofmühle.

Den Pfistermeister finden wir schon 1550, wo es bis 1553 einen Jörg Mair »alt Pfistermaister« und zwar beim Haus Pfisterstraße 2 gibt. Das Haus gehörte ihm laut Steuerbuch auch später noch. Die Gründung der Hofpfisterei geht also auf jeden Fall in die 1. Hälfte des 16. Jahrhunderts zurück.

(4) Das führt uns weiter zum Zusammenhang der Hofmühle mit der alten Toratsmühle. Diese lag ebenfalls am Westufer des Pfisterbaches und zwar »beim Herzogsbad«, genau wie auch das Kastenhaus, so 1462 und 1480. Das läßt eine Lage an der Nord-Ost-Ecke des Alten Hofes durchaus zu. Sonst hätte sie ja ebenfalls auf dem Gelände der neuen Stallung (Hauptmünze) gelegen haben müssen. Einen ausdrücklichen Beleg dafür gibt es aber auch nicht. Daß sie auf jeden Fall auf der Westseite des Baches lag, ergibt sich auch aus den Einträgen in den Steuerbüchern. Seit deren Einsetzen im Jahr 1368 stehen Herzogsbad und Doratsmühle – in der Regel in dieser Reihenfolge (Bad – Mühle) – in dieser Quelle, meist als letzte Einträge bei der inneren (zweiten) Schwabinger Gasse (Residenzstraße). Das bedeutet, daß für die Steuereinnehmer der Pfisterbach die Grenze zur Graggenau darstellt. Sie kommen ja vom Schwabinger Tor her, auf der Seite der Residenz, am Franziskanerfriedhof vorbei und kassieren dann in den Häusern der heutigen Hauptpost (Törring-Palais) entlang, gehen dann in den Hofgraben hinein zu den Häusern auf der Rückseite der heutigen Hauptpost, bis eben zum Herzogsbad und zur Toratsmühle.

Danach beginnt unter der Überschrift »Graggenau« ein neues Kapitel, mit den Häusern an der Pfisterstraße. Manchmal allerdings schließen die Steuereinnehmer schon früher ab und nehmen Bad und Mühle zur Graggenau. Das heißt, sie nehmen als Grenze nicht den Bach, sondern den Hofgang, den überdeckten Gang vom Alten Hof über den Hofgraben hinweg zur neuen Veste hinüber.

Auch dieses gemeinsame Schicksal in den Steuerbüchern deutet darauf, daß Bad und Mühle zwischen dem Hofgang und dem Pfister- oder Toratsbach lagen. An diesem Bach lagen also dann: ganz im Norden das Herzogsbad (Nord-Ost-Ecke der neuen Stallung), dann schloß sich Richtung Süden das Seemüller-, vorher Spieß-Haus an, das sich auf beiden Seiten des Baches erstreckte (mit Pfisterstraße 1) und herüberhalb der Straßenachse Pfisterstraße/Hofgraben lag dann die Toratsmühle, später Hofmühle, zuletzt Hofpfisterei bis 1578, danach Hofkammer.

Die Toratsmühle gehörte – wie auch das Herzogsbad – dem Herzog und beide wurden von ihm verliehen. Von der Mühle hören wir erstmals am 22. Januar 1331, als Kaiser Ludwig sie zusammen mit drei weiteren Mühlen zur Dotierung der sog. Kaisermesse in die Frauenkirche bestimmte, die er zum Andenken an seine erste Gemahlin Beatrix gestiftet hatte. Der Name dieser Mühle begegnet uns in den Quellen letztmals 1524/25 in einer Rechnung des Heiliggeistspitals, wo noch ein Haus »pej der Toretzmül« vorkommt. Der vorletzte Beleg stammt aus einer Urkunde vom 1. Mai 1500.

In den Steuerbüchern wird die Mühle im Jahr 1500 letztmals aufgeführt, während das danebenliegende Herzogsbad noch bis 1554 geführt wird. Ab 1500 wechselt die Mühle auf einmal den Namen: 1501 wird sie in der städtischen Kammerrechnung erstmals »Hofmühle« genannt, 1503 und wieder 1552 in je einer Urkunde – wohl in Anlehnung an das nahe Herzogsbad –»Herzogsmühl«. 1510, 1518, 1523, 1527, 1531, 1543, 1550 und 1552 heißt sie wieder stets Hofmühle. 1523 und 1543 wird bei der Hofmühle die Straße gepflastert, siehe dort, 1527, 1531, 1533, 1545, 1546 und 1555 wird an der Brücke (über den Bach) gearbeitet. 1533 wird bei der Hofmühl ein neuer Steg gemacht und 1552 an der Wühr bei der Hofmühle gearbeitet, 1536 ebenso in der Schwemme bei der Hofmühle, vgl. Roßschwemme. Letztmals wird die Hofmühle in der Kammerrechnung des Jahres 1562 erwähnt. Der Bach, an dem sie liegt, heißt noch bis 1552 unverändert »Toratsbach«.

Dieser Namenswechsel um 1500 deutet tatsächlich die neue Zweckbestimmung an. Die Mühle wird ab jetzt nicht mehr an einen Privatunternehmer verpachtet (als Lehen vergeben), sondern der Hof übernimmt sie in Eigenregie und verwendet sie von dieser Zeit an als Pfisterei. Diese Veränderung geschah im Jahr 1492. Noch im Steuerbuch von 1490 war der Müller Utz Schrafnagl »Doratzmulner«. 1496 fehlt die Mühle im Steuerbuch. Dazwischen – mit dem Jahr 1492 – beginnt die Serie der Rechnungen des Pfistermeisters. Die erste trägt die Überschrift: »Mein, Lienhart Glückh Pfistermeisters, ... ausgeben auf mein gnädigen Herrn neue pfister in der Toratzmühle, angefangen am montag vor Valentini 1492« (= 13. Februar). Dieser Eintrag belegt die Identität der Hofmühle mit der alten Toratsmühle. Die seit 1331 zur Kaisermesse in Unserer Lieben Frau gehörige und an einen bürgerlichen Müller verpachtete Mühle wurde vom Herzog eingezogen, die Messe anderweitig entschädigt, und die Mühle nunmehr als hofeigener Regiebetrieb geführt. Damit hat der Hof zwischen 1490 und 1492 erstmals in einem wichtigen Bereich seine Versorgung in die eigene Hand genommen, sie förmlich institutionalisiert, und sich vom bürgerlichen Gewerbe unabhängig gemacht. Das wurde von hier ab zum System.

(5) Natürlich mußte sich der Hof auch schon früher mit lebensnotwendigen Gütern versorgen. Er tat dies in der Regel in München beim entsprechenden bürgerlichen Gewerbe. Dabei legte er sich jeweils auf einen bestimmten Lieferanten fest, der für bestimmte Waren oder Dienstleistungen bevorzugt wurde. Diese Personen waren Bürger der Stadt mit allen Rechten und Pflichten und gingen als unabhängige, freie Handwerker oder Kaufleute ihrem Gewerbe nach. Sie waren keine Hofbediensteten oder Beamten.

Der erste dieser Art, der uns begegnet, ist im Jahr 1331 der »Magister Jacobus, sartor imperatoris«, der Schneider des Kaisers Ludwig des Bayern, Meister Jakob. Seit 1377 finden wir in den Quellen den Peter Hofschneider, der mit Familiennamen Hainperger geheißen hat und offensichtlich ein wohlhabender und vielseitiger Mann war; denn außer der Schneiderei pflegte er auch den Salzhandel und betrieb eine Weinschenke. Zudem besaß er ein Haus in der Kaufingerstraße und einen Salzstadel in der Fingergasse. Seit 1391 begegnet uns Konrad Landmann, Schneider des Herzogs Stephan. Er besaß ein Haus in der Dienerstraße. 1401–1405 gibt es einen Ott Hofschneider, der Hauseigentümer in der Residenzstraße war.

1385 finden wir erstmals einen »Hans Hofschuster«, seit 1397–1403 einen Ott Hofschuster in der Irchergasse. Er ist kein Hauseigentümer, ebensowenig wie der Hermann Hofschuster, der von 1400–1403 in der Dienerstraße wohnt, oder der Heinrich Hofschuster aus der Burgstraße, 1400–1401, bzw. 1403 am Hofgraben.

1408 ist ein Hofkürschner Herzog Wilhelms belegt, 1479 erstmals der Hofmaurer (Meister Hans Trager), 1480 zwei Hoffischer, 1486 im Steuerbuch ein Hofsporer, 1505 ein Hofmaler (Hans Ostendorfer), 1510 ein Hofkistler (Hans Pfreimer), 1539 ein Hofsänger.

Seit 1391 gibt es bis zu seinem Tod 1410 im Tal Petri den Heinrich Simon »Hofpeck«. Er ist wieder Hauseigentümer und ein zuverlässiger Steuerzahler. 1418 und 1419 gibt es dann, ebenfalls im Tal Petri, den Hofbäcker Martin.

Offensichtlich hat aber der Hof auch selbst Bäcker in seiner Hofküche beschäftigt und das sind nunmehr Mitglieder des Hofgesindes, keine freiberuflichen Handwerker mehr. Eine Abgabenliste der Stadt, deren Zweckbestimmung unbekannt ist, die aber von etwa 1425 stammt, führt auch das Hofgesinde des jungen Herzogs Albrecht III. auf. Darunter befindet sich an 2. Stelle der »Hainrich pfister« und an 22. Stelle der Name »Pernawerin«. Der Herzog brauchte wohl gar nicht erst zum Baden nach Augsburg zu fahren, um sie kennen zu lernen. Er fand sie in München unter seinem Gesinde. Wenn die Berechnungen ihrer Geburtszeit (um 1410) zuverlässig sind, dann war sie zu dieser Zeit etwa 15 Jahre alt. Daß sie in der Augsburger Badstube ihres Vaters gearbeitet habe, ist historisch ohnehin nicht zu belegen, auch ihr Geburtsort und ihre soziale Herkunft übrigens nicht.

1449 gibt es einen Michel Hofpfister im Kopialbuch von St. Peter. Auch die Hofordnung für die Söhne Albrechts III. von 1462 sieht einen Pfister mit vier Hilfskräften vor. Die Steuerbücher von 1482 und 1490 nennen in der Residenzstraße das »domus pfister von hof«, 1486 »domus pfister«.

Schultheiß meinte, die Institution namens »Pfisterei« werde erstmals 1483 genannt. Da hat er sich geirrt. Er beruft sich dabei nämlich auf Wolfs Urkundliche Chronik. An der angegebenen Stelle druckt Wolf ein Register der Hauseigentümer aus dem Grundbuch von 1574 ab, was er einleitend auch klar sagt. Dieses Grundbuch, das wir heute in einer besseren Ausgabe im Häuserbuch vorliegen haben, greift in seinen Daten teilweise weit in die Vergangenheit zurück.

Deshalb führt es beim Haus Pfisterstraße 10 (der späteren Hofpfisterei) zum Jahr 1483 eine Ewiggeldbelastung an. Unmittelbar vorausgehend sagt aber der Text, des Langöttls Haus stoße bis an den Bach zur Pfister hinab. Dies galt für 1574, als die Pfister tatsächlich schon existierte, aber auf dem gegenüberliegenden Bachufer. Fälschlicherweise hat Schultheiß den Begriff »Pfister« vom Jahr 1574, wo er ja bereits zutreffend war, auf das danach genannte Jahr 1483 bezogen und kam so zu seiner Behauptung, die Pfisterei habe es schon 1483 gegeben. Tatsächlich entstand sie, wie gezeigt, zwischen 1490 und 1492.

Bald danach bahnt sich diese Entwicklung zum Eigenbetrieb auch bei zwei weiteren Handwerken an. Das Steuerbuch von 1490 nennt etwa am Platzl einen Jörg Schräml Hofmetzgerknecht. Die Hofordnung von 1462 hatte ebenfalls bereits einen Metzger für die Herzogssöhne vorgesehen gehabt. 1511 schließlich gibt es erstmals eine »Hofmetzg«.

Auch diesen Betrieb also hat der Hof Ende des 15. oder Anfang des 16. Jahrhunderts in eigene Regie übernommen. Siehe auch »Gässel, wo man zu der Hofmetzg hineingeht«, »Gässel bei dem Pauls Fleischhacker«.

Schließlich gibt es im Jahr 1500 erstmals an der Schrammerstraße 5, Ecke Dienerstraße, den Wolfgang Hofschmied. Es ist zunächst ein bürgerlicher Gewerbetreibender. Aber schon bald wird auch sein Betrieb als »Hofschmiede« bezeichnet. So wird 1536 von städtischen Arbeitern »an der maur bey der hofschmittn« ausgebessert und eine Hütte bei der Hofschmittn gemacht. Die Hofschmiede befand sich bis zum Jahr 1580 an dieser Stelle.

Im Jahr 1506 hat der Herzog auch die Münze wieder in eigene Hände genommen und ließ sie wieder von Beamten betreiben, nachdem sie bis dahin als Lehen vergeben und privatwirtschaftlich betrieben worden war.

1589 übernahm der Hof das Brauen des Bieres für den Hofbedarf in eigene Hände und gründete die Hofbrauerei. Bis dahin hatte er das Bier von bürgerlichen Brauern bezogen, die auch als »hofprew« bezeichnet wurden. Die letzte Hoflieferanten-Familie (so würde man sie wohl besser nennen) für Bier war die Familie Lott. Sie hatte die Brauerei im Scheyerner Klosterhof in der Theatiner-/Ecke Perusastraße in Pacht und belieferte von dort aus auch den Hof. Vgl. auch »Gässel bei dem Hofbräu«.

Mit der zunehmenden Bautätigkeit schafft sich der Hof im 16. Jahrhundert dann auch einen eigenen Stamm von Hofbauhandwerkern, angefangen vom Hofbaumeister. Die Hofmusik, nicht zuletzt mit Orlando di Lasso, kommt hinzu.

Von der Institutionalisierung dieser Gewerbe an sind die jeweiligen Handwerker dann keine freien bürgerlichen Gewerbetreibenden mehr, sondern Hofdiener in beamtenähnlicher Stellung. Sie werden aus der Bürgerschaft der Stadt herausgenommen, von den bürgerlichen Pflichten entbunden (Steuerpflicht usw.) und in jeder Hinsicht exemt. Je größer ihre Zahl in den folgenden Jahrhunderten wird, desto mehr wird sie damit für die Stadt zum Ärgernis.

(6) Abschließend muß noch kurz ein letztes Gebäude betrachtet werden: die Hofschleiferei. Die »neu schleifmühl« steht erstmals 1565 im Steuerbuch (wie die neue Stallung!), letztmals 1579, und liegt in der Reihenfolge hinter dem Langöttl-Anwesen. Sie lag am Bach wie dieses und es muß sich demnach bei der Schleiferei um das auffallende Doppelgiebel-Gebäude handeln, das am Auftreffen der Münzstraße auf den Pfisterbach (Sparkassenstraße), genau über dem Bach stand, vom Häuserbuch fälschlich als Toratsmühle bezeichnet wird (Abb. S. 217) und später mit einem überdeckten Gang mit der Münze des 18. Jahrhunderts in der Münzstraße verbunden war. Das Sandtner-Modell zeigt es sehr deutlich.

Die Toratsmühle hat nicht so weit herüben gelegen, sonst hätte man sie nicht als beim Herzogsbad gelegen bezeichnen können. Außerdem geht dem Grundbuch zufolge um 1574 das Haus Münzstraße 7* A »hinten bis zur Schleifmühl hinaus«. Auch dies bestätigt die Lage der Schleifmühle an dieser Stelle. 1566 liegt Herzog Albrechts Schleifmühl »auf der Wühr gegen der Hofmühl über«. »Auf der Wühr« bedeutet hier soviel wie »auf dem Wasser«. Der Neubau ist – wie gesagt – um bzw. kurz vor 1565 erfolgt. Bis 1579 wird sie als »neu Schleifmühl« bezeichnet. Danach steht an ihrer Stelle bis 1619 der Hofschleifer Matheis Hürn, immer gleich hinter der Hofpfisterei. Ab 1620 ist die Schleiferei aus den Steuerbüchern wieder verschwunden, wird aber 1642 wieder (vielleicht als unkritische Übernahme aus einer Vorurkunde) in einer Kaufurkunde als Nachbar angegeben. Das trifft zeitlich mit der vor 1621 am Platzl eingerichteten Münze zusammen, vgl. »Münzstraße«.

Auch die Schleiferei hat wahrscheinlich mindestens einen Standortwechsel hinter sich. In den Scharwerksverzeichnissen und Steuerbüchern findet man seit 1439 einen Schleifer, immer in der Gegend um die Pfisterstraße herum, aber ständig wechselnd. Es sieht so aus, als ob sie zeitweise an der Falkenturmstraße gelegen hatte.

Seit 1620/21 schiebt sich zwischen die Hofpfisterei und die Schleifmühle das Gelände (Garten, Hof, Stallungen?) des Münzgebäudes am Platzl (Münzstraße 7*B) und das Doppelgiebelhaus über dem Bach geht in der Münze auf.

Die heutige Pfisterstraße heißt 1586 und auf dem Plan von 1759 »Gässel bei« oder nur »auf der Pfister«, 1780 Pfister gassen, 1803 dann Unterer Hofgraben. Die heutige Namensform begegnet 1806 erstmals als Pfistergäßchen.

Der Name gehört nicht zu den mittelalterlichen Handwerker-Straßennamen, sondern ist sehr jung, selbst die Pfisterei – eine einzige –, nach der die Straße benannt ist, ist erst nachmittelalterlich.

Qu.: HB GV S. 220, 248. – StB, u.a. 1565 S. 59v. – GruBu GV S. 1, 52v, 76v, 80 (um 1574). – HStA Kurbaiern U 24736 (1480), 16690 (1503), 16406, 16407 (1511), 16462 (1551), 16694 (1552), 16696 (1578), GU Mü 109 (1391), 623 (1518), 918, 920 (1550), GL Mü 2815 Nr. 1321 (1566), Chorstift Mü Urk. 1331 Jan. 22, Oberster Lehenhof Nr. 3 S. 27r (4.4.1503). – MB 20 S. 602 (1462). – GB I 86/7 (1377), 105/14 (1379), 213/1 (1385); GB II 7/15 (1391); GB III 169/2 (1415), 171/16 (1416). – HStA, Kurbaiern Hofzahlamt Nr. 8 (1563) S. 262, Nr. 9 (1564) S. 274, Nr. 10 (1565) S. 295r, Nr. 24 (1578) S. 550. – StadtA, Heiliggeistspital Nr. 176/39 S. 13v (1555), 176/60 S. 11v (1578), 176/61 S. 11v (1579), 176/63 S. 13v (1581), 176/64 S. 13v (1582), 176/70 S. 11v (1588); Steueramt Nr. 584 S. 42r (ca. 1425). – Hübner I (1803) S. 189/190. – KR 1325/46 S. 83 (1331). – KR 1501 S. 103v, 1523 S. 135r/v, 1533 S. 115r/v, 1536 S. 109r, 119v, 122r, 1537 S. 100v, 1542 S. 119r, 1543 S. 127r, 1545 S. 121v, 1546 S. 121r, 1552 S. 120r, 1555 S. 120r, 1562 S. 123v, 1569 S. 120v, 1570 S. 129r, 1586 S. 114r. – StadtA Urk. F I h 1 – Nr. 228 (1552). – Pläne seit 1759. – Hibble, Mühlen OA 90, S. 98, jedoch mit fehlerhaften Quellenangaben, so zu 1510 (Hofmühl) und zu 1482 (domus Pfister von Hof). – MB 9 S. 300 (1480), 35/2 S. 198 (1396). – Haeutle, Residenz S. 23 (zur Hofkammer). – Schultheiß S. 132 ff. – Mayer ULF S. 43* Anm. 122. – Wolf I S. 700, 703. – Augsburger Stadtlexikon S. 43/44. – Hartig, Künstler Nr. 684 (1563), Nr. 696 (1564), Nr. 707 (1565), Nr. 720 (1566), Nr. 734 (1567), Nr. 873, Nr. 877, Nr. 878 (1578), Nr. 888 (1579), nach den Hofzahlamtsrechnungen und Hofkammerprotokollen. Außerdem Nr. 275 (1479), Nr. 388 (1505), Nr. 410a (1510), Nr. 531 (1539). – Dieter Klein, Der Münzhof in München, in: OA 102, 1977, S. 226–234.

PFLUGSTRASSE, seit vor 1665 (nach 1579).

Das Haus Tal Nr. 37 A, Ecke Pflugstraße Ost, gehörte seit dem 1. Dezember 1579 dem Bäcker Simon Pflueg/Pflug, um 1605 seiner Witwe. Seit 1574 besaß Pflug aber schon das Haus Marienstraße 5*, Ecke Pflugstraße Ost, so daß ihm seit 1579 die ganze Ostseite der heutigen Pflugstraße vom Tal bis zur Marienstraße gehörte. Am 15. April 1665 wird ein Haus »im Pflueggässl« verkauft. Seit 1673–

1680 kennen die Steuerbücher den Namen Pflueggäßl für diese Gasse.
1404 nur Gässel im Tal genannt, ab 1540 auch Manggäßchen, um 1881 auch Torbräugäßchen.

Qu.: HB GV S. 193, 396–398. – St. Peter U 434 (1665). – StB seit 1673.

❏ **PLACHFELD**, seit vor 1320.

Das Plachfeld ist die große Ebene vor dem Schwabinger Tor (1559: »vor Unseres Herrn Tor außerhalb des Brunnhauses am Wege gegen Schwabing, das Plachfeld genannt«). »Plach« bedeutet »flach«. Das Plachfeld wird erstmals 1320 in der Kammerrechnung genannt, wobei nicht sicher ist, ob nicht die nach diesem Feld benannte Mühle gemeint ist. Sie wird 1327 in einem Atemzug mit der Egkelsmühle genannt, im Steuerbuch steht 1368 der »Hanns plahmüllner« draußen vor dem Graggenau- oder Wurzertor. Die Lage der Mühle ist unbekannt. Sie dürfte unterhalb des Höhenrückens, der sich vom heutigen Hofgarten aus bis nach Schwabing zieht, gelegen haben.

Das Plachfeld wird bei der Lage von Grundstücken so oft genannt, daß es sich erübrigt, weitere Belege anzugeben. 1486 unterscheidet man auch ein oberes von einem unteren Plachfeld.

Daß das große Schießen von 1467 (es begann am Pfingstmontag, dem 18. Mai – die Ankunft der Gäste erfolgte am Pfingstsamstag, 16. Mai – und dauerte bis Fronleichnam, 28. Mai) auf dem »Plachfeld vor dem Angerthor« (!) stattgefunden habe, wie Otto Titan von Hefner berichtet, ist ein Irrtum. Der Kammerrechnung zufolge wurden in diesem Jahr am Sonntag vor Tiburti, dem 12. April (das Fest Tiburti ist der 14. April), die städtischen Arbeiter für das Errichten von vier Zielstätten »auf dem Rennweg zum schyessen« bezahlt und am Sonntag vor Urbani (24. Mai) ebenfalls wieder für Arbeiten »an der zilstat auf dem Rennweg« bzw. am Sonntag nach Urbani (31. Mai) »die zilstat auf dem Rennbeg abzuprechen«.

Es ist also nicht verbürgt, daß die Gegend vor dem Angertor ebenfalls »Plachfeld« geheißen habe. Diejenige vor dem Neuhauser Tor konnte aber sehr wohl damit gemeint sein.

Qu.: Schmeller I Sp. 322. – KR 1318/25 S. 31r (1320), S. 80r (1323), KR 1325/46 S. 16v (1327), KR 1467 S. 83v, 84r, 92r, KR 1486 S. 114r. – HStA, Urk. München-Ebersberg Jesuiten 1559 September 26. – Bei Hible, Mühlen in OA 90 fehlend. – O. T. von Hefner, Original-Bilder aus der Vorzeit Münchens, in: OA 13, 1852, S. 6–21, hier S. 11.

❏ **PLÄRRER**, vor dem Angertor, seit vor 1466.

Siehe »Alleluja(-Anger)«.

(Auf dem) Platz

(Auf dem) **PLATZ,** heute Marienplatz, seit vor 1485.

Im Jahr 1485 liegt die Gollirkapelle »auf dem placzs zu Munchen«. Gemeint ist der Markt- oder heutige Marienplatz. Der Plan von 1780 nennt ihn »Getreidmarkt oder auf dem Platz«.

Qu.: HStA Mü., Kurbaiern, Äußeres Archiv Nr. 1131 S. 180 r/v (18.12.1485)

PLATZL, seit vor 1780.

1368–1805 in den Steuer- und Gerichtsbüchern immer »Graggenau« genannt, auf dem Plan von 1780 erstmals »Platzl«. 1796 sagt Burgholzer »Pläzchen nächst dem Kostthörl«, der Plan von 1806 »am Plätzl«, Lipowski 1815 »Platzl«, 1818 das Adreßbuch am »Plätzchen«. Seit 1894 heißt der Platz »Platzl«. Ein Teil des Malzmühl-Gäßchens ist hier aufgegangen.
Name wegen der platzartigen Erweiterung der Straße.

Qu.: StB seit 1368. – GB seit 1368. – Pläne ab 1780. – Stimmelmayr S. 1 Nr. 1, S. 2 Nr. 7. – Burgholzer (1796) S. 317. – Lipowski II (1815) S. 333. – Rambaldi Nr. 499.

PRÄLAT-ZISTL-STRASSE, seit 14.1.1984.

Benannt nach Max Zistl, der seit dem 1. Januar 1939 als Stadtpfarrprediger, seit 1950 als Stadtpfarrer von St. Peter tätig war. Er starb am 14. Januar 1983. Früher Taschenturmgäßchen (Ende 18. Jahrhundert) und An der Kloster Anger Mauer (1806), danach Teil der Blumenstraße. Wahrscheinlich auch schon 1415/1445 »Bei/Zu der Taschen hierher«.

PRANGERSGASSE.

Siehe »Prannersgasse, Prannerstraße«.

PRANNERSTRASSE, heute Prannerstraße und Kardinal-Faulhaber-Straße mit Salvatorstraße und Rochusberg, seit vor 1368.

Name abgeleitet von der Familie Prandan. Friedrich und Eberhard die Prandan und ihr Vater Konrad Prandan haben im Jahr 1305 Äcker im Schwabinger Feld. Heinrich Prandan oder Präntel (Brandl) von Hochmating (= Hochmutting) lebt noch 1369 und 1371 in dieser Straße. Deshalb heißt die Straße zunächst auch »Pranda(n)sgazz«, so von 1368–1393 und wieder von 1396–1423.
   Erst ab 1394 gibt es Varianten, die meist vom Schreiber der jeweiligen Quelle abhängen: 1394–1395 Prandossgass, 1400 Prängassen neben Prandasgazz, so in den Steuerbüchern. Die Gerichts-

bücher schreiben 1391 Prandessgassen, 1394 Prandissgassen. Erst seit 1462 fällt das »d« heraus und es findet sich seither »Pran(n)ersgaßen«. Noch später schleichen sich völlige Mißverständnisse ein, so wenn der Volckmer-Plan 1613 »Prangersgas« schreibt und spätere Pläne dies übernehmen. Die Schreibweise »Prunnersgassen« von 1524 könnte ein bloßer Schreibfehler sein.
Seit 1407 erfolgt eine Trennung. Jetzt gibt es eine »hintere« Prannersgasse, die natürlich eine »vordere« voraussetzt. Diese findet sich aber in den Quellen erst viel später, nämlich seit 1527. Gemeint ist die heutige Kardinal-Faulhaber-Straße. Auch andere Nebenstraßen wie die Salvatorstraße (Kuhgäßchen) werden zur Prannerstraße gerechnet.
Stimmelmayr teilt die Straßen wieder anders ein: bei ihm ist die »vordere« der heutige Promenadeplatz, die »mittlere« die heutige Kardinal-Faulhaber-Straße und die »hintere« die heutige Prannerstraße. Hübner nennt die heutige Prannerstraße die »innere« und die Kardinal-Faulhaber-Straße die »äußere« Prannersgassen (1803).

Qu.: Vogel, Heiliggeistspital U 28 (1305). – StB seit 1368. – GB II 14/5 (1391), 70/9 (1394). – GB III 3/5 (1402). – GB IV 97v (1524). – Franziskanische Dokumente, Register S. 305, Quellen zu Prandan. – Hübner I (1803) S. 269, 271.

PRANNERSGASSE, ÄUSSERE, heute Kardinal-Faulhaber-Straße, 1803.

Vgl. »Prannersgasse, vordere«.

PRANNERSGASSE, HINTERE, INNERE, heute Prannerstraße.

Qu.: GB III 65/11 (1407), IV 14 (1522), 80 (1525). – MB 21 S. 333 (1479). – GruBu KV S. 593v (1575). – StB. – Stimmelmayr S. 37 Nr. 56/3, S. 38 Nr. 58. Hübner I (1803) S. 271.

PRANGERSGASSE, MITTLERE, heute Kardinal-Faulhaber-Straße, Ende 18. Jhd.

Der Name »mittlere oder Graf-Portia-Prangers Gasse« nur bei Stimmelmayr belegt. Unterscheidung zur »vorderen« (Promenadeplatz) und »hinteren« (Prannerstraße).

Qu.: Stimmelmayr S. 32 Nr. 52.

PRANGERSGASSE, OBERE, heute Promenadeplatz, Ende 18. Jhd.

Siehe »Salzstädelgasse«.

PRANNERSGASSE, OBERE, heute Kardinal-Faulhaber-Straße, um 1464.

Im Jahr 1464 hat die Witwe des Hans Engelschalk ein Haus an der oberen Prannersgasse. Es liegt zwischen den Häusern des Rintpacher und des Lederer. Nach Steuerbuch von 1462 ist die Engelschalkin der letzte Name der Kreuzgasse und die Lederin ist der dritte Name unter Prannersgasse. Die Namensgruppe gehört also in das Straßenstück der Kardinal-Faulhaber-Straße vom Eck am Promenadeplatz (Montgelas-Palais) bis zur Einmündung der heutigen Prannerstraße in sie.

Der Gebrauch des Zusatzes »obere« ist jedoch unterschiedlich, vgl. das Folgende.

Qu.: MB 20 S. 578 (1464).

PRANNERSGASSE, OBERE, heute westlicher Teil der Salvatorstraße, vor 1500 – nach 1549.

Am 19. August 1500 liegt das Eckhaus des Zimmermanns Erhart Poltz(l), »an der oberen Prannersgasse«. Nach dem Grundbuch gehört diesem Zimmermann der Gebäudekomplex Prannerstraße 15 und 15a, also auf der Nordseite der heutigen Prannerstraße, ganz oben beim Maxtor. Im Jahr 1515 wechselt ein Haus den Besitzer, das gelegen ist an der oberen Prannersgasse am Eck bei der Ringmauer. Es muß sich dabei um die Gegend handeln, wo die westliche Salvatorstraße auf die Stadtmauer traf, also an der Einmündung der heutigen Jungfernturmstraße. Hierher gehören auch die Erwähnungen von 1548 und 1549.

Qu.: St. Peter U 217 (1500). – HStA GU Mü 599 (1515), 894 (1548), 914 (1549). – HB KV S. 196.

PRANNERSGASSE, VORDERE, heute Kardinal-Faulhaber-Straße, vor (1407) 1455 – nach 1808.

Name zur Unterscheidung von der »hinteren«, der heutigen Prannerstraße. Eigentlich 1407 schon Voraussetzung für die Benennung der »hinteren«, aber erst 1455 erstmals in den Quellen ausdrücklich genannt, mit einer Gruppe von Hauseigentümern, die in einer Steuerliste von 1458 alle kurz vor der Fingergasse (Maffeistraße) stehen, also auf der Ostseite der Kardinal-Faulhaber-Straße.

Seit 1368 zur Prannersgasse gehörig, 1781 »bei den Krankenschwestern«, 1803 bei Hübner »vordere oder äußere Prannersgasse«, 1806 und 1812 Kapplerbräugasse, seit 1818 Promenadestraße. Seit 1952 Kardinal-Faulhaber-Straße.

Stimmelmayr nennt diese Straße die »mittlere oder Graf-Portia-Prangers Gasse«. Bei ihm ist die »vordere« der heutige Promenadeplatz.

Qu.: MB 20 S. 480 (1455). – GB IV 137 (1527). – GruBu KV 644v (1575). – StB 1582, Fremde Ewiggelder S. 14v. – StB seit 1722–1808. – Hübner I (1803) S. 269.

PRANNERSGASSE, VORDERE, heute westlicher Teil der Salvatorstraße, um 1492.

Im Jahr 1492 liegt ein Haus am Eck, an der vorderen Prannersgassen, hinten an den Gottesacker oder neuen Freithof stoßend. Daraus ergibt sich die Lage an der Nordflanke des westlichen Teils der Salvatorstraße von selbst.

Qu.: MB 20 S. 702.

PRANNERSGASSE, VORDERE, heute Promenadeplatz, Ende 18. Jhd.

Vgl. »Salzstädelgasse«.

PREYSINGGÄSSEL, heute Viscardigasse, vor 1781 (nach 1635) – 1931.

Das Haus Residenzstraße 27, entstanden aus fünf Häusern an der Residenz- und dreien an der Theatinerstraße und das ganze Quadrat Residenz-/Viscardi-/Theatinerstraße bis an die heutige Feldherrnhalle einnehmend, erwarb am 18. Juni 1635 der kurfürstliche Rat und Kämmerer Johann Maximilian von Preysing zu Altenpreysing, genannt Kronwinkl. Das heutige Palais ließ sein Nachfahre Graf Max von Preysing, Oberstallmeister, durch Joseph Effner in den Jahren 1720–1725 erbauen. Es blieb bis 1843 im Familienbesitz.

Die Gasse hieß von 1567–1622 stets »Neugassen«, weil sie erst 1567 einen Durchbruch von der Residenz- zur Theatinerstraße erfahren hatte. Bei Stimmelmayr und auf der Karte von 1781 wird die Gasse als »Graf Preysing Gäßl« bezeichnet. Mit Stadtratsbeschluß vom 5. November 1931 erfolgte die Umbenennung in Viscardigasse nach dem Baumeister Giovanni Antonio Viscardi (1645–1713), der unter anderem den Bau der nahen Theatinerkirche weitergeführt hatte, mit der Gasse aber nichts zu tun hatte. Ein bloßer Ehrungsname also.

Daß die Gasse auch einmal Hottergasse geheißen habe, ist ein Irrtum, siehe dort. Der Umbenennungsbeschluß des Magistrats vom 23. Oktober 1873 in »Kajetanstraße« wurde nicht vollzogen.

Kein Irrtum ist es, daß der Volksmund in der Zeit des Nationalsozialismus dieser Gasse den Namen »Drückebergergäßchen« gegeben hatte. Die Gasse führt hinter der Feldherrnhalle vorbei. An der Feldherrnhalle, auf der Seite der Residenzstraße, war 1933 eine Gedenktafel für die Gefallenen des Hitler-Putsches von 1923 angebracht worden, mit einer ständigen Mahnwache davor. Beim Passieren dieser Gedenkstätte mußte jeder Bürger mit ausgestrecktem Arm den Hitler-Gruß ausführen. Wer sich davor drücken wollte, konnte die Gedenkstätte aber umgehen, indem er durch die Viscardigasse in die Parallelstraße hinüber wechselte (von der Residenz- in die Theatinerstraße oder umgekehrt).

Qu.: HB GV S. 318 ff. – Pläne 1781. – Stimmelmayr S. 18 Nr. 34.

PROBST(BRÄU)GÄSSEL, seit vor 1712 (nach 1599) – 1950.

Benannt nach dem Probstbräu am Unteren Anger Nr. 27, dessen Inhaber seit 1599 bis etwa 1613 und von 1642 bis etwa 1703 Mitglieder der Familie Probst waren.

1545 Gässel beim Bräu am Anger, 1561–1628 meist nur »Gäßl«, 1712 Probstengässl, auf dem Plan von 1806 Probstgaßl, bei Hübner 1803 wieder Probstengäßchen.

Die Gasse verband zwischen Unterer Anger 27 und 28 den Unteren Anger mit dem Oberanger. Sie steht 1950 letztmals im Adreßbuch. Das Gelände, auf dem sie verlief, ist seit dem Zweiten Weltkrieg unbebaut und der Straßenname damit hinfällig.

Qu.: StadtA, Tiefbau Nr. 73 (1712). – Hübner I (1803) S. 297. – HB AV S. 533.

PROBSTENGÄSSCHEN.

Siehe »Probstbräugässel«.

PROMENADEPLATZ, seit vor 1805.

Die Salzstädel auf dem Platz wurden im Jahr 1778 abgebrochen. Von da an diente der Platz dem Militär als Paradeplatz. Als das Franziskanerkloster auf dem heutigen Max-Joseph-Platz nach der Säkularisation beseitigt war, wurde der Militär-Paradeplatz dorthin verlegt und der Platz an der Stelle der Salzstädel wurde zum Promenadeplatz. Baumgartner nennt den Platz unterm 14. September 1805 bereits »Promenade- oder vormaliger Paradeplatz«.

1368–1808 Kreuzgasse, 1759 bei den Salzstädeln, um 1779 – um 1806 Paradeplatz, Ende 18. Jahrhundert obere bzw. vordere Prangersgasse sowie Salzstädelgasse und Salzstädel-Prangersgasse, 1803

Am Mauthstadel, 1805 Promenadeplatz oder 1806–1812 nur Promenade, seit 1818 endgültig Promenadeplatz.
Qu.: StB. – Baumgartner, Polizey-Uebersicht, zum 14.9.1805. – Pläne seit 1806. – AB 1818 S. 215.

PROMENADESTRASSE, heute Kardinal-Faulhaber-Straße, vor 1818 – 1952.

Es war dies die zum Promenadeplatz führende Straße. Daher der Name. Erster Beleg im Adreßbuch von 1818. Umbenennung in Kardinal-Faulhaber-Straße mit Stadtratsbeschluß vom 17. Juni 1952.
Qu.: AB 1818 S. 219, 222, 1823 S. 38 f.

Hinter dem **RÄDEL,** heute Radlsteg, um 1414.

Siehe »Radlsteg«.

RADLSTEG, seit vor (1414) 1540.

Die Straße war im Mittelalter ein Bachlauf des Baches, den auf dem Tal die Hochbrücke überquerte. Die an diesem Bach gelegenen Häuser auf der Westseite des Radlstegs waren nur über einen über das Wasser gelegten Bohlensteg erreichbar (1489 Arbeiten »an dem gang bej dem Radlbad«). Die an der Ostseite standen unmittelbar am Wasser und waren nur vom Tal und von der Gasse hinter der Mauer (Westenriederstraße) aus erreichbar. Die Tragkraft des Stegs reichte nur für Fußgänger. Damit keine Fuhrwerke auf diesen Bohlensteg fahren konnten, war der Zugang zum Steg mit einem Drehkreuz abgesichert, eben dem Radl. Nach diesem Radl wurde dann das Bad benannt, das auf der Westseite des Stegs lag (Radlsteg Nr. 2) und die Gebäude an dem Steg hießen gelegentlich, so 1414, »hinter dem Radl«. Seit 1540 haben die Steuerbücher den Namen »Radlsteg«. Der Bach – Kalten- oder Katzenbach genannt – wurde 1872/73 überwölbt. Seither ist der Radlsteg eine »richtige« Straße.
Qu.: StB seit 1540. – GB III 146/15 (1414). – KR 1489 S. 91v. – Stimmelmayr S. 112 Nr. 118/3, mit Beschreibung des Stegs.

RATHAUSGÄSSCHEN, um 1818.

Das Rathausgässchen war ein Durchgang unter dem sog. Kleinen Rathaus, vom Marktplatz aus hinaufführend zum Peters-Freithof oder heutigen Petersplatz. Das Kleine Rathaus lag auf der südlichen Seite des Alten Rathausturms, dem heute sogenannten Alten Rathaus gegenüber. Das Kleine Rathaus diente bis zum Zweiten Weltkrieg für verschiedene Verwaltungsbereiche der Stadt, zuletzt vor allem als Standesamt. Auf alten Fotos ist das Gässel noch in unserem Jahrhundert zu sehen. Der Name Rathausgäßchen findet sich nur im Adreßbuch von 1818. Der gängigere Name war Ratsknechtsgasse. Früher nannte man es auch Gässlein bei St. Peter, so 1391.

Qu.: AB 1818 S. 157. – HB AV S. 88 Abb., 184.

RATSKNECHTSGASSE, o. D.

Dies war ein anderer Name für die Rathausgasse, siehe dort. Weil seit 1392 in diesem Gebäude (später mit der Hausnummer zu Petersplatz 4 gezählt) und von diesem Durchgang aus zugänglich die Wohnung des Ratsdieners oder Ratsknechts lag, führte sie diesen Namen Ratsknechtsgasse. Sie bestand bis zur Zerstörung des Gebäudes im Zweiten Weltkrieg.

Qu.: Schattenhofer, Rathaus S. 70 bzw. 68–77.

RECHTE ANGERGASSE, um 1468/1478.

Siehe »Angergasse, rechte«.

❏ **RENNWEG,** heute hauptsächlich Schleißheimer Straße, seit vor 1364 – nach 1854.

Der am 12. März 1364 erstmals genannte Rennweg (»auf dem Rennwege bei dem Kreuz«) lag außerhalb der Stadt und war weitgehend mit der heutigen Schleißheimer Straße identisch. Es gehörte aber auch das Stück der Dachauer Straße vom Bahnhofplatz bis zum Stiglmaierplatz dazu, wie der Volckmer-Plan von 1613 ausweist, der an dieser Stelle mehrere Reiter auf der Straße abbildet und seitwärts grasende Pferde. Die Straße diente der Abhaltung der jährlichen großen Pferderennen, später auch Scharlachrennen genannt. Dieses wurde allerdings im Jahr 1448 erst vom Herzog Albrecht III. und seiner Gemahlin gestiftet, mit drei Preisen, einem Stück Scharlach, einer Armbrust und einer Sau, der nachmals berühmten Rennsau. Der Bericht über die Entstehung des Rennens legt zwar nahe, daß es sich wirklich um die Anfänge des Münchner Rennens handelt, nicht nur – wie man auch denken könnte – lediglich um die Stiftung von Preisen, die ein bereits vorhandenes Rennen erst zur Attraktion werden ließ. Trotzdem läßt nicht nur der Name »Rennweg« an die Abhaltung von Rennen denken, sondern auch die Tatsache, daß z. B. 1371 die Stadtkammer Geld für die Anfertigung der Rennfahnen ausgab (»umb die rennvaendl«). Außerdem bezahlt sie die Wachen, die acht Nächte die sieben Tore be- und auf dem Petersturm gewacht haben, einschließlich »tuchgelt«, also wohl den Preis beim Rennen, der in einem Stück Tuch bestand. Zumindest vereinzelt hat es also auch schon vor 1448 solche Rennen gegeben, wennglich sie offensichtlich kein jährlich wiederkehrendes Ereignis waren.

Man muß demzufolge annehmen, daß diese Rennwege auch noch anderen Zwecken dienten, etwa dem Zureiten von Pferden. Manchmal scheint der Name auch nur für Überlandstraßen schlechthin gebraucht worden zu sein. Ursächlich hat es mit dem Rennweg sicher nichts zu tun, wenn 1421, während des Krieges gegen Herzog Ludwig von Ingolstadt, Niklas der Zimmermann »auf dem Rennweg« die neuen Büchsen eingeschossen hat. Im Jahr 1467 fand am Rennweg das große Schützenfest statt, vgl. »Plachfeld«.

Es gab Rennwege auch in zahlreichen anderen Städten, z. B. in Landshut (1345), Nürnberg, Würzburg (schon 1209), aber auch in Zürich (schon 1221), Meran (1292), Kaufbeuren (1300), Wien (1307), Basel (um 1366), Bayreuth (um 1450) usw.. Auch in Landshut (bis ins 16. Jahrhundert) und Würzburg fanden Rennen auf ihm statt und in Nördlingen und Wien (1396) hießen diese Rennen wie in München Scharlachrennen, weil ein Stück kostbares scharlachfarbenes Tuch der erste Preis war. Der Rennweg bei Passau, von Oberhaus nach Ries, soll früher zu Turnierritten der Grafen von Hals verwendet worden sein.

Der Münchner »Rennweg vor dem Schwabinger Thore« wird noch in einer Urkunde von 1807 genannt, ein Beispiel, das die Weitläufigkeit dieser Ortsangaben zeigt. Im amtlichen Schriftverkehr begegnet der Name Rennweg noch 1853 und 1854.

In dieser Zeit haben aber längst neue Namen dem Namen Rennweg den Rang abgelaufen. Im amtlichen Schriftverkehr ist seit mindestens 1749 von der »Landstraß von Dachau nach München« die Rede, 1783 direkt von der »Dachauer Straße«. Der Plan von Adrian von Riedl aus dem Jahr 1796 spricht wieder von der »Chaussee von Augsburg und Dachau«, Hübner wieder von der »Dachauer Straße«. Der von Riedl'sche Plan nennt auch die »Chaussee nach Unterbruck und Schleißheim« und in den Akten steht im April 1810: »ehemaliger Rinnweg (!), jetzt Schleisheimer Strasse«, ein Name, der dann auch 1812 wieder begegnet. Die Benennungsdaten in dem Buch »Münchner Straßennamen« (1877 bzw. 1931) beziehen sich allenfalls auf Teilstrecken dieser beiden Straßenzüge. Beide Straßennamen führen im übrigen auch die Adreßbücher schon seit 1823.

1756 hatte Kurfürst Max III. Joseph das Rennen bereits abgeschafft. Es erfuhr aber unter Karl Theodor noch einmal eine kurze Wiederbelebung, bis im Jahr 1786 endgültig das letzte Münchner Scharlachrennen stattfand.

Qu.: StadtA Mü, Historischer Verein von Oberbayern U 714 (1364). – HStA GU Mü 199 (1416). – GB III 181/21 (1417). – KR 1371 S. 49v, 1398/99 S. 101v, 1421 S. 85v. – StadtA Urk. B II b 445 (1807); Städt. Grundbesitz 117 (1853/54), 1516 (1810), 1716 (1812), 2206 (1783), 2265 (1749); Zimelie 11 S. 43r/v (1448) (Handschrift um 1550). – Hübner I (1803) S. 442. – AB 1823. – Gottfried Odenwald, Der Rennweg von Freiburg im Breisgau, in: Zeitschrift des Breisgau-Geschichtsvereins (»Schau-ins-Land«), 104. Heft, 1985, S. 135–152. – Schattenhofer, Die Jakobidult S. 289–291. – Geyer/Pimsner S. 103. – A. Staudenraus, Chronik der Stadt Landshut in Bayern, 3. Teil, Landshut 1832 S. XV. – Herzog, La UB Nr. 528.

An/Bei der **REY(H)EN**, heute Teil der Salvatorstraße, um 1471/1474.

1471 und 1474 liegt ein Anger des Pütrich-Seelhauses in der Gegend der heutigen Salvatorstraße West, mit der genauen Lagebezeichnung:«in der swaig bey der alten zilstat ... zenagst bey der reyhen« bzw.»in der schwaig zwischen Linhart Mändels garten und stadel und Symon Sänftels stadel zenagst pey der reyen«. Die Lage ist nicht genau zu ermitteln. Eine »Reihe« oder »Reiche« ist ein schmaler Gang zwischen zwei nicht ganz aneinander stehenden Häusern, eine Feuergasse zwischen zwei Häusern.

Qu.: StadtA, Urk. F I e Nr. 22 und 23. – Schmeller II Sp. 83/84.

RESIDENZPLATZ, heute Max-Joseph-Platz, 19. Jhd.

Eine nach Rambaldi »noch gebräuchliche, aber nicht amtliche Bezeichnung«. Ohne Beleg. Benannt nach der Residenz.

Qu.: Rambaldi Nr. 425 (1894), nach AB 1880 S. 285.

RESIDENZSTRASSE, seit vor 1683.

Benannt nach der Residenz der bayerischen Herzöge, Kurfürsten und Könige, hervorgegangen aus der seit 1385 hier errichteten neuen Veste.

Ursprünglich »vordere«, auch »obere« und »innere« Schwabinger Gasse und Schwabinger Gasse »secunda« (1371) genannt. Auf dem Plan »Perspektivische Ansicht der Klosteranlage des Pütrich-Klosters von Süden« aus dem Jahr 1683 heißt die Straße bereits »Strada della Residenza Eletorale« (Straße der kurfürstlichen Residenz oder kurfürstliche Residenzstraße). Manche Pläne führen später nur den Namen Residenzgasse, jedoch nur für den wirklich an der Residenz vorbeiführenden Teil der Straße. Hübner hat 1803 noch die Kombination »Residenz-Schwabinger Gasse«.

In ihr aufgegangen sind das Gässel Burgstall (seit 1363), Bei den Barfüßern (1370) und die Hofgasse (1803).

Qu.: HStA, Plan Nr. 20257 (Dischinger Nr. 354). – Plan 1729. – Hübner I (1803) S. 76. – AB 1803 S. 1, 3.

RIEDENGÄSSEL, heute Dultstraße, Ende 18. Jhd. (nach 1765).

Stimmelmayr nennt die Dultgasse »Rieden oder Schönfärber Gäßl«. Dem Handelsmann oder Kramer und Käskäufel Joseph Michael Ridt gehörte seit dem 11. Oktober 1765 das südliche Eckhaus Sendlinger/Dultstraße (Sendlinger Straße 12). Bis 1807 saß diese Familie auf dem Haus.

Qu.: Stimmelmayr S. 79 Nr. 93/11, 12, S. 88 Nr. 102/1. – HB AV S. 351.

RINDERMARKT, seit vor 1242.

Benannt nach dem früher wohl auf diesem Platz abgehaltenen Großviehmarkt, der aber schon vor 1369 an den Anger verlegt worden war, vgl. Roßmarkt.

Bereits um 1242/51 ist der Rindermarkt im ältesten Urbar des Klosters Tegernsee belegt (in foro peccorum): ein Bürger namens Ellinger hat hier eine Hofstatt. 1363 heißt eines der Stadtviertel, ebenfalls lateinisch, »quarta fori peccorum«, Rindermarkt-Viertel. Zweifellos ist der »Rindermarkt« damit der älteste überlieferte und heute noch erhaltene Münchner Straßenname.

Der König selbst hat 1872 durch sein Eingreifen die Umbenennung dieser Straße in »Peterstraße« verhindern müssen, weil der Umbenennungswahn auch vor diesem Straßennamen nicht haltmachen wollte.

Der dem Marktplatz zugewandte Teil der Straße – von der Peterskirche bis zum Markt – heißt gelegentlich auch St. Peters Gassel (1537) oder Schleckergassel. Auf keinen Fall aber hieß der Rindermarkt jemals Watmangergasse, siehe »Unter den Watmangern«.

Eine Straße namens Rindermarkt gab es auch in Passau.

Qu.: StadtA, Zimelie 17 S. 145v (Ratsbuch III) (1363). – Schaffer, Wiege S. 138/139 (1242). – Schattenhofer, Märkte OA 109/1 S. 66; MA M 01041. – Sturm, J., Die chronologische Reihenfolge der Tegernseer Urbare des 13. Jahrhunderts, in: SM 47, 1929, 103–105. – StadtA, Stadtchronik 1872 S. 1641. – Geyer/Pimsner, Passau S. 104.

ROCHUSBERG(L), seit vor 1714 (nach 1603).

Benannt nach dem 1589 durch Herzog Wilhelm V. erbauten St.-Rochus-Spital und der 1603 errichteten St.-Rochus-Kapelle. Der hl. Rochus war 1327 gestorben und hatte Kranke und Leidende gepflegt, vor allem Pestkranke. Deshalb wurde er zum Patron dieser Menschen, aber auch als Patron der Pilger hoch verehrt. Der kleine Rochusfriedhof wurde – wie alle anderen Friedhöfe innerhalb der Stadtmauer – 1789 eingeebnet, Kirchlein und ehemaliger Friedhof 1799 an einen Privatmann verkauft. Sie umfaßten das spätere Areal von Rochusstraße 3*.

Der Name Rochusberg findet sich erstmals im Jahr 1714 im Steuerbuch.

Qu.: StB 1714, Fremde Ewiggelder S. 199v. –Baumgartner, Polizey- Uebersicht zum 13.4.1805. – Hübner I (1803) S. 275. – HB KV S. 254.

ROCHUSSTRASSE, seit Ende 18. Jhd. (nach 1603).

Name wie Rochusbergl zu erklären. Für das ehemals zum Rochusbergl gerechnete Straßenstück von der Einmündung in die heutige Pacellistraße an hat bereits der Ende des 18. Jahrhunderts schreibende Stimmelmayr den Namen »Rochusgäßl«. Die Unterscheidung der beiden Straßenzüge ist also nicht erst auf dem Plan von 1837 überliefert, sondern wesentlich älter. Der Straßenzug selbst ist im übrigen noch jüngeren Datums: auf dem Sandtner–Modell gibt es diese von der Pacellistraße abzweigende Querstraße noch nicht. Sie dürfte im Zusammenhang mit dem Bau des Spitals entstanden sein, als Zufahrt zu diesem.

Qu.: Stimmelmayr S. 34 Nr. 53/3. – Plan 1837.

RÖRENSPECKERGASSE, heute Herzogspitalstraße und Teil des Altheimer Ecks, vor 1368 – nach 1808.

Die Herkunft des Namens ist gänzlich unbekannt. Er muß von einem Mann namens Rörenspecker, also von Rörensbach oder auch Rohrbach abgeleitet sein. Dies vermutete auch Hübner. Ein Name Rörenspecker kommt allerdings in den Münchner Quellen der Zeit vor 1368 nie vor. Denkbar ist ein Bürger dieses Namens, wie er im Namen Kaufingerstraße steckt, oder ein ehemaliger Stadtoberrichter, der hier sein Domizil hatte und nach Ablauf seiner Amtszeit, die manchmal nur ein Jahr dauerte, die Stadt wieder verlassen hat. Die Diener und die Schleißbeck sind ein Beispiel dafür, allerdings sind sie hier geblieben.

Einen Ort Rohrbach gibt es im Landkreis Pfaffenhofen/Ilm. Hier sitzt um 1252/69 ein Ritter Heinrich von Rohrbach, Ministerialer des Herzogs Heinrich von Niederbayern. In der Zeit um 1276/92 gibt es hier einen jüngeren Heinrich von Rohrbach, der ebenfalls im Dienst Herzog Heinrichs steht. Ebenfalls zu diesem Ort gehört um 1358/71 ein Herr Engelschalk der Rörbekch/Rorbech.

Dann gibt es ein Ober- bzw. Unterröhrnbach bei Landshut. Nach diesem Ort nennt sich auch eine Landshuter Bürgerfamilie. Dort ist ein Heinrich der Rörnpech 1326 geschworener Zwölfer. Ein Jobs der Rörenbekch kommt 1376 in Landshut als Zeuge vor und ist 1396

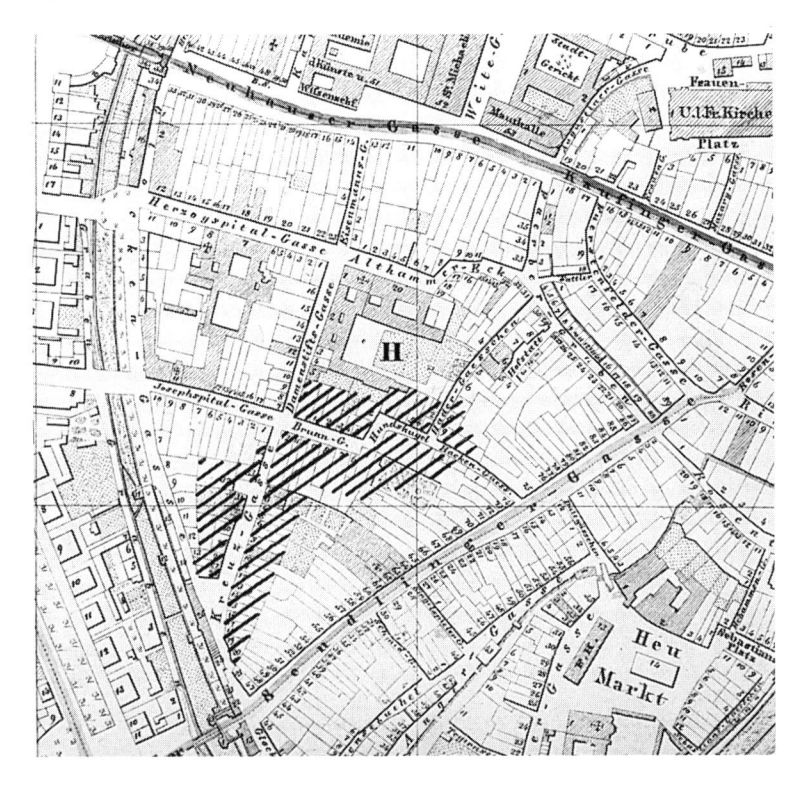

Skizze 11: *Verlauf der »Rörenspeckergasse« nach den Steuer- und Gerichtsbüchern. Grundlage: Plan von H. Widmayr 1837.*

gesessen zu Rorenpach. Gemeint ist Unterröhrnbach. Ein Jobs von Rohrbach oder Jobs Rorbeck ist 1413/15 Stadtoberrichter von München. Die letzteren kommen aber als Namengeber für die Straße natürlich nicht mehr in Frage.

Da bis zur Mitte des 14. Jahrhunderts in der Reihe der bekannten Stadtoberrichter teils große Lücken klaffen, ist reichlich Platz für einen Rohrbecken als Stadtrichter. Im übrigen gab es nach einer Liste unbekannten Ursprungs – aber wohl aus dem 18. Jahrhundert stammend – der Münchner Stadtoberrichter einen sonst nirgends belegten Oberrichter Hermannus Rohrbach im Jahr 1328. Er käme als Namengeber in Frage.

Daß es sich eher um einen Stadtoberrichter handelt als um einen Bürger der Stadt (die Oberrichter durften nicht aus der ortsansässigen Bürgerschaft genommen werden), scheint deshalb näher zu liegen, weil eine Person dieses Namens doch wohl ein bedeutenderer Bürger gewesen sein müßte, wenn man eine Straße nach ihm benannt hat. In diesem Fall müßte er uns aber doch auch einmal in einer städtischen Quelle begegnen. Er wäre sicher Mitglied des Rats gewesen. Die Stadtrichter jedoch amtieren manchmal nur kurze Zeit, so daß uns viele von ihnen im Verborgenen geblieben sind.

Daß der Name Rohrbach mehr an einen Ort des niederbayerischen Herzogtums verweist (auch im Landgericht Wolfstein gab es ein Pfarrdorf Röhrnbach) als in den Raum Oberbayern, hat hier keine Bedeutung. Verwiesen sei darauf, daß sich ganz in der Nähe dieser Gasse die ehemalige Stadtoberrichter-Familie Schleißbeck niedergelassen hat, auf des Schleißbecken Hofstatt, heute Hofstatt. Diese Familie stammte aus Mainburg in der Hallertau. Die Steuerbücher rechnen zur Rörenspeckergasse außer der Herzogspitalstraße auch die ganze Nordseite des Altheimer Ecks, ab 1405 sogar noch die Häuser Färbergraben 33-35 und Neuhauser Straße 1B.

Später aus Unverständnis auch Varianten Rerlspöckhergassen (seit 1582) und Reglspeckergasse (1601).

Qu.: StB und GB ab 1368. – StB 1582 ff., Fremde Ewiggelder. – HStA GU Mü 3007 (1601). – StadtA, Stadtgericht Nr. 1 (alt B III a 4)(1328). – Herzog, La UB Nr. 47(1252), 88 (1265), 94 (1267), 98 (1269), 115, 116 (1276), 155 (1292), 305, 307 (1326), 665 (1358), 902 (1371), 1005 (1376), 1442 (1396). – Hübner I (1803) S. 95, II (1805) S. 144.

ROSENGÄSSL, heute Prälat-Zistl-Straße, um 1781.

Die spätere Taschturm- oder heutige Prälat-Zistl-Straße nennt die Karte von 1781 »Rosengäßl«, in Anlehnung an das Rosental, mit dem es vor dem Seefeld-Bogen zusammentraf. Der Name ist sonst nicht belegt und wegen der Verwechslungsgefahr mit der Rosengasse auch kaum weiter verbreitet gewesen, wenn nicht überhaupt ein Irrtum.

ROSENSTRASSE, seit vor 1368.

Bisher versuchte man den Namen von einem Marienbild mit der Unterschrift »Rosa mystica« abzuleiten, das sich im 18. Jahrhundert am nordöstlichen Eckhaus (Marienplatz 29) befand. Es muß aber darauf verwiesen werden, daß es solche Namen nach Gewächsen auch in anderen Städten gibt. In Landshut beispielsweise heißen zwei parallel zueinander die Altstadt mit der Neustadt verbindende Straßen Rosengasse und Grasgasse (eine Grasgasse gab es auch in Speyer, wo sie interessanterweise den Namen »Heumarkt« abgelöst hatte). Möglicherweise ist das ebenso nur eine Schematisierung wie Enge Gasse, Weite Gasse, Lange Gasse, Kleine Gasse usw.

In vielen Städten gibt es Straßen dieses Namens. Bis hinauf nach Danzig, Lübeck (1352), Stade (1304), Hamburg, Lüneburg und hinunter nach Stuttgart (1431) und Ravensburg gab es im Mittelalter Rosengassen bzw. -straßen. Es muß sich also bei solchen Namen nicht unbedingt um eine Ableitung von einer lokalen Besonderheit handeln. Der Name kann Nachahmung oder Mode einer bestimmten Zeit sein. Ein dazu passendes Fresko an einem Haus ist eher eine Anspielung auf den Straßennamen als umgekehrt. Das Gemälde der »Rosa mystica« müßte im übrigen bereits vor 1368 vorhanden gewesen sein, wenn es den Straßennamen ausgelöst hätte, ist aber erst um 1800 belegt.

Ein Blumenmarkt als Ausgangspunkt für den Straßennamen scheidet wohl ebenfalls aus. Er ist erst seit 1782 belegbar, fand aber tatsächlich am Eingang zur Rosenstraße statt. Dies dürfte aber wohl Zufall sein.

Auch in anderen Städten tappt man bei der Erklärung des Namens entweder im Dunkeln oder man kommt zu unterschiedlichen Ergebnissen. In Wien war der Name von den Rosenkulturen, die an ihr lagen, abgeleitet, ebenso in Augsburg von den Lust- und Blumengärten, die der Ratsdiener und Chronist Paul Hektor Mair (1517–1579) anlegen hatte lassen und in denen lange Rosenspaliere standen. In beiden Städten war dies allerdings eine nachmittelalterliche Erscheinung. In Frankfurt und anderen Städten nimmt man an, daß der Name von dem Frauenhaus (Bordell) ausging, das dort lag. In Passau und Hannover weiß man nur, daß in den dortigen Rosengassen – und zwar im 19. Jahrhundert, also wieder in einer anderen Zeit – ein Gasthaus »Zur Rose« lag. In anderen Städten galten Gassen dieses Namens oft als verrufener Ort. In Lüneburg lag dort z. B. die Scharfrichterwohnung und man glaubt, der Name Rosengasse könnte deshalb als Euphemismus angewendet worden sein. Auf jeden Fall muß man beim Vergleich darauf achten, daß diese Namen aus verschiedenen Zeiten stammen.

In manchen Städten vermutet man sogar eine Ableitung von »Roß«, also dem Pferd. Zumindest in Lüneburg ist der Zusammenhang nicht ganz von der Hand zu weisen. Dort ist die Rosenstraße eine Verbindung zwischen dem Marstall und der Roßtränke. Die Münchner Rosenstraße führt zum Rindermarkt. Der Roßmarkt wird am Anger abgehalten. Wir wissen dies aber erst seit dem Jahr 1369 und fest steht, daß er dort vor der Stadterweiterung in der zweiten Hälfte des 13. Jahrhunderts kaum möglich gewesen sein dürfte. Er hätte ja dann außerhalb der Stadt gelegen. Nicht ausgeschlossen, daß er vorher in räumlicher Verbindung mit dem Rindermarkt stattfand, vielleicht auch diesem, aber an seinem Westende, dort, wo die Rosenstraße auf ihn trifft. War also die Münchner Rosengasse eine ehemalige Roßgasse oder Roßmarkt oder doch die Gasse, die zum Roßmarkt führte? Vom Marktplatz – also von der Altstadt – zweigt auch in Landshut die Rosengasse ab, genau wie die Grasgasse. Vielleicht auch hier der Hinweis auf den ehemaligen Roßmarkt und mit der Grasgasse auf einen Heumarkt an diesen Stellen? Die anderen Deutungen sind auf München alle nicht anwendbar. Die Lage der Münchner Frauenhäuser kennen wir, ebenso die des Scharfrichterhauses. In der Rosengasse lagen sie nie. Der Blumenmarkt hat hier auch nicht stattgefunden und es gab hier keine Lust- und Blumengärten.

Qu.: StB seit 1368. – Schattenhofer, Märkte OA 109/1 S. 93. – Hanse-Katalog I S. 271. – Ravensburg, Führer S. 24. – Reinecke S. 94/96. – Doll, Speyer S. 105. – Geyer/Pimsner, Passau S. 106. – Dengler, Ingolstadt S. 109. – Augsburger Stadtlexikon S. 314. – Straßennamen in Stuttgart, Herkunft und Bedeutung, hrsg. vom Nachrichtenamt der Stadt Stuttgart, 1974 (= Stuttgarter Beiträge, Heft 10), ohne Verfasser, ohne Seitenzählung.

ROSENTAL, seit vor 1410.

Name vielleicht in Anlehnung an die Rosenstraße. Früherer Name seit 1368 Krottental. In den Steuerbüchern werden beide Namen ständig abwechselnd verwendet.

Hier lohnt aber wieder ein Blick nach Augsburg. Dort gibt es den Namen »Rosenau«. Er leitet sich ab von den »rössen« und das sind Wasserarme oder Wasserlachen der Wertach, die sich über die Gegend der heutigen Rosenau hinzogen. Auch das Münchner Rosen- oder Krottental liegt ja in einer wasserreichen Gegend, die von den Ableitungen der Isar durch das Gebiet des Anger ziehen. Sollte hier eine Verwandtschaft bestehen?

Qu.: StB 1410. – GB III 173/19 (1416). – Augsburger Stadtlexikon S. 313.

ROSSMARKT, heute Oberanger/Roßmarkt, vor 1369 – nach 1808, und wieder seit 1957.

Hier wurde bis ins 15. Jahrhundert der Pferdemarkt abgehalten. Dann wurde er auf den heutigen St.-Jakobs-Platz verlegt. Deshalb seit 1379 bereits die Bezeichnung »Alter Roßmarkt«, die sich bis 1697 findet.

1310–1561 Hinterer Anger (Hintere Angergasse), 1369–1808 Roßmarkt, 1371–1405 Anger auf dem Bach, 1379 der alt Roßmarkt, da der Bach hereinrinnt, 1384, 1387 Mitter Anger auf dem Bach, 1412 Angergasse bei dem Bach, 1468–1478 rechte Angergasse, 1487–1697 Alter Roßmarkt, 1548–1904 Gänsbühel, 1582–1586 oberer Anger oder Roßmarkt, Mausergasse 1792–1900, seit 1806 obere Angerstraße bzw. -gasse, 1856 oberer Anger. 1381 steht »Roßmargt« versehentlich statt »Rindermarkt« im Steuerbuch als Überschrift.

Qu.: MB 19a S. 555 (1379). – StB seit 1369, später auch Kapitel »Fremde Ewiggelder«. – StB 1381 S. 40v; 1697 S. 190v. – KR 1578 S. 141r, Pflasterarbeiten »am alten Roßmarkt«. – Schattenhofer, Märkte OA 109/1 S. 84/85.

ROSSMARKT, ALTER, heute Oberanger/Roßmarkt, vor 1379 – nach 1697.

Siehe »Roßmarkt«.

Qu.: StB, Fremde Ewiggelder zu 1564/I–1570, 1573–1616, 1629, 1638, 1697 S. 190v. – HStA GU Mü Nr. 937 (1551).

An der **ROSSCHWEMM**, heute Teil der ehemaligen Hauptmünze, vor 1415 – nach 1536.

Am 17. Dezember 1415 nennt die Witwe des Simon Hacker »ir padhaus, gelegen hinder dem kastenhaus zunachst auf dem pach an der rosswemb«. Das Kastenhaus lag an der Ecke Hofgraben/Maximiliansstraße. Das Bad lag auf dem Nordflügel bzw. der Nord-Ost-Ecke der späteren fürstlichen neuen Stallung, dem uns heute unter dem Namen Hauptmünze bekannten Gebäude am Hofgraben. Dort am Pfister- oder Toratsbach lagen das Badhaus und eine Roßschwemme. Sie existierte also schon vor der Roßschwemme beim Heiliggeistspital und hängt sicher mit dem nahen Hof und seinen Stallungen zusammen und war in erster Linie für sie gedacht, während die Roßschwemme beim Heiliggeistspital eine städtische, öffentliche Schwemme war, die jedermann zugänglich war.

Die Witwe Simon Hackerin steht 1416 im Steuerbuch unter Tal Petri, so wie ihre Tochter, die »uxor Hannsen Stangel«, und sie zahlt einen Zins »auz dez Herzognpad«. 1418 und 1419 steht als Vermerk neben dem Herzogsbad im Steuerbuch: »der Stanglin ewigengelt«. 1423 hat das Ewiggeld auf dem Herzogsbad der Hans Hacker.

Es handelt sich also zweifelsfrei um das Herzogsbad.

Noch 1536 erledigt der Stadtschlosser Arbeiten »in der schwemb bey der Hofmül«, siehe »Pfisterstraße« und im selben Jahr werden Arbeiten am »einreitten beym Hertzogpad« durchgeführt.

Qu.: GB III 169/2, 171/16 (1415). – KR 1536 S. 109r, 119v.

ROSSCHWEMME, heute Teil des Viktualienmarktes, seit 1416 – 1870/75.

Die »roßswem« oder »roßtrenkk« ließ die Stadt 1416/17 errichten (Dezember 1416 bis April 1417). Sie diente als Tränke und Bad für

Abb. 26: *Die Roßschwemme am heutigen Viktualienmarkt. Aquarell von Anton Höchl (1818–1897), 1861.*

die Pferde. Zu diesem Zweck war vom nördlichen Ende des Rosentals ab bis zur Fleischbank unterhalb des Chores der Peterskirche der große Angerbach aufgestaut und dadurch verbreitert worden.

Seit 1369 werden die der späteren Roßschwemme und dem Bach gegenüber liegenden Häuser in den Steuerbüchern unter der Ortsbezeichnung »Bei Spital«, seit 1540 unter »Spital und Roßschwemb« aufgeführt, seit 1613 auf den Plänen und seit 1631 in den Steuerbüchern meist nur noch unter »Roßschwemb«. 1468 macht die Stadt einen Steg über die »rossschwem« und ein Utz »bei der roßswem« wird 1482 in der Kammerrechnung genannt.

Nagler schreibt 1863: »Die Pferde werden da noch gegenwärtig geschwemmt«.

Die Häusergruppe gegenüber den Rückgebäuden des Rindermarktes wurde 1870 zur Erweiterung des Viktualienmarktes von der Stadt aufgekauft und abgebrochen. Anton Höchl notierte am 17. Mai 1870 in sein Tagebuch: »Mit dem Abbruch der 5 Häuser an der Roßschwemme ist begonnen worden«. Der Straßenname »Roßschwemme« steht letztmals 1875 im Adreßbuch. Danach ist auch er verschwunden und mit ihm die Erinnerung an eine traditionsreiche und prägende Einrichtung an diesem Ort.

An der Roßschwemme befand sich auch die sog. Bäckerschnelle oder Bäckerschlenge, wie Westenrieder sie nennt, mit der Bäcker, die sich eines Berufsvergehens schuldig gemacht hatten mittels eines Hebewerkes, an dem ein Korb oder Käfig befestigt war, in dem der Bäcker saß, unter Wasser getaucht und wieder hochgeschnellt oder -geschlengt wurde. Dieses auch »Bäckerschutzen« genannte Verfahren ist für das Jahr 1313 erstmals in Regensburg belegt. In München zahlte 1499 die Stadtkammer einen Geldbetrag für Arbeiten »an dem schneller« und im Jahr 1552 wurde der Stadtschlosser ebenfalls aus der Stadtkammer dafür bezahlt, daß er »ain neuen schneller beschlagen (hat) zur straff des peckenhantwerch« und auch der Stadtzimmermann erhielt eine Summe dafür, daß er »ainen neuen schneller auf der rosschwem aufgericht, der peckhen hantwerch zur straff«. Westenrieder schreibt 1782, die Bäckerschlenge bei der Roßschwemm sei »noch ... vorhanden«. Lipowski konnte sich aber 1815 schon nur noch auf Westenrieder berufen und berichten, daß die »Bäckenspreng oder -lenge« zu Westenrieders Zeiten noch vorhanden gewesen sei. Sie verschwand also zwischen 1782 und 1815 und dürfte der Rechtsreform Kreittmayrs zum Opfer gefallen sein. Diese Schnellenstrafe wurde nicht nur bei den Bäckern angewandt, sondern auch bei anderen Gewerben. Durch ein Mandat Herzog Wilhelms V. vom 21. Januar 1589 wurde sie auch Gotteslästerern angedroht.

Außer dieser Roßschwemme gab es noch eine am Angerbach neben dem Stadt-Zeughaus (am Schar- oder Isarwinkel), eine im Tal neben der Hochbrücke und um 1415 eine hinter dem Herzogsbad.

Qu.: StB seit 1369. – KR 1416/17 S. 48r, 51v, 1468 S. 37r, 1482 S. 20v, 1499 S. 98v, 1552 S. 109r, 115r. – MB 21 S. 143 (1448). – Pläne seit 1613. – Westenrieder (1782) S. 276. – Lipowski II (1815) S. 544/45. – HB AV S. 284 ff. – Rambaldi Nr. 679. – Schattenhofer, Henker OA 109/1 S. 113 ff., mit Abb. 74. – Ders., MA M 02065. – Nagler I (1863) S. 47. – StadtA, Hist. Verein von Obb., Manuskripte Nr. 358 (Höchl).

ROSSCHWEMME auf dem Anger, Dultstraße/St.-Jakobs-Platz, seit vor 1406/07.

Diese Roßschwemme lag neben dem Zeughaus, heute Stadtmuseum, am Angerbach, der dort auf der heutigen Fahrbahn zum Rindermarkt hinauf, am Zeughaus vorbeifloß, direkt an der Zeughaus-Ecke. Sie ist schon 1406/07 in der Kammerrechnung nachgewiesen, als »an der pruken bey der eich und bey dem trenkpach« Arbeiten durchgeführt wurden. Die Stadteiche stand über dem großen Angerbach, vor dem Gighanbad, und ist wie dieses in der Grundfläche des heutigen ORAG-Hauses aufgegangen. Die Roßschwemme an dieser Stelle wird auf jeden Fall noch 1712 in einem Bauakt erwähnt.

Qu.: KR 1406/07 S. 77v. – StadtA, Tiefbau Nr. 73 (1712). – HB AV S. 99 (Oberer Anger 1*), Abb. 40, 112.

ROSSCHWEMME, Tal, um 1849.

Diese Roßschwemme lag noch um 1849 an der Hochbrücke, zwischen dieser und der Hochbruckmühle und bildete dort eine Furt durch den Hochbruckmühlbach oder Kaltenbach. Vgl. Abb. 78 und Schutzumschlag.

Qu.: StadtA, Tiefbau Nr. 82.

SÄMERGASSE, heute Teil des Petersplatzes, vor 1558 – nach 1596.

Im Jahr 1558 werden Maurerarbeiten durchgeführt auf dem (Peters) Freithof »und im Sämergäsl« und es wird »im Samergäsl« die Straße gepflastert. Am 21. März 1596 kauft der Tuchhändler Hieronimus Röll das Haus Marienplatz 16, unmittelbar neben dem kleinen Rathaus und auf der anderen Seite neben dem Haus des Kramers Georg Käppler (Marienplatz 17). Hinten hinaus aber stieß das Haus »an das Sämergassel«. Daraus ergibt sich, daß das Sämergassel nicht – wie immer behauptet wird – ein anderer Name für das Pfaffengässel ist. Die Sämergasse befand sich hinter der Häuserzeile am Marienplatz, entlang der Häuser Marienplatz 16–18, und zwischen diesen Häusern und den beiden Gebäuden Petersplatz Nr. 2 (Mesnerhaus) und Nr. 3 (ehemaliges Stadtkammergebäude). Im Haus Nr. 2 wohnte neben dem Mesner und nachweisbar erstmals im Steuerbuch von 1490 auch der »Sämner« oder »Sämler«, der Almosensammler an der Peterskirche. 1490 ist dies Christoph Gürtler »der sämner«, 1496 Caspar »sämler«, 1508 Matheis Greil »sämner« und dann die Maulperger, zuerst Hanns, dann ab 1542 Martin Maulperger, »samler bey S. Peter«.

Nach Schmeller ist »Sämeln« das ganz oder halbfreiwillige Einsammeln von Gaben, Kollekte machen, bei Mönchen, Klausnern und Klosterkandidaten auch ein vornehmerer Ausdruck für Betteln. In Tegernsee sei der »Sämler« ein geistliches Klosteramt gewesen: der Sämler las dort täglich die erste Messe. Herzog Heinrich der Reiche von Niederbayern regelte 1411 für eine Pfarrei im Innviertel das

Sammeln von Korn und Futter in der Pfarrgemeinde durch den Pfarrgesellen (Kaplan), »damit der gotzdienst dester pas gefuedert werde«, so wie es auch in anderen Pfarreien üblich sei.

Der richtige Name für die Gasse lautet also eigentlich »Sämnergasse« oder »Sämlergasse«. Mit dem Samen oder Samenhandel und dem Marktgeschehen – wie man auch denken könnte – hatte die Gasse nichts zu tun.

Qu.: HB AV S. 69. – StB seit 1490. – KR 1558 S. 120v, 128v, 129r. – Schmeller II Sp. 276. – Lexer, Mittelhochdeutsches Wörterbuch, Stichwort »samen«. – Schattenhofer, Geistliche Stadt S. 16.

SALESIANERINNENGASSE, heute Damenstiftstraße, Ende 18. Jhd. (nach 1675).

Stimmelmayr nennt die Damenstiftstraße »Salesianerinnen Gasse«, nach dem Orden der Salesianerinnen, der seit 1675 bis zum 13. April 1784 die Gebäude Damenstiftstraße 1 und 2 innehatte. 1784 wurden sie in ein Damenstift umgewandelt und die Salesianerinnen, die sich 1667 in München niedergelassen hatten, übersiedelten nach Indersdorf.

Qu.: Stimmelmayr S. 67 Nr. 83/1, S. 69 Nr. 85. – HB HV S. 46. – Schattenhofer MA M 01062.

SALVATORPLATZ, seit vor 1818.

Der Platz liegt auf dem Gelände des ehemaligen Friedhofs der Pfarrei Unserer Lieben Frau, dessen Friedhofkapelle die um das Jahr 1493 oder 1494 geweihte St.-Salvator-Kapelle war. Nach der Schließung des Friedhofs im Jahr 1788 erfolgte die Anlage des Platzes nördlich der Kapelle. Diese wurde 1806 exsekriert und dient seit 1829 der griechisch-orthodoxen Kirchengemeinde als Gotteshaus. Der Name Salvatorplatz findet sich erstmals im Adreßbuch von 1818.

Qu.: AB 1880 S. 350.

SALVATORSTRASSE östlich der Kardinal-Faulhaber-Straße, seit 1814.

Benannt nach der St.-Salvator-Kapelle (wie Salvatorplatz). Dieser Teil der Straße, von der Einmündung in die Theatinerstraße aus bis zur Kardinal-Faulhaber-Straße, hieß früher Kühgässel, siehe dort, von 1677–1681 »Kue- anjetzt neue Gassen genannt«, von 1682–1805 unverändert »neue Gassen«, so in den Steuerbüchern. Die Pläne dagegen haben noch bis 1826 den Namen Kuhgässel. Lipowski berichtet aber im Jahr 1815: »Im Jahr 1814 erhielt sie den Namen

Abb. 27: *Die Salvatorstraße nach Osten. Im Hintergrund der »Berchem-« oder »Kühbogen« an der Theatinerstraße. Aufnahme vom 23.2.1912.*

Salvators-Straße«. 1823 nennt auch das Adreßbuch dieses Straßenstück bereits Salvatorstraße und übernimmt damit den Namen des westlichen Teilstückes auch für das östliche. Diese Benennungsgeschichte ist ein Beispiel dafür, wie Straßennamen häufig von der jeweiligen Quelle abhängen, die man heranzieht, und wie bestimmte Schreiber oder Behörden unterschiedliche Namen bevorzugen und überliefern.

Qu.: StB 1677 S. 59r, 1678–1805. – Pläne bis 1826. – AB 1823 S. 39. – Lipowski II (1815) S. 353.

SALVATORSTRASSE westlich der Kardinal-Faulhaber-Straße, seit Ende 18. Jhd.

Erklärung des Namens wie Salvatorplatz und Salvatorstraße östlicher Teil. Die Kapelle liegt an diesem westlichen Teil der Straße. Er hieß früher »in der Schwaige« oder »Schwaiggasse«. Erstmals bei Stimmelmayr – noch in der Zeit vor der Auflassung der Friedhöfe (1788), von der Stimmelmayr noch nichts weiß – findet sich der Name »St. Salvator Gäßl« oder »Unser Lieben Frauen Gottesacker Gäßl«, dann »Salvatorsgasse« auch auf dem Stadtplan von 1806. Hier aufgegangen sind auch die Bezeichnungen: Bei der Lacken (1534), vordere (1492) bzw. obere Prannersgasse (1515), Bei/An der Reihen (1471/72), Bei der alten Zielstatt (1471).

Qu.: Stimmelmayr S. 37 Nr. 56. – Plan 1806.

SALZSTÄDELGASSE, heute Promenadeplatz, Ende 18. Jhd.

Die Salzstädel auf dem heutigen Promenadeplatz wurden 1778 beseitigt. Vor dieser Zeit noch nennt Stimmelmayr die alte Kreuzgasse (heute Promenadeplatz) »obere Prangers oder Salzstädel Gasse« bzw. »vordere oder Salzstädel-Prangers Gasse«. Einmal – wohl schon nach 1778 – nennt er sie »Parade Gaß«.

Qu.: Stimmelmayr S. 32/33 Nr. 52.

SALZSTÄDEL-PRANGERSGASSE, heute Promenadeplatz, Ende 18. Jhd.

Siehe »Salzstädelgasse«.

Bei den **SALZSTÄDELN**, heute Promenadeplatz, seit vor 1759.

Auf dem heutigen Promenadeplatz standen zwei große Salzstädel, die seit Anfang des 15. Jahrhunderts Eigentum der Stadt waren. Sie wurden 1778 beseitigt und vor das Karlstor verlegt. Die Pläne von

Abb. 28: »*Bei den Salzstädeln*«, *heute Promenadeplatz, nach dem Sandtner-Modell, Blick nach Süden. Unten die Prannerstraße, links die Kardinal-Faulhaber-Straße.*

1759 und 1781 haben für den heutigen Promenadeplatz den Namen »bei den Salzstädeln«.

Qu.: Schattenhofer, Märkte OA 109/1 S. 81. – Vietzen S. 55 ff.

❑ **SALZSTRASSE, ALTE,** heute Teil der Arnulfstraße, um 1812/1839.

Nach ihrer Beseitigung auf dem Promenadeplatz wurden die Salzstädel an der Arnulfstraße wieder aufgebaut, auf dem heute freien Platz vor dem Starnberger Bahnhof. Hübner (bzw. das Adreßbuch) hat hier 1803 schon den sogenannten ersten und zweiten Salzstadel aufgeführt und daneben die Salzstadelmeisters-Wohnung. Der Name »Salzstraße« findet sich 1812 auf der Stadtkarte und weiter in den Adreßbüchern. Mit der mittelalterlichen Salzstraße hat diese »Salzstraße« also nichts zu tun.

Qu.: HB KV S. 156, GV VII, VIII. – AB 1803 S. 41, 1835 S. 236.

Bei **SANKT ANNA,** heute Teil der Damenstiftstraße, um 1541/46.

Im Jahr 1541 werden Straßenpflasterungsarbeiten »bey sandt Anna« durchgeführt, 1546 »bey sandt Anna an der weitn gaßn« bzw. »bey sandt Anna im Hackhen«. Der Name leitet sich ab von der St.-Anna-Kapelle des Indersdorfer Klosterhofes. Sie war die Vorgängerin der heutigen Damenstiftskirche St. Anna.

Qu.: KR 1541 S. 123r, 1546 S. 127r (2 x).

St.-ANNA-GASSE, heute Damenstiftstraße, um 1806 – 1823.

Benannt nach der Damenstiftskirche St. Anna. Erster Bau war an dieser Stelle eine St.-Anna-Kapelle für den Indersdorfer Klosterhof. Den Gebäudekomplex erwerben 1675 die Salesianerinnen. 1784 Einrichtung des adeligen Damenstifts in diesen Gebäuden.

Lipowski bestätigt, daß 1815 der Name St.-Anna-Gasse noch jung war, indem er sagt: »an der Schmalzgasse (jetzt St. Anna-Gasse im Hacken-Viertel)...«, verwechselt allerdings die Schmalz- mit der Brunngasse.

Qu.: Pläne und AB seit 1806. – Lipowski II (1815) S. 388. – Schattenhofer MA M 01062.

St.-JAKOBS-PLATZ, seit 25.9.1886.

Benannt nach der Kirche St. Jakob am Anger, der alten Klosterkirche des Angerklosters.

1300 Anger, 1390 Angergasse, 1490 weite Angergasse, 1524–1587 weiter Anger, 1539 Anger bei den Metzgern, 1566–1575 großer Anger, 1694 Anger St. Clarae, 1759 Anger Paradeplatz, 1781–1886 Heumarkt, 1806–1833 Angerplatz. Aufgegangen sind hier auch die Namen »Hinter dem Stadtbaustadel« und »Stadthausgasse« (Ende 18. Jahrhundert), sowie »Seidengasse« (1813).

Der Hauslegende zufolge wurde das Angerkloster bereits in den 20er Jahren des 13. Jahrhunderts gegründet, von Mitgliedern des kurz vorher erst ins Leben gerufenen Franziskanerordens. Sie fanden angeblich bei ihrem Eintreffen am Anger bereits ein steinernes Haus mit einer dem Pilgerheiligen Jakobus dem Älteren geweihten Kapelle vor.

Qu.: StadtA, Straßenbenennung Nr. 27/1. – Franziskanische Dokumente S. 26.

St.-JOHANN-NEPOMUK-GÄSSEL, heute Singlspielerstraße, Ende 18. Jhd.

Stimmelmayr nennt die heutige Singlspielerstraße »Heiß Baurn oder St. Johann Nepomuk Gäßl«, auch »Johannes Gäßl«, weil es der

Asamkirche St. Johann Nepomuk gegenüber gelegen ist. Das Haus Sendlinger Straße 62 kaufte am 13. März 1733 Egid Quirin Asam, am 16. Mai 1733 war schon die Grundsteinlegung für die Kirche.
Qu.: Stimmelmayr S. 80 Nr. 94/11, 12, S. 86 Nr. 101, S. 87 Nr. 102 u.ö. – HB HV S. 410/11. – Biller/Rasp, 1985, S. 210.

Bei St. NIKLAS, heute Teil der Neuhauser Straße, vor 1372 – nach 1505.

Siehe »St.-Niklas-Gässel«.

St.-NIKLAS-GÄSSEL, heute Teil der Neuhauser Straße, vor 1369 ff.

Diese St.-Niklas-Gasse hat ihren Namen von der 1309 erstmals erwähnten und 1582 abgebrochenen Kapelle St. Nikolaus auf der Neuhauser Straße, etwa auf dem Platz um den Richard-Strauss-Brunnen und vor dem Jesuiten-Kolleg. Sie bezeichnet eine kleine Gasse, wahrscheinlich Sackgasse, die zwischen der Kapelle und der dahinter liegenden Häuserzeile diese Häuser erschloß. Die Kapelle stand also auf mindestens drei Seiten frei.

Ab 1372 meist nur »bei St. Niklas«, aber 1505 werden Straßenpflasterungsarbeiten »in dem clainen gäßl bey sannd Niclas« durchgeführt.

Qu.: GB I 5/4 (1369), 11/12 (1370), 22/8 (1372), 44/2 (1373), 137/13 (1381), 160/12 (1382). – KR 1505 S. 134v.

St.-NIKLAS-GÄSSEL, heute Karmeliterstraße, vor 1607 – nach 1755.

Benannt nach der Kapelle St. Nikolaus, die Herzog Wilhelm V. um 1599 in Nachbarschaft seiner neuen Veste (Maxburg) errichten ließ. Sie lag in der heutigen Karmeliterstraße und wurde später – beim Bau des Karmeliterklosters (1654–1660) – wieder abgebrochen. Die neue Karmeliterkirche an der Ecke Karmeliter-/Pacellistraße übernahm jedoch das Patrozinium.

Am 5. Januar 1607 ist schon von der Erweiterung der »St. Nicolaigassen« die Rede, zu welchem Zweck der Herzog ein Haus hatte kaufen lassen (Karmeliterstraße 1*, Ecke Maxburgstraße). Seit 1629 erscheint sie auch in den Steuerbüchern. Dort noch 1755, wobei jetzt aber als Namengeber wohl die neue St.-Nikolaus-Kirche, die Karmeliterkirche, gemeint sein dürfte.

Qu.: HStA Kurbaiern 17294 (1607), GU Mü Nr. 2402 (1755), vgl. auch Nr. 1795 (1618). – HB KV S. 65.

St.-PETERS-GÄSSEL, heute Teil des Rindermarktes, vor 1537 – nach 1669.

Die Gasse zwischen Petersturm und Einmündung des Rindermarktes in den Marktplatz heißt 1537 anläßlich von Pflasterungsarbeiten und seit 1541 in den Steuerbüchern »sanct Peters Gässel«. Seit 1560 wird der Name auch verkürzt zu »Petersgässel«, letztmals so im Jahr 1669. 1780 findet sich erstmals der Name Schleckergässel und auf der Karte von 1837 wird die Gasse erstmals zum Rindermarkt gezogen. Dazu gehört sie auch heute noch.
Betroffen sind vor allem die Häuser Rindermarkt Nr. 21, 22, 23 und Marienplatz 22 (Eckhaus).

<small>Qu.: KR 1537 S. 126v. – StB seit 1541. – Pläne 1780, 1837.</small>

St. PETERS KLAIN GÄSSEL, um 1573 – 1579.

In den genannten Jahren liegen das Haus Marienplatz 18 und das Haus des Michael Renngolt Marienplatz 19 »in sant Peters clainem gässel«. Gemeint ist das Pfaffengäßchen unter dem Haus Marienplatz 18 und neben dem Haus 19 vom Marktplatz aus zu St. Peter hinauf.

<small>Qu.: StB 1573, Fremde Ewiggelder S. 12, 1575 S. 13v, 1576 S. 11, 1578 S. 8 und 1579.</small>

An/Bei/Hinter **St. PETERS FREITHOF**, heute Petersplatz, bis nach 1789.

Um die Pfarrkirche St. Peter herum lag – wohl seit Bestehen dieser Kirche – der Friedhof. Er wurde 1789 aufgelassen.

<small>Qu.: Belege in allen mittelalterlichen Quellen zahlreich, so 1378 (GB I 95/10), 1404 (GB III 22/2), 1417 (GB III 185/1). – Schattenhofer MA M 01080 (zu 1789).</small>

Unter den **SATTLERN**, heute Teil der Kaufingerstraße, um 1493.

Die Häuser Kaufingerstraße 1–4 werden seit dem Ende des 14. Jahrhunderts stets von ein bis mehreren Sattlern bewohnt, ununterbrochen seit der Mitte des 15. Jahrhunderts. Die Kammerrechnung des Jahres 1493 nennt deshalb diese Häusergruppe »unter den satlern an Käffingergassen«.

<small>Qu.: KR 1493 S. 23r. – StB seit Ende 14. Jhd.</small>

SATTLERSTRASSE, seit vor 1806 (nach 1799).

Das Haus Fürstenfelder Straße 18* (in unserem Jahrhundert in Färbergraben 3a aufgegangen) gehörte bis zum Jahr 1799 zum Ettaler

Klosterhof. In diesem Jahr verkaufte es das Kloster Ettal an den Sattler Joseph Roßkopf, der es bis 1810 innehatte. Nach ihm hat erstmals die Stadtkarte von 1806 für diese Gasse, die zur Zeit von Sandtner noch teilweise überbaut war, den Namen Sattlergäßchen. Das Haus war das nördliche Eckhaus Fürstenfelder/Sattlerstraße und blieb bis 1888 im Besitz von Sattlern. Die Sattlerstraße gehört also nicht zu den sog. mittelalterlichen Handwerkerstraßen, wie man gelegentlich behauptet findet.

Qu.: HB HV S. 141.

SAUMARKT, heute Altheimer Eck, vor 1541 – 1814 (bis nach 1827).

Die Bezeichnung Saumarkt für das Altheimer Eck findet sich auf den Plänen von 1747/48, 1806 und 1812. Auch das Adreßbuch von 1803 und Lipowski (1815) führen den Namen noch. Letzterer fügt jedoch in einer Anmerkung hinzu:»Im Jahre 1814 erhielt diese Gasse den Namen Stiftstraße«. Tatsächlich wurde schon 1541 die Straße»am Saumarkt« gepflastert, 1564 wird die Straße ebenso genannt, 1573 liegt ein Haus»an dem schweinmarkt«, 1575 wird wieder die Straße»am Saumarckht« gepflastert.

Der Markt für die Schweine, aber auch für Kühe und Kälber, mußte nach der Marktordnung von 1567 am»Schweinemarkt und an der weiten Gasse« abgehalten werden. Da mit der Weiten Gasse die Damenstiftstraße gemeint ist, muß der Schweinemarkt schon spätestens seit dieser Zeit am Altheimer Eck stattgefunden haben. Als Straßenname findet sich»Saumarkt« bereits 1541. Der Markt selbst hielt sich hier weit weniger lange als der Straßenname: schon 1625 wurde er vor dem Neuhauser Tor abgehalten.

Qu.: GruBu HV S. 237v (1573). – KR 1541/42 S. 123r, 1575 S. 141v. – StadtA, Stadtverteidigung Nr. 2 S. 22/1 (1564); Großmarkthalle Nr. 35 (1567). – Schattenhofer, Märkte OA 109/1 S. 82/83. – AB 1803 S. 73. – Lipowski II (1815) S. 298.

Unter den **SCHÄFFLERN,** um 1369/78.

Siehe»Schäfflergasse/-straße«.

SCHÄFFLERSTRASSE, Unter den **SCHÄFFLERN,** seit vor 1366.

Die Straße hat ihren Namen von den zahlreichen hier ansässigen Schäfflern. Noch um 1900 gab es hier mehrere Vertreter dieses Gewerbes. Der Straßenname findet sich erstmals in einer Urkunde vom 24.3.1366. Im Steuerbuch von 1368 steht sie ebenfalls schon.

gelegentlich auch »unter den Schäfflern« (1369, 1370, 1373, 1378) oder 1393 »an der Schäfflergassen auf dem Graben« genannt. Tatsächlich dürfte der unter den Häusern auf der Südseite (unterhalb der Frauenkirche) hindurchlaufende Stadtgraben mitverantwortlich für die Ansiedlung an dieser Gasse gewesen sein, da das Wasser ja eine wesentliche Voraussetzung für das Betreiben dieses Handwerks ist. Allerdings gab es auf der gegenüberliegenden Seite der Gasse, die nicht am Wasser lag, nicht weniger Schäffler.

Im übrigen war die Gasse auch nicht etwa ausschließlich den Schäfflern vorbehalten. Seit 1368 können in manchen Jahren mehr Schlosser, Schmiede, Sporer und andere Vertreter des metallverarbeitenden Gewerbes nachgewiesen werden als Schäffler. Deshalb findet sich 1388 auch der Name Sporergasse für die Schäfflergasse.

Die Ansiedlung der Schäffler in dieser Gasse dürfen wir auf die Zeit zwischen 1316 und 1319 datieren. In dieser Zeit nämlich fügte der Stadtschreiber Konrad Orlos einen Absatz in das Satzungsbuch B ein, wonach es den Schäfflern bei schwerer Strafe von 1 Pfund an den Stadtrichter und 2 Pfund Pfennigen an die Stadt verboten war, innerhalb der inneren Stadt ihr Gewerbe zu treiben. Sie mußten also außerhalb der sog. Heinrichsstadt siedeln und eben da, hart jenseits der alten Mauer um die alte Stadt und jenseits bzw. auf dem Graben, der sie umgab, liegt ja die Schäfflergasse. Da der Artikel im Satzungsbuch erst nach Abfassung (1310/12) eingeschoben wurde, darf man davon ausgehen, daß die Vorschrift, die in den späteren Satzungsbüchern wiederholt wird (so um 1372), um 1316/19 neu geschaffen worden war.

Qu.: StadtA Urk. F III c Nr. 4 (1366). – Dirr S. 271 f., Art. 207, S. 510/11 Art. 11. – StB seit 1368. – GB I 4/11 (1369), 10/13 (1370), 38/9 (1373), 97/3 (1378), II 48/8 (1393).

Des von **SCHÄFTLARN GÄSSEL**, heute Ettstraße, vor 1454 – nach 1500.

Im Jahr 1454 wurde die Straße »in des von Scheftler gassel« gepflastert, im Jahr 1500 ebenso »im Scheftlergässel«. Gemeint ist das Gässel des Abtes von Schäftlarn, also die heutige Ettstraße, da an der Ecke zu dieser Gasse, an der Stelle der heutigen Michaelskirche, seit vor 1300 bis zu deren Bau nach 1572, der Schäftlarner Klosterhof stand.

Qu.: Dirr Nr. 28 (1300). – KR 1454 S. 113r, 1500 S. 121r.

SCHARFRICHTERGASSL, heute Teil der Blumenstraße, seit vor 1781 – nach 1827.

Siehe »Glockenbachstraße«, »Henkergäßchen«.

SCHARWINKEL.

Siehe »Isarwinkel«.

❏ **SCHELMAU,** vor dem Angertor, seit um 1537. Die Schelmau begegnet in den Kammerrechnungen seit mindestens 1537, jeweils im Zusammenhang mit Arbeiten städtischer Werkleute. Sie ist nicht näher zu lokalisieren, liegt aber auf jeden Fall isaraufwärts, irgendwo zwischen dem Angertor und Thalkirchen. Der Name dürfte ein Familienname sein. Schon seit Einsetzen der Steuerbücher gibt es z.B. eine Fischerfamilie »Schelm«.
Qu.: KR 1537 S. 99v, 1545 S. 120v, 121r/v usw.

SCHERGENGÄSSL, heute Maderbräustraße, seit vor 1780 (nach 1600) – nach 1803.

Die Karten von 1780 und 1781, ebenso dann Stimmelmayr und Hübner nennen die Maderbräustraße auch Schergengäßl bzw. »Maderbräu- oder Schergengäßchen« (Hübner), nach dem Schergenhaus, das in dieser Gasse lag: Maderbräustraße 3*. Nach dem Häuserbuch gehörte dieses Haus stets als Hinterhaus zum Haus Tal Nr. 5. Es weiß auch nichts davon, daß dieses Haus einst als Wohnung für die städtischen Gerichtsdiener, früher Schergen genannt, diente.

Tatsächlich aber war dieses Gebäude ursprünglich ein Stadel, der zum Haus Tal Nr. 1* gehörte, dem Stammhaus eines Zweiges der Familie Ridler. Der Komplex umgriff also sämtliche Häuser Tal Nr. 2–8 von hinten. Seit dem 3. August 1587 gehörte dieser Besitz durch Kauf dem Wolfgang Röll. Wahrscheinlich dessen Tochter, eine Rosina Röll, war eine verheiratete Luzenberger. Sie verkaufte am 10. Mai 1595 den ganzen Besitz an Bürgermeister und Rat der Stadt München. Die Stadt nutzte es fortan, bis in unser Jahrhundert herein, als Stadtschreiberei-Behausung und Stadtgericht. Auch nach der Beschreibung im Grundbuch von 1631 reicht das Haus mit Nebengebäuden »in das Paurn-Preu-Gässel hinaus« (siehe dort), womit ebenfalls die Maderbräustraße gemeint ist. Im Steuerbuch wird das Haus Maderbräustraße 3* stets unter der Irchergasse (Ledererstraße) vorgetragen. Dort steht als vorletztes Haus letztmals im Jahr 1594 »domus Rölln stadel« und im Jahr 1595 erstmals an seiner Stelle »domus Stadt München«.

In diesem Jahr wohnt auch bereits einer der Stadtsöldner in diesem Haus, von 1596 an sind es stets zwei, und schließlich kommen im Jahr 1600 noch die 4 Richtersknechte, Schergen genannt, hinzu, immer mit der gleichen Formulierung: »mer wohnen auch in diesem

Haus vier Richtersknechte, sind aber nicht Bürger«. Damit war das sog. Schergenhaus der Stadt entstanden.

Noch 1803 steht das Haus mit der Nummer 168 als »Stadtgerichtsdienerswohnung« im Adreßbuch. Hübner beschreibt es im selben Jahr als »das alte, jetzt baufällige Haus der Gerichtsdiener und Stadtzollner«. Das Steuerbuch von 1805 nennt das Gebäude »Behausung, zur Stadt gehörig« und es wohnt da der Stadtgerichtsdiener. Der Verfall war aber nicht mehr aufzuhalten. Im Jahr 1806 vermerkt das Steuerbuch unter Nr. 168 »ist demoliert worden«, ebenso 1808. 1827 sagt Koebler, die Maderbräustraße »hat früher Schergengäßchen geheißen«.

Nach der Beschreibung und Zeichnung Stimmelmayrs muß dieses Schergenhaus danach im Haus Maderbräustraße 3* aufgegangen sein.

Qu.: Stimmelmayr S. 7 Nr. 18, S. 12 Nr. 26/11. – Schattenhofer, Rathaus S. 307/08. – AB 1880 S. 266, ohne Belege. – StB 1594 ff., 1803–1808. – Hübner I (1803) S. 100. – Koebler (1827) S. 86. – HB GV S. 341/42.

Des **SCHIFFERS KUPPEL**, vor dem Schiffertor (Einlaß), um 1385.

Siehe »Alleluja (-Anger)«.

SCHLECKERGÄSSEL, heute Teil des Rindermarktes, vor 1780 – um 1910.

Benannt laut Hübner »von den Waaren der Lebkücher und Zuckerbäcker (Schleckwaaren), welche hier feil standen«. Jetzt (1803) würden dort – an der Einmündung der Gasse (Rindermarkt) in den Marktplatz – größtenteils Blumen, Erdbeeren, Haselnüsse und dergleichen in Körbchen feilgehalten. Burgholzer meinte, es hieße »vielmehr Leckergäßchen«, weil hier »ehemal die feilen süssen Leckerwaren« angeboten worden seien. Der Beginn für die Bildung des Namens war vielleicht die 1668 dem Zuckerbäcker Octaviano Rensen erteilte Erlaubnis, »unter dem Bogen« seine Waren zu verkaufen.

Der Name ist auf den Plänen von 1780 und 1781 und bei Stimmelmayr erstmals belegt, letztmals im Adreßbuch von 1818. Der Plan von 1837 zieht die Gasse bereits zum Rindermarkt. Trotzdem wird in Bauakten, die das östliche Eckhaus Marienplatz/Schleckergäßchen betreffen, noch bis 1910 dieser Name verwendet. Beim Neubau dieses Hauses wurde 1910 auch diese Straßeneinmündung in den Marienplatz erweitert. Wahrscheinlich ist bei dieser Gelegenheit dann auch endgültig der Name Schleckergasse verschwunden.

1391 heißt die Gasse »Gaesslin bey sand Peter«, seit 1573 auch »sand Peters clain gässl«.

Qu.: Stimmelmayr S. 98 Nr. 111. – Burgholzer (1796) S. 320. – Hübner I (1803) S. 84, 111, 287. – Baumgartner, Polizey-Uebersicht zum 15.6.1805. – AB 1818 S. 158. – Schattenhofer, Märkte OA 109/1 S. 95. – StadtA, Städtischer Grundbesitz Nr. 577 (bis 1910).

Bei dem **SCHLEIFER**, heute Teil der Hochbrückenstraße, um 1806.

Benannt nach der Schleifmühle in der Einschütt Nr. 12*, die ursprünglich ein Teil der Hochbruckmühle war, bis sie zur Schleifmühle wurde, als welche sie erstmals im Jahr 1761 im Grundbuch genannt wird. Sie gehörte – wie die Hochbruckmühle – zum Kaiser-Ludwig-Benefizium zu Unserer Lieben Frau. Der letzte Schleifer sitzt bis 1869 auf dem Haus. In diesem Jahr wird auch der Zins an die Messe in der Frauenkirche gelöscht. Das Haus ist im 20. Jahrhundert in Tal Nr. 18 aufgegangen.

Als Straßenbezeichnung nur auf dem Plan von 1806 belegt.

Qu.: Plan 1806. – HB GV S. 89.

SCHLOSSERGÄSSEL, heute Sporerstraße, vor 1541 – nach 1583.

Vor 1439 läßt sich in der ganzen heutigen Sporerstraße kein Sporer/Schlosser/Schmied, was in der Zeit um 1400 fast gleichbedeutend ist, nachweisen. Erst seit den Scharwerksverzeichnissen ab 1439 können einzelne Vertreter des Sporer- oder Schlosserhandwerks hierher gezogen werden. Bis auf ein einziges Haus (Sporerstraße 3) sind alle anderen in dieser Straße nur Hinterhäuser von Häusern an der Weinstraße. Die Sporer haben in der Zeit des 14. Jahrhunderts ihre Quartiere an anderer Stelle, siehe »Unter den Sporern« und »Sporergasse«.

Bis mindestens 1782 heißt die heutige Sporerstraße in den Quellen meist »Unser Frauen Gässel«. »Schlossergässel« findet sich in den Steuerbüchern von 1541 und 1542 an den Rand geschrieben, dort wo die Bewohner der heutigen Sporerstraße aufgeführt sind. Außerdem liegt 1559 ein Eckhaus an der Weinstraße, stoßend »an das Schlossergässlein«. Auch hier handelt es sich eindeutig um die heutige Sporerstraße. 1570 und 1583 wird die Straße »im Schlossergässel« und in der Weinstraße gepflastert.

Qu.: StB 1541, 1542. – KR 1570 S. 129v, 1583 S. 141r. – StadtA Urk. B II b 88 (1559).

SCHLOSSERGASSE, heute Windenmacherstraße, seit vor 1781 (nach 1732).

Nur der Plan von 1781 nennt die heutige Windenmacherstraße Schlossergasse. Namengebend war demnach der Schanzschlosser

Ferdinand Dürr, der seit dem 10. September 1732 Eigentümer des Hauses Windenmacherstraße 5* war (Nachbarhaus von Schäfflerstraße 12*, zu dem es ursprünglich gehört hatte). Bis 1774 blieb das Haus in der Hand von Dürr, dann ging es an den Schanzschlosser Michael Albertshauser über.

Qu.: HB KV S. 374.

SCHLOSSERGÄSSEL, heute Kapellenstraße, Ende 18. Jhd.

Den Namen Schlossergässel für die Kapellenstraße hat nur Stimmelmayr. Nach ihm heißt auch das westliche Eckhaus Neuhauser/Kapellenstraße »das Schlosser Eck« (Neuhauser Straße 1381*). Es gehörte von 1792–1804 dem Schlossermeister Johann Pernöcker und von 1804–1807 dem Schlossermeister Leonhard Grünwald. Dasselbe Haus hat auch für den Straßennamen Eisenbrechergäßchen Pate gestanden.

Qu.: Stimmelmayr S. 53 Nr. 70. – HB KV S. 168/69.

❑ **SCHLOSSERSTRASSE**, vor dem Karlstor, seit vor 1823.

Diese Schlosserstraße, die bereits das Adreßbuch von 1823 kennt, aber laut Adreßbuch von 1880 im ersten Jahrzehnt des Jahrhunderts entstanden ist, liegt zwischen der Bayer- und der Schommerstraße (heute Adolf-Kolping-Straße) und ist eine kleine Parallele zu beiden. Sie heißt heute noch Schlosserstraße.

Qu.: StadtA, Städtischer Grundbesitz Nr. 579. – AB 1823 S. 63. – AB 1880 S. 369.

SCHMALZGASSE, heute Brunn- und Kreuzstraße, vor 1344 – nach 1817.

Erste Nennungen in zwei Urkunden vom Jahr 1344 und 1361, dann im Steuerbuch von 1368. Mit Sicherheit nach dem Schmalz benannt, so wie die Weinstraße ihren Namen vom Wein hat. Ursache für die Benennung unbekannt. Namen nach Speisen und Getränken gibt es auch andernorts, beispielsweise in Passau schon 1218 eine Milchgasse, wobei es auch dort bezweifelt wird, ob hier ein Milchmarkt stattgefunden habe und demnach »eine hieb- und stichfeste Erklärung hierfür ... noch nicht gefunden« worden ist. In Ingolstadt wurde aber in der Milchgasse, früher Milchmarkt, tatsächlich Milch feilgeboten.

Endgültig verschwunden ist der Name Schmalzgasse zwischen 1808 und 1817. 1808 hat das Steuerbuch noch diesen Namen. Vielleicht durch Übernahme aus einer Vorurkunde bzw. älterem

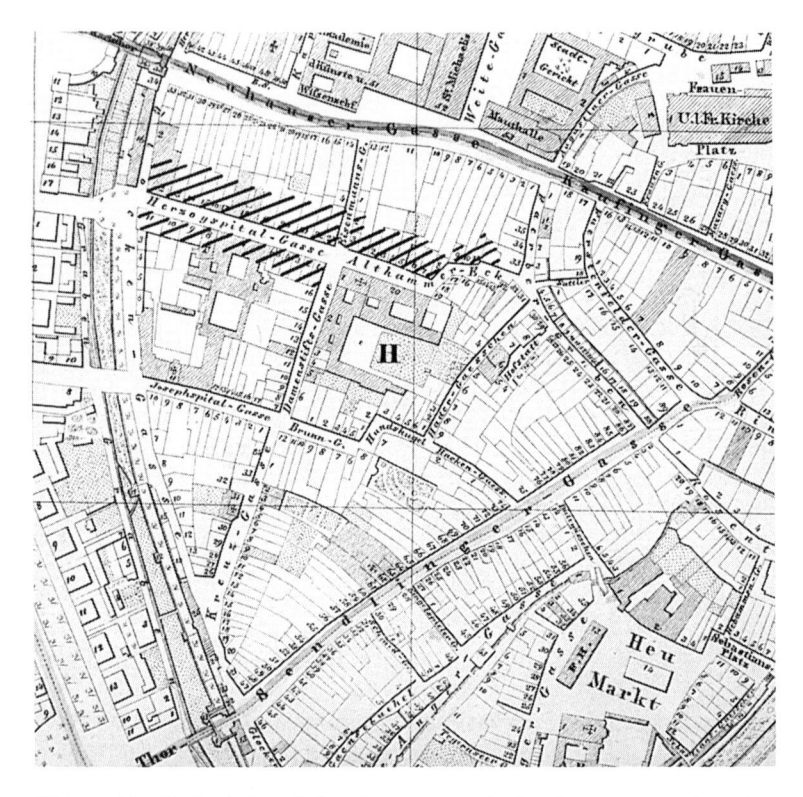

Skizze 12: *Verlauf der »Schmalzgasse« nach den Steuer- und Gerichtsbüchern. Grundlage: Plan von H. Widmayr 1837.*

Schriftverkehr verwenden allerdings noch eine Urkunde vom 29. Februar 1816 und ein Schriftstück der Krankenhaus-Verwaltung vom 13. September 1817 den Namen Schmalzgasse.

Zu dieser Straße gehören im Mittelalter nicht nur die heutige Brunnstraße, mit dem zeitweise »Hundskugel« genannten Straßenteil, sondern auch die im rechten Winkel zu ihr liegende heutige Kreuzstraße. Die Einteilung der Steuerbücher und die Nennungen in den Gerichtsbüchern bestätigen dies eindeutig. Hinzukommt, daß bis Anfang der 80er Jahre des 14. Jahrhunderts der erste Teil der Schmalzgasse, also heutige Brunnstraße, noch zum »Hacken« gerechnet werden, die Kreuzstraße aber nicht mehr.

Auffallend häufige Verwechslung der Schmalzgasse mit der ehemaligen Brunngasse durch die Gerichtsschreiber des 14. Jahrhunderts. Der unbefriedigende Gebrauch der Straßennamen in dieser Gegend führt schon bald zur Umbenennung. Schon im 14. Jahrhundert wird die heutige Damenstiftstraße »weite Gasse« genannt und die Straßenkreuzung der heutigen Josephspital-/Brunnstraße mit der Kreuz-/Damenstiftstraße wird als »am Kreuz« bezeichnet. Von daher erhält dann auch die heutige Kreuzstraße ihren Namen und wird von der Schmalzgasse abgelöst.

Die Damenstiftstraße wurde jedoch nie zur Schmalzgasse gerechnet, wie das Häuserbuch-Register und andere Autoren (Lipowski usw.) fälschlich behaupten. »Schnakgasse« ist ein Lesefehler für Schmalzgasse.

Qu.: MB 19a S. 476 (1344), 21 S. 273 (1361). – Schattenhofer MA M 01062. – Lipowski II (1815) S. 388. – StadtA Urk. B II b 905 (1816); Krankenhaus links der Isar Nr. 7 (1817). – Geyer/Pimsner, Passau S. 87. – Dengler, Ingolstadt S. 93.

SCHMIDSTRASSE, seit vor Ende 18. Jhd. (nach 1590, nach 1773?).

Das südliche Eckhaus an dieser Straße, das Haus Sendlinger Straße 31, gehörte seit 1590 bis 1895 stets einem Huf- und Waffenschmied. Da der Name erst spät belegt ist, kommt allerdings eine zweite Erklärung in Frage: Im Jahr 1773 heiratete eine Maria Eva Baltauf, Hufschmiedswitwe, den Huf- und Waffenschmied Johann Schmid. Auch er könnte der Namengeber der Gasse sein. Er war allerdings 1783 auch schon wieder tot und seine Witwe heiratete noch einmal. Da Stimmelmayr der erste ist, der diesen Namen überliefert, und der Hauptteil seines Werkes offensichtlich gerade in diese Zeit um 1780 fällt, hat es manches für sich, diesen Straßennamen von dem Personennamen Schmied des seinerzeitigen Hauseigentümers abzuleiten, anstatt von dem Beruf des Schmiedes, der schon seit viel früherer Zeit hier ausgeübt wurde.

Vielleicht gehört hierher auch das »Gässel bei dem Triener« von 1541. Neben dem Namen Schmiedgäßl überliefert Stimmelmayr für diese Gasse auch den Namen »Knöblisches Gäßl«. Der nächste Beleg für Schmiedgasse stammt dann vom Stadtplan von 1806.

Qu.: Stimmelmayr S. 81 Nr. 95, S. 87 Nr. 101/5. – Plan 1806. – HB AV S. 392 ff.

(**Schnakgasse**).

Lese- oder Druckfehler für »Schmalzgasse«. Hier soll der neue Friedhof von St. Peter im Hacken-Viertel entstanden sein, »bei der Schnakgasse, der heutigen Kreuzstraße«.

Qu.: Pfister/Ramisch S. 31.

Am (Auf dem) **SCHNEEBERG**, heute Dultstraße, vor 1508 – nach 1572.

Der Kaplan des Engel-Altars in der Peterskirche hat 1508 ein Haus »an Sendlinger Gasse auf dem Schneeberg oder Dultgässel«. Es handelt sich um das Haus Sendlinger Straße 12/Ecke Dultstraße. Das Haus wird auch 1510 noch einmal »am Schneeberg« genannt. Ebenso liegen 1528 die Häuser Dultstraße 4 und 5 oder 6 »am Anger am Schneeberg«. Bei Anlage des Grundbuches von 1572 liegt auch das Haus Sendlinger Straße 12, siehe »Sterneck«, noch »am Schneeberg«. Die Herkunft des Namens ungeklärt.

Vgl. das Haus, genannt »Schneeberg«, in der Gruftstraße.

Qu.: St. Peter Urk. Nr. 243 (1508), 247, 248 (1510). – GB IV S. 159r (1528).

Unter den **SCHNEIDTISCHEN**, heute Teil des Marienplatzes, seit vor 1323 bis nach 1370.

Am 8. April 1323 hat das Kloster Raitenhaslach einen Watgaden (Tuchladen) »oben an dem egk under den sneittischen gen dem margt«. Aus der späteren Geschichte geht hervor, daß es sich um einen Laden im Haus Marienplatz Nr. 21/Ecke Rindermarkt handelt. Vgl. auch »Unter den Watmangern«. Auch das Ratsbuch IV nennt um 1370 noch die Häuser an dieser Stelle »Under den sneittischen«.

Qu.: Krausen, Raitenhaslach Urk. Nr. 645 (1323). – StadtA, Zimelie 9 S. 4r (neu) (1370).

SCHÖNFÄRBERGÄSSEL, heute Dultstraße, Ende 18. Jhd. (nach 1724).

Stimmelmayr nennt die Dultstraße »das Riedn oder Schönfärber Gäßl«. Das alte Manghaus der Stadt stand an der Südecke Oberanger/Dultstraße (Dultstraße 2). Die Stadt verkaufte es am 27.5.1724 an den Färber Anton Weinmann. Von ihm ging es am 4.1.1766 an den Färber Matthias Käser über, dessen Familie es bis 1835 besaß. Es gehörte in dieser Zeit immer noch das Recht zu diesem Haus, daß jeder Bürger dort kostenlos die Mang (Wäschemangel) benutzen durfte.

In anderen Städten unterschied man streng zwischen Schwarz- oder Schlechtfärbern und Schönfärbern, die nur gutes Tuch färbten. Erstere waren in Zünften zusammengeschlossen, letztere nicht. Sie gehörten zu den sog. freien Künsten, nicht zu den Handwerken. In München gab es diese strenge Trennung nie. Hier durften auch die Schwarzfärber neben Leinenzeug auch Tuche und Leder färben.

Qu.: Stimmelmayr S. 79 Nr. 93/11, 12, S. 85 Nr. 99/17, S. 88 Nr. 102/1. – HB AV S. 35/36. – Schlichthörle I S. 140/45.

❑ **SCHÖNFELD**, vor dem Schwabinger Tor, seit 27.4.1797.

Mit einer Bekanntmachung vom 20. August 1795 erfuhr die Bevölkerung Münchens, daß sich in dem Gebiet vor dem Schwabinger Tor jedermann billig ankaufen könne. Am 27. April 1797 erteilte der Kurfürst die Erlaubnis, daß »dieser neuen Anlage eine eigene Benennung gegeben und solche allgemein und in allen öffentlichen Urkunden hinfür das Schönfeld benannt ... werden dürfe«. Alle anderen Daten, die in diesem Zusammenhang genannt wurden, sind damit gegenstandslos.

Vor allem gilt dies für die Behauptung von Otto Titan von Hefner, daß es diesen Namen schon im 14. Jahrhundert gegeben habe (»im Schönfeld, wo der Drächsel wohnt« (1338)). Gemeint war damit der Patrizier Marquard Draechsel (Tornator). Hier war aber Hefner einem Irrtum erlegen. In der Kammerrechnung findet sich zum Jahrgang 1339 (nicht 1338!), nachdem gerade der Tornator genannt worden war der Eintrag: »Item matertere sue in Schönvelt« (= Ebenso seiner Mutterschwester in Schönfeld) und einige Seiten später – zur selben Zeit – »pueri Tornator(is) in Schönvelt« (Kinder des Tornator in Schönfeld). Hefner schloß daraus, daß dort, wo die Familie wohnt, auch der Draechsel selbst wohnt. Wenn er aber ebenso eifrig weitergelesen hätte, wäre er 1343/44 zu der Stelle gekommen: »Item filie Tornatoris ad claustrum« (Ebenso der Tochter des Tornator im Kloster) und gleich darunter: »Item in Schönvelt« (Ebenso in Schönfeld). Das nämlich ist des Rätsels Lösung. Die Kammerrechnung verbucht hier Leibgedingzinsen (für an die Stadt geliehenes Kapitalvermögen) an weibliche Verwandte des Draechsel – eine Schwester seiner Mutter (matertera) und einer oder mehrerer Töchter –, die als Klosterfrauen in einem der Klöster Schönenfeld lebten, in Oberschönenfeld im Landkreis Augsburg oder in Niederschönenfeld im Landkreis Neuburg/Donau. Keineswegs lebten sie in der späteren Schönfeld-Vorstadt vor dem Schwabinger Tor.

Noch 1368 beziehen laut Kammerrechnung zwei Nonnen, die Kläsin »in Schönvelt« und die Kläsin »in Monaco« (also im Münchner Angerkloster), solche Leibgedingzinsen aus der Stadtkammer.

Qu.: StadtA, Steueramt 812 (1797). – Otto Titan von Hefner, Münchner Bilder aus dem 14. Jhd., in: OA 11, 1849, S. 224. – KR 1325/46 S. 125r, 133r (1338/39), 189v (1343/44). – KR 1368 S. 32v.

Des **SCHOLDRERS GÄSSEL**, heute Küchelbäckerstraße, um 1520.

Im Jahr 1520 wurden in des Scholdrers Gässel Straßenpflasterungsarbeiten ausgeführt. Nach der Lage im Steuerbuch gehört die

Schramenweg/Schraemelweg/Smermelweg

Bäckerfamilie Scholdrer zum östlichen Eckhaus Tal/Küchelbäckerstraße, also zu Tal Nr. 65. Hier findet sich in den Scharwerksverzeichnissen seit 1439 Bartlme Schollierer, 1462 im Steuerbuch letztmals genannt, und hier ausdrücklich Bäcker. 1482 bis 1500 folgt auf ihn Konrad oder Contz Scholdrer (Schollierer) Bäcker und dann, ab 1508 nachweisbar, der Bäcker Wolfgang Scholdrer. Er steht noch 1523 im Steuerbuch (patrimonium). Seit 1524 hat das Haus die Bäckerfamilie des Leonhard Westermair, so laut Grundbuch. Eine Bäckerei findet sich in dem Haus bis mindestens 1615.

Qu.: KR 1520 S. 134v. – StB seit 1431. – StadtA, Hochbau Nr. 34 (1439). – HB AV S. 459.

❑ **SCHRAMENWEG/SCHRAEMELWEG/SMERMELWEG,** vor dem Neuhauser Tor in Unser Frauen Feld, um 1392 – 1412.

Die genaue Lage dieses Weges ist nicht feststellbar. Er lag in der heutigen oberen (stadtnahen) Maxvorstadt, da er sonst nicht zur Frauenpfarrei (in Unser Frauen Feld, 1392) gehört hätte und er lag wohl näher am Neuhauser (1411) als am Schwabinger Tor. Namengebend könnte dieselbe Familie Schramm oder Schraemmel gewesen sei wie bei der Schrammerstraße innerhalb der Stadt.

1392 Smermelweg, 1397, 1411 Schraemelweg, 1412 Schrammenweg.

Qu.: GB II 21/1 (1392), 123/16 (1397), 113/2 (1411), 130/9 (1412).

SCHRAMMERSTRASSE, seit vor 1481.

Die Straße ist benannt nach einem Badinhaber oder Bader in dem Haus mit der Nummer 2. Das Bad selbst ist zwar 1368 bereits belegt, aber nicht mit diesem Namen. Im Jahr 1383 heißt es erstmals »dez Schramen pade«. Es ist also das Bad eines Mannes mit Namen Schramm, »des Schramm«, mit veraltetem Genitiv auf -en (vgl. »Goethens« Briefwechsel mit Frau vom Stein). Dabei ist unklar, ob Schramm der Bader war oder der Eigentümer des Bades, was bei den meisten Bädern nicht identisch war. Den Familiennamen Schramm gibt es seit 1368 in den Steuerbüchern. Am 8. Oktober 1374 wird der Zeuge Heinrich Schramm »aus Münsing« genannt. Allerdings ist kein Bader dieses Namens nachzuweisen.

Der Straßenname kommt erstmals im Jahr 1481 vor, und zwar in der Schreibweise Schrammengasse, später Schrammagasse usw., seit Stimmelmayr Ende des 18. Jahrhunderts »Schrammer Gäßl«, seit 1826 auch auf den Plänen Schrammergasse. Diese letztere und damit auch die heutige Schreibweise des Namens ist eigentlich falsch. Der Name heißt eindeutig Schramm und damit müßte auch die Straße Schrammstraße heißen. Allenfalls ginge noch die Genitiv-

Version (des) Schrammenstraße. Da dies aber auch bei anderen Straßen, z. B. Dienersgasse, Kaufingersgasse oder Prannersgasse, nicht beibehalten wurde, sondern der Personenname in der Nominativ-Form verwendet wird, müßte es auch hier »Schrammstraße« heißen. Übrigens kommt der Name auch in der Schreibweise Schrammel oder Schrämmel vor. Die seit Stimmelmayr überlieferte Form ist auf jeden Fall aus dem Unwissen über die Herkunft des Namens geboren. Man hat geglaubt, der Namengeber habe Schrammer geheißen. Burgholzer schreibt 1796 noch korrekt »Schramengäßchen«. Das Adreßbuch von 1803 verwendet ebenfalls eine alte Schreibweise: »Schramagäßchen«.

Die Gasse wird 1803 auch Stiftsgäßchen und 1815 Stiefelgässel genannt.

Außerhalb der Stadt gibt es 1397, 1411 und 1412 einen Schraemelweg oder Schramenweg, der sicher nach derselben Familie benannt ist. Schon der Begriff »Weg« deutet darauf, daß die Verkehrsfläche außerhalb der Stadt liegt.

Qu.: GB I 178/10 (1383). – StB 1482, 1490–1806. – HStA GU Mü 405 (1481). – Pläne 1826 ff. – HStA KU Benediktbeuern 261, auch 152. – Stimmelmayr S. 19. – Burgholzer (1796) S. 316. – AB 1803 S. 13. – GB II 123/16 (1397), GB III 113/2 (1411), 130/9 (1412).

SCHRANNENPLATZ, heute Marienplatz, 18. Jhd. – 1854.

Der Name ist abgeleitet von der Schranne oder Kornschranne, also dem Kornmarkt, der seit den frühesten Zeiten der Stadtgeschichte hier stattfand. Erst 1849 wurde der Beschluß gefaßt, die Kornschranne von diesem Platz zu verlegen: Es wurde eine große Halle auf der heutigen Blumenstraße erbaut, die Schrannen- oder Maximiliansgetreidehalle. Damit wurde auch der Weg für die Umbenennung des Platzes frei: 1854 erhielt er den Namen Marienplatz.

Qu.: Schattenhofer, Märkte OA 109/1 S. 66, 74 ff.

SCHREIBERGASSE, heute Landschaftsstraße, vor 1355 – nach 1411.

Im Jahr 1355 geht eine Seelgerätstiftung an das Kloster Fürstenfeld und zwar aus dem Haus des Perchtold von Ebenhausen, Küchenmeister des Markgrafen Ludwig von Brandenburg, und seiner Ehefrau Kunigunde. Es hatte ehedem dem Kind der Dietmarin gehört und war gelegen »ze München in der stat in der schreibergassen in Unserer Lieben Frauen pfarr«. Mit Einsetzen der Steuerbücher sind diese Namen leider alle nicht mehr auffindbar. Im Zusammenhang mit einem Haus des Klosters Fürstenfeld taucht aber ab 1407 der Name Schreibergasse wieder auf. So besitzt

Abb. 29: *Der Schrannenplatz (Marienplatz) Richtung Osten. Aquarell von Carl Friedrich Heinzmann (1795–1846), 1836.*

Fürstenfeld von 1407–1411 ein Haus »an der schreibergassen«, das es 1411 wieder veräußert. Der Vorbesitzer muß der ehemalige Vitztum von Oberbayern, Hans von Abensberg, gewesen sein. Auch hier wird wieder die Verbindung des Hauses zu dem Inhaber eines hohen Hof- bzw. Staatsamtes sichtbar.

Das Haus der Zeit nach 1400 »in der schreibergasse« ist identifizierbar. Es handelt sich um das Haus Landschaftsstraße 3 mit Hinterhaus an der Gruftstraße. Im Jahr 1404 liegt das Haus der Weckerin »in dem schreibergässel«. Ihr Haus ist das Nachbarhaus des Eckhauses an der Wein-/Landschaftsstraße, das man später Kleubereck nennt. Auch die Häuser des Franz von Hausen bzw. Hans des Rulein 1407 und die Häuser des Hans Holzkircher und Narziß Schwenninger 1410 liegen in der Landschaftsstraße. Die Schreibergasse ist also – auch schon 1355 – unzweifelhaft die heutige Landschaftsstraße.

Hinfällig sind damit ältere Lokalisierungsversuche, wie z. B. von Lipowski, der die Schreibergasse mit der Schrammerstraße gleichsetzte und sie von der Familie Schreiber auf dem Graben ableitete. An anderer Stelle suchte er die Schreibergasse am Hofgraben.

Nicht geklärt werden kann, wer der Schreiber war, nach dem die Gasse benannt wurde und auf welchem Haus er saß, auch nicht, ob er Schreiber war oder Schreiber hieß. Jedenfalls muß es einer aus der Zeit vor 1355 gewesen sein.

Qu.: MB 9 S. 193 (1355). – GB III 33/6 (1404), 61/1, 69/1, 78/5 (1407), 94/12, 13 (1410), 107/15 (1411). – StB. – Lipowski II (1815) S. 87/88, 330. – Stahleder, Bierbrauer OA 107 S. 138, mit unhaltbarer Deutung des Namens.

Auf der **SCHUL**, heute Teil des Petersplatzes, um 1426/1444.

Mit der Bezeichnung »auf der schul« werden im Salbuch der Stadt von 1444 die Häuser um die Petersschule am heutigen Petersplatz lokalisiert. Die Schule stand im Südosten des Platzes, dort wo man heute noch zum Viktualienmarkt hinunter geht.

Qu.: StadtA, Zimelie 19 S. 53v; Zimelie 34 S. 4v (1426).

Unter der **SCHUL**, heute Teil des Frauenplatzes, um 1390/1417.

In den Jahren 1390 bis 1401 gibt es in den Steuerbüchern als letzten Namen in der Schäfflergasse den Konrad Kistler »under der schul«.

In den Jahren 1416 und 1417 wird zweimal im Gerichtsbuch ein Gläubiger namens Hans der Kistler »under der schul« genannt. Im Steuerbuch von 1416 findet sich als letzter Name bei der Schäfflergasse ein Hans Perger Kistler. Er hatte demnach seine Wohnung und Werkstätte im Untergeschoß des Schulhauses (deshalb »unter der Schul«) der Frauenpfarrei, Frauenplatz Nr. 15. Das ist das auf dem Sandtner-Modell leicht zu erkennende alleinstehende Haus unterhalb des Nordturms der Kirche, an der Löwengrube. Das Haus steht damit an einem Straßenstück der Löwengrube, das zeitweise auch Kistlergasse genannt wurde, siehe dort, weil hier allgemein eine stärkere Konzentration von Angehörigen dieses Gewerbes stattfand. Die Kistler Konrad und Hans passen also auch aus diesem Grund sehr gut an diese Stelle. Allerdings ist die Standortangabe »unter der Schul« gar keine Straßenbezeichnung, da sie ja nur die Lage der Wohnung innerhalb eines Hauses bezeichnet.

Qu.: GB III 173/20 (1416), 182/9 (1417). – StB 1390 ff., 1397 S. 18r, 1416 S. 14v. – HB KV S. 19/20.

SCHULGASSE, heute Teil der Maxburgstraße, vor 1806 – nach 1826.

Nach Aufhebung des Karmeliterklosters wurde das Gregorianische Seminar von der Neuhauser- und Herzogspitalstraße (vgl. Seminarigasse) in das säkularisierte Karmeliterkloster an der Maxburgstraße verlegt. Das Gregorianische Seminar war zunächst nur eine Anstalt zur Unterbringung und Verköstigung von Schülern. Seit 1810 wurde es von Benedikt Holland geleitet (Hollandeum) und 1817 zur vollen Unterrichtsanstalt mit den Rechten eines Vollgymnasiums erhoben. 1824 wurde es unter dem Namen »Neues Gymnasium« auch für Stadtschüler geöffnet, nachdem es bis dahin immer noch ausschließlich Institutszöglinge unterrichtet hatte, und vom Staat übernommen. Es war das zweite öffentliche Münchner Gymnasium nach dem Wilhelms-Gymnasium (gegründet 1559). Als 1849 ein drittes Gymnasium, das Max-Gymnasium, gegründet wurde, erhielt das bisherige »Neue Gymnasium« den Namen »Ludwigs-Gymnasium«. 1938/45 wurde es schließlich zur »Ludwigs-Oberschule für Knaben«, 1945 am alten Platz ausgebombt.

Von dieser Einrichtung nun hatte der östliche Teil der heutigen Maxburgstraße seinen Namen Schulgasse, der 1806 erstmals auf dem Stadtplan zu finden ist. Auch Lipowski nennt ihn 1815. 1826 führt ihn letztmals ebenfalls ein Stadtplan.

Qu.: Pläne 1806–1826. – Lipowski II (1815) S. 321. – HB KV S. 138. – Städtebuch-Artikel »München« S. 431. – Megele S. 99 (1559).

SCHULPLATZ, heute Teil der Herzog-Wilhelm-Straße, um 1818 – 1826.

Der Name für den südlichen Teil der heutigen Herzog-Wilhelm-Straße bzw. die platzartige Erweiterung an der Stelle der Einmündung der Kreuzstraße in die an der Stadtmauer entlang laufende Gasse (heute Herzog-Wilhelm-Straße) stammt von dem ehemaligen Haus Kreuzstraße Nr. 25*. Es lag gegenüber dieser Einmündung der Kreuzstraße, an die Stadtmauer angelehnt. Anfang des 17. Jahrhunderts war es vom späteren Kurfürsten Maximilian I. als Josefspital (sog. kleines Josefspital) errichtet worden. Nach Errichtung des großen Josefspitals bestimmte Kurfürst Max Emanuel das »kleine« zum Hofwaisenhaus. Auf Anordnung des Kurfürsten Karl Theodor wurde es nach 1793 zu einer Feiertagsschule für Handwerker, Gesellen, Lehrjungen und Dienstmägde eingerichtet, die bis 1883 bestand. 1885 wurde das Gebäude mitsamt der Ringmauer abgebrochen.

Der Name Schulplatz ist in den Adreßbüchern von 1818 und 1823 und dem Plan von 1826 belegt.

Qu.: HB HV S. 300.

(Schulplatz).

Angeblicher Name für den Petersplatz, aber in dieser Form urkundlich nicht nachzuweisen, vgl. »Auf der Schul«.

Unter den **SCHUSTERN/SCHUSTERKRAMEN**, heute Teil des Marienplatzes, um 1383/1395.

Gemeint sind die beiden Häuser Marienplatz 27 und 28, die zusammen das sog. Hammel-Schuhhaus bildeten. 1383 II findet sich im Steuerbuch als Überschrift über der Seite mit den Steuerzahlern dieser Häusergruppe der Name »Under den schustern« und 1395 wird die Lage eines Hauses so angegeben. In einer anderen Quelle findet sich 1395 auch der Name »Unter den Schuster-Kramen«.

Qu.: StB 1383 II S. 44v. – GB II 89/5 (1395). – MB 20 S. 81 (1395).

SCHWABINGER GASSE, ÄUSSERE, ANDERE, HINTERE, UNTERE, heute Theatinerstraße, vor 1295 – nach 1826.

Die Schwabinger Gasse, benannt nach dem Ort Schwabing im Norden der Stadt, zu dem sie führt, wird erstmals am 24. August 1295 in einer Urkunde genannt, in der der Stadtrat Vereinbarungen mit dem Kloster Scheyern über dessen Baugrund und späteren Klosterhof trifft. Da dieser Hof später jahrhundertelang an der Hinteren Schwabinger Gasse (Theatinerstraße), an der südlichen Ecke zur Perusastraße lag, ist also die Urkunde auf diese Straße zu beziehen.

»Hintere« (erstmals belegt 1352) (Theatinerstraße) heißt sie zur Unterscheidung von der »Vorderen« (erstmals 1367) (Residenzstraße). Die Steuerbücher nennen sie grundsätzlich »prima« (erste), weil die Steuereinnehmer von der Kreuzgasse (Promenadeplatz) aus zuerst zur Theatinerstraße kamen und dann erst zur Residenzstraße, die sie deshalb »Schwabinger Gasse secunda« (zweite) nennen. Auch die Namen »äußere« (z.B. 1504, 1542) für die Theatiner- und »innere« (1567) für die Residenzstraße, sind belegt. Ja, die Pläne seit 1729 unterscheiden in »obere« (Residenz-) und »untere« Schwabinger Gasse (Theatinerstraße).

Seit 1803 ist der Name Theatinerstraße gebräuchlich, während sie Stimmelmayr Ende des 18. Jahrhunderts noch »andere« oder »äußere« Schwabinger Gasse nannte, Hübner 1803 in der Mischform »Theatiner-Schwabinger Gasse«. Der Plan von 1826 überliefert letztmals den Namen Schwabinger Gasse für die Theatinerstraße.

Infolge eines offensichtlichen Irrtums bezeichnet Westenrieder einmal die Residenzstraße als »äußere Schwabinger Gasse«. Es muß natürlich »innere« heißen.

Siehe auch »Schwabinger Gasse prima«.

Qu.: Dirr Nr. 24 (1295). – MB 19a S. 482 (1352), S. 335 (1367), 18 S. 646 (1504). – StB. – StadtA, Depositum Hypo–Bank, Urk. Nr. 4 (1542), Nr. 10 (1567). – Pläne 1729, 1747/48, 1759, 1781, 1826. – Stimmelmayr S. 18 Nr. 33/2, 35/1. – Hübner I (1803) S. 76. – AB 1803 S. 14. – Westenrieder (1782) S. 37.

SCHWABINGER GASSE, INNERE, OBERE, VORDERE, heute Residenzstraße, vor 1367 – nach 1805.

Erklärung des Namens siehe »Schwabinger Gasse, äußere«.
Die »vordere« Schwabinger Gasse findet sich erst seit einer Urkunde von 1367, dann regelmäßig seit dem Einsetzen der Steuerbücher im Jahr 1368 in den schriftlichen Quellen, dürfte aber gleichzeitig mit der »hinteren« entstanden sein. In manchen Quellen heißt sie auch »innere«, so 1456, 1524, 1575. Manche Pläne teilen später in »Residenzgasse« (der unmittelbar an der Residenz vorbeiführende Teil der Straße) und »obere Schwabinger Gasse« (das Straßenstück zwischen Residenz und Krümleins-Turm). Der Plan von 1781 nennt sie »Schwabinger oder Residenzgaß«, diejenigen von 1729, 1747/48 und 1759 »obere Schwabingergasse«, ähnlich Stimmelmayr, der sie Ende des 18. Jahrhunderts »Residenz-Schwabinger Gasse« nennt. Auch Hübner überliefert uns um 1803 einen Doppelnamen: »innere Schwabinger oder Hofgasse«. Die Steuerbücher führen bis 1805 nur die alten Namen »vordere Schwabinger Gassen« oder »Schwabinger Gasse secunda«.
Siehe auch »Schwabinger Gasse secunda«.

Qu.: MB 19a S. 335 (1367). – StB seit 1368. – StadtA, Zimelie 34 S. 10v (1456). – HStA GU Mü Nr. 1236 (1575). – Stimmelmayr S. 17. – Hübner I (1803) S. 144.

SCHWABINGER GASSE, PRIMA, heute Theatinerstraße, seit vor 1371.

Erstmals im Steuerbuch von 1371 heißt die heutige Theatinerstraße »Schwabinger (Gasse) prima« und die heutige Residenzstraße heißt »Schwabinger (Gasse) secunda«, also »erste« und »zweite« Schwabinger Gasse. Die hintere ist also die prima (erste) und die vordere die secunda (zweite), nicht umgekehrt, auch wenn es selbst namhafte Autoren immer wieder falsch herum behaupten. Der Grund ist folgender: die Einteilung nach »prima« und »secunda« kommt ausschließlich in den Steuerbüchern vor. Die Steuerbücher enthalten die Straßennamen in der Reihenfolge, in der einstmals die Steuereinnehmer von Haus zu Haus durch die Stadt gegangen sind. Sie kamen von der Kreuzgasse (Promenadeplatz) her und gingen von da in die Prannerstraße hinein (heute Kardinal-Faulhaber-Straße), dann durch die Prannerstraße, Salvatorstraße und wieder Kardinal-Faulhaber-Straße (Ostseite), dann in die Fingergasse (Maffeistraße). Danach kamen sie zur Theatinerstraße, die für die Steuereinnehmer die »erste« oder »prima« der beiden Schwabinger Gassen war. Sie gingen an der Westseite diese Straße stadtauswärts bis zum Tor am heutigen Odeonsplatz. Dort wendeten sie und gingen die Ostseite der

Straße wieder zurück. Dann gingen sie durch die Schrammerstraße nach Osten und kamen an deren Ende an die heutige Residenzstraße, die nun für sie die »zweite« oder »secunda« der beiden Schwabinger Gassen war. Deshalb also ist in den Steuerbüchern die Bezeichnung nach »prima« und »secunda« scheinbar sinnwidrig oder beruht auf einem Schreiberversehen, wie manche Autoren meinen, nur weil sie die Logik der Quelle nicht verstanden haben.

Qu.: StB seit 1371.

SCHWABINGER GASSE, SECUNDA, heute Residenzstraße, seit vor 1371.

Siehe »Schwabinger Gasse, prima«.

❏ **SCHWABINGER WEG,** heute etwa Ludwig-/Leopoldstraße, um 1438.

Mit dem Schwabinger Weg ist natürlich die Straße vom Schwabinger Tor aus nach Schwabing gemeint. Er kommt häufiger in den Quellen vor als nur im Jahr 1438.

Qu.: MB 20 S. 288.

In der **SCHWAIG,** heute Teil der Salvatorstraße, vor 1410 – nach 1513.

Unter einer Schwaige versteht man einen Viehhof, lateinisch vaccaria (vacca = Kuh), also ein landwirtschaftliches Anwesen, das nur oder hauptsächlich Milch- und Viehwirtschaft betreibt, keinen Ackerbau. Eine solche Schwaige lag westlich des späteren Frauenfriedhofs, zwischen der Salvator- und der Jungfernturmstraße. Wahrscheinlich gehörte auch das Gelände »in der Kuh« ursprünglich dazu (vgl. dort). Es handelt sich hierbei wohl nur um eine Verkürzung aus »in der Kuhschwaige«.

Erstmals begegnet der Name im Jahr 1410: Hans des Wölfels sel. Witwe Elspet veräußert ihr Haus an der Prannersgassen, genannt »die swaig«. 1454 wechseln Haus und Garten bei der Ringmauer, »in der swayg genannt«, den Besitzer. Eines Leinwebers Haus liegt 1478 in Unserer Lieben Frauen Pfarrei »in der swaig«. Letztmals findet man den Namen 1513, als wieder ein Haus in der Prannersgassen bei der Ringmauer, »in der swaig« genannt, und zwischen dem herzoglichen Stadel und dem Frauengottesacker gelegen, in andere Hände übergeht. Von nun an wird der Name »in der Schwaig«, der ja ein Gelände, einen größeren Raum bezeichnet, abgelöst vom Straßennamen »Schwaiggasse«. Siehe dort.

Lipowski vermutete 1815 die Schwaige – sicher zu Unrecht – weiter westlich, beim späteren Rochusbergl und sich bis zum heutigen Maxtor hinziehend.

Qu.: Schmeller II Sp. 626/628. – GB III 93/4 (1410). – HStA Kurbaiern U 16268 (1454), 16410 (1513). – StadtA Urk. D I e 1 II – 11 (1478); F I e Nr. 22 (1471), Nr. 23 (1474); B II b Nr. 42 (1503). – MB 20 S. 259, 261 (1433), 453 (1455), 650 (1478), MB 21 S. 322 (1474), MB 35/2 S. 457 (1506). – Lipowski II (1815) S. 370.

SCHWAIGGASSE, heute westlicher Teil der Salvatorstraße, vor 1575 – nach 1803.

Den Namen Schwaiggassen überliefert erstmals das Grundbuch der Zeit um 1575. Danach liegen in ihr die Häuser der heutigen Salvatorstraße von der Kirche an nach Westen, bis an ihr Ende. Der letzte Beleg stammt vom Jahr 1803. Stimmelmayr, der noch vor Auflassung des Friedhofs schreibt, nennt die Gasse bereits »St. Salvators Gäßl« und Koebler sagt 1827, die »Schwaiggasse besteht nicht mehr«.

Siehe auch »in der Schwaig«.

Qu.: GruBu S. 712v–717v. – HStA GU Mü Nr. 3098 (1803). – Koebler (1827) S. 78.

SCHWEINMARKT, um 1567.

Siehe »Saumarkt«.

SEBASTIANSGASSE, heute Teil der Blumenstraße, Ende 18. Jhd. – 1873/74.

Die Sebastiansgasse war das Verbindungsstück zwischen dem Taschenturmgäßchen und dem Dultständzwinger. Es lief an der Stadtmauer entlang und begrenzte den Häuserblock an St.-Jakobs-Platz/Sebastiansplatz/Blumenstraße/St.-Jakobs-Platz nach Osten und Süden. Seit die Mauer gefallen ist, bilden diese Häuser die westliche Seite der Blumenstraße, bei deren Anlage um 1873/74 die Sebastiansgasse in der Blumenstraße aufging (Umbenennung zur Blumenstraße zusammen mit dem Taschenturmgäßchen gemäß königlichen Reskripts vom 4.12.1873, Mitteilung durch den Magistrat an das Kollegium der Gemeindebevollmächtigten vom 14.3.1874). Ein Haus, ein Stall und ein Stadtturm an dieser Gasse wurden bereits 1851 wegen des Baus der Schrannenhalle abgebrochen.

Der Name entstand in Anlehnung an den Sebastiansplatz. Die Karte von 1806 nennt diese Gasse »An der Kloster Anger Mauer«, aber

Stimmelmayr nennt sie Ende des 18. Jahrhunderts »St. Sebastians Gasse«.

Qu.: Stimmelmayr S. 95 Nr. 108. – Rambaldi Nr. 90. – Pläne 1806–1859. – AB seit 1818. – StadtA, Straßenbenennung Nr. 31 (1873/74). – HB AV S. 318.

SEBASTIANSPLATZ, seit vor 1818.

Benannt nach einer Sebastianskapelle, die von etwa 1515–1814 an diesem Platz stand, seit 1809 in Privatbesitz war und profaniert wurde (Gaststätte) (Sebastiansplatz Nr. 9*). Sie gehörte zu einem Haus des ehemaligen Benediktinerstifts Ebersberg und war nach dem Patron dieses Klosters benannt.

Seit 1300 wohl zu »Anger« gerechnet, seit 1369 zu Angergasse, 1539 »am anger bey sant Sebastian« (Straßenpflasterungsarbeiten), 1540–1808 Angergassen bei St. Sebastiani, seit 1566 zu Großer Anger, seit 1642 Anger Sebastiani, 1747/48 Klain Anger, 1818 Am Sebastiansplatze. Seit 1826 findet man den Platz wieder zum Angerplatz gerechnet. Seit 1837 hat sich endgültig der Name Sebastiansplatz durchgesetzt.

Qu.: KR 1539 S. 113r. – AB 1818 S. 168. – Pläne seit 1837. – Muffat, Münchens ... Straßen S. 68 (1814).

Des **SEEMÜLLERS GÄSSEL**, heute Karmeliterstraße, um 1565 (nach 1509).

Die später so genannte Kaltenecker-Brauerei am Promenadeplatz 21 gehörte seit 1509 laut Steuerbuch dem Brauer Hans Seemüller, seit 1537 seinen Söhnen Georg und Kaspar Seemüller, seit 1543 bis 1574 nur noch dem Sohn Georg, ebenfalls Bierbrauer. 1565 werden »in des Seemüllers gässl« Straßenpflasterungsarbeiten durchgeführt (ebenso in der Engen Gasse). Die heutige Karmeliterstraße bestand allerdings zu dieser Zeit noch nicht und das Brauhaus war noch nicht – wie später – ein Eckhaus. Es bestand vielmehr in dieser Zeit nur ein Durchgang durch dieses Haus von der Kreuzgasse aus hinüber zur Engen Gasse. Das Haus war ein sog. Durchhaus. Dieser Hausdurchgang – ein öffentlicher Durchgang – wurde also 1565 gepflastert.

Qu.: KR 1565 S. 129r. – HB KV S. 240.

SEERIEDERGASSE, heute Orlandostraße, vor 1781 (nach 1648) – 1873/74.

Der Branntweiner Wolf Seerieder kaufte im Jahre 1648 das Anwesen Lederstraße 18* mit Bräuhausstraße 1*, das heißt, die ganze

Straßenseite der heutigen Orlandostraße, Ostseite. Der Komplex blieb bis 1748 im Familienbesitz und ist im Grundbuch unter dem Namen »Zum Seerieder« eingetragen worden. Erst 1872 wurde er abgebrochen und auf dem Grundstück wurden die vier Häuser Orlandostraße 2, 4, 6 und 8 errichtet. Im folgenden Jahr wurde auch der Name Seeriedergasse, den erstmals der Plan von 1781, dann wieder Stimmelmayr überliefern, in Orlandostraße geändert (1873/74).

Qu.: HB GV S. 145. – Rambaldi Nr. 470. – StadtA, Straßenbenennung Nr. 31 (1873/74). – Stimmelmayr S. 3 Nr. 8.

SEIDENGASSE, heute Teil des St.-Jakobs-Platzes, vor 1813 (nach 1722) – nach 1833.

Benannt nach dem kurfürstlichen Seidenhaus, das mitten auf dem heutigen St.-Jakobs-Platz stand und erstmals im Jahr 1722 im Steuerbuch genannt wird. Es wird um 1800 in Herbergen umgewandelt und ist den Bomben des Zweiten Weltkrieges zum Opfer gefallen.

Das Feuerhäusl trägt 1813 die Hausnummer »Seidengässchen Nr. 769*«. Dann steht die Seidengasse in den Adreßbüchern der Jahre 1818, 1823 und 1833. Schon 1835 ist sie nicht mehr belegt. Wahrscheinlich ist sie identisch mit der »Gasse hinter dem Stadtbaustadel«.

Qu.: StB 1722. – AB 1818 S. 171, 1823 S. 21, 1833 S. 29. – HB AV S. 308 ff., 333.

SEMINARIGASSE, heute Herzogspitalstraße, Ende 18. Jhd. (nach 1654).

Stimmelmayr nennt die Straße »Herzogspital oder Seminari Gasse«. Die Häuser Herzogspitalstraße Nr. 18 und 19 besaß seit dem 22. September bzw. 31. Dezember 1694 die Societas Jesu (Jesuiten), die Häuser Nr. 20 schon seit dem 1. Juni 1622 und Nr. 21 schon seit dem 12. Mai 1654 ebenfalls. Sie waren bis 1790 (Nr. 21), 1806 (Nr. 19, 20) und 1808 (Nr. 18) im Besitz der Jesuiten und dienten dem Institut Sancti Gregorii Magni »der armen studierenden Knaben« (»Domus pauperum Studiosorum Sancti Gregorii Magni«). Sie gehörten als Hinterhäuser zu den entsprechenden Vorderhäusern an der Neuhauser Straße.

Das Gregorianische Seminar war im Jahr 1574 von Herzog Albrecht V. für begabte Bauern- und Bürgersöhne gegründet worden, wurde später auch »Kosthaus der 40 armen Scholaren« und im 19. Jahrhundert »Hollandeum« genannt, nach seinem 1810 berufenen Leiter Benedikt Holland. Noch heute existiert es als »Albertinum«, benannt nach seinem Gründer. Auf dem Stadtplan von 1806 heißen die Gebäude »Altes Seminarium«, weil es seit 1802 bereits verlegt war in das säkularisierte Karmeliterkloster, vgl. »Schulgasse«.

Qu.: HB HV S. 179/82. – Stimmelmayr S. 70 Nr. 86/1. – Schattenhofer M 01063.

SENDLINGER STRASSE, seit vor 1318.

Eine der anläßlich der Stadterweiterung entstandenen Ausfallstraßen, hier nach Süden, benannt nach dem ersten Ort, den man außerhalb der Stadt erreicht, wenn man die Straße fortfährt: Sendling. Der erste Beleg für den Namen stammt vom Jahr 1318. In diesem Jahr liegt ein Garten »an Sentlinger gazzen innerhalb des tors«. Der nächste Beleg stammt vom Jahr 1365. Das an der Straße stehende Tor führt allerdings schon im Jahr 1319 den Namen »Sendlinger Tor« bzw. »porta Sentlingeriorum«. Der Pütrichturm wird sogar 1310 schon »das tor, daz gen Sentlingen get« genannt. Die Ausrichtung auf Sendling ist also wohl schon seit mindestens der Zeit der Stadterweiterung vorhanden.

Stimmelmayr scheidet eine obere (torwärts gelegene) von einer unteren (stadtwärts gelegene) Sendlinger Straße.

Außerhalb der Stadt gab es übrigens 1372 und 1394 einen Sendlinger Weg und 1381 eine Sendlinger Straß in St. Peters Feld.

Die Begriffe Weg und Straße sind überhaupt den Verkehrsflächen außerhalb der Stadt vorbehalten und kommen häufig dort vor.

Qu.: MB 9 S. 120 (1310). – MB 18 S. 98 (1318). – KR 1318/25 S. 9r (1319). – Dirr S. 406/4 (1365). – Stimmelmayr S. 81, S. 78 Nr. 93. –GB I 30/6 (1372), 138/10 (1381), II 81/1 (1394).

❏ **SENDLINGER STRASS, SENDLINGER WEG, STRASS gen NYDERN-SENTLING,** heute Lindwurmstraße, vor 1372 – nach 1487.

Es handelt sich um die Verkehrsverbindung vom Sendlinger Tor aus nach (Unter-)Sendling und kommt in den Quellen wesentlich öfter und länger vor als angegeben. Die Belege sind nur beispielhaft.

Qu.: GB I 30/6 (1372), II 81/1 (1394) (Weg), I 138/10 (1381) (Straß). – MB 18 S. 360 (1420), S. 611 (1487) (Straß).

SINGLSPIELERSTRASSE, seit vor 1806 (nach 1673).

Benannt nach der Familie Singlspieler, die seit 1673–1743 hier an der Südecke zur Sendlinger Straße (Nr. 28* A) das nach ihr benannte Bräuhaus innehatte.

Andere Namen waren: 1370 in dem gaezzel an Sentlinger gazzen, 1373 in dem gaezzel an Sentlinger gazzen bey Engelharten dem smid, 1375 an Sentlinger gazzen in dem gaezzlein bey dem Engelhart smit, 1394 an Sentlinger gassen in dem gaesslein, 1527 Pernersgässel, 1540 Staingaßl, 1542–1549 Gaßl, 1543/44 Streichergaßl, seit 1551 Manggaßl, 1552 Mang- oder Staingaßl, Ende 18. Jahrhundert Heißbauern- und St.-Johann-Nepomuk-Gässel oder Johannesgässel. Den Namen Singlspielerstraße kennt erstmals der Stadtplan von 1806.

Qu.: HB AV S. 383.

SPARKASSENSTRASSE, seit 1.1.1907.

Benannt nach der an dieser Straße liegenden Stadtsparkasse, die in den Jahren 1898/99 erbaut wurde. Die Straße entstand durch Überwölben des Pfisterbaches zwischen Tal und Pfisterstraße. Der Beschluß zur Straßenbenennung stammt vom 29. November 1906. Aufgegangen sind hier die alten Namen Münzgängl (Ende 18. Jahrhundert) und Braun Bräuhaus Gässchen (1806).

Qu.: StadtA, Straßenbenennung Nr. 27/1.

Beim SPITAL, heute Teil des Viktualienmarktes, vor 1369 – nach 1805.

»Beim Spital« nannte man eine Häusergruppe hinter dem Heiliggeistspital auf dem heutigen Viktualienmarkt, an dessen Westseite. Durch diese Häusergruppe und die Rückgebäude der Häuser am Rindermarkt, ihnen gegenüber, wurde am Roßschwemmbach entlang eine Gasse gebildet, die das Rosental fortsetzte und bis zur Fleischbank reichte. Die Häuser wurden um 1870 zur Erweiterung des Viktualienmarktes beseitigt.

Seit 1369 »bei dem spital« oder »apud (circa) Hospitale«, um 1405 Spitalergasse, seit 1540 »Spital und Rosschwemb«, seit 1613 teils nur noch »Roßschwemme« genannt. Name 1805 letztmals im Steuerbuch.

Qu.: StB 1369–1805. – Pläne seit 1613. – AB 1880 S. 445.

SPITALERGASSE, heute Teil des Viktualienmarkts, um 1405.

Im Jahr 1405 liegt das Haus, genannt das Predigerhaus »an Spitaler gassen«. Den Steuerbüchern nach gehört es zu den Häusern, die sonst »Beim Spital« genannt werden, den Häusern auf der Roßschwemme, heute im Viktualienmarkt aufgegangen.

Qu.: Vogel, Heiliggeistspital U 208.

Auf **SPITALER HOFSTATT**, heute Teil des Dreifaltigkeitsplatzes, um 1390.

Im Jahr 1390 übergibt der Zimmermann Älbel sein Haus »pei der mawr auf spitaler hofstat« an Empel den Boten. Dieser findet sich in den Steuerbüchern, z. B. 1393, bei der Fischergasse. Mit ihr ist die ganze Gegend der heutigen Heiliggeiststraße bis hinter zur Westenriederstraße gemeint. Das Haus lag also an der Stadtmauer in der Gegend von Dreifaltigkeitsplatz und Westenriederstraße.

Qu.: GB I 247/19 (1390). – StB 1393 S. 37v.

Unter den **SPORERN, SPORERGASS** heute Teil der Kaufingerstraße, vor 1374 – nach 1485.

Erstmals im Jahr 1374 findet sich für ein Haus, das mit Kaufingerstraße 35 identifiziert werden kann, die Lagebezeichnung »unter den Sporern«. 1375 wird das Haus Kaufingerstraße 32 mit 33 so eingeordnet und 1376 wieder Kaufingerstraße 33. Haus Nr. 35 heißt 1454 »unter den Sporern«. Über der Seite des Steuerbuchs von 1383, auf der die Bewohner der Häuser Kaufingerstraße 30–35 aufgeführt sind, steht als Überschrift »Sporergazz« und 1388 schreibt der Steuerschreiber neben die Bewohner des Eckhauses Kaufingerstraße 37, Ecke Marienplatz, an den Rand: Sporergassen. Das Haus Nr. 34 an der Kaufingerstraße hat seit nachweislich 1368 den Rudel Sporer als Eigentümer und das Haus Nr. 36 seit derselben Zeit den Sporer Walther.

Die eigentliche Sporergasse ist also vom 14. Jahrhundert bis weit ins 15. Jahrhundert hinein nicht etwa die heutige Sporerstraße, sondern die Nordseite der Kaufingerstraße, vom Haus Nr. 32 an bis zum Marktplatz. Hier wimmelt es in den Steuerbüchern der Zeit geradezu von Berufsbezeichnungen wie Sporer, Schlosser, Schmied. Zu dem Doppelhaus Kaufingerstraße 32/33 gehört ein Hinterhaus an der Thiereckstraße, so daß sich das Areal »unter den Sporern« auch in diese Straße hineinzieht. Wahrscheinlich von da aus hat sich das Gewerbegebiet dieses Zweiges nachher in die heutige Sporerstraße hinein verlagert, wo Sporer und Schlosser seit etwa 1439 belegbar sind.

Natürlich werden die Häuser »unter den Sporern« an der Kaufingerstraße auch unter dem Straßennamen »Kaufingergasse« aufgeführt. Es heißt in der Regel in den Quellen: an der Kaufingergassen unter den Sporern.

Qu.: GB I 47/10 (1374), 60/7, 61/6 (1375), 76/12 (1376). – StadtA, Kämmerei Nr. 64 S. 1r (1454). – StB seit 1368.

SPORERGASSEN, heute Schäfflerstraße, um 1388.

Das Haus des Schmieds Häberl und das seines Nachbarn Gerolt, eines Schlossers, liegen 1388 »an der spörergassen«. Nach Ausweis aller Steuerbücher dieser Zeit haben die beiden ihre Häuser an der Schäfflergasse, die auch damals in der Regel schon so hieß. Auch der Besitznachfolger von Häberl, der Kistler Füchsel, hat nach 1388 sein Haus in der Schäfflergasse, neben dem Gerolt. Da es in dieser Straße zu dieser Zeit neben den Schäfflern immer auch zahlreiche Schlosser, Sporer und Schmiede gab, mag man sie gelegentlich auch als Sporergasse bezeichnet haben.

Qu.: GB I 236/20 (1388).

SPORERSTRASSE, seit vor 1780 (nach 1439).

Die ersten Sporer lassen sich mit Sicherheit erst seit 1439 in dieser Gasse nachweisen. Auch als Schlosser oder Schmiede bezeichnen sie sich.

Bei ein und derselben Person werden oft alle drei Berufsbezeichnungen abwechselnd gebraucht. Eine stärkere Konzentration von Handwerken dieser Art gibt es im übrigen erst seit Ende des 15. Jahrhunderts in dieser Gasse. Hinzu kommen noch Messerschmiede und Geschmeidmacher, so daß diese Gasse tatsächlich fast ausschließlich dem metallverarbeitenden Gewerbe vorbehalten war, aber eben nicht vor 1439. In der Zeit davor findet man die Sporer stärker konzentriert an der Kaufingerstraße und auch in der Schäfflerstraße.

Die Sporerstraße führt seit mindestens 1383 meist den Namen »Unser Frauen Gässel« oder Abwandlungen davon. Dies hat sich bis ins 18. Jahrhundert gehalten. 1453 heißt diese Gasse »im gassell pey dem Eßwurm«, 1487 »Kirchstraße, als man auf Unser Frauen Kirchhof geht«, seit 1541 auch Name »Schlossergässel« für diese Straße belegt.

Sogar Hübner sagt 1803 noch »Sporer- einst Schlossergäßchen«. Erst seit dem Plan von 1780 »Sporergassl«.

Stimmelmayr leitet den Namen von einem einzigen Sporer ab, indem er es »das Gäßl des Sporers« nennt. Wahrscheinlich spielt er damit auf das Haus Sporerstraße 3* an, dessen Eigentümer seit 1684 Sporer sind, zuletzt seit dem 18. Oktober 1756 der Hofsporer Johann Prunner (bis 1769), danach bis 1779 dessen Witwe.

Siehe auch »Unter den Sporern«.

Qu.: Pläne 1780, 1781. – StB 1805. – Stimmelmayr S. 22 Nr. 39. – Hübner I (1803) S. 244. – HB KV S. 306/07.

SPRINGERGASSL, heute Albertgasse, um 1780/82 (nach 1705).

Namengebend war eine Familie Springer, Eigentümer von Weinstraße 10, dem Gasthaus »Zum goldenen Hahn«, und Nr. 11, die schon vor 1705 an eine Anna Franziska Springer gekommen waren, die Tochter des Stadtrats und Gastgeben Antoni Mez. Er hatte am 25. Januar 1672 diesen Besitz seinen drei Töchtern hinterlassen, deren eine mit dem Stadtrat zu Donauwörth, Salzbeamten und Stadtzahlmeister Peter Springer verheiratet war. Von 1705–1731 war wiederum eine Erbengemeinschaft aus Springer-Nachkommen Eigentümer von Weinstraße 10 und 11.

Den Namen Springergasse führen die Pläne von 1780 und 1781 sowie Westenrieder 1782. Stimmelmayr nennt die Gasse um dieselbe Zeit Thalergäßchen, der Plan von 1806 Albertgäßchen. Nicht nachweisen ließ sich der von Rambaldi angeführte Name »Hahnengäßchen«.

Qu.: HB KV S. 363. – Westenrieder (1782), Kartenbeilage.

STADTHAUSGASSE, heute Teil des St.-Jakobs-Platzes, Ende 18. Jhd.

Namengebend war die Häuserzeile am heutigen St.-Jakobs-Platz Nordseite, die im wesentlichen vom heutigen Stadtmuseum eingenommen wird. Dies war ehedem das städtische Zeughaus mit Getreidekasten und städtischem Marstall. Letztere beide – mit der Hausnummer 2 – waren das eigentliche Stadthaus. Da dieser Häuserzeile gegenüber, auf dem heutigen Platz, das Seidenhaus und das Feuerhaus standen, hatte sich dazwischen eine Gasse gebildet, die Stimmelmayr Ende des 18. Jahrhunderts »Stadthausgasse« nennt.

Qu.: Stimmelmayr S. 93 Nr. 107. – HB AV S. 291.

An der **STADTMAUER,** heute Westenriederstraße, um 1803/05.

Nur die Adreßbücher von 1803 (beruhend auf Hübner) und von 1805 (von Baumgartner) nennen die spätere Westenriederstraße »An der Stadtmauer«. In der Straße gab es nur Hinterhäuser der Gebäude im Tal, so daß ein Straßenname in früherer Zeit nicht nötig war. Westenrieder nennt es 1782 »Gäßl hinter die Mauern« und Hübner »ein Gäßchen hinter die Stadtmauer (führend), gerade vom Isarthore seitwärts«.

Qu.: AB 1803 S. 46, 1805 S. 158. – Westenrieder (1782) S. 37. – Hübner I (1803) S. 284.

An/Hinter der **STADTMAUER**, heute Marienstraße, vor 1730 – nach 1807.

Siehe »Hinter der Mauer bei der Einschütte«.

STADTSCHREIBERGÄSSEL, heute Landschaftsstraße oder ehemalige Gruftstraße, um 1481.

Das Haus Weinstraße 14, gelegen an Gruftstraße, Weinstraße und Landschaftsstraße, gehörte seit mindestens 1453 bis zu seinem Tod im Jahr 1483 dem Stadtschreiber Hans Kirchmair, dann bis mindestens 1486 seiner Witwe. Wenn im Jahr 1481 »in der statschreiber gässel« die Straße gepflastert wird, dann ist damit entweder die heutige Landschaftsstraße oder die ehemalige Gruftstraße gemeint.
Reiner Zufall dürfte es sein, daß die Landschaftsstraße im 14. Jahrhundert schon einmal »Schreibergasse« genannt wurde.

Qu.: KR 1481/82 S. 108r. – StB seit 1453–1486.

STAINGÄSSEL, heute Singlspielerstraße, vor 1540 – nach 1588.

Herkunft des Namens ungeklärt. Im Jahr 1540 steht neben dem Namen des Eigentümers des Eckhauses Oberanger 44 (Südecke), Benedict Schroffnagl/Schrafnagl, im Steuerbuch: »Staingäsl«. Das wiederholt sich von 1552 bis 1588 und steht gleichermaßen auch beim Eckhaus Sendlinger Straße 28 C (Südecke) neben dem Hauseigentümer Hans Hintermayer. Schrafnagl war von Beruf Zimmermann, Hintermayer war »Herter« oder Hüter. Ein Eigenname Stain kommt in der Gegend nicht vor, so daß eine Ableitung von einem solchen ausscheidet. Ein kleiner Bezug liegt vielleicht darin, daß der Eigentümer des Hauses Sendlinger Straße 28* B seit 1507 Maurer war, als Nachfolger findet sich ein Steinmetz. Vielleicht hat einer von ihnen ein Grundstück an dieser Gasse neben seinem Haus als Lagerplatz für Steine benützt.
Seit 1533 gibt es für diese Gasse auch den Namen Manggässel, benannt nach dem nördlichen Eckhaus am Oberanger, der Stadtmang.

Qu.: StB seit 1540. – HB AV S. 162 ff., 382 ff.

An der **STAPFEN**, Tal Marie vor Haus Nr. 8, um 1374/78.

Im Jahr 1374 liegt das Haus des Konrad Täutenhauser im Tal Unserer Lieben Frau, am Eck, an des Sanders Stapfen. 1377 liegt es nur »an der Stapfen«, ebenso 1378. Das Haus des Kürschners Täutenhauser ist auf das Haus Nr. 8, westliche Ecke zur Maderbräustraße, zu beziehen. An dieser Stelle also ging man eine Stufe (Stapfe = Treppenstufe) neben dem Haus hinauf oder hinunter.

Qu.: GB I 54/2 (1374), 86/21 (1377), 93/16 (1378).

An der **STAPFEN**, Tal Petri vor Haus Nr. 69, um 1372.

Hier liegt das Haus des Schusters Heinrich Teininger. Da er im Steuerbuch unmittelbar auf den Radlbader folgt, also entweder zu einem Nebenhaus von Radlsteg Nr. 2 oder zu Tal Nr. 69 gehört, muß die Stapfe an der Einmündung des Radlbaches in das Tal liegen.

Qu.: GB I 30/4 (1372).

An/Auf der **STAPFEN**, Kreuzstraße vor Haus Nr. 34 B, vor 1462 – nach 1486.

Laut Häuserbuch (Grundbuch) gehört das Haus Kreuzstraße 34 B, gelegen zwischen der Kreuzkirche und der Josephspitalstraße, um 1480 der »Swäbin auf der Stapfen«. 1462 findet sich hier aber schon im Steuerbuch der »Strohacker an der Stapfen«, 1482 wieder die »Swablin auf der Stapfen«, 1486 der »Jorg Swab an der Stapfen«. Auch vor diesem Haus muß es also eine Treppenstufe gegeben haben.

Qu.: HB HV S. 309. – StB 1462, 1482, 1486.

Innerhalb der **STAPFEN**, Kaufingerstraße vor Haus Nr. 22 B/23 A, um 1372.

Die Tochter von Franz Sendlinger hat 1372 ein Haus an der Kaufingerstraße Marie, gelegen zunächst an Peter des Schneiders Haus »enhalb der Stapfen«. Des letzteren Haus ist Kaufingerstraße 23 A, das der Sendlinger-Tochter ist 22 B. Die Treppenstufe muß also vor einem der beiden Häuser gelegen haben.

Qu.: GB I 26/9 (1372).

An des Sanders **STAPFEN**.

Siehe »An der Stapfen«, Tal Nr. 8.

An/Bei dem **STEG**, heute Teil von Schäfflergasse oder Frauenplatz, vor 1382 – nach 1408.

In den Jahren 1382, 1405 und 1408 wird die Lage eines Hauses so beschrieben: »an der schaeffler gassen an dem graben, zenaechst an dem steg, vor dez Sluders pade über« bzw. »znaechst Unser Frauen Freithof« oder »an der schäfflergassen an dem steg zenächst an dem graben«. Des Schluders Bad ist das Frauenbad gewesen. Es lag an der Ecke Schäffler-/Windenmacherstraße. Der Steg muß also in der Gegend der Poetenschule (Frauenplatz 14) und der Frauenschule (Frauenplatz 15) über den Stadtgraben herüber auf den Friedhof und zur Frauenkirche geführt haben. Möglicherweise geht der heute noch bestehende Hausdurchgang an dieser Stelle, der auf der Stadtkarte von 1806 noch eine offene Gasse ist, auf diesen Steg zurück.

Qu.: GB I 167/10, 12 (1382), GB III 35/1 (1405). – MB 20 S. 122 (408). – HB KV S. 19.

Auf der **STELZEN**, unermittelt, vor 1369 – nach 1394, um 1483.

Im Jahr 1378 erwirbt Perchtold der Kramer »auf der Steltzen« ein Haus an der Sendlinger Straße. Es ist weder ersichtlich, was mit Stelze hier gemeint ist, noch wo sie sich befand; denn der Kramer heißt ja schon »auf der Steltzen« als er das Haus erwirbt. Dieses Haus in der Sendlinger Straße ist also nicht das Haus auf der Stelzen. Dieses Haus Perchtolds des Kramers auf der Stelzen an der Sendlinger Straße kommt auch noch 1385 und 1394 vor.

In der Zeit von 1369 bis 1401 gibt es auch einen Ulrich auf der Stelzen oder Ulrich Stelzer oder Ulrich von Üsenwang. Er besitzt in dieser ganzen Zeit das Haus Dienerstraße 14.

Vielleicht bezieht sich die Formulierung aber gar nicht auf den Wohnort und gehört dann gar nicht zu den Straßennamen, sondern sie will besagen, daß der Kramer auf Stelzen ging; denn »Stelze« bedeutet auch »Stütze, Krücke«. Nur Lexer gibt in seinem Mittelhochdeutschen Wörterbuch noch eine dritte Bedeutung an: »der schmal auslaufende Teil eines Ackers oder einer Wiese von der Stelle an, wo das Grundstück von der regelmäßigen Gestalt eines Vierecks abweicht«. Es wäre also denkbar, daß der Kramer vorher auf einem Grundstück solcher Gestalt – möglicherweise außerhalb der Stadt – wohnte oder ein Haus hatte und von daher den Namen mitbrachte. Hierzu würde passen, daß 1483 in der Kammerrechnung ein Mann erwähnt wird, »der dem mader (= Mäher) auf der stelzen das geld gestolen hat«.

Verwiesen sei darauf, daß es in Landshut den Namen »Stelze« auch für zwei alte Wirtshäuser gibt, die »innere« und die »äußere Stelze«, beide an derselben Ausfallstraße und unter einem Berghang gelegen. Hier dürfte der Name auf ein Stützwerk (Stelzenwerk) gegen das Abrutschen des Berges deuten. Solche Stützwerke könnte es in München vor allem jenseits der Isar im Bereich der Au gegeben

haben. Oder sollte »auf der Stelzen« etwa auch in München ein Wirtshaus-Name gewesen sein?
Qu.: GB I 98/18 (1378), 213/9 (1385), 233/9 (1388), GB II 7/15 (1391), 69/10 (1394). – KR 1483 S. 99v. – Lexer, Mittelhochdeutsches Wörterbuch.

STEI(N)DLGÄSSEL, heute Kapellenstraße, vor 1544 – nach 1594.

Der Hofposauner (»Unseres gnädigen Herrn Posauner«) Hans Steidl, auch Steindl/Steudl, hatte 1523 ein Haus an der Neuhauser Straße »im Gässel, als man an die Eng gassen get« erworben. Es dürfte sich um das im Häuserbuch unter Maxburgstraße 4 Haus 9 aufgeführte Haus handeln. 1524 kaufte er auch das Haus Nr. 11, ein Eckhaus an der Maxburgstraße, Ecke Steindl- oder Kapellenstraße, und von mindestens 1529–1539 besaß er auch das Eckhaus an der Neuhauser Straße, Ecke Kapellenstraße (Neuhauser Straße Nr. 1381*).

Es sieht demnach so aus, daß der Hofposauner die ganze westliche Straßenseite der heutigen Kapllenstraße, von der Neuhauser bis hinter zur Maxburgstraße, besessen hat, einschließlich Stallungen und Gärten, wie sie meist bei den Verkäufen ausdrücklich eingeschlossen sind.

Die Belege für den Straßennamen stammen erst aus der Zeit ab 1544 (Straßenpflasterungsarbeiten »im Steidlsgäsl«) und finden sich vor allem in den Steuerbüchern. Sonst heißt die Gasse – wie gezeigt – 1523 und 1524 noch umständlich »Gasse, da man an die Enge Gasse hindurch geht« und ähnlich. Im übrigen wird sie, wie alle diese kleinen Gassen, in der Regel und meist bis weit ins 16. Jahrhundert hinein, zu der jeweiligen großen Hauptstraße gerechnet, von der sie abzweigt. Am 16. Februar 1594 nennt sie eine Urkunde letztmals, aber sichtlich vom Schreiber mißverstanden (»Stindlergässel«). Auch Lipowski verwechselt sie, wenn er 1815 behauptet, die Staindlgasse würde »jetzt Weite Gasse genannt«. Die Weite Gasse ist die Ettstraße gewesen, nicht die Kapellenstraße.
Qu.: GB IV S. 31 (1523), 55v (1524), 48r. – KR 1544 S. 126v. – StB. – HStA Kurbaiern 16810 (1594). – Lipowski II (1815) S. 362. – HB KV S. 140, 141, 168.

STEINMETZENGÄSSEL, heute Hartmannstraße, um 1546.

Jobst (Wagner) Steinmetz und seine Familie haben von 1516–1538 das Eckhaus Löwengrube/Hartmannstraße inne (Löwengrube Nr. 12 bzw. Hartmannstraße 1). Von ihm hat die Straße den Namen bekommen, der nur einmal, im Steuerbuch von 1546 belegt ist.
Qu.: StB 1546 S. 30v. – Stahleder, Bierbrauer OA 107 S. 23.

STERNECKERSTRASSE, seit vor 1696 (nach 1575).

Das Haus Tal Nr. 55*, östliche Ecke an der Sterneckerstraße, gehörte von 1575–1667 der Bierbrauerfamilie Sternegger. Der Name für diese Gasse ist erst seit 1696 belegt.
Früher lief die Gasse unter »Gässel bei dem Taeckentor« (1527) seit 1542–1575 »Felergässel« nach dem Hauseigentümer des gegenüberliegenden Eckhauses, dann seit 1696 Sterneckergasse. Dazwischen allerdings auch unter dem Namen »Klein Gässel« (1541–1543) und »hinter der Mauer« (1747 ff.) oder nur »im Gassel« (1762–1805).
Qu.: StB seit 1696. – HB AV S. 443.

STIEFELGÄSSEL, heute Schrammerstraße, seit vor 1701 – nach 1815.

Bereits Wening überliefert 1701 den Namen »Stifflgäßlein« für die Schrammerstraße und auch Lipowski überliefert ihn noch 1815: »Am Schrammen-Gäßchen, ehevor auch am Graben, und das Stifel-Gäßl genannt«. Der Name ist abgeleitet vom Haus Residenzstraße 5/Ecke Schrammerstraße, das seit etwa 1535–1580 einem Hofschuster, danach bis 1662 weiteren Schusterfamilien gehört hatte. Für das Jahr 1725 ist für dieses Haus bereits der Name »Stiefel-Eck« belegt, an dem ein Stiefel angemalt war mit der Jahreszahl 1650.
Anton Mayers ehrenwerter Versuch, den Namen als einen Druckfehler für »Stifftgäßlein« – nach dem neuen Stift des Klosters Andechs – zu deuten, ist damit wohl gegenstandslos. Trotzdem: das Gäßchen hieß auch »Stiftsgäßchen«, siehe dort.
Qu.: Michael Wening, Historico-Topographica Descriptio, anno 1701, 1. Teil, Rentamt München S. 20. – Lipowski II (1815) S. 394. – StadtA, Straßenbenennung Nr. 1. – HB GV S. 284, 285. – Mayer ULF S. (60) Anm. 264.

Unter der **STIEG,** heute Teil der Sendlinger Straße, um 1404.

Im Jahr 1404 verkauft Heinrich »under der stieg«, der Schuster, sein Haus an der Sendlinger Gasse, zunächst des Schnabels Prüchlers Haus an Hans den Pirmeider (Pergamenter). Das Haus ist eindeutig zu lokalisieren. Es handelt sich um das Haus Nr. 74*, südliche Ecke Hackenstraße. Hier stehen die Pirmeider noch bis nach 1500 in den Steuerbüchern. Der Nachbar Schnabel gehört zu Sendlinger Straße 73. In den Steuerbüchern heißt der Schuster unter der Stiege immer »Heinrich Schuster von Beuerberg«, die Stiege wird dort nicht erwähnt.

Wahrscheinlich handelt es sich auch bei dieser Bezeichnung »unter der Stiege« um eine Ortsangabe, die sich auf die Lage der Werkstätte/Wohnung innerhalb des Hauses bezieht (vgl. »Unter der Schul«) und nicht um eine Ortsangabe außerhalb, gehört also wohl kaum zu den Straßennamen. Es wäre aber möglich, daß sich die Stiege außen am Haus befand und die Schusterwerkstätte unter diesem Treppenaufgang in den oberen Stock. Das Sandtner-Modell, das allerdings fast zwei Jahrhunderte jünger ist, zeigt derartiges nicht mehr.

Qu.: GB III 34/2 (1404). – StB. – HB IV S. 431.

STIFTGÄSSEL, später Gruftstraße, vor 1551 – nach 1725.

Siehe »Neustiftgässel«.

STIFTSGÄSSCHEN, heute Mazaristraße, o. D.

Siehe »Stiftsgäßchen, heute Thiereckstraße«.

Qu.: AB 1880 S. 286, ohne Beleg. – HB KV S. 80/81.

STIFTSGÄSSCHEN, heute Schrammerstraße, um 1803.

Nur Hübner nennt 1803 die Schrammerstraße »Stiftsgäßchen«. Das Neustift des Klosters Andechs (siehe »Neustiftgässel«) reichte von der Gruftstraße durch bis an die Schrammerstraße. Von daher mag die Einordnung berechtigt sein. Vielleicht liegt aber bei Hübner auch eine Verwechslung mit der Gruftstraße vor.

Qu.: Hübner I (1803) S. 127, 131.

STIFTSGÄSSCHEN, heute Thiereckstraße, um 1815.

Lipowski nennt 1815 »die Stift-Gasse, heute Thiereck-Gäßchen genannt« und sagt, es »erhielt seinen Namen vom Kanoniker-Stifte, das dahin (zur Kirche Unserer Lieben Frau) verlegt worden« sei. Sitz eines Stifts war die Frauenkirche seit 1494, als die Übertragung der Chorherrnstifte von Schliersee und Ilmmünster und die Erhebung der Frauenkirche zur Kollegiats- und Stiftskirche erfolgt war.

Daß auch die Mazaristraße gelegentlich als Stiftsgäßchen bezeichnet wurde, darf nicht verwundern. Genauso wie man alle zur Frauenkirche führenden Gassen »Unser Frauen Gässel« nannte, konnten auch alle diese Gassen gelegentlich als »Stiftsgassel« bezeichnet werden. Das Adreßbuch 1880 nennt keine Belege.

Qu.: Lipowski II (1815) S. 395. – AB 1880 S. 435. – HB GV S. XX Nr. 38. – Solleder S. 534.

STIFTSTRASSE, heute Altheimer Eck, 1814 – nach 1833.

Nach Lipowski erhielt der ehemalige Saumarkt im Jahr 1814 den Namen »Stiftstraße«. Die Benennung bezog sich auf das im Jahr 1784 gegründete Damenstift. Das Adreßbuch von 1818 nennt den Namen uneingeschränkt, das von 1833 schränkt bereits ein: »Althammereck, sonst Stiftstraße« und 1835 ist er bereits wieder abgeschafft: »Althammer Eck (früher Stiftstraße)« sagt das Adreßbuch.

Qu.: Lipowski II (1815) S. 298. – AB 1818 S. 196/97, 1833 S. 130/31, 1835 S. 197.

(Stindlergässel).

Siehe »Staindlgässel«.

(Stockheimgäßl, hinteres).

Dieser Straßenname dürfte auf einem Mißverständnis beruhen. Wolf nennt 1852 »des Klosters Diessen Behausung oder hinteres Stockheimgäßl«, gelegen an der Nordseite der Kaufingerstraße.

Das bezieht sich auf das Haus des Klosters Diessen, das von 1659–1766 das Haus Frauenplatz Nr. 6, Ecke Mazaristraße West, besaß, von 1695 bis 1696 auch kurzfristig das Haus Kaufingerstraße 27 (Ecke Mazaristraße West). Da Hinterhäuser in den Quellen immer als »hinterer Stock« bezeichnet werden, meinte die Quelle, aus der Wolf schöpfte, wohl etwa: des Klosters Diessen Haus mit hinterem Stock, im Gäßl.

Qu.: Wolf I (1852) S. 737. – HB KV S. 13, 83.

STREICHERGÄSSEL, heute Singlspielerstraße, um 1543/44.

Das Haus Sendlinger Straße 28*D, ein wahrscheinlich in der Gasse gelegenes, später im Eckhaus 28*A aufgegangenes kleines Häuschen, gehörte seit etwa 1540 bis 1550 einem Hans Streicher. Neben seinen Namen schreibt der Steuerschreiber 1543 und 1544 an den Rand »Streichergäsl«. Die Streicher waren Bierbrauer. Dies trifft zu auf einen Hans Streicher um 1499 und einen Hans Streicher der Zeit ab 1562. Auch Streicher namens Konrad sind als Brauer belegt.

Qu.: StB 1543, 1544. – HB AV S. 385. – Sedlmaier/Grohsmann, »prewen«.

❏ Bei/Vor dem **TAECKENTOR**, außerhalb der Stadtmauer, um 1386/1388.

Mit dieser Ortsangabe sind Liegenschaften außerhalb dieses Tores gemeint, wie 1386, als es um solche bei der Haimühle ging.

Aber auch Heinzel der Zawer und des Horsappen Haus gehören nach Steuerbuch von 1388 vor die Stadt hinaus.

Qu.: GB I 220/15, 221/17 (1386), 235/13 (1388). – StB 1383 II S. 39r.

(Teckengässel), heute Sterneckerstraße, o. D.

Ein historischer Beleg für diesen Straßennamen, der die Sterneckerstraße bezeichnen soll, ist nicht nachgewiesen. Die Autoren des 19. Jahrhunderts unterstellen einen solchen Namen. So schreibt Lipowski 1815: »Im Anger-Viertel befanden (sich): ... das Täcken-Gäßchen, die Watmangergasse ...«. An anderer Stelle behauptet er sogar noch: »Dieses Gäßchen hatte ehemals mehr Breite und führte in gerader Linie nach dem jetzt zugemauerten Täcken-Thor-Thurme«. In einer Anmerkung – wohl von Karl August Lebschée – zu Stimmelmayrs Eintragungen über die Sterneckerstraße, bemängelt der Schreiber des Vermerks: »(Er) erwähnt nicht den Namen Teckengäßl; das alte Teckenthörl ist noch da, aber zugemauert«. Der Name Teckengässel ist tatsächlich, außer in diesem Vermerk und bei Lipowski, nie belegt, auch bei Stimmelmayr nicht.

Qu.: Lipowski II (1815) S. 88, 438. – Stimmelmayr S. 115 Nr. 121.

TAL, seit vor 1253.

Die Straße ist benannt nach ihrer, der eigentlichen alten Stadt gegenüber, tieferen Lage im Isarbett. Bereits am 9. April 1253 bekommt das Kloster Raitenhaslach einen Zins aus einem Haus in München, »vulgo in dem Tal«, (= gewöhnlich in dem Tal [genannt]), geschenkt.

Zur Zeit des Stadtschreibers Konrad Orlos, also 1316–1319, erlassene Vorschriften über die Schmiede, die ihre bisher hölzernen Häuser in Stein mauern sollen, nennen dabei namentlich die Schmiede »in dem Tal« und an der Neuhauser Gassen. Auch die Kammerrechnung kennt für 1318/19 bereits diesen Namen, diesmal in lateinischer Form: »in valle«.

Daß auch in den Amtsbüchern des Klosters Benediktbeuern das »Tal« in München vorkomme, wo dieses Kloster Einkünfte aus einer »area im Tal« (Monaci de area im Tal) habe, beruht auf einem Lesefehler. Was der betreffende Autor als »im tal« gelesen hat, ist in Wirklichekit mit »unum talentum« (»I tal.«) aufzulösen, bedeutet also eine Geldsumme und nicht eine Ortsangabe.

Da durch das Tal die Pfarrgrenze zwischen Unserer Lieben Frau und St. Peter verläuft, unterscheiden die Quellen in »Tal Marie« und »Tal Petri« bzw. in »Tal in St. Peters Pfarr« und »Tal in Unser

Abb. 30: *Das Tal. Nordseite nach Westen. Rechts die Einmündung der Pflugstraße. Aufnahme von 1913.*

Frauen Pfarr« usw. Die Unterscheidung ist bis mindestens 1812 gebräuchlich. Vgl. auch »Grieß«.

<small>Qu.: Krausen, Raitenhaslach Urk. Nr. 197 (1253). – Dirr S. 272/14 Art. 210 (1316/1319), vgl. auch 650. – StB seit 1368. – KR 1318/25 S. 9r. – HStA, KL Benediktbeuern 32 S. 14v, 37v. Vgl. F. Schnell, Orts- und Pfarrgeschichte von Münsing 740–1400, München 1966.</small>

Bei/Zu der **TASCHEN,** heute Prälat-Zistl-Straße, vor 1415 – nach 1445.

In den Jahren 1415 bis 1417 begegnet in den Gerichtsbüchern mehrmals ein Haus des Hans Holzschuher bzw. Bernhard Beutler, das gelegen ist »pey« oder »zu der taschen« oder »pei der maur hinumb zu der taschen«. 1445 liegt ein Haus »in dem Rosental bei der Taschen«. Gemeint ist damit der Taschenturm und die Häuser gehören in die spätere Taschenturmgasse, entlang der Stadtmauer zwischen Sebastiansplatz und Einlaßtor.

<small>Qu.: GB III 164/6 (1415), 174/15 (1416), 183/1 (1417). – MB 19a S. 131 (1445).</small>

TASCHENTURMGÄSSEL, Zum **TASCHENTHURM** heute Teil der Prälat-Zistl-Straße, Ende 18. Jhd. – 1873/74.

Benannt nach dem nahen Taschenturm. Die Gasse lief an der Stadtinnenseite der Mauer entlang und umfaßte die Häuserzeile der heutigen Prälat-Zistl-Straße, von der Einmündung des Sebastiansplatzes bis zum Rosental, eine Häuserzeile also, in der es heute noch eine Reihe sehr alter Häuser gibt. 1873/74 ist der Straßenname abgegangen und die Häuser sind in der Blumenstraße aufgegangen. Die Umbenennung erfolgt gemäß ministerieller Entschließung vom 4. Dezember 1873 im Jahr 1874. Seit dem 14. Januar 1984 heißt diese Häuserzeile der Blumenstraße Prälat-Zistl-Straße. Stimmelmayr nennt Ende des 18. Jahrhunderts dieses Straßenstück »Gäßl zum Taschenthurm«, das Adreßbuch 1803 ebenfalls »Zum Taschenthurm« und der Stadtplan von 1806 »Taschenthurm Gäßl«.

Qu.: Stimmelmayr S. 95 Nr. 108, S. 96 Nr. 109. – AB 1803 S. 49. – Pläne 1806, 1837. – Rambaldi Nr. 90. – StadtA, Straßenbenennung Nr. 31 (1873/74), Nr. 27/1.

TEGERNSEER GÄSSEL, heute Klosterhofstraße, vor 1524 – 1957.

Hier stand auf dem Grundstück zwischen Unterer Anger, Tegernseer Gässel und Oberanger (Südseite) (= Unterer Anger Nr. 16/17) seit dem 14. Jahrhundert der Tegernseer Klosterhof, als »domus Abt de Tegernsee« seit 1369 in den Steuerbüchern genannt. 1524 begegnet erstmals der Name Tegernseer Gässel, dazwischen seit 1565 auch häufig nur »Gäßel« und seit 1781–1806 Loderer(bräu)gasse, ab 1818 wieder Tegernseer Straße. Dieser Name mußte wegen der Verwechslungsgefahr mit der Tegernseer Landstraße mit Wirkung vom 10. Oktober 1957 dem Namen Klosterhofstraße weichen.

Qu.: GB IV S. 60 (1524), 185 (1529). – StB seit 1369. – AB 1818 S. 175.

Auf/Bei der **TEYFERBRUCK,** heute Teil der Sendlinger Straße, um 1389/1394.

Die Teyferbruck ist die Brücke über den Stadtgraben vor dem Pütrichturm, später Ruffiniturm an der Sendlinger Straße. Die Häuser mit der Lagebezeichnung »auf« oder »bei der Teyferbruck« gehören alle an die Kreuzung von Färbergraben/Rosental mit der Sendlinger Straße. Die meisten Eintragungen beziehen sich auf das ehemalige Bräuhaus Sendlinger Straße 2. Siehe auch »Auf der Bruck«.

Qu.: GB I 237/15 (1389), GB II 4/1 (1391), 49/8, 50/5 (1393), 60/2, 74/7, 83/3 (1394). – Stahleder, Bierbrauer, OA 107, 1982, S. 71/72.

THALERGÄSSCHEN, heute Albertgasse, seit vor 1781 (nach 1720).

Namengeber ist die Familie Thaler, die von 1720–1792 Eigentümer des Hauses Weinstraße 11 war, das mit seinen Rückgebäuden an dieser Gasse lag. Der Name ist bisher nur auf dem Plan von 1781 und bei Stimmelmayr belegt, in der Form »(Unser) Frauen oder Thaler Gäßl«, und bei Hübner, zu dessen Zeit der Name aber bereits der Vergangenheit angehörte (»einst Thalergäßchen«). Das Adreßbuch von 1880 nennt den Namen Thalergäßchen ohne Beleg.

Qu.: Stimmelmayr S. 21 Nr. 38/12, S. 23 Nr. 40. – Hübner I (1803) S. 245. – AB 1880 S. 14. – HB KV S. 365.

❑ **THALKIRCHNER WEG (STRASS),** heute Thalkirchner Straße, seit vor 1407.

Der Thalkirchner Weg, der u. a. im Jahr 1407 in einer Quelle genannt wird, liegt vor dem Angertor und ist identisch mit der heutigen Thalkirchner Straße. Mit letzterem Namen erscheint sie seit mindestens 1642, als der Gottesacker hier liegt.

Qu.: GB III 68/2 (1407). – St. Peter U 391 (1642).

THEATERSTRASSE, heute Westenriederstraße, vor 1818 – 1848.

Benannt nach dem 1811/12 erbauten und am 6. August 1825 schon wieder geschlossenen Hof- und Vorstadttheater vor dem Isartor. Straßenname erstmals belegt im Adreßbuch von 1818. Seit dem 21. Oktober 1848 umbenannt in Westenriederstraße.

Qu.: AB 1880 S. 456. – AB 1818 S. 150/51. – Megele S. 120.

THEATINERSTRASSE, seit vor 1803.

Benannt nach dem Kloster der regulierten Chorherrn von Theatra (Theatiner) (nach München berufen 1661) und ihrer unter Kurfürst Ferdinand Maria von 1663–1675 erbauten Kirche St. Kajetan (Theatinerkirche).
 Früherer Name der Straße »Äußere«, »Hintere« usw. »Schwabinger Gasse« (seit 1368) oder »Schwabinger Gasse prima« (seit 1371). Das Adreßbuch von 1803 und Hübner haben erstmals den Namen »Theatiner-Schwabinger Gasse«. In dieser Doppelform kommt der Name noch eine Weile vor, so auch 1809. Schließlich entscheidet man sich doch für den alleinigen Namen »Theatinerstraße«. Andere Quellen haben noch bis 1826 den Namen Schwabinger Gasse.

Qu.: Hübner I (1803) S. 76. – AB 1803 S. 14. – HStA GU Mü 2490 (17.7.1809), 2501 (4.7.1822).

THIERECKSTRASSE, seit vor 1781 (nach 1776).

Karl Thiereck, kurfürstlicher Rat und Schatzmeister, Hofkammerrat und Hauptmagazindirektor, erwarb im Jahr 1776 das Haus Thiereckstraße 1 als Rückgebäude zu seinem Haus an der Kaufingerstraße 31 (nicht an die Thiereckstraße grenzend!), das er schon seit 1761 besaß. Seine Witwe Maria Theresia (gestorben 1816) vermachte ihr Vermögen den Armen der Stadt. Die Erben haben das Haus Kaufingerstraße 31 noch bis 1823 inne.

Frühere Namen »im Gewölb« seit 1375, 1485 des Gotschels Pecken Gässel, um 1486 dunkles Gässel, um 1509 Gässel bei dem Strasser Kramer, 1780 Pekengässel, zeitweise auch Stiftsgäßchen (1815). Der Name »Thiereck Gäßchen« ist erstmals in der Karte von 1781 und bei Stimmelmayr belegt, ebenso dann auf der Stadtkarte von 1806.

Qu.: HB KV S. 90 ff., 348. – AB 1880 S. 435. – Stimmelmayr S. 22 Nr. 39/4, S. 47 Nr. 65. – Pläne 1806 ff.

TORBRÄUGÄSSEL, heute Pflugstraße, um 1881.

Das Haus Tal Nr. 37 ist der sog. Torbräu, benannt nach der Lage am Isartor. Zum Haus 37 C gehört schon 1570 ein Bräuhaus, die Häuser 37 B und 37 A werden seit 1756 nacheinander vom Bierbräu Jakob Wild hinzu erworben. Der Name Torbräuer findet sich 1780. Das eigentliche Eckhaus an der Pflugstraße, Nr. 37 A, besitzt allerdings erst seit 1809 ein Bierbrauer. Deshalb auch die Namengebung nicht sehr überzeugend. Belegt nur in einem Verzeichnis der Straßennamen des Jahres 1881, veröffentlicht von der Lokalbaukommission. Dort heißt es: »Pflugstraße, ... im Volksmund auch Thorbräugassel genannt.«

Seit 1542 Gässel, 1550–1805 Manggäßchen, seit 1673 Pfluggasse.

Qu.: HB GV S. 396/98. – StadtA, Straßenbenennung Nr. 40/2a.

❑ **TRASWEG**, vor dem Schwabinger Tor, um 1372.

Der Name ist nicht geklärt, könnte aber von »Traß« abgeleitet sein. Das ist ein gepulverter Stein, der auch zu Mörtel verwendet wurde. Vielleicht war der Weg mit solchem Sand aufgeschüttet. Der Weg liegt zwischen den Krautäckern vor Unseres Herrn oder Schwabinger Tor. Er dürfte westlich der Ludwigstraße gelegen haben.

Möglich ist aber auch eine Verschreibung für »Grasweg«. Ein solcher findet sich seit spätestens 1576 in derselben Gegend, siehe »Grasweg«.

Qu.: MB 19a S. 530. – Schmeller I Sp. 675.

Des **TULLINGERS GÄSSEL**, heute Maffeistraße, vor 1562 – nach 1578.

Das Haus Theatinerstraße 6*, nördliche Ecke an der Maffeistraße, gehörte laut Steuerbuch schon 1522 einem Wilhelm Tullinger, seit 1566 laut Grundbuch dem Stadtkoch Hans Tullinger, seit 1574 seinem Sohn, dem Gastgeb Kaspar Tullinger. Die Familie sitzt auf dem Haus bis 1618. Wenn also 1562 erstmals »in des Dullingers gässl« die Straße gepflastert wird, dann wieder 1568, 1570 (Tullingergässl), und 1574 und 1578 »beim Tullinger an Schwabinger gassen« bzw. »in der Tullinger und Schwabinger Gassen«, dann ist damit die ansonsten Fingergasse genannte heutige Maffeistraße gemeint.

Qu.: KR 1562 S. 129r, 1565 S. 91r, 1568 S. 129v, 1570 S. 129r, 1574 S. 118v, 1578 S. 141v. – HB KV S. 315.

UNSER FRAUEN..., auch **UNSER LIEBEN FRAUEN...** Siehe »Frauen...«.

UNTERE ANGERSTRASSE, – FLEISCHBANK, – KREUZGASSE, – SCHWABINGERGASSE.

Siehe unter dem Hauptwort.

UNTERER ANGER.

Siehe »Anger, unterer«.

UNTERES ELEND, o. D.

Siehe »Elend, unteres«.

Bei/Gen/Vor der neuen **VEST**, seit um 1391/1400.

Seit 1391 gibt es des öfteren Häuser und Liegenschaften, die gelegen sind »vor« oder »bei« oder »gen« (= gegen ... über) der neuen Veste. Die Häuser liegen hinter der östlichen Häuserzeile der Residenzstraße, also auf dem Gelände, das in dieser Zeit auch »auf dem Burgstall« genannt wird, siehe dort, manchmal auch außerhalb der Stadtmauern gegenüber der Veste.

Qu.: GB II 20/11 (1391, außerhalb), 69/13, 72/5 (1394), 117/7 (1396), 123/4, 128/13 (1397), 155/11 (1400).

VIKTUALIENMARKT, seit nach 1807.

Seit um 1802 nannte man in München den Markt für die Lebensmittel modisch nach dem spätlateinischen Wort »Victualienmarkt«. Gemeint war damit der alte Kräutl- und Eiermarkt, der ja auch Geflügel, Schmalz usw. einschloß. Noch im Steuerbuch von 1805 findet sich der Begriff »Victualienmarkt« unter der Inneren Stadt Petri vorkommend und auf den Platz vor dem (Alten) Rathaus bezogen. Wegen des Baues des Eckhauses Marienplatz/Burgstraße im Jahr 1801 sollte dieser Markt von dort vorübergehend verlegt werden und wurde auf dem Platz um die Peterskirche, dem ehemaligen Petersfreithof, abgehalten. Dort konnte er wegen der Enge des Platzes nicht bleiben. Trotz Protesten der Händler wurde er jedoch nicht wieder an seinen alten Platz zurückverlegt. Gemäß Allerhöchster Entschließung vom 10. März 1807 wanderte er in den Hof des Heiliggeistspitals hinunter. Dort wurden im Laufe des 19. Jahrhunderts Schritt für Schritt alle Gebäude des Spitals beseitigt und der Markt immer weiter ausgedehnt, bis alle Teilmärkte vom Marienplatz herübergelegt waren. Damit war der Viktualienmarkt entstanden.

Als »Straßenname« findet sich der Name erstmals auf dem Plan von 1826. Aufgegangen sind hier die Namen Beim Spital (1369 ff.), Bei der Waag (1392/1403), Spitalergasse (1405), Roßschwemme (1416), Untere Fleischbank (1611), Fleischbankgasse (1796), Bänkgässel (Ende 18. Jahrhundert), Metzgergäßchen (1818).

Qu.: Schattenhofer, Märkte OA 109/1 S. 95 ff.

VISCARDIGASSE, seit 5.11.1931.

Benannt nach Giovanni Antonio Viscardi (1645–1713), kurfürstlicher Hofober- und Landbaumeister. Er schuf u. a. die Pläne für die Dreifaltigkeitskirche, den Bürgersaal und die Seitenbauten von Schloß Nymphenburg, führte den Bau der Theatinerkirche weiter.

Die Benennung wurde am 5. November 1931 vom Hauptausschuß des Stadtrats in der Version Viscardi»straße« beschlossen. 1968 geändert in Viscardi»gasse«.

Frühere Namen: Neu gassen 1567–1622, Preysinggässel seit 1781–1931. Wegen der in Haidhausen bestehenden Preysingstraße war eine Umbenennung erforderlich. Nicht durchgeführt wurde die 1873 vorgesehene Benennung Kajetanstraße. Nie jedoch hieß die Viscardigasse Hottergasse, siehe dort.

Qu.: Münchens Straßennamen. – RP. Hauptausschuß 5.11.1931. – Münchner Gemeindezeitung, 2. Jg., Nr. 87, vom 30. Oktober 1873, S. 710 und 21. Oktober, S. 695.

VOGELMARKT, heute Teil des Marienplatzes, vor 1581 – nach 1804.

Die Marktordnung von 1567 kennt noch keinen eigenen Vogelmarkt. Aber im Jahr 1581 werden Arbeiten »beim vogelmarkt« durchgeführt, 1584 wird »am vogelmarkt« die Straße gepflastert. Auch 1588 gibt es hier wieder Arbeit für die städtischen Bauarbeiter. Der Markt befand sich vor dem Haus Kaufingerstraße 37, Ecke Marienplatz, das später auch Vogelmarkteck oder Vogeleck genannt wurde. Bis zu Anfang des 19. Jahrhunderts ist der Vogelmarkt hier nachgewiesen. Dann wurde er an den Viktualienmarkt verlegt.

Qu.: KR 1581 S. 126r, 1584 S. 141v, 1588 S. 151r. – Schattenhofer, Märkte OA 109/1, S. 85/86.

VORDERE ANGER(MÜHL)GASSE, – LEDERERGASSE, – PRANNERSGASSE, – SCHWABINGER GASSE.

Siehe unter dem Hauptwort.

VORDERER ANGER, um 1524.

Siehe »Angergasse, vordere«.

Bei der **WAAG,** heute Teil des Viktualienmarktes, um 1392/1403.

Im Jahr 1392 liegt das Haus des Eberhard des Maurers »bey der wag«, 1400 das des Friedrich Stosser. Beide findet man in den Steuerbüchern, z. B. des Jahres 1400, unter dem Kapitel »Bei Spital«, das heißt, sie gehören zu den Häusern, die im 19. Jahrhundert die Roßschwemme bilden. Dort also muß in dieser Zeit auch die Stadtwaage gestanden sein. In den Jahren 1398 und 1403 liegen Häuser gegenüber der Waage. Die Lage dieser Waage ist bisher nicht genau ermittelt. Feststeht aber, daß die spätere Waage unter dem Kleinen Rathaus, neben dem Alten Rathausturm, dort wo man heute eine Treppe zum Petersplatz hinaufgehen kann, erst 1412/1413 vom Rat eingerichtet wurde.

Qu.: GB II 37/3 (1392), 133/12 (1398), 157/18 (1400), III 14/1 (403). – StB 1400 S. 1v. – Schattenhofer, Rathaus S. 348.

(Watmangergasse).

Schon Lipowski nennt den Rindermarkt »Watmangergasse« (»An der Watmanger-Gasse, jetzt Rindermarkt«) und so findet man es bis heute in der Literatur. Dieser Name ist jedoch in dieser Form nicht belegt, sondern eine fälschlicherweise auf den Rindermarkt gezogene Umwandlung der Formel »unter den watmangern«. Siehe dort.

Qu.: Lipowski I (1814) S. 188/89, II (1815) S. 445. – AB 1880 S. 336.

Bei/Unter den **WATMANGERN**, heute Teil des Marienplatzes, vor 1253 – nach 1391.

Schon im Jahr 1253 liegt ein Haus »infra forum vulgo inter watmangerios« (unten am Markt, gewöhnlich unter den Watmangern genannt), 1391 eines »under den waltmangern« und es ist in dieselbe Gegend des Marktes zu beziehen. Gemeint ist die Häuserzeile zwischen dem Rathausturm und der Einmündung des Rindermarktes in den Marktplatz. Die Watmanger sind die Tuchhändler. Sie haben ihre Läden im 14. und 15. Jahrhundert in den Häusern am Marienplatz Nr. 16–21. Vgl. auch »Unter den Schneidtischen«.

Diese Häuser auf den Rindermarkt zu ziehen und diesen zur »Watmangergasse« zu erklären, wie dies spätestens seit Lipowski üblich ist, dazu besteht keinerlei Veranlassung und nie deutet irgend etwas darauf hin, daß sich die Watmanger einst mit ihren Läden am Rindermarkt befunden hätten. Übrigens wußte um 1860 bereits Muffat, daß diese Watmanger zu den Häusern Marienplatz Nr. 16–21 gehören und nicht zum Rindermarkt.

Qu.: Raitenhaslach Urk. 198 (1253). – GB II 5/17 (1391). – Muffat, Münchens ... Straßen S. 49.

Der **WECKERIN GÄSSEL**, heute Landschaftsstraße, seit vor 1397 (nach 1388) – nach 1420.

Von 1388 bis 1405 gehört einer Frau namens Wecker ein Haus in der heutigen Landschaftsstraße, auf dem Gelände des heutigen Rathauses. Nach ihr wird 1397 das Gassel als »der Weckerin gaessel« bezeichnet. Es kommt auch später noch vor, so in der Kammerrechnung von 1420.

Qu.: GB II 124/5 (1397). – KR 1420/21 S. 83r. – Stahleder, Bierbrauer OA 107, S. 133, 134.

❑ **WEG** gen **MILBERTSHOFEN**, heute Schleißheimer Straße, um 1415.

Im Jahr 1415 liegen Krautäcker draußen vor dem Neuhauser Tor in Unser Frauen Feld und stoßen an den »weg gen Mulmanshoven«. Es dürfte sich dabei im Wesentlichen um die heutige Schleißheimer Straße handeln und damit um denselben Weg, der seit 1364 auch Rennweg genannt wird.

Qu.: GB III 165/16.

Bei dem Weichbrunnen

❏ Bei dem **WEICHBRUNNEN**, vor dem Schwabinger Tor, um 1376/1411.

1376 und 1378 liegen jeweils Äcker vor dem Schwabinger Tor »bey dem weichprunnen«, 1411 ein Jauch Acker in Unser Frauen Feld bei dem Weichbrunnen. Die genaue Lage war nicht zu ermitteln. Weichbrunnen bedeutet Weihwasser. Mayer bringt diesen Weichbrunnen mit der Kindsmartergeschichte in Verbindung, siehe »Bei des Kindes Marter«. Vielleicht eine Verwechslung.

Qu.: GB I 73/4 (1376), 94/13, 95/2 (1378), III 111/3 (1411). – Mayer ULF (»Juden«).

❏ **WEINGÄSSEL**, vor dem Isartor, vor 1501 – nach 1576.

Das Weingässel wird am 4. Oktober 1501 in einer Urkunde des Angerklosters genannt. Es liegt dabei draußen vor dem Isartor. Im Jahr 1532 wird der »weg pessert in dem Weingässl« und später »ein lurl beschutt im Weingäßl«. Ein Lurl ist ein Wasserbauwerk. Das Weingässel muß an einem Wasserlauf gelegen haben. Wenn 1530, 1531 und noch 1585 die städtischen Werkleute »an der Weinlendt« gearbeitet haben und dafür von der Stadtkammer ausbezahlt werden, dann ist dies sicher ebenfalls hierher zu beziehen. Das Weingässel führte demnach zur Weinlände (im Unterschied zur Holzlände, die es auch gab) an der Isar, einem Anlandeplatz speziell für Weintransporte auf dem Fluß. Dieser Teil der Floßlände mußte von Michaeli (29. September) bis Georgi (23. April) für die Weinflöße freigehalten werden. Den Namen »Weingässel«, gelegen vor dem Isartor in Unser Frauen Pfarr, also nördlich der Zweibrückenstraße, nennt auch noch das 1576 angelegte Grundbuch für das äußere Graggenau-Viertel. Demnach führte das Gassl zur unteren Lände.

Qu.: HStA, Angerkloster Mü U 824 (1501). – KR 1530 S. 112v, 1531 S. 114r, 1532 S. 114v, 115r, 1585 S. 135r. – StadtA, Stadtgericht Nr. 207/2 (GruBu 1576) S. 683v. – Schattenhofer, Aus der Geschichte der Isarflößerei, in: OA 109/1, S. 105.

WEINMARKT, heute Teil des Marienplatzes, um 1451.

Um 1451 lag der Weinmarkt vor den Häusern des Malers Gabriel Angler und des Matheis Sendlinger. Die beiden Häuser bilden später das Haus der bayerischen Landschaft und sind im 19. Jahrhundert im neuen Rathaus aufgegangen.

Qu.: HStA GU Mü 2546.

Abb. 31: *Die Weinstraße vom Schrannenplatz (Marienplatz) aus. Im Vordergrund links die Hauptwache, auch »Riegereck« oder »Vogelmarkteck« genannt. Das Eckhaus rechts ist das »Wurmeck«. Kolorierte Lithographie von Gustav Kraus (1804–1852), 1852.*

WEINSTRASSE, seit vor 1353.

Nach gängiger Meinung benannt nach den besonders in dieser Straße ansässigen Weinhändlern und Weinwirten. Diese Meinung vertraten auch schon Burgholzer und Hübner. Der Name ist erstmals im Jahr 1353 in einer Urkunde belegt. Bezeichnenderweise geht es bei der ersten Nennung des Namens um einen Hausbesitzerwechsel zwischen zwei Weinhändlern. Es heißt immer Wein»straße«, nie Wein»gasse«, wie bei den anderen Straßen der Stadt, außer – vielleicht versehentlich – im Adreßbuch von 1833.

Deshalb muß doch noch auf eine mögliche andere Deutung verwiesen werden. Es ist nämlich keineswegs unumstritten, daß alle »Weinstraßen« nach dem Rebengewächs heißen. Vor allem der lateinische Begriff »strata« (Straße), gekürzt aus »via silice strata« (= steinbedeckter Weg) führt darauf. Deshalb verweist die Literatur darauf, daß vor allem im Fränkischen das Wort »Wagen« zusammengezogen wurde zu »Wein«. Die »Weinstraße« kann also auch eine »Wagenstraße« sein und damit eine bessere, mit Wagen zu befahrende Straße, im Gegensatz zu einem schlechten Weg, einem Karrenweg (via carralis), ein Ausdruck, den es im Bayerischen und im Böhmerwald tatsächlich gegeben habe.

In München ist allerdings der Zusammenhang der Straße mit dem Weinhandel auffallend.

Qu.: HStA GU Mü 50 (1353), 52 (1355). – Burgholzer (1796) S. 95. – Hübner I (1803) S. 128. – AB 1833 S. 57. – Hermann Schreibmüller, Heißen alle »Weinstraßen« nach dem Rebengewächs?, in: Jahresberichte des Hist. Vereins für Mittelfranken 1953, S. 48–50.

WEISS BRÄUHAUS GÄSSCHEN, Ende 18. Jhd. – nach 1806.

Siehe »Bräuhausstraße«.

WEITE ANGERGASSE, WEITER ANGER.

Siehe unter dem Hauptwort.

WEITE GASSE, heute Damenstiftstraße, vor 1381 – nach 1805.

Name wahrscheinlich als Gegenstück zu der diese Straße fortsetzenden, bis ins 19. Jahrhundert deutlich engeren, Kreuzstraße. In den Steuerbüchern erscheint die Straße seit 1368 getrennt. Die Ostseite wird zu Altheim gerechnet, die Westseite zur alten (nicht heutigen!) Brunngasse. Seit 1381 der Name »weite Gasse« belegbar, 1482 »im Hagken an der weyten gassen« und »an der weiten Hagkengassen«. Seit 1540 auch »Weitgassen bei St. Anna«, Ende 18. Jahrhundert Salesianerinnengasse, seit 1806 St.-Anna-Gasse, seit 1833 Damenstiftstraße.

Qu.: GB I 136/9 (1381), 164/2 (1382) usw. – KR 1482 S. 110r/v. – StB u. a. 1540 S. 18.

WEITE GASSE, heute Ettstraße, vor 1710 – 1886.

Name als Gegensatz zur »Engen Gasse« (Löwengrube und Maxburgstraße mit Nebengassen). Das Register des Häuserbuches rechnet irrtümlich auch die Löwengrube zur Weiten Gasse. Soweit mit Häusern bestückt seit 1368 unter Enge Gasse in den Quellen. Seit 1575 Jesuitergässel, 1759 Jesuitenpflaster, seit vor ca. 1710 Weite Gasse, 25.9.1886 amtliche Umbenennung in Ettstraße.

Qu.: HStA Mü Plansammlung Nr. 12427 (Dischinger Nr. 401) (um 1710). – Pläne seit 1759, 1806. – StadtA, Straßenbenennung Nr. 40/2 (1886).

WEITE HACKENGASSE, um 1482.

Siehe »Weite Gasse«, heute Damenstiftstraße.

WESTENRIEDERSTRASSE, seit 21.10.1848.

Benannt nach Lorenz von Westenrieder (1748–1829), Professor, Domkapitular und Geistlicher Rat, Historiker. Er ist in dieser Straße, im Haus Nr. 16, geboren. Die Straßenbenennung erfolgte laut Adreßbuch von 1880 am 21. Oktober 1848.
Frühere Namen: Bei der Mauer (?) (1412), (Gässel) hinter die Mauern (1782), An der Stadtmauer (1803/05), Theaterstraße (1818–1848), bis 1829 angeblich auch »Mariengäßchen«.

Qu.: AB 1880 S. 456.

Des **WILBRECHTS GÄSSEL,** heute Teil des Marienhofs, um 1494.

Im Jahr 1494 werden »in des Wilbrechts gassel und der newen stifft« Straßenpflasterungsarbeiten durchgeführt. Gemeint ist die spätere Gruftstraße. Das Haus Weinstraße 13, an der Nordecke dieser Gasse, gehörte von 1353 bzw. 1355 bis 1522 der Familie Wilbrecht. Nach ihr war zeitweise auch der an das Haus anstoßende Turm Wilbrechtsturm genannt.

Qu.: KR 1494 S. 120r. – Stahleder, Bierbrauer OA 107, S. 130.

WILHALMS GÄSSEL, um 1399/1400.

Siehe »Herrn Wilhalms Gässel«.

WINDENMACHERSTRASSE, seit vor 1780 (nach 1544).

Die Gasse selbst ist 1483 erst von der Löwengrube/Schäfflerstraße aus zur Fingergasse (Maffeistraße) durchgebrochen worden. Am Samstag nach Antoni 1483 (18. Januar) nimmt die Stadtkammer 6 Pfund Pfennige ein von einem gewissen Hans Haring für den Verkauf von Holz aus dem Abbruch eines Hauses beim Frauenbad (Eckhaus Windenmacherstraße/Löwengrube), »das man zum weg kauft hat«. Noch im selben Jahr erhält der Stadtmaurer Meister Peter Mänhart Lohnzahlungen für seine Arbeit, u. a. »an der newen gassen pey Unnser Frawen pad« und im Herbst werden Straßenpflasterungsarbeiten durchgeführt »auf die newen gassen pey Unser Frawen pad«. Mit der neuen Gasse kann also nur die Windenmacherstraße gemeint sein.
Auch 1528 wird die Gasse »neue Gasse« gegenüber dem Frauenbad genannt und die beiden Häuser des Hans Franck (Windenmacherstraße 5, Ecke Schäfflerstraße) und das Ridler-Kaplanshaus (Windenmacherstraße 7, Ecke Maffeistraße) liegen an ihr. 1539 heißt sie »neue gassen hinter Unser Frauen Kirchen«. Ja selbst 1568

nennt man die Gasse noch »neue Gasse«, wenn wiederum an ihr – ebenso wie am Fingergässel – die Straße gepflastert wird. Auch von der anderen Seite, vom Promenadeplatz aus, läßt es sich betrachten: 1498 wird die Straße gepflastert »auf der newen gassen beim salczstadel«.

Benannt ist die Straße nach einem einzigen Vertreter des Gewerbes der Windenmacher, die die Winden zum Hochziehen schwerer Lasten herstellten. Der erste Windenmacher kann für das Jahr 1544 im Steuerbuch an dieser Stelle belegt werden. Er steht dort gleich hinter dem Frauenbader, muß also zu Windenmacherstraße 3 oder 7, vielleicht 5, gehören, sicher aber in diese Straße. Der Straßenname ist aber erst durch den Plan von 1780 und durch Stimmelmayr überliefert. Teilweise wird die Gasse auch »Schlossergasse« genannt, so 1781. Aber Windenmacherstraße setzt sich durch, da es auch in der Folgezeit immer wieder einen Vertreter dieses Berufs hier gibt. Um 1778/81 besitzt ein Windenmacher das Haus Nr. 1*, vor 1801 ein anderer das Haus Nr. 2*.

Qu.: KR 1482 S. 39r, 1483 S. 120r, 137r (mehrmals), 1498 S. 113r, 1539 S. 134r, 1568 S. 129v. – StB 1544. – GB IV S. 156r (1528). – Pläne 1780, 1781. – HB KV S. 370. – Stahleder, Bierbrauer OA 107, S. 60. – Stimmelmayr S. 24 Nr. 41, 42.

In dem **WINKEL**, später Raspstraße, vor 1369 – nach 1394.

Der seit 1369 erscheinende »Ulrich in dem winckel« oder »Ulricus in angelo« steht im Steuerbuch unter der Westseite des Roßmarktes. Er gehört mit Sicherheit zu der Straße, die später »Gänsbühel« und noch später »Raspstraße« genannt wird. Hierher gehört 1372–1377 auch Konrad Zehentner »in dem winckel an dem anger« und der 1383 II erscheinende »Pernger omerknecht in angelo«. Ebenso sind auf diese Straße zu beziehen 1375 Herman Venpeck »in angelo«, 1377/79 Albrecht Holczhacker »in angelo« und 1378 der Napf carpentarius »in angelo«. Sie stehen alle im Steuerbuch jeweils an derselben Stelle. 1380 erscheint noch Ulrichs Sohn in dem Winkel und 1394 das Haus des Konrad in dem Winkel, vielleicht Konrad Zehentner/Zehentmair. Letzteren findet man z. B. im Steuerbuch von 1400 ebenfalls an der Stelle beim Roßmarkt, die dem Gänsbühel zuzuweisen ist. Nach 1394 ist der Beiname »in dem winckel« oder »in angelo« für diese Straße nicht mehr zu belegen.

Dafür wird aber jetzt die Ortsbezeichnung zum Familiennamen. 1383 II findet man im Steuerbuch unter der Neuhauser Straße Petri die Witwe »Ulrici in angelo« und »filius eius«, also ihren Sohn. Vom nächsten Steuerbuch 1387 an steht an derselben Stelle nur noch letzterer: »Cunrad im winckel«. Obwohl er nicht – wie der Vater Ulrich – im Winkel am Anger wohnt, führt er diesen Namen. Nur der familiengeschichtliche Zusammenhang verrät noch, daß es sich hier nicht um einen Winkel an der Neuhauser Straße handelt, nach dem er sich nennt, sondern daß man es mit einem Familiennamen zu tun hat.

Qu.: GB I 2/24 (1369), 12/16, 25/10 (1372), 126/18 (1380), II 62/5 (1394). – StB 1369–1390 ff., 1400 S. 5v. – KR 1394 S. 65r.

In dem **WINKEL**, vermutlich in der Graggenau, um 1372/1380.

Im Jahr 1372 hat des Pfeifers Strobel Hausfrau ein Haus an Ullein den Stümpfel übergeben. Es liegt »bey dem Mair in dem winckel«. Nach dem Steuerbuch von 1372 gibt es in der Graggenau einen Chunrat Mair von Laimen, zwei Namen dahinter eine Agnes Stroblin. Beide sind jedoch keine Hauseigentümer, sondern inquilini. Ihre Position im Steuerbuch deutet auf eine Lage des Winkels um die Pfisterstraße herum. Im Jahr 1380 verpfändet ein Heinrich Lederer »in dem winckel« sein Haus. Die Lage ist nicht zu ermitteln. Der Beruf Lederer deutet jedoch ebenfalls auf die Graggenau. Die beiden Belege müssen sich im übrigen nicht auf denselben Winkel beziehen. Ja, der eine oder andere könnte auch außerhalb der Stadtmauern liegen.

Der etwa auf die Häuser Tal Nr. 27 und 28 beziehende Eintrag im Gerichtsbuch I, wonach die Gerbirg die alte Reicherin und ihr Bruder Heinrich Schusmann ihr Haus »in dem Tal in Unser Frauen Pfarr zunächst an dem winchel« an Rudel den Weber verkaufen, dürfte gar nicht in die Gruppe der Ortsbezeichnungen gehören. Mit dem Rudel Weber muß Rudel Twinger gemeint sein und sein Nachbar ist dann der Schmied Heinrich Winkler. Es ist also zu interpretieren »zunächst an dem Winkler«.

Qu.: GB I 24/13 (1372), 121/6 (1380), 152/10 (1382). – StB 1372.

Des **WITHAUFFEN GÄSSEL**, heute Kapellenstraße, um 1491.

Der Fuhrmann Martin Withauff steht in den Steuerbüchern von 1482 bis 1500 unter der Engen Gasse. Nach Häuserbuch gehört er zum Haus Q in der Ettstraße. Da in der Ettstraße aber keine Privathäuser standen, der Bearbeiter des Häuserbuchs demnach also einem Irrtum verfallen war, gehören die von ihm dieser Straße zugerechneten Häuser allesamt in die Maxburgstraße, auf den Streckenabschnitt zwischen der Ettstraße und der Kapellenstraße. Teilweise liegen sie wahrscheinlich auch noch an der Ostseite der Kapellenstraße und damit auf dem Gelände des späteren Jesuitenkollegs. Das Haus des Withauffen mit Nr. Q muß entweder das östliche Eckhaus Maxburgstraße/Kapellenstraße sein oder es lag bereits in der Kapellenstraße.

Die Withauffen sind im übrigen hier bereits seit 1390 nachweisbar. In diesem Jahr ist es Peter Withauff, 1431 Konrad, 1462 Michael und Konrad und 1482 Hans und Martin Withauff. Im Jahr 1491 wurde »in des Withauffen gassel« die Straße gepflastert.

Qu.: KR 1491 S. 114r/v. – StB 1431 ff.

❏ Bei dem **WOLFGALGEN**, in der Ludwigs-Vorstadt, seit vor 1380.

Im Jahr 1380 liegt ein Krautgarten »bei dem aussern wolfgalgen«, 1381 ein Garten »vor Neuhauser Tor in St. Peters pfarr ze naechst vor dem wolfgalgen«. Aus dieser Einordnung ergibt sich, daß der Wolfgalgen nicht nur vor dem heutigen Karlstor lag, sondern auch südlich der Bayerstraße, da er sonst nicht in der Peterspfarrei liegen würde. Er befand sich also irgendwo in der späteren Ludwigs-Vorstadt. Er wird noch wiederholt genannt, so 1384, 1391, 1395 und im Salbuch des Heiliggeistspitals noch vor 1398.

Lipowski vertrat schon die Ansicht: »Es war ehedem in Baiern gewöhnlich, die Wölfe aufzuhängen«. Auch das »Handwörterbuch des deutschen Aberglaubens« weiß zu berichten: »In Süddeutschland hat man darin (= im Hängen eines Wolfes) ein Strafgericht gegen das Untier gesehen; noch 1685 hing man in Ansbach einen Wolf verkleidet mit einer Maske. Ein Wolfgalgen wird 1333 bei Marburg erwähnt und in diesem Sinn gedeutet, 1801 hängt man in Stolzenburg (Vorpommern) einen erlegten Wolf an einen dafür erbauten Galgen ...« Und weiter: »Als Rechtshandlung wird das Hängen eines Wolfes – ursprünglich eine atropäische Handlung? – aufgefaßt, das in Schweden, an der Côtes-du-Nord noch 1860 üblich war ...«.

Die Gegend um den Wolfgalgen ist wohl sicher identisch mit der »Wolfgrub«. Sie wird 1436 genannt und liegt ebenfalls vor dem Neuhauser Tor in der Peterspfarrei.

Qu.: GB I 122/8 (1380), 141/10 (1381), II 2/11, 7/3 (1391), 105/11 (1395). – MB 19a S. 120 (1436), 20 S. 18 (1384). – Vogel, Heiliggeistspital, Salbuch A Nr. 383a–386 (vor 1398). – Lipowski II (1815) S. 467. – Handwörterbuch des deutschen Aberglaubens, hrsg. von Hans Bächtold-Stäubli, Bd. 9, Berlin 1938/41, S. 790 f.

❏ **WOLFGRUB**, in der Ludwigs-Vorstadt, um 1436.

Siehe »Bei dem Wolfgalgen«.

Bei der alten **ZIELSTATT**, heute Teil der Salvatorstraße, um 1465/1471.

Die alte Zielstatt der Schützen lag vor 1471 offensichtlich noch innerhalb der Stadtmauer. Wahrscheinlich ist sie später im Frauen-

friedhof an der Salvator-Kirche aufgegangen. Am 20 Juni 1452 verkauft ein Bürger einen Stadel hinter der Prannersgasse bei der Mauer am Graben bei der Zielstatt. 1461 liegen drei Städel in Unserer Frauen Pfarr hinter der Mauer »bei der langen Zielstatt«. Der 1452 genannte Stadel liegt am 10. Juni 1465 bei der Ringmauer, hinter der Prannersgassen »bei der alten Zielstatt«. Letztmals 1471 liegt ein Anger des Pütrich-Regelhauses in der Schwaige bei der alten Zielstatt. Vgl. auch »An/Bei der Reyhen«.
Es gab allerdings auch außerhalb der Stadt solche Zielstätten und schon viel früher. 1393, 1395 und 1396 wird diejenige vor dem Angertor genannt, 1406/07 wird eine neue vor dem Neuhauser Tor gemacht und 1411 wird eine neue Zielstatt bei der neuen Veste eingerichtet.

Qu.: HStA Kurbaiern U 16503 (1452), 25404 (1461), 16504 (1465). – StadtA, Urk. F I e Nr. 22 (1471). – KR 1393 S. 43v, 1395 S. 61r, 1396 S. 57v, 1406/07 S. 77v, 1411 S. 45r.

Hinter der **ZOLLMAUER** beim Neuhauser Tor, heute Herzog-Max-Straße, um 1582/86.

Vgl. »Zollstraße«.

Hinter der **ZOLLMAUER** beim Sendlinger Tor, heute Teil der Herzog-Wilhelm-Straße, um 1584.

Da im Jahr 1584 die Straße hinter der Zollmauer und beim Sendlinger Tor gepflastert wird, muß damit das unmittelbar beim Tor gelegene Straßenstück der Mauergasse gemeint sein, das heute in der Herzog-Wilhelm-Straße aufgegangen erscheint; denn das Zollhaus am Sendlinger Tor stand stadtauswärts gesehen rechts neben dem Tor.

Qu.: KR 1584 S. 141r.

ZOLLSTRASSE/-GASSE, heute Herzog-Max-Straße, seit vor 1564 – nach 1781.

Das Eckhaus Neuhauser Straße 41**, östliche Ecke an der Herzog-Max-Straße, war das Großzollhaus. Demnach ist es auf die heutige Herzog-Max-Straße zu beziehen, wenn im Jahr 1564 die Straße gepflastert wird beim Neuhauser Tor »und an der zolstraß hinder der maur« bzw. im Jahr 1570 »auf Neuhauser pruckhen und im zolgässl«. Mit der Neuhauser Brücke ist natürlich die Brücke vor dem Neuhauser Tor über den Stadtgraben gemeint.
Hierher zu beziehen sind auch die Straßenpflasterungsarbeiten »hinter der zollmauer bei Neuhauser Tor« des Jahres 1586, wahr-

scheinlich auch die Pflasterungsarbeiten »bei der zolmaur« von 1582, obwohl dies nicht ganz eindeutig ist. Weitere solche Arbeiten finden bei den Augustinern statt. Der Plan von 1781 nennt ebenfalls die heutige Herzog-Max-Straße »Zollgaßl«.

Qu.: KR 1564 S. 129r, 1570 S. 129r, 1582 S. 141r, 1586 S. 114 r. – HB KV S. 154/55.

❏ Vor dem **ZOLLTOR**, außerhalb des Isartores, um 1380.

Vor dem Zolltor liegen 1380 die Häuser des Deckers Rotull und seines Nachbarn (Konrad) Essmeister. Der Essmeister gehört nach den Steuerbüchern der Zeit vor das Isartor hinaus, in die Nähe dieses, des »neuen Tors«.

Qu.: GB I 131/1.

Des **ZÜCHTIGERS GÄSSEL**, heute Teil der Blumenstraße, um 1585.

Im Jahr 1585 wird »in des zichtigers gässel« die Straße gepflastert. Das Haus des Züchtigers oder Scharfrichters (Henkers) war das Haus Glockenbachgasse 12*. Diese Straße verlief an der Stadtmauer entlang zwischen Sendlinger Tor und Oberem Anger. »Des zichtigers Hauß« stand schon lange an dieser Stelle, als es um 1572 hier auch das Grundbuch nachweist, ebenso wie noch 1761. Es gehörte der Stadt und wurde 1843 abgebrochen. Des Züchtigers Gässel war also die im 19. Jahrhundert sog. Glockenbachgasse.

Siehe auch »Henkergäßchen«.

Qu.: KR 1585 S. 146r. – HB AV S. 50/51.

ZWERCHGÄSSEL, heute Küchelbäckerstraße, vor 1560 – nach 1635.

Zwerchgasse heißt »Quergasse«, abgeleitet vom mittelhochdeutschen Wort »twerches« = quer. Seit 1560 steht in den Steuerbüchern für die Küchelbäckerstraße die Bezeichnung »Zwerchgasse«.

ZWERCHGASSE, heute Kardinal-Faulhaber-Straße, vor 1540 – nach 1622.

Die Besitzer der Häuser Kardinal-Faulhaber-Straße 5 C (Südostecke zur Salvatorstraße) bis zum Kreuzbad (Maffeistraße, Ecke Promenadeplatz) stehen von 1540–1622 in den Steuerbüchern unter der Überschrift »Zwerchgasse«.

Neu ZWERCHGÄSSEL, heute Teil des Marienhofs, 1585 – 1622.

Die Verbindungsgasse zwischen der Landschaftsstraße und der Gruftstraße wurde um 1585 durchgebrochen. Seit 1585 findet sich dann in den Steuerbüchern dafür der Name »new zwerchgassel« oder in anderen Quellen auch die Umschreibung »Neue Gasse hinter dem Landschaftshaus«. Letzteres, weil das Haus Landschaftsstraße 8 B* von Anbeginn mit dem Haus Marienplatz 9* verbunden und mit diesem Haus 1554/1565 an die baierische Landschaft gekommen war. Zum Bau dieser Gasse wurde ein an der Gruftgasse gelegener Garten verwendet, der zum Haus Landschaftsstraße 4 gehört hatte, sowie ein Teil (Nebengebäude) dieses Hauses (ehemaliges Mäleskircher-Haus). Auch Lipowski berichtet, daß hier zwei Häuser gegenüber dem Landschaftshaus niedergelegt worden seien, um eine Ausfahrt aus dem Landschaftshaus zu bekommen und das Quergäßchen herstellen zu können, das das Landschaftsgäßchen mit der Gruftgasse in Verbindung setzte.

Qu.: StB seit 1585. – HStA GU Mü 2633 (1591), 2634 (1597), 2636 (1603). – Lipowski II (1815) S. 394. – Stahleder, Juden S. 29.

Hausnamen

Bei den Münchner Hausnamen, einschließlich der Eckhaus-Namen, lassen sich fünf zeitliche Gruppen feststellen (von »Eckhäusern« spricht auch die Liste der Stadtviertelschreiber von 1725. Erst von Destouches hat 1881 für diese Namen den falschen Begriff »Straßeneck-Namen« eingeführt. Straßen machen aber höchstens Biegungen, sie haben aber keine Ecken. Außerdem unterstellt dieser Begriff, daß es sich bei diesen Namen um Straßennamen handelt, während es in Wirklichkeit Hausnamen sind, also einer ganz anderen Kategorie angehören):
1. Haus- und Eckhaus-Namen aus der Zeit des Mittelalters bis um 1700. Bei den Hausnamen kann man als Grenzjahr 1695 setzen, bei den Eckhaus-Namen 1725. Alle zusammen sind es über 40 Stück und sie werden fast alle nur ein einziges Mal in einer Quelle genannt und kommen dann nie mehr vor. Das sind bei den Hausnamen: der Stern (1371/1405), Venediger (1371/1405), Schneeberg (1371/1411), Hammel (1377/1539), (Taschenhaus) (1383), das blaue Haus (1399), Prediger (1405), Rabenstein (1413), Judenhaus (15. Jhd.), Croendl (1449), Stern (1462), Hirschhaus (1484/85), Zum lichten Stern (1508), Falkenhaus (1564), Rosenbuschhaus (1572), Steirerhaus (1574), der Schnegg (1574), Stöckl (1595), Taschenhäusel (1645), Teisingerhaus (1679), Steinbrennerhaus (1695).
Bei den Eckhäusern sind es: Ehingers Eck (1310/12), Schöneckers Eckhaus (1310/12), Scharffeneck (1378/1403), Rabeneck (1388), Bäreneck (1399/1404), Hirscheck (1419), Wurmeck (1431), Engeleck (1461/64), Sterneck (1508), Starcheneck (1513), Greifeneck (1522), Wolfsbergereck (1552), Bräueneck (1565), Riegereck (1569), Augustiner-Kistler-Eck (1575), Kleubereck (1591), Pfaueneck (1621), Holzmüllereck (1650), Kalteneck (1662), Sonneneck (1675), Schreinereck (1710).

Nur die acht Namen Rabeneck, Sterneck, Holz(müller)eck, Pfaueneck, Hirschhaus (auch Hirscheneck), Greifeneck, Kleubereck und Wurmeck kennt auch noch die Liste von 1725. Von allen anderen weiß man um 1725 bereits nichts mehr. Statt dessen wartet das 18. Jahrhundert mit völlig neuen Namen auf.
2. Namen aus der Eckhaus-Liste von 1725. Bei den im 18. Jahrhundert überlieferten Namen gibt es zwei Gruppen. Die eine gibt es, mit wenigen Ausnahmen nur bei den Eckhaus-Namen, die andere Gruppe stammt aus dem Ende des Jahrhunderts und ergibt sich aus Stimmelmayr. Hier gibt es sowohl Haus- als auch Eckhaus-Namen. Die Liste von 1725 war entstanden, als der Magistrat die Viertelschreiber der vier Stadtviertel beauftragte, alle Namen der »von alters her gezaichneten Eckh- und anderen heusern« zu erfassen. Sie wartet mit einer Fülle von bisher nie gehörten Namen auf, die teils an den Hauswänden mit Jahreszahlen versehen waren. Mit diesen Jahreszahlen kommt man zeitlich aber nicht weiter zurück als bis zum Ende des 16. Jahrhunderts. Von den insgesamt 25 Eckhaus-Namen sind nur acht schon in früheren Quellen schriftlich belegt (siehe oben). Alle anderen hört man 1725 erstmals, reichen aber – wie gesagt – weiter zurück. Es sind dies – in Klammern der frühest erkennbare Zeitpunkt: Burgeck (1574), Meteck (1589), Schützeneck (1592), Schäfflereck (1612), Falknereck (1621), Stiefeleck (1630), Schlossereck (1636), Roseneck (1671), Fraueneck (1680), Christopheck (1722), Löweneck, (das zweite) Roseneck, (das dritte) Roseneck, St.-Benno-Eck, Marieneck, Spiegelbrunneneck, Wassereck (1725). Der Name Spiegelbrunneneck könnte bis ins 15. Jahrhundert zurückgehen. Der Name »Kreuzeck« wird 1725 nicht ausdrücklich genannt. Ihn hat erst Ernst von Destouches 1881 aus der Beschreibung der Viertelschreiber gebildet, wonach sich an diesem Haus ein goldenes Kreuz mit der Jahreszahl 1532 befunden habe.
3. Am Ende des 18. Jahrhunderts schreibt Stimmelmayr, im wesentlichen in den 80er Jahren. Man sieht das bei den Angaben von Hausbesitzern und an anderen Kriterien, z. B. daran, daß er noch nichts von der Auflösung der Friedhöfe im Jahr 1788 wußte. Stimmelmayr nennt in seiner Beschreibung Münchens eine Fülle von Haus- (12 Stück) und Eckhaus-Namen (fast 30 Stück). Dabei ergibt sich, daß von den Eckhaus-Namen in der Liste von 1725 Stimmelmayr (kaum ein halbes Jahrhundert später!) nur noch einen einzigen kennt: das Hirschbräueck, dort allerdings nur »Hirschhaus« genannt, und im übrigen schon im 15. Jahrhundert bekannt. Alle anderen Namen, die Stimmelmayr nennt, kennt vor ihm keine Quelle (und, wie unten zu sehen sein wird, auch nach ihm nicht). Bei den Hausnamen ist es nicht ein einziger, der außer bei Stimmelmayr noch in einer anderen Quelle vorkommen würde.

Es kommen noch eine Handvoll Belege aus dem Ende des 18. Jahrhunderts hinzu, die vereinzelt in verschiedenen Quellen genannt werden, die auch Stimmelmayr nicht kannte (Zum Bamberger Schmied, Krautbartl, Ledererbartl).
4. Zu Beginn des 19. Jahrhunderts (1818/23) wird uns – im wesentlichen in den beiden Adreßbüchern von 1818 und 1823 und bei Alois Huber im Jahr 1819 – eine neue Serie von Haus- (49 Stück) und Eckhaus-Namen (4 Stück) überliefert, von denen wir bisher nie etwas gehört haben, die also auch Stimmelmayr noch nicht kannte. Soweit sie von Familiennamen abgeleitet sind, können sie bis ins 17. Jahrhundert zurückreichen. Lediglich zwei Namen scheinen noch älter zu sein, wobei aber beim »Kreuzweber« die mögliche Datierung auf 1554 nur darauf beruht, daß seit diesem Jahr ein Weber auf diesem Haus nachweisbar ist. Ob er auch schon in dieser Zeit »Kreuzweber« genannt wurde, wissen wir nicht. Dies kann auch erst im 18. Jahrhundert geschehen sein. Die Wartenbergische Behausung schließlich befand sich zwar seit 1580 in der Hand des Herzogs Ferdinand. Aber erst seine Kinder führten überhaupt den Namen »von Wartenberg«, so daß auch hier der Name wohl höchstens aus dem 17. Jahrhundert stammen dürfte.

Bis ins 17. Jahrhundert können zurückreichen – müssen aber nicht – nur die sieben Namen: Hausergabler (frühestens 1606), Jesuitenmelber (frühestens 1627), Himmelsschäffler (frühestens 1631), Zimmerschäffler (frühestens 1635), Melber am Ruffiniturm (frühestens 1636), Claudi-Cler-Haus (frühestens 1657), Kaltner (frühestens 1694). Alle anderen reichen nicht weiter als bis ins 18. Jahrhundert zurück. Bei den Eckhaus-Namen kommen im 19. Jahrhundert nur vier neue hinzu: Altheimer Eck (1810), Marieneck (1819), Peterseck (1819) (frühestens 1751 möglich), Rappeneck (1819).

5. Die Historiker des 20. Jahrhunderts bilden eine Fülle von Schein-Hausnamen (keinen einzigen Eckhaus-Namen allerdings), die überhaupt keine Tradition haben, nie in einer Quelle genannt werden. Das sind Namen, die nur scheinbar bis ins Mittelalter zurückreichen, weil sie nach Familien dieser Zeit benannt sind und die auch insofern problematisch sind, als es sich ja in den wenigsten Fällen im 20. Jahrhundert noch um das Haus dieser Familie handelt. In der Regel ist spätestens im 19. Jahrhundert an seiner Stelle ein völlig neues Haus errichtet worden. Es ist eigentlich ein Unding ein solches Haus etwa »Grasserhaus« zu nennen. Betroffen sind folgende Namen: Blauenten-, Bombarda-, Fueterer-, Goller-, Grasser-, Gunezrhainer-, Haslingerhaus, Hofstukkator-Zimmermann-Haus, Mielich-, Orlando-di-Lasso-, Pest-, Pötschner-, Pürchinger-, Pütrich-, Senser-, Spatzenreiter-, Spitzweghaus, Törringerhof, Weineimererhäusel.

Ein schwerwiegender Eingriff in die Namensüberlieferung erfolgte im Jahr 1881. Das war das Zeitalter des Historismus, d. h. der allgemeinen Wiederentdeckung und Wiedererweckung der Geschichte. In diesem Jahr entdeckte der Stadtarchivar Ernst von Destouches in seinen Archiv-Beständen die Liste der Haus- und Eckhaus-Namen der Stadtviertelschreiber von 1725 und faßte sofort den Entschluß, die in dieser Liste aufgeführten Namen wieder zum Leben zu erwecken. Er war sich nicht annähernd der Zufälligkeit und Willkürlichkeit dieser Überlieferung bewußt, wußte nichts von den vielen Namen, die es seit dem Mittelalter schon gegeben hatte und die schon 1725 längst wieder verschwunden waren, wußte nichts von all den Namen, die Stimmelmayr überliefert hatte, und kannte offensichtlich nicht einmal die Adreßbücher von 1818 und 1823 oder das zweibändige Werk von Alois Huber mit dem Titel »München im Jahre 1819«. Er wußte auch nichts von der offensichtlichen Kurzlebigkeit dieser vielen Namen und von der Abhängigkeit der Überlieferung von Einzelpersonen (Stimmelmayr) und deren zufälligem Wissen und historischem Verständnis. Er scheint sich nicht darüber im klaren gewesen zu sein, daß Geschichte nie etwas statisches ist, sondern immer im Wandel begriffen, daß Menschen zu allen Zeiten die Dinge nach ihren augenblicklichen Bedürfnissen ordnen. Sie führen Grenzen ein, wenn sie ihnen nötig erscheinen, und sie beseitigen sie wieder, wenn sie sie für nicht mehr zeitgemäß halten. Sie führen Namen ein, wenn sie ihren Bedürfnissen entsprechen, und sie geben sie wieder auf, wenn sie ihnen überholt erscheinen. Einen bestimmten der Vergangenheit angehörenden Zustand zu konservieren oder ihn gar nachträglich wieder herzustellen, ist ja eigentlich schon ahistorisch, um wieviel problematischer ist es erst, dies auf so vom Zufall gelenkter Grundlage zu tun.

Ernst von Destouches schrieb also am 15. Oktober 1881 einen langen Brief an den Magistrat, in dem er genau das bestätigte, was wir aus der Überlieferung schon seit dem Mittelalter ableiten können, nämlich die Kurzlebigkeit dieser Namen. Er beklagte sich: »Von diesen Bildern existieren nun zur Zeit fast gar keine mehr und auch die Namen leben nur mehr im Gedächtnis der älteren Generation und werden mit dieser wohl bald verschwunden sein.« Darum bat er den Magistrat, »es möchten geeignete Einleitungen dafür getroffen werden, daß die alten Zeichen und Namen der Straßenecken wieder hergestellt werden«. Der Magistrat befaßte sich am 4. November 1881 mit diesem Thema und gab von Destouches den Auftrag, »Vorschläge zu machen, in welcher Weise dortselbst etwa die frühere Bezeichnung derselben vorgenommen werden könnte, ohne daß hiedurch eine Verwechslung mit der Straßenbenennung zu befürchten ist, ferner solche Stellen anzugeben, an welchen zur Erinnerung an frühere denkwürdige Ereignisse oder Gebäude nach Art der bisherigen weitere Gedenktafeln angebracht werden sollen. Ebenso soll die Baukommission ersucht werden, bei allenfallsigem Umbau von Häusern, auf welchen sich noch alte Skulpturen oder Bilder befinden, die Besitzer zu veranlassen, daß dieselben möglichst erhalten, eventuell auf die Neubauten versetzt werden.«

Am 9. Mai 1882 befaßte sich der Magistrat erneut mit dieser Angelegenheit, weil von Destouches inzwischen wieder Stellung genommen hatte. Die befürchtete Verwechslung mit bestehenden Straßennamen entkräftete er: »Jene Wiedererneuerung soll ja überhaupt nur eine historische Reminiszenz bezwecken, keineswegs aber eine Alterierung des modernen Straßenbenennungs- und Hausnumerierungssystems involvieren.« Der Magistrat beschloß, auf den Antrag des Archivars einzugehen »und die betreffenden Hausbesitzer zu ersuchen, die Eckzeichen an ihren Gebäuden anzubringen«.

Eine Folge dieses Wiedererweckungsversuchs war, daß der Adreßbuch-Verlag noch im Jahr 1882 die von Ernst von Destouches aus der Liste von 1725 entnommenen Haus- und Eckhaus-Namen in das in Arbeit befindliche Adreßbuch von 1883 einarbeitete, wo sie sich bis in unser Jahrhundert herein auch gehalten haben. 1887 (Stand 1886) erschienen auch erstmals ein paar Hausnamen im Adreßbuch, die die Liste von 1725 nicht kannte (Croendl, Hundskugel) und die Ernst von Destouches wohl in der Zwischenzeit neu entdeckt hatte. Offensichtlich war es auch gelungen, einzelne Hausbesitzer dazu zu bewegen, im Sinne der Magistratsempfehlung tätig zu werden. Insgesamt aber war das Unternehmen dem Versuch sehr ähnlich, eine Leiche wieder zu beleben, kurz: ein Fehlschlag.

Unverdrossen machte Ernst von Destouches 1896 erneut einen Vorstoß. Er stellte für die Beilage der Gemeindezeitung die Namen aus der Liste von 1725 zusammen, mit augenblicklicher Adresse der betroffenen Häuser, führte auch gleich auf, wie der Text an den Häusern lauten müsse und hat diese Texte wahrscheinlich auch alle selbst verfaßt, Gelegenheitsdichter, der er auch war. Sie lauten alle ziemlich gleichförmig, meist ein wenig holprig und nicht sehr einfallsreich (»Der Thurm, so ehedem hier stand, »Blauenten-Thurm« war er genannt« oder »Ein Bad vor Zeiten hier bestand, Das »Rosen-Bad« war es genannt« oder (zweite Version) »Das Haus steht in Gottes Hand, das ›Christoph-Eck‹ war es genannt« usw.). In seiner Einleitung zu dieser Liste unter dem Titel »Die Wiedererneuerung der historischen Wahrzeichen der Stadt München betreffend« vom 12. Juli 1896 verweist er auf die Empfehlung des Magistrats von 1882, »es möchten die im nachfolgenden ›Verzeichnis von Münchens Straßeneckbehausungen, Straßeneckzeichen und Straßenecknamen‹ aufgeführten Wahrzeichen der Stadt eine Wiederbelebung erfahren«. Dann beklagt er sich: »Bei einem Teil derselben ist solches auch bereits der Fall gewesen, andere sind aber entweder bisher überhaupt nicht angebracht worden oder nach kurzer Zeit ihres Bestehens wieder verschwunden oder restaurationsbedürftig geworden.« Wieder also zeigte sich die Kurzlebigkeit dieser Namen und die Vergeblichkeit des Bemühens, etwas zum Leben erwecken zu wollen, was die Geschichte schon einmal für tot erklärt hatte.

Keine Wirkung bei der Bildung von Hausnamen hatten übrigens die Grundbücher, obwohl sie eigentlich solche systematisch gebildet hatten. In der Grundbuch-Serie der 70er Jahre des 16. Jahrhunderts steht über jedem Haus der Name des Hauseigentümers der Zeit der Anlage des Buches. Er dient zur Kennzeichnung des Hauses als Ersatz für die in dieser Zeit noch unbekannte Hausnummer. Keiner dieser »Hausnamen« aus den Grundbüchern ist jedoch am jeweiligen Haus haften geblieben und zum echten Hausnamen geworden.

Zu den ältesten Hausnamen, die wir in München kennen, gehören die Namen der Bäder und der Mühlen. Sie stammen allesamt aus dem 14. und 15. Jahrhundert, bei den Bädern darf man davon ausgehen, seit Bestehen des jeweiligen Bades. Zu den jüngsten gehören die Namen der Bäckereien, Brauereien, Branntweinereien, Metzgereien und Gaststätten. Sie gehen größtenteils nicht weiter als bis ins 17. Jahrhundert zurück. Über sie wird bei den jeweiligen Handwerken noch kurz gehandelt.

Im 19. Jahrhundert nennen Hausnamen nur bis 1823 die Adreßbücher und Alois Huber. Dasjenige von 1833 enthält nur ein Personenverzeichnis, keine Haus- oder Firmennamen. Das Adreßbuch von 1835 nennt nur bei den Bierbrauern und den Gasthäusern die Hausnamen, nicht mehr jedoch bei Bäckereien, Bierwirten, Branntweinern, Metzgern und Weinwirten. Das Adreßbuch von 1842 enthält dagegen wieder bei den Bierbrauern, den Bierwirten und Gasthäusern Hausnamen, nicht jedoch bei Bäckern, Branntweinern, Metzgern und Weinwirten. Diejenigen von 1845 und 1850 kennen nur noch die Namen der Brauereien.

Qu.: Gemeinde-Zeitung 1881 S. 967/968, 1882 S. 453, 1896 Beilage zu Nr. 59 S. 403–407. – StadtA, Straßenbenennung und Hausnumerierung Nr. 1 (1725). – Vgl. auch Grohne S. 88 ff. über die Entstehungsgeschichte von Hausnamen.

Zur Erinnerung: Die Daten in der Kopfleiste beziehen sich auf den ersten Nachweis des Namens, nicht den des Hauses oder Gewerbebetriebes als solchem. Die eingeklammerte Jahreszahl gibt den frühest möglichen Zeitpunkt für die Entstehung des Namens an. Nicht berücksichtigt sind die Namen der Adels-Palais. Ihre Deutung und ihre Geschichte findet man u. a. in: »München. Kunst und Kultur Lexikon« von Josef H. Biller und Hans-Peter Rasp, seit 1972 in mehreren Auflagen.

HÄUSER

ARNHARDTISCHES HAUS, Ledererstraße 11, um 1819/23 (nach 1740).

Das Haus gehörte von 1740 bis etwa 1812 der Familie Arnhardt. Alois Huber nennt es 1819 erstmals »ehemals das Arnhardtische Haus«, ebenso das AB von 1823.

Qu.: Huber II S. 43. – AB 1823 S. 11. – HB GV S. 133/35.

AUER KRAMER, Tal 70, um 1819/23 (nach 1782).

Das Haus besaß von 1782 bis 1798 die Handelsmanns- oder Kramer-Familie Auer. Name durch Huber 1819 und Adreßbuch 1823 belegt.

Qu.: Huber II S. 58. – AB 1823 S. 15. – HB AV S. 469/71.

AUGSBURGER-BOTEN-HAUS, Frauenplatz 7, seit Ende 18. Jhd. (nach 1770).

Der Name wird nur von Stimmelmayr überliefert, »mit angemalter Stadt Augsburg«. Das Haus war Frauenplatz Nr. 7. Es gehörte seit 1739 jeweils einem Weißbierzäpfler, seit dem 3. Februar 1770 war dies Thomas Holzmiller. Er war nebenher fahrender Augsburger Bote. Auch die Nachfolger Joseph Balmberger, seit 1784, und Franz Kraus, seit 1805, waren Augsburger Boten bzw. Ordinari-Boten nach Augsburg. Als solcher noch 1835 im Adreßbuch bezeichnet.

Qu.: Stimmelmayr S. 27 Nr. 45/5. – HB KV S. 14.

❏ **BAADERHAUS,** Odeonsplatz, vor 1816.

Siehe »Räsonierhäuschen« bei den Gaststätten.

Zum **BAMBERGER SCHMIED,** Promenadeplatz 5, vor 1796 – nach 1823.

Auf diesem Haus sitzen von mindestens 1660 bis 1859/65 Hufschmiede. Das Grundbuch nennt für 1796 den Namen »Zum Bamberger Schmied«, ebenso kennen ihn Huber 1819 und das Adreßbuch von 1823. Das Anwesen hatte 1796 der Hufschmied Johann Hörmann erworben. Er war 1746 in Frensdorf, heute selbständige Gemeinde, im Landkreis Bamberg geboren. Daher rührte der Name »Zum Bamberger Schmied«.

Qu.: HB KV S. 218/19. – Huber II S. 138. – AB 1823 S. 36. – StadtA, Polizeimeldebögen H 246.

Zum **BAIER (BAUER),** Hartmannstraße 3, um 1819/23 (nach 1743).

Das Haus Hartmannstraße 3 gehörte seit 1743 bis 1797 dem Hofschäffler Josef Bayr, danach seinem Sohn und dessen Witwe. Auf diese Familie geht der Hausname »Zum Baier« zurück. Das Grundbuch nennt für 1819 den Namen fälschlich »Zum Bauer«, Huber und das Adreßbuch von 1823 dagegen richtig »Zum Baier«.

Qu.: HB KV S. 24/25. – Huber II S. 138. – AB 1823 S. 36.

BLAUES HAUS, Residenzstraße, um 1399.

Im Jahr 1399 hat Franz Impler ein Haus an der Vorderen Schwabinger Gasse (Residenzstraße), »genant das plab haus«. Der Name wahrscheinlich vom Farbanstrich abgeleitet. Näheres ist darüber nicht bekannt, es kommt auch später nicht mehr mit diesem Namen vor. Vorläufig nicht lokalisierbar.

Qu.: GB II 148/18.

BLAU-ENTEN-HAUS, Rindermarkt 12*, o. D. (20. Jhd.).

Name nur vom Häuserbuch-Bearbeiter überliefert, ohne Quelle, ohne Zeitangabe. Name vom »Blau-Enten-Turm« abgeleitet, der vor dem Haus stand und zu ihm gehört hatte.

Qu.: HB AV S. 228.

BOMBARDAHAUS, Rindermarkt 3, 20. Jhd. (nach 1689).

Das Haus Rindermarkt Nr. 3 gehörte von 1689–1725 der Familie des fürstlichen Kammermusikers Johann Paul Bombarda und seiner Witwe. Nur der Häuserbuch-Bearbeiter nennt das Haus so.

Qu.: HB AV S. 212/214.

Zum **BRENTANO**, Dienerstraße 4*, Ende 18. Jhd. (nach 1761) – um 1819/23.

Den Namen nennen außer Stimmelmayr (»das Kaufmann Brentano Haus«) auch Huber 1819 und 1823 das Adreßbuch. Eigentümer des Hauses waren Ende des 18. Jahrhunderts Maximilian von Vogl und Ulrich Müller. Das Haus wurde den Steuerbüchern zufolge in den Jahren 1761 bis 1791 von dem Handelsmann Stefan Brentano bewohnt, der dort sein Geschäft betrieb.

Qu.: Stimmelmayr S. 15 Nr. 30. – Huber II S. 17. – AB 1823 S. 4. – HB GV S. 44/46.

BUTZENHÄUSCHEN, Oberer Anger 22*, vor 1803 – nach 1835.

Das Häuschen lag an der Stadtmauer, westlich unmittelbar neben dem Hayturm, gehörte der Stadt und wurde 1873 abgebrochen. Der Name ist ungeklärt. Stimmelmayr kannte ihn noch nicht. Er sprach an dieser Stelle von »zwei Gemächer oder Häuseln an der Stadtmauer, links zu dem Bachthurm hinauf«. 1808 bewohnte es laut Steuerbuch der Milchmann Johann Schwab. Den Namen erwähnt erstmals 1803 ein Behördenschreiben (»das sogenannte Butzenhäusel an der Stadtmauer«), auch Huber 1819 und die frühen Adreßbücher bis 1835 nennen ihn (Das sogenannte Putzenhäuschen). Das Adreßbuch von 1818 sagt fälschlich »Schützenhäuschen«.

Qu.: HB AV S. 129. – StadtA, Städtischer Grundbesitz Nr. 6 (1803). – Stimmelmayr S. 83 Nr. 97/6. – AB 1835 S. 198. – Huber II S. 86.

Zum **CHRISTOPH** (»am Eiermarkt«), Marienplatz 17, um 1819/23.

Siehe »Onuphrius-Haus«.

Beim **CLAUDI CLER**, Kaufingerstraße 4*, um 1819/23 (nach 1657).

Eigentümer dieses Hauses ist von 1657 bis 1816 die Familie Cler, von 1705 bis 1718 Franz Claudi Cler, von 1733 bis 1766 Franz de Paula Claudi Cler. Hausname bei Huber 1819 und im Adreßbuch 1823 belegt.

Qu.: Huber II S. 101. – AB 1823 S. 27. – HB HV S. 250/52.

Das **CROENDL**, Die **CRON**, Marienplatz 18, um 1449.

Das Haus Marienplatz 18, am Pfaffengäßchen gelegen, wird 1449 »das Croendl« genannt, 1484 und 1572 »die Cron«. Das ist auch

Abb. 32: *Das Wappen der Familie Scharfzahn, ein halber Löwe mit Kröndl auf dem Haupt.*

gemeint, wenn 1508 dieses Haus am Markt Petri mißverständlich »die Cram« genannt wird. Eigentümer des Hauses ist 1449 Ludwig Tömlinger. In der Namengebung bringt das allerdings nicht weiter. Die Krone könnte aus einem Wappen stammen. Von 1375 bis 1439 gehörte das Haus dem Ainwig Resch. Der war der Stiefvater von Ludwig Scharfzahn, mit dem der Aufstieg der Familie Scharfzahn begann (der Vater war noch Schuster). Die Scharfzahn haben im Wappen einen halben Löwen mit Kröndl auf dem Haupt. Sicher konnte man sich so ein Symbol nicht einfach frei aussuchen. Man hat es sich durch Dienste erworben, die man dem Hof erwiesen hat. Wahrscheinlich darf man fast von einer Verleihung sprechen, die der Familie oder der Handelsgesellschaft Scharfzahn/Resch zuteil geworden sein dürfte. Darauf war man stolz und hat es auch an der Hauswand angebracht.

Geirrt hat sich Stimmelmayr mit seiner Deutung, es handle sich dabei um das schwedische Wappen, weil in diesem Haus Gustav Adolf abgestiegen sei.

Gustav Adolf hat möglicherweise im Juni 1632 in einem Gasthaus am Marienplatz 5* übernachtet, auf dem Gelände des heutigen Rathauses. Sicher bezeugt ist aber auch dies nicht, siehe bei den Gasthausnamen »Zu den drei Kronen«.

Qu.: St. Peter U 239 (1508). – HB AV S. 72/73. – Stimmelmayr S. 15 Nr. 29/3. – Stahleder, Bürgergeschlechter S. 214. – Schattenhofer MA M 02056.

DATZLHAUS, Oberer Anger 13, um 1819/23 (nach 1760).

Hauseigentümer dieses Hauses waren von 1760–1806 der Rechnungs-Justifikant Johann Georg Tätzel/Däzl und seine Witwe. Huber 1819 und das Adreßbuch von 1823 nennen den Namen »Datzlhaus«.

Qu.: HB AV S. 117. – Huber II S. 85. – AB 1823 S. 22.

Abb. 33: *Das »Croendl«-Haus am Marienplatz (rechts) mit den drei Kronen an der Fassade. Links daneben das »Onuphriushaus«. Aufnahme von 1897.*

DOMINISCHÄFFLER, Hotterstraße 8, vor 1803 (nach 1767) – nach 1823.

Das Haus Hotterstraße 8 gehörte seit dem 3. Oktober 1767 dem Schäffler Dominikus Liechtinger, so bis 1792. Am 30. Juli 1803 ist laut Grundbuch Hausbesitzer der Schäffler Jakob Mayrhofer, genannt »Zum Dominischäffler«. So nennt ihn auch das Adreßbuch von 1818. Das von 1823 und Huber 1819 sagen nur »Zum Domini«.

Qu.: HB HV S. 217. – AB 1818 S. 191, 1823 S. 28. – Huber II S. 106.

FALKENHAUS, Burgstraße 10, mit Ledererstr. 26 (Zerwirkgewölbe), seit vor 1564 (nach 1558).

Das Falkenhaus war laut Steuerbuch seit 1564 das Haus Burgstraße 10, mit Hinterhaus Ledererstraße 26 (heute 3) (Zerwirkgewölbe). Im Vorderhaus wohnten von 1558 bis 1591 die herzoglichen Falkner, aber auch andere Hofdiener wie der Löwenmeister und der Hofkellner. Im Juli 1569 wurde die Straße gepflastert beim Falkenhaus, 1612 wird es in Urkunden erwähnt. Der Name ist eigentlich kein Hausname, sondern eine Funktions-Bezeichnung für das Haus, ähnlich wie »Salzstadel« kein Hausname ist, sondern eine Funktions-Bezeichnung. Durch Wiederbelebung des Namens durch die Historiker wird das aber beim Falkenhaus heute anders empfunden.

Später gab es dann ein »neues Falkenhaus« vor dem Kosttörl, das 1696 in einer Urkunde genannt wird und einen Falkenhof vor dem Neuhauser Tor. Er wird in den Steuerbüchern seit 1724 genannt.

Zur Geschichte des Zerwirkgewölbes: Als man 1589 daran ging, ein Hofbräuhaus zu errichten, untersuchte eine Kommission alle dem Herzog gehörigen Gebäude in der Graggenau auf ihre Tauglichkeit für diesen Zweck, u.a. das Falkenhaus, das Hennenhaus hinter (östlich) dem Alten Hof, das zum Hof gehörige Bad und weitere Gebäude. Die Kommission kommt zu dem Schluß, daß von allen untersuchten Gebäuden der Platz, auf dem das Hennenhaus und das Bad stehen, am geeignetsten sei. Damit wird das sog. Falkenhaus bzw. sein Rückgebäude (sprich: Zerwirkgewölbe) ausdrücklich ausgeschlossen. In der Folgezeit wurden das Hennenhaus und das Bad (»Hofbad«, nicht das »Herzogsbad«!) abgebrochen und hinter der Ostmauer des Alten Hofes, zwischen dem heutigen Zerwirkgewölbe und dem westlichen Eckhaus an der Pfister-/Sparkassenstraße (Hofkammer) das Bräuhaus errichtet. An dieser Stelle – etwa dem mittleren und nördlichen Drittel des heutigen Finanzamtsgebäudes

Falkenhaus 347

an der Sparkassenstraße – stand noch nach der Stadtkarte von 1806 das Hofbräuhaus. Hier verlief auch das »Braune Bräuhaus Gässchen«. Das Bräuhaus hatte nicht einmal einen räumlichen Zusammenhang mit dem Rückgebäude des Falkenhauses (Zerwirkgewölbe), geschweige denn war es selbst das Bräuhaus, wie man gelegentlich in der Literatur lesen kann. Zur Zeit der Gründung des Hofbräuhauses (1589) und seiner Inbetriebnahme (1592) wurde das Hinterhaus des Falkenhauses um 1590 vom Vorderhaus getrennt und an den Hofbaumeister Wendel Dietrich verkauft.

Die Familie Dietrich besaß es bis 1639. Dann kaufte es der Hofbauschreiber Matthias Schlichtinger. Dessen Familie besaß es bis zum 6. Februar 1733. An diesem Tag erwarb es der Kurfürst Karl Albrecht. Diese Besitzgeschichte des heutigen Zerwirkgewölbes allein – nachzulesen im Häuserbuch der Stadt München – verbietet es bereits, dieses Gebäude in der Zeit vor 1733 mit dem Hofbräuhaus in Verbindung zu bringen. Vor 1733 hat das heutige Zerwirkgewölbe nie etwas mit dem Hofbräuhaus zu tun gehabt. Das Hofbräuhaus selbst wurde 1808 ans Platzl verlegt. Nur in der Zeit zwischen 1733 und 1808 kann es – als Nebengebäude! – für die Zwecke des Hofbräuhauses mitverwendet worden sein. Zu keiner Zeit kann man es jedoch als »das Hofbräuhaus« ansprechen. Nach 1808 wurde das Gebäude zum Hofzerwirkgewölbe umgewandelt, in dem das auf der Jagd erlegte Wild zerlegt (»zerwirkt«) und zubereitet wurde.

Da das Gebäude noch um 1590 im Grundbuch und 1589 in der sog. Gründungsurkunde des Hofbräuhauses »Herzog Ludwigs Haus« genannt wird, womit Herzog Ludwig der Strenge (regiert im Herzogtum Oberbayern von 1255–1294) gemeint ist, darf man die Bauzeit sicher in das letzte Drittel des 13. Jahrhunderts setzen. Das Erbauungsjahr 1264 ist aber ein rein fiktives Datum, das keinerlei Quellengrundlage hat. Niemand kann in dieser Zeit ein so exaktes Baudatum von irgendeinem Gebäude belegen. Dieses Datum nennen die Inschriften in den beiden Fresken am Gebäude, sowohl an der Süd- als auch an der Ostflanke. Das Fresko an der Südseite enthält dazu noch einen »Druckfehler«: anstatt »1708« muß es »1808« heißen, wenngleich die ganze Information bedenklich ist, weil sie suggeriert, daß das Gebäude schon seit 1264 als Hofbräuhaus gedient habe. Der Hof hat aber vor 1592 überhaupt nicht selbst gebraut.

Das Zerwirkgewölbe ist zusammen mit Teilen des Alten Hofes das älteste profane Bauwerk Münchens.

Vgl. »Hofbräu« im Kapitel über die Namen der Brauereien.

Qu.: KR 1569 S. 129r. – HStA GU Mü Nr. 1729, 1730 (1612), 2229 (1696), 2406 (1756), 2407 (1757). – StB 1558, 1564 I ff.

FRAU-VOM-HIMMEL-HAUS, Schäfflerstraße 21, Ende 18. Jhd. (nach 1763).

In diesem Haus gab es zu ebener Erde auch das Gasthaus »Zum damischen Wirt«, siehe dort. Hauseigentümer des Hauses war seit dem 20. Mai 1665 der Schneider Hanns Jakob Himmel, zuletzt seit dem 23. Dezember 1763 bis 21. Mai 1794 die Witwe Anna Katharina des Hofrats Lorenz Felix Himmel. Sie war die Frau (besser Witwe) vom Himmel. Der Name ist ganz prosaisch und hat nichts mit der Mutter Gottes zu tun, wie man auch glauben könnte. Nur Stimmelmayr überliefert uns den Namen und er war ja auch ein Zeitgenosse vom Himmel seiner Frau. Siehe auch Gaststätte »Glaswirtin«.

Qu.: Stimmelmayr S. 24 Nr. 41/3. – HB KV S. 302.

FUCHSBERGHAUS, Ledererstr. 24*, Ende 18. Jhd. (nach 1753).

Das Haus Ledererstr. 24*, ein Teil der heutigen »Scholastica«, gehörte seit dem 25. Januar 1753 dem kurfürstlichen Truchseß Wilhelm Alois von Fuxberg und seiner Tochter Maria Theresia von Fuxberg, allerdings nur bis zum 27. November 1758. Nach dieser Familie nennt Stimmelmayr dieses Haus mehrmals das Fuchsberghaus.

Qu.: Stimmelmayr S. 1 Nr. 3/3, S. 3 Nr. 9/3, S. 6 Nr. 17/2, S. 7 Nr. 19/2. – HB GV S. 152/54.

FUETERERHAUS, Residenzstraße 15, 20. Jhd. (vor 1486).

Gemeint ist das Haus des Malers Ulrich Fueterer, der von 1486–1496 beim Haus Residenzstraße 15 in den Steuerbüchern steht. Erst der Häuserbuch-Bearbeiter nennt diesen Namen. Die Adreßbücher des 19. Jahrhunderts verwenden ihn noch nicht.

Qu.: StB. – HB GV S. 297.

Zum GALLI, Oberer Anger 39, um 1819/23 (nach 1783).

Das Haus beitzt in der Zeit von 1783 bis 1798 der Milchmann Gallus Schmied. Huber 1819 und das Adreßbuch von 1823 nennen den Namen »Beim Galli«.

Qu.: Huber II S. 88. – AB 1823 S. 23. – HB AV S. 154/56.

GOLDSCHLAGERHAUS, Sebastiansplatz 1, vor 1811 (nach 1719) – nach 1823.

Von 1719 bis 1769 gehört das Haus Sebastiansplatz Nr. 1 einem Goldschlager namens Hennenfues. Seit 1810 sind dann Bierwirte

und Branntweiner auf dem Haus. Es heißt deshalb auch »Zum roten Hahn«.
Wahrscheinlich kommt erst mit dem Gaststätten-Betrieb auch der Hausname »Goldschlagerhaus« auf. Ihn nennen außer dem Grundbuch auch Huber 1819 und das Adreßbuch von 1823.
Qu.: HB AV S. 319. – Huber II S. 76. – AB 1823 S. 20.

GOLLERHAUS, Weinstraße 2, 20. Jhd. (nach 1513).

Dieses Haus gehört seit mindestens 1513 bis 1629 der Kornmesser-Familie des Ulrich Goller/Gailer. Den Namen nennt nur der Häuserbuch-Bearbeiter.
Qu.: HB KV S. 350.

GRASSERHAUS, Residenzstraße 10, 20. Jhd. (nach 1500).

Erasmus Grasser und seiner Familie gehörte das Eckhaus Residenzstraße 10/Perusastraße seit um 1500 bis mindestens 1532.
Der Name ist – wie Fueterer- oder Gollerhaus – eine Historiker-Neuschöpfung des 20. Jahrhunderts.
Qu.: StB. – HB GV S. 291.

GUNEZRAINERHAUS, Promenadeplatz 15, 20. Jhd. (nach 1726).

Dieses Haus besaßen seit dem 4. Mai 1726 bis zum Jahr 1770 der kurfürstliche Hofbaumeister Johann Baptist Gunezrainer (Gunetzrhainer) (1692–1763) und seine Familie. Der Hausname ist ebenfalls eine Historiker-Neuschöpfung.
Qu.: HB KV S. 232, S. 216 Abb.

Der **HAMEL**, Marienplatz 27/28, vor 1377 – nach 1539.

Am 27. September 1377 kommt erstmals das »Haus under den chramen, und ist genant der Hamel« im Gerichtsbuch vor. Es handelt sich um die späteren zwei Häuser Marienplatz 27 und 28. Das Heiliggeistspital hat einen Zins »aus dem Hamel«, der 1391 abgelöst wird. Die beiden Häuser stellen insofern eine Eigentümlichkeit dar, als hier bis weit in die Neuzeit herein, Jahr für Jahr eine große Zahl von Schuhmachern im Steuerbuch steht. In manchen Jahren sind das im 16. Jahrhundert bis zu zwei Dutzend. Fast immer kommen auch noch einer oder mehrere Taschner hinzu, also ebenfalls ein lederverarbeitendes Gewerbe. Hauseigentümer ist zumeist eine Erbengemeinschaft. Der Hauseigentümer wohnt selten selbst in diesem Haus. Eine große Zahl von Schustern findet sich zudem auch noch in

den Nachbarhäusern Marienplatz 26 und 29 (dem Eckhaus an der Rosengasse), sowie in Rosenstraße Nr. 1.
1395 wird das »haws genant der Hamel under den schustern«, 1446 das »Hamel-Schuchhaus«, 1539 »der Hämbl«. Dies ist bisher der letzte Beleg für den Namen.
Namengebend ist wahrscheinlich das Tier dieses Namens, das männliche Schaf. Das könnte mit dem Leder zusammenhängen. Es könnte aber auch ein Wappentier eines ehemaligen Hauseigentümers sein oder sogar eine Anspielung auf seinen Familiennamen, ähnlich wie man auch Wiesen und Äckern den Familiennamen des Eigentümers gab. Nachgewiesen ist z. B. 1345 und 1366 ein Kaplan an der St. Elisabeth-Kapelle in der Siechstube des Heiliggeistspitals, Heinreich der Hemel. Daß das Spital bis 1391 einen Zins aus dem Hamel-Schuhhaus hat, läßt immerhin aufhorchen. Andererseits waren Tiere für die Bezeichnung von Häusern, vor allem Eckhäusern, beliebt, vgl. dort.
Letzten Endes muß die Frage offenbleiben.

Qu.: GB I 91/1 (1377), GB II 89/5 (1395). – Heiliggeistspital U 71/72 (1345), 99 (1366), Salbuch Nr. 660, 621a (1391). – MB 20 S. 341 (1446). – HB AV S. 89 (1539).

HASLINGERHAUS, Rindermarkt 6, 20. Jhd. (nach 1797).

Eigentümer dieses Hauses ist seit dem 5. Dezember 1797 Maria Klara Probst, Ehefrau des Franz Xaver Haslinger. Bis 1841 besitzen es die Haslinger'schen Erben. Das Haus ist die Wartenbergische Behausung, siehe dort. Den Hausnamen nennt nur der Häuserbuch-Bearbeiter.

Qu.: HB AV S. 218/19.

Zum **HAUSERGABLER,** Tal 25*, um 1819/23 (nach 1606).

Das Haus gehört von 1606 bis 1647 der Gabelmacher-, aber auch Wagnerfamilie Hauser. Gabelmacher sind aber auch noch die nachfolgenden Eigentümer-Familien bis 1805. Der Hausname ist erst 1819 und 1823 belegt.

Qu.: Huber II (1819) S. 46. – AB 1823 S. 12. – HB GV S. 376/77.

Zum **HEIGLKRAMER,** Neuhauser Straße 1, um 1816/23.

Das Haus wird auch Christopheck genannt. Hauseigentümer ist seit dem 26. April 1816 Josef Lang, Handelsmann (Kramer) »Zum Heiglkramer«. Der Name ist ungeklärt, wahrscheinlich vom Nachbarhaus übernommen, das schon früher »Zum Heiglbäcker« heißt.

Qu.: HB HV S. 312. – Huber II (1819) S. 107. – AB 1823 S. 28.

Zum alten oder schwarzen HEPP, Kaufingerstraße 16*, Ende 18. Jhd. (nach 1728) – nach 1823.

Der Hauseigentümer heißt seit dem 22. November 1728 Johann Philipp Höpp und ist Handelsmann. Den Höpp/Hepp gehört das Haus bis 1814. Stimmelmayr nennt das Haus »Beim alten oder schwarzen Hepp, Eckhaus gegen die Fürstenfelder Gasse hinein«, vgl. »Zum weißen Hepp«. Auch Huber 1819 und das Adreßbuch von 1823 nennen das Haus »Zum Hepp«.

Qu.: Stimmelmayr S. 45 Nr. 63/16, S. 76 Nr. 90/11. – HB HV S. 270. – Huber II S. 102. – AB 1823 S. 27.

Zum weißen HEPP, Kaufingerstraße 27, Ende 18. Jhd. (nach 1751).

Dieses Haus gehörte seit dem 22. Mai 1751 dem Kaufmann Johann Kaspar Hepp. Stimmelmayr, der einzige Gewährsmann für die Existenz dieses Namens, verwechselt das Haus allerdings mit dem Nachbarhaus Nr. 28 und meint dieses sei »etwa vorher Zum weißen Hepp genannt« gewesen. Der Unterschied in der Farbe nicht deutbar. Farbe des Hausanstrichs?

Auch dies eigentlich kein Hausname, da zu Stimmelmayrs Zeit ja der Hauseigentümer dieses Namens selbst noch auf dem Haus sitzt.

Qu.: Stimmelmayr S. 44 Nr. 63/11, S. 47. – HB KV S. 84.

Zum HIMMELSSCHÄFFLER, Färbergraben 20*, um 1810/23 (nach 1631?).

Auf diesem Haus sind seit 1631 die Hauseigentümer Schäffler. Von 1810 bis 1828 ist es der Schäffler Anton Schmid, genannt »Zum Himmelsschäffler«. Es handelt sich um das Haus mit dem Namen »Himmel«, von dem Hübner sagt, es liege in der Sendlinger Straße und sei schon vor 1671 belegt. Pate gestanden für den Hausnamen hat mit Sicherheit das Nachbarhaus Färbergraben 21, mit Vorderhaus Sendlinger Straße 86*, das Gasthaus »Zur Höll«, siehe dort.

In fast allen deutschen Städten gab es Häuser mit den Namen »Himmel« und »Hölle«. In Augsburg gab es – in der Zeit von 1360–1370 belegt – zwei einander fast benachbarte Häuser mit den Namen »in der Hölle« (in inferno) und »das Himmelriech« (in coelo). Ebenso gab es 1284 in Würzburg ein Haus »de Inferno« und 1351 eines »van der roten Helle«, in Köln 1369 »van Hemelrich«, 1390 »van der Hellen«, in Mainz 1330 »uff der Hellen«, 1332 »in dem Himele«, in Straßburg 1380 »zu dem Himelrich«, 1407 »Zu der Hellen«, in Freiburg/Breisgau 1460 »zur Hell«, 1512 »zum Himmelreich«, in Braunschweig 1401 »dat lute Hemelrihe«, 1405 »de helle«, in Nürnberg 1434 »in der hell« usw. Der Scherz ist also nicht besonders originell. Den Hausnamen nennen 1810 das Grundbuch und 1819 Huber bzw. 1823 das Adreßbuch.

Qu.: HB HV S. 102. – Hübner I (1803) S. 225. – Grohne S. 31/33 Grundsätzliches zu diesen beiden Namen und die Beispiele aus anderen Städten mit Quellen. – Joseph Kirchner, Aus Alt-München. Der Koch in der Hölle, in: Münchner Rundschau, 5.11.1905. – Zeitschrift des Historischen Vereins von Schwaben und Neuburg, Jg. 3, 1876, S. 326/27. – Huber II S. 104. – AB 1823 S. 27.

HIRSCHHAUS, Färbergraben 33, seit vor 1484/85 (1424).

Das Haus gehört 1424 einem Bürger namens Peter Hirschhauser, von dem der Name stammen dürfte. Es ist seit mindestens 1551 Weinschenke, später Brauhaus (Hirschbräu), siehe dort. Der Name Hirschhaus ist in den Grundbüchern für 1484/85 ebenso belegt wie für 1506, 1610 und 1712. 1496 und 1508 nennen es die Steuerbücher »domus Hirschenegk«, Stimmelmayr »Hirschbräu Eck«. Auch als »Althamer Eck« wurde es bezeichnet, siehe dort.

Qu.: HB HV S. 122/23. – St. Peter U 230 (1506). – StadtA, Tiefbau 73 (1712).

HOFSTUCKATOR-ZIMMERMANN-HAUS, Rindermarkt 19, 20. Jhd. (nach 1734).

Johann Zimmermann, Hofstuckator und Maler, gehört dieses Haus von 1734 bis 1746. Der Name ist eine Historiker-Neubildung. Nur der Häuserbuch-Bearbeiter überliefert ihn.

Qu.: HB AV S. 242.

Zum **IBL**, Marienplatz 25, Ende 18. Jhd. (nach 1767) – um 1819/23.

Die Familie des Handelsmanns Ibl besitzt das Haus von 1767 bis 1801, danach geht es an die Tochter und ihren Ehemann von Kleber/Kloeber über. Deren Familie besitzt das Haus noch bis 1869. Den Hausnamen nennen Stimmelmayr (»Kramer-Ibl-Haus«), Huber 1819 und das Adreßbuch von 1823.

Qu.: Stimmelmayr S. 20 Nr. 37. – Huber II S. 63. – AB 1823 S. 16. – HB AV S. 84/85.

Zum **JESUITENMELBER**, Neuhauser Straße 1099* (11), um 1810/19 (nach 1627).

Auf dem Haus sind seit 1627 bis Anfang des 19. Jahrhunderts Melber nachweisbar. Der Name »Zum Jesuitenmelber« ist für 1810 im

Grundbuch und für 1819 bei Huber belegt. Die Adreßbücher von 1818 und 1823 kennen ihn nicht. Der Jesuitenkonvent liegt auf der gegenüberliegenden Straßenseite der Neuhauser Straße. Ein anderer Bezug zu den Jesuiten ist nicht feststellbar.

Qu.: HB HV S. 320. – Huber II S. 108.

JUDENHAUS, Gruftstraße 2*, 15. Jhd.

Es ist dasselbe Haus, das auch unter dem Namen »Schneeberg« in den Quellen erscheint. Es gehörte von 1371 bis 1381 dem Leibarzt des Herzogs Stephan III., Meister Jakob dem Juden von Landshut. Danach dürfte es bis zu ihrer Vertreibung im Jahr 1442 von Juden bewohnt gewesen sein. Das Heiliggeistspital, dem es von 1404 bis nach 1420 gehörte, nennt es im 15. Jahrhundert »domus Iudei« und »Judenhaus«.

Qu.: Heiliggeistspital U 136. – Stahleder, Juden S. 28.

Zum **KALTNER,** Tal 63*, um 1818/23 (nach 1694).

Den Hausnamen nennen die Adreßbücher von 1818 und 1823 und Huber für 1819. Das Haus gehörte von 1694 bis 1760/64 der Lebzelter-Familie Kaltner. Lebzelter saßen aber schon seit 1555 auf dem Haus und danach noch bis mindestens 1834.

Qu.: AB 1818 S. 153, 1823 S. 15. – Huber II S. 56. – HB AV S. 456/57.

KLAUSE, Viktualienmarkt 10*, um 1811.

Die sog. Klause schloß unmittelbar östlich an den Fischerturm an. Es war dies das spätere Café Gröber. Der Name ist vorläufig ungeklärt. Vielleicht ein Gaststätten- oder Kaffeehaus-Name. Er ist erstmals im Jahr 1811 belegt. Einen privaten Hauseigentümer gibt es erst seit 1814.

Qu.: StadtA, Städtischer Grundbesitz Nr. 1641 (Plan von 1811). – HB AV S. 553.

Das **KNÖBLISCHE HAUS,** Sendlinger Straße 30, um 1819/23 (nach 1745).

Dieses Haus besaß von 1745 bis 1774 der äußere Stadtrat Franz Josef Knöbl, danach das Knöblische Benefizium. Huber 1819 und das Adreßbuch von 1823 überliefern den Namen »das Knöblische Haus«.

Qu.: Huber II S. 92. – AB 1823 S. 24. – HB AV S. 390/91.

Zum KRAUTBÄRTL, Färbergraben 22*, seit 1795 – nach 1823.

Seit dem 12. August 1795 gehört das Haus dem Schäffler Bartlme Meßner, genannt »Zum Krautbärtl«. Der Namensbestandteil »Kraut« ist nicht erklärt. Den Namen kennen auch noch Huber 1819 und das Adreßbuch von 1823.

Qu.: HB HV S. 105. – Huber II S. 104. – AB 1823 S. 27.

Zum KREUZWEBER, Kreuzstraße 18, um 1819/23 (nach 1554).

Leineweber sind auf diesem Haus seit mindestens 1554 nachweisbar. Es ist also ein altes Weberhaus. Die Lage in der heutigen Kreuzstraße und damit in der Gegend, die man auch »auf dem Kreuz« nannte, führt zu dem Namen. Seit dem 10.März 1790 ist bis 1842 die Leineweberfamilie Kurzhals Hauseigentümer. Zu ihrer Zeit findet sich erstmals 1819 bei Huber der Name »Zum Kreuzweber«, dann nochmals im Adreßbuch von 1823.

Es gibt auch einen Kreuzbräu und einen Kreuzbäcker, siehe dort.

Qu.: HB HV S. 297. – Huber II S. 123. – AB 1823 S. 32.

Zum KRÜGEL, Rosental 20*, um 1819/23.

Das Haus Sendlinger Straße 2* gehörte von 1702 bis 1781 der Lebzelterfamilie Kriegl. Zu diesem Haus gehörten zwei anschließende Hinterhäuser am Rosental, die später zusammengefaßt und mit der Hausnummer Rosental 21 versehen wurden. Hier stehen die Kriegl auch in den Steuerbüchern der Zeit. Das Nachbarhaus Rosental 20* nennt das Adreßbuch von 1823 »Zum Krügl«, obwohl es nie zum Kriegl'schen Besitz gehört hatte. Das an der Sendlinger Straße ebenfalls benachbarte Haus Nr. 3* war der »Krügelbäcker«. Es hatte ebenfalls seinen Namen vom Nachbarhaus ausgeliehen.

Qu.: Huber II S. 75. – AB 1823 S. 20. – HB AV S. 281/83.

LEDERERBARTL, Unterer Anger 18, Ende 18. Jhd. (nach 1704) – nach 1819.

Seit 1663 hat das Haus der Ledderpraiter Hans Adam Plabusch, seit 1704 bis 1742 der Lederpraiter Barthlme Plabusch. Er ist der Lederer-Bartl. Er erwirbt 1728 auch das Haus B hinzu und baut beide zu einem Wohnhaus zusammen, das noch 1819 von Huber »Zum Lederer-Bartl« genannt wird. Die frühen Adreßbücher verwenden den Namen nicht. Bis 1834 sind auf diesem Haus die Hauseigentümer Lederer, bis 1885 Gerber.

Stimmelmayr dürfte sich geirrt haben, wenn er behauptet, dieses Haus habe »Zum Lederer Kaspar« geheißen. Ein Mann mit diesem Vornamen ist nicht nachweisbar gewesen.

Qu.: HB AV S. 514. – Stimmelmayr S. 90 Nr. 104/9, S. 91 Nr. 105/1. – Huber II S. 83.

Das **LERCHISCHE HAUS**, Sendlinger Straße 51, um 1819/23 (nach 1775).

Dem Gipsmüller Josef Lerch gehörte dieses Haus von 1775 bis 1810. Nach ihm nennen Huber 1819 und das Adreßbuch von 1823 das Haus »das Lerchische Haus«.

Qu.: Huber II S. 95. – AB 1823 S. 25. – HB HV S. 390/91.

Zum **LICHTEN STERN**, Sendlinger Straße 12, um 1508.

Das Haus kommt mit diesem Namen nur in einer Urkunde vom 28. September 1508 vor: Haus und Hofstatt, genannt »Zum Liechtenstern«. Ein anderer Name ist »Sterneck«, siehe unter den Eckhaus-Namen. Die Lage: am Schneeberg oder Dultgässel an der Sendlinger Gasse, siehe unter den Straßennamen.

Der Name deutet mit Sicherheit auf die Mutter Gottes. Hauseigentümer ist zu dieser Zeit ein Geistlicher, der Kaplan des Engel-Altares in St. Peter, Johannes Gögkerl.

Qu.: St. Peter U 243.

LORENZONIHAUS, Oberer Anger 3 mit Unterer Anger 29, vor 1819 (nach 1788) – nach 1835.

Hauseigentümer ist von 1788 bis 1805 Lorenz Lorenzoni, deutscher Schauspieler (Schauspielunternehmer). Den Hausnamen »das ehemalige Lorenzonihaus« nennen 1819 Huber und bis 1835 die Adreßbücher.

Qu.: HB AV S. 100, 537. – Huber II S. 84. – AB 1835 S. 199.

Zum schelchen **MÄRTL**, Blumenstraße 22, vor 1803 (nach 1724) – nach 1819.

Das Haus Blumenstraße 22, mit St.-Jakobs-Platz 11, war von 1764 an auch mit Oberer Anger 36* verbunden. Letzteres Haus hatte von 1724 bis 1762 als Hausbesitzer den Kuttelwascher Martin Münsterer, danach dessen Witwe, die 1762 und 1764 jeweils noch einmal heiratete. Zweifellos ist Martin Münsterer der schelche Märtel. »Schelch« bedeutet »schief«. Wahrscheinlich hatte er ein kürzeres

Bein oder sonst ein körperliches Gebrechen, das seine Gestalt schief erscheinen ließ. Der Hausname ist für das Jahr 1803 im Grundbuch und 1819 durch Huber belegt. Die frühen Adreßbücher nennen ihn nicht.

Qu.: HB AV S. 17/18, 304/05. – Huber II S. 79.

Bei der **MAUS**, Promenadeplatz 8*, Ende 18. Jhd. – nach 1823.

Siehe »Branntweiner-Maus-Haus«.

Zum **MELBER** am **RUFFINITURM**, Fürstenfelder Straße 983*, vor 1808 (nach 1636) – nach 1823.

Melber (Mehlhändler) sind bei diesem Haus als Hausbesitzer seit 1636 belegt. 1808 ist der Hausname »Zum Melber am Ruffiniturm« im Grundbuch belegt, 1823 im Adreßbuch und 1819 auch noch durch Huber und auch in der Form »Ruffinimehlber«. Der Ruffiniturm war das vor diesem Haus stehende ehemalige Stadttor. Siehe auch »Melbereck« und »Schlossereck«. Das Haus war das Eckhaus zur Sendlinger Straße.

Qu.: HB HV S. 143. – Huber II S. 98. – AB 1823 S. 26.

MIELICHHAUS, Theatinerstraße 10*, 20. Jhd. (nach 1522).

Das Haus Theatinerstraße 10* gehörte von 1550 bis 1601 dem Maler Hans Mielich und seiner Familie. Im Steuerbuch findet man aber schon seit 1522 an dieser Stelle seinen Vorfahren Wolfgang Mielich. Der Hausname ist eine Historiker-Neubildung.

Qu.: HB KV S. 323. – StB 1522 ff.

MORAWITZKIHAUS, Hackenstraße 12, um 1819/23 (nach 1790).

Den Hausnamen überliefern Huber 1819 und das Adreßbuch von 1823 (das ehemalige Graf von Morawitzkihaus). Das Haus war von 1790 bis 1801 Eigentum von Maximilian Topor von Morawitzki.

Qu.: Huber II S. 115. – AB 1823 S. 30. – HB HV S. 155/57.

MOZARTHAUS, Burgstraße 6, seit 1881/83.

In diesem Haus Burgstraße 6 wohnte der Komponist Wolfgang Amadeus Mozart bei seinem Aufenthalt in München im Jahr 1780 und vollendete hier seine Oper »Idomeneo«. Das Haus war zu dieser Zeit ein Gasthaus. Seit 1883 wird es in den Adreßbüchern als »Mozart-

haus Zum Sonneneck« bezeichnet. Siehe auch »Sonneneck« bei den Eckhaus-Namen. Der Hausname geht auf die Initiative des Stadtarchivars Ernst von Destouches aus dem Jahr 1881 zurück, die alten Eckhaus-Namen wieder zu beleben.
Qu.: HB GV S. 21, 22.

Zum **OBERRICHTERKRAMER,** Tal 2*, um 1819/23 (18. Jhd.).

Das Nachbarhaus Tal 1* diente seit 1595 dem Stadtgericht als Verwaltungsgebäude und als Wohnhaus für den Stadtoberrichter. Von daher stammt der Name für das benachbarte Haus, das seit 1763 stets einem Handelsmann (Kramer) gehörte. Den Hausnamen überliefern Huber 1819 und das Adreßbuch von 1823.
Qu.: Huber II S. 22. – AB 1823 S. 5. – HB GV S. 343/44.

ONUPHRIUSHAUS, Marienplatz 17, seit Ende 18. Jhd.

Am Haus Marienplatz 17 soll seit dem Jahr 1496 ein riesengroßes Freskogemälde, den hl. Onuphrius darstellend, nachgewiesen sein. Um 1830 befand sich nach Lebschée neben dem Gemälde ein Stein mit der Jahreszahl »1496« und der Inschrift »renovirt 1754«. Darunter stand auf einem anderen Stein »Zum zwaytenmale renovirt 1818«. Zudem habe der Name des Melbers Barthlme Aichinger dort gestanden, dem das Haus seit 1818 gehörte. Von diesem Bildnis gibt es noch Fotos aus dem 19. Jahrhundert. Es wurde bis zum heutigen Tag bei allen Neubauten des Hauses erneuert, jeweils dem Stil der Zeit entsprechend. Das Gemälde des 19. Jahrhunderts dürfte aus dem Jahr 1754 gestammt haben, genauso wie auch die Datierung »1496«. Dieses Gemälde von 1754 ist nämlich nicht das älteste, das wir kennen. Es gibt auch schon eines aus der Zeit um 1701. Ein Kupferstich von Wening zeigt es auf einer Darstellung des Alten Rathauses mit dem Kräutl- und Eiermarkt. Es

Abb. 34: *Der heilige Onuphrius in der Darstellung von 1754. Zeichnung von Christian Steinicken (1831–1896), Mai 1890.*

Abb. 35: *Das »Onuphriushaus« nach der Zeichnung von C. Steinicken, 1890.*

zeigt eine völlig andere Darstellung des Heiligen, im Gespräch mit einer zweiten Person, wahrscheinlich einem weiteren Asketen. Auch die genannten Datensteine enthält es noch nicht. Wir wissen also vorläufig nur, daß es das Gemälde bereits 1701 an diesem Haus gab.

Einen Beleg dafür, daß man das Haus schon in der Zeit vor 1701, ja gar schon 1496, »Zum hl. Onuphrius« oder »Onuphriushaus« genannt hat, gibt es bis jetzt nicht, erst das Gemälde von 1754 stellt die Verbindung zu diesem Jahr her.

Nach den Steuerbüchern gehörte das Haus noch 1490 den Scharfzahn. Seit dem Steuerbuch von 1496 ist ein Ulrich der Eisenkramer Eigentümer. Es hat also um diese Zeit ein Besitzwechsel stattgefunden, der häufig mit Um- und Neubauten oder Hausrenovierungen einhergeht. Im Grundbuch fängt die Reihe der nachgewiesenen Hauseigentümer übrigens erst 1515 an, mit einem Caspar Giesinger.

Wie dieser Heilige zu seiner Verehrung in München kam, ist ebenfalls ungeklärt. Die Legende, wonach Herzog Heinrich der Löwe Gebeine des Heiligen von seiner Fahrt ins heilige Land mitgebracht habe, wurde erst 1821 von einem Alois von Hofmann in einem

n herbarium versus Curia ad Monachium. | *La Piazza di herbe verso la Curia d. Monaco.*
Marché aux herbes vers la Maison De l'Ille a Munick. | *Der Kreutelmarckt gegen dem Rath-Hauß zu [...]*

Abb. 36: »*Der Kreutelmarckt gegen dem Rath-Hauß zu Munchen*« *von Georg Balthasar Probst (1. H. 18. Jhd.) nach dem Kupferstich von Michael Wening von 1701. Rechts das* »*Onuphriushaus*«.

erbaulichen Traktat veröffentlicht und ist vielleicht eher von der damals verbreiteten Meinung angeregt worden, an der Stelle der Peterskirche habe einst die Burg Heinrichs des Löwen gestanden. In diesen Zusammenhang stellt Hofmann seine Darstellung nämlich. Auffallend ist allerdings, daß dieser Heilige – angeblich seit 1180 – auch in Braunschweig verehrt wurde.

Wirklich nachweisen kann man den Kult des Onuphrius im Westen erst seit dem 14. Jahrhundert in Italien (z. B. Pisa) und am Rhein (Glasgemälde im Freiburger Münster), Ende des 15. Jahrhunderts in der Schweiz und in Gries bei Bozen. In unserer Gegend findet er sich im Jahr 1517 auf einem aus der Münchner Schule stammenden Flügelaltar in der Sakristei der Schloßkapelle zu Unterelkofen (Gemeinde Grafing bei München, Landkreis Ebersberg). Das Schloß befand sich bis 1508 in Händen der bayerischen Herzöge und wechselte dann häufig den Besitzer.

Fast gleichzeitig erscheint der Name Onuphrius auch bei Münchner Bürgern als Vorname. Die ersten beiden Träger sind ein Onuphrius Pütrich und Onuphrius Perbinger. Onuphrius Pütrich, Sohn von

Jakob V. Pütrich, erscheint in den Quellen von 1518 bis zu seinem Tod 1582. Er dürfte demnach nicht lange vor, wenn nicht erst nach 1500 geboren sein. Onuphrius Perbinger stammte aus dem Geschlecht eines Bastardnachkommen von Herzog Georg dem Reichen von Bayern-Landshut. Sein Vater war der Kastner Leonhard Perbinger, die Mutter eine Margarete von Siggenhausen. Perbinger wurde bereits 1525 Leiter der Münchner Poetenschule. Er starb 1575. Auch er dürfte demnach wohl um 1500 geboren sein. Das passt an sich recht gut zu der Jahreszahl 1496 auf dem Gemälde am Haus Marienplatz Nr. 17. Nur können wir es leider erst seit 1701 belegen. Es ließ sich auch kein Hauseigentümer mit diesem Vornamen ausfindig machen. Aber einen vagen Bezug gibt es. Diese Häusergruppe am Markt waren die Häuser der Watmanger, der Tuchhändler. Onuphrius war laut Lexikon für Theologie und Kirche der Patron der Weber. Vielleicht ist das die Ursache für die Verehrung, die ihm in diesem Haus zuteil wurde.

In München wurde Onuphrius häufig mit St. Christoph verwechselt, weshalb das Haus in den Quellen auch »Zum Christoph« genannt wird, so bei Huber 1819 und im Adreßbuch von 1823 (»Zum hl. Onuphrius, gewöhnlich Zum Christoph genannt«).

Qu.: HB AV S. 70/72, 88. – Stimmelmayr S. 15 Nr. 29/2. – C. Lebschée, Malerische Topographie des Königreichs Bayern, München 1830, 1. Blatt »Der Marktplatz«. – Schattenhofer MA M 01052; Ders., Anfänge S. 20/21. – Huber II S. 62. – AB 1818 S. 158, 1823 S. 16. – Alois von Hofmann, Legende des heiligen Onuphrius, zur Erbauung und Belehrung, ..., nebst einigen Momenten aus dem Leben Herzog Heinrich des Löwen ..., München 1821. – Kunstdenkmäler des Regierungsbezirks Oberbayern I, 2. Aufl. S. 1398, 1401; dazu auch OA 45 S. 55. – Lexikon der Christlichen Ikonographie, 8. Bd., Herder-Verlag, Sonderausgabe 1990 (= Nachdruck der Ausgabe von 1968/76).

ORLANDO-DI-LASSO-HAUS, Platzl 4, seit 20. Jhd. (nach 1570).

Der Komponist Orlando di Lasso erwarb um 1570 das Haus Platzl Nr. 4* A, 1581 auch das Nachbarhaus Nr. 5*. Als Hinterhaus gehörte Falkenturmstraße 4* dazu. Später auch Gasthaus »Zum Orlando di Lasso«. Die Adreßbücher des 19. Jahrhunderts kennen den Namen noch nicht.

Qu.: HB GV S. 258, 262/63, 78.

Zum **PARADIESKRAMER,** Tal 68*, um 1819/23 (nach 1713).

Den Hausnamen überliefern Huber 1819 und das Adreßbuch von 1823. Er entzieht sich vorläufig einer Erklärung. Kramer sind seit 1713 als Hauseigentümer belegt. Am St.-Jakobs-Platz gab es einen Paradiesbäcker.

Qu.: Huber II S. 57. – AB 1823 S. 15. – HB GV S. 466/67.

PESTHAUS, Kaufingerstraße 7, 20. Jhd. (nach 1632).

An dem Haus befand sich um 1935 eine Gedenktafel, die darauf verwies, daß während der großen Pestepidemie von 1632/33 alle Inwohner dieses Hauses der Seuche zum Opfer gefallen seien. Über dem Eingang des Hauses sei zur Erinnerung daran ein großes »T« angebracht gewesen (»T« = »Tote«?). Historisch läßt sich nur belegen, daß das Haus noch 1631 einer Jungfrau Sabina Kheuss gehörte, 1632 einem Kanoniker an der Frauenkirche, Johann Georg Voglmayr von Thierberg, und seit 18. Februar 1633 bereits dem Nachbesitzer Hans Khündler. Da es von 1632 auch kein Steuerbuch gibt, läßt sich auch über diese Quelle nichts mehr erhellen. Man muß es so hinnehmen.

Die alten Schriftsteller kennen den Namen nicht. Huber nennt zwar 1819 ein Gebäude »das ehemalige Pesthaus«. Dieses liegt aber draußen in der Isar-Vorstadt.

Qu.: Alckens, Gedenktafeln S. 56 Nr. 123. – HB HV S. 256. – Huber II S. 466.

PILGRAMHAUS, Rosenstraße 11, um 1819/23 (nach 1729).

Benannt nach dem Handelsmann Johann Jakob Pilgram, dem das Haus seit dem 7. März 1729 gehörte. Seine Familie saß noch bis 1803 auf dem Haus. Huber nennt 1819 und das Adreßbuch 1823 den Hausnamen.

Qu.: HB HV S. 377. – Huber II S. 101. – AB 1823 S. 26.

Zum **PLATZLKRAMER,** Pfisterstraße 5, um 1819/23 (nach 1791).

Ein Handelsmann oder Kramer ist als Hauseigentümer auf diesem Haus erst seit dem 17. März 1791 nachweisbar. Um 1823 ist es Sebastian Klann, genannt »Zum Platzlkramer«. Aber auch Huber kennt 1819 den Namen schon. Das Haus liegt fast am Platzl. Es gab auch einen Platzlbäcker und einen Platzlbranntweiner, siehe dort.

Qu.: Schattenhofer, Bettler OA 109/1 S. 173. – HB GV S. 239. – Huber II S. 26. – AB 1823 S. 7.

PÖTSCHNERHAUS, Rindermarkt 8, 20. Jhd. (seit vor 1368).

Das Haus Rindermarkt 8, zu dem auch der Löwenturm gehörte, besaß schon beim Einsetzen der Steuerbücher im Jahr 1368 die Patrizierfamilie Pötschner, und zwar bis zur Steuererhebung des Jahres 1500. Bald danach hat es den Besitzer gewechselt. Der Name Pötschner-Haus ist eine Historiker-Neuschöpfung. Heute gibt es das Haus nicht mehr.

Qu.: StB. – HB AV S. 221.

PREDIGERHAUS, Roßschwemme, um 1405.

Am 25. Januar 1405 verkauft die Ehefrau Sabei des Schneiders Hans Wartenfels ihr Haus, genannt »Predigerhaws«, dem Heiliggeistspital. Über den Nachbarn Herman den Gürtler ist es unter der Steuerzahler-Gruppe »Bei Spital« anzusiedeln und gehört damit zu den Häusern, die im 19. Jahrhundert unter der Straßenbezeichnung »Roßschwemme« zu finden sind. Genauer ist es nicht zu lokalisieren. In dem Haus dürfte ein Prediger gewohnt haben, vielleicht einer an der Heiliggeist- oder Peterskirche. Es könnte aber auch einmal einem (auswärtigen) Kloster des Predigerordens (Dominikaner) gehört haben.

Qu.: Heiliggeistspital U 208. – StB.

Zum PREDIGTSTUHL, Viktualienmarkt 5* B, Ende 18. Jhd.

Nur Stimmelmayr nennt das Haus Viktualienmarkt 5* B »Zum Predigtstuhl« und meint, es würde wegen seiner Form so genannt. Es ist ein Gebäude an der Spitze einer Häuserzeile, das auf drei Seiten frei stand, an einer Seite aus der Baulinie herausragte und an den Ecken abgeflacht war, was ihm das charakteristische Aussehen gab. Es ist noch auf der Stadtkarte von 1806 zu erkennen.

Es gab diesen Namen aber auch in anderen Städten. So ist für 1565 in Freiburg/Breisgau auch ein Haus »Zum Predigtstuhl« belegt.

In München hat aber wohl doch die Form des Hauses den Ausschlag für die Benennung gegeben.

Qu.: Stimmelmayr S. 108 Nr. 116/2. – Grohne S. 25.

PRESSBURGER-BOTEN-HAUS, Marienstraße 4*, Ende 18. Jhd. (nach 1736).

Nur Stimmelmayr nennt das Haus so und berichtet, daß darauf »die Stadt Preßburg angemalt« sei. Das Haus gehörte seit dem 24. März 1729 dem kurfürstlichen Posthalter Christoph Prix, seit dem 31. August 1736 dem Ignaz Joseph Fierthner. Dieser war kurfürstlicher Hof- und Ordinari Wiener (!) Bote (also wohl auch Preßburger Bote), bis 1754. Auf diese Zeit muß die Hausbezeichnung zurückgehen. Von den nachfolgenden Hauseigentümern ist eine Boten-Tätigkeit nicht mehr überliefert.

Qu.: Stimmelmayr S. 10 Nr. 22/8. – HB GV S. 192.

PÜRCHINGERHAUS, Rindermarkt 4, 20. Jhd. (nach 1598).

Dieses Haus gehörte von 1598 bis 1807 der Familie Pürchinger. Den Hausnamen verwendet der Häuserbuch-Bearbeiter.

Qu.: HB AV S. 214.

PÜTRICHHAUS, Rindermarkt 12*, um 1815 (nach 1318).

Das Haus, an den gleichnamigen Turm anstoßend, gehörte wohl schon 1318/19 der Patrizierfamilie Pütrich, die bis zum Jahr 1500 laut Steuerbuch hier zu finden ist. Zwischen 1500 und 1508 wurde das Haus aufgegeben. Wie bei allen ehemaligen Toren der inneren Stadt führte auch vor dem bei diesem Haus stehenden Tor oder Turm eine Brücke über den Stadtgraben. Auf diese Brücke dürfte es sich beziehen, wenn die Stadtkammer um 1318/19 Reparaturkosten »ad pontem Pütrici« verbucht, für die Pütrich-Brücke.

Das »Pütrich-Haus« nennt dieses Gebäude Lipowski. Huber (1819) und die frühen Adreßbücher kennen den Namen nicht. Er ist also eine Historiker-Neubildung des 19. Jahrhunderts.

Qu.: Lipowski II (1815) S. 376.

RABENSTEIN, Färbergraben 28*, um 1413.

Das Haus hatte seinen Namen nach dem Kaltschmied Stefan Rabenstein, dem es vor 1413 gehört hatte, oder dieser seinen Namen vom Haus. Schon 1413 wird das Haus »Rabenstein« genannt. Die Urkunde von 1413 schreibt mißverständlich »Klaubenstein«. Es lag an der Ecke zur Hofstatt. Für den Zusammenhang dieses Namens mit mittelalterlichen Hinrichtungsstätten, siehe unter den Straßennamen unter »Hofstatt«.

Qu.: HB HV S. 115/16. – St. Peter U 81 (1413).

Zum **REINWELLER**, Damenstiftstraße 10, um 1819/23 (nach 1768).

Das Haus gehörte von 1768 bis 1797 dem Leineweber Philipp Reinwaller/Reinweller. Den Hausnamen überliefern Huber 1819 und das Adreßbuch von 1823.

Qu.: Huber II S. 120. – AB 1823 S. 31. – HB HV S. 60/61.

RIEGER-FISCHER-HAUS, Roßschwemme 1*, Ende 18. Jhd. (nach 1717).

Das Haus, auch Fischerhaus »Zum Rieger« genannt, hat seinen Namen von der Fischerfamilie Rieger. Das Haus hat erst seit 1812 private Hauseigentümer, davor gehörte es dem Heiliggeistspital. Dieses Haus bewohnt nach den Steuerbüchern seit 1717 der Fischer Philipp Jakob Rieger, zuletzt von 1773 bis 1793 Bernhard Rieger Fischer. Die Fischersgerechtigkeit geht 1794 an den Fischer Johann Georg Gröber über. Er sitzt auf dem Haus »anhand Riegerschen Fischers-Gerechtigkeit«, so noch bis 1808. Das ist ein Beispiel dafür, daß der »Hausname« in Wirklichkeit eigentlich der Name der Gewerbegerechtigkeit ist. Das Haus heißt nur Rieger-Fischer-Haus, weil auf ihm die Fischergerechtigkeit ruht, die ursprünglich der Familie Rieger erteilt war. Stimmelmayr nennt es »das Fischer Rieger Haus«. Die frühen Adreßbücher und Huber kennen den Namen nicht.

Qu.: StB seit 1717. – HB AV S. 284. – Stimmelmayr S. 103 Nr. 113/8.

ROSENBUSCHHAUS, Damenstiftstraße 4*, um 1572.

Das Haus wird 1572 beim Haus Rosenstraße 3 genannt, lag aber selbst an der Damenstiftstraße und ist wahrscheinlich mit Damenstiftstraße 4* und 5* vereinigt worden. Es waren früher zwei Häuser, die um 1573 Christoph Rosenbusch zu Possenhofen gehörten. Hier befindet sich apäter auch das Gasthaus »Zum lateinischen Wirt«.

Qu.: HB AV S. 254, HV S. 50.

Zum **RUEDORFER,** Tal 76, um 1819/23 (nach 1738).

Seit dem Jahr 1738 besaß der Handelsmann Johann August Ruedorfer dieses Haus. Es gehöre ihm bis 1790. Huber nennt es 1819 genauso wie das Adreßbuch 1823 »Zum Ruedorfer«. Das Adreßbuch von 1818 kennt den Namen nicht.

Qu.: AB 1818 S. 155, 1823 S. 15. – Huber II S. 58. – HB AV S. 482.

RUFFINIHAUS, RUFFINISTOCK, Rindermarkt 12*, seit um 1819 (nach 1708).

Das Haus Rindermarkt 12* gehörte von 1708 bis 1816 der Familie von Ruffini. Auch der Turm erhielt nach ihr den Namen Ruffiniturm. Vgl. auch Pütrichhaus, Blau-Enten-Haus. Den Namen nennt Huber 1819 in der Form »Ruffini-Stock«.

Qu.: HB AV S. 229/30. – Huber II S. 470.

RUFFINIMELBER, Fürstenfelder Straße 983*, vor 1808 – nach 1819.

Siehe »Zum Melber am Ruffiniturm«.

Das von **SAUERSCHE HAUS**, Kaufingerstraße 6, um 1819/23 (nach 1748).

Diesen Hausnamen nennen Huber 1819 und das Adreßbuch von 1823. Das Haus besaß von 1748 bis 1788 der Handelsmann und Tuchmaniger Georg Konrad Saur. Auf einen Adelstitel deutet allerdings nichts.

Qu.: Huber II S. 101. – AB 1823 S. 27. – HB HV S. 254/56.

Zum **SCHÄFTELMAIR**, Kreuzstraße 12, um 1819 (nach 1701).

Seit dem 21. Oktober 1701 ist die Witwe Elisabeth Höfelmayr Hauseigentümerin. Sie heiratet den Metzger Mathias Schöfflmayr. Von Huber wird das Haus im Jahr 1819 »Zum Schäftelmair« genannt.

Qu.: HB HV S. 289. – Huber II S. 117.

Beim goldenen **SCHIFF**, Kaufingerstraße 11*, Ende 18. Jhd.

Einzig Stimmelmayr nennt das Haus »das Kaufmann Obernhuber Haus, vormals ›Beym goldenen Schiff‹ genannt, das oben am Hause angemalt war«. Dem Handelsmann und Mitglied des Stadtrats Franz Anton Oberhuber und seiner Familie gehörte das Haus von 1752 bis 1815. Von mindestens 1549 an bis 1621 gehörte es stets Weinschenken. 1550 ist es eine Fremden-Herberge mit Unterstell-Möglichkeit von 21 Pferden. Vielleicht ist der Name ein ursprünglicher Gaststätten-Name.

Qu.: Stimmelmayr S. 45 Nr. 63/11, S. 76 Nr. 90/6. – HB HV S. 262. – StadtA, Gewerbeamt 1422a (1550).

SCHNEEBERG, Gruftstraße 2*, vor 1371 – nach 1411.

Der Name Schneeberg für dieses Haus begegnet erstmals im Jahr 1371, letztmals im Jahr 1411. Das Haus hat eine interessante Geschichte. Es ist auch unter dem Namen »Judenhaus« bekannt gewesen. 1371 bis 1381 hat es der Leibarzt des Herzogs Stephan III., Meister Jakob der Jude von Landshut, inne. 1382 erwarb es der Hausnachbar, der Stadtschreiber Peter Krümlein, der es an seine Tochter vererbte, die mit Ulrich Tichtel verheiratet war, dem Anführer der Bürgerunruhen von 1397/1403. Danach kam es an die Stadt bzw. an das Heiliggeistspital, das es bis nach 1420 inne hatte.

Der Name ist ungeklärt. Da er schon 1371 belegt ist, kommt eine Ableitung von dem Hans Zenger von Tannstein zu Schneeberg nicht in Frage, da dieser das Haus erst zehn Jahre später innehatte.

Vgl. auch den »Schneeberg« an der Sendlinger Straße bei den Straßennamen.

Qu.: GB I 17/14 (1371), GB III 107/15 (1411). – Stahleder, Juden S. 28.

Das ehemalige **SCHNEEWEISSHAUS**, Schrammerstraße 1, um 1819/23.

Diesen Hausnamen überliefern Huber 1819 und das Adreßbuch von 1823. Der Name ist ungeklärt. Stimmelmayr nennt das Haus nur »ein gewöhnliches Coffeehaus«. Einem Kaffeeschenken gehörte es nur 1783/84.

Qu.: Stimmelmayr S. 19 Nr. 36/6. – Huber II S. 13. – AB 1823 S. 3. – HB GV S. 325/26.

SCHNEGG, Tal 40*, um 1574.

Im Jahr 1574 heißt dieses Haus im Tal – es lag aber in Wirklichkeit bereits in der heutigen Straße »Lueg-ins-Land« – des »Hannsen Probst, Pfründners im Spital, Haus und Hofstatt, der Schnegg genannt«. Herkunft des Namens unbekannt, wahrscheinlich von der Schnecke oder dem Familiennamen Schneck, den es im 14. Jahrhundert in München tatsächlich gegeben hat. Hans Probst war von Beruf Tagwerker.

Qu.: HB GV S. 403.

Das **SCHRATZENHAUS**, Glockenbachstraße 10* (Blumenstraße), um 1819/23 (nach 1792).

Der Name ist in dieser Form, in der ihn 1819 Huber und 1823 das Adreßbuch überliefern, verstümmelt. Er müßte eigentlich »Schatzen-« oder »Schätzen-Haus« lauten. Inhaberin des Hauses war nämlich von 1792 bis 1803 die Tändlerin Anna Maria Schätz. Das Haus lag an der Stadtmauer, zwischen Sendlinger Tor und heutigem Roßmarkt. Es wurde 1873 wegen der Anlage der Blumenstraße abgebrochen.

Qu.: Huber II S. 94. – AB 1823 S. 25. – HB AV S. 48/50.

SCHÜTZINGER-HAUS.

Siehe »Schützeneck« unter den Eckhaus-Namen.

SENSERHAUS, Sendlinger Straße 87*, um 1900 (nach 1691).

Das Haus gehörte 1679 der Witwe Ursula Sedlmayr, die dann den Eisenhändler und Stadtrat Sebastian Senser heiratete. Er war Haus-

Senserhaus 367

Abb. 37: *Das »Rappeneck« (Bild an der Wand, 1. Stock) oder »Senserhaus« (Sendlinger Straße 87*). Das Haus links daneben mit dem Schrägdach (Hs.-Nr. 86*) gehört zum Gasthaus »Koch in der Höll«, dem rechts am Färbergraben sichtbaren schmalen Bau mit Dachgaube (Färbergraben 21). Zwischen dem Eckhaus und dem »Koch in der Höll« steht Färbergraben 20*, der »Himmelsschäffler«. Ganz links noch ein Teil vom »Hascherbräu« (Sendlinger Straße 85). Aufnahme um 1905.*

eigentümer seit 1691. Am 17.März 1706 wurde er wegen seiner Teilnahme an der bayerischen Landeserhebung auf dem Marktplatz hingerichtet. Der Name Senserhaus ist eine Historiker-Neuschöpfung des 20. Jahrhunderts. Der 1819 schreibende Alois Huber und die frühen Adreßbücher von 1818 und 1823 kennen den Namen noch nicht. Auch E. v. Destouches führte das Haus 1882 und 1896 noch mit dem Namen »Rappeneck« auf. Wohl nach dieser Zeit und auf Grund der Initiative von E. v. Destouches dürfte dann der Spruch an das Haus gekommen sein, den das Häuserbuch zitiert, und der erstmals den Namen »Senserhaus« enthält, vgl.»Rappeneck«. Der Diktion nach dürfte ihn E. v. Destouches gedichtet haben.
Qu.: HB HV S. 452.

SPATZENREITERHAUS, Marienplatz 26, 20. Jhd. (nach 1772).

Im Spatzenreiterschen Haus am Marienplatz wohnte im Jahr 1775 Nannerl Mozart bei der Witwe des Hofkammerrats Franz Xaver Durst.

Gemeint ist hier das Haus Marienplatz 26, das den Spatzenreiter vom 10. September 1772 bis 24. Dezember 1789 gehört hatte. Viel länger, nämlich seit dem 30. Dezember 1744 und ebenfalls bis zum 24. Dezember 1789, hatte der Familie des Handelsmannes und Stadtrats Franz Leopold Spatzenreiter das Haus Marienplatz 3*, auch unter dem Namen Wurmeck bekannt, gehört. Stimmelmayr kennt nur dieses letztere Haus als Haus des Spatzenreiter. Der Name Spatzenreiterhaus wird erst neuerdings und nur in der Mozart-Forschung verwendet, ist also kein eigentlicher Hausname.
Qu.: HB GV S. 170, AV S. 387. – StadtA, LBK 21 (1754). – Robert Münster, An den Schauplätzen der Erfolge des jungen Mozart, in: Süddeutsche Zeitung Nr. 6 vom 8.1.1991.

SPITZWEGHAUS, St.-Jakobs-Platz 3, 20. Jhd. (nach 1885).

In diesem Haus starb der Maler Karl Spitzweg am 23. September 1885. Erst das 20. Jahrhundert hat sich angewöhnt, dieses Haus Spitzweghaus zu nennen.
Qu.: August Alckens, München in Erz und Stein, Mainburg 1973, S. 132.

Zum **STAUB**, Westenriederstraße 20, um 1819/23.

Diesen Hausnamen überliefern wieder Huber zum Jahr 1819 und das Adreßbuch von 1823 für das Eckhaus an der Küchelbäcker-/ Westenriederstraße. Der Name ist bisher ungeklärt, wahrscheinlich ein Familienname. Im Steuerbuch gibt es im Jahr 1774 beim Haus Tal Nr. 70 und 1775 beim Haus Radlsteg 2 einen Pantoffelmacher

Josef Straub bzw. Traub. Vielleicht hat er etwas mit dem Hausnamen zu tun. Nachgewiesen ist er allerdings hier nicht.
Qu.: Huber II S. 56. – AB 1823 S. 15. – HB AV S. 569/70.

STECKENMACHERHAUS, Theatinerstraße 39*, um 1819/23 (nach 1767).

Das Haus gehörte seit dem 22. September 1767 dem Lackierer und Stockmacher Kaspar Rost, danach seiner Familie bis 1805. Den Namen nennen Huber 1819 und das Adreßbuch von 1823.
Qu.: HB GV S. 424. – Huber II S. 11. – AB 1823 S. 2.

STEIGERHAUS, Löwengrube 22, Ende 18. Jhd.

Nur Stimmelmayr und wohl ihm folgend Anton Mayer nennt dieses Haus Löwengrube 22 »das Steiger- oder zu St. Benno Stiftung gehörige Haus«. Der Grund für diesen Namen ließ sich nicht ermitteln. Das Haus gehörte von 1757 bis 1802 dem Stiftskapitel von Unserer Lieben Frau.
Qu.: Stimmelmayr S. 27 Nr. 45/3. – HB KV S. 119, nach Mayer, ULF.

❏ **STEINBRENNERHAUS,** Odeonsplatz, um 1695.

Siehe »Räsonierhäuschen« unter den Gaststätten.

STEIRERHAUS, Marienstraße 5*, um 1574 (nach 1566).

Seit dem 19.Mai 1566 gehörte das Eckhaus Marienstraße 5*, Ecke Pflugstraße, dem Hafner Wolf Steurer, seine Familie dann bis 1580.
    1574 heißt es »das nachher bemelte Steirers Haus«. Damit ist der Name im strengen Sinne kein Hausname, sondern bezeichnet nur den augenblicklichen Besitzer. Später nicht mehr belegt.
Qu.: HB GV S. 193/94.

Der **STERN, STERNHAUS, STERNFRAUENHAUS,** ca. Salvatorplatz, vor 1371 – nach 1405.

Im Jahr 1371 gibt eine Frau namens Aerdingerin ihre zwei Häuser auf, genannt »der Stern« und »Venediger«. 1392 liegt ein Stadel, den Chuntz Guss dem Maurer Hacker verkauft, »zunächst an daz Sterenhaus«. 1397 hat der Fleischhacker Posch einen Stadel, gelegen zunächst »an dem Sterenhaus«. Chuntz der Halmberger kauft ihn jetzt. Am 9. August 1403 werden wieder die zwei Häuser, »genant der Stern und Venedii« genannt, die gelegen sind »pei der mawr pei

Unsers Herrn Tor«, und Nachbar ist der Stadel des Chuntz Halmberger. So kommen sie am 12. Oktober noch einmal vor. 1405 liegt des Konrad Halmbergers Stadel »pei der mawr pei Swäbinger tor znächst dem frawnhaws«.

Die Häuser »Stern« und »Venediger« liegen also auf jeden Fall an der Stadtmauer, westlich vom Schwabinger oder Unseres Herrn Tor, und damit entweder noch auf dem Gelände der heutigen Theatinerkirche, oder schon weiter westlich, beim heutigen Salvatorplatz.

Aber noch etwas ist wichtig. Zumindest das Haus »der Stern« war ein Frauenhaus oder Bordell. Deshalb sprach schon 1383 der Märckel Tömlinger beim Verkauf seiner Hofstatt an den Zimmermann Ulrich Posch von »der Sterenfrauen Haus«, hinter dem die Hofstatt gelegen sei. 1389 erwarb Konrad der Güsser einen Stadel, »gelegen pei dem frawnhaus«. Es ist derselbe Stadel, den der Guss oder Güsser 1392 an den Hacker verkauft, wobei er nunmehr aber Nachbar des Hauses der Sternfrauen war. Das Haus der Sternfrauen und das Frauenhaus sind zweifellos identisch und die Sternfrauen sind die Insassinnen des Bordells.

Damit beginnt die Geschichte der Münchner Frauenhäuser wesentlich früher, als bisher angenommen, nämlich schon vor 1371. Allerdings hat es sich hierbei offensichtlich um ein Privatunternehmen gehandelt. Das 1436/37 eingerichtete Frauenhaus am Anger dagegen war eine städtische Einrichtung, sozusagen eine Behörde. Aber dieses städtische Frauenhaus am Anger, das auf Anweisung der Herzöge Ernst und Wilhelm III. vom Jahr 1433 in den Jahren 1436/37 eingerichtet wurde, war nicht das erste Münchner Frauenhaus überhaupt.

Zu Jahresbeginn des Jahres 1412 zahlte die Stadt »dem Gleissen«, wahrscheinlich dem Bürger »Glesein«, den Leikauf, »da man die frawenhauser von im kauft hat«. So steht es – für die Zeit nach Epiphanie 1412 – in der Kammerrechnung von 1411/12. Offensichtlich ist die bisher private Einrichtung jetzt von der Stadt angekauft worden. 1420 wird das Frauenhaus wieder in der Kammerrechnung genannt.

In einer Abgabenliste der Steuerbehörde der Zeit um 1425 erscheint als vorletzter Eintrag unter der Schwabinger Gasse prima (Theatinerstraße) der Eintrag: »Item Alhait die frawnmaisterin selb sechst dedit 6 gross(e) (schillingen)«. Auch diese Einordnung innerhalb der Steuerlisten deutet auf den Standort des Frauenhauses in der Mauergasse beim Schwabinger Tor. Das Haus bestand offensichtlich in dieser Zeit aus der Frauenmeisterin und sechs Dirnen.

Auch der Titel »-meisterin« darf wohl schon als Hinweis auf ein öffentliches Amt gedeutet werden. In der zweiten Hälfte des 15. Jahrhunderts bestreitet die Stadtkammer wiederholt Ausgaben für Reparaturen. Seit der Gründung des Frauenhauses am Anger heißt dieses Frauenhaus beim Schwabinger Tor zur Unterscheidung davon »das alt Frauenhaus«. Als solches kommt es letztmals am 24. September 1507 vor, an welchem Tag es an ein Handwerkerehepaar, Wolfgang Grainer und Ehefrau, verkauft wurde. Es lag in dieser Zeit ebenfalls – wie eh und je – gegenüber der Ringmauer bei Unseres Herrn Tor und wird »das alte Frauenhaus« genannt. Wolfgang Grainer steht noch 1508 und 1509 an dieser Stelle in den Steuerbüchern. Danach fehlen leider die Steuerbücher bis 1522. In diesem Jahr ist er aus dieser Quelle verschwunden und die Geschichte des Hauses kann leider nicht mehr weiter verfolgt werden. Die Namen »Stern« und »Venediger« kommen nach 1405 nicht mehr in den Quellen vor, beziehungsweise gibt es den Namen »der Stern« später bei einem ganz anderen Haus, siehe unten.

Qu.: GB I 19/17 (1371), 192/16 (1383), 240/4 (1389). – GB II 34/2 (1392), 123/8 (1397). – GB III 12/5, 18/1 (1403), 42/14 (1405). – KR 1411/12 S. 40v, 1420 S. 65r. – StadtA, Steueramt Nr. 584 (alt 551) S. 27v (um 1425). – HStA GU Mü Nr. 560 (1507). – Schattenhofer, Henker OA 109/1, 1984, S. 135.

Zum **STERN**, Dienerstraße 12, um 1462.

Das Haus wechselte im 15. Jahrhundert häufig den Besitzer. Seit mindestens 1423 gehörte es einem Heinrich Reintaler, danach seinen unmündigen Kindern. Sie verkaufen das Haus am 14./17. Mai 1462 an den herzoglichen Sekretär und Kastner zu Schwaben, dann Kanzler Herzog Albrechts IV., Thoman Rosstaler. Hierbei wird das Haus »Zum Stern« genannt. Der Name wird nur in diesen beiden Urkunden verwendet und ist nicht deutbar.

Vom Ende des 15. Jahrhunderts bis 1803 gab es in Memmingen eine Kaufmannsgesellschaft »Zum Stern«, die den Salzhandel von Bayern her betrieb. Der Rat der Reichsstadt und das Spital hatten in diese Sondergesellschaft Geld investiert. Vgl. »Venediger«.

Qu.: HStA Mü Kurbaiern U 16325, 16346 vom 14.5. bzw. 17.5.1462. – Bayerisches Städtebuch, Artikel »Memmingen«, S. 365 Kap. 8a.

STERNEGGER-KRÄMER, Tal 56, vor 1803 (nach 1723) – nach 1823.

Seit 1723 sind auf diesem Haus an der Ecke Tal/Sterneckerstraße Kramer Hauseigentümer. Für das Jahr 1803 ist der Name Sternegger-Krämer belegt, der sich natürlich vom Straßennamen bzw. der Brauerei und Gaststätte gleichen Namens ableitet. Auch Huber 1819 und das Adreßbuch von 1823 nennen den Namen noch.

Qu.: HB AV S. 445. – Huber II S. 55. – AB 1823 S. 15.

Zum STIMPFL, Westenriederstraße 16 und 16a, um 1819/23.

Dieses Haus war ursprünglich Hinterhaus zu Tal 72, das seit 1612 Bierbrauern und Gastgeben gehörte. Es ist dies das Gasthaus »Zum Bögner« oder »Zur goldenen Sonne«, so 1819. Erst 1801 wurde das Hinterhaus vom Vorderhaus getrennt.

Ein Eigentümer namens Stimpfl ist nicht nachweisbar, trotzdem ist der Name wahrscheinlich ein Familien-, vielleicht sogar ein Gasthausname. Das Haus war wahrscheinlich bewohnt und Stimpfl ein langjähriger Bewohner. Der Hausname »Zum Stimpfl« ist 1819 bei Huber und 1823 im Adreßbuch belegt.

Qu.: HB AV S. 563. – Huber II S. 53. – AB 1823 S. 14.

Zum STOCKER, Färbergraben 17*, um 1819/23.

Den Hausnamen »Zum Stocker« nennen Huber für 1819 und das Adreßbuch von 1823. Der Name ist ungeklärt, aber sicher ein Familienname. Ein »Stockerhaus« gab es zur selben Zeit auch Sendlinger Straße 53*.

Qu.: Huber II S. 104. – AB 1823 S. 27. – HB HV S. 97/98.

STOCKERHAUS, Sendlinger Straße 53*, um 1819/23 (nach 1704).

Von 1704 bis 1818 gehörte dieses Haus der Gärtnerfamilie Stocker, nach der es wiederum Huber 1819 und das Adreßbuch von 1823 »Stockerhaus« nennen.

Qu.: Huber II S. 95. – AB 1823 S. 25. – HB HV S. 393/94.

STÖCKL, Hotterstraße 3, um 1595 (nach 1522).

Bei diesem Haus steht 1522 im Steuerbuch ein Tagwerker namens Hans Stöckl. Im Jahr 1595 ist das Heiliggeistspital Hausbesitzer bei diesem Haus, »Stöckl genannt«, wie im Grundbuch steht.

Qu.: HB HV S. 210. – StB 1522.

Taschenhaus, Fürstenfelder Straße, um 1383.

Im Jahr 1383 veräußert der Kramer Hanns Rudel sein Haus am Graben, gegenüber dem Fürstenfelder Klosterhof, »und sind taschen daran gemalt«, an Konrad Prant von Fischbach. Das Haus dürfte in der Fürstenfelder Straße gelegen haben, vielleicht auch am Färbergraben. Es ist sonst nicht belegt. Unklar ist auch, um welche Taschen es

sich handelte, um angemalte Dachziegel oder um Behälter für Waren.
Vgl. auch »Taschenhäusel«, »Taschenturm«.
Qu.: GB I 175/9. – Wolf I S. 744/45.

TASCHENHÄUSEL, Schrammerstraße 10*, um 1645.

Am 14. August 1645 verkauft der Bischof von Freising das baufällige sogenannte »Taschenhäusl«, ein ehemaliges Benefiziaten- und Hofkaplanshaus. Die Käufer veräußerten es aber am 5. September schon wieder an den Hofkaplan Eisner. Das Haus lag zwischen dem Haus des Klosters Andechs (Schrammerstraße 11*) und dem des Hofkammerpräsidenten Mändel (Haus-Nr. 9*) und war das Haus Schrammerstraße 10*, auf dem heutigen Marienhof gelegen. Seit dem 16. Mai 1646 ist Hauseigentümer (laut Grundbuch) der Taschner Jakob Molent. Wahrscheinlich hatte auch schon früher ein Taschner darin seine Werkstätte und das Haus kam von daher an seinen Namen.
Vgl. auch »Taschenturm«.
Qu.: HStA Mü, Kurbaiern U 843, 844 (1645). – HB GV S. 337/39.

Zum TEGERNSEER, Unterer Anger 16, um 1803.

Das Haus war vor der Säkularisation ein Teil des Tegernseer Klosterhofes und seit 1803 in Privatbesitz unter dem Namen »Zum Tegernseer«. Huber und die frühen Adreßbücher kennen den Namen nicht mehr.
Qu.: HB AV S. 512.

TEISINGERHAUS, Max-Joseph-Platz 3*, um 1679.

Dieses Haus wird schon bei Verhandlungen um seinen Verkauf im Jahr 1669 als die »also genannte Teisingerische Behausung« bezeichnet. Zu ihr gehört auch ein dabei liegender Keller. Beides liegt »negst den Patres Franziskanern«. Der jetzige (1676) Käufer ist der kurf. Schneiderei-Verwalter Paulus Angermiller. 1680 liegt es »an der Gassen, da man zu dem fürstlichen Hofmarchstall geht« bzw. ist »an den kurf. Hofstall stoßend«. 1693 bis 1725 hat das Haus der Hoffutterschreiber Rädl inne. 1725 heißt es in einem Grundbuch-Extrakt, es sei der hintere Stock des Herzog-Maximilianischen Kastenhauses und würde für gewöhnlich das Deisingerische Haus genannt.
Bis 1675 gehörte dieses Haus zum kurfürstlichen Wagen- und Kastenhaus. Ein Hauseigentümer Teisinger war bisher nicht zu er-

mitteln. Wahrscheinlich handelt es sich um einen Hofbediensteten, der es vor 1679 nur bewohnt hatte. Weder die Steuerbücher noch Grundbücher oder frühen Adreßbücher kennen aber den Namen. Vgl. bei den Gaststätten-Namen »Beim Arsch ums Eck«. Da das Haus von 1804 bis 1808 einem Doctor Luzenberger gehörte, wird es noch um 1825 als das »sogenannte Luzenbergerhaus« bezeichnet.

Qu.: HStA GL Mü Fasz. 2740 Nr. 784. – HB GV S. 212/13.

Das **TEMPELHERRENHAUS**, Schmidstraße 2 (Teil von Raspstraße 4/4a), um 1819/23.

Huber nennt erstmals 1819 das Haus Schmidstraße 2, das früher stets zu Raspstraße 4 und 4a gehört hatte – auf dem Sandtner-Modell liegt an seiner Stelle noch ein großer Garten – »das angeblich ehemalige Tempelherrenhaus«. Das Adreßbuch von 1823 sagt, »der Sage nach« sei dies das Tempelherrenhaus gewesen. Der Templer-Orden ist schon 1311/12 auf dem Konzil von Vienne aufgehoben worden. Der Name muß neueren Ursprungs sein. Der Hauskomplex gehörte von 1713–1723 dem Stadtbruderhaus, von 1723–1728 einem Priester und Benefiziaten zu Gelting. Name nicht geklärt.

Qu.: HB AV S. 202. – Huber II S. 477. – AB 1823 S. 23.

TEUFEL, Tal 75, Ende 18. Jhd.

Siehe »Högerbräu«.

Zum **TEUFELSMELBER**, Tal 65, um 1819/33 (nach 1733).

Bei diesem Haus ist seit dem 13. Oktober 1733 der Melber (Mehlhändler) Blasius Teufelhardt Hauseigentümer, danach seine Familie bis 1778. Das Gewerbe des Mehlhandels wurde bis mindestens 1838 in diesem Haus betrieben. 1819 nennt Huber und 1823 und 1833 die Adreßbücher den Mehlhändler Franz Paul Märkel »Zum Teufelsmelber«, in Anlehnung an den Namen eines seiner Vorgänger, des Blasius Teufelhardt.

Qu.: HB AV S. 460. – Huber II S. 56. – AB 1823 S. 15, AB 1833 bei Tal Petri Haus-Nr. 540. – Schattenhofer, Bettler OA 109/1 S. 173.

TÖRRINGER HOF, Fürstenfelder Straße 17, 20. Jhd. (nach 1480).

Bei diesem Haus waren seit der Zeit um 1480 bis 1542 Seifried der Törringer und seine Erben Hauseigentümer. Danach nennt der Häuserbuch-Bearbeiter das Haus »Törringer Hof«.

Qu.: HB HV S. 140.

VENEDIGER, etwa Salvatorplatz, vor 1371 – nach 1405.

Die Geschichte des Hauses steht in engem Zusammenhang mit der des Hauses, genannt »der Stern«, siehe dort. Es hat möglicherweise als Doppelhaushälfte dazu gehört. Dann müßte es auch die Geschichte dieses Hauses als Frauenhaus (Bordell) geteilt haben. 1371 verkauft die Aerdingerin ihre zwei Häuser »der Stern« und »Venedig«. 1403 und 1405 kommt das Haus letztmals mit diesem Namen vor.

Häuser dieses Namens gab es in vielen Städten, so im 15. Jahrhundert in Landshut, ebenso in Basel das Haus »Zum Venedig«. Memmingen hatte eine Faktorei in Venedig und betrieb seinen Salzhandel mit Bayern über eine eigene Handelsgesellschaft mit dem Namen »Zum Stern«. Diese Häuser deuten auf den Venedig-Handel dieser Städte und waren meist Stützpunkte der Venedig-Fahrer.

München lag an der »Venetianerstraße« von Salzburg her. Auf der Isar geschah die Verschiffung der Waren aus Venedig in Mittenwald. Deshalb war München ein Stützpunkt der Venedig-Fahrer und Venetianer auf dem Weg von und nach Deutschland. Die Münchner Händlerzunft führte in ihrem Siegel den Markuslöwen und dokumentierte damit ihre Handelsbeziehungen zu Venedig. Am 1. Februar 1366 hatte der Münchner Bürger Wilhelm Ligsalz eine Vollmacht der Stadt Venedig erhalten, mit den Räten der Stadt Regensburg über eine Frau namens Maushamerin zu verhandeln, die in Haft genommen worden war, weil sie den Venetianern gehöriges Gut gestohlen hatte.

Es ist nicht ausgeschlossen, daß es sich bei dem Haus mit dem Namen »Venediger« um ein ehemaliges Hospiz für Venedig-Fahrer handelte, das zum Bordell verkam, als es nicht mehr gebraucht wurde.

<small>Qu.: GB I 19/17 (1371), GB III 12/5, 18/1 (1403), 42/14 (1405). – Dirr S. 60* Anm. 3. – Solleder S. 32/33. – RB IX 140 (1366). – Bayerisches Städtebuch Art. »Memmingen« S. 365 Kap. 8a. – Michael Schattenhofer, Das Münchner Patriziat, in: OA 109/1, 1984, S. 28.</small>

WARTENBERGER HAUS, Rindermarkt 6, 19. Jhd. (seit 1580).

Das Haus erwarb nach 1580 Herzog Ferdinand in Bayern, der in einer nicht standesgemäßen Ehe mit Maria Pettenbeck verheiratet war. Die Kinder aus dieser Ehe wurden zu Grafen und Gräfinnen von Wartenberg erhoben. Die Familie, die 1736 im Mannesstamme erloschen war, hatte das Haus, zu dem später noch das Nachbarhaus Rindermarkt 5 kam, bis 1752 inne.

Die frühen Adreßbücher und Huber kennen den Namen nicht. Huber nennt statt dessen ein im Kreuz-Viertel gelegenes Haus »das

Graf Wartenberg Haus«. Der Name ist also eine Historiker-Neubildung, wahrscheinlich aus dem Ende des 19. Jahrhunderts. Siehe auch »Haslingerhaus«.

Qu.: HB AV S. 218. – Huber II S. 481.

WEINEIMERERHÄUSL, Roßschwemme 590* B, 20. Jhd. (nach 1671).

»Das Weineymererhäusl auf der Roßschwemme« hat schon 1572, und noch bis 1810, zum Hauseigentümer das Heiliggeistspital. Es ist nach Weinamern oder Weineimerern benannt, die das Haus bewohnten. Nachgewiesen ist dies seit 1671. Seit dieser Zeit führen die Steuerbücher an dieser Stelle jeweils ein bis zwei Weineimerer auf, so nachweislich bis 1808 (Martin Milpauer Weineymerer [StB]). Den Namen nennt nur der Häuserbuch-Bearbeiter.

Qu.: StB seit 1671–1808. – HB AV S. 290.

WEISERHAUS, Tal 13, Ende 18. Jhd. (nach 1688).

Siehe »Judenbranntweiner«.

ZIMMERMÜLLERHAUS, Sendlinger Straße 49, um 1819/23 (nach 1770).

Das Haus gehörte seit dem 30. August 1760 bis zum 14. November 1767 dem Zeugmacher Jakob Zimmerer, vom 24. März 1770 bis 1830 dem Leineweber Simon Miller. Aus den beiden Familiennamen Zimmerer und Miller ist der Hausname zusammengesetzt, der für 1819 und 1823 belegt ist.

Qu.: HB HV S. 387. – Huber II (1819) S. 85. – AB 1823 S. 25.

ZIMMERSCHÄFFLERHAUS, Sendlinger Straße 77, um 1819 (nach 1635).

Dieses Haus gehörte schon seit 1595, ununterbrochen jedoch von 1635 bis 1771, dann wieder von 1792 bis 1804 bzw. 1810, einem Schäffler, von 1810 bis 1833 einem Salzstößel namens Johann Vogt. Sein Haus wird 1819 von Huber das »Zimmerschäfflerhaus« genannt. Der Namensbestandteil »Zimmer« ist vorläufig nicht erklärbar. Die frühen Adreßbücher kennen den Namen nicht.

Qu.: HB HV S. 438. – Huber II S. 97.

ECKHÄUSER

Im Jahr 1725 wurden die Stadtviertelschreiber beauftragt, eine Liste aller Hauszeichen und Namen für Häuser bzw. Eckhäuser in ihrem Viertel zu erstellen. Die Liste enthält 25 Eckhaus-Namen. Nur zwei von ihnen – Hirscheneck, Rabeneck – waren schon im 15. Jahrhundert gebräuchlich, drei weitere im 16. Jahrhundert – Greifen-, Burg- und Kleubereck. Alle anderen verweisen mit ihren Datierungen am Haus höchstens bis 1612 zurück (Schäfflereck). Für ein Haus am Promenadeplatz, an dem sich ein goldenes Kreuz befand, hat erst Ernst von Destouches nachträglich den Namen »Kreuzeck« rekonstruiert. Die Viertelschreiber nennen ihn gar nicht.

Eine ganze Reihe im Mittelalter bereits einmal – und in der Regel wirklich nur ein einziges mal – verwendeten Eckhaus-Namen sind 1725 dagegen bereits wieder verschwunden. So des Ehingers Eck und des Schöneckers Eck (1310/12), des Scharfen Eck (1378), das Bäreneck (1399/1404), Hirscheck (1419), Engeleck (1461/64), Bräueneck (1565), Riegereck (1569) und Augustiner-Kistler-Eck (1575).

Auch die jüngeren Eckhaus-Namen (seit 1612) aus der Liste von 1725 sind in dieser Liste erstmals belegt, kommen also in der Zeit vor 1725 in keiner Quelle vor.

Die Kurzlebigkeit dieser Namen zeigt auch das Schicksal der Namen von 1725 an. Von den 25 Eckhaus-Namen dieser Zeit kennt der nur ein halbes Jahrhundert später schreibende Stimmelmayr nur noch einzige 3 (Hirscheneck, Löweneck und Spiegelbrunneneck), bildet statt dessen selbst eine ganze Reihe von solchen Namen, die außer ihm wiederum niemand verwendet. Der um 1819 schreibende Alois Huber wiederum nennt insgesamt lediglich sieben Eckhaus-Namen, von denen ebenfalls nur zwei schon in der Liste von 1725 überliefert sind (Löweneck, Pfaueneck) und nur einer von ihnen auch mit Stimmelmayr übereinstimmt (Löweneck). Alle anderen kennt auch Huber nicht, überliefert seinerseits aber noch fünf Namen, die weder den Viertelschreibern von 1725 noch Stimmelmayr bekannt waren: Althaimer Eck (Altheimer Eck 8), Marieneck (Pflugstraße), Rappeneck, Sonneneck, Peterseck.

Die Neubildungen von Stimmelmayr haben sich allesamt nicht durchgesetzt, sind also eigentlich keine Hausnamen geworden, sondern waren meist die Bezeichnung des augenblicklichen Hausbesitzers.

ALTHAIMER ECK, Altheimer Eck 8, seit um 1810.

Das Haus der Witwe Antonie Gmainer wird 1810 im Grundbuch »Zum Althaimer Eck« genannt, 1819 von Huber und 1882 in der Liste von Ernst von Destouches, von der aus er dann in das Adreßbuch von 1883 einging. Bei der Auflistung der Eckhaus-Namen im Jahr 1725 noch fehlend und auch Stimmelmayr bezeichnet mit diesem Namen ein anderes Haus.

Qu.: HB HV S. 8. – Huber II (1819) S. 113. – AB 1823 S. 30, AB 1883 (Stand: November 1882).

ALTHAMER ECK, Färbergraben 33, Ende 18. Jhd.

Stimmelmayr nennt das Haus Färbergraben 33 »Althamer Eck«. Das Haus trage diese Aufschrift »Althamer Eck« und sei mit »zwey angemalten Hammern an diesem Eck« versehen. Mit der Nebenseite erstrecke es sich in das Althamer Eck oder Hirschbräu Gäßl hinein. An anderer Stelle spricht er vom »Althamer Eckhaus auf dem Saumarkt«. Danach ist also »Althamer Eck« sowohl ein Straßenname, siehe dort, als auch ein Hausname für ein Eckhaus.

Zur falschen etymologischen Ableitung des Namens von zwei Hämmern siehe unter den Straßennamen. Im allgemeinen ist dieses Haus unter den Namen »Hirschhaus«, »Hirscheneck« oder »Hirschbräueck« bekannt gewesen.

Qu.: Stimmelmayr S. 70 Nr. 86/11, S. 71 Nr. 86/1.

Der **AUGUSTINER KISTLER ECKHAUS,** Löwengrube 1, vor 1575 (vor 1368) – nach 1630.

Das spitze Eck des heutigen Polizeipräsidiums bestand aus zwei aneinandergebauten Häusern, einem kleineren und einem größeren, die dem Augustinerkloster gehörten und von diesem stets an Kistler (Schreiner) verpachtet waren. Einen »Hainrich Kistler« findet man an dieser Stelle bereits im Steuerbuch von 1368. Im Jahr 1450 spricht eine Urkunde von »unserm (= der Augustiner) eigen kistlerhaus«, das Grundbuch um 1575 vom »Augustiner Khistler Eckhaus« und dasjenige von 1630 von »der Herren Augustiner Eckhaus«. Um 1710 nennt man das Eck auch »Schreinereck«, siehe dort.

Qu.: MB 20 S. 399 (1450). – HB KV S. 99 (1575, 1630). – Stahleder, Bierbrauer S. 4/5.

Bäckereck 379

Abb. 38: *Das »Bäckereck«, auch »Spadenbäcker« (Späth). Rechts daneben der »Schönauerbäcker«. Aufnahme um 1880. Vgl. auch Abb. 77 bei »Wilbrechtsturm«.*

BÄCKERECK, Theatinerstraße 1*, seit Ende 18. Jhd. (nach 1407).

Dieses Eckhaus an der Nordseite der Schäfflerstraße/Ecke Theatinerstraße kaufte am 21. November 1407 der Bäcker Lienhard Keck, der bis dahin seit 1399 Pächter der Bäckerei im Nachbarhaus Theatinerstraße 2* gewesen war – wo es schon seit vor 1368 eine Bäckerei gab –, von der Witwe des Steinmetzen Meister Heinrich von Ybbs. Seitdem gab es auch in diesem Haus eine Bäckerei. Sie bestand bis ins 20. Jahrhundert herein.

Stimmelmayr spricht Ende des 18. Jahrhunderts schon vom »Bäcker Eckhaus«. Das Adreßbuch von 1818 nennt es »Zum Spadenbäcker«, weil das Haus von 1724 bis nach 1939 der Bäckerfamilie Spätt/Spaeth/Späth gehört hat (gesprochen mit baierischem Sekundär-Umlaut wie in »Platzl«, »Hackl«, »Gassl«. Auch der Name »Spatenbrauerei« wurde ursprünglich so ausgesprochen). Huber 1819 und das Adreßbuch von 1823 nennen das Haus »Zum Eckbäcker«.

Qu.: GB III 46/10, 60/13; 67/3; 71/5 (1407). – Stimmelmayr S. 41 Nr. 61/1, 2. – HB KV S. 308–311. – Stahleder, Bierbrauer S. 94. – AB 1818 S. 231, 1823 S. 41. – Huber II S. 158.

BÄRENECK, Kaufingerstraße 23 B, um 1399/1404.

Erstmals im Jahr 1399 wird das Haus Kaufingerstraße 23 B, an der Ecke Liebfrauenstraße West, das spätere Gastaus »Zum schwarzen Adler«, »genant Perenegk«, erwähnt. Im Jahr 1404 kommt es nochmal vor. Bis 1403 gehörte das Haus der Salzsenderfamilie Halmberger, danach von 1404 bis 1414 dem Apotheker Heinrich Kray. Die Salzsenderei deutet immer auch auf Weinhandel und den Ausschank von Wein. Man darf deshalb annehmen, daß es sich bei dem Namen »Bäreneck« um einen Wirtshausnamen für eine Weinschenke gehandelt hat.

Das Gegeneck an der Osteite der Liebfrauenstraße hieß etwa um dieselbe Zeit »Hirscheneck«, siehe dort.

Qu.: GB II 150/8 (1399), GB III 23/1 (1404).

St.-BENNO-ECK, Weinstraße 8, um 1725.

In der Liste der Eckhaus-Namen des Jahres 1725 wird das Haus Weinstraße 8 (Filserbräu) »St. Benno Eck« genannt. Der Name kann erst nach 1576 entstanden sein; denn in diesem Jahr sind die Gebeine des heiligen Bischofs von Meißen nach München überführt worden. Benno gilt seitdem als Stadtheiliger von München.

Der Name ist sicher von einer Statue des Heiligen an der Ecke des Hauses abgeleitet. Nach 1725 kommt der Name erst wieder durch die Initiative von Ernst von Destouches ab 1881/82 vor.

Qu.: StadtA, Straßenbenennung und Hausnumerierung Nr. 1. – Schattenhofer, Geistliche Stadt S. 79.

BERNECK, Fürstenfelder Straße 10, o. D.

Der Häuserbuch-Bearbeiter behauptet, dieses Haus an der Ecke zur Rosenstraße habe früher »Berneck« geheißen, gibt aber dafür weder Quelle noch Zeitraum an. Deutungsversuche erübrigen sich damit, aber wahrscheinlich ist »Bäreneck« gemeint.

Qu.: HB HV S. 129/30.

BIRNBAUMBRÄUER ECKHAUS, Theatinerstraße 5*, Ende 18. Jhd.

Seit nachweislich 1482 sind auf diesem Eckhaus Bierbrauer zu finden. Stimmelmayr nennt es das »Pirnbaum Bräuer Eckhaus«, auch 1810 wird es laut Grundbuch (HB) »Birnbaumbräu« genannt. 1835 wird laut Adreßbuch nicht mehr gebraut. Das Haus wurde 1873, mit einer ganzen Häuserzeile hinter bis zum Promenadeplatz, zur Erweiterung der Maffeistraße abgebrochen.

Herkunft des Namens ungewiß. Daß ein Birnbaum vor dem Haus stand, ist unwahrscheinlich. Die Fingergasse und die ganze Einfahrtssituation in diese war sicher dafür zu eng. Stimmelmayr spricht aber von einem Garten mit Bäumen. Der Baum könnte aber auch als Fresko an dem Haus angemalt gewesen sein.

Qu.: Stimmelmayr S. 38 Nr. 57/1, 5. – HB KV S. 314/15. – Stahleder, Bierbrauer S. 96. – AB 1835 S. 123.

BRÄUEN ECKHAUS, Hartmannstraße 8, um 1565.

Seit dem Steuerbuch von 1565 nennt der Steuerschreiber dieses Haus einige Jahre das »prewen egkhaus«. Es ist das Gschlößl-Bräuhaus an der Ecke Hartmannstraße/Löwengrube Ost. Das Haus ist seit nachweislich 1539 Brauerei und war im 15. Jahrhundert schon eine Weinwirtschaft.

Die Liste der Eckhaus-Namen von 1725 enthält den Namen nicht. Auch spätere Quellen verzeichnen ihn nicht mehr und Ernst von Destouches hat ihn offensichtlich auch nicht gekannt.

Qu.: StB. – Stahleder, Bierbrauer S. 26. – HB KV S. 31/32.

BURGECK, Marienplatz 14, seit um 1574.

Das Haus Marienplatz 14/Ecke Burgstraße wird um 1574 im Grundbuch »das Burgeck genannt«. Es steht so auch in der Eckhaus-Liste von 1725, aus der ihn erst 1896 Ernst von Destouches wieder ausgegraben hat. Der Name ist natürlich von der Burg (Alter Hof) und der Burgstraße abgeleitet.
Qu.: HB GV S. 187.

BURGECK, Burgstraße 6, o. D.

Der Häuserbuch-Bearbeiter berichtet zu diesem Haus, es sei »früher Burgeck, 1675 Sonneneck genannt« worden. Eine Quelle gibt er nicht an. Vielleicht eine Verwechslung mit Marienplatz 14?
Siehe auch »Mozarthaus« und »Sonneneck«.
Qu.: HB GV S. 21.

CHRISTOPHECK, Neuhauser Straße 1, seit vor 1722.

Nach der Eckhaus-Liste von 1725 wird dieses Haus bereits als »Christoph Eck« geführt. Es sei daran ein heiliger Christoph mit der Jahreszahl 1722 angebracht.
Die Vorliebe für diesen Heiligen läßt sich genauer fassen. Seit 1563 besitzt dieses Haus (das Haus A, das eigentliche Eckhaus) der Bäcker Christoph Rank. Er kauft 1576 auch das Nachbarhaus B hinzu. Rank ist der erste Hauseigentümer namens Christoph. 1693 kommt das Haus durch Erbschaft an eine Maria Theresia Göbl. Sie heiratet einen Mann mit dem Vornamen Christoph, nämlich Christoph Thall (Doll), der aber bald stirbt. In zweiter Ehe heiratet die Witwe 1712 einen Paul Hopfner. Wegen der Jahreszahl 1722 darf man wohl davon ausgehen, daß die Maria Theresia Göbl hier ihrem ersten Ehemann ein Denkmal gesetzt hat, vielleicht auch die Kinder ihrem Vater.
Name erst von Ernst von Destouches 1881/82 wieder aufgegriffen. Zeitweise auch »Zum Heiglkramer« genannt.
Qu.: HB HV S. 311.

DENGLBACH ECKHAUS, Residenzstraße 10, Ende 18. Jhd. (nach 1721).

Nur Stimmelmayr überliefert diesen Namen. Das Haus an der Ecke zur Perusastraße Südseite, auch »Grasserhaus« genannt, siehe dort, gehörte seit dem 18. März 1721 dem kurfürstlichen Kammerrat und Schatz- und Garderobemeister Josef von Denglbach, dann seiner

Abb. 39: *Das »Denglbach-Eckhaus« oder »Grasserhaus«. Links daneben der »Franziskanerbräu« und noch weiter links der »Franziskanerbäcker«.*

Familie noch bis 1802. Seit 1779 ist Hauseigentümer der kurfürstliche Truchseß Maximilian von Denglbach.

Nach Stimmelmayr war das Haus zu seiner Zeit »fast voll angemalt von Belagerung und Eroberung von Wien, Ofen, Neuhäusl«. Diese Bemalung dürfte in die Zeit der Türkenkriege unter dem Kurfürsten Max Emanuel zurückreichen.

Vgl. auch »Denglbach-Gässel«.

Qu.: Stimmelmayr S. 17 Nr. 33/6. – HB GV S. 292.

EHINGERS ECK, Marienplatz, um 1310/12.

Laut Satzungsbuch B soll die Grenze des Salzmarktes auf dem Marktplatz »dez Ehingaeris ecke« sein. Es muß sich dabei um eines der Eckhäuser rund um den Markt handeln. Es ist aber leider nicht identifizierbar, taucht auch später nicht mehr auf.

Einen Bürger namens Konrad Ehinger gibt es in den Quellen seit dem Jahr 1300. Da ist er Mitglied des Stadtrats genauso wie im Jahr 1318. Dazwischen kommt er noch mehrmals in den Jahren 1301, 1306, 1308 und 1311 als Zeuge in Urkunden vor.

Qu.: Dirr S. 269 Art. 193, U 28 (1300), U 57 (1318). – Heiliggeistspital U 21 (1301), U 32 (1306), U 36a (1308), U 41 (1311).

ENGELECK, etwa Salvatorplatz, um 1461/64.

Weindl Prächer der Münzer und seine Hausfrau Anna haben 1464 (mit Verweis auf einen Kaufbrief von 1461) Haus und Hofstatt mit Gärtl dahinter, genannt »zu Engleck« und gelegen in Unser Frauen Pfarr in dem Gässel hinein bei der Herzogen Kasten. Der Münzer Prächer steht in den Steuerbüchern der Zeit in der Gegend der Salvatorstraße. Hier im Kuhgässel steht 1462 auch der Eschhay Perchtold Engel im Steuerbuch. Er ist Eschhay laut Ratsprotoll auch am 3. Oktober 1460 und es besteht kein Zweifel, daß er der Namengeber für das Engel-Eck ist. Es muß sich dabei um ein Haus in der Salvatorstraße, in der Gegend um die heutige Salvatorkirche handeln, die um 1464 aber noch nicht existierte. Vielleicht ist das Haus auch wegen ihres Baues verschwunden. Auch der Herzogskasten stand ja in dieser Gegend, dem heutigen Salvatorplatz und dem späteren Theatinerkloster. In derselben Gegend gibt es 1522–1532 wieder einen Engl, den Salzsender Christoph Engl.

Qu.: MB 19a S. 166 (= St. Peter U 153) (1464).

FALKNERECK, Residenzstraße 4*, vor 1621 – nach 1725.

Schon die Liste der Eckhaus-Namen von 1725 nennt das Haus an der Ecke zum Hofgraben (Nord) »Falkner-Eck«. An beiden Hausseiten seien danach Falken angebracht und die Jahreszahl »1621«. In dieser Zeit besaß seit 1581 das Haus die Goldschmied-Familie Balthasar, dann Melchior Widman, der mit Ursula Rattenhuber, einer Bauerstochter aus Haidhausen verheiratet war. Bis 1630 gehörte das Haus der Familie.

Ein unmittelbarer Bezug zur Falknerei ist nicht erkennbar. Sie begegnet aber in dieser Gegend häufiger. So ist der Falkenturm ganz in der Nähe gewesen und der Hofgraben geht ein Stück weiter östlich in die Pfisterstraße über. Das Haus Pfisterstraße 4 C (mit Hinterhaus an der Falkenturmstraße) gehörte aber von 1594 bis 1614 dem Falkner des Herzogs Ferdinand, Marx Leichtl, danach bis 1626 noch seiner Witwe.

Stimmelmayr nennt das Haus das »Hofsattlereck«. Von Falken weiß er nichts. Name erst von Ernst von Destouches 1881/82 wieder aufgegriffen.

Qu.: HB GV S. 282/83.

FRAUENECK, Weinstraße 6, seit 1680.

Nach der Eckhaus-Liste von 1725 findet sich an diesem Haus Weinstraße 6, Nordecke Sporerstraße, als Standbild Unsere Liebe Frau

Abb. 40: *Das »Fraueneck« oder der »Laberhanslbranntweiner« mit Blick durch die Sporerstraße. Aufnahme um 1900.*

mit Kind und Szepter und der Aufschrift »anno 1680«. Jörg Wenig betrieb hier um 1550 bereits eine Fremden-Herberge mit Unterbringungsmöglichkeit für 16 Pferde. Hauseigentümer sind seit mindestens 1554 jeweils Weinschenken, 1676 wird es unmittelbar als »Wirtsbehausung« bezeichnet.

Die Muttergottes-Statue am Haus zeigt die innige Verbindung einer Hausbesitzerfamilie zu ihr. Am 1. Oktober 1676 hatte der Branntweiner Martin Schönauer mit seiner Hausfrau Elisabeth das Haus erworben. Am 14. Juli 1712 erfahren wir, daß zwei seiner Töchter im Frauenkloster Mariaburg in Abenberg, Landkreis Roth, leben. Die eine heißt Anna Maria Dominika, die andere Maria Febronia. Außerdem lebt eine dritte Tochter, Maria Angela Schönauer, im Frauenkloster Mariastein (Marienstein, Landkreis Eichstätt). Daß beide Klöster und alle drei Töchter den Namen Mariens tragen und schließlich Maria auch als Bild an der Hauswand erscheint, kommt also nicht von ungefähr.

Name erst von Ernst von Destouches 1881/82 wieder aufgegriffen. Dazwischen war er durch den Namen »Zum Laberhansl-Branntweiner« ersetzt worden.

Qu.: HB KV S. 356/58. – StadtA, Gewerbeamt 1422a (1550).

GÄNSBÜHELECKHAUS, Raspstraße 4, vor 1725 – Ende 18. Jahrhundert

Nach der Eckhaus-Liste von 1725 sind an dem Haus, das heute das südliche Eckhaus am Oberanger zur Schmidstraße darstellt, Gänse angemalt. Stimmelmayr schreibt, daß ein Mädchen mit Gänsen angemalt sei. Das Fresko war also Ende des 18. Jahrhunderts noch vorhanden. Vgl. »Gänsbühel« unter den Straßennamen und »das Tempelherrenhaus« bei den Hausnamen. Name 1881/82 und 1896 von Ernst von Destouches nicht übernommen.

Qu.: Stimmelmayr S. 84 Nr. 99/1, S. 86 Nr. 100 und 101/5. – HB AV S. 201/04.

GLUGERECKHAUS, Sendlinger Straße 11, Ende 18. Jhd. (nach 1749).

Das Haus ist das nördliche Eckhaus an der Dultstraße. Hauseigentümer war seit dem 7. Juni 1749 der Bierbeschauer und Bußamts-Mitverordnete Joseph Jakob Ignaz Klueger, seit dem 12. Juli 1776 bis 1792 sein Sohn, Joseph Johann Nepomuk (später »Edler von«) Klueger. Den Hausnamen überliefert nur Stimmelmayr. Das Gegen-Eckhaus ist das Haus »Zum Rieden«, Sendlinger Straße 12.

Qu.: Stimmelmayr S. 79 Nr. 93/11, 12. – HB AV S. 349.

GOLDSCHMIEDS ECKHAUS, Burgstraße 7, Ende 18. Jhd. (nach 1702).

Stimmelmayr nennt dieses Haus, »an dessen Eck ein Löw angemalt« sei, mit diesem Namen. Es ist sonst unter dem Namen »Löweneck«

bekannt. Das Haus gehörte von 1702 bis 1751 einer Goldarbeiterfamilie namens Küster.

Qu.: Stimmelmayr S. 6 Nr. 16/1. – HB GV S. 22.

GREIFENECK, Kaufingerstraße 37, seit vor 1522.

Siehe »Riegereck«.

HACKENECK, HACKEN-MELBER-ECKHAUS, Sendlinger Straße 75 A, seit Ende 18. Jhd.

Das nördliche Eckhaus Sendlinger Straße/Hackenstraße nennt Stimmelmayr das Hacken-Melber-Eckhaus und der Häuserbuch-Bearbeiter sagt, das Haus 75 A sei auch »Zum Hackeneck« genannt worden, nennt aber keine Quelle. Stimmelmayr beschreibt, daß am Hauseck zwei gegeneinander stehende Hacken angemalt seien, die das Zeichen dieser Gasse und etwa auch des Hacken-Viertels sein mögen.

Zu Stimmelmayrs Zeit war man ja der Meinung, die Hackenstraße habe ihren Namen von solchen Hacken, ja manche Autoren glaubten sogar, den Gassen- und Viertel-Namen von der Hackerbrauerei herleiten zu müssen. Heute ist man sich in der Literatur einig darüber, daß in diesen Namen das Wort »Haag« steckt, das ein eingefriedetes Grundstück bezeichnet. Vgl. unter den Straßennamen.

Das Haus gehörte um 1487 einem Bierbräu, von 1552 bis um 1570, dann wieder von 1625 bis um 1696 und schließlich von 1748 bis 1825 jeweils einem Melber (Mehlhändler), eben dem Hackenmelber. Das Adreßbuch von 1823 nennt das Haus nicht ganz korrekt »Zum Hackelmehlber«. Auch hier hat wahrscheinlich noch die Ableitung von den zwei Hacken (mundartlich »Hackl«) eine Rolle gespielt.

Qu.: Stimmelmayr S. 69 Nr. 84/5, S. 79 Nr. 93/16. – HB HV S. 432. – AB 1823 S. 26.

HEISSBAUERNBRÄU-ECKHAUS, Oberer Anger 44*, Ende 18. Jhd.

Es handelt sich um das südliche Eckhaus am Oberanger zur Singlspielerstraße. Vgl. unter den Straßennamen »Heißbauerngässel« und unter den Brauereinamen. Das Haus gehörte seit dem 17. September 1638 dem Bierbrauer Matthäus Paur, dann seiner Familie bis um 1664. Das rückwärts anstoßende Haus Sendlinger Straße 28* B (Südecke zur Singlspielerstraße) gehörte seit dem 9. Juli 1596 dem Branntweiner Hanns Heiss bis zu seinem Verkauf am 15. Juli 1610. Aus diesen beiden Familiennamen ist der Straßenname zusammengesetzt. Die beiden Häuser haben nie zusammengehört und die beiden Hausbesitzerfamilien saßen zu ganz verschiedenen Zeiten auf ihren Häusern.

Qu.: Stimmelmayr S. 85 Nr. 99/4. – HB AV S. 162/63.

HIRSCHECK, Kaufingerstraße 24, um 1419.

Dieses Haus an der Kaufinger-, Ecke Liebfrauenstraße Ost nennt nur eine Urkunde vom 2. April 1419 das »Hyrsegk«. Es hatte bis nach 1373 einem Zweig der Familie Sendlinger gehört, von 1401 bis 1419 einem Konrad Hofberger und seinen Erben. Seit mindestens 1453 gehörte das Haus einem Bierbrauer Sittenbeck. Ein weiteres Mitglied dieser Familie auf diesem Haus war 1494 Weinschenk und Vierer von deren Zunft.

In dem Haus – bis 1548 immer noch der Familie Sittenbeck gehörig – wurde um 1550 durch Michl Westermair eine Fremden-Herberge mit der Möglichkeit, 20 Pferde unterzustellen, betrieben. Der Name war also möglicherweise schon um 1419 ein Gaststättenname.

Der Name ist nicht deutbar. Das gegenüberliegende Eckhaus hieß etwa zur selben Zeit das »Bäreneck«. Ein Hirschhaus oder Hirscheneck gab es zu dieser Zeit auch am Färbergraben 33.

Qu.: Heiliggeistspital U 246. – StadtA, Gewerbeamt 1422a (1550).

HIRSCHENECK, HIRSCHBRÄUECK, Färbergraben 33, seit vor 1496 (1424).

Das Haus gehörte 1424 dem Peter Hirschhauser, der es als Hochzeitsgeschenk von Herzog Ernst erhalten haben soll. Es wird um 1480 als »Hirschhaus« bezeichnet, siehe bei den Hausnamen. Wahrscheinlich ist Hirschhauser der Namengeber. In den Steuerbüchern von 1496 und 1508 wird das Haus »domus Hirschenegk« genannt. Stimmelmayr nennt es Ende des 18. Jahrhunderts »Hirschbräu Eck«. Seit mindestens 1551 sind auf dem Haus Weinschenken, seit 1595 Bierbrauer nachgewiesen. Der Hausname ist wahrscheinlich von Anfang an ein Wirtshausname gewesen.

Nach der Eckhaus-Liste von 1725 sind an dem Haus zwei Hirschen angemalt und es werde das sogenannte Hirschhaus genannt. Das Adreßbuch von 1823 nennt es »Zum Hirsch«.

Stimmelmayr nannte das Haus »Althamer Eck«.

Qu.: HB HV S. 122/24. – Stimmelmayr S. 71 Nr. 86, S. 72 Nr. 87. – Stahleder, Bierbrauer S. 84. – AB 1823 S. 28.

HOFRIEMERS ECKHAUS, Dienerstraße 11, Ende 18. Jhd.

Auch diesen Namen verwendet nur Stimmelmayr. Das Haus ist das Rückgebäude von Dienerstraße 11 und bildet die Ecke zur Schrammerstraße. Es gehörte von 1622 bis 1824 der Familie von Mändl und war seit 1760 zum Fideikommiß erhoben. Offenbar wurde es an den Hofriemer verpachtet.

Stimmelmayr schreibt, daß an dem Haus ein Schild war, worauf das alte baierische kaiserliche Wappen, gegen die Schrammerstraße und gegen Osten zu angemalt gewesen sei.

An der gegenüberliegenden Seite der Schrammerstraße befindet sich das Stiefeleck und an der schräg gegenüberliegenden Ecke am Hofgraben das Hofsattlereck, siehe dort. Vgl. Abb. 70 bei »Krümleinsturm«.

Qu.: Stimmelmayr S. 17 Nr. 33/4, S. 19 Nr. 36/1. – HB GV Abb. S. 57.

HOFSATTLERECK, Residenzstraße 4*, Ende 18. Jhd.

Nur Stimmelmayr verwendet den Namen. Das Haus liegt an der Nordecke zum Hofgraben und befindet sich schon vor 1759 in Händen der Maria Margaretha Schuester, die den Hofsattler Franz Erlinger heiratete. Auch die Nachfolger auf dem Haus sind bis 1912 Hofsattler.

Das Haus hieß früher »Falknereck«, siehe dort.

Qu.: Stimmelmayr S. 17 Nr. 33/1. – HB GV S. 282/83.

HOFSUDLKOCH JÄGERS ECKHAUS, Zum **JÄGERKOCH,** Dienerstraße 10, seit Ende 18. Jhd.

Das südliche Eckhaus an der Dienerstraße zur Gruftgasse nennt Stimmelmayr das »Hofsudlkoch Jägers Eckhaus«. Ein Sudlkoch ist ein Koch, der Kaldaunen, Würste und dergleichen auskocht, ein Garkoch, auch ein Feldkoch beim Militär wurde so genannt. Meist ist die Bezeichnung sudeln für kochen verächtlich gemeint. Sudlköche gab es in München immer eine ganze Reihe.

Seit Mai 1708 besaß das Haus Dienerstraße 10 der Koch Sebastian Waldhueber, seit 26. Februar 1751 die Witwe Anna Maria Waldthueber, die den Koch Johann Peter Waizenpöck heiratete. Danach ging am 18. November 1776 das Haus an Maria Josepha Waizenpöck, die ihrerseits den Koch Amberger heiratete und um 1808 Witwe war. Von Johann Peter Waizenpöck dürfte das Haus den Namen »Peterseck« gehabt haben, siehe dort.

Ein Koch namens Jäger war auf dem Haus bisher nicht zu finden. Er könnte einmal Pächter gewesen sein, etwa in einer der Witwenzeiten einer der Frauen. Der Name könnte aber auch aus wesentlich früherer Zeit stammen. So gab es 1647 einen Hofkoch Franz Jäger, 1648 einen kurfürstlichen Mundkoch Christoph Jäger und von 1702 bis 1706 einen Weingastgeb und äußeren Stadtrat Johann Jeger. Allerdings ist bei keinem von ihnen ein Zusammenhang mit dem Haus Dienerstraße 10 zu erkennen.

Qu.: Schmeller II Sp. 229. – Stimmelmayr S. 16 Nr. 30/11, S. 17 Nr. 32/1. – HB GV S. 54/55, KV S. 24, 121. – AB 1823 S. 4.

HOLZMÜLLERECK, HOLZECK, Neuhauser Straße 14, um 1650/60 (nach 1500).

Dieses Eckhaus fehlt in der Liste der Eckhäuser von 1725. Es gehörte seit vor 1500 bis 1562 der Bierbrauerfamilie des Peter, später Kaspar Holzmüller. Daher kommt der Name. Seit etwa 1478 ist eine Brauerei auf dem Haus nachweisbar. Sie bleibt bis um 1681 bestehen.

Die Steuerbücher von mindestens 1650 und 1660 nennen das Haus »Holtzmüllers Eck«. Die Eisenmannstraße, nach einem späteren Besitzer desselben Hauses benannt, an deren Westecke das Anwesen liegt, wird schon 1536 »des Holltzmüllners gässel« genannt.

Im Jahr 1882 auf Grund des Wiederbelebungs-Versuches der Eckhausnamen von Ernst von Destouches an dem Haus zwei übereinander gekreuzte Schaite Holz angebracht, um den Namen zu symbolisieren. Wohl deshalb wurde das Haus gelegentlich auch nur »Holzeck« genannt.

Qu.: HB HV S. 338/39. – Stahleder, Bierbrauer S. 87. – KR 1536 S. 152v.

JESUITEN-BRÄUHAUS-ECK, Neuhauser Straße 51/52 A, Ende 18. Jhd.

Dies war die Ostecke an der Neuhauser/Kapellenstraße. In diesem Bereich hat sich die Brauerei des Jesuitenklosters befunden. Am 25. September 1572 hatte Herzog Albrecht dem Stadtrat mitgeteilt, daß er den Jesuiten erlaubt habe, bei einem Bierbrauer der Stadt zu ihrer Notdurft Bier brauen zu lassen, da es auch anderen Klöstern nicht verboten sei. Am 13. Februar 1634 beschwerte sich der Rector der Jesuiten, weil ihm die Münchner Bierbrauer nicht gestatten wollten, Bier zu brauen, was aber notwendig sei, weil wegen der beim Kloster Ebersberg derzeit vorhandenen Kriegsgefahr das Bier für sein Collegium nicht zu beschaffen sei. Die Jesuiten bezogen also bis dahin ihr Bier vom Kloster Ebersberg und fingen jetzt, um 1634, an in München selbst zu brauen. Nur Stimmelmayr nennt dieses Eck das »Jesuiten Bräuhaus Eck«. Das gegenüberliegende Eck an der Kapellenstraße nennt er »Schlossereck«, siehe dort.

Qu.: Stimmelmayr S. 53 Nr. 70. – HB KV S. 169. – StadtA, Gewerbeamt 1278 (1572, 1634).

KALTENECK, Promenadeplatz 21, seit vor 1662 (nach 1599)

Das Haus liegt an der Ostecke zur Karmeliterstraße und war seit mindestens 1482 Brauerei. Von 1603 bis 1629 gehörte das Haus dem Kloster Weihenstephan, von 1629 bis 1667 dem Bierbräu Kaspar Pollinger und seiner Witwe. In dieser Zeit, in den Jahren 1662 (am 18. Oktober) und 1663 nennen zwei Quellen kurz hintereinander die Pollinger'sche Brauerei »bei den Salzstädeln am Kalteneckh« bzw. »Kaltenögg«. Die Brauerei heißt später auch »Kalteneckerbräu«.

In der Liste der Eckhaus-Namen von 1725 wird nicht auf den Namen »Kalteneck« eingegangen, sondern vielmehr berichtet, daß sich oberhalb des Eingangs die Darstellung von »Maria Hilf« befindet. Der Name »Kaltenecker« wird nicht als Eckhaus-Name, sondern nur als Brauerei- oder Firmenname empfunden. Schon von 1586–1589 war ein Hauseigentümer mit einer Frau namens Maria verheiratet, dann auch sein Nachfolger ab 1590. Um 1710 heiratete erneut einer der Hausbesitzer (in zweiter Ehe) eine Maria. Sie hat das Haus ab 1753 noch als Witwe inne.

Der Name Kalteneck könnte von einem Familiennamen – in diesem Fall eines Pächters, den wir nicht kennen – abgeleitet sein, wie das bei den Münchner Brauerei-Namen fast ausschließlich der Fall war. Aber auch ein Herkunftsname käme in Frage. Alleine Eisenmann nennt 16 Einöden bzw. Weiler namens Kalteneck. Die meisten von ihnen liegen in Niederbayern.

Ein Eckhaus ist dieses Haus im übrigen überhaupt erst seit 1599, da in dieser Zeit erst die Karmeliterstraße durchgebrochen wurde. Man konnte hier vorher nur unter einem Haus durchgehen, einem sog. Durchhaus. Es gab also auf der Seite des Promenadeplatzes eine geschlossene Häuserzeile. Erst seit 1599 gibt es die Karmeliterstraße (»Neugäßl«) als richtiggehende Straße, siehe dort.

Qu.: HB KV S. 240/41. – Stahleder, Bierbrauer S. 92. – Sedlmayr, Hausnamen S. 19. – St. Peter U 429 (1662).

KLEUBERECK, Weinstraße 15*, vor 1591 (nach 1415).

Der Name für dieses Eckhaus – heute Nord-West-Ecke des Rathauses – wird am 6. April 1591 erstmals in einer Urkunde überliefert. Er wird auch in der Liste der Eckhausnamen von 1725 aufgeführt als »Kloiber-Eck anno 1712«. Außerdem sei an dem Haus ein

Holzhacker dargestellt, der Holz »kloibet«. Diese Deutung des Namens hat 1881/82 auch Ernst von Destouches und nach ihm der Architekt des Rathauses, Georg Hauberrisser, beim Neubau des Rathauses übernommen. Noch heute befindet sich an dieser Ecke die Plastik eines Mannes, der Holz spaltet (kliebt oder kloibt) und darunter der Spruch: »Das Kloiber-Eck bin ich genannt, vom Mann der Holz kliebt so genannt«. Eine Plastik mit dem Namen war also erstmals im Jahr 1712 am Haus angebracht worden. In dieser Zeit gehörte das Haus einer Kramerfamilie namens Thanner.

Die Deutung des Namens ist allerdings unrichtig. Der Name ist viel älter als es der früheste Beleg vermuten läßt. Das Eckhaus erwarb im Jahr 1415 die Familie des Weinschenken und Salzsenders Jakob Klewber. Sie besaß das Haus bis nach 1486. Auf diese Familie geht der Name Klewbergasse, siehe dort, für die heutige Landschaftsstraße zurück, der schon 1462 erstmals belegt ist, also noch in der Zeit, in der die Familie selbst auf dem Haus saß. Der Eckhaus-Name dürfte ebenfalls noch aus dieser Zeit stammen. Mit dem Spalten von Holz hat die Familie ihr Geld nicht verdient, abgesehen davon, daß man im München des Mittelalters solche Leute nicht Kloiber genannt hat, sondern Holzhacker. Das läßt sich aus den Quellen vielfach belegen. Eher dürfte der Name auf »Klauben« zurückgehen.

Stimmelmayr kennt den Namen ebensowenig wie der 1819 schreibende Alois Huber. Erst Ernst von Destouches hat ihn 1881/82 wiederbelebt.

Qu.: Augustiner U 135 (1591). – HB GV S. 445/47. – Stahleder, Bierbrauer S. 134/35.

KREUZECK, Promenadeplatz 7*, nach 1532 – nach 1725.

Nach der Liste der Eckhaus-Namen des Jahres 1725 befindet sich an der Ecke dieses Hauses, Promenadeplatz 7*, Westecke zur Hartmannstraße, »mitten am Eck ein gelbes Kreuz« mit der Jahreszahl 1532. Das Haus gehört laut Steuerbuch und Grundbuch seit mindestens 1532 dem Salzstößel Christoph Strasser. Das gelbe/goldene Kreuz ist sicher eine Anspielung auf den Namen Kreuzgasse, den der Straßenzug Promenadeplatz/Pacellistraße früher trug. 1541 genehmigt der Stadtrat der Nachbarschaft in der Kreuzgassen »zu dem yetzverneuten prunnen bey dem Creytzeckh« einen Zuschuß von 10 Gulden.

Das Kreuz ist leider erst sehr spät belegt. Trotzdem sei die Hypothese gewagt, daß dieses Kreuz immer noch die Stelle markieren könnte, an der sich in der Zeit vor der Stadterweiterung eventuell ein Feldkreuz oder gar eine Kreuzkapelle befunden haben könnte, die dem späteren Straßenzug den Namen gab. Es ist ja später, bis ins 18. Jahrhundert, ein solches Kreuz bzw. eine ganze Gruppe von

Kreuzen (»Bei den drei Kreuzen«) auch wieder in der Gegend der heutigen Max-Vorstadt nachgewiesen. Sie könnte nach der Stadterweiterung nach außerhalb der Stadt verpflanzt worden sein und innerhalb der Stadt hat man die Stelle durch ein Kreuz an dem Haus markiert, das nunmehr an seiner Stelle stand. Auffallend ist ja, daß auch die anderen Viertelnamen (Graggenauer, Anger-, Hacken-Viertel) alle von den Namen von Flurstücken abgeleitet sind, die im Zentrum des neuen Viertels lagen. Mit dieser Deutung käme auch das Kreuz-Viertel zu einem Namen, der letztlich auf eine Örtlichkeit auf der Flur zurückgeht, eben ein Feldkreuz.

Name 1881/82 von Ernst von Destouches wiederbelebt.

Qu.: RP 1541 S. 81r. – HB KV S. 220/22. – Stahleder, Bierbrauer S. 4.

KUPFERSCHMIEDECK, Tal 38, Ende 18. Jhd.

Nur Stimmelmayr verwendet diese Bezeichnung für das Eckhaus Tal/Lueg ins Land. Die Hauseigentümer dieses Hauses sind von 1719 bis 1834 stets Kupferschmiede.

Qu.: Stimmelmayr S. 11. – HB GV S. 400.

Eckhaus des »**LACHENDEN WIRTS**«.

Kein eigentlicher Eckhaus-Name. Siehe unter den Gaststätten-Namen »Zum Lachenden«.

Eckhaus »Zum älteren **LECHNER**«, Kaufingerstraße 1*, Ende 18. Jhd. (nach 1759).

Auch dies ist kein eigentlicher Eckhaus-Name. Nur Stimmelmayr überliefert den Namen »Eckhaus des Kaufmanns Zum älteren Lechner« bzw. »Zum alten Lechner« an der Kaufinger-, Ecke Rosenstraße (heute »Kaufhof«). Das Haus gehörte seit dem 5. September 1759 dem Handelsmann und äußeren Rat Franz Anton Lechner, seit 1772 seiner Witwe und seit 1787 bis 1803 dem Sohn. Die Bezeichnung Stimmelmayrs dürfte demnach noch aus der Zeit vor 1772 stammen, als der ältere Lechner noch lebte. Das Haus hieß früher auch »Schützeneck«, siehe dort, und nach 1911 »Roman-Mayr-Eck«.

Qu.: Stimmelmayr S. 20 Nr. 37/9, S. 77 Nr. 91/1. – HB HV S. 248.

LODERERBRÄUECKHAUS, Oberer Anger 11, Ende 18. Jhd. (nach 1669).

Nur Stimmelmayr nennt diesen Namen. Das Haus hat seit dem 27. November 1669 bis zum Jahr 1696 den Bierbrauer Andreas

Loder und seine Familie zum Eigentümer. Auf diese Zeit geht der Name zurück.
Qu.: Stimmelmayr S. 85 Nr. 99/1. – HB AV S. 110/11.

LÖWENECK, Burgstraße 7, seit vor 1725.

Diesen Namen nennt erstmals die Liste der Eckhaus-Namen von 1725. Auch Westenrieder kennt ihn 1782 und ebenso Stimmelmayr, der sich aber nicht ganz sicher ist. Jedenfalls aber berichtet er, an dem Haus sei ein Löwe angemalt, deshalb »vielleicht Löwen-Eck« genannt. Es ist auch einer der wenigen Eckhaus-Namen, die 1819 Alois Huber überliefert. Auch von Ernst von Destouches 1881/82 wieder aufgegriffen.

Es handelt sich um das nördliche Eckhaus an der Altenhofstraße, neben dem Eingang zum Alten Hof und gegenüber dem Sonnen-Eck oder Mozarthaus. Heute besteht das Haus nicht mehr. In einem Anbau, schon in der Altenhofstraße gelegen, befand sich die Wohnung des Löwenwärters und hinter dem Haus, im Garten des Alten Hofes, wurden im 16. Jahrhundert Löwen, die bayerischen Wappentiere, gehalten.

Stimmelmayr nennt das Haus an anderer Stelle auch »das Goldschmieds Eckhaus«, siehe dort.
Qu.: Stimmelmayr S. 6 Nr. 16/1, S. 14 Nr. 29/5. – HB GV S. 22. – Westenrieder (1782) S. 62. – Huber II S. 20. – AB 1823 S. 5.

MARIENECK, Tal 14* (= Hochbrückenstraße 1), um 1725.

Das Haus an der Westecke zur Hochbrückenstraße zeigt nach der Liste der Eckhaus-Namen von 1725 ein Standbild der Himmelskönigin und dazu die Jahreszahl 1725 »ganz neu mit Buchstaben gemacht«.

Das Haus gehörte seit 1704 einer Frau namens Maria Barbara Gnädler, die mit einem Josef Schaller verheiratet war, seit etwa 1728 der Witwe Maria Barbara, seit 1745 ihrer Tochter Maria Eva Schaller mit Ehemann. Die Vorliebe für den Vornamen Maria in dieser Familie war demnach der Ausgangspunkt für den Schmuck der Hausecke und schließlich für den Namen des Hauses.

Stimmelmayr kennt den Namen ebensowenig wie Huber, bei dem ein anderes Haus in der Graggenau »Marieneck« heißt, und das Adreßbuch von 1823. Obwohl der Stadtarchivar von Destouches ihn 1881/82 und 1896 wiederbeleben wollte, hat auch das Adreßbuch seit 1883 (Stand: November 1882) den Namen auf das Haus an der Pflugstraße bezogen.
Qu.: HB GV S. 361 bzw. 87/88. – AB 1823 S. 12, AB 1883.

MARIENECK, Pflugstraße 3, seit vor 1819.

Laut Koebler gehört zu seiner Zeit (1827) das Marieneck zum Pfluggäßchen. Auch Alois Huber, der 1819 nur ganz wenige Eckhaus-Namen verzeichnet, und das Adreßbuch von 1823 nennen das Haus Pflugstraße 3, Ecke Marienstraße West, »Marieneck«. Stimmelmayr dagegen kennt den Namen nicht. Er spricht vom »Pflug-Gäßl-Eck« und berichtet, daß an dem Haus ein Bild des hl. Isidor und zwei ackernde Engel angemalt seien. Die ackernden Engel sind natürlich eine Anspielung auf den Straßennamen »Pfluggäßchen«, der aber in Wirklichkeit von einem Familiennamen Pflug abgeleitet ist, siehe dort. Der hl. Isidor ist der Schutzheilige der seit 1426 bestehenden Tagwerker-Bruderschaft.

Hier ist die Klärung der Frage, wie es zu dem Namen Marieneck kam, schwieriger. Unter den Besitzern dieses Hauses gibt es erstmals 1677 eine Witwe Maria Ethofer, 1707 eine Witwe Maria Sattler. Der Sohn der letzteren, Vitus Sattler, war um 1717 Superior des Klosters Ramsau, ihre Tochter Viktoria Sattler legte 1717 im Kloster St. Ricardi in Worms Profeß ab. Am ehesten traut man also dieser Familie den entsprechend innigen Bezug zu Maria zu. Es taucht aber im Jahr 1735 wieder eine Ehefrau eines Hausbesitzers auf, die Maria Ursula heißt, 1754 heißt eine Ehefrau des Hauseigentümers Maria Barbara und 1773 eine weitere Maria Katharina. An Marien ist also bei diesem Haus kein Mangel und der Name könnte aus dem 18. Jahrhundert stammen.

Da ihn Stimmelmayr nicht kennt und zu seiner Zeit an dem Haus eine bildliche Darstellung war, die in ganz andere Richtung deutet, muß man allerdings annehmen, daß der Name Marien-Eck erst aus dem 19. Jahrhundert stammt und in Anlehnung an den – ebenfalls aus dieser Zeit herrührenden – Straßennamen Marienstraße gebildet wurde. Der Name Marienstraße für die Straße, an der das Haus liegt, ist seit 1818 belegt.

Qu.: Huber II S. 48. – AB 1823 S. 13. – Koebler S. 86. – HB GV S. 252 Abb. – Stimmelmayr S. 10 Nr. 23/1 u. ö. – Solleder S. 377.

MELBERECK, Fürstenfelder Straße 983*, Ende 18. Jhd. (nach 1636).

Das Haus lag an der heutigen Sendlinger/Südecke Fürstenfelder Straße. Auf dem Haus sind seit dem 2. November 1636 Melber zu finden. 1725 heißt es auch »Schlossereck«, 1808 »Zum Melber am Ruffiniturm«, siehe dort. Nur Stimmelmayr überliefert den Namen »Melbereck«.

Qu.: Stimmelmayr S. 77 Nr. 92/6. – HB HV S. 142/43.

METECK, Tal 8, um 1725 (nach 1589).

Das Haus, im 19. Jahrhundert auch Gautsch-Haus genannt, war vom 14. bis 16. Jahrhundert eine Brauerei. Seit dem Jahr 1589 befindet sich stets eine Wachszieherei, Lebzelterei und Metsiederei in dem Haus. Die Lebzelter haben fast sämtlich auch Met ausgeschenkt. Daher kommt es zu diesem Namen Meteck. Er findet sich erstmals in der Liste der Eckhaus-Namen von 1725. Die frühen Adreßbücher verwenden ihn allerdings nicht mehr. Erst von Ernst von Destouches 1881/82 wiederbelebt.

Qu.: HB GV S. 351/53. – Stahleder, Bierbrauer S. 108/09.

PETERSECK, Dienerstraße 10, seit vor 1819 (nach 1751).

Alois Huber nennt 1819, das Adreßbuch 1823 und Koebler 1827 für dieses Haus den Namen »Peterseck«. Die Liste der Eckhaus-Namen von 1725 kennt ihn nicht und auch Stimmelmayr nennt das Haus mit einem anderen Namen: »Hofsudlkoch Jägers Eckhaus«, siehe dort, bzw. auch »Zum Jägerkoch«.

Der Name Peterseck dürfte auf den Hausbesitzer und Koch Johann Peter Waizenpöck zurückgehen, der das Haus seit 1751 durch Einheirat besaß. Um 1820 gehört das Haus dem Peter Paul Waizenpöck. Das erklärt dann auch, warum die Liste von 1725 den Namen noch nicht enthält. Der Name ebenfalls 1881/82 von Ernst von Destouches wiederbelebt und von da an wieder in den Adreßbüchern.

Qu.: AB 1823 S. 4. – HB GV S. 54. – Koebler S. 86.

PFAUENECK, Färbergraben 29, seit vor 1621 (nach 1540).

Schon seit mindestens 1540 gehört dieses Haus laut Steuerbuch (zwischen 1532 und 1540 klafft in dieser Quelle eine Lücke) und anderen Quellen jeweils einem Überreiter am fürstlichen Großzoll namens Ulrich Pfab (Pfau), wahrscheinlich Vater und Sohn gleichen Namens, dann bis 1580 seiner später wiederverheirateten Witwe. Das zweite Haus – Nr. 30 – gehört ihr sogar bis 1602. Das Haus Nr. 29 ist das westliche Eckhaus zur Hofstatt, Nr. 30 war das Eckhaus zur Hotterstraße.

Schon 1621 wird dann das Haus »Pfabeneck« genannt. Auch die Liste der Eckhaus-Namen von 1725 kennt den Namen und teilt mit, daß an dem Haus zwei Pfauen angemalt seien. Auch 1819 (Huber) und nach Koebler noch 1827 wird es Pfaueneck genannt. Auch von Ernst von Destouches 1881/82 wieder übernommmen. Nur Stimmelmayr kannte den Namen nicht.

Qu.: HB HV S. 116/17. – Huber II S. 105. – Koebler S. 74.

Abb. 41: *Das »Peterseck« oder »Zum Jägerkoch« oder das »Hofsudelkoch Jägers Eckhaus«, am Eck das Relief des heiligen Petrus. Daneben die Einmündung der Gruftstraße in die Dienerstraße.*

PFLUGGÄSSL-ECK, Pflugstraße 3, Ende 18. Jhd.

Siehe »Marieneck«.

RABENECK, Rosenstraße 6, seit vor 1388.

Das Haus am Rindermarkt, »genannt Rabenegk« begegnet uns schon in einem Eintrag im Gerichtsbuch aus dem Jahr 1388. Man findet es wieder in der Kammerrechnung von 1402/03, in einer Urkunde von 1439 (»in der Rosengassen zwischen Palbeins Kramers und Niclas Reschen zu Rabenek hewser«) und wieder in einer Urkunde von 1524 (»Haus Rabeneck am Rindermarkt«). Es wird auch immer »Raben-« geschrieben, nichts deutet in dieser Zeit auf »Rappen-«. Die Liste der Eckhaus-Namen von 1725 schreibt, daß an dem Haus auf beiden Seiten je ein »Räbl mit Zingl« angebracht sei. Ein Zingl ist im Mittelhochdeutschen ein Sattelgurt. Demnach wären es jetzt Rappen (Pferde) gewesen, keine Raben, vielleicht auf Grund einer späteren Fehldeutung. Dies kam auch andernorts vor. Das Augsburger »Rabenbad« wurde schon im Steuerbuch von 1346 auch als »Rappenbad« bezeichnet.

Der Name des Hauses dürfte von einem ehemaligen Besitzer herrühren – nicht umgekehrt, wie man auch oft lesen kann. Da aber bei allen Münchner Haus- und Firmennamen, soweit sie mit einem Personennamen in Verbindung zu bringen sind, der Weg vom Personennamen zum Hausnamen führt und nicht vom Haus- zum Personennamen, ist nicht einzusehen, warum es hier anders sein sollte, nur weil das in eine kindliche und kindische Vorstellung vom Mittelalter passt.

Dieser Vorstellung nach hieß das Haus Rabenstein, weil hier in grauer Vorzeit Münchner Stadtgeschichte die Hinrichtungsstätte war und über ihr die Raben kreisten. Die Anhänger solcher Thesen haben zu viel in Grimms Märchen gelesen. Es gibt 1309, 1316 und 1317 bereits einen Münchner Bürger Heinrich den Rabenecker, der in diesem Jahr nebst mehreren anderen von der Stadt geächtet wurde und in die Gefangenschaft des Königs genommen worden war. Es ging dabei um den Vorfall, bei dem der Stadtrichter Konrad Diener von mehreren Bürgern tätlich angegriffen worden war und als Folge dieser Auseinandersetzung ein Mitglied der Familie Kray, Leutold Kray, getötet wurde. Daraufhin sind drei weitere Kray – Konrad, Rudolf und Seifried – sowie andere Bürger für ewig aus der Stadt verwiesen worden. Die Kray sind dann auch erst fast hundert Jahre später wieder zurückgekehrt.

Der Rabenecker ist offensichtlich sogar hingerichtet worden; denn nach der ältesten Kammerrechnung erhält im Jahr 1320 der Henker 60 Pfennige »pro decollatione Rabenegkerii«, für die Enthauptung des Rabenecker, ausbezahlt. Um 1318 erscheint in der Kammerrechnung eine Hainricus Rabenekkerin. Sie dürfte die Ehefrau des genannten Heinrich gewesen sein und identisch mit der Witwe Diemut Rabeneggerin, Tochter des Konrad Kray, Bürgerin zu München, die im Jahr 1336 in Zusammenhang mit dem Kloster Fürstenfeld erscheint. Heinrich Rabenecker war also der Schwiegersohn bzw. Schwager der vier Kray von 1317.

Mit großer Wahrscheinlichkeit dürfte ihm das Eckhaus an Rosenstraße und Rindermarkt gehört haben, das seit 1814 als Rosenapotheke bekannt ist. Der Hausname dürfte sich über ein Wappen am Haus erhalten haben.
Lipowski spricht fälschlicherweise oder infolge eines übersehenen Druckfehlers von »Rabenberg«.
Name nach 1725 erst 1881/82 bei Ernst von Destouches wieder vorkommend.
Vgl. auch »Rappeneck«.

Qu.: HStA GU Mü Nr. 2941 (1309), 2943 (1316); KU Fürstenfeld Nr. 285. – Dirr S. 88, 90, 288 (1317). – KR 1318/25 S. 3v (1318), S. 47r (1320), 1402/03 S. 81 v. – GB I 236/23 (1388), GB IV S. 58v (1524). – MB 21 S. 110 (1439). – HB AV S. 259. – Lipowski II (1815) S. 430. – Augsburger Stadtlexikon S. 41.

RAPPENECK, Sendlinger Straße 87*, seit um 1819.

Das Haus an der Nordecke zum Färbergraben gehörte seit 1631 jeweils einem Eisenkramer, seit 1679 (nicht erst 1691) dem Eisenhändler und Stadtrat Sebastian Senser. Er hatte am Aufstand von 1705 teilgenommen und wurde dafür 1706 hingerichtet.

Den Namen Rappeneck kennen weder die Liste der Eckhaus-Namen von 1725 noch Stimmelmayr. Erst Alois Huber 1819 und das Adreßbuch von 1823 überliefern den Namen. Von da hat ihn dann – und auch erst 1896 und als Nachtrag zu seiner neuen Liste von Eckhaus-Namen – auch Ernst von Destouches wieder aufgegriffen. Letzterer hat angeregt, dort am Haus die bildliche Darstellung eines Rappen anzubringen. Er hat sicher auch den holprigen Spruch gedichtet, der dem Häuserbuch zufolge an diesem Haus angebracht war: »Das Rappeneck hier von ehedem bestand, Fortan sei's auch Senser-Haus genannt«. Der Spruch stammt sicher nicht, wie es der Häuserbuch-Bearbeiter glauben macht, aus dem Jahr 1691, in dem ja Sebastian Senser selbst noch lebte. Dem Stil nach erinnert der Spruch sehr an denjenigen vom Kloibereck (Das Kloiber-Eck bin ich genannt ...) oder den am ORAG-Haus von 1897 für das Gighanbad (Ein Bad vor Zeiten hier bestand ...) und all die anderen Sprüche auf Gedenktafeln, die Ernst von Destouches 1882 bzw. 1896 vorgeschlagen hatte, und die alle merkwürdig gleichförmig lauten. Von Destouches hat sich übrigens gern dichterisch betätigt. Er hat ganze Theaterstücke (Krippenspiele), aber auch Festgedichte geschrieben usw.

Wie es überhaupt zu diesem Namen kam, ist nicht zu klären gewesen. Möglicherweise hat Huber das Haus sogar mit dem Rabeneck/Rappeneck an Rosenstraße/Rindermarkt verwechselt.

Siehe auch »Senserhaus«.

Qu.: HB HV S. 452/53. – AB 1823 S. 26 »Zum Rappeneck«.

400 Kramer-Rieden-Eckhaus

Kramer-RIEDEN-ECKHAUS, Sendlinger Straße 12, seit Ende 18. Jhd. (nach 1765).

Nur Stimmelmayr nennt diesen Namen für das südliche Eckhaus an der Sendlinger/Dultstraße. Es gehörte seit dem 11. Oktober 1765 dem Handelsmann und Käskäufel Joseph Michael Ried, danach seiner Familie noch bis 1807. Nach ihm nennt Stimmelmayr auch das Dultgäßl das »Rieden- oder Schönfärber Gäßl«. Das Eckhaus auf derselben Seite der Dultstraße, aber unten am Oberanger, nennt er Schönfärber Eckhaus, siehe dort. Das Adreßbuch von 1823 nennt das Haus »Zum Rieden«. Anfang des 16. Jahrhunderts wurde das Haus »Sterneck« genannt.

Qu.: Stimmelmayr S. 88 Nr. 102 und 102/1. – HB AV S. 350/52. – AB 1823 S. 24.

RIEGERECK, Kaufingerstraße 37, um 1569.

Auf dem Haus sitzt seit vor 1522 der Kornmesser Wolfgang Müller, ab 1537 Wolfgang Stöckhelmüller, da er verheiratet ist mit Katharina, geborene Steckhl. Er wird auch »Rieger« genannt. Ab 1550 haben das Haus ihre Kinder, seit 1607 bis 1746 wieder die Rieger, darunter von 1619 bis 1645 Georg und Maria Rieger, Kornmesserseheleute, durch Erbschaft von Georg Stöckhl. »Riegereck« wird das Haus schon 1569 genannt. In dieser Zeit – belegt für 1550 – betrieb der Kornmesser Georg Müller in dem Haus eine Fremden-Herberge (Gasthof) mit der Möglichkeit, 18 Pferde unterzubringen.

Das Haus am Eck zum Marienplatz heißt auch »Greifeneck« und »Vogelmarkteck«, weil vor dem Haus der Vogelmarkt abgehalten wurde, der schon für das Jahr 1587 erstmals erwähnt wird (die Marktordnung von 1567 kannte ihn noch nicht). Den Namen Vogelmarkteck nennt das Häuserbuch, aber ohne Datum und ohne Quelle.

Der Name »Greifenöck« kommt schon in einem Gerichtsbuch-Eintrag vom 6. Januar 1522 vor. Dieser Name ist also der älteste uns überlieferte. Auch die Liste der Eckhaus-Namen von 1725 kennt ihn. Ihr zufolge befinden sich an dem Haus zwei Greifen, die dem Platz zugewandt seien und die Jahreszahl »1637«. Von diesem Jahr dürfte die bildliche Darstellung, wahrscheinlich schon eine Erneuerung, stammen und damit aus der Zeit von Georg Rieger. Der Greif ist ein Fabeltier, der gerne in Wappen verwendet wurde und könnte das Wappen einer ehemaligen Hausbesitzerfamilie gewesen sein. Um 1321 gab es auch einen Bürger namens Greif in der Stadt. Die Kammerrechnung vermerkt um diese Zeit Geldausgaben »de Greyffone« bzw. »vectura Greyffonis«, also für Fuhrlohn. Er muß Fuhrunternehmer gewesen sein.

Stimmelmayr gibt am Ende des 18. Jahrhunderts wieder eine andere Beschreibung des Hauses: »Eckhaus, etwa eines Kornmessers oder Schwertfegers, mit einem Eckthurm, unter welchem immer ein Schwert angehangen war«. Kornmesser waren sicher auf dem Haus seit vor 1368 bis 1769. Das Haus gehörte zur sog. oberen Kornschranne und war mit Kornmesser-Gerechtigkeit ausgestattet. Nach den Steuerbüchern finden sich aber auch immer wieder Schwertfeger als Bewohner dieses Hauses, so 1415 schon ein Heinrich Schwertfürb, 1416 bis 1423 ein Nicklas Schwertfürb, 1445 Hanns Schwertfeger, 1490 bis 1496 Jorg Krell Schwertfürb, 1500 bis 1543 Ludwig Sachs Schwertfürb. Dazu kommen noch verwandte Gewerbe: um 1425 ein Michel Salwurch, 1439 bis 1453 Klaus Täwber Salwurch und 1453 auch ein Hanns Plattner. Ein Salwurch oder Sarwurch ist ein Panzermacher. Ob das Symbol des Schwertes allerdings noch aus dem 15. Jahrhundert stammte, mag bezweifelt werden.

Das Haus kaufte nämlich am 31. August 1769 die Stadt München, die es bis zum 22. April 1865 behielt (Verkauf an den Juwelier Thomaß) und richtete nach einem Umbau in den Jahren 1769/71 dort die Hauptwache ein, die bis 1868 darin untergebracht war. Das Schwert, das Stimmelmayr gesehen hat, war wahrscheinlich das Hoheitszeichen der Hauptwache, das symbolisch die Polizeigewalt darstellen sollte, nicht aber ein Firmenzeichen für einen Schwertfeger. Dem Stadtoberrichter folgte z.B. seit etwa dem Jahr 1500 bei jedem Gang durch die Stadt ein Knabe, der ihm ein Schwert nachtrug, das Symbol der Hochgerichtsbarkeit. 1526 wurde der Oberrichter Simon Stettner vom Stadtrat neu berufen »und ist im gesagt, den knaben mit dem schwerdt nachgen zu lassen und den knechten ze essen geben«. Der Oberrichter mußte sie also aus der eigenen Tasche bezahlen. Nach dem Juwelier Thomaß, der heute noch sein Geschäft in diesem Haus betreibt, wird dieses Eckhaus nunmehr auch gelegentlich »Thomaßeck« genannt.

Qu.: HB KV S. 97/98. – GB IV S. 1r (1522). – StB 1522 ff. – KR 1321 S. 59r, 61r u.ö. – Schattenhofer, Märkte S. 85. – RP 1526 S. 18r. – v. Bary S. 190. – StadtA, Gewerbeamt 1422a (1550).

ROMAN-MAYR-ECK, Kaufingerstraße 1*, nach 1911.

Siehe »Schützeneck«.

ROSENECK, Marienplatz 29, seit vor 1671 – nach 1725.

Nach der Liste der Eckhaus-Namen von 1725 befanden sich um diese Zeit am Haus Marienplatz/Ecke Rosenstraße eine Rose und daneben zwei Wappen (nicht genannten Inhalts) mit der Jahreszahl »1671«. In dieser Zeit – von 1643 bis 1676 – besaß das Haus der kurfürstliche Leibbarbier Joachim Saussenhofer, danach bis 1722 seine Erben. Saussenhofer hat das Symbol angebracht oder zumindest erneuert. Von einem Gemälde der »rosa mystica« an diesem Haus, das angeblich sogar der Rosenstraße, siehe dort, den Namen gab, wissen die städtischen Beamten, die 1725 systematisch alle alten Eckbezeichnungen erfassen mußten, indem sie stadtviertelweise von Haus zu Haus gingen, nichts. Daß sich ein Gemälde mit diesem Namen an diesem Haus befinde, berichtet erst Anton Baumgartner in seiner Polizey-Uebersicht vom 3. August 1805. Stimmelmayr kennt für dieses Eckhaus nicht einmal den Namen Roseneck, von einem Gemälde der »rosa mystica« ganz zu schweigen. Für ihn führt dagegen ein ganz anderes Haus die Bezeichnung »Roseneck«. Das Gemälde der »rosa mystica« dürfte demnach aus der Zeit um 1800 stammen und kann als Grundlage weder für die Entstehung des Namens Rosenstraße noch Roseneck in Anspruch genommen werden.

Qu.: HB AV S. 91/93.

ROSENECK, Rosenstraße 8, um 1725.

Nach der Liste der Eckhaus-Namen von 1725 waren an diesem Haus in der Rosenstraße, das früher etwas aus der Baulinie herausragte und dadurch ein Eck bildete, zwei Rosen angebracht. Das Häuserbuch nennt das Haus »Zum Spöckmayr am Roseneck«, gibt aber keine Datierung oder Quelle an. Das Haus ist seit 1487 als Weinschenke, seit 1496 als Brauerei nachweisbar, um 1550 eine Fremden-Herberge. Es war möglich, dort 6 Pferde unterzustellen. In der fraglichen Zeit um 1725, nämlich von 1687 bis 1732 besaß es der Bierbrauer Michael Spöckmayr, durch Heirat, danach seine Familie noch bis 1744.

Außer in der Liste von 1725 erst von Ernst von Destouches 1881/82 dieser Name wieder verwendet.

Qu.: HB HV S. 373/74. – Stahleder, Bierbrauer S. 122. – Alckens, Gedenktafeln S. 64 Nr. 146. – StadtA, Gewerbeamt 1422a (1550).

ROSENECK, Sendlinger Straße 1, um 1725.

Dieses Haus an der nördlichen Ecke zum Rosental (heute Südwest-Ecke des Ruffinihauses), nennt die Liste der Eckhaus-Namen von 1725 ebenfalls »Roseneck«. 1881/82 schlug der Stadtarchivar von Destouches, der eine neue Liste von Eckhaus-Namen zusammenstellte, vor, es solle eine Rose daran angebracht werden.

Abb. 42: *Das »Roseneck« oder »Zum Spöckmayrbräu« (links) und »Rabeneck« (heute Rosenapotheke, rechts). Aufnahme 1903.*

Die anderen Quellen wissen nichts von diesem Namen an dieser Stelle, auch der Häuserbuch-Bearbeiter nicht. Vgl. Abb. 62 bei »Blauententurm«.

ROSENECK, Sebastiansplatz 8, Ende 18. Jhd.

Nur Stimmelmayr überliefert für dieses Haus an der Ecke Sebastiansplatz/Taschenturmstraße (heute Nordecke zur Prälat-Zistl-Straße) diesen Namen und nennt es: »Das der Stadtmauer gegenüberstehende Eckhaus eines Lehenrößlers mit angeschriebenem (Namen) ›Rosen Eck‹«. Tatsächlich ist seit dem 11. August 1804 ein Lehenrößler namens Johann Paul Mair Hauseigentümer. An den Tatsachen besteht also wohl kein Zweifel. Wie dieses Haus zu diesem Namen gekommen ist, bleibt allerdings unerfindlich. Er ist auf jeden Fall weit hergeholt, da das Rosental, an das man bei der Namengebung wohl gedacht hat, doch ziemlich weit weg liegt.

Qu.: Stimmelmayr S. 95 Nr. 108/2. – HB AV S. 331.

SCHÄFFLERECK, Weinstraße 12, seit vor 1612 – nach 1725.

Die Liste der Eckhaus-Namen von 1725 nennt das Haus »Haus am egg außerhalb des Turms« und es sei die Jahreszahl »1612« angeschrieben. Der Name »Schäfflereck« fällt nicht ausdrücklich. Der Hinweis der Stadtviertelschreiber des Jahres 1725 auf den (Wilbrechts-)Turm ist seltsam, weil es ihn schon seit 1691/92 nicht mehr gibt. Der Häuserkomplex an dieser Stelle bestand aus ursprünglich vier Teilen. Im Haus C läßt sich bis 1561 eine Schäfflerei nachweisen, danach bis 1621 Melber (Mehlhändler). 1621/22 gehört es dem Hofschäffler. Danach gibt es auf diesem Haus keine Schäffler mehr. Das Haus ist aber das südliche Eckhaus zur Schäfflerstraße. Das Gegeneck ist das Bäckereck. Beide Ecken markiert heute je eine Figur aus dem Schäffler-Tanz.

Das Schäfflereck wird von Stimmelmayr das »Schlafhaubenkramer Eckhaus« genannt, siehe dort. Dafür nennt Stimmelmayr ein anderes Eckhaus »Schäfflereck«, siehe unten. Ernst von Destouches hat den Namen 1881/82 wieder aufgegriffen.

Qu.: HB KV S. 366/68, S. 320 Abb., 352.

SCHÄFFLERECK, Dürnbräugasse (zu Tal 20**), Ende 18. Jhd. (nach 1686).

Dieses Haus ist das Hinterhaus von Tal 20* gewesen, lag an der Westecke der Dürnbräugasse und bildete das Knie dieser Gasse nach Westen. Es trug aber die Hausnummer Tal 20**. Seit dem 1. April

Abb. 43: *Das »Schäfflereck« oder »Schlafhaubenkramereck« (links) und »Bäckereck« (rechts). Blick aus der Schrammer- in die Schäfflerstraße. Bildvorlage stark beschädigt. Vgl. auch Abb. 77 bei »Wilbrechtsturm«.*

1686 bis zum Jahr 1792 gehörte es jeweils einem Schäffler. Deshalb nennt Stimmelmayr – als einzige Quelle – dieses Haus »Schäfflereck«. Stimmelmayr kannte sich in der Gegend gut aus, da er an der Bräuhausstraße, wo seine Eltern ein Wirtshaus hatten, aufgewachsen war. Vom Schäfflereck an der Weinstraße wußte er nichts, obwohl er später Geistlicher an der Frauenkirche war.

Qu.: Stimmelmayr S. 9. – HB GV S. 368.

SCHARFFENECK, Dienerstraße 18, vor 1378 – nach 1403.

Das Haus Dienerstraße 18, südliche Ecke an der Altenhofstraße, wird erstmals 1378 »Scharffenegk«, dann auch »Scharphenegg« genannt. In diesem Jahr liegt das Haus Dienerstraße 5 (heute nordöstliche Rathausecke) gegenüber dem Scharfeneck. Der Name wiederholt sich in Gerichtsbuch-Einträgen der Jahre 1382 und 1383 mehrfach, 1387 auch in einer Urkunde. Jetzt ist das Haus Dienerstraße 19 als Nachbar genannt. Auch im Salbuch des Heiliggeistspitals wird er gebraucht. Der Name des Eckhauses dürfte von einer Familie Scharpp/Scharpf/Scharff abgeleitet sein, die allerdings nach 1368 nicht mehr hier nachweisbar ist. Noch in der Kammerrechnung von 1402/03 erscheint der Name. Danach ist er verschwunden. Vgl. auch »Scharppenbad«.

Das Haus gehörte von mindestens 1369 bis 1403 einem Zweig der Familie Schrenck.

Qu.: GB I 101/5 (1378), 161/8, 163/6 (1382), 179/5, 188/7 (1383). – MB 20 S. 40 (1387). – Vogel, Heiliggeistspital Salbuch Nr. 666. – KR 1402/03 S. 25v.

SCHLAFHAUBENKRAMER-ECKHAUS, Weinstraße 12 B, seit Ende 18. Jhd.

Diesen Namen kennt Stimmelmayr, wohl schon Ende des 18. Jahrhunderts. Das eigentliche Eckhaus 12 B an der Ecke zur Schäfflerstraße, auch Schäfflereck genannt, gehört seit dem 30. April 1770 Franz Xaver Wörz, Handelsmann (Kramer) und Mitglied des Stadtrats, seit 1791 dem Handelsmann Joseph Anton Schnabl, schließlich seit dem 17. Januar 1795 dem Handelsmann Ignaz Lechner. Einer der drei muß wohl der Schlafhaubenkramer sein. 1816 wird aber anläßlich eines Verkaufs des Hauses (in der Zwischenzeit sind um 1795 alle vier Häuser Weinstraße 12 A–D vereinigt worden) im Grundbuch ebenfalls vom Haus »Zum Schlafhaubenkrämer« gesprochen.

Was es mit der Schlafhaube auf sich hat, läßt sich wohl kaum noch endgültig klären. Wahrscheinlich wurden in dem Geschäft solche Hauben, die zumindest aus Wilhelm Busch jedermann gut bekannt sind, verkauft. Es war wahrscheinlich ein Wäschegeschäft. Als Hausname »Schlafhaubenkrämer« kennt den Namen auch Alois Huber 1819, nicht jedoch die frühen Adreßbücher.

Qu.: Stimmelmayr S. 21 Nr. 38/15, 41/1. – HB KV S. 366/69. – Huber II S. 158.

SCHLÖSSLBRÄUECK, Hartmannstr. 8, Ende 18. Jhd. (vor 1762).

Das Haus an der östlichen Ecke zur Löwengrube wurde schon im 16. Jahrhundert als »Bräueneck« bezeichnet, siehe dort. Stimmelmayr schreibt: »An dieser Ecke war ein Schild mit einem gemalten obenstehenden Schlößl mit vier Thürm«. Das Haus ist seit mindestens 1539 Brauerei gewesen. 1762 wird Jakob Loder schon als »Schlösslpräu« bezeichnet, 1799 nennt das Grundbuch den Georg Loder »Gschlößlbräuer«. 1835 wird laut Adreßbuch nicht mehr gebraut, 1842 Bierwirtschaft mit Beherbergungsbetrieb. Der Name ist nicht aufgeklärt.

Es gab im 18. Jahrhundert auf dem Lechel, auf einem Grundstück des Grafen von Tattenbach, einen Gschlößlwirt. Ein Zusammenhang ist nicht erkennbar. »Gschlößl« gibt es aber auch als Familiennamen. 1439 bereits gibt es einen Kastner zu Dachau, der Hanns Gschlößl hieß. Anfang des 19. Jahrhunderts, also leider für diese Deutung zu spät, gibt es in München eine Gastwirts-Familie Gschlößl. Nach einem Wirt dieses Namens war auch das gleichnamige Gasthaus am Kurfürstenplatz benannt. Leider ließ sich auch über diese Familie kein Zusammenhang herstellen. Abwegig ist aber mit Sicherheit die Annahme, an dieser Stelle habe einmal ein Schloß gestanden.

Qu.: Stimmelmayr S. 27 Nr. 45/12. – HB KV S. 31/32. – Stahleder, Bierbrauer S. 24/25. – Geiß OA 26 S. 47 (1439). – StadtA, Steueramt 592 S. 17v (1762). – AB 1835 S. 123, 1842 S. 106.

SCHLOSSERECK, Fürstenfelder Straße 983*, um 1725 (vor 1636).

Dieses Eckhaus an der heutigen Ecke Sendlinger/Fürstenfelder Straße, nennt die Liste der Eckhaus-Namen 1725 »Schlosser-Eck«. Es seien zwei Schösser an der Seite zur Fürstenfelder Straße hin angebracht. Seit mindestens 1381 kann man nach den Steuerbüchern auf diesem Haus Schlosser bzw. Schmiede nachweisen und dies auf jeden Fall bis 1636. Danach geht das Haus an Melber über. Es wird deshalb dann auch unter dem Namen »Zum Melber am Ruffiniturm« oder »Melbereck« bekannt, siehe dort. Der Name »Schlossereck« muß aus der Zeit vor 1636 stammen und wurde nach 1725 erst 1881/82 von Ernst von Destouches wieder aufgenommen.

Qu.: HB HV S. 142/43.

SCHLOSSERHAUSECK, Neuhauser Straße 1381*, Ende 18. Jhd. (nach 1792).

Dies war das westliche Eckhaus zur Kapellenstraße, also dem »Jesuiten-Bräuhaus-Eck« gegenüber gelegen. Es wurde später abgebrochen, so daß heute das westlich anschließende Nachbarhaus das Eck bildet. Nur Stimmelmayr kennt diese beiden Namen. Das Haus gehörte erst seit dem 8. Mai 1792 dem Schlossermeister Johann Pernöder. Bis 1807 waren Schlosser Hauseigentümer. Aus dieser Zeit muß Stimmelmayrs Benennung stammen.

Qu.: Stimmelmayr S. 52 Nr. 68/7, S. 53 Nr. 70/1. – HB KV S. 169.

SCHÖNECKERS ECKHAUS, Marienplatz 3*, um 1310/12.

Dieses Haus, des »Schönnecgaeris eckehaus« wird um 1310/12 im Satzungsbuch B genannt. Es liegt am Marktplatz. Es geht in dem betreffenden Artikel um die Reinhaltung des Marktplatzes und es wird eine Strafe festgelegt für jeden, der »von dez Schönnecgaeris eckehaus untz (= bis) an daz taltor uf dem marcte lat schormist oder andern mist oder holtz ligen...«. Da das Taltor der heutige Alte Rathausturm ist, also damit die untere Seite des Marktplatzes markiert wird, dürfte das Eckhaus des Schöneckers am oberen Markt liegen, was bei Marienplatz 3* zutrifft.

Am 10. Februar 1318 ist ein Pernhart Schöneckker Mitglied der Gmain, was ihn auf jeden Fall als Hausbesitzer ausweist. 1320 kommen in der Kammerrechnung eine Schöneckerin vor sowie ein Dietlinus Schönecker. Derselbe Dietrich Schönecker, Bürger zu München, seine Frau Sofie und seine Mutter Alhait erscheinen 1322 in einer Urkunde, in der sie eine Stiftung an die Peterskirche machen. Ein Chunrad Schönegker erhält 1323 72 Pfennige aus der Stadtkammer in seiner Eigenschaft als Torwächter (custodi porte). In den Jahren 1360 bis 1362 ist ein Schönecker Ausfuhrzollner am Neuhauser Tor. Es handelt sich möglicherweise um den Eberl Schönecker, der von 1368 bis 1388 als Kornmesser belegt ist und die Kornmesser-Gerechtigkeit im Haus Marienplatz 3* innehat (wo er stets im Steuerbuch steht). Dieses Haus wird im 15. Jahrhundert dann unter dem Namen »Wurmeck« bekannt. Der Bürger zu München Eberl Schönecker erscheint 1372 auch als Zeuge in einer Urkunde.

Des Schöneckers Eckhaus von 1310/12 ist offenbar dasselbe Haus, in dem noch nach 1368 ein Mitglied der Familie wohnt, dem es allerdings nicht gehört, nämlich im späteren »Wurmeck«, Marienplatz 3*, also dem Südwesteck des heutigen Rathauses.

Der Name »Wurmeck« ist erstmals für das Jahr 1431 belegt, nicht früher, auch wenn dies in der Literatur behauptet wird. Der Beleg

Abb. 44: *Das Wappen der Familie Schönecker.*

findet sich im Steuerbuch dieses Jahres, aber nicht bei diesem Haus, sondern unter Kaufingerstraße Petri. Dort hat der Besitzer von Marienplatz 3*, Heinrich Bart, sein Wohnhaus und dort steht im Steuerbuch, daß er auch die Steuer für das Haus Wurmeck mitbezahlt habe. Auch ein Eintrag im Salbuch A des Heiliggeistspitals nennt den Namen. Dieser Eintrag stammt aber nicht aus der Urschrift des Salbuchs, also den 90er Jahren des 14. Jahrhunderts, sondern aus einem Nachtrag eines Schreibers, der in der Zeit um 1437 schreibt. Daß es den Namen Wurmeck schon 1295 gibt (Schattenhofer), beruht auf einer eingestandenen Fehldatierung des Salbuchs des Spitals (statt »um 1395« Datierung auf »1295«) und der Tatsache, daß es 1293 in München schon eine Familie Wurm gab. Ein früherer Beleg als der von 1431 ist nicht beizubringen. Der nächste Nachweis für den Namen Wurmeck stammt dann vom Jahr 1454. Auch die Liste der Eckhaus-Namen von 1725 sagt, daß an dem Hauseck ein Lindwurm angebracht sei.

Zwar ist es richtig, daß es schon 1261 – im Zusammenhang mit dem Kloster Schäftlarn – einen Konrad Vermis (Wurm) in München gibt. Richtig ist auch, daß Mitglieder dieser Familie Metzger waren und um 1300 Fleischbänke auf dem Markt hatten. Wenngleich die These bestechend ist, den Namen Wurmeck von dieser Metzgerfamilie Wurm abzuleiten, so hat sie leider den Nachteil, daß nie irgendein quellenmäßiger Zusammenhang zwischen dieser Familie und einem Haus am Markt oder gar konkret mit dem Eckhaus Marienplatz 3* hergestellt werden kann, auch später nicht, obwohl die Familie bis um 1400 in München nachweisbar ist.

Herstellbar ist aber ein Zusammenhang zwischen diesem Haus und der Familie Schönecker, wie oben gezeigt worden ist. Es fehlt nur noch der Sprung vom Namen Schönecker zum Namen Wurmeck. Bei den intensiven Beziehungen, die die Städte München und Augsburg im Mittelalter miteinander gepflogen haben, vor allem im familiären Bereich, muß es nicht weiter verwundern, daß es in Augsburg im 14./15. Jahrhundert nicht nur Zweige der Familien Pütrich, Bart, Wilbrecht gab, sondern daß auch hierorts weniger bekannte

Abb. 45: *Das »Wurmeck« mit dem Lindwurm am Neuen Rathaus, Ecke Weinstraße. Aufnahme um 1910.*

Familien solche Beziehungen hatten. So gab es beispielsweise in Augsburg im 14. Jahrhundert eine einflußreiche Familie Schönecker. Ein Mitglied dieser Familie war 1308 Stadtpfleger, ein Wernher Schönecker hat 1368 nach der Zunftrevolution den Zunftbrief mit gesiegelt und sich unter die Zünfte begeben.
Diese Augsburger Familie Schönecker führte aber nun in ihrem Wappen ein sog. Pantier. Das ist kein Panther, wie oft angenommen wird, sondern ein Fabeltier, das aus Elementen verschiedener wirklich lebender Tiere zusammengestzt ist: Kopf vom Drachen (Lindwurm), Leib vom Löwen, Füße vom Adler usw. Das Tier sieht für den Laien exakt aus wie ein Lindwurm. Vorausgesetzt, daß die Münchner Familie Schönecker mit der Augsburger verwandt war und daß ihr das Haus Marienplatz 3* gehörte – des Schöneckers Eckhaus am Markt –, dann ist es wahrscheinlich, daß die Familie ihr Wappen oder das Wappentier als plastischen oder bildlichen Schmuck am Haus angebracht hatte, ihr Wappen, das für den Laien einen Lindwurm darstellte. Und damit war das »Wurmeck« geboren. Es ist deshalb auch kein Zufall, daß dieses Haus auch in der Legende über die Entstehung des Münchner Schäfflertanzes eine Rolle spielt. Hier, an der Einmündung der Weinstraße in den Marktplatz, sollen die Schäffler ihren Tanz zum erstenmal aufgeführt haben, nachdem die Stadt vom Lindwurm befreit war. Familienwappen waren eine häufige Entstehungsursache für Hauszeichen und Hausnamen, auch Gasthaus-Namen.

Den Namen »Wurmeck« kennen auch Huber (1819) und Koebler (1827). Deshalb ist es auffallend, daß Stimmelmayr ihn nicht erwähnt. Er weist statt dessen auf etwas anderes hin: Das Eckhaus des Kaufmanns Spatzenreiter sei unten mit Bögen und Durchgang versehen, »worüber die Stadt Wemding angemalt« sei. Was es mit der Stadt Wemding (im Ries) an diesem Haus auf sich hat, muß leider einstweilen ungeklärt bleiben.

Qu.: Dirr S. 278 Art. 269 (1310/12), U 57 (1318). – KR 1318/25 S. 30, 44r, 84v. – St. Peter U 22 (1322), 144 (1454). – Vietzen S. 163 (1360–1362). – MB 19a S. 531 (1372). – Vogel, Heiliggeistspital Salbuch Nr. 258. – Schattenhofer MA M 01098 (1295). – Stahleder, Bierbrauer S. 136/37. – HB GV S. 169/70. – MB 9 S. 110 (1292). – Schäftlarn Trad. Nr. 453 (1261, um 1300). – Koebler S. 89. – Stimmelmayr S. 19/20 Nr. 37/1. – Huber II S. 16. – Grohne S. 71 ff., 75 ff. (Grundsätzliches).

SCHÖNFÄRBERECKHAUS, Dultstraße 2, Ende 18. Jhd. (nach 1724).

Den Namen kennt nur Stimmelmayr. Er bezeichnet das Haus Dultstraße 2, südliche Ecke zum Oberen Anger. Es war dies vom Mittelalter bis zum Jahr 1724 das ehemalige städtische Manghaus. Dann wurde es privatisiert und seit dem 27.Mai 1724 gehört es jeweils einem Färber, so bis 1835. Stimmelmayer nennt deshalb auch die Dultstraße »Schönfärber Gäßl«, siehe dort.

Qu.: Stimmelmayr S. 88 Nr. 102. – HB AV S. 35/36.

SCHREINERECK, Löwengrube 1, um 1710.

Dieser Name für das spitze Eck des heutigen Polizeipräsidiums nennt ein Plan aus der Zeit um 1710 Schreinereck. Das Haus an diesem Eck hieß schon im 15. Jahrhundert »der Augustiner Kistlerhaus«. Es handelte sich um ein zum Augustinerkloster gehöriges Haus, das von diesem stets an ein oder mehrere Kistler (Schreiner) verpachtet war. Der untere Teil der Löwengrube hieß zeitweise Kistlergasse, siehe dort.
Siehe auch »der Augustiner Kistler Eckhaus«.

Qu.: HStA Mü PlSlg 12427, Dischinger Nr. 401. – Stahleder, Bierbrauer S. 4/5.

SCHÜTZENECK, Kaufingerstraße 1*, um 1725 (nach 1592).

Der Name »Schützeneck« wird in der Liste der Eckhaus-Namen von 1725 nicht ausdrücklich genannt, aber das Haus ist vermerkt, da ein Schütz mit Flinte »oder Kugelrohr« an dem Haus angebracht war. Das Haus hatte in der Zeit von 1592 bis 1633/47 der Familie des Wilhelm Schützinger, einem Handelsmann, gehört. Aus diesem Familiennamen stammte das Schützen-Motiv. Es könnte entweder noch zu Lebzeiten von Schützinger selbst angebracht worden sein, wahrscheinlicher ist aber, daß nach seinem Tod, als seine Witwe Maria 1633 einen Gastwirt namens Franz Reuele heiratete, ein Wirtshausname gebraucht wurde und man bei dieser Gelegenheit zu diesem Motiv griff. 1656 ging das Haus in andere Hände über. Eine Urkunde vom 16. April 1671 nennt mit Berufung auf eine Vorurkunde vom 2. September 1627 das Haus das sog. Schitzingerhaus.

Stimmelmayr nennt es nach dem damaligen Hausbesitzer das Eckhaus »Zum alten Lechner«, siehe dort. Erst Ernst von Destouches hat den Namen 1881/82 wieder aufgegriffen.

Im Jahr 1911 erwarb das Haus die Roman Mayr GmbH. Deshalb sprach man bis zum Erwerb des Komplexes durch die Kaufhof AG auch vom »Roman-Mayr-Eck«.

Qu.: HB HV S. 247/48. – HStA Kurbaiern U 1339 (1671).

SONNENECK, Burgstraße 6, seit um 1675 – nach 1827.

Das auch unter dem Namen Burgeck oder Mozarthaus bekannte Haus an der Südecke zur Altenhofstraße, dem Löweneck gegenüber, wurde 1675 auch Sonneneck genannt. Dies ist offensichtlich ein

Sonneneck 413

Abb. 46: *Das »Sonneneck« (ganz links) und »Löweneck« in der Burgstraße. Dazwischen die Einmündung der Altenhofstraße. Die Sonne ist am linken Bildrand über dem Erdgeschoßfenster schräg rechts schwach sichtbar. Radierung von Domenico Quaglio (1786–1837), 1811.*

414 Spiegelbrunneneck

Wirtshaus-Name gewesen; denn das Grundbuch nennt den Namen 1675 im Zusammenhang mit dem Kauf des Hauses durch den Gastgeb Paul Marzari, der es allerdings nur bis 1680 besitzt. Dann erwirbt es der Hofbaumeister Zuccali. Seine Familie besitzt es bis 1736.

Mit Sicherheit ist das Haus ein Gasthaus seit der Mitte des 18. Jahrhunderts; denn von 1755 bis 1757 steht als einer der Hausbewohner bei diesem Haus der Weingastgeb Johann Baptist Marassi im Steuerbuch. Seit 1760 wird er abgelöst von dem Weingastgeb Andreas Perrein, der noch 1770 hier zu finden ist. 1780, 1789 und 1799 gibt es jeweils Bierzäpfler oder Bierwirte in dem Haus. Das bedeutet, daß das Haus auch zur Zeit von Mozarts Aufenthalt (1780) ein Gasthaus war.

Die Eckhaus-Liste von 1725 kannte den Namen nicht, deshalb ignorierte ihn auch Ernst von Destouches. Stimmelmayr nannte das Haus »das große Eckhaus Zur goldenen Sonne«. 1818 nennt das Adreßbuch den Hausbesitzer Anton Lechner, Bäckermeister »Zum Sonneneck«, ähnlich dasjenige von 1823 »Das Sonneneck«. Auch Huber 1819 und Koebler 1827 kennen diesen Hausnamen.

Qu.: Stimmelmayr S. 14 Nr. 29/1. – HB GV S. 21. – AB 1818 S. 125, 1823 S. 5. – Huber II S. 20. – Koebler S. 121.

SPIEGELBRUNNENECK, Theatinerstraße 52, seit vor 1725 (nach 1387).

Für das nördliche Eckhaus zur Schrammerstraße findet sich der Name Spiegelbrunneneck erstmals in der Liste der Eckhaus-Namen von 1725. Sie sagt, es sei auf jeder Hausseite ein Basilisk mit einem Spiegel angebracht. Das ist die legendenhafte Erklärung für den Namen. Tatsächlich ist die Sache viel nüchterner.

Der Name hängt zum einen natürlich mit dem Brunnen zusammen, der vor diesem Haus stand. Wahrscheinlich bezieht es sich auf ihn, wenn es 1407 in der Kammerrechnung heißt, es wurde der »prunnen an Swäbinger gassen« gemacht. Er wird erstmals in einer Urkunde vom 18. März 1432 »Spiegelbrunnen« genannt. In der Kammerrechnung von 1474 begegnet er wieder, ebenso 1485 im Ratsprotokoll und 1491 wieder in der Kammerrechnung.

Der Brunnen hat aber seinen Namen wiederum von einem Bürger namens Spiegel, dem zeitweise dieses Eckhaus gehört hatte. Ein Konrad Spiegel ist schon 1332 Pfleger über das Salz, Ott Spiegel 1365 Mitglied des großen Rats, seit 1380 Mitglied des äußeren Rats, 1403 bis 1414 (Salz-)Scheibenzollner unter dem Isartor. Am 17. Oktober 1387 kaufte er das Eckhaus an der Theatiner- und Schrammerstraße. Hier steht er dann auch von 1390 bis 1419 im

Steuerbuch. Seit 1401 heißt es jeweils »domus Spiegel«, weil der Hauseigentümer nicht im Haus bzw. gar nicht in der Stadt lebt. Zunächst steht 1390 aber auch noch der bisherige Hauseigentümer Rienshofer gemeinsam mit ihm hier. Auch der Brunnen muß also seinen Namen schon aus der Zeit zwischen 1387 und 1419 haben. Schon 1423 wird aus dem Haus Schenkensteuer gezahlt. Es ist mindestens in dieser Zeit bereits eine Gaststätte vorhanden. Wahrscheinlich gilt dies aber schon für die Zeit davor. Die Verbindung zum Salzhandel legt immer auch Verbindung zum Weinhandel und Weinausschank nahe. Seit 1537 ist Hauseigentümer der Metzger und Stadtkoch Hanns Tullinger, zu dessen Zeit auch eine Fremden-Herberge (Unterbringung von 10 Pferden möglich) hier betrieben wird, seit 1592 der Koch Joachim Hager, seit etwa 1615 der Koch Jakob Kirchweger. Bis mindestens 1862 sind dann immer Köche als Hauseigentümer belegt.

Stimmelmayr nennt das Haus das »Eckhaus des Spiegelbrunnen Kochs«. Auch er kennt das Bild des Spiegels mit einem Basilisken auf jeder Seite des Spiegels, so als würde er in den Spiegel schauen. Die Beschreibung weicht also etwas ab von der aus der Liste von 1725. Das Grundbuch spricht vom »Eckhaus bei dem Spiegelbrunnen« bzw. 1826 vom »Spiegelbrunnenkoch«. So nennt ihn auch Alois Huber. Das Hauszeichen und der Name sind also letztlich auch hier ein Wirtshaus-Name.

Qu.: HB GV S. 442/43. – HStA Mü, Kurbaiern U 830 (1432), GU Mü Nr. 95 (1387). – KR 1407 S. 64r, 1474 S. 109r, 1491 S. 113r. – RP 1485 S. 29r. – Dirr S. 232 (1332), S. 582 (1365). – v. Bary S. 742. – Vietzen S. 162. – Stimmelmayr S. 19 Nr. 36/7, S. 41 Nr. 61/1. – StadtA, Gewerbeamt 1422n (1550). – Huber II (1819) S. 13. – AB 1823 S. 3.

STARCHENECK (= Storcheneck), Dienerstraße 6, um 1513 (nach 1425).

Eigentümer dieses nördlichen Eckhauses an der Landschaftsstraße (heute nicht mehr vorhanden) war seit vor 1425 bis nach 1431 der Weinschenk Dietrich Starch (Storch), dessen Witwe nach seinem Tod Hans III. Pütrich von Deutenhofen heiratete. Die Kinder des Starch, die »pueri Starch«, finden sich in den Scharwerkslisten noch bis 1441. Bis 1508 sitzen dann auf diesem Haus die Pütrich. Der Hausname wurde später auch als adjektiv mißverstanden, weshalb man in der Pütrich-Genealogie auch vom »starken Pütrich« sprach.

Der Name – wahrscheinlich ein Wirtshaus-Name, da ja auf jeden Fall Starch ein Weinschenk war – blieb auf dem Haus. Im Jahr 1513 wird es »des Starchenegks haus« genannt, was wiederum ein Mißverständnis war; denn es sollte heißen »des Starchen Eckhaus«.

Der Name ist später in Vergessenheit geraten. Wahrscheinlich ist es – wie fast immer in dieser Zeit – dem Archivar von Destouches zu verdanken, daß sich im Jahr 1884 die seit 1626 in diesem Haus befindliche Apotheke den Namen »Storchen-Apotheke« zulegte. Der Inhaber verlegte die Apotheke im Jahr 1902 an die genau gegenüberliegende Straßenecke zur Altenhofstraße (Dienerstraße 17), wo sie sich heute noch befindet.

Qu.: StadtA Mü Zimelie 27a S. 60r. – Erika Drott, Petra Nicoley, Häuser um den Marienhof erzählen, in: Bürger schreiben für Bürger. Das Graggenauer Viertel, hrsg. von Elfi Zuber, München 1989, S. 86–89.

STERNECK, Sendlinger Straße 12, um 1508/10.

Dieses Haus gehört schon nach dem Steuerbuch von 1490 als Benefiziatenhaus dem Kaplan des Engel-Altares in St. Peter (domus der Enngl Caplan). Seit mindestens 1508 bis 1526 (laut Steuerbuch und Grundbuch) ist dies der Meister Hans Gögkerl (domus Gögkerl). Das Grundbuch nennt das Haus 1572 noch »Hannsen Gögkherls Corherns haus am Schneberg«. Göckerl war gleichzeitig Domherr zu Eichstätt. Am 15. September 1508 wird dieses Haus von Meister Hans Göckerl »genannt sterennegkh« und gelegen an der Sendlinger Gasse am Schneberg bezeichnet. Am 28. September 1508 heißt es »Haus und Hofstatt an Sendlinger Gassen auf dem Schneberg oder Dultgässel, genannt Zum Liechtenstern«. Wiederum verschreibt Meister Hans Göckerl ein Ewiggeld daraus. Am 23. September 1510 kommt es wieder als »Sterneck« in einer Urkunde des Hans Göckerl vor. Das Symbol ist eindeutig geistlicher Natur und deutet wohl auf die Verehrung der Gottesmutter Maria.

Die Nachbarn sind 1510 Alex Schäffler und Wolfgang Passauer. Da Schäffler seit 1502 nur auf dem Haus Sendlinger Straße 13 A vorkommen (1490–1500 Lorenz Freisinger Schäffler, dieser im Grundbuch auch noch zum Jahr 1502, danach seine Witwe, 1508–1522 Lex (Alex) Scheckenhofer Schäffler), kann er nur dann Nachbar sein, wenn das Haus »Sterneck« das Haus Nr. 12 ist und damit das südliche Eckhaus an der Sendlinger und Dultstraße. Und so weist es ja auch das Grundbuch aus.

Im Jahr 1725 wird das Haus auch in der Liste der Eckhaus-Namen als Sterneck bezeichnet. Am Haus befand sich zu dieser Zeit ein großer Stern, vgl. auch bei den Hausnamen »Der Stern« und »Rieden-Eckhaus«.

Das Haus Nr. 12 ist im übrigen bis 1618 in geistlicher Hand und wird in diesem Jahr mit Erlaubnis des Ordinariats in Freising verkauft. Auch dies spricht für die Lage des Sterneckhauses an dieser Stelle.

Abb. 47: *Das »Sterneck« (rechts) und »Gluger-Eckhaus« (links), letzteres irrtümlich mit dem Zeichen des Stern ausgestattet. Blick durch die Dultstraße zum Anger (Isarwinkel).*

Ernst von Destouches und auch der Häuserbuch-Bearbeiter haben dies verwechselt und fälschlich das nördliche Eckhaus an der Dultstraße (Sendlinger Straße 11) als »Sterneck« bezeichnet. Dieses Haus Nr. 11 trug denn auch im 19. Jahrhundert als Hauszeichen einen großen Stern am Eck.

Qu.: St. Peter U 241, 242, 243 (1508), 247, 248 (1510). – HB AV S. 350/52. – StadtA, Grundbuch AV S. 338v, auch 334v/335r, 340v.

STIEFELECK, Residenzstraße 5, vor 1630 (nach 1535) – nach 1725.

Schon seit mindestens 1535 bis 1580 gehört dieses Haus an der Ecke Residenzstraße und Schrammerstraße (auf deren Nordflanke) jeweils einem Hofschuhmacher, zuerst Michael, dann Georg Schneider, dann Georg Soyer. Danach ist weiterhin die Schusterfamilie Soyer auf dem Haus bis 1662. Dann reißt die Kette ab. Das Zeichen des Stiefels am Haus stammt demnach mindestens aus der Zeit nach 1535.

Am 29. Oktober 1630 wird es in einer Urkunde genannt (Stiffeleck). Hauseigentümerin ist in dieser Zeit die Witwe Ursula Frech, früher schon verwitwete Soyer. Der nächste Beleg stammt aus der Liste von 1725 (Stiefeleck). Danach war damals ein Stiefel an dem Haus angebracht und dazu die Jahreszahl »1650«. Das ist noch die Zeit der Soyer. Stimmelmayr berichtet darüber nichts. Aber Lipowski nennt 1815 das Schrammergäßchen »Stifel-Gäßl«, macht sich aber keine Gedanken über die Herkunft dieses Namens.

Der eigentliche Name »Stiefeleck« erst 1881/82 von Ernst von Destouches wieder aufgenommen. Vgl. Abb. 70 bei »Krümleinsturm«.

Qu.: HB GV S. 284/85. – St. Peter U 379 (1630). – Lipowski II S. 394.

TORBÄCKER ECKHAUS, Neuhauser Straße 33, Ende 18. Jhd.

Diesen Namen verwendet nur Stimmelmayr für das östliche Eckhaus an der Einmündung der Herzog-Wilhelm-Straße. Auf dem Haus sind seit mindestens 1480 Bäcker nachweisbar, letztmals offenbar im Jahr 1878. 1827 wird das Haus »Zum Karlsthorbäcker« genannt.

Qu.: Stimmelmayr S. 51 Nr. 68/18. – HB HV S. 368.

VOGELMARKTECK, Kaufingerstraße 37, o. D. (nach 1587).

Siehe »Riegereck«.

WASSERECK, Rosental 1, um 1725.

Die Liste der Eckhaus-Namen von 1725 nennt dieses Haus »Wassereck«. Es lag gleich unterhalb des Rosenecks an der Sendlinger Straße und stellte die östliche Hausecke des heutigen Ruffini-Hauses an der Pettenbeckstraße dar. Dort mündete hinter dem Haus der große Angerbach in den Stadtgraben. Die Situation ist auf der Stadtkarte von 1806 sehr schön zu erkennen. Das Rosental hinunter ist dann das andere Eckhaus an diesem Wasserlauf das Rosenbad.

Nur die Liste von 1725 kennt diesen Namen. Danach schlug 1881/82 Ernst von Destouches den Eckhaus-Namen zur Wiederbelebung vor.
Qu.: HB AV S. 264 Abb.

WOLFSBERGERECK, Neuhauser Straße 13, um 1552 (vor 1481). Dieser Name ist ein Unikum. Er bezeichnet am 8. Mai 1552 das Haus Neuhauser Straße 13, Ostecke Eisenmannstraße, als der Metzger in der Au Georg Kramlberger dieses Haus, »das Wolffspergeregk genannt«, verkauft. Das Eckhaus hat jedoch scheinbar nie einem Wolfsberger gehört. Es gehört vielmehr in dieser Zeit einer Witwe Leutl, die auch als Nachbarin angegeben ist. Das Wolfsbergerhaus – wiewohl es als Eck bezeichnet wird – ist das Haus Eisenmannstraße 1, das anschließende Haus. Es steht nicht an der Ecke. Es gehörte einem Wolfsberger schon 1473 und offenbar bis um 1546. Die Wolfsberger waren Sägen- und Klingenschmiede. Diese Familie wie auch der Erwerber des Wolfsbergerhauses von 1552, der Hammerschmied Hanns Hoffmann, sind bei Eisenmannstraße 1 auch durch das Grundbuch belegt.

Hier ist auch der Kommentar im Häuserbuch verwirrend, wenn er sagt, bei diesem Haus Eisenmannstraße 1 habe es sich »früher« um ein Eckhaus an der Neuhauser Straße gehandelt. Demnach muß es also einmal mit Neuhauser Straße 13 vereinigt gewesen sein. Es ist wohl so zu verstehen, daß die ganze Häusergruppe einmal zusammengehört hat und später – vor 1481 – zertrümmert wurde, vielleicht von den Wolfsbergern. Danach blieb der Besitz in der Eisenmannstraße 1 bei den Wolfsbergern und das Eckhaus an der Neuhauser Straße ging eigene Wege. Hier lassen sich nach Grundbuch seit 1481 Hauseigentümer nachweisen. Keiner heißt Wolfsberger. Der Eckhaus-Name muß also aus der Zeit vor 1481 stammen, als das Haus vermutlich noch den Wolfsbergern gehört hatte.
Qu.: HStA Mü Kurbaiern U 16732 (1552). – HB HV S. 70, 336.

WURMECK, Marienplatz 3*, seit vor 1431.

Siehe »Schöneckers Eckhaus«.

BÄCKEREIEN

Die Haus- oder Firmennamen der Bäckereien kommen mit wenigen Ausnahmen erst seit 1818 (Adreßbuch) bzw. 1819 (Huber) in den Quellen vor und werden bereits in den Adreßbüchern von 1833 und 1835 nicht mehr verwendet und verschwinden damit in der Folgezeit wieder aus dem Bewußtsein.

Zu den Befugnissen der Bäcker gehören nicht nur das Backen und der Verkauf des Brotes, sondern »seit uralten Zeiten genießen die hiesigen Bäcker das Recht, fremde Pferde gegen gewöhnliche Stallmuth einzustellen«. Schlichthörle fährt fort: »Da diese Bestimmung nicht aufgehoben ist, besteht sie noch in Kraft«.

Das Adreßbuch von 1818 führt außerdem noch 19 Bäcker auf, deren Geschäfte keine Haus- oder Firmennamen haben.

Im Adreßbuch von 1818 stehen die Namen auf den Seiten 245–249 und werden im folgenden Text nicht mehr eigens belegt.

Qu.: Schlichthörle I S. 61, 76.

BÄCKER am **SCHÖNEN TURM**, Kaufingerstraße 18*, um 1819/23 (nach 1583).

Dieses Haus gehörte bis 1583 dem Kloster Ettal und ging in diesem Jahr in Privathand über. Seither war es Bäckerei, von Huber 1819 »Schönthurmbäcker«, im Adreßbuch von 1823 »Zum Bäcker am schönen Turm« genannt. Seit 1821 war das Haus mit dem sog. »Glaserbäcker«, Färbergraben 1, vereinigt.

Qu.: Huber II S. 102. – AB 1823 S. 27. – HB HV S. 272/73.

BÄCKER auf der **ROSSCHWEMM**, Roßschwemme 2*, seit vor 1777 (nach 1527?) – nach 1823.

Das Haus ist schon mindestens 1527 eine Bäckerei. »Zum Bäcker auf der Roßschwemm« wird sie um 1777 genannt. Die Roßschwemme lag gegenüber dieser Häusergruppe, zu der auch die Bäckerei gehörte. Sie wurde um 1870 zur Erweiterung des Viktualienmarktes abgebrochen. Name noch 1823 im Adreßbuch.

Qu.: HB AV S. 284. – Huber II S. 61. – AB 1823 S. 16.

Bauernbäcker 421

BÄCKER durchs HAUS, Oberer Anger 10, seit Ende 18. Jhd.

Bäckerei schon 1558. Das Haus war ein sog. »Durchhaus«, ein Haus mit einem öffentlichen Durchgang, hier vom Oberen zum Unteren Anger. Solche gab es gerade bei Bäckereien mehrere, so die Bäckerei im Gewölb an der Kaufingerstraße 32 (Thiereckstraße) und die Bäckerei am Promenadeplatz an der Stelle der heutigen Karmeliterstraße.
Stimmelmayr nennt erstmals den Namen »Beim Bäcker durchs Haus«.

Qu.: HB AV S. 109. – Stimmelmayr S. 84 Nr. 98/10. – AB 1823 S. 22.

Zum **BÄCKERHÖFEL,** Schäfflerstraße 15*, um 1819/23.

Das Haus lag etwas von der Straße zurück, so daß zwischen der Straße und dem Haus ein kleiner Hof entstanden war. Daher rührt der Name. Als Bäckerei ist das Haus seit mindestens 1669 zu belegen. Den Hausnamen führen 1819 Huber und 1823 das Adreßbuch an.

Qu.: Huber II S. 151. – AB 1823 S. 40. – HB KV S. 293/94.

Bei der schönen **BÄCKIN,** Sendlinger Straße 4*, Ende 18. Jhd.

Siehe »Pollingerbräu-Bäcker«.

BAUERNBÄCKER, Sendlinger Straße 18, um 1818/23.

Das Haus ist auf jeden Fall schon 1519 eine Bäckerei. Warum sie »Bauernbäcker« heißt, ist nicht bekannt. Der Name findet sich erstmals im Adreßbuch von 1818, das Häuserbuch kennt ihn nicht.
   Man vergleiche dazu Namen wie »Bauernhanslbräu« und die Gaststätte »Bauerngirgl«, Namen die ebenso ungeklärt sind.
   Nicht alle Bauern besaßen einen Backofen und konnten ihr Brot selbst backen. Sie brachten deshalb ihre geformten Teiglaibe zu einem bestimmten Bäcker zum Backen. Möglicherweise hängt der Name damit zusammen. In manchen Gegenden gab es Bäcker, die überhaupt nicht zum Verkauf buken, sondern nur anderer Leute Brot, Kuchen und anderes Backwerk gebacken haben. Im Schwäbischen nannte man sie »Küchelbäcker«, eigentlich »Küchen-Bäcker«. In schwäbischen Städten geht deshalb der Name »Küchelbäckerstraße« meist auf diese Art von Bäcker zurück (anders als in München!).

Qu.: HB AV S. 362/64. – AB 1823 S. 24.

BERGERBÄCKER, Tal 7, um 1818/23 (nach 1710).

Bäckerei seit 1583. Hauseigentümer vom 30. April 1710 bis 1763 Johann Perger und Familie, Bäcker. Der Name gelegentlich irrig »Burgerbäcker« geschrieben (Adreßbuch 1818). Richtig im Adreßbuch von 1823 und bei Huber.

1663 wird der Hauseigentümer Hans Spreng »Wirt auf der neuen Hörber« genannt, also »Wirt (auf der Gaststätte) zu Neuherberg«.

Qu.: HB GV S. 350. – AB 1823 S. 5.

BRUNN(EN)BÄCKER, Sendlinger Straße 15, um 1818/23.

Das Haus gehört um 1486 schon einem Lebzelter, seit mindestens 1551 Bäckern. Der Name nimmt Bezug auf einen Brunnen, der wahrscheinlich vor dem Haus auf der Sendlinger Straße stand. Den Namen kennen nur die beiden Adreßbücher von 1818 und 1823, das Häuserbuch kennt ihn nicht.

Qu.: HB AV S. 356/57. – AB 1823 S. 24.

Zum **DESCH,** Tal 47*, um 1819/23.

Das Haus liegt kurz vor dem Isartor und wird deshalb um 1819/23 auch »Zum Thorbäcker« genannt, laut Huber 1819 und Adreßbuch von 1823 auch »Zum Desch(bäcker)«, aus bisher unerklärlichen Gründen. Einen Hauseigentümer dieses Namens gibt es nicht, auch nicht bei den Nachbarhäusern. Das Adreßbuch von 1818 kennt beide Namen nicht.

Qu.: HB AV S. 429. – Huber II S. 54. – AB 1823 S. 14.

DRAXLBÄCKER, Tal 61, seit vor 1766 (nach 1628) – nach 1823.

Seit 16. Mai 1628 im Besitz von Balthasar und Anna Trexl und deren Erben bis 1696. Am 12. Juni 1766 der Name »Drächselbäck« im Grundbuch. Das »ä« ist auch hier wieder als bayerischer Sekundärumlaut zu sprechen wie in »Platzl«.

Qu.: HB AV S. 454. – AB 1823 S. 15.

DÜRNBÄCKER, Tal 21 A, um 1819/25 (nach 1607/35).

Bäckerei schon 1488, ununterbrochen auf jeden Fall seit 1635. Der Name ist vom Nachbarhaus Nr. 21 B, dem »Dürnbräu«, übernommen, auf dem seit etwa 1607 ein Bierbrauer namens Dürn saß. Name »Dürnbäcker« erstmals 1819 bei Huber, 1823 im Adreß- und 1825 im Grundbuch.

Qu.: HB GV S. 368. – Huber II S. 46. – AB 1823 S. 12.

EBERLBÄCKER, Sendlinger Straße 80*, vor 1798 (nach 1593) – nach 1823.

Bäckerei schon 1539. Name »Eberlbäcker« erstmals im Grundbuch zum Jahr 1798. Auch hier ist der Name vom Nachbarhaus, Sendlinger Straße 79, übernommen, dem »Eberlbräu«, auf dem seit 1593 die Familie Eberl saß.

Qu.: HB HV S. 441/42. – AB 1823 S. 26.

Der Stadt **ECKPECKENHAUS,** Färbergraben 1*, seit vor 1480.

Das Eckhaus an der Neuhauser Straße zum Färbergraben Ostseite gehörte nach dem Grundbuch schon vor 1480 der Stadt und war immer ein Bäckerhaus, das die Stadt verpachtete. Das Haus war noch bis mindestens 1832 Bäckerei.
Das Haus wird später auch »Glaserbäcker« genannt, siehe dort.

Qu.: HB HV S. 77/78.

Zum **ECKBÄCKER,** Theatinerstraße 1, um 1823.

Siehe »Bäckereck«.

ENGELBÄCKER, Tal 54*, um 1817/23 (nach 1664).

Das Haus gehört seit 4. September 1664 dem Bäckerehepaar Matthias und Regina Engelmann, der Witwe noch bis 1717. Auf diese Familie dürfte der Name »Engelbäcker« zurückgehen, den 1817 das Grundbuch nennt und 1823 das Adreßbuch.

Qu.: HB AV S. 442. – AB 1823 S. 14.

FENDTENBÄCKER, Neuhauser Straße 1100* (11), vor 1792 (nach 1752) – um 1818.

Bäckerei schon 1577. Hauseigentümer seit 5. Januar 1752 Simon Fendt, Bäcker, bis 1783. Name »Fendtenbäcker« erstmals 1792 im Grundbuch, 1818 im Adreßbuch. Huber und das Adreßbuch von 1823 kennen den Namen bereits nicht mehr.

Qu.: HB HV S. 329.

Zum **FISCHER,** Tal 69, Ende 18. Jhd. (nach 1773).

Dieses Bäckerhaus nennt nur Stimmelmayr so. Es ist seit mindestens 1550 Bäckerei. Seit 10. November 1773 ist Hauseigentümer der Küchelbacher Johann Georg Fischer, ab 1774 seine Witwe bis 1783.

Qu.: Stimmelmayr S. 12 Nr. 26/3. – HB AV S. 468.

424 Franziskanerbäcker

FRANZISKANERBÄCKER, Residenzstraße 8, seit Ende 18. Jhd.

Den Namen führen Stimmelmayr und dann noch das Adreßbuch von 1823 an. Auf dem Haus gibt es wahrscheinlich seit 1462, sicher aber seit 1490 Bäcker. Der letzte stirbt 1868. Das Haus ist das Nachbarhaus zum »Franziskanerbräu«, daher der Name.

Qu.: Stahleder, Bierbrauer S. 101. – HB GV S. 288/89. – Stimmelmayr S. 17 Nr. 33/4, 5. – AB 1803 (= Hübner) S. 4, 1823 S. 2.

FUCHSBÄCKER, Theatinerstraße 49, um 1802/03.

Das Haus hat seinen Namen vom Fuchsbräu, Theatinerstraße 46 und grenzte mit seinem rückwärtigen Gebäudeteil an das Bichlbräuhaus, Theatinerstraße 51. Seit 1593 bis 1825 sind die Hauseigentümer stets Bäcker gewesen, mit Ausnahme von der Zeit ab 1787, als es der Obster und Spanner Michael Hueber und danach bis 1812 seine Witwe Elisabeth innehatten. In dieser Zeit war die Bäckerei verpachtet. Der Bäcker wohnte im hinteren Stock des Hauses, im 1. Stock. Wegen dieses Anbaus gab es 1802/03 baurechtliche Probleme mit den Nachbarn, wobei – als einziger bisheriger Quelle – der Name »Fuchsbäckenhaus« gebraucht wird. Genannt wird in dem Schriftwechsel auch das Fuchsbräuhaus.

Qu.: HB GV S. 438. – StadtA, LBK Nr. 29/24.

GLASERBÄCKER, Färbergraben 1*, vor 1802 (nach 1753) – nach 1823.

Das Haus erwirbt 1753 durch Einheirat der Bäcker Johann Glaser. Bis 1802 besitzt es noch eine Witwe Glaser. Anläßlich des Verkaufs in diesem Jahr spricht das Grundbuch vom »Glaserbäcker«, 1818 auch das Adreßbuch bei Kaufingerstraße 1030, zu der es in dieser Zeit einnumeriert war, vom »Glaßbäcker«.

Siehe auch »Der Stadt Eckpeckenhaus«.

Qu.: HB HV S. 78. – AB 1823 S. 27.

Zum **GRASSMANNBÄCKER,** Tal 53*, um 1819/23 (nach 1691).

Von 1691 bis etwa 1741 gehörte dieses Haus der Bäckerfamilie Gras(s)mann. Von ihr stammt der Name, den 1819 Huber und 1823 das Adreßbuch nennen. Dasjenige von 1818 kennt den Namen nicht.

Qu.: AB AV S. 439/40. – Huber II S. 55. – AB 1823 S. 14.

GRÜNER BÄCKER, Neuhauser Straße 1101* (11), Ende 18. Jhd. (nach 1763) – nach 1819.

Stimmelmayr kennt diesen Namen bereits. Aber zu seiner Zeit lebt die namengebende Familie noch in dem Haus. Gemeint ist das Bäckerhaus, auf dem schon um 1480 der »Neupeck« sitzt. Seit 7. Juli 1763 hat das Haus bis 1815 der Bäcker Jakob Griener mit seiner Familie. Der Schwiegersohn des letzten Griener ist der als Pferdehändler und Münchner Original berühmte Franz Xaver Krenkl. Er verkauft das Haus 1820 an den Bierbrauer Pschorr. Dieser Brauerei gehört es heute noch. Sofort verschwindet mit Auflösung des Geschäfts auch der Hausname. Huber hat ihn 1819 noch. Aber das Adreßbuch von 1823 kennt ihn bereits nicht mehr.

Qu.: Stimmelmayr S. 50 Nr. 67/13. – HB HV S. 330/31. – Huber II S. 108.

DER HANSWURST, Sendlinger Straße 35, Ende 18. Jhd.

Auch diesen Namen überliefert nur Stimmelmayr. Am Haus war zu seiner Zeit eine Malerei, die einen Hanswurst darstellte. Er beschreibt sie genau. Auf dem Haus ist von mindestens 1522 bis 1900 eine Bäckerei nachweisbar, ab 1922 dann erneut. Sie ist auch unter dem Namen »Streicherbäcker« bekannt, siehe dort.

Qu.: Stimmelmayr S. 81 Nr. 95/5, S. 116 Nr. 122. – HB AV S. 399/400.

HEIGLBÄCKER, Neuhauser Straße 2, seit vor 1768 – nach 1823.

Bäcker gibt es auf diesem Haus schon 1587. 1768 wird das Haus im Grundbuch »Zum Heiglbäcker« genannt, auch Stimmelmayr und die frühen Adreßbücher führen diesen Namen, allerdings ohne ersichtlichen Grund. Ein Heigl saß nie auf diesem Haus, auch nicht auf dem Nachbarhaus Neuhauser Straße 1, das – allerdings viel später, seit 1816 – »Heiglkramer« genannt wird.

Qu.: HB HV S. 313. – Stimmelmayr S. 49 Nr. 66/67. – Huber II S. 107. – AB 1823 S. 28.

Zum **HEILIGGEISTBÄCKER,** Heiliggeiststraße 1/2, seit vor 1572 – nach 1823.

Schon im Jahr 1572 nennt das Grundbuch dieses Haus »des Heiligen Geists Pöckhenhaus«. Das Adreßbuch von 1823 nennt es ebenfalls »Zum hl. Geist Bäcker«.

Qu.: HB AV S. 52/53. – AB 1823 S. 15.

HERZOGSPITALBÄCKER, Herzogspitalstraße 11, seit 1808 – nach 1823.

Das Haus war Teil des ehemaligen Herzogspitals. Nach dessen Auflösung wurde es 1807 an einen Hofmaurermeister verkauft. Dieser verkaufte es am 27. Juni 1808 weiter an den Bäcker Franz Schärl, »Zum Herzogspitalbäcker«.
Qu.: HB HV S. 172. – AB 1823 S. 32.

HOFPFISTEREI, Pfisterstraße 10, seit 1578.

Siehe unter »Bei der Pfister« und »Pfisterstraße«.

JAKLBÄCKER, Tal 59, um 1815/23 (nach 1651).

Das Haus erwirbt am 4. August 1651 der Bäcker Jakob Walch. Seit 1678 hat das Haus sein Sohn, der Bäcker Hans Jakob Walch, so bis 1698, dann dessen Tochter. Von diesen beiden Bäckern stammt der Vorname Jakob im Hausnamen, der 1815 erstmals im Grundbuch genannt wird (Zum Jäckelbäcker).
Qu.: HB AV S. 450. – AB 1823 S. 15.

Zum **(KARLS)TORBÄCKER,** Neuhauser Straße 33, um 1823/27.

Bäcker gibt es auf diesem Haus schon nach dem Grundbuch von 1484/85. Den letzten offensichtlich bis 1878. Das Adreßbuch nennt das Haus 1818 »Thorbäcker«, 1823 ebenso wie das Grundbuch von 1827 »Zum Karlsthorbäcker«.
Qu.: HB HV S. 368. – Ab 1823 S. 29.

KARMELITERBÄCKER, Promenadeplatz 19, um 1823 (nach 1654).

Die Karmeliter gab es hier seit 1654, eine Bäckerei in dem Haus seit mindestens 1581 und bis 1891. Den Namen »Karmeliterbäcker« führt das Adreßbuch zum Jahr 1823.
   Um 1530/40 betrieb Erhart Hofreiter/Hochreiter, später H. Viechtmair (Hauseigentümer 1540 bis etwa 1566) in diesem Haus eine Fremdenherberge (Gasthof) mit der Möglichkeit, 14 Pferde unterzubringen.
Qu.: HB KV S. 236. – Ab 1823 S. 36. – StadtA, Gewerbeamt 1422a (1550).

KNÖDELBÄCKER, Hartmannstraße 1, vor 1806 – nach 1823.

Eine Bäckerei gibt es in diesem Haus erst seit dem 8. März 1806. Bei Gelegenheit des Hauskaufs durch einen Bäcker an diesem Tag vermerkt das Grundbuch auch erstmals den Namen »Zum Knödelbäcker«. Er ist vom Namen »Knödelgasse« abgeleitet, siehe dort.

Qu.: HB KV S. 21/22. – AB 1823 S. 36.

KOSTHAUSBÄCKER, Neuhauser Straße 23, um 1818/23 (seit 1806).

In diesem Haus gab es bereits 1530 Bäcker. Es war seit 1628 Teil des Gregorianischen Seminars der 40 armen Scholaren (= Kosthaus der 40 armen Scholaren), vgl. »Seminarigasse«. Ab 1806 gehörte es wieder Bäckern. Die frühen Adreßbücher sprechen erstmals 1818 vom »Kost-Haus-Bäcker«. 1889 wurde die Bäckerei aufgegeben.

Qu.: HB HV S. 351/52. – AB 1823 S. 29.

KREUZBÄCKER, Damenstiftstraße 11, um 1818/23.

Auf diesem Haus sitzen bereits seit mindestens dem Jahr 1488 Bäcker und dies bis mindestens 1910. Den Namen Kreuzbäcker nennt erstmals das Adreßbuch von 1818. Der Name stammt von der Lage »auf dem Kreuz«, siehe dort. Es gab auch einen »Kreuzbräu« und einen »Kreuzweber«.

Qu.: HB HV S. 61/62. – AB 1823 S. 32.

KRÜGELBÄCKER, Sendlinger Straße 3*, seit Ende 18. Jhd. (nach 1702) – nach 1823.

Seit 1469 sind auf dem Haus Bäcker nachweisbar. Schon Stimmelmayr nennt es dann »Krügl Bäcker«. 1803 heißt es auch im Grundbuch und 1818 und 1823 im Adreßbuch »Zum Krüglbäcker«. Das Haus hat allerdings nie einem Kriegel/Krügl gehört. Es handelt sich bei dem Namen wieder um eine Übernahme vom Nachbarhaus.

Das Nachbarhaus Sendlinger Straße 2* war nach dem Grundbuch und dem Steuerbuch seit 1702 Besitz des Lebzelters Benedikt Kriegl, so bis 1757, dann dem seiner Erben, vor allem einer Tochter Maria Clara Krieglin noch bis 1767. Stimmelmayr führt denn auch hintereinander auf: »1. das Eckhaus vom Lebzelter Kriegl, 2. das Haus bey dem Krügl Bäcker«. Das erste hat den Kriegl wirklich gehört, das zweite führte nur den Namen. Vgl. auch »Zum Krügl« bei den Hausnamen.

Qu.: Stimmelmayr S. 73 Nr. 93/1, 2. – HB AV S. 335/36. – AB 1823 S. 20.

MAHLBERBÄCKER, Zum MACHELBERGER, Sendlinger Straße 7, um 1818/23 (nach 1758).

Bäckerei seit dem 16. Jahrhundert. Seit dem 17.Mai 1758 ist der Bäcker Georg Mahlberger/Machelberger Hauseigentümer (Familie bis 1802). Von ihm stammt der (verstümmelte) Hausname, den erstmals das Adreßbuch von 1818 (Mahlberbäcker) führt. Dasselbe Buch nennt das Haus an anderer Stelle auch »Zum Melberbäcken«. Auch hier ist wohl Melber aus Mahlber und Machelberger entstanden. Das Adreßbuch von 1823 nennt das Haus nur »Zum Machelberger«.

Qu.: HB AV S. 343/44. – AB 1823 S. 20.

MAIBADERBÄCKER, Tal 71, um 1818 (ab 1803).

Das Haus ist erst seit 1803 eine Bäckerei. Vorher war es das sog. Mai- oder Meyenbad, früher Eselbad, siehe dort. Daher rührt der Name, der nur 1818 im Adreßbuch überliefert wird, 1823 jedoch schon wieder fehlt, genauso wie 1819 bereits bei Huber.

Qu.: HB AV S. 471/72. – AB 1818 S. 155, 247, 1823 S. 15.

MILITÄRBÄCKER, Herzog-Wilhelm-Straße 2, 1800 bis 1877.

Dies ist kein eigentlicher Hausname. Das Gebäude war bis 1800 ein Stadel, ab 1800 befand sich dort nebst Nachbargebäuden das Militärproviantamt, im Haus Nr. 2 die Militärbäckerei.

Qu.: HB HV S. 185.

NEUPECK, Neuhauser Straße 1101* (11), um 1480.

Siehe »Grünerbäcker«.

NUDLBÄCKER, Oberer Anger 38, um 1818/23.

Auf dem Haus sind seit 1589 Bäcker als Hauseigentümer nachweisbar. Den Hausnamen nennt erstmals das Adreßbuch von 1818, 1819 auch Huber. Der Name rührt von den Nudeln, einem Hefegebäck, das es in vielfältiger Art gibt, als Dampfnudeln, Rohrnudeln, Kirchweihnudeln (Krapfen) u. a. Offensichtlich war das eine Spezialität mancher Bäckereien, so auch der Bäckerei Theatinerstraße 1 (Bäcker-Eck). Von ihr bekam der benachbarte Wilbrechtsturm den Namen »Nudelturm«. Stimmelmayr berichtet von dem Küchelbacher-Haus Neuhauser Straße 13, am Eck zur Eisenmannstraße, daß dort »die besten Häller Nudl gebacken und aus kleinen Körbln genossen wurden« und daß »sonders vormittags oder in der Frühe vor der Messe starke Einkehr der Studenten« dort geherrscht habe.

Das Haus war bis zu seiner Zerstörung im Zweiten Weltkrieg Bäckerei und wurde danach abgebrochen, die Hausnummer aufgehoben.

Qu.: HB AV S. 153/54. – Stimmelmayr S. 50 Nr. 67/18. – AB 1823 S. 23.

PARADIESGÄRTLBÄCKER, St.-Jakobs-Platz 4, um 1818/23 (nach 1807).

Das Haus gehörte von 1716 bis 1757 einem Bierzäpfler. Bäckerei war das Haus erst seit 1807. 1818 und 1823 wird sie »Zum Paradies-Gärtl-Bäcker« genannt, jedoch nur in den Adreßbüchern. Das Grundbuch kennt den Namen nicht und Huber nennt es 1819 nur »Paradiesgartl«. Wahrscheinlich ursprünglich ein Gaststätten-Name.

Qu.: HB AV S. 293/94. – AB 1823 S. 20. – Huber II S. 76.

PLATZLBÄCKER, Platzl 2, um 1818/23.

Das Haus ist seit mindestens um 1400 eine Bäckerei. Von der Lage am Platzl rührt der Name, der aber erst 1818 erstmals im Adreßbuch belegt ist. Sie besteht bis ins 20. Jahrhundert herein.

Qu.: HB GV S. 255/56. – Ab 1823 S. 6.

POLLINGERBRÄUBÄCKER, Sendlinger Straße 4*, Ende 18. Jhd.

Diesen Namen verwendet nur Stimmelmayr. Der (Unter-)Pollingerbräu ist Sendlinger Straße 5*. Mit dieser Bäckerei, die Stimmelmayr auch »Bei der schönen Bäckin« nennt, ist das Haus Nr. 4* gemeint. Dort befindet sich schon um 1400 eine Bäckerei. Sie besteht bis zur Mitte des 19. Jahrhunderts. Der Name ist auch hier wieder vom Nachbarhaus übernommen.

Bei der schönen Bäckerin dürfte es sich um Anna Maria Korntheur, Ehefrau des Bäckers Benedikt Korntheur handeln, Tochter der Vorbesitzerin Anna Maria Giggenbacher. Das Ehepaar Korntheur bewirtschaftete die Bäckerei von 1776 bis 1810. Das ist auch die Zeit, in der Stimmelmayr schreibt.

Qu.: Stimmelmayr S. 79 Nr. 93/3. – HB AV S. 337/38.

RANKENBÄCKER, Sendlinger Straße 9, um 1818/23.

Auch dies ist eine seit dem Ende des 15. Jahrhunderts bereits nachweisbare Bäckerei. Der Name ist ungeklärt. Sicher liegt ihm der

Familienname Rank zu Grunde. Tatsächlich gab es von 1765–1774 einen Bäcker Andre Rank auf der Bäckerei Tal Nr. 58*. 1775 wird er Bierzäpfler genannt. Er ist nur leider bei Sendlinger Straße 9 nicht nachweisbar. Den Namen überliefern nur die Adreßbücher von 1818 (fälschlich »Stankenbäcker«) und 1823.

Qu.: HB AV S. 399, 448. – AB 1823 S. 20, 726.

REITERBÄCK, Sendlinger Straße 22, um 1818/23 (nach 1670).

Das Haus ist bereits im 15. Jahrhundert Bäckerei. Schon von 1577 bis 1579 gehörte es einem Bäcker namens Michael Reiter, schließlich noch einmal von 1670 bis 1679 einem Bäcker Wolf Reiter. Wohl auf letzteren dürfte der Hausname zurückgehen, den erstmals das Adreßbuch von 1818 überliefert.

Qu.: HB AV S. 371. – Alckens, Gedenktafeln S. 63 Nr. 143. – AB 1823 S. 24.

RIEDLBÄCKER, Fürstenfelder Straße 984*, um 1823 (nach 1687).

Auf dem Haus sitzen schon bei Einsetzen der Steuerbücher im Jahr 1368 Bäcker. So bleibt es bis 1869. Seit dem 3. Oktober 1687 gehört es dem Bäcker Georg Riedl, ab 1705 seiner Witwe, die wieder heiratet. Der Hausname stammt also aus der Zeit zwischen 1687 und 1705. Den Namen nennt erstmals Huber 1819, dann das Adreßbuch von 1823. Das Adreßbuch von 1818 nennt ihn nicht. Das Haus ist 1831 in Sendlinger Straße 89 aufgegangen.

Qu.: HB HV S. 143/44. – Huber II S. 98. – AB 1823 S. 26.

SONNENECKBÄCKER, Burgstraße 6, um 1818.

Das Haus ist erst seit 1812 in der Hand eines Bäckers. Das Adreßbuch von 1818 überliefert den Hausnamen, der die Bezeichnung »Sonneneck« aufgreift, die 1675 schon belegt ist, vgl. dort. Das Adreßbuch von 1823 kennt den Namen schon nicht mehr und auch Huber nennt das Haus 1819 nur »Sonneneck«.

Qu.: HB GV S. 21/22. – AB 1823 S. 5. – Huber II S. 20.

SCHÄRLBÄCKER, Tal 50, um 1818/23 (nach 1764).

Dieses Bäckerhaus besitzt von 1764 bis 1774 der Bäcker Franz Scharl. Der Familienname auf dem Haus wechselt 1774 wieder, indem die Witwe wieder heiratet. Das Adreßbuch überliefert 1818 erstmals den Hausnamen.

Qu.: HB AV S. 434/35. – AB 1823 S. 14.

(OBER)SCHMIEDBÄCKER, Tal 73, um 1818/23 (nach 1628).

Die Bäckerei gehört seit dem 12. September 1628 dem Bäcker Andreas Schmidt. Sein Sohn ist später Hofpfister. Bis 1742 sind die Bäcker Schmidt auf diesem Haus. Danach ist bis 1782 der Hauseigentümer ein Sohn des letzten Bäckers Schmidt. Die Bäckerei bleibt aber bestehen. Das Adreßbuch nennt sie 1818 erstmals »Zum Schmiedbäcker«, Huber 1819 »der obere Schmidtbäcker«.
Bäckerei war das Haus schon im 16. Jahrhundert und blieb es bis in unser Jahrhundert.
Vgl. auch »Unterschmiedbeck«.

Qu.: HB AV S. 476. – AB 1823 S. 15. – Huber II S. 58.

SCHÖNAUERBÄCKER, Theatinerstraße 2*, um 1818/23 (nach 1686).

Das Haus ist bereits beim Einsetzen der Steuerbücher im Jahr 1368 eine Bäckerei und bleibt es bis zur Mitte des 19. Jahrhunderts. Vom 26. April 1686 bis zum Jahr 1695 gehört sie dem Bäcker Paul Schönauer, danach seiner Witwe. Aus dieser Zeit stammt der Hausname, den erstmals das Adreßbuch von 1818 überliefert.

Qu.: HB KV S. 310. – AB 1823 S. 41.

Zum SCHÖNEN-TURM-BÄCKER, Kaufingerstraße 18*, um 1818/23.

Das Haus war Teil des Ettaler Klosterhofs und Bäckerei auf jeden Fall schon im 16. Jahrhundert. Neben dem Haus stand das Kaufingertor, das seit dem 16. Jahrhundert »Schöner Turm« genannt wurde, siehe dort. Von daher rührt der Name, den erstmals das Adreßbuch von 1818 nennt.
Das Eckhaus daneben war der Stadt »Eckpeckenhaus«.

Qu.: HB HV S. 272. – AB 1823 S. 27.

SCHWEIGBÄCKER, Sendlinger Straße 21, um 1818/23 (nach 1683).

Das Haus war Bäckerei seit mindestens um 1500 und blieb es bis ins 20. Jahrhundert. Seit etwa 1683 gehörte das Haus dem Bäcker Balthasar Schwaiger. Der Familienname verschwindet von dem Haus erst 1720 durch Heirat der Witwe. Den Hausnamen überliefert erstmals 1818 das Adreßbuch.

Qu.: HB AV S. 369. – AB 1823 S. 24.

Zum **SEMINARI**, Neuhauser Straße 25, Ende 18. Jhd. (nach 1694).

Das Bäckerhaus »Zum Seminari« nennt nur Stimmelmayr. Das Haus ist seit mindestens 1486 Bäckerei. Das Nachbarhaus Nr. 24 gehörte seit 1694 zum Institut Sancti Gregorii Magni, dem Gregorianischen Seminar der Gesellschaft Jesu. Daher rührt der Name.

Qu.: Stimmelmayr S. 51 Nr. 68/10. – HB HV S. 354/55.

SPADENBÄCKER, Theatinerstraße 1*, um 1818 (nach 1724).

Siehe »Bäckereck«.

STREICHERBÄCKER, Sendlinger Straße 35, um 1818/23 (nach 1614).

Stimmelmayr nennt das Haus »Zum Hanswurst«, siehe dort. Seit dem 18. Oktober 1614 gehörte es dem Bäcker Bernhard Streicher und seiner Witwe, die nach 1627 wieder heiratete. Der Hausname stammt also aus der Zeit zwischen 1614 und 1627. Erstmals überliefert ihn aber erst das Adreßbuch von 1818.

Qu.: HB AV S. 399. – AB 1823 S. 24.

THEATINERBÄCKER, Theatinerstraße 33, seit vor 1793 – nach 1823.

Auch in diesem Haus gibt es mindestens seit dem 16. Jahrhundert eine Bäckerei. Stimmelmayr nennt sie Ende des 18. Jahrhunderts »Theatinerbäck«, ebenso 1793 das Grundbuch. Dies war das Stammhaus der Bäckerfamilie Seidl, in dem auch die beiden Architekten Emanuel und Gabriel geboren sind.

Qu.: HB GV S. 414, 416. – Stimmelmayr S. 43 Nr. 62/13. – AB 1823 S. 2.

TORBÄCKER, Neuhauser Straße 33, Ende 18. Jhd. – nach 1823.

Das Haus ist das Eckhaus zur Herzog-Wilhelm-Straße, siehe »Torbäckereck«. Es wurde später auch »Zum Karlstorbäcker« genannt, siehe dort.

TORBÄCKER, Sendlinger Straße 47*, seit 1788 – nach 1823.

Das Haus ist erst seit 1788 Bäckerei und heißt in diesem Jahr im Grundbuch bereits »Zum Thorbäcker«. Auch das Adreßbuch von 1823 kennt den Namen noch.

Qu.: HB HV S. 384/85. – AB 1823 S. 25.

TORBÄCKER, Tal 47*, um 1819/23.

Das Haus ist seit um 1600 Bäckerei. Es liegt kurz vor dem Isartor, woraus sich der Name erklärt, der 1819 bei Huber erstmals belegt ist. Das Haus heißt außerdem »Zum Desch«. Das Adreßbuch von 1818 kennt beide Namen nicht, das von 1823 aber wohl.

Qu.: HB AV S. 429. – AB 1823 S. 14. – Huber II S. 54.

UNTERSCHMIEDBÄCKER, Tal 34, um 1818/23 (nach 1746).

Das Haus hat erst seit 1746 eine Bäckergerechtigkeit. Von 1678 bis 1694 saßen Kupferschmiede auf dem Haus. Erst seit 1810 ist auch der Hauseigentümer ein Bäcker. Vorher war die Bäckerei offensichtlich verpachtet.

Der Name ist wahrscheinlich ein Gegenstück zum »Schmiedbäcker« auf Tal 73. Ansonsten ist der Name ungeklärt. Daß er auf die Kupferschmiede des 17. Jahrhunderts zurückgeht ist unwahrscheinlich.

Früher befand sich am Haus eine Gedenktafel, die den Hausnamen enthielt. Sonst ist er in den Adreßbüchern von 1818 und 1823 überliefert.

Qu.: HB GV S. 391. – Alckens, Gedenktafeln S. 82 Nr. 186. – AB 1823 S. 12.

WÄLSCHBÄCKER, WELSCHBÄCKER, Tal 58*, vor 1785 – nach 1823.

Bäckerei seit mindestens Mitte des 15. Jahrhunderts, 1785 im Grundbuch »Zum Welschbäcker« genannt, 1818 im Adreßbuch »Wälsch-Bäcker«. Der Name ist ungeklärt. Das Häuserbuch kennt keine Bäcker namens Welsch, jedoch um 1545 einen Weinschenken in der Sendlinger Straße und von 1529 bis 1560 Bierbrauer Welsch.

Qu.: HB AV S. 448. – AB 1823 S. 15.

WILDBÄCKERHAUS, Tal 52, um 1819/23 (nach 1773).

Das Haus ist seit mindestens 1522 Bäckerei. Am 29. März 1773 kaufte es der Bäcker Matthias Wild. Er und seine Erben hatten es bis 1811. Den Namen »Wildbäcker« bzw. »das ehemalige Wildbäckerhaus« nennen Huber (1819) und das Adreßbuch von 1823, das von 1818 kannte ihn nicht.

Qu.: HB AV S. 438. – Huber II S. 55. – AB 1823 S. 14.

Bäder

Als älteste Badstubenbesitzer sind in München belegt: das Kloster Schäftlarn, das im Jahr 1300 ein Bad hier hat; der Bürger Konrad Ehinger, der 1311 ein Badhaus, gelegen am Graben, besitzt; drittens das Heiliggeistspital. Es besitzt sein Bad schon 1319. Schließlich gibt es viertens 1325 auch schon das Frauenbad. Nicht lokalisierbar ist das Bad des Meisters Friedrich von 1338. 1356 wird auch das Taeckenbad erstmals genannt. Alle anderen lassen sich erst ab 1368 belegen. Die Namen der Bäder gehören zu den ältesten Namen, die wir belegen können. Sie haben sich – soweit das Bad bereits existierte – seit dem 14. und 15. Jahrhundert durchgehend im Gebrauch gehalten, solange das Bad bestand.

Es ist auch hier wieder zu beachten, daß es sich bei den in der Titelzeile angegebenen Daten nicht um das Gründungs- oder Ersterwähnungsjahr des Bades als solchem handelt, sondern um die Ersterwähnung des Namens.

Qu.: Solleder S. 395/96. – Heiliggeistspital U 41 (1311). – KR 1318/25 S. 10v (1319), 1325/46 S. 116r (1338).

BRECHBAD, Kreuzstraße 24*, vor 1810.

Das »Brechbaderhaus« war ein Haus beim Sendlinger Tor, an der ehemaligen Ringmauer gelegen. Das »prechen« oder die »seuch« ist nichts anderes als die Pest. Bereits 1573 wird erstmals ein »Brechhaus« erwähnt. Es lag an der heutigen Baumstraße, also weit außerhalb der Stadt, und war ein Spital für Kranke mit ansteckenden Krankheiten. Das Brechbad diente als Bad für diese Kranken. Es wurde 1885 abgebrochen. Hauseigentümer war bis 1810 die Stadt München. Dann wurde es privatisiert.

Qu.: HB HV S. 299. – Bayerisches Städtebuch, Artikel »München«, Kap. 6b S. 398, 16a S. 428.

ESELBAD, Tal 71, vor 1453 (1423).

Auf diesem Haus Tal 71 gibt es erstmals im Jahr 1423 einen Bader. Es ist dies der Bader Möstel. So steht es im Steuerbuch (für die Jahre 1420–1422 sind leider keine erhalten). Der Name »Eselbader«

könnte eine Verschleifung aus »Möstelbader« sein. Seit 1368 ist aber in den Steuerbüchern gegen Ende des Tals Petri – das ist etwa die Gegend von Tal 71 – eine Familie Eseltreiber begütert, mit einer Witwe und einem Konrad Eseltreiber, wohl dem Sohn. Der Eseltreiber ist 1370 Bäcker. Es wäre nicht ausgeschlossen, daß diese Familie zu diesem Haus gehört. Dann könnte der Name Eselbad auch auf sie zurückgehen.

Der Name »Eselpad« steht in dieser Form erstmals 1453 in der Kammerrechnung, dann 1462 im Steuerbuch »Doman pader auf dem Eselpad«. Das Grundbuch hat den Namen 1603 und 1647 noch. Später kommt er ab und wird durch den Namen »Maybad« oder »Meyenbad« ersetzt, der 1711 erstmals im Grundbuch belegt ist.

Qu.: KR 1453 S. 42r. – HB AV S. 471/72. – GB I 12/6 (1370).

FRAUENBAD, Windenmacherstraße 3/4, seit vor 1325.

Dieses Bad an der Ecke Löwengrube/Windenmacherstraße ist als »balneum Marie«, Marienbad, schon durch die Kammerrechnung von 1325 belegt. Es hat seinen Namen von der Frauenkirche, in deren unmittelbarer Nähe es lag. Es hat allerdings nie dieser Kirche gehört, aber zeitweise dem Heiliggeistspital. 1325 liegt hier auch noch ein kleines Nebentor, das wohl beim Beginn der Stadterweiterung – vielleicht auch schon früher – an dieser Stelle durch die alte Stadtmauer gebrochen worden war, die »porta apud balneum Marie«. Weil diese Pforte auf der Südseite der Schäfflerstraße lag, über dem Stadtgraben, haben wohl ältere Autoren – wie Anton Mayer – angenommen, das Bad habe früher herüben am Bache gelegen und sei erst um 1500 auf die andere Straßenseite hinüber verlegt worden. Die Quellen widerlegen das. Es gibt keine Anzeichen für eine Verlegung dieses Bades um 1500.

1371 heißt das Bad »padhaus bey Unser Frawen«. Es gehört in dieser Zeit einer Katzmair-Tochter. Weil sie mit einem Heinrich Schluder verheiratet war, wird das Bad 1378 und 1382 auch »des Schluders Bad« genannt.

Das Bad bestand unter dem Namen Frauenbad bis ins 19. Jahrhundert. Nach Lipowski bestand es zu seiner Zeit (1815) noch. Aber Huber nennt es 1819 nicht mehr. Auch Stimmelmayr kannte es natürlich. Unerklärlich bleibt, wie Baumgartner zu der Aussage kam: »Dieses Haus gehörte ursprünglich dem heiligen Geistspitale, und war, als die Frauenkirche gebaut wurde, eine Kalkgrube, sofort nach Vollendung dieser großen Kirche zu einem Haus erhoben, Ursache, warum es ganz und gar kein Fundament hatte«.

Qu.: KR 1318/25 S. 103v. – GB I 16/8, 23/12 (1371), 95/4 (1378), 167/10, 12 (1382). – Lipowski II (1815) S. 448/49. – Stimmelmayr S. 24 Nr. 41/12, 42/1. – Baumgartner, Polizey-Uebersicht 7.9.1805. – Mayer ULF S. (113).

GERNBAD, BADER AM GERN, Hochbrückenstraße 7*, Ende 18. Jhd.

Siehe »Wührbad«.

GIGHANBAD, HAHNENBAD, Dultstraße 2a mit Unterer Anger 31, seit vor 1369.

Auf dem Badhaus sitzt im Jahr 1387 der Bader Hanns Gügerhan. Es handelt sich also um einen Familiennamen und bedeutet Gickelhahn oder Gockelhahn. Nach der Kammerrechnung hat im Jahr 1329 ein Ch(unrad) Gogelhan de Nidervergen (Unterföhring) das Bürgerrecht in der Stadt erworben. Die Familie war auch in anderen Berufen tätig. So gibt es 1368 in der Burgstraße einen Schneider Fridel Gughan, 1371/72 einen Zumüller auf der Plachfeldmühle namens Konrad Gogelhan, 1396 gibt es noch einen Erhart Gügghan.

Das Bad heißt aber schon 1369 im Steuerbuch »balneator auf dem Gughan«. Demnach hat also schon vor 1369 diese Familie das Bad innegehabt.

Die Liste der Haus- und Eckhaus-Namen von 1725 nennt das Bad das »Hahnenbad« und sagt, es sei ein »Goggelhahnen« am Haus angebracht. Auch das Grundbuch im Jahr 1738 und Stimmelmayr nennen es den »Hann Bader«. Bei Huber heißt es 1819 »das ehemalige Hahnbaderhaus«. 1897 wurde an seiner Stelle der Neubau des ORAG-Hauses errichtet, an dem eine Tafel mit dem Spruch angebracht wurde: »Ein Bad vor Zeiten hier bestand, Gighan-Bad war es genannt.«

Das Bad ist nicht identisch mit dem Heinrichs-Bad, siehe dort, wie Solleder meinte.

Qu.: StB 1369 S. 5v, 1371 S. 32v, 1372 S. 43r, 1387 S. 6r. – KR 1329 S. 30r. – GB II 119/5 (1396). – Stimmelmayr S. 85 Nr. 99/13. – Huber II S. 84. – Solleder S. 396.

HEINRICHSBAD, Dultstraße 3*, um 1446 (seit 1403).

Dieses Bad kann seit 1394 nachgewiesen werden, als erstmals nach dem Steuerbuch ein Bader – Örttel – dort sitzt (bis 1397). Das Bad lag auf der heutigen Fahrbahn der Straße neben dem Zeughaus (Stadtmuseum). Zwischen dem Zeughaus und dem Bad lief der Angerbach hindurch, siehe bei den Straßennamen unter »Isarwinkel« oder »Scharwinkel«.

Von 1403 bis 1419 ist das Bad in der Hand des Baders Heinrich. Nach ihm wird es im Jahr 1446 »Hainrich-Bad« genannt. In dieser Zeit sitzt aber auf ihm bereits der Bader Hanns Scharpp. Die

Urkunde sagt deshalb: »Hannsen des Scharppen pad, gelegen hie ze München an dem Anger, das man nennt das Heinrich pad«. Von diesem Hanns Scharpp erhält das Bad in der Folgezeit auch den Namen »Scharppenbad« oder »Scharffenbad«, 1454 auch »des Schorppen bad«. Einen Konrad Schorp gibt es auch 1364 schon in der Stadt. 1372 liegen ein Baumgarten und ein Anger »pey dem Schörpplein«. Auf dem Bad sitzt der Bader Scharpp auch schon 1445, von 1453 bis 1462 ist es Jorg Scharpp, wahrscheinlich aber noch 1468. Da nämlich liegt ein Haus »zwischen des Scharppen pads und ...« einem anderen Nachbarn. Dem Ratsprotokoll zufolge wurde das Bad im Juli 1468 verkauft. Auch nach dem Steuerbuch von 1482 ist der Name bereits zum Hausnamen geworden. In diesem Jahr sitzt der »Lienhard pader auf dem Scharfen(pad)«. 1486 heißt der Lienhard direkt »Lienhard Scharppenpader«, ebenso 1490 der »Lienhard Strasser (derselbe?) Scharpenpader« (dieser immer so genannt bis 1509). Scharfen- oder Scharppenbad ist denn auch der gebräuchlichste Name geworden.

Zurück zum Bader Heinrich von 1403/19: Dieser Heinrich hieß offensichtlich mit Familiennamen »Neidegker«. Deshalb heißt sein Badhaus 1408 »Neidegk«: »am Anger znachst des padhauzz genant Neidegk«. Eine Variante des Namens ist die Verkürzung zu »Neidpad«, weshalb 1409 »Hainrich der pader auf dem Neidpad« genannt wird. Um 1424 schließlich heißt der Bader am Roßmarkt »Hainrich Neidecker«. Er ist offenbar auch Hauseigentümer. Im Steuerbuch von 1423 stehen hier untereinander die »Relicta (Witwe) Hainrich Neydpader« und »Heinrich Neydegker«, wahrscheinlich der Sohn. 1431 stehen im Steuerbuch die unmündigen Kinder »pueri Neideker pader« und im Scharwerksverzeichnis von 1439 die »Thoman Neidpaderin«, die aber nicht mehr unbedingt Neidegker heißen muß. 1445 sitzt dann der Bader Scharpp »auf dem Neidpad oder Scharppenbad«.

Ein Bad mit dem Namen »Neidbad« gab es im übrigen auch in Augsburg.

Das Heinrichsbad ist nicht identisch mit dem Gighanbad, wie Solleder glaubte. Aber es führte dennoch später noch einmal einen anderen Namen. Als sich für die kleine Häuserzeile an dieser Stelle der Name »Isarwinkel« oder »Scharwinkel« einbürgerte, scheint man das Bad auch »Isarwinkelbad« genannt zu haben. Jedenfalls schlug Ernst von Destouches im Jahr 1882 bzw. 1896 dort am Haus eine Gedenktafel vor mit dem Text: »Ein Bad in diesem Haus bestand, Zum ›Isarwinkel‹ war's genannt, renoviert 1882.« Auf ältere Quellen konnte er sich dabei allerdings nicht berufen. Das Bad scheint auch nur bis etwa 1784 bestanden zu haben. Von da an ist jedenfalls kein Bader mehr als Hauseigentümer nachweisbar. Seit

1814 gehört es jeweils einem Branntweiner, dem »Branntweiner am Isarwinkel«.

Qu.: MB 20 S. 341 (1446). – MB 35/2 S. 115 (1364). – GB I 28/15 (1372), GB III 75/17 (1408), 85/11 (1409). – St. Peter U 142 (1454). – StadtA, Zimelie 20 S. 11v (1468); ebenda, Hochbau Nr. 34 S. 14v (1445); ebenda, Steueramt neu 583 (um 1424). – HB AV S. 38/39. – Zeitschrift des Hist. Vereins von Schwaben und Neuburg XII 6 Anm. 2,16. – Solleder S. 396.

HERZOGSBAD, Hofgraben, seit vor 1372.

Das Bad ist 1368 durch das Steuerbuch belegt, indem an seiner Stelle ein »Hanns balneator« steht. 1372 heißt er erstmals »dez herzogen pader« oder 1379 (im Steuerbuch) »balneator ducis«. Das Bad gehörte tatsächlich dem Herzog und wurde von ihm verlehnt. 1396 heißt es schon im Gerichtsbuch »dez hertzogen pade ze München, dovon ez lehen ist«. Am 29. November 1522 hat Herzog Wilhelm IV. es noch verliehen.

Das Bad lag auf dem Gelände der späteren Hauptmünze, heute Landesamt für Denkmalpflege, einerseits am Pfister- oder Toratsbach, andererseits gegenüber der Ringmauer, die parallel zur heutigen Maximiliansstraße verlief, »hinter der stat maur an dem pach, so man in der Graggenaw zum Wurtzerthor hinabgeet«, so 1503 und 1511. Gemeint ist damit die Falkenturmstraße und ihre Fortsetzung nach Westen an der späteren Hauptmünze vorbei. Das Bad lag außerdem »bei der Toratsmühle«, so 1468 und 1480. Diese wiederum lag vor der Nord-Ost-Ecke des Alten Hofes, also noch westlich des Baches und südlich der Straßenachse Hofgraben/Pfisterstraße. Außerdem lag das Bad, so 1415, »hinder dem kastenhaus« oder 1439 und 1461 »an dem Castenhaus« bzw. »an meins herrn Castenhaus«. Dieses wiederum lag an der Nord-Ost-Ecke der heutigen Hauptpost (Törring-Palais).

Das Bad bestand auf jeden Fall noch am 26. Mai 1562. Da wird es noch in einer Urkunde angegeben, möglicherweise aber auch noch bei Anlage des Grundbuches um 1574; denn da wird noch die Lage eines Waschhauses (Hofgraben 4 C) »hinten am Herzogsbad neben dem Bach« angegeben, falls dies nicht Übernahme aus einer älteren Urkunde ist. Das Bad wurde wegen des Baus des neuen Marstalls, also der späteren Hauptmünze, abgebrochen.

Vgl. auch unter den Straßennamen »Pfisterstraße«.

Der Name »Thoratsbad«, den Solleder für dieses Bad auch nennt, ist nicht belegbar. Im Häuserbuch ist die Lage des Bades auf der Abbildung falsch eingezeichnet. Hier liegt eine Verwechslung mit dem »Hofbad« vor.

Qu.: GB I 24/14 (1372), GB II 118/10 (1396), GB III 169/2 (1415). – HStA Mü Kurbaiern U 16359 (1562), 16406 (1511), 16518 (1522), U 24736 (1480); Oberster Lehenhof Nr. 1 S. 1r (o. D.), Nr. 3 S. 7r (1439), S. 24r (1461), S. 27r (1503). – MB 20 S. 602 (1468). – HB GV S. 106. – Solleder S. 396.

HOFBAD, am Ostflügel des Alten Hofes, Ende 16. Jhd.

Dieses Hofbad (Pad zu Altenhof) spielt bei der Gründung des Hofbräuhauses eine Rolle. Es lag am Ostflügel des Alten Hofes und wurde zusammen mit dem Hennenhaus, das auch hier lag, abgebrochen, um einen Bauplatz für das neue Brauhaus zu schaffen, mit dessen Anlage man im Jahr 1589 begann.

Hofbedienstete, die Hofbader genannt wurden, gab es auch später, so 1690 einen Hofbader Georg Reichlmayr, 1734 eine ehemalige Hofbaderin Reichlmayr.

Qu.: Hofbräuhaus-Festschrift, sog. Gründungsurkunde vom 27.9.1589, ohne Seitenzahlen. – HStA GU Mü 2196 (1690), 2355 (1734).

HUNDSFUTBAD, HUNDSKUGELBAD, Hackenstraße 14, seit vor 1419 (nach 1410).

Seit 1377 bis 1405 steht an dieser Stelle jeweils ein Zimmermann namens Tüsel. Danach wechseln die Bewohner ständig, 1408 fehlt das Haus überhaupt, von 1409 gibt es kein Steuerbuch. 1410 taucht hier das Bad auf. Da erscheint erstmals im Steuerbuch an dieser Stelle ein »Ulrich Peringer pader«. Das Badhaus gehört am 20. Dezember 1412 dem Bürger Sighart Sitzinger und ist verpachtet. 1414 ist nur von der »Badstuben im Haggen« die Rede. Der Name fällt dann erstmals in der Kammerrechnung von 1419. Da geht es um einen wichtigen Kriminalfall, nämlich »ain fraw ... het ain pfayt (ein Hemd) in der huntsfut gestoln«. Dafür wurde ihr immerhin ein Ohr abgeschnitten. Seit 1431 hat das Bad der Bader Scharp inne, vgl. »Heinrich-Bad«, 1448 der Bader Hochmut.

1455 kommt dann der zweite Name erstmals vor, gleich zweimal: Einmal ist in der Kammerrechnung die Rede »von des prunnen, den man bej der Hunczgugel news gemacht hat«. Das zweite mal, als am 7. November 1455 der Bader Gilg Scharp, seine Frau Agnes und seine Tochter Magdalena ein Ewiggeld aus ihrem Badhaus, genannt »die Huntzgugel«, verkaufen, ebenso 1460. Der Namenswechsel findet zwischen 1419 und 1455 statt.

Die beiden Namen laufen eine Zeit nebeneinander her, wahrscheinlich weil die Urkunden-Schreiber von älteren Urkunden abschreiben. So bevorzugt man beim Heiliggeistspital zunächst den Namen Huntzfut/Hunczfut, so 1457, 1460 und 1466. Ihn hat um 1484 auch das erste Grundbuch übernommen (Hundsfudt). 1482 hat ihn auch das Steuerbuch (pader auf der Hundsfud), um 1485 das Stiftungsbuch des Reichen Almosens (Hundsfud), 1490 die Kammerrechnung (gepflastert bei der Hundsfud), das Steuerbuch hat im Jahr 1500 den Bartlme Huntzfutpader, 1523, 1524 und 1527 haben die Steuerbücher ebenfalls einen Martin Huntzfutpader. Nach 1527 setzt sich aber nun der Name Hundsgugl durch. Die Kammerrechnungen bevorzugen – obwohl sie den Namen Huntzfut sozusagen in die Welt gesetzt haben – fortan den Namen Hundsgugel, so 1467 als die Bürgerrechts-Einnahmen des Ulrich Bader »auf der Hunczgugel« verbucht werden, ebenso noch einmal 1469 »auf der Huntzgugel«, 1471 wieder als die Straße »bej der Huntzgugel« gepflastert wird. Aus diesem Anlaß wird der Name in diesem Jahr auch durch »Hundsgassen« ersetzt. Er geht also jetzt auch schon auf den Straßennamen über. 1477 verwendet ihn eine Gerichtsurkunde (Hundsgugel), 1486 das Steuerbuch (Huntzgugl), 1487 das Salbuch des Heiliggeistspitals, 1490, 1496, 1508, 1509 wieder die Steuerbücher, das Ratsprotokoll von 1519 nennt den Andre Huntzguchlpader usw. Die Schreibweise ist insofern immer gleich, als sie »-gugel« lautet, nicht »-kugel«. Der erste Beleg für »Huntzkugel« scheint der aus der Urkunde vom 5. Februar 1628 zu sein.

Irgendwann nach 1412 ging das Bad an das Heiliggeistspital über, dem es nach dem Grundbuch von 1484/85 zu dieser Zeit bereits gehörte. Das blieb so bis zum Jahr 1595.

Die Ableitung des Namens bereitet seit jeher Schwierigkeiten. Zuletzt hat Hubert Vogel versucht, ihn von einem im 14. Jahrhundert gebräuchlichen Stechhelm mit trichterähnlichem Visier abzuleiten, den man »Hundsgugel« nannte, oder von einer Kapuze mit zopfartigem Spitz, die im letzten Viertel des 14. Jahrhunderts getragen worden sei und die man geschwänzte Gugel nannte.

Die Haustradition hat das auch schon in der Liste der Eckhaus- und Hausnamen von 1725 aufgeführte Motiv der – in diesem Fall zwei – Hunde, die mit Kugeln (oder Kegeln) spielen, beibehalten. Diese Quelle sollte man nicht gering achten.

Zunächst einmal muß man auseinanderhalten, daß man es mit zwei Namen zu tun hat, mit Hundsfut und Hundsgugl.

»Fut« oder »Vut«, im Baierischen besonders als »Fotz'n« bekannt geworden, ist vom lateinischen »fauces«, der Schlund, die Kehle, das Loch, abgeleitet und wird deshalb im Volksmund sowohl – als pars pro toto – für das Gesicht gebraucht als auch für das weibliche Geschlechtsteil, von daher dann auch als Schimpfname für Frauen oder als »Hundsfott« als solcher überhaupt. Der Namensbestandteil kommt auch in Familiennamen vor. So gibt es in München um 1396 einen Mann namens »Hans Muterfut«.

Für »Fut« gibt es auch das Wort »Kel, Kele«, unsere »Kehle«. Es gibt aber auch das gleich klingende Wort »kelle«, das soviel wie Hütte, auch Gefängnis heißt. Eine »Huntkelle« ist eine Hundehütte, ein Hundezwinger. Im Jahr 1487 übergibt eine Neuöttinger Bürgerin, die Witwe eines Webers, dem dortigen Heiliggeistspital ihr Haus und Hofstatt unter dem Badberg »zunächst an die Huntzkhell« gelegen. Die Fakten sind interessant. Es handelt sich um ein Bad wie in München, es wird an das Heiliggeistspital übergeben wie in München und es hat einen Namen, der an die Münchner Hundsfut erinnert. In Landshut gibt es um 1418 ein Bad, genannt »in dem Loch«, das offenbar als Judenbad diente. Aber noch nicht Schluß mit den »schlechten« Namen: Das Kloster Raitenhaslach besitzt 1491 in Burghausen ein Bad, das gelegen ist »in der Zagelau«. »Zagel« ist der Schwanz, der Schweif von Tieren, aber auch das Geschlechtsorgan bei Männern und männlichen Tieren. Auch hier wieder die Verbindung eines Bades, die Anspielung auf ein Geschlechtsteil und eine geistliche bzw. eine Einrichtung der öffentlichen Wohlfahrt als Eigentümer. Offensichtlich waren Namen dieser Art für Bäder nicht selten. Hingewiesen sei auch noch darauf, daß es 1373 einen Ritter Seitz den Puechberger »von Hunczogel« gibt. Es handelt sich dabei offensichtlich um den Ort »Hundsschweif« bei Wörth. Selbst bei Ortsnamen also verschmähte man solche unflätigen Anspielungen nicht.

Eine Gugel ist – wie schon gezeigt – eine Art Kapuze. Der Namensbestandteil kommt auch in Familiennamen vor. Seit 1397 gibt es nach den Steuerbüchern in der Graggenau einen Konrad Münichsgugel. Es wäre nicht ausgeschlossen, daß es auch einen Familiennamen Hundsgugel gegeben hat.

Küchen für das Kochen von Hundefutter hat es ebenfalls gegeben. So gehörte zur Burg Grünwald im Jahr 1486 eine solche »Hundskuchl« für die Jagdhunde und das Jagdschlößchen Berg am Laim hatte sogar zwei Hundskucheln und einen eigenen Hundskoch, allerdings erst im 18. Jahrhundert. Burgholzer berichtet 1796 von der Hundsküche, die auf dem Lechel gewesen sei. In der Maxburg gab es um 1705 eine Hundsstube und schon 1396 beschäftigte der Hof eigene Hundsknechte, die in einem Haus neben dem Alten Hof gewohnt haben.

Das Hundsguglbad liegt jedoch zu weit vom Hof entfernt, als daß man eine solche Verbindung oder Vorgeschichte dieses Hauses annehmen könnte. Es deutet auch in den Quellen, besonders den Steuerbüchern, nichts darauf.

Wahrscheinlich aber gehen alle diese Ableitungen fehl, so geistreich und kunstvoll sie sein mögen.

Bleibt uns noch ein Aspekt: die mit Kegel/Kugeln spielenden Hunde. Sie kannte nicht nur die Liste von 1725 schon, sondern auch Stimmelmayr: »An dem Hause dieses Baders, ober dessen Eingang, ist nach der Quere angemalt wie Hunde an der Kegelstatt Kegel

Abb. 48: *Hundspfoten- oder Hundsfuß-Abdruck auf einem Ziegelstein aus der Landshuter Judengasse.*

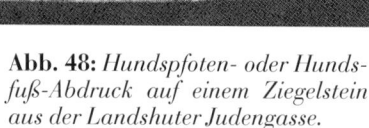

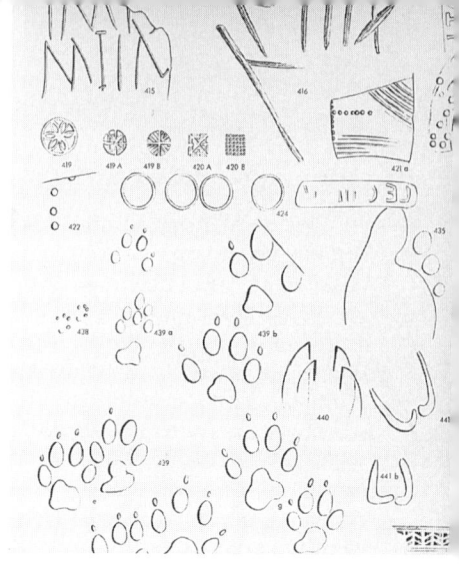

Abb. 49: *Fuß-Abdrucke von Tieren auf Ziegelsteinen (Nr. 435–441).*

scheiben und einer davon die Kugl in der Tatzen zum Scheiben hält, welches auf diese Gasse oder Platz anspielt.«

Aber noch eine Spur ist zu verfolgen, sie führt zunächst von München weg: Bei Ausgrabungsarbeiten in Landshut wurde vor wenigen Jahren auf dem heutigen Dreifaltigkeitsplatz ein Ziegelstein gefunden, der – oberflächlich besehen – die Abdrucke einer großen und mehrerer kleinerer »Kugeln« zeigt. Tatsächlich handelt es sich dabei aber nicht um Kugeln, sondern um den Fußabdruck eines Hundes. Die scheinbaren Kugeln sind der Abdruck des Fußballens und der Zehen. Steine mit diesen Abdrucken wurden in mittelalterlichen Ziegeleien eigens angefertigt und verkauft und dann an Häusern über der Haustüre eingemauert, um böse Geister zu bannen.

Sollte sich auch über dem Hundsfut-Bad in München ein solcher Stein befunden haben? Man wußte vielleicht nur noch andeutungsweise, daß dies etwas mit Hunden zu tun habe, verstand aber den Sinn nicht mehr und machte das daraus, was man zu sehen glaubte, nämlich Hundskugeln. »Hundsfut« könnte etwa aus »Hundspfut/Hundspfot(e)« entstanden sein. Aber noch einen Weg gibt es: Nach dem ältesten bayerischen Herzogsurbar der Zeit von 1231/34 bezieht der Herzog Abgaben aus einer Mühle irgendwo in Bayern, die leider nicht lokalisiert werden kann, die aber den Namen »Huntfuzmul« führt, also »Hundsfuß-Mühle«. Statt »Pfot/Pfut/Fut« käme dann auch »Fuß« als Bestimmungswort in Frage. Auch an dieser Mühle scheint so ein Stein mit dem Fußabdruck eines Hundes angebracht gewesen zu sein.

Unwillkürlich denkt man dabei auch an den Drudenfuß, der als fünf- oder sechszackiger Stern (Pentagramma oder Hexagramma) gerne auch über dem Eingang von Brauereien, Gaststätten und Mühlen usw. angebracht wurde. Auffallend ist bei dem Fund aus Landshut noch, daß es sich bei dem Fundort um die Stelle handelt, wo bis zur Mitte des 15. Jahrhunderts die Judenhäuser standen. Das wahrscheinliche Landshuter Judenbad hieß »in dem Loch«. Das Augsburger Judenbad wurde 1401 von den Juden aufgegeben und dem Heiliggeistspital überlassen, von diesem verpachtet und später verkauft. Das Heiliggeistspital war oben schon mehrmals begegnet. Könnte hier auch in München ein Zusammenhang bestehen? Ein ehemaliges Münchner Judenbad, das dann an das Heiliggeistspital kam und das die Christen mit dem Bannzeichen gegen böse Geister versehen haben?

Die Adreßbücher der Zeit um 1900 führen bei diesem Haus wieder den Hausnamen »Hundskugel«.

Qu.: GB II 111/7, 121/4, 7–11, 16 (1396), III 127/10 (1412), 148/8 (1414). – KR 1419 S. 60v, 1455 S. 75v, 1467 S. 33r, 1469 S. 33r, 1471 S. 107r, 1490 S. 117r. – StadtA, Urk. C IX b 44 (1455), 45 (1460). – StadtA, Zimelie 27a S. 11r (um 1485) (Reiches Almosen). – RP 1519 S. 103r. – Heiliggeistspital U 346 (1457), 360 (1460), 373 (1466), und Kommentar zu U 346. – HB HV S. 157. – HStA GU Mü 377 (1477), 3017 (1628), KU Raitenhaslach 530a (1481), US 82 (1487), Pfalz-Neuburg U 11.2.1418, Baurechnungen Grünwald, Hofkastenamt, Bericht des Hofmarksrichters von Berg am Laim vom 9.4.1769. – RB IX 291 (1373), XI 75 (1396). – Heeg-Engelhart, Herzogsurbar S. 224 Nr. 1548. – Burgholzer S. 456. – Stimmelmayr S. 67 Nr. 83. – Augsburger Stadtlexikon S. 41. – Erich Stahleder, Reinheitsgebot S. 25. – Maximilian Spitzelberger, Die Juden im mittelalterlichen Landshut, in: Verhandlungen des Historischen Vereins für Niederbayern, 110.–111. Bd., Landshut 1984/85, S. 165–238.

ISARWINKELBAD, Dultstraße 3*, o. D.

Siehe »Heinrichbad«.

KLOSTERBAD, gemeint: Kloster-Schäftlarn-Bad.

Siehe »Schäftelbad«.

KREUZBAD, Kardinal-Faulhaber-Straße 14*, vor 1462.

Das Bad an der Ecke der heutigen Kardinal-Faulhaber- und Maffeistraße erscheint erstmals im Jahr 1399 im Steuerbuch, jedoch ohne Namen. Nur der »Harlender pader« ist hier zur Steuer veranlagt. Seit 1404 wird es in den Quellen als »Neubad an der Kreuzgassen« bezeichnet, womit sich der Name »Kreuzbad« schon ankündigt. Das Bad gehört in dieser Zeit noch Ulrich Tichtel, dem Unruhstifter von 1397/1403. Er wurde nach diesen Unruhen enteignet. Infolgedessen kam das Kreuzbad an die Stadt, die es 1405 dem Wilhelm Tichtel verkaufte. Im 16. Jahrhundert besaß es die Frauenkirche, die es im Jahr 1600 verkaufte. Von da an war offensichtlich auch der Badebetrieb wieder eingestellt.

Der Name Kreuzbad begegnet erstmals im Steuerbuch von 1462 mit »Kristoff Kreuzpader«.

Qu.: HB KV S. 62. – GB III 22/2 (1404), 52/15 (1406). – KR 1404/06 S. 45v, 1475/76 S. 106r. – Solleder S. 395 (1405).

KROTTENBAD, KROTTENTAL-Badhaus, Rosental 2, seit vor 1398.

Siehe »Rosenbad«.

MAIBAD, MEYENBAD, Tal 71, vor 1711.

Den Namen Maybader erklärt Stimmelmayr damit, daß hier »am Vorabend des ersten Mays ein Maybaum aufgesetzt wurde«. Tatsächlich gibt es die Bezeichnung »Maibad« seit dem Mittelalter. Der Name bezeichnet eine bestimmte – wahrscheinlich im 13. Jahrhundert in Mode gekommene, vor allem im 15. und 16. Jahrhundert beliebte – Art zu Baden: das Bad im Freien, auf einer Frühlingswiese unter frisch ausgeschlagenen Bäumen, vor allem Linden, – eben den »Maien« (»Maie« = grüner Baum, Zweig, Strauß; im Walde frisch geschlagene Birke oder Buche, aber auch andere Bäume (Linde etc.). Die Mehrzahl lautet »Maien«). Man hielt diese Art zu Baden für besonders heilkräftig und stärkend, wie ja auch der Mairegen einem berühmten Kinderlied zufolge sogar »macht, daß man größer wird«. Hans Sachs dichtete: »ach got gesegne ewer gnad das schön wolschmeckend mayenbad«. Vor allem wurde der im Freien stehende Badezuber, in den bildlichen Darstellungen meist mit zwei Personen gemischten Geschlechtes besetzt, blumenbekränzt und schmausend, zum Sinnbild des Monats Mai, etwa auf einem elsässischen Bildteppich der Mitte des 15. Jahrhunderts oder im Kalender des Wiener Mathematikers Johannes de Gamundia von 1456. Unübersehbar ist bei diesem Maibad auch ein gewisses erotisches Moment, wahrscheinlich mehr in der Phantasie als in der Wirklichkeit. Berühmt ist die Darstellung des Maibades – wahrscheinlich der ältesten dieser Art – aus der Manessischen Liederhandschrift in Zürich vom Anfang des 14. Jahrhunderts, die den Minnesänger Jakob von Warte im Maibad zeigt. Die Stadt Baden im Aargau warb im 14. Jahrhundert sogar mit einer solchen Darstellung eines im Zuber badenden Paares in seinem Stadtsiegel.

Maibad 445

Abb. 50: *Der Minnesänger Jakob von Warte im Maibad. Aus: Manessische Liederhandschrift.*

446 Maibad

Abb. 51: *Elsässischer Bildteppich Mitte des 15. Jahrhunderts. Der Monat Mai (»Mey«) wird illustriert durch ein im Freien badendes Liebespaar.*

Abb. 52: *Kalender des Johannes de Gamundia von 1456. Der Monat Mai (Maius), Mitte, illustriert mit badendem Liebespaar im Freien.*

Für das Bad in München im Tal Petri ist der Name Maibad erstmals 1711 im Grundbuch belegt. Die Frage, wie es zu dem Namen kam, muß leider unbeantwortet bleiben. Ganz von ungefähr dürfte aber Stimmelmayrs Meinung nicht kommen, es habe etwas mit dem Maibaum zu tun. Maienbäume sind ja zunächst einmal Bäume, die im Frühling gerade ausgeschlagen haben. Mit solchen Bäumen wurde schon im 15. Jahrhundert der Weg der Fronleichnamsprozession geschmückt, wie dies ja auch heute noch mit frisch geschlagenen Birkenästen geschieht (z. B. 1484 zum »Umgang Corporis Christi«: »Item 18 den. zalt umb gruen mayenpäum unter das Wurtzer- und Schiferthor«). Dies sind die »Maienpäum«, von denen die Kammerrechungen sprechen. Später wird dann »der« Maibaum daraus, ein riesiger, bis auf die letzten Zweige an der Spitze entasteter Baum, der dann mit Girlanden – wiederum aus frischen Zweigen – und anderen Zutaten geschmückt und am 1. Mai aufgerichtet wird.

Denkbar ist, daß das Zurichten dieses Maibaumes in München (von dem Stimmelmayr spricht) seine Tradition von dem Bad im Tal herleiten kann, und von Maienbäumen (also frisch ausgeschlagenen, jungen Bäumen), die man dort ursprünglich für das Badevergnügen verwendete.

Siehe auch »Eselbad«.

Qu.: KR 1484 S. 80r. – HB AV S. 471/72. – Stimmelmayr S. 12 Nr. 26/5. – Die Manessische Liederhandschrift in Zürich. Katalog zur gleichnamigen Ausstellung im Schweizerischen Landesmuseum Zürich, bearbeitet von Claudia Brinker und Dione Flühler-Kreis, Zürich 1991, S. 67 ff., 89 ff. mit weiteren Belegen und Abbildungen. – Grimms Wörterbuch Bd. 6, Leipzig 1885, Sp. 1473/74, 1476 (hier auch Zitat von Hans Sachs).

MEISTER FRIEDRICHS BAD, unermittelt, um 1337.

Nur Solleder nennt zum Jahr 1337 ein Bad des Meisters Friedrich.

Qu.: Solleder S. 395.

MEISTER JANS BAD, Rosental 17*, seit vor 1330.

Das Bad des Meisters Johann erscheint schon im Jahr 1330, dann wieder im Jahr 1352 als »magistri Johannis walneum«, als Bad des Meisters Johannes, in einer Urkunde. Der Name wird 1391 noch einmal aufgegriffen: »Padhaws ... in dem Chrotental, genant etwan maister Jans pad«. Das Badhaus lag neben dem Rudolf-Kaplans-Haus und wird als Teil von diesem noch in den Katastern des 19. Jahrhunderts aufgeführt. Der ganze Gebäudekomplex wurde 1899 abgebrochen und teilweise zur Erweiterung der Pettenbeckstraße verwendet.

Qu.: MB 19a S. 27 (= St. Peter U 30) (1352). – GB II 11/8 (1391). – HB AV S. 277. – Solleder S. 395 (1330).

NEIDBAD, NEIDECKBAD, Dultstraße 3*, seit vor 1408.

Siehe »Heinrichsbad«.

NEUBAD, Kardinal-Faulhaber-Straße 14*, seit vor 1404.

Siehe »Kreuzbad«.

RADLBAD, Radlsteg 2, seit vor 1382.

Das Bad gibt es schon seit vor 1368. Im Steuerbuch dieses Jahres steht an seiner Stelle schon der »Ditel balneator«. Der Name fällt dann erstmals im Gerichtsbuch unter dem Jahr 1382. Da begegnet uns eine Frau, »dew alt Alhaide auf dem Raedlinspade«. Den »Ulrich pader vom Raedl« oder »Ulrich Has, pader auf dem Rädlin« haben dann die Steuerbücher von 1392 bis 1395 und so fort.

Der Name ist abgeleitet von einem Drehrad. Die Gasse namens Radlsteg gab es bis ins 19. Jahrhundert nicht. Sie war ein Stadtbach. Um den Zugang zu den Häusern auf der Westseite des heutigen Radlstegs zu ermöglichen, war der Bach mit einem schmalen hölzernen Steg an der Häuserzeile entlang überbaut. Er war nur für Fußgänger gedacht. Damit niemand unbedachterweise mit einem schweren Fahrzeug auf den Steg fuhr und etwa einbrach, war er an den Zugängen vom Tal und von der Westenriederstraße her mit einem Drehrad versehen, eben dem Radl.

Auch Stimmelmayr kannte das Badhaus noch (Bader-am-Radlsteg-Haus). Bader, Wundärzte und Chirurgen waren noch bis 1874 Eigentümer dieses Hauses. Huber nennt es 1819 den »Bader am Radlsteg«.

Das »Taeckenbad« hat mit diesem Bad nichts zu tun, vor allem war es nicht sein Vorgänger, wie häufig in der Literatur behauptet wird, siehe dort.

Qu.: GB I 171/7 (1382). – Stimmelmayr S. 112 Nr. 118/2. – HB AV S. 193/94. – Huber II S. 57.

ROSENBAD, ROSENTALBAD, Rosental 2, seit vor 1415.

Dieses Haus gehörte bis 1700 als Hinterhaus zum Haus Rindermarkt 8, dem Stammhaus der Familie Pötschner, zu dem auch der »Löwenturm« gehörte. Ein »ballneator« (Bader) erscheint schon im Jahr 1369 in dieser Gegend im Steuerbuch, wird aber zur Sendlinger Straße gerechnet, indem mit diesem Bader jeweils die Aufzählung der Steuerzahler dieser Straße beginnt. Deshalb hat die These etwas für sich, daß dieses Bad erst später nach Rosental 2 verlegt worden sei und sich vorher etwa bei Rosental 19/20* oder gar Sendlinger Straße 2 befunden haben könnte.

Hierher gehört auch der mehrmals genannte »Heinrich der pader auf dem Krotental« von 1398. Er kommt in dieser Zeit auch in den Steuerbüchern vor (als erster Eintrag bei der Sendlinger Straße). Zu unterscheiden ist von ihm das »padhaus in dem Chrotental, genant etwan maister Jans pad« von 1391, siehe dort. 1409 ist es »Hänsel der pader auf dem Krotental« (Heinrich der Sendlinger verkauft es an die Pötschner). Noch 1466 spricht das Ratsprotokoll sogar vom »Krotenbad«.

Der Name Rosenbad kommt vergleichsweise spät auf. Der Name für die Straße – Rosental – begegnet erst seit 1410 in den Quellen.

Seit 1413 steht das Bad in den Steuerbüchern unter dem Kapitel »Krottental«, nicht mehr als erster Eintrag bei der Sendlinger Straße. Seit 1415 nennen die Steuerbücher den »pader Rosental« und erst seit dem 29.März 1460 liegt ein Haus dem »Rosenpad« gegenüber. 1462 findet man den »Linhart pader auf dem rossenpad«, im Steuerbuch. 1725 befindet sich an dem Haus eine Rose, als Eckhaus-Name wird »Rosenbad« angegeben. Bader und Wundärzte besitzen das Haus noch bis 1822. Deshalb nennen es auch Huber 1819 und das Adreßbuch von 1823 noch.

Ein Rosenbad gab es auch in Augsburg.

Qu.: GB II 11/8 (1391), 132/8, 133/13, 134/6 (1398), III 87/19 (1409). – RP 1466 S. 112a. – HStA Mü Kurbaiern U 13930 (1460). – Zeitschrift des Hist. Vereins von Schwaben und Neuburg XII 20. – HB AV S. 261. – Huber II S. 469. – AB 1823 S. 18.

SCHÄFTELBAD, Färbergraben 35, seit um 1300.

Das Kloster Schäftlarn hat sein Badhaus am Färbergraben (padhaus ... an dem graben) schon laut Urkunde vom 15. Juni 1300. Es trennt sich im Jahr 1746 von ihm und verkauft es einer Baders- und Wundarztenswitwe. Bis zum Anfang des 19. Jahrhunderts sind Bader und Wundärzte Hauseigentümer geblieben. Der Name kommt in vielen Varianten vor, z. B: Schöftlbad, Schefftlerbad, Schefftlbad usw.

Qu.: Dirr U 28 (1300). – HB HV S. 125.

SCHARFFENBAD, SCHARPPENBAD, Dultstraße 3*, seit um 1445.

Siehe »Heinrichsbad«.

Des **SCHLUDERS BAD,** Windenmacherstraße 3/4, um 1378/82.

Siehe »Frauenbad«.

SCHRAMMENBAD, Schrammerstraße 2, seit vor 1383.

Das Bad besteht bereits seit vor 1368. In diesem Jahr steht im Steuerbuch an seiner Stelle der »balneator Stuph«. Die Stupf sind ein Ratsgeschlecht. Es ist nicht anzunehmen, daß ein Mitglied dieser Familie den Beruf des Baders ausgeübt hat. Die Stupf dürften vielmehr die Inhaber des Bades gewesen sein. 1383 nennt das Gerichtsbuch erstmals den Namen des Bades: »Ulrich der pader von dez Schramen pade«.

Das Bad ist also nach einem Bader – wahrscheinlich aber eher nach einem ehemaligen Bad-Inhaber – namens Schramm benannt (»dez« Schramen), genauso wie auch die Gasse, vgl. dort. So bleibt es noch lange, bis weit ins 15. Jahrhundert hinein. 1368 bis 1371 gibt es einen Dietel Schramm im Steuerbuch beim Tal Petri. Er ist wahrscheinlich identisch mit dem Floßmann Schramm, der 1371 und 1372 in Gerichtsbuch-Einträgen vorkommt. Seit 1371 gibt es an der Sendlinger Straße einen Kaufmann (mercator) Heinrich Schramm bzw. Schraemmel, gleichzeitig einen gleichnamigen mercator in der Theatiner- und Schäfflerstraße. Am Grieß Marie findet man 1375 und am Anger 1377/78 einen Schuster (calciator) Konrad Schrämmel.

Ein Bader dieses Namens ist also nicht feststellbar, aber die Kaufleute des Namens Schramm kommen als Inhaber oder Gründer des Bades durchaus in Frage.

Das Schrammenbad gehörte – wie das Kreuzbad – 1404 noch dem Ulrich Tichtel, dem Wortführer der Unruhen von 1397/1403. Nach seiner Enteignung verkaufte die Stadt das Bad 1405 an die Frauenkirche. Anfang des 16. Jahrhunderts befindet es sich aber wieder in Privathand. Stimmelmayr nennt es noch »das Bader Haus«. Seit spätestens 1791 ist es aber schon kein Bad mehr gewesen. In den 90er Jahren wurde es in ein Gasthaus umgewandelt.

Qu.: GB I 15/17 (1371), 27/4 (1372), 178/10 (1378), GB III 22/2 (1404). – Solleder S. 395 und KR 1404/06 S. 46r (1405). – Stimmelmayr S. 19 Nr. 36/6. – HB GV S. 326/27.

SPITALBAD, Roßschwemme 590 A*, seit vor 1319.

Ein Eintrag in der Kammerrechnung, der zum Jahr 1319 gehören muß, nennt schon das »balneum hospitali«, das Spitalbad oder Spitalerbad des Heiliggeistspitals. Es lag sicher auch schon in dieser Zeit an der späteren Roßschwemme, also gleich hinter dem Spital. Die ganze Häusergruppe an dieser Stelle gehörte dem Spital und wurde um 1870 abgebrochen, um dem Viktualienmarkt mehr Platz zu schaffen. Das genannte Haus gehörte bis 1810 dem Spital und wurde in diesem Jahr an einen Wundarzt und Chirurgen verkauft,

dessen Witwe es noch bis 1831 besaß. Dann kaufte es die Stadt München. Das Haus diente also bis zuletzt seinem ursprünglichen Zweck. Huber nannte es 1819 den »Bader an/auf der Roßschwemme«.
Qu.: KR 1318/24 S. 10v (1319). – HB AV S. 290. – Huber II S. 62.

❑ **TAECKENBAD**, vor dem Taeckentor, seit vor 1361.

Dieses Bad soll es bereits 1356 gegeben haben. Auf jeden Fall gibt es 1361 eine »porta Taechenpad« bzw. einen »Taechenpad turris« in der Kammerrechnung, 1368 nennt das Steuerbuch einen »balneator Pauls« an dieser Stelle. Im Jahr 1369 setzt der Ratsbürger Heinrich Mäusel dieses Bad, genannt »Taekenpad« als Pfand. 1370 liegt des Ott Fischer Haus »bei dem Taeckenpad«, 1381 hat Konrad Diener ein Pfandgeld aus dem »Techenpad«. Letztmals wird das »Taechenpad« 1383 genannt. Da ist es wieder das Nachbarhaus eines Fischers.

Sein Verschwinden hängt mit der Umsiedlung der Bewohner des Grieß in der Zeit um 1385 zusammen und der Ansiedlung der meisten Fischer in der späteren Fischergasse, siehe unter »Grieß« und »Fischergasse« bei den Straßennamen.

Das Bad hat mit dem Radlbad nichts zu tun, das es im übrigen 1368 ja auch schon gab. Sowohl Solleder als auch andere Autoren, wie Roswitha von Bary, hielten das Taeckenbad für identisch mit dem Radlbad. Das Taeckenbad lag aber eindeutig außerhalb der Stadt. Das geht aus allen Steuerbüchern der Zeit hervor. Auch die Nachbarschaftsangaben mit Fischern als Nachbarn sprechen dafür und ebenfalls schließlich das Verschwinden des Bades gleichzeitig mit den anderen Bewohnern des Grieß um 1385.

Was die Schreibweise betrifft, so ist festzuhalten, daß sie fast immer »Taeckenbad« oder ähnlich lautet, fast nie »Tech-« oder »Teck-« mit einfachem »e«. Der Turm oder das Tor (Taeckentor) scheint übrigens nach dem Bad benannt zu sein. Bei seinem ersten Erscheinen 1362 lautet der Name »porta Taechenpad« und »Taechenbad turris«, also »Taeckenbadtor«, »Taeckenbadturm«.

Zur Ableitung des Namens gibt es mehrere Möglichkeiten. Im Jahr 1319 nimmt die Stadt Bürgerrechtsgebühren ein von einem »Thekcho in vico Sentlingeriorum«, also Thekch im Dorf Sendling. Im Jahr 1331 werden in der Kammerrechnung 200 Pfund für eine Person namens »Toegk« verrechnet, 1369 gibt es in einem Gerichtsbuch-Eintrag eine »Agnes die Tockk«. Eine Ableitung von einem Familiennamen, sowohl beim Bad als auch beim Turm, wäre nicht ausgeschlossen. Die zweite Spur führt zu »taeck, tacken, tauken, tocken«, was Decke von Baumzweigen, Bast oder Stroh geflochten bedeutet, eine Strohmatte oder Schilfmatte zum Bedecken von

Gebäuden. Das würde auf die Art der Dachbedeckung hindeuten. Man kann Dächer ja verschieden decken: mit Dachziegeln (Taschen), mit Schindeln aus Holz oder mit Stroh oder strohähnlichem Gewächs, vgl. auch »Taeckenturm«.

Qu.: Solleder S. 396 (1356). – GB I 3/18, 3/26 (1369), 10/11 (1370), 133/5 (1381), 180/4 (1383). – KR 1318/25 S. 8r (1319), KR 1325/46 S. 50r (1330), 1361 S. 64r, 67r, 1362 S. 110v, 103r. – R. v. Bary S. 1026. – Schmeller I Sp. 584.

TÜRLEINSBAD, Ledererstr. 25*, seit vor 1371 (1319?).

Das Steuerbuch kennt an dieser Stelle 1368 einen »Libhart pader«. Deshalb hält man bisher dies für den ersten Beleg für seine Existenz. Dies gilt aber nur für das Bad selbst, nicht für den Namen des Bades. 1371 heißt es dann »an der prugg bei dem Türleinspad« bzw. »zu dez Türleins pruck« und 1374 wird auch der Name »gen dez Türleins pad über« genannt. Es heißt auch bei seinen nächsten Nennungen 1383, 1385, 1391 und 1405 stets »bei des Türl(e)ins/Turlins pad«. 1385 wechselt das Haus Burgstraße 10 – am Durchgang unter dem heutigen Schlichtingerbogen – den Besitzer. Es liegt »zenächst an dem gaesslein, daz hinab fur dez Turleins bad da get«. 1405 verkauft Bartlme Schrenck sein Badhaus in der Graggenau, das »genant ist des Türleins pad« und das er von seiner verstorbenen Schwester Agnes der Weissenfelderin geerbt hatte, an Ott den Schiml. Das Steuerbuch von 1462 hat die ausgefallene Schreibweise »Durndl pat«.

Die Schreibweise mit »Th« kommt erst um 1800 auf (Stimmelmayr schreibt so und später Ernst von Destouches), als man noch »Thür« und »Thor« schrieb. Diese Schreibweise verrät bereits, von welchem Wort man den Namen ableitete, eben vom Wort »Türe«.

Der besitzanzeigende Genitiv »des Türlins pad« deutet – ähnlich wie bei allen Straßennamen dieser Art, vgl. des Dieners Gassen und Dutzende andere – auf einen Personen- bzw. Familiennamen als Namengeber, nicht, wie man bisher annimmt, auf ein Tor oder eine kleine Pforte – Türlein genannt –, das in der Nähe dieses Bades gelegen habe und etwa den Zugang von der Graggenau aus hinauf zur Burgstraße ermöglicht habe. Ein solches Tor hat es nun tatsächlich gegeben. Im Jahr 1319 gibt die Stadtkammer Geld aus für Reparaturen (für Eisen und den Schmied, »pro ferro et fabro«) »ad portam Türlini«, zum Türleinstor, eigentlich »Tor des Türlin«. Auch diese doppelte Verwendung des Begriffs – einmal lateinisch, einmal deutsch – deutet wohl eher darauf, daß es sich bei »Türlini« um einen Eigennamen handelt und nicht um eine Türe, wenngleich man bekennen muß, daß es in Pfaffenhofen an der Ilm ein »Türltor« gab und in Neuötting 1502 und 1533 eine »Türlgasse«. Übrigens gibt es in dieser Kammerrechnung auch eine »pons Pütrici« und eine »porta Tornatoris«, eine Pütrichsbrücke und ein Tornatorstor oder Draechselstor, beides nach Bürgern benannt, die neben dem Tor bzw. der Brücke ihr Haus hatten.

Das Tor dürfte 1319 bereits zum Türlbad geführt haben und dieses bereits existiert haben. Es wurde offensichtlich nur der Begriff »-bad« weggelassen, wie dies üblich war. Man sprach ja auch vom Bader »auf dem Rädel« und vom Bader »auf dem Güghan« oder Bader »auf der Wühr« usw. und ließ auch hier das »-bad« jeweils weg. Es mag offen bleiben, ob mit dem Türlin mehr das Bad gemeint ist oder mehr der Mann, der ihm den Namen gab: Die Pforte des Mannes namens Türlein oder die Pforte beim Bad des Türlein. Ähnlich unentschieden muß die Deutung bleiben, wenn 1328 Kaiser Ludwig eine Hofstatt »vor dem Türlein zu München« verleiht, die vorher der Tutzinger hatte (Konrad der Tutzinger war 1316 des Königs Marstall-Meister) oder 1368 Herzog Stephan wiederum Haus und Hofstatt »bei dem Turlein«.

Mit Sicherheit geirrt hat sich Lipowski, wenn er den Namen von einem Türmlein ableitete, womit er den Schlichtinger-Bogen meinte. Nagler ist ihm darin gefolgt und spricht ebenfalls vom »Thurmthor, genannt Thürmlein...«. Dieses »Thürmlein« sei aber nun »bis auf den Bogen verschwunden«. Alles weitere, was Nagler in diesem Zusammenhang zu berichten weiß, gehört in das Reich der Phantasie und muß hier nicht wiederholt werden. Von einem Turm an dieser Stelle und zu dieser Zeit wissen wir nichts. Nicht belegen läßt sich auch der Name »Toratzbad«, den Hefner einmal für dieses Bad verwendet.

Das Bad hat bis 1848 bestanden und war in Händen von Badern und Wundärzten. 1890 erwarb es der »Allgemeine Philisterverband des akademischen Gesangvereins Scholastica«, in dessen Neubau es dann aufging. Ernst von Destouches hat im selben Jahr die Geschichte dieses Gesangvereins und des historischen Thürlbades geschrieben.

Qu.: GB I 57/6 (1374), 180/8 (1383), GB II 9/3 (1391), GB III 46/7 (1405). – KR 1318/25 S. 11v (1319), 1371 S. 46v, 47r. – RB VI 254 (1328), IX 206 (1368), X 158 (1385). – Bayerisches Städtebuch Art. »Pfaffenhofen«. – StadtA. Hist. Verein von Oberbayern Urk. 3302 (1502), 3309 (1533). – Lipowski II (1815) S. 333. – HB GV S. 154/55. – O.T. von Hefner, Münchner Bilder aus dem 14. Jahrhundert, in: OA 11, 1849, S. 222. – Nagler I (1863) S. 25. – Huber II (1819) S. 478.

WÜHRBAD, Hochbrückenstraße 7*, seit vor 1372.

Auch hier wird ein »Seidel balneator« bereits im Steuerbuch von 1368 (bis 1372) genannt. 1372 liegt aber schon ein Haus »bey dem Würpad«. 1387 sitzt der »Ott pader auf der wür«, laut Steuerbuch. Das Bad besaß um die Mitte des 15. Jahrhunderts die Familie Astaler. Sie verkaufte es 1450 an den Pfarrer von St. Peter, Dr. Rudolf Volkhart von Häringen.

Stimmelmayr nennt es den »Bader auf dem Gern«, weil es auf einer Insel (Gern) lag, die hier vom Hochbrückenbach gebildet wurde. Es gehörte Badern und Wundärzten bis zum Jahr 1774. 1896 erwarb es die Stadt München und ließ es zum Ausbau der Hochbrückenstraße abbrechen.

Qu.: GB I 32/4 (1372). – MB 21 S. 146 (1450). – Stimmelmayr S. 6, 8. – HB GV S. 93/94.

Branntweinereien

Die Namen der Branntweinereien gehören zu den jüngsten. Sie beruhen fast alle auf Familiennamen. Der am frühesten denkbare ist der Joblbranntweiner. Die Familie Jobl sitzt seit 1630 auf dem betreffenden Haus. Es folgt der Seeriederbranntweiner (Hausname frühestens seit 1648 denkbar), der Hitzlsbergerbranntweiner (frühestens seit 1667 denkbar), der Bärtlbranntweiner (frühestens seit 1674) und der Heiliggeistbranntweiner (frühestens seit 1686). Alle anderen sind erst seit dem 18. Jahrhundert möglich. Sie sind auch allesamt in der ersten Hälfte des 19. Jahrhunderts wieder verschwunden. In den Adreßbüchern kommen auch sie schon seit 1833 nicht mehr vor, während die der Brauereien, Gastwirtschaften und Bierwirtschaften noch 1842 bzw. sogar 1850 aufgeführt werden.

Die wesentlichen Befugnisse der Branntweiner sind noch im 19. Jahrhundert die Erzeugung und der Verkauf von Branntwein im Großen wie im Kleinen, der Ausschank sowohl im eigenen Haus als auch über die Straße. Wer von den Branntweinern Stallungen besitzt, darf auch die zum Besuch der Schranne hierher kommenden Bauern und Boten beherbergen.

Qu.: Schlichthörle I S. 128.

BÄRTLBRANNTWEINER, Tal 51, seit 1818/23 (nach 1674).

Im Jahr 1674 heiratet die Witwe Barbara Salfenauer den Branntweiner Christoph Perschl, Perstl oder Pertl. Diese Familie hat das Haus bis 1723. Auf diese Zeit geht der Hausname zurück. Ihn überliefern die Adreßbücher seit 1818.

Qu.: HB AV S. 435. – AB 1818 S. 252–256, auch zu allen folgenden, sowie S. 126, 143–145, 190, 194. – AB 1823 S. 14.

BRANNTWEINER am **ISARWINKEL**, Dultstraße 4*, seit vor 1808.

Diesen Namen überliefert für das Jahr 1808 das Grundbuch. Die Eigentümer dieses Hauses sind seit 1681 Branntweiner. Bis 1896 ist das Haus Gasthaus. Bei Stimmelmayr heißt das Haus das »Esel-Branntweiner-Haus«. Die Herkunft des Namens ist ungeklärt. Siehe »Isarwinkel« unter den Straßen und »Isarwinkelbad«.

Qu.: Stimmelmayr S. 88 Nr. 102/4. – HB AV S. 40/42. – AB 1823 S. 20.

BRANNTWEINER-MAUS-HAUS, Promenadeplatz 8*, Ende 18. Jhd. – nach 1823.

Diesen Namen verwendet erstmals Stimmelmayr. Das Haus heißt ihm zufolge auch »Bei der Maus«. Das Adreßbuch von 1823 nennt es »Zur Maus«. Es gehört von 1653 bis 1850 stets einem Branntweiner. Die Herkunft des Namens ist ungeklärt.

Qu.: HB KV S. 223/25. – Stimmelmayr S. 33 Nr. 52/2. – AB 1823 S. 36.

EINSCHÜTTBRANNTWEINER, Bräuhausstraße 10, Ende 18. Jhd. (nach 1723).

Nur Stimmelmayr nennt diesen Namen. Auf dem Haus an der Ecke zur Einschütt (heute Hochbrückenstraße) sitzen seit 1723 Branntweiner, dem Häuserbuch zufolge offensichtlich bis 1896.

Qu.: Stimmelmayr S. 1 Nr. 1. – HB GV S. 16, 98.

ESEL–BRANNTWEINER–HAUS, Dultstraße 4*, Ende 18. Jhd.

Siehe »Branntweiner am Isarwinkel«.

ETTMAYRBRANNTWEINER, Ledererstr. 13, seit vor 1818 (nach 1720).

Dieses Haus erwirbt am 16. April 1720 der Branntweiner Jakob Ettmayr und besitzt es bis 1748. Auf ihn geht der Hausname zurück, den 1818 das Adreßbuch erstmals erwähnt. Branntweiner sitzen aber auf dem Haus schon seit 1627.

Um 1840 wird das Haus laut Grundbuch sogar »Ettmairbräu« genannt. Es hat in dieser Zeit eine radizierte Bräugerechtigkeit.

Qu.: HB GV S. 136/37. – AB 1818 S. 144/45, 1823 S. 11.

HEILIGGEISTBRANNTWEINER, Tal 5, seit vor 1818 (nach 1686).

Das Haus liegt gegenüber dem Heiliggeistspital, woher es den Namen hat. Um 1550 betreibt der Salzsender Wolfgang Herzog (seit 1522 hier in den Steuerbüchern stehend) in dem Haus eine Fremden-Herberge (Gasthof) mit der Möglichkeit, 40 Pferde unterzustellen. Er gehört damit schon zu den größeren dieser Art. Der erste Branntweiner erwirbt das Haus am 5. April 1686. Es ist Kaspar Seerieder. Das Gewerbe wird bis zum Ende des 19. Jahrhunderts betrieben. Den Namen »Heiliggeistbranntweiner« überliefert erstmals das Adreßbuch von 1818.

Qu.: HB GV S. 347/48. – StadtA, Gewerbeamt 1422a (1550). – AB 1823 1823 S. 5.

Zum **HITZELSPERGERBRANNTWEINER**, Färbergraben 31, seit vor 1819 (nach 1667).

Die Familie des Branntweiners Hitzelsberger hat dieses Haus von 1667 bis 1805 inne. Den Hausnamen nennen 1819 Huber und 1823 das Adreßbuch.

Qu.: Huber II S. 107. – AB 1823 S. 28. – HB HV S. 119/120.

(**Jacklbranntweiner**, Neuhauser Straße 27, 1818).

Siehe »Joblbranntweiner«.

JOBLBRANNTWEINER, Neuhauser Straße 27, vor 1791 (nach 1630) – nach 1819.

Dieses Haus erwirbt am 9.März 1630 der Branntweiner Bernhard Jobl. Seine Familie besitzt es bis 1685. 1791 wird im Grundbuch Leopold Benno Tusch »Zum Joblbranntweiner« genannt. Der Name »Zum Jackl-Branntweiner«, den das Adreßbuch von 1818 an einer Stelle für dieses Haus anführt, ist unrichtig. Das Adreßbuch von 1823 nennt das Anwesen »Zum Laberhanslbranntweiner«, weil inzwischen der ehemalige Laberhanslbranntweiner Franz Amberger von der Weinstraße 6 hierher übergesiedelt war.

Qu.: HB HV S. 358/79. – AB 1818 S. 194 (Jobl), 255 (Jackl), 1823 S. 29 (Laberhansl). – Huber II S. 110.

JUDENBRANNTWEINER, Tal 13, seit vor 1778 (nach 1763).

Diesen Branntweiner nennt das Häuserbuch (Grundbuch) für die Zeit um 1778, ebenso kennt ihn Stimmelmayr. In diesem, dem Haus der Sigmund (= Münstrer) Schmiedin, betreibt um 1550 Leonhardt Ödmüller (nach Steuerbuch seit 1522 an dieser Stelle stehend) eine Fremden-Herberge (Gasthaus) mit der Möglichkeit 40 Pferde einzustellen. Seit mindestens 1576 ist auch der jeweilige Hauseigentümer ein Gastwirt. Am 20. Mai 1755 erwarb es der Branntweiner Franz Langer, der aber bald starb. Am 15. Dezember 1759 ist seine Frau schon Witwe. Sie hat offenbar nicht zufällig einen jüdischen Vornamen – Maria Sara –. In diesem Haus – es ist die spätere Mohren-Apotheke – befand sich seit 1763 eine Betstube für die Juden, die sich seit der Mitte des Jahrhunderts wieder in der Stadt niederlassen durften. 20 von ihnen gab es 1750 wieder, 53 im Jahr 1781. Aber die öffentliche Ausübung ihres Glaubens war ihnen verboten. Stimmelmayr behauptete, daß in diesem Haus »schon immer Juden wohnten«, womit er sicher etwas übertrieb.

Nach Stimmelmayr hieß das Haus auch »Weiserhaus«, da es von 1688 bis 1736 der Weingastgeb Weiser und seine Familie besaßen.

Bis 1828 war das Haus Branntweinbrennerei, 1832 wurde es Apotheke.

Qu.: HB GV S. 360/61. – Wolfram Selig (Hrsg.), Synagogen und jüdische Friedhöfe in München, München 1988, S. 35. – Stimmelmayr S. 12 Nr. 26/8. – StadtA, Gewerbeamt 1422a (1550). – Huber II (1819) S. 44. – AB 1823 S. 12.

Zum **KLEINEN BRANNTWEINER**, Färbergraben 26, seit vor 1815.

Das Haus gehört seit 1655 einem Branntweiner, der letzte besaß es bis 1873. Das Grundbuch nennt das Haus 1815 »Zum kleinen Branntweiner«, ebenso die frühen Adreßbücher. Der Grund für diese Benennung ist nicht bekannt.

Qu.: HB HV S. 113. – AB 1823 S. 27.

LABERHANSLBRANNTWEINER, Weinstraße 6, Ende 18. Jhd. (nach 1712).

Das Haus gehört bereits 1368 der Familie Weinmann, bei der man schon aus dem Namen schließen darf, daß sie Weinhandel betrieben hat. Zur Zeit von Mathes Weinmann (1415–1431 an dieser Stelle im Steuerbuch stehend) wird aus diesem Haus 1423 Schenkensteuer bezahlt. Seit vor 1439 gehört es dem Hans Taichstetter, der 1462 Vierer der Weinschenken-Zunft ist. Seit vor 1482 haben die Wenig das Haus inne, von denen Wolfgang Wenig 1489 Vierer der Weinschenken ist. Auch die folgenden Mitglieder der Familie sind Wirte. Jörg Wenig betreibt um 1550 hier eine Fremden-Herberge mit der Unterbringungsmöglichkeit von 16 Pferden. 1676 wird das Haus als Wirtsbehausung bezeichnet und gehört seitdem einem Branntweiner. 1712 bis 1748 ist dies Johann Schmidt. Von ihm dürfte der Namensbestandteil »-hansl« stammen. Der Namensteil »Laber-« ist ungeklärt. Der Branntweiner Franz Amberger besitzt das Haus von 1805 bis 1821. Dann wechselt er auf das Haus Neuhauser Straße 27 (Jobl-Branntweiner) und wird 1823 auch dort »Zum Laber-Hansl« genannt.

Stimmelmayr kennt das Eckhaus des Branntweiners Laberhänsel genauso wie 1805 das Grundbuch und 1818 das Adreßbuch.
Das Haus ist sonst auch als »Fraueneck« bekannt, siehe dort, mit Abb. 40.

Qu.: Stimmelmayr S. 21 Nr. 38/9. – HB KV S. 356/58, HV S. 359. – AB 1823 S. 29.

Bei der **MAUS**, Promenadeplatz 8*, seit Ende 18. Jhd.

Siehe »Branntweiner-Maus-Haus«.

Zum **PLATZLBRANNTWEINER**, Pfisterstraße 4, seit vor 1819 (nach 1730).

Seit 1730 sitzen auf einem Teil des späteren Hauses Nr. 4, nämlich 4 B, Branntweiner. Das Haus liegt in der Nähe des Platzl und hat daher seinen Namen. Ihn nennen Huber (1819) und das Adreßbuch von 1823.

Qu.: Huber II S. 26. – AB 1823 S. 6. – HB GV S. 237/39.

RIEGLBRANNTWEINER, Burgstraße 17, um 1818.

Das Haus besitzt ein Branntweiner jeweils von 1724 bis 1829.
Nur das Adreßbuch von 1818 nennt es »Zum Rieglbranntweiner«. Der Grund ist nicht ersichtlich. Huber (1819) und das Adreßbuch von 1823 kennen den Namen nicht.

Qu.: HB GV S. 39/40. – Huber II, Register. – AB 1823 S. 5.

RIEPLBRANNTWEINER, Ledererstraße 15, seit vor 1801.

Branntweiner besitzen dieses Haus von 1601 bis 1837. Den Namen nennt das Grundbuch zum Jahr 1801, allerdings beim Haus Marienstraße 4*, wo der Joseph Mock, derzeitiger Inhaber des Hauses Ledererstraße 15, als »Rieppelbranntweiner« bezeichnet wird. Ebenso kennen den Namen die Adreßbücher von 1818 und 1823 (Zum Riepl). Der Grund für die Namengebung war allerdings nicht zu ermitteln.

Qu.: HB GV S. 139/40, 193. – Huber II (1819) S. 43. – AB 1823 S. 11.

SEERIEDERBRANNTWEINER, Ledererstraße 18*, seit vor 1818 (nach 1648).

Das Haus erwirbt am 2. Dezember 1648 der Branntweiner Wolf Seerieder. Seither ist es Branntweinbrennerei. Die Familie hat das Haus bis 1746. 1818 nennt das Adreßbuch das Haus »Zum Seerieder-

Branntweiner«, das Grundbuch 1829 »Zum Seerieder«. Branntweiner sind bis 1854 auf dem Haus.

Qu.: HB GV S. 145. – AB 1823 S. 11.

SCHUHBAUERBRANNTWEINER, Promenadeplatz 10*, Ende 18. Jhd. (nach 1717).

Das Haus gehört seit 1563 jeweils einem Gastgeben. 1610 kauft es erstmals ein Branntweiner. Am 14. Juli 1717 ist dies Thoman Schuechpaur. Seine Familie besitzt es bis 1788. Branntweiner sind bis 1906 auf dem Haus. Stimmelmayr spricht noch ebenso vom Branntweiner Schuhbaur wie 1818 und 1823 die Adreßbücher (Zum Schuhbauerbranntweiner) und 1819 Alois Huber.

Qu.: HB KV S. 229. – Stimmelmayr S. 33 Nr. 52/4. – AB 1823 S. 36.

WEIGLBRANNTWEINER, Sendlinger Straße 17 B, Ende 18. Jhd. (nach 1724).

Das Haus (mit Hinterhaus Oberer Anger 52) gehörte seit 1724 dem Branntweiner Franz de Paula Weigl und bis 1802 seiner Familie. Stimmelmayr nennt mehrfach das Haus des Weiglbranntweiners. Die Namensform »Wiegweigl« unerklärt. Auch Huber nennt diesen Branntweiner 1819 noch. Die Adreßbücher von 1818 und 1823 kennen den Namen nicht.

Qu.: Stimmelmayr S. 78 Nr. 93, S. 85 Nr. 99/12. – HB AV S. 361, 176. – Huber II S. 91.

Zum **WEINHÄCKEL-**(Branntweiner), Tal 22, seit vor 1819 (nach 1779).

Auf diesem Haus sitzen seit 1718 Branntweiner. Seit dem 17. Februar 1779 ist dies bis zum Jahr 1796 die Familie des Balthasar Weinhäckl. Nach ihr wurde das Haus von Huber 1819 »Weinhacklbranntweiner« und vom Adreßbuch 1823 »Zum Weinhäckl« genannt. Die Witwe des letzten Weinhäckl heiratete 1796 den Branntweiner Ignaz Mock, den »Rieplbranntweiner« von Ledererstraße 15. Das Haus blieb im Besitz der Familie bis 1825. Das Adreßbuch von 1818 kennt den Namen nicht.

Qu.: HB GV S. 371. – AB 1823 S. 12. – Huber II S. 46.

Brauereien

Über die Münchner Brauerei-Namen gibt es bereits hinreichend Literatur. Sie brauchen deshalb nur noch der Vollständigkeit halber kurz aufgelistet zu werden. Wo nichts anderes vermerkt wird, kann näheres aus folgenden Werken entnommen werden: Fritz Sedlmayr, Die Hausnamen der Münchner Brauereien, in: Brauwelt Heft 15/17, 1953. – Fritz Sedlmayr, Lore Grohsmann, Die »prewen« Münchens seit 1363 bis zur Aufhebung der Lehensverleihung durch den Landesfürsten (1814), Nürnberg 1969. – Helmuth Stahleder, Bierbrauer und ihre Braustätten, in OA 107, 1982, S. 1–164. – Außerdem im Häuserbuch unter den angegebenen Straßen und Hausnummern. – Die meisten Brauerei-Namen sind vergleichsweise spät überliefert, alle (mit Ausnahme von Lanzbräu, den es als Hausnamen überhaupt nicht gab) nennt aber auf jeden Fall Stimmelmayr Ende 18. Jahrhundert (Anfang der 80er Jahre) (= Stimmelmayr S. 3 Nr. 7/7 (Platzl), S. 11 Nr. 24 und 25 (Thorbräu), 25/7 (Hallmair), 25/10 (Sternecker), S. 12 Nr. 25/15, 16 (Soller), 26 (Dürn), 26/11 (Mader), S. 13 Nr. 27/3 (Haller, Mader), Nr. 28/6,7 (Zenger), S. 21 Nr. 38/11 (Filser), S. 41 Nr. 61/3 (Schleibinger, Bichl), S. 42 Nr. 61/8 (Fuchs), S. 49 Nr. 67/4 (Oberspaten), 67/5 (Haller), S. 51 Nr. 68/2 (Unterkandler), S. 52 Nr. 68/5 (Jesuiten), 68/15 (Oberkandler), 68/17 (Oberpollinger), S. 66 Nr. 83/4 (Kreuzbräu), S. 74 Nr. 88/8 (Krapf), S. 77 Nr. 91/3 (Menter), 91/6 (Spöckmayr), S. 79 Nr. 93/5 (Unterpollinger), 93/6 (Gilgenrainer), 93/7 (Schütz), 93/10 (Eberl), 93/13 (Faber), S. 80 Nr. 94/10 (Unterottl), 94/12 (Singlspieler), S. 81 Nr. 95/9 (Gilgen), S. 82 Nr. 95/7 (Oberottl), 95/8 (Leist), S. 83 Nr. 98/8–11 (fehlender Lanz), S. 84 Nr. 98/4 (Bacher), 98/8,9 (Loderer), S. 85 Nr. 99/4 (Heißbauern), 99/7 (Stubenvoll), 99/9 (Probst), 99/10 (Löwenhauser), S. 87 Nr. 102/5 (Heißbauern).

»Von jeher genossen die Bierbrauer dahier das Schenkrecht. Mit diesem Schenkrechte hatte sich mit der Zeit auch ein Gast- und Herbergsrecht verbunden«, berichtet Schlichthörle. Schon die Landesordnung von 1553 und das Landrecht von 1616 erwähnen es. Danach stand den Bräuern damals auch das Recht zu, Vieh selbst zu schlachten, wozu sie sich allerdings der Köche (siehe bei den Metzgern) zu bedienen hatten. Ferner durften sie ihre Gäste mit gekochten Speisen bedienen. Nicht erlaubt war ihnen der Minutoverschleiß (Kleinverkauf) von Wein. Ihre Befugnisse sind also dreierlei: 1. die Fabrikation des Bieres. 2. das Ausschenken des Bieres (Minutoverschleiß),»da die hiesigen Bierbräuergerechtsamen auch das Recht zur Ausübung von Tafernwirthschaftsbefugnissen in sich schließen«. 3. die Ausübung von Tafernwirtschafts-Befugnissen (siehe bei den Gaststätten).

Auch Westenrieder berichtet 1782:»Gasthäuser, worinn man Fremde beherberget, sind den ursprünglichen Freyheiten nach nur die hiesigen Weinwirthshäuser. Indeß wird dieß wegen der Menge von Fremden nicht genau genommen, und jeder Bierbräuer hat Erlaubniß, jedermann Nahrung und Wohnung zu geben« (Westenrieder (1782) S. 126/27). Aus diesem Grund findet man in dem Herbergen-Verzeichnis von 1550 (StadtA, Gewerbeamt 1422a), das alle Beherbergungs-Betriebe aufführt, mitsamt ihrer Kapazität, gemessen an der Zahl der Pferde, die man bei ihnen einstellen kann, fast alle damaligen Brauereien. Es sind dies, mit ihren späteren Namen, folgende Betriebe: Bachl-, Bichl-, Eberl-, Faber-, Franziskaner-, Fuchs-, Gilgenrainer-, Hacker-, Haller-, Hallmair-, Höger-, Kappler-, Löwen-, Löwenhauser-, Mader-, Menter-, Metzger-, Oberottl-, Oberspaten-, Paulaner- (Neuhauser Straße), Schleibinger-, Schütz-, Soller-, Spöckmayr-, Unterkandler- und Unterpollingerbräu.

»Die Bierbräuergerechtsamen sind übrigens radizirte Gewerbe und können von dem Anwesen, worauf sie ruhen, nicht getrennt werden; doch ist eine Transferirung radizirter Gewerbe gestattet, welche aber nicht in der Willkür des Eigenthümers liegt, sondern von der Bewilligung und dem Ermessen der Gewerbspolizeibehörde abhängt«. So Schlichthörle. Man unterschied ja in sogenannte personale Gewerbe und in reale. Die Ausübung der peronalen war an die Person gebunden, die eine Befähigung zur Ausübung nachweisen mußte. Das Recht erlosch mit dem Tod des Inhabers und war nicht auf eine andere Person übertragbar. Das reale Recht haftete an einem Haus und trug der Tatsache Rechnung, daß zur Ausübung bestimmter Gewerbe Häuser und umfangreiche technische Einrichtungen nötig waren, die eine Person beim Wechsel auf ein anderes Haus nicht ohne weiteres mitnehmen konnte, z.B. bei Brauereien, Bäckereien usw. Weil das reale Recht sozusagen mit dem Haus verwurzelt war, nannte man es im 19. Jahrhundert radiziertes Gewerbe (lat. radex = die Wurzel). Seit dem Gesetz über die Gewerbefreiheit vom 11. September 1825 waren nur noch Tafernen und Gasthäuser reale oder radizierte Gewerbe. Bekannt und viel zitiert ist heute noch die »reale Bierwirtschaft«, in erster Linie wohl deshalb, weil in der Regel »real«

mit »reell« (im Sinne von »ordentlich«, »ehrlich«, »bodenständig«) verwechselt wird.

Man darf offenbar davon ausgehen, daß die sog. Hausnamen bei diesen Gewerben in Wirklichkeit Gewerberechts-Namen sind. Die Zahl der Mitglieder war ja in jedem Gewerbe beschränkt, d.h. die Zunft war geschlossen (in München jedenfalls laut Schlichthörle generell), weil man davon ausging, daß das Gewerbe seine Mitglieder ernähren soll (Nahrungsstand-Sicherung). Ein neues Mitglied wurde erst wieder zugelassen, wenn ein vorhandenes Recht frei wurde, weil der Inhaber starb oder es zurückgab. Das Gewerberecht war mit dem Namen des vorherigen Inhabers verbunden und blieb es auch. Offensichtlich sind deshalb Übertragungen von Namen auf andere Häuser als Übertragung der Gewerbegerechtigkeit von einem auf das andere Haus zu verstehen. So beim Metzgerbräu im Tal. Der Brauer Christoph Ostermayr hat nicht den Hausnamen »Metzgerbräu« übertragen, sondern er hat das Metzger'sche Braurecht, das auf dem Haus Tal Nr. 10 ruhte und tatsächlich einer Familie Metzger gehört hatte, auf Tal Nr. 62 übertragen. Deshalb erscheint der Name Metzgerbräu auf einmal auf einem Haus, das nie einem Brauer namens Metzger gehört hatte. Ostermayr hatte aber bis dahin als Pächter der Metzgerbrauerei Tal 10 bereits auf Grund des Metzger'schen Braurechts gebraut. Ganz offensichtlich liegt derselbe Fall beim Kapplerbräu vor. Es gab eine Brauerfamilie Kappler auf einem Haus in der heutigen Pacellistraße. Ein späterer Brauer – Johann Georg Noder – gab dieses Brauhaus 1724 auf, erwarb ein Haus in der heutigen Kardinal-Faulhaber-Straße und nahm das Kappler'sche Braurecht aus seinem bisherigen Brauhaus mit. Deshalb heißt jetzt auf einmal ein Haus »Zum Kapplerbräu«, das nie einem Kappler gehört hatte.

Was gewandert war, war nicht ein Hausname (für den man auch den Namen Noder hätte nehmen können), sondern ein Braurecht, das bei der zuständigen Behörde immer noch unter dem Namen des früheren Inhabers geführt wurde. Der Brauer Noder braute Bier auf Grund Kappler'schen Braurechts und Ostermayr braute auf Grund Metzger'schen Braurechts. Was man später als Hausnamen versteht, ist ursprünglich eine rein verwaltungs-technische Bezeichnung von Gewerberechten.

Da es später möglich war, Gewerbegerechtigkeiten auch zu teilen, ist wahrscheinlich darauf manche bisher nicht aufgeklärte Doppelnamigkeit zurückzuführen, so beim Ober- und Unterkandler und beim Ober- und Unterottl. Einen Brauer Kandler gab es zwar auf dem Unterkandler, nie aber auf dem oberen. Durch Spaltung des Kandler'schen Braurechts könnten sie aber beide (je ein halber) Kandlerbräuer geworden sein. Ebenso beim Ottl.

Mit der Einführung der Gewerbekataster ging man dazu über, die Gewerbegerechtigkeiten zu numerieren, weil die Namen wohl zu umständlich erschienen und wohl auch zu unübersichtlich geworden waren. Im Schriftwechsel der Behörden liest man noch lange solche Formulierungen wie »die ehemals Wutz'sche, nun Mathias Pschorr' sche reale Bräu- und Taferngerechtsame« (1841) oder »die Breitenbach- und Kistner'sche Goldschmiedegerechtigkeit« (1746–1756) oder der Fischer Johann Georg Gröber hat ein Haus »anhabend Riegerschen Fischers-Gerechtigkeit« inne (gemeint: das Rieger-Fischer-Haus) (1794/1808). Nach der Numerierung aber trägt die Braugerechtigkeit des Unterpollinger die Kataster-Nummer 1 bei den radizierten Gewerben (= Kat. rad. Nr. 1) oder die »Zum Kappler« »Kat. rad. Nr. 50«.

Die Brauereinamen sind die einzigen, die in den Adreßbüchern auch noch 1845 und 1850 aufgeführt werden (die Gasthaus-Namen nur bis 1842 und die Bäckerei-Namen beispielsweise schon 1833 nicht mehr). Möglicherweise hing das mit der Einführung der Gewerbefreiheit am 11. September 1825 zusammen, mit der die Limitierung der Mitgliederzahl innerhalb der einzelnen Gewerbe überflüssig geworden war und damit auch die Numerierung oder Bezeichnung der Gewerberechte mit Namen. Nur die Brauereien bzw. nach ihnen benannten Gaststätten haben dann die Namen teils bis heute beibehalten.

Qu.: Schlichthörle I § 13, § 14, § 23, § 26, § 29, 30; S. 85, 96/97, 100. – StB 1794 ff. (Rieger-Fischer). – StadtA, Gewerbeamt 1211/7 (1841), 1647 (1746/56).

AUGUSTINERBRÄU, Löwengrube/Ettstraße, seit vor 1411 (1382).

Eine Brauerei des Augustinerklosters wird erstmals im Jahr 1411 in einem Eintrag im Gerichtsbuch genannt. Sie lag in diesem Jahr gegenüber dem eben ins Leben gerufenen Pienzenauer-Seelhaus, Löwengrube 7, und das heißt: die Brauerei lag an der Ecke Löwengrube/Ettstraße. Mit ziemlicher Sicherheit ist aber 1382 bereits der Erhart Bräuknecht aus dem Steuerbuch auf dieses Haus zu beziehen und die Augustinerbrauerei hat zu dieser Zeit bereits bestanden. Wahrscheinlich darf man sie aber – wie bei den meisten alten Klöstern – bis in die Zeit bald nach der Klostergründung zurück datieren.

Im Jahr 1816 verlegte der bürgerliche Erwerber der Brauerei des säkularisierten Klosters den Betrieb an die Neuhauser Straße 16*, in das Haus, das einstmals schon die Brauerei des Paulanerklosters gewesen war. Siehe »Paulanerbrauerei«.

Qu.: Stahleder, Bierbrauer S. 6/7.

BACHERBRÄU, Oberer Anger 16, Ende 18. Jhd. (nach 1669). Erster Bräu seit 1554 auf dem Haus nachweisbar. Besitz der Familie Pacher von 1669–1703 (Lehensverleihung an Paul Pacher 1660). Name »Bacher Bräu Haus« erstmals bei Stimmelmayr.

BACHLBRÄU, Tal 9*, seit vor 1631. Brauerei sicher seit 1527, möglicherweise schon früher. Um 1550 Fremden-Herberge des Hanns Gagars, Kapazität: 8 Pferde. Der Name ist abgeleitet von dem »Lederbachl«, das durch das Grundstück floß. Name »Bachlbräu« 1631 erstmals im Grundbuch. Der nach der Straßenerweiterung noch übriggebliebene Grundstücksrest wurde Ende des 19. Jahrhunderts mit dem Nachbargrundstück Tal 10* zusammengelegt. Dort heute noch Gaststätte. 1823 »Zum Bachlkoch«.

Qu.: AB 1823 S. 12.

BAUERNHANSLBRÄU, Neuhauser Straße 1103* (11), seit vor 1716.

Brauerei seit mindestens 1445 nachweisbar. Name vielleicht von Hans Pfundtner/Pfundtmair (1661–1675) abgeleitet, dem einzigen Eigentümer mit Vornamen Hans auf dem Haus. Er könnte der »-hansl« sein. Er stammte aus Rudelzhofen (Gemeinde Röhrmoos, Landkreis Dachau) und hatte 1648 das Bürgerrecht erworben. Nach seinem baldigen Tod heiratet seine Witwe den Kaspar Oppenrieder, der sich 1706 »Bierbrauer zu Unterhofen« nennt. Unterhofen ist ein Weiler in der Pfarrei Prutting, Landkreis Bad Aibling. Auch er könnte der »Bauer-« in diesem Namen sein.

Auffallend ist, daß es tatsächlich einen Bierbrauer namens Hanns Paur gegeben hat. Ihm gehört von 1584 bis 1620 das Anwesen Theatinerstraße 3*, danach seiner Witwe bis 1634 und dann seinen Töchtern bis 1636 bzw. einer seiner Töchter, die mit dem Brauer Schleibinger verheiratet war, bis 1681. Es wäre möglich, daß Hans Paur zeitweise die Brauerei in der Neuhauser Straße pachtweise geführt hat, wie das auch in anderen Fällen vorkam, z. B. beim Metzgerbräu.

Der Brauerei-Name ist vergleichsweise früh überliefert. Bereits am 18. Juli 1716 wird verhandelt »wegen des Preu, insgemain Paurnhänsel genant«, welcher auf dem Kreuz einen Stadel hatte.

Auch Stimmelmayr nennt das »Bauernhänsel Bräu Haus«, danach auch das »Adreßbuch« von Hübner im Jahr 1803 den Franz Xaver Reitz »Bauernhanselbräuer«. Der Name »Zum Bauernhansl« wurde

1931 für eine Gaststätte in der Eisenmannstraße 1 verwendet, die zum Gebäudekomplex der ehemaligen Brauerei gehörte.

Vor dem Haus stand auf der Straße der Stadtbrunnen, den eine Johann-Nepomuk-Statue krönte. Ist er der »Bauern-Hansl«?

Bauern, die an den Markttagen in die Stadt kamen, um ihre Produkte feil zu bieten und ihre Handelschaften zu betreiben, hatten in manchen Städten sozusagen Stamm-Wirtschaften, in denen sie sich nach abgeschlossenen Geschäften noch zu einem Bier trafen. Möglicherweise gehen die Zusammensetzungen mit »Bauern-« darauf zurück, vgl. auch »Zum Bauerngirgl« und »Bauernbäcker«.

Vgl. »Pschorrbräu«.

Qu.: Stimmelmayr S. 50 Nr. 67/15. – AB 1803 S. 73, 1932 (Stand: Mitte Oktober 1931) S. 227. – HB HV S. 333, KV S. 311. – HStA Mü, GL Mü 2741 Nr. 795 (1716).

BICHLBRÄU, Theatinerstraße 51, Ende 18. Jhd. (nach 1642).

Brauereibetrieb nachweisbar seit 1527. 1550 Fremden-Herberge des Steffan Khaldorffer (seit 1529 im Steuerbuch), Kapazität 12 Pferde. 1835 und 1842 nach den Adreßbüchern nur noch Tafernwirtschaft mit Fremden-Beherbergung. Besitz von Martin Büechel von 1642–1663, in Pacht schon seit 1635. Name erstmals bei Stimmelmayr.

Qu.: AB 1835 S. 134, 1842 S. 105.

BIRNBAUMBRÄU, Theatinerstraße 5*, seit Ende 18. Jhd.

Siehe »Birnbaumbräuer-Eckhaus«.

DÜRNBRÄU, Tal 21 B, Ende 18. Jhd. (nach 1607).

Brauereibetrieb seit um 1482 nachweisbar. Besitz von Georg Dürr von 1607–1631/32. Heute noch Gaststätte gleichen Namens. Name erstmals bei Stimmelmayr.

EBERLBRÄU, Sendlinger Straße 79, Ende 18. Jhd. (nach 1593).

Brauerei seit mindestens 1431 nachweisbar. 1550 Fremden-Herberge des Bierbrauers Lienhart Schwartz, Kapazität 4 Pferde. Besitz der Familie Eberl von 1593–1624. Name erstmals bei Stimmelmayr.

ETTMAIRBRÄU, Ledererstraße 13, um 1840 (nach 1816/26).

Siehe »Ettmayrbranntweiner«.

FABERBRÄU, Sendlinger Straße 76, Ende 18. Jhd. (nach 1647).

Brauereibetrieb seit mindestens 1462. Um 1550 Fremden-Herberge des Brauers Georg Mayr (Hauseigentümer seit 1527), Kapazität 16 Pferde. Laut Adreßbuch 1835/42 Tafernwirtschaft mit Fremden-Beherbergung. Besitz der Familie Faber von 1647–1689. Name erstmals bei Stimmelmayr.

Qu.: AB 1835 S. 134, 1842 S. 105.

FILSERBRÄU, Weinstraße 8, Ende 18. Jhd. (nach 1669).

Brauereibetrieb seit mindestens 1484. Besitz der Familie Filser von 1669–1697. Name erstmals bei Stimmelmayr. Laut Adreßbuch wird 1835 nicht mehr gebraut und wie 1842 Tafernwirtschaft mit Fremden-Herberge. Das Haus war auch als »St.-Benno-Eck« bekannt.

Qu.: AB 1835 S. 123, 134, 1842 S. 106.

FRANZISKANERBRÄU, Residenzstraße 9, seit vor 1746/47.

Dieser Franziskaner-Bräu ist nicht die ehemalige Brauerei des gleichnamigen Klosters, sondern eine Brauerei, die seit 1363 als bürgerliches Brauhaus bestanden hat. Sie übernahm erst später – erstmals belegt 1746/47 – den Namen des Klosters, das dem Haus gegenüber auf dem heutigen Max-Joseph-Platz gelegen hatte. Die Brauerei des Klosters selbst lag auf dem Gelände der heutigen Residenz, etwa beim neuen Residenztheater. Das Braurecht wurde 1841 auf ein Anwesen am Lilienberg übertragen. Seitdem gibt es in der Residenzstraße nur noch die Gaststätte »Franziskaner«. 1842 als »Franziskanerwirt« erstmals im Adreßbuch, mit Beherbergungs-Betrieb.

1550 Fremden-Herberge des Sebastian Schwaiger (Hauseigentümer seit 1528), Kapazität 40 Pferde.

Qu.: Stahleder, Bierbrauer S. 101–104. – Sedlmayr, Hausnamen S. 9. – HB GV S. 290.

FUCHSBRÄU, Theatinerstraße 46, Ende 18. Jhd. (nach 1684).

Brauereibetrieb wahrscheinlich schon 1455. 1550 Fremden-Herberge des Brauers Jorg Päl (im Steuerbuch seit 1532), Kapazität 14 Pferde. Besitz der Familie Fux von 1684–1725.

Tradition des Namens heute noch von Gaststätte »Fuchsenstuben« fortgeführt.

GILGENBRÄU, Sendlinger Straße 41*, Ende 18. Jhd. (nach 1683). Brauerei seit 1560 nachgewiesen. Besitz der Familie Gilg von 1683–1707. Name bei Stimmelmayr. 1835 wird laut Adreßbuch nicht gebraut.

GILGENRAINERBRÄU, Sendlinger Straße 83**, Ende 18. Jhd. (nach 1638). Brauerei nachweisbar seit 1390. 1550 Fremden-Herberge des Bierbräuen Wilhelm Streicher (im Steuerbuch seit 1522), Kapazität 15 Pferde. Besitz der Familie Gilgenrainer von 1638 bis nach 1662. Name erstmals bei Stimmelmayr.

GSCHLÖSSLBRÄU, SCHLÖSSLBRÄU, Hartmannstraße 8, vor 1762. Siehe »Schlösslbräueck« bei den Eckhaus-Namen.

HACKERBRÄU, Sendlinger Straße 75 C, seit vor 1781 (nach 1738). Brauereibetrieb seit mindestens Ende 15. Jahrhundert. 1550 Fremden-Herberge des Weinschenken Georg Grill (Hauseigentümer seit 1540), Kapazität 24 Pferde. Besitz der Familie Hacker von 1738–1794. Den Namen »Hackerbräu« nennt erstmals für 1781 das Ratsprotokoll. Ab 1794 Besitz der Familie Pschorr. Durch Hinzukauf von Haus A, dem »Hackeneck« oder »Hackenmelbereck«, im Jahr 1825 rückt die Brauerei an die Straßenecke zur Hackenstraße vor. Deshalb wird das Eck heute meist »Hackereck« – nach der Brauerei – benannt, nicht mehr wie ursprünglich nach dem Haag oder Hacken, dem Stadtviertel-Namen.
Siehe »Probstbräu«, »Pschorrbräu«.
Qu.: RP 1781 S. 152r.

HALLERBRÄU, Neuhauser Straße 5*, Ende 18. Jhd. (nach 1662). Brauerei seit mindestens 1490. Im Jahr 1550 Fremden-Herberge des Brauers Diepolt Menzinger (die Familie ist Hauseigentümer seit vor 1496, Diepolt im Steuerbuch seit 1522), Kapazität 10 Pferde. Besitz der Familie Haller von 1662–1684. Name bei Stimmelmayr. 1797 »Zum Haller« im Grundbuch.

HALLMAIRBRÄU, Tal 29, Ende 18. Jhd. (nach 1684).

Brauerei seit 1527. 1550 Fremden-Herberge des Bräuen Thoman Kindler. Kapazität 4 Züge. Besitz der Familie Hallmair von 1684–1744. Name bei Stimmelmayr. 1835 wird laut Adreßbuch nicht mehr gebraut.

HASCHERBRÄU, Sendlinger Straße 85, seit vor 1749 (nach 1690).

Brauereibetrieb seit mindestens 1481 (1471?). Besitz von Georg Harscher nur von 1690–1692. 1749 bereits »Hascherbräustatt« im Grundbuch genannt.

HEISSBAUERNBRÄU, Oberer Anger 44*, Ende 18. Jhd. (nach 1638).

Das Heißbauern-Anwesen ist das Haus Oberer Anger 44*, südliche Ecke Singlspielerstraße. Deshalb wird auch die Singlspielerstraße gelegentlich »Heißbauerngassel« genannt. Sedlmayr/Grohsmann und in ihrer Nachfolge Stahleder haben die Heißbauernbrauerei fälschlich zu Oberer Anger 46, einem Haus, das ein gutes Stück von dieser Gasse entfernt liegt, gezogen. Deshalb ist bei Sedlmayr/Grohsmann die Namensableitung unrichtig. Auf dem richtigen Heißbauern-Anwesen Oberer Anger 44* sind seit 1600 Bierbrauer zu belegen. Von 1638 bis 1664 ist es die Brauerfamilie des Matthäus Paur. Das auf dem Haus radizierte Braurecht wurde 1852 auf das Haus Blumenstraße 9 übertragen. Das Grundbuch kennt den Brauereinamen nicht. Aber Stimmelmayr spricht von dem »Heißbaurnbräu Eckhaus, an dem Heißbaurn Gäßl«. Auch die Adreßbücher nennen den Namen seit 1818, 1835 mit dem Zusatz: »wird nicht gebraut«. Der Namensbestandteil »Bauer« ist also geklärt. Ein Unikum ist der Namensbestandteil »Heiß«; denn einem Heiß hat dieses Anwesen nie gehört. Das Haus Oberer Anger 44* stieß aber rückwärts an das Haus Sendlinger Straße 28*A und dieses Haus gehörte von 1554 bis etwa 1570 dem Bierbrauer Georg Heuss. Der Name Heiß-Bauern-Bräu setzt sich also aus den Namen zweier Brauerfamilien zusammen, die auf zwei zwar benachbarten, aber nicht zusammengehörigen Häusern – und dies zu verschiedenen Zeiten – saßen. Wahrscheinlich ist der Brauerei-Name demnach eher vom Straßennamen – Heiß-Bauer-Gasse – abgeleitet und von daher erst nachträglich auf die Brauerei an ihrer Ecke übertragen worden.

Auf dem Haus Oberer Anger 46 gab es zeitweise (belegbar seit mindestens 1522) tatsächlich auch eine Brauerei und sie gehörte von 1576 bis 1608 der Brauer-Familie Heuss. Seit 1637 sind aber bereits keine Brauer mehr auf diesem Anwesen zu finden und deshalb hat dieses Haus auch nie »Heißbauernbräu« geheißen. Siehe »Heißbauerngässel«.

Laut Adreßbuch von 1835 »wird nicht gebraut«.

Qu.: HB AV S. 162/64, 166/67. – AB 1818 S. 252, 1823 S. 23, 1835 S. 123. – Stimmelmayr S. 85 Nr. 99/4, S. 87 Nr. 102/6. – Stahleder, Bierbrauer S. 75. – Sedlmayr/Grohsmann S. 95, 248 (»später nach ihm [= Philipp Heiss] benannten Heißbauernbräu«, gemeint: Oberer Anger 46). – AB 1835 S. 123.

HIRSCHBRÄU, Färbergraben 33, nach 1595.

Brauerei seit 1595. Vgl. »Hirschhaus« bei den Hausnamen. 1832 »Hirschbräu«.

HÖGERBRÄU, Tal 75, seit vor 1648 (nach 1628).

Brauerei seit 1454 nachweisbar. 1550 Fremden-Herberge des Jacob Wenig (Hauseigentümer seit 1534), Kapazität 24 Pferde. Besitz der Familie Höger von 1628–1636. Name »vulgo Högerbräu« für 1648 bereits nachgewiesen.

Laut Stimmelmayr mit Zunamen »Teufel«, weil an dem Haus ein Schild sei, worauf ein Schütz mit einem Spielbogen auf den Teufel schießt. Der Hintergrund für diese Darstellung ist, daß das Haus von 1692 bis etwa 1725 einer Brauerfamilie Schussmann (= Schütze!) gehörte, in deren Namen sich das Schieß-Motiv findet. Von 1744 bis 1785 gehörte das Brauhaus der Familie Teufl. In dem Bild wurden die beiden Familiennamen vereinigt.

Qu.: Stimmelmayr S. 12 Nr. 26/9. – HB AV S. 478/81. – Sedlmayr, Hausnamen S. 10.

HOFBRÄU, Platzl 8*, seit 1589.

Gründung eines eigenen Brauhauses für den Hof im Jahr 1589, jedoch zunächst an anderer Stelle, und nur für braunes Bier (Braunes Bräuhaus), nämlich am Ostflügel des Alten Hofes, zwischen diesem und dem Pfisterbach (heute Sparkassenstraße), sowie zwischen dem heutigen Zerwirkgewölbe (das noch bis 1733 in Privatbesitz war) und dem Hofkammergebäude an der Ecke Pfister-/Sparkassenstraße West. Hier am Platzl nach dem Aussterben derer von Degenberg im Jahr 1602, die bis dahin das alleinige Braurecht für Weißbier zu Lehen hatten, Errichtung des »Weißen Hofbräuhauses«. Mit diesem vereinigt seit Ende 18. Jahrhundert, endgültig seit 1808, auch das Braune Hofbräuhaus.

Weil im Jahr 1733 der Kurfürst das Haus Ledererstraße 26, das heutige »Zerwirkgewölbe«, kaufte und dieses bis 1808 für die

Zwecke des benachbarten Hofbräuhauses verwendet wurde, bezeichnete die ältere Literatur dieses Gebäude immer als »das« Hofbräuhaus. Tatsächlich war es nur ein Nebengebäude davon und das auch erst seit 1733. Und weil man von jeher wußte, daß dieses Gebäude schon Herzog Ludwig der Strenge errichtet hatte, glaubte man, daß dieser Herzog schon 1253 auch das Hofbräuhaus selbst eingerichtet habe. So entstand die Legende, in diesem heutigen Zerwirkgewölbe-Bau habe Herzog Ludwig 1253 das Hofbräuhaus gegründet. Diese oberflächliche Gleichsetzung von Gebäude und Institution begegnet in München häufiger, z. B. auch bei der Gaststätte »Hundskugel«.

Qu.: Festschrift »Hofbräuhaus München 1589–1989. 400 Jahre Tradition«, München 1989. – HB GV S. 156.

JESUITENBRÄUHAUS, Neuhauser Straße 51, Ende 18. Jhd. (seit um 1634?).

Beleg bei Stimmelmayr als »Jesuiten Bräuhaus Eck«, Ecke Neuhauser/Kapellenstraße, siehe dort.

KALTENECKERBRÄU, Promenadeplatz 21, seit vor 1662.

Die Brauerei ist seit 1482 belegt. 1662 nennt man sie des Kaspar Pollingers Bierbrauers Behausung, genannt »am Kaltenögg«, 1663 Brauerei »bei den Salzstädeln am Kalteneckh« genannt. Die Herkunft des Namens ist ungeklärt.

Da das Bräuhaus dem Karmelitenkloster gegenüber lag, wurde es auch Karmelitenbrauerei genannt, obwohl es mit diesem Kloster nie etwas zu tun hatte. 1835 wird laut Adreßbuch nicht gebraut.

Siehe bei den Eckhaus-Namen »Kalteneck«.

Qu.: St. Peter U 429 (1662). – AB 1835 S. 123.

KAPPLERBRÄU, Kardinal-Faulhaber-Straße 13*, Ende 18. Jhd. (nach 1723).

Dieses Brauhaus hatte nie etwas mit der Familie Kappler zu tun. Dennoch ist es nach ihr benannt. Das kommt so: Der Bierbrauer Thomas Kappler heiratete um 1635 die Witwe des Bierbrauers Balthasar Nottenstein. Kappler starb 1657 und 1658 übernahm der Sohn aus der ersten Ehe der Katharina Nottenstein/Kappler, Balthasar Nottenstein Sohn, das elterliche Bräuhaus. Dessen Witwe Maria Elisabeth heiratete wiederum 1688 den Bierbrauer Johann Georg Noder, der 1710 Witwer geworden ist und am 4. April 1724 sein Bräuhaus an das Kloster der Karmelitinnen verkaufte.

Nur: Dies alles gehört nicht zum Haus Kardinal-Faulhaber-Straße 13, dem Kapplerbräu, sondern zu dem Haus Pacellistraße 7 C, heute Teil des Kunstgewerbehauses. Johann Georg Noder allerdings kaufte am 26. Oktober 1723 (ein halbes Jahr vor dem Verkauf seines eigenen Bräuhauses) das Bräuhaus an der heutigen Kardinal-Faulhaber-Straße und übertrug den Namen seines Vorgängers auf seinem Brauhaus an der Pacellistraße – Kappler – jetzt auf sein neues Brauhaus, das mit der Familie Kappler nie etwas zu tun gehabt hatte. Dieses Haus, das seit mindestens 1486 als Brauerei belegbar ist, hatte vielmehr seit 1603 einer Bierbrauerfamilie Hering gehört und war 1683 an einen Verwandten der letzten Hering übergegangen, den Bierbrauer Georg Neumayr. Eine Witwe Neumayr verkaufte es schließlich 1723 dem Noder.

Der Name Kapplerbräu ist also gewandert. Der eigentliche Kapplerbräu lag in der Pacellistraße. Aber für dieses Brauhaus ist der Name nicht belegt.

Stimmelmayr nennt das Haus bereits »das Kappler Bräu Haus«. Auch in Akten wird 1795 vom bürgerlichen Kapplerbräu gesprochen. Die Straße heißt auf der Karte von 1806 »Kapplerbräu-Gasse«.

Das Anwesen ist aus den beiden Häusern Nr. 13*A und 13*B zusammengewachsen. Im Haus 13*A betrieb um 1550 der Salzsender Wolf Stinauer/Stillnauer (im Steuerbuch seit 1522) eine Fremden-Herberge, Kapazität 30 Pferde. Im Haus 13*B, das seit mindestens 1524 einem Bierbrauer gehörte, betrieb um 1550 der Brauer Utz Widmann (Hauseigentümer seit 1524) ebenfalls eine Fremden-Herberge, Kapazität 20 Pferde.

Qu.: HB KV S. 61, 181. – Sedlmayr, Hausnamen S. 15 Nr. 34. – Stimmelmayr S. 37 Nr. 56/2. – HStA Mü, GL Mü 2741 Nr. 795 (1795).

KARMELITENBRÄU, Promenadeplatz 21, o. D.

Siehe »Kalteneckerbräu«.

KRAPF(EN)BRÄU, Färbergraben 25, Ende 18. Jhd. (nach 1685).

Brauereibetrieb seit 1565 nachgewiesen. Besitz der Familie Krapf von 1685–1714. Name erstmals bei Stimmelmayr. Laut Adreßbuch von 1835 wird um diese Zeit nicht mehr gebraut.

Qu.: AB 1835 S. 123.

KREUZBRÄU, Brunnstraße 7, Ende 18. Jhd. (nach 1598).

Benannt nach der Lage »am Kreuz«, also in der Nähe der Straßenkreuzung der Damenstift-/Kreuzstraße mit der Josephspital-/

Brunnstraße (nicht wegen der Nähe zu einer Kirche »Zum heiligen Kreuz«, wie Sedlmayr meinte, die es aber nicht gibt; denn die sog. Kreuzkirche ist eine Allerheiligenkirche. Sie wird nur ebenfalls deshalb Kreuzkirche genannt, weil sie in der Nähe dieses Straßenkreuzes liegt). Brauerei seit 1598, davor seit mindestens 1580 Gaststätte. Name genannt bei Stimmelmayr und im Adreßbuch von 1818.
    Es gab auch einen »Kreuzweber« und einen »Kreuzbäcker«. Auch die Allerheiligenkirche wurde »Kreuzkirche« genannt.

(**Lanzbräu,** Oberer Anger 33*, [nach 1698]).

Erster Bräu seit 1549 nachweisbar. Besitz der Familie Lanz von 1698 bis um 1718. Stimmelmayr kennt dieses Bräuhaus nicht. Einen Brauereinamen »Lanzbräu« kennen auch weder die Adreßbücher noch andere Quellen, auch eine Liste der Brauereien von 1823 nicht. Nur Sedlmayr/Grohsmann (»später nach ihm benanntes Lanz-Bräu«) nennen sie.

Qu.: StadtA, Gewerbeamt 1174/4 (1823). – Sedlmayr/Grohsmann S. 114.

LEISTBRÄU, Sendlinger Straße 54*, Ende 18. Jhd. (nach 1649).

Brauerei seit mindestens 1490 nachweisbar. Besitz der Familie Leist von 1649–1679. Erster Beleg bei Stimmelmayr.

LODERERBRÄU, Oberer Anger 11, Ende 18. Jhd. (nach 1669).

Brauereibetrieb seit 1596. Besitz der Familie Loder(er) von 1669–1696 (1733). Name erstmals bei Stimmelmayr, das Grundbuch nennt ihn 1799.

LÖWENBRÄU, Löwengrube 17, vor 1765.

Das Haus ist Brauerei seit 1524. 1550 Fremden-Herberge des Brauers Hanns Oblater (Hauseigentümer seit 1540), Kapazität 12 Pferde. Der Name »Löwenbräustatt« ist erstmals 1765 belegt. 1823 nennt sie das Adreßbuch »Brauerei zur Löwengrube«. Namengebend könnte der Straßenname gewesen sein, der seit 1640 belegt ist. Es wäre aber noch eine andere Spur denkbar.
    Wie schon bei den Haus- und Eckhaus-Namen gezeigt und wie auch in der Literatur zu anderen Städten bekannt, sind Hausnamen weit verbreitet, die auf das Wappen eines ehemaligen Hausbesitzers zurückgehen. Das Haus Löwengrube 17 gehörte von mindestens 1480 bis mindestens 1522 dem jeweiligen Bischof von Freising als Stadthaus. Zuletzt waren das hintereinander zwei Brüder als

Abb. 53: *Wappen des Bischofs Philipp von Freising, Pfalzgraf bei Rhein (1480–1541).*

Administratoren bzw. Bischof, die von Geburt Pfalzgrafen waren, 1495–98 der Pfalzgraf Ruprecht, von 1498–1541 sein Bruder Philipp (schließlich noch von 1541 bis 1551 ihr dritter Bruder

Heinrich). Unter der Amtszeit von Philipp wurde das Haus nach 1522 wieder aufgegeben. Es wäre möglich, daß sich seit seiner Amtszeit an dem Haus sein Wappen befunden hatte (in zwei Feldern der Mohrenkopf aus dem Freisinger Bistumswappen, im Herzschild in zwei Feldern der Pfälzer Löwe, in den beiden anderen die Rauten), das auch danach noch an dem Haus blieb und das das Löwenmotiv hergab, als man es nicht mehr verstand (ein Mensch(enkopf) unter Löwen). Man erkannte nur noch – oder wußte noch, daß es so war –, daß es mehrere Löwen gewesen sind und daß ein Menschenkopf dazwischen war. Dem gab man nun einen neuen Sinn. Es drängte sich die alttestamentarische Legende vom Daniel in der Löwengrube auf. Ein Fresko mit eben diesem Stoff befand sich denn auch bereits 1725 am Haus des Bierbrauers Geghe, am Haus der Löwenbrauerei. Das würde dann bedeuten, daß auch die Straße ihren Namen von diesem Haus herleitete.

Alle anderen Brauereien haben ihre von einem Familiennamen hergeleiteten Hausnamen etwa vom letzten Drittel des 17. Jahrhunderts an bekommen, manche reichen noch bis zum Ende des 16. Jahrhunderts zurück. Daß eine solche Namengebung bei der Löwenbrauerei nicht geschehen ist, dürfte darauf deuten, daß sie, als diese Entwicklung einsetzte, schon einen Namen hatte. Die Straße hatte den Namen »Löwengrube« auch schon seit vor 1640. Auch das würde eine Benennung der Brauerei im 16. Jahrhundert wahrscheinlich machen.

Später befand sich in diesem Haus auch die Gaststätte »Zum baierischen Hof«.

Qu.: AB 1823 S. 36.

LÖWENHAUSERBRÄU, Sendlinger Straße 19, Ende 18. Jhd. (nach 1653).

Erster Bräu auf dem Haus seit 1551. 1550 Fremden-Herberge des Weinschenken Sigmund Wälsch (Hauseigentümer seit 1545), Kapazität 15 Pferde. Besitz der Familie Lebenhauser von 1653–1707. Den Namen nennt erstmals Stimmelmayr.

MADERBRÄU, Tal 10*, Ende 18. Jhd. (nach 1642).

Brauereibetrieb möglicherweise seit vor 1369. 1550 Fremden-Herberge des Wirts Gabriel Mänhart, Kapazität 8 Züge. Besitz der Familie Mader von 1642 bis etwa 1716. Heute noch Gaststätte, aber unter anderem Namen. Name erstmals bei Stimmelmayr.

MENTERBRÄU, Rosenstraße 12, Ende 18. Jhd. (nach 1636).

Brauereibetrieb sicher seit 1522 nachweisbar. 1550 Fremden-Herberge des Bräuen Jacob (Kiermaier) (Familie seit 1521 auf dem Haus), Kapazität 12 Pferde. Laut Adreßbuch 1835 Tafernwirtschaft mit Fremden-Herberge, 1842 aber wieder bei den Bierbrauern aufgeführt. Besitz der Familie Menter von 1636–1677. Name erstmals bei Stimmelmayr.

Qu.: AB 1835 S. 134, 1842 S. 104.

METZGERBRÄU, Tal 62*, seit vor 1774 (nach 1640).

Das Haus ist schon im 15. Jahrhundert Brauerei. 1550 Fremden-Herberge des Asm Raidt (Familie seit 1509 auf dem Haus), Kapazität 8 Züge. 1774 wird es erstmals »Zum Metzgerbräuer« genannt. Stimmelmayr behauptet, daß das Haus eine große Einfahrt gehabt habe, durch die die Metzger nach dem Brunnenspringen (Metzgersprung) am Fastnacht-Montag immer eingezogen seien. Das Haus als Herberge oder »Vereins-Heim« der Metzger vor und nach dem Brunnenspringen, das wäre eine schlüssige Erklärung. Um 1827 – und sicher schon früher – hatte der Metzgerbräu noch eine andere Funktion: Er war sog. Metzgerherberge, d. h. durchreisende Metzgergesellen waren von ihrer Zunft verpflichtet, ihr Quartier hier zu nehmen. Allen Handwerken waren solche Herbergen in bestimmten Gaststätten vorgeschrieben, vgl. bei den Gaststätten-Namen »Zur Schneider-Herberge«.

Eine Familie Metzger, woran man zunächst denken möchte, findet man nicht auf dem Haus. Es gab aber im 16. und 17. Jahrhundert eine Bierbrauerfamilie dieses Namens. Der Brauer Hans Metzger kaufte z. B. 1593 den späteren Unterottlbräu in der Sendlinger Straße 26*, 1606 den späteren Maderbräu auf der anderen

Abb. 54: *Der »Metzgerbräu« im Tal, daneben der »Draxlbäcker«. Aufnahme von 1905.*

Seite des Tals, Tal Nr. 10*. Und dies hat neuerdings zu einer anderen Erklärung geführt: der Name könnte vom späteren Maderbräuhaus hierher übertragen worden sein.

Das später sogenannte Maderbräuhaus war seit 1633 an den Bierbrauer Christoph Ostermayr verpachtet. Eigentümer war in dieser Zeit aber (1606–1642) der Brauer Hans Metzger, der aber selbst das Braurecht nicht ausübte. Seine Erben waren keine Brauer mehr und verkauften die Brauerei an Jacob Mader, dessen Namen die Brauerei nun übernahm. Christoph Ostermayr, der bisher als Pächter das Metzger'sche Braurecht ausgeübt hatte, erwarb 1640 die Brauerei im Tal 62, schräg gegenüber, und nahm den Namen der Brauerei des Hans Metzger dorthin mit und war nunmehr dort der »Metzgerbräuer«. Vgl. Einleitung.

Leider kommt mit 1774 der Name erst sehr spät vor, so daß die Entscheidung über die Stichhaltigkeit der einen oder anderen These – Metzger-Herberge oder Namensübertragung – offen bleiben muß.

Qu.: Stimmelmayr S. 12 Nr. 25/18. – Wolfgang Behringer, Löwenbräu. Von den Anfängen des Münchner Brauwesens bis zur Gegenwart, München o. J. (1990), S. 91. – HB AV S. 455 (1774). – Koebler (1827) S. 196.

OBERKANDLERBRÄU, Neuhauser Straße 44**, Ende 18. Jhd.

Erster Brauer seit 1548 auf dem Haus. Verbindung zur Familie Kandler vom »Unterkandler« nicht festgestellt. Wahrscheinlich durch Aufspaltung der Kandler'schen Braugerechtigkeit auf dem Unterkandler-Anwesen entstanden. 1835/42 laut Adreßbuch Tafernwirtschaft mit Fremden-Herberge (S. 105). Name erstmals bei Stimmelmayr belegt.

Qu.: AB 1835 S. 134, 1842 S. 105.

OBEROTTLBRÄU, Sendlinger Straße 55, Ende 18. Jhd. (nach 1683).

Brauerei sicher belegt seit 1541. Um 1550 Fremden-Herberge des Galli Stoltz (Hauseigentümer seit 1541), Kapazität 10 Pferde. Besitz der Familie Öttl von 1683–1713. Name erstmals bei Stimmelmayr belegt.

OBERPOLLINGERBRÄU, Neuhauser Straße 42* (44), Ende 18. Jhd. (nach 1584).

Brauer auf dem Haus seit 1556 nachgewiesen. Besitz der Familie Pollinger von 1584–1667. Name erstmals bei Stimmelmayr. 1842 laut Adreßbuch Bierwirtschaft mit Beherbergungs-Betrieb. Heute Kaufhaus »Oberpollinger«.

OBERSPATENBRÄU, OBERSPÄTBRÄU, Neuhauser Straße 4, Ende 18. Jhd. (nach 1622).

Brauereibetrieb seit 1397 in diesem Haus. Um 1550 Fremden-Herberge des Brauers Corbinian Starnberger des jüngeren (seit 1522 Hauseigenümer), Kapazität 13 Pferde. Besitz der Familie Spät/Spat (gesprochen mit baierischem Sekundärumlaut, also hellem »a«, wie in »Platzl«, »Gassl« oder »Frack«. Das Handwerksgerät »Spaten« im Wappen beruht auf Volksetymologie) von 1622–1707. Heute »Spatenbräu«, aber nicht mehr auf diesem Haus. Der Name erstmals von Stimmelmayr überliefert.

PAULANERBRÄU, Neuhauser Straße 16*, seit 1634.

Über eine Erbschaft kam das Paulanerkloster ob der Au im Jahr 1634 an dieses Brauhaus an der Neuhauser Straße, in dem ein Braubetrieb schon seit 1456 stattgefunden haben dürfte. Um 1550 war hier eine Fremden-Herberge des Mathes Lutzlmair (richtig: Lunglmair) (Hauseigentümer seit 1528), Kapazität 8 Pferde. Das Kloster übernahm den Brauereibetrieb eines bürgerlichen Brauers, dessen einziger Sohn in das Kloster eingetreten war, und führte ihn als nunmehrige Paulanerbrauerei weiter. Wegen Schwierigkeiten mit den bürgerlichen Brauern, die sich gegen die klösterliche Konkurrenz wehrten, verlegte es den Betrieb aber bald in sein Kloster in die Au. Das Haus in der Neuhauser Straße wurde 1718 an die Jesuiten verkauft, 1783 an den Malteserorden. Bei der Säkularisation kam es an den Staat. 1816 wurde es an den Bierbrauer Georg Gröber verkauft, der hierher die Augustiner-Brauerei aus der Löwengrube verlegte. Diese Brauerei betreibt hier heute noch die schon 1816 im Grundbuch genannte Gaststätte »Zum Augustinerbräu« betreibt.

Qu.: Paulaner-Salvator-Thomasbräu AG 1634–1984, Jubiläums-Festschrift, verfaßt von Hannes Burger, München 1984.

PLATZLBRÄU, Platzl 4 B*, Ende 18. Jhd. (nach 1566).

Benannt nach der Lage am Platzl. Das Haus ist seit 1566 Brauerei. Es gab auch einen »Platzlbäcker«. Den Namen überliefert erstmals Stimmelmayr. 1835 wird laut Adreßbuch nicht mehr gebraut, 1842 Bierwirtschaft mit Fremden-Herberge.

Qu.: AB 1835 S. 123, 1842 S. 107.

PROBSTBRÄU AM ANGER, Unterer Anger 27, Ende 18. Jhd. (nach 1642).

Brauer seit 1490 auf dem Haus nachgewiesen. Besitz der Familie Probst von 1642 – nach 1675. Name erstmals von Stimmelmayr mitgeteilt.

(**Probstbräu,** Sendlinger Straße 75 C, (nach 1691)).

Besitz der Familie Probst von 1691–1738. Den Brauerei-Namen überliefern nur Sedlmayr/Grohsmann (»später nach ihm benannter Probstbräu«). Weder Stimmelmayr noch das Grundbuch noch die Adreßbücher des beginnenden 19. Jahrhunderts kennen einen solchen Namen. Er ist durch die Übernahme der Brauerei durch Simon Hacker 1738 bereits durch diesen Namen ersetzt worden. Siehe »Hackerbräu«.

Qu.: Sedlmayr/Grohsmann S. 24.

PRÜGLBRÄU, Neuhauser Straße 26 A, seit vor 1668.

Der Name ist nicht geklärt. Er wird bereits im Jahr 1668 genannt, auch 1766 wieder. Man denkt entweder an einen »Prügel«, also einen Holzknüppel oder an einen Familiennamen. Letzteren gab es. Um 1604 besitzt ein Organist und Gerichtsprokurator namens Wolfgang Prüggl ein Haus in der Ledererstraße. Mit dem Haus an der Neuhauser Straße ist jedoch der Name nie verbunden.

Der erste Brauer auf dem Haus ist seit 1539 nachweisbar. Laut Adreßbuch 1835/42 Tafernwirtschaft mit Fremden-Beherbergung.

Qu.: AB 1835 S. 134, 1842 S. 105.

PSCHORRBRÄU, Neuhauser Straße 11, nach 1820.

Zwei der in diesem Häuserkomplex aufgegangenen Häuser sind seit vor 1445 (»Bauernhanslbräu«) bzw. seit 1474 Brauerei. Besitz der Familie bzw. Brauerei Pschorr seit 1820.

SCHLEIBINGERBRÄU, Theatinerstraße 3*, Ende 18. Jhd. (nach 1636).

Um 1550 Fremden-Herberge des Wirtes Matheus Stinauer/Stillnauer (Hauseigentümer seit 1526), Kapazität 24 Pferde. Brauerei seit 1584. Besitz der Familie Schleibinger von 1636–1681. Name von Stimmelmayr erstmals genannt.

SCHLÖSSLBRÄU.

Siehe »Gschlösslbräu«.

SCHÜTZBRÄU, Sendlinger Straße 82*, Ende 18. Jhd. (nach 1697).

Brauerei seit vor 1372 nachweisbar. Um 1550 Fremden-Herberge des Bierbrauers Utz Wälsch des älteren (Hauseigentümer seit 1522), Kapazität 10 Pferde. Besitz der Familie Schiz von 1697–1736. Erste Erwähnung des Brauerei-Namens bei Stimmelmayr. Das Grundbuch nennt den Namen für 1797.

Zu den **SIEBEN SCHWABEN,** Oberer Anger 24, vor 1701.

Siehe »Unterspatenbräu«.

SINGLSPIELERBRÄU, Sendlinger Straße 28 A*, Ende 18. Jhd. (nach 1673).

Erster Brauer seit 1541 auf dem Haus nachweisbar. Besitz der Familie Singlspieler von 1673–1749. Name erstmals bei Stimmelmayr genannt.

SOLLERBRÄU, Tal 60, Ende 18. Jhd. (nach 1640).

Brauerei seit vor 1486. Um 1550 Fremden-Herberge des Wolfgang Drinkhgelt (im Steuerbuch seit 1522, Hauseigentümer seit 1532), Kapazität 4 Züge. Besitz der Familie Soller von etwa 1640 bis nach 1694. 1842 laut Adreßbuch Bierwirtschaft mit Fremden-Herberge. Den Namen nennt erstmals Stimmelmayr.

SPÖCKMAIRBRÄU, Rosenstraße 8, Ende 18. Jhd. (nach 1687).

Bierbrauer seit mindestens 1496 auf dem Haus, vorher bereits Gaststätte. Um 1550 Fremden-Herberge des Kochs Wolfgang Gansmayr (Hauseigentümer seit 1550), Kapazität 6 Pferde. Besitz der Familie Spöckmair von 1687–1744. Heute noch Gaststätte dieses Namens. Name der Brauerei erstmals von Stimmelmayr genannt. 1835 wird laut Adreßbuch nicht gebraut, 1842 Bierwirtschaft mit Fremden-Herberge (»Brauerei ... ruht«).

Das Haus hieß auch »Roseneck«.

Qu.: AB 1835 S. 124, 1842 S. 108.

STERNECKERBRÄU, Tal 55*, Ende 18. Jhd. (nach 1575).

Brauerei ab 1557 nachweisbar. Besitz der Familie Sternegger von 1575–1667. Name erstmals bei Stimmelmayr.

STUBENVOLLBRÄU, Unterer Anger 26, seit vor 1781 (nach 1659).

Brauer sind auf dem Haus seit 1557. Besitz der Familie Stubenvoll von 1659–1668. Name erstmals 1781 (Franz Nicklas Praitenacher ist »sogenannter Stumvollbräu aufm Anger«) und etwa gleichzeitig bei Stimmelmayr, das Grundbuch nennt ihn 1798.

Qu.: StadtA, Bäche und Gewässer 313 (1781).

TORBRÄU, Tal 37, vor 1780 (nach 1570).

Benannt nach der Lage am Isartor. Das Haus 37 C war seit etwa 1570 Brauerei, das Haus B seit wahrscheinlich 1780 ebenfalls.

Seit 1801 sind die Häuser A, B und C vereinigt. Heute noch Gaststätte (Hotel) dieses Namens. Auch Stimmelmayr nennt ihn.

UNTERKANDLERBRÄU, Neuhauser Straße 15, Ende 18. Jhd. (nach 1610).

Brauer sind seit 1499 auf dem Haus nachweisbar. Um 1550 betreibt der Bierbräu Corbinian Starnberger der ältere (Familie auf dem Haus seit mindestens 1499) in dem Haus eine Fremden-Herberge, Kapazität 16 Pferde. Besitz der Familie Kandler von 1610–1700. Name der Brauerei erstmals bei Stimmelmayr.

UNTEROTTLBRÄU, Sendlinger Straße 26*, Ende 18. Jhd.

Brauer auf dem Haus seit 1513 nachweisbar. Bezug zur Familie Ottl vom Oberottl bisher nicht eindeutig geklärt. Wahrscheinlich durch Aufspaltung der Braugerechtigkeit des Ottl auf dem Oberottl-Anwesen entstanden. Name erstmals von Stimmelmayr überliefert.

UNTERPOLLINGERBRÄU, Sendlinger Straße 5*, Ende 18. Jhd. (nach 1666).

Brauerei seit mindestens 1390. Um 1550 Fremden-Herberge des (Bierbrauers) Michel Starnberger (Familie Hauseigentümer seit mindestens 1490), Kapazität 30 Pferde. Besitz von Christoph Pollinger von 1666–1672. Name erstmals bei Stimmelmayr überliefert.

1835 und 1842 laut Adreßbuch Tafernwirtschaft mit Fremden-Beherbergung und Vermerk »wird nicht gebraut«.
Qu.: AB 1835 S. 124, 134, AB 1842.

UNTERSPATENBRÄU, UNTERSPÄTBRÄU, Oberer Anger 24, seit vor 1797 (nach 1582).

Erster Bräu seit 1535 auf dem Haus. Besitz der Familie Spät von 1582–1716.
Stimmelmayr nennt das Brauhaus Brauer »Zu den sieben Schwaben«, weil am Haus ein Gemälde mit der Darstellung dieses Märchens angebracht gewesen sei. Mit diesem Namen ist das Bräuhaus aber schon 1701 belegt. Den Namen »Unterer Spaten Bräu« nennt erstmals das Grundbuch für 1797.
Qu.: Stimmelmayr S. 83 Nr. 98/2. – Sedlmayr, Hausnamen S. 20

WAGNERBRÄU, Neuhauser Straße 12, seit vor 1762 (nach 1669).

Brauer auf dem Haus seit 1515 nachweisbar. Besitz der Familie Wag(n)er von 1669–1777. Das Grundbuch nennt den Namen schon für das Jahr 1762.

ZENGERBRÄU, Burgstraße 16, Ende 18. Jhd. (nach 1679).

Brauerei seit mindestens 1490. Besitz der Familie Zenger von 1679–1754. Name erstmals bei Stimmelmayr.

Gaststätten

Was wir heute allgemein als Gaststätte bezeichnen, wurde noch in den Adreßbüchern von 1835 und 1842 unterschieden in »Bierwirtschaften« und »Gasthäuser«. Letztere wiederum wurden unterschieden in »Weingasthäuser« und »Tafernwirtschaften« (»wo gleichfalls Fremde beherbergt werden«). (Unabhängig davon gab es die »Bierbrauereien«, die ebenfalls das Recht hatten, Fremde zu beherbergen, wovon aber z. B. 1842 lediglich fünf Gebrauch machten). Dies ist aber eher verwirrend.

Grundsätzlich unterschied man diese Betriebe nach der Art der Getränke, die sie ausschenken durften, also nach Wein und Bier. Bei denen, die Bier ausschenkten, gab es die beiden Gruppen der Bierwirtschaften und der Tafernwirtschaften, und bei denen, die Wein verabreichen durften, unterschied man die beiden Gruppen der Weinwirtschaften und der Weingasthäuser. Man unterschied außerdem zwischen Schankrecht, Gastrecht und Herbergsrecht.

Die Bierwirte waren ursprünglich nach Schlichthörle auf den Ausschank des Bieres beschränkt, des braunen wie des weißen, aber auch des Branntweines. Sie hatten außerdem Gastungsrecht, d. h. sie durften Speisen an Gäste des Hauses und über die Straße verkaufen. Jedoch war ihnen der Verkauf von rohem Fleisch und rohen Würsten verboten (siehe Metzger und Garköche). Bierwirte, deren Lokale sich zu Tanzmusiken eigneten, durften zu erlaubten Zeiten Freinächte mit Tanzmusik abhalten (siehe jedoch Tafernwirtschaften). Wenn Bierwirte eigene Stallungen besaßen, waren sie berechtigt, Landleute, welche die verschiedenen Landesprodukte in die Stadt auf den Markt brachten, zu beherbergen. Nicht jedoch durften sie Fuhrleute oder Fremde beherbergen.

Die Tafernwirte hatten nicht nur Schank-, Herbergs- und Gastungsrecht, sondern waren auch – im Unterschied zu den Bierwirten – zur Abhaltung von Hochzeiten, Stuhlfesten, Häftlwein, Leikauf, Kindmahl (Taufen) »und anderer dergleichen solennen Gastereien« berechtigt. Sie hatten auch keine Beschränkung auf bestimmte

Getränke. Fleisch, das sie für die Gastung brauchten, durften sie selbst schlachten und gekochte Speisen auch über die Straße verkaufen. Das ist die auf dem Land heute noch weit verbreitete Kombination von »Gastwirtschaft mit eigener Metzgerei«.

Beim Wein entsprach dem Bierwirt der Weinwirt. Sein Recht war der Ausschank von Wein, Punsch, Glühwein und dergleichen, er hatte Gastungs-, aber kein Herbergsrecht, und er hatte das Recht zum Handel mit Wein und der Erzeugung von Branntwein. Verboten war ihm außer dem Herbergsrecht auch die Abhaltung von Tanzmusiken (die Vorrecht der Tafernen war).

Die Wein-Tafernwirtschaften hatten wie die Bier-Tafernwirtschaften das Schenk-, Gastungs- und Herbergsrecht, einschließlich des Rechts auf Abhaltung von Hochzeiten usw. und unterschieden sich nur durch den Ausschank des Weines anstatt des Bieres von diesen.

Die Bierwirtschaften werden 1835 generell ohne Hausnamen aufgeführt (das Adreßbuch von 1833 kennt überhaupt keine Hausnamen), 1842 haben einzelne Namen, meist sind es aber ehemalige Brauereien, die ihren Brauerei-Namen nunmehr als Wirtschafts-Namen weiterführen. Hausnamen führen demnach nur die sog. Gasthäuser und Tafernwirtschaften. 1845 und 1850 werden überhaupt nur noch die Brauereien mit Hausnamen genannt.

Von den 9 (Wein-)Gasthäusern von 1835 führen 8 das Adjektiv »Golden«. Nur der »Schwarze Adler« macht eine Ausnahme. Was Grohne über Hausnamen heraldischen Ursprungs sagt (Beispiele: Zur goldenen Gans, Zum roten Löwen, Zum goldenen Stern), läßt sich bei den Gaststätten-Namen in München nur bei wenigen sagen: Der schwarze Adler in der Kaufingerstraße hat sein Motiv mit Sicherheit dem Fresko mit dem großen Reichsadler am Schönen Turm entnommen, der fast vor der Haustüre der Gaststätte stand. Die drei Rosen am Rindermarkt dürften ihr Zeichen vom Nachbarhaus entnommen haben, das den Grafen Toerring gehörte, die drei Rosen im Wappen führten. Als Nicht-Gaststätten-Name gehört wohl auch das Wurmeck zu dieser Gruppe der Hausnamen heraldischen Ursprungs.

Mit dem Familiennamen, der den Hausnamen später bildete, reichen die meisten dieser Namen nicht weiter als bis ins 18. Jahrhundert zurück. Ausnahmen sind nur folgende: Ratstrinkstube seit 1428, Zum Hirschen (wahrscheinlich identisch mit dem Hirscheneck oder Hirschbräu), genannt 1492, dann: Spiegelbrunnenkoch (1537 oder früher), Abl (Name frühestens möglich seit 1540), Koch in der Höll (seit 1540), Kastnerwirt (seit 1556 so genannt), Tumberger (Metschenke) (frühestens seit 1593), Hammerthalerhof (frühestens seit 1605), Kochwirt (frühestens 1619), Mohrenköpfl (frühestens 1641), Maurerwirt (frühestens 1679, vielleicht erst 1719), Westermayr (frühestens 1680), Töpstl (frühestens 1687).

Qu.: Schlichthörle I S. 111/112, 115/116, II S. 344, 352/53. – AB 1835 S. 123 (Bierbrauereien), 124 ff. (Bierwirte), 134 (Gasthäuser), 1842 S. 104/05 (Bierbrauer), 105/08 (Bierwirte), 114 (Gasthäuser). Einträge auf diesen Seiten werden im Folgenden nicht eigens zitiert. – Grohne S. 75 ff.

Zum **ABL**, Promenadeplatz 19**, Ende 18. Jhd. (nach 1540).

Das Haus gehörte seit 1540 dem Gastgeb Veit Abl, danach seiner Familie bis 1771. Abl betrieb hier um 1550 eine Fremden-Herberge mit einer Kapazität zum Unterbringen von 60 Pferden. Nur zwei Betriebe dieser Art konnten in dieser Zeit noch mehr – nämlich 80 Pferde – unterstellen. Einer davon war ein Verwandter von ihm, Fritz Abl, auf dem Haus Promenadeplatz 16*, heute ein Teil des Parcushauses. Stimmelmayr nennt das Gasthaus Ende des 18. Jahrhunderts den »Weinwirt Zum Abl«. Das Haus war also der obigen Definition nach ein Weingasthaus. Es hatte Schenkrecht für Wein, Gastrecht (Verabreichung von Speisen) und Herbergsrecht. Um 1814 hieß es ebenso wie 1819 bei Huber »Zum goldenen Bären«. Laut Huber hieß es aber auch »Zum Findl«. Heute ist es ein Teil des »Bayerischen Hofes«.

Qu.: HB KV S. 238. – Stimmelmayr S. 36 Nr. 55/7. – StadtA, Gewerbeamt 1422a (1550), auch im folgenden. – Huber II.

Zum schwarzen **ADLER**, Kaufingerstraße 23 A, seit vor 1782.

Hier war schon seit 1368 ein Mann Hauseigentümer, der 1386 »Wirt« genannt wurde. Auch 1500 und 1508/09 finden sich in den Steuerbüchern Wirte auf dem Haus. Seit mindestens 1529 gehört es dann ständig Gastgeben. Um 1550 betrieb hier der Wirt Georg Andorffer (Hauseigentümer seit 1529) eine Fremden-Herberge mit einer Kapazität zur Unterbringung von 30 Pferden.

Das Motiv für den Namen hatte der Wirt vor Augen, wenn er an der Kaufingerstraße vor sein Haus trat und den Kopf nach rechts wendete. Dort erhob sich nur drei Häuser weiter der sog. Schöne Turm, den seit dem Beginn des 16. Jahrhunderts ein reicher Bilderschmuck zierte, zu dem auch in Großformat ein Reichsadler gehörte, eben der schwarze Adler.

Den Namen der Gaststätte nennt 1782 Westenrieder unter den vornehmsten Weingasthäusern seiner Zeit, dann 1796 Burgholzer usw. Die Gaststätte war eine Nobelherberge, in der Ende 18./Anfang 19. Jahrhundert viele bedeutende Persönlichkeiten Quartier nahmen. Noch 1835/42 als (Wein-)Gasthaus genannt.

Qu.: HB KV S. 76. – Westenrieder (1782) S. 127. – Burgholzer S. 103.

AMMERTHALERHOF, siehe »Hammerthalerhof«.

ANDERLWIRT oder **Zum ANDERL,** Sendlinger Straße 74*, Ende 18. Jhd. (nach 1718).

Das Gasthaus gehörte seit 1718 dem kurfürstlichen Hofkastenknecht und Weißbierschenk Andreas (= Anderl) Mayr, um 1722 bereits seiner Witwe. Es war bis in die Zeit Stimmelmayrs eine Gaststätte, auf jeden Fall bis mindestens 1775.

Qu.: Stimmelmayr S. 68/69 Nr. 84/5, S. 79/80 Nr. 93/17. – HB HV S. 431.

Zum **ANDERLWIRT,** Hotterstraße 1, um 1818/19 (nach 1761).

Das Gasthaus gehörte von 1761 bis 1818 dem Gastwirt Andree (= Anderl) Seelmaier. Der Name ist erst 1818 überliefert. Der heutige Gaststätten-Name lautet »Hundskugel«.

Qu.: HB HV S. 208. – Huber II (1819) S. 106.

Zum **ANGERKOCH,** St.-Jakobs-Platz 6, seit 1809.

Seit 1809 besaß das Haus der Koch Kastulus Stuhlberger, danach seine Witwe und ab 1825 sein Schwager, ebenfalls ein Koch. Der Name ist wahrscheinlich erst 1809 entstanden. Seit 1761 sind aber Bierzäpfler auf dem Haus und zwar der Weißbierzäpfler Johann Braun, ab 1763 schon seine Witwe und ab 1798 sein Sohn, der Bierwirt Cajetan Braun. Deshalb nennt Stimmelmayr das Gasthaus »Das Bierschenk Haus Zum Braun«.

Qu.: HB AV S. 296/97. – Stimmelmayr S. 94 Nr. 107/2. – AB 1823 S. 21.

Beim **ARSCH UMS ECK,** Max-Joseph-Platz 3*, Ende 18. Jhd. (bis 1771?).

Diesen Namen überliefert nur Stimmelmayr – ein Geistlicher! Das Haus, früher auch »Teisingerhaus« genannt, war das westliche Eck an der Einmündung des Hofgrabens in die Maximilianstraße, also das Nord-Ost-Eck der Hauptpost. Davor lag das kurfürstliche Wagen- und Kastenhaus (Hofgraben 3*, heute Süd-Ost-Eck der Hauptpost, gegenüber dem Alten Hof), dann kam als ursprünglicher hinterer Stock des Wagen- und Kastenhauses (Max-Joseph-Platz 3*) dieses 1675 vom kurfürstlichen Besitzkomplex abgetrennte Eckhaus. Hauseigentümer war seit 1764 erstmals ein Weißbierwirt, ab 1767 der Bierzäpfler Lorenz Pischetsrieder. Am 23. Februar 1771 erwarb es der Freiherr Christoph Anton Maria von Aretin (»Arsch ums Eck« = »Aretin ums Eck«?) und schließlich 1808 der König.

Danach wurde es von Leo von Klenze mit dem Törring-Palais vereinigt. Das nächste Haus – schon auf dem Max-Joseph-Platz (Nr. 4*) – war der Haberspeicher, der ebenfalls zum Wagen- und Kastenhaus am Hofgraben 3* gehörte und den Stimmelmayr als »churfürstlichen Bock- oder Doppelbier-Stadl oder -Keller« bezeichnet.
 Diese Ecke lag bis zur Auflassung des Franziskanerfriedhofs und Abbruch des Klosters hinter der Friedhofmauer und zwischen Wirtschaftsgebäuden des Hofes (am Hofgraben), also ziemlich abseits, hinterleitig wie man auch sagt, oder »am Arsch der Welt«. Deshalb wohl der Spottname.

Qu.: Stimmelmayr S. 4 Nr. 12/2, 3. – HB GV S. 212/13.

Zum goldenen **BÄREN**, Promenadeplatz 19**, seit vor 1782.

Stimmelmayr nennt das Gasthaus noch »Weinwirt zum Abl«, siehe dort. Aber bei seinen Zeitgenossen, so Westenrieder, der es zu den vornehmsten Weingasthäusern zählt, wird es bereits »Zum goldenen Bären« genannt. Auch Burgholzer und Koebler nennen diesen Namen. Letztmals 1835 bei den (Wein-)Gasthäusern genannt, 1842 bereits »Zum Bayerischen Hofe« (bis heute). Huber nennt es 1819 auch »Zum Findl«, weil seit 1804 der Weingastgeb Anton Findl, von 1814 bis 1818 Johann Baptist Findl die Hauseigentümer waren.

Qu.: HB KV S. 238. – Westenrieder (1782) S. 128. – Burgholzer (1796) S. 103. – Huber II S. 142.
 – Koebler (1827) S. 189.

Zum schwarzen **BÄREN**, Tal 11, um 1782/96.

Diesen Namen überliefern Westenrieder und Burgholzer für diese Gaststätte, die sie beide zu den vornehmsten Weingasthäusern ihrer Zeit rechnen. Ansonsten ist sie unter den Namen »Zum Lunglmair« oder »Zum goldenen Stern« bekannt, siehe dort.
 Huber bezeichnet 1819 mit diesem Namen eine Gaststätte in der Herzogspitalstraße 2.

Qu.: Westenrieder (1782) S. 127. – Burgholzer (1796) S. 103.

Zum **BAIERWEINSCHNEIDER**, Färbergraben 9*, um 1818/23 (nach 1704).

Seit 1631 waren die Eigentümer dieses Hauses fast ständig von Beruf Schneider. Von 1704 bis 1743 war Christian Gullmann Schneider und Baierweinschenk. Auch seine Nachfolger hatten dann diese Schankgerechtigkeit. Wenn Burgholzer 1796 »am Färbergraben eine Baierweinschenke« nennt, meint er wohl diese. Stimmelmayr nennt sie nicht, aber das Adreßbuch von 1818 hat sie. Huber (1819) und das Adreßbuch von 1823 führen den Namen »Zum Baierweinschneider« an. Ab 1823 sitzen aber bereits Bierwirte auf dem Haus.

Qu.: HB HV S. 88/89. – AB 1818 S. 189, 1823 S. 27. – Stimmelmayr Nr. 88. – Burgholzer S. 104. – Huber II S. 103.

Zum **BARTL** am Rindermarkt, Rindermarkt 14, Ende 18. Jhd. (nach 1767).

Besitzer dieses Hauses war von 1767 bis 1769 der weiße Bierwirt Bartlme (= Bartl) Zeillmeyr, danach seine Witwe, die einen Bierwirt heiratete, der wiederum mit Vornamen Bartl hieß, nämlich Bartlme Mayr. Er saß bis 1802 auf dem Haus. Danach übernahm es die Weinhändlerfamilie Gärtner (nur bis 1808), weshalb die Gaststätte seit um 1803 auch »Zum Gärtner« genannt wurde. Auch Huber sagt 1819 schon »Zum ehemaligen Bartl am Rindermarkt, jetzt: Zum Gärtner«. Vgl. auch »Zum bayerischen Löwen« (1827).

Qu.: HB AV S. 233/34. – Stimmelmayr S. 99 Nr. 111/3. – Huber II S. 64.

Zum **BAUERNGIRGL**, Theatinerstraße 25*/Residenzstraße 29*, Ende 18. Jhd.

Das Haus war der Kopfbau der Häuserzeile zwischen Theatiner- und Residenzstraße, gegenüber dem Schwabinger Tor. Es wurde anläßlich des Baus der Feldherrnhalle abgebrochen und diese etwas weiter Richtung Süden zurückgerückt. Stimmelmayr nennt das Wirtshaus bereits »Zum Bauerngörgl«. Er schreibt im wesentlichen Ende des 18. Jahrhunderts. Auf dem Haus-Anteil Residenzstraße 29* sind seit 1765 Bierwirte nachweisbar, auf dem an der Theatinerstraße 25* erst seit 1805.

»Girgl« oder »Görgl« ist die Koseform von »Georg«. Da weder ein Hauseigentümer mit Vornamen Georg, noch einer mit Nachnamen Bauer auf einem der betroffenen Häuser nachweisbar ist, entzieht sich der Name einer Deutung. Man vergleiche dazu den ebenfalls unerklärlichen Brauereinamen »Bauernhansl« in der Neuhauser Straße.

Nach dem Abbruch des alten Bauerngirgl-Anwesens im Jahr 1840 wurde die Gaststätte an die Residenzstraße 20 verlegt.

Qu.: HB GV S. 324, 406/07. – Stimmelmayr S. 19 Nr. 35/3, S. 43 Nr. 62/20.

Zum **BAUHOF**, Neuhauser Straße 3, seit vor 1782 (nach 1737).

Eigentümer dieses Hauses war seit dem 20. Mai 1737 der Weingastgeb und äußere Rat Anton Pauhof. Seinen Weingasthof »Zum goldenen Storchen« oder »Beim/Zum Bauhof« genannt, zählen Westenrieder 1782 und Burgholzer 1796 zu den vornehmsten ihrer Zeit in München. Die Gasthaustradition reicht bis mindestens 1480 zurück und bis etwa 1863 herauf. Um 1550 betrieb hier der Wirt Sebastian Koch eine Fremden-Herberge mit der Kapazität zum Unterbringen von 34 Pferden.

Qu.: Westenrieder S. 127. – Burgholzer S. 103. – Stimmelmayr S. 49 Nr. 67/3. – AB 1823 S. 28. – HB HV S. 314/16.

Zum **BAUMGÄRTL**, Kreuzstraße 11, um 1802 (nach 1786).

Dieses Haus besaß von 1786 bis 1802 der Bierwirt Andreas Baumgartner, von dem der Name abgeleitet ist.

Qu.: HB HV S. 287. – AB 1823 S. 31.

BOCKKELLER.

Siehe »Zum Staindl«.

Zum **BÖCK**, Kaufingerstraße 28, Ende 18. Jhd. (nach 1772).

Auf dem Haus sitzen seit mindestens 1403/27 Weinhändler und Weinschenken, vgl. »Zum goldenen Kreuz«, seit 1667 ist es der Gastgeb Paulus Marzari, nach dessen Familie auch die Gasse benannt wurde, an der das Haus liegt. Seit dem 2.Mai 1772 war der Weingastgeb Johann Adam Böckh Besitzer von Haus und Weinwirtschaft. Seine Familie hatte es bis 1803. Stimmelmayr nennt es als erster »Zum Böck«, aber Westenrieder 1782 auch schon »Zum goldenen Kreuz«, siehe dort.

Qu.: Stimmelmayr S. 44 Nr. 63/11. – HB KV S. 85/86.

Zum **BÖGNER**, Tal 72, Ende 18. Jhd. (nach 1758).

Der Weingastgeb Georg Wilhelm Bögner erwarb dieses Haus im Jahr 1758. Von 1798 bis 1801 hat es seine Witwe inne. In diesem Haus betrieb um 1550 bereits Anthoni Schweindl (Familie seit mindestens 1490 Hauseigentümer) eine Fremden-Herberge mit Unterbringungs-Möglichkeit von 12 Pferden. Um diese Zeit ist es also bereits Gaststätte. Westenrieder nennt 1782 bei den vornehmsten Weingastgebhäusern auch: »Herr Bögner zur goldenen Sonne im Thal«. Stimmelmayr nennt sie »Zum Bögner« oder »Zur goldenen Sonne«, siehe dort. Diese Doppelnamigkeit bleibt dem Gasthaus auch später erhalten, so 1842.

Qu.: Westenrieder (1782) S. 127. – Stimmelmayr S. 12 Nr. 26/6. – Burgholzer (1796) S. 103. – HB AV S. 474/75.

Zum BRAUN, St.-Jakobs-Platz 6, Ende 18. Jhd. (nach 1761).
Siehe »Zum Angerkoch«.

Zum DAMISCHEN, Marienplatz 8**, um 1827 (1782).
Siehe »Zum Großdamischen«.

Der DAMISCHE WIRT, Schäfflerstraße 21, Ende 18. Jhd.
In diesem Haus befand sich nach Stimmelmayr zu seiner Zeit eine Wirtschaft. Er nennt das Haus »Das Frau vom Himmel Haus, zu ebener Erde der damische Wirt«. Hauseigentümer ist in dieser Zeit eine Hofratsgattin bzw. -witwe Anna Katharina Himmel (1763–1794). Wer der Wirt ist, wissen wir nicht. »Damisch/täumisch« bedeutet nach Schmeller »taumelig, schwindlicht, nicht recht bey Sinnen; toll, unverständig«. Sicher ein Spottname. Vgl. auch »Zum Großdamischen«. Die frühen Adreßbücher und Huber kennen den Namen nicht. Um 1827 ist das Gasthaus die »Glaswirtin«.

Qu.: Stimmelmayr S. 24 Nr. 41/3. – Schmeller I 603. – HB KV S. 302.

Zum (bayerischen) DONISL, Weinstraße 1, Ende 18. Jhd. (nach 1760) bzw. seit 1908.
Von 1760 bis 1775 (bzw. 1776 seine Witwe) ist als Pächter dieser Bierwirtschaft in den Steuerbüchern der Bierzäpfler Dionys (= Donisl) Härtl belegt. Stimmelmayr nennt die Wirtschaft noch »das Wirth Donisl Haus«. Die Adreßbücher nennen seit 1818 nie einen Namen für diese Gaststätte, sondern immer nur den Namen des Wirts. Den Namen »Zum bayerischen Donisl« trägt um 1819 eine andere Gaststätte, gelegen in der Burgstraße. Erst nach dem Adreßbuch von 1887 hat das Gasthaus Weinstraße 1 einen Namen, allerdings einen anderen: »Bierwirtschaft Zur alten Hauptwache« und erst seit 1909 (Stand des Adreßbuchs: November 1908) heißt es »Bierwirtschaft zur alten Hauptwache (Bayr. Donisl)«. Ob da eine ununterbrochene Tradition des Hausnamens seit 1760 zu Grunde liegt oder nur ein historisierender Rückgriff ins 18. Jahrhundert muß

offen bleiben. Die Gaststätte besteht heute noch unter diesem Namen.

Qu.: Stimmelmayr S. 21 Nr. 38/4. – HB KV S. 349/50.

Zum (bayerischen) **DONISL**, Burgstraße 11, seit vor 1819 (Ende 18. Jhd.)

Auch diese Gaststätte nennt Stimmelmayr Ende des 18. Jahrhunderts »das Wirths Donisl Haus«. Hier ist leider nie ein Mann namens Dionys (Donisl) nachweisbar. Wahrscheinlich handelt es sich auch hierbei um einen Wirtspächter. Hauseigentümer ist seit 1776 der Bierwirt Anton Obermayr. Vorher waren es lange Zeit Adelige. Das Adreßbuch von 1818 kennt den Namen nicht. 1819 wird es unter dem Bierwirt Anton Heuthaler »Zum Donisl« genannt, 1823 vom Adreßbuch ebenfalls nur »Zum Donisl«. Erst das Adreßbuch von 1852 nennt das Anwesen »Zum bayerischen Donisl«.

Qu.: Stimmelmayr S. 13 Nr. 28/2. – HB GV S. 28, 41/42. – AB 1823 S. 5, 1852 S. 159.

Zum schwäbischen **DONISL**, Burgstraße 18*, später 17, seit vor 1827.

Dieses Haus nennt Stimmelmayr noch den »Bierschenk auf der Schergenstube oder Beym Geiger am Rathaus«, Huber 1819 und das Adreßbuch von 1823 »Zur ehemaligen Schergenstube«. Koebler nennt 1827 erstmals den Namen »Zum schwäbischen Donisl«, den auch das Adreßbuch von 1852 anführt. Auch hier ist der Grund unbekannt; denn auch hier ist kein Mann des Vornamens Dionys ausfindig zu machen. Um 1550 betreibt in diesem – des Saldorffers Haus – bereits Leonhardt Ursprenger (seit 1548 Hauseigentümer) eine kleine Fremden-Herberge mit der Kapazität, 6 Pferde unterzustellen. Seit 1636 sind stets Gastgeben und Weinschenken hier zu finden.

1862 kaufte das Haus die Stadt. Es dient heute als Eingangshalle und Treppenhaus zum Alten Rathaussaal. Die Gaststätte wurde wahrscheinlich um diese Zeit in das Nachbarhaus 17 verlegt; denn hier steht in den Adreßbüchern von 1883 bis 1890 jeweils die Gaststätte »Zum schwäbischen Donisl«. Auch das Grundbuch weist für 1897 aus, daß zu diesem Haus Wirtschaftslokalitäten gehören. Der Häuserbuchbearbeiter hat leider den Eintrag »Zum schwäbischen Donisl« – mit Berufung auf Huber! – zum Jahr 1878 gezogen anstatt zum Jahr 1819 und damit den falschen Eindruck erweckt, als hätte 1878 noch das Haus Burgstraße 18* diesen Namen geführt.

Zeitweise hieß diese Gaststätte auch »Zum goldenen Stern«. So nennt sie 1796 Burgholzer.

Qu.: AB 1823 S. 5, 1852 S. 160, 1883 S. 176. – Koebler (1827) S. 190. – HB GV S. 41/42.

Zur blauen ENTE, Roßschwemme 3*, um 1817/23.

Das Haus ist seit etwa 1735 eine Bierwirtschaft. Der Name »Zur blauen Ente« ist erst für 1817 belegt. Das Grund- bzw. Häuserbuch und das Adreßbuch von 1823 nennen ihn. Stimmelmayr sagt nur: »ein Bierwirths Haus«.

Qu.: HB AV S. 285. – Stimmelmyr S. 103 Nr. 113/6. – AB 1823 S. 16.

Zur goldenen ENTE, Windenmacherstraße 7*, seit vor 1782.

Die Wirtschaft des Herrn Streit »Zur goldenen Ente« nennt 1782 erstmals Westenrieder unter den vornehmsten Weingasthäusern der Stadt, allerdings mit falscher Adresse »Residenz-Schwabingergasse«. Das wäre die heutige Residenzstraße. Nach allen anderen Autoren sowie nach dem Grundbuch gehört sie in das Haus Windenmacherstraße 7*/Ecke Fingergasse (Maffeistraße). Hier sind die Hauseigentümer seit 1755 Weinhändler, dann Weingastgeben, von 1784 bis 1794 ist es der Weingastgeber Anton Streit. Bei Burgholzer (1796) ist es Herr Teufelhart »im Fingergäßchen« und noch Koebler nennt das Weinhaus »Zur goldenen Ente«. Stimmelmayr fand es seltsamerweise nicht erwähnenswert (»das Kupelet Eckhaus nebst Höfl und Eingang«, sagt er nur. Franz Couplet war seit 1755 Eigentümer des Hauses und Weinhändler). 1803 nennt auch Hübner den Weingastgeber »Zur goldenen Ente« in der Fingergasse noch.

Qu.: Westenrieder S. 128. – Burgholzer S. 103. – AB 1823 S. 39. – Koebler (1827) S. 189. – HB KV S. 376. – Stimmelmayr S. 24 Nr. 42/1. – AB 1803 S. 32.

Zum FINDL, Promenadeplatz 19**, um 1819.

Siehe »Zum goldenen Bären«.

Zum FRIDLWIRT, Josephspitalstraße 16*, seit vor 1818 (nach 1777).

Eigentümer dieses Hauses war von 1777 bis 1786 der kurfürstliche Kammerportier Josef Fridl. Auf ihn geht der Name zurück, der erstmals 1818 im Grundbuch (nicht jedoch im Adreßbuch) genannt wird. Auch Huber nennt ihn 1819.

Qu.: HB HV S. 244. – Huber II S. 119. – AB 1823 S. 31.

Zum oberen FUTTERBENNI, Tal 23, seit vor 1818 (nach 1747).

Das Haus gehörte von 1747 bis 1762 dem kurfürstlichen Futterknecht Benno (= Beni, Benni) Sedlmayr. Auf ihn geht der Name zurück. Wahrscheinlich hatte er bereits die Bierschank-Gerechtigkeit. Ab 1779 bis 1841 sind die Hauseigentümer stets Bierwirte. Das Grundbuch und die frühen Adreßbücher nennen das Gasthaus »Zum oberen Futterbenni«. Stimmelmayr, der ganz in der Nähe und noch dazu als Gastwirtssohn, aufgewachsen ist, nennt den Namen merkwürdigerweise nicht. Er kennt nur den unteren Futterbenni.

Qu.: HB GV S. 372. – AB 1818 S. 146, 1823 S. 12.

Zum unteren **FUTTERBENNI**, Tal 28, seit Ende 18. Jhd.

Diesen Gastwirt kennt bereits Stimmelmayr unter dem Namen »Futter Beni«. Das Adreßbuch von 1818 nennt ihn »Zum Unter-Futter-Benni«, in Unterscheidung zum »oberen«. Allerdings ist im Unterschied zum »oberen Futterbenni« auf dem Haus Tal 28 nie ein Futterknecht und nie ein Mann namens Benno nachweisbar. Seit 1640 sind auf dem Haus Branntweiner, dann Bierzäpfler gesessen.

Qu.: Stimmelmayr S. 11 Nr. 25/10, 20. – AB 1818 S. 146, 390, 1823 S. 12. – HB GV S. 380/81.

Zum **GÄRTNER**, Rindermarkt 14, seit um 1803.

Das auch als »Zum Bartl am Rindermarkt« bekannte Gasthaus kam wohl schon 1802 in den Besitz des Weinhändlers Peter Gärtner, weshalb es schon 1803 »Zum Gärtner« genannt wurde. Schon 1805 war Gärtner verstorben und seine Witwe besaß das Haus nur noch bis 1808. Huber nennt 1819 das Haus noch »jetzt: Zum Gärtner«. Das Adreßbuch von 1823 hat bereits den Namen »Zum baierischen Löwen«.

Qu.: HB AV S. 233/34. – Huber II S. 64. – AB 1823 S. 17.

Beim **GEIGER** am **RATHAUS**, Burgstraße 18*, Ende 18. Jhd.

In dem Haus war schon seit vor 1550 ein Gasthof, vgl. »Zum schwäbischen Donisl«. Seit 1748 waren Weißbierzäpfler auf dem Haus, dann wieder Weingastgeben. Stimmelmayr nennt es den »Bierschenk auf der Schergenstube oder Beym Geiger am Rathaus«. Die Schergenstube befand sich in dem an dieses Haus anstoßenden Erdgeschoß-Teil des Alten Rathauses.

Das Haus gehört heute zum Alten Rathaus. Nicht geklärt ist der Name »Geiger«. Einen Hausbesitzer dieses Namens gab es nicht. Es kann sich um einen Pächter gehandelt haben.

Qu.: Stimmelmayr S. 13 Nr. 28/9. – HB GV S. 41/42.

Auf der **GEISS**, Kaufingerstraße 14*, Ende 18. Jhd. (vor 1770).

Auf dem Haus sitzen seit 1583 Lebzelter, 1640 Bäcker und Käskäufel, 1661 bis 1692 Weißbierschenken. Dann sind keine einschlägigen Gewerbe mehr nachweisbar. Erst seit 1752 gibt es wieder einen Lebzelter, ab 1770 den Bierzäpfler Johann Nepomuk Danner mit der Wirtschaft »auf der Geis«. Stimmelmayr (»Bey der Geis«) bzw. Baumgartner (»Auf der Geis«) kennen den Namen ebenso wie das Adreßbuch von 1823.
Zu diesem Haus gehörte auch Fürstenfelder Straße 2* als Hinterhaus.

Qu.: Stimmelmayr S. 45 Nr. 63/14, S. 76 Nr. 90/9. – HB HV S. 266/67. – Baumgartner, Polizey-Uebersicht 2.11.1805. – AB 1823 S. 27.

Zum **GELBER**, Sendlinger Straße 43, vor 1812 – nach 1823 (nach 1768).

Seit dem 23. Juli 1768 war Hauseigentümer dieses Hauses der kurfürstliche Leibgarde-Trabant Joseph Gelb, danach bis 1783 seine Witwe. Ab 1783 ist der Hauseigentümer jeweils ein Bierwirt. Der Name ist ein Wirtshaus-Name und 1812 bis 1823 belegt, bei Huber 1819 »Zum Gelben« bzw. (und fehlerhaft) in der Form »Zum Geltenwirth«.

Qu.: HB AV S. 415. – Huber II S. 93, 444. – AB 1823 S. 24.

GLASWIRTIN, Schäfflerstraße 21, um 1827.

Dies ist der ehemalige »Damische Wirt« im Frau-vom-Himmel-Haus. Die Wirtschaft betreibt nach Koebler um 1827 die Wirtin Maria Glas, weshalb er das Gasthaus auch »Glaswirtin« nennt.

Qu.: Koebler S. 190.

Zum **GLASERWIRT**, Sendlinger Straße 14, um 1818/23 (seit um 1752).

Die Eigentümer dieses Hauses waren von 1706 bis 1752 stets von Beruf Glaser, seit 1752 sind sie Weißbierschenken und Bierwirte.
Den Namen »Glaserwirt« überliefert erstmals das Adreßbuch von 1818. Er dürfte wohl aus der Zeit nach 1752 stammen und greift den Beruf der Vorbesitzer auf.

Qu.: AB 1818 S. 394, 1823 S. 24. – HB AV S. 355.

Zum **GLONNERANDERL**, Unterer Anger 12*, seit vor 1819 (nach 1736).

Hauseigentümer ist schon seit 1684 ein Metzger Hans Clam(m)er, von 1736 bis 1744 der Bierwirt und Metzger Andreas (= Anderl) Clammer. Der Name »Clammer« ist zu »Glonner« verschliffen worden. Da man im Süddeutschen allgemein den Vornamen nachgestellt hat, wurde daraus der »Clammer Anderl« oder »Glonner Anderl«. Huber nennt ihn 1819 erstmals.

Qu.: Huber II S. 83. – AB 1823 S. 22. – HB AV S. 508.

Zum **GOCKELWIRT**, Unterer Anger 6*, seit vor 1819 (nach 1720?).

Auf diesem Haus sitzen seit nach 1720 Weißbierwirte. Der Name ist erst für 1819 und 1823 belegt. Das Haus stand gleich neben dem Hauptturm des Angertores an die Stadtmauer angelehnt und wurde 1852 abgebrochen. Der Name ist nicht geklärt, wahrscheinlich eines der üblichen Tiersymbole wie sie bei Wirtshäusern üblich sind. Ein in der Nähe stehender Turm ist nach der Gaststätte benannt (Gockelwirtsturm).

Qu.: HB AV S. 495/96. – Huber II (1819) S. 81. – AB 1823 S. 21.

Zum **GROSSDAMISCHEN**, Marienplatz 8**, seit um 1792.

Schon seit 1392 begegnet man bei diesem Haus immer wieder Wirten. Um 1550 betreibt hier Kaspar Halltenberger (im Steuerbuch seit 1532, Hauseigentümer seit 1539) eine Fremden-Herberge mit einer der größten Kapazitäten der Stadt: Unterbringung von 64 Pferden (nur zwei Gasthöfe konnten noch mehr unterbringen, nämlich 80 Pferde). Seit 1792 wird sie von dem Bierwirt Joseph Zwerger betrieben, »Zum Großdamischen« genannt. Auch Koebler kennt das Gasthaus noch unter dem Namen »Zum Damischen«, die Adreßbücher von 1818 und 1823 und Huber (1819) jedoch nicht. Zur Bedeutung des Wortes »damisch« vgl. »Der damische Wirt«. Die Vorsilbe »Groß-« ist eine spöttische Übertreibung, etwa im Sinne von »größenwahnsinnig«, »übergeschnappt«.

Zu diesem Haus gehörten als Hinterhäuser noch Landschaftsstraße 9*, 10* und 11*. In ersterem befand sich das Haus »Im Löchl«, möglicherweise eine Gaststätte, siehe dort.

Qu.: HB GV S. 177. – Koebler (1827) S. 190.

Zum HAARPUDERWABERL, Petersplatz 9, um 1819 (nach 1807).

Das Haus Petersplatz Nr. 9, früher 632, die ehemalige Nikolaus-Kapelle, gehörte seit dem 12. Juni 1807 bis 1906 dem Handwerk der Kistler. 1808 steht als Bewohner bei diesem Haus im Steuerbuch der Perückenmacher Joseph Thürmer, im Adreßbuch von 1818 beim selben Haus die Putzarbeiterin Barbara (= Waberl) Thürmer, wahrscheinlich seine Witwe. Sie ist das Haarpuder-Waberl, nach der sich der seit 1807 in diesem Haus befindliche Kaffee-Ausschank nannte. Zur Familie gehören sicher auch das am 25. Juli 1822 im Alter von 8 Monaten auf dem Südfriedhof begrabene Friseurskind Mathias Thürmer und die am 23. Oktober 1823 ebendort im Alter von 57 Jahren begrabene Friseurswitwe Johanna Thürmer. Daß das Haarpuder-Waberl mit einem zusammen mit gefangenen Türken vom Kurfürsten Max Emanuel hierher gebrachten Marketenderssohn namens Joachim verheiratet gewesen sei, läßt sich nicht belegen und ist wahrscheinlich eine Erfindung, abgesehen davon, daß die Legende bei der Datierung um 100 Jahre zu früh ansetzt.

Den Namen des Kaffee-Hauses »Zur Haarbuderwaberl« nennt 1819 Huber. Eigentlich ist es also im weitesten Sinne ein Wirtshaus-Name.

Qu.: StB 1808 S. 13v Nr. 112 1/2. – Huber II S. 65. – AB 1818 S. 341. – Schattenhofer, Bettler S. 173. – StadtA, Bestattungsamt Nr. 1160. – G'spassige Leut. Münchner Sonderlinge + Originale, vom letzten Hofnarren bis zum Taubenmutterl, hrsg. von Hannes König, Valentin-Musäum, gesammelt von Elisabeth und Erwin Münz, München 1977, S. 47.

Zum HAARPUDERER, Zum HAARPUDERWIRT, Sendlinger Straße 73*, vor 1785 (nach 1757).

Das Haus gehörte seit mindestens 1647 Köchen. Seit dem 25. Juni 1733 ist der Perückenmacher Johann Georg Egger Hauseigentümer, seit 1756 ein Weingastgeb und am 11. März 1757 erwirbt es der Weißbierschenk, Haarbinder und Haarpuderer Jakob Schächtl oder Schäntl. Er stirbt noch im selben Jahr und seine Witwe heiratet wieder einen Bierzäpfler. Schon 1785 nennt man das Haus »Zum Haarpuderer«. Es ist bis mindestens 1866 Bierwirtschaft mit Fremden-Herberge.

Qu.: HB HV S. 428/30. – AB 1818 S. 184, 1823 S. 25, 1842 S. 105.

Zum HÄUSEL, Windenmacherstraße 1*, um 1819/23.

Dieses Haus an der Westecke zur Fingergasse (Maffeistraße) ist erst um 1783 entstanden. Da steht es erstmals im Steuerbuch und

Eigentümerin ist die Bierzäpflerswitwe des Martin Schießtl. So bis 1797. Seit 1798 gehört das Haus dem Graf- Seefeldischen (= Törring) Koch und Bierwirt Johann Nepomuk Sieß. Er wird seit 1804 auch »gräflich Seefeld Törring'scher Mundkoch, später Bierwirt »Zum Häusel« genannt. Für Stimmelmayr ist dies noch ein Salzstadel. Er wußte noch nichts vom Ausbau zu einem Wohnhaus. Huber nennt 1819 und das Adreßbuch 1823 das Gasthaus »Zum Häusel«. Schon 1833 wird es im Adreßbuch nicht mehr erwähnt.

Qu.: StB 1783 S. 85v ff. – HB KV S. 370. – Huber II S. 137. – AB 1823 S. 36. – Stimmelmayr S. 24 Nr. 42/4.

Zum goldenen **HAHN**, Weinstraße 10*, seit vor 1782.

Dies war eines der renommiertesten Häuser der Stadt, wie man heute sagen würde. Seit mindestens 1639 war es Weinwirtschaft mit Übernachtungsbetrieb, im 14. Jahrhundert eine Brauerei. Westenrieder nennt 1782 unter den vornehmsten Weingasthäusern den Namen »Zum goldenen Hahn«, ebenso alle weiteren Autoren. Nur Stimmelmayr nennt ihn – wohl irrtümlich – »Zur goldenen Frau« (siehe »Zum Thaler«). Das (Wein-)Gasthaus »Zum goldenen Hahn« führen noch die Adreßbücher von 1835 und 1842.

Qu.: HB KV S. 362, 364. – Westenrieder S. 128. – Burgholzer (1796) S. 103.

Zum roten **HAHN**, Sebastiansplatz 1, um 1811/19 (nach 1719).

Dieses Gasthaus gibt es wahrscheinlich erst seit dem 19. Jahrhundert, als erstmals seit 1810 ein Bierwirt Hauseigentümer ist. Auch Stimmelmayr weiß nichts von einer Gaststätte an dieser Stelle. Der Name greift aber weiter zurück, wohl nicht in Folge von ununterbrochener Tradition eines Gaststätten-Betriebes, sondern als Rückgriff auf die Geschichte. Das Haus trug auch den Namen »Goldschlagerhaus«, siehe bei den Hausnamen. Seit 1719 waren der Goldschlager Matthias Hennenfues, danach bis 1769 sein Sohn, der ebenfalls Goldschlager war, Eigentümer. Der Name Hennenfuß hat demnach wohl Pate für den Wirtshausnamen »Zum roten Hahn« gestanden, der 1811 im Grundbuch genannt wird. Die frühen Adreßbücher kennen ihn nicht. Aber Huber nennt ihn 1819, im Register sogar mit der Variante »Zum rothen Hennenmannwirth«.

Qu.: HB AV S. 319/20. – Stimmelmayr S. 95 Nr. 108/6. – Huber II S. 76, 447.

HAMMERTHALERHOF, Tal 12, seit vor 1761 (nach 1605).

Das Haus gehörte von 1605 bis 1633 dem Gastgeb und Mitglied des Stadtrats Wolfgang Hammerthaler. Der Name »Hammerthalerhof«,

im 19. Jahrhundert gelegentlich auch »Ammerthalerhof« geschrieben, findet sich erstmals 1761.
Um 1550 betrieb der Weinwirt Lienhard Parterhauser (im Steuerbuch seit 1522) auf diesem Haus eine Fremden-Herberge und konnte 40 Pferde unterbringen. Der Familie gehörte es noch bis 1591.
Das Adreßbuch von 1835 führt den »Ammerthaler Hof« unter den Bierwirten mit Fremden-Herberge, das von 1842 unter den Tafernwirtschaften.

Qu.: HB GV S. 125, 358/59. – StB 1790 S. 90v.

Wirt auf der HENNERSTIEGE, Damenstiftstraße 8, Ende 18. Jhd.

Diesen Namen überliefert wieder nur Stimmelmayr. »Henner« ist die mundartliche Aussprache von »Hühner«, »Hennerstiege« ist »Hühnerleiter«. Der Name ist nicht deutbar. Seit 1763 ist auf diesem Haus der erste Bierzäpfler nachzuweisen, seit 1780 ein Koch.

Qu.: Stimmelmayr S. 69 Nr. 85/2. – HB HV S. 56/57.

Zum HIRSCHEN, unermittelt, um 1492.

In diesem Gasthaus »Zum Hirschen« stiegen am 16. August 1492 zwei Besucher aus Venedig ab, wie sie in ihrem Reisebericht mitteilten. Es könnte damit der »Hirschbräu« oder das »Hirschhaus« oder »Hirscheneck« am Färbergraben gemeint sein, siehe dort. Den »Goldenen Hirschen« in der Theatinerstraße hat es damals noch nicht gegeben.

Qu.: Solleder S. 72–4.

Zum goldenen HIRSCH, Theatinerstraße 18, seit vor 1728.

Ebenfalls eine der Münchner Nobel-Herbergen des 18. und 19. Jahrhunderts. Seit 1728 sind erst Weingastgeben auf dem Haus nachweisbar und im selben Jahr bereits der Name »Goldener Hirsch«. Der Gasthof bestand bis 1861 und hat uns als einziges Münchner »Hotel« dieser Zeit eine Abschrift seines Fremdenbuchs hinterlassen (1756–1858). Noch 1835/42 als (Wein-)Gasthaus geführt.

Qu.: HB KV S. 336/37. – Westenrieder (1782) S. 127.

Koch in der HÖLL, (Sendlinger Straße 86*)/Färbergraben 21, seit 1540.

Der Name wird abwechselnd auf diese beiden Häuser bezogen. Sie gehörten wie Vorder- und Hinterhaus zusammen (und umschlossen das Eckhaus Sendlinger Straße 87* mit Nebenhaus Färbergraben 20*, letzteres »Zum Himmelsschäffler« genannt, von hinten). Die »Höll« war also eigentlich das Haus Färbergraben 21, das westliche Nachbarhaus zu Nr. 20* (Himmelsschäffler). Erst 1593 wurden die beiden Häuser Sendlinger Straße 86* und Färbergraben 21 getrennt. Die Schreibweisen des Namens – belegt seit Stimmelmayr Ende des 18. Jahrhunderts – sind unterschiedlich und verraten das Unverständnis der Schreiber. Stimmelmayr schreibt eindeutig »Koch in der Höll«, das Grundbuch schreibt 1593 schon »die Hall«, 1808 heißt es auch »Koch in der Höhle« und ein Autor der Zeit um 1905 leitete den Namen von »Hüll«, einer Wasserlache, ab.

An der Stelle des Hauses Färbergraben 21 steht im Steuerbuch des Jahres 1540 der Name des Steuerzahlers »Michel Tausendteufel« (bis 1547). Neben seinen Namen hat der Schreiber des Steuerbuches – in roter Farbe – das Wort »Hell« gesetzt. Das machte er häufiger, daß er bestimmte Personen- oder Straßennamen in roter Farbe hervorhob. So hat er ein paar Häuser weiter neben dem Namen »Utz Pfab« (Färbergraben 29) den Namen »Pfab« noch einmal am Rand rot ausgeworfen. Die Sachlage ist damit klar. Dort wo tausend Teufel ihr Wesen haben, kann für den Steuerschreiber nichts anderes sein als eben – die Hölle.

Mit dem Wirtshaus verbindet sich die schöne Sage, wonach Martin Luther im Oktober 1518 vom Reichstag in Augsburg geflohen und auf seiner Flucht auch nach München gekommen sei. Er sei beim Koch in der Höll eingekehrt und habe eine Wurst gegessen und Bier getrunken. Plötzlich habe seinen Begleiter die Furcht befallen, sie könnten hier nicht sicher sein und sie seien Hals über Kopf aufgebrochen, leider ohne dem Wirt die Zeche zu bezahlen.

Das Haus war seit mindestens 1480 Bräuhaus, gehörte seit 1526 Weinschenken, ab 1595 bis 1831 jeweils einem Koch, so daß die Erzählung nicht gar so unwahrscheinlich ist. Nur daß Luther 1518 in München weilte, ist leider nicht belegt.

Neben dem Haus Färbergraben 21 gab es das Haus Nr. 20* (Teil von Sendlinger Straße 87*, dem Eckhaus). Beide Häuser sind in der Nacht vom 29. Juni 1631, zwischen 10 und 11 Uhr, eingestürzt, wobei sieben Menschen ums Leben kamen. Das Haus Nr. 20* hieß zum »Himmelsschäffler«. Seit 1631 waren auf diesem Haus Schäffler. Darüber wurde bei den Hausnamen gehandelt und auch über die Kombination dieser beiden Hausnamen »Himmel« und »Hölle«, die es in vielen Städten gab und überall viel früher als in München, etwa in Augsburg schon 1360/70.

Es hat sich leider nicht klären lassen, ob der am 15. November 1554 genannte Briefmaler Hans »von der Höll«, dem das Hofzahlamt »umb gmalt brief von gestochner arbait« 33 Gulden zahlt, mit diesem Haus etwas zu tun hat. Die Steuerbücher vermerken keinen Briefmaler dieses Namens in der Gegend. Der Name »Die Höll« taucht aber um 1672 noch in einem ganz anderen Zusammenhang auf. Um diese Zeit nämlich wird eine Bastion zwischen Rockerl (Finanzgarten) und Kosttor »Die Höll« genannt. Der Scherz ist allseits beliebt.

Qu.: StB 1540-1547. – StadtA, LBK 37 (1631/32). – Stimmelmayr S. 79 Nr. 93/2. – HB HV S. 102, 450/51. – Mayer, Stadtbuch S. 543/44. – Joseph Kirchner, Aus Alt-München. Der Koch in der Hölle, in: Münchner Rundschau, 5. November 1905 S. 3. – Hartig, Künstler S. 365 Nr. 603. – Grobe S. 24a/1 Abb. – AB 1818 S. 185, 1823 S. 26. – Huber II (1819) S. 98.

Zum baierischen HOF, Löwengrube 17, um 1796.

So nennt Burgholzer 1796 das Gasthaus im Stammhaus der Löwenbrauerei (Stimmelmayr: »der Löwen Bräuer«) und Hübner berichtet 1803 »von einer vergoldeten Löwenstatue, welche auf einer Console an dem Hause, ehemals »Zum baierischen Hofe« genannt, zu sehen ist. Gleich daran befindet sich ein Frescogemälde, Daniel in der Löwengrube«. Sonst ist dieser Gasthausname nicht belegt. Er scheint nur kurze Zeit bestanden zu haben. Vgl. unter den Brauereien zum Namen »Löwenbräu«.

Qu.: Burgholzer S. 103. – Hübner I S. 257. – Stimmelmayr S. 27 Nr. 45/8.

Zur HUNDSKUGEL, Hotterstraße 1, seit 1895 (1893).

Vor Anlage des Grundbuchs in den Jahren 1484/85 hatte dieses Haus der Herzog Sigmund besessen, dann Alex(ius) (nicht Alexander, wie im Häuserbuch steht) Ridler. Das Haus wurde um 1496 neu gebaut, weil in diesem Jahr der Eigentümer, der Tagwerker Lienhart Hueter, ein Ewiggeld aus diesem »seinem neuen Haus« verkauft. Die Denkmalpflege geht davon aus, daß die heutige Bausubstanz wesentlich jünger ist und aus der Zeit um 1640 stammt. Beim Vergleich der Abbildungen im Häuserbuch ergibt sich der Eindruck, das Haus sei lediglich zur Hackenstraße hin um eine Fensterbreite verkürzt worden, sodaß dadurch der Flacherker zur Hotterstraße an das Eck vorgerückt ist. Von den ehemaligen fünf Fenstern im 1. Obergeschoß scheint das mittlere zugemauert worden zu sein. Im Erdgeschoß wurde der Eingang unter den Flacherker verlegt und die übrigen Türen zugemauert. Schließlich wurde das Haus um ein Stockwerk erhöht. Man darf also daran zweifeln, ob das Haus wirklich erst in der Zeit nach Sandtner (also nach 1572) neu gebaut wurde. Am 21. April 1638 hatte der damalige Stadt-Unterzimmerer, Meister Georg Khayser, das Haus auf der Gant (gerichtliche Zwangsversteigerung) erworben und danach wohl um-, nicht aber neu gebaut.

Der heutige Bau kann demnach durchaus aus der Zeit um 1496 stammen.

Die Gaststätte nimmt für sich in Anspruch, die älteste Gaststätte Münchens zu sein und führt sich auf das Jahr 1440 zurück. Die Jahreszahl 1440, auf die man immer wieder bei Hausgeschichten des Hacken-Viertels stößt, geht auf eine falsche Datierung des ältesten erhaltenen Grundbuchs zurück. Man glaubte lange Zeit, diese Grundbuchserie, von der nur der Band über das Hacken-Viertel erhalten geblieben ist, sei um 1440 angelegt worden. Seit Jahrzehnten ist aber aus Einträgen in den Kammerrechnungen bekannt, daß dies erst 1484/85 geschah. Im Jahr 1485 hat die Abrechnung der Kosten stattgefunden. Unter der Überschrift »Was die vier newn gruntpucher kosten« vermerkt die Kammerrechnung des Jahres 1485 in einem um die Zeit von Lichtmeß 1486 geschriebenen Eintrag: »8 lb (ibra = Pfund) zalt dem statschreiber von den newen vier gruntpuechern zuzerichten, zu capitulirn und das alt gruntpuech mitsambt den zetteln in di newen zu schreiben, alles von dem 84. und 85. jaren«. Überall wo bei Haus- und Firmengeschichten im Hacken-Viertel die Jahreszahl 1440 erscheint, ist sie deshalb in 1484/85 abzuändern (auch nicht in »um 1480« wie im Häuserbuch fast bei jedem Haus zu lesen ist).

Zum ersten Mal seit dem 7. September 1732 ist ein Weißbierschenk Eigentümer dieses Hauses, seit 1761 der Bierzäpfler Andre Seelmair, nach dem es dann den Namen »Anderl-Wirt« führte, siehe dort. Wenn man bedenkt, daß es Gaststätten gibt, bei denen der Betrieb bis in die 60er Jahre des 14. Jahrhunderts zurückreicht (»Franziskaner« in der Residenzstraße, das Schneider'sche Weißbräuhaus im Tal, das Hackerhaus in der Sendlinger Straße) in ununterbrochener Tradition bis heute, bei mehreren anderen bis zum Ende des 15. Jahrhunderts (»Spöckmayer« in der Rosenstraße, das Weinhaus Schwarzwälder in der Löwengrube), die also auf 500 bis 600 Jahre Gasthausgeschichte zurückgreifen können, dann ist dies bei der »Hundskugel« sehr wenig. Allerdings ist dies wohl mit dem Etikett »älteste Gaststätte Münchens« auch gar nicht gemeint. Gemeint ist offenbar, daß dies diejenige Gaststätte Münchens sei, die im ältesten noch erhaltenen Münchner Bürgerhaus untergebracht sei (unter den öffentlichen Gebäuden gibt es wesentlich ältere). Die Kennzeichnung »älteste« bezieht sich also nicht auf die Institution (die Gaststätte), sondern nur auf das Gebäude.

Obwohl die Gaststätte diesen Namen führt, hat sie mit dem gleichnamigen Bad »Hundskugel« nichts zu tun. Das Bad befand sich in einem mehrere Häuser entfernten Gebäude. Von diesem Bad führte aber der Streckenabschnitt der heutigen Hackenstraße, von der Hotterstraße ab gegen Westen, im 19. Jahrhundert den Straßennamen

»Hundskugel«. Die Gaststätte heißt wahrscheinlich seit 1893 so. Am 1. Oktober dieses Jahres stellte der Gastwirt Franz Xaver Kiermaier den Antrag auf Betrieb einer Schankwirtschaft im Anwesen Nr. 1 an der Hotterstraße, den ihm der Verwaltungssenat des Magistrats mit Beschluß vom 13. Oktober auch erteilte. Das Adreßbuch von 1896, auf dem Stand vom 1. November 1895, führt erstmals den Schankwirt Franz Kiermayr »Gasthaus Zur Hundskugel« auf. Offenbar hat also Kiermaier seinem Haus diesen Namen gegeben.

Um diese Zeit führte nach den Adreßbüchern auch das Gebäude, in dem sich ehemals das Hundskugelbad befunden hatte, den Hausnamen »Hundskugel« (Hackenstraße 14, früher Hundskugel Nr. 2).

Qu.: HB HV S. 207/09. – KR 1485(/86) S. 138r. – Denkmälerliste, zu Hotterstraße 1. – StadtA, Gewerbeamt-Wirtschaftskonzessionen Nr. 7124 (1893). – AB 1896 S. 208.

Zum JÄGERKOCH, Dienerstraße 10, seit vor 1803.

Auf dem Haus sitzen seit 1708 Köche, bis 1751 die Familie Waldhueber, ab 1751 der Koch Johann Peter Waizenpöck. Von ihm oder seinem Sohn Peter Paul Waizenpöck erhielt das Haus auch den Namen »Peterseck«. Stimmelmayr nennt das Haus das »Hofsudelkoch Jägers Eckhaus«, siehe bei den Eckhaus-Namen. Die Witwe des Peter Paul Waizenpöck heiratete den Koch Amberger, der im Adreßbuch von 1803 »Jägerkoch« genannt wird. Unter diesem Namen firmiert das Gasthaus auch noch 1823.

Die Herkunft dieses Namens ist allerdings ungeklärt. Es saß nie eine Familie Jäger auf dem Haus, wenn man nicht sehr weit in die Geschichte zurückgreifen will; denn von 1407 bis 1409 gehörte dieses Haus einer Familie Hans Jäger von Landsberg (StB). Daß der Name so lange gewirkt hat, ist allerdings mehr als unwahrscheinlich. Wahrscheinlicher ist, daß es sich um einen Pächter namens Jäger aus jüngerer Zeit handelte.

Qu.: HB GV S. 54/55. – AB 1803 S. 11, 38, 1823 S. 4.

JÄGERWIRT (»im Tal«), Löwengrube 23, um 1705.

Ein Gastwirt mit diesem Namen ist nur aus der Geschichte der bayerischen Landeserhebung von 1705 (Sendlinger Bauernschlacht oder Mordweihnacht) bekannt. Das als Gastgebens- und Bürgermeisterssohn 1667 in Tölz geborene Mitglied des äußeren Rats und Weinwirt (laut Mayer »Jägerwirt im Tal«) Johann Jäger (Jeger) war führend in den Aufstand gegen die Österreicher verwickelt, wurde dafür am 23. Dezember 1705 verhaftet und am 17. März 1706 im Alter von 38 Jahren zusammen mit anderen auf dem Marktplatz enthauptet und anschließend geviertelt (»wegen des Lasters der beleidigten Majestät, absonderlich aber, weilen er bei der verdammten Rebellion ein Rädelführer, und an dem Blutbad der Bauern Ursacher gewesen«).

Nach seiner Ankunft in München arbeitete Jäger als Kellner beim Gastgeb Caspar Schreyvogl. Dieser hatte zwei Häuser, das eine von 1661 bis 1692 an der heutigen Kardinal-Faulhaber-Straße 5, Ecke Salvatorstraße, das andere von 1661 bis 1695 an der Theatinerstraße 6*, Ecke Maffeistraße. Dann arbeitete er zwei Jahre in einer Weinwirtschaft in der Rosenstraße 11 B, die von 1681 bis 1693 der Jungfrau Barbara Weinhart gehörte, danach bis 1695 deren Erben. Ab 1694 schließlich war er im Haus des Weinwirts und äußeren Stadtrats Michael Stolz in Stellung. Er hatte seine Wirtschaft von 1685 bis 1707 am Färbergraben 24* (nicht wie in der Literatur behauptet an der Kreuzgasse [Promenadeplatz]). Am 19. September 1691 war Jäger auf Wunsch die Fries'sche Weinwirtsgerechtigkeit verliehen worden, worauf er am 23. Oktober heiratete. Am 29. April 1702 kaufte er das Haus in der Löwengrube 23. Seine Witwe kämpfte noch 1711 gegen die Konfiszierung ihres Vermögens. Dabei ist immer nur von dem Haus in der Engen Gasse (Löwengrube) die Rede (Jägerische Behausung an der Engen Gasse). Auch eine detaillierte Vermögens-Aufstellung, eischließlich Möblierung, Zimmerschmuck, Wirtshaus-Utensilien usw., aufgegliedert nach einzelnen Zimmern in diesem Haus, erwähnt nie ein Wirtshaus im Tal als Betätigungsfeld. Auch die Steuerbücher dieser Jahre kennen keinen Wirt namens Jäger im Tal. Auch sie führen Johann Jäger nur beim Haus Löwengrube (Enge Gasse) 23 an, mit dem er stark verschuldet war, wie seine Witwe anführt. Es war nicht zu ermitteln, warum Mayer und andere ihn »im Tal« nennen. Vielleicht liegt eine Verwechslung mit dem Bräu Hallmaier im Tal vor, der ebenfalls zur Gruppe der Aufständischen um den Jägerwirt gehört hatte.

Qu.: HStA Mü, GL Mü Fasz. 2740 Nr. 776 (1706/11). – Mayer, Stadtbuch S. 427/28, 430, 437. – Ernst von Destouches, Münchner Bürgertreue. Urkundlicher Beitrag zur Geschichte der Münchner Mordweihnacht 1705, München 1880, S. 20/21. HB KV S. 46, 121, 315, HV S. 108, 379.

JÄGERWIRT, Maffeistraße 4 bzw. Teil von Theatinerstraße 6a*, Ende 18. Jhd.

Diesen Jägerwirt im Fingergassl kennt nur Stimmelmayr. Das Haus gehörte seit 1716 bereits dem Reichsgrafen zu Rheinstein und Tattenbach und ist heute ein Teil des Arco-Palais. Nähere Aufschlüsse über die Gaststätte waren nicht möglich.

Qu.: Stimmelmayr S. 37 Nr. 57/8. – HB KV S. 124, 316.

Zum **KARLSWIRT**, Kreuzstraße 26, seit vor 1819 (nach 1799).

Dieses Haus besaß seit dem 31. Oktober 1799 und bis 1818 der Bierwirt Karl Hörmann, von dem der Name abgeleitet ist. Huber (1819) und das Adreßbuch von 1823 nennen ihn.

Qu.: HB HV S. 300/01. – Huber II S. 117. – AB 1823 S. 31.

KASTNERWIRT, Tal 74, seit um 1556.

Wirt auf diesem Haus ist seit 1508 Jörg Neumair, 1558 Bernhard Neumair, dann von 1589 bis 1592 dessen Sohn gleichen Namens. Nach den Steuerbüchern wird Jörg Neumair seit 1541 von Beruf »Kastner« genannt, gelegentlich steht diese Berufsbezeichnung auch mit roter Tinte am Rand ausgeworfen, z. B. 1553. Auch Bernhard Neumair wird 1561 wieder »Kastner« genannt, seit 1556 aber »Wirt«. Die Bezeichnung »Kastner« wird später dann sogar als Familienname empfunden, so wenn es 1566 und 1571 heißt »Bernhard Neumair oder Castner«. 1566 nennt das Grundbuch das Haus »Castnerwirt«, 1572 »Neuwierth Castner« (daher auch »Neuwirt« genannt) und 1589 »Castner im Thal«. An welchem Ort die Neumair das Kastner-Amt ausübten, konnte nicht geklärt werden. Seit 1766 ist das Unternehmen im Besitz der Familie Schlicker und wurde auch »Zum Schlicker«, »Zum weißen Rößl« und »Zum goldenen Löwen« genannt.

Der »Castner im Tal« betreibt hier um 1550 eine Fremden-Herberge mit einer Kapazität zur Unterbringung von 24 Pferden.

Qu.: HB AV S. 477. – StB 1541 ff., 1543 S. 53r, 1561 S. 65v, 1566/II S. 68r, 1571 S. 74r.

KOCHMARTL, Sendlinger Straße 52, seit vor 1818 (nach 1766).

Um 1550 wurde von dem Brauer Benedikt Starnberger (Hauseigentümer seit 1548) auf diesem Haus eine Fremden-Herberge betrieben. Sie konnte 16 Pferde unterstellen. Das Haus gehörte seit dem 18. Oktober 1766 dem Koch Martin (= Martl) Zacherl. Köche und Garköche sitzen bis mindestens 1863 auf dem Haus. Der Name ist 1818 im Grund- und Adreßbuch belegt.

Qu.: HB HV S. 392. – AB 1818 S. 183, 1823 S. 25.

Zum **KOCHWIRT**, Rosenstraße 7, seit vor 1802 (nach 1619).

Auf diesem Haus sitzen von 1619 bis 1802 stets Köche. Seit dem 22. Dezember 1802 besitzt es der Bierwirt Lorenz Obermayr, der erstmals »Kochwirt« genannt wird. Bis mindestens 1865 Wirte auf dem Haus. 1835/42 zu den Tafernwirtschaften gerechnet, die Fremde beherbergen.

Qu.: HB HV S. 372.

Zum römischen **KÖNIG**, Kaufingerstraße 9, seit vor 1782.

Das Haus gehörte bis 1596 den Bart. Gastgeben sind wohl frühestens seit 1597 Hauseigentümer. Von 1714 bis 1733 ist es Georg Joseph Anton Freiherr von Closen. Seit 1753 betreibt die Weingastgeben-Familie Huber das Haus, zu dem laut Burgholzer der kaiserliche Reichspoststall gehört (Fürstenfelder Straße 7), vgl. »Posthaus«. Der Weinwirt Franz Hueber veranstaltete anläßlich der Vermählung der Tochter des Kurfürsten, Josepha Maria Antonia Walburga (*1739, †1767), mit Joseph II., König und später Kaiser, in Wien am 23. Januar 1765 Festschießen und Schlittenfahrten. Vor seinem Haus ließ er eine Bildsäule Josephs II. aufstellen und nannte seinen Gasthof von da an »Zum römischen König«.

Westenrieder nennt uns 1782 unter den vornehmsten Weingasthäusern der Stadt erstmals den Namen »Zum römischen König«. Ihn überliefert 1796 auch Burgholzer und 1798 noch das Grundbuch. Stimmelmayr nennt es nur »das Weinwirth Huber Haus«. Schon 1803 sagt Hübner, dies sei »noch vor wenigen Jahren der Gasthof Zum Römischen König« gewesen, jetzt säße darauf der Weinhändler Huber. Der Name ist also bereits abgekommen. Das Adreßbuch von 1818 nennt ihn gar nicht mehr, aber Huber (1819) und das Adreßbuch von 1823 nehmen ihn wieder auf (»ehemals Zum römischen König«).

Ein früherer Name war »Zu den drei Mohren«, siehe dort. Später wird der Gebäude-Komplex unter dem Namen »Schüssel-Passage« bekannt.

Qu.: HB HV S. 259/60. – Westenrieder S. 128. – Burgholzer S. 103. – Stimmelmayr S. 45 Nr. 63/9. – Hübner I S. 312. – Huber II S. 102. – AB 1823 S. 27 – Michael Schattenhofer, Wein und Weinwirte im alten München, in: Bayerland Nr. 5, 1975, S. 24.

Zum **KOSTTORWIRT**, Platzl 5, um 1819/23.

Diesen Namen für das ansonsten »Kühl(l)och« genannte Gasthaus überliefert erstmals Huber für das Jahr 1819 (»Zum Kühloch, auch Kostthorwirth«), dann das Adreßbuch von 1823. Stimmelmayr, der in unmittelbarer Nähe und als Gastwirtssohn aufgewachsen ist, kennt den Namen nicht. Das Haus lag in der Nähe des Kosttores, von dem der Name rührt.

Qu.: HB GV S. 264. – Huber II S. 38. – AB 1823 S. 10.

Bei der **KRETL**, Platzl 4 A, Ende 18. Jahrhundert (nach 1765).

Diesen Wirtshausnamen – »Bierzäpfler-Haus Bey der Kretl« – überliefert nur Stimmelmayr. Hauseigentümer waren von 1765 bis 1787 der kurfürstliche Leihhausbote Benno Schamberger und seine Frau Maria Margaretha (= Gretl, Kretl). Das Haus ist heute ein Teil des Orlando-Hauses.

Qu.: Stimmelmayr S. 3 Nr. 7/6. – HB GV S. 258 ff.

Zum goldenen **KREUZ**, Kaufingerstraße 28, seit vor 1782.

Der Besitzer dieses Hauses der Zeit von 1403/27 betrieb schon Weinhandel, spätere Insassen sind seit 1482 Mitglieder der Weinschenken-Zunft oder deren Vierer (Steffan Seehofer). Um 1550 betrieb hier der Wirt Hans Oberhofer (Hauseigentümer seit 1532), später Georg Stadler, eine Fremden-Herberge und konnte 24 Pferde versorgen. Westenrieder überliefert 1782 als eines der vornehmsten Weingasthäuser erstmals den Namen »Zum goldenen Kreuz« des Herrn Böck. Der Weingastgeb Johann Adam Böck war seit 1772 bis 1803 Betreiber der Wirtschaft. Auch die Adreßbücher von 1835/42 kennen das (Wein-) Gasthaus »Zum goldenen Kreuz« noch. Burgholzer muß sich aber geirrt haben, wenn er den Weinwirt »Streicher« nennt. Vgl. »Zum goldenen Stern«, Tal 11.

Qu.: HB K V S. 85/86. – Westenrieder S. 127. – Burgholzer (1796) S. 103.

(**Zu den drei Kronen, Zur goldenen Krone**), Marienplatz 5*, o. D.

Mit dem Haus sind schon 1550 eine Weinschenke und eine Fremden-Herberge verbunden, mit der Möglichkeit 24 Pferde unterzustellen, wonach man in dieser Zeit die Kapazität eines »Hotels« berechnete. Betrieben wurde sie zunächst von Christoph Strobl, dann von dem Weinschenken Georg Ilsing (Hauseigentümer seit 1550). Seit 1590 wurde es vom Gastgeb Hans Freyhamer und seiner Frau Anna bewirtschaftet. Die Witwe Anna »genannt Freyhamerin« war schon um 1600 mit dem Gastgeben Sebastian Reiser verheiratet. Nach 1615 kam das Anwesen in den Besitz einer Freyhamer-Tochter und ihres Ehemannes Blasius Weinmaister. So blieb es bis 1649. In die

Zeit dieses Ehepaares – also nicht mehr in die Zeit des Freyhamer selbst – fiel der Aufenthalt des Schweden-Königs Gustav Adolf vom 17. Mai 1632 an in München. Mit dessen angeblicher Einquartierung in diesem Haus hat sich schon Wolf eingehend beschäftigt und kam zu dem Ergebnis, daß der König – zusammen mit König Friedrich V. von Böhmen und anderen Fürsten – in der Residenz abgestiegen war. Da er am 21. Mai schon wieder nach Augsburg zog und am 24. Mai nach Ulm, kommt Wolf zu dem Schluß, nur »für diese allerkürzeste Zeit aber kann er allerdings beim Gastgeber Freihamber. ... abgestiegen sein«, wobei Wolf einen Rückbesuch von Augsburg aus für den 22. Mai annimmt.

Die Quelle für diesen Abstieg beim Freihammer ist ein »Gewiser Bericht und Urkhundt deß entstandenen Ubls und Unruehe in Minchen im Jar 1632«, den Westenrieder in seinen Beiträgen abgedruckt hatte (»Die Abschrift aus dem gleichzeitigen Original wurde dem Herausgeber [= Westenrieder] aus dem hiesigen Franciscanerarchiv bereits vor geraumer Zeit gefällig mitgetheilt«). Dort heißt es: »da ist er aber alsbald khumen, und nit mer in der residenz eingekehrt, sondern auf dem Markht bey dem Freyhamer Gastgeb uber nacht verbliben und negsten tag den 6 Juny denen fechtern ... ein fechtschuel zugelassen ... Gleich hernach den 7. Juny am Montag vormittag zwischen 9 und 10 Uhr ist er mit seiner völigen Armade wider von Minchen aufprochen«. Zumindest diese Datierung ist aber zweifelhaft; denn am 8. Juni lagerte der König schon wieder bei Fürth.

In welcher Zeit das Gasthaus den Namen »Zu den 3 Kronen« geführt haben soll, ließ sich nicht klären.

Weil es auf der anderen Straßenseite (Marienplatz 18) ein Haus gab, das früher »das Croendl« oder »die Cron« geheißen hatte, glaubte man (noch Hefner 1852), das auf den Aufenthaltsort des Königs Gustav Adolf zurückführen zu dürfen (tatsächlich hieß das Haus schon 1449 so) und verdeutlichte das Zeichen in drei Kronen, weil das Wappen des Königreiches Schweden drei Kronen zeigt. Auf Fotos aus dem Ende des 19. Jahrhunderts sind die drei Kronen am Haus Marienplatz 18 zu sehen. Auch »Zur goldenen Krone« soll es genannt worden sein. Auch hierfür war ein genauerer Zeitpunkt leider nicht zu ermitteln. Die Autoren des 18. und beginnenden 19. Jahrhunderts, auch die Adreßbücher, kennen den Namen nicht. Wenn aber im 19. Jahrhundert das Haus Marienplatz 18 für das »Drei-Kronen-Haus« gehalten wurde, dann kann in dieser Zeit das »richtige« (Marienplatz 5*, wobei selbst für dieses der Aufenthalt des Königs nicht sicher nachgewiesen ist) nicht auch so geheißen haben. Wann also wurde dieses letztere überhaupt so genannt und wo ist dafür die Quelle? Die Sache ist mysteriös und scheint wieder eine der üblichen Historiker-Verwechslungskomödien zu sein.

508 Zum Küh(l)loch

Zu dem Haus Marienplatz 5* gehörte 1799 auch die Einbockschankgerechtigkeit, vgl. »Zum Steindl«.

Qu.: StadtA, Gewerbeamt 1422 a (1550). – HB GV S. 171. – Mayer, Stadtbuch S. 371. – Ernst von Destouches, Urkundliche Geschichte Münchens: 1) München zur Zeit der schwedischen Invasion i. J. 1632, in: OA 31, 1871, S. 39–70, hier S. 45/46. – Wolf II (1854) S. 532/33. – Westenrieder, Beiträge Bd. VII S. 317/18. – O.T. von Hefner, Original-Bilder aus der Vorzeit Münchens, in: OA 13, 1852, S. 83-91, hier S. 89. – Schattenhofer MA M 02056.

Zum KÜH(L)LOCH, Platzl 5, Ende 18. Jhd.

Als erster erwähnt Stimmelmayr das Haus, «Kühloch genannt« oder »Kühloch-Wirtshaus« beim weißen Bräuhaus. Es wurde zeitweise auch »Zum Kosttorwirt« genannt. Bierzäpfler sind seit 1724 als Hauseigentümer nachweisbar. Das Haus lag am Malzmühlgäßchen, das im Grunde nur die rückwärtige Zufahrt zum weißen Hofbräuhaus darstellte. Der Name der Gastwirtschaft hängt denn auch wohl mit diesem zusammen und bezieht sich auf ein Kühl-Haus des Hofbräuhauses. Wahrscheinlich ist aber nicht nur Lebschée die Phantasie durchgegangen, wenn er in einer Randglosse zu Stimmelmayr bemerkt: »Interessante Nachbarschaft zum ›Arsch ums Eck‹!«, abgesehen davon, daß letzterer durchaus nicht in der Nachbarschaft lag. Auch die Adreßbücher von 1818 und 1823 kennen das Wirtshaus »Zum Küh-Loch« noch.

Qu.: Stimmelmayr S. 2 Nr. 5/4, Nr. 7/2, S. 4 Nr. 10/3, S. 118 Nr. 124/5. – HB GV S. 264. – AB 1818 S. 140, 392, 1823 S. 10.

Zum LACHENDEN (WIRT), Theatinerstraße 29, seit Ende 18. Jhd.

Das »Eckhaus des lachenden Wirts« oder »Zum Lachenden«, an der südlichen Ecke Theatinerstraße/Viscardigasse, nennt erstmals Stimmelmayr. Seit 1755 gehört das Haus dem Weißbierwirt Matthias Haslpöckh, ab 1778 seiner Witwe, die dann den Bierwirt Anton Roßnagl heiratete. Noch Ende des 19. Jahrhunderts sind Bierwirte die Hauseigentümer. Der Name ist – wie häufig bei Wirtshausnamen – ein Neckname. Stimmelmayr sagt, der Wirt sei so genannt worden, »weil er niemals lachte«. Noch 1852 Bierwirtschaft mit diesem Namen.

Qu.: Stimmelmayr S. 18 Nr. 35/2, S. 43 Nr. 62/17. – HB GV S. 408. – AB 1852 S. 159.

Zum weißen LAMM, Rosental 9, seit vor 1782.

Das Weinhaus des Herrn Schuster »Zum weißen Lamm« gehört nach Westenrieder und Burgholzer zu den vornehmsten dieser Art in der Stadt. Der Weingastgeb Thomas Schuster war von 1776 bis um

1800 Eigentümer von Haus und Wirtschaft, die sonst auch unter dem Namen »Zum Töpstl« vorkommt, siehe dort.

Qu.: Westenrieder (1782) S. 128. – Burgholzer (1796) S. 103. – AB 1823 S. 19.

Zum LATEINISCHEN (WIRT), Damenstiftstraße 4*, seit vor 1799.

Seit 1726 sind Bierzäpfler Eigentümer dieses Hauses. Der Bierwirt Jakob Rössler wird 1799 »Zum lateinischen Wirt« genannt. Joseph Friedrich Lentner berichtet in seiner »Bavaria« von den Wirtssöhnen und ihrer Schulbildung: »andere studiren ein paar Klassen und aus ihnen geht dann das Geschlecht der lateinischen Wirte hervor.« Der »lateinische« Wirt war demnach ein weitverbreitetes Phänomen, ein Gastwirt mit höherer Schulbildung, unter Umständen sogar Studium.

Qu.: HB HV S. 50. – Joseph Friedrich Lentner, Bavaria. Land und Leute im 19. Jahrhundert. Oberbayern: Von Almen, Schützen, Wirtshäusern, Märkten etc. etc. Hrsg. von Paul Ernst Rattelmüller, München 1987, S. 49/50. – AB 1823 S. 30.

(Im LÖCHL, Landschaftstraße 9*, Ende 18. Jhd.).

Es ist nicht sicher, daß dies ein Gasthaus war. Stimmelmayr, der es als einziger nennt – »ein Haus »im Löchl« genannt« – sagt nichts von einem Gasthaus. Da es aber als Hinterhaus bis 1791 zu Marienplatz 8**, dem Gasthaus »Zum Großdamischen« gehörte, siehe dort, und auch nach 1791 noch bis 1801 einen Bierwirt zum Eigentümer hat, ist es wahrscheinlich eine Bierwirtschaft gewesen.

Die Bedeutung des Namens ist unklar. Er könnte vom »Loch« als einem schlechten, finsteren Raum abgeleitet sein.

Qu.: Stimmelmayr S. 16 Nr. 31/5. – HB GV S. 119.

Zum LÖSSELWIRT, Tal 30, seit vor 1810 (nach 1800).

Auf dem Haus findet man seit mindestens um 1570 Gastgeben. Seit dem 14. Juni 1800 gehört es der Frau Josepha von Lössl und Franz de Paula von Lössl (bis 1806). Nach ihnen wird es um 1810 »Zum Lösslwirt«, sonst aber »Zum Niedermayer« genannt, siehe dort.

Qu.: HB GV S. 384/85. – AB 1823 S. 12.

Zum bayerischen LÖWEN, Rindermarkt 14, um 1823/27.

Diesen Namen für das sonst »Bartl am Rindermarkt« oder »Zum Gärtner« genannte Gasthaus nennen das Adreßbuch von 1823 und Koebler.

Qu.: AB 1823 S. 17. – Koebler (1827) S. 190.

Zum goldenen LÖWEN, Tal 74, um 1819.

Siehe »Zum weißen Rössl«.

Zum LONDONER HOF, Kaufingerstraße 26, vor 1823/27 (vor 1809?).

Huber nennt 1819 dieses Gasthaus einerseits »der ehemalige Londnerhof«, andererseits »Zum deutschen Ritter, nachhin Londnerhof«. Das Adreßbuch von 1823 gebraucht dieselbe Formulierung und auch Koebler nennt es 1827 bereits »ein ehemaliges Gasthaus«. Siehe »Zum deutschen Ritter«. Gastgeben gehört das Haus mindestens in der Zeit von 1540 bis 1809.

Qu.: Koebler S. 155. – HB KV S. 81/82. – Huber II S. 156. – AB 1803 S. 27, 1823 S. 41.

Zum LUNGLMAIR, Tal 11, seit vor 1782 (nach 1746).

In diesem Haus – der Neuwirtin Haus (Bernhard Neuwirt seit 1522 im Steuerbuch) – betrieb um 1550 Andre Strassmayr eine Fremden-Herberge, in der er 42 Pferde versorgen konnte. Der Weinwirtsfamilie Lunglmair gehörte dieses Haus in der Zeit von 1746 bis 1812. Westenrieder nennt es 1782 unter den vornehmsten Weingasthäusern der Stadt »Zum schwarzen Bären«, siehe dort, Burgholzer »Zum schwarzen Bären bey Lunglmayr«. Im 19. Jahrhundert wird es dann »Zum goldenen Stern«, siehe dort, oder »Zum Lunglmair« genannt.

Qu.: Westenrieder S. 127. – Burgholzer (1796) S. 103. – HB GV S. 356. – AB 1823 S. 12.

Beim MARK(T)REITER, Löwengrube 18, Ende 18. Jhd. (nach 1770).

Eigentümer dieses Hauses war von 1770 bis 1786 der Truchseß Franz Xaver Edler von Markreiter, von dem die Gaststätte einen ihrer Namen hat. Der andere lautet »Zum Reiter« oder »Reiterwirt«, weil das Haus seit 1794 bis 1804 der kurfürstliche Malzschreiber und Weingastgeb Ferdinand Reiter innehatte. Noch 1835/42 heißt es »Zum Reuterwirth« und steht bei den Tafernwirtschaften, die auch Fremde berherbergen. Nunmehr sitzt der Bierwirt Sebastian Halbreiter darauf. Stimmelmayr nennt es »das Markreiter Haus«, erwähnt aber nichts von einer Wirtschaft.

Qu.: HB KV S. 114. – Stimmelmayr S. 27 Nr. 45/7. – AB 1823 S. 36 (Zum Reiter).

Zum **MAURERWIRT**, Neuhauser Straße 50, seit vor 1818 (nach 1679, 1719?)

Von 1679 bis 1699 ist der Maurermeister Hans Steingräber Eigentümer dieses Hauses, danach seine Witwe. Seine Tochter Barbara ist seit 1719 verheiratet mit dem Bierzäpfler Ambros Seemiller. Ob der Bierausschank schon bis in die Zeit von Steingräber zurückgeht, ist nicht sicher, auf jeden Fall aber bis zu Seemiller. Belegt ist der Name erst im Grundbuch für das Jahr 1818. Stimmelmayr nennt es »das Bierzäpfler Haus«.

Qu.: Stimmelmayr S. 52 Nr. 68/8. – HB KV S. 167. – AB 1823 S. 35.

Zu den drei **MOHREN**, Weinstraße 4, Ende 18. Jhd. (nach 1761).

Diesen Weinwirt »Zu den drey Mohren« in der Weinstraße 4 kennt nur Stimmelmayr. Tatsächlich nennen die Steuerbücher für die Jahre 1761 bis 1776 bei diesem Haus – gleich nach dem Hauseigentümer Georg Michael Reisenegger – einen Weingastgeben Moritz (Maurice) Aubert. Er ist mit Sicherheit der Namengeber gewesen. Sein Namenspatron, der heilige Mauritius oder Moritz wurde meist als Neger oder Mohr dargestellt. Berühmt ist das Gemälde von Mathias Grünewald, das sich heute in der Alten Pinakothek befindet. Mauritius war der Legende nach – zusammen mit mehreren Gefährten, u. a. Exsuperius und Candidus – der Anführer einer aus Nordafrikanern rekrutierten römischen Legion (Thebaische Legion), die in Gallien einen Aufstand niederschlagen sollte. Da sie sich – als Christen, die sie bereits waren – weigerten, an römischen Opfern teilzunehmen, starben sie den Märtyrertod. Die Gebeine des Heiligen ruhen in der Basilika von St. Maurice d'Agaune im Rhonetal. Mittelalterliche Darstellungen zeigen Mauritius in Rüstung, mit Fahne oder Lanze, Schwert und Schild, wobei der Schild gelegentlich mit drei Mohrenköpfen bestückt ist. Von daher düfte das Motiv der »drei Mohren« stammen, das man oft bei Weinwirtshäusern finden kann. Die drei stehen wahrscheinlich symbolisch für die übrigen Mitglieder der afrikanischen Legion. Mauritius war zudem u.a. der Schutzpatron der Weinstöcke. Es ist sicher kein Zufall, daß der Weinwirt in diesem Fall auch einen französischen Familiennamen trägt.

Die Weinwirtschaft hat nur wenige Jahre bestanden. Grund- bzw. Häuserbuch wissen überhaupt nichts von ihr. Auch andere zeitgenössische Autoren kennen diese Weinwirtschaft nicht. Der Name taucht nachher auch bei anderen Gaststätten in der Stadt wieder auf. Einmal eingeführt, hat er wohl auch anderen Wirten gefallen, auch wenn sie keinen persönlichen Bezug zu dem Heiligen hatten.

Es sei im übrigen nicht vergessen, daß auch das Bistums-Wappen von Freising seit Beginn des 14. Jahrhunderts einen Mohrenkopf trägt.

Qu.: Stimmelmayr S. 21 Nr. 38/7. – HB KV S. 354/55. – Reclams Lexikon der Heiligen und der Biblischen Gestalten, 2. Aufl., Stuttgart 1970 S. 374. – Erna und Hans Melchers, Das große Buch der Heiligen. Geschichte und Legende im Jahreslauf, 12. Aufl., München 1991, S. 604 ff.

Zu den drei **MOHREN**, Kaufingerstraße 9, um 1778.

Auch der Gasthof »Zum römischen König« führte zu Zeiten den Namen »Zu den drei Mohren«. Hier war 1778 der schweizer philosophisch-theologische Schriftsteller Johann Kaspar Lavater (1741–1801) abgestiegen.

Im 19. Jahrhundert taucht der Name »Zu den 3 Mohren« dann noch mehrmals an verschiedenen Stellen auf, so in der Rosenstraße 13* und Neuhauser Straße 34 (hier 1819 und 1823 bei Huber und im AB genannt).

Qu.: HB HV S. 259, 369, 383. – Huber S. 111. – AB 1823 S. 29.

Zum **MOHRENKÖPFL**, Altheimer Eck 13*, seit vor 1818 (nach 1641).

Auf diesem Haus wird 1818 der Bierwirt Johann Grasser »Zum Mohrenköpfl« genannt. Pate gestanden haben für diesen Namen sicher ein früherer Hauseigentümer, nämlich der herzogliche Aufwärter Hanns Mor und seine Witwe, die das Haus von 1641 bis 1657 besaßen. Vielleicht haben sie bereits Schankrecht gehabt. Als Hauseigentümer sind aber Bierschenken erst seit 1696 nachgewiesen.

In Regensburg gab es schon 1543 ein Wirtshaus namens »mornkopff«, wie gewisse Wirtshausnamen ja überhaupt fast international sind.

Qu.: HB HV S. 12. – AB 1818 S. 387, 1823 S. 30. – Leonhard Widmanns Chronik von Regensburg, in: Chroniken der deutschen Städte, Bd. 15, Leipzig 1878, S. 213/10.

NEUWIRT, Tal 74, um 1572.

Siehe »Kastnerwirt«.

Zum **NIEDERMAYER**, Tal 30, seit vor 1810 (nach 1747).

Erst 1810 wird diese Gaststätte »Zum Lösslwirt« oder »Zum Niedermayer« genannt. Das Steuerbuch nennt aber bei diesem Haus

Abb. 55: *Gaststätte »Zum Mohrenköpfl« am Altheimer Eck. Aufnahme 1910.*

514 Ochsenwirt

erstmals 1747 gleich nach dem Hauseigentümer den Bierzäpfler Melchior Niedermayr. So bleibt es bis 1760. Niedermayer war also Pächter der Wirtschaft in diesem Haus und hat ihr den Namen gegeben. Noch 1835/42 als Tafernwirtschaft, »wo gleichfalls Fremde beherbergt werden«, im Adreßbuch.

Qu.: HB GV S. 384. – StB 1747 S. 123r, 1760 S. 119v.

OCHSENWIRT, Bräuhausstraße 4*, Ende 18. Jhd.

Dies ist laut Stimmelmayr »das sogenannte Ochsenhaus oder Stimmelmayrische Behausung meiner Eltern«. Seit 1725 gehörte es Weißbierzäpflern. 1738 heiratete die Witwe Barbara Rauscher den Bierzäpfler Johann Stimmelmayr. Der Familie gehörte das Haus bis 1797. Dann heiratete die Witwe Stimmelmayrs den Bierwirt Jakob Wanner. Er war der Ochsenwirt, der im Jahr 1800 von zechenden französischen Soldaten verprügelt wurde, ein Schicksal, das auch seinen Kollegen, den Rosenwirt am Rindermarkt traf. Das Wirtshaus bestand bis um 1875. Die frühen Adreßbücher nennen es nicht.

Qu.: Stimmelmayr S. 1 Nr. 1/8. – HB GV S. 10/11. – Schattenhofer MA M 02047.

POSTHAUS, Fürstenfelder Straße 4* (7 ?), Ende 18. Jhd.

Nach Stimmelmayrs Beschreibung war dieses Haus das »ehemalige Posthaus, dann Sabadinihaus«. Es gehörte als Hinterhaus zu Kaufingerstraße 12*, das seit mindestens 1585 jeweils einem Gastgeb, seit 1782 dem Angelo Sabadini gehörte. Von 1667 bis 1733 gehörte die Häusergruppe dem jeweiligen Salzburger Ordinari-Boten. Daher wohl der Name Posthaus.

Vielleicht hat sich Stimmelmayr aber geirrt; denn nach Burgholzer befand sich der kaiserliche Reichspoststall beim Haus Kaufingerstraße 9 (Zum römischen König), also in Fürstenfelder Straße 7.

Qu.: Stimmelmayr S. 76 Nr. 90/7. – Burgholzer (1796) S. 103. – HB HV S. 263/64.

❏ **RÄSONIERHÄUSCHEN,** Odeonsplatz, vor 1816.

»Dieses war ein Wirths-Haus am ehemaligen Schwabingerthore, und ist mit diesem demoliert worden«, ebenso wie die Pagerie, schreibt Koebler. Im Adreßbuch von 1818 ist der Name selbst nicht genannt. Es ist aber das Haus mit der Nummer »Am Reitschul-Platze Nr. 5« und dem Vermerk »ist abgetragen«. Diese Einordnung beweist, daß das Räsonierhäuschen außerhalb des Schwabinger Tores, auf dem späteren Odeonsplatz (Reitschul-Platz oder Fürsten-Platz) lag und dies wiederum war der kleine Platz zwischen der Reitschule bzw. dem Café Tambosi (heute etwa Café Annast) und der Stadtmauer.

Abb. 56: *Das »Räsonierhäuschen« (links), neben dem Schwabinger oder Unseres Herrn Tor. Ölbild von Joseph Carl Cogels (1785–1831), 1814.*

Da es 1823 mit der Hausnummer »Residenzstraße 5« (also dieselbe Nummer, nur andere Straßenbezeichnung!) erscheint (»Abgetragen, Ehemals das Räsonnierhäuschen«), muß es demnach auf der Ostseite gelegen haben, zwischen Schwabinger Tor und Hofgarten. Im anderen Fall hätte es unter »Theatinerstraße« eingeordnet werden müssen.

Den entscheidenden Hinweis für die Identifizierung des Anwesens gibt uns 1819 Alois Huber, indem er bei diesem Haus die alten Hausnummern angibt. Es ist dies alte Nummer 25 innerhalb der Abteilung V des Graggenau-Viertels (die einzelnen Stadtviertel waren ursprünglich in sich durchnumeriert). Sucht man diese Nummer im Adreßbuch von 1803 (= Lorenz Hübner) unter Graggenau-Viertel, Abteilung V, Hausnummer 25, so findet man dort als Eigentümer den Hofapotheker bzw. Hofapotheken-Offizianten Franz Neumayr eingetragen. Damit aber ist das Räsonnierhäuschen identisch mit dem in der Literatur als sog. Baaderhaus bekannten Häuschen neben dem Hofgarten-Portal, an der Nordwest-Ecke der Residenz, von außen an die Stadtmauer angebaut. Ohne daß wir es bisher wußten, gibt es viele bildliche Darstellungen von diesem Haus. Am

516 Räsonierhäuschen

Abb. 57: *Das »Räsonierhäuschen« zwischen der Einfahrt in den Hofgarten (links) und dem Schwabinger Tor. Sepia-Zeichnung von Carl August Lebschée (1800–1877), 1866.*

romantischsten hat es wohl – lange nach seinem Abbruch – 1866 Lebschée gemalt, der bei seinem Abbruch 16 Jahre alt war.
Das Haus existierte schon vor 1695. In diesem Jahr am 5. Dezember hat es der Kurfürst Max Emanuel seinem Seeselträger Ignatz Veldt geschenkt. Es hatte zu dieser Zeit bereits einen Hausnamen und hieß »Steinbrecherhaus«. 1701 ist es bereits deutlich auf einem Stich von Wening zu sehen. In den Steuerbüchern erscheint das Haus erst seit 1734 (am Rand nachgetragen), unter der Überschrift: In der Schanz beim Schwabinger Tor. Von dieser Zeit an besitzt es der Kammerknecht bei Herzog Maximilian, Philipp Loscher(t). Derselbe ist seit 1745 Kammerknecht bei Prinz Clemens. Letztmals findet man die Erben von Loscher 1776 an dieser Stelle im Steuerbuch. Von 1777 ist keines erhalten und 1778 steht an seiner Stelle erstmals der kurfürstliche Hofapothekenoffiziant Franz Neumayr. Seine Erben haben das Haus noch nach dem letzten Steuerbuch von 1808 inne. Bald danach dürfte es an die Hofapothekenwäscherin Josepha Baader und ihren Ehemann, einen pensionierten Oberleutnant, übergegangen sein; denn in deren Händen befand sich das Haus 1814. Am 14. August 1816 einigte man sich mit diesem Besitzer-

ehepaar wegen der Entschädigung für den Abbruch. Am 16. August wurde zu diesem Kauf die königliche allerhöchste Genehmigung erteilt. Noch im selben Jahr wurde das Häuschen mitsamt dem Schwabinger Tor abgebrochen.

Seit wann hier eine Gaststätte betrieben wurde und wie es zu dem Namen Räsonierhäuschen kam, darüber sagt dies freilich alles gar nichts. Wahrscheinlich war es Gaststätte erst seit nach 1808 und der Name gehört vielleicht in den militärischen Bereich, in den Jargon der Soldaten (die Hofgartenkaserne und die Artilleriekaserne waren ja gleich jenseits des Hofgartens und der Hauseigentümer gehörte ebenfalls diesem Milieu an). »Raison« kommt aus dem Französischen – wie die meisten militärischen Fachausdrücke – und bedeutet: Verstand, Vernunft, Recht, Rechenschaft, Genugtuung, die Genugtuung, die man z. B. für eine Beleidigung leisten muß.

Qu.: Grobe S. 180, 526/27 mit Quellen und Abbildungen. – Abb. auch bei Gilardone in: Bayerland Jg. 46, 1935, S. 697, 703 und in: Denkmäler am Münchner Hofgarten, Arbeitsheft 41 des Bayr. Landesamtes für Denkmalpflege, München 1988 S. 50/51, 56 (Wening), 73 (Lebschée). – StB 1734 S. 177, 1735 S. 180r, 1745 S. 180v, 1776 S. 166r, 1778 S. 175v, 1808 S. 139r/v. – AB 1803 S. 16, 1818 S. 114, 1823 S. 1. – Huber II S. 5. – Koebler (1827) S. 156. – HB GV S. 275.

Zum **RAMLO**, Salvatorstraße 4, seit vor 1818 (nach 1787).

Eigentümer dieses Hauses waren von 1787 bis 1810 der kurfürstliche Kammerportier und Weingastgeb Philipp Ramleau/Ramlo, später seine Witwe und sein Sohn. Die Adreßbücher von 1818 und 1823 nennen das Haus »Zum Ramlo«. Bis mindestens 1841 sitzen Weinwirte darauf.

Qu.: HB KV S. 279. – AB 1818 S. 224, 1823 S. 39.

RATSTRINKSTUBE, Marienplatz 10*, seit 1428.

Dies ist kein Gaststättenname im engeren Sinn. Es handelt sich um die im Jahr 1428 vom Stadtrat im Eckhaus am Marienplatz zur Dienerstraße eingerichtete Trinkstube. Sie war immer im Besitz der Stadt und wurde von einem »Beamten«, dem Trinkstubenknecht, verwaltet. Westenrieder rechnete die Trinkstube 1782 zu den vornehmsten Weingasthäusern der Stadt. 1807 kaufte die bayerische Landschaft das Haus. Aber 1865 kam das Gebäude an die Stadt zurück, die es für den Bau des neuen Rathauses abbrechen ließ. Der Ratskeller hat die Tradition später wieder aufgenommen.

Zur Trinkstube gehörte später ein eigener städtischer Weinstadel oder -keller, teils unter diesem, teils im später dazu erworbenen Nachbarhaus Dienerstraße 1*.

Qu.: Westenrieder S. 127. – HB GV S. 180. – AB 1803 S. 12 (Stadttrinkstube)

Zum Reichsapfel

Zum **REICHSAPFEL**, Hartmannstraße 4*, vor 1827 (nach 1755).

Mit diesem Namen nennt Koebler dieses Gasthaus. Es war dies die ehemalige Schneiderherberge, wo die walzenden Schneider-Gesellen ihr Quartier nehmen mußten. Seit dem 28. Mai 1755 war der Schneider Anton Göhler (Göller) Eigentümer dieses Hauses und die Schneider-Herberge geht wohl auf ihn zurück. Stimmelmayr nennt es »die Schneiderherberg oder Bierhaus«. Ein Bierwirt ist erst seit dem 24. Mai 1800 als Eigentümer belegt, danach bis etwa 1870. Das Haus ist also auf jeden Fall schon Ende des 18. Jahrhunderts eine Gaststätte. Den Namen kennen aber weder die frühen Adreßbücher noch Huber. Er dürfte demnach erst nach 1823 entstanden sein.

Qu.: Stimmelmayr S. 31 Nr. 10/4. – HB KV S. 25. – Koebler (1827) S. 190.

Zum **REITER, REITERWIRT,** Löwengrube 18, seit vor 1823 (nach 1794).

Siehe »Zum Mark(t)reiter«.

Zum deutschen **RITTER,** Kaufingerstraße 26, seit vor 1796 (nach 1789) – nach 1823.

Seit 1540 war Eigentümer dieses Hauses der Gastgeb Konrad Schmalholz, nachdem es bis dahin mehr als 200 Jahre der Familie Katzmair gehört hatte. Letztere waren schon im 14. Jahrhundert im Weinhandel tätig und betrieben nachweislich um 1398/99, ebenso um 1407 eine Weinschenke an dieser Stelle. 1423 und 1527 wurde Schenkensteuer aus dem Haus gezahlt, 1486 und 1508 steht jeweils ein Wirt hier im Steuerbuch. Auch Schmalholz betrieb um 1550 eine Fremden-Herberge mit einem Fassungsvermögen von 30 Pferden in seinem Haus.

Das Weingasthaus »Zum deutschen Ritter« von Herrn Schrobenhauser an der Kaufingerstraße zählt Burgholzer erstmals 1796 zu den vornehmsten Häusern dieser Art. Dem Weingastgeb Joseph Benedikt Schrobenhauser gehörte das Haus seit dem 22. Februar 1789. Er hat wohl auch erst das Gasthaus eröffnet, da Westenrieder ein gleichnamiges Gasthaus am Marienplatz nennt, siehe unten, und Stimmelmayr von einem Gasthaus, noch dazu einem renommierten, an dieser Stelle überhaupt nichts weiß. Für Stimmelmayr ist dieses Haus »das Haus des Kaufmann Haas«. Haas war nicht Eigentümer des Hauses, sondern betrieb hier nur sein Geschäft. Eigentümerin war seit 1772 Anna Barbara von Ruff, die Witwe des Direktors der kurfürstlich privilegierten Tabakfabrik Karl von Ruff. Der entsprechende Teil von Stimmelmayrs Beschreibung muß also aus der Zeit vor 1789 stammen. Schrobenhauser besaß das Haus bis 1800. Der Name scheint schon bald wieder gewechselt zu haben. Das Adreßbuch von 1818 kennt den Namen nicht. Huber, das Adreßbuch von 1823 und Koebler (1827) kennen es unter dem Namen »Zum deutschen Ritter, nachhin Zum Londoner Hof«, siehe dort.

Qu.: Stimmelmayr S. 44 Nr. 63/12. – Burgholzer (1796) S. 103. – HB KV S. 81/82. – Huber II S. 156. – AB 1823 S. 41. – Koebler S. 190.

Zum deutschen **RITTER**, Marienplatz 24, seit vor 1782 (nach 1777).

Unter den vornehmsten Weingastwirten der Stadt nennt Westenrieder 1782 Herrn Pechtheller »Zum deutschen Ritter« »am Platze«, d. h. am Marienplatz. Es handelt sich um das Haus Nr. 24, das seit 1730 der Handelsmanns-Familie Pechtheller gehörte, seit 1777 dem Weingastgeb Johann Vinzenz Pechtheller/Pechthaller und seiner Familie bis 1827. Stimmelmayr nennt es »das Weinwirth Rechthaler (!) Haus«. Da der Name des Gasthauses aber 1796 schon wieder beim Haus Kaufingerstraße 26 auftaucht, siehe oben, scheint er an dieser Stelle bald wieder aufgegeben worden zu sein. Es sei denn, Westenrieder hat den Namen irrtümlich hierher gezogen.

Qu.: Westenrieder S. 127. – Burgholzer S. 103. – Stimmelmayr S. 20 Nr. 37/3. – HV AV S. 83.

Zu den drei **ROSEN, ROSENWIRT**, Rindermarkt 5, vor 1800 (nach 1776).

Eigentümer dieses Hauses sind früher fast immer Münchner Patrizier-Familien und Adelige gewesen, was den Betrieb einer Gaststätte keineswegs ausschließt. Seit 1776 ist der Weingastgeb Johann Georg Rost Eigentümer des Hauses und bleibt es bis 1786. Stimmelmayr nennt das Haus denn auch »das nachmalig Weinwirth Rost Haus«. Stimmelmayrs Information ist also auf dem Stand von vor 1786. Ab 1786 besitzt das Haus ein Kaffeeschenk, seit 1795 der Jagdzeugdiener Anton Mair und seine Witwe noch bis 1816. Die Gastwirtschaft hat aber weiter bestanden und auch der Name »Rosenwirt« ist sicher um 1800 schon vorhanden; denn in diesem Jahr wurde der »Rosenwirt« (Anton Mair) von in seinem Haus zechenden französischen Soldaten verprügelt (vgl. »Ochsenwirt«). Das Motiv der drei Rosen könnte der Wirt von seinem Nachbarn abgeschaut haben. Das Anwesen Rindermarkt 5 stieß mit seiner ganzen Rückseite an Rosental 7, mit dem es bis 1598 sogar stets vereinigt war. Rosental 7 nun gehörte von 1666 bis 1824 den Grafen von Törring zu Seefeld und dieses Geschlecht hat drei Rosen im Wappen. Das Adreßbuch nennt für 1818 das Gasthaus »Zu den 3 Rosen«. Es

Abb. 58: *Das Gasthaus »Drei Rosen« am Rindermarkt. Aufnahme vom 27.5.1914.*

bestand unter diesem Namen bis in unsere Tage. Erst jüngst wurde er dem modernen Wirtshaus-Trend geopfert (»MAREDO, Steak und Salat«).

Qu.: Stimmelmayr S. 98 Nr. 111/8. – Schattenhofer MA M 02047. – HB AV S. 215/16, 224, 266. – AB 1818 S. 394. – Koebler (1827) S. 190.

Zur goldenen ROSE, Färbergraben 24*, um 1782.

Das Weingasthaus mit diesem Namen kennt nur Westenrieder und zählt es 1782 zu den vornehmsten der Stadt. Inhaber ist Herr Neumayr. Der Weingastgeb Joseph Neumayr hatte 1751 durch Heirat der Witwe Magdalena Kiem in das Haus eingeheiratet. Es blieb bei seiner Familie bis 1802. Stimmelmayr nennt es immer noch »das Weinwirth Kiem Haus mit Eck«. Auch Burgholzer kennt den Namen »Zur goldenen Rose« nicht. Er führt nur »am Färbergraben eine Baierwein-Schenke« auf, meint aber wohl dieselbe.

Qu.: Westenrieder S. 127. – Burgholzer (1796) S. 104. – HB HV S. 108. – Stimmelmayr S. 74 Nr. 88/9.

Zum weißen RÖSSEL, Tal 74, seit vor 1782.

Westenrieder zählt den Weinwirt Herrn Schlicker und sein Weingasthaus »Zum weißen Rößl« im Tal zu den vornehmsten in der Stadt. Auch Stimmelmayr und Burgholzer nennen das Haus »Zum weißen Rößl oder Schlicker«. Das Haus ist seit vor 1550 Gasthaus. Jörg Kastner betrieb um diese Zeit hier eine Fremden-Herberge mit 24 Pferden Fassungsvermögen, siehe »Kastnerwirt«. Seit 1766 gehört es dem Weingastgeben Andre Schlicker, ab 1798 bis 1801 seiner Witwe. Huber (1819) und die frühen Adreßbücher – noch 1835 und 1842 – nennen das (Wein)Gasthaus »Zum goldenen Löwen« und »Zum Schlicker«, aber 1855 wird es auch wieder »Zum weissen Rosse« genannt.

Qu.: Westenrieder (1782) S. 127. – Burgholzer (1796) S. 103. – Stimmelmayr S. 12 Nr. 26/8. – HB AV S. 477/78.

Zum SAAMER, Schäfflerstraße 8, Ende 18. Jhd.

Das Bierzäpfler-Haus »Zum Saamer« kennt bisher nur Stimmelmayr. Das Haus gehörte von 1719 bis 1738 einem Weißbierzäpfler und seiner Witwe. Danach sind erst wieder ab 1808 Bierwirte als Hauseigentümer belegt. Den Betrieb einer Bierschenke schließt das nicht aus. Der Name ist bisher unerklärt. Wahrscheinlich ist er abzuleiten wie der Name »Samergasse«, siehe dort, also vom Sammeln, Almosenbetteln, Kollekte im Auftrag der Kirche machen. Auch bei

der Peterskirche wohnten die Samer oder Säm(l)er gleich neben der Kirche.
Qu.: *Stimmelmayr S. 23 Nr. 41/9. – Schmeller II Sp. 276/77. – HB KV S. 284/85.*

Zum **SPIEGELBRUNNENKOCH**, Theatinerstraße 52, seit Ende 18. Jhd. (nach 1537 oder früher).

Siehe »Spiegelbrunneneck«.

Zum **SCHAITENMICHL**, Marienstraße 14, seit Ende 18. Jhd. (nach 1651).

Stimmelmayr nennt das Haus »das Eckhaus des Bierführers Schaitenmichl«. Daß es sich hierbei um ein Gasthaus handelt, ist nicht sicher. Seit 1621 sind die Hauseigentümer von Beruf Spanner (von »einspannen«) und Fuhrleute. Die Witwe eines Spanners und Steinmetzen heiratet 1651 den Fuhrmann Michael Heifel/Heusel, der bis 1672 das Haus besitzt. Er ist der erste und letzte Hauseigentümer namens »Michl« auf diesem Haus. Spanner und Fuhrleute gibt es bis 1735 hier, seit 1735 bis 1808 jeweils einen Bierführer. Der Bestandteil »Scheiten-« in dem Namen kann vom Waagscheit am Wagen kommen, an dem die Zugtiere festgemacht werden, aber auch vom kleingehackten Holz (Holzscheit) oder dem Abfallholz beim Entrinden von Baumstämmen, die man »Schaiten«, mundartlich ausgesprochen »Schoatn« nennt.

Stimmelmayr erweckt zwar den Anschein, als handle es sich bei »Schaitenmichl« um einen Familiennamen. Das kann nicht stimmen. Hauseigentümer ist von 1760 bis 1785 der Bierführer Peter Münch, dann von 1785 bis 1808 der Bierführer Korbinian Eder. Der Name »Schaitenmichlhaus« ist 1819 auch bei Huber und 1823 (nicht jedoch 1818) im Adreßbuch nachgewiesen.
Qu.: *Stimmelmyr S. 10 Nr. 22/1. – HB GV S. 203/05. – Huber II S. 41. – AB 1823 S. 11.*

Bierschenk auf der **SCHERGENSTUBE**, Burgstraße 18*, Ende 18. Jhd.

Siehe »Zum schwäbischen Donisl«, »Beim Geiger am Rathaus«.

Zum **SCHIFF**, Dienerstraße 20, 1782/84.

Das Weingasthaus »Zum Schiff« des Herrn Huber in der Dienerstraße führt nur Westenrieder 1782 unter den vornehmsten Gaststätten der Stadt auf. Zu diesem Haus gehört als Hinterhaus das heute noch »Weinstadel« genannte Haus an der Burgstraße. Stimmelmayr nennt denn auch das Haus Dienerstraße 20 »Zum Weinstadl«. Eigentümer des Hauses war vom 15. September 1779 bis 6. März 1782 und wieder von 1784 bis 1786 der Kaffeeschenk Johann de Deo Holzhauser. Nur in der Zeit vom 6. März 1782 bis 30. Oktober 1784 gehörte es dem Weingastgeb Franz Anton Hueber, der es auf offener Gant (gerichtlicher Zwangsversteigerung) wieder dem Vorbesitzer überlassen mußte. Weder Stimmelmayr noch Burgholzer erwähnen das Gasthaus.

Qu.: Westenrieder S. 128. – Stimmelmayr S. 15 Nr. 30/10. – HB GV S. 70/71.

Zum **SCHLICKER**, Tal 74, seit vor 1782 (nach 1766).

Siehe »Zum weißen Rößl«.

Zur alten **SCHNEIDERHERBERGE**, Hartmannstraße 4*, seit vor 1819 (nach 1800, 1755?).

Dies ist ein Gaststättenname. Das Haus gehörte von 1755 bis 1800 dem Schneider Anton Göller/Göhler und war in dieser Zeit Herberge für die wandernden Schneider-Gesellen, die durch München kamen. Seit 1800 sind dann Bierwirte auf dem Haus. Huber (1819) und das Adreßbuch von 1823 nennen die Bierwirtschaft »Zur alten Schneiderherberge«, Koebler 1827 aber »Zum Reichsapfel«.

Die Bierwirtschaft »Zur neuen Schneiderherberge« an der Fürstenfelder Straße 13 gehörte erst nach 1823 Bierwirten.

Qu.: Huber II S. 138. – AB 1823 S. 36, auch S. 26. – HB KV S. 25/26.

Zur goldenen **SONNE**, Tal 72, seit vor 1782.

Siehe »Zum Bögner«.

Zum **SPUNDSCHNEIDER**, Tal 26, seit vor 1819 (nach 1763).

Das Haus ist erst seit dem 21. September 1822 in der Hand des Bierwirts Johann Karl. Das Haus nennt 1819 Huber »Spundschneiderhaus«, 1823 das Adreßbuch »Bierwirt Zum Spundschneider«. Bis 1845 ist das Haus im Besitz von Bierwirten, dann Bäckern. Von 1763 bis 1794 besaß das Haus der hofbereite Spundmacher Georg Plabst. Auf ihn geht der Gasthaus-Name zurück. Nichts deutet aber darauf, daß auch er schon eine Bierschenke betrieben hat. Der Name ist also wohl eine bewußte Anleihe bei der Geschichte und entstammt nicht ununterbrochener Tradition.

Qu.: HB GV S. 377/78. – Huber II S. 46. – AB 1823 S. 12.

Zum STAINDL, Marienplatz 5*/6*, Ende 18. Jhd.

Dies waren seit dem 14. Jahrhundert stets zwei Kornmesser-Häuser. Noch Stimmelmayr sagt: »Kornmesser Häuser, das erste glaublich ›Beym Steinl‹, wo der Bock geschenkt wird.« Die Bockkneipe »Zum Steindl« war tatsächlich das Haus 5*. Es wurde am 12. April 1799 mitsamt der Einbockschankgerechtigkeit an den Besitzer des Nachbarhauses Nr. 6*, den Kornmesser Johann Georg Niedermair verkauft. Auf dem Haus Nr. 5* gab es schon seit mindestens 1552 immer wieder Weinschenken und Gastgeben. In dem Haus Nr. 6*, das seit 1540 dem Hans Teinhofer gehörte, betrieb dessen Witwe Anna um 1550 eine kleine Fremden-Herberge, in der sie 8 Pferde versorgen konnte.

Die Herkunft des Namens ist unklar. Es gab zwar einen Hanns Staindl, der 1509 Mitglied der Weinschenken-Zunft wurde und zwischen 1676 und 1699 einen Salzstößel und Kräutler Jakob Staindl. Es ist aber nicht ersichtlich, daß sie etwas mit diesem Haus zu tun gehabt hätten. Auch ein angeblicher Bräumeister des Hofbräuhauses namens Staindl, dessen Sohn Kurfürst Maximilian 1638 das Privileg zum Bockbierausschank erteilt haben soll, ließ sich bisher nicht nachweisen. Möglich wäre deshalb eine andere Ableitung. Auch in der heutigen Kapellenstraße gab es eine Bockkneipe (Stimmelmayr erwähnt sie noch, auf der Westseite, etwa auf halber Höhe der Gasse) und diese Straße hieß lange Zeit »Steindl-« oder »Steidlgasse«. Man könnte an eine Übertragung der Schankgerechtigkeit von dort auf den Marienplatz denken oder auch daran, daß man – weil in der Steindlgasse sozusagen die Ur-Bockkneipe Münchens stand – man später auch andere Bockkneipen »Steindl« nannte.

Vgl. auch »Zur goldenen Krone«.

Qu.: Stimmelmayr S. 20 Nr. 37/3, 4, S. 54 Nr. 70/5. – HB GV S. 171/72, 173, 219; AV S. 205. – StadtA, Gewerbeamt 1418 (1509). – AB 1823 S. 4. – 350 Jahre Hofbräuhaus München, 1939, S. 26/27 – Hannes Burger, Paulaner - Salvator - Thomasbräu A.G. 1634–1984, Festschrift, München 1984, S. 44.

Zum goldenen STERN, Burgstraße 18*, um 1796 (ab 1795).

Mit diesem Namen nennt Burgholzer 1796 eines der vornehmsten Weingasthäuser. Inhaber sei Herr Dellerer. Der Betrieb war noch sehr neu. Westenrieder kannte es 1782 noch nicht und auch Stimmelmayr kannte es nur mit seinen alten Namen »Bierschenk auf der Schergenstube oder Beym Geiger am Rathhaus«. Der Weingastgeb Josef Dellerer besaß es auch erst seit dem 3.März 1795 (bis 1812). Zur Zeit Koeblers (um 1827) hieß das Gasthaus »Zum schwäbischen Donisl«.

Qu.: Burgholzer S. 103. – HB GV S. 42.

Zum goldenen Stern

Zum goldenen **STERN**, Tal 11, seit vor 1818 (nach 1782).

Erstmals nennt das Adreßbuch von 1818 dieses Haus »Zum goldenen Stern« oder »Zum Lunglmair«. Westenrieder nannte es 1782 noch »Zum schwarzen Bären«, siehe dort. Auch die Adreßbücher von 1835/42 nennen noch das (Wein-)Gasthaus »Zum goldenen Stern« bei Tal 11.

Ein Lehrstück an Überlieferungsgeschichte und an unkritischem Umgang mit Quellen bietet uns auch dieser Name. In einer 1976 erschienen Arbeit zum Problem der Forstordnungen kann man lesen, daß zu Pfingsten des Jahres 1490 der Pfleger von Tölz in dieser Angelegenheit nach München gerufen worden sei. »Zwei Tage lang beherbergte ihn der Seehofer in seinem Gasthof zum goldenen Stern«. Die Fußnote dazu verweist auf das Häuserbuch des Graggenauer Viertels und gibt als Gasthof des Seehofer das Haus Tal Nr. 11 an, unbeschadet der Tatsache, daß dieses (auf Grund der Eintragungen im Grundbuch) erst seit 1556 einen Alexander Seehofer – und zwar ausdrücklich »durch Einheirat« – bei diesem Haus nachweisen kann. Es ist also unwahrscheinlich, daß die Seehofer das Gasthaus schon vor dieser Zeit betrieben haben. Tatsächlich weist auch ein Blick in die Steuerbücher der Zeit um 1490 im ganzen Tal keinen Seehofer nach.

Hinzukommt, daß die Quelle für diesen Aufenthalt sich über die Lage des Gasthofes und seinen Namen gar nicht äußert. Der Eintrag in der Gerichts-Rechnung (GR) von Tölz sagt nur lapidar: »Item m(ein) gn(ädiger) H(err) etc. hat mich von des holltz und kalchß wegen gevordert gen München ze pfingsten. Verzert zum Sehofer zwen tag 6 s(chilling) 10 d(enarii = pfennig)«. Wir müssen also das Gasthaus des Seehofer erst suchen. Dabei helfen die Steuerbücher. Ihnen zufolge gibt es in der Zeit um 1490 einen einzigen Seehofer. Er steht seit 1489 im Zunftbuch der Weinschenken-Zunft als deren Mitglied. In den Steuerbüchern von 1482 bis 1490 heißt er mit Vornamen Steffan und gehört zum Haus Kaufingerstraße 28, dem östlichen Eckhaus zur Mazaristraße, dessen Besitzer zu dieser Zeit noch die Familie des Stadtunterrichters Endlhauser war. Die Kammerrechnung von 1492 bestätigt ebenfalls, daß Seehofer Gastwirt war und offenbar gern von herzoglichen Beamten aufgesucht wurde. In diesem Jahr hat nämlich die Stadtkammer 7 Schillinge und 21 Pfennige »zalt dem Sehofer, hett hertzog Albrechts puchsenmaister ... bej im verzert«. Da ein anderer Seehofer zu dieser Zeit nicht nachweisbar ist, dürfen wir also davon ausgehen, daß der Seehofer, bei dem der Pfleger von Tölz um Pfingsten 1490 abgestiegen war, der Weinschenk Stefan Seehofer war und das Gasthaus lag in der Kaufingerstraße 28.

Einen Namen des Hauses überliefert die Quelle ohnehin nicht (außer man will »Zum Seehofer« als solchen ansehen). Wie oben gezeigt, kennt Westenrieder das Gasthaus im Tal 1782 unter dem Namen »Zum schwarzen Bären«. Der Name »Zum goldenen Stern« ist erst nach 1782 entstanden. Der Verfasser der Dissertation von 1976 hat in völliger Überschätzung des Alters solcher Namen diesen sehr jungen Gasthaus-Namen in das 15. Jahrhundert zurückverlegt und dann auch noch auf ein Haus bezogen, für das er wiederum einen Hausbesitzernamen zurückdatierte, ebenfalls in Überschätzung der Besitzdauer einer solchen Familie. Zudem wurde außer acht gelassen, daß der Betreiber einer Gaststätte gar nicht Besitzer eines Hauses sein muß und deshalb unter Umständen gar nicht im Grund- oder Häuserbuch stehen muß. Im Handumdrehen ist durch unbesonnene Rückdatierung für das Jahr 1490 die Existenz eines Gasthausnamens in die Literatur eingeführt – mit scheinbarer Berufung auf eine zeitgenössische Quelle –, der für diese Zeit durch nichts belegt ist. So werden Legenden geboren.

Qu.: AB 1818 S. 144, 1823 S. 12. – Hans-Heinrich Vangerow, Vom Stadtrecht zur Forstordnung. München und der Isarwinkel bis zum Jahr 1569, = Miscellanea Bavarica Monacensia Heft 66, München 1976, S. 37, mit Anm. 782 und 783. – HStA Mü, Herzogtum Bayern, Ämterrechnungen bis 1506 Nr. 1406 (alt: StA La Rep. 18 Fasz. 907 Nr. 2618 GR (= Gerichts-Rechnung) Tölz von 1490. – StB 1490 S. 54v. – KR 1492 S. 75r. – StadtA Mü, Gewerbeamt Nr. 1418 (1489). – HB GV S. 356, 124, KV S. 85.

Zum **STÖCKLWIRT**, Oberer Anger 31, seit vor 1819 (nach 1746).

Den Weißbierzäpflern bzw. Bierwirten Johann, dann Martin Stöckl gehörte dieses Gasthaus von 1746 bis 1792. Huber (1819) und das Adreßbuch von 1823 nennen es »Zum Stöcklwirt«.

Qu.: HB AV S. 140/42. – Huber II S. 87. – AB 1823 S. 23.

Zum goldenen **STORCHEN**, Neuhauser Straße 3, seit vor 1782.

Westenrieder zählt dieses Weingasthaus 1782 schon zu den vornehmsten seiner Zeit in der Stadt. Auch Burgholzer nennt es 1796. Inhaber ist Herr Bauhof (seit 1737), weshalb es auch »Zum Bauhof« genannt wurde, siehe dort. 1835/42 (Wein-)Gasthaus »Goldener Storch (genannt Bauhof)«.

Qu.: Westenrieder S. 127. – Burgholzer S. 103. – AB 1823 S. 28.

Zum **THALER**, Weinstraße 11, Ende 18. Jahrhundert (nach 1720).

Das Weinwirtshaus »Zum Thaler oder goldenen Frau« nennt Stimmelmayr. Auf dem Haus finden sich seit mindestens 1566 Gastgeben. Der äußere Rat und Weingastgeb Franz Anton Thaler hat das Haus seit dem 13.Mai 1720 inne, seine Familie noch bis 1792. Nach 1806 hört die Tradition auf.

Der Name »Zur goldenen Frau« ist sonst nirgends belegt. Offenbar liegt aber ein Versehen vor und es soll »Zum goldenen Hahn« heißen. Dies war das Nachbarhaus Nr. 10* und beide Häuser waren von 1792 bis 1806 unter dem Weinwirt Albert miteinander vereinigt. Für ein Versehen spricht, daß Stimmelmayr den »Goldenen Hahn« merkwürdigerweise nicht nennt.

Qu.: Stimmelmayr S. 21 Nr. 38/13. – HB KV S. 364/65.

Zum **TÖPSTL**, Rosental 9 A/B, seit Ende 18. Jhd. (nach 1687).

Stimmelmayr nennt an dieser Stelle »das Weinwirth Döpstl Haus«. Das Haus bestand ursprünglich aus zwei Gebäuden. Das Haus B erwarb am 1. Februar 1636 der Handelsmann Adam Töpstl durch Heirat der Tochter des Vorbesitzers. Am 20. November 1687 kaufte der Gastwirt Bonaventura Töpstl das Nachbarhaus A hinzu. Seine Familie besaß das nunmehr vereinigte Haus bis 1732. Gasthaus ist es wohl erst seit 1687. Im 18. Jahrhundert führte es dann auch den Namen »Zum weißen Lamm«, siehe dort.

Qu.: Stimmelmayr S. 97 Nr. 110/2. – HB AV S. 266/67. – AB 1818 S. 271, 1823 S. 19.

Zur blauen **TRAUBE**, Kaufingerstraße 25*, um 1782.

Die »Blaue Traube« des Weingastgeben Merkel in der Kaufingerstraße war zu Westenrieders Zeiten eines der vornehmsten Häuser dieser Art. Der Weingastgeb Johann Anton Märkl besaß es aber erst seit dem 29. Oktober 1785, davor war er vielleicht dessen Pächter, kommt aber in den Steuerbüchern nicht vor. Eigentümer war von 1781 bis 1785 Maximilian Clement von Belval. Auch Burgholzer führt das Haus auf. Von 1687 bis 1732 war es stets im Besitz von Weingastgeben.

Noch 1800 bis 1805 ist Leopold Weiß Weingastgeb »Zur blauen Traube«. Schon 1808 ist es eine Bäckerei. Koebler nennt es 1827 »ein ehemaliger Gasthof«.

1818/19 nennt ein Bäckermeister sein Haus Färbergraben 7* »Zur blauen Traube«. Am bekanntesten wurde aber das erstmals 1842 mit diesem Namen genannte (Wein-)Gasthaus »Zur blauen Traube« in der Dienerstraße 11, später »Englischer Hof«.

Qu.: Westenrieder (1782) S. 128. – Burgholzer (1796) S. 103. – AB 1803 S. 27. – Huber II S. 103. – Koebler S. 158. – HB KV S. 79/80, GV S. 56, HV S. 84.

Bei der haarigen **TROMPETE**, Löwengrube 15, Ende 18. Jhd.

Das Grundbuch läßt hier keinerlei Anzeichen für ein Gasthaus erkennen. Aber Stimmelmayr nennt es »ein ehemaliges Wirthshaus ›Bey der haarigen Trompete‹«.

Qu.: Stimmelmayr S. 27 Nr. 45/10. – HB KV S. 109/11.

Zum **TUMBERGER**, Neuhauser Straße 17*, seit Ende 18. Jhd. (nach 1593).

Dies war eine Metschenke. Das Haus gehörte seit dem 8. Februar 1593 dem Lebzelter Wolfgang Thumberger, dann von 1625 bis 1676 seinem Sohn Anton. Stimmelmayr beschreibt es als »das Tumberger Lebzelter Haus, wo in den sogenannten Beichtstühlen von zwey zu zwey gerne Meth getrunken wird«. Noch 1810 nennt der Lebzelter Speiser sein Haus »Zum Tumberger«.

Qu.: Stimmelmayr S. 51 Nr. 68/4. – HB HV S. 344. – AB 1823 S. 29.

Zum **WEINSTADEL**, Dienerstraße 20/Burgstraße 5, seit Ende 18. Jhd. (nach 1550).

Das Vorderhaus an der Dienerstraße 20 zu dem Gebäude an der Burgstraße 5, das wir heute unter dem Namen »Weinstadel« kennen, nennt Stimmelmayr »Zum Weinstadel«. Bei Westenrieder heißt es 1782 »Zum Schiff«, siehe dort. Die beiden Häuser gehörten schon Ende des 14. Jahrhunderts immer zusammen und waren in dieser Zeit bereits Besitz von Weinwirten. 1550 gingen sie vorübergehend in den Besitz der Stadt über und dienten als Stadtschreiberei-Gebäude und städtischer Weinstadel. Die Häuser wurden 1622 bereits wieder privatisiert, jedoch ohne Keller und Weinstadel, die bei der Stadt verblieben. Erst 1809 verkaufte die Stadt auch diese beiden Einrichtungen in Privathand. Der Name Weinstadel geht also auf die Zeit ab 1550 zurück.

Die Stadt hatte später in der Dienerstraße 1* einen Weinstadel, der zur Ratstrinkstube Marienplatz 10* gehörte, siehe dort. Auch ihn erwähnt Stimmelmayr.

Qu.: Stimmelmayr S. 15 Nr. 30/2, 30/10. – Westenrieder (1782) S. 128. – HB GV S. 20, 43, 70/71.

Zum **WESTERMAYR**, Neuhauser Straße 32, um 1819 (nach 1680).

Das Haus gehörte von 1644 bis 1675 der Hofkochfamilie Gerbl, seit dem Jahr 1680 dem Schäffler Franz Westermayr und seiner Familie bis 1750. Der Weinwirt und Schäfflermeister Johann Georg Hörmann erwarb das Haus 1819 und griff auf den Namen des früheren Besitzers zurück und nannte seine Weinwirtschaft »Zum Westermayr«. Diesen Namen führt auch Huber in diesem Jahr an. Die Adreßbücher von 1818 und 1823 kennen ihn nicht. Nach wie vor sind dann bis 1865 die Hauseigentümer auch Schäffler gewesen. Für Stimmelmayr war das »ein unbekanntes Haus«.

Qu.: HB HV S. 367. – Stimmelmayr S. 51 Nr. 68/17. – Huber II S. 110.

Metzgereien

Die Hausnamen der Metzgerhäuser sind alle sehr jung. Es fällt auf, daß Stimmelmayr nur einen einzigen kennt, den des »Feichtmayrmetzgers«. Alle anderen sind bei ihm nur »ein Metzger Haus«. Auch andere Quellen nennen kaum einen Metzgereinamen in der Zeit vor 1800. Nur ein einziger war bisher für die Zeit vor 1800 belegbar, der des Stegermetzger für das Jahr 1798. Nur zwei insgesamt können vom Familiennamen her bis ins 17. Jahrhundert zurückreichen: der Kittenbachermetzger (Hausname seit frühestens 1670 denkbar) und wieder der Stegermetzger (denkbar seit 1671). Alle anderen Namen gehen bestenfalls bis 1710 zurück (Hubermetzger).

Abgesehen von dem Adreßbuch von 1833, das überhaupt keine Hausnamen enthält, nennen diejenigen von 1835 und 1842, die immerhin noch die Namen der Brauereien und Gasthäuser aufführen, keine Namen von Metzgereien (Bäckereien, Bierwirtschaften, Branntweinereien, Weinwirtschaften) mehr.

Die Befugnisse der Metzger sind das Schlachten des Viehs zum Fleischverkauf und gegen Lohn sowie die Verfertigung und der Verkauf von Würsten. Mit den Befugnissen der Metzger überschneiden sich nach unserem Verständnis die der Garköche oder Köche. Schon die Zunftsätze von 1561 bestimmten, »daß die Köche durchaus kein rohes Fleisch, ... hingeben sollen ...«, was sich aber wiederum nicht auf Schweinefleisch bezog. Berechtigt waren sie aber, »alle Gattungen Würste zu machen und diese gekocht oder ungekocht oder auch geräuchert in und außer dem Hause zu verkaufen. Vermöge des Gastungsrechts sind sie berechtigt, Stiere, Rinder, Kühe, Kälber, Schafe und Schweine zu schlachten und das Fleisch auszukochen; sie dürfen zum Frühstücke, Mittag- und Abendessen Gäste setzen und ihnen Speisen vorsetzen, diese aber auch über die Straße abgeben; ... Bier den Gästen vorzusetzen, ist ihnen verboten.«

Eine weitere Gruppe unter den Garköchen waren die sog. Mannheimerköche oder Schweinemetzger. Sie waren nur zur Verfertigung und zum Verkauf von kalten Würsten, Sulzen, kaltem geräuchertem Fleisch und Charcutier-Arbeiten berechtigt.

Qu.: Schlichthörle I S. 161, 168, 169/70, II S. 88, 90, 92.

BESELMETZGER, Unterer Anger 11 A, seit vor 1818.

Auf diesem Haus sind seit 1698 Metzger nachzuweisen. Seit dem Adreßbuch von 1818 wird es »Zum Beselmetzger« (bzw. 1818 fälschlich »Besenmetzger«) genannt. Laut Schmeller ist »Bezel« oder »Betze« ein männliches unbeschnittenes Schwein«.

Qu.: GB AV S. 504. – AB 1818 S. 173, 1823 S. 22. – Schmeller I Sp. 1781.

BEUTELMETZGER (BEILMETZGER), Oberer Anger 32, seit vor 1813 (nach 1770).

Der Hausname ist erstmals für 1813 im Grundbuch belegt. Das Haus gehört seit 1657 jeweils einem Kuttelwascher. Seit 1770 bis 1813 der Metzgerfamilie Beyrl/Beyerl/Peil/Beil/Bäll. Von ihr leitet sich der Hausname ab.

Qu.: HB AV S. 142/43. – AB 1823 S. 23.

Zum **BICHLMÏAIER,** Zum **BRODESEL,** Herzogspitalstraße 3, seit vor 1819.

Metzger sitzen auf diesem Haus seit 1739. Der Name »Zum Brodesel, auch Zum Bichlmaier« ist erstmals 1819 belegt. Erklären ließen sich bisher beide nicht, da es zumindest einen Hauseigentümer dieser Namen nicht auf diesem Haus gibt. Eine Metzgerfamilie Bichlmayr hat es aber jedenfalls gegeben. Der früheste ist 1557 belegt (Hans), der letzte ab 1690 (Andreas). Nur hatte keiner etwas mit diesem Haus zu tun.

Qu.: HB HV S. 162/63 und Register zu Bichlmayr. – Huber II (1819) S. 121. – AB 1823 S. 32.

Zum **BRÜNDEL,** Raspstraße 5, seit vor 1819 (nach 1782).

Das Haus gehört von 1782 bis 1820 dem Metzger Johann Prindl und seiner Witwe. Metzger haben das Haus seit 1701. Der Hausname ist 1819 erstmals belegt.

Qu.: HB AV S. 204/05. – Huber II (1819) S. 88. – AB 1823 S. 23.

DIEMERMETZGER, Unterer Anger 11 C, seit vor 1807 (nach 1776).

Von 1776 bis 1840 besitzt die Metzgerfamilie Diemer dieses Metzger-Anwesen. Es wird 1807 erstmals vom Grundbuch »Zum Dienermetzger« (!) genannt.

Qu.: HB AV S. 506/07. – AB 1823 S. 22.

FAGLERMETZGER, Raspstraße 2*, seit vor 1818 (nach 1779).

Dieser Hausname ist ebensowenig erklärbar wie der ebenfalls vorkommende »Beim Hacklmetzger« (erstmals bei Huber 1819). Es gibt weder einen Metzger dieses noch des anderen Namens. Beim »Fagler« kann man aber mit Schmeller an »Fack« = »Ferkel« denken und damit einen Schweinemetzger. Seit 1779 ist das Haus im Besitz von Metzgern.

Qu.: HB AV S. 197/99. – AB 1818 S. 178 (Fagler), 1823 S. 23 (Hackl). – Huber II S. 89. – Schmeller I Sp. 689.

Zum **FEICHTMAIR,** Oberer Anger 54, seit Ende 18. Jhd.

Die Eigentümer dieses Hauses sind von 1715 bis 1817 Metzger. Der Hausname ist erstmals bei Stimmelmayr (»Feichtmayr Metzger Haus«) und dann wieder 1823 belegt. Er läßt sich bisher nicht erklären. Um 1823 sitzt hier die Familie des Milchmannes Grasmair (1817–1828).

Um 1818 wird das Haus Roßschwemme 5*, wo erst seit 1811 Metzger nachzuweisen sind, »Zum Feichtmaiermetzger« genannt. Auch hier finden sich nie Hauseigentümer oder Metzger dieses Namens.

Qu.: HB AV S. 178/80, 288. – Stimmelmayr S. 85 Nr. 99/14. – AB 1823 S. 24.

Zum **GLONNER(METZGER),** Dultstraße 5*, um 1819/23.

Diesen Namen nennen 1819 Huber (Glonnermetzger) und 1823 das Adreßbuch (Glonner). Er ist ungeklärt, vor allem weil es einen zweiten Glonnermetzger gibt, siehe unten. Auf Dultstraße 5* sitzen zwar von 1598 bis 1866 stets Metzger als Hauseigentümer, jedoch nie die Familie Klammer/Glonner. Vgl. auch »Zum Glonneranderl« bei den Gaststättennamen.

Qu.: Huber II S. 76. – AB 1823 S. 20. – HB AV S. 42/44.

GLONNERMETZGER, Kreuzstraße 6, um 1823 (nach 1755).

Seit 1755 und bis 1810 besitzen dieses Anwesen die Metzger Andre, danach Mathias Clammer/Klammer. Der Name ist zu »Glonner« verschliffen. Nur das Adreßbuch von 1823 nennt dieses Anwesen so. Nach einem 1736 bis 1744 auftretenden Bierwirt und Metzger Andreas Clammer war die Gaststätte »Zum Glonneranderl« am Unteren Anger benannt.

Qu.: HB HV S. 279/81. – AB 1823 S. 31.

Beim HACKLMETZGER, Raspstraße 2*, seit vor 1819 (nach 1779).

Siehe »Faglermetzger«.

Zum HALTENBERGER, Unterer Anger 24, seit vor 1818 (nach 1714).

Auch dies ist eine Metzgerei. Sie gehörte von 1714 bis 1746 dem Hofmetzger Joseph Halmberger und seiner Witwe. Die Adreßbücher von 1818 und 1823 nennen das Haus nach dieser Familie »Zum Haltenberger«.

Qu.: HB AV S. 525/27. – AB 1818 S. 174, 1823 S. 22.

HA(A)SENMETZGER, Kreuzstraße 4, seit vor 1818 (nach 1751).

Bei diesem Haus sind die Eigentümer seit 1656 Metzger. Von 1751 bis 1818 ist es die Familie des Metzgers Balthasar Haas. Nach ihm nennt das Grundbuch 1818 das Haus »Zum Haasenmetzger«, ein Name, der sich dann auch im Adreßbuch von 1823 wieder findet.

Qu.: HB HV S. 276/78. – AB 1823 S. 31.

HOLLMETZGER, St.-Jakobs-Platz 4a, seit vor 1818 (nach 1733).

Von 1733 bis 1744 betreibt die Metzgerfamilie Holl in diesem Haus ihr Gewerbe. Eine Metzgerei läßt sich aber schon seit mindestens 1550 und bis weit ins 19. Jahrhundert herein hier nachweisen. Der Hausname ist seit 1818 belegt.

Qu.: HB AV S. 294/95. – AB 1818 S. 170, 1823 S. 21.

HUBERMETZGER, St.-Jakobs-Platz 10, seit vor 1819 (nach 1710).

Auf dieses Anwesen kam durch Einheirat um 1710 der Metzger Georg Huber. Er wurde allerdings schon 1712 von seinen Stiefkindern wieder abgefunden. Trotzdem scheint der Name geblieben zu sein; denn Alois Huber nennt 1819 dieses Haus »Hubermetzger«.

Qu.: Huber II S. 450. – HB AV S. 303/04.

Zum KAMINKEHRERMETZGER, Altheimer Eck 16, seit vor 1776.

Metzger und Kuttelwascher sind seit 1572 auf diesem Haus als Eigentümer nachweisbar. 1776 wird der Rindermetzger Anton

Reichendinger »Zum Kaminkehrermetzger« genannt. Der Grund dafür ist unbekannt. Wahrscheinlich hat sich Reichendinger nebenher als Kaminkehrer betätigt oder er hat den Beruf gewechselt. Auch das Adreßbuch von 1823 greift den Namen wieder auf.

Qu.: HB HV S. 14/16. – AB 1823 S. 30.

Zum **KITTENBACHER**, Oberer Anger 28*, seit vor 1818 (nach 1670).

Das Haus ist seit 1630 in der Hand von Metzgern. Seit 1670 ist es auf sehr lange Zeit – bis 1807 – die Metzgerfamilie Giggenbacher/ Kittenbacher. Den Hausnamen überliefern die frühen Adreßbücher.

Qu.: HB AV S. 135/36. – AB 1818 S. 176, 1823 S. 23.

MANHARTMETZGER, Unterer Anger 3 D, seit vor 1818 (nach 1805).

Dies ist eine sehr junge Metzgerei, erst seit 1805 als solche belegt und seit 1818 im Grundbuch mit dem Hausnamen nach der Metzgerfamilie des Melchior Manhart, der 1809 bereits verstorben war.

Qu.: HB AV S. 493. – AB 1823 S. 21.

MAREISMETZGER, Unterer Anger 7, seit vor 1812 (nach 1748).

In dem Haus wird seit mindestens dem 15. Jahrhundert eine Metzgerei betrieben, seit 1748 von einem Mitglied der Metzgerfamilie Mareis. Die Witwe des Mareis heiratet nach 1764 den Metzgermeister Joseph Vetter/Vötter. Ein späterer Joseph Vötter kaufte 1812 das Haus Marienplatz 4*, ohne das Haus am Unteren Anger aufzugeben, und wurde hierbei »Mareismetzger« genannt. Das hat wohl den Häuserbuch-Bearbeiter dazu verführt, beim Haus Marienplatz 4* eine Metzgerei »Zum Mareismetzger« anzunehmen. Tatsächlich war und blieb die Metzgerei dieses Namens am Anger. Der Metzger Vötter hatte am Marienplatz nur sein Geld angelegt. Auch nach den Adreßbüchern von 1818 und 1823 ist der Mareismetzger das Haus am Anger, nicht am Marienplatz.

Qu.: HB GV S. 170, AV S. 498. – AB 1818 S. 327, 1823 S. 22.

NAZARENER-METZG-HAUS, Sendlinger Straße 24, Ende 18. Jhd.

Diesen Namen überliefert uns nur Stimmelmayr. In der Hand von Metzgern ist das Haus seit 1727. Den Namen erklärt auch er nicht.

Qu.: Stimmelmayr S. 80 Nr. 94/8. – HB AV S. 374/76.

Zum **OBERLOCHER**, Kreuzstraße 14, seit vor 1818 (nach 1735).

Diese Metzgerei gehörte von 1735 bis 1793 der Metzgerfamilie von Johann Georg Oberlocher. Das Grundbuch nennt für 1818 den Namen, das Adreßbuch für 1823.
Qu.: HB HV S. 290/91. – AB 1823 S. 32.

RENNERMETZGER, Sendlinger Straße 72*, seit vor 1819 (nach 1777).

Der Name ist ungeklärt. Metzger sitzen seit 1777 auf dem Haus. Grund- und Adreßbuch nennen das Haus 1823 »Zum Rennermetzger«.

Sicher liegt ihm ein Familienname zu Grunde. Es gab von 1727 bis 1767 eine Metzgerfamilie Renner mit zahlreichen Mitgliedern, die alle Metzger waren, z. B. auf dem Haus Sendlinger Straße 24. Nur auf diesem Haus ist keiner belegt.
Qu.: HB HV S. 375/76, 427/28. – Huber II (1819) S. 97. – AB 1823 S. 25.

RIEDERERMETZGER, Oberer Anger 33* (?), um 1819 bzw.
Zum **RINDERMETZGER**, Oberer Anger 25*, um 1823.

Dieser Name ist vielleicht kein eigentlicher Hausname, sondern bezeichnet nur die Art der Metzgerei. Man unterschied Rinder-, Ochsen-, Schweinemetzger, Alt- und Jungmetzger (Metzger auf dem alten, Metzger auf dem jungen Fleisch). Der Metzger auf diesem Haus war – zumindest um 1823 – Rindermetzger. Metzger haben das Haus seit 1667 inne.

Das Haus besaß allerdings von 1767 bis etwa 1801 eine Metzgerfamilie Riederer. Vielleicht ist also »Riederermetzger« gemeint. Huber nennt 1819 einen Riederermetzger, meint damit aber das Haus Oberer Anger 33* (alt 849). Dort gab es aber bis 1769 Bierbrauer und danach nur einmal kurzzeitig einen Metzger. Nie hieß ein Hauseigentümer Riederer.
Qu.: HB AV S. 25 (1779), 131/32, 143/44. – AB 1823 S. 23. – Huber II S. 87.

SCHWABENMETZGER, Raspstraße 7*, seit vor 1818 (nach 1718).

Auch dieser Name konnte nicht geklärt werden. Metzger sitzen seit 1718 auf dem Haus. Eine Familie Schwab ließ sich als solche bisher nicht ermitteln. Die Adreßbücher überliefern den Namen seit 1818.
Qu.: HB AV S. 206/07. – AB 1818 S. 177, 1823 S. 23.

SCHWARZMANNMETZGER, Oberer Anger 30, seit vor 1823.

Hier gilt das gleiche wie bei dem vorstehenden Namen. Auch hier war keine Familie Schwarzmann auszumachen. Es gab jedoch um 1700/15 einen Metzger Anton Schwarzmann auf dem Haus Sebastiansplatz 4. Metzger haben das Haus schon seit mindestens 1490 inne. Huber überliefert 1819 und das Adreßbuch 1823 den Namen.

Qu.: HB AV S. 138/40. – Huber II S. 87. – AB 1823 S. 23.

STEGERMETZGER, Unterer Anger 25, seit vor 1798 (nach 1671).

Das Grundbuch überliefert diesen Namen für das Jahr 1798. Es ist einer der am weitesten zurückreichenden Metzgereinamen. Er bezieht sich auf die Metzgerfamilie des Georg Steger, die von 1671 bis 1708 auf dem Haus saß.

Qu.: HB AV S. 527/28. – AB 1818 S. 174, 1823 S. 22.

WINDENRIEDER-(METZGER)-HAUS, Blumenstraße 38, um 1819/23.

Das Haus gehörte von 1744 bis 1779 einer Metzgerfamilie Hechenrieder. Von ihr stammt aber der Name nicht. Er dürfte sich von einer anderen Metzgerfamilie herleiten, die Windenrieder/Winrieder/Wünrieder hieß, und von der drei männliche Mitglieder (Christoph, Johann und Wolfgang) zwischen 1662 und 1724/25 als Metzger belegt sind. Die Beziehung zu diesem Haus ließ sich allerdings nicht feststellen. Das Haus stand an der Ecke Blumenstraße/Oberer Anger West, gegenüber dem Heyturm, und gehörte von 1685 bis 1904 stets Metzgern.

Der Name Windenriederhaus ist 1819 bei Huber und 1823 im Adreßbuch belegt.

Qu.: HB AV S. 24, 116, 205. – Huber II S. 86. – AB 1823 S. 23.

Mühlen

Da innerhalb der Stadtmauern nur zwei Mühlen lagen – die Horbruckmühle und die Toratsmühle – wurden sie bei den gleichnamigen Brücken im Anhang mitbehandelt.

Tore und Türme

Den ersten Hinweis auf eine Stadtmauer um München bietet eine Urkunde von 1173/74, die in der Zeugenreihe einen »Ortolf, qui preest muro« als Münchner Bürger nennt, einen »Ortolf, der den Mauerbau beaufsichtigt, dem Mauerbau vorsteht«. Am 28. Mai 1239 nennt eine Urkunde unter den Münchner Bürgern einen »Chunradus iuxta portam superiorem« (Konrad beim oberen Tor) und überliefert damit erstmals zwei Stadttore, da ja das »obere« Tor ein »unteres« voraussetzt. Am 21. September 1287 liegt das Angerkloster »infra muros civitatis Monacensis«, innerhalb der Mauern der Stadt München. Damit ist allerdings bereits der äußere Mauerring gemeint, der die neuen Siedlungsräume seit der Stadterweiterung umfängt.

Auf diese Stadterweiterung deuten eine Reihe von Tatbeständen. Der erste ist die am 24. November 1271 vom Bischof von Freising vollzogene Teilung der Pfarrei St. Peter und der Neuerrichtung einer zweiten Pfarrei an der Kapelle zu Unserer Lieben Frau. Der Bischof begründet die Maßname damit, daß die Bevölkerung der Stadt ins Unermeßliche gewachsen sei (»excreverit in immensum«). Die Stadt wird jetzt in zwei annähernd gleich große Hälften geteilt. Die Grenze verläuft durch die Ost-West-Achse (Marienplatz/Kaufingerstraße) und setzt sich in beiden Richtungen außerhalb der bisherigen Stadttore fort, nach Westen durch die Neuhauser Straße, nach Osten durch das Tal. Ja auch außerhalb der neuen Stadttore – Isartor und Neuhauser Tor – teilt man den Burgfrieden nach der Lage in den beiden Pfarreien ein und es gibt dort ein St.-Peters-Feld und ein Unser-Frauen-Feld usw. Das Heiliggeistspital erhält bei dieser Gelegenheit einen eigenen – nur das Spital umfassenden – Pfarrsprengel und alle drei Pfarreien einen eigenen Friedhof. Desgleichen werden an beiden

Pfarreien Pfarrschulen eingerichtet und jeder der beiden Pfarrer erhält zwei Hilfsgeistliche an die Seite gestellt. Alles in allem eine grundlegende Verwaltungsreform für das Kirchenwesen, ein Jahrhundertwerk, wie man heute sagen würde, das sich am sinnvollsten im Zusammenhang mit der sogenannten Stadterweiterung erklärt. Innerhalb der bisherigen Stadtmauern war ein Wachsen ins Unermeßliche kaum möglich. Das Wachstum dürfte sich außerhalb der Stadt vollzogen haben und machte eine Neugliederung des Gemeinwesens und eine Kanalisierung der Baulust vor den Mauern nötig. Dem Urkundentext zufolge geschah diese Neugliederung auf Bitten der Bürgerschaft. Tatsächlich sind um dieselbe Zeit auch drei namhafte Bürger zum Papst nach Italien gereist, um dort die Bestätigung für diese Neuorganisation einzuholen.

Der zweite Hinweis auf die bereits in Gang befindliche Stadterweiterung stammt vom Jahr 1279. In diesem Jahr verkauft der Bürger Konrad von Fronhofen sein Haus in der Stadt. Auch der Hausnachbar wird angegeben. Aus dem Rückenvermerk aus der Mitte des 15. Jahrhunderts auf der Urkunde gehen die Hauseigentümer dieser Zeit hervor, womit die Häuser einigermaßen eingeordnet werden können. Sie lagen in der Neuhauser Straße fast beim Neuhauser Tor (Karlstor), ein Beleg dafür, daß um 1279 an dieser Straße – und zwar keineswegs unmittelbar vor dem alten Stadttor (Kaufingertor), sondern an ihrer äußersten Stelle – bereits Häuser standen.

Im Jahr 1284 wurde späteren Berichten zufolge das Pütrich-Seelhaus gegründet. Es lag an der heutigen Residenzstraße, nördliche Ecke zur Perusastraße. Gegenüber diesem Seelhaus entstand im selben Jahr 1284 das Franziskanerkloster. In das bisherige Franziskanerkloster am Anger (St.-Jakobs-Platz) zogen im Oktober Klarissinnen, die aus Söflingen bei Ulm geholt worden waren. Auch das Pütrich-Seelhaus und das neue Franziskanerkloster lagen außerhalb der bisherigen Stadt und deuten darauf, daß die Stadterweiterung in vollem Gang war. Die Lage der beiden Klöster an einer der Ausfallstraßen nach Norden war sicher stadtplanerische Absicht.

Für den 21. September 1287 haben wir einen weiteren Beleg für den Fortgang der Erweiterung. Der Beleg hat in der Vergangenheit für Unstimmigkeiten gesorgt. Er besagt, daß an diesem Tag das Angerkloster »infra muros civitatis Monacensis« liegt. Die Unstimmigkeit gab es um die Übersetzung des »infra«, das im klassischen Latein auch mit »unterhalb« übersetzt wird. Wenn das Angerkloster »unterhalb« der Mauern liegt und die Mauer von diesem Kloster aus gesehen auf dem Rindermarkt oben steht, dann ist dies gleichbedeutend mit »außerhalb« der Mauern. Man schloß also daraus, daß am 21. September 1287 das Kloster noch nicht in den Mauerring einbezogen war, die Stadterweiterung also noch nicht so weit gediehen war, wie man bisher geglaubt hatte, solange man »infra« mit »innerhalb« übersetzt hatte. Leider muß dies wieder korrigiert werden. »Infra muros civitatis« ist fast ein stehender Ausdruck, der in den Quellen aller Städte des Mittelalters vorkommt und in allen Städten mit »innerhalb der Stadtmauern« übersetzt wird. Alle mittellateinischen Lexika geben für »infra« ebenfalls die Übersetzung »innerhalb« an. Den letzten Zweifel ausräumen kann ein Beispiel aus der Stadt Freiburg im Breisgau, wo in einer Urkunde vom 16. Dezember 1278 der Passus steht: »... infra muros veteris oppidi vel extra muros«. Die Gegenüberstellung von »infra« und »extra« (außerhalb) läßt für ersteres keine andere Übersetzung zu als »innerhalb«. Das Angerkloster in München liegt also am 21. September 1287 bereits »innerhalb der Stadtmauern«.

Der Fürstenfelder Klosterhof liegt am 26. Januar 1289 am »inderen Graben«, was einen »äußeren Graben« voraussetzt. Auch diese Urkunde hat Verwirrung gestiftet. Der Text liegt uns nicht im Original vor, sondern in einer Abschrift eines Kopisten, der in den 40er Jahren des 15. Jahrhunderts für die Stadt München ein Kopialbuch geschrieben hat. Er scheint wenig ortskundig gewesen zu sein und die Lage des Klosterhofs an der heutigen Fürstenfelder Straße und damit am Graben um die innere Befestigungsanlage nicht gekannt zu haben. Da man in dieser Zeit den i-Punkt noch nicht kannte, sind Buchstaben aus lauter Schäften im Mittelband schwer zu unterscheiden, so daß eine Buchstabenfolge »in« auch als »ni« gelesen werden kann. Der Schreiber des 15. Jahrhunderts fand in der Fürstenfelder Urkunde das Wort »inderer« (= innerer) und verlas es zu »niderer«. Der Mode seiner Zeit entsprechend, die aus diesen Fehllesungen bereits gelernt hatte, gab er nun, um spätere Irrtümer auszuschließen, das »i« mit dem Zeichen »y« wieder und schrieb »nyderer graben«, nicht ahnend, daß er damit heftiges stadthistorisches Kopfzerbrechen auslöste, weil man seither immer wieder einen Fürstenfelder Hof in der Gegend des Rosental und des späteres Roßschwemmbaches suchte, eingedenk der Tatsache, daß die Fürstenfelder Straße, wo der Hof tatsächlich lag, nicht am »niederen«, sondern am »oberen« Graben lag. Man schreibt übrigens noch das ganze 15. Jahrhundert z. B. in allen Ratsprotokollen für »innerer Rat« immer »inderer Rat«, also mit dem weichen d-Laut in der Mitte. Abgesehen davon, daß sich dadurch alle Spekulationen um einen Fürstenfelder Hof im Rosental in Nichts auflösen, bietet – richtig gelesen – diese Urkunde damit auch einen Beleg für das Fortschreiten der Stadterweiterung; denn die Urkunde besagt, daß es im Januar 1289 auch schon einen Graben um die neue Stadt gab, so daß man einen »inderen« von einem »äußeren« Graben unterscheiden mußte.

Am 12. Mai 1293 wird bei einem Hausverkauf der Name »Neuhauser Straße« erstmals genannt. Mindestens die Hauptachsen im Neubaugebiet haben also um diese Zeit auch schon ihre Namen und sind offensichtlich weitgehend bebaut.
Als am 2. Februar 1294 Herzog Ludwig II. »der Strenge« stirbt, ist die sogenannte Stadterweiterung im Kern abgeschlossen. Das weite Feld des Baulandes dürfte parzelliert und an den Mann gebracht sein, mindestens die Hauptachsen sind bebaut und haben Namen und um die neue Stadt zieht sich ein Graben und stellenweise bereits die Mauer. Im Inneren sind Organisationsmaßnahmen ergriffen worden – wir wissen es von der Kirchenorganisation –, die der nunmehrigen Ausdehnung Rechnung tragen und den immensen Umfang an Bevölkerung und Fläche in sinnvolle Größen teilen. Vielleicht kommt es nicht von ungefähr, daß mitten in dieser Phase im Jahr 1286 zum ersten Mal der Münchner Stadtrat in Erscheinung tritt. Die Delegation der Bürgerschaft zum Papst im Jahr 1271 hat ja schon angezeigt, daß die Bürger offensichtlich bei dieser Neugestaltung der Stadt ein gewichtiges Wort mitreden.

Wenige Wochen nach dem Tod des Vaters beruft der neue Herzog Rudolf, der zusammen mit der Mutter Mechthild auch die Vormundschaft über den erst zwölfjährigen Ludwig (den Bayern) wahrnimmt, die Augustiner nach München, eine Maßnahme, die mit Sicherheit noch vom Vater eingeleitet worden sein dürfte, der Klostertradition zufolge im Jahr 1290. Auch sie erhalten ein Areal im Neubaugebiet übertragen, um ihr Kloster einzurichten, an der Neuhauser Straße, gleich außerhalb des alten Kaufingertores. Auch hier dürfen wir stadtplanerische Absicht vermuten: Richtung Westen findet sich nunmehr rechter Hand gleich außerhalb des ehemaligen Tores das Augustinerkloster, Richtung Norden gleich außerhalb des Tores (Krümleinsturm), ebenfalls rechter Hand, das Franziskanerkloster, und Richtung Osten gleich außerhalb des ehemaligen Tores (Alter Rathausturm), wiederum rechter Hand, das Heiliggeistspital. Am 24. August 1295 schließt das Kloster Scheyern mit der Stadt einen Vertrag über die Steuer auf einem Grundstück (Hofstatt) ab, auch im Hinblick auf eine künftige Bebauung. Es handelt sich um das spätere Haus des Klosters Scheyern. Es lag jahrhundertelang in der Theatinerstraße, an der südlichen Ecke zur Perusastraße. Hier gibt es also 1295 noch freie Bauplätze, aber der Straßenname »Schwabinger Gasse« begegnet hier erstmals. Im selben Jahr gründet die Familie Ridler an der Residenzstraße – schräg gegenüber dem Pütrich-Seelhaus und unmittelbar neben dem Franziskanerkloster – ebenfalls ein Seelhaus. Im Jahr 1301 stiftet der Herzog das Ungeld vom (alten?) Oberen und Unteren Tor für den Mauerbau. Wie oben gezeigt, kann dies aber nicht den Beginn des Mauerbaues bezeichnen, da ja 1287 das Angerkloster schon innerhalb der Mauern liegt. Die Maßnahme von 1301 kann nur der Beschleunigung des Baus und der finanziellen Unterstützung der Stadt dienen. Am 5. Januar 1302 wird bereits das Neuhauser Tor erstmals genannt. Es sind um diese Zeit also sogar einzelne Tore schon fertig. Im selben Jahr wird Herzog Ludwig, der spätere König und Kaiser Ludwig »der Bayer«, mit 20 Jahren volljährig und tritt in die Regierung ein. Zu diesem Zeitpunkt kann die Stadterweiterung bis auf einige Mauerabschnitte und Tore als abgeschlossen betrachtet werden. Unter diesen Umständen ist die Behauptung nicht mehr länger aufrecht zu erhalten, die Stadterweiterung sei ein Werk von Ludwig »dem Bayern«. Sie ist in Wahrheit das Werk seines 1294 gestorbenen Vaters. Seine Rolle in der Entwicklungsgeschichte Münchens wird offensichtlich völlig unterschätzt. Gegründet hat München zwar Heinrich der Löwe, aber zur Stadt ausgebaut hat es erst Ludwig II. »der Strenge«. Unter seinem Sohn Ludwig »dem Bayern« erlebte es seine erste Blüte. Ein Projekt wie die Stadterweiterung kann man im übrigen nicht scheibchenweise in die Tat umsetzen. Die Grundzüge müssen in einem Wurf gestaltet werden und gleich zu Beginn des ganzen Vorhabens. Natürlich hat so ein Unterfangen mehrere Generationen beschäftigt. Alleine an der Zwingermauer wurde hundertfünfzig Jahre später ein halbes Jahrhundert gebaut. Völlig abgeschlossen war der Bau der Mauer offensichtlich mit der Fertigstellung des Isartores um 1336/37.

Die ältesten Tore sind naturgemäß diejenigen am Übergang von der inneren zur äußeren Stadt. Sie haben die ursprüngliche, auf die Zeit der Stadtgründung zurückgehende Stadt (leonische Stadt) nach außen hin abgeschlossen. Es sind ihrer fünf: auf der Hauptachse von Ost nach West die porta superior (oberes Tor) (1239), später Kaufingerturm nach Westen, und die porta inferior (unteres Tor) (1301 (1239)), später Rathausturm nach Osten. Nach Süden führte das (innere) Sendlinger Tor (1289) und nach Norden zwei (innere) Schwabinger Tore (1323), eines an der Wein- und eines an der Dienerstraße. Die Tore sind erst verhältnismäßig spät belegt. Über die Zeit ihrer Errichtung wissen wir nichts.

Alle fünf Tore haben mit weitgehender Fertigstellung der neuen Stadtumwallung anläßlich der Stadterweiterung am Ende des 13. Jahrhunderts ihre Tor-Funktion verloren und wurden von da an in der Regel auch nur noch als »Turm« bezeichnet. Manche von ihnen nutzte die Stadt für verschiedene Zwecke: den Turm an der Weinstraße für die Lagerung ihres Kriegsgerätes; das untere Tor als Rathausturm mit der Ratsglocke und als Gefängnis. Andere wurden an einen der Hausnachbarn verpachtet (der Turm an der Dienerstraße, das innere Sendlinger Tor). Später wurden sie auch als Wohnungen vermietet (die Türme an der Wein- und Dienerstraße). Obwohl

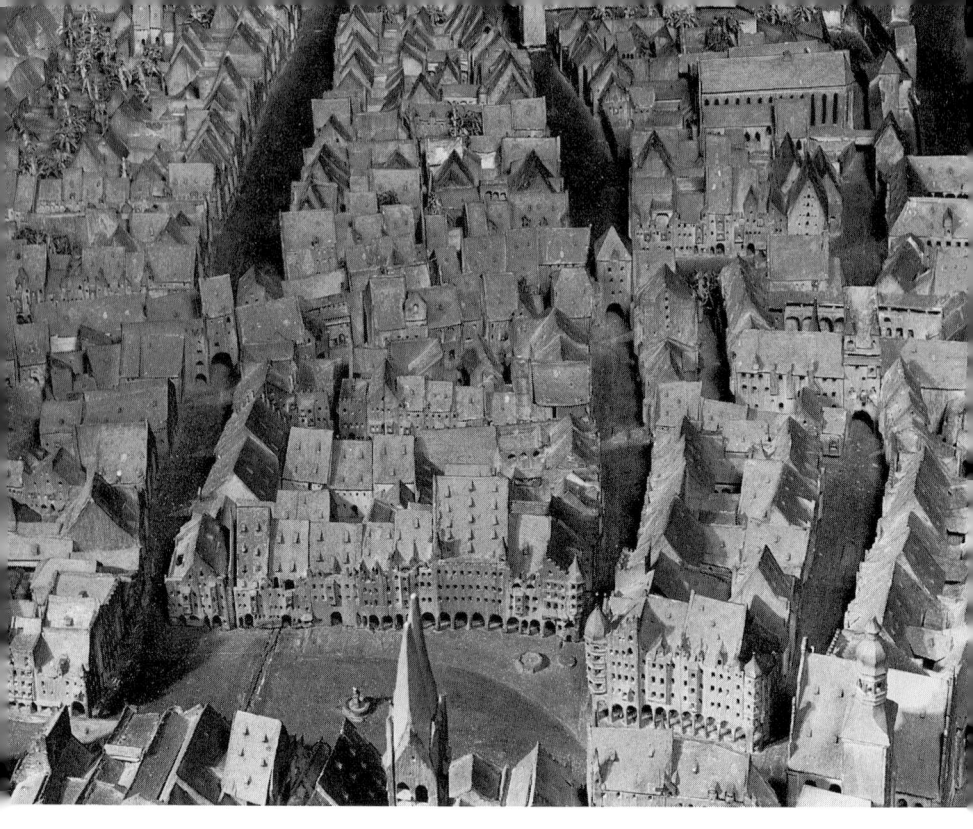

Abb. 59: *Der »Wilbrechtsturm« (Bildmitte links) und der »Krümleinsturm« (Bildmitte rechts) auf dem Sandtner-Modell. Rechts unten die Spitze des Rathausturms. Im Vordergrund der Marienplatz.*

uns diese Art der Nutzung heute eher als Notlösung anmutet, scheinen diese Türme für die mittelalterlichen Menschen doch eine weitergehende Bedeutung gehabt zu haben. Anders ist es nicht verständlich, daß die Stadt in den Jahren 1479/84 einen dieser fünf – nach unserem Verständnis »überflüssigen« – Türme (oberes Tor an der Kaufingerstraße) wegen Baufälligkeit bis zu den Grundmauern abtrug und dann in voller Größe wiederaufbaute.

Eine immer noch vorhandene Torfunktion kann er nicht gehabt haben, auch wenn neuerdings gelegentlich behauptet wird, diese fünf inneren Tore seien weiterhin nachts abgesperrt worden, weil sich die im Inneren der Stadt wohnenden reichen Patrizier vor nächtlichen Überfällen der in der äußeren Stadt wohnenden armen Bevölkerung schützen wollten. Diese Art negativer Sozial-Romantik entbehrt jeder Grundlage in den Quellen. Abgesehen davon, daß nach den Steuerbüchern in der inneren Stadt zu allen Zeiten zahlenmäßig wesentlich mehr Menschen der sozialen Unterschicht wohnten als sog. Reiche, spricht auch noch anderes gegen diese Behauptung. Als die Kammerrechnung erstmals für 1319 und 1325 die Ausgaben für die »custodes« überliefert, die die Schlüssel für die Tore zu verwahren hatten, ist kein einziges dieser fünf Tore mehr darunter. Auch später enthalten die Kammerrechnungen nie irgendwelche Ausgaben für eine Torhut oder einen Torsperrerdienst an diesen ehemaligen Toren. Es gibt auch nie Ausgaben für die Reparatur oder das Anstreichen von Torflügeln oder Beschlägen, Bau und Unterhalt von Wachhäuschen und dergleichen, wie dies für die äußeren Tore jahrhundertelang für jedes einzelne Tor überliefert ist.

*

Einen Grund zur Erhaltung dieser Türme deckt uns – zumindest für die spätere Zeit – das Tauziehen um den ersten endgültigen Abbruch eines dieser Türme auf, nämlich des Wilbrechts- oder Schäfflerturmes an der Weinstraße um 1691. Wegen des Baus eines neuen Gebäudes für die Englischen Fräulein sollte mit dem benachbarten Wohnhaus auch dieser Turm beseitigt werden. Die Stadt sträubte sich längere Zeit dagegen. Erst als die Englischen Fräulein der Stadt die Zusage machten, sie würden in dem Trakt an der Weinstraße ein Türmchen auf das Dach setzen (»ain thurn, den wir sonsten nit vonnöthen gehabt«), das die Uhr vom Turm wieder aufnehmen sollte, ließ sich die Stadt dazu herbei, dem Abbruch zuzustimmen (»wegen deß abgetragnen sogenanten Schäfflerthurmes oder villmer nur wegen der alda gewesten Uhr«). Das einzig Erhaltenswerte an diesem Turm ist für die Stadt offenbar die Uhr.

In einer Zeit, in der noch nicht jeder Mensch eine Uhr bei sich trug, orientierte man sich nach dem Stand der Sonne. In den Städten richteten sich Geschäftszeiten (Marktbeginn und -ende) nach dem Läuten der Glocken bestimmter Kirchen. Seit 1371 besaß München eine einzige (die erste) öffentliche Uhr auf dem Turm von St. Peter, natürlich auf einem hohen Turm, damit sie möglichst weithin sichtbar war. 1378 bekam der Maler Örtel den Auftrag, sie zu bemalen (»Örtel maler hat die hor gemalt, [kostete] 5 ß«). Als nächstes kamen 1486 die Uhren auf den Türmen der Frauenkirche hinzu. 1480 hatte die Stadt vom Kloster Ettal ein kleines Häuschen neben dem Kaufingertorturm gekauft und 1483 zu einem Wohnhaus für den Stadtuhrmacher umgebaut. Die Kammerrechnungen enthalten die Bauausgaben dafür. Durch diese öffentlichen Uhren war es jetzt jedermann möglich, sich mit einem Blick aus dem Fenster seiner Wohnung, von jedem Ort der Stadt aus, an ihnen zu orientieren. Auch der wiederaufgebaute Turm an der Kaufingerstraße diente bald als Uhrturm, allerdings etwas später als bisher angenommen. Genau wie 1490, 1491 und 1497 der Uhrmeister seine Besoldung »von beiden uren« (= auf St. Peter und der Frauenkirche) erhielt, so werden ihm auch 1508 noch Leistungen ersetzt »in die ur gen Unser Frauen und ... sand Peters ur«. Von einer dritten Uhr ist bis zu dieser Zeit nicht die Rede. Daß 1497 Geld ausgegeben wird »von den dreien urn zu vernewen und die viert ur gantz new an die stat gemacht in sant Peters thurn«, bezieht sich – wie es ja deutlich gesagt wird – auf Uhren auf dem Turm der Peterskirche. Außerdem ist ja bei den dreien ausdrücklich von Erneuerung die Rede, nur eine vierte kommt völlig neu hinzu. Es waren also allein auf dem Petersturm mehrere Uhren (bzw. ein Uhrwerk und mehrere Zifferblätter?). In der Regel wird das aber als eine einzige Uhr gezählt.

Die dritte öffentliche Uhr kommt im Jahr 1510 hinzu. Es ist diejenige auf dem Kaufingerturm, später Schöner Turm genannt. Die Kammerrechnung dieses Jahres verzeichnet die Ausgabe von 87 Pfund und 4 Schillingen, umgerechnet 100 Gulden rheinisch, »(ge)zalt der stat urmaister für das werck der ur auf Käffinger thurn und von der kugel des mans (= Mondes) daselb zu behengen ... das jahr«. Bei diesen drei öffentlichen – mit mechanischen Uhrwerken betriebenen – Uhren bleibt es nun fast das ganze 16. Jahrhundert. Weil man es in der bisherigen Literatur anders lesen kann, soll hier ausführlicher darauf eingegangen werden. 1538, 1541 und 1543 erhält der Stadtuhrmeister 2 Gulden zusätzliches Honorar (Ehrung), weil er »die drei Uhren gemacht und gebessert hat«, 1538 für 4 Jahre, 1541 für drei Jahre und 1543 für zwei Jahre. 1552 führt der Uhrmeister Reparaturen an den drei Uhren durch: auf dem Schönen Turm, auf Unser Frauen und auf St. Peters Turm. Gleiches geschieht 1560, 1561 und 1562. Auch hier werden diese drei Uhren wieder namentlich genannt. Bis 1579 kann keine weitere als diese drei Uhren belegt werden.

Wann die vierte hinzu gekommen ist, war nicht feststellbar. Sicher ist nur, daß seit dem Februar 1593 ein eigener – zweiter Uhrmeister – besoldet wird – es ist der Uhrmacher Elias Hurlepain –, der für zwei bisher nicht bekannte Uhren bezahlt wird: »von wegen der Uhr auf dem Ratturn und Schäfflerturn zu richten«. Unabhängig davon gibt es immer noch den anderen Stadtuhrmeister, der für die drei ersten Uhren – auf dem Schönen Turm, auf St. Peter und der Frauenkirche – zuständig ist. Während Hurlepains Besoldung bis einschließlich 1601 unter dem Kapitel »Gemeine Ausgaben« verrechnet wird, steht der andere Uhrmeister unter den städtischen Amtleuten, wie von eh und je. Erst seit 1602 wird auch Hurlepain zur Beamtenschaft gerechnet und seine Besoldung ebenfalls dort verrechnet. Dort stehen sie also jetzt hintereinander, der »Uhrrichter auf dem Schön, Unser Frauen und St. Peter Turn« und der »Uhrrichter auf dem Rats- und Schäffler Turn«.

Seit 1600 ist allerdings zu den fünf Uhren schon eine sechste hinzu gekommen. Seit diesem Jahr führt die Kammerrechnung nämlich auch noch Ausgaben auf für den »Caspar Aschauer Mesner auf St. Peters Gottesacker von der Uhr ze richten«. Er erhält von nun an pro Quatember 1 Gulden und steht damit seit 1602 ebenfalls Jahr für Jahr unter der städtischen Beamtenschaft als dritter Uhrrichter (»Uhrrichter auf St. Peters Gottesacker«). Auch die Allerheiligenkirche am Kreuz hat also nunmehr eine öffentliche Uhr.

So gibt es also bis 1592/93 nur drei öffentliche Turmuhren, von da ab eine vierte und fünfte und seit 1600 eine sechste.

Zusätzlich wurde – so im Jahr 1554 belegt – an zehn Stellen der Stadt die Uhrzeit durch Ausrufer verkündet. Auch die Marktordnung von 1567 erwähnt die »Wachen, so bei den thuren die uhr ausschreien«. Außerdem gab es Sonnenuhren (nicht mechanisch betriebene Uhren). 1537 wurde eine für 1 Gulden 3 Schillinge durch den Uhrmacher Amareller am neuen Salzstadel am Promenadeplatz angebracht. Ebenso wurden 1579/80 auf städtische Kosten 3 Sonnenuhren eingerichtet. Ein Mann namens Schniep hatte den Auftrag, für 2 Gulden »drei sunenuhrn außzuzürckhlen«. Nicht klar ist, welchem Zweck die Uhr im Zwinger beim Wurzertor diente, die 1528 angebracht wurde. Sie wird auch später noch erwähnt (1539, 1546). Burgholzer hebt 1796 sicher nicht ohne Grund hervor, daß »alle Kirch- und andere Thürme mit öffentlichen Uhren versehen waren«.

*

Zurück zu den alten Stadttoren: Statt dieser fünf Türme nennt die Kammerrechnung des Jahres 1325 zwei Tore zur inneren Stadt, die sonst in diesem Kreis nicht genannt werden, auch später nicht mehr existieren. Es handelt sich um ein Tor beim Frauenbad (porta apud balneum Marie) und ein Tor bei einem Bürger namens Rintfleisch (porta apud Rintflaesch). Das erstere führte von der Schäfflerstraße aus zur Frauenkirche herauf, die Lage des anderen ist nicht bekannt. Es könnte sich aber an der Stelle des heutigen Schlichtinger-Bogens, am Abgang von der Burgstraße in die Graggenau, befunden haben. Diese beiden Pforten wurden also um 1325 nachts noch versperrt. Nach dieser Zeit tauchen sie allerdings im Kreis der Stadttore nicht mehr auf. Sie können in keinem Fall für die Schlußfolgerung herhalten, um diese Zeit seien die inneren Tore noch nachts abgeschlossen worden. Ja, das Fehlen der eigentlichen fünf ehemaligen Stadttore in dieser Liste bestätigt das Gegenteil.

Aus dem Jahr 1319 liegt die erste Liste der äußeren Stadttore vor. Sie nennt bereits die »porta in prato« (Angertor), »porta Sentlingeriorum« (Sendlinger Tor), »porta Newnhauseriorum« (Neuhauser

Tor) und »porta Swaebingeriorum« (Schwabinger Tor). Nur das Tor nach Osten ist noch nicht fertig: das Isartor. Es wurde als letztes 1337 fertiggestellt. Statt seiner nennt die Liste eine »porta vallis super Chaltenpach«, das Kaltenbachtor, das etwa an der Straßenachse Radlsteg/Hochbrückenstraße stand.

1325 nennt eine weitere Liste außer diesen fünf Haupttoren noch eine Reihe von Nebentoren, die fast alle nur vorübergehende Bedeutung hatten. Erstmals erscheint hier zwischen dem Schwabinger Tor und der »porta super Chaltenpach« noch eine »porta in Grakkaw«. Das ist das spätere Wurzer- oder Kosttor. Geht die Liste bei der Aufzählung vom Angertor aus Tor für Tor im Uhrzeigersinn um die Stadt herum bis zum Tor am Kaltenbach, so weicht sie an dieser Stelle plötzlich vom System ab. Sie springt in die innere Stadt hinein und schiebt hier das Tor beim Frauenbad und das beim Rindfleisch ein. Danach kehrt sie zurück in den äußeren Tore-Ring, um die Lücke zwischen dem Kaltenbachtor im Tal und dem Angertor zu schließen. In diesem Bereich präsentiert sie uns drei Tore, die Kopfzerbrechen bereiten. Mindestens eines davon ist nach 1325 wieder ganz verschwunden und eines der anderen beiden scheint verlegt worden zu sein, wenn die Reihenfolge einen Sinn ergeben soll. Bei dem letzten der drei Tore ist Marquardus Tornator (Marquard Draechsel) der »custos« (custos porte apud eum). Es ist damit identifizierbar mit dem späteren Rosenturm an der Stelle des noch späteren Seefeld-Bogens. Davor nennt die Liste ein Tor beim Spitalbad. Dieses muß demnach innerhalb des Seefeld-Bogens gelegen haben und kann nicht identisch sein mit dem späteren inneren Einlaßtor, das ja jenseits des Seefeld-Bogens oder Rosenturms lag. Es muß also um 1325 möglich gewesen sein, die Stadt gleich gegenüber dem Spitalbad und am Ende der späteren Straße »Roßschwemme« zu verlassen. Noch ein Stück weiter vorher wird noch ein Tor aufgeführt, die »porta in prato hospitali«. Sie muß demnach etwa am Ende der späteren Fischer- oder Heiliggeistgasse aus der Stadt geführt haben und später ganz verschwunden sein. Die Reihenfolge lautet also vom Kaltenbachtor aus: »porta in prato hospitali« (später wieder verschwunden), dann »porta apud balneum hospitalis« (später verlegt worden an die Stelle des inneren Einlaßtores) und Tor beim Marquard Draechsel. Die beiden Tore in der inneren Stadt ebenso wie diese drei zuletzt genannten haben alle nur »unam seram«, einen Tor-Riegel, das Sendlinger Tor ist z. B. mit deren vier verschlossen. Sie haben auch alle nur einen »custos«, während etwa das Sendlinger Tor drei und das Angertor gleich sechs hat.

Nicht erwähnt wurde in dieser Aufstellung das Taeckentor. Da der Teil des Tales, der zwischen dem Kaltenbachtor und dem Isartor (Fertigstellung 1337) liegt, um 1325 noch nicht in den Mauerring einbezogen war, kann es dieses Tor um diese Zeit auch noch nicht gegeben haben. Es wurde ohnehin später bald wieder geschlossen, ebenso wie auch das Wurzertor, das Einlaßtor und das Angertor immer nur Nebentore waren, die zeitweilig geschlossen werden konnten, manchmal über lange Zeit. Grundsätzlich darf man zwar auch aus der Tatsache, daß Ludwig der Bayer im Jahr 1315 die Stadt anwies, die Stadtmauer in Verteidigungsbereitschaft zu versetzen, schließen, daß die Ummauerung im wesentlichen fertig war. Aber im Streckenabschnitt um das Tal herum enthalten die Kammerrechnungen in manchen Jahren ein ganzes Kapitel mit Ausgaben alleine für den Bau der Stadtmauer in diesem Bereich (»Murus in valle« = Mauer im Tal). So 1336/37, 1338, 1343/44 bis 1345/46. Erst in diesen Jahren ist also der Ring um die Stadt, etwa zwischen Wurzertor und Katzenturm, geschlossen worden. Auch die Fertigstellung des Isartores fällt ja in diese Zeit.

Auffallend ist in München die Namengebung für die Stadttore. Die Tore nach Süden, Westen und Norden werden nach dem jeweils ersten Ort genannt, zu dem die Straße führt. Das sind alle drei nur Dörfer von mäßiger Größe: Sendling, Neuhausen, Schwabing. Andere Städte nennen ihre Tore in der Regel nach größeren, teils sehr weit entfernt gelegenen Städten. Freising hat ein Landshuter Tor und ein Münchner Tor, Dachau hat ein Augsburger Tor, Erding ein Landshuter Tor, Landshut hat ein Münchner Tor und ein Burghauser Tor und überspringt mit dieser Namengebung Städte wie Freising, Vilsbiburg, Neuötting usw. Die Beispiele ließen sich beliebig vermehren.

Mit den Namen der Tore korrespondieren die Namen der durch sie führenden Straßen: Sendlinger, Neuhauser, Schwabinger Gasse. Dies ist sicher geplant gewesen und hat sich nicht erst im Laufe der Zeit im Volksmund so herausgebildet. Die entsprechenden Namen für die inneren Tore (inneres Sendlinger Tor, inneres Schwabinger Tor, für das Kaufingertor ist eine entsprechende Namensbildung »inneres Neuhauser Tor« nicht belegt) ist nicht ursprünglich, sondern eine Rückkoppelung. Nach der Benennung der neuen Ausfallstraßen und neuen Tore hat deren Name auf die ehemaligen Tore zurückgeschlagen. Das West- und Osttor wurden ja 1239 – lange Zeit vor Beginn der Stadterweiterung – »oberes« und »niederes« Tor genannt. Die alten Namen der beiden Tore an der Diener- und Weinstraße und am Ende des Rindermarktes sind uns nicht überliefert.

Um die Stadt herum lief die Mauer mit einer Vielzahl von Türmen, die in erster Linie der Verteidigung der Mauer dienen sollten. Da eine Verteidigung der Stadt gegen einen von außen andringenden Feind selten nötig war, konnte man sie die längste Zeit ihres Bestehens anderweitig verwenden. Das tat man fast von Anfang an. Die beliebteste Art der Nutzung war zunächst diejenige als Gefängnis. Eine ganze Reihe von Türmen der Stadtmauer dienten schon im 14. Jahrhundert nachweislich als Arrestlokale (Taschenturm, Fischerturm, Luger, Falkenturm). Die meisten verwendete man später als Salpeterlager und Pulvermagazin. Der Jungfernturm diente fast das ganze 18. Jahrhundert hindurch als Magazin für Kostüme und Requisiten des nahen Hoftheaters. Andere baute man um 1600 zu Wassertürmen um (Katzenturm, Heyturm).

Die Zahl der Türme in der Mauer ermittelt man am besten durch Abzählen auf dem Sandtner-Modell oder auf den alten Karten. Es ergibt sich dann, daß zur eigentlichen Mauer, dem inneren Ring, einschließlich der mittleren Tortürme der fünf großen Tore (Isar-, Anger-, Sendlinger, Neuhauser, Schwabinger Tor) 52 Türme gehören, die alle von der Stadt unterhalten werden. Nicht mitgezählt werden der Christophturm, der Turm hinter dem Franziskanerkloster, der Hexenturm und der Falkenturm. Sie werden vom Hof verwaltet. Der Christophturm gehört an sich zur Neuveste und wird wohl gar nicht mehr als Befestigungsturm in dem Sinne verstanden. Ohne Christophturm sind das also 55 Türme. In der Zwingermauer, dem äußeren Mauerring, stehen einschließlich der 10 paarweise vor den fünf genannten großen Toren angeordneten Vortürme 44 Türme. Nicht mitgezählt ist das äußere Einlaßtor, das außerhalb der Maueranlage steht. Um die Neuveste herum, zwischen Schwabinger Tor und Kosttor, gibt es keine Zwingermauer. Das macht zusammen 99 Tore oder mit dem Christophturm genau 100 (Grobe zählte allerdings 118). Für fast alle hat die Stadt die Baulast.

Die Türme wurden erstmals von der Stadt selbst im Jahr 1621 mit Nummern versehen, da ja die wenigsten Namen hatten. Die Zählungen fallen auch in städtischen Akten immer wieder unterschiedlich aus. Im Jahr 1703 nennt ein Schreiber 73 Türme einschließlich der Seitentürme der Stadttore und dazu in der Zwingermauer weitere 28. Das wären 101 gewesen. Eine dazu angefertigte Liste der Türme, die alle zu behebenden Bauschäden aufführt, kommt aber seltsamerweise nur auf 52 innen und 38 außen, was zusammen 90 sind. Es muß einen deshalb weiter nicht belasten, wenn man selbst beim Abzählen auch zu anderen Ergebnissen kommt. In den meisten – z. B. in allen Türmen der eigentlichen Mauer zwischen dem Sendlinger und dem Schwabinger Tor – konnten 1703 die Bauschäden nicht festgestellt werden, weil sie versperrt waren und die Stadt die Schlüssel nicht hatte. Sie dienten als Salpeter- und Pulverlager und die Schlüssel waren an die zuständige staatliche Stelle übergeben.

Qu.: Zur Stadterweiterung: Weißthanner, Schäftlarner Traditionen Nr. 204 (1173/74). – Dirr Nr. 5 (1239), Schaffer, Wiege S. 130/131. – MB 18 Nr. 4 S. 5 (1287). – Dirr Nr. 10 und S. 49* (1271). – Vogel, Heiliggeistspital U 8 (1279), U 23 (1302). – Solleder S. 385; Schattenhofer, Geistliche Stadt S. 22-24, (1284), S. 26 (1284); Ders., MA M 03039. – Geiß,

St. Peter S. 344 (1284). – Dirr Nr. 20 (1289), Nr. 24 (1295), Nr. 29 (1301). – MB 19a S. 452 (1293), S. 369 Nr. 3 (1294). – Hans Schadek, Peter Schmidt-Thomé, Die Stadtbefestigung in Freiburg im Breisgau in der Zähringerzeit. Archivalische und archäologische Befunde, in: Die Zähringer. Schweizer Vorträge und neue Forschungen, hrsg. von Karl Schmid, Sigmaringen 1990, S. 351–373, hier S. 352 mit Anm. 5 Zu den Toren/Türmen: KR 1318/25 S. 9r (1319), 103v (1325), KR 1325/46 S. 100v (1336/37), 116r (1338), 193r (1343/44), 209v (1344/45), 229v (1345/46), 1371 S. 46r, 1488/89 S. 81v, 1497 S. 79r. – HB HV S. 273. – Dirr U 52 S. 85 (1315). – RP 1554 S. 26r. – StadtA, Großmarkthalle Nr. 35 (1567); Städtischer Grundbesitz Nr. 4 S. 44v/49v (1621); Hochbau Nr. 41 (1703). – v. Bary S. 451/52, 1012. – Burgholzer S. 339. – Grobe S. 23. Zu den Uhren: KR 1378 S. 46r, 1480 S. 78r, 1483 S. 123r. 124r/v, 125r/v, 1486 S. 66r, 102r, 1490 S. 65r, 1491 S. 27 (Hartig, Künstler S. 66 Nr. 334), 1497 S. 79r, 83r, 1508 S. 108r, 1510 S. 102r, 1528 S. 94r, 1537 S. 94v, 1538 S. 85r, 1539 S. 90, 1541 S. 94r, 1543 S. 98r, 1546 S. 93v, 1552 S. 92v, 1560 S. 98r, 1561 S. 98r, 1562 S. 99r, 1579 S. 109r, 1592/93 S. 114r, 1600 S. 119v, 1601 S. 98v, 1602 S. 102v, 103r. – StadtA, Kirchen- und Kultusstiftungen Nr. 925 (1691/94).

*

ANGERTOR, Unterer Anger, vor 1319.

Das Tor wird seit 1319 in den Kammerrechnungen genannt als »porta in prato« und »porta Angerorum«. Die Kammerrechnung nennt um 1329/30, ebenso wie eine Urkunde des Klosters Schäftlarn vom 22. April 1336, den deutschen Namen »Angertor«. Die Brücke vor dem Tor über den Graben wird 1320 (super pontem aput Angerprugk) und 1338 genannt: ad pontes in Swaebinger et Angertor.

Statt 1319 liest man gelegentlich auch das Jahr 1318 als Ersterwähnungsjahr. Das hängt damit zusammen, daß die Datierung der ersten Seiten der ältesten Kammerrechnung schwierig und deshalb uneinheitlich ist. Tatsächlich ist es so, daß über den Seiten 1r, 3v, 5r und 6v die Jahreszahl 1318 steht, auf den Seiten 8r, 12r (dreimal), 18v, 20r, 21r, 22r die Jahreszahl 1319. Das Rechnungsjahr ging in der Regel von Frühjahr zu Frühjahr, ungefähr von April bis März. Unabhängig von diesen Eintragungen datiert Lösch die Seiten 1–19r auf 1318, 19v–29v auf 1319.

Die Bauzeit des Tores kennen wir nicht. 1289 ist der äußere Stadtgraben schon fertiggestellt; denn in diesem Jahr wird im Januar bereits die Lage des Fürstenfelder Klosterhofs in der gleichnamigen Straße als gelegen »am indern graben« angegeben (der Kopist des 15. Jahrhunderts las versehentlich »nidern«, da es in dieser Zeit den i-Punkt noch nicht gab), was den »äußeren Graben« voraussetzt. Bald danach dürfte mit dem Bau der Mauer und der Tore begonnen worden sein.

Daß die beiden dem Hauptturm vorgelagerten Rundtürme im Jahr 1398 gebaut worden seien, wie man in der Literatur stets lesen kann (z.B. Rambaldi, Megele), wird aus einer Formulierung in der Kammerrechnung von 1398/99 abgeleitet, wo es heißt: »zu dem paw im kryeg zu den dreyen türn am Anger, zu den schranken vor dem

Angertor, zu den rigeln auf der mawer und die tor zu vermawern und die püchssen zu vassen«. Hier ist aber erstens von drei Türmen die Rede und nicht von zweien, zweitens kann man aus der Formulierung nicht herauslesen, daß es sich um drei Tortürme handelt. Das Tor wird erst im Anschluß daran und in anderem Zusammenhang genannt. Und wenn schon, dann müßte auf jeden Fall auch der hohe Mittelturm 1398 erst errichtet worden sein, nicht nur die beiden Rundtürme. Wahrscheinlich handelt es sich bei diesen drei Türmen um irgendwelche der vielen namenlosen Türme, die die Stadtmauer unterteilten. Nur dies geht aus dem Eintrag eindeutig hervor, nämlich daß 1398 vor dem Angertor draußen Schranken errichtet wurden, mit denen man die Zufahrt versperren konnte. Außerdem wurde auf der Mauer gearbeitet, ohne daß man genau erkennen könnte, an welcher Stelle. Auch dies kann beim Angertor geschehen sein, muß aber nicht. Schließlich heißt es als letztes, die Tore seien vermauert worden. Auch hier ist es mehr als fraglich, ob mit einem dieser Tore auch das Angertor gemeint ist. Will man es annehmen, bleibt zumindest die Logik auf der Strecke; denn warum sollte man ein Tor mit drei Türmen bauen und es dann – sozusagen in einem Zug – gleich wieder zumauern und wenn man es zumauert, wozu dann noch eine Schranke vor dem Tor? Die Errichtung der Schranke vor dem Angertor deutet doch wohl eher darauf, daß es gerade nicht zugemauert wurde. Nachdem man lange geglaubt hat, die Vermauerung sei anläßlich der Bürgerunruhen (dem »kryeg«) der Zeit zwischen 1397 und 1403 geschehen (das gerade zitierte Quellenzeugnis hatte die These ausgelöst, zusammen mit einem weiteren Beleg vom Juli 1402: »2000 maurcziegel zu den törn, die man vermaurt hat« bzw. »und da man die zway tor zumauret«) und bis zum Beginn des 19. Jahrhunderts nicht mehr aufgehoben worden, hat man neuerdings an Hand von guten Quellen festgestellt, daß dies nicht sein könne. An der Vermauerung oder Versperrung wurde festgehalten, aber jetzt auf Maßnahmen im Vorfeld des Schmalkaldischen Krieges (1546/47) zurückgeführt (Schattenhofer). Diese These stützt sich auf einen Stadtratsbeschluß vom 1. Juni 1542, in dem es heißt »in ansehung und sunnderlichen bedennckhung der schwären sorgsamen leuff, so anyetzt vor augen« sei mit Gutheißen des Herzogs Wilhelm zunächst eine stete Nachtwacht auf dem Turm der Frauenkirche verordnet, danach auch die Tore mit je einem Mann zusätzlich zum Torwärter besetzt »und das Angerthor gar gesperrt« worden. Torwärter und Beisitzer sollten niemand Verdächtigen in die Stadt herein lassen. Das Angertor wurde also »versperrt«. Es ist nicht von einer Vermauerung die Rede. Ob man daraus auf eine Dauereinrichtung schließen darf, oder ob diese Sicherheitsmaßnahmen später wieder aufgehoben wurden, kann man aus diesem Text nicht schließen.

Angertor 553

Wahrscheinlich aber war auch hier die Schließung nur vorübergehend, wie dies auch bei anderen Gelegenheiten zu beobachten ist. Das Angertor wurde – wie auch das Schiffer- und das Wurzertor – z. B. auch an Fronleichnam in manchen Jahren geschlossen, in anderen wieder hat man es offen gehalten. So war etwa beim Jahrmarkt Jacobi 1465 das Angertor mit mit einem eigenen Torhüter versehen, an Fronleichnam jedoch legt der Stadtrat fest: »die tör mit nomen Wurtzer-, Schyfer- und Angertör sol man gesperrt haben«. Gleiches galt für 1466. 1467 dagegen wurden an Fronleichnam nur das Wurzer- und das Angertor gesperrt, das Schiffertor aber »sol man das jar offen lassen ... von des pawes wegen«. So hielt man es bis 1469. 1470 hat man wieder alle drei gesperrt, 1471 wieder das Schiffertor offen gehalten, 1476 und 1477 wurden wieder alle drei gesperrt und ab 1478 wurde nur das Wurzertor ganz geöffnet, »das Angertor sol man nit auftuon« und beim Schiffertor soll man nur das »torl« offen lassen, also die Fußgängerpforte. Ab 1481 war die Regelung beim Schiffertor ebenso, die beiden anderen blieben ganz zu. Seit 1494 wurden an Fronleichnam für das Angertor jeweils 2 Torsperrer berufen. Von jetzt an war bis in das neue Jahrhundert hinein jeweils geöffnet. So ist es den Ratsprotokollen zu entnehmen. Es war also üblich, bei bestimmten Anlässen diese drei kleinen Nebentore je nach Bedarf entweder zu sperren oder geöffnet zu halten. Die Regelung galt jeweils nur für den gegebenen Anlaß.

Tatsache ist, daß das Angertor zu allen Zeiten passierbar war (anders als das Taeckentor, das wirklich zugemauert war). Wir kennen die ersten Torhüter (Torwachen) namentlich bereits von 1319 (Hainricus Steltzerius und Hainricus servus Sluntonis), dann wieder von 1371 (Leitmerius) und 1381 (Kelmer). Im Jahr 1398 erhielt laut Katzmair der Rogeis, ein Mitglied der Aufständischen, die Schlüssel zum Angertor zur Aufbewahrung, genauso wie diejenigen der anderen Tore an andere Bürger zur Verwahrung gegeben wurden. Von 1404–1532 sind Jahr für Jahr auch die Namen der Torsperrer des Angertores in den Kammerrechnungen und Ratsprotokollen überliefert. Jahr für Jahr leistet sich die Stadt die Besoldung von zwei Amtspersonen für dieses Tor, eine Torwache und einen Torsperrer, der entweder morgens und abends das Tor auf- bzw. zusperrt oder dies nach Bedarf tut, indem man ihn herausklingelt oder -ruft, damit er einen passieren läßt. Diese zwei Amtspersonen – Torhüter und Torsperrer – besoldet die Stadt ununterbrochen bis einschließlich 1648 (nicht etwa 1542!). Bis zu diesem Jahr also ist keinerlei Veränderung beim Betreuungspersonal dieses Tores erkennbar. Es gibt in all diesen Jahren auch keine Baumaßnahmen, die auf eine Vermauerung deuten. Die Kammerrechnungen führen ansonsten über alle Bauausgaben und alle Ausgaben für Baumaterial penibel Buch.

Nur im Jahr 1490 verbucht die Stadtkammer Bauausgaben und zwar bezeichnenderweise für Arbeiten »an dem Angerthorhaws«. An diesem Torhaus für die Torwache wird den ganzen Sommer über gearbeitet, von Georgi (23. April) bis nach Egidi (1. September), teils mit 11 Arbeitskräften. Auch in der Zeit um 1542 gibt es weder Bauausgaben noch Veränderungen beim Betreuungspersonal des Tores, die darauf schließen lassen, daß sich an diesem Tor etwas Entscheidenes verändert hat.

Eine Veränderung beim Personal erfolgt erst 1649. Von diesem Jahr an gibt es keinen Torhüter beim Angertörl mehr, sondern nur noch den Torsperrer. Es fällt also eine Dienstperson weg. Das Tor wird nicht mehr durchgängig bewacht. Ob das bedeutet, daß das Tor überhaupt nur noch nach Bedarf geöffnet wird, oder ob es tagsüber offen gelassen wird, nachdem es der Torsperrer aufgesperrt hat, kann man nicht entscheiden. Geöffnet wird es aber auf jeden Fall; denn wie gesagt: es gibt ja weiterhin immer noch einen Torsperrer. Er läßt sich in den Kammerrechnungen feststellen bis zum Jahr 1773. Dann erfolgt eine Reform in der Führung der Kammerrechnung. Von 1774 an verzichtet diese Rechnung darauf, bei jedem Ausgabeposten mitzuteilen, wofür das Geld verwendet wurde. Die Rechnung wird jetzt anonymer, enthält nur noch nackte Zahlenkolonnen. Aus diesem Grund lassen sich seit 1774 auch die Ausgaben für die Torsperrer nicht mehr erkennen. Man darf aber davon ausgehen, daß auch weiterhin ein Torsperrer besoldet worden ist.

Übrigens hat bereits Muffat im Jahr 1862 die Schließung des Tores mit dem Bau der Befestigungsanlagen um 1638 in Verbindung gebracht. Das Angertor sei dadurch von allem Verkehr abgeschnitten worden »und so kam es, daß es fast gar nicht mehr eröffnet und zuletzt dessen innerer Raum zum Auslassen des Unschlitts benutzt wurde«. Er fährt fort: »Der schon im Jahre 1780 gefaßte Plan, dasselbe neuerdings zu öffnen, kam erst im Jahre 1806 zur Ausführung. Aus den angeführten Thatsachen ergibt sich von selbst das Irrige der in Umlauf gebrachten Nachricht, dieses Thor sei seit 1405 gesperrt gewesen.«

Das Tor war, obwohl genau so aufwendig ausgebaut wie die vier Haupttore, nur ein Nebentor ohne größere Bedeutung. Es führte nur zum Unteren Anger herein, der an seinem nördlichen Ende praktisch eine Sackgasse war. Ein Weiterkommen war nur möglich durch die Dultgasse zur Sendlinger Straße hinauf und über den Sebastiansplatz durch die Taschenturm- und heutige Nieserstraße zum Rosental. Möglicherweise war einmal ein Durchbruch zur Rosengasse hinauf geplant, der sich dann nicht verwirklichen ließ. Oder man rechnete noch mit größerem Verkehrsaufkommen aus Richtung Thalkirchen; denn der Untere Anger ist die eigentliche Fortsetzung dieser Straßenachse. Möglicherweise ist sie abgestorben durch die Aufwertung der Sendlinger Straße und deren Verlängerung nach Untersendling durch die Lindwurmstraße. Man hat also dieser Straße durch das Angertor das Wasser abgegraben und das Angertor ist letztlich – so betrachtet – eine Fehlplanung gewesen.

Der Torsperrerdienst wurde immer von einem in der Nachbarschaft wohnenden Bürger versehen. 1476 war das der Steinmetz Matheis (Haldner?). Er erhielt 5 Schillinge »von dem Angertor auf- und zu-(zu)sperren«. 1494 wechseln sich Matheis der Steinmetz und der Gschlachtgwander Freyhamer im Torsperrerdienst am Angertor ab.

Das Angertor war immer dasjenige von allen sieben Stadttoren, das die geringste Bedeutung hatte. Man sieht das u. a. daran, daß anläßlich der Fronleichnamsprozessionen und während des Jahrmarktes Jakobi das Angertor meistens das einzige war, das vollständig geschlossen wurde. Man kann das – etwa für das Jahr 1482 – aus den Ratsprotokollen entnehmen. Selbst das Schiffer- und das Wurzertor hat man nach Möglichkeit offen gehalten. Es gab aber auch Ausnahmen. Im Jahr 1492 hat man während der Fronleichnamsprozession für die Bewachung des Angertores 3 Mann als Wache abgestellt. Auch an der Abstufung der Personenzahlen für den Dienst am Tor sieht man die geringe Bedeutung des Tores. So sind 1644 am Sendlinger, Neuhauser, Schwabinger und Kosttor je drei Torsperrer tätig gewesen, am Isartor nur zwei und beim Angertor nur einer, beim Schiffertor gab es nur einen Torhüter. Auch bei der Besoldung gibt es Abstufungen. So erhalten 1644 die Torhüter an den sechs anderen Toren wöchentlich je einen Gulden ausbezahlt, der Torhüter beim Angertörl dagegen nur 30 Kreuzer.

Um welche Tore es sich handelte, die 1398 zugemauert wurden, muß offen bleiben. Diese Vermauerung scheint auch nur vorübergehend gewesen zu sein, da man im Jahr 1402 noch einmal zwei Tore vermauert hat (»zu den törn, die man vermaurt hat«, »und da man die zway tor zumauret«). Auch sie sind offenbar bald darauf wieder geöffnet worden. Als 1404/06 in der Kammerrechnung wieder die Ausgaben für den Schlüsseldienst (Torsperrer) an den Toren verbucht werden, ist das einzige Tor, das fehlt, das Taeckentor. Für alle anderen Tore gibt es einen Bürger, der den Torschlüssel zu verwahren hat, auch für das Angertor.

Schon im 17. Jahrhundert hat man im Torbereich eine Unschlittschmelze eingerichtet. Baumgartner berichtet 1805, daß das Innere des Tores auch in dieser Zeit noch zum Auslassen von Unschlitt verwendet wurde. Der östliche Seitenturm wurde deshalb auch »Unschlittturm« genannt.

Nach Stimmelmayr, dessen Aussage nicht genau zu datieren ist, jedenfalls auf Ende des 18. Jahrhunderts, war das Tor, genau wie

Abb. 60: *Das »Angertor« mit der geschlossenen Tordurchfahrt, Stadtinnenseite, um 1805. Aus A. Baumgartners Polizey-Uebersicht.*

nach Hübner und Baumgartner, zu ihrer Zeit tatsächlich geschlossen. Der Stich, den Baumgartner abbildet, zeigt die große Toröffnung mit Holz oder Brettern vernagelt, Scharniere und Eisenbeschläge wie bei Torflügeln sind deutlich zu erkennen. In der Mitte befindet sich eine kleine Türe für Fußgänger, die offen steht. Stimmelmayr spricht aber von Vermauerung: »Eingang zum innern Thor, welcher vermaurt worden«. Baumgartner führt die Schließung, genau wie 1830 auch Lebschée auf die Zeit von 1397/1403 zurück. Letzterer fährt fort: »Solches (= das Tor) blieb bis zu unseren Tagen vermauert, und das Innere wurde zum Auslassen des Unschlitts benützt.« Lebschée kam allerdings erst 1807 als siebenjähriger Bub nach München, hat also das Tor in seiner vollständigen Gestalt wahrscheinlich gar nicht mehr gekannt. Gezeichnet hat er das Tor dann aber mit einer großen Toröffnung, durch die Leute in die Stadt hineingehen und man weit in den Unteren Anger hinein sehen kann. Auf seiner Abbildung ignoriert er die Vermauerung also. Ein Stadtplan von 1780 nennt das »Angerthörl vermauert«, ebenso ein von Joseph Ernst Finster nach einer Aufnahme von de Grooth (von 1742) gezeichneter Stadtplan: »vermaurtes Anger Thörl«.

Befriedigend kann also nach wie vor die Frage nicht beantwortet werden, seit wann man von einer Schließung des Tores für den Fahrverkehr sprechen kann. Zumindest für Fußgänger war der Durchgang wohl immer möglich.

Abb. 61: *Das »Angertor« von außen. Zeichnung von C. A. Lebschée, 1866.*

Gemäß allerhöchsten Reskripts vom 25. November 1806, der Stadt mitgeteilt mit Schreiben vom 28. November, wurde dem Magistrat schließlich die Erlaubnis erteilt, das Tor wieder zu öffnen. Auf der Stadtkarte von 1806 ist das Tor noch vollständig eingezeichnet. Die Karte von 1812 zeigt bereits nur noch die beiden Flankentürme. Der hohe Mittelturm ist in der Zwischenzeit abgebrochen worden, um eine breitere Durchfahrt zu erhalten. Der genaue Zeitpunkt ist nicht mehr feststellbar. Deshalb liest man in der Literatur die verschiedensten Daten darüber. Es muß jedenfalls zwischen 1807 und 1811 gewesen sein. Am 27. November und 10. Dezember 1807 wird noch über die Verlegung der Unschlittschmelze aus dem Angertor in den beim ehemaligen Zuchthaus gelegenen runden Gefängnisturm (Scheibling beim späteren Viktualienmarkt) verhandelt. Die Stadt ist grundsätzlich mit der Verlegung einverstanden. Schedel von Greifenstein arbeitete um 1806/07 an Plänen über die Neugestaltung des Platzes um das Angertor. Deshalb dürfte der Abbruch wohl um diese Zeit erfolgt sein, wahrscheinlich nicht vor Anfang 1808. Krenner erweckt 1813 den Eindruck, als wüßte er nichts von diesem Abbruch, wenn er das Tor das »dermalen wieder geöffnete Angerthor« nennt.

Die beiden niedrigeren Seitentürme fielen schließlich 1869 (der östliche Turm, Magistratsbeschluß zum Abbruch vom 9. April, tatsächlicher Abbruch im Spätherbst, wobei Anton Höchl in seinem

558 Tor/Turm bei den Augustinern

Tagebuch unterm 4. Oktober einträgt: »Das Angerthor wird abgebrochen«) und 1871 (der westliche Turm, Ausschreibung zur Versteigerung auf Abbruch am 9. Mai, Versteigerung am 15. Mai). Die Stadtchronik und Anton Höchl in seinem Tagebuch berichten darüber. In der Literatur kursierende andere Daten sind gegenstandslos.

Qu.: KR 1318/25 S. 9r, 10v (1319), 43v, 48r (1320), 103v (1325), KR 1325/46 S. 33r (1329/30), S. 115v (1338), KR 1371 S. 38v, KR 1381 S. 46r, KR 1398/99 S. 85v, KR 1402/03 S. 82r/v, KR 1404/06 S. 99v, KR 1476 S. 30v, KR 1490/91 S. 91r, 92r, 93r, KR 1494 S. 86r, KR 1644 S. 108v, 109r, KR 1649 S. 111r. – Schäftlarn U 179 (1336). – RP 1461 S. 43v usw., 1465 S. 101v, 1466 S. 120r usw., 1470 S. 21r, 1471 S. 31v usw., 1482 S. 166r, 1492 S. 119v, 1494 S. 141v, 1542 S. 117v. – StadtA, Städtischer Grundbesitz Nr. 732 (1807). – Schattenhofer MA M 01029. – Stimmelmayr Nr. 124 S. 118. – Baumgartner, Polizey-Uebersicht zum 9.3.1805. – Hübner I (1803) S. 86. – C. A. Lebschée, Malerische Topographie, »Angerthor«. – StadtA, Hochbau Nr. 77 (1806); Historischer Verein von Oberbayern, Manuskripte Nr. 358 (Höchl); Stadtchronik 1871 I 831, 893. – Krenner, Siegel (1813) S. 146. – Rambaldi S. 25. – Megele S. 124. – HB AV S. 488. – v. Bary S. 913/914. – Muffat, Erinnerungs-Blätter, Blatt X. – Muffat, Jörg Kazmairs Denkschrift über die Unruhen zu München in den Jahren 1397–1403, in: Die Chroniken der deutschen Städte, Bd. 15, Leipzig 1878, S. 477/32. – Lehmbruch S. 268-275. – Plan von 1780, Original im Stadtmuseum M. S. I. 1264, Foto im Stadtarchiv, Plansammlung A 109.

Tor/Turm bei den **AUGUSTINERN**, seit vor 1392.

Siehe »Kaufingertor«.

BERCHEMBOGEN, PERCHEMBOGEN, Theatinerstraße, Ende 18. Jhd.

Siehe »Kühbogen«.

BETTELTURM, Oberer Anger, vor 1649.

Der ansonsten unter dem Namen »Heyturm« bekannte Turm ist zeitweise bewohnt. 1664 findet man im Steuerbuch erstmals an dieser Stelle den Hans Freysinger »Petlrichter«. Seit 1665 wird er abgelöst von »Veit Schaur, Pfleger im Petlthurn«. So bleibt es bis zur ersten Steuer des Jahres 1678. Danach findet sich an dieser Stelle alljährlich – bis einschließlich 1801 –, teils als eigene Überschrift, im Steuerbuch der »Statt München Petlthurn«. Vor allem aber diente er zur »Carcerierung« von Bettlern. Einen Bettelpfleger gibt es allerdings seit 1689 hier nicht mehr.

Dafür wohnen aber – auch später – noch mehrere andere Personen in dem Turm. Um 1670 heißt der Turm in den Akten »Behausung (der Stadt), gleich am Färbhaus, der Petlthurn genannt, darinnen die in Sterbsleuffen verordnete Todtentrager wohnen«, u. a. seien es gegenwärtig: Veith Schaur, Bettelpfleger, und Hans Neidmayr, Martin Daimer und Caspar Mayr. In den Steuerbüchern werden sie allerdings nie als Totentrager bezeichnet, sondern meist als »Nacht-

arbeiter«, d. h. Abortgruben-Ausleerer (was in Nachtarbeit erledigt wurde). Auch in der Zeit bis zum Ende des 18. Jahrhunderts ist der Turm stets von mehreren Personen oder Familien bewohnt.
Der Name war auch in anderen Städten gebräuchlich. So gab es z. B. in Memmingen einen Bettelturm, erbaut 1471.
Siehe »Heyturm«.

Qu.: StadtA, Städtischer Grundbesitz Nr. 6; B. und Rat 40/1 S. 62r (1649). – StB seit 1664 S. 19r, 1665 S. 19v, usw., 1801 S. 11r. – Bayerisches Städtebuch, Artikel »Memmingen« S. 364 Kap. 5b.

BLAUENTENTURM, Rindermarkt, seit vor 1536.

Dieser Name für den sonst auch »Pütrichturm«, siehe dort, genannten Turm, der den Rindermarkt gegen die Sendlinger Straße zu abschloß, begegnet uns erstmals im Jahr 1536. Der Küchlbacher Hanns Stainpacher »vntterm plaben anttn thurn« hat an das Heiliggeistspital aus seinem Haus an der Sendlinger Straße einen Zins zu zahlen, der auf Georgi und Michaeli 1536 fällig ist und dann wieder an Lichtmeß 1537.
Der Name scheint ziemlich neu zu sein; 1528 haben die städtischen Werkleute noch »gearbait ... bey der Rudolf thurn«. 1530/31 saß Hans Stainpacher noch »unter der Pitrich thurm«. Von 1536 an begegnet der neue Name aber ständig. 1538 wird die Straße »beym plab äntn thurn« gepflastert, 1541 nennt die Rechnung des Heiliggeistspitals wieder den Küchelbacher »unter dem plaben anttn turn«, 1542 kommt er wieder in der Kammerrechnung vor, ebenso 1545, 1546 auch in einem Visitationsprotokoll einer Kommission, die über die unzulässigerweise vorgebauten Dächer und Bänke befinden mußte usw.
Fast im selben Jahr, 1535, wird auch der Kaufingerturm erstmals »Schöner Turm« genannt. Man möchte fast an Planung denken.
Der Turm befand sich offenbar von Anfang an im Besitz des jeweiligen Eigentümers des Hauses Rindermarkt 12 B* (heute Teil des Ruffini-Blocks), da die Kammerrechnungen seit 1318 nie irgendwelche Bauausgaben für diesen Turm verzeichnen. Das genannte Haus gehörte bis um 1500 der Familie Pütrich und ging dann an die Familie Stockhamer über. Schon 1510 hat das Haus aber die Familie Rudolf, die es bis 1550 behalten hat. Die Malerei mit den blauen Enten dürfte auf die Rudolf zurückgehen. Die blauen Enten wurden auch 1725 bei der Beschreibung der Haus- und Eckhaus-Namen festgestellt. Sie sind heute auch wieder am Ruffini-Block verewigt, allerdings auf der Seite zur Pettenbeckstraße, wo der Turm aber nicht stand.
Eine Deutung ist wohl kaum möglich. Schattenhofer verweist darauf, daß die Enten schon in mittelalterlicher Zeit ein Symbol für

Abb. 62: *Der »Blauenten-« oder »Pütrichturm«. Rechts Einmündung des Rosentals, links des Färbergrabens. Lavierte Zeichnung von C. A. Lebschée, 1853. Das Haus rechts (vergitterte Fenster) wurde »Roseneck« genannt.*

Lügen waren, so wie man sie heute noch als Zeitungsente kennt. Leonhard Widman verwendet diesen Ausdruck 1552 in seiner Chronik von Regensburg, indem er eine Nachricht mit den Worten kommentiert: »es was alles nur plau enttn«. Vielleicht geheimissen wir aber manchmal in solche Dinge zu viel hinein. Tiere als Hauszeichen, häufig vom Wappen der Familie abgeleitet, sind sehr beliebt gewesen. Am bekanntesten sind sie in Gaststätten-Namen geworden.

Andere Namen waren »Inneres Sendlinger Tor«, »Pütrichturm«, »Stockhamerturm«, »Rudolfturm«, »Ruffiniturm«.

Qu.: StadtA. Heiliggeistspital Nr. 176/27 (1536) ohne Seitenzahlen, 176/30 S. 43v (1541). – KR 1538 S. 132r, 1542 S. 119r, 1545 S. 119r. – LBK Nr. 4 (1546). – Leonhard Widman, Chronik von Regensburg, in: Die Chroniken der deutschen Städte vom 14. bis ins 16. Jahrhundert, Bd. 15, Leipzig 1878, S. 218–233.

BÖSER TURM, Promenadeplatz/Pacellistraße, unermittelt, um 1402.

Den Namen dieses Turms scheint als erster Nagler überliefert zu haben, von dem ihn Rambaldi und von ihm wieder alle weiteren Autoren bis Grobe übernommen haben. Nagler spricht »von dem durch einen großen Thurm, dem sogenannten bösen Thurme, flankierten Frauenthore«, wobei man in dieser Zeit das Frauentor am westlichen Ende der heutigen Pacellistraße suchte, vgl. »Frauentor«. Rambaldi übernimmt das, gesteht aber ein, ihm sei »die Bedeutung des Namens unbekannt«. Beide glauben, ohne einen Beleg zu haben, daß der Turm ein Verteidigungsturm gewesen sei und daß er vom 14. bis 16. Jahrhundert gestanden habe. Das ist alles reichlich mysteriös. Ein Frauentor in der Pfandhausstraße (Pacellistraße) hat es nie gegeben.

Hintergrund für all diese Spekulationen ist ein kleiner Eintrag in der Kammerrechnung, aus der Zeit um Georgi 1402, wo die Stadt Arbeiter bezahlt, weil sie »den posen turen an der Krauczgaßen nidergeworfen habend in der wochen vor Jeory anno etc. secundo«. »Böse« bedeutet »schlecht, schwach, wertlos«. Die Arbeiter haben einen in schlechtem Zustand befindlichen Turm abgebrochen. »Böse« ist also hier ein bloßes Adjektiv, das den Zustand des Turmes beschreibt, kein eigentlicher Turm-Name. Außerdem wird der Turm 1402 bereits abgebrochen, kann also nicht mehr vom 14. bis 16. Jahrhundert existiert haben. Er stand irgendwo an der Kreuzgasse und damit an dem Straßenzug Promenadeplatz/Pacellistraße. Da er wahrscheinlich tatsächlich innerhalb der Stadtmauer stand, am oberen Ende der Pacellistraße, handelte es sich sicher um irgendeinen der vielen Türme in dieser Mauer, der schadhaft war, abgebrochen und durch einen neuen ersetzt wurde. Übrigens ist auch der Jungfernturm erbaut worden, nachdem man einen an seiner Stelle stehenden Vorgänger wegen Baufälligkeit niederlegen hatte müssen.

Qu.: KR 1402/03 S. 81v. – Nagler I (1863) S. 39. – Rambaldi (1894) S. 214.

Des **BRIEDERLS TURM,** Westenriederstraße, um 1589.

1589 wird von den Werkleuten »deß Briederls turn gmacht« bzw. »in des Briederls turn gemauert«. Georg Briederl, einem Zimmermann, gehörte von 1573 bis um 1602 das Haus Westenriederstraße 20, an der Ostecke zum Radlsteg, also dem damaligen Kalten- oder Katzenbach. Genau diesem Haus gegenüber stand in der Stadtmauer, über dem Bacheinlaß der auch »Katzenturm« genannte Turm, seit Anfang des 16. Jahrhunderts Wasserturm. Dieser ist wohl mit dem 1589 genannten Turm »des Briederls« gemeint.

Qu.: KR 1589 S. 127r, 134r. – HB AV S. 569.

BROTTOR, Am Kosttor, um 1796.

Siehe »Kosttor«.

BRUDERHAUSTURM, Herzog-Wilhelm-Straße, Ende 18. Jhd.

So nennt Stimmelmayr einen sonst unbenannten Turm in der Maueranlage zwischen dem Sendlinger und Neuhauser Tor. Er meint den dritten Turm vom Sendlinger Tor aus, der genau hinter dem Bruderhaus an der Kreuzstraße und dem Friedhof stand und der etwas größere Ausmaße hatte als die anderen. So zeigt es jedenfalls die Karte von 1806. Der Turm dürfte identisch sein mit dem 1599 dort erstmals genannten Wasserturm (siehe dort) bzw. »Brunnhaus/ Wasserwerk hinter dem Bruderhaus«.

Qu.: Stimmelmayr S. 120 Nr. 126/7.

DRÄCHSELTURM, Rosental, vor 1319 – nach 1330/31.

Die Kammerrechnung kennt bereits für das Jahr 1319 (nicht 1318, wie man auch häufig liest) eine »porta Dornatoris«, 1325 ist »Marquard tornator custos porte apud eum« (Wächter, Schlüssel-Bewahrer des Tores bei seinem Haus), 1330/31 erscheinen nochmals Ausgaben der Kammerrechnung »ad portam Tornatoris« und 1338 gibt es sogar eine Brücke beim Tornator: »pontem aput tornatorem«.

Der »Tornator« oder »Marquardus Tornator« war Marquard Drächsel, Mitglied einer Münchner Ratsfamilie. Marquard war nicht nur der erste uns namentlich bekannte Stadtkämmerer. Er war auch Kanzler Kaiser Ludwigs. Er ist in den Quellen nachweisbar von

1318 bis 1340, falls nicht Belege aus dem Ende des 13. Jahrhunderts ebenfalls noch auf ihn zu beziehen sind. 1343 erscheint bereits seine Witwe in den Quellen.

Dieser letzte Marquard hatte keinen Sohn, sondern zwei Töchter. Die eine von ihnen, Selinta, war mit Niklas Schrenck verheiratet, die zweite, Katharina, mit Johann Langenmantel »vom Doppel R« aus Augsburg, so schon 1343. Marquard Drächsel muß Eigentümer des Hauses Rindermarkt Nr. 4 gewesen sein; denn bei diesem Haus sind Nachbesitzer eben der genannte Hans Langenmantel und Niklas Schrenck, sowie ab 1383 dessen Schwiegersohn Heinrich Rudolf, da Niklas Schrenck das Haus seiner Tochter, einer Enkelin von Marquard Drächsel, vererbte (die Rudolf besitzen es dann bis 1596). Bis zum Jahr 1372 stehen bei diesem Haus diese beiden Schwiegersöhne des Drächsel in den Steuerbüchern, seine einzigen beiden Erben.

Das Haus Rindermarkt Nr. 4 reicht mit seinem Hinterhaus Rosental Nr. 7, einem beträchtlichen Grundstück, von dem ein Teil später der berühmte Park des Herzogs Ferdinand wurde, bis hinunter an das Rosental und liegt dort am später sogenannten Rosenturm an. Erst 1598 wird dieses rückwärtige Areal von Rindermarkt Nr. 4 getrennt. Die Nachbarschaft zu diesem Turm oder Tor ist auch der Grund dafür, warum noch Jahrhunderte später der Graf Törring zu Seefeld so viel wert darauf legt, diesen Rosenturm von der Stadt kaufen zu können.

Dieser Turm ist deshalb mit Sicherheit der in den Quellen genannte »Turm beim Marquard Drächsel« oder »Drächselturm«, obwohl er im übrigen in dieser deutschen Form nie vorkommt. Neben diesem Turm und später unter den Häusern an seiner Nordseite, floß ein kleiner Bach, der auch noch im 18. Jahrhundert eine Rolle spielt. Über ihn oder über den ein kleines Stück östlich vor dem Tor vorbeifließenden Roßschwemmbach hat auch die Brücke geführt, von der 1339 noch die Rede ist.

Mit Sicherheit sind demnach auch die Ausgaben der Stadtkammer »ad turrim apud Schrenchonem« (zum Turm beim Schrenck) von 1361 und am »Nusch auf den turn bei dem Schrenk« von 1371 ebenfalls auf diesen Turm zu beziehen. Wir kennen sonst kein Haus der Familie Schrenck, das an einen Turm stößt.

Es kommt im übrigen auch später noch vor, daß dieser Turm nach dem Besitzer des Hauses am Rindermarkt benannt ist. So heißt er im Jahr 1408 »Turm hinter dem Rudolf, darauf der Stadt Zeug (= Kriegsgerät) leit«. Dem Rudolf gehört in dieser Zeit Rindermarkt Nr. 4 mit Rosental Nr. 7. Auch der Name »Seefeldbogen« bezieht sich auf den Besitzer dieses Hauses.

Den Drächselturm in der Weinstraße zu lokalisieren scheitert nicht nur daran, daß die dort in den Steuerbüchern stehende Drächslin zu weit von diesem Tor entfernt sitzt (Landschaftsstraße Nr. 9, heute Rathaus), sondern auch daran, daß sie mit Sicherheit kein Mitglied des Patriziats ist (sie zahlt am Anfang zwar noch ein halbes Pfund Steuern, die sich aber dann bis 1381 bis auf 18 Pfennige reduzieren. Zum Vergleich: Niklas Schrenck zahlt 1368 31,5 Pfund, Hans Langenmantel 4 Pfund), als auch an der Reihenfolge der 1325 genannten Tore. Da steht dieses Drächseltor nämlich als letztes in der Reihe, unmittelbar hinter dem Tor beim Spitalbader. Das Spitalbad lag gegenüber der Roßschwemme, gleich neben dem Tor beim Marquard Drächsel. Auch von dieser Umgebung in der Quelle her gehört es also in diese Ecke der Stadt und nicht an die Weinstraße.

Vgl. auch »Rosenturm«.

Qu.: KR 1318/25 S. 24v (1319), S. 103v (1325), KR 1325/46 S. 38r (1330/31), S. 129v (1339), 1360/62 S. 68r (1361), 1371 S. 48r, 1408/09 S. 69v. – Solleder S. 10/11, 442. – HStA, KU Fürstenfeld Nr. 314. – HB AV S. 214/15, 265.

Tor/Turm bei **ETTALER HAUS**, Kaufingerstraße, seit vor 1383.

Siehe »Kaufingertor«.

❏ **EINLASS(TOR)**, äußeres, seit 1633.

Nach den Erhebungen der Ministerialsektion für Cultus und Unterricht des Ministeriums des Inneren vom Jahr 1843 war dieses Tor im Jahr 1633 erbaut worden. Es war nach dem Ausbau der Befestigungsanlagen während des Dreißigjährigen Krieges nötig geworden, um weiterhin den Zugang zum inneren Einlaß möglich zu machen. 1844 wurde es abgebrochen.

Qu.: HStA, MK 14574. – Schattenhofer MA M 01031, 01032. – Lutz, Höchl, in: OA 112 S. 98 (1844).

EINLASS(TOR), inneres, seit 1582.

Im Sommer 1582 haben erstmals die städtischen Werkleute drei Wochen »beim Schiferthor ain einlaß gmaurt und gebrochen«. Das dürfte die Geburtsstunde des Einlaßtores sein. Im Juli heißt es noch einmal »in dreyen wochen beim Schiferthor den einlaß gar gefertigt«. Dazwischen gab es auch mehrmals Dachdeckerarbeiten am Schiffertor und in seiner Nähe auf der Ringmauer. Damit dürfte der Bau des Einlaßtores fertig gestellt gewesen sein. Von dieser Zeit ab verliert sich auch der Name Schiffertor, siehe dort.

Der Einlaß wurde benötigt, damit man abends nach Schließung der Haupttore noch in die Stadt kommen konnte. Solche Einlässe gab es auch in anderen Städten. In Augsburg war 1514 der Einlaß als Nachttor errichtet worden.

Einlaß(Tor) 565

Durch die neue Stadtbefestigung, die während des Dreißigjährigen Krieges gebaut wurde, war offensichtlich der Einlaß unpassierbar, ja sogar verschlossen worden. Am 9. November 1633 ordnete aber Kurfürst Maximilian I. an, »daß ihr solchen Einlaß und pruckhen, ..., alsbalden verfertigen lasset«, weil man die großen Tore nicht nachts geöffnet halten konnte, aber doch eine Möglichkeit haben müsse, nach ihrer Schließung noch in die Stadt zu gelangen. Offensichtlich war dies der Auftrag zum Bau des äußeren Einlaßtores. Die Öffnung der Mauer an dieser Stelle ließ dann aber entweder doch noch so lange auf sich warten oder es bestand in der Zwischenzeit Veranlassung, den Einlaß wieder zu schließen; denn 1647 enthält die Fortifications-Rechnung einen eigenen Titel »was über eröffnung und wider zu errichtung des Einlaß alhie zu München für uncosten erlassen ist: Erstlichen: in der wochen des 20. Aprilis anno 1647 auf maurer und tagwercher, so den vermauerten Einlaß wider außgebrochen...«.

Nachdem 1805 die Torsperre aufgehoben worden war, wurde das Einlaßtor überflüssig. Für seinen Abburch bietet die Literatur bisher drei verschiedene Daten an: 1824 (Städtebuch), 1826 (Schattenhofer) und 1842/43 (Grobe). Auf Plänen zur Neugestaltung des Platzes um dieses Tor, die der Baumeister Josef Höchl am 8. und 10. Dezember 1824 angefertigt hat, ist das Einlaßtor noch vollständig erhalten und als »dermaliger Zustand des Einlaß-Thores« eingezeichnet. Dem wird im Stile von »Vorher« – »Nachher« auf demselben Blatt ein »verbesserter Zustand« mit weitgehender – aber nicht vollständiger – Beseitigung des Tores gegenübergestellt. Höchl wollte lediglich die Durchfahrt erweitern. Am 9. September 1825 befaßte sich das Kollegium der Gemeindebevollmächtigten in seiner Sitzung mit dem Thema der Umgestaltung des ehemaligen Seefeldhauses (Rosental 7) zu einem Schulhaus. Es lag dem Kollegium ein Schreiben des Magistrats vom 30. August 1825 vor, demzufolge »die Erweiterung der Passage durch den Abbruch des Bogens (= Seefeldbogen) und Thurms am Einlaßthore erreicht werden kann«. Mit eingereicht hatte der Magistrat als Beilage zu diesem Schreiben ein »mit dem Stadtbaumeister Herrn Josef Höchl abgehaltenes Protokoll wegen Übernahme der Baulichkeiten und des Abbruches sowohl des Bogens als Thurmes, woraus ersichtlich, daß Herr Höchl das Ganze ... um die Summe von 4000 fl. Kosten zu übernehmen sich bereit erklärt habe«. Das Kollegium faßte den Beschluß, sich diesen Vorschlag »wegen gleichzeitiger Abbrechung des Einlaß-Thurmes« zu eigen zu machen, d. h. es stimmte dem Abbruch zu.

Der Abbruch scheint aber nicht gleich erfolgt zu sein; denn noch am 4. November 1825, am 8., 14. und 21. März 1826 ist von der »Erweiterung des Platzes am Einlaßthore« bzw. von der Lage eines

Hauses »nächst dem Einlaßthore« die Rede, dessen Erwerb zur Vollendung der dortigen Straßenerweiterung nötig sei. Danach kommt das Tor oder der Turm nicht mehr vor. Am 20. Dezember 1825 hat der Magistrat in Erwägung gezogen, »daß die in dem Zwinger neben dem Einlasse ... erbaute Stallung durch den Abbruch des Einlaßthores und der Nebengebäude des ehemaligen Seefeldhauses (Rosental 7) wenigstens auf längere Zeit, wenn nicht für immer, unbrauchbar wird«. Auch das klingt so, als ob der Abbruch erst noch anstehe. Erst am 11. April 1826 spricht das Protokoll der Sitzung der Gemeindebevollmächtigten nur noch von der »Erweiterung am Einlaße«. Danach findet sich nur noch die Einlaßbrücke in den Quellen. Es handelte sich um die dreijochige Brücke, die draußen vor dem Tor über den Stadtgraben führte. Diese Brücke wurde erst im Sommer 1842 abgebrochen – Anton Höchl, der Sohn des schon genannten Baumeisters Josef Höchl, berichtet darüber in seinen Tagebüchern unterm 27. Juli und 23. September 1842 – , der Graben überwölbt und die seitwärts im Graben gelegenen Gärten, die an Bürger verpachtet gewesen waren, eingeebnet. Grobe hatte offenbar geglaubt, daß bei dieser Gelegenheit auch erst das Tor beseitigt wurde. Deshalb bei ihm die Abbruchzeit 1842/43.

Tatsächlich also dürfte 1826 das richtige Abbruchdatum sein.

Qu.: KR 1582 S. 132r. – Bayerisches Städtebuch, Art. »München« Kap. 395/5b. – HStA, GL Mü Fasz. 2756 Nr. 967 (1633, 1647). – Schattenhofer MA M 01030, 01031. – Grobe S. 24. – RP 1825 S. 113r/114v, 122v/123r, 1826 S. 165v, 171r, 179r, 186v. – StadtA, Tiefbau Nr. 77 (1824); Städtischer Grundbesitz Nr. 2002 (1825); Hist. Verein von Oberbayern, Manuskripte Nr. 358 (Höchl).

FÄRBERTOR, unermittelt, um 1338.

Dieser Name ist nur ein einziges Mal belegt, als im Jahr 1338 die Stadtkammer einen Geldbetrag »ad portam verberiorum« abbucht. (Die Eintragungen in diesem Bereich der Kammerrechnung stammen aus der Zeit zwischen dem 23. November 1337 und 20. Dezember 1338. Hefner hat den Eintrag auf 1337 datiert). Ein Teil der Autoren, die das Tor erwähnen (z. B. Schaffer, Einleitung zum Häuserbuch, und Gustav Schneider), meinen mit diesem Tor eine Pforte, die durch die Sattlerstraße von der Fürstenfelder Straße aus zum Färbergraben und zum Altheimer Eck führte. Weil hier der »Färbergraben« ist, deshalb glaubten sie das angebliche Tor hier lokalisieren zu müssen. Dabei haben sie leider übersehen, was bei den Straßennamen schon abgehandelt wurde, nämlich daß es hier erst seit dem Ende des 15. Jahrhunderts Färber gibt und daß der Name Färbergraben deshalb auch vor 1517 nicht nachweisbar ist. Selbst wenn es 1338 an dieser Stelle ein Tor gegeben hätte, dann hätte es nicht »Färbertor« heißen können.

In Zusammenhang mit diesem Färbertor steht die im gleichen Jahr an derselben Stelle genannte Färberbrücke: »ad pontem verberiorum et Gragnawe duos pontes«. Die Rede ist hier von mehreren Brücken über die Bäche draußen vor dem Graggenau-, Wurzer- oder Kosttor. Dort lag auch das Färbhaus, wohl ganz in der Nähe dieses Tores.

Nicht einmal Hefner, der sich ansonsten zur Lage dieses Tores nicht äußert, bildet einen Zusammenhang mit der »porta apud Rintflaisch« von 1325 und diesem angeblichen Färbertor an der Sattlerstraße. Auch hier führt kein Weg hin. Nach der Reihenfolge, in der die Tore an der angegebenen Stelle in der Kammerrechnung von 1325 aufgeführt sind, muß diese »porta« im Graggenau-Viertel liegen, keinesfalls im Hacken-Viertel.

Nun gibt es aber noch ein zweites »Lager« in der Geschichtsschreibung über München, das die Meinung vertritt, das ehemalige Taeckentor habe auch Färbertor geheißen (nachzulesen bei Megele und im Bayerischen Städtebuch). Auch hierfür ist man die Belege schuldig geblieben, ebenso wie für das angeführte angebliche Vermauerungsjahr dieses Tores (1610), das bereits Lipowski erwähnt. Megele bezieht sich bei seinen Informationen über dieses Taeckenoder Färbertor bezeichnenderweise neben Rambaldi auch auf »Unbekannten Quellennachweis«! Und doch könnte allenfalls an dieser These etwas Wahres sein. Sie stützt sich wohl darauf, daß bereits eine Urkunde von 1391 ein Färbhaus des Angerklosters »gelegen ... vor dem Taetkntor« nennt, ebenfalls wieder 1407. Auch die Kammerrechnung für die Zeit um 1400 nennt es (»varberhauz pey dem Tackentör«), weil die Stadt es bauen oder reparieren läßt (von dem varberhauz ... zu machen). Schon 1368 stehen im Steuerbuch rund um das Taeckentor herum mehrere Färber. Um 1410/15–1420 hat das Heiliggeistspital einen Zins aus Grundstücken vor dem Schiffertor draußen und gelegen »pey dem vaerbhaus«. Wahrscheinlich handelt es sich jeweils um dasselbe. Es liegt 1420 in St. Peters Pfarr neben dem Bach, der herabrinnt auf die Haymühle. Letztere lag unmittelbar vor der Stadtmauer, in der Gegend des Taeckentores und mußte später dem Ausbau der Wallbefestigung weichen.

Schon früher gab es aber das Färbhaus draußen vor dem Wurzertor, genannt erstmals 1373. 1390 kommt es ebenfalls im Salbuch des Heiliggeistspitals vor: »Ruedel des vaerber hauz vor des Wuerczer tor« und 1411 hat das Spital eine Hofstatt vor dem Wurzertor »auf der yeczunt das Färbhaus steht«. Auch in dieser Gegend – entweder gleich innerhalb des Wurzertors oder schon außerhalb – stehen 1368 im Steuerbuch Färber.

Wegen des Zusammenhangs mit der Färberbrücke und deren Lage in der Graggenau entscheiden wir uns für die Lage des Färbertores ebenfalls in dieser Gegend, wenngleich die andere Möglichkeit (Taeckentor) nicht gänzlich auszuschließen ist.

Qu.: StB 1368 S. 26v/27r. – KR 1325/46 S. 112r, S. 115v (1338), 1400/02 S. 88r. – MB 18 S. 246 (1391), 293 (1407). – Vogel, Heiliggeistspital SA 457 (1410/15–1420), 188 (1390), U 219a (1411), 254 (1420). – GB I 35/16 (1373). – Lipowski II (1815) S. 503/04. – Hefner OA 11 (1849) S. 223. – HB GV S. XIII, XVII. – StadtA Mü, Nachlaß Gustav Schneider, Plan 17 Nr. 31. – Bayerisches Städtebuch, Artikel »München« S. 395 Art. 5b. – Megele S. 125.

FALKENTURM, Falkenturmstraße, seit vor 1470.

Der Turm wurde der Literatur zufolge entweder 1394 erbaut (Gilardone) oder 1460 (Megele) oder »in der zweiten Hälfte des 15. Jahrhunderts« (Rambaldi), woran schon zu erkennen ist, daß wir über die Erbauungszeit außer Phantasie nichts bieten können. Auch die sonst sehr ergiebigen Kammerrechnungen geben weder für die angegebenen noch für andere Zeiten einen Aufschluß über einen solchen Bau. Feststeht, daß am 19. März 1470 Herzog Sigmund den »Valkner turn« erstmals in der Urkunde nennt, mit der er ihn dem Herzog Albrecht überläßt. Nimmt man das wörtlich, dann dient dieser Turm von Anfang an den Falknern für die Zwecke der Falkendressur. Das erklärt auch die auffallenden Aufbauten mit den kleinen Eckürmchen. Der Name war demnach wohl ebenfalls von Anfang an gegeben.

Im Jahr 1498 ist ein »Linhart aufm Falckenturm« einer der Vierer des Schlosser-Handwerks. Der Turm war also – entweder in seinem unteren Bereich oder in einem zum Turm gehörigen Nebengebäude – an einen bürgerlichen Handwerker verpachtet.

Schon sehr bald (nach Lipowski seit etwa 1520) diente aber der Turm auch als Kriminalgefängnis für Mitglieder der höheren Stände und vor allem – als herrschaftliches, staatliches Gefängnis, nicht als städtisches, da ja die Stadt ihre eigenen Verwahrungsorte hatte. 1523 jedenfalls erhalten die Stadtsöldner aus der Stadtkammer ein Honorar bezahlt, »alls sy den Sanndizeller, der aus dem Valckenthurm komen ward, gesuecht haben«. Der Sandizeller, ein Bayerischer Adeliger, war also entflohen (»ausgekommen«) und die städtischen Söldner sollten ihn wieder einfangen. Bis zur Fertigstellung der Angerfronfeste 1826 als erstem Münchner »Zentralgefängnis« diente der Falkenturm als Gefängnis, einschließlich der dort vollzogenen Tortur. Im Jahr 1843 stellte das zuständige Ministerium fest, er stünde noch, sei aber unbenützt. Am 30. Juli 1863 wurde der Falkenturm mit anschließendem Zeughaus auf Abbruch versteigert. Dabei war Bedingung, daß binnen 50 Tagen »alles wegzuschaffen«, d. h. der Schutt zu beseitigen, sei. Anton Höchl notiert am 8. August 1863: »Das alte Zeughaus und der Falkenthurm werden abgebrochen.«

Abb. 63: *Der »Falkenturm«. Blick an der Stadtmauer entlang durch die Falkenturmstraße zum Kosttor (hinten links). Zeichnung von C. A. Lebschée, um 1865.*

Abb. 64: *Das »Fausttürmchen«. Aufnahme 1873.*

Auch in Landshut gab es – im Bereich der Burg Trausnitz – einen Falkenturm. Er diente zur Haltung der Jagdfalken.

Qu.: MB 35/2 S. 385 (1470). – RP 1498 S. 53r. – KR 1523 S. 90r. – Lipowski II (1815) S. 500. – HB GV S. 79. – HStA, MK 14574 (1843). – Rambaldi S. 75 Nr. 159. – Gilardone S. 685. – Megele S. 126. – StadtA, Stadtchronik 1863 S. 249. – StadtA, Historischer Verein von Oberbayern, Manuskripte Nr. 358 (Höchl). – Felix Mader, Die Kunstdenkmäler von Niederbayern, Bd.16, Stadt Landshut, München 1927.

FAUSTTÜRMCHEN, Nähe Sendlinger Tor, 19. Jhd.

Dieses Türmchen saß zwischen dem Anger- und dem Sendlinger Tor, in Höhe des Henkerhauses, auf der Mauer auf und wurde wegen dieser Lage auch »Henkertürmchen« genannt. Es ist bereits auf dem Sandtner-Modell deutlich zu sehen. Die Erbauungszeit ist unbekannt. 1873 wurde es zusammen mit der anschließenden Mauer abgebrochen, wie Anton Höchl unterm 11. Juli in seinem Tagebuch vermerkt (Höchl nennt es »Henkertürmchen« und hatte am 9. Juni 1873 noch einen Photographen beauftragt, es zu photographieren). Der Name rührt von dem Turmknauf, der nach starker Verwitterung wie eine hochgereckte geballte Faust aussieht (zu sehen heute im Stadtmuseum).

Das Türmchen regte die Phantasie der Betrachter von jeher stark an, vor allem die Nähe zum Henkerhaus tat ihr übriges. In Wirklichkeit diente das Türmchen bzw. der kleine Raum, der darunter lag, einem sehr profanen Zweck: es war dies der Abtritt für die Wachmannschaften auf dem Wehrgang.

Der Name dürfte nicht vor dem 19. Jahrhundert entstanden sein. Stimmelmayr erwähnt das Türmchen nicht. Nagler scheint der erste zu sein, der 1863 von dem Turm »mit einer drohenden Faust auf der Spitze« spricht. 1910 verwendet Steinlein auf einer seiner Zeichnungen den Namen »Fausttürmchen«.

Qu.: HB GV S. XXI/169. – StadtA, Historischer Verein von Oberbayern, Manuskripte Nr. 358 (Höchl). – Nagler I S. 37. – Steinlein S. 61. – Schattenhofer MA M 01024.

FEYSTTURM, Viktualienmarkt ?, um 1418/21.

Im Jahr 1418 bezahlt die Stadtkammer einen Geldbetrag »umb ain slos an den feystturm«. Um Letare 1421 wird von den städtischen Werkleuten »gearbait an der prügken vnd den gattern pey dem feistturn«. Ebenfalls dürfte hierher gehören der »Veistbach«. Im Jahr 1392 liegt eine Hofstatt in St. Peters Pfarr hinter den Fischern, bei Andre des Tewrers Stadel, der vom Spital stammt, »und stözet biz auf den Veistpach«. Turm und Bach gehören sicher zusammen, beide liegen hinter dem Heiliggeistspital, in der Gegend, in der später der Scheibling steht. »Faist« heißt »dick« und diese Beschreibung würde ohne weiteres auf den Scheibling passen. Dann aber muß man annehmen, daß dieser schon früher enstanden ist als bisher angenommen (im Zuge des Zwingerbaus ab 1430). Turm und Bach kommen später offensichtlich nicht mehr vor.

Qu.: KR 1418 S. 71v, 1420/21 S. 59v. – Vogel, Heiliggeistspital U 178 (1392).

(Fischerthor).

Dieser Name beruht auf einem Mißverständnis von Aventin, der behauptet, am 26. Mai 1345 habe es u. a. ein Tor mit diesem Namen gegeben. Er meint damit das »Schiffertor«, das um diese Zeit zwar bestand, aber diesen Namen vielleicht noch nicht führte. Auch die Fischergasse gab es in dieser Zeit noch nicht. Aus der Reihenfolge bei Aventin – Neuhauser Tor, Sendlinger Tor, Angerthor, Fischertor (Schiffertor), Isar-, Wurzer- und Unseres Herrn Tor – ergibt sich eindeutig die Identität mit dem Schiffertor.

Qu.: Wolf I 631.

FISCHERTURM, Viktualienmarkt, vor (1507) 1541.

Die Bauzeit dieses Turms ist unbekannt. Im Jahr 1507 ist er jedenfalls bereits vorhanden. Da wird von den städtischen Werkleuten »gearbait am turn an der vischergassen«. Das beschreibt auch seine Lage am Fischerbach, der durch die Fischergasse (heute Heiliggeiststraße) lief, hinter dem heutigen Viktualienmarkt. 1541 führen die Stadtschlosser Arbeiten »auf dem vischerthurn« durch. Der Turm dient um 1597, 1621 und 1669 als städtisches Gefängnis.

Der Abbruch erfolgte in den Monaten Oktober bis Dezember 1891. Am 15. Dezember 1891 meldet die Stadtchronik, die Niederlegung des Turms sei vollendet und am 17. Dezember beantragt ein Stadtrat, die häßlichen Abbruchstellen am Nachbarhaus, dem Café Gröber, zu verschönern. Dazu ergeht am 7. Januar 1892 ein Kostenvoranschlag.

Der Turm wurde anläßlich von Reparaturen um 1669/71 der »Nunnen-, auch Vischerthurn« genannt. Auch ein Schreiben des zuständigen Ministeriums vom 11. April 1843 übernahm diese Bezeichnung. Der Name könnte auf die Nonnen des Angerklosters deuten, die schon im 15. Jahrhundert außerhalb der Stadtmauer, in der Nähe dieses Turms, Grundstücke, vor allem ein eigenes Färbhaus, hatten. Vielleicht hängt damit auch der Name »Klause« für das unmittelbar im Osten an den Turm angebaute Gebäude zusammen (Café Gröber). Auch der Name Klause ist bislang ungeklärt.

Qu.: KR 1507 S. 117v, 1541 S. 105v, 107r, 111r, usw. – Schattenhofer MA M 01018. – StadtA, Städtischer Grundbesitz Nr. 4 S. 43v, Nr. 734; Hochbau 46 (1891); Stadtchronik 1891 Bd. II S. 2234. – HStA, MK 14574 (143), GL Mü Fasz. 2756 Nr. 965 (1669/71).

(Frauenthor).

Auch ein Tor dieses Namens gibt es nicht. Die Kammerrechnung kennt im Jahr 1325 einen »custos porte apud balneum Marie«, einen Wächter, genauer einen Schlüssel-Bewahrer, für das »Tor beim Marienbad«. Das Marien- oder Frauenbad lag an der heutigen Ecke Schäffler-/Windenmacherstraße und das Tor war offenbar ein Durchbruch durch die alte Stadtmauer der inneren Stadt vom Bad und der Schäfflerstraße herauf zur Frauenkirche, wahrscheinlich an der Stelle, an der sich noch auf der Karte von 1806 die Lücke in der Häuserreihe befindet.

Erst die spätere Wissenschaft hat daraus ein »Frauenthor« gemacht und hat es dann an teils verwegenen Stellen gesucht. Hefner meinte, es habe an der Prannerstraße gelegen. Lipowski nannte es gar »Unser Frauen Thor« und suchte es »in jener Gegend, wo jetzt das Maximilians-Thor und der hintere linke Flügel der Maxburg sich befinden«. Er meinte außerdem, es »mag zugemauert und ganz demoliert worden sein«, was um 1619/20 geschehen sei. Rambaldi suchte es ebenfalls an der Pfandhausstraße (Pacellistraße), hielt es also auch für einen Vorläufer des Herzogenstadttores. Grobe fand eine ganz neue Stelle. Für ihn war es »vermutlich (ein) früher Durchbruch durch die Stadtmauer beim Müllerturm, gegenüber »Unserer Lieben Frauen Gottesacker«. Das hieße, es lag zwischen Jungfernturm und späterem Maxtor. Schaffer stellte dann schon richtig, es habe in Wirklichkeit an der Windenmacherstraße gelegen. Aber Megele hielt das Frauentor wieder für das Tor, das von der Maxburg aus in Richtung auf das Kapuzinerkloster (heute etwa Haus Bernheimer am Lenbachplatz) führte, vgl. »Herzogenstadttor«. Er wollte sogar wissen, daß es 1390 erbaut worden sei. Als Herkunft für diese Tatsachen nennt er: »Unbekannter Quellennachweis«.

Die Anregung hatte Lipowski aus einem bei Oefele abgedruckten Bericht eines anonymen Schriftstellers über die Überführung der Gebeine des hl. Arsacius am 10. März 1495 nach München. Dort heißt es, an dem genannten Tag »ist sant Arsaci gen München eingefürt, zw unser Frawen Thor«. Lipowski hat das also auf ein Stadttor in der Gegend des heutigen Maxtores, am Abschluß der Prannerstraße, bezogen. In Wirklichkeit ist aber mit »Unser Frauen Thor« natürlich das Portal der Frauenkirche gemeint; denn dorthin wurden ja die Gebeine des Heiligen gebracht. Warum hätte man ihn auch sozusagen durch die Hintertüre in die Stadt bringen sollen und nicht durch eines der großen Haupttore?

Der entsprechende Vorgang wird denn auch im Ratsprotokoll für denselben Tag – 10. März – so dargestellt: »item an eritag nach Invocavit anno 95 ist sandt Arsaci von Illmunster her gen Munchen pracht in Unser Frawen pfarrkirchen und gieng alle priesterschaft in pfarren und clostern mit dem heilligthumb unter Unser Hern Thor, auch inner und ausser rat in der procession. So was unser gnediger her hertzog Albrecht und seiner gnaden gemahel vor Unsers Hern Tor, giengen mit der procession nach dem heilligen, der kostlich auf ainem wagen mit gulden tuchen verdeckt, daran 6 weyse roß, herein gen Unser Frawen und ward mit allen glocken geleutet und der heillig gen Unser Frawen in den sagran getragen und da enthalten«. Sagran (sacrarium) ist der Aufbewahrungsort für Heiligtürmer und kirchliche Ornamente, das Sakramentshäuschen, die Sakristei.

Der Heilige wurde also durch das Schwabinger oder Unseres Herrn Tor in die Stadt hereingebracht und nicht beim Maxtor und das gemeinte Tor ist das Portal der Kirche.

Wir müssen also zusammenfassen: Ein »Frauentor« – mit diesem Namen – hat es nie gegeben. Es gab nur ein »Tor beim Frauenbad« (porta aput balneum Marie), das nur im Jahr 1325 einmal erwähnt wird, und es gab das Portal der Frauenkirche, das 1495 einmal mißverständlich als »Unser Frauen Tor« bezeichnet wird. Der Rest ist Spekulation.

Qu.: KR 1318/25 S. 103v (1325). – Hefner OA 11, 1849, S. 223. – Rambaldi S. 214. – Schaffer HB GV S. XIII. – Lipowski II (1815) S. 81, 496. – RP 1495 S. 10v. – Oefele, Scriptores rerum boicarum ... T.I p. 48. – Megele, Baugeschichtlicher Atlas S. 124. – Grobe S. 24.

FRAUENTÜRME, Frauenplatz, seit vor 1539.

Auf die Frauentürme sind jeweils Eintragungen in den Kammerrechnungen seit 1539 zu beziehen, wie etwa: »stain gehaut auf Unser Frauen thurn« 1539, »wachterlon in der meß Jacobi auff Unser Frauen thurn« 1542, »wachter auff Unnser Frauen thürn« 1545. Auch Stimmelmayr sagt »die zwey Frauenthürme« oder »die Frauenthürme«.

Die Türme sind ja wahrscheinlich um 1525 erst mit den Hauben bekrönt und damit fertiggestellt worden.

Qu.: KR 1539 S. 110r/v, 1542 S. 93r, 103v, 1543 S. 100r, 1545 S. 97v, 105r, 106v. – Stimmelmayr S. 28 Nr. 45/11, S. 120 Nr. 125/5.

FRAUENTURM, Frauenplatz, um 1342.

Unzweifelhaft handelt es sich bei den Ausgaben der Stadtkammer für den Turm Unserer Lieben Frau (ad turrim beate virginis) um einen der Türme der alten Frauenkirche.

Qu.: KR 1325/46 S. 172r.

GEMALTER TURM, Kaufingerstraße, um 1527/1537.

Siehe »Schöner Turm«.

❏ **GLASERTURM**, unermittelt, um 1540.

Der Turm ist nicht lokalisierbar. Der Name dürfte aber auf die herzogliche Glashütte in der Graggenau Bezug nehmen, die in einer Urkunde vom 20. August 1586 genannt ist. Einmal hat sich der Kammerschreiber auch verschrieben und hat aus Arbeiten »an der glaserhüttn« Arbeiten »am glaserthurn« gemacht. Gewerbeeinrichtungen dieser Art lagen alle außerhalb der Mauern. Hier wurde mit Feuer hantiert, was innerhalb der Stadt zu gefährlich gewesen wäre. Der Name begegnet nur in der Kammerrechnung von 1540.

Qu.: KR 1540 S. 115r. – HStA, GU Mü Nr. 1393 (1586).

GLOCKENTURM, Blumenstraße, o. D.

Diesen Turmnamen kennt nur Grobe für einen Turm in der Stadtmauer – nicht Zwingermauer – etwa auf halber Höhe zwischen dem Heyturm und dem Angertor. Grobe fragt: »Abbruch 1873?«. Sonst weiß auch er nichts darüber. Das Abbruchjahr ist aber sicher viel zu spät angesetzt; denn der Turm ist bereits auf den Stadtkarten von 1806, 1812 und ganz eindeutig 1837 nicht mehr vorhanden.

Qu.: Grobe Abb. 23a/1 und S. 24.

GLOCKENTURM, unermittelt, um 1332/33.

Die Kammerrechnung spricht in der Zeit zwischen dem 28. Juni 1332 und 1. August 1333 von »super turrim ad campanam«. Näheres läßt sich darüber nicht sagen. Es kann sich um einen Kirchturm handeln.

Qu.: KR 1325/46 S. 57v.

GOCKELWIRTSTURM, Unterer Anger 5*, 19. Jhd.

Der Turm war ein unbewohnter Turm innerhalb der Ringmauer und lag zwischen dem Angertor und dem Einlaß. Es dürfte vom Angertor aus der erste Turm gewesen sein. Er ist laut Grundbuch wahrscheinlich 1852 abgebrochen worden. Pächter des Turms war bis dahin der Besitzer des Hauses Unterer Anger 6*, für dessen Gasthaus 1848 der Name »Zum Gockelwirt« belegt ist. Deshalb wurde auch der Turm »Gockelwirtsturm« genannt.

Qu.: HB AV S. 495.

Abb. 65: *Der »Neuturm« (links) und das »Kost-«, »Wurzer-« oder »Graggenauer Tor« von außen. Feder-Aquarell von Anton Höchl, um 1855.*

GRAGGENAUER TOR, Am Kosttor, vor 1325.

Das Tor wird erstmals in der Kammerrechnung von 1325 genannt: »custos porte in Grakkaw« (Wächter, Schlüssel-Bewahrer des Tores in der Graggenau). 1328 und 1329 wird es wieder genannt: »ad portam in Gragkenawe«, 1389 »Grakenawer tor«. Auch vor diesem Tor befand sich von Anfang an eine Brücke über den Stadtgraben, so wie dies auch bei allen anderen Toren der Fall war. Deshalb dürften Ausgaben der Kammerrechnung für die Instandsetzung »ad pontem in Gragknawe« hierher zu beziehen sein. Genannt werden ferner noch die Brücken beim Tornator (Draechselturm), die Schwabinger Bruck (vor dem Schwabinger Tor) und die Brücke beim Amphora (Krug). Mit letzterem ist der Besitzer des späteren Wilbrechthauses in der Weinstraße – Krug – gemeint und damit die Brücke vor dem Wilbrechtsturm über den Graben.

Das Tor stand dort, wo die Falkenturmstraße in das Platzl mündete. Heute heißt der Platz »Am Kosttor«. Das Tor dürfte aus der Zeit der ersten Stadterweiterung im Tal stammen, als die Grenze bis zur Achse Radlsteg/Hochbrückenstraße vorgeschoben wurde und auf dem Tal an dieser Stelle das Kaltenbachtor errichtet wurde. Man

Abb. 66: *Blick aus dem Malzmühlgäßchen Richtung Westen auf die Stadtinnenseite des »Kost-«, »Wurzer-« oder »Graggenauer Tores«. Zeichnung von Domenico Quaglio (1787–1837), 1830.*

brauchte einen Ausgang nach Norden, weil sonst der Umweg über das Tor im Tal zu den Auen und den Mühlen zu umständlich geworden wäre. Das Tor ist älter als das Isartor. Daß es »um 1340« erbaut worden sei (Alckens u. a.), erübrigt sich damit von selbst.

Schneider nahm ein weiteres – »altes« – Graggenauer Tor an, das am Zusammenstoß von Münz- und Bräuhausstraße gestanden haben müsse und das einwandfrei zu erschließen sei. Mit dem Graggenauer Tor, das seit 1325 in den Quellen vorkommt, ist jedenfalls auch später immer das Wurzer- oder Kosttor gemeint. Von dieser Zeit an gibt es keine Veranlassung, ein weiteres Tor anzunehmen.

Andere Namen sind »Wurzertor«, »Kosttor«.

Qu.: KR 1318/25 S. 103v (1325. Die zeitliche Einordnung der Einträge in dieser Kammerrechnung ist schwierig. Hier wohl richtiger zu 1325 als zu 1324 gehörig), 1325/46 S. 26r/v (1328/29). – MB 20 S. 50 (1389). – Schneider, Plan 20 Nr. 116. – Alckens, Gedenktafeln (1935) S. 36.

GREIMOLTTURM = Turm des Meisters Greimolt, unermittelt, um 1340.

Dieser Turm – seit Hefner als »Greimolt-Turm« in der Literatur genannt, jedoch stets ohne Beleg und Zeit – wird in der Kammerrechnung für das Jahr 1340 genannt: ad turrim magistri Greymoldi. Es war bisher nicht zu klären, wer der Meister Greimolt ist und wo der Turm zu lokalisieren wäre.

Qu.: KR 1325/46 S. 145r. – Hefner OA 11 S. 223.

GULDEINTURM, um 1377.

Im Jahr 1377 liegt ein Garten »an der Angergazzen ze naehst an dem Guldein turn«. Was zunächst wie ein adjektiv – golden – aussieht, ist in Wirklichkeit ein Familienname. Gleich nach dem Seitenwechsel von der Ostseite des Roßmarktes (heute Oberanger und Roßmarkt) auf seine Westseite vermerken die Steuereinnehmer im Steuerbuch als zweiten Namen von 1369 bis 1383 jeweils einen »Chunrat Guldein calciator«, einen Schuster Konrad Guldein. Er gehört zum ersten oder zweiten Haus dieser Straße auf deren Westseite und ist der Namengeber für den Turm. Es handelt sich diesem Befund nach um den später sogenannten Heyturm, siehe dort.

Dies bestätigt auch noch eine andere Tatsache. Der letzte Name vor dem Seitenwechsel am Ende des Roßmarktes ist jeweils der des Perchtolt Taeuschein. Er gehört demnach zum letzten Haus vor der Mauer auf der Ostseite des Roßmarktes, dem Guldein gegenüber. Sein Haus liegt aber 1376 »bey dem newn turn an dem Anger, do der pach hereinrinnt«. Der Heyturm ist das Schleusenwerk, unter dem der große Angerbach unter der Stadtmauer hindurch in die Stadt herein geleitet wird, eben der »Turm, da der Bach hereinrinnt«. Er muß dieser Aussage nach um 1376 auch noch nicht sehr lange gestanden haben, obwohl man in dieser Zeit manchmal ein halbes Jahrhundert lang etwas als »neu« bezeichnet. Man vergleiche bei mancher »neuen Gassen«.

Der »Guldeinturm« oder neue Turm von 1376 ist also der »Heyturm«.

Qu.: GB I 79/1 (1376), 89/9 (1377). – StB 1369 S. 6v, 1371 S. 6r usw.

HENKERTÜRMCHEN, Nähe Sendlinger Tor, 19. Jhd.

Siehe »Faustürmchen«.

HERZOG-CHRISTOPH-TURM, Teil der Residenz, o. D.

Dies war der nordöstliche Turm der Neuveste, ein mächtiger runder Turm, der in seinen Grundfesten aus einem Teil der Zwingermauer der zweiten Bauperiode der Residenz (1397/1438) hervorging und später nach Herzog Christoph (1449–1493) benannt wurde, der 1471 wegen Auseinandersetzungen mit seinem Bruder Albrecht IV.

um die Regierung dort gefangen gehalten worden war. Die Grundfesten dieses Turmes sind im Nord-Ost-Kopfbau des Hofgartentraktes der Residenz noch erhalten.

Name vorläufig nicht datierbar, aber sicher modern.

HERZOG-FERDINAND-TURM, Rosental, Ende 18. Jhd.

Den Namen überliefert nur Stimmelmayr. Wahrscheinlich handelt es sich um den Turm der von Herzog Ferdinand im Rosental 5 gegründeten St.-Sebastians-Kapelle. Es ist allerdings fraglich, ob man den Turm von dem Standort, von dem aus Stimmelmayr den Prospekt zeichnete, überhaupt sehen konnte.

Qu.: Stimmelmayr S. 121 Nr. 126/5. – HB AV S. 264.

HERZOGENSTADTTOR, HERZOGSTOR, Lenbachplatz, seit vor 1613.

Dies war ein kleines Tor, das bei der Maxburg, am westlichen Ende der heutigen Pacellistraße, die Mauer durchbrach und in Richtung auf das Kapuzinerkloster (heute etwa Haus Bernheimer am Lenbachplatz) aus der Stadt hinausführte. Es war von Herzog Wilhelm V. angelegt worden und wohl nie ein öffentlicher Durchgang. Das Sandtner-Modell kennt das Tor noch nicht, der Plan von Volckmer von 1613 nennt es »Herzogenstadttor«, Lipowski spricht vom »Herzogsthor«. Grobe vermutet seinen Abbruch im Jahr 1863, Reber, der es »Frauenthor« nennt, schon im Jahr 1808 (für Reber ist das »Herzogen Stadttor« ein Tor, das von der Residenz aus in den Hofgarten hinausführte, also in einer gänzlich anderen Gegend der Stadt).

Qu.: Lipowski II (1815) S. 326. – Reber (1876) S. 11. – Grobe S. 24.

Der **HERZOGIN TURM,** Weinstraße, um 1562.

Siehe »Wilbrechtsturm«.

HEXENTURM, Hofgraben, vor 1799.

Der Hexenturm stand am Hofgraben neben der späteren Hauptmünze und war mit einer Galerie mit dem Falkenturm verbunden. Laut Lipowski waren zur Zeit der Hexenprozesse dort wegen Zauberei und Hexerei Angeklagte verwahrt worden. Er wurde 1803 abgebrochen. Am 6. April 1803 heißt es noch in einem Schreiben, daß »der sogenannte Hexenturm zunächst des Falkenturms der Herstellung und Ebnung des zu erweiternden Weges vom Hofstall bis ins Zeughaus allein noch im Wege steht« und »daß man zur schleunigen

Abtragung dieses besagten Hexenturms bereits den Befehl erteilt« habe. Zu dieser Zeit stand er also noch, auch wenn Lipowski, der diese Abtragung selbst erlebt haben müßte, behauptet, der Abbruch sei 1799 erfolgt. Die Gasse zwischen der Hauptmünze und der Mauer vom Hexenturm bis zum Falkenturm hieß 1805 »Hexengasse«.

Mit dem Hexenturm ist sicher auch der 1498 genannte »turn beim marstal, darein das weter geslagen hat« gemeint, auf jeden Fall aber der spätere »Milchturm«, den nur Stimmelmayr am Ende des 18. Jahrhunderts kennt.

Auch dieser Name war in anderen Städten gebräuchlich und beliebt. Einen Hexenturm gab es z. B. auch in Memmingen.

Qu.: Lipowski II (1815) S. 501. – HB GV S. 104/05. – AB 1805 S. 145. – Stimmelmayr Nr. 12/1 S. 4. – Bayerisches Städtebuch, Artikel »Memmingen« S. 363 Kap. 5b. – HStA, GL Mü Fasz. 2756 Nr. 965 (1803).

HEYTURM, Oberer Anger, seit vor 1384.

Der Turm wurde 1376 noch »der neue« und 1377 der »Guldeinturm« genannt, an der Angergassen, wo der Bach hereinrinnt, vgl. »Guldeinturm«. Er stand direkt über dem Bach, der dort am Ende des Roßmarktes, vom Stadtgraben ausgeleitet und unter der Stadtmauer hindurch in die Stadt herein geführt wurde. 1404/06 ist er mit Schindeln gedeckt.

1384 kommt er erstmals mit seinem später üblichen Namen vor als Hewturen (1384), Häturen (1388, 1389, 1390, 1397, 1400), Haewturren (1391), Hewturm (1393). Die Beispiele lassen sich auch später noch beliebig fortsetzen. Die Kammerrechnung schreibt 1395 und 1418/19 Hawturn, 1402/03 Haeturen, 1464, 1478/79, 1517, 1526 Hewturn, 1469/70 Häturn und Hewturm, 1516 Heuthurn usw. Auch die Urkunden bevorzugen diese Schreibweise: 1469 Häturn, 1548 Häthurn.

Dieser Befund ließe einen zunächst an eine Ableitung vom Wort »Heu«, also dem getrockneten Gras, denken. Tatsächlich wird auch dieses Wort in den angegebenen Formen geschrieben: 1404 der Herrschaft Häwstadel, 1523 Haestadel, Hewstadel, 1525 Hewstadel. Das ließ manche Historiker auch an ein Heulager denken, so Lipowski (»Verwahrungsort des Heues«). Er und Solleder schrieben deshalb auch »Heuturm«. Zwar hat man solche Türme für alle möglichen Zwecke verwendet. Daß dieser Turm als Heulager diente, ist jedoch nicht überliefert.

Erstmals 1394 schreibt man im Gerichtsbuch den Namen »Hayturen«, ebenso 1420/21 in der Kammerrechnung Haywtürn, 1473 in einer Urkunde Heyturn, 1517 und 1523 wieder in der Kammer-

Abb. 67: *Der »Heyturm« bei der Angerschleifmühle. Ansicht von Norden (Stadtinnenseite) am 28.10.1844. Zeichnung von C. A. Lebschée, nach einer Zeichnung von Georg von Dillis, 1800.*

rechnung Heythurn. Das führt dann eher zu einer Ableitung des Wortes von Haien, Hegen, wie es im Flurhai, Eschhai usw. steckt. Im Jahr 1464 übertrug Herzog Sigmund dem Heinz Rosch seine Au unterhalb Münchens »zur Hayung«, also Hegung, »das er uns die getrewlichen hayen ... sol und kein holz daraus abgeben soll ...«. Er wurde dann auch »Awhuetter« genannt. 1572 nennt die Kammerrechnung einen »Lenndthueter auf dem thurn«, wobei allerdings nicht ersichtlich ist, welcher Turm gemeint ist, von dem aus die Hut der Lände durchgeführt wurde.

Der Turm diente allerdings auch noch einem anderen Zweck. Nach Muffat war dieser Turm der älteste Wasserreserve-Turm der Stadt und er habe aus diesem Grund den Namen Hai- oder Hägeturm gehabt. Auch Lebschée berichtet in einer Glosse zu Stimmelmayr, daß dieser Turm »noch jetzt 1861 gut erhalten und zugleich Wasserthurm« sei.

Als solcher ist er seit mindestens dem 17. August 1617 belegt: »derselben (= der Stadt) Brunnhaus und Wasserthurm zwischen des Anger- und Sentlingerthors« und 1803 heißt es: »Ein Stadtthurm, worin die Wasser-Reserve zum Brunnhaus am Glockenbach«, »beym Angerthor rechts«. Ob es wirklich der älteste dieser Art war, kann schwerlich gesagt werden, weil wir nicht wissen, ob er von Anfang an für diesen Zweck bestimmt war.

Auf jeden Fall aber stellte der Turm auch ein befestigtes Einlaufwerk für den großen und kleinen Angerbach dar, war also auch ein Schleusenbauwerk. Das erklärt seine beträchtlichen Ausmaße: er mußte ja die ganze Breite das Wasserlaufs umspannen. Als Aussichtsturm für den Heger wäre dies sicher nicht nötig gewesen.

An der Nordflanke der Stadtmauer, wo der Pfisterbach wieder aus der Stadt ausgeleitet wurde, hat man das Problem mit zwei seitlichen Flankentürmen an der Mauer, zu beiden Seiten das Wasserlaufs, gelöst. Die beiden Türme standen hart neben dem Falkenturm, hatten mit diesem aber nichts zu tun, sondern dienten dem Schutz dieses Bauwerkes, das ja ein Schwachpunkt in der Wehranlage ist, wie jede Öffnung in der Mauer.

Stimmelmayr nannte den Turm nur den »Stadtbacheinlaßthurm«. Den Namen Heyturm überliefert er nicht. Den fügte erst Lebschée in seiner Glosse hinzu: »Sogenannter Heu oder Enger Thurm« (Enger = Änger), ein Name, der sonst nicht überliefert ist, abgeleitet vom Anger bzw. den Ängern draußen vor der Mauer.

Ansonsten wurde der Turm auch »Bettelturm« genannt, siehe dort.

Am 22. März 1870 wurde im Magistrat der sofortige Abbruch »des Brunnhauses und Wasserthurms« angeregt, aber der Abbruch wegen der hohen Kosten verschoben. Das Brunnhaus lag außerhalb der Stadtmauer, schräg hinter dem Turm und hatte die Hausnummer

Blumenstraße 5. Der Turm selbst hatte die Nummer Oberanger 21. Am 10. März 1873 wurde der »Brunnthurm« schließlich auf Abbruch versteigert. Am 17. März bereits meldete die Baukommission in ihren regelmäßigen Berichten über vollzogene Hausabbrüche an die Polizeidirektion »des Brunnthurmes an der Stadtmauer betreffend«, »daß das Wohnhaus Nr. 22 am oberen Anger nebst dem angrenzenden Brunnthurm (= Oberanger 21) demoliert wurde«.

Qu.: GB I 197/5 (1384), 233/6, 234/16 (1388), 239/10 (1389), 248/3 (1390), GB II 3/1 (1391), 48/5 (1393), 78/6 (1394), 129/17, 131/15 (1397), 154/5 (1400), GB III 20/3 (1404). – KR 1395 S. 61r, 1402/03 S. 81v, 1404/06 S. 88v, 1418/19 S. 72v, 1420/21 S. 66r, 1454 S. 90v, 1469/70 S. 90r, 1478/79 S. 91r, 1516 S. 114v, 1517 S. 104v, 105r/v, 1523 S. 109v, 110r/v – 111v, 1525 S. 111v, 1526 S. 114r, 1572 S. 89r. – MB 20 S. 637 (1473), 21 S. 201 (1469), 35/2 S. 370/71 (1464). – HStA, GU Mü 898 (1548). – Lipowski II 36 Anm. 1. – Solleder S. 328. – Muffat, Münchens ... Straßen (1860) S. 14. – Stimmelmayr S. 116 Nr. 122/2. – HB AV S. 129. – StadtA, Urk. F I i 3 Nr. 30 (1617) und Nr. 15 (1622 Oktober 13); Städtischer Grundbesitz Nr. 6 (1803); Stadtchronik 1870 Bd. I S. 366, 1873 Bd. I S. 303, 327, 334; Hochbau Nr. 198 (1873).

HOFTURM, Burgstraße, vor 1589.

Als »Hofturm« bezeichnet schon Herzog Wilhelm V. im Jahr 1589 den Eingangsturm zum Alten Hof von der Burgstraße aus. Dort soll bei Ausfallen der Fronleichnamsprozession wegen Regenwetters eine Fahne gehißt werden. Auch Westenrieder und Hübner kennen den Namen.

Qu.: Westenrieder, Beiträge V S. 89 Kap. 5. – Hübner I (1803) S. 114. – Dittmar/Kirner, Der Alte Hof S. 124, in: Das Graggenauer Viertel, hrsg. von Elfi Zuber, München 1989.

ISARTOR, Tal, seit 1338.

Am Sonntag Laurentii (»Item dominica Laurenti«), also dem 10. August 1337 (1336 fiel der Lorenz-Tag auf einen Samstag) verbucht die Stadtkammer Ausgaben für Baumaterial (Sand usw.) »de vallato extremam (oder »externam«, das Wort ist abgekürzt) pontem Ysere«, für die Befestigung der äußersten Isarbrücke. Dieser Beleg wurde – wie nicht selten in der Münchner Stadtgeschichte – erstens falsch gelesen (externam portam Ysere, also: äußeres Isartor, statt äußerste Isarbrücke) und zweitens falsch datiert (z. B. von Wolf). Deshalb gilt allgemein in der Literatur diese Stelle der Stadtkammerrechnung als erste Erwähnung des Isartores und nicht selten für das Jahr 1336.

Tatsächlich stammt der erste Beleg für das Vorhandensein des Namens »Isartor« von 1338. In diesem Jahr findet sich in der Kammerrechnung ein eigenes Kapitel mit den Ausgaben »Ysertor in custodia«, also für die Bewachung des Isartores, gleich darauf ist die Rede »de Yserali porta« und »ad portam Ysere«. Die Eintragungen in diesem Bereich stammen aus der Zeit vom 23.11.1337 und 20.12.1338, also mit Ausnahme weniger Wochen nur vom Jahr 1338. Es gibt demnach auch kein »äußeres Isartor«, sondern nur eine äußer(st)e Isarbrücke, womit der Brückenteil über den östlichen Arm der Isar, jenseits der Insel, gemeint ist. Und es ist deshalb auch verfehlt, analog zu diesem angeblichen äußeren Isartor ein »inneres Isartor« (Rathausturm) zu konstruieren.

Das Tor selbst dürfte mit dem als »nova porta« (neues Tor) bezeichneten Tor gemeint sein und kommt als solches 1336/37 erstmals vor: »ad laborem turris aput novam portam«, für Arbeiten am Turm bei dem neuen Tor. Es ist also auseinander zu halten: das Tor selbst wird seit 1336/37 als »nova porta« genannt, der Name »Isartor« fällt erstmals im darauffolgenden Jahr 1338. Das Isartor war offenbar der letzte Baustein in der Mauer und der Abschluß der Stadterweiterung. Es ist als einziges der Münchner Stadttore noch heute vollständig erhalten.

Nicht nur in einem Gerichtsbucheintrag von 1372, sondern bis mindestens 1415 wird das Isartor »das neue Tor« genannt. Beispiele dafür gibt es genug.

Seiner Zweckbestimmung als Zollstätte für den Einfuhrzoll zufolge wird es seit 1380 auch »Zolltor« genannt.

Seit 1337 dürfte sich auch der Name »Taltor« (ad Taltor) auf das Isartor beziehen, ebenso wenn 1361 ein Türriegel (una sera) gekauft oder repariert werden muß »ad portam in valle«, seit 1388 auf jeden Fall. In diesem Jahr liegen Krautäcker »vor dem Taltor in St. Peters Pfarr«, 1411 Liegenschaften »vor dem Taltor bei dem Laymenpruggl«. Letzteres führte draußen vor dem Tor über den dort vorbeifließenden Laimbach. 1382 heißt es lateinisch »porta vallis«. Eine »porta vallis« gibt es aber schon 1319 und noch einmal 1332. In dieser Zeit kann damit aber nicht das Isartor gemeint sein. Hier muß sich das auf das sog. Kaltenbachtor beziehen, das möglicherweise auch das »Talburgtor« ist, siehe dort, und das »Taltor« der Zeit von 1310/12 bis in die 30er Jahre.

Sicher bezieht es sich auch auf das Isartor, wenn 1336/37 Arbeiten am Turm beim neuen Tor durchgeführt werden (ad laborem turris aput novam portam) und 1337 die Arbeiten an der Brücke (ad labores pontem) über (?) dem Talturm (super turrim in valle). Es wird in einem Atemzug damit auch die Brücke am Schwabinger Tor genannt.

Qu.: KR 1325/46 S. 100v, S. 101r, Zeile 1/2, 4/5 (1336/37), S. 112r/v, 116r (1338). – MB 21 S. 30 (1374). – GB I 22/6 (1372), 131/1 (1380), 235/114 (1388), GB III 106/8, 112/7 (1411), 168/1 (1415). – HStA, GU Mü 2838 (1382).

(Isartor, Inneres).

Diesen Namen kennt nur Megele. Er meint damit den Alten Rathausturm. Belegt ist dieser Name leider nie, was auch reichlich unwahrscheinlich wäre. Die Isar ist von ihm denn doch zu weit weg.
  Es handelt sich wohl um eine Analogiebildung zu dem – wie oben gezeigt – nicht existenten »äußeren Isartor«.
Qu.: Megele, Baugeschichtlicher Atlas S. 124.

❏ **ISARTURM im TAL**, unermittelt, um 1416/24.

Nicht einzuordnen sind die seltsamen Eintragungen in der Kammerrechnung von 1423/24 über Arbeiten »an dem Tallturn«, »in den turn Ysertall«, »auf dem Iserturn in dem Tall«, »des Tallturns pey dem Isertor« oder gar »des turns in dem Iserturn des Talltors«. Man fragt sich, ob der Schreiber selbst wußte, wovon er spricht. Schon 1416 kommt der Turm aber in der Form »Turn im Isertall« vor. Es dürfte sich um einen Turm draußen vor dem Isartor handeln, vielleicht schon um einen Vorläufer des Roten Turms.
Qu.: KR 1416 S. 47r, 1423/24 S. 58v/59r.

❏ **ISARTURM**, Ludwigs-Brücke, seit um 1570.

Siehe »Roter Turm«.

Der **JEUTEN TURM**, unermittelt, um 1405/1419.

»Bei der Jewten turn«, also bei dem Turm einer Frau namens Jut(t)a, arbeiten schon 1405 und 1407 die städtischen Werkleute. Der Toratzmüller hatte die Aufgabe, einen bestimmten Streckenabschnitt des Baches zu räumen, an dem seine Mühle lag, das Bachstück Richtung Norden (hinter der späteren Hauptmünze vorbei bis zur Stadtmauer). Der Bach verläßt die Stadt neben dem späteren Falkenturm. »Der Jewten turn«, bei dem der Müller 1418 den Bach räumte, dürfte ein Vorläufer des Falkenturms gewesen sein, oder auch dieser selbst, falls er schon so alt sein sollte. Der Turm wird dann auch 1419 noch einmal genannt.
Qu.: KR 1404/06 S. 88v (1405), 1407 S. 64v, 1418 S. 67r, 1419 S. 61r.

JUNGFERNTURM, Jungfernturmstraße, seit vor 1666.

Der Jungfernturm, von dem heute nur noch ein kümmerlicher Rest an der gleichnamigen Straße zeugt, war ein Geschützturm mit halbrunder Vorderseite, der dazu diente, den toten Winkel, der sich durch den weiten Bogen der Stadtmauer zwischen Schwabinger Tor (auf dem Odeonsplatz) und dem Neuhauser Tor (Karlstor) ergab, auszugleichen. Von ihm aus konnten die Streckenabschnitte zwischen den beiden Toren eingesehen und befriedigend abgedeckt werden.

Der Turm wurde in den Jahren 1485–1488 erbaut, was übrigens Muffat schon 1862 wußte, weshalb es umso unverständlicher ist, wieso man später auf die Datierungen 1493 (Alckens) bzw. 1494 verfiel (Solleder). Die Beschreibungen seiner Lage geben wahrscheinlich auch schon den Hinweis auf den späteren Namen. Der Turm lag unmittelbar hinter dem neuen Friedhof der Frauenpfarrei oder »Unser Frauen Gottesacker«. Daß der Name von diesem Gottesacker abgeleitet sein dürfte, vermutete auch Grobe. Der Vorgänger-Turm war baufällig geworden und man hatte schon um den 29. Mai 1485 versucht, ihn zu befestigen (»den turn gepulczt bej dem goczacker an der alten statmawer«). Er war aber nicht mehr zu retten und man begann um den 24. Juli »den thurn auff der mauer ab(ze)brechen, der ze klvben was bej Unnsers (Herrn) thor«. Anfang August ist man immer noch dabei »am turn abprechen beim goczacker Marie«, ebenso wird noch Anfang September »ain turn abprochen und kot ausgefiert«. Um Michaeli wird »gearbait am grunt zum turn bey Unsers Herrn Tor« und eine »morterhütten (Mörtelhütte) zum turn bey Unser Frauen goczacker« errichtet, später »gearbait ... bey dem newen turn« usw. In der Regel heißt er in der Folgezeit »Turm bei Unser Frauen Gottesacker«, aber auch »Turm bei Unsers Herrn Tor«, dem Schwabinger Tor also. 1488 werden die Dachrinnen »auff den thurn beim gotzacker« von der Stadtkammer bezahlt und die Kosten für den Schindeldecker und am 4. Februar 1489 wird der Kistler bezahlt für »4 gros kästen zu den püchsen«, wofür einer »in turn beim gotzacker« gehörte. Jetzt ist mit der Aufstellung der Geschütze offenbar auch die Innenausstattung fertig.

Spätestens dieser letzte Eintrag muß davon überzeugen, daß es sich bei diesem Turm nicht – wie in der Literatur auch gelegentlich angenommen (u. a. Hartig) – um den Turm der Salvatorkirche handelt. Auf dem Turm der Salvatorkirche waren nie Geschütze, er wäre mit Sicherheit dafür auch zu schmal gewesen. Außerdem wäre eine so lange Bauzeit für diesen kleinen Turm ungewöhnlich und schließlich wäre es unerklärlich, warum wir über den gesamten Bau der Salvatorkirche keinerlei Unterlagen haben (selbst die Bauzeit festzulegen, macht Schwierigkeiten), aber für den Bau des Türmchens sollten alle Bauausgaben bis ins Kleinste in den städtischen Kammerrechnungen stehen. Auch der Bau dieser Kirche ist – wie bei den anderen Kirchenbauten üblich – über eine eigene Baurechnung abgewickelt worden, die uns nicht erhalten ist. In dieser Baurech-

Abb. 68: *Der »Jungfernturm« von der Ostseite aus. Lavierte Handzeichnung von C. A. Lebschée, nach einer Zeichnung von Georg von Dillis, 1800.*

nung waren auch die Kosten für den Turm der Kirche enthalten, der ja nicht von dieser losgelöst sein kann. Mit Sicherheit also ist mit diesem Turm beim Gottesacker Marie nicht der Kirchturm der Salvatorkirche gemeint.

Die Kammerrechnungen der Jahrgänge 1485/86, 1486/87 und 1487/88 enthalten die Baukosten jeweils in einem eigenen Abschnitt.

Später nennt man den Turm auch Bastei, so 1501 »pastein bey Unnser Frawen gotzacker«, und 1527 »auf der passtein bey Unnsers Herrn gotzacker«. In der Zwischenzeit ist auch die Salvatorkirche als Friedhofskirche für diesen Gottesacker errichtet worden (um 1492). Daher heißt er jetzt auch »Unseres Herrn Gottesacker«.

Weiter nennt man ihn einfach den »grossen rundtthurn« (1582). Am 11. Dezember 1596 verhandelt man im Stadtrat wegen »des Rundthurns bei Unnsers Herren thor«. Der Text ist unklar, scheint eher unvollständig zu sein (Freilassung einer halben Zeile an der Stelle, an der man das entscheidende Wort erwarten würde). Ein eindeutiger, griffiger Name läßt noch lange auf sich warten. 1606 sprechen die Akten von dem »runden thurn neben dem grossen zeughaus«, 1607 von »dem runden thurn beim Schwabinger thor« und

Abb. 69: *Der »Jungfernturm« auf dem Sandtner-Modell. Daneben Frauenfriedhof, Salvatorkirche und Zeughaus, später Opernhaus.*

»... gegen unserm (= des Herzogs) grossen zeughaus über«, 1612 von dem »runden grossen thurm an der Prannersgassen zue negst bey dem fürstlichen zeughaus«. Das Zeughaus stand gleich neben dem Friedhof. Stimmelmayr nennt den Namen auch nicht. Bei ihm heißt er »der runde Fallthurm«.

Der Name »Jungkfrauthurn« ist noch recht jung. Erst für den 31. Mai und 18. Juni 1666 ließ sich ein erster Beleg für diesen Namen ermitteln. Mit der Jungfrau dürfte die Jungfrau Maria gemeint sein und der Name ist damit abgeleitet vom Friedhof. Bezeichnenderweise heißt er in den Quellen des 17./18. Jahrhunderts auch immer »Jungfrau-Turm«. Laut kurfürstlichem Dekret vom 10. Dezember 1724 diente er seit dieser Zeit als Lagerort für Theaterdekorationen des benachbarten Opernhauses.

1666 zog man in Erwägung, ihn zum Lagern von Saliter zu verwenden. Da seine »Herrichtung« für diesen Zweck zu hohe Kosten verursacht hätte, kam man wieder davon ab. Im Jahr 1744 wird die »Reparierung« des sog. »Jungfrau-Thurns« zur Unterbringung einer Menge österreichischer Kriegsgefangener ins Auge gefaßt. Man solle aber auch noch nach anderen Möglichkeiten suchen. Ob etwas aus dieser Unterbringung geworden ist, konnte nicht geklärt werden. Zuletzt hat ihn das Hoftheater als Magazin für Requisiten und Kostüme benützt. Als das Opernhaus 1802 abgebrochen wurde, war auch der Jungfernturm wieder ungenutzt.

Daß in diesem Turm der Sage nach in fernen Zeiten ein heimliches Gericht gehalten wurde, wie Lipowski berichtet, ist offenbar wirklich eine Sage. Belegen läßt sich nichts derartiges. Auch mit eisernen Jungfrauen hatte der Turm nichts zu tun. Es gab viele Türme, die als Gefängnisse dienten, ausgerechnet von diesem ist nichts darüber bekannt.

Im Frühjahr 1804 wurde der Turm bis auf wenige, heute noch vorhandene, Reste abgebrochen.

Qu.: KR 1485/86 S. 100v–103v, 105r, 136r/v, 1486/87 S. 136r – 139r, 1487/88 S. 116r, 1488/89 S. 81v, 86r, 109r, 1501 S. 91v, 1527 S. 111r. – RP 1596 S. 173v. – Stimmelmayr S. 125/4. – Baumgartner, Polizey-Uebersicht vom 20.4.1805. – Lipowski II (1815) S. 373. – Schattenhofer MA M 01019 (1596). – HStA, GL Mü Fasz. 2756 Nr. 965 (1666); MK 14574 (1804). – StadtA, Hochbau 40 (1606-1612 und 1744); Bürgermeister und Rat 62/242 (1612); Städtischer Grundbesitz 730 (1582). – Muffat, Erinnerungs-Blätter, Blatt VI. – Solleder S. 360. – Hartig, Künstler Nr. 316 S. 63. – Aleckens, Gedenktafeln S. 43. – Grobe S. 347/48.

KAISER-LUDWIG-TURM, Rindermarkt 8, 19. Jhd.

Siehe »Löwenturm«.

KALTEN(BACH)TOR, Tal, vor 1319 – nach 1347.

Als Kaltenbach bezeichnete man den Bach durch den heutigen Radlsteg und die Hochbrückenstraße. Nach der ersten Stadterweiterung nach Osten, die vor allem das seit wahrscheinlich Anfang des 13. Jahrhunderts bestehende Heiliggeistspital in die Stadt einbezog, errichtete man in Höhe des genannten Bachlaufs ein neues Osttor – wahrscheinlich um die Mitte des 13. Jahrhunderts –, das 1319 »in valli super Chaltenpach« (im Tal über dem Kaltenbach) genannt wird. Im selben Jahr zahlt die Stadtkammer einen Schmied »de parva janua porte vallis super Chaltenpach«, von der kleinen Türe des Taltores über dem Kaltenbach. 1325 begegnet man einem »custos porte super Chaltenpach«, also einem Wächter oder Torschließer, und 1345/46 gibt es noch Geldausgaben »ad reparacionem turris Chaltentor« und 1346/47 noch einmal »ad Chaltentor«.

Was den Standort des Tores betrifft, so ist sich die Forschung darüber einig, daß ein Rest dieses Tores das turmartige Gebäude an der Nordostecke der heutigen Hochbrückenstraße gewesen sei, den Kaiser Ludwig den Bäckerknechten (= Bäckergesellen) als Bruderschaftshaus geschenkt habe. Diese Meinung muß revidiert werden; denn erstens zeigt sich im Vergleich mit anderen Toren auf dem

Sandtner-Modell, daß dieser Turm geradezu winzige Ausmaße hat. Er ist viel kleiner noch als selbst ein ganz durchschnittlicher Turm in der Ringmauer. Recht kümmerlich nimmt er sich aus neben dem Rathausturm oder den anderen Türmen der inneren Stadt. Was ihn aber vor allem als Torturm unmöglich erscheinen läßt ist die Tatsache, daß doch normalerweise der Wassergraben oder Bach außerhalb der Mauer und außerhalb der Tore um die Stadt läuft. In diesem Fall wäre es jedoch umgekehrt. Da läge der Bach innerhalb des Tores, eine geradezu unsinnige Lage für ein Stadttor.

Vielleicht aber ist mit »turris in valle« von 1324 und 1338 zwar dieser Turm gemeint, den dann Kaiser Ludwig nach der Schlacht bei Mühldorf (1322) den Bäckerknechten schenkte, aber daß es sich dabei um einen Überrest des Kaltenbachtores handelt, muß bezweifelt werden. Es wäre durchaus möglich, daß der Turm der Bäckerknechte 1323 erst gebaut wurde (Turm im Tal, Turm am Kaltenbach). Sicher dürfte das Tor aber in der Nähe dieses Turms gestanden haben. Schließlich gibt es schon 1322 eine »prugk ... auf Chaltpach« und 1338 die »Chaltenprugk«, also die Brücke über den Kaltenbach, die man später dann »Horbruck« nennen wird.

Wahrscheinlich beziehen sich auch die Bezeichnungen »nieders Tor« oder »porta inferior« von 1301 und 1318, sowie die Bezeichnungen »porta vallis« von 1319 und 1332/33, sowie »Taltor« um 1310/12 und »Talburgtor« um 1315/1344/45 auf dieses Tor. Ansonsten müßte man annehmen, daß man zwar bei der Erweiterung des Tals ein neues Tor gebaut, aber die Zollstelle am alten Tor, dem Rathausturm, belassen hatte. Warum hätte man das tun sollen?

Qu.: KR 1318/25 S. 9r/v, 23v (1319), S. 103v (1325), KR 1325/46 S. 60r (1332/33), S. 232r (1345/46), 242r (1346/47). – Dirr U 29 (1301), S. 278/12 (1310/12). – MB 35/2 S. 54 (1318).

KARLSTOR, Neuhauser Straße, seit 1792.

Siehe »Neuhauser Tor«.

KATZENTURM, Westenriederstraße/Radlsteg, vor 1417/19.

Dieser Turm kommt in den angegebenen Jahren mehrmals in den Kammerrechnungen vor, erstmals zwischen Nikolai 1417 und Lichtmeß 1418. Der Name ist schwer deutbar. Katzen sind Wurfmaschinen, die dazu dienten, eine Bresche in eine Mauer zu legen, auch Rammböcke wurden so genannt, ebenso gekrümmte Wurfwaffen sowie Schirmwerke oder Schutzdächer wurden Katze genannt. Eine andere These versucht den Begriff Katze vom lateinischen »castellum« abzuleiten. 1393 erhält der Stadtzimmermeister Ludwig Geld aus der Stadtkammer, »da er die Katzen erst anhub zu machen« bzw. »um Eichenholz, ... um Bretter zu der Katzen«. 1394 erhalten die Stadtzimmerleute wiederum Geldbeträge um »aller arbaiten von der Katzen«. Die Gegenstände bestehen also aus Eichenholz und Brettern und werden von Zimmerleuten gefertigt.

Seit 1428 kommt in den Kammerrechnungen der »Katzenstadel« vor. Wie in Augsburg könnte es sich auch hier um einen Aufbewahrungsort für Kriegsgerät gehandelt haben, ein Zeughaus. Was dazu aber wenig passen will, ist die Tatsache, daß er außerhalb der Stadt lag. So leicht macht man es seinem Gegner für gewöhnlich nicht. Seit 1450 heißt dann auch der ehemalige Kaltenbach »Katzenbach«. Alle drei hängen sicher zusammen, der Turm und der Stadel lagen wohl nahe beieinander, letzterer mit Sicherheit außerhalb der Stadt und ersterer stand über dem Katzenbach, an seinem Eintritt in die Stadt, gegenüber der Stelle, an der heute der Radlsteg – das war ja einst der Bach – auf die Westenriederstraße trifft. Am 8. August 1615 ist erstmals das »Brunnhaus und Wasserfluß aufm Katzenbach, zwischen des Iser- und Schifferthors« belegt (1610 wurde das Tal noch aus dem Wasserturm am Gasteig mit Wasser versorgt), am 16. August 1617 als »der Stadt neues Brunnhaus...« Das Brunnhaus lag schon außerhalb der Mauer, gleich hinter dem Turm. Der Turm hatte danach die gleiche Funktion wie der Heyturm. 1803 nennt man ihn den »Stadtturm, darin die Wasser-Reserve zum Brunnhaus am Katzenbach« ist.

Die Deutung des Namens muß also offen bleiben und kann nicht mit Sicherheit auf ein Kriegsgerät zurückgeführt werden, auch wenn dann zu Anfang des 18. Jahrhunderts ein Befestigungswerk beim Isartor, vor dem Lugerturm, »Die Katz« oder »Katzenbastei« (vgl. »castellum«, aber auch »Cavalier«), genannt wurde, ein Begriff, der für solche Bastionen allgemein üblich war. »Die Katz« schenkte 1718/20 der Kurfürst dem Bürgermeister Vacchieri. Auch auf der Veste Oberhaus über Passau hieß eine Bastion »Katz«.

Der Turm stand zwischen Schiffertor und Taeckenturm. 1417 wird der Katzenturm zusammen mit dem Schiffertor und 1418 und 1419 zusammen mit dem Taeckenturm genannt. Beide waren vom Stadtbrand von 1418 in Mitleidenschaft gezogen worden. Deshalb werden jetzt Dachziegel angeschafft und es wird gedeckt »auf die verprunen ringmawr pey dem Teckentürn und Katzentürn«.

Gustav Schneider, der das Taeckentor nicht am Ende der Sterneckerstraße, sondern am Ende der Küchelbacherstraße vermutete, hatte insofern nicht ganz unrecht, als es am Ende der Küchelbacherstraße zeitweise ebenfalls einen Ausgang aus der Stadt gegeben zu haben scheint. Nachdem um 1385 die Bewohner des Grieß umgesiedelt waren, gibt es unter der Überschrift »Tal Petri« noch in den

Steuerbüchern ab 1387 eine Gruppe von Fischern, die draußen vor der Mauer sitzen geblieben ist. Sie sind 1387 und 1388 im Steuerbuch noch auf Höhe der Sterneckerstraße, also zwischen den Häusern Tal Nr. 55 und 56, eingeschoben. Dort gehen demnach die Steuereinnehmer (zumindest auf dem Papier, da wir nicht wissen, ob sie in dieser Zeit wirklich noch von Haus zu Haus gingen, oder ob nur die Steuerbücher noch in dieser Form geführt werden) durch die Sterneckerstraße aus der Stadt hinaus. Vom Jahr 1390 an ändert sich das plötzlich. Jetzt stehen diese Fischer – es sind meist ein halbes Dutzend – 11 Häuser weiter stadteinwärts, kurz vor dem Radlbader (Radlsteg Nr. 2). Das heißt, die Steuereinnehmer verlassen jetzt die Stadt durch die Küchelbacherstraße. Zwischen dem letzten der genannten Fischer und dem Radlbader stehen ab 1390 jeweils nur noch durchschnittlich 6 Namen. Das würde auf keinen Fall für eine Bewohnerschaft von 11 Häusern (von Tal 56 bis 65, wobei zwei noch in A und B unterteilt sind) ausreichen. Auch aus den Steuerbeträgen der genannten Personen ergibt sich, daß als Hauseigentümer in dieser Gruppe nur zwei bis drei in Frage kommen. Die gehören zu den Häusern Tal 66, 67 und 68, dem kurzen Streckenabschnitt zwischen Küchelbacherstraße und Radlsteg (Bach). Der Befund ist also eindeutig: seit 1390 verlassen die Steuereinnehmer (fiktiv) die Stadt durch ein Tor, das neben dem Einlauf des Kalten- oder Hochbruckmühlbaches, am Ende von Küchelbacherstraße/Radlsteg durch die Mauer hinaus führte.

Der Zustand währte bis zur Steuererhebung des Jahres 1482. Zwischen 1482 und 1486 muß dieses Tor verschwunden sein; denn ab jetzt sind sowohl auf Höhe der Sterneckerstraße als auch auf Höhe der Küchelbacherstraße diese Fischer verschwunden und die hier stehenden Steuerzahler gehören eindeutig und ausnahmslos zu den Häusern im Tal.

Wir kennen für dieses Tor sonst keinen Namen, haben keine Nachricht über seine Errichtung oder Schließung. Möglich wäre, daß dies der »Katzenturm« ist, vgl. dort, der um 1417/19 in den Kammerrechnungen erscheint und an dieser Stelle liegt. Das Tor am Ende der Sterneckerstraße dürfte diesem Befund zufolge aber schon zwischen 1388 und 1390 geschlossen worden sein, wohl infolge der Umsiedlung der Grieß-Bewohner. Daraufhin hat man für die draußen gebliebenen restlichen Bewohner einen vielleicht günstiger gelegenen Aus- und Eingang beim Katzen- oder Kaltenbach-Einlaß geschaffen und diesen schließlich in den 80er Jahren des 15. Jahrhunderts ebenfalls wieder geschlossen, vielleicht im Zusammenhang mit dem Zwingerbau.

Daß es sich dabei um einen ständigen öffentlichen Durchgang gehandelt hat, ist ohnehin fraglich; denn seit nach den Unruhen von

1397/1403 die Kammerrechnungen wieder die Namen der Torschließer an den Toren vermerken, werden Jahr für Jahr alle Tore mit ihren Schlüssel-Bewahrern genannt. Es fehlt nur stets als einziges das Taeckentor. Das bedeutet: Es gibt zwischen Isartor und Schiffertor seit mindestens 1404 keinen weiteren Durchlaß mehr.
Vgl. »Taeckentor«, »Wasserturm« und »Des Briederls Turm«.

Qu.: KR 1393 S. 46r, 1394 S. 47r, 1417/18 S. 48r, 1417/18 S. 48r, 64r/v, 65r/v, 72r, 1419 S. 76r, 1428/29 S. 68r (1428), 1483 S. 123r/v. – Solleder S. 442. – HStA, GU Mü 266 (1450). – StadtA, Städtischer Grundbesitz Nr. 6 (1803); Hochbau Nr. 54 (1718/20); Urk. F I i 3 Nr. 337 (1610), 338 (1615), 365 (1617). – Schmeller I Sp. 1313. – Grimm, Deutsches Wörterbuch Bd. V Sp. 290. – Zedler Bd. 5 Sp. 1628. – Augsburger Stadtlexikon S. 10.

KAUFINGERTOR, Kaufingerstraße, vor 1300.

Das Tor war das ehemalige Stadttor nach Westen. Daß es schon 1157 erbaut worden sei, läßt sich nicht belegen. Neben dem Tor dürfte die Familie Kauferinger ihr Haus gehabt haben. Das einzige in München nachweisbare Mitglied dieser Familie war 1239 Mitglied des Stadtrats. Von dieser Familie haben Tor und Straße ihren Namen.

Der Name »Chaufringertor« wird in einer Urkunde vom 15. Juni 1300 erstmals genannt. Als Tor wird es noch lange bezeichnet, z. B. 1389, als es seine Torfunktion längst an das Neuhauser Tor verloren hatte. Später wird es dann nur noch »Turm« genannt.

1239 ist aber schon auf dieses Tor Bezug genommen, wenn in einer Urkunde als Zeuge ein »Chunradus iuxta portam superiorem« genannt wird. Auch kommt die »porta superior« (oberes Tor) am 3. Februar 1301 wieder vor, als der Herzog der Stadt das dortige Ungeld zum Mauerbau überläßt.

1383 und 1384 nennt man es auch das »Tor beim Ettaler Haus«, weil an der Südseite der Ettaler Klosterhof an den Turm stieß. Seit 1392 heißt es »Tor/Turm bei den Augustinern«, 1395 »Augustiner Tor«, da deren Kloster gleich außerhalb des Tores lag, 1402/03 »des Zeilings tor«, da der Schmied-Familie Zeiling das Haus Kaufingerstraße 19 – außerhalb des Tores – von 1384 bis nach 1462 gehörte, 1442 nennt man es »der Stadt Turm, da Chunrat von Eglofstain jetzt inne ist«, 1481 und 1485 ist das auch der »Turm bei dem Wernstorffer«. Dem Urban Wernstorffer gehörte das Haus an der Nordseite am Turm. Manchmal ist es auch nur der »Turm an Kaufingergassen« wie 1479/80, 1484.

Der Turm war im 15. Jahrhundert so baufällig geworden, daß ihn die Stadt 1479 abtragen und bis 1484 von Grund auf neu errichten ließ. Dazu wurden von den Nachbarn noch Grundstücke hinzu gekauft. 1485 wird die Straße »unter dem newn thurn bey den Augustinern« schon wieder gepflastert. Der Neubau ist damit abgeschlossen.

Kholturm

Am bekanntesten wird der Turm nach dem Wiederaufbau unter dem Namen »Schöner Turm«, siehe dort. 1807 wurde er abgebrochen.

Qu.: Dirr U 5 (1239), 28 (1300), U 29 (1301). – GB I 178/8, 11 (1383), 202/4 (1384), 209/2 (1389), GB II 22/3 (1392), 84/1 (1395). – KR 1402/03 S. 83v, 1420/21 S. 66v, 1481 S. 92v, 1479/80 S. 91r – 92v, 1483/(84) S. 120r/v – 126 r, 1484 S. 85r, 1485 S. 102v, 119r. – MB 20 S. 315/23 (1442).

❏ **KHOLTURM,** beim Angertor, unermittelt, um 1574.

Der »Kholthurn bejm Angerthor« wurde 1574 von den Werkleuten mit Holz eingeschlagen. Näheres ist nicht bekannt. Der Turm liegt möglicherweise außerhalb der Stadtmauer. 1520 gibt es – außerhalb der Stadt – »bey der Isar« eine »Kollhütten«. Sie existiert noch 1803 und 1805 und ist ein Steinkohlenhaus. Der Turm hat wohl ebenfalls als Lagerort für Kohle gedient.

Qu.: KR 1520 S. 116r, 1574 S. 118r. – Hübner I (1803) S. 338. – AB 1805 S. 113 Nr. 331.

Des **KHÜREINS TURM,** Rindermarkt, um 1579.

Siehe »Petersturm«.

KOSTTOR, Am Kosttor, seit vor 1624.

Das Kost- oder Brottor, auch Graggenauer Tor oder Wurzertor, hat seinen Namen laut Burgholzer »von der Kost oder Spendt, die von dem Reichen Almosen nächst demselben damal vertheilet wurde«. Das Reiche Almosen war 1449 von Martin Ridler gestiftet worden.

Über die Datierung des Namens gehen die Meinungen weit auseinander. Manche behaupten, schon im 15. Jahrhundert sei das Tor »Kosttor« genannt worden (Wolf nennt das Datum 1457), andere – wie das Häuserbuch – wollen diesen Zeitpunkt erst ins 19. Jahrhundert verlegen. Das Almosen wurde nach Ernst von Destouches bis 1481 vor dem Kosttor verteilt, nach Mayer seit 1541. Schattenhofer äußert sich neuerdings sehr vorsichtig (»Kosttor, weil dort eine Zeitlang das Reiche Almosen verteilt worden sein soll«).

Sicher ist, daß der Name Kosttor in einer Urkunde vom 28. November 1624 genannt ist. Ein früherer Beleg hat sich bis jetzt nicht finden lassen. Die Steuerbücher nennen bis 1808 ebenso wie die Ratsprotokolle (seit 1459) das Tor immer nur Wurzertor. Gleiches tun die Grundbücher der 70er Jahre des 16. Jahrhunderts. Auch die Stadtpläne von 1613 und 1623 kennen nur das »Wurtzerthor«. Ebenso eindeutig verwenden die Salbücher (Grundbesitzregister) der Stadt und vergleichbare Aufzeichnungen über die städtischen Liegenschaften noch im Jahr 1621 stets nur den Namen Wurzertor, auch wenn Hübner behauptet: »unter welcher Benennung (= Kost-

Krümleinsturm 595

oder Brodthor) es noch in den gleichzeitigen Sahlbüchern vorkommt«. Den Namen »Costthörl« kennen diese Salbücher erstmals im Juni 1627 (»Walchmül vorm Costthörl«). 1624 und 1627 sind also bisher unsere ersten Belege für das Vorkommen dieses Namens. Den Namen »Brottor« nennt erst Burgholzer 1796 erstmals. »Kost« bedeutet auch »Probe, Untersuchung, Beschau«. Man kennt den Weinkoster und den Bierkoster als Warenbeschauer. Könnte der Name mit der Bierbeschau oder Bierprobe zusammenhängen, die alljährlich um Martini im seit 1602 fast benachbarten (weißen) Hofbräuhaus stattfand? Das »Reiche Almosen« wird übrigens nie »Kost« genannt.

Am Tor befand sich nach Hübner die Jahreszahl 1526. Es dürfte sich dabei um eine Renovierung gehandelt haben; von einem Neubau in dieser Zeit wissen wir nichts. Das Tor als solches bestand schon 1325 unter dem Namen »porta in Grakkaw« oder auch Graggenauer Tor, siehe dort. Ein weiterer Name ist »Wurzertor«, siehe dort.

Das Tor wurde am 1. Juni 1872 auf Abbruch versteigert. Am 8. Juni vermerkt die Stadtchronik: »Heute wurde mit dem Abbruch des Kostthores begonnen.«

Qu.: Burgholzer (1796) S. 50/51. – Hübner I (1803) S. 191, 220. – Wolf II S. 671 (1457). – Mayer ULF S. 184 (1541). – HStA GU Mü 1848 (1624). In HStA, Kurbaiern U 16649 (1586) wird zwar im Regest das »Kostthörl« als Lagebezeichnung für die herzogliche Glashütte angegeben, im Text der Urkunde fehlt der Name »Kostthörl« jedoch. – HB GV S. 107. – Schattenhofer MA M 01032. – StadtA, Städtischer Grundbesitz Nr. 2 (1627), Nr. 4 S. 23r, 40r, 68r/69r (1621); RP 1461 S. 43v, 57v, 71r, 86v, 101v, 120r usw.; Stadtgericht Nr. 207/2 (GruBu) S. 19v (1574), 525v (1576); Stadt-Chronik 1872 S. 347, 741, 801, 809; Hochbau Nr. 198 (1872). – E. v. Destouches, in: OA 31, 1871, S. 53/61. – Westenrieder, Beiträge X 229. – 350 Jahre staatl. Hofbräuhaus München, München 1939, S. 35f.

KREUZTURM, Kreuzstraße, Ende 18. Jhd.

Siehe »Sankt Peters Gottesacker Turm«.

KRÜMLEINSTURM, Dienerstraße, seit vor 1416 (1379).

Der Name »Krümleinsturm« begegnet in den Quellen erstaunlich spät, nämlich erst im Jahr 1416. Er bahnt sich aber schon früher an. 1379 zahlt Peter Krümmel einen Mietzins »von dem turn« an die Stadtkammer und 1396 wird bei »dem turn bei dez statschreibers haws in dez Dieners gazzen« die Straße gepflastert. Der Mietvertrag für den Turm gilt 1416 immer noch. Jetzt heißt der Turm auch erstmals »Krümleins Turm«.

Der Turm ist benannt nach der Familie des ehemaligen Stadtschreibers Peter Krümmel oder Krümlein/Krümbel, der dieses Amt belegbar vom 6. April 1364 bis 22. Januar 1386 inne hatte, und dem das Haus Dienerstraße 11 gehörte, das Eckhaus zur Gruftgasse. Das Haus lag auf der Westseite des Turms, weshalb er dem Peter Krümel

– schon seit mindestens 1379 – von der Stadt vermietet war. Nach dem Tod des Stadtschreibers kam das Haus an seinen Sohn und dann seinen Enkel, beide gleichen Vornamens. Den Krümmel gehört das Haus bis zu einem nicht genau zu fassenden Zeitpunkt zwischen 1490 und 1500.

In diesem Zeitraum kam das Haus an die Frauenkirche, die es fortan als Propstei nutzte und bis zum Jahr 1618 behielt. Während dieser Zeit findet sich auch wiederholt die Bezeichnung »Turm bei der Propstei in der Dienersgassen«, so in der Kammerrechnung von 1525, 1537, 1539, 1540, 1573, 1589, auch »Turm bei dem Dompropst« (1539). Es handelt sich jeweils um Reparaturarbeiten am Turm, die die Stadt durchführen läßt, der der Turm gehört.

Der erste Name, unter dem der Turm vorkommt, lautet möglicherweise »inneres Schwabinger Tor«, aber in lateinischer Form. Die Stadtkammer verrechnet in den Jahren 1323 und 1338 Ausgaben »pontis aput interiorem portam Swaebingeriorum« bzw. »ad pontem interiorem Swaebinger Tor«, zur Brücke beim inneren Schwabinger Tor. Es wäre allerdings denkbar, daß damit der Wilbrechts-Turm gemeint ist, da das (äußere) Schwabinger Tor ja zur inneren Stadt hin zwei Vorgänger hatte, den Krümleins- und den Wilbrechtsturm. 1422 aber ist mit dem inneren Schwabinger Tor mit Sicherheit der Krümleinsturm gemeint.

Falls es auch auf ihn zu beziehen ist, wenn 1332 Kaiser Ludwig dem Kürschner Härtlein »unsern Graben bei unserer Burg zu München (bis) zum Schwabinger Thor« verleiht, dann deutet auch dies darauf, daß mit dem (inneren) Schwabinger Tor in dieser Zeit der Krümleinsturm gemeint ist, nicht der Wilbrechtsturm. 1355 ist aber mit dem »vorderen Schwabinger Tor« eindeutig der Wilbrechtsturm gemeint. Es werden also beide Türme »Schwabinger Tor« genannt.

Sicher sind auf ihn auch die Einträge in der Kammerrechnung zum Jahr 1360 und im »Liber reddituum« der Zeit um 1364 zu beziehen »in turri apud Zergadmerium«, im Turm beim Zergadmer; Konrad dem Zergadmer und seiner Witwe und Tochter gehörte nämlich bis 1383/85 der Häuserkomplex Dienerstraße 12/13, also das Haus an der Ostseite des Turms.

Häufig heißt der Turm auch nur ganz einfach »Tor/Turm an des Dieners gassen«, so schon 1385, ebenso wieder 1485, oder überhaupt nur »Tor« wie 1382 und 1408.

Der Begriff »Tor« wird für dieses Bauwerk überhaupt nur 1323 und 1338 verwendet, dann aber auch noch 1382, 1385, 1408 und 1422 gebraucht.

Der Name Krümleinsturm begegnet außer im Jahr 1416 erst wieder 1486, 1490, 1491 und 1499, wird aber dann schon bald wieder abgelöst von dem »Turm bei der Propstei«. Trotzdem hat sich bis

Abb. 70: *Der »Krümleins-« oder Laroséeturm« von Norden, nach Abtragung des Dachaufbaus. Links Einmündung des Hofgrabens, rechts der Schrammerstraße. Das Haus mit Madonna am Eck ist das »Hofriemers-Eckhaus«, ganz rechts das »Stiefeleck«. Nach dem Ölgemälde von Michael Neher (1798–1876).*

heute am meisten der Name nach dem Stadtschreiber erhalten. Megeles Namens-Variante »Peter-Krümbleins-Turm« ist allerdings nicht belegt.

Der Turm war im Mittelalter zeitweise bewohnt, wie die gelegentlichen Einträge in den Steuerbüchern mit der Beifügung »auf dem Turm« an dieser Stelle ausweisen: 1457–1462 Heintz Meyenfels auf dem Turm, 1490 Dorothea Hefam (Hebamme) auf dem Turm, 1525–1532 Michl Pogner auf dem Turm, 1540–1567 Jobst Egerer Tuchscherer auf dem Turm, 1540–1543 auch Stern Büchsenmeister ibidem (= ebenda, also auch »auf dem Turm«). Der Meyenfels war 1465 auch Vierer der Salwurchen (Panzermacher).

Nachdem schon um 1574 das Haus Dienerstraße 12 von dem Freiherrn von Muggenthal bewohnt wurde und sich bis 1694 in der Hand dieser Familie befand, und diese Familie am 9. Dezember 1615 auch den Turm von der Stadt kaufte, bürgerte sich für ihn bald der Name »Muggenthaler-Turm« ein.

Dasselbe Haus erbte im Jahr 1752 eine Reichsgräfin von Larosée. Die Familie besaß es bis 1796. Seit dieser Zeit wurde der Turm auch

»Larosée-Turm«, nach Abtragung der oberen Stockwerke »Larosée-Bogen« genannt. Aber damit nicht genug der Namen: 1796 erwarb das Haus Dienerstraße 12 mitsamt dem Turm der Kurfürst Karl Theodor. Das Steuerbuch sagt es 1796 und 1799 so: »Domus (Haus) et turris (und Turm): Ihro churf. Durchlaucht zum neuen Pollicei- und Forst-Commission gehörig«. Das Haus wurde umgebaut und fortan als Polizeigebäude verwendet. Deshalb trug der Turm von da an auch den Namen »Polizeiturm«.

Als letzter der Türme der inneren Stadtbefestigung wurde der Turm abgebrochen. Das »Münchner Tagblatt« enthielt am Freitag, dem 25. November 1842, die Notiz: »Seit Anfang dieser Woche ist die Dienersgasse gesperrt Behufs der Abbrechung des Larosée-thurms. Es wird daran sehr rasch gearbeitet« und am Mittwoch, dem 14. Dezember 1842 informierte dasselbe Blatt seine Leser: »Die Passage durch die Dienersgasse ist nun nach vollendetem Abbruche des Thurmes wieder für Fuhrwerke und Fußgänger geöffnet. Schon jetzt fühlt man, wenn auch die Linie noch nicht hergestellt ist, die Wohlthat dieser geöffneten Straße, und sicherlich hat dieser Stadt-theil bedeutend hiedurch gewonnen. Es werden sofort auch die lieben Haus-Eigenthümer nicht ermangeln, ihre Partheien in den Haus- und Ladenmiethen etwas hinauf zu schrauben.«

Qu.: KR 1318/25 S. 89r (1323), KR 1325/46 S. 112r, 115v (1338), KR 1360/62 S. 14v, 1379 S. 16v, 1396 S. 50r, 1485 S. 95v, 1486 S. 80v, 1490 S. 18r, 85v, 1491 S. 60v, 61r, 1499 S. 88r, 1525 S. 115v, 1537 S. 101v, 1539 S. 98v, 111v, 1540 S. 90r, 1573 S. 122r, 128r, 1589 S. 134v. – Wolf I S. 555 nach Bergmann U 6 S. 4 (1332). – StadtA, Zimelie 34 S. 4v (1416), Zimelie 35 S. 3r (um 1364); Hochbau 198. – GB I 163/12 (1382), 212/15 (1383), GB III 79/1 (1808). – StB 1796 S. 129r, 1799 S. 107r. – Hübner I (1803) S. 115. – Schattenhofer MA M 01040. – HB GV S. 57/58. – HStA, MK 14574 (1842). – Münchner Tagblatt Nr. 326 S. 1556, Nr. 345 S. 1636 (1842).

KÜHBOGEN, Theatinerstraße, seit 19. Jhd.

Der Kühbogen überwölbte die Zufahrt zur Salvatorstraße von der Theatinerstraße her und hatte seinen Namen von dem früheren Namen der Salvatorstraße »Kühgässel«, den es schon seit dem 15. Jahrhundert gab, siehe bei den Straßennamen. Die Überwölbung ist auf dem Sandtner-Modell noch nicht vorhanden. Da ist die Gasse noch offen. Die Überbauung dürfte um 1676 erfolgt sein. In diesem Jahr kaufte Anton von Berchem zwei Häuser in der Theatinerstraße, zu beiden Seiten der Gasse, und ließ in der Folgezeit das Palais Berchem darauf errichten. Aus diesem Grund wird der Bogen zunächst auch »Perchem-Bogen« genannt, so 1782 von Westenrieder und um dieselbe Zeit von Stimmelmayr.

Die Familie Berchem besaß das Palais bis 1817. Der Name »Kühbogen« scheint erst nach dieser Zeit üblich geworden zu sein.

Seit der Zerstörung der Häuser durch die Bombenangriffe des Zweiten Weltkrieges gibt es den Bogen nicht mehr. Die Salvatorstraße mündet jetzt wieder offen in die Theatinerstraße.

Qu.: HB KV S. 338/39. – Stimmelmayr S. 40 Nr. 60, S. 42 Nr. 62/10. – Westenrieder (1782) S. 33.

❏ **LÄNDHÜTERSTURM**, an der Isar, vor 1643.

Mit diesem Turm ist der besser unter dem Namen »Roter Turm« bekannte Turm gemeint. Er stand auf der Isarbrücke (Ludwigsbrücke), diente einerseits als Torbau an der Brücke, als Beobachtungsturm für den Fluß und das Gelände an seinen Ufern, andererseits befand sich in ihm die Ländhüters-Wohnung. 1643 zog man auch in Erwägung, ihn als Pulverturm zu verwenden. Der Turm hatte also eine ähnliche Funktion wie anfangs der Heyturm. Meist nannte man ihn nur den »Turm an der Isar«, so 1639.

Qu.: StadtA, Hochbau Nr. 40.

❏ **LAIMTOR**, vor dem Isartor, seit vor 1369.

Draußen vor dem Isartor, nicht weit von diesem entfernt, floß der Laimbach vorbei, wie alle Stadtbäche eine der Abzweigungen der Isar. Diesen Bach überwölbte kurz vor dem Tor eine Brücke, die Laimbrücke, die durch ein kleines Tor gesichert war, das Laimtor. Es wird 1369 erstmals genannt:«zunächst an daz Laimtör«, 1376 »außerhalb dez laimein törs«, 1378 schließlich als »Laymen turn«.

Der Name ist wahrscheinlich von »lehmig« abgeleitet und deutet auf die Art des Wassers oder auf die schlammige Umgebung der Brücke. In letzterem Fall wäre das eine Parallele zur »Horbruck«, der »Dreckbrücke« im Tal.

Qu.: GB I 9/1 (1369), 80/13 (1376). – KR 1378 S. 48r.

LAROSEETURM, LAROSEEBOGEN, Dienerstraße, nach 1752.

Siehe »Krümleinsturm«.

LÖWENTOR, Prannerstraße, o. D.

Siehe »Maxtor«.

LÖWENTURM, Rindermarkt, 19. Jhd.

Der Turm stand außerhalb der inneren Stadtmauer, an diese angebaut, direkt über dem Graben und stand ursprünglich im Hinter-

600 Luger(turm)

hof des Hauses Rindermarkt 8. Erst seit dem Zweiten Weltkrieg steht er frei an der Straße. Seine Funktion ist ungeklärt. Die Vermutungen gehen weit auseinander und reichen von einem Wasserpumpwerk zur Bewässerung von Springbrunnen bis zum Wohnturm. Wahrscheinlich war er ein Schleusen- oder Stauwerk, das das Abfließen des Wassers vom höher liegenden Stadtgraben an Färbergraben und Kaufingerstraße hinunter zum wesentlich tiefer gelegenen Roßschwemmbach verhindern sollte. Das würde zudem eine Anlage voraussetzen, die das Wasser von irgendwo her in diesen oberen Graben hinein- oder – etwa vom Angerbach aus – hinaufpumpte. Auch dies wäre in diesem Turm möglich mit Hilfe von Schöpfrädern in Form von Eimern.

Der Name Löwenturm zielt auf Heinrich den Löwen, auf den man den Turm – da er ja zur inneren Befestigungsanlage gehört zu haben schien – zurückführte. Der Name ist aber erst seit dem 19. Jahrhundert nachweisbar. Seine Erbauungszeit dürfte außerdem erst im 15. Jahrhundert liegen, allenfalls im 14., ist aber unbekannt.

Gelegentlich wurde der Turm auch als »Kaiser-Ludwig-Turm« bezeichnet.

Qu.: Oestreich S. 49. – RP 16.11.1948

LUGER(TURM), Lueg ins Land, seit vor 1343.

Der Turm an der Nord-Ost-Ecke der Stadtbefestigung, nicht weit vom Isartor, wird anfangs generell »Luger« oder »Lugerturm« genannt: Nach Neujahr 1343 (»post Epiphaniam«) »Luoger turris« (Lugerturm), 1344 »ad turrim dictam Luoger« (Turm, genannt Luger), »ad turrim Luoger«, »ad Luoger«, 1346 »super turrim Luoger« und »ad Lugerturn«, 1361 »usque ad Lugerium« und »a turri Lugerio«. 1368 verleiht Herzog Stephan der Ältere seinen Lohstampf zu München, gelegen »bei dem Luger«, 1374 liegt ein Haus im Tal bei dem Turm, genannt »der Luger«, innerhalb des neuen Tors. Die Beispiele ließen sich beliebig vermehren.

Erstmals 1377 kommt eine abweichende Formulierung »pey dem Luogeindfut« (Lug in die Fut), eine Namensvariante, die sonst nie mehr begegnet. Die Namensform in der der Name heute meist genannt wird und die auch im Straßennamen »Lueg ins Land« verewigt ist, begegnet erst sehr spät, nämlich in der Kammerrechnung des Jahres 1578. Da finden Dachdeckerarbeiten »beim Thurn Lueg in das Lanndt« statt. 1679 heißt er der Turm »der Lueg ins Land genannt« und mit diesem Namen »Lug-ins-Land-Thurm« kennt ihn auch Stimmelmayr.

Möglicherweise ist der »turris aput novam portam«, der Turm beim neuen Tor (= Isartor), von 1336/37 bereits dieser Lugerturm.

Der Turm wurde schon um 1371 als »vanknus« (1415), als städtisches Gefängnis, benützt, genau wie später der Taschenturm. 1371 verzeichnet die Kammerrechnung Ausgaben für »1 keten an den stock in der Luger«, auch 1381 und 1415 ist er als Kerker belegt. Wohl auch deshalb ließ in beiden Türmen (Taschenturm und Luger) im Jahr 1527 der Rat vom Maler Wolfgang Mielich ein Kruzifix malen, ebenso als drittem noch im Ratsturm. Von dieser Funktion als Gefängnis hatte der Turm nach Schattenhofer zeitweise auch den Namen »Ziechturm«, vom Aufziehen des Angeklagten bei der Folter.

Bei einer Besichtigung aller Stadttürme durch die städtische Baubehörde im Jahr 1703 vermerkt die Kommission über den Lueg ins Land, es »ist nit hineinzukommen, weillen bei (gemeint: der) Hof Saliter darin hat«. Er ist also als Saliterlager an den Staat verpachtet.

Man nimmt an, daß der Name von seiner exponierten Lage stammt und daß er in erster Linie als Wachtturm gedacht war, »mit freiem Fernblick über die Isarhöhen«, wie Solleder schwärmte. Ob man von diesem Turm aus, auch wenn er sicher hoch gewesen ist, bis auf die Isarhöhen schauen konnte, wo einem zumindest das Gasteig-Spital bald die Sicht versperrt hätte, mag bezweifelt werden. Wahrscheinlich konnte man wegen des Bewuchses mit Gebüsch und Bäumen in der Auenlandschaft vor dem Fluß und mit der Einrichtung von Gewerbeeinrichtungen aller Art vor dem Tor nicht einmal Bewegungen auf der Isar sehen. Aus dieser Erkenntnis heraus hat man ja auch den Turm an der Isarbrücke, den Roten Turm, errichtet, der eben diese Aufgabe viel besser wahrnehmen konnte. Das unmittelbare Vorfeld vor der Mauer und dem Graben war aber sicher kontrollierbar, bis zum Kosttor hinauf, und außerdem konnte man von ihm aus im Verteidigungsfall natürlich das Vorfeld vor dem Isartor einsehen und schützen. Das dürfte auch, ähnlich wie beim Jungfernturm, der Hauptzweck gewesen sein, nämlich keine toten Winkel in der Verteidigungslinie entstehen zu lassen. Der Turm maß vom Boden bis zum Dachansatz ca. 20 m. Wer im obersten Stock aus dem Fenster sah, dessen Auge befand sich etwa in 18 m Höhe.

Auch der Luginsland-Turm in Augsburg hatte eine exponierte Lage, die eine freie Sicht weit in das Gelände erlaubte. Dieser Augsburger Turm stammte aber erst aus dem 15. Jahrhundert. Er wurde 1437 eingedeckt und war 1438 fertiggestellt. Der Memminger Luginslandturm wurde 1450 errichtet, 1489 noch erhöht. Der Name scheint in dieser Zeit geradezu Mode geworden zu sein.

Was den Namen in München betrifft, so muß man bei aller »Lugerei«, mit Fernsicht oder ohne, trotzdem immer damit rechnen, daß der Ursprung des Namens viel banaler ist, als man manchmal denkt. Auch bei diesem Namen muß man nämlich damit rechnen, daß er vom Familiennamen eines nahen Hausbesitzers stammt. Tatsächlich gibt es ja bereits im Jahr 1272 einen »civis Monacensis«, Bürger zu München, namens »Cuonradus Luoger«, 1310 hat das Kloster Schäftlarn einen Zeugen »Perhtold Luoger«, die Kammerrechnung kennt für 1320 und 1321 einen »H(einrich) Luogel«, der 1320 das Bürgerrechtsgeld zahlt, 1329 tritt als Fideiussor (Bürge) für einen Neubürger der »mercator« (Kaufmann) Eberhardus Lueger auf, ja, das Steuerbuch von 1423 kennt sogar einen »Konrad Lugymlannd«. Selbst das gibt es also als Familiennamen. Der Mann wohnt auch noch im Tal Marie, allerdings etwa in der Mitte des Tal, so daß man ihn nicht mit dem Turm in Verbindung bringen kann.

Bei der Benennung »bei dem Luger« ist es ähnlich wie bei dem Türlein nicht zu unterscheiden, ob ein Mann namens Luger oder ein Turm namens Luger gemeint ist und auch »Lugerturm« kann die gleiche Wortbildung sein wie »Krümleinsturm«, »Wilbrechtturm« oder »Pütrichturm«. Das schließt im übrigen nicht aus, daß eine der Zweckbestimmungen des Turms das Beobachten oder Lugen war und sich hier zufällig zwei hervorragend zusammenpassende Elemente trafen.

Im übrigen haben solche Türme im Mittelalter nie nur einem einzigen Zweck gedient. Sie waren immer vielseitig und auch der mittelalterliche Mensch konnte schon so praktisch denken, daß er darauf sah, daß so ein Bauwerk nicht jahrhundertelang nutzlos herumstand.

Auf der Stadtkarte von 1806 ist der Turm noch eingezeichnet. Am 28. Februar 1807 wurde er auf Abbruch verkauft und danach abgetragen. Ein Stück der Nordmauer steht heute noch und ist – die ehemalige Innenseite nunmehr zur Außenseite geworden – als Südmauer eines Hauses zu sehen.

Qu.: KR 1318/25 S. 31v (1320), S. 53r (1321), KR 1325/46 S. 22r (1329), S. 101r (1336/37), S. 178v (1343), 193r (1344), 242r (1346), KR 1360/62 S. 64r, 67r (1361), KR 1371 S. 46r, KR 1381 S. 46r, KR 1414/15 S. 51v, 1578 S. 132r. – RB IX 200 (1368). – MB 21 S. 30 (1374). – GB I 85/10 (1377). – StadtA, Hochbau 40 (1679), 41 (1703); Städtischer Grundbesitz Nr. 2096 (1807). – Stimmelmayr S. 121 Nr. 126/9, S. 123 Nr. 129/3. – Geiß, St. Peter S. 343 mit Anm. 3 (1272). – Solleder S. 360. – Augsburger Stadtlexikon S. 235. – Bayerisches Städtebuch, Artikel »Memmingen« S. 364, Kap. 5b. – Schäftlarn U 83 (1310). – Schattenhofer MA M 01001, 01020.

LUG-INS-LAND-TURM, Luog ins Land, seit vor 1578.

Siehe »Lugerturm«.

MARQUARDTURM?, unermittelt, um 1330/32.

Die Stadtkammer verrechnet 1330/31 und 1331/32 Geldbeträge für »arboribus (Baumstämme) ad edificium (zum Bau) ad turrim (zum

Turm) magistro Marquardo (für den Meister Marquard)«. Es ist nicht klar, ob man es hier mit einem Turm »des« Meisters Marquard zu tun hat oder um irgendeinen Turm, den der Meister – etwa ein Zimmermann? – ausgebessert hat. Auch seine Lage läßt sich nicht ermitteln.

Qu.: KR 1325/46 S. 38r (1330/31), 48r (1331/32).

MAX-(JOSEPH)-TOR, Prannerstraße, seit 1806.

Dies ist das jüngste aller Tore. Es wurde erst im Jahr 1805 vollendet und sollte einen optisch reizvollen Abschluß der Prannerstraße zum Maximiliansplatz hinaus schaffen, der sich ja nach dem Abbruch der Stadtmauer 1804 an dieser Stelle zu gähnender Weite öffnete.

Namengeber war der Kurfürst und spätere König Max I. Joseph. Da die beiden Seitentore von Löwen besetzt sind, wurde das Tor gelegentlich auch »Löwentor« genannt.

Der erste bekannte Name ist allerdings »Prannerstor« gewesen. Als solches wird es gleich nach Öffnung des Straßendurchbruchs durch die Mauer bezeichnet. Die Karte von 1806 nennt es »Max-Joseph-Tor«. Seit den Plänen von 1809 wird es nur noch »Max-Thor« genannt.

Qu.: Grobe S. 345. – Megele, Baugeschichtlicher Atlas S. 125. – Schattenhofer MA M 01094.

MERBOTTURM, unermittelt, um 1339/45.

Dieser Turm wird nur dreimal in der Kammerrechnung genannt. In den Jahren 1339 und 1340 hat die Stadt Ausgaben »ad turrim Merbotone«, 1344/45 »de turri aput Merbotinnam« (bei der Merbotin).

Die Lage des Turmes ist nicht bekannt, auch nicht der Namengeber. Möglicherweise ist es der im Jahr 1325 vorkommende Notar (nicht Stadtschreiber) Merbot, wie Solleder glaubte oder der am 10. Oktober 1336 belegte Landschreiber in Oberbayern und Bürger zu München namens Merbot. Er müßte dann in der Nähe des Turms ein Haus gehabt haben. Einen Stadtschreiber dieses Namens hat es nie gegeben.

Qu.: KR 1325/46 S. 129v (1339), S. 145r (1340), 199v (1344/45). – Heiliggeistspital U 62 b (1336). – Solleder S. 319.

MILCHTURM, Hofgraben, Ende 18. Jhd.

Siehe »Hexenturm«.

MÜLLERTURM, Jungfernturmstraße/Rochusberg, vor 1700.

Der Name dieses Turmes wird am 2. Mai 1700 erstmals genannt, als dort Umbauten zu einem Arrestlokal stattfinden (Einbau eines Ofens). Dann erwähnt ihn Burgholzer 1796 wieder. Auch nach ihm und Hübner hat der Turm als Gefängnis für Verbrecher aus dem Kreis der Hof- und geringeren Staatsbediensteten gedient. Er stand »am Hofgang zwischen Residenz und Herzog-Max-Burg ... nächst dem Hofstall« und man verhandelte 1801/1803 über seinen Abbruch. Der Hofstall nahm den westlichen Teil des früheren Salvator-Friedhofs ein und ist auf der Karte von 1806 als »Herzoglicher Stall« bezeichnet. Der Hofgang verband, als Holzaufbau auf der Stadtmauer, die Neuveste (Residenz) mit der Herzog-Max-Burg. Mit dem Müllerturm war der westliche Nachbarturm des Jungfernturms gemeint (Richtung Neuhauser Tor) und er lag etwa auf der Höhe des Zusammenstoßes von Rochusberg und Jungfernturmstraße.

Ein kurfürstliches Reskript vom 14. Februar 1803 ordnete den Abbruch des Hofganges am Müllerturm an und ein Beschluß der Generallandesdirektion vom 28. März sowie ein kurfürstliches Reskript vom 26. April 1803 den Abbruch des Müllerturms selbst. Er wurde bald darauf durch das Hofbauamt vollzogen.

Nicht geklärt werden konnte bisher, warum er Müllerturm, 1803 auch »Mühlenturm«, heißt; denn eine Mühle ist in dieser Gegend weit und breit nie gewesen. Auch eine Familie Müller als Nachbar konnte nicht ermittelt werden.

Qu.: HStA, GL Mü Fasz. 2756 Nr. 965 (1700, 1803); MF 18498 (1801- 03), MK 14574 (1843).
 – Burgholzer (1796) S. 310. – Hübner II (1805) S. 543. – HB GV S. 104 Abb. 212 Abb. – Grobe S. 348.

MÜNZBOGEN, Hofgraben, 19. Jhd.

Nach Verlegung der Hauptmünze in das Gebäude des ehemaligen Marstalls oder Hofstalls im Jahr 1809 erhielt der die Pfisterstraße überbrückende Bogen zwischen Altem Hof und nunmehriger Hauptmünze den Namen Münzbogen.

Qu.: HB GV S. 104 Abb.

(Muggenthalerbogen), Burgstraße, Ende 18. Jhd.

Nur Stimmelmayr nennt den Schlichtingerbogen auch Muggenthalerbogen. Dies muß jedoch ein Irrtum sein. Die Familie von Muggenthal hatte nie etwas mit diesem Bogen oder den angrenzenden Häusern zu tun. Wahrscheinlich verpflanzte Stimmelmayr den Namen des Muggenthalerturms aus der Dienerstraße irrtümlich hierher.

Qu.: Stimmelmayr S. 127 Nr. III.

MUGGENTHALERTURM, Dienerstraße, seit 1615 (Ende 16. Jhd.).

Siehe »Krümleinsturm«.

NEUER TURM am Anger, seit 1376.

Siehe »Heyturm«, »Guldeinturm«.

NEUER TURM an der Kaufingergassen, 1537.

Siehe »Schöner Turm«, »Kaufingertor«.

NEUER TURM auf der **ROSSCHWEMM**, Rosental, um 1583.

Siehe »Rosenturm«.

NEUER TURM bei den **AUGUSTINERN**, 1485/86.

Siehe »Kaufingertor«.

❏ **NEUER TURM** bei der **ISARBRÜCKE**, seit 1518.

Siehe »Roter Turm«.

NEUES TOR, Tal, seit 1337.

Siehe »Isartor«.

NEUHAUSER TOR, Neuhauser Straße, vor 1302 – 1792.

Das Tor mit diesem Namen nennt erstmals eine Urkunde vom 5. Mai 1302. Die Neuhauser Straße wird schon 1293 in einer Urkunde genannt. Dieses Tor ist das große Zolltor nach Westen. 1406 wird es auch »Zolltor« genannt. Hier steht auch gleich neben dem Tor das Großzollhaus. In den Rechnungsjahren 1331/32 und 1332/33 wurde offenbar kräftig am Tor gebaut. Die Kammerrechnung dieser beiden Jahrgänge führt die Ausgaben jeweils in einem eigenen Kapitel auf (Distributa Newnhauserort).

Im Jahr 1792 erfolgte die Umbenennung nach dem Kurfürsten Karl Theodor in »Karlstor«. Noch am 3. Mai und 13. Juni 1792 nennen Schreiben an den Stadtmagistrat das Tor »Neuhauser Tor«, am 10. Juli 1792 verwendet der Graf Rumford in einem Pro Memoria über den »Plan des nunmehrigen neuen Carls-Thor« erstmals den

Neuhauser Tor

Abb. 71: *Das »Neuhauser« oder »Karlstor«. Blick von Süden aus dem Stadtgraben. Anonymes Aquarell um 1820.*

neuen Namen. Der Stadtmagistrat greift in seinem Antwortschreiben vom 11. Juli diesen Namen auf und ebenfalls im Juli 1792 wurde am Tor eine Tafel mit der Aufschrift »CarlsThor« angebracht. So belegen es die Akten des Hochbauamtes im Stadtarchiv. Für eine Umbenennung schon am 1. Mai 1791 (wie es eine alte Tafel am Tor behauptete) gibt es keinen Beweis. An diesem Tag fand nach Muffat und Nagler »durch den Churfürsten die feierliche Eröffnung statt«, und zwar für die neugeschaffene Ausfahrt aus dem Tor, nach der Umgestaltung des Platzes vor dem Tor und »von dieser Zeit an, bis zum Jahre 1828, führte das Thor den Namen Karls-Thor« (Nagler). Daraus hat die spätere Literatur geschlossen, daß die Umbenennung am 1. Mai 1791 erfolgt sei. In allen amtlichen Schriftstücken wird aber bis zum Juni 1792 der alte Name gebraucht. Am 25. April 1792 wurde auch der spätere »Karlsplatz« noch »Neuhauserthorplatz« genannt, also auch noch mit dem alten Namen.

Im Jahr 1857 zerstörte eine Pulverexplosion im Nachbarhaus den hohen Mittelturm. Er wurde abgetragen. Es blieben nur noch die beiden Seitentürme stehen, die heute noch die Neuhauser Straße nach Westen abschließen.

Qu.: Heiliggeistspital U 23 (1302). – KR 1325/46 S. 45v (1331/32), 55v (1332/33). – StadtA, Hochbau Nr. 61 und 62 (1792). – Muffat, Erinnerungs-Blätter (1862), Blatt VII. – Nagler I (1863) S. 94.

(**Neuhauser Tor, Inneres**).

Nur Megele nennt das Kaufinger Tor (Schöner Turm) Inneres Neuhauser Tor. Der Name ist nie belegt und eine der zahlreichen Neukonstruktionen von Tor- und Turmnamen von Megele.

Qu.: Megele, Baugeschichtlicher Atlas S. 125.

NEUTURM, NEUER TURM bei dem **WURZERTOR**, Neuturmstraße, vor 1587 (1474).

Der Neuturm war ein Rundturm, der dem Wurzertor ein Stück nach Norden vorgelagert und wohl als Geschützturm zum Schutz des Tores gedacht war, ähnlich wie der Luger für das Isartor. Er ist auf jeden Fall auf dem Sandtner-Modell bereits zu sehen (womit sich die Behauptung von Alckens und Megele erübrigt, er sei 1771 erbaut worden) und dürfte mit dem »neuen thurn ... bej dem Wurtzerthor« gemeint sein, bei dem im Jahr 1587 von den Stadtwerkleuten gearbeitet wird. Deshalb, weil er hier noch als »neu« bezeichnet wird, kann er trotzdem schon ein halbes Jahrhundert alt sein, wenn nicht älter.

Es ist durchaus möglich, daß auch die Arbeiten »am turn bej dem Wurtzertor« von 1474 bereits auf ihn zu beziehen sind, ebenso die von 1518 (angestrichen an dem neuen thurn), 1519 (gedeckt auf dem thurn bey dem Wurtzerthor) und die von 1525 (gearbait ... an dem thurn bey dem Wurtzerthor). Muffat vertrat die Ansicht, der Turm sei 1467 gebaut worden. Belegen läßt sich das nicht. Wahrscheinlich hat er dieses Datum aus einem Eintrag in der Kammerrechnung von 1467 abgeleitet, wonach in diesem Jahr »gearbait (wurde) am zwinger beim Wurzertor«. Dieser magere Eintrag ist aber zu vage, um daraus ein Baudatum für diesen Turm erschließen zu können. Die Baumaßnahmen für den Zwinger- und Grabenbau des 15. Jahrhunderts werden im übrigen auch nicht innerhalb der laufenden Bauausgaben der Stadt abgerechnet, sondern in einem eigenen Abschnitt der Kammerrechnung, der aber keine Einzelbaumaßnahmen beschreibt. Trotzdem dürfte der Turm im Gefolge des Zwingerbaus (1430–1480) entstanden sein und die Zeit um 1467 ist nicht unwahrscheinlich.

Um 1702/1706 nennt man ihn »grosser runder Thurm beim Kostthore« und erwägt »dessen Verwendung zu Unterbringung der Feuerwerks-Arbeiten des churfürstlichen Laboratoriums, dann dessen Herrichtung zu einem Wasch- und Häng-Haus für die Kasern-Betten«.

Dann aber entscheidet man sich doch ganz anders; denn auch dieser Turm diente schließlich im 18. Jahrhundert (das »Ministerium des Innern, Ministerialsektion für Cultus und Unterricht«, nennt 1843 als Zeitpunkt »seit 1756«, andere Quellen nennen 1770) als Staats- und Zivilgefängnis für »Fremde von Distinktion«, auch für Geistliche, oder für Personen »von etwas minderem Rang«, wie Westenrieder sich ausdrückte. Erst wenn der Verdacht etwas härter sei, kämen sie in den Falkenturm »oder andere Behältnisse«. Hübner führt das 1805 noch näher aus: Gefangene werden bis ihr Prozeß gemacht sei oder ihre Unschuld erwiesen sei in Orte gebracht, »die nicht entehren – Gefangene des ersten Ranges in das Grafenstübchen, des zweiten (Ranges) in das Schottenstübchen im alten Hofe oder in den neuen Thurm am Kostthörchen«.

Der Turm ist um 1770 für die Zwecke des Gefängnisses umgebaut worden. Daß er 1771 neu gebaut worden sei, wie Hübner, der es noch wissen müßte, berichtet, ist wohl ein Mißverständnis. Der Kurfürst hat aber 1771 erlaubt, ihn künftig »Neuer Turm« zu nennen. Der Volksmund nannte ihn auch »Schuldturm«.

Der Turm wurde im Jahr 1872 abgebrochen. Am 20. März dieses Jahres teilte die Baukommission der Polizeidirektion mit, »daß mit dem Abbruch des Neuthurmes am Kostthore begonnen wurde«.

Qu.: KR 1467/68 S. 93r. – 1474/75 S. 95v, 1519 S. 105v, 1525 S. 114r, 1587 S. 139v. – Westenrieder (1782) S. 274. – Hübner II (1805) S. 542. – Schattenhofer MA M 01032. – Hartig, Künstler S. 85 Nr. 443. – HStA, MK 14574. – Alckens, Gedenktafeln (1935) S. 55. – Megele, Baugeschichtlicher Atlas S. 126. – StadtA, Hochbau Nr. 40 (1702-1706), Nr. 198 (1872).

NEUVESTTOR, heute Teil der Residenz, um 1613/23.

Als Neuvesttor bezeichnen die Pläne von 1613 und 1623 ein Tor, das von der Neuveste (Residenz) aus, beim Christoph-Turm, über den Graben nach Norden in den Hofgarten hinüber führte. Es ist auf der Karte von 1644 schon wieder verschwunden, nachdem es offenbar dem Ausbau der Befestigungswerke an dieser Stelle hatte weichen müssen.

NIEDERES/UNTERES TOR, Marienplatz, seit vor 1301 (1239).

Siehe »Rathausturm«.

NONNENTURM, Viktualienmarkt, seit vor 1669.

Siehe »Fischerturm«.

NUDELTURM, Weinstraße, seit vor 1613.

Angeblich ist dieser Name schon seit 1596 für den ansonsten »Wilbrechtsturm« genannten Turm am Ende der Weinstraße gebräuchlich. Nach Burgholzer, der den Namen – wahrscheinlich nach dem Volckmer-Plan – für 1613 kannte, und Lipowski stammte der Name vom Küchelbäcker oder feilen Nudeln, Kücheln usw., die dort feilgeboten wurden. Das bezieht sich sicher auf die Bäckerei im Haus Theatinerstraße 1, Ecke Schäfflerstraße, dem sog. »Bäcker-Eck«, siehe dort.

Nudeln, eine Mehlspeise aus Hefeteig, waren offenbar erst um die Mitte des 16. Jahrhunderts, genauso wie auch des Wort Nudel selbst, aufgekommen. Es hat Gaststätten und Bäcker gegeben, die darauf spezialisiert waren. Auch das Grimm'sche Wörterbuch, das hier Fischarts »Gargantoa« von 1575 folgt, kennt die Berufsbezeichnung »Nudelbäck«. Zu Anfang des 19. Jahrhunderts gab es am Oberanger einen Bäcker mit dem Hausnamen »Zum Nudelbäck«. Völlig unerklärlich ist aber, wie ein von 1584–1602 in einem Haus der Augustiner an der Engen Gasse (hier: Löwengrube) wohnender Georgius Grei(n)linger zu dem Beinamen »Nudldoctor« kam. Bis 1588 steht er in den Steuerbüchern überhaupt nur mit dieser Bezeichnung (»domus Nudldoctor«), ab 1589 dann mit vollem Namen »Georgius Grei(n)linger Nudldoctor«.

Auch in Memmingen gab es einen – 1529 errichteten – »Nudelturm«, ja seit 1546 sogar eine Geschützbastion mit dem Namen »Nudelburg«.

Der Turm wurde wegen des Neubaus des Gebäudes für die Englischen Fräulein an der Weinstraße 13, östlich an den Turm anstoßend, gegen Ende des Jahres 1691 abgebrochen. Am 17. Januar 1692 wird er bereits als »der abgetragene Nudlthurm« bezeichnet. Es ist deshalb unerklärlich, wie Hübner 1803 zu der Ansicht kommen konnte, der Nudelturm »steht noch am Ende der Weinstraße«.

Siehe »Wilbrechtsturm«, »Schäfflerturm«, »Tömlingerturm«.

Qu.: Burgholzer (1796) S. 33. – Lipowski II (1815) S. 46. – Bayerisches Städtebuch, Artikel »Memmingen« S. 364 Kap. 5b. – StadtA, Städtischer Grundbesitz Nr. 735. – Hübner I S. 45.

OBERES TOR, Kaufingerstraße, vor 1239.

Siehe »Kaufingertor«.

ÖDER TURM, Frauenkirche, um 1416.

Im Jahr 1416 liegt der Tichtl-Altar in der Frauenkirche »vor dez Tulbecken-Altar an dem ödem Turen und darauf rastent sand Margareta und die heiligen drey Chunig und ander lieb häligen«. 1442 liegt der Tichtl-Altar »hinter dem Turen gegen der Engen gassen über« usw. Zu den »anderen Heiligen« auf diesem Altar gehörte die 1442 ausdrücklich ebenfalls genannte Appollonia, der der Altar heute noch geweiht ist. Der Tichtl-Altar war auch in der ab 1468 neu erbauten Frauenkirche wieder der erste Altar neben dem Nordturm der Frauenkirche, also im linken Kirchenschiff, und er lag auch in der neuen Kirche wieder neben der Kapelle unter dem Nordturm, die der Familie Tulbeck gehörte. Dort ist heute noch das Grabmal des Bischofs von Freising aus der Familie Tulbeck von 1476 zu sehen. Die Situation war also in der alten Frauenkirche schon genauso wie in der neuen. Mit dem »öden Turm« ist demnach der Nordturm der Vorgängerin der heutigen Frauenkirche gemeint. »Öde« bedeutet »leer«. Es kann auch »hohl« heißen. Deshalb meinte Wolf, daß der Turm »öde« genannt wurde, weil auf ihm »keine Glocken gehangen sind«. Tatsächlich waren nur auf einem der beiden Türme Glocken (heute auf beiden). Beim Abbruch der Kirche wurde am 1. August 1468 der eine der beiden Türme umgelegt, am 16. Mai 1470 folgte erst der zweite, der dabei ausdrücklich »der Glockenturm« genannt wird (RP). Das wäre demnach der Südturm gewesen.

Wie Lipowski und mit ihm fast alle Historiker bis heute (außer Wolf und Mayer) auf den Gedanken kommen konnten, mit dem »öden Turm« sei der »Schöne Turm« (Kaufingertor) gemeint, ist nach Lektüre der Quellen unerklärlich, was übrigens schon Anton Mayer bemerkte. Die Herkunft der Jahreszahl 1360, die Rambaldi für das Vorkommen des Namens »öder Turm« nennt, ist leicht zu klären. Es handelt sich dabei entweder um einen Druckfehler oder eine Fehlleistung des Gedächtnisses. Rambaldi hat die Information offensichtlich von Nagler bezogen. Auch Nagler hält den öden Turm für den Kaufingerturm und schreibt: »um 1460 war er unter dem Namen des öden Thurms bekannt«. Auch das Adreßbuch von 1880, das in seinen historischen Einleitungen zu den einzelnen Straßennamen die bis dahin vorhandene Literatur verwertete, schreibt noch »1460« und fährt fort: »und wurde neunzehn Jahre später wegen Baufälligkeit abgetragen, jedoch nur, um 1481, ..., wieder zu erstehen«. Rambaldi machte aus »1460« »1360«. Außerdem unterschlug er das kleine Wörtchen »um« und legte das Ereignis präzise auf das Jahr 1360. Allerdings liegt auch bei Nagler noch eine Verwechslung von 1416 mit 1460 vor. Konsequent rechnet Rambaldi dann weiter und kommt zu der Behauptung, daß der Turm 19 Jahre später abgebrochen wurde – also nach seiner Rechnung 1379 –, um im Jahr 1381 mit Malereien und Spitztürmchen nebst farbig glasierten Dachplatten geschmückt als »Schöner Turm« wieder zu erstehen. Also alles um 100 Jahre zu früh angesetzt! Alles in allem ein Musterbeispiel für die Art der Überlieferungsgeschichte in der Münchner Stadtgeschichtsschreibung.

Qu.: MB 20 S. 174/75 (1416), S. 312 (1442). – Lipowski II (1815) S. 154. – Wolf II S. 511. – Nagler I (1863) S. 13. – Mayer, ULF Anm. 29 S. (4). – AB 1880 S. 209. – Karnehm S. 73/74. – Rambaldi Nr. 325.

PERCHEMBOGEN, Theatinerstraße, Ende 18. Jhd.

Siehe »Kühbogen«.

PETERSTURM, Peterskirche, seit vor 1545.

In dieser heute noch volkstümlichen Form ist der Turm bisher erstmals im Jahr 1545 belegt: »in sant Peters thurn«. Die Ein-Turm-Fassade besteht seit 1379/86, bis 1607 noch mit zwei Spitzen. Seit 1371 befand sich auf ihm auch für lange Zeit die einzige öffentliche Uhr der Stadt.

Der Turm diente außerdem als Wachlokal, vor allem für die Feuerwache (bis zum 1. November 1901). Deshalb wird der Turm 1579 »des Khüreins thurn« genannt; denn der Kürein war zu dieser Zeit »Wachter auf dem Turm«.

Im Volksmund auch »Alter Peter« genannt.

Qu.: KR 1545 S. 93v, 1580 S. 93v (1579). – Schattenhofer, Rathaus S. 25.

POLIZEITURM, Dienerstraße, nach 1796.

Siehe »Krümleinsturm«.

PORTA apud **BALNEUM HOSPITALIS**, Viktualienmarkt, um 1319/25.

Im Jahr 1319 wird die »porta apud balneum hospitalis« genannt und 1325 ist der »balneator hospitalis« (Spitalbader) »custos porte apud eum« (Hüter des Tores bei ihm). Das Spitalbad war, soweit unsere Kenntnisse zurückreichen, das Haus Roßschwemme Nr. 590*A (auf der Karte von 1806 Teil von Nr. 68). Es war dies das südwestliche Eck des Spital-Komplexes mit einer Reihe von Bürgerhäusern auf ursprünglichem Spitalgrund, gelegen an der Brücke über den Roßschwemmbach und später auch gegenüber dem westlichen Ende des Korrektionshauses. Hier muß sich ein Tor nach draußen befunden haben, das zumindest 1325 noch nachts abgeschlossen wurde, eben das genannte Tor beim Spitalbader. Deshalb hatte dieser die Schlüssel in Verwahrung. 1333 gab die Stadt auch Geld aus »ad reparationem pontis aput balneum hospitali« (zur Reparatur der Brücke beim Spitalbad).

Das Tor kommt danach nicht mehr vor. Es dürfte ein Interims-Tor gewesen sein, das mit Fertigstellung der Befestigungsanlagen wieder geschlossen wurde. Nicht ausgeschlossen ist aber auch, daß es sich um ein Tor zum Spital selbst handelte. Ein solches ist noch auf der Karte von 1806 hinter dem Spitalbad, in der Gasse zwischen dem Korrektionshaus (früher Stadtmauer) und dem Spital als Einfahrt in dessen Wirtschaftshof vorhanden. Es wäre möglich, daß man in dieser Zeit noch nachts die Zufahrten zum Spital absperrte, eine Gewohnheit, die sicher so lange sinnvoll gewesen ist, solange das Spital noch nicht in den Stadtmauerring eingefangen war bzw. solange die Mauer um die Stadt in diesem Bereich noch nicht fertig war, und die man danach aufgab. Tatsächlich gibt es um diese Zeit noch wiederholt Ausgaben der Stadtkammer für den Bau der Mauer im Tal. Die Kammerrechnung enthält z. B. 1327 Ausgaben »ad vallatum Gragkenawe« (vallum = Wall, Verschanzung; vallare = umwallen, verschanzen), 1336, 1337, 1338 und noch 1343/44 jeweils einen eigenen Ausgabentitel unter der Überschrift: »murus in valle« (Mauer im Tal).

Vgl. auch »Porta hospitalis«.

Qu.: KR 1318/25 S. 13r (1319), S. 103v (1325); KR 1325/46 S. 14v (1327), 61v (1333), 99r, 101r (1336/37), 116r (1338), 193r (1343/44).

PORTA apud **BALNEUM MARIE,** Schäfflerstraße, um 1325.

Siehe »Frauentor«.

PORTA apud **RINTFLAESCH,** unermittelt, um 1325.

Im Jahr 1325 zählt die Kammerrechnung nacheinander alle Tore auf. Darunter nach der »porta apud balneum Marie« und vor der »porta in prato hospitali« und dem Tor »beim Spitalbader« ein Tor »beim Rintflaesch«. Der Rintflaesch ist »custos porte apud eum«, das heißt, er verwahrt die Schlüssel für dieses Tor. Dieser Schlüsseldienst bei den Toren wird noch bis ins 15. Jahrhundert herein alljährlich in der Kammerrechnung aufgeführt, weil die Verwahrer der Schlüssel ein kleines Entgelt dafür erhalten. Die Rindfleisch sind immer eine Metzgerfamilie gewesen. Man findet sie um 1370 in der Residenzstraße, Theatinerstraße, in der Graggenau und am Roßmarkt. Das genannte Tor muß zwischen dem Tor beim Frauenbad, also unterhalb der Frauenkirche, und der Gegend hinter dem oder um das Heiliggeistspital gelegen haben. Das Graggenauer und das Kaltenbachtor können nicht gemeint sein, da sie eigens aufgeführt werden. Möglich wäre für dieses Tor beim Rindfleisch ein Tor beim Thürlbad, von der Burgstraße zur Ledererstraße, das aber 1319 schon »porta Türlini« heißt, aber auch ein Tor vom Gelände der späteren Residenz (Burgstall) hinaus Richtung Marstallplatz. Dort hat es auch später, auf dem sog. Jägerbühel, eine kleine Pforte gegeben.

Auf keinen Fall kann diese »porta apud Rindflaisch« im Hacken-Viertel liegen. Letzten Endes muß die Lokalisierung offen bleiben, da das Haus der Rindfleisch in dieser frühen Zeit nicht ausfindig zu machen ist.

Qu.: KR 1318/25 S. 103v (1325).

PORTA HOSPITALIS, unermittelt, Viktualienmarkt ?, um 1327.

Nur die Kammerrechnung für die Zeit zwischen dem 30. November 1326 und 14. Februar 1328 enthält Ausgaben »de porta hospitalis« (Spitaltor). Ein Tor zum Spital gab es vom Tal aus, neben dem Chor der Heiliggeistkirche in die heutige Heiliggeiststraße hinein. Die späteren Fischerhäuser in dieser Gasse wurden erst um 1385 auf dem Grund und Boden des Spitals errichtet. 1327 wird kurz vor der »porta hospitalis« auch das Talburgtor genannt, entweder das Kaltenbachtor an der Hochbrücke oder der später sogenannte Rathausturm.

Ein anderes Einfahrtstor in das Spital gab es von der Roßschwemme aus. Es lag zwischen dem Männerbau und der Schmiede. Über oder neben der Schmiede befand sich später auch die Administrators-Wohnung. Da erinnert man sich auch daran, daß um 1325 der »magister hospitalis« (Spitalmeister, Spitalverwalter) »custos porte in prato hospitali« ist (Hüter des Tores auf dem Spitalanger). Auch er verwahrt also Schlüssel zu einem Tor, allerdings »auf dem Anger des Spitals«.

Das genannte Tor ist also wohl wirklich eines der Spitaltore (Einfahrtstor zum Spital).

Vgl. auch »porta apud balneum hospitalis«.

Qu.: KR 1325/46 S. 15v.

PORTA in **PRATO HOSPITALIS,** unermittelt, Viktualienmarkt ?, um 1319/25.

Die »porta in prato hospitali« (Tor auf dem Spitalanger) gibt es ebenfalls schon 1319 und 1325. Ihr »custos« ist der »magister hospitalis« (Spitalmeister, -verwalter), der wohl in seiner Nähe wohnte. Es gibt später einen Spitalanger oder Heiliggeist-Anger. Dieser liegt aber außerhalb des Angertores, also ein gutes Stück vom Spital entfernt. Die Pforte – sie hat nur einen Riegel oder Querriegel (»unam seram«) – dürfte dem Zusammenhang nach, in dem sie hier aufgeführt ist (Tor beim Spitalbader und Tor beim Marquard Draechsel, also dem Rosenturm), ebenfalls hinter dem Spital gelegen haben. Entweder dieses oder das Tor beim Spitalbader dürfte ein Vorläufer des späteren Schiffertores sein, das möglicherweise ohnehin seinen Standort gewechselt hat und nicht mehr genau mit der Lage des späteren inneren Einlaßtores übereingestimmt haben dürfte. Im Zusammenhang mit der endgültigen Fertigstellung der Mauer um diesen Bereich des Tales wurde wohl auch die Lage und die Zahl der Tore verändert.

Qu.: KR 1318/25 S. 10v (1319), 103v (1325).

PORTA TORNATORIS, Rosental, vor 1319 – 1330/31.

Siehe »Drächselturm«.

PORTA TÜRLINI, Burgstraße, vor 1319.

Siehe »Türleinsbad«.

PORTA VERBERIORUM, unermittelt, Am Kosttor ?, um 1338.

Siehe »Färbertor«.

PORTA VALLIS, unermittelt, Tal, um 1319/32.

Siehe »Kaltenbachtor«.

PORTA VALLIS, Tal, um 1361/82.

Siehe »Isartor«.

PRANNERSTOR, Rochusberg/Jungfernturmstraße, um 1805.

Siehe »Max-(Joseph)-Tor«.

PRINZESTURM, Kanalstraße, o. D.

Mit diesem Namen wird gelegentlich der runde Turm benannt, der beim Zwingerbau des 15. Jahrhunderts dem Lugerturm vorgelagert worden war. Ein historischer Beleg für den Namen fehlt bisher. Muffat und die anderen älteren Historiker, auch Gilardone und Grobe, kennen den Namen nicht. Der Begriff Prinzessin wird erst seit dem 19. Jahrhundert gebräuchlich. Der Name für den Turm dürfte aus dem 20. Jahrhundert stammen. Was er mit einer Prinzessin – und mit welcher? – zu tun hat, ist unerfindlich.

Qu.: Muffat, Erinnerungs-Blätter, zu Blatt XIV. – Gilardone S. 690.

PÜTRICHTURM, Rindermarkt, seit vor 1410 (1319).

Das Haus Rindermarkt 12* B, an der Ostseite an den Turm grenzend, dürfte sich schon 1319 im Besitz der Familie Pütrich befunden haben. In diesem Jahr gibt die Stadtkammer Geld aus »ad pontem Pütrici«, für die Reparatur der Pütrichbrücke. Es muß sich um eine Brücke vor einem Haus des Pütrich und vor einem Tor handeln. Das dürfte die spätere Teyfferbruck sein und das Tor der spätere Pütrichturm. Diese Benennungen sind auch später noch üblich. So wird 1407 »an der pruken bey dem Putreich gearbait« – das ist nichts anderes als die »pons Pütrici« – oder 1397 »an der pruk bey dem Impler«. Letzteres ist die Brücke vor dem Wilbrechtsturm.

Auf jeden Fall sitzt die Familie hier bereits 1368, als die Steuerbücher einsetzen. Erst im Jahr 1410 wird der Turm erstmals »des Pütreichs tor« genannt. 1310 reicht ein Grundstück, das unzweifelhaft in der Fürstenfelder Straße liegt, »untz an daz tor, daz gen Sentlingen get«. Damit ist der Pütrichturm gemeint. Auch 1331 hatte es noch »ad reparationem pontis interioris Sentlingertor« geheißen, also »inneres Sendlingertor«. 1387 und 1392 nannte man es nur »Tor« und 1410 dann Pütrichstor und 1411 »des Pütreichs düren«, 1417 wieder »in dem graben under des Putrichs tor«. Der Begriff »Tor« erscheint auch 1417 (under des Putrichs tor) und 1437 noch einmal.

Die erste Erwähnung des Tores geschieht aber in einer Urkunde des Klosters Fürstenfeld vom Januar 1289. Dort wird die Lage des Klosterhofs (in der Fürstenfelder Straße) etwas unscharf als gelegen »bei Sentlinger Tor« angegeben. Es kann sich nur um das »innere Sendlinger Tor« von 1331 handeln.

Das Haus am Turm blieb bis nach 1500 – der Zeitpunkt ist nicht genau festzustellen – im Besitz der Familie Pütrich. Zwischen 1500 und 1508 ging das Haus an die Familie Stockhamer oder wurde zumindest von ihr bewohnt. Ein Verkauf ist nicht nachgewiesen und Verwandtschaft, also Erbschaft, scheint ebenfalls nicht vorzuliegen. Die Stockhamer sind auch nur kurze Zeit hier zu finden. 1510 haben das Haus bereits die Rudolf, die es bis 1550 besitzen. Auf sie folgen zwischen 1550 und 1555 die Schrenck.

Wie üblich wechselt mit den Besitzern (oder manchmal auch Pächtern) des Nachbarhauses auch der Name des Turms. 1502 wird die Straße »unter des Stockhamers durn« gepflastert, ebenso werden 1509 zwei Läden gedeckt »unter des Stockhamers thurn«. 1519 greift man wieder auf »des Pütrichs thurn« zurück, 1528 wird von den Stadtwerkleuten »gearbait am laden bey der Rudolf(en) Thurn« und seit 1536 setzt sich der Name »Blau-Enten-Turm« durch, siehe dort.

Letzteres sollte dann der populärste Name werden. Als im Jahr 1708 die Familie von Ruffin das Haus Rindermarkt 12 mitsamt dem Turm erwarb, bürgerte sich der Name »Ruffiniturm« ein.

Das in der älteren Literatur genannte Erbauungsjahr des Turms »um 1175« ist nicht belegt. Daß er »seit 1300« den Namen Pütrichturm führe, ist ebenfalls nicht belegt.

Im Jahr 1808 wurde der Turm schließlich abgebrochen.

*

Bei diesem Haus ist einer merkwürdigen Geschichte nachzugehen, die in der Literatur zu heillos wirren Ergebnissen geführt hat. In diesem »vor, an und über diesem Thurme erbauten Hause« Rindermarkt 12 habe einst Markgraf Ludwig von Brandenburg, der Sohn Kaiser Ludwigs, gewohnt. Er habe es nachher seinem Geheimen Rate, dem Herzog von Teck, Ludwigs Hauptmann in Oberbayern, geschenkt und dieser sei im Jahr 1348 von Schweiker von Gundelfing in diesem Haus ermordet worden, worauf das Haus an die Pütriche gekommen sei. So erzählt es Hübner. Merkwürdigerweise behauptet Wolf, dieses Haus (»in Putrichs Thurm«), habe Herzog Stephan gehört und dies »ist die in der Fürstenfeldergasse bisher, aber für Herzog Johann, gesuchte und nicht gefundene Residenz«. Warum man Herzog Johanns Residenz hier in der Fürstenfelder Straße suchte, ist auch unklar.

Am 5. September 1352 – nach anderer Überlieferung am 6. April 1348, da fangen die Irrungen schon an! – hat in München ein Dienstmann Markgraf Ludwigs des Brandenburgers, der genannte Schweiker von Gundelfingen, Hofmeister Ludwigs, einen anderen Dienstmann des Markgrafen, den Herzog Konrad von Teck, ebenfalls zeitweise Hofmeister Ludwigs und 1349 noch Landeshauptmann von Baiern, aber zeitweise auch Landeshauptmann von Tirol, ermordet. Von der Bluttat berichten mehrere zeitgenössische Quellen. Die eine Quelle ist bekannt als die sog. Rebdorfer Annalen. Sie stammen eigentlich von einem Chronisten mit Namen Heinrich der Taube von Selbach (im Siegerland), der seit 1336 eine Pfründe an der bischöflichen Kapelle St. Willibald in Eichstätt hatte und 1364 auch dort verstorben ist. Die einzige Handschrift seiner Chronik befand sich bis 1800 im nahen Augustiner-Chorherrnstift Rebdorf, weshalb man Heinrich lange Zeit auch fälschlich als »Heinrich von Rebdorf« bezeichnete. Damit die Verwirrung komplett ist, nennt Riezler das Werk in seiner Geschichte Baierns auch noch »Annales Eistettenses«. Diese Quelle nennt den Schauplatz des Verbrechens »in hospitio suo« (= in seiner Herberge) und das Datum 5. September 1352 (bei Riezler zusätzlich falsch »3. September«).

Die andere Quelle ist Goswin von Marienberg, ein Benediktiner, der 1349 zum Priester geweiht worden war und 1390 noch in hohem Alter im Kloster Marienberg im Vintschgau lebte. Er berichtet den Vorfall unterm Jahr 1348 und nennt den Tatort ebenfalls »in suo hospitio«, wobei sich »suo« natürlich auf den Herzog von Teck bezieht. Der Zeitpunkt ist zu früh gewählt, da der Herzog ja 1349 noch Landeshauptmann von Baiern war. Auch andere Umstände sprechen eher für den Termin 1352 als 1348. Das muß uns aber hier weiter nicht beschäftigen.

Wir wissen, daß die Herzöge von Teck in München tatsächlich ein Haus hatten. Wir wissen auch, daß es vom Markgrafen Ludwig zu Lehen rührte. Dieses Haus begegnet uns wenige Jahre nach dem Mord in der Hand des Sohnes des Konrad von Teck, Herzog Friedrich von Teck. Am 11. April 1358 nämlich übertrug der Markgraf das Haus, »das Hertzog Fridrich von Teck von uns ze lechen hat ze Munichen, da Merchel der appoteker innwonet«, seinem Getreuen, dem Landjägermeister Konrad dem Kummersbrucker. Es gehörte anschließend und bis zu seinem Tod im Jahr 1393 dem Jägermeister Hanns von Kummersbruck. So weisen es die Gerichtsbücher der Stadt aus. Erbe des Jägermeisters wurde 1393 sein Neffe Hanns der Torer von Kundelburg. Jetzt wurde der Besitz geteilt. Den einen Teil davon (Teil A) erhält am 27. April 1394 der Pfarrer Vinzenz von Unserer Lieben Frau, der ihn offenbar bis etwa 1397 behalten hat, einen anderen Teil (Teil B) hat um 1393 bis zum 27. Januar 1407 Wilhelm der Maxlrainer. Der Hausteil A geht wohl um 1397 an den Münchner Bürger Wilhelm den Günther, der ihn wiederum von den Erben des Jägermeisters erwarb. Möglicherweise war auch der Kauf durch den Pfarrer von Unserer Lieben Frau nicht rechtskräftig geworden. Wilhelm der Günther verkauft aber nun seinerseits am 23. Juni 1410 diesen Hausteil an die Pfarrkirche zu Unserer Lieben Frau. Den Hausteil B hatte am 27. Januar 1407 ebenfalls Wilhelm Günther erworben und verkaufte ihn ebenfalls am 23. Juni 1410 an die Frauenpfarrei. Damit war seit 1410 der Besitz wieder in einer Hand vereinigt. Die Frauenkirche behielt das Haus bis zum 14. November 1487 und verkaufte es an diesem Tag an die Reiche-Almosen-Stiftung. Es handelt sich also bei dem Haus der Herzöge von Teck um das spätere Reiche-Almosen-Haus Frauenplatz 10, hinter dem Chor der Frauenkirche. Die Stiftung besaß das Haus bis zum 25. Dezember 1809. Es wäre demnach davon auszugehen, daß der Mord am Herzog Konrad von Teck in diesem Haus am Frauenplatz/Ecke Sporerstraße stattgefunden hat. Die beiden bisher zu Rate gezogenen Quellen widersprechen dem nicht, da sie sich über den Tatort nicht näher äußern (»in seiner Herberge«).

Nun geht aber die gesamte Literatur seit Aventin davon aus, daß der Mord im späteren Pütrichhaus bzw., wie Riezler sogar schreibt, »im Pütrich-Turm« (warum im Turm?) am Rindermarkt stattgefunden habe. Das beruht auf einer dritten Überlieferung dieses Ereignisses, stammend aus einer Chronik eines anonymen bayerischen Mönches für die Jahre 1000 bis 1388 nach Christi Geburt (»Anonymi Monachi Bavari Compilatio Chronologica ...«), die Andreas Felix Oefele 1763 veröffentlicht hat. Unter dem Datum 6. April 1348 (Octavo Idus Aprilis) berichtet dieser Chronist: »Conradus Dux de Teck fuerat occisus (= wurde getötet) per Swickerum de Gundelfing in domo sua (= in seinem Haus), quam Henricus Pütrich in Monaco nunc inhabitat« (= das Heinrich Pütrich in München jetzt bewohnt). Dieser Heinrich ist Heinrich IV. Pütrich, in den Quellen nachweisbar seit 1350 und gestorben 1397. Es gab – jedoch nur 1395 und 1397 als Kind belegt – noch einen Heinrich V. Aber seit 1397 kommt in dieser Familie der Vorname Heinrich nicht mehr vor. Heinrich IV. gehörte auch wirklich das Haus Rindermarkt 12 mit angrenzendem Turm. Die Abfassung der Chronik erfolgte also in der Zeit zwischen 1350 und 1388, weil sie wohl mit dem Tod des Verfassers ihr Ende gefunden hat. Nur haben wir keinerlei Hinweis darauf, daß dieses Haus noch um 1348 dem Markgrafen Ludwig oder dem Herzog von Teck gehört hat. Es ist – wie oben schon gezeigt – auch mehr als wahrscheinlich, daß es schon seit der Zeit vor 1319 im Besitz der Familie Pütrich war.

Es muß also bezweifelt werden, ob dieser anonyme bayerische Mönch der Zeit um 1388 mit seiner Ortsangabe recht hat. Die heute noch nachprüfbaren Fakten sprechen dagegen, auch was die von ihm angegebene Zeit betrifft. Die spätere Literatur hat – je nachdem, auf welche Quelle sie sich gestützt hat – den Schauplatz ebenfalls entsprechend lokalisiert. Aventin schreibt deshalb »turri Putrichiorum« (im Pütrich-Turm), ihm folgend haben auch Riezler, Solleder und andere »Pütrich-Turm«. Martin Crusius dagegen schreibt 1596 nur »in sua domo«.

Mit Wiguläus Hund beginnt 1584/85 bereits die Ausschmückung; denn nach ihm hat Markgraf Ludwig ursprünglich selbst in diesem Haus »gehaußt« (»das nechst am Sentlinger Thor gelegen, jetzt der Blaw Enten Thurn, ... diser zeit, anno 1584, in Caspar Schrencken Händt«). Joseph Heinrich Wolf macht – immerhin noch für die Zeit um 1403 – aus diesem Haus gar eine »Residenz« des Herzogs Stephan, in einer Zeit, in der es längst den Pütrich gehört hat.

Schließlich wird auch gleich noch das Taeckentor mitverwurstet und Krenner bezieht deshalb 1813 den Namen Taeckentor auch gleich auf den Pütrichturm: »Ob nicht dieses uralte Sentlingerthor in der Folge von dem H(erzog) Konrad von Teck, der um das Jahr 1348 in dem dermaligen von Ruffinischen prächtigen Hause an eben demselben wohnte, den Namen des Teckenthors ... angenommen habe?.« Von da ging diese Vermutung in ein Schreiben des Ministeriums des Innern, Sektion für Cultus und Unterricht vom 11. April 1843 an den König ein: »Ruffinithurm, auch innerer Sendlingerthorthurm, ›Blauententhurm‹, Püttrichthurm, Teckenthorthurm genannt (letztere Benennung kam daher, weil er in frühester Zeit einem Herzoge von Teck gehörte, der in demselben ermordet worden seyn soll ...).«

Auch Wolf in seiner »Urkundlichen Chronik« und Mayer in seinem »Stadtbuch« verbinden die beiden Örtlichkeiten, allerdings in ganz anderer Weise. Nach ihnen besaß Herzog Konrad von Teck »eine Wohnung in der Nähe des Isarthores«. Von daher habe ein Nebentor dort den Namen Teckentor gehabt. Sie wissen also immerhin schon, wo das Taeckentor wirklich lag. Sie wollen aber weiter wissen, daß Schweiker von Gundelfing im sog. Gundelfinger-, später Törringerhofe in der Fürstenfelder Straße gewohnt habe, also gleich in der Nachbarschaft des mutmaßlichen Mordschauplatzes. Doch hier irrten wiederum Wolf und Mayer; denn beide Häuser Fürstenfelder Straße 15 und 17 (letzteres später den Törringern gehörig) gehörten den Gundelfingern erst seit 1403.

Muffat bezieht den Lehenbuch-Eintrag von 1358, der zum Haus Frauenplatz 10 gehört, fälschlich auf das Haus Rindermarkt 12 und führt ein neues Datum für die Ermordnung des Herzogs von Teck ein: 1354. Ein Christoph Scheiber weiß 1934 über das Taeckentor: »Dem am Ruffiniturm ermordeten Herzog Konrad von Teck gewährte es einen bequemen Zugang zu seiner nahen Behausung.« Das mit der »Bequemlichkeit« für den Herzog von Teck geht auf Lipowski zurück, der sich das schon 1815 so idyllisch vorgestellt hat: ein eigenes Stadttor für den Herzog von Teck, damit er bequem zu seiner Behausung gelangen konnte – draußen vor dem Tor!? oder hatte er sein Haus doch innerhalb der Stadt und wenn ja, wo? im Tal? und warum kam der Herzog immer aus Richtung Osten in die Stadt? oder weshalb war dann gerade hier ein eigenes Tor für ihn nötig?

Leider haben wir nicht den geringsten Hinweis auf ein Haus oder Grundstück des Herzogs von Teck in der Nähe des Taeckenturms. Es ist lediglich aus dem Namen Taeckenturm abgeleitet worden. Bei Wolf wird übrigens aus der Behausung gleich ein »Palast« (»Dieses herzogliche Geschlecht besaß einen Palast in der äußeren Stadt zu

München und zwar unweit des Isarthores, mit einem eigenen Ausgang durch die Stadtmauer an und über den äußeren Bach ...«). Wie gesagt: Leider haben wir dafür nicht die Spur eines Beleges.

Der Häuserbuch-Bearbeiter verwechselt zu allem Überfluß die Herzöge Konrad von Teck, das Mordopfer, mit seinem Sohn Friedrich.

Der Spuk mit der Residenz eines bayerischen Herzogs in der Nähe des Pütrich-Turms ist noch älter. Davon spricht 1815 schon Lipowski, in Zusammenhang mit dem Straßennamen »Hofstatt«: »Ich glaube also, daß sich die Benennung Hofstadt daher erhalten habe, weil unweit derselben (an der Fürstenfeldergasse) die erste herzogliche Residenz gestanden, und dieser Theil zu derselben eingezirkelt ... gewesen«. Pate gestanden hat für diese Annahme wahrscheinlich die Tatsache, daß Herzog Ludwig der Bayer im Jahr 1310 ein großes Grundstück an der Fürstenfelder Straße, auf dem ehemaligen Stadtgraben, der Diemut der Wechslerin überlassen hat, das sich später in der Hand des Klosters Fürstenfeld befand, und das bis an das innere Sendlinger Tor (Pütrich-Turm) heranreichte. Es ist aber nichts ungewöhnliches – vielmehr eine Selbstverständlichkeit –, daß der ganze ehemalige Stadtgrabenbereich dem Herzog gehörte und von ihm verschenkt oder verkauft wurde. Stimmelmayr hat übrigens schon Ende des 18. Jahrhunderts den Ettaler Hof an der Kaufinger-/ Fürstenfelder Straße für eine ehemalige Residenz des Kaisers Ludwig gehalten. Wolf kam in seiner Unfähigkeit, eine mittelalterliche Datumszeile richtig aufzulösen, auf den Gedanken, Herzog Johann habe 1382 eine neue Burg »am Anger« gebaut, vgl. »Burgstall« bei den Straßennamen.

Es wimmelt also in der München-Literatur nur so von herzoglichen Residenzen und Palästen (Kaiser Ludwig im Ettaler Hof, Ludwig der Brandenburger am Pütrichturm, Herzog Johann am Anger, Herzog Stephan noch 1403 am Pütrichturm), geradeso als ob es den Alten Hof und die Neuveste nicht gegeben hätte. 1874 hat Edmund von Oefele im Oberbayerischen Archiv eine Rechnung über Ausgaben für Bau und Mobiliar an der herzoglichen Residenz zu München für die Jahre 1359–1364 veröffentlicht, der zu entnehmen ist, daß die gesamte Herzogsfamilie – Markgraf Ludwig und sein Sohn Herzog Meinhard und des Markgrafen Bruder, Herzog Stephan II., alle mit Familien und Dienerschaft, sowie zwei Töchter Kaiser Ludwigs – allesamt im Alten Hof wohnten und ihre Regierungsgeschäfte abwickelten. Es ist nicht nötig, für jede dieser Personen eine eigene Residenz zu erfinden.

Faßt man das Ergebnis zusammen, dann ergibt sich folgendes Bild: Die Herzöge von Teck hatten in München tatsächlich ein vom Markgrafen Ludwig dem Brandenburger rührendes Haus. Es lag am heutigen Frauenplatz und ist identisch mit dem späteren Haus der Stiftung des Reichen Almosens. Es spricht deshalb manches dafür, daß der Mord von 1352 in diesem Haus geschah. Von drei zeitgenössischen Berichten äußern sich zwei nicht genauer über den Ort des Geschehens. Nur ein Bericht, der sich aber auch in der Datierung grob vertan hat, nennt als Ort des Geschehens das Haus, das jetzt (»nunc«) dem Heinrich Pütrich gehöre. Das wäre das Haus Rindermarkt 12 mit Turm. Von diesem Haus wissen wir nichts über seine Vorbesitzer. Seit wir Kenntnis von ihm haben, gehört es den Pütrich, offenbar bereits 1319, auf jeden Fall nach den Steuerbüchern seit 1368 und dann bis um 1500. Auf eine Wohnung, einen Palast oder Residenz eines Herzogs bei Rindermarkt 12 haben wir nicht den geringsten Hinweis. Die Grundstücksflächen auf dem ehemaligen Stadtgraben, also auch zu beiden Seiten der ehemaligen Tore, gehörten natürlich dem Herzog und wurden von ihm vergeben. Das dürfte auch für das spätere Pütrichhaus zutreffen. Wir haben aber keine Quellen darüber. Der Turm selbst war sicher, wie alle Stadttore und die Mauer, Eigentum der Stadt und wurde von ihr vergeben. Nichts zu tun hat dieses Haus bzw. der anschließende Turm mit dem Taeckentor. Es lag ganz woanders. Keinerlei Hinweis haben wir auf Haus oder Grundbesitz der Herzöge von Teck beim Taecken- oder beim Isartor, weder innerhalb noch außerhalb der Stadt. Alles, was darüber zu lesen ist, ist reine Phantasie, abgeleitet lediglich von dem vagen Gleichklang der Namen »Teck« und »Taecken(bad)tor«. Keine Hinweise haben wir auch auf sonstige in der Nähe des Pütrich-Turms gelegene andere sog. Residenzen von Herzögen und das Haus der Gundelfinger lag in der Nähe des Pütrichturms erst ein halbes Jahrhundert nach dem Mord am Herzog von Teck.

Alleine die Behandlung dieses Falles der frühen Münchner Kriminalgeschichte wirft kein gutes Licht auf die Münchner Stadtgeschichtsschreibung.

Qu.: KR 1318/25 S. 11v (1319), KR 1325/46 S. 47v (1331), 1397 S. 67r, 1407 S. 66r, 1417 S. 44r, 1502 S. 135v, 1509 S. 111v, 1519 S. 131v, 1528 S. 106r. – GB I 227/10 (1387), II 26/5, 7 (1392), III 100/13 (1410), 103/5 (1411). – MB 9 S. 120 (1310), MB 10a S. 412, 414 (1437). – Dirr U 20 (1289). – HStA, GL Mü Fasz. 2756 Nr. 966. – Megele S. 125 mit älterer Literatur. – Nagler I (1863) S. 14 (zum Jahr 1300). Zur Mordgeschichte: Sigmund Riezler, Geschichte Baierns, 3. Bd., Gotha 1889, S. 32/33 Anm. 1. – Hübner I (1803) S. 292. – MG SS NS I (Heinrich Taube); zit. als »Rebdorfer Annalen« bei: Karl Pfaff, Die Herzöge von Teck, in: Württ. Jahrbücher, Heft 1, 1846, S. 93–154, hier S. 114 Anm. 3. – NDB Bd. 8 S. 425 (Heinrich Taube). – Goswin, Chronik des Stiftes Marienberg, hrsg. P. Basilius Schwitzer, in: Tirolische Geschichtsquellen II, Innsbruck 1880, hier S. 137/138. – HStA, Kurbaiern Äußeres Archiv Nr. 1155/3 S. 416 (1358). – GB II 68/9, 10 (1394), III 60/15 (1407). – MB 20 S. 131/33 (1410). – StadtA. Urk. C IX c 16 Nr. 13 (1487). – Johannes Turmair's, genannt Aventinus, sämtliche Werke, hrsg. von der Bayerischen Akademie der Wissenschaften, 3. Bd., München 1884 S. 467. – Andreas Felix Oefele, Rerum Boicarum Scriptores ..., 2 Bde., Augsburg 1763, hier Bd. II S. 342 »Anonymi Monachi Bavari Compilatio Chronologica ab anno 1000 ad annum 1388«. – Helmuth Stahleder, Beiträge zur Geschichte Münchner Bürgergeschlechter im Mittelalter. Die Wilbrecht, Rosenbusch, Pütrich, in: OA 114, 1990, S. 227–281.

hier S. 259/61, 268. – Solleder S. 480. – Martin Crusius, Annales Svevici, 3 Bde. Frankfurt 1595/96, hier Bd. 3 (1596) S. 252. – Wiguläus Hund, Bayrisch Stammenbuch, Bd. I, Ingolstadt 1585, 2. Aufl. 1598 S. 216. – Wolf I (1852) S. 680, II (1854) S. 273, 274, 358/59, 378, 531. – Krenner, Siegel (1813) S. 101. – HStA, MK 14574 (1843). – Mayer, Stadtbuch (1868) S. 209/210. – Muffat, Münchens ... Straßen (1860) S. 62/63. – Christoph Scheiber, Rund um die alte Stadtbefestigung, München 1934, S. 3. – HB GV, Plan-Beschriftung Nr. 132. – Lipowski II (1815) S. 338 Anm. 4. – Stimmelmayr S. 45 Nr. 64/2. – Edmund von Oefele, Zur Geschichte des Alten Hofes in München 1359-1364, in: OA 33, 1874, S. 341-345.

PULVERTURM, verschiedene, seit vor 1492.

Der Pulverturm, der 1492 genannt wird, könnte auch außerhalb der Stadt gelegen haben. 1492 wird von den Stadtwerkleuten »am thurn zum pulfer stessen« gearbeitet, im Sommer desselben Jahres werden 7 Fenster »in den Pulferthurn« eingesetzt. 1499 wird »gearbait ... im turn, do man das pulver macht«. Der Stadtbüchsenmeister ist von 1482-1525 Konrad Zaunhack. Deshalb ist 1524 mit »des Zaunhacken thurn« ebenfalls der Pulverturm gemeint. Auch 1541 wird wieder an ihm gearbeitet. Er liegt aber in diesem Jahr wahrscheinlich nicht bei St. Sebastian, wie man anhand des Eintrags meinen könnte, sondern es ist zwischen »am pulverthurn« und »bey S. Sebastian« ein Komma zu setzen. Ausgeschlossen ist es jedoch nicht, daß einer der Stadtmauer-Türme zwischen Angertor und Schiffertor für die Aufbewahrung von Pulver diente; nach Stimmelmayr wurde als »Pulverthurm« zu seiner Zeit auch der erste Turm in der Mauer vom Sendlinger Tor aus in Richtung Angertor verwendet. Es ist dies der Turm in Höhe des Henkerhauses und des Faust-Türmchens.

Qu.: KR 1491/92 S. 98v (1492), 1492/93 S. 82r, 108r, 1499 S. 96r, 1524 S. 109r, 1541 S. 116r. – Stimmelmayr S. 121 Nr. 126/1.

RAT(HAU)STURM, Marienplatz, seit vor 1393.

Der Name »Rathaus-« oder »Ratsturm« ist erstmals für das Jahr 1393 belegt (»zu dem turn Rathaws«), dann auch wieder 1395. 1406/07 ist der Turm mit Schindeln gedeckt. Seit wir von einem eigenen Rathaus wissen, seit um 1310/12, lag es an der Nordseite dieses Tores, allerdings zunächst noch nicht in den heutigen Ausmaßen. Seit 1392 wurde auch das an der Südseite angrenzende ehemalige Haus des Ritters Ainwig des Gollir für die Zwecke des Rathauses mitverwendet, sodaß der Turm, das ehemalige Osttor der Stadt, nunmehr zwischen den beiden Rathauskomplexen lag, die man später »großes« und »kleines« (am Petersbergl) Rathaus nannte. Wegen des angrenzenden Gollir-Hauses wird der Turm 1330/31 auch »turris aput Gollirum« genannt, »Turm beim Gollir«. Der Turm selbst wurde ebenfalls für diese Zwecke mitverwendet, indem er mit der Ratsglocke und der sog. Singglocke ausgestattet wurde und als Arrestlokal für straffällig gewordene Stadträte herangezogen wurde.

Dieses Tor wird vorausgesetzt, wenn im Jahr 1239 in einer Zeugenreihe ein »Chunradus iuxta portam superiorem« genannt wird; denn ein »oberes« Tor setzt ein »unteres Tor« voraus. Wenngleich es also nicht ausdrücklich belegt ist, so darf man es aus diesem Text annehmen. Ein anderes als das Tor neben dem späteren Rathaus kommt außerdem für diese Zeit als Osttor noch nicht in Frage.

Nicht sicher ist, ob an diesem Turm noch das Ungeld »ad ... inferiorem portam«, am niedern Tor, eingehoben wurde, das am 3. März 1301 der Herzog der Stadt für den Mauerbau überließ. Es ist aber wahrscheinlicher, daß um diese Zeit Zoll und Ungelder bereits am Kaltenbachtor eingehoben wurden, siehe dort. Ebenso müßte dies dann auch für das »niedere Tor« von 1318 gelten und schließlich wäre auch das »Taltor« aus dem Satzungsbuch B von 1310/12 auf letzteres zu beziehen und nicht mehr auf den Rathausturm. Er dürfte seine Funktion als Stadttor und als Zolltor bereits mit der ersten Stadterweiterung nach Osten, die vor allem das Heiliggeistspital in die Stadt einbezog, verloren haben, und das wahrscheinlich schon vor der Mitte des 13. Jahrhunderts.

Zeitlich die nächste Bezeichnung ist dann die schon genannte als »turris aput Gollirum« von 1330/31.

Der Turm wurde im Zweiten Weltkrieg so stark zerstört, daß auch seine letzten Überreste abgetragen werden mußten. 1971/72 wurde er in historisierender Form, in der Gestalt um 1493 (Abbildung in der Schedelschen Weltchronik), wieder aufgebaut. Siehe »Talburgtor«.

Qu.: MB 35/2 S. 25 (1301), S. 54 (1318). – Dirr U 5 (1239), S. 182, 278/12 (1310/12). – Schattenhofer, Rathaus S. 21, 23–26. – KR 1325/46 S. 37v (1330/31), KR 1393 S. 54v, 55r, 1395 S. 55v, 1406/07 S. 78v.

ROSENTURM, Rosental, vor 1537 – vor 1716.

Der Turm hat seinen Namen vom Rosental, an dessen Ende er stand und das er zur Roßschwemme hin abschloß. Sein früherer Name war »Drächselturm«, siehe dort.

Wahrscheinlich bezieht es sich auf diesen Turm, wenn 1490 die Schindeldecker »ain(en) thurn beim Schiferthor« gedeckt haben. Es wäre aber auch möglich, daß der Scheibling gemeint ist. Sicher aber ist der Rosenturm gemeint, als 1518 von den städtischen Werkleuten – der Turm ist Eigentum der Stadt – »gearbaitet an den schuoßgätern bey der roßschwemb, im thurn daselbs die stiegen abprochen« wird. Im Jahr 1537 heißt der Turm bei der Roßschwemm dann erstmals »Rosenthurn«, 1538 ebenso. 1545 wird er auch »Turm im Roßnthal« genannt.

Wahrscheinlich ist mit ihm auch der »neue thurn auf der rosschwem« gemeint, in den 1583 Fensterstöcke eingesetzt wurden, bzw. der »Turm beim Schifferthor« vom selben Jahr. Das würde bedeuten, daß er 1583 neu gebaut worden war.

Schon 1408 benützt die Stadt den Turm zur Aufbewahrung von Kriegsgerät. »Der Turm hinter dem Rudolf, darauf der Stadt Zeug leit« wird er deshalb genannt oder »dez Rudolfs turen« (1408). Dem Rudolf gehören in dieser Zeit die Häuser Rindermarkt 4 mit Rosental 7. 1597 erfahren wir, daß die Stadt in diesem Turm Pulver eingelagert hat. Der Herzog Ferdinand hatte in der Zwischenzeit (1596) das bis 1590 den Rudolf gehörende Haus Rindermarkt 4 mit Rosental 7 gekauft, das an den Turm angrenzte. Deshalb bittet der Herzog die Stadt mit Schreiben vom 11. Februar 1597, ihm den Turm zu überlassen »und das Pulver andernorts (hin)tun (zu) lassen«.

Was aus der Sache geworden ist, wissen wir nicht. Aber im Jahr 1609 erwarb die Stadt das Haus Rosental 7 selbst, aus den Händen der Gläubiger des Herzogs, und wahrscheinlich kam auf diese Weise der Turm wieder an die Stadt zurück. 1666 kam Rosental 7 an die Grafen von Törring zu Seefeld, die es bis 1824 behalten sollten. Ein Mitglied dieser Familie interessierte sich erneut mit Nachdruck für diesen Turm.

In dieser Angelegenheit schaltete sich mehrmals sogar der Kurfürst Max Emanuel ein, erstmals 1687, und verwandte sich für den Grafen, die Stadt solle ihm doch den Turm geben. Die Stadt argumentierte, sie brauche den Turm einerseits zur Haltung des Standrechts über die gefangenen Soldaten, andererseits »für die aus dem Stadtkrankenhaus reconvalescierten Personen«. Der Kurfürst weist aber darauf hin, daß zur Zeit der Turm doch leer stünde.

Die Stadt kann den Anschlag noch einmal abwehren. Aber 1692 macht der Graf Maximilian von Törring erneut einen Vorstoß. Er möchte den Turm »zur Zier der Stadt nutzen«. Schließlich erreicht er sein Ziel – nach drei Jahren: am 23./30. März 1695 verkauft ihm die Stadt den Rosenturm für 1600 Gulden. Es wird ein großer Vertrag geschlossen, mit dem dem Grafen allerhand Auflagen gemacht werden. So heißt es unter Punkt 2, »die Höhe ercannten thurms (am Rand eingefügt: »gwölbs oder bogens«) ist auf 15 1/2 schuh (4,65 m) gericht«. Es wird also für einen eventuellen Neubau eine Mindest(durchfahrts)höhe festgelegt und es ist offenbar auch schon vorgesehen, ihn ein Stück abzutragen, so daß nur ein »Bogen« oder »Gewölbe« übrigbleibt. Unter Punkt drei steht, es »solle an dem thurm auch die Rosen verbleiben oder bey erbauung dessen von neuem die Rosen sichtberlich gemacht oder daran gemahlen werden«.

Der Rosenturm wird dann noch bis 1712 (»underm Rosenthurn«) in den Akten über den Turm genannt. Irgendwann nach 1712 scheint der Graf Törring den Turm tatsächlich abbrechen haben zu lassen; denn am 30. Juli 1716 spricht der Kurfürst in einem Schreiben von der »Ringmauer von dem orthen, wo vor Jahren der sogenannte Rosenthurm gestanden, negst dem Einlaß und (der) dato zu seiner (= des Grafen Törring) daselbstigen Behausung verbaut worden« sei. Es sollen jetzt wieder bauliche Maßnahmen vorgenommen werden. Die Formulierung kommt in ähnlicher Form am 5. Oktober 1720 noch einmal vor, indem der Graf zu Seefeld bei »dero bhausung am sogenannt ehemaligen Rosenthurm über dem negst daran vorbeilaufenden Gemeinbach ... einen neuen überschuss respective anpau ... verfertigen lassen will«, der »über den statpach und stattpflaster geführt würde«. Außerdem hatte er dort einen widerrechtlichen Anbau erstellt, der zu weit in die Straße hereinragte. Sichtlich ist jetzt, 1720, erstmals vom Bau des »Seefeldbogens« die Rede, der Überbauung der Straße (Pflaster) und des Baches an dieser Stelle.

Daraus ergibt sich, daß der Rosenturm zwischen 1712 und 1716 abgebrochen worden ist. Danach klaffte einige Jahre eine Lücke und erst 1720 ging man daran, an seiner Stelle die Straße wieder zu überwölben. Es entstand der »Seefeldbogen« und er nahm ganz offensichtlich den Platz des Rosenturms ein.

Der neue Name begegnet erstmals im Jahr 1741 in Zusammenhang mit einem »Lädl an der Roßschwemb beym Seefelder Bogen« bzw. einer »Schlosserwerkstatt an dem sogenannten Seefelder Bogen«. Auch Stimmelmayr spricht vom »Graf Seefeld Bogen«. Auch er wurde schließlich 1825/26 entfernt. »Gegenwärtig wurde der ehemals gräflich Seefeld'sche Bogen abgetragen, am Hause schon verschiedene Reparationen vorgenommen«, heißt es in einem Schreiben vom 25. Februar 1826. Im selben Jahr wurden für Rosental Nr. 7 Neubaupläne genehmigt, die ohne ihn auskommen.

Qu.: KR 1408/09 S. 69v, 1490 S. 92r, 1537 S. 127v, 1538 S. 133r, 1545 S. 119r, 1583 S. 127r, 132v. – StadtA, Hochbau Nr. 1/1 S. 27r (1408), Nr. 38 (1597, 1687 ff.); Tiefbau Nr. 73 (1712). – Städtischer Grundbesitz Nr. 285; LBK Nr. 39 (1720), 8216 (ab 1826).

❑ **ROTER TURM,** Isarbrücke, vor 1775.

An der Stelle des Roten Turms auf der Isarbrücke stand schon im 15. Jahrhundert ein kleiner Torturm. Die Kammerrechnung von 1421 nennt schon ein »torhäusel auf der Isarbrucken«, ebenso das Ratsprotokoll von 1471 ein »Torheusl auf der Yserpruck« mit einem Bogner namens Humel, der dort den Wächterdienst versieht. Es ist auf der München-Ansicht von Hartmann Schedel von 1493 zu sehen. 1501 wurde »ein neus heusl auf der Yserprucken deckt«.

Der sogenannte »Rote Turm« wurde erst in den Jahren 1517/19 errichtet. Er heißt 1517 immer »Torheusl«, »Hewsl« oder »Torhaus auf der Yserprucken«, dann auch »Thurn bey der Yserprucken«. 1518 wird »Maister Jan Poläcken, maler, von 41 venster und (Fenster)läden mit ölfarb angestrichen an dem neuen thurn« von der Stadtkammer ausbezahlt. Von nun an heißt der Turm stets »neuer Turm bei der Isarbrucken«. Im November (um Corbiniani) 1518 wurde unter dem Turm schon wieder die Straße gepflastert, um Petri Kettenfeier (22. Februar) 1519 wurde noch am Dachstuhl (am Zimmer) gearbeitet.

Später ist oft nicht zu unterscheiden, wann dieser und wann der Wasserturm am östlichen Brückenkopf gemeint ist. So wird 1570 ein »Isarturm« genannt, 1586 »Turm auf der Isarbrucken«, 1592 der »Wasser- oder Isarturm«, 1643 »Lendhütersturm«. Anläßlich des Oberländer Aufstandes von 1705, in dem es an diesem Turm ein schreckliches Gemetzel gab, wird er ebenfalls immer nur »Thurm«, »Thurm an der Isar«, »Iserthurm«, »Thurn an der Iser Bruckhen« genannt. Von den Historikern wird er jedoch in der Literatur über diesen Aufstand generell »roter Turm« genannt.

Der Name »Roter Turm« kommt angeblich erst auf, nachdem er die rote Bemalung erhalten hatte. Der Zeitpunkt ließ sich bisher nicht feststellen. Aber ein Ölbild von Joseph Stephan, gemalt 1775, zeigt ihn deutlich in roter Farbe. Ein Kupferstich von Franz Xaver Jungwirth aus der Zeit um 1770 zeigt den Turm als unverputzten Ziegelbau.

Demnach könnte die rote Farbe auch auf die Ziegelsteine zurückzuführen sein. Dann hätte er sie natürlich schon seit seiner Erbauung. Schriftstücke in Akten der Zeit zwischen 1789 und 1813 nennen ihn dann auch den »rothen thurm«.

Am 8. September 1796 wurde er von den anrückenden Franzosen so schwer beschädigt, daß er in der Folgezeit abgebrochen werden mußte.

Einen »Roten Turm« gab es 1423 schon in Ingolstadt. Am bekanntesten ist aber wohl das »Rote Tor« in Augsburg.

Qu.: RP 1471 S. 27r. – KR 1421/22 S. 72r (1421), 1501 S. 98v, 1511 S. 102v, 1516 S. 120r, 1517 S. 94v, 106r–109v, 1518 S. 97r, 104v–106r, 107r, 108v, 111r, 131r, 1570 S. 129r, 1586 S. 109v, 1592 S. 128r (zu 1593). – StadtA, Städtischer Grundbesitz Nr. 6 (1789/1813). – Nagler I S. 93. – Alckens, Gedenktafeln S. 53 Nr. 110, S. 64 Nr. 147. – Karl von Wallmenich, Der Oberländer Aufstand 1705 und die Sendlinger Schlacht, München 1906, u. a. S. 154, 156, 158, 159, 162.

RUDOLFTURM, Rindermarkt, um 1528.

Siehe »Pütrichturm«.

RUFFINITURM, Rindermarkt, nach 1708.

Siehe »Pütrichturm«.

RUNDER TURM, verschiedene.

Siehe »Neuturm«, »Scheibling«.

SANKT PETERS GOTTESACKER TURM, Kreuzstraße, Ende 18. Jhd.

Stimmelmayr nennt den Turm der Allerheiligen-Kirche am Kreuz den »Kreuz- oder St. Peters Gottesacker Thurm«.
Qu.: Stimmelmayr S. 120 Nr. 125/14.

SATZENHOFERTURM, unermittelt, um 1362.

Dieser Turm wird nur in der Kammerrechnung von 1362 genannt (in turri Satzenhoferio, super turrim Saczenhoferii). Der Satzenhofer war Weinwirt, da er mehrmals aus der Stadtkammer für Weinlieferungen bezahlt wird, die die Stadt als Präsent für durchreisende Persönlichkeiten, bei Heiraten von Bürgern an die Gäste usw., verwendet. Er ist bei Einsetzen der Steuerbücher 1368 bereits nicht mehr zu ermitteln, weshalb auch sein Haus und der Turm nicht lokalisiert werden können.
Qu.: KR 1360/62 S. 103v, 104v, 112r/v (1362). – Oefele II 200b, 312 b.

SCHÄFFLERTURM, Weinstraße, seit vor 1539.

Nach der gleich außerhalb des Turms in die Hauptstraße mündenden Schäfflerstraße benennt man zeitweise auch das ehemalige Stadttor nach Norden »Schäfflerturm«, 1595 sogar einmal »Schäfflergassenturm«. Den Namen »Schäfflerturm« findet man erstmals in der Kammerrechnung, als im Jahr 1539 und dann erneut im Jahr 1555 dort die Straße gepflastert wird. 1583 hat die Stadt »dem Daniel aufm Schäfflerthurn« neue Fensterrahmen eingesetzt, übrigens mitten im Februar, in der kältesten Jahreszeit. Der Turm war in dieser Zeit also bewohnt. Die beiden Namen »Nudelturm«, siehe dort, und »Schäfflerturm« wechseln vor allem im 17. Jahrhundert ständig ab.

Siehe auch »Wilbrechtsturm«.
Qu.: KR 1539 S. 133v, 1555 S. 128r, 1583 S. 126r, 1595 S. 40v. – StadtA, Städtischer Grundbesitz Nr. 735.

Abb. 72: *Der »Scheibling« und – rechts im Hintergrund – der »Fischerturm«. Sepia-Aquarell von C. A. Lebschée, um 1852.*

SCHEIBLINGTURM, Viktualienmarkt, seit vor 1478.

Der Turm – ein runder Geschützturm – stand am Südostende des heutigen Viktualienmarktes, an der Frauenstraße. Der Name ist abgeleitet von der Scheibe und drückt seine runde Form aus. In anderen Städten (Nürnberg, Memmingen) nannte man solche Türme »Sinwellturm«, vom althochdeutschen Wort »sinwell«, das ebenfalls »rund« bedeutet. Der Bedeutung des Wortes zufolge konnte selbstverständlich jeder runde Turm »Scheibling« genannt werden. Gelegentlich geschah dies auch. So wurde 1478 und 1490 auch der runde Vorturm außerhalb des Lugerturms als »Scheibling« bezeichnet. Der Scheibling schlechthin war aber der hier genannte Turm an der Frauenstraße.

Daß der Turm 1467 gebaut wurde, wie die Literatur behauptet (ebenso wie sie dies beim Neuturm tut), läßt sich nicht belegen. In den Kammerrechnungen deutet jedenfalls nichts darauf. Falls mit ihm der »Feystturm« von 1418/20 identisch ist, muß er schon vor dieser Zeit bestanden haben, ja wahrscheinlich dann sogar schon vor 1392 (Veistbach). Er könnte aber auch im Zusammenhang mit dem

Zwinger- und Grabenbau zwischen 1430 und 1480 entstanden sein (oder nur neu und größer gebaut?), der aber in der Kammerrechnung eigens verrechnet wird, aber leider nicht mit Detailangaben. Wir wissen deshalb aus der ganzen Bauzeit von 50 Jahren Zwingerbau nie, an welcher Stelle die Bauarbeiten gerade vonstatten gehen.

Im Jahr 1478 wurden von zwei Schindeldeckern vier Tage lang Dachdecker-Arbeiten »auf zwain scheiblingen turn, bej den Yser- und Schyfertorn« durchgeführt. Hier ist also auch der runde Turm beim Lugerturm genannt. Beide sind mit Schindeln gedeckt. Das Wort »scheiblingen« ist als Adjektiv gebraucht. 1483 gibt es schon den Fischweiher »bej dem scheiblingen thurn« und auch 1490 und 1497 kommt der scheibli(n)ge Turm in der Kammerrechnung vor, 1525 werden Schießlöcher gemacht »in dem scheiblingthurn beym Schiferthor«. 1534 und 1563 heißt er aber auch »der runde thurn beim Schiferthor«. In letzterem Jahr mußte er unterfangen werden.

Der Turm wurde um 1786 als Gefängnis benützt (»runder Gefängnisthurm, bei dem Zuchthaus gelegen«), zuletzt als Getreidemagazin. Am 27. September 1870 beschloß der Magistrat, ihn wegen der Erweiterung des Obstmarktes sofort abbrechen zu lassen. Am 4. April 1871 teilte die Baukommission dem Magistrat mit, »daß der runde Thurm im Anwesen Nr. 15 an der Frauenstraße in der Zeit vom Januar bis Ende März dieses Jahres demoliert wurde«. Der Abbruch erfolgt also nicht erst 1891, wie man auch gelegentlich lesen kann. Dies dürfte eine Verwechslung mit dem Abbruch des Wasserturms in der Westenriederstraße sein, der am 17. August 1891 begann.

Qu.: KR 1478/79 S. 90v (1478), 1483 S. 95v, 1490 S. 86r, 87r, 94r, 1497 S. 94r, 1525 S. 110v, 1534 S. 114r, 1563 S. 120 r. – StadtA, Städtischer Grundbesitz 732 (1786); Stadtchronik 1870 Bd. II S. 1248, 1891 Bd. II S. 1388; Hochbau Nr. 198 (1871).

SCHEIBLINGTURM, vor dem Luger, seit vor 1478.

Dieser Turm wird seit der Kammerrechnung von 1478, ebenso 1490 so genannt, siehe das vorstehende Kapitel »Scheiblingturm«. Ansonsten ist er namenlos. Erst im 20. Jahrhundert wird er »Prinzeßturm« genannt.

SCHIFFERTOR, Viktualienmarkt, seit vor 1360.

Der Turm heißt eigentlich »des Zyfers/Zifers tor« und hat mit den »Schiffern«, also Leuten, die mit Schiffen fahren, nichts zu tun, abgesehen davon, daß man diese Leute im mittelalterlichen München nie »Schiffer« genannt hat, sondern »Floßmann« und eine andere Art von »Schiffahrt« als die mit dem Floß auf der Isar gab es hier nicht.

Die älteste Kammerrechnung von 1318/25 spricht bereits von »Zifroni et sociis suis«, einem Ziffer und seinen Knechten, die Handwerkerlöhne ausgezahlt bekommen (1318 oder 1319). Da der Stadtzimmermann kurz danach ausdrücklich genannt wird, ist anzunehmen, daß es sich beim Ziffer um den Stadtmaurer handelt. Der Name des Tores erscheint erstmals im Jahr 1360 (»et portis Taechenpad et Zifertor«) und dann wieder am 20. September 1371 in der Kammerrechnung (»dez Zyfers tor«), dann 1375 im Gerichtsbuch »vor dez Zyfers tor«, schließlich 1380 ebenda »vor dez Zyfers tor«. Ein Ulrich der Zifer hat noch 1385 ein Haus an der Brunngasse.

1374 findet sich aber auch schon die Namens-Variante »Schiffers tor«, 1381 ebenfalls wieder »Schiferator«, 1382 wieder mehrmals »vor dez Schiffers tor«. Die Genitiv-Version »des Schiffers«, die die Ableitung von einer Person dieses Namens zum Ausdruck bringt, hält sich noch bis zur Jahrhundertwende.

Im Gerichtsbuch erscheint sie 1397 letztmals (des Schifers tor) und in der Kammerrechnung 1400/02. Von da an kommt der Name nur noch in der Nominativ-Version vor (das Schiffertor), die die Abkunft von der Person »des Zifers« oder »Schifers« nicht mehr erkennen läßt.

Zifer und Schifer sind wahrscheinlich derselbe Name, das eine eine Verschleifung des anderen. Auch in der Form »Schifer« gibt es den Familiennamen schon früh in München. Um 1313 ist ein Mann namens Schifer Pfleger über das Brot, 1322 verbucht die Stadtkammer von einem Mann namens Schifer 10 Pfund.

Am 4. März 1366 gibt es einen Kaplan von St. Nikolaus mit Namen Fridrich der Schifer.

Das Franziskanerkloster hat im 14. Jahrhundert einen Zins aus einem »viridarium«, einem Lustgarten, des Johann Impler, der gelegen ist »in medio riparum des Schifers kuppel et Alleluia«. Kuppelweide ist eine gemeinschaftlich genutzte Weide. Davon kommt unser Wort »Koppel« (Pferdekoppel). Des Schiffers Kuppel lag inmitten der Bäche, also innerhalb des Bachgewirrs draußen vor dem Anger- und Schiffertor. Da ein offenbar weiteres Grundstück mit dem Namen »Alleluia(-Anger)« genannt ist, dürfte das auf geistlichen Besitz deuten. Er könnte mit dem Kaplan von St. Nikolaus zusammenhängen und das Schiffertor könnte seinen Namen von dieser Schiffers-Kuppel (das Tor, das zu des Schiffers Kuppel führt, oder bei ihr liegt) herleiten.

Das Schiffertor ist offenbar nicht identisch mit dem (inneren) Einlaß; bei der Errichtung des Einlasses, siehe dort, heißt es mehrmals ausdrücklich, daß er in der Nähe des Schiffertores liege. Nach der

Errichtung des Einlaßtores kommt der Name Schiffertor nur noch selten vor. Es scheint so, als ob es von da an aufgegeben worden wäre. Dieses Schiffertor dürfte am Ende der späteren Straße namens »Roßschwemme« gelegen haben, dort wo diese auf die Stadtmauer trifft. Diese Stelle liegt unmittelbar neben dem Bad des Heiliggeistspitals (Roßschwemme Nr. 590*A). Es war dies das Eckhaus der dort, hinter dem Spital, stehenden Gruppe von Privathäusern.

Das Schiffertor dürfte damit identisch sein mit dem Tor beim Spitalbader von 1319 (das Ersterwähnungsjahr dieses Tores »1328«, das man gelegentlich finden kann, ist offensichtlich ein Schreibfehler für »1318«. Zur Frage, ob 1318 oder 1319, siehe unter »Angertor«). Er – der »balneator hospitali« – ist 1325 »custos porte apud eum«, Wächter, Hüter oder Schlüssel-Bewahrer des Tores bei seinem Haus (»bei ihm«). So führt ihn 1325 die Kammerrechnung auf. Ihm voraus geht dabei der Bewahrer der Schlüsses des Tores »in prato hospitali«, des Tores am Spitalanger. Auf das Tor beim Spitalbader folgt das Tor beim Marquard Draechsel, also der Rosenturm.

Seit 1371 findet sich dann der Name »Ziferstor« oder »Schiffertor«. Es wird 1462 als das »alte Schyfertor« bezeichnet. 1407 mußte es untermauert werden. 1493 wird am Schiffertorhaus gearbeitet. 1582 wird beim Schiffertor der Einlaß gemacht und in diesem Zusammenhang scheinen Tor und Name letztmals vorzukommen. Ab jetzt gibt es den Einlaß, ein offensichtlich völlig neues Tor, das nachträglich an dieser Stelle in die Mauer gebrochen worden war. Es ist 1582 ausdrücklich vom Durchbrechen die Rede.

Qu.: KR 1318/25 S. 10v (1318 oder 1319), S. 69r (1322), 103v (1325), KR 1360/62 S. 23v (1360), KR 1371 S. 50r, 1400/02 S. 88r, 1407 S. 64v, 1462 S. 93r, 1493 S. 94v, 95r/v, 1582 S. 132r. – GB I 46/10 (1374), 69/8 (1375), 121/12 (1380), 135/10 (1381), 171/10, 172/7 (1382), 213/20 (1385), GB II 128/16 (1397). – Dirr S. 264/30 (um 1313). – Augustiner U Nr. 22 (1366). – Barfüßerbuch S. 152. – Hefner OA 11, 1849, S. 223 (1328). – HStA, GL Mü Fasz. 2756 Nr. 967.

SCHLEGTOR, unermittelt, um 1336/38.

Dieses Tor wird 1336/37 und 1338 in der Kammerrechnung genannt. Es ist dies aber eigentlich kein Name, sondern eine Bezeichnung für die Art des Tores. Eine Schlagbrücke ist eine Zugbrücke, siehe »Schlegbruck«. Grundsätzlich kann also ein Schlagtor jedes Tor mit einer Zugbrücke sein. 1338 sind nur dieses sowie das Isartor und das Schwabinger Tor mit Wächtern besetzt. Demnach müßte es sich dabei entweder um das Sendlinger oder das Neuhauser Tor handeln, vielleicht eher ersteres, da auch 1611 von der »Sendlinger Schlagbrücke« die Rede ist.

Qu.: KR 1325/46 S. 99r (1336/37), 112v (1338). – Schmeller II Sp. 518. – StadtA, Tiefbau Nr. 76 (1611).

SCHLICHTINGERBOGEN, Burgstraße, seit Ende 18. Jhd. (nach 1639).

Von 1639-1733 besaß die Familie Schlichtinger das nachmals sogenannte Zerwirkgewölbe, Ledererstraße 26. Nach ihr nennt schon Stimmelmayr den Durchgang zwischen den Häusern Burgstraße 10 und 11 »Schlichtinger Bogen«. Koebler spricht 1827 auch vom »Zerwirkgewölbebogen«.

Ob der Durchgang schon seit 1385 überbaut war, wissen wir nicht. Deshalb kann auch das von Rambaldi angenommene Erbauungsjahr 1385 nicht bestätigt werden. Siehe aber zu »porta Türlini« (1319) bei den Bädern unter dem »Türleinsbad«.

Qu.: Stimmelmayr S. 127 Nr. III. – Koebler (1827) S. 82, 89. – Rambaldi S. 17.

SCHÖNER TURM, Kaufingerstraße, seit vor 1535.

Die Bemalung des ehemaligen Kaufingertores, siehe dort, ist 1508/10 erfolgt. In diesen Jahren sind durch die Kammerrechnung umfangreiche Malerarbeiten nachgewiesen. 1508/10 war auch ein neuer Turmhelm mit Ecktürmchen aufgesetzt worden.

Am 27. Juli 1527 bezeichnet das Kloster Ettal seine Häuser in München an der Neuhauser Gassen als gelegen »zwischen dem gemalten Turm und dem Haus des Engelsbergers«. Auch 1537 verwendet man in Ettal noch den Namen »gemalter Turm«.

1535 liegt aber für das Heiliggeistspital das Haus des Hermann Schlosser bereits »pei dem schenn thurm«. Der Zins, den das Spital aus dem Haus bezieht, ist zu Lichtmeß 1535 bezahlt worden. Das Spital hat den Zins schon länger. Aber in der Rechnung von 1533/34 wird der Turm noch als Nachbar verschwiegen. Er wird erst in der Rechnung von 1534/35 angegeben. Jetzt geht es merkwürdigerweise Schlag auf Schlag: 1536 verwendet auch das Ratsprotokoll erstmals den Namen »Schöner Turm«, 1536/37 wieder das Spital, 1540 die Kammerrechnung, als die Straße »beym schön thurm« gepflastert und 1541 die Abortgrube des Stadtuhrrichters »bey dem schon thurn« geräumt werden muß. 1550 liegt jetzt auch das Ettaler Haus nicht mehr am »gemalten Turm«, sondern »am schan thurn«.

Seit 1536 fängt man auch an, den Pütrichturm nach seiner Bemalung »Blau-Enten-Turm« zu nennen. Man fragt sich, ob das Zufall ist.

Auf dem Turm, berichtet noch Westenrieder, »hängt die Glocke, welche man zum Gebet läutet, wenn jemand hingerichtet wird«, vgl. »Hofstatt« bei den Straßennamen.

Im 18. Jahrhundert ist der Turm schon wieder so ruinös gewesen, daß man 1767 das Dach abgetragen und ein Notdach aufgesetzt hat.

Abb. 73: »Schöner Turm« um 1805, mit Notdach von 1767. Kupferradierung von Friedrich Wilhelm Bollinger (1777–1825). Aus Baumgartners Polizey-Uebersicht. Großes Haus links: Ettaler Klosterhof; schmales Eckhaus am Turm: städtisches Uhrmeisterhaus.

Abb. 74: »*Schöner Turm*«. *Lavierte Handzeichnung von C. A. Lebschée, 1853, mit unrichtiger Jahreszahl* »*1381*« *über der Durchfahrt.*

1796 wurde er durch eine Granate der Franzosen beschädigt, 1807 hat man ihn abgetragen.

Der Turm soll angeblich früher schon einmal reich bemalt gewesen sein. So berichtet es 1849 Otto Titan von Hefner: »Am Kaufingerthor, das 1381 zum Andenken des großen Kaisers mit geschichtlichen Bildern verziert wurde (woher es dann den Namen ›der schöne Thurm‹ bekam)...« Joseph Heinrich Wolf berichtet 1854, 1381 hätten die Herzöge Johann, Friedrich und Stephan II. zu Ehren des Kaisers Ludwig dem Kaufinger Turm eine neue Gestalt gegeben und ihn mit den Bildern des deutschen Kurfürstenkollegiums bemalen lassen. Auch Hartig fragte schon nach der Quelle dafür. Geht man der Sache nach, dann erweist sich das ganze als eine Mär, die 1813 von Krenner in die Welt gesetzt worden war. Krenner meint, den schönen Turm »haben auch ohne Zweifel erst K. Ludwigs Söhne ihrem Herrn Vater zu Ehren in eine neue Gestalt bringen, und mit den bekannten Bildern des vormaligen Churfürstenkollegiums bemalen lassen...; wenigstens erinnere ich mich ganz genau ober dem Sbibbogen dieses Thurmes rechter Hand, wenn man denselben von der Kaufingergasse her antrat, neben einer, dem freyen Auge aber nicht mehr leserlich gewesenen Inschrift, doch die deutliche, mit der Zifferart des XIV. Jahrhunderts geschriebene Jahrzahl 1381 wiederholtermalen gelesen und betrachtet zu haben«.

»Ohne Zweifel« heißt, der Autor hat keinen Beleg. Die Namen der Söhne des Kaisers hat erst Wolf ergänzt. Krenner glaubte sich zu »erinnern« und er glaubte etwas gelesen zu haben, was aber schon in so schlechtem Zustand war, daß man es teilweise eben schon nicht mehr lesen konnte, und er hielt etwas für die Schrift des 14. Jahrhunderts, was in Wirklichkeit die des beginnenden 16. war.

Acht Jahre vor Krenner hatte immerhin schon Anton Baumgartner in seiner Polizey-Uebersicht vom 23. März 1805 festgestellt, daß man die Jahreszahl nicht mehr lesen könne: »An dem Ranfte des Thurmes sind ... ganz unten neben dem gothischen Thore Menschen aus verschiedenen Ständen vorgestellt, ... Es ist dabey eine Umschrift enthalten, wo man das Wort »Jahr Christi« noch deutlich lesen kann, keineswegs aber die Jahrzahl«.

Man muß das einmal so zerpflücken, um zu zeigen, wie solche Daten zur Stadtgeschichte zustande gekommen sind. Lebschée hat dann in seinem Aquarell des Schönen Turms (Mitte des 19. Jahrhunderts) – in einer Zeit, als er längst nicht mehr stand, ja, Lebschée selbst kam erst im Jahr seines Abbruchs (1807) als 7jähriger Bub nach München, hat ihn also gar nicht mehr gekannt – über dem Torbogen die Jahreszahl »1381« eingezeichnet, beeinflußt von dem, was Krenner gesehen haben wollte. In der Zeichnung des Turms in Baumgartners Polizey-Übersicht von 1805, als der Turm noch stand, war ehrlicherweise auf die Wiedergabe dieses Details verzichtet worden, d. h. auf dieser Zeichnung steht keine Jahreszahl.

Tatsächlich ist es möglich, daß es eine Jahreszahl an diesem Bau gab, es ist sogar möglich, daß die Zahl »81« ein Teil von ihr war. Dann aber kann es nur »1481« geheißen haben; denn ab 1479 war ja der Turm neu gebaut worden. Die Jahreszahl »1381« an einem um 1481 neu errichteten Turm wäre unsinnig gewesen. Die Zeitangabe »um 1481« für die Bemalung des Turms verwendete 1879 auch schon Regnet. Er war der Wahrheit damit schon näher gekommen, jedoch auch noch nicht ganz. Nur der Neubau des Turms erfolgte in dieser Zeit. Die Bemalung stammt – wie oben gezeigt – erst von 1508/10.

Vgl. auch »Tore bello«.

Qu.: KR 1510 S. 109r, 1540 S. 121v, 1541 S. 92v. – HStA, KU Ettal Nr. 290 (1527), 305 (1537), 323 (1550); GL Mü Fasz. 2756 Nr. 966 (1807). – StadtA, Heiliggeistspital 176/25 S. 37v (1533/34), 176/26 S. 36v (1534/35), 176/27 (1536/37). – RP 1536 S. 191r. – Schattenhofer MA M 01014. – Westenrieder (1782) S. 26. – Krenner, Siegel (1813) S. 103. – Hefner OA 11, 1849, S. 225. – Wolf II (1854) S. 357. – Regnet (1879) zu Blatt 5 (nach Baumgartner). – Hartig, Künstler Nr. 43, 399, 405, 408, 498.

SCHÜTZENTURM, unermittelt, um 1419.

Als die Stadt im Jahr 1419 daran ging, die Außenseiten der Stadtmauer und der Türme bemalen zu lassen, wurde mit den Malerarbeiten hier begonnen. Die Stadtkammer zahlte dem Maler die Kosten dafür, daß er »den Schützenturm bemalt und geweckt«, also mit den bayerischen Rauten oder Wecken versehen hat.

Die Lage des Turmes ist ungeklärt.

Es gab eine schon 1465 erwähnte »alte Zielstatt«, die 1471 in der Schwaige und damit etwa an der Salvatorstraße lag, 1480 lag ein Büchsenhaus draußen am Grieß. Ein Eintrag in der Kammerrechnung von 1485 könnte den Eindruck erwecken, als ob eine Zielstatt in dieser Zeit beim Schiffertor lag. Es könnte aber auch ein Komma dazwischen gehören, dann müssen beide nichts miteinander zu tun haben.

Qu.: KR 1419 S. 67r. – Solleder S. 362.

SCHULDTURM, Neuturmstraße, Ende 18. Jhd.

Siehe »Neuturm«.

SCHWABINGER TOR, (äußeres), Odeonsplatz, seit vor 1319.

Die »porta Swabingeriorum«, das Richtung Schwabing führende Nordtor der Stadt, wird zusammen mit allen anderen Toren 1319 in der Kammerrechnung genannt. 1337 heißt es »Swaebinger tor«. Die »Schwabinger Gassen« werden schon in einer Urkunde von 1295 so genannt. Das Tor stand auf dem Platz vor der Feldherrnhalle, so daß die Theatinerkirche gerade noch innerhalb der Stadt lag. Vgl. Abb. 56 und 57.

Ein anderer Name ist »Unseres Herrn Tor«, der 1372 erstmals belegt ist. Dieser Name leitet sich von einer Salvator- oder Unseres-Herrn-Kapelle her, die 1350 bereits in einer Urkunde erwähnt wird und die außerhalb des Tores lag. Sie mußte Ende des 15. Jahrhunderts einer neuangelegten Halbmondbastei weichen. Das Patrozinium kehrt dann bei der Friedhofkapelle des Frauenfriedhofs, der heute noch bestehenden Salvatorkirche (erbaut um 1492), wieder.

Der Name »äußeres« Schwabinger Tor ist nicht belegt. Er wurde in unserer Zeit daraus abgeleitet, daß es um 1323/37 ein »inneres« Schwabinger Tor gibt (Krümleins- oder Wilbrechtsturm). Nicht belegt ist auch der Name »hinteres« Schwabinger Tor, den der Artikel »München« im Bayerischen Städtebuch nennt. Er ist für das Tor am Odeonsplatz sogar von zweifelhafter Logik, da es ja eine vordere und eine hintere Schwabinger Gasse gibt. Beim Namen »hinteres Schwabinger Tor« müßte man ein Tor an der hinteren Schwabinger Gasse (Theatinerstraße) annehmen und beim »vorderen Schwabinger Tor« eines an der vorderen Schwabinger Gasse (Residenzstraße). Jeder weiß, daß es derartiges nicht gab. Konsequenterweise nennt Oestreich den Krümleinsturm »Vorderes« und den Wilbrechtsturm »Hinteres Schwabinger Tor«, eine Terminologie, die ebenfalls keine Bestätigung in den Quellen findet.

Das Tor wurde 1817 abgebrochen, der Abbruchbeginn war am 20. Februar.

Qu.: KR 1318/25 S. 9r, 27r (1319), KR 1325/46 S. 115v (1338). – Hist. Verein von Obb. Urk. 718 – Schattenhofer MA M 01022, 01023. – MB 18 S. 199 (1372). – Westenrieder (1782) S. 158. – Bayerisches Städtebuch, Artikel »München« S. 395 Art. 5b. – Oestreich S. 47. – Grobe S. 24, 496, 538.

(Schwabinger Tor, hinteres).

Siehe »Schwabinger Tor« (äußeres).

SCHWABINGER TOR, inneres, seit vor 1323/38.

Siehe »Krümleinsturm«, »Wilbrechtsturm«.

SCHWABINGER TOR, vorderes, um 1355.

Siehe »Wilbrechtsturm«.

(Schwabinger Tor, vorderes).

Siehe »Schwabinger Tor« (äußeres).

SEEFELDBOGEN, Rosental, seit vor 1741.

Siehe »Rosenturm«.

SENDLINGER TOR, (äußeres), Sendlinger Straße, seit vor 1319.

Das nach Süden Richtung Sendling führende Stadttor heißt 1319 erstmals »porta Sentlingeriorum«, 1325/26 »Sentlingertor«. Der Hauptturm wurde im Februar/März 1810 abgebrochen. 1587 stand ein Geschütz darin und die Stadtkammer ließ »die zwei thurn beim Sendlinger thor, darinnen das geschütz steet, auskhern«.

Der Beiname »äußeres« ergibt sich nur aus der Tatsache, daß der Pütrichturm einmal als das »innere« Sendlinger Tor bezeichnet wird. Belegt ist der Name nicht.

Qu.: KR 1318/25 S. 9r (1319), KR 1325/46 S. 3v (1325/26), KR 1587 S. 145r. – HStA, GL Mü Fasz. 2756 Nr. 965. – Grobe S. 418. – v. Steinsdorf S. 126 (1810). – Schattenhofer MA M 01024.

SENDLINGER TOR, inneres, Rindermarkt, seit vor 1289.

Siehe »Pütrichturm«.

SPANSRADTURM, Westenriederstraße, o. D. (seit um 1456).

Die Zweckbestimmung dieses Turms ist bisher nicht sinnvoll zu erklären. Er stand neben der Mauer, an deren Stadt-Innenseite, und überwölbte die Westenriederstraße zwischen dem Isartor und dem Taeckentor, auf Höhe des Hauses Westenriederstraße 34. Der Turm gehörte aber, wie das anschließende Haus, zu Tal Nr. 48. Er wird heute Spansrad-Turm genannt, weil um 1456 der Besitzer des Hauses ein Wagner namens Jobst Spansrad war. Dieser hatte ohne Erlaubnis des Rates »hinten gegen der Stadt Ringmauer an den gewelbten Turm, zwischen des Taltors und des Täckhnturn, zu pawen« sich unterstanden und mußte versprechen, seinen Bau sofort abzubrechen.

Am 20. August 1468 hat der Stadtrat dem Loder Contz Kaser »vergünnt (= überlassen) den turn etwe bei des Spanßrads hauß, bei dem Ysertor in sand Peters pfarr, auf ain widerrufen«.

Ein Beleg für den Namen »Spansrad-Turm« aus historischer Zeit fehlt. Die Namensbildung stammt von Historikern.

Abb. 75: *Der sog. »Spitzwegturm« (Turm der Herzogspitalkirche St. Elisabeth) vom Hof des Servitinnenklosters aus.*

Der Turm ist noch auf dem Paur-Plan von 1729 eingezeichnet, de Grooth hat ihn 1751 bereits nicht mehr.

Qu.: StadtA, Urk. F I/II Nr. 1 Theaterstraße, vom 20. Juli 1456. – RP 1468 S. 146a r. – Solleder S. 359 Anm. 1.

SPITALTOR, unermittelt, um 1327.

Siehe »porta hospitalis«.

SPITALTURM, unermittelt, um 1320.

Siehe »turris hospitalis«.

SPITZWEGTURM, Herzogspitalstraße, 20. Jhd.

Den barocken Turm der Herzogspitalkirche St. Elisabeth hat Carl Spitzweg auf mehreren seiner Gemälde verewigt (»Mondscheinpolitik [»Und noch eins«]« von 1865, »Der Klapperstorch« von 1885). Deshalb nennt ihn der Volksmund Spitzwegturm.

Qu.: HB HV S. 176 Abb.

STOCKHAMERTURM, Sendlinger Straße, um 1502/09.

Siehe »Pütrichturm«.

TAECKEN(BAD)TOR, Westenriederstraße, seit vor 1360.

Dieses Tor stand an der Westenriederstraße im Verlauf der Stadtmauer. Fast alle Historiker gehen davon aus, daß es in Höhe der Einmündung der Sterneckerstraße in diese stand. Gustav Schneider, der sich sehr eingehend mit dem Entstehen der Stadtmauer befaßt hatte, vertrat allerdings die Ansicht, es habe in Höhe der Küchelbäckerstraße gestanden. Er suchte es also auf der Achse, auf der auch das Kaltenbachtor im Tal stand. Dies wäre durchaus logisch, weil hier ja einmal für eine kurze Zwischenzeit die Stadt zu Ende war.

Nach den Zuschreibungen mehrerer Häuser und Grundstücke in den Gerichtsbüchern und dem Vergleich mit den Steuerbüchern ergibt sich aber, daß das Taeckentor tatsächlich am Ende der Sterneckerstraße stand. Vgl. aber unter »Katzenturm«.

Die Kammerrechnung von 1579 nennt das Bauwerk am Ende der Sterneckerstraße »thurn in des Felers gässl«, verwendet den Namen »Taeckentor« also (bewußt?) nicht.

Einem Irrtum ist Solleder erlegen, wenn er die »porta nova in valle« auf dieses Tor bezog und behauptete, es sei 1338 erbaut worden. Tatsächlich handelt es sich hierbei um das Isartor.

Abb. 76: *Das »Taeckentor« an der Westenriederstraße, gezeichnet von C. A. Lebschée. Blick nach Westen. Im Hintergrund der Wasserturm.*

Die Erklärung des Namens bietet eine Reihe von Möglichkeiten:
In der Nähe des Tores, außerhalb der Stadt, lag auch das Taeckenbad, vgl. dort. Der Name des Turms erscheint denn auch 1360, 1361 und 1362 erstmals in Zusammenhang mit dem Bad, so 1360 in der Form »de porta Taechenpad« und »portis Taechenpad et ... Zifertor«. 1361 finden Bauarbeiten an den Uferböschungen statt, wahrscheinlich des Stadtgrabens, »in ripa a porta Taechenpad usque ad Luogerium« (am Ufer vom Taechenbad bis zum Luger) bzw. »super wueram a turri Luogerio usque ad Taechenpad« (an den Wühren vom Turm Luger bis zum Taechenpad) bzw. »ad wueram apud Taechenpad«. 1361 wird auch gearbeitet »super pontem Taechenpad« (an der Taeckenbad-Brücke). 1362 wird ein Türrriegel entweder für das Tor oder das Bad gekauft (de sera Taechenpad) und wenn 1362 Geld für Holz (pro lignis) »ad portam Taechenpad« gekauft wird und Ziegelsteine (pro lateribus) für das Dach (ad tectum) »Taechenpad turris« (des Taechenbad-Turms). Also Taechenbadtor und Taechenbadturm sind in dieser Zeit die Namen. Erst danach scheint diese Verbindung zum Bad abzureißen. 1367 und 1368 heißt der Turm Taeckentor, 1374, 1375 Tächkenthor, 1377 Taeckentor, 1380 Taeckenturm, 1391 Taetkntor, 1400/02, 1402/03 Tackentör, 1405 Töckentör, 1407 Dägkentor, 1419 Teckentürn, 1465 Täkchnturn, 1471 Tackentor.
Man schreibt Bad und Turm immer mit »ae«, erst seit 1419 mit »e«, und man schreibt von Anfang an und grundsätzlich immer die Nominativ-Form »der ... Turm« und nie »des«, also nie die Genitiv-Form. Das bedeutet, daß der Name nicht von einem Familiennamen (des Tecken Bad oder Turm) abgeleitet ist, sondern von einem Sachbegriff. Der Begriff dürfte lauten »Taechenpad«. Mehrere Möglichkeiten der Ableitung dieses Namens kommen in Frage:
1) »Tacken/Tecken/Tauken«. Das bedeutet »Decke von Baumzweigen, Bast oder Stroh geflochten«. Schmeller verweist an der betreffenden Stelle auf die von diesem Begriff abgeleiteten Zusammensetzungen wie »Taeckenmilch« und »Taeckenthor«. Vor allem aber ist festzuhalten, daß zunächst einmal das Bad »Taeckenbad« heißt und der Turm seinen Namen offensichtlich vom Bad übernommen hat. Es ist der Turm beim Taeckenbad und der Name Taeckenturm ist eine Verkürzung aus »Taeckenbadturm«.
Die Dachbedeckung mit geflochtenen Stroh- oder Schilfgras-Matten dürfte sich dann wohl eher auf das Bad bezogen haben als auf den Turm. Der Turm wurde ja schon 1362 mit Dachziegeln gedeckt. 1411 dagegen wurden sieben Haufen lerchene Schindeln »auf den Täckenturn« gekauft bzw. »von dem Täckenturn ze decken«. Andere Türme waren mit Schindeln gedeckt, wie die beiden Scheiblingtürme beim Schiffertor und vor dem Luger, der Rathausturm

und der Heyturm, siehe dort. 1663 waren 28 Türme rund um die Stadt mit Schindeln gedeckt. Mit Dachziegeln – sogenannten Taschen – war wohl auch der Taschenturm gedeckt.

2) Möglich ist auch die Ableitung des Namens von der »Tocke«, was einerseits eine Puppe, andererseits auch eine Haube oder Mütze bedeutet. Es sei noch darauf verwiesen, daß ein Turm in Amberg der »Tockenhansl« hieß und es in der Schweiz eine Burg »Toggenburg« oder »Tockenburg« (im Kanton St. Gallen gelegen) gibt. Nach dem Schwäbischen Wörterbuch ist der »Docken-Hansel« eine männliche Puppe.

Aber noch in eine andere Richtung muß gesehen werden. Während der Bürgerunruhen von 1397/1403 hatte sich der Herzog auf das Schloß Dachau zurückgezogen. Dort hat die Münchner Bürgerschaft ihn lange Zeit belagert. 1398/99 stehen in der Kammerrechnung Ausgaben für Arbeiten »an den selbgeschossen und an der hengeltoken gen Dachau« bzw. Ausgaben »zu lon von der henngl 1 token und vom scherm gen Dachau und von der klainen slegpruken«. Einige Seiten später kommen noch einmal Ausgaben »umb einen pavm zu einer hengeltokgen in daz hantwerch gen Dachaw, den der Örtel (Büchsenmeister?) nam und den man zerschossen het«. Ganz unzweifelhaft muß es sich bei der Tocken oder Hengeltocken um eine Art Geschütz oder Belagerungswerkzeug handeln. Tatsächlich bedeutet Tocke neben Puppe auch jeden walzenförmigen Gegenstand, etwa den Schwungbaum der Schleudermaschine.

Das ergäbe dann eine Parallele zum »Katzenturm«, der wohl ebenfalls von einem Kriegsgerät seinen Namen hat, desgleichen vielleicht auch zum »Taschenturm«.

3) Es ist nicht ganz klar, was damit gemeint ist, wenn die Stadtwerkeleute 1412/13 dafür bezahlt werden, daß sie »die zwen taem (Dämme?) bey dem Luger und bey dem Takchntor und den täkmen (tökmen?) gar gevertigt und gemacht haben«, oder wenn es in der Kammerrechnung von 1474/75 heißt, der Stadtzimmermann Meister Heinrich von Straubing, der u. a. den Dachstuhl der Frauenkirche entworfen hat, habe selb vierzehn und mit 8 Knechten 5 Tage gearbeitet an dem neuen Bürgerstadel »und an der Tokken«, kurze Zeit später auch »an der Tockhen im weyer bej dem Ysertor«. 1567 heißt es, die Stadtwerkleute hätten beim Sägmüller »Holtz und Tockhen gemacht«. Auf jeden Fall aber handelt es sich dabei um Holzbauwerke, Uferbefestigungen an Stadtgraben und an Bächen. Nach dem Schwäbischen Wörterbuch ist eine Docke ein Zaunpfahl, bei Wasserbauwerken eine kurze, dicke Säule aus zwei Querhölzern in Puppengestalt. Das ergäbe dann ein Bad an den Taeck(m)en, Taechen, Töchen, Tocken. Mit diesem Begriff hängt das »Dock« zusammen, ein ins Wasser gebautes Becken, in dem Schiffe gebaut oder

ausgebessert werden. 1406 ist in der Kammerrechnung von einem Weiher beim Täckentor die Rede.

4) Aber noch etwas muß vermerkt werden: Es gibt »Tock« auch als Familiennamen. Um 1369 erscheint im Gerichtsbuch eine »Agnes die Tockk(in)«. Sie kommt sonst nicht mehr vor, ist auch in den Steuerbüchern nicht auffindbar.

Zu einer Ableitung des Namens von dem Herzog Konrad von Teck führt leider überhaupt kein Weg, und wenn sie in der Literatur noch so beliebt ist. Aber nur deshalb, weil der Herzog um 1350 in München ermordet wurde – auf, wenn man den Nachrichten glauben darf, wirklich greuliche Weise –, schon anzunehmen, er müsse bei diesem Turm ein Haus gehabt haben, der doch immerhin so ähnlich heißt, ist denn doch ein bißchen zu wenig. Tatsächlich hatte der Herzog Friedrich von Teck ein Haus in München. Da wir aus einem Privilegienbuch wissen, daß dieses Haus später der Landjägermeister Kummersbrucker vom Markgrafen Ludwig dem Brandenburger zu Lehen hatte, können wir es auch lokalisieren. Es handelte sich um das Haus Frauenplatz Nr. 10, das spätere Reiche-Almosen-Haus.

Völlig daneben gegriffen hat der wissenschaftliche Berater des Ministeriums des Inneren, der 1843 die Meinung vertrat, der Ruffiniturm in der Sendlinger Straße habe einstmals »Teckenthorthurm« geheißen.

Ein weiterer Streitpunkt ist, seit wann das Tor zugemauert war.

Aus dem Gebrauch der Begriffe »Tor« und »Turm« läßt sich nichts für diese Frage gewinnen, weil schon 1361 das Bauwerk sowohl »Tor« als auch »Turm« genannt wird. 1368 werden Knechte dafür bezahlt, daß sie zehn Tage und acht Nächte unter dem Taeckentor gewacht (gehütet) haben. 1374 gebraucht eine Urkunde die Formulierung »do man zu dem Taeckentor hinaus get«. Damals also war es auf jeden Fall noch auf. Welche Tore während der Unruhen von 1397/1403 zugemauert wurden, wissen wir nicht. Die Vermauerung scheint aber bei den anderen nur vorübergehend gewesen zu sein; denn nach dieser Zeit sind offenbar alle Tore wieder offen, auch das Angertor. Nur das Taeckentor ist und bleibt geschlossen. Es gibt hier nie einen Torsperrer oder einen Torhüter, alle Kammerrechnungen führen bei den Geldzahlungen für diese Amtspersonen immer nur 7 Tore auf. Es fehlt immer das Taeckentor, seit Beginn des 15. Jahrhunderts, also seit Beendigung der Unruhen im Jahr 1403.

Das Tor dürfte demnach Ende des 14. Jahrhunderts geschlossen worden sein, entweder bereits anläßlich der Umsiedlung des Grießes, um 1385, oder spätestens während der Bürgerunruhen von 1397/1403.

Lipowski nahm an, daß das Tor vermauert wurde, als im Jahr 1610 Herzog Albrecht VI., der Leuchtenberger (1584–1666), dort außerhalb der Stadt einen Hofgarten anlegen hat lassen. Die spätere Literatur hat das übernommen (Rambaldi, Megele, der Städtebuch-Artikel über München). Dieser Garten ist auf den Plänen von 1613 und 1623 zu sehen. Er lag außerhalb des Heiliggeistspitals. Der heutige Reichenbachplatz läge mitten drin. Damit liegt dieses Tor aber zu weit weg, als daß der Verkehr durch dieses Tor den Herzog hätte stören können.

Der Turm war im 19. Jahrhundert baulich verbunden mit dem Nachbarhaus Westenriederstraße Nr. 2, einem schmalen, langgestreckten Gebäude, das sich an die Stadtmauer anlehnte. Dieses Gebäude diente zuletzt einem Verein, der dort eine Kleinkinderbewahranstalt eingerichtet hatte. Um die Straße erweitern zu können, tauschte die Stadt dieses Gebäude gegen ein anderes Grundstück vom Staat ein (Vertrag vom 2. Januar 1866). Die Polizeidirektion erkundigte sich am 31. Januar 1867 bei der städtischen Baubehörde, »ob das Anwesen Nr. 2 an der Westenriederstraße nebst Thurm der Stadtmauer bereits demoliert wurde und wann?«. Der städtische Baurat Muffat antwortete am 1. Februar, daß »das Anwesen Nr. 2 an der Westenriederstraße im Oktober 1866, dann die Stadtmauer daselbst im Januar 1867 demoliert wurden«. Demnach hat sich 1876 bereits Reber geirrt, wenn er behauptete, daß der Thurm des Täckenthores »zwar noch erhalten ist, während der Durchgang seit langem vermauert steht«.

1391 und 1407 hat das Angerkloster ein Färbhaus draußen vor dem Taeckentor, 1405 aber auch das Spital. Da liegen nämlich vier Krautäcker vor dem Täckentor zunächst hinter des Spitals Färbhaus. Eines der beiden Färbhäuser wurde 1830 demoliert und lag zu dieser Zeit am Katzenbach. Demnach muß es zwischen der Verlängerung des Radlsteges und der heutigen Reichenbachstraße gelegen haben, also weit weg vom Taeckentor.

Qu.: KR 1360/62 S. 23v (1360), 64r, 67r/v, 68r (1361), 100v, 103r (1362), 105r, 1367 S. 46r, 1368 S. 47r, 52r, 1380 S. 38r, 1398/99 S. 94r, 108r, 1400/02 S. 88r, 1402/03 S. 81r, 87v, 1404/06 S. 99v, 1406/07 S. 81r, 1412/13 S. 46r, 1419 S. 69v, 1474/75 S. 96r, 1567 S. 115v, 1579 S. 132v. – GB I 3/26 (1369), 49/11 (1374), 91 /13 (1377), 220/15, 221/16 (1386), 235/13 (1388), GB II 54/7 (1393), 109/2 (1396), 131/8 (1397), GB III 42/4 (1405). – MB 18 S. 246 (1391), S. 291, 293 (1407), 20 S. 608 (1471), 21 S. 28 (1374). – StadtA, Urk. F I/II Nr. 1 Theaterstraße (1456); Historischer Verein von Oberbayern, U 717 (1375); Hochbau Nr. 2/2 S. 7v, 12v (1411), Nr. 41 (1663), 198 (1830,1867); Städtischer Grundbesitz Nr. 648 (1866). – HStA, Privilegienbuch 25 S. 416. – Schmeller I Sp. 584. – Zedler Bd. 43/44 Sp. 621/22, 1077. – Schneider Plan 21 Nr. 132. – Lipowski II (1815) S. 504. – Schattenhofer MA M 01030. – Solleder S. 359/60 Anm. 3. – Kluge/Mitzka, Etymologisches Wörterbuch. – Reber (1876) S. 11. – Rambaldi S. 318. – Megele S. 125.

(Talbrucktor).

Dieser Name beruht auf schlampiger Lesung des Wortes »Talburgtor«. Einmal in Umlauf gesetzt, ist er leider trotz wiederholter Richtigstellung nicht mehr auszurotten und wird gern und viel nachgeschrieben. Es gab sogar Autoren, die auf diesem simplen Lesefehler, ohne jede Quellenkenntnis, eine ganze wissenschaftliche Hypothese aufbauten, »Talbrucktor« und »Talburgtor« auch topographisch sehr feinsinnig voneinander zu unterscheiden wußten und den Unsinn damit auf die Spitze trieben. Tatsächlich gibt es nicht eine einzige Quelle, die diesen Namen kennt.

Qu.: Megele S. 125 u. v. a.

TALBURGTOR, Tal, vor 1304 – nach 1344/45.

Dieses Tor wird erstmals in einer Urkunde von 1304 genannt, ebenso wieder 1315 (»Talpurgerthor« bzw. »Talburgtor«). Beide Male liegen Haus und Hofstatt des Heinrich Sander bei diesem Tor, 1315 verlegt der spätere Kaiser Ludwig dorthin die Fleischbank. Auch die Häuser des Gollir am Markt reichen 1315 »unz an das Talpurgthor«. Dann nennen die Kammerrechnungen vom Jahr 1322/23 das »Talpürgtor«, 1326/27 »Talpurgtor«, 1330/31 »aput Talpurgtor«, und 1331/32 befaßt sich sogar ein ganzes Kapitel der Kammerrechnung mit den »Distributa (Ausgaben) turris in Talpurgtor«. 1344/45 wird es letztmals genannt.

Der Zeit nach müssen sich hierher auch die Nennung der »porta vallis« (Taltor) von 1319 und 1332/33 beziehen. Möglicherweise auch schon das »Taltor« aus dem Satzungsbuch B, niedergeschrieben um 1310/12. Vielleicht bezieht dieser Eintrag sich aber noch auf den heutigen Rathausturm.

Sicher handelt es sich demnach hierbei um das Tor, das »zur Talstadt« führt, und damit um den heutigen Rathausturm, oder das Tor »in der Talstadt« (Kaltenbachtor), in beiden Fällen aber um das ehemalige Stadttor nach Osten.

Vor allem aus der Trivialliteratur zur Geschichte Münchens ist es nicht auszurotten, dieses Tor Tal»bruck«tor zu nennen. Herumgesprochen dürfte es sich mittlerweile auch haben, daß dieser Begriff nichts mit einer Burg zu tun hat, sondern daß »Burg« in diesem Zusammenhang soviel wie »Stadt« bedeutet. Die »Stadt im Tal« ist gemeint, nicht eine Burg über dem Tal.

Qu.: Krenner, Siegel S. 36/37, 105/06 Anm. (1304) – MB 35/2 S. 41 (1315). – Dirr U 44 (1315). – KR 1318/25 S. 23v (1319), S. 101v (1322 oder 1323), 1325/46 S. 15v (1326/27), S. 38r (1330/31), S. 48r (1331/32), S. 60r (1332/33), S. 204 (1344/45).

TALTOR, seit 1337.

Siehe »Isartor«, »Rathausturm«.

TALTOR, um 1310/12.

Siehe »Kaltenbachtor«, »Talburgtor«.

TALTURM, TALTURM bei dem **ISARTOR,** unermittelt, um 1423/24.

Siehe »Isarturm im Tal«.

TASCHENTURM, Prälat-Zistl-Straße, seit vor 1397 (1462?).

Der Turm stand auf der Höhe des Hauses Prälat-Zistl-Straße 8, früher Blumenstraße 8, und damit etwa auf halber Höhe zwischen Sebastiansplatz und Rosental, in der Stadtmauer. Es handelte sich um einen – wohl zum Schutz des Schiffertores – höher als die anderen gebauten Turm.

Ähnlich wie beim Luger oder Lugerturm heißt auch dieser Turm anfangs fast immer nur »die Taschen«. Gleich beim ersten Mal allerdings, als er uns begegnet, wird er »Daschen-Thurn« genannt. Da wird nämlich am 28. Dezember 1397, während der Bürgerunruhen, Gabriel Ridler dort eingesperrt. Man muß jedoch damit rechnen, daß dies bereits die Terminologie der Anna Reitmor ist (gestorben wohl nach 1454), die uns diese Chronik in einer Abschrift überliefert hat. Denn die anderen Quellen dieser Zeit sprechen eine andere Sprache: 1404, 1413, 1415, 1416, 1417, 1419, 1445, pei/an/zu der taschen, 1415 pey der tachssen. Erst 1462 heißt es in der Kammerrechnung, es werde Mörtel angesetzt »zum turn der taschen« bzw. es wird »gearbat an dem taschenturn«. 1469 heißt es ebenfalls wieder »Taschenturn«, 1483 jedoch wieder nur »zu der daschen/taschen«, 1483, 1485, 1486 »auf der taschen«. Dann setzt sich offenbar der Name Taschenturm durch. Als solcher kommt er 1492 vor, 1527, 1558, 1668 usw.

Die Gefängnis-Funktion behielt der Turm bei. 1415 wurde im Luger und in der Taschen »die vanknus gepessert«. Der Maler Wolfgang Mielich mußte 1527 in beide – und in den Ratsturm – je ein Kruzifix malen. 1534 sah der Taschenturm wieder einen prominenten Bürger als Insassen: Hans V. Pütrich durfte ihn wegen Widerstandes gegen die »Staatsgewalt« und ungebührlichen Verhaltens gegen Amtsträger von Innen kennenlernen. 1621 heißt es über den Taschen- und den Fischerturm, sie »werden jetziger zeith zu gefenknussen gebraucht«. Nach Lipowski wurde der Turm unter Max Emanuel zu einem Arrestlokal für Soldaten hergerichtet, »für schwere Verbrechen von Militärpersonal«, wie Burgholzer ergänzt. Als solches wurde er zu Lipowskis Zeit auch noch verwendet.

Es unterliegt kaum einem Zweifel, daß der Turm mit dem Namen »die Tasche« diesen Namen von den flachen Dachziegeln hatte, mit denen er gedeckt gewesen sein dürfte (die beiden Scheiblinge waren z. B. mit Holzschindeln gedeckt).

Eine Parallele dazu liegt in Ingolstadt vor. Dort führt ein Turm – seit 1557 belegbar – ebenfalls den Namen Taschenturm. Er hatte ein Satteldach und war mit flachen Taschen gedeckt, während die übrigen Stadttürme spitze, pyramidenförmige und mit Hohlziegeln gedeckte Dächer hatten. In Braunschweig gab es eine Taschenstraße (1566). Da ist man sich aber nicht sicher, woher der Name kommt.

In München gab es ein Haus, an dem Taschen angemalt waren und später ein sog. »Taschenhäusl«, siehe bei den Hausnamen. Taschenmacher sind in der Gegend nicht nachweisbar, scheiden als Namengeber also aus. Auch das Frauenhaus ist nicht in der Nähe, so daß auch eine obszöne Anspielung hierauf, wie sie in anderen Städten in Erwägung gezogen wurde, nicht in Frage kommt.

Allerdings könnte die Tasche auch ein Kriegsgerät sein, ein Geschütz etwa. Denn 1396 zahlt die Stadtkammer einen Geldbetrag aus »von drey taschen zu schmiermen und zu machen zu den werken«. Drei Taschen werden also geschmiert und gefertigt zu den Befestigungswerken. Dabei kann es sich wohl kaum um Dachziegel handeln. Eine Lagerung von Kriegszeug oder Standort eines Geschützes ist aber nicht belegt.

Der Glaube, daß dieser Turm schon 1328 in der Kammerrechnung genannt werde, wie man gelegentlich lesen kann, – ebenso wie angeblich auch das Schiffertor – dürfte daher rühren, daß man eines der 1319 (bzw. nach der älteren Literatur 1318 [vgl. zur Datierung bei »Angertor«]) genannten Tore (porta apud balneum hospitalis, porta in prato hospitalis) auf diesen Turm bezog und den Eintrag infolge eines Schreibfehlers anstatt auf 1318 auf 1328 datierte.

Der Taschenturm wurde 1822 teilweise, 1852 wegen des Baus der Maximiliansgetreidehalle vollständig abgebrochen.

Qu.: Schneider Plan 21 Nr. 138. – Muffat, Kazmair-Chronik S. 470. – GB III 32/5 (1404), 138/9 (1413), 164/6 (1415), 174/15 (1416), 183/1 (1417). – KR 1396 S. 69v, 1414 S. 51v, 1419 S. 70r, 1462 S. 92r/v, 1469 S. 89r, 1483 S. 124v, 1483 S. 124v, 1485 S. 101v, 1486 S. 123v, 1492 S. 105r, 1527 S. 101v. – MB 19a S. 131 (1445). – HStA, Kurbaiern U 36182 (1558), GU Mü 2075 (1668). – RP 1534 S. 46r. – StadtA, Städtischer Grundbesitz Nr. 4 S. 43v. – Lipowski II (1815) S. 81, 501. – Burgholzer (1796) S. 310. – Schmeller I Sp. 627. – Dengler, Ingolstadt S. 20, 128/29. – Meier, Braunschweig S. 103/04. – HB AV S. 484.

TÖMLINGERTURM, Weinstraße, seit vor 1420.

Der Familie Tömlinger gehörte von 1406 bis 1541 das auf der Westseite an den Turm angebaute Haus Weinstraße 11. Von dieser Familie führt der Turm deshalb im 15. Jahrhundert auch den Namen

»Tömlingerturm«. Als solcher kommt er 1420 vor, als die Stadtwerkleute »auff dem Turn pey dem Jorg Tömlinger« gearbeitet haben. Auch das Salbuch der Stadt von 1443/44 äußert sich so.
Siehe »Wilbrechtsturm«.
Qu.: KR 1420 S. 65v, 71r. – StadtA, Zimelie 30 S. 14v.

TOR(R)E BELLO, unermittelt, um 1345/46.

Kurz vor Invocavit 1346 (5. März) hatte die Stadt Ausgaben von 20 Pfennigen »pro Tore bello«, für den Schönen Turm. Eine Lokalisierung ist nicht möglich, schon gar nicht eine Gleichsetzung mit dem späteren Schönen Turm an der Kaufingerstraße (Gilardone). Auffallend ist die Verwendung der italienischen oder spanischen Sprache (in beiden Sprachen heißt der schöne Turm »torre bello«), nicht des Latein (turris bella).

Gilardone scheint sich auch geirrt zu haben, wenn er den Namen schon 1325 in der städtischen Kammerrechnung gefunden haben will. Woher er wissen wollte, daß er sechs Jahre später (1331) seinen reichen Bilderschmuck erhalten habe, ließ sich nicht ermitteln. Und warum sollte er dann schon 1325 der »schöne« geheißen haben? Möglicherweise hat Gilardone »1331« mit »1381« verwechselt, dem irrigen Datum Otto Titan von Hefners für die Bemalung des »Schönen Turms«, vgl. dort.
Qu.: KR 1325/46 S. 229r. – Gilardone S. 679.

TOR/TURM bei **ETTALER HAUS,** Kaufingerstraße, seit vor 1383.

Siehe »Kaufingertor«.

TOR/TURM bei dem **JÄGERPÜHEL,** seit vor 1526.

Der Jägerpühel lag auf dem Gelände der heutigen Residenz, am Abhang gegen die Graggenau (Marstallplatz) zu, siehe bei den Straßennamen. Hier gab es im 16. Jahrhundert einen Turm (thurn bey dem Jägerpühl) bzw. sogar ein kleines Tor hinaus vor die Stadt, das 1574 in einer Urkunde genannt wird (auf dem Jägerpüchel beim frstl. Jägerhaus und dem dortigen Tor gelegen).
Qu.: KR 1526 S. 115r/v, 116r. – HStA, Kurbaiern U 16476 (1574). – HB GV S. 273

TOR/TURM bei den **AUGUSTINERN,** Kaufingerstraße, seit vor 1392.

Siehe »Kaufingertor«.

(**Tor beim Spitalbad**), Viktualienmarkt, um 1319/25.

Siehe »Porta apud balneum hospitalis«.

Der Stadt **TORHAUS,** darin der Hacher ist, am Anger, um 1411.

Das Haus des Henkers lag ganz in der Nähe des Sendlinger Tores, zwischen diesem und dem Oberen Anger, ganz an der Stadtmauer. Warum dieses Haus als »Torhaus« bezeichnet wird, ist unerklärlich. Im Jahr 1411 wird im Gerichtsbuch ein Stadel mit dieser Lagebezeichnung veräußert.

Qu.: GB III 108/8 (1411).

TUCHSCHERERTURM, unermittelt, Blumenstraße ?, um 1613.

Der Turm wird genannt in einem Wasserbrief vom 17. Juni 1613. Da ist vom neuen Wasserturm im Zwinger zwischen dem Sendlinger und Neuhauser Tor die Rede (Turm hinter dem Bruderhaus) und von der Hauptdeichl beim »Tuchschererturm«. Eine Deichl ist ein hölzernes Wasserrohr. Der Turm dürfte einer der Stadtmauertürme zwischen dem Angertor und dem Einlaßtor sein. Dort nämlich befand sich der Zwingerabschnitt, der an die Tuchmacher verpachtet war, damit sie dort ihre Tuchmacher-Rahmen aufstellen konnten. Sie sind auf dem Sandtner-Modell und der Stadtkarte von 1806 in Höhe des Sebastians-Platzes deutlich zu sehen. 1621 gibt es dort einen »turn im zwinger beim Anger Thor« oder »turn im gschlachtgwanderzwinger«. 1803 wird ein »Turm im Tuchmacherzwinger«, gelegen »bei dem Einlaß rechts« genannt.

Qu.: St. Peter U 360 (1613). – StadtA, Städtischer Grundbesitz Nr. 4 S. 45r (1621), Nr. 6 (1803).

TÜRLEINSTOR, Burgstraße, seit vor 1319.

Siehe »Türleinsbad«.

TURM an der **ISAR.**

Siehe »Ländhütersturm«, »Roter Turm«.

TURM an **KAUFINGERGASSEN,** um 1479/84.

Siehe »Kaufingertor«.

TURM bei dem **AMPHORA,** Weinstraße, seit vor 1325.

Siehe »Wilbrechtsturm«.

TURM bei dem **BERNSTORFFER/WERNSTORFFER**, Kaufingerstraße, um 1481.

Siehe »Kaufingertor«.

TURM bei dem Jörg **TÖMLINGER**, Weinstraße, seit vor 1420.

Siehe »Tömlingerturm«.

TURM bei dem **LUGER**, Marienstraße, um 1411.

Dieser Turm wird 1411 genannt. Gemeint ist wohl der an der Marienstraße, Richtung Westen, dem Lugerturm benachbarte Turm in der Mauer. Er stand allerdings fast an der heutigen Hochbrückenstraße oben, war also ziemlich weit vom Luger entfernt. In die andere Richtung folgte aber auf den Lugerturm gleich das Isartor und den Rundturm draußen vor dem Luger dürfte es 1411 noch nicht gegeben haben.

Qu.: StadtA, Hochbau Nr. 2/2 S. 7r.

TURM bei den **BARFÜSSERN/MINDERBRÜDERN**, Maximiliansstraße, seit vor 1319.

In der Kammerrechnung heißt es schon 1319 »ad turrem (!) apud minores« (zum Turm bei den Minderbrüdern), 1394 und 1402/03 »Turen pey den Parfussen«, 1422 »die zwen turn pey den parfüssen«. Der Turm stand – so zeigen es die alten Karten sehr deutlich – genau hinter dem Franziskanerkloster, schräg nördlich hinter dem Chor der Kirche. Mit dieser dürfte er demoliert worden sein. Es gibt ihn jedenfalls schon auf der Karte von 1806 nicht mehr.

Qu.: KR 1318/25 S. 22r (1319), 1394 S. 45v, 1402/03 S. 81v, 1421/22 S. 85r (1422).

TURM bei der **ALTEN FÜRSTIN, ALTEN HERZOGIN**, Weinstraße, seit vor 1561.

Siehe »Wilbrechtsturm«.

TURM bei der **EINSCHÜTT**, Graggenau, um 1537/1541.

Dieser Turm muß am Ende der heutigen Hochbrückenstraße gelegen haben. Er ist auf der Karte von 1806 zu sehen, unmittelbar neben dem Einschütt-Bach am südlichen Ende der Malzmühle hinter dem Hofbräuhaus. In den Jahren 1537 und 1541 arbeiten die Stadtwerkleute am »Turm bei der Einschütt«.

Qu.: KR 1537 S. 101r, 1541 S. 111r.

❏ **TURM** bei der **ISARBRÜCKE**, seit 1517.

Siehe »Roter Turm«.

TURM bei der **PROPSTEI, TURM** beim **DOMPROPST**, Dienerstraße, vor 1525 – nach 1589 (1618).

Siehe »Krümleinsturm«.

TURM bei der **ROSSCHWEMM**, Rosental, um 1518.

Siehe »Rosenturm«.

TURM bei der von **WÜRTTEMBERG**, Weinstraße, seit vor 1544.

Siehe »Wilbrechtsturm«.

TURM bei des **WILBRECHTS** Haus, Weinstraße, seit vor 1443/44.

Siehe »Wilbrechtsturm«.

TURM beim **GOLLIR** (turris apud Gollirum), Marienplatz, um 1330.

Siehe »Rathausturm«.

TURM beim **MARSTALL**, Hofgraben, um 1498.

1498 arbeiten die städtischen Werkleute »an der maur nach dem pach, bey hoff, und an dem turn beim marstal, darein das weter geslagen het«. Der herzogliche Marstall lag in dieser Zeit an der Süd-Ost-Ecke der heutigen Hauptpost und lag mit der Süd- wie mit der Ostflanke am Hofgraben an. Der Turm dabei kann nur der später sogenannte »Hexenturm« sein, siehe dort.
Qu.: KR 1498 S. 91v.

TURM beim **SCHIFFERTOR**, Rosental, um 1583.

Siehe »Rosenturm«.

TURM beim **SCHRENCK**, Rosental, um 1361/71.

Siehe »Drächselturm«.

TURM beim **TÄCKENTOR,** unermittelt, um 1371.

1371 wird Kalk zu dem Turm bei dem Taeckentor gekauft. Welcher Turm gemeint ist, läßt sich nicht ermitteln, aber sicher einer im Verlauf der Stadtmauer entlang der Westenriederstraße.
Qu.: KR 1371 S. 48r.

TURM beim **TALTOR,** unermittelt, um 1418.

»An dem turn pey Taltor« wird 1418 gearbeitet. Es ist aus dem Zusammenhang nicht ersichtlich, welcher Turm gemeint ist. Es könnte der Luger sein, aber warum wird er dann nicht so genannt? Deshalb wohl eher ein anderer.
Qu.: KR 1418 S. 65v.

TURM beim **ZERGADMER,** Dienerstraße, um 1360.

Siehe »Krümleinsturm«.

TURM bei **SANKT SEBASTIAN,** Sebastiansplatz, seit um 1541/42.

Dieser Turm hat sonst keinen Namen, kommt auch weiter in den Quellen nicht vor. Es ist der Turm in der Stadtmauer, genau auf der Höhe des heutigen Sebastiansplatzes, Nachbarturm des Taschenturms. An diesem Turm werden 1541, 1542 und 1574 Reparaturarbeiten durchgeführt.
Qu.: KR 1541 S. 105v, 110v, 1542 S. 118r, 1574 S. 118r.

TURM, da **KONRAD VON EGLOFSTEIN** inne ist, Kaufingerstraße, um 1442.

Siehe »Kaufingertor«.

TURM der **WEINSTRASSEN,** Weinstraße, seit vor 1481.

Siehe »Wilbrechtsturm«.

TURM des von **SCHWARZENBERG,** Weinstraße, um 1536.

Siehe »Wilbrechtsturm«.

TURM hinter dem **RASP,** Blumenstraße, um 1452.

Im Jahr 1452 wurde von den Stadtwerkleuten gearbeitet »an dem turn hinder dem Raspen«. Der Metzgerfamilie Rasp »von Moshaim«

gehörte von 1399 bis um 1490 das Haus St.-Jakobs-Platz 8. Alle Häuser in diesem Block zwischen Sebastiansplatz, Ringmauer (Blumenstraße) und St.-Jakobs-Platz gingen durch bis an die Mauer, also bis zur heutigen Blumenstraße. Genau in Höhe des Hauses Nr. 8 stand in der Mauer ein Turm. Um ihn muß es sich hier handeln.
Qu.: KR 1452 S. 90v.

TURM hinter dem **RUDOLF,** Rosental, um 1408.

Siehe »Draechselturm«, »Rosenturm«.

❏ **TURM** (im) **ISARTAL, TURM** in dem **ISARTURM** des Taltors, unermittelt, um 1416/24.

Siehe »Isarturm im Tal«.

TURM im **ROSENTAL,** Rosental, um 1545.

Siehe »Rosenturm«.

TURM in der **GRAGGENAU,** unermittelt, um 1330/31. 1621.

Der »turris in Gragknawe« wird nur einmal, nämlich in der Kammerrechnung des Jahres 1330/31, genannt. Er ist nicht einzuordnen. Gleiches gilt für den »Turm in der Graggenau« von 1621. Es muß nicht derselbe gemeint sein.
Qu.: KR 1325/46 S. 38r (1330/31). – StadtA, Städtischer Grundbesitz Nr. 4 S. 44 (1621).

TURM in des **FELERS GÄSSEL,** Westenriederstraße, um 1579.

Siehe »Taeckentor«.

TURM zum **PULVERSTESSEN,** um 1492.

Siehe »Pulverturm«.

TURRIS, unermittelt, 1368.

Die Kammerrechnung von 1368 enthält drei Seiten Bauausgaben unter der Überschrift »Turris«. Welcher der vielen Türme es ist, der hier gebaut wurde, ist leider nicht zu ermitteln.
Qu.: KR 1368 S. 51r–52r.

TURRIS apud **NOVAM PORTAM,** unermittelt, Tal, um 1336/37.

Die »nova porta« ist auf jeden Fall das heutige Isartor. Nicht zu ermitteln ist, welches der Turm bei diesem neuen Tor ist. Es könnte sich um den Luger handeln, aber auch um den sog. Spansrad-Turm oder einen anderen.
Qu.: KR 1325/46 S. 101r.

TURRIS HOSPITALIS, unermittelt, um 1320.

Die Kammerrechnung spricht 1320 vom Spitalturm (»de turri hospitali«). Wenige Seiten später von »nova turri ad hospitale(m)«, vom neuen Spitalturm und »de turri vallis ad hospitale(m)«, vom Talturm am Spital. Ein Turm im Tal beim Spital ist sonst nicht belegt. Es könnte sich um einen Torturm handeln, der die Einfahrt zum Spitalbereich etwa neben dem Chor der Kirche, über der heutigen Heiliggeiststraße, überwölbte. Der Turm kommt später nicht mehr vor. Er könnte bei Anlage der Fischergasse (Heiliggeiststraße), die ja auf einem Platz des Spitals eingerichtet wurde, um 1385 wieder beseitigt worden sein.
Qu.: KR 1318/25 S. 40v (1320), 48r/v.

TURRIS in/super **CHALTENBACH,** Westenriederstraße/Radlsteg ?, um 1324/31.

Der Turm am oder über dem Kaltenbach wird 1324 (pro tecto turris in Chaltenbach) und 1330/31 (ad turrim super Chaltenpach) genannt. Wahrscheinlich ist damit der spätere Katzenturm gemeint. Er steht über dem Bach.
Qu.: KR 1318/25 S. 87v, 88r (1324), KR 1325/46 S. 36r (1330/31).

TURRIS in **MURO NOVO,** unermittelt, 1361.

Im Jahr 1361 enthält die Kammerrechnung Ausgaben »pro tegumento turrim in muro novo« (für das Dachdecken auf dem Turm der neuen Mauer) bzw. »pro tegumento turrim et muri civitatis« (... der Stadtmauer). Bei der neuen Mauer handelt es sich wahrscheinlich um die Stadtmauer im Tal, die in der Zeit zwischen 1336 und 1346 erbaut worden ist, siehe Einleitung. Der Turm steht also demnach wohl innerhalb dieses Teils der Befestigung.
Qu.: KR 1360/62 S. 53r, 66r (1361).

TURRIS in VALLE, unermittelt, Tal, um 1323/44.

Dieser Turm im Tal (turris in valle) kommt schon 1323/24 vor. 1338 erhalten Handwerksknechte 72 Pfennige, weil sie den Turm im Tal gelöscht haben (servis extingwentibus (!) turrim in valle). Auch 1343/44 wird er noch genannt.

Qu.: KR 1318/25 S. 88r (1323), 1325/46 S. 112r (1338), S. 193 (1343/44).

TURRIS STURMGLOGK, unermittelt, um 1346.

Nur einmal, im Jahr 1346, gibt die Stadt Geld aus »ad turrim sturmglogk«. Der Turm ist nicht zu lokalisieren.

Qu.: KR 1325/46 S. 241r.

TURRIS WADLERII, unermittelt, um 1320.

Siehe »Wadlerturm«.

UNSCHLITTURM, Unterer Anger, 18. Jhd.

Siehe »Angertor«.

UNSER FRAUEN TURM, Frauenplatz, seit vor 1539.

Siehe »Frauentürme«.

UNSER LIEBEN FRAUEN GOTTESACKER TURM, Salvatorplatz, Ende 18. Jhd.

Mit diesem umständlichen Namen bzw. auch mit dem Namen »St. Salvators oder Unser Lieben Frauen Gottesackerthurm« bezeichnet Stimmelmayr den Turm der Salvatorkirche.

Qu.: Stimmelmayr S. 119 Nr. 125/5, S. 120 Nr. 126/4.

UNSERES HERRN TOR, Odeonsplatz, seit vor 1372.

Siehe »Schwabinger Tor«.

(Unteres Tor), Marienplatz, um 1239.

Siehe »Rathausturm«.

WADLERTURM, unermittelt, um 1320.

Dieser Turm (ad turrim Wadlerii), nach einer bedeutenden Münchner Familie dieser Zeit benannt, berühmt geworden durch die sog. Wadler-Brezen-Spende, wird in der Kammerrechnung zum Jahr 1320 genannt. Er ist nicht zu lokalisieren. Bei Einsetzen der Gerichts- und Steuerbücher finden sich zwar noch Spuren von Wadler-Besitz, z. B. beim Haus Marienplatz 19. Sie liegen aber nicht an einem Turm.
Qu.: KR 1318/25 S. 43v (1320).

WASSERTÜRME (Brunnhäuser), verschiedene, seit 1511.

Wasserstuben, also Quellfassungen, gab es schon seit vor 1422. Aus diesem Jahr gibt es Nachrichten über Arbeiten daran. Sie werden auch 1433 und 1434 wieder genannt und lagen an der Isar. In den 60er Jahren des 15. Jahrhunderts wurde eine erste großangelegte Wasserleitung von Thalkirchen in die Stadt herein gebaut, so daß es von da an möglich war, Wasser auch über ein Röhrenleitungssystem aus Quellen und Brunnhäusern außerhalb der Stadt zu beziehen.

Das erste Brunnhaus, von dem wir hören, wurde 1511 gebaut (»gearbait am zymer [Zimmer = Zimmerwerk, Dachstuhl] auff das prunnhaus«, »am prunnhauß auff der Yserprucken«, »an dem prunnhauß auf der Yserprucken«, »das klafferheußl [Klaffer = Wasserstube, Wasserfassung] auf der Yserprucken«). Auch 1516 wird »gearbait auf der Yserprucken vom prunhaus daselbs« bzw. »auf der Yserprucken und prunhaus« und »auf der Yserprucken an dem prunhaus«. Daraus muß man schließen, daß sich dieses Brunnhaus auf der Isarinsel befand. Gespeist wurde es wohl von einer Wasserstube am Isarberg (1511: »gearbait am klaffer beim Yserperg«). Fast das ganze Jahr 1511 über finden sich Eintragungen in der Kammerrechnung für den Bau dieses Brunnhauses auf der Brücke.

Der Standort dieses Brunnhauses auf der Brücke hatte sich vielleicht nicht bewährt; denn 1537 hören wir vom Bau eines neuen Brunnhauses ganz in der Nähe. Es lag ausdrücklich »am Yserperg« bzw. »zu Haidhausen«. Man baute demnach jetzt die bisherige Wasserstube zu einem Brunnhaus um oder aus. Das ganze Jahr über finden sich die Ausgaben dafür in der Kammerrechnung (Steine, Dachdeckerarbeiten usw.). Die Baumeister waren der Stadt-Oberzimmermann Meister Lienhart Haingartmair und der Ober-Maurer Wolfgang, dann Jörg Ringler.

Im Jahr 1554 hören wir von einem weiteren. Dem Hans Gasteiger, einem Uhrmacher, »so dieses wercks maister«, werden aus der Stadtkasse 460 Taler »wegen der neu gemachten prunnen im zwinger bey dem Nonhauserthor« (sog. Gasteiger-Brunnhaus) ausgezahlt. Die Stadt war mit Gasteigers Arbeit so zufrieden, daß sie ihn seit dem 3. Quartal des Jahres 1555 in die Schar ihrer festen Beamten aufnahm. Seit dieser Zeit erhält er sein Vierteljahresgehalt wie andere Amtleute seines Ranges auch (bis 1563). Im April/Mai 1556 werden Maurerarbeiten am »Wasserthurm beim Neuhauser Tor« durchgeführt, im Juli wird auf dem Wasserturm das Dach gedeckt. Im Februar 1557 errechnete die Stadtkammer für das Jahr 1556 mehr als 63 Gulden »Uncosten des neu gemachten Brunnens im Zwinger des Neuhauser Tors«. Auch 1559 gibt es noch einmal Maurerarbeiten im Brunnhaus beim Neuhauser Tor. An seiner Stelle steht heute das Künstlerhaus am Lenbachplatz.

Als nächstes nahm Gasteiger den Bau eines Brunnhauses am Isarberg in Angriff. Offensichtlich war es ein Um- oder Ausbau des bereits seit 1537 bestehenden. Um Michaeli 1555 wurden Gelder für »Schapfen beim Isarthurn« abgerechnet und am 14. September 1555 Maurer- und Zimmererarbeiten und es wird »an Redern im Brunnhaus am Isarberg« gearbeitet. Im Januar 1557 ersetzt man Hans Gasteiger seine Unkosten für das abgelaufene Jahr »von wegen des Brunnens am Isarberg mit den Rädern, Schrauben und ander Notdurft«, aber auch »auf einen Stiefel (= Wasserpumpe) in dem neugemachten Brunnen im Zwinger beim Neuhauser Tor zu bessern«.

Das Brunnhaus am Isarberg hatte 1621 zwei doppelte und ein kleines einfaches Werk. In der Folgezeit wurden mehrere Wassertürme als Hochbehälter im Bereich der Stadtmauer errichtet, die das Wasser weiterverteilen konnten.

Das Gasteiger-Brunnhaus beim Neuhauser Tor wurde am 5. August 1600 von der Stadt an Herzog Wilhelm vertauscht. Das andere Tauschobjekt war das »neuerbaute Wasserwerk zwischen Neuhauser und Sendlinger Tor«, also dasjenige mit dem Wasserturm hinter dem Bruderhaus am Kreuz. Dieses bekam nunmehr die Stadt. Der Wasserturm wird am 18. Oktober 1599 das »gleich gegen Sant Peters Gottesacker über stehende neu zugerichte(te) Wasserwerch« genannt. Noch am 17. Juni 1613 nennt man ihn den »neuen Wasserturm im Zwinger zwischen Sendlinger und Neuhauser Tor«, 1622 das »Brunnhaus hinter dem Bruderhaus«, 1803 den Stadtwasser-Reserve-Thurm an der Kreuz- und Schmalzgasse. Es hatte 1621 ein doppeltes Werk.

Um dieselbe Zeit, um 1614, wurde auch der Katzenturm über dem gleichnamigen Bach, an der Westenriederstraße gelegen, zu einem Wasserturm umgebaut. Das Brunnhaus lag gleich dahinter an der Frauenstraße. Der älteste Wasserbrief über den Verkauf von Wasser aus diesem Brunnhaus stammt vom 20. Mai 1615. Es wird 1617 auch im Wasserbuch erwähnt und hatte 1621 ein doppeltes Werk.

Ebenfalls zu Beginn des 17. Jahrhunderts wurde das Brunnhaus am Glockenbach errichtet. Es lag außerhalb des Oberen Angers, hinter dem Heyturm. Dieser diente fortan als Wasserturm, erstmals am 17. August 1617 belegt (»aus derselben (= der Stadt) Brunnhaus und Wasserthurm zwischen des Anger- und Sentlingerthors«). Das Brunnhaus hatte 1621 ein einfaches Werk und war gelegen »im Anger-Zwinger auffm Gloggenbach«.

So besaß die Stadt um 1621 diese vier Brunnhäuser mit Wassertürmen: 1) auf dem Gasteigberg, 2) hinter dem Bruderhaus, 3) auf dem Katzenbach und 4) im Anger-Zwinger (Heyturm, Glockenbach-Brunnhaus). Dasjenige beim Künstlerhaus (Gasteiger) am Lenbachplatz hatte sie ja 1600 an den Herzog vertauscht. Ebenfalls zum Hof gehörte das 1562 erbaute Hofgarten-Brunnhaus an der Galeriestraße.

»Wasserturm« ist eine Funktionsbezeichnung, nicht eigentlich ein Turm-Name.

Qu.: KR 1511 S. 92r, 101v, 102r/v, 104v, 105r, 106v, 107r, 1516 S. 120r, 1537 S. 94v, 98v, 99v, 100v, 101v, 102r/v, 103v, 104v, 106v, 107r, 1554 S. 96a v, 1555 S. 83v, 106r, 114v, 120r, 1556 S. 96r/v, 119r/v, 1559 S. 120r. – StadtA, Urk. F I i 1 – »Wasserturm« (1599) und Nr. 1 (1600), Nr. 4 (1622), Nr. 30 (1617), vgl. auch Nr. 15 (1622 Oktober 13); F I i 3 – Nr. 153 (1615); Städtischer Grundbesitz Nr. 4 S. 97r ff. (1621). – St. Peter U 360 (1613). – Hübner I (1803) S. 90, 592. – Schattenhofer MA M 01056. – Schattenhofer, Die Münchner Wasserversorgung bis 1883, in: OA 109/1, 1984, S. 149/51. – v. Bary S. 644/45. – Die Wasserversorgung der kgl. Haupt- und Residenzstadt München, ihre Entwicklung und ihr gegenwärtiger Zustand, = Festschrift zur 53. Jahressammlung des Dt. Vereins von Gas- und Wasserfachmännern, München 1912, darin: Die Entwicklung der alten Münchner Wasserversorgung, verfaßt von Regierungsbaumeister Lösch, S. 1–31, hier S. 2, 3, 10 (1617).

WELSCHER-NONNEN-TURM, Herzogspitalstraße, Ende 18. Jhd.

Nur bei Stimmelmayr kommt dieser Turm vor. Es handelt sich dabei um ein kleines Türmchen, das auf seiner Zeichnung der Stadtansicht von Süden links neben dem Bruderhaus-Turm in der Stadtmauer aus dem Hintergrund hervorragt. Es gehört zu einer Kirche im Hacken-Viertel.

Als »welsche Schwestern« bezeichnete man nach Schattenhofer in München die Salesianerinnen, die 1667 aus Vercelli in Piemont nach München gekommen waren und seit 1675 das ehemalige Indersdorfer Klosterhaus übernahmen. Es ist heute bekannter als »Damenstift« in der Damenstiftstraße. Die Damenstiftskirche St. Anna hatte aber nie einen Turm.

Deshalb ist anzunehmen, daß Stimmelmayr mit den »welschen Nonnen« nicht die Salesianerinnen, sondern die Servitinnen gemeint hat. Sie waren 1715 aus Venedig nach München gekommen, hatten 1725 die St.-Elisabeth-Kirche in der heutigen Herzogspitalstraße erhalten und 1727 das Haus neben der Kirche. Diese Kirche hatte einen Turm, der heute gelegentlich auch Spitzweg-Turm genannt wird. Auch seine Lage im Stadtprospekt würde mit dem Türmchen auf Stimmelmayrs Zeichnung übereinstimmen.

Qu.: Stimmelmayr S. 120 Nr. 126/7. – Schattenhofer, Geistliche Stadt S. 69/70.

WILBRECHTSTURM, Weinstraße, seit vor 1361.

Der Name, unter dem dieser Turm am bekanntesten ist, nämlich »Wilbrechtsturm«, kommt erstmals im Jahr 1361 in lateinischer Form vor: »a turri (aput) Wilbertum« und »ad turrim apud Wilbertum«. In der Kammerrechnung von 1402/03 wird Kalk gekauft »zu des Wilbrechts tor«. Erst im Jahr 1485 kommt der Name dann wieder in dieser Form in der Kammerrechnung vor (gepflastert unter des Wilbrechts turn). Allerdings war im Salbuch von 1443/44 schon die Rede von dem Turm »bei des Thomlingers oder Wilbrechts Haus«. Bis 1518 findet sich die Bezeichnung dann regelmäßig. Danach wird sie seltener (1539, 1546, 1551, 1582) und macht anderen Namen Platz. Das hängt damit zusammen, daß auch hier, wie bei den Straßennamen, die Namen von den jeweiligen Hausbesitzern der Nachbarhäuser abhängen. Wenn diese wechseln, wechselt auch der Name des Turms. Die Familie Wilbrecht hat das Haus Weinstraße 13, an der Ostseite des Turms, am 30. Juni 1522 verkauft.

Die erste Erwähnung des Turms in einer schriftlichen Quelle könnte der Eintrag in der Kammerrechnung für das Jahr 1323 sein, falls er sich nicht auf den Krümleinsturm bezieht. Da wird die Brücke »aput interiorem portam Swaebingeriorum« repariert, die Brücke bei dem inneren Schwabinger Tor. Einen gleichlautenden Eintrag gibt es dann noch einmal von 1338.

Sicher bezieht es sich auf dieses Tor, wenn 1325 »in turri apud amphoram« und 1331 und 1338 »ad pontem aput amphoram« und »super pontem amphore«, also »im Turm« bzw. »an der Brücke« »beim Amphora«, Reparaturarbeiten ausgeführt werden. »Amphora« heißt auf deutsch »Krug«. Es gab im 14. Jahrhundert in München eine Ratsfamilie Krug. Dieser Familie gehörte das Haus Weinstraße 13, am Turm (»de domo Chrugk« 1341). Der letzte Inhaber des Hauses aus dieser Familie, der Weinhändler Johans Krug, konnte 1353 eine Weinlieferung des Konrad Wilbrecht in Höhe von über 122 Pfund nicht bezahlen und verpfändete dem Wilbrecht deswegen dieses Haus. Er konnte die Pfandschaft auch später nicht auslösen, so daß das Haus mit Urkunde vom 9. Februar 1355 endgültig an die Familie Wilbrecht überging, die es bis 1522 behielt. Hierbei liegt das Haus 1355 »an der Weinstrass, an dem vodern Schwabingerthor«.

Der Begriff »Tor« kommt für dieses Bauwerk nur 1323 vor, falls es sich – wie gesagt – hierauf bezieht, ebenso 1355 und noch einmal im Jahr 1394. Es heißt da nur das »Tor«, ohne Beinamen. Nur aus dem Zusammenhang ist zu erschließen, daß es sich um den Wilbrechtsturm handelt. Dann ein letztes Mal 1402/03. 1325 heißt das Bauwerk schon »turris«, Turm.

Seit um 1420 beginnt man, den Turm nunmehr sogar nach dem Haus auf der gegenüberliegenden Straßenseite »Tömlingerturm« zu nennen, siehe dort, und 1481 spricht man sogar nur von dem »Turm der Weinstrassen«.

Am 30. Juni 1522 verkaufte die Familie Wilbrecht das Haus an den Landhofmeister in Bayern Christoph von Schwarzenberg und Hohenlandsberg. Im Jahr 1536 heißt der Turm denn auch »Turm des von Schwarzenberg«. Der Freiherr von Schwarzenberg war außerdem 1519 Herzog Wilhelms IV. Statthalter in Württemberg, nachdem der Schwäbische Bund unter bayerischer Führung Herzog Ulrichs I. von Württemberg Land besetzt hatte. Die Schwester Sabina der Herzöge Wilhelm IV. und Ludwig X. war jedoch seit 1511 mit ebendiesem Ulrich von Württemberg verheiratet. Da sie sich in Württemberg nicht halten konnte, kehrte sie nach München zurück und erwarb am 25. Februar 1538 (Kaufsverabredung) vom Schwarzenberger dessen Haus an der Weinstraße. Die Urkunde stellt ihr Bruder, Herzog Ludwig X., aus. 1539 bestätigen die Vormünder der Schwarzenberg'schen Kinder, daß sie die verabredete Kaufsumme erhalten hätten. Mit Urkunde vom 29. August 1543 überließ die Stadt der Herzogin Sabina den Turm lebenslänglich. Als Gegenleistung dafür erhielt die Stadt von Herzog Ludwig X. in dessen anstoßendem Haus am Eck (zur Schrammerstraße), dem Spiegelbrunnen gegenüber, einen Laden.

Wie lange die Herzogin Sabina das Haus bewohnte, wissen wir nicht. Sie ist im Jahr 1550 Witwe geworden und danach wohl nach Württemberg zurückgekehrt, wo sie 1564 starb. Schon die Steuer des Jahres 1550 überbrachte ein Doctor Alexander. In den Quellen heißt das Haus in ihrer Zeit »domus (derer) von Württemberg« (z. B. im Steuerbuch 1549/II (Herbst)). Später auch »domus der alten Fürstin« (so im Steuerbuch von 1550). Auch der Turm führt diese Namen. Im Jahr 1544 wird die Straße gepflastert »beym thurn bey der von Wirtnwerg«.

Im selben Jahr wie die Herzogin Sabina von Württemberg wurde in München eine andere Herzogin Witwe, nämlich Jakobäa von Baden, die Gemahlin von Herzog Wilhelm IV. Sie übernahm nun das Haus der Sabina als Witwensitz. Am 14. Januar 1551 bezahlt das Hofzahlamt bereits Rechnungen der Herzogin Jakobäa für Handwerksleute, den Bau ihres Hauses betreffend. Bei der ersten Steuer-

Abb. 77: *Der »Wilbrechtsturm« von Norden. Lavierte Handzeichnung von C. A. Lebschée, 1853. Rechts Einmündung der Schäfflerstraße zwischen dem »Schäffler-« und dem »Bäckereck«, links Einmündung der Schrammerstraße. Davor der »Spiegelbrunnen«.*

erhebung des Jahres 1551 steht bei diesem Haus Weinstraße 13: »domus Unser gn(ädigen) fr(au) Jacoba, hertzogin in Bayern«, bei der zweiten Steuer des Jahres 1551: »domus der altn furstin«, »domus der alten hertzogin« usw. (sie war 1507 geboren, also 44 Jahre alt). Diese Namen übernimmt jetzt auch der Turm. 1561 wird »am thurn bej der alten furstin der khumich (Kamin) abprochen«, 1562 wieder »thurn bej der alten furstin« und »auff der hertzogen thurn«. Auch 1572, 1574, 1579 und 1591 heißt er noch der Turm bei der alten Herzogin, nachdem Jakobäa 1580 bereits gestorben war.

Das Haus mit Turm besitzt noch bis zum 1. Juli 1598 Herzog Wilhelm V. Dann wird das Anwesen wieder verkauft. Von jetzt an werden vorwiegend die Namen Nudelturm und Schäfflerturm gebraucht, siehe dort.

Wie wenig man oft schon in früheren Jahrhunderten mit solchen Namen anfangen konnte und wie man sie rasch umdeutete, zeigt folgendes Beispiel: Im Jahr 1665 mußte die Baubehörde Schäden an den Gewölben über den alten Stadtgraben vor den Toren der inneren Stadt beseitigen. In einer dazu erstellten Schadensliste werden nacheinander aufgeführt der Blauententurm, der Schöne Turm, der Schäfflerturm und der »Wildbräththurm«. Der Verfasser hat hier einen der zahlreichen Namen des Turmes an der Weinstraße zweimal vergeben und außerdem den Namen »Wilbrechtsturm«, den er nicht verstand, in »Wildbretturm« umgedeutet und fälschlich auch noch auf den Turm an der Dienerstraße bezogen.

Vor allem einen Namen hatte dieser Turm nie: »Drächselturm«. Einen Turm mit solchem Namen gab es zwar. Ihn auf diesen Turm zu beziehen, verbietet die Quellenlage. Es gab neben diesem Turm nie eine Familie Draechsel. Die älteren Autoren glaubten, eine Frau namens Draechslin, die Ende des 14. Jahrhunderts in den Steuerbüchern erscheint, aber in die Landschaftsstraße gehört, hierher beziehen zu müssen. Tatsächlich handelt es sich beim Drächselturm mit wesentlich mehr Grund um den »Rosenturm«, siehe dort.

Der Turm gehörte der Stadt und war deren erste uns bekannte Rüstkammer, dies bereits 1325, als die Stadt dort »12 balistas und chrapfen« einlagerte. Sie hat ihn 1430 »mit einem stublein gepaut und zugerichtet oben« und verwahrte darin die städtischen Armbrüste. So sagen es die beiden Salbücher von 1443/44 und 1444/49. Später war der Turm offenbar auch bewohnt, zumindest vermietet. Daniel Limmer, später Arsaci Krell, zahlen jahrelang Mietzins aus dem Schäfflerturm an die Stadt und 1583 hat ihm die Stadt neue Fensterrahmen eingesetzt. Noch 1691 – kurz vor dem Abbruch – zahlt »Hannß Martin Mayr, Clausurmacher auß dem gemächl auf dem Schäfflerthurn 4 Gulden Zins an die Stadt und sogar 1692 vermerkt die Kammerrechnung noch das Ausbleiben des Zinses in diesem Jahr mit der Bemerkung: »Allweillen diser thurn weegen der Engellendischen Freylen alda gefiehrten Paus beraits vor ainem Jahr hat abgetragen werden miessen, derentwillen ist zins eingangen -/-/-- « (= nichts).

Der Abbruch des Turms erfolgte wegen des Neubaus eines Gebäudes für die Englischen Fräulein auf dem Gelände des Hauses Weinstraße 13 gegen Ende des Jahres 1691. Am 17. Januar 1692 war er bereits abgebrochen, während 1691 auf Georgi und Michaeli (29. September) der Hans Martin Mayr noch je 2 Gulden Mietzins gezahlt hat.

Daß er 1157 bereits gebaut worden war, wie die Literatur wissen will, läßt sich nicht belegen.

Vgl. auch »Nudelturm«, »Schäfflerturm«.

Qu.: KR 1318/25 S. 89r (1323), S. 102v (1325), KR 1325/46 S. 47v (1331/32), S. 112r, 115v (1338), S. 129v (1339), S. 153r (1341), KR 1360/62 S. 68r/v (1361), 1402/03 S. 83v, KR 1481 S. 76v, 1485 S. 119v, 1491 S. 113r, 1518 S. 130v, 1536 S. 152, 1539 S. 112v, 1544 S. 126r, 1546 S. 127r, 1551 S. 111r, 1561 S. 120v, 1562 S. 114r, 120v, 1572 S. 132r, 1574 S. 132r, 1579 S. 141r, 1583 S. 126r, 1595 S. 40v, 42r, 1591 S. 41r, 1596 S. 41r, 42v, 1691 S. 43r, 1692 S. 43r. – OA 8 S. 267 (1582). – HStA, GU Mü 50 und 52 (1353, 1355), 559 (1522), 793 (1538), 803 (1539). – GB II 62/7 (1394). – StadtA, Zimelie 30 S. 14v, Zimelie 19 S. 54; Tiefbau Nr. 73 (1665). – Riezler IV S. 40-45 (1519). – HStA, MK 14574 (1543). – Megele, Baugeschichtlicher Atlas S. 125. – Hartig, Künstler S. 362 Nr. 591 (Hofzahlamtsrechnung 1551 S. 33).

WURZERTOR, Am Kosttor, seit vor 1361.

Die »porta Wurzerii« wird erstmals 1361 genannt. Älter ist aber der Name »Graggenauer Tor«, später kommt auch der Name »Kosttor« auf, siehe dort. Auch in diesem Fall überwiegt anfangs die Genitiv-Version des Namens (»des Wurzers tor«), die bis mindestens 1413 nachweisbar ist und auf eine Ableitung von einem Familiennamen deutet. Manchmal wird auch hier – wie in vielen vergleichbaren Fällen – das Bestimmungswort »-tor« weggelassen, so daß man unschlüssig ist, ob der Mann namens Wurzer gemeint ist oder das Tor, so wenn 1368 ein Baumgarten »pey dem Wurczer« liegt oder 1375 ein Grundstück »hinter dem Wurczer«. Ja noch 1415 wird gearbeitet »an der prukhen pey dem Würczer«. 1373 und 1376 liegt aber Hans des Färbers Färbhaus an dem Eck zunächst »bey dez Wurczers tör« bzw. »vor dez Wurczers tor«, 1376 ein garten »bey dez Wurczers des geigers acker« usw. Außer dem Geiger namens Wurzer gibt es 1368 im Steuerbuch schon einen »Perchtold gener Wurzerii« (Schwiegersohn des Wurzer), der in der Prannerstraße, später Kreuzgasse sitzt. Noch 1496 und 1500 gibt es – nunmehr sogar in der Graggenau – einen Ircher namens Konrad Wurzer.

Es besteht also wohl kaum ein Zweifel daran, daß der Name dieses Tores von einem Familiennamen Wurzer abgeleitet ist.

Die Herkunft der Behauptung, das Tor sei »um 1340« gebaut worden (Megele), ist nicht nachprüfbar. Abgebrochen wurde es 1872.

Siehe »Graggenauer Tor«.

Qu.: GB I 1/9 (1368), 35/16 (1373), 63/7, 64/3 (1375), 75/6, 81/18 (1376), GB III 134/14 (1413). – KR 1360/62 S. 68r (1361), 1378 S. 47r, 1415 S. 45r. – StadtA, Stadt-Chronik 1872 I S. 347, 741, 801, 809. – Megele S. 124.

❏ Des **ZAUNHACKEN TURM,** unermittelt, um 1524.

Siehe »Pulverturm«.

Des **ZEILINGS TOR,** Kaufingerstraße, um 1402/03.

Siehe »Kaufingertor«.

ZERWIRKGEWÖLBE-BOGEN, Burgstraße, um 1827.

Siehe »Schlichtinger-Bogen«.

ZIECHTURM, Lueg ins Land, o. D.

Siehe »Lugerturm«.

ZOLLTOR, Tal, seit vor 1380.

Siehe »Isartor«.

ZOLLTOR, Neuhauser Straße, seit vor 1406.

Siehe »Neuhauser Tor«.

Des **ZYFERS TOR,** Viktualienmarkt, seit vor 1360.

Siehe »Schiffertor«.

Anhang

1. Bäche

❏ **ALTACH,** unermittelt, auf dem Grieß, seit vor 1378.

1378 liegt ein Haus draußen vor dem Isartor »auf dem Griezz auf der Altach«. Näher ist die Lage nicht zu ermitteln, auch nicht um welchen der vielen Bäche es sich handelt.
Qu.: GB I 95/22.

ANGERBACH, großer, kleiner, seit vor 1797.

Der Name scheint nicht sehr alt zu sein. Auch Stimmelmayr sagt nur »Bach« und meint damit den großen Angerbach. 1771 wird er aber »Pach auf dem Anger« genannt. Auf jeden Fall wird der Name »Angerbach« 1797 in den Bauakten gebraucht, 1799 »am großen Angerbach«.
Qu.: Stimmelmayr S. 127. – StadtA, Bäche und Gewässer 313 (1771, 1799); Tiefbau 47 (1797).

BACH bei der Horbruck, Tal, um 1395.

Siehe »Horbruckbach«.

❏ **BACH zu NEIDECK,** um 1383.

Die Neideck-Mühle, mit »Ott der Müllner, genant der Neydegker« belegt seit 1353–1387 ist »Strobel mülner zu Neydgk«, lag in der heutigen Buttermelcherstraße 16. Der »pach zue Neydekk« wird 1383 genannt. 1377 nannte man ihn »des Strobels ... pach«. Gemeint ist in beiden Fällen der spätere Heiliggeistmühlbach.
Qu.: Vogel, Heiliggeistspital U 152 (1383). – Fritz Hilble, Die alten Münchner Mühlen und ihre Namen, in: OA 90, 1968, S. 93.

❏ **BLEICHBACH,** unermittelt, seit vor 1406/07.

Bach entlang der Stadtbleiche zwischen der Stadtmauer und der Isar. Es gab eine obere und eine untere Bleiche.
Qu.: KR 1406/07 S. 77v.

BRÄUHAUSBACHL, Graggenau, 19. Jhd.

Dieses Bachl wurde hinter der Hofpfisterei vom Pfisterbach abgeleitet und dann hinter den Häusern an der Pfisterstraße vorbei unter dem Hofbräuhaus hindurch zum Malzmühlbach geleitet. Der Name ist erst im 19. Jahrhundert belegt.
Qu.: StadtA, Bäche und Gewässer 422.

CANTOREYBACHL, Graggenau, um 1575.

Die Cantorey war um diese Zeit das Haus Platzl Nr. 8 C, das später im Hofbräuhaus aufgegangen ist. Zwischen dem Haus C und dem Haus B hindurch floß ein kleiner Bach, der 1575 das »Cantorey-Bachl« genannt wurde.
Qu.: KR 1575 S. 135r. – HB GV S. 268.

❏ **DREIMÜHLENBACH,** Dreimühlenstraße, seit vor 1712 (1331).

Als »Mühlbach«, in Zusammenhang mit den Mühlen Schwalbenstein und Eggolfsmühle und einer dritten, die der Kaiser nunmehr dem Angerkloster zu bauen erlaubt (= Aumühle), kommt dieser Bach schon 1331 vor. 1712 heißt er dann »drei mihler pach« oder 1735 »Millbach der dreyen miller«. Die drei Mühlen waren: Brudermühle (Eggolfsmühle), Aumühle und obere Kaiblmühle.
Qu.: MB 18 S. 130 (1331). – Hilble S. 83.

EINSCHÜTTBACH.

Siehe »Horbruck-Bach«.

FEUERHAUSBACHL, St.-Jakobs-Platz, seit nach 1795.

Das Feuerhaus auf dem St.-Jakobs-Platz 13 wurde 1795 errichtet. Der Bach verlief von der Probstbräustraße aus unter dem Feuerhaus durch auf den Sebastiansplatz zu, über ihn hinweg und unter der heutigen Blumenstraße hindurch auf die Straße »Am Einlaß« zu. Der Name ist erst möglich, seit es das Feuerhaus gibt.
Qu.: StadtA, Bäche und Gewässer 308.

FISCHERBACH, Viktualienmarkt, o. D. (19. Jhd.).

Seit man um 1385 auf einem Teil der Hofstatt des Spitals die Fischer angesiedelt hatte, mußte man ihnen die Möglichkeit schaffen, ihre Fische im fließenden Wasser frisch zu halten. Man leitete deshalb vom Veist- bzw. Roßschwemmbach einen kleinen Seitenarm ab, von der Stadtmauer (Fischerturm) aus Richtung Norden, an den Fischerhäusern an der heutigen Heiliggeiststraße vorbei. Kurz vor der Kirche bog der Bach nach Westen ab und suchte wieder den Fleischbankbach zu gewinnen.

Der Bach wurde seit Ende des Zweiten Weltkrieges nicht mehr mit Wasser beschickt und der Zulauf abgemauert. In der früher offenen Strecke wurde der verschüttete Bach vollends eingeebnet, was nach einem Schreiben des Stadtbauamtes an das Tiefbauamt vom 6. Mai 1952 zu dieser Zeit bereits geschehen war.

Qu.: StadtA, Bäche und Gewässer 408.

GERMBACH, GERNBACH, Hochbrückenstraße.

Siehe »Horbruckbach«.

❏ **GLOCKENBACH**, seit vor 1575.

Die Kammerrechnung nennt den Glockenbach seit 1575 wiederholt, etwa auch wieder 1577 und 1586. An diesem Bach lag die Glockengießerei. Er diente der Bewässerung des Wallgrabens, trat unter dem Heyturm in die Stadt ein und wurde von hier ab großer Angerbach genannt.

Qu.: KR 1575 S. 137v, 1577 S. 123v, 1586 S. 108r. – Horst Kleemaier, Zur Geschichte der Münchner Stadtbäche, in: Die Isar. Ein Lebenslauf, hrsg. von Marie-Louise Plessen. Katalog zur Ausstellung im Münchner Stadtmuseum, München 1983, S. 79-93, hier S. 80.

❏ **HEILIGGEISTMÜHLBACH**, um 1670.

Die Heiliggeistmühle lag in der Rumfordstraße 32. Sie hieß ursprünglich Grießmühle. 1646 nennt sie eine Quelle erstmals »Hl. Geistmill«. Der erstmals 1670 »des heyligen Geistl mihlpach« bzw. »heyligen Geistpach« genannte Bach erreichte diese Mühle aus Süden kommend und vereinigte sich hier mit dem Kailblmühlbach zum Hammerschmiedbach. Er ist identisch mit »des Peysenwürffels pach« von 1377. Der Heiliggeistmühlbach wurde 1966 aufgelassen.

Qu.: HStA, GL Mü Fasz. 2816 Nr. 1323 (1670). – Hilble S. 86, 92.

HOCHBRUCKMÜHLBACH, Tal.

Siehe »Hochbruckbach«.

HOFBACH der **PFISTER**, um 1562.

Siehe »Pfisterbach«.

HORBRUCKBACH, Tal, seit vor 1375.

Im Jahr 1375 liegt ein Haus »vor dem Tächken Thor auf dem Horpruckpach«, also draußen vor der Stadtmauer. Das Bachstück durch den heutigen Radlsteg nennt man 1395 umständlich »Bach in St. Peters Pfarr bei der Horprug«, 1407 wieder »pach bey der horpruck« (im September/Oktober dieses Jahres wurde die Brücke neu gemacht). 1494 lautet der Name »Hochpruckpach«, 1562 nur Mühlbach.

1319 nennt man den Bach Kaltenbach (in valli supra Chaltenpach). Seit 1450 Katzenbach, wohl nach dem schon seit 1417 sogenannten Katzenturm, der an oder über dem Bach stand, siehe dort.

Später erscheint der Bach, ähnlich dem Roßschwemmbach, namensmäßig geradezu zerhackt in kleine Stücke mit unterschiedlichen Namen. Katzenbach heißt er demnach vor allem außerhalb der Stadt, von seiner Abzweigung vom Vaistbach (dem außerstädtischen Teilstück des Roßschwemmbaches), ein kleines Stück östlich der Reichenbachstraße, und von da bis zum Katzenturm am Eintritt des Baches in die Stadt (Westenriederstraße/Radlsteg). Von da ab heißt er ebenfalls Katzen- oder Kaltenbach oder schon Horbruck(mühl)bach. Hinter der Horbruckmühle und der Schleifmühle liegt die Einschütte. Dort heißt der Bach Einschüttbach. Weil sich hinter der Mühle der Bach teilt und eine kleine Insel bildet, man solche Landzungen auch »Gern« nannte, wurde der Bachlauf an dieser Stelle auch Gernbach/Germbach genannt, ebenso wie das Bad an dieser Stelle »Gern-Bad« hieß. Nach der Einschütte läuft er hinter dem Hofbräuhaus bzw. der Malzmühle vorbei und führt hier den Namen Malzmühlbach.

Der Bach – und damit auch die Mühle – sind wahrscheinlich schon 1301 gemeint, wenn ein Haus »in dem Tale pi dem Muelepache« liegt. Vgl. »Hochbruck« bei den Brücken.

Qu.: StadtA, Hist. Verein von Obb. Urk. Nr. 717 (1375); Tiefbau 73 S. 3r (1562), 3v (1494). – KR 1407/08 S. 64r. – GB II 98/9 (1395). – HStA, GU Mü 266 (1450). – Grobe S. 29a/1 Abb. – Vogel, Heiliggeistspital U 34 (1301). – Hible S. 87.

❏ **HUFNAGLMÜHLBACH**, Ende 17. Jhd.

Anderer Name für den Kälbl-/Kaibl-/Kelbl-Mühlbach. Die Mühle Neideck in der Buttermelcherstraße 16 (des Strobels Mühle) gehörte seit mindestens 1529 dem Müller Sigmund Kälbl/Kaibl. Es ist dies die fortan auch Untere Kälblmühle genannte Mühle. 1673 kaufte sie der kurfürstliche Rat Hans Georg Huefnagl, von dem sie dann ebenfalls den Namen führte. Der Bach war etwa eine östliche Parallele zum Heiliggeistmühlbach.

Qu.: Hilble S. 91–93 mit Quellen.

❏ **KÄLBLMÜHLBACH**, Kelbl-, Kaiblmühlbach, um 1670.

Es handelt sich um denselben Bach, der 1377 »des Strobels pach«, 1383 »pach zu Neydekk«, Ende des 17. Jahrhunderts »des Herrn Hufnagl mühl pach« genannt wird. Der Kaiblmühlbach und der Heiliggeistmühlbach – sein etwas weiter westlich verlaufender Zwillingsbruder – waren beide durch Aufspaltung des Pesenbaches (in der Nähe der St.-Maximilians-Kirche) entstanden und vereinigten sich wieder an der Rumfordstraße.

Qu.: HStA, GL Mü Fasz. 2816 Nr. 1323. – Hilble S. 92/93.

KALTENBACH, Tal, seit vor 1319 – nach 1330/31 (1338).

Siehe »Kaltenbachtor«, »Kaltenbrücke«, »Horbruckbach«.

KATZENBACH, Tal, seit vor 1450.

Siehe »Horbruckbach«.

❏ **LAIMBACH**, vor dem Isartor, seit vor 1462 (1369).

Das Tor an der Brücke über diesen Bach außerhalb des Isartores (Laimtor) wird schon 1369 genannt, die Brücke (Laimbruck) 1391, siehe dort. Der Name des Baches kommt demgegenüber erst spät vor, so 1462.

Qu.: KR 1462/63 S. 75v.

LEDERBACHL, Graggenau, seit vor 1574.

Das Lederbachl floß parallel zum Straßenverlauf des Tal und der Ledererstraße. Es wird wiederholt im Grundbuch genannt. Die Häuser Tal Nr. 4 (1578), 5 (1574) und 9* (1631) gehen mit ihren Hinterhäusern oder Einfahrten alle auf das Lederbachl hinaus, auch das Haus Marienstraße 5* liegt 1574 an diesem Bachl an. Der »Bachlbräu« hat seinen Namen von diesem Wasserlauf.

Qu.: HB GV S. 193, 346, 347, 353.

MALZMÜHLBACH.

Siehe »Horbruckbach«.

MÜHLBACH, Tal, um 1301.

Das Heiliggeistspital hat 1301 ein Haus »in dem Tale pi dem Muelepache«. Wahrscheinlich handelt es sich dabei um den Horbruckmühlbach oder Kalten-/Katzenbach.

Qu.: Vogel, Heiliggeistspital U 22.

❏ MÜHLBACH, um 1331.

Siehe »Dreimühlenbach«.

MÜHLBACH, Graggenau, seit vor 1409.

Am Mühlbach in der Graggenau liegt 1409 ein Haus, das seinen Besitzer wechselt. Gemeint ist der heutige Pfisterbach, an dem ja auch schon die Toratsmühle lag, unterhalb des Nord-Ost-Ecks des Alten Hofes, dort wo um 1580 das Hofkammer-Gebäude errichtet wurde. Siehe auch »Toratsbach«.

Der Bach heißt 1451 auch außerhalb der Stadt Mühlbach, weil auch dort draußen noch mehrere Mühlen an ihm liegen.

Qu.: GB III 84/19 (1409). – MB 20 S. 405 (1451)

MÜNZBACHL, Graggenau, o. D. (19. Jhd.)

Münzbachl nannte man einen kleinen Bachlauf, der zunächst zwischen Maderbräustraße und Pfisterbach parallel zu letzterem Richtung Norden verlief. Er durchquerte zwischen Ledererstraß 22 und 23 die dortigen Grundstücke und bog jenseits der Münzstraße, auf dem Gelände der alten Münze, nach Osten ab, Richtung Platzl. Die Karte von 1806 zeigt ihn.

Qu.: HB GV S. 152 und XX/67. – Grobe S. 29a/1 Abb.

❏ Des PEYSENWÜRFFELS BACH, um 1377.

Dies ist der später Heiliggeistmühlbach genannte Bach. Auf der früheren Grieß-, späteren Heiliggeistmühle (Rumfordstraße 32) saß um 1377 der Müller Peysenwürfel, 1380 Dyemut die Paysenwurfflin, wohl seine Witwe.

Qu.: GB I 87/1 (1377). – Hilble S. 86/87, 92 mit Quellen.

PFISTERBACH, Graggenau, 18. Jhd. (nach 1492).

Der Name ist seit mindestens Anfang des 18. Jahrhunderts belegt und hat seinen Namen von der Hofpfisterei (Pfisterstraße 10), die seit 1492 an ihm lag. 1562 wird er »Hofpach der pfister« genannt. Der Name bezeichnet das Bachstück zwischen Tal und Pfisterstraße desselben Baches, der weiter südlich Roßschwemmbach heißt.

Qu.: HStA, GR Fasz. 1149 Nr. 21. – StadtA, Tiefbau Nr. 73 S. 2v (1562).

PÖTSCHENBACH, Rosental, um 1485.

Mit diesem Namen wird am 2. Januar 1485 eigentlich eine Kapelle bezeichnet, die Kapelle, genannt Pötschenbach. Es handelte sich um die 1477 zu Ehren der heiligen drei Könige errichtete Hauskapelle des Hauses Rindermarkt 8 (einschließlich Rosental 3). Dieser Häuserkomplex, zu dem auch der Löwenturm gehörte, befand sich schon vor 1368 und bis um 1509 in der Hand der Familie Pötschner. Nach ihr hat man offensichtlich zeitweise das Stück des Stadtgrabens benannt, das zwischen Rindermarkt und Rosental durch ihr Grundstück lief, also Pötschner-Bach oder Pötschen-Bach.

Die Kapelle stand im Hof des Hauses Rindermarkt 8, gegenüber dem Löwenturm und – wie dieser – über dem Stadtgraben oder -bach.

Es gab aber 1494 noch einen anderen Bach mit dem Namen »des Pötschners Bach«, der außerhalb der Stadt, vor dem Angertor, in der Nähe des Blaichbaches floß.

Qu.: StadtA, Urk. D I e 2 – XLV Nr. 1 (1485); Tiefbau 73 S. 3r (1494). – HB AV S. 221.

RADLBACH, Radlsteg, um 1511.

Der »Radlpach« im Verlauf des heutigen Radlstegs wird im Jahr 1511 in der Kammerrechnung genannt.

Qu.: KR 1511 S. 106v.

ROSSCHWEMMBACH, Viktualienmarkt, vor 1665 (nach 1416).

Der Name scheint jung zu sein. Der früheste Beleg stammt bisher aus dem Jahr 1665. An dem Bachstück vom Ende des Rosentals an bis zu seinem Verschwinden unter dem Gebäude der Fleischbank wurde 1416 die Roßschwemme eingerichtet. Seit dieser Zeit ist also der Name auf jeden Fall möglich.

Der Bach kam aus Richtung des heutigen Reichenbachplatzes, wo der Katzenbach von ihm nach Osten abzweigte, und floß zwischen dem Scheibling und dem Fischerturm hindurch in die Stadt herein. Dort baute man später das Korrektionshaus über ihn. Unter diesem hindurch erreichte er die Stelle am Beginn des Rosentals, wo er sich mit dem Stadtgraben oder Angerbach vereinigte und die Roßschwemme bildete. Der Vorgänger des Scheiblings muß der Faistturm gewesen sein und das Bachstück von der Abzweigung des Katzenbaches bis zum Eintritt des Baches in die Stadt nannte man »Veistbach«, siehe dort. Dort zweigte noch das kleine Fischerbachl ab.

In der Gegend um die Fleischbank, die seit 1315 unterhalb des Chores der Peterskirche, über dem Bach stand, nannte man ihn auch Fleischbankbach. In Höhe der Hofpfisterei nennt er sich dann Pfisterbach.

Qu.: StadtA, Tiefbau 73 (1665). – Grobe S. 29a/1 Abb.

(ROSS)TRÄNKBACH, unermittelt, um 1406.

Nach der Kammerrechnung haben im Jahr 1406 städtische Werkleute »an der pruken bey der eich und bey dem trenkpach« gearbeitet. Wo sich die Roßtränke in dieser Zeit befand, ist allerdings nicht zu ermitteln gewesen. Diejenige beim Heiliggeistspital wurde erst später eingerichtet.

Qu.: KR 1406/07 S. 77v.

SCHMIDBACH, Färbergraben, Ende 18. Jhd.

Dies ist eigentlich gar kein Bach, sondern ein Stück des Stadtgrabens, nämlich entlang dem Färbergraben, dort wo gleich hinter der Kaufingerstraße die Stadtschmiede am Graben stand (Färbergraben 1 1/2). Nur Stimmelmayr spricht vom »Stadtgraben oder Schmidbach«. Wenn er an anderer Stelle vom »Schmeißbach« redet, dürfte dies ein Lese- oder Schreibfehler sein.

Qu.: HB HV S. 79. – Stimmelmayr S. 127, 128 Nr. VI., 130 Nr. VI.

STROHHAMMERBACH, Tal Petri, 19. Jhd.

Der Bach lief – so um 1818 – hinter den Hinterhäusern von Tal Nr. 70, 71, 72 durch und mündete bei der Hochbrücke in den Kaltenbach. Das Haus Tal Nr. 70 gehörte von 1799 bis 1818 dem Handelsmann Franz Xaver Strohhammer, dann bis 1826 seiner Witwe. Der Name kann also nicht vor 1799 entstanden sein.

Qu.: StadtA, Bäche und Gewässer 371. – HB AV S. 470.

TORANTSBACH, Graggenau, seit vor 1411 (vor 1331).

Es handelt sich bei diesem Bach um den späteren Pfisterbach, siehe dort, er wird seit mindestens 1411 Toranczpach u. ä. genannt, nach der gleichnamigen Mühle, die schon 1331 an diesem Bach lag, der späteren Hofpfisterei gegenüber. Vgl. »Brücke bei der Torantsmühle« und »Pfistergasse«.
1409 wird er auch »Mühlbach« genannt, siehe dort.

Qu.: KR 1411 S. 45r, KR 1483 S. 122r, 128r.

VEISTBACH, Viktualienmarkt, um 1392.

Am 21. April 1392 liegt eine vom Heiliggeistspital stammende Hofstatt in St. Peters Pfarr »hinder den vischern bey Andre dez Tewrer stadel und stoezzet biz auf den Veistpach«. Sie liegt also auf jeden Fall in der Gegend um den südöstlichen Bereich des Spitals, dort wo die Heiliggeiststraße (früher Fischergasse) auf die Westenriederstraße trifft und wo der in seinem späteren Verlauf Roßschwemmbach genannte Bach in die Stadt herein kommt. In diesem Streckenabschnitt heißt er also »Veistbach« und dort liegt auch der – allerdings erst später belegte – Feystturm, wohl Vorläufer des Scheiblings.

Qu.: Vogel, Heiliggeistspital U 178 (1392).

❑ **WESTERMÜHLBACH,** nach 1652.

Die Westermühle lag an der Holzstraße 28, dort wo die Westermühlstraße auf diese trifft, und war mit Erlaubnis des Kaisers Ludwig im Jahr 1345 vom Heiliggeistspital errichtet worden. Sie hieß eigentlich »Peckstainmül«, nach einem Müller des Namens Pegstain. Über »Pestermühl« (1606) wurde »Westermühl« (1652). Kurz hinter der Fraunhoferstraße vereinigte er sich mit dem Mahlmühlbach zum Lazarettbach, der dann wiederum in den Roßschwemmbach übergeführt wurde.

Qu.: Hilble S. 108/09 mit Quellen.

WÜHRBACH, Hochbrückenstraße, seit vor 1378.

»An dem Würpach« wechselt 1378 ein Haus den Besitzer. Wür-/Wühr- ist unser Wort »-wörth« in Ortsnamen und meint einen erhöht gelegenen Grund im Wasser, eine Insel. An der Hochbrückenstraße teilte sich der Bach und bildete eine Insel, eine Wühr. Hier lag auch das gleichnamige Bad (Würbad).

Qu.: GB I 96/15, 97/14.

2. Brücken

Die meisten Brücken haben überhaupt keine Namen, sondern werden nur »Brücke beim ...« genannt, wechseln deshalb auch entsprechend oft ihre Bezeichnungen. Im Jahr 1494 hatte die Stadt nach einem ersten Brückenverzeichnis in Stadt und Burgfrieden insgesamt 49 Brücken und 30 Stege zu unterhalten (dazu 12 Waschbänke an den Bächen und 10 Stiegen, um in die Bäche und den Stadtgraben hineinzusteigen).

Über die Mühlen-Namen gibt es eine eingehende neuere Untersuchung, so daß hier nur auf die Namen der beiden innerhalb der Stadt liegenden Mühlen – Horbruck- und Toratsmühle – eigegangen werden soll, und auch das nur im Rahmen der Namen für die nach ihnen benannten Brücken.

Qu.: StadtA, Tiefbau Nr. 73 (1494). – Fritz Hilble, Die alten Münchner Mühlen und ihre Namen, in: OA 90, 1968, S. 75–113.

*

❏ **ANGERBRUCK,** Blumenstraße, seit vor 1320.

Die Brücke über den Stadtgraben draußen vor dem Angertor kommt 1320 als »super pontem apud Angerprugk« vor und 1338 als »ad pontes in (Swaebinger- et) Angertor«, 1406/07 »Angerpruken«.

Qu.: KR 1318/25 S. 43v (1320), 1325/46 S. 115v (1338), 1406/07 S. 79r.

BRUCK bei der **ALTVESTEN KIRCHEN,** Hofgraben, um 1494.

Mit der Kirche ist die Altenhofkapelle St. Lorenz (Kapelle der alten Veste) gemeint. Hier hat um 1494 die Stadt »ain pruk bej der altvesten kirchen gen den Parfüssen werts« zu unterhalten. Es handelte sich um die Brücke, die an der Nordseite des Alten Hofes über den inneren Stadtgraben führt. Von hier aus gelangte man auch zum Barfüßer- oder Franziskanerkloster.

Qu.: StadtA, Tiefbau Nr. 73.

❑ **BRÜCKE** am **NEUHAUSER TOR,** Karlsplatz, 1339.

Sie wird 1339 zusammen mit mehreren anderen genannt (ad Niunhauser tor ad pontem). Sie lag draußen vor dem Tor und führte über den Stadtgraben.
Qu.: KR 1425/46 S. 129v.

❑ **BRÜCKE** am **SCHWABINGER TOR,** Odeonsplatz, 1337/38.

Diese Brücke wird gleichzeitig mit der vor dem Angertor genannt, siehe »Angerbruck«. 1338 heißt sie »Swaebingerprugk«, siehe dort.

BRUCK auf **KALTENBACH,** Tal, 1323.

Siehe »Hochbruck«.

BRÜCKE bei dem **HANNSEN PÜTRICH,** Sendlinger Straße, um 1414.

Siehe »Pütrichsbrücke«.

BRÜCKE bei den **AUGUSTINERN,** Neuhauser Straße, seit 1339.

Die Brücke erscheint 1339 erstmals (macellum (Fleischbank) super pontem Augustinorum) und wieder in dem 1364 angelegten »Liber reddituum« in der Form »in ponte apud Augustinorum«, ebenso in den Kammerrechnungen von 1367 und 1368.
Qu.: StadtA, Zimelie 35 S. 2v (1364). – KR 1325/46 S. 129v (1339), 1367 S. 23r, 1368 S. 28r.

BRÜCKE bei der **EINSCHÜTT,** Bräuhaus-/Hochbrückenstraße, um 1562.

Der Straßenzug Bräuhaus-/Marienstraße überquerte an der Einmündung der heutigen Hochbrückenstraße die beiden Bäche, die die Insel oder Wühr oder den Gern bildeten (Gern- oder Germbach). Diese »zwo pruggen bey der einschidt hinter der meuer« bzw. »hinter der wüehr« wurden 1562 repariert.
Qu.: StadtA, Tiefbau Nr. 73.

BRÜCKE bei der **SCHIMLIN,** Ledererstraße, 1454.

Der Familie Schiml gehörte von 1391 bis nach 1462 das Haus Burgstraße 10, neben dem Durchgang von der Burgstraße zur Ledererstraße hinunter (Schlichtingerbogen). Gleich nach dem Bogen mußte man den Pfisterbach überqueren. Diese Brücke ist 1454 mit der »prugk bej der Schimlin« gemeint.

1491 nennt man dieselbe Brücke »des Röslers prugk«, diesmal aber nach dem Eigentümer des Hauses Burgstraße 11, auf der anderen Seite des Durchgangs. Der Familie des Kanzlers Hans Rösler gehörte dieses Haus seit mindestens 1462 bis 1509.

Qu.: KR 1454 S. 90v, 1491 S. 95v.

BRÜCKE bei der **TORA(N)TSMÜHLE,** Pfisterstraße, seit vor 1395.

Gemeint ist die Brücke über den Pfisterbach am Übergang vom Hofgraben zur Pfisterstraße. Später heißt sie dann Hofbruck, siehe dort.

Die Mühle selbst, eine Getreidemühle, – zu ihrer Geschichte siehe bei den Straßennamen unter »Pfistergasse« – wird am 22. Januar 1331 erstmals genannt, als Kaiser Ludwig sie zusammen mit drei weiteren Mühlen der von ihm gestifteten Messe (Kaisermesse) in der Frauenkirche überträgt (vgl. auch Hochbruckmühle). Die Schreibweisen des Namens sind: Tarantzmül (1331), Torantzmül (1400), Törantzmül (1404), Toratzmul (1406), Tarent(z)mülner (1417), Dorentzmühl (1430), Tortsmühle (1480), Toralczmül (1484), Toretzmul (1524/25). Der letztgenannte Beleg scheint auch der letzte historische für das Vorkommen des Namens überhaupt zu sein. Danach verwenden ihn nur noch die Historiker.

Der Name ist nicht befriedigend deutbar. Man hat versucht, ihn von dem französischen Begriff »tarras« = »der Wall« abzuleiten (Häuserbuch), also »Wall-Mühle«, weil die Mühle nördlich vom Alten Hof lag, in einer Gegend, wo vielleicht einmal Wall und Graben um die ursprüngliche Stadt herumliefen (1398/99 haben die Münchner Truppen »in der pastey zu Dachau stallung und daz tarras gemacht«). Nur wissen wir darüber nichts, ob es außerhalb der Burg noch einen Wall gab – einen Graben ja – oder ob hier die Burg selbst das äußerste Befestigungswerk war. Zudem steht sie auf einer Anhöhe und diese Anhöhe erfüllt in solchen Fällen den Zweck des Walles.

Eine andere These verfolgte die Ableitung des Namens von einem Eigennamen »Tarant« (Hilble), also die Mühle eines Mannes namens Tarant. Auch das kann nicht befriedigen. Ein solcher Name ist nie nachweisbar.

»Tarant« gibt es aber im Mittelhochdeutschen auch als Begriff. Es ist unser Wort »Tarantel«, Skorpion oder Drache.

Auch ein Belagerungswerkzeug mit dem Namen »Tarant« gab es im Mittelalter, wie man solche Geräte überhaupt gerne mit Tiernamen belegte, vgl. Katze, Schlange. Zumindest im 16. Jahrhundert lag neben der Mühle das herzogliche Harnischhaus, das 1578 gemeinsam mit der Mühle abgebrannt ist, also die herzogliche Waffenkammer. Könnte es sich um die Mühle beim Haus der Taranten gehandelt haben?

Ausgehend von der seit dem Jahr 1400 belegten Begriffs-Variante »Torantzmül« käme noch eine andere Möglichkeit in Betracht: eine Verdrehung der Buchstaben »an« aus eigentlich »na«. Das würde »Tornats« ergeben. Wenn man dies als Verkürzung aus »Tornat(or)s« ansieht, ergäbe das eine ursprüngliche »Tornators-« oder »Tornatsmühle«, zu deutsch »Drächselmühle«. Eine Familie Drächsel gab es ja und auch einen Stadtturm beim Tornator (sozusagen ein »Tornatorstor«, später Rosenturm). Die Familie war einflußreich. Der Marquard Tornator oder Draechsel wird gar als Kanzler Kaiser Ludwigs bezeichnet. Es wäre deshalb nicht ausgeschlossen, daß er vor 1331 diese Mühle zu Lehen hatte. Die These krankt nur daran, daß sie nicht beweisbar ist. Weder kommt der Name jemals in der angezeigten Buchstabenkombination (»na«) vor noch kann die Familie Drächsel jemals mit dieser oder überhaupt mit einer Mühle in Verbindung gebracht werden.

Die Mühle lag am gleichnamigen Bach, 1411 Toranczpach, 1451 Toratapach, 1483 Toratspach, 1552 Thorazbach, 1557 Toretzpach, siehe dort.

Außer der Brücke gab es um 1412/13 in dem Bach bei der Toranczmühle auch noch eine Furt.

Qu.: KR 1395 S. 61r, 1398/99 S. 88v, 1411 S. 45r, 1412/13 S. 44v, 1417 S. 39v, 1483 S. 122r, 128r, 1484 S. 104r, 1523 S. 135r (»beym harnaschhaus und hofmül«). – HStA, Chorstift Mü Urk. 22.1.1331 (alt GU Mü 2674), Kurbaiern U 16227 (1430), 16689 (1451), 24736 (1480), GU Mü 999 (1557). – GB II 158/4 (1400), GB III 25/4 (1404). – StB 1406. – StadtA, Heiliggeistspital Nr. 176/19 S. 13v (1524/25). – StadtA, Urk. F I h 1 – Nr. 228 (1552). – Solleder S. 11. – Hilble S. 97/98.

BRÜCKE beim **AMPHORA** (Krug), Theatinerstraße, 1331/1339.

Für die Brücke beim Amphora (= Krug) hat die Stadtkammer 1331/32 und 1339 Ausgaben (ad pontem aput amphoram bzw. super pontem amphore). Dem Weinhändler Johann Krug gehörte in dieser Zeit das Haus Weinstraße 13.

Möglicherweise ist auch hierher zu beziehen die innere Schwabingertorbrücke von 1338 (ad pontem interiorem Swaebinger tor), falls sie nicht in die Residenzstraße gehört, vor den Krümleinsturm.

Es ist dies aber auf jeden Fall dieselbe Brücke, die 1397 und 1398/99 als »prugk bey dem Impler« bezeichnet wird. Den Impler gehörte von 1370 bis 1402 das westlich an den Turm anschließende Haus Weinstraße 11.

1402/03 schließlich wird gearbeitet »an der prugk pey dem Wilbrecht«. Auch dies ist die Brücke vor dem Wilbrechtsturm draußen, nunmehr nach dem Hausbesitzer Wilbrecht benannt, der 1353/55 das Haus des Krug, Weinstraße 13, übernommen hatte.

Qu.: KR 1325/46 S. 47v (1331/32), 112r, 115v (1338), 129v (1339), KR 1397 S. 67r, KR 1398/99 S. 95r, KR 1402/03 S. 82 r/v.

BRÜCKE beim **ENGELRAM,** unermittelt, um 1326.

Für diese Brücke (de ponte aput Engelramum) hat die Stadt in der Zeit zwischen dem 20. Oktober 1325 und dem 30. November 1326 Auslagen. Sie ist nicht zu lokalisieren.

Qu.: KR 1325/46 S. 7v.

BRÜCKE beim **IMPLER,** Theatinerstraße, 1397/99.

Siehe »Brücke beim Amphora«.

BRÜCKE beim **KRÜMEL,** Residenzstraße, seit vor 1398/99.

Es handelt sich um die Brücke außerhalb des Krümleinsturms über den Stadtgraben, am Übergang von der Dienerstraße in die Residenzstraße. Hier wird nicht nur 1398/99 gearbeitet, sondern auch 1411 und 1416 wieder.

Qu.: KR 1398/99 S. 95r, KR 1416 S. 45r, 47v. – StadtA, Hochbau Nr. 2/2 S. 2r (1411).

BRÜCKE beim **SPITALBAD,** Viktualienmarkt, 1332/33.

Die Brücke führte über den Roßschwemmbach, dort wo er unter der Mauer durch in die Stadt hereinkam und die Fahrbahn des hier endenden Rosentals unterquerte. Das Spitalbad lag gleich gegenüber der Brücke. 1332/33 wurden hier Raparaturarbeiten durchgeführt (ad reparacionem pontis aput balneum hospitalis).

Qu.: KR 1325/46 S. 60v, 61v.

BRÜCKE beim **TORNATOR,** Rosental, 1339.

Mit der »pons aput tornatorem« von 1339 ist die Brücke vor dem Rosenturm gemeint, siehe Drächselturm. Sie kommt nur in der Kammerrechnung von 1339 vor.

Qu.: KR 1325/46 S. 129v.

BRÜCKE beim **TÜRLEINSBAD,** Ledererstraße, um 1371.

An der »prugg bei dem Türleins pad« bzw. »zu dez Türleins pruck« werden 1371 Bauarbeiten ausgeführt. Es handelt sich um die Brücke über den Pfisterbach in Höhe der Ledererstraße, neben dem Zerwirkgewölbe.

Qu.: KR 1371 S. 46v, 47r.

BRÜCKE beim WILBRECHT, Theatinerstraße, 1402/03.

Siehe »Brücke beim Amphora«.

BRÜCKE des inneren **SENDLINGER TORS,** Sendlinger Straße, 1331.

Siehe »Pütrichsbrücke«.

BRÜCKE in der **GRAGGENAU,** unermittelt, 1339/42.

Es ist nicht zu ermitteln, welche Brücke hier gemeint ist (ad pontem in Gragkawe). Es könnte die Brücke vor dem Graggenauer oder Wurzertor sein.
Qu.: KR 1325/46 S. 129v (1339), 172v (1342).

FÄRBERBRÜCKE, Graggenau, seit 1338.

Mit dieser Brücke (ad pontem verberiorum) dürfte die Brücke vor dem Graggenauer oder Wurzertor gemeint sein. In ihrer Nähe lag das Färbhaus, das schon 1373 genannt wird (»des Hans dez vaerbers vaerbhaus, gelegen an dem egk zenaechst bey dez Wurczers tor« bzw. »vor des Wurzers tor«). 1395 wird es das »vaerbhaws in der Gragenaw« genannt. Es kann sich aber auch um eine andere Brücke über irgendeinen der Bachläufe draußen vor diesem Tor handeln. Es werden gleichzeitig noch zwei weitere Brücken in der Graggenau genannt (et Gragnawe duos pontes), ebenfalls ohne Lagebezeichnung. Darauf folgt dann die »Chaltenprugk«, also die Brücke über den Kaltenbach am Kaltenbachtor im Tal. Vgl. auch »Wurzer-Brucken«.
Qu.: KR 1325/46 S. 115v (1338). – GB I 35/16, 38/12 (1373), 81/18 (1376), GB II 91/5 (1395) usw.

FLEISCHBANKBRÜCKE, Neuhauser Straße, um 1338.

Mit dieser Brücke (»ad pontem apud macellum« bzw. »ad pontem macelli« und »macellum super pontem Augustinorum«) ist 1338/39 die Brücke vor dem Kaufingertor gemeint. Hier lagen am Eingang zum Färbergraben die obere Fleischbank und schräg gegenüber das Augustinerkloster.
Qu.: KR 1325/46 S. 115v (1338), 129v (1339).

HOCHBRUCK, Tal, seit vor 1395.

Die Brücke heißt 1323 »prugk auf Chalt(en)pach«. Wernher der Schöt soll, solange er den Zoll einnimmt so wie jetzt, die »prugk machen auf Chaltpach als guot als si ieczen ist, und all prugk von dem Kastaig uncz (= bis) daz Talpürgtor«. 1338 heißt sie »ad Chaltenprugk«, 1340 erstmals und wieder 1342 »ad pontem Horprug(k)«. 1368 gibt es im Steuerbuch einen »Ott auf der horprugk«, womit der Müller auf der gleichnamigen Mühle gemeint ist. 1369 ein Haus »innerhalb der Hörprugk, 1379 eines »an der Horprugk«, ebenso 1388, 1394 und 1395.

1395 findet aber ein Umschwung statt. Von diesem Jahr an heißt es jetzt fast ausschließlich »Hochbruck«, erstmals 1395 im Steuerbuch, dann ab 1411 auch im Gerichtsbuch und 1418/19 in der Kammerrechnung. Nur in gelegentlichen Ausnahmefällen, so 1407 in der Kammerrechnung, kommt noch der Name »Horbruck« vor.

»Hor« bedeutet »Kot«, »Schmutz«, einfach »Dreck«. In der Literatur glaubt man, daß das mit der Einschütte etwas zu tun hat, an der man Unrat, vor allem auch den Inhalt der nachts geleerten Abortgruben einließ. Doch war die Einschütte den Quellen zufolge nicht hier vorne im Tal, neben der Horbrücke, sondern hinten in der Hochbrückenstraße, etwa zwischen der Mühle und der Stadtmauer. Dort hinten ist auch auf der Karte von 1806 die Straße namens »Einschütte« eingezeichnet, als östliches Ufer des Baches zwischen der Ledererstraße und der Marienstraße (Mauergasse). Auch die Quellen des 16. Jahrhunderts meinen diese Gegend, wenn sie etwa von dem »Turm bei der Einschütt« sprechen usw., vgl. auch »Brücke bei der Einschütt«.

Wahrscheinlich hängt der Name mit einem anderen Umstand zusammen. Baumgartner, der zwar über die Brücke und den unmittelbar hinter der Mühle folgenden Abrecher schreibt und erklärt, daß dort ein Mühlenknecht sich verfangendes Gesträuch mit einem Haken aus dem Bach holte, weiß nichts von einer Unrat-Einschütte im Tal. Man hätte das Einschütten wohl auch nicht an einer so stark befahrenen Straße besorgt, sondern etwas abseits. Außerdem hatte das Wasser des Baches ja gleich darauf Mühlräder zu treiben, über die der ganze Dreck hätte laufen müssen. Und wieso sollte man am Tal den Unrat in den Bach hineinschütten und wenige Meter danach, am Abrecher, von einem Knecht der Horbruckmühle wieder heraus holen lassen? Baumgartner berichtet statt dessen (unterm 10.8.1805), die Brücke heiße Hochbrücke, »weil sie sichtbar erhöht über den Hochbrückenbach geführt ist, welcher Bach selbst höher läuft als das Thal hoch ist, und von dessen Abwasser man die Gassenrinnen gegen das Isarthor zu auszuschwemmen und reinlich zu erhalten im Stande ist«. Der Bach wurde 1872/73 erst überdeckt, so daß Baumgartner die Verhältnisse noch gekannt hat. Der Bach lag also sehr hoch, der Wasserspiegel sogar höher als die Straßenoberfläche des Tal. Man brauchte nur eine kleine Schleuse zu öffnen und

Abb. 78: *Die »Horbruck« oder »Hochbruck« im Tal mit Roßschwemme am Radl- oder Hochbruckmühlbach. Das große Haus rechts war das »Meteck« an der Einmündung der Maderbräustraße. Im Hintergrund der Rathausturm. Ölbild von Ferdinand Jodl (1805–1882), 1835.*

schon war bis zum Isartor hin das Tal überschwemmt. Weil der Wasserlauf so hoch lag, konnte die Brücke nicht flach auf den Ufern aufliegen, sondern mußte einen Buckel machen, was zu dem Namen »Hochbrücke« führte. 1841 bitten die Anwohner, diesen Buckel niedriger zu machen, damit die Steigung mäßiger werde, weil schon viel Unglück für Fußgänger und entgegenkommende Fuhrwerke geschehen sei. Sie liege so hoch, daß die Zugtiere nur mit großer Anstrengung die Last hinaufziehen könnten und zur Winterszeit würden die Wägen abglitschen, wodurch die Passage für Fußgänger sehr gefährlich werde. Seit 1867 ist dann das Problem der Entwässerung des Tales und Tieferlegung der Brücke über den Katzenbach aktenkundig, weil der hoch gelegene Bachlauf eine ständige Gefahr für Keller und Häuser war, vor allem bei hohem Wasserstand, ja sogar bei starkem Regen. 1872/73 hat man den Übelstand schließlich beseitigt.

Das mußte allerdings ein Verkehrshindernis sein. An dieser viel befahrenen Straße mußte jedes Fahrzeug, und wenn es noch so schwer beladen war, erst einen künstlichen Hügel hinauf, dann auf der anderen Seite wieder hinunter fahren. Warum baut man sich an einer solchen Straße eine solche Schikane ein? Könnte es sein, daß diese Hochbrücke ursprünglich überhaupt nur als Fußgängerbrücke gedacht war, weil die Fahrzeuge und die Reiter eine viel bequemere Möglichkeit hatten, das Hindernis zu überwinden – sie fuhren wie bei einer Furt neben der Brücke durch den flachen Bach? Dabei wurden nur die Wagenräder und die Pferde naß, der Fuhrmann oder Reiter saß ja oben drauf, und die Fußgänger gingen trockenen Fußes über die Brücke.

Daß dies gar nicht so weit hergeholt ist, wie es vielleicht zunächst scheinen mag, kann die Tatsache belegen, daß es neben der Brücke noch fast das ganze 19. Jahrhundert hindurch eine Roßschwemme gegeben hat, bei der ja eben dieser Furt-Charakter ausschlaggebend war, nämlich daß man zu beiden Seiten des Baches flach in das Wasser hinein- bzw. wieder herausreiten konnte.

Eine solche Furt hat es innerhalb der Stadt z. B. über den Torats-, später Pfisterbach gegeben, in der Gegend der späteren Hauptmünze. Dort wurde 1413 und 1414 mehrmals »die furt bey der Toranczmül geräumt« oder »die furt in dem pach bey der Toranczmüll« bzw. »geraumbt die furt in dem Toranczpach«.

Vorausgesetzt die hier aufgestellte These stimmt, dann kann man sich leicht vorstellen, wie beim Durchfahren und Durchreiten des Wassers in beide Richtungen von den Zugtieren und den Wagen das Tropfwasser vertrenst wurde, so daß zu beiden Seiten des Baches, im weiten Umkreis um die Brücke herum, der Boden ständig aufgeweicht war, eine einzige Schlammpfütze, ein einziges Dreckloch. Und mitten im Dreck stand die Brücke – die Dreckbrücke eben. Wahrscheinlich hat man später Abhilfe geschaffen, vielleicht im Zuge der gerade Mitte der 90er Jahre in Angriff genommenen Straßenpflasterungsarbeiten (1393 ist ein erster Pflastermeister belegt, am 4. August 1394 gestatten die Herzöge Johann II. und Ernst der Stadt, einen Pflasterzoll zu erheben), und hat diesen Zustand beseitigt oder doch gemildert. Dann war der Name nicht mehr gerechtfertigt, man verstand ihn auch bald nicht mehr und formte ihn um. Es wurde aus der »Horbruck« oder Dreckbruck eine »Hochbruck«.

Es ist wiederholt belegt, daß das Wasser wegen des hoch liegenden Wasserspiegels übergelaufen ist (vgl. Hilble), sei es bei Verstopfungen oder bei plötzlichen Regengüssen, im Winter bei Vereisung, oder

Abb. 79: *Die »Horbruck« mit der »Horbruckmühle« und dem davorstehenden turmartigen Bäckerknechtsbruderschaftshaus auf dem Sandtner-Modell. Rechts die – wie alle Straßen und Plätze auf diesem Modell – maßstäblich stark verbreiterte Einmündung der Dürnbräugasse.*

durch Fahrlässigkeit des Müllers, so daß es jedesmal viel Mühekostete, das Wasser wieder zu entfernen. Auf jeden Fall war dieser Bach lange Zeit ein Schmutzherd ersten Ranges.

Die nach der Brücke benannte Mühle – wie die Toratsmühle eine Getreidemühle – gehörte 1459 zu der im Jahr 1331 von Kaiser Ludwig gestifteten Messe (Kaisermesse) in der Frauenkirche, obwohl sie keine der vier Mühlen war, die der Kaiser schon bei dieser Gelegenheit an die Messe gab. Den Müller »Ott auf der Horpruck(mühl)« gibt es 1368 im Steuerbuch, um 1415 »Hörpruckmül« im Salbuch des Heiliggeistspitals, seit 1459 auch »Hochprugkhmül«. Der älteste Beleg für das Vorhandensein dieser Mühle stammt demnach von 1368. Wahrscheinlich ist es aber bereits auf sie zu beziehen, wenn 1301 ein Haus »in dem tale pi dem Muelepache« liegt, denn das setzt eine Mühle im Tal voraus.

Sie lag – wie auch das Bäckerknechts-Haus – bereits außerhalb des Kaltenbachtores. Die Mühle (Tal Nr. 16) und das benachbarte Bäckerknechtsbruderschaftshaus (Tal Nr. 15) wurden am 12. April

1870 demoliert, wie die Baukommission am 27. April der Polizeidirektion mitteilte.

Wohl weil die Mühle zur Kaisermesse gehörte und neben der Brücke auch das Bäckerknechts-Haus stand, das der Kaiser den Bäckerknechten geschenkt haben soll, nennt Hefner die Brücke »Kaiserbrücke«. Der Name, eine Erfindung von Hefner, ist in historischer Zeit nicht belegt.

Belegt ist allerdings – so 1685 und 1821 – für diese Brücke der Name »Hofbruck(mühle)«, wohl dadurch verursacht, daß die Mühle zum St.-Katharinen- und St.-Georgs-Benefizium in der Altenhofkapelle, später der Frauenkirche gehörte.

Den Namen »Horbruck« gibt es auch andernorts. Schon nach dem ältesten bayerischen Herzogsurbar von 1231/34 bezog der Herzog Abgaben aus einem Ort »Horprucke«, dessen Lage nicht festzustellen ist. In Augsburg lag 1403 das St.-Clara-Kloster »an der Horbruck«, in Freising gab es 1318 eine Horbruck, im 12. Jahrhundert gab es bei Thulbach bei Freising eine »horeprukke« und 1277 gab es sogar einen Deutschordensritter »Heinrich über Horbrücke«.

Qu.: KR 1318/25 S. 101v, KR 1325/46 S. 115v (1338), 146v (1340), 172v (1342), KR 1407 S. 64r, 1412/13 S. 42v, 44v, KR 1414 S. 39r, 1418/19 S. 63v, 1423/24 S. 74r usw. – StB 1368 S. 22r. – GB I 5/1 (1369), 118/5, 8 (1379), 234/1 (1388), GB II 83/1 (1394), 98/9, 100/14 (1395), GB III 112/6 (1411), 114/3 (1412), 145/9 (1413) usw. – RB V 392 (1318), XI 328 (1403). – Augsburger Stadtlexikon S. 71. – OA 2 S. 16 Nr. 46 (Trad. Cod. St. Castulus [12. Jhd.]. – Herzog, Landshuter UB Nr. 119 (1277). – Dirr S. 570 U 14 (1394). – v. Bary S. 638-643 (1393). – Heeg-Engelhart S. 139 Nr. 1127 (1231/34). – StadtA, Städtischer Grundbesitz 230 (1867 ff.); Tiefbau Nr. 82 (1842), 503 (1821); Hochbau 198 (1870). – Hillbe S. 87. – HStA, GL Mü 2814 Nr. 1320 (1685). – Hefner OA 11, 1849, S. 223. – HB GV S. 362. – Vogel, Heiliggeistspital U 34 (1301).

HOFBRUCK, Tal, seit vor 1685.

Siehe »Hochbruck«.

HOF(MÜHL)BRUCK, Pfisterstraße, seit um 1501/07.

Im Jahr 1501 liefern die Ziegelmeister Steine zu der »Hofbruck«, 1507 wird gearbeitet »an der hoffprucken bey der hoffmül«, 1537 ebenfalls an der Hofbrucken, 1555 »bei der Hoffmülpruckhn«. Die Hofmühle ist in dieser Zeit noch die ehemalige Toratsmühle, gegenüber der heutigen Hofpfisterei, unterhalb des Nord-Ost-Ecks des Alten Hofs. Die gemeinte Brücke führte dort über den Pfisterbach. Der Name Hofmühle für diese Mühle kam um 1500 auf, vgl. bei den Straßennamen »Bei der Pfister« und »Pfisterstraße«.

1395 nennt man die Brücke noch »Brücke bei der Toratsmühle«.

Qu.: Hartig, Künstler S. 73 Nr. 374 (1501). – KR 1507 S. 136r, 1537 S. 104v (2x), 1555 S. 120r.

HORBRUCK, Tal, seit vor 1340 – um 1395.

Siehe »Hochbruck«.

❏ **ISARBRÜCKE**, heute Ludwigsbrücke, seit vor 1288.

Als Brücke natürlich schon in der sog. Gründungsurkunde von 1158 genannt. Mit dem Namen Isarbrücke (»Yser prucken«) erstmals in einer Urkunde vom 1. Juli 1288 vorkommend, dann wieder – und in lateinischer Form – 1337 (aput extremam pontem Ysere) und 1338 (ad pontem Yseralem) usw.

Qu.: Dirr U 19 (1288). – KR 1325/46 S. 101r (1337), 118r (1338).

(**Kaiserbrücke**), Tal, um 1849.

Siehe »Hochbruck«.

KALTENBRUCK, Tal, 1338 (1323).

Siehe »Hochbruck«.

❏ **LAIMBRUCK**, Isartorplatz, seit vor 1371.

Der Name ist bisher erstmals in der Kammerrechnung von 1371 belegt, dann wieder im Gerichtsbuch von 1391. Die Brücke führte über den Laimbach, der unweit außerhalb des Isartores an der Stadt vorbeizog. Dort stand auch ein kleines Tor, das Laimtor, das 1369 schon genannt wird, siehe dort.

Qu.: KR 1371 S. 47v. – GB II 19/4 (1391), 82/9 (1394), GB III 18/13 (1403) usw.

PÜTRICHSBRÜCKE, Sendlinger Straße, 1319.

Für Holz (pro uno ligno) bzw. den Transport für Baumstämme und Stangen (vecturis arborum et asserum) »ad pontem Pütrici« und für Arbeiten »in ponte Pütrici et aliis pontibus« wird 1319 von der Stadtkammer Baumaterial bezahlt. Die Brücke lag vor dem Tor, das später dann »Pütrichturm« genannt wurde, weil der Familie Pütrich das an den Turm anstoßende Haus Rindermarkt 12 B* gehörte. Ähnlich wird 1407 »an der pruken bey dem Putreich gearbait« und 1414 »die pruken bey dem Hannsen Pütreich gemacht«. Das setzt allerdings voraus, was sonst nicht zu belegen ist, daß den Pütrich bereits um 1319 dieses Haus am Rindermarkt gehört hat.

1331/32 und 1338 spricht die Kammerrechnung beim gleichen Anlaß »ad reparacionem pontis interioris Sentlingertor«, von der Reparatur der inneren Sendlingertorbrücke.

1383 heißt sie nur »prugg«. Aber dieselbe Person – Haintzel Werenlein auf der prugg – wird 1389 Werndl der Münichberger »auf der Teyfferprugk« genannt. Die Bezeichnung »auf der Teyferprugk« wiederholt sich 1389 auch im Gerichtsbuch, ebenso 1391, zweimal 1393 und dreimal 1394, und was den Namensbestandteil »Teyfer-« betrifft, immer in der angegebenen Schreibweise. 1522 schreibt das Gerichtsbuch IV »Teuferprugk«. Auffallend ist das Auftreten des Namens im selben Jahr in zwei verschiedenen Quellen. Das sieht fast so aus, als habe es einen Anlaß gegeben, die Brücke jetzt so zu nennen.

In der Literatur erklärt man seit jeher den Namen als Verbalhornung aus »tiefe« Brücke, weil an dieser Stelle der Stadtgraben sehr tief unten liege. Sprachlich ist das nicht sehr glücklich, da es ja eine »tiefe Brücke« eigentlich nicht gibt. Es gibt wohl ein tiefes Gewässer, aber Brücken sind für gewöhnlich breit oder lang, vielleicht auch noch hoch, aber nicht tief. Vielleicht sollte man den Namen eher von einem Standbild oder Gemälde des Johannes des Täufers, der zu Zeiten als Wasser- und Brückenheiliger gedient hat, ableiten. Er war sehr beliebt. Sowohl in der Anger-Klosterkirche als auch in der Peterskirche gab es Altäre für Johannes den Täufer, die Augustiner-Kirche und die Kapelle des Ridler-Seelhauses hatten überhaupt das Patrozinium der beiden Johannesse, des Täufers und des Evangelisten. Man schreibt 1420 »umb die kappelen sand Johannsen des Tawffers under dem Turn in sand Peters pfarrkirchen« und 1435 erhält eine Hebamme ein Badgeld »in das pad, do man den jungen hertzog Wilhalm taiffet und aws dem pad padet«. »Tawffer« und »taiffet« läßt eher an die »Teyferbruck« denken als das Wort »tief«. Das Anbringen eines Gemäldes oder einer Figur könnte auch das plötzliche Auftreten des Namens erklären.

Qu.: KR 1318/25 S. 11v (1319), KR 1325/46 S. 47v (1331/32), 115v (1338), KR 1407 S. 66r, 69v, KR 1414 S. 43r, 1435 S. 56v. – Heiliggeistspital U 172a (1389). – GB I 195/1 (1383), 237/15 (1389), GB II 4/1 (1391), 49/8, 50/5 (1393), 60/2, 74/7, 83/3 (1394), GB IV S. 14r (1522). – OA 11 S. 260 (1420).

Des **RÖSLERS BRUCK,** Ledererstraße, 1491.

Siehe »Brücke bei der Schimlin«.

SCHLEGBRUCK, unermittelt, seit vor 1395.

Eine Schlagbrücke ist eine Zugbrücke. Es handelt sich deshalb hier nicht um einen Brückennamen, sondern um eine Bezeichnung, die die Art der Brücke beschreibt. Jede Brücke über einen Stadtgraben kann deshalb eine »Schlegbruck« sein. 1398 werden genannt »zwei slegpruken, zu Newnhawser und Sentlinger tor«, 1401 die »Slegprugken under Swabinger tor« und die »Sentlinger slegbruk«,

1404/06 wurde gearbeitet »an der newen pruk vor dem Taltor, da sy dy slegpruken aufgehebt haben«. 1411 werden die Arbeiter bezahlt, »das sy vier slegpruken gar ausberait haben«. Auch 1611 wird noch die Sendlinger Schlagbrücke genannt, vgl. »Sendlinger Brücke«.

Qu.: KR 1395 S. 53v, 1398 S. 51r, 1400/02 S. 91v, 93r (1401), 1404/06 S. 86r, 1411 S. 45v.

❑ **SCHWABINGER BRÜCKE**, Odeonsplatz, seit 1338.

Diese Brücke wird ebenfalls 1339 genannt (ad Swaebingerprugk). Es ist mit Sicherheit die Brücke vor dem Schwabinger Tor.

Qu.: KR 1325/46 S. 115v (1338), S. 129v (1339).

SCHWABINGERTORBRÜCKE, innere, Theatiner- oder Residenzstraße, 1338.

Siehe »Brücke beim Amphora«.

❑ **SENDLINGER BRÜCKE**, Sendlinger-Tor-Platz, seit 1338.

Die Kammerrechnung hat 1338 und 1339 Ausgaben »ad pontem Sentlingertor« bzw. »ad Sentlinger prugk«. Gemeint ist die Brücke vor dem Sendlinger Tor draußen über den Stadtgraben.

Die Brücke dürfte auch gemeint sein mit der 1611 genannten »Sendlinger Schlagbrücke«.

Qu.: KR 1325/46 S. 115v (1338), 130r (1339). – StadtA, Tiefbau Nr. 76 (1611).

SENDLINGERTORBRÜCKE, innere, Sendlinger Straße, 1331.

Siehe »Pütrichsbrücke«.

TEYFERBRUCK, Sendlinger Straße, seit vor 1389.

Siehe »Pütrichsbrücke«.

Des **TÜRLEINS BRUCK**, Ledererstraße, um 1371.

Siehe »Brücke beim Türleinsbad«.

❑ **WURZERBRUCKEN**, Am Kosttor, seit vor 1497.

Die Kammerrechnungen von 1497 und 1537 nennen die »Wurzer-Brucken«. Es handelt sich um die Brücke vor dem Wurzertor. Sie könnte identisch sein mit der »pons verberiorum« von 1337.

Qu.: KR 1497 S. 89v, 90r, 1537 S. 101r.

3. Brunnen

Auch bei den Brunnen haben die wenigsten eigentliche Namen. Die meisten werden nach der Lage an einer bestimmten Straße bezeichnet, z. B. 1408 »zu den zwain prunnen an der Kräuczgassen« oder 1407 »prunnen an Swäbinger gassen«.

Qu.: KR 1407 S. 64r, 1408 S. 69v.

BAUERNFEINDBRUNNEN, Maxburgstraße, um 1558/88.

Der Brunnen ist wahrscheinlich 1372 bereits gemeint unter der Bezeichnung »an der Engen Gassen bey dem obristen prünnen«. Dies diente zur Unterscheidung von dem Brunnen unten an der Löwengrube, an der spitzwinkeligen Ecke zur Augustinergasse (heute Ecke des Polizeipräsidiums).

Der Bauernfeindbrunnen muß an der Nordwestecke zur späteren Karmeliterstraße gelegen haben; denn hier – als letzter Eintrag vor dem Pienzenauer Seelhaus (Löwengrube 7) – steht im Steuerbuch von 1508 und 1509 die »Hans oberin« und »Sigmund ober ir sun« (die Hans oberin alleine findet man schon seit 1496 an dieser Stelle im Steuerbuch). Von 1522 bis zur zweiten Steuer von 1549 nur noch »Sigmund ober«. Dieser Mann wird im Steuerbuch von 1532 »Sigl (= Sigmund) Paurnfeindt ober« genannt. Nach diesem Bauernfeind muß der Brunnen benannt sein. Abgesehen von ihm gab es in dieser Gegend nur von 1390 bis 1415 einen Konrad Bauernfeind und seine Erben beim Haus Löwengrube 14. Diese Zeit dürfte aber für die Benennung des Bauernfeindbrunnens zu früh sein und das Haus zu weit entfernt. Der Name wird 1558, 1567 und 1588 in den Quellen genannt.

Stimmelmayr nennt Ende des 18. Jahrhunderts einen »Brunnen zu Herzog Max(burg)« und Wolf nennt ihn 1852 wieder »oberer Brunnen« an der Engen Gasse und sagt, er stünde heute noch bei der Herzog-Max-Burg. Dieser Brunnen ist auch auf der Stadtkarte von 1806 eingezeichnet, genau wie der untere, an der Löwengrube. Der Position der Familie Bauernfeind in den Steuerbüchern nach kann der Bauernfeindbrunnen nicht mit dem Brunnen in der Maxburg identisch sein.

690   Fischbrunnen

Qu.: StB 1496 S. 20r, 1508 S. 17v, 1509 S. 16r, 1522 S. 19v, 1532 S. 19r, 1549 II S. 31r. – GB I 31/4 (1372). – HStA, Kurbaiern U 16793 (1558), 16794 (1567). – Stimmelmayr S. 126 Nr. 10. – Wolf I (1852) S. 722. – Schattenhofer, Brunnen Anm. 59 (1588). – H. Stahleder, Bierbrauer, in: OA 107, 1982, S. 30.

FISCHBRUNNEN, Marienplatz, seit vor 1448.

Einen Brunnen am Marktplatz, gibt es ebenfalls seit mittelalterlichen Zeiten. Fischbrunnen ist eigentlich kein Name, sondern eine Funktionsbezeichnung, die vom Fischmarkt herrührt, der um ihn herum abgehalten wurde, und für den er wohl auch als Frischwasserreserve diente. Die Geschichte des Brunnens ist kompliziert, weil als Fischbrunnen teils auch ein Brunnen an der Ecke zur Kaufingerstraße bezeichnet wurde und die in den Quellen genannten Brunnen am Markt anfangs schwer identifizierbar sind. Einen »Fischmarktbrunnen« gibt es aber schon 1448, seit 1628 wird er auch »Fischbrunnen« genannt.

Qu.: Schattenhofer, Brunnen S. 9.

LÖWENBRUNNEN, Neuhauser Straße, seit 1605.

Auf der Brunnensäule saß ein Löwe, der ein Stadtwappen in der Pranke hielt. Daher rührt der Name. Der Brunnen stand an der Neuhauser Straße, vor dem Jesuitenkolleg, an der Stelle, an der vorher die 1583 abgebrochene Nikolaus-Kapelle gestanden hatte. Er ist 1605 errichtet worden.

Qu.: Schattenhofer, Brunnen S. 25; MA M 02016.

St.-BENNO-BRÜNNL, Frauenplatz, Ende 18. Jhd.

Den Namen nennt Stimmelmayr. Der Brunnen steht – zwar in anderer Form – heute noch vor der Nord-West-Ecke des Nordturms der Frauenkirche. Die Brunnenfigur zeigt den Stadtheiligen Benno.

Qu.: Stimmelmayr S. 25 Nr. 42/4.

SPIEGELBRUNNEN, Theatiner-/Schrammerstraße, vor 1432 (nach 1387).

Siehe »Spiegelbrunneneck«.

VOGELBRUNNEN, Marienplatz, seit um 1587.

Auch dieser Brunnen am Marktplatz, an der Ecke zur Kaufingerstraße, hatte seinen Namen – wie der Fischbrunnen – von einem Markt, der dort abgehalten wurde, dem Vogelmarkt. Er hat sich in der 2. Hälfte des 16. Jahrhunderts hier gebildet. Der Brunnen heißt 1587 Brunnen am Vogelmarkt, 1617 Vogelbrunnen.

Qu.: Schattenhofer, Brunnen S. 9/10; MA M 02056.

Abkürzungen

AB = Adreßbuch (-bücher). 1803 siehe Hübner, 1805 siehe Baumgartner, Wegweiser, 1818 siehe Reitmayr, 1823 siehe Müller unter »Quellen und Literatur«, 1833 = Die kgl. Haupt- und Residenzstadt München, nach der neuen Hausnumerierung, München 1833.
AV = Angerviertel, siehe HB.
GB = Gerichtsbuch (-bücher) im Bestand Stadtgericht des Stadtarchivs München. GB I (1368–1391), GB II (1391–1401), GB III (1401–1417), GB IV (1522–1530).
GruBu = Grundbuch im Bestand Stadtgericht des Stadtarchivs München. Ediert im Häuserbuch, siehe HB.
GU = Gerichtsurkunden München im Hauptstaatsarchiv München.
GV = Graggenauer Viertel, siehe HB.
HB = Häuserbuch der Stadt München, hrsg. vom Stadtarchiv München nach den Vorarbeiten von Andreas Burgmaier, München, Bd. I Graggenauer Viertel (GV) 1958, Bd. II Kreuzviertel (KV) 1960, Bd. III Hackenviertel (HV) 1962, Bd. IV Angerviertel (AV) 1966, Bd. V Register 1977.
HStA = Hauptstaatsarchiv München.
HV = Hackenviertel, siehe HB.
KR = Kammerrechnung(en) im Bestand Kämmerei des Stadtarchivs München.
KU = Klosterurkunden im Hauptstaatsarchiv München.
KV = Kreuzviertel, siehe HB.
MB = Monumenta Boica, München 1762–1956.
Mü. = München.
OA = Oberbayerisches Archiv.
Qu. = Quellen (und Literatur).
RB = Regesta Boica (= Regesta sive Rerum Boicarum Autographa ...), hrsg. von Karl Heinrich von Lang, 13 Bde. und Registerband, München 1822–1922.
RP = Ratsprotokolle im Stadtarchiv München.
SM = Studien und Mitteilungen zur Geschichte des Benediktinerordens.
StaatsA = Staatsarchiv München.
StadtA = Stadtarchiv München.
StB = Steuerbuch (-bücher) im Bestand Steueramt des Stadtarchivs München.
U (Urk.) = Urkunde.
ULF = Unsere Liebe Frau (Pfarrkirche).

Quellen und Literatur

Alckens, August, Die Gedenktafeln der Stadt München, München 1935.
Aschl, Albert, Alte und neue Straßennamen der Stadt Rosenheim, Rosenheim 1931.
Bary, Roswitha von, Verfassung und Verwaltung der Stadt München (1158–1560), 3 Bde., Masch. im Stadtarchiv, München 1956.
Baumgartner, Anton, Polizey-Uebersicht 1805 (ohne Seitenzahlen, nach Datum geordnet).
Ders., Wegweiser für München auf das Jahr 1805 (= AB 1805).
Biller, Josef H. und Rasp, Hans-Peter, München. Kunst und Kultur Lexikon. Stadtführer und Handbuch, 47. Tausend, München 1985 (inzwischen weitere Ausgaben).
Bunsen, Kristin und Kapfhammer, Günther, Altmünchner Stadtsagen, München 1974/77.
Burgholzer, Joseph, Stadtgeschichte von München als Wegweiser für Fremde und Reisende. Mit Beilagen und Zusätzen, 2 Bde., München 1796.
Dengler, Alois, Alte und neue Straßennamen in Ingolstadt mit Andeutung ihrer geschichtlichen Entwicklung und einem Versuch ihrer Erklärung, Ingolstadt 1904.
Dirr, Pius, Denkmäler des Münchner Stadtrechts, München 1934.
Dörrer, Fridolin, Gemeindewappen in Tirol. Ein geschichtlicher und statistischer Überblick für Nord- und Südtirol, in: Tiroler Heimat, Heft 34, 1970, S. 39–70.
Doll, Anton, Die ältesten Speyerer Straßennamen, in: Pfälzer Heimat, 7. Jg., 1956, S.104–105.
Dombart, Theodor, Der Englische Garten zu München, München 1972.
Eitel, Peter, Ravensburg. Ein historischer Führer, Ravensburg 1986.
Ferchl, Georg, Bayerische Behörden und Beamte 1550–1804, = OA 53, 1908–1912; OA 64, 1925, Ergänzungsband.
Festschrift »Hofbräuhaus München 1589–1989. 400 Jahre Tradition«. München 1989.
Forster, Josef Martin, Das gottselige München, d.i. Beschreibung und Geschichte der katholischen Kirchen und Klöster Münchens in Gegenwart und Vergangenheit, München 1895.
(Münchner) Franziskanische Dokumente = Dokumente ältester Münchner Familiengeschichte 1290–1620. Aus dem Stifterbuch der Barfüßer und Klarissen in München 1424, hrsg. im Auftrag der bayr. Franziskanerprovinz München, München o.J. (1954).
Geiß, Ernest, Reihenfolge der Gerichts- und Verwaltungsbeamten Altbayerns vom 13. Jhd. bis 1803, Teil Oberbayern in: OA 26, 1865/66, S. 26 ff., Teil Niederbayern in: OA 28, 1868/69, S. 1–108.
Geyer, Otto und Pimsner, Hans, Passauer Straßennamen, Passau 1967 (Maschinenschrift).
Gilardone, Georg, Wälle und Mauern um München. Ein Führer durch Münchens Befestigungsgeschichte, in: Bayerland, Jg. 46, 1935, Heft 22, S. 673–703.
Grobe, Peter, Die Entfestigung Münchens, Diss. München 1964, ungedruckt.
Grohne, Ernst, Die Hausnamen und Hauszeichen, ihre Geschichte, Verbreitung und Einwirkung auf die Bildung der Familien- und Gassennamen, Göttingen 1912.
Haeutle, Christian, Die fürstlichen Wohnsitze der Wittelsbacher in München. I. Die Residenz, Bamberg 1892.
Handbuch der Historischen Stätten Deutschlands, 7. Bd. Bayern, hrsg. von Karl Bosl, 2. Aufl., Stuttgart 1965.
Hanse-Katalog = Die Hanse. Lebenswirklichkeit und Mythos. Katalog zur Ausstellung des Museums für Hamburgische Geschichte in Verbindung mit der Vereins- und Westbank, 2 Bde., Hamburg 1989.
Hartig, Otto, Münchner Künstler und Kunstsachen. Vom Beginne des 14. Jahrhunderts bis 1579, München 1926–1933.
Herzog, Theo, Landshuter Urkundenbuch, Neustadt/Aisch 1959.
Historischer Verein von Oberbayern, Urkunden, Lagerort: Stadtarchiv München.
Huber, Alois, München im Jahr 1819, 2. Bde., München ca. 1820.
Hübner, Lorenz, Beschreibung der kurbaierischen Haupt- und Residenzstadt München und ihrer Umgebungen, verbunden mit ihrer Geschichte. Bd. I Topographie, München 1803, Bd. II Statistik, München 1805. In Bd. I, S.517–648 »Verzeichnis der sämmtlichen Hausbesitzer der Stadt und ihres Burgfriedens« auch als eigenes Buch mit neuer Seitenzählung (ab S.1) erschienen und als »Adreßbuch (AB) von 1803« geführt.

Hufnagel, Max Joseph und von Rehlingen, Fritz Frhr., Pfarrarchiv St. Peter in München. Urkunden (= Bayerische Archivinventare, Heft 35), Neustadt/Aisch 1972.
Kloos, Rudolf M., Die Inschriften der Stadt und des Landkreises München (= Die Deutschen Inschriften, 5. Bd.), Stuttgart 1958.
Kluge, Friedrich (seit 1910 Mitarbeit von A. Götze), Etymologisches Wörterbuch der deutschen Sprache, 19. Aufl., bearbeitet von Walther Mitzka, Berlin 1963.
Koebler, Johann Wilhelm, Wegweiser in der Königlich Bayerischen Haupt- und Residenzstadt München und ihren Vorstädten, München 1827.
Krausen, Edgar, Die Urkunden des Klosters Raitenhaslach 1034–1350. (= Quellen und Erörterungen zur bayerischen Geschichte, N.F. Bd. 17, 1.Teil), München 1959.
Lebschée, Carl August, Malerische Topographie des Königreichs Bayern, München 1830.
Lehmbruch, Hans, Ein neues München. Stadtplanung und Stadtentwicklung um 1800. Forschungen und Dokumente, München 1987.
Lexer, Matthias, Mittelhochdeutsches Taschenwörterbuch, 30. Aufl., Stuttgart 1963 (oder andere).
Lipowski, Felix Joseph, Urgeschichten von München, I.Theil München 1814, II. Theil München 1815.
Maier, Lorenz, Stadt und Herrschaft. Ein Beitrag zur Gründungs- und frühen Entwicklungsgeschichte Münchens (= Miscellanea Bavarica Monacensia, Bd. 147), München 1989.
Mayer, Anton, Die Domkirche zu U.L.Frau in München. Geschichte und Beschreibung derselben ..., München 1868.
Mayer, Josef Maria, Münchner Stadtbuch, München 1868.
Megele, Max, Baugeschichtlicher Atlas der Landeshauptstadt München (= Neue Schriftenreihe des Stadtarchivs München, Bd. 3), München 1951.
Meier, Heinrich, Die Straßennamen der Stadt Braunschweig (= Quellen und Forschungen zur Braunschweigischen Geschichte, Bd. 1), Wolfenbüttel 1904.
Meitinger, Otto, Die baugeschichtliche Entwicklung der Neuveste. Ein Beitrag zur Geschichte der Münchener Residenz (= OA 92), München 1970.
Müller, Carl Friedrich August, Anzeigebuch aller Haus- und Grundeigenthümer der königlichen Haupt- und Residenz-Stadt München und der fünf Vorstädte: ... für das Jahr 1823, München 1823 (= AB 1823).
Münchens Straßennamen, München 1983, mit Einleitung von Richard Bauer: Weshalb heißt der Stachus Karlsplatz ?
Muffat, Karl August, Münchens merkwürdigste Strassen, Gebäude und Denkmale geschichtlich erläutert, München 1860.
Ders., Erinnerungs-Blätter an die Vergangenheit Münchens, München 1862.
Nagler, Georg Kaspar, Acht Tage in München. Wegweiser für Fremde und Einheimische. Erste Abt.: Topographische Geschichte. Zweite Abt.: Kurze Beschreibung der Sehenswürdigkeiten etc., München 1863.
Oefele, Andreas Felix, Rerum Boicarum Scriptores ..., T. 1,2 Augsburg 1763.
Oestreich, Dieter, Die Entstehung des Stadtgrundrisses von München und seine Entwicklung bis zur Mitte des 13. Jahrhunderts, Diss. München 1949, ungedruckt.
Pfister, Peter und Ramisch, Hans, Die Frauenkirche in München, München 1983.
Pläne: 1729, Original Staatl. Verw. der Schlösser, Gärten und Seen, F.V.I. Abt. a Nr.1–8. – 1735, Foto in StadtA, Planslg. A 85. – 1747/48 Münchner Festungsplan von de Grooth, Original Bayr. Staatsbibliothek, Mappe XI 441 ch. – 1759, Original Schlösserverwaltung, Mappe 32 a Nr. 3 (Foto StadtA, Planslg. A 111; Abb. bei Hans Lehmbruch, Ein neues München, München 1987, vorderer Vorsatz und Abb. 36). – 1780, Original Münchner Stadtmuseum M.S.I, 1264 (Foto StadtA, Planslg. A 109). – 1781 (nach Vermessung von 1742), Original HStA Mü, Abt. Kriegsarchiv, Planslg. M 3a1 (Foto StadtA, Planslg. A 108, A 490/14). – Stadtkarten von 1806, 1812 des Topographischen Büros, 1837, 1852 Verlag Widmayr. Die Pläne von Matthias Paur von 1729 und von de Grooth von 1751 sind als Quelle nicht verwertbar, weil sie nur in späteren Bearbeitungen vorliegen, derjenige von 1729 aus der Zeit um 1800, derjenige von 1751 in der Fassung von Schidermair von 1844. Beide im StadtA, in Glasrahmen.
Rambaldi, Karl von, Die Münchener Straßennamen und ihre Erklärung, München 1894.
Reber, Franz, Bautechnischer Führer durch München, München 1876.
Reinecke, Wilhelm, Die Straßennamen Lüneburgs, Hannover 1914.
Reitmayr, Joseph Sigmund, Handels- und Gewerbs-Addreß-Taschenbuch der königlich-baierischen Haupt- und Residenz-Stadt München, München 1818 (= AB 1818).
Schaffer, Reinhold, An der Wiege Münchens (= Neue Schriftenreihe des Stadtarchivs München, Bd. 2), München 1950.
Ders., Der Münchner Stadtplan als Geschichtsquelle, in: Wirtschafts- und Verwaltungsblatt, Jg. 17, 1942, S.37–45.

Ders., Die Entwicklung des mittelalterlichen Grundrisses der Stadt München, in: Häuserbuch, Graggenauer Viertel, 1958, S. VII– XVII.
Schattenhofer, Michael, Die Anfänge Münchens, in: OA 109/1, 1984, S. 9–24.
Ders., Bettler, Vaganten und Hausnummern, ebenda S. 173–175.
Ders., Die öffentlichen Brunnen Münchens von ihren Anfängen bis zum Ende des 18. Jahrhunderts, in: Otto Josef Bistritzki, Brunnen in München, 2. Aufl., München 1980, S. 7–32.
Ders., Die geistliche Stadt, in: Von Kirchen, Kurfürsten und Kaffeesiedern etcetera. Aus Münchens Vergangenheit (= Neue Schriftenreihe des Stadtarchivs München, Bd. 78), München 1974.
Ders., Die Jakobi- und Gebnacht- oder Dreikönigsdult, ebenda S. 265–297.
Ders., Henker, Hexen und Huren, in: OA 109/1, 1984, S.113–142.
Ders., Die alten Münchner Märkte und Dulten, ebenda S. 66–98.
Ders., München-Archiv, 5 Bde., Braunschweig 1985 ff.
Ders., Das alte Rathaus in München, München 1972.
Schlichthörle, Anton, Die Gewerbsbefugnisse in der Kgl. Haupt- und Residenzstadt München, Bd. I, Erlangen 1844, Bd. II Erlangen 1845.
Schmeller, Johann Andreas, Bayerisches Wörterbuch, 2. Ausgabe bearbeitet von G. Karl Frommann, München 1872–1877.
Schrenck-Chronik = Chronik der Familie Schrenck von Notzing, Privatbesitz, Kopie im Stadtarchiv.
Schultheiß, Werner, Die Münchner Gewerbeverfassung im Mittelalter (= Neue Schriftenreihe des Stadtarchivs München, Bd. X), München 1936.
Sedlmayr Fritz, Grohsmann Lore, Die »prewen Münchens seit 1363 bis zur Aufhebung der Lehensverleihung durch den Landesfürsten (1814), Nürnberg 1969.
Solleder, Fridolin, München im Mittelalter, München und Berlin 1938.
Städtebuch = Artikel »München« in: Bayerisches Städtebuch, Teil 2, hrsg. von Erich Keyser und Heinz Stoob, Stuttgart/Berlin/Köln/Mainz 1974, S. 394–445.
Stahleder, Helmuth, Bierbrauer und ihre Braustätten. Ein Beitrag zur Gewerbetopographie im Mittelalter, in: OA 107, 1982, S. 1 ff.
Ders., Die Münchner Juden im Mittelalter und ihre Kultstätten, in: Synagogen und jüdische Friedhöfe in München, hrsg. von Wolfram Selig, München 1988.
Steinlein, Gustav, München im 16. Jahrhundert (= Bayr. Verein für Volkskunst und Volkskunde, 8. Jg., Heft 5–7), München 1910.
Steinsdorf, Kaspar von, Darstellung der Baupolizei-Vorschriften für Hochbauten in der kgl. Haupt- und Residenzstadt München, München 1845.
Stimmelmayr, Johann Paul, München um 1800. Die Häuser und Gassen der Stadt, hrsg. von Gabriele Dischinger und Richard Bauer, München 1980. Stimmelmayr schildert nach eigenem Bekunden das Wachstum Münchens zwischen 1750 und 1800. Die einzelnen Teile sind zu verschiedenen Zeiten entstanden, großenteils in den 80er Jahren des 18. Jhs. Er wußte z. B. noch nichts von der Beseitigung des Salzstädel auf dem Promenadeplatz 1778 und noch nichts von der Aufhebung der Friedhöfe im Jahr 1788 usw. Deshalb wird Stimmelmayr im vorliegenden Werk mit »Ende 18. Jhd.« zitiert.
Stützel, Theodor, Ein altbayerisches Münzmeistergeschlecht (gemeint: die Hundertpfund), in: Altbayr. Monatsschrift, Jg. 10, 1911, Heft 1/2, S. 27, 29.
Vietzen, Hermann, Der Münchner Salzhandel im Mittelalter 1158–1587 (= Freie Schriftenreihe des Stadtarchivs München Bd. VIII), München 1935.
Vogel, Hubert, Die Urkunden des Heiliggeistspitals in München 1250–1500 (= Quellen und Erörterungen zur Bayerischen Geschichte, N.F. Bd. XVI, 1. Teil), München 1960, (2. Teil, Salbuch ... von 1390 und Register), München 1966.
Weißthanner, Alois, Die Urkunden und Urbare des Klosters Schäftlarn. Quellen und Erörterungen zur bayerischen Geschichte, N.F. Bd. X/2, München 1957.
Westenrieder, Lorenz von, Beschreibung der Haupt- und Residenzstadt München (im gegenwärtigen Zustande), München 1782.
Wolf, Joseph Heinrich, Urkundliche Chronik und geschichtlich-statistisches Sachen- und Personen-Adreßbuch von München und aller umliegenden Orte. Von der ältesten bis zur neuesten Zeit. Bd. I, München 1852, Bd. II, München 1854.
Zedler, Johann Heinrich, Großes Universal-Lexikon aller Wissenschaften und Künste, welche bißhero durch menschlichen Verstand und Witz erfunden worden, 64 Bände, Halle/Leipzig 1732–1750.

Bildnachweis

Stadtarchiv München, Historisches Bildarchiv: Abb. 3, 5, 7, 12, 14, 15, 16, 18, 20, 21, 25, 27, 29, 30, 33, 37, 39, 40, 41, 42, 43, 45, 47, 54, 55, 57, 58, 75.
Stadtarchiv München, Bildersammlung des Historischen Vereins von Oberbayern: Abb.1, 2, 17, 22, 26, 34, 35, 36, 38, 60, 64, 65, 67, 68, 72, 73, 76.
Stadtarchiv München, Sammlung Dombart: Abb. 4.
Stadtmuseum München: Abb.11, 13, 24, 31, 46, 56, 57, 61, 62. 63.
Bayerisches Nationalmuseum München: Abb. 8, 9, 10, 28, 59, 69, 79.
Bayerisches Hauptstaatsarchiv München: Abb. 44.
Bildarchiv Foto Marburg: Abb. 6, 19, 52.
Universitätsbibliothek Erlangen: Abb. 66.
OA 11, 1849/50, Tafel II: Abb. 32.
Verhandlungen des Historischen Vereins für Niederbayern, Bd. 110/111, 1984/85, S.203: Abb. 48.
Saalburg Jahrbuch. Bericht des Saalburg-Museums XXV, 1968, Tafel 16: Abb. 49.
B. Kurth, Die deutschen Bildteppiche des Mittelalters, Wien 1926, Abb. 127a: Abb. 51.
Die Manessische Liederhandschrift in Zürich. Katalog zur Ausstellung im Schweizerischen Landesmuseum Zürich, 1991, S. 88 (Codex Manesse fol. 46v): Abb. 50.
Freising. 1250 Jahre geistliche Stadt. Katalog zur Ausstellung im Diözesanmuseum und in den historischen Räumen des Dombergs in Freising, 1989, S.417: Abb. 53.
Neue Pinakothek: Abb. 70.
Schönes Altes München. Hrsg. vom Kreis der Freunde Altmünchens, München 1965: Abb. 71.

Register
Hausnamen

A. Nach der Lage
Geordnet nach den Hausnummern im Häuserbuch. Wenn nichts anderes vermerkt, dann stimmen die Hausnummern mit denen von 1833 und den heutigen überein. Im anderen Fall werden die Nummern von 1833 (Adreßbuch), die wiederum mit den Nummern der Karte von 1837 übereinstimmen, sowie die heutigen Nummern der Häuser angegeben. Dabei dient als Grundlage der Katasterplan von 1986.

Altheimer Eck 8 (1986: 10), Altheimer Eck S. 378.
Altheimer Eck 13* (1986: Teil von 1), Zum Mohrenköpfl S. 512.
Altheimer Eck 16 (1986: 7), Zum Kaminkehrermetzger S. 533.
Blumenstraße 22 (1833: Rosental 8, 1986: Prälat-Zistl-Str. 2), Zum schelchen Märtl S. 355.
Blumenstraße 38 (1833: Obere Angergasse 23, 1986: Teil von Blumenstraße 38, Ecke Roßmarkt), Windenriedermetzger S. 536.
Bräuhausstraße 4* (1986: Teil von 4), Ochsenwirt S. 514.
Bräuhausstraße 10 (1986: Teil von 10), Einschüttbranntweiner S. 456.
Brunnstraße 7 (1986: 3), Kreuzbräu S. 472.
Burgstraße 6 (1986: 7), Burgeck S. 382, Sonneneck(bäcker) S. 412, 430, Mozarthaus S. 356.
Burgstraße 7 (1986: Baulücke), Goldschmieds Eckhaus S. 386, Löweneck S. 394.
Burgstraße 10, Falkenhaus S. 346.
Burgstraße 11 (1986: 8), Zum (bayerischen) Donisl S. 491.
Burgstraße 16 (1986: Teil von 4), Zengerbräu S. 482.
Burgstraße 17 (1986: 2), Rieglbranntweiner S. 459.
Burgstraße 18* (1986: Teil von Marienplatz 15, Altes Rathaus), Bierschenk auf der Schergenstube (S. 522), Zum schwäbischen Donisl S. 491, Beim Geiger am Rathaus S. 493, Zum goldenen Stern S. 524.
Damenstiftstraße 4* (1986: Teil von 7 (9 ü), Rosenbuschhaus S. 364, Zum lateinischen Wirt S. 509.
Damenstiftstraße 8 (1986: 18), Wirt auf der Hennerstiege S. 498.
Damenstiftstraße 10 (1986: 14), Zum Reinweller S. 363.
Damenstiftstraße 11 (1986: 12), Kreuzbäcker S. 427.
Dienerstraße 4* (1986: Teil von Marienplatz 8, Rathaus), Zum Brentano S. 343.
Dienerstraße 6 (1986: Baulücke »Marienhof«), Storcheneck S. 415.
Dienerstraße 10 (1986: Baulücke »Marienhof«), Hofsudlkoch Jägers Eckhaus, Zum Jägerkoch S. 389, 502, Peterseck S. 396.
Dienerstraße 11 (1986: Baulücke »Marienhof«), Hofriemers Eckhaus S. 389.
Dienerstraße 12, Zum Stern S. 371.
Dienerstraße 18, Scharffeneck S. 406.
Dienerstraße 20/Burgstraße 5, Zum Weinstadel S. 528, Zum Schiff S. 522.
Dürnbräugasse (zu Tal 20*) (1986: Teil von Tal 19), Schäfflereck S. 404.
Dultstraße 2 (1986: Teil von Oberanger 16), Schönfärbers Eckhaus S. 411.
Dultstraße 2a (= Unterer Anger 31) (1833: Untere Angergasse 35, 1986: Oberanger 9), Gighanbad S. 436.
Dultstraße 3* (1986: Fahrbahn), Heinrichsbad S. 436, Isarwinkelbad (S. 443), Neidbad (S. 448), Scharfenbad (S. 449).
Dultstraße 4* (1986: Fahrbahn), Branntweiner am Isarwinkel S. 455, Eselbranntweiner (S. 456).
Dultstraße 5* (1986: Fahrbahn), Zum Glonner (Metzger) S. 532.
Ettstraße 4 (Ecke Löwengrube), Augustinerbrauerei S. 464.
Färbergraben 1*, der Stadt Eckpeckenhaus S. 423, Glaserbäcker S. 424.
Färbergraben 9* (1986: Teil von 5, Parkhaus), Zum Baierweinschneider S. 487.
Färbergraben 17* (1986: Teil von Sattlerstraße 1, Post), Zum Stocker S. 372.
Färbergraben 20* (1986: Teil von Sendlinger Straße 86), Zum Himmelsschäffler S. 351.
Färbergraben 21 (1986: Teil von 21), Koch in der Höll S. 498.
Färbergraben 22* (1986: Teil von 21), Zum Krautbärtl S. 354.
Färbergraben 24* (1986: Teil von 24), Zur goldenen Rose S. 521.
Färbergraben 25 (1986: Teil von 24), Krapf(en)bräu S. 472.
Färbergraben 26 (1986: Teil von 24), Zum kleinen Branntweiner S. 458.
Färbergraben 28*, Ecke Hofstatt (1986: Teil von 24), Rabenstein S. 363.
Färbergraben 29, Ecke Hofstatt, Pfauenneck S. 396.
Färbergraben 31, Ecke Hotterstraße (1986: Hotterstraße 2), Zum Hitzelspergerbranntweiner S. 457.
Färbergraben 33 (1986: Altheimer Eck 2), Althamer Eck S. 378, Hirschneck, Hirschbräueck S. 388 (470), Hirschhaus S. 352.

Färbergraben 35, Schäftlbad S. 449.
Frauenplatz 7, Augsburger-Boten-Haus S. 341.
Fürstenfelder Straße 4* (1986: Teil von 4), Posthaus, Sabadinihaus S. 514.
Fürstenfelder Straße 10, Berneck S. 381.
Fürstenfelder Straße 17 (1986: Teil des Parkhauses), Törringerhof S. 374.
Fürstenfelder Straße 983* (1986: Teil von Sendlinger Straße 89), Zum Melber am Ruffiniturm S. 356, Ruffinimelber (S. 364), Melbereck S. 395, Schlossereck S. 407.
Fürstenfelder Straße 984* (1986: Teil von Sendlinger Straße 89), Riedlbäcker S. 430.
Fürstenfelder Straße ohne Nr., Taschenhaus S. 372.
Glockenbachstraße 10* (1986: Teil von Blumenstraße 61, Blumenschule), Schratzenhaus S. 366.
Gruftstraße 2* (1986: Baulücke »Marienhof«), Judenhaus S. 353, Schneeberg S. 365.
Hackenstraße 12 (1833: Hundskugel 3, 1986: Teil von Hackenstraße 12), Morawitzkihaus S. 356.
Hackenstraße 14 (1833: Hundskugel 2, 1986: Vorplatz vor Hackenstraße 12), Hundsfutbad/Hundskuglbad S. 439.
Hartmannstraße 1 (1833: Löwengrube 12, 1986: Teil von 12, Eck), Knödelbäcker S. 427.
Hartmannstraße 3 (1833: Knödelgasse 4, 1986: Hartmannstraße 4), Zum Bauer S. 342.
Hartmannstraße 4* (1833: Knödelgasse 5, 1986: Hartmannstraße 6), Zur alten Schneiderherberge S. 523, Zum Reichsapfel S. 518.
Hartmannstraße 8 (1833: Löwengrube 13, 1986: Hartmannstraße 8), Zum Gschlößl, Schlößlbräueck S. 407, Bräuen Eckhaus S. 381 (468).
Heiliggeiststraße 1/2, Zum Heiliggeistbäcker S. 425.
Herzogspitalstraße 3 (1986: Teil von 3), Zum Bichlmair (Metzger), Zum Brodesel S. 531.
Herzogspitalstraße 11 (1986: 13), Herzogspitalbäcker S. 426.
Herzog-Wilhelm-Straße (Glockengasse) 2 (1986: 1), Militärbäcker S. 428.
Hochbrückenstraße 7* (1833: Einschütt 3, 1986: Fahrbahn), Gernbad (S. 436), Wührbad S. 453.
Hofgraben ohne Nr., Herzogsbad S. 438.
Hotterstraße 1 (1986: 18), Zum Anderlwirt S. 486, Zur Hundskugel, S. 500.
Hotterstraße 3 (1986: Teil von 16), Stöckl S. 372.
Hotterstraße 8 (1986: 15), Dominischäffler S. 346.
Josephspitalstraße 16* (1986: Teil von 6), Zum Fridlwirt S. 492.
Kardinal-Faulhaber-Str. 13* (1833: Promenadegasse 13, 1986: Teil von 14), Kapplerbräu S. 471.
Kardinal-Faulhaber-Straße 14*, Ecke Maffeistr. (1986: Teil von 14), Kreuzbad S. 443, Neubad (S. 448).
Kaufingerstraße 1* (Teil von 2, Eck), Zum älteren Lechner S. 393, Roman-Mayr-Eck (S. 401), Schützeneck S. 412, Schützingerhaus (S. 366).
Kaufingerstraße 4*, Zum Claudi Cler S. 343.
Kaufingerstraße 6, von Sauersches Haus S. 365.
Kaufingerstraße 7, Pesthaus S. 361.
Kaufingerstraße 9, Zum römischen König S. 505, Zu den drei Mohren S. 512.
Kaufingerstraße 11* (1986: Teil von 11), Beim goldenen Schiff S. 365.
Kaufingerstraße 14*, Auf der Geiss S. 494.
Kaufingerstraße 16*, Ecke Fürstenfelder Straße (1986: Teil von 14), Zum alten oder schwarzen Hepp S. 351.
Kaufingerstraße 18* (1986: Teil von 15), Bäcker am schönen Turm S. 420, Zum Schönen-Turm-Bäcker S. 431.
Kaufingerstraße 23 A (1986: Teil von 23), Zum schwarzen Adler S. 485.
Kaufingerstraße 23 B (1986: Teil von 23), Bäreneck S. 380.
Kaufingerstraße 24 (1986: Teil der Liebfrauenstraße), Hirscheck S. 388.
Kaufingerstraße 25*, Zur blauen Traube S. 527.
Kaufingerstraße 26, Zum deutschen Ritter S. 518, Zum Londoner Hof S. 510.
Kaufingerstraße 27, Zum weißen Hepp S. 351.
Kaufingerstraße 28, Zum Böck S. 489, Zum goldenen Kreuz S. 506.
Kaufingerstraße 37, Greifeneck (S. 387), Riegereck S. 400, Vogelmarkteck S. 418.
Kreuzstraße 4 (1986: 5), Hasenmetzger S. 533.
Kreuzstraße 6 (1986: 7 oder 9) Glonnermetzger S. 532.
Kreuzstraße 11 (1986: 13), Zum Baumgärtl S. 489.
Kreuzstraße 12 (1986: 15), Zum Schäftelmair S. 365.
Kreuzstraße 14 (1986: 19), Zum Oberlocher (Metzger) S. 535.
Kreuzstraße 18 (1986: 27), Zum Kreuzweber S. 354.
Kreuzstraße 24* (1986: Fahrbahn der Herzog-Wilhelm-Straße), Brechbad S. 434.
Kreuzstraße 26, Doppeleckhaus zur Kreuz- und Herzog-Wilhelm-Straße, (1986: 18, Gaststätte »Tannenbaum«), Zum Karlswirt S. 504.
Landschaftstraße 9* (1986: Teil von Marienplatz 8, Rathaus), Im Löchl S. 509.
Ledererstraße 11 (1986: Hochbrückenstraße 7, Polizei), Arnhardtisches Haus S. 341.
Ledererstraße 13 (1986: 23), Ettmairbranntweiner S. 456, Ettmairbräu (S. 466).
Ledererstraße 15 (1986: Teil von 19), Rieplbranntweiner S. 459.
Ledererstraße 18*, Ecke Orlandostraße (1986: Orlandostraße 2), Seeriederbranntweiner S. 459.
Ledererstraße 24* (1986: Teil von 5), Fuchsberghaus S. 348.
Ledererstraße 25* (1986: 5), Türleinsbad S. 452.

Löwengrube 1, Augustiner-Kistler-Eckhaus S. 378, Schreinereck S. 412.
Löwengrube 15 (1986: Teil von 14), Bei der haarigen Trompete S. 528.
Löwengrube 17 (1986: Teil von 14, Garageneinfahrt), Zum baierischen Hof S. 500, Löwenbräu S. 473.
Löwengrube 18 (1986: Teil von 18, ein Restaurant), Zum Reiter, Zum Marktreiter S. 510 (518).
Löwengrube 22 (1986: Teil von 18), Steigerhaus S. 369.
Löwengrube 23 (1986: Teil von 23), Jägerwirt S. 502.
Maffeistraße 4 (Teil von Theatinerstraße 6a*) (1833: Fingergäßchen 9, 1986: Teil von Maffeistraße 4), Jägerwirt S. 503.
Marienplatz ohne Nr., Ehingers Eck S. 383.
Marienplatz 3* (1986: Teil von 8, Rathaus), Schöneckers Eckhaus S. 408, Wurmeck (S. 419).
Marienplatz 5* (1986: Teil von 8, Rathaus), Zur goldenen Krone, Zu den drei Kronen S. 506.
Marienplatz 5*/6* (1986: Teil von 8, Rathaus), Zum Staindl S. 524.
Marienplatz 8** (1986: Teil von 8, Rathaus), Zum Damischen (S. 490), Zum Großdamischen S. 495.
Marienplatz 10*, Ecke Dienerstraße (1986: Teil von 8, Rathaus), Ratstrinkstube S. 517.
Marienplatz 14 (1986: Teil von 11), Burgeck S. 382.
Marienplatz 17, Onuphriushaus S. 357, Zum Christoph (S. 343).
Marienplatz 18, das Croendl S. 343.
Marienplatz 24 (1986: Teil von 22), Zum deutschen Ritter S. 519.
Marienplatz 25, Zum Ibl S. 352.
Marienplatz 26, Spatzenreiterhaus S. 368.
Marienplatz 27/28 (1986: Teil von 28), Der Hamel S. 349.
Marienplatz 29, Ecke Rosenstraße (1986: Teil von 28), Roseneck S. 401.
Marienstraße 4* (1986: Teil von Pflugstraße 4), Pressburger-Boten-Haus S. 362.
Marienstraße 5* (1986: Teil von Pflugstraße 4), Steirerhaus S. 369.
Marienstraße 14 (1986: 2), Ecke Hochbrückenstraße, Zum Schaitenmichl S. 522.
Max-Joseph-Platz 3* (1986: Teil von Residenzstraße 2), Teisingerhaus S. 373, Beim Arsch ums Eck S. 486.
Neuhauser Straße 1, Christopheck S. 382, Zum Heiglkramer S. 350.
Neuhauser Straße 2, Heiglbäcker S. 425.
Neuhauser Straße 3, Zum goldenen Storchen S. 526, Zum Bauhof S. 488.
Neuhauser Straße 4, Oberspatenbräu S. 478.
Neuhauser Straße 5* (1986: Teil von 5/6), Hallerbräu S. 468.
Neuhauser Straße 1099* (1833, 1986: Teil von 11), Zum Jesuitenmelber S. 352.
Neuhauser Straße 1100* (1833, 1986: Teil von 11), Fendtenbäcker S. 423.
Neuhauser Straße 1101* (1833, 1986: Teil von 11), Neupeck (S. 428), Grünerbäcker S. 425.
Neuhauser Straße 1103* (1833, 1986: Teil von 11), Bauernhanslbräu S. 465.
Neuhauser Straße 11, Pschorrbräu S. 479.
Neuhauser Straße 12 (1986: Teil von 13), Wagnerbräu S. 482.
Neuhauser Straße 13, Ecke Eisenmannstraße (1986: Teil von 13), Wolfsbergereck S. 419.
Neuhauser Straße 14, Ecke Eisenmannstraße, Holz(müller)eck S. 390.
Neuhauser Straße 15, Unterkandlerbräu S. 481.
Neuhauser Straße 16* (1986: Teil von 16), Paulanerbräu (heute: Augustinerbräu) S. 478.
Neuhauser Straße 17* (1986: Teil von 16), Zum Tumberger S. 528.
Neuhauser Straße 23, Kosthausbäcker S. 427.
Neuhauser Straße 25 (1986: Teil von 26), Zum Seminari (Bäcker) S. 432.
Neuhauser Straße 26 A (1986: Teil von 26), Prüglbräu S. 479.
Neuhauser Straße 27 (1986: Teil von 26), Jackl-/Joblbranntweiner S. 457.
Neuhauser Straße 32, Zum Westermayr S. 528.
Neuhauser Straße 33, Zum Karlstorbäcker S. 426, Torbäcker (Eckhaus) S. 418, 432.
Neuhauser Straße 42** (1986: Teil von 44), Oberpollingerbräu S. 477.
Neuhauser Straße 44** (1986: Teil von 44), Oberkandlerbräu S. 477.
Neuhauser Straße 50, heute Ecke Kapellenstraße, Zum Maurerwirt S. 511.
Neuhauser Straße 1381* (1833, 1986: Fahrbahn Kapellenstraße), Schlosserhauseck S. 408.
Neuhauser Straße 51/52 A (1986: Teil von 51), Ecke Kapellenstraße, Jesuitenbräuhauseck S. 390 (471).
Oberer Anger 3 mit Unterer Anger 29 (1833: Unterer Anger 33, 1986: Baulücke), Lorenzonihaus S. 355.
Oberer Anger 10 (1986: Teil des Parkhauses), Bäcker durchs Haus S. 421.
Oberer Anger 11 (1986: Teil des Parkhauses), Lodererbräu(eckhaus) S. 393 (473).
Oberer Anger 13 (1986: Teil von Roßmarkt 3, Verwaltungsgebäude der Stadt), Datzlhaus S. 344.
Oberer Anger 16 (1986: Teil von Roßmarkt 3, Verwaltungsgebäude der Stadt), Bacherbräu S. 465.
Oberer Anger 22* (1986: Fahrbahn Blumenstraße), Butzenhäuschen S. 343.
Oberer Anger 24 (1986: Roßmarkt 10), Zu den sieben Schwaben (S. 480), Unterspatenbräu S. 482.
Oberer Anger 25* (1986: Teil von Roßmarkt 8), Zum Rindermetzger S. 535.
Oberer Anger 28* (1986: Teil von Roßmarkt 4), Zum Kittenbacher (Metzger) S. 534.
Oberer Anger 30 (1986: Fahrbahn Oberanger), Schwarzmannmetzger S. 536.
Oberer Anger 31 (1986: Fahrbahn Oberanger), Zum Stöcklwirt S. 526.
Oberer Anger 32 (1986: Fahrbahn Oberanger), Beutelmetzger S. 531.
Oberer Anger 33* (1986: Fahrbahn Oberanger), (Lanzbräu S. 473), Riederermetzger S. 535.
Oberer Anger 38 (1986: Fahrbahn Oberanger), Nudlbäcker S. 428.
Oberer Anger 39 (1986: Fahrbahn Oberanger), Zum Galli S. 348.

Oberer Anger 44* (1986: Teil von 32), Heissbauernbräu (Eckhaus) S. 387, 469.
Oberer Anger 54 (1986: Fahrbahn Hermann-Sack-Straße), Zum Feichtmair (Metzger) S. 532.
Odeonsplatz ohne Nr., Baaderhaus (S. 341), Räsonierhäuschen S. 514, Steinbrennerhaus (S. 369).
Petersplatz 9, Zum Haarpuderwaberl S. 496.
Pfisterstraße 4, Zum Platzlbranntweiner S. 459.
Pfisterstraße 5, Zum Platzlkramer S. 361.
Pfisterstraße 10, Hofpfisterei (S. 426).
Pflugstraße 3 (1986: Freifläche), Marieneck S. 395, Pfluggässeleck (S. 397).
Platzl 2, Platzlbäcker S. 429.
Platzl 4, Orlando-di-Lasso-Haus S. 360.
Platzl 4*A (1833, 1986 Teil von 4), Bei der Kretl S. 506.
Platzl 4*B (1833, 1986 Teil von 4), Platzlbräu S. 478.
Platzl 5 (1833: 7, 1986 Fahrbahn »Am Kosttor«), Zum Kosttorwirt S. 505, Zum Kühloch S. 508.
Platzl 8* (1986: 9), Hofbräu S. 470.
Promenadeplatz 5 (1986: Teil von 7), Zum Bamberger Schmied S. 342.
Promenadeplatz 7*, Ecke Hartmannstraße (1986: Teil von 9), Kreuzeck S. 392.
Promenadeplatz 8* (1986: Teil von 9), Bei der Maus (S. 356, 459), Branntweiner-Maus-Haus S. 456.
Promenadeplatz 10* (1986: Teil von 11), Schuhbauerbranntweiner S. 460.
Promenadeplatz 15 (1833: 12, 1986: Teil von 15), Gunezrainerhaus S. 349.
Promenadeplatz 19 (1833: 14, 1986: Teil von 15, Eck), Karmeliterbäcker S. 426.
Promenadeplatz 21, Ecke Karmeliterstraße (1833: 15, 1986: Teil von 15), Kalteneck S. 391, Kalteneckerbräu S. 471, Karmeliterbräu S. 472).
Promenadeplatz 19** (1986: Teil von 6), Zum Abl S. 485, Zum goldenen Bären S. 487, Zum Findl (S. 492).
Radlsteg 2, Radlbad S. 448.
Raspstraße 2* (1986: Teil von Oberanger 32), Faglermetzger S. 532, Hacklmetzger S. 533.
Raspstraße 4 (1986: Teil von Oberanger 34), Gänsbüheleckhaus S. 386.
Raspstraße 5 (1986: Teil von Oberanger 36), Zum Brüderl (Metzger) S. 531.
Raspstraße 7* (1986: Teil von Oberanger 36), Schwabenmetzger S. 535.
Residenzstraße ohne Nr., Blaues Haus S. 342.
Residenzstraße 4* (1986: 3), Falknereck S. 384, Hofsattlereck S. 389.
Residenzstraße 5 (1986: Teil von 6), Stiefeleck S. 418.
Residenzstraße 8, Franziskanerbäcker S. 424.
Residenzstraße 9, Franziskanerbräu S. 467.
Residenzstraße 10, Denglbach Eckhaus S. 382, Grasserhaus S. 349.
Residenzstraße 15, Fuetererhaus S. 348.
Rindermarkt 3, Bombardahaus S. 342.
Rindermarkt 4, Pürchingerhaus S. 363.
Rindermarkt 5, Zu den drei Rosen, Rosenwirt S. 519.
Rindermarkt 6 (1986: nur noch Rest des ehemaligen Grundstücks, der übrige Teil Fahrbahn Rindermarkt), Haslingerhaus S. 350, Wartenbergerhaus S. 375.
Rindermarkt 8 (1986 nur noch Löwenturm vorhanden, der Rest ist Fahrbahn Rindermarkt), Pötschnerhaus S. 361.
Rindermarkt 12* (1986: Teil von 10, Ruffiniblock), Blau-Enten-Haus S. 342, Pütrichhaus S. 363, Ruffinihaus, -stock S. 364.
Rindermarkt 14, Zum Bartl am Rindermarkt S. 488, Zum bayerischen Löwen S. 509, Zum Gärtner S. 493.
Rindermarkt 19 (1986: Teil von 17), Hofstukkator-Zimmermann-Haus S. 352.
Rosenstraße 6, Ecke Rindermarkt, Rabeneck S. 397.
Rosenstraße 7, Zum Kochwirt S. 504.
Rosenstraße 8 (1986: Teil von 8), Roseneck S. 402, Spöckmayrbräu S. 480.
Rosenstraße 11 (1986: Teil von 9), Pilgramshaus S. 361.
Rosenstraße 12 (1986: Teil von Kaufingerstraße 1), Menterbräu S. 476.
Rosental 1, Wassereck S. 418.
Rosental 2 (1986: Fahrbahn Rindermarkt), Krottenbad S. 444, Rosenbad S. 448.
Rosental 9, Zum weißen Lamm S. 508, Zum Töpstl S. 527.
Rosental 17* (1986: Teil von 16), Meister Jans Bad S. 447.
Rosental 20* (1986: Teil von 19), Zum Krügel S. 354.
Roßschwemme ohne Nr., Predigerhaus S. 419.
Roßschwemme 1* (1986: Teil des Viktualienmarktes), Rieger-Fischer-Haus S. 363.
Roßschwemme 2* (1986: Teil des Viktualienmarktes), Bäcker auf der Roßschwemme S. 420.
Roßschwemme 3* (1986: Teil des Viktualienmarktes), Zur blauen Ente S. 492.
Roßschwemme 590*A (1986: Teil des Viktualienmarktes), Spitalbad S. 450.
Roßschwemme 590*B (1986: Teil des Viktualienmarktes), Weineimererhäusel S. 376.
Salvatorplatz ohne Nr., Engeleck S. 384.
Salvatorplatz ohne Nr., Venediger S. 375.
Salvatorplatz ohne Nr., Der Stern S. 369.
Salvatorstraße 4 (1986: Teil von 3), Zum Ramlo S. 517.
St.-Jakobs-Platz 3, Spitzweghaus S. 368.
St.-Jakobs-Platz 4, Paradiesgärtlbäcker S. 429.

St.-Jakobs-Platz 4a (1833: Sebastiansplatz 11, 1986: St.-Jakobs-Platz 4a), Hollmetzger S. 533.
St.-Jakobs-Platz 6, Zum Angerkoch S. 486, Zum Braun (S. 490).
St.-Jakobs-Platz 10, (1986: Baulücke), Hubermetzger S. 533.
Schäfflerstraße 8 (1986: 7), Zum Saamer S. 521.
Schäfflerstraße 15* (1986: Teil von Maffeistraße 5), Zum Bäckerhöfel S. 421.
Schäfflerstraße 21, Frau-vom-Himmel-Haus S. 348, Der damische Wirt S. 490, Glaswirtin S. 494.
Schmidstraße 2 (früher zu Raspstraße 4/4a), das Tempelherrenhaus S. 374.
Schrammerstraße 1 (1986: Baulücke »Marienhof«), Schneeweisshaus S. 366.
Schrammerstraße 2 (1986: Baulücke »Marienhof«), Schrammenbad S. 450.
Schrammerstraße 10* (1986: Baulücke »Marienhof«), Taschenhäusel S. 373.
Sebastiansplatz 1, Goldschlagerhaus S. 348, Zum roten Hahn S. 497.
Sebastiansplatz 8 (1833: Taschenturmgäßchen 1, 1986: Sebastiansplatz 8), Roseneck S. 404.
Sendlinger Straße 1, Roseneck S. 402.
Sendlinger Straße 3* (1986: Teil von 5), Krügelbäcker S. 427.
Sendlinger Straße 4* (1986: Teil von 5), Bei der schönen Bäckin (S. 421), Pollingerbräubäcker S. 429.
Sendlinger Straße 5* (1986: Teil von 5), Unterpollingerbräu S. 486.
Sendlinger Straße 7 (1986: Teil von 7), Mahlberbäcker, Zum Machelberger S. 428.
Sendlinger Straße 9 (1986: Teil von 7), Rankenbäcker S. 429.
Sendlinger Straße 11 (1986: Teil von 7), Glugereckhaus S. 386.
Sendlinger Straße 12, Kramer-Rieden-Eckhaus S. 400, Sterneck S. 416, Zum lichten Stern S. 355.
Sendlinger Straße 14 (heute ein Eckhaus zur Hermann-Sack-Straße), Zum Glaserwirt S. 494.
Sendlinger Straße 15 (1986: Fahrbahn Hermann-Sack-Straße), Brunn(en)bäcker S. 422.
Sendlinger Straße 17 B (1986: Teil von 17, heute Eckhaus zur Hermann-Sack-Straße), Weiglbranntweiner S. 460.
Sendlinger Straße 18, Bauernbäcker S. 421.
Sendlinger Straße 19 (1986: Teil von 19), Löwenhauserbräu S. 476.
Sendlinger Straße 21, Schweigbäcker S. 431.
Sendlinger Straße 22 (1986: Teil von 23), Reiterbäcker S. 430.
Sendlinger Straße 24 (1986: Teil von 25), Nazarenermetzgerhaus S. 534.
Sendlinger Straße 26* (1986: Teil von 26), Unterottlbräu S. 481.
Sendlinger Straße 28*A (1986: Teil von 29), Singlspielerbräu S. 480.
Sendlinger Straße 30 (1986: Teil von 30, Ecke Schmidstraße), das Knöblische Haus S. 353.
Sendlinger Straße 35, der Hanswurst S. 425, Streicherbäcker S. 432.
Sendlinger Straße 41* (1986: Teil von 41), Gilgenbräu S. 468.
Sendlinger Straße 43, Zum Gelber S. 494.
Sendlinger Straße 47* (1986: Teil von 48, Eck), Torbäcker S. 432.
Sendlinger Straße 49, Zimmermüllerhaus S. 376.
Sendlinger Straße 51, das Lerchische Haus S. 355.
Sendlinger Straße 52, Kochmartl S. 504.
Sendlinger Straße 53* (1986: Teil von 54), Stockerhaus S. 372.
Sendlinger Straße 54* (1986: Teil von 54), Leistbräu S. 473.
Sendlinger Straße 55, Oberottlbräu S. 477.
Sendlinger Straße 72* (1986: Teil von 72), Rennermetzger S. 535.
Sendlinger Straße 73* (1986: Teil von 72, Eck), Zum Haarpuderer (Wirt) S. 496.
Sendlinger Straße 74*, Eck (seit 1874 Fahrbahn Hackenstraße), Anderlwirt, Zum Anderl S. 486.
Sendlinger Straße 75 A, Ecke Hackenstraße (1986: Teil von 75), Hacken(melber)eck S. 387.
Sendlinger Straße 75 C (1986: Teil von 75), Hackerbräu S. 468, (Probstbräu S. 479).
Sendlinger Straße 76, Faberbräu S. 467.
Sendlinger Straße 77, Zimmerschäfflerhaus S. 376.
Sendlinger Straße 79, Eberlbräu S. 466.
Sendlinger Straße 80* (1986: Teil von 80), Eberlbäcker S. 423.
Sendlinger Straße 82* (1986: Teil von 80), Schützbräu S. 480.
Sendlinger Straße 83** (1986: Teil von 80), Gilgenrainerbräu S. 468.
Sendlinger Straße 85, Hascherbräu S. 469.
Sendlinger Straße 86* (1986: Teil von 86), mit Färbergraben 21, Koch in der Höll S. 498.
Sendlinger Straße 87* (1986: Teil von 86, das Eck), Rappeneck S. 399, Senserhaus S. 366.
Sparkassenstraße o.Nr., Hofbad S. 439.
Tal 2* (1986: Teil von 3), Zum Oberrichterkramer S. 357.
Tal 5 (1986: Teil von 3), Heiliggeistbranntweiner S. 456.
Tal 7 (1986: Teil von 3), Bergerbäcker S. 422.
Tal 8 (1986: Teil von 3), Meteck S. 396.
Tal 9* (1986: Teil von 10, Teil Fahrbahn Maderbräustraße), Bachlbräu S. 465.
Tal 10* (1986: Teil von 10), Maderbräu S. 474.
Tal 11, Zum Lunglmair S. 510, Zum schwarzen Bären S. 487, Zum goldenen Stern S. 525.
Tal 12, Hammerthalerhof S. 497.
Tal 13, Judenbranntweiner S. 457, Weiserhaus (S. 376).
Tal 14* (1986: Hochbrückenstraße 1), Marieneck S. 394.
Tal 21 B (1986: Teil von 21), Dürnbräu S. 466.

Tal 21 A (1986: Teil von 21), Dürnbäcker S. 422.
Tal 22 (1986: Teil von 24), Zum Weinhäckelbranntweiner S. 460.
Tal 23 (1986: Teil von 24), Zum oberen Futterbenni S. 492.
Tal 25* (1986: Teil von 23/25 (24)), Zum Hausergabler S. 350.
Tal 26 (1986: Teil von 23/25 (24)), Zum Spundschneider S. 523.
Tal 28, Zum unteren Futterbenni S. 493.
Tal 29, Hallmairbräu S. 469.
Tal 30, Zum Lösselwirt S. 509, Zum Niedermayer S. 512.
Tal 34, Unterschmiedbäcker S. 433.
Tal 37, Torbräu S. 481.
Tal 38, Kupferschmiedeck S. 393.
Tal 40*, (1986: Teil von Lueg-ins-Land 1), Schnegg S. 366.
Tal 47* (1986: Teil von 48), Zum Desch S. 422, Zum Thorbäcker S. 433.
Tal 50, Schärlbäcker S. 430.
Tal 51, Bartlbranntweiner S. 455.
Tal 52, Wildbäckerhaus S. 433.
Tal 53* (1986: Teil von 54), Grassmannbäcker S. 424.
Tal 54* (1986: Teil von 54), Engelbäcker S. 423.
Tal 55* (1986: Teil von 54), Sterneckerbräu S. 481.
Tal 56, Sterneckerkramer S. 371.
Tal 58* (1986: Teil von 58), Wälschbäcker S. 433.
Tal 59, Jaklbäcker S. 426.
Tal 60, Sollerbräu S. 480.
Tal 61, Draxlbäcker S. 422.
Tal 62*, Metzgerbräu S. 476.
Tal 63*, Zum Kaltner S. 353.
Tal 65, Ecke Küchelbäckerstraße, Zum Teufelsmelber S. 374.
Tal 68* (1986: Fahrbahn Radlsteg), Paradieskramer S. 360.
Tal 69, Ecke Radlsteg, Zum Fischer S. 423.
Tal 70, Auer Kramer S. 341.
Tal 71, Maibad S. 444, Eselbad S. 434, Maibaderbäcker S. 428.
Tal 72, Zur goldenen Sonne (S. 523), Zum Bögner S. 489.
Tal 73, Schmiedbäcker S. 431.
Tal 74, Zum weißen Rößl S. 521, Zum Schlicker (S. 523), Neuwirt (S. 512), Kastnerwirt S. 504, Zum goldenen Löwen S. 510.
Tal 75, Teufel (S. 374), Högerbräu S. 470.
Tal 76, Zum Ruedorfer S. 364.
Theatinerstr. 1* (1986: Teil von 1), Bäckereck S. 380, Eckbäcker (S. 423), Spadenbäcker (S. 432).
Theatinerstraße 2* (1986: Teil von 1), Schönauerbäcker S. 431.
Theatinerstraße 3* (1986: Teil von 3), Schleibingerbräu S. 479.
Theatinerstraße 5* (1986: Fahrbahn Maffeistraße), Birnbaumbräuer(eckhaus) S. 381 (466).
Theatinerstraße 10* (1986: Teil von 9), Mielichhaus S. 356.
Theatinerstraße 18 (heute Eckhaus), Zum goldenen Hirschen S. 498.
Theatinerstraße 25* (mit Residenzstraße 29*) (1986: Platz vor der Feldherrnhalle), Zum Bauerngirgl S. 488.
Theatinerstraße 29, Zum lachenden Wirt S. 508.
Theatinerstraße 33, Theatinerbäcker S. 432.
Theatinerstraße 39* (1986: Teil von 38), Steckenmacherhaus S. 369.
Theatinerstraße 46, Fuchsbräu S. 467.
Theatinerstraße 49 (1986: Fahrbahn Schrammerstraße), Fuchsbäcker S. 424.
Theatinerstraße 51 (1986: Baulücke »Marienhof«), Bichlbräu S. 466.
Theatinerstraße 52 (1986: Baulücke »Marienhof«), Spiegelbrunneneck, -koch S. 414 (522).
Unterer Anger 3 D (1833: Teil der Fronfeste, 1986: Teil von 3), Manhartmetzger S. 534.
Unterer Anger 6* (1986: Teil von 28b, Hochhaus), Zum Gockelwirt S. 495.
Unterer Anger 7 (1986: Teil von 28b, Hochhaus), Mareismetzger S. 534.
Unterer Anger 11 A (1833: 15, 1986: Teil von 11), Beselmetzger S. 531.
Unterer Anger 11 C (1833: 17, 1986: Teil von 11), Diemermetzger S. 531.
Unterer Anger 12* (1833: 18, 1986: 12), Zum Glonneranderl S. 495.
Unterer Anger 16 (1833: Teil von Tegernseer Gäßchen 1, 1986: Teil von Unterer Anger 16), Zum Tegernseer S. 373.
Unterer Anger 18, Eckhaus (1833: 22, 1986: Fahrbahn Klosterhofstraße Nordseite), Ledererbartl S. 354.
Unterer Anger 24 (1833: 28, 1986: Teil des Parkhauses), Zum Haltenberger (Metzger) S. 533.
Unterer Anger 25 (1833: 29, 1986: Teil des Parkhauses), Stegermetzger S. 536.
Unterer Anger 26 (1833: 30, 1986: Teil des Parkhauses), Stubenvollbräu S. 481.
Unterer Anger 27 (1833: 31, 1986: Teil des Parkhauses), Probstbräu am Anger S. 479.
Unterer Anger 29 (1833: 33, 1986: Baulücke), Teil des Lorenzonihauses S. 355.
Unterer Anger 31 (= Dultstraße 2a) (1833: 35, 1986: Teil von Oberanger 9), Gighanbad, Hahnenbad S. 436.
Viktualienmarkt 5*B (1986: Teil von 5), Zum Predigtstuhl S. 362.

Viktualienmarkt 10* (1986: Teil des Viktualienmarktes), Klause S. 353.
Weinstraße 1 (1986: Teil von 1), Zum (bayerischen) Donisl S. 490.
Weinstraße 2 (1986: Teil von 1), Gollerhaus S. 349.
Weinstraße 4, Zu den drei Mohren S. 511.
Weinstraße 6, Fraueneck S. 384, Laberhanslbranntweiner S. 458.
Weinstraße 8, Filserbräu S. 467, St.-Benno-Eck S. 380.
Weinstraße 10* (1986: Teil von 11), Zum goldenen Hahn S. 497.
Weinstraße 11 (1986: Teil von 11), Zum Thaler S. 526.
Weinstraße 12, Schäfflereck S. 404, Schlafhaubenkramereck S. 406.
Weinstraße 15* (1986: Teil von Marienplatz 8, Rathaus), Kleubereck S. 391.
Westenriederstraße 16 (mit 16a), Zum Stimpfl S. 372.
Westenriederstraße 20, Zum Staub S. 368.
Windenmacherstraße 1* (1986: Teil von Maffeistraße 9, Eck), Zum Häusel S. 496.
Windenmacherstraße 3/4 (1986: Teil von Löwengrube 23, Eck), Frauenbad S. 435, Schluders Bad (S. 449).
Windenmacherstraße 7* (1986: Teil von Maffeistraße 5, Eck), Zur goldenen Ente S. 492.

B. Alphabetisch

Abl, Zum S. 485
Adler, Zum schwarzen S. 485
Älteren Lechner, Zum S. 393
Althaimer Eck S. 378
Althamer Eck S. 378
Ammerthalerhof, siehe Hammerthalerhof.
Anderlwirt S. 486
Angerkoch, Zum S. 486
Arnhardtisches Haus S. 341
Arsch ums Eck, Beim S. 486
Auer Kramer S. 341
Augsburger-Boten-Haus S. 341
Augustiner Kistler Eckhaus S. 378
Augustinerbräu S. 464
Baaderhaus S. 341
Bacherbräu S. 465
Bachlbräu S. 465
Bäcker am Schönen Turm S. 420
Bäcker auf der Roßschwemm S. 420
Bäcker durchs Haus S. 421
Bäckereck S. 380
Bäckerhöfel, Zum S. 421
Bäckin, Bei der schönen S. 421
Bader am Gern S. 436
Baier (Bauer), Zum S. 342
Baierweinschneider, Zum S. 487
Bamberger Schmied, Zum S. 342
Bären, Zum goldenen S. 487
Bären, Zum schwarzen S. 487
Bäreneck S. 380
Bartl am Rindermarkt, Zum S. 488
Bärtlbranntweiner S. 455
Bauernbäcker S. 421
Bauerngirgl, Zum S. 488
Bauernhanslbräu S. 465
Bauhof, Zum S. 488
Baumgärtl, Zum S. 489
Benno-Eck, siehe St.-Benno-Eck
Bergerbäcker S. 422
Berneck S. 381
Beselmetzger S. 531

Beutelmetzger (Beil-) S. 531
Bichlbräu S. 466
Bichlmaier, Zum (Metzger) S. 531
Bierschenk auf der Schergenstube S. 522
Birnbaumbräu S. 466
Birnbaumbräuer Eckhaus S. 381
Blau-Enten-Haus S. 342
Blaues Haus S. 342
Böck, Zum S. 489
Bockkeller S. 489
Bögner, Zum S. 489
Bombardahaus S. 342
Branntweiner am Isarwinkel S. 455
Branntweiner-Maus-Haus S. 456
Bräuen Eckhaus S. 381
Braun, Zum S. 490
Brechbad S. 434
Brentano, Zum S. 343
Brodesel, Zum (Metzger) S. 531
Bründel, Zum (Metzger) S. 531
Brunn(en)bäcker S. 422
Burgeck S. 382
Burgerbäcker, siehe Bergerbäcker
Butzenhäuschen S. 343
Christoph, Zum S. 343
Christopheck S. 382
Claudi Cler, Beim S. 343
Croendl S. 343
Cron S. 343
Damischen, Zum S. 490
Damischer Wirt S. 490
Datzlhaus S. 344
Denglbach Eckhaus S. 382
Desch, Zum (Bäcker) S. 423
Diemermetzger S. 531
Dominischäffler S. 346
Donisl, Zum bayerischen S. 490, 491
Donisl, Zum schwäbischen S. 491
Draxlbäcker S. 422
Dürnbäcker S. 422
Dürnbräu S. 466

Eberlbäcker S. 423
Eberlbräu S. 466
Eckbäcker S. 423
Eckhaus des lachenden Wirts S. 393
Eckpeckenhaus, Der Stadt S. 423
Ehingers Eck S. 383
Einschüttbranntweiner S. 456
Engelbäcker S. 423
Engeleck S. 384
Ente, Zur blauen S. 492
Ente, Zur goldenen S. 492
Esel-Branntweiner-Haus S. 456
Eselbad S. 434
Ettmairbräu S. 466
Ettmayrbranntweiner S. 456
Faberbräu S. 467
Faglermetzger S. 532
Falkenhaus S. 346
Falknereck S. 384
Feichtmair, Zum (Metzger) S. 532
Fendtenbäcker S. 423
Filserbräu S. 467
Findl, Zum S. 492
Fischer, Zum (Bäcker) S. 423
Franziskanerbäcker S. 424
Franziskanerbräu S. 467
Frau-vom-Himmel-Haus S. 348
Frauenbad S. 435
Fraueneck S. 384
Fridlwirt, Zum S. 492
Fuchsbäcker S. 424
Fuchsberghaus S. 348
Fuchsbräu S. 467
Fuetererhaus S. 348
Futterbenni, Zum oberen S. 492
Futterbenni, Zum unteren S. 493
Galli, Zum S. 348
Gänsbühleleckhaus S. 386
Gärtner, Zum S. 493
Geiger am Rathaus, Zum S. 493
Geiss, Auf der S. 494
Gelber, Zum S. 494

Register / Hausnamen 703

Gernbad S. 436
Gighanbad S. 436
Gilgenbräu S. 468
Gilgenrainerbräu S. 468
Glaserbäcker S. 424
Glaserwirt, Zum S. 494
Glaswirtin S. 494
Glonner(metzger), Zum S. 532
Glonneranderl, Zum S. 495
Glugereckhaus S. 386
Gockelwirt, Zum S. 495
Goldenes Schiff S. 365
Goldschlagerhaus S. 348
Goldschmieds Eckhaus S. 386
Gollerhaus S. 349
Grasserhaus S. 349
Grassmannbäcker S. 424
Greifeneck S. 387
Großdamischen, Zum S. 495
Grüner Bäcker S. 425
Gschlösslbräu S. 468
Gschlößlbräueck, siehe Schlösslbräueck
Gunezrainerhaus S. 349
Ha(a)senmetzger S. 533
Haarige Trompete, Bei der S. 528
Haarpuderer, Haarpuderwirt, Zum S. 496
Haarpuderwaberl, Zum S. 496
Hackeneck, -Melber-Eckhaus S. 387
Hackerbräu S. 468
Hacklmetzger S. 533
Hahn, Zum goldenen S. 497
Hahn, Zum roten S. 497
Hahnenbad S. 436
Hallerbräu S. 468
Hallmairbräu S. 469
Haltenberger, Zum (Metzger) S. 533
Hamel S. 349
Hammerthalerhof S. 497
Hanswurst (Bäcker) S. 425
Hascherbräu S. 469
Haslingerhaus S. 350
Häusel, Zum S. 496
Hausergabler, Zum S. 350
Heiglbäcker S. 425
Heiglkramer, Zum S. 350
Heiliggeistbäcker, Zum S. 425
Heiliggeistbranntweiner S. 456
Heinrichsbad S. 436
Heissbauernbräu S. 469
Heissbauernbräu-Eckhaus S. 387
Hennerstiege, Wirt auf der S. 498
Hepp, Zum alten/schwarzen S. 351
Hepp, Zum weißen S. 351
Herzogsbad S. 438
Herzogspitalbäcker S. 426
Himmelsschäffler, Zum S. 351
Hirsch, Zum goldenen S. 498
Hirschbräu S. 470
Hirscheck S. 352
Hirschen, Zum S. 498
Hirscheneck, Hirschbräueck S. 388
Hirschhaus S. 352
Hitzlspergerbranntweiner S. 457
Hof, Zum baierischen S. 500

Hofbad S. 439
Hofbräu S. 470
Hofpfisterei S. 426
Hofriemers Eckhaus S. 389
Hofsattlereck S. 389
Hofstukkator-Zimmermann-Haus S. 352
Hofsudlkoch Jägers Eckhaus S. 389
Högerbräu S. 470
Höll, Koch in der S. 498
Hollmetzger S. 533
Holz(müller)eck S. 390
Horbruckmühle S. 683
Hubermetzger S. 533
Hundsfutbad S. 439
Hundskugel, Zur (Wirt) S. 500
Hundskugelbad S. 439
Ibl, Zum S. 352
Isarwinkelbad S. 443
Jacklbranntweiner S. 457
Jägerkoch, Zum S. 389, 502
Jägerwirt S. 502, 503
Jaklbäcker S. 426
Jesuiten-Bräuhaus-Eck S. 390
Jesuitenbräu S. 471
Jesuitenmelber, Zum S. 352
Joblbranntweiner S. 457
Judenbranntweiner S. 457
Judenhaus S. 353
Kalteneck S. 391
Kalteneckerbräu S. 471
Kaltner, Zum S. 353
Kaminkehrermetzger, Zum S. 533
Kandlerbräu, siehe Ober-, Unter-
Kappelerbräu S. 471
Karlstorbäcker S. 426
Karlswirt, Zum S. 504
Karmelitenbräu S. 472
Karmeliterbäcker S. 426
Kastnerwirt S. 504
Kittenbacher, Zum (Metzger) S. 534
Klaubenstein, siehe Rabenstein
Klause S. 353
Kleinen Branntweiner S. 458
Kleubereck S. 391
Klosterbad S. 443
Knöblisches Haus S. 353
Knödelbäcker S. 427
Koch in der Höll S. 498
Kochmartl S. 504
Kochwirt, Zum S. 504
König, Zum römischen S. 505
Kosthausbäcker S. 427
Kosttorwirt, Zum S. 505
Kramer-Rieden-Eckhaus S. 400
Krapf(en)bräu S. 472
Krautbärtl, Zum S. 354
Kretl, Bei der S. 506
Kreuz, Zum goldenen S. 506
Kreuzbäcker S. 427
Kreuzbad S. 443
Kreuzbräu S. 472
Kreuzeck S. 392
Kreuzweber, Zum S. 354
Krone, Zur goldenen S. 506
Kronen, Zu den drei S. 506
Krottenbad S. 444

Krottental-Badhaus S. 444
Krügel, Zum S. 354
Krügelbäcker S. 427
Küh(l)loch, Zum S. 508
Kupferschmiedeck S. 393
Laberhanslbranntweiner S. 458
Lachenden Wirt, Zum S. 393, 508
Lamm, Zum weißen S. 508
Lanzbräu S. 473
Lateinischen Wirt, Zum S. 509
Lechner, Zum älteren S. 393
Ledererbartl S. 354
Leistbräu S. 473
Lerchisches Haus S. 355
Lichten Stern, Zum S. 355
Löchl, Im S. 509
Lodererbräu S. 473
Lodererbräueckhaus S. 393
Londoner Hof, Zum S. 510
Lorenzonihaus S. 355
Lösselwirt, Zum S. 509
Löwen, Zum bayerischen S. 509
Löwen, Zum goldenen S. 510
Löwenbräu S. 473, 474, 475
Löweneck S. 394
Löwenhauserbräu S. 475
Lunglmair, Zum S. 510
Machelberger, Zum (Bäcker) S. 428
Maderbräu S. 475
Mahlberbäcker S. 428
Maibad, Meyenbad S. 444
Maibaderbäcker S. 428
Manhartmetzger S. 534
Mareismetzger S. 534
Marieneck S. 394, 395
Mark(t)reiter, Zum S. 510
Märtl, Zum schelchen S. 355
Maurerwirt, Zum S. 511
Maus, Bei der S. 356, 459
Meister Friedrichs Bad S. 447
Meister Jans Bad S. 447
Melber am Ruffiniturm, Zum S. 356
Melbereck S. 395
Menterbräu S. 476
Meteck S. 396
Metzgerbräu S. 476, 477
Mielichhaus S. 356
Militärbäcker S. 428
Mohren, Zu den drei S. 511, 512
Mohrenköpfl, Zum S. 512
Morawitzkihaus S. 356
Mozarthaus S. 356
Nazarener-Metzg-Haus S. 534
Neid(eck)bad S. 448
Neubad S. 448
Neupeck S. 428
Neuwirt S. 512
Niedermayer, Zum S. 512
Nudlbäcker S. 428
Oberkandlerbräu S. 477
Oberlocher, Zum (Metzger) S. 535
Oberottlbräu S. 477
Oberpollingerbräu S. 477
Oberrichterkramer, Zum S. 357
Oberschmiedbäcker S. 431

704   Register / Hausnamen

Oberspatenbräu S. 478
Ochsenwirt S. 514
Onuphriushaus S. 357
Orlando-di-Lasso-Haus S. 360
Ottlbräu, siehe Ober-, Unter-
Paradiesgärtlbäcker S. 429
Paradieskramer, Zum S. 360
Paulanerbräu S. 478
Pesthaus S. 361
Peterseck S. 396
Pfaueneck S. 396
Pfluggässl-Eck S. 397
Pilgramhaus S. 361
Platzlbäcker S. 429
Platzlbranntweiner, Zum S. 459
Platzlbräu S. 478
Platzlkramer, Zum S. 361
Pollingerbräu, siehe Ober-, Unter-
Pollingerbräubäcker S. 429
Posthaus S. 514
Pötschnerhaus S. 361
Predigerhaus S. 362
Predigtstuhl, Zum S. 362
Pressburger-Boten-Haus S. 362
Probstbräu am Anger S. 479
Probstbräu S. 479
Prüglbräu S. 479
Pschorrbräu S. 479
Pürchingerhaus S. 363
Pütrichhaus S. 363
Rabeneck S. 397
Rabenstein S. 363
Radlbad S. 448
Ramlo, Zum S. 517
Rankenbäcker S. 429
Rappeneck S. 399
Räsonierhäuschen S. 514
Ratstrinkstube S. 517
Reichsapfel, Zum S. 518
Reinweller, Zum S. 363
Reiter(wirt), Zum S. 518
Reiterbäck S. 430
Rennermetzger S. 535
Rieden-Eckhaus, Kramer- S. 400
Riederermetzger S. 535
Riedlbäcker S. 430
Rieger-Fischer-Haus S. 363
Riegereck S. 400
Rieglbranntweiner S. 459
Rieplbranntweiner S. 459
Rindermetzger, Zum S. 535
Ritter, Zum deutschen S. 518, 519
Roman-Mayr-Eck S. 401
Rose, Zur goldenen S. 521
Rosen(tal)bad S. 448
Rosen, Zu den drei, Rosenwirt S. 519
Rosenbuschhaus S. 364
Roseneck S. 401-404
Rössel, Zum weißen S. 521
Ruedorfer, Zum S. 364
Ruffinihaus, -stock S. 364
Ruffinimelber S. 364
Saamer, Zum S. 521
Sauersches Haus S. 365
Schäfflereck S. 404
Schäftelbad S. 449
Schäftelmair, Zum S. 365

Schaitenmichl, Zum S. 522
Scharffenbad (Scharppenbad) S. 449
Scharffeneck S. 406
Schärlbäcker S. 430
Schelchen Märtl, Zum S. 355
Schergenstube, Bierschenk auf der S. 522
Schiff, Beim goldenen S. 365
Schiff, Zum S. 522
Schlafhaubenkramer-Eckhaus S. 406
Schleibingerbräu S. 479
Schlicker, Zum S. 523
Schlossereck S. 407
Schlosserhauseck S. 408
Schlösslbräu S. 468
Schlösslbräueck S. 407
Schluders Bad S. 449
Schmiedbäcker, Ober- S. 431
Schmiedbäcker, Unter- S. 433
Schneeberg S. 365
Schneeweisshaus S. 366
Schnegg S. 366
Schneiderherberge, Zur alten S. 523
Schönauerbäcker S. 431
Schöne Bäckin S. 421
Schöneckers Eckhaus S. 408
Schönen-Turm-Bäcker, Zum S. 431
Schönfärbereckhaus S. 411
Schrammenbad S. 450
Schratzenhaus S. 366
Schreinereck S. 412
Schuhbauerbranntweiner S. 460
Schützbräu S. 480
Schützeneck S. 412
Schützingerhaus S. 366
Schwabenmetzger S. 535
Schwarzmannmetzger S. 536
Schweigbäcker S. 431
Seeriederbranntweiner S. 459
Seminari, Zum (Bäcker) S. 432
Senserhaus S. 366
Sieben Schwaben, Zu den (Brauerei) S. 480
Singlspielerbräu S. 480
Sollerbräu S. 480
Sonne, Zur goldenen S. 523
Sonneneck S. 412
Sonneneckbäcker S. 430
Spadenbock S. 412
Spatenbräu, siehe Ober-, Unter-
Spatzenreiterhaus S. 368
Spiegelbrunneneck S. 414
Spiegelbrunnenkoch, Zum S. 522
Spitalbad S. 450
Spitzweghaus S. 368
Spöckmairbräu S. 480
Spundschneider, Zum S. 523
St.-Benno-Eck S. 380
Stadt-Eckpeckenhaus S. 423
Staindl, Zum S. 524
Starcheneck S. 415
Staub, Zum S. 368
Steckenmacherhaus S. 369
Stegermetzger S. 536
Steigerhaus S. 369
Steinbrennerhaus S. 369

Steirerhaus S. 369
Stern, -haus, -frauenhaus S. 369
Stern, Zum goldenen S. 524, 525
Stern, Zum lichten S. 355
Stern, Zum S. 371
Sterneck S. 416
Sterneckerbräu S. 481
Sternegger-Krämer S. 371
Stiefeleck S. 418
Stimpfel, Zum S. 372
Stocker, Zum S. 372
Stockerhaus S. 372
Stöckl S. 372
Stöcklwirt, Zum S. 526
Storchen, Zum goldenen S. 526
Storcheneck, siehe Starcheneck
Streicherbäcker S. 432
Stubenvollbräu S. 481
Taeckenbad S. 451
Taschenhaus S. 372
Taschenhäusel S. 373
Tegernseer, Zum S. 373
Teisingerhaus S. 373
Tempelherrenhaus S. 374
Teufel S. 374
Teufelsmelber, Zum S. 374
Thaler, Zum S. 526
Theatinerbäcker S. 432
Töpstl, Zum S. 527
Toratsmühle S. 679
Torbäcker Eckhaus S. 418
Torbäcker S. 432, 433
Torbäcker, (Karls-) S. 426
Torbräu S. 481
Törringer Hof S. 374
Traube, Zur blauen S. 527
Trompete, Bei der haarigen S. 528
Tumberger, Zum S. 528
Türleinsbad S. 452
Unterkandlerbräu S. 481
Unterotllbräu S. 481
Unterpollingerbräu S. 481
Unterschmiedbäcker S. 433
Unterspatenbräu S. 482
Venediger S. 375
Vogelmarkteck S. 418
Wagnerbräu S. 482
Wälschbäcker (Welsch-) S. 433
Wartenberger Haus S. 375
Wassereck S. 418
Weiglbranntweiner S. 460
Weineimererhäusel S. 376
Weinhäckel-Branntweiner, Zum S. 460
Weinstadel, Zum S. 528
Weiserhaus S. 376
Westermayr, Zum S. 528
Wildbäckerhaus S. 433
Windenrieder-Metzger-Haus S. 536
Wirt auf der Hennerstiege S. 498
Wolfsbergereck S. 419
Wührbad S. 453
Wurmeck S. 419
Zengerbräu S. 482
Zimmermüllerhaus S. 376
Zimmerschäfflerhaus S. 376